KB058353

알렉산더 해밀턴

ALEXANDER HAMILTON

현대 자본주의 미국을 만든 역사상 가장 건설적인 정치가

론 처노 지음 | 서종민 · 김지연 옮김

arte

• 일러두기: 이 책에서 원서상의 주석은 (   )로 역자의 주석은 (_역주)로 표기하였다.

"『금융 제국 J. P. 모건』『바르부르크 가문』『부의 제국 록펠러』와 존 D. 록펠러 전기의 저자인 론 처노는 근대 미국을 건설한 다른 그 누구보다도 많은 일을 해낸 건국의 아버지 해밀턴에게 생동감을 불어넣어주었다. 이 책은 해밀턴을 무게 있게 담아낸 전기다." **―마이클 린드, 「워싱턴포스트」**

"론 처노의 새로운 해밀턴 전기는 이보다 더 반가울 수 없다. 이 책은 완전하고, 통찰력 있으며, 초지일관 타당하고, 멋들어지게 쓰인 최고의 대규모 전기다. 해밀턴에 대한 해묵은 오해들을 날려버리고, 칭송할 부분은 칭송하며, 그의 인간적인 면모를 투명하면서 이해하기 쉽게끔 해석한다. 진정으로 위대한 이 책 안에는 해밀턴의 삶과 그 시대가 통째로 들어있다." **―데이비드 맥컬로프, 「존 애덤스」「트루먼」 저자**

"론 처노는 우리 시대 최고의 역사작가이자 전기작가 중 한 명이다. 처노는 눈을 뗄 수 없는 글을 쓰는 것은 둘째 치고라도, 전기작가들로서는 흔치 않게도 금융과 경제를 제대로 이해한다. 이와 같이 이전의 저서들에서도 빛났던 그의 재능은 이 책에서 다시 한 번 빛을 발한다." **―레이먼드 J. 키팅, 「뉴스데이」**

"처노의 『알렉산더 해밀턴』은 성공적인 책이다. 오래도록 역사 속에 파묻혀 있던 인물에 관해 한 전기작가가 이토록 많은 정보를 밝혀낸 경우는 드물다. 이만큼 예리하고 타당한 추측으로 빈틈을 메우는 전기작가는 거의 없고, 이토록 훌륭하게 글 잘 쓰는 전기작가도 드물다." ─스티브 바인베어그,「세인트루이스 포스트 디스패치」

"론 처노는 알렉산더 해밀턴에 관한 독창적이고 분명하며 매우 읽기 쉬운 연구서를 펼쳐내면서 해밀턴의 성격과 성취에 대해 다정히 설명해준다. 처노는 해밀턴의 출신과 가족사에 관한 미스터리들을 과거 그 어떤 전기작가들보다 더 깊숙이 꿰뚫고 있다. 정치 이론과 정치학, 법학에 대한 해밀턴의 공헌을 훌륭하게 설명한다." ─월터 러셀 미드,「포린어페어스」

"처노의 매혹적인 이야기는 해밀턴이 남긴 유산뿐 아니라 나아가 공화국의 탄생을 함께한 갈등들 또한 새로이 조명해준다.『알렉산더 해밀턴』은 엄청난 연구를 바탕으로 쓰였으며, 데이비드 맥컬로프의 전기가 존 애덤스의 인상적인 측면을 드높였던 것과 마찬가지로 알렉산더 해밀턴의 명성을 드높여줄 것이다." ─매튜 댈렉,「워싱턴 먼슬리」

"『알렉산더 해밀턴』은 묵직한 책이다. 처노는 알렉산더 해밀턴이 살았던 시대에 있었던, 서로를 헐뜯기 바쁜 정치적 분위기를 훌륭하게 포착한다. 처노는 해밀턴의 라이벌들을 포괄적으로 묘사해내는 한편 지칠 줄 모르고, 복잡다단했으며, 결국에는 자멸하고 만 이 남자를 완전히 파헤친다." ─재닛 마슬린,「뉴욕타임스」

"뛰어난 연구서! 처노의 책은 해밀턴의 사상과 행동을 놀라울 정도로 색안경 없이 바라본다. 이 책에는 언제나 실제로 행동했고, 언제나 쉽지 않은 목표를 추구했으며, 계속해서 자신을 괴롭히는 악마들에게 시달리던 한 남자의 소용돌이가 담겨 있다. '해밀턴은 훌륭한 사람이었으나 훌륭한 미국인은 아니었다'는 말이 있지만, 처노가 그린 해밀턴은 훌륭한 사람이자 훌륭한 미국인이다." ─에드먼드 모건,「뉴욕 도서 리뷰」

"알렉산더 해밀턴은 조지 워싱턴이나 토머스 제퍼슨 등 그가 모셨던 여타 건국의 아버지들의 그림자에 가려져 있었다. 론 처노의 훌륭한 이 전기는 확실히 그 판도를 바꾸어놓을 것이다." ─존 프리먼,「타임아웃 뉴욕」

"눈부신 새 전기가 등장했다. 해밀턴에 대한 새로운 정보들을 발굴해서 담았다는 의의도 있지만, 무엇보다 론 처노가 쓴 이 아름다운 책은 알렉산더 해밀턴이 조지 워싱턴의 곁에서 엄청난 장애물들을 극복해나가면서 미국에 없어서는 안 될 건국의 아버지로 자리매김하는 과정을 잘 보여준다. 처노의『알렉산더 해밀턴』은 해밀턴에 관한 최고의 전기이며, 이를 능가하는 새로운 전기는 쉽사리 나오지 않을 것이다." ─스티븐 F. 노트,「클레어먼트 도서 리뷰」

"훌륭하다! 권력을 영민하게 깨우친 작가 론 처노는 알렉산더 해밀턴보다 더 눈길을 사로잡을 만한 주제를 선택할 수 없었을 것이다." -제임스 알리, 「포춘」

"이전 작품에서 『바르부르크가 사람들』 『금융제국 J. P. 모건』 『존 D. 록펠러 시니어』 등 농익은 미국 자본주의에 있어 장미와 칡뿌리 같은 인물들의 연대기를 펴낸 론 처노는 이제 미 자본주의의 씨앗을 뿌린 남자를 파헤친다. 이 방대한 책이 잘 보여주듯 알렉산더 해밀턴은 철두철미하고 감탄스러우며 슬픈 인물이다." -리처드 브룩하이저, 「로스앤젤레스 타임스」

"『알렉산더 해밀턴』은 한 남자와 그의 수많은 이면들을 균형 있게 그려놓은 초상이다. 데이비드 맥컬로프의 『존 애덤스』나 월터 아이작슨의 『벤저민 프랭클린』을 즐긴 이들이라면 이 뛰어난 책 또한 완전히 즐길 수 있을 것이다." -로저 비숍, 「북페이지」

"뉴저지 주 위호켄, 허드슨 강을 굽어 살피는 외지고 험준한 절벽에서 에런 버가 알렉산더 해밀턴에게 치명적인 총격을 가했다. 주민들은 30일 동안 검은 완장을 찼다. 알렉산더 해밀턴의 믿을 수 없을 정도로 놀라운 일생은 끝을 고했다. 여기서 우리는 그에게 마땅히 어울리는 헌사, 방대한 연구를 바탕으로 아름답게 써내려간 론 처노의 전기를 바친다." -제임스 체이스, 「뉴욕 옵저버」

"론 처노는 해밀턴이 미 건국의 아버지들 중 가장 극적이고 별난 인생을 살아온 인물이라고 주장하며, 철저한 연구를 바탕으로 흡인력 있는 『알렉산더 해밀턴』을 펴냄으로써 이를 증명했다. 『금융제국 J. P. 모건』으로 전미 도서상을 수상한 처노는 이 책을 통해 해밀턴의 복잡다단한 모든 면을 보여준다." -데이비드 게이츠, 「뉴스위크」

"처노가 완전하고 훌륭하며 눈부시게 써낸 이 전기는 전쟁에서 해밀턴이 수행했던 역할 및 그 후 재무장관으로서 다한 역할을 새로이 이해할 수 있게 해준다. 해밀턴을 다룬 다른 전기들도 있지만, 처노의 『알렉산더 해밀턴』은 내가 읽어본 모든 해밀턴 전기 중 가장 포괄적이며 가장 마음을 사로잡는 책이다. 미국이 세계적인 경제 선도국으로 발돋움할 수 있는 길을 닦아놓은 해밀턴에게 어울리는 헌사." -캐스파 W. 와인버거, 전 국방장관, 「포브스」 회장

"론 처노가 이 위대한 전기에서 지적하듯, 해밀턴은 초기 미국 정치의 신동이었다." -「이코노미스트」

"계몽주의자이자 반동자였던 건국의 아버지 해밀턴의 놀라운 생애! 『알렉산더 해밀턴』은 훌륭한 글솜씨와 수많은 매력이 넘쳐나는 책이다. 오늘날 출판된 최고의 해밀턴 전기이자 모

든 전기작가들의 모범이 될 책." —「키르커스 리뷰」

"미국의 초대 재무장관에 대한 방대하고 포괄적인 연구서 『알렉산더 해밀턴』에서 론 처노는 이 인물의 본질을 포착한다. 특히 처노는 당대의 분위기를 이 책 전반에서 솜씨 있게 살려냈고, 건국의 아버지들을 그저 평면적으로 다루는 수많은 책들과 달리 그들을 입체적인 인물로 묘사한다. 기록들을 정성스레 모아 새로이 쓴 이 책이 등장한 이상, 해밀턴의 업적은 밝은 빛으로 다시금 재조명받아야 마땅하다." —레이 로커, 「연합뉴스」

"알렉산더 해밀턴을 다룬 론 처노의 매력적인 새 전기는 이 인물을 다룬 최고의 글이다. 처노는 이 시대의 역사를 정리했으며 해밀턴을 인간적으로 그렸다. 확실히 처노는 해밀턴이 마땅히 받아야 할 평가를 받아오지 못했다고 생각했던 듯하나, 이 책을 통해 그 상황을 바로잡게 될 것이다." —래리 콕스, 「투손 시티즌」

"오랜 세월 끝에 드디어 알렉산더 해밀턴의 모든 것을 다루는 전기가 출판됐다. 미국 산업의 거인들을 다룬 인상적인 작품들로 잘 알려진 론 처노는 이번 책을 통해 미국 역사에 지대한 공헌을 남겼다." —데니스 릿고, 「데저레트 모닝 뉴스」

"처노의 업적은 해밀턴이라는 인간 자체뿐 아니라 끝도 없이 역동적이던 그 생애의 복잡한 내용을 모두 마땅히 담아낸 전기를 썼다는 것이다. 이 책은 해밀턴의 생애를 깊은 사려와 열정으로 포착한 좋은 작품이다." —「퍼블리셔 위클리」

"처노의 광범위한 이야기는 해밀턴의 복잡하고 때로는 모순적이었던 생애를 연대순으로 기록한다. 미국 형성기에 해밀턴이 가졌던 존재적 의의를 논하는 토론에 한몫을 더할 1등급 전기." —「라이브러리 저널」

"론 처노는 진중하고도 꼼꼼한 조사를 통해 엄청나게 방대하면서도 훌륭하고 완전한 전기를 써냈다. 처노가 주요 등장인물들을 너무나 생생히 그려놓은 덕에 우리는 어쩔 수 없이 이 책을 위대한 역사 소설처럼 읽게 된다. 『알렉산더 해밀턴』은 정치인, 법조인, 혹은 기술 관료로서의 해밀턴뿐만 아니라 나아가 그저 한 인간으로서의 해밀턴까지도 담고 있다."
—존 스틸 고든, 「아메리칸 헤리티지」

18세기의 글에서 사용됐던 철자법이나 구두점 표기 방식 중 몇 가지는 지금의 관점에서 봤을 때 다소 케케묵었거나 미국 건국의 아버지들을 너무 옛날 사람처럼 보이게 만들 수 있으므로 나는 이를 다소 현대식으로 수정하여 인용했다. 또한 당대 신문사 편집장들이 걸려 있던 이탤릭체 및 대문자 집착증도 치료해주었다. 몇몇 경우에는 본래의 철자를 그대로 인용했는데 이는 원문을 말한 이의 독특한 말투, 강력한 감정, 특유의 기행奇行, 혹은 낮은 교육 수준 등을 강조하기 위함이다. 그러나 이는 단지 예외적인 경우일 것이라 생각한다. 기민한 독자들이라면 내가 왜 모든 것을 정확히 재생산하고자 애썼는지 그 이유를 알아차릴 수 있으리라.

CONTENTS

최고의 아내이자 최고의 여성,
발레리에게

최초의 독립전쟁 미망인

1850년대 초, 백악관 부근인 워싱턴의 H가街에 있는 어느 집 창가에 앉아 뜨개질이나 꽃꽂이를 하는 나이 지긋한 여인을 보고서, 그녀가 실은 초기 미국의 영광스러웠던 나날과 우리를 이어주는 마지막 살아 있는 연결고리임을 알아차리는 이들은 거의 없었다.

그때로부터 50년 전의 뉴저지 주 위호켄, 허드슨 강을 굽어 살피는 외지고 험준한 절벽에서 당시 미 부통령이었던 에런 버Aaron Burr는 이 여인의 남편인 알렉산더 해밀턴Alexander Hamilton에게 치명적인 총격을 가했다. 자신의 정계 활동에서 해밀턴은 주된 장애 요인이니 그를 제거하겠다는 비뚤어진 생각 때문이었다. 당시 해밀턴은 49세였다. 해밀턴의 미망인은 남편의 죽음 이후로도 반세기 가까이를 살았다. 일곱 명의 아이들을 키우기 위해 고군분투하던 그녀를 거의 남북전쟁 직전까지 살려놓았던 운명은 과연 다행이었을까, 아니면 잔인한 것이었을까?

엘리자베스 스카일러 해밀턴Elizabeth Schuyler Hamilton은 청력을 잃었고 시력도 반쯤은 잃은 상태였지만 마지막 순간까지 용기만은 잃지 않은 여인이었다. 금욕주의적이었던 그녀는 절대 자기 연민을 내보이지 않았다. 부드러운 태도와 네덜란드식 끈기, 조용한 유머를 갖추었던 그녀는 자신이 견뎌내야만 했던 극도의 불행을 받아들이기 위해 종교적 믿음들에 깊숙이 의지했다. 아흔이 넘은 나이에도 가족 기도를 위해 직접 무릎을 꿇을 정도였다. 그녀는 숄을 두르고, 미망인의 의복이었던 검은 봄버진(능직물의 일종_역주) 치마를 입었다. 그 위에는 풀을 먹인 하얀 스카프와 프릴이 달린 흰색 모자를 썼는데, 이는 미국식 삶이 한결 간결했던 시대를 잘 보여주는 것들이다. 조지 워싱턴George Washington 장군을 보좌하는 젊은 장교 해밀턴의 마음을 한때 사로잡았던 그녀의 짙은 눈동자는 이제 커다란 철제 안경 뒤에서 빛나며 여전히 날카로운 지성과 사납도록 굴하지 않는 정신, 그리고 과거를 흘려보내지 않기로 결심한 마음을 드러내고 있었다.

말년에 그녀는 딸과 함께 살면서 옛날 자신의 결혼생활과 관련되었던 빛바랜 물건들을 응접실에 잔뜩 모아두었다. 집에 방문객이 올 때면 이 작고 꼿꼿한 흰머리 여인은 자신의 지팡이를 움켜쥐고는, 자기가 직접 디자인해 꽃을 수놓은 검은색 소파에서 힘차게 일어나 방문객들을 데리고 길버트 스튜어트Gilbert Stuart가 그린 조지 워싱턴의 초상화 앞으로 안내한다. 그녀가 자랑스러운 손길로 가리키는 중앙 테이블 아래에는 워싱턴이 해밀턴 부부에게 직접 선물한 은제 와인 쿨러가 단정하게 세워져 있다. 엘리자베스는 이 귀중한 선물에 특히 의미를 두었는데, 이는 그녀의 남편이 미국 역사상 최초로 터진 대형 섹스 스캔들에 휘말렸을 때 조지 워싱턴이 보낸 암묵적인 연대連帶의 제스처였기 때문이다.

방문객 투어의 하이라이트는 구석에 세워진, 이탈리아 조각가 주세페

세라치Giuseppe Ceracchi가 만든 해밀턴의 대리석 반신상이었다. 이미 세상을 떠난 그녀의 영웅을 본뜬 이 조각상은 해밀턴이 초대 재무장관으로 전성기를 보내고 있던 시절에 제작되었다. 사뭇 고대 로마의 원로처럼 한쪽 어깨에 토가toga를 두른 해밀턴은 강렬한 에너지와 깊은 지성을 내뿜고, 얼굴에는 자신의 트레이드마크인 반쪽 미소가 걸려 있다. 엘리자베스는 그가 열정적이고 희망적이었으며 영원히 젊었던 사람으로 기억되기를 원했다. 한 젊은 방문객은 '그 반신상을 절대로 잊지 못할 것'이라며 다음과 같이 회고했다. '방들을 구경시켜주던 연로한 부인은 언제나 이 조각상 앞에 잠시 멈춰 선 다음, 자신의 지팡이에 기대 선 채 사방을 바라보며 이보다 더 만족스러울 수는 없다는 표정을 지었다.'

선택받은 몇 명에게 엘리자베스는 해밀턴이 쓴 문서들을 보여주기도 했다. 그녀가 성서처럼 여겼던 그것들은 오래전 해밀턴이 썼던 찬미가, 혹은 그가 세인트크로이 섬에서 빈곤한 유년기를 보낼 당시 쓴 편지 따위였다. 그녀는 언제나 그에 대한 이야기를 하면서 자주 우울해하거나 '나의 해밀턴'과 다시 만나기를 고대하곤 했다. "기억하건대, 어느 날 저녁에는 그녀가 매우 슬퍼 보였고 다른 곳에 정신이 팔린 듯했다. 그녀는 방문객이 와 있던 거실로 나가보지도 않고, 한동안 그저 벽난로 근처에 앉아서 백개먼(주사위 놀이의 일종_역주)을 했다." 한 방문객이 남긴 말이다. "게임이 끝나자 그녀는 자기 주변에 아무것도 없는 듯 눈을 감고 오래도록 의자에 깊숙이 기대앉아 있었다. 긴 침묵이 이어졌으며, 이윽고 작은 투덜거림이 그 침묵을 깼다. '너무 피곤해. 너무 오래되었어. 해밀턴이 보고 싶어.'"[1]

엘리자베스 해밀턴은 특히 한 가지 성스러운 임무를 행하는 데 열중했다. 남편의 역사적인 평판에 묻어 있는 역겨운 모략을 씻어내는 일이었다. 토머스 제퍼슨Thomas Jefferson, 존 애덤스John Adams 등의 다른 정적政敵들은 해밀턴이 영원한 침묵을 선고받은 이후에도 오래도록 살아가면서, 해밀턴의 명예를 더럽힐 이야기들을 결투 이후로 수년 동안 자신들의 웅변으로 퍼뜨렸다. 남편이 세운 유산을 지키고자 마음먹었던 엘리자베스는 많게는 서른 명의 조수들을 고용해 해밀턴의 산더미 같은 서류 무더기를 꼼꼼히 검토하게 했다. 불행한 일이지만, 그녀는 자신을 너무나 낮추고 남편을 너무나 숭배한 나머지 해밀턴의 거의 모든 글들은 보존시켰음에도 자신이 쓴 편지들은 모두 없애버렸다. 엄청났던 그녀의 노고 중에서도 최고의 업적이자 그녀가 인생의 '간절한 목표'로 여겼던 일은 바로 두꺼운 분량의, 공식적인 전기傳記를 펴내서 해밀턴이 미국 초기 역사를 빛낸 위인의 전당에 당당히 자리를 지킬 수 있게 하는 것이었다. 수많은 전기작가들이 연이어 이 작업에서 손을 떼거나 완성도 하기 전에 계약 기간이 끝나버린 탓에 그녀에게는 길고 짜증스러운 기다림이 계속되었다. 결국 이 원대한 사업은 거의 자동적으로 네 번째 아들인 존 처치 해밀턴 John Church Hamilton이 물려받았다. 훗날 그는 아버지의 업적에 대한 일곱 권짜리 전기를 펴냈다. 그러나 이 성인聖人 언행록言行錄 수준의 책이 완성되기도 이전인 1854년 11월 9일, 엘리자베스 해밀턴은 97세의 나이로 세상을 떠났다.

어머니가 당신 남편의 삶이 불멸로 남겨지기만을 바라며 수십 년을 헛되이 기다렸다는 데 매우 분노한 엘리자 해밀턴 홀리 Eliza Hamilton Holly는 자신의 오빠가 너무 늦게 전기를 만들었다며 야단을 쳤다. "슬픔에 잠긴 요즘, 축복받으신 우리 어머니께 가장 큰 영향을 끼쳤던 모든 것들을 회고해보자면 (중략) 내게는 우리 아버지에 대한 어머니의 헌신보다 더 자주, 진하게 떠올릴 수 있는 것이 달리 없다. 의무를 좇는다는 이 위대하고 아름다운 단 하나의 열망 속에서 어머니의 인자한 표정과 지치지 않는 정신을 떠올릴 때면 나는 내 안에서도 같은 불꽃이 타오르는 것을 느끼며,

(중략) '나의 해밀턴, 그를 기억하는 일에도 정의가 찾아오리라'라는 어머니의 말씀을 반드시 이루라는 명령과도 같이 느껴진다."[2] 엘리자 해밀턴 홀리의 날카로운 지적처럼, 이 말은 엘리자베스가 자신의 자녀들 모두에게 물려준 절대적 명령이나 다름없었다. *나의 해밀턴, 그를 기억하는 일에도 정의가 찾아오리라.*

과연 그 정의는 찾아왔을까? 미국 역사상 알렉산더 해밀턴만큼 열성적인 사랑과 혐오를 불러일으킨 인물은 그리 많지 않다. 오늘날까지도 그는 '제퍼슨 민주주의Jeffersonian democracy'와 '해밀턴 귀족주의Hamiltonian aristocracy'를 비교하는 상스런 역사 만평에 발목이 잡혀 있는 듯 보인다. 농업 중심의 사회 전망을 고집했던 제퍼슨과 그 추종자들은 해밀턴을 미국의 메피스토펠레스Mephistopheles(『파우스트』에 등장하는 악마_역주)이자 은행과 공장, 증권거래소 등과 마찬가지로 악마적 술수를 옹호하는 자라고 여겼다. 이들은 그를 영국 왕실에 맹종하는 졸개, 사실상의 군주제주의자, 마키아벨리론을 믿는 음모자, 혹은 카이사르Caesar가 되고자 하는 사람 등으로 격하시켰다. 노아 웹스터Noah Webster는 해밀턴의 '야망, 오만, 그리고 고압적인 성정'이 해밀턴으로 하여금 '이 나라의 사악한 천재가 되도록 만들었다'고 주장했다.[3] 미국 민족주의American Nationalism, 즉 여러 주들이 강력한 중앙정부에 종속된 상태에서 적극적 행정부를 따른다는 해밀턴의 강력한 사상은 미국이 자칫 영국 왕실이 보여주었던 방식으로 회귀할지 모른다는 두려움을 불러일으켰다. 일견 부자들을 배려해준다는 점에서도 그의 견해는 비난을 불러일으키며 그를 대중이 경멸하던 금권金權 정치가들의 속물적 도구로 보이게끔 만들었다. 또 다른 반대론자 무리들은 직업 군인에 대한 해밀턴의 확고한 믿음을 문제 삼으며 그를 잠재적 폭군으로 탈바꿈시켜버렸다. 역사학자 헨리 애덤스Henry Adams는 '그가 쓴 글의 첫 마디부터 마지막 마디까지 모든 곳에서 나폴레옹식의 모험주의를 읽을 수 있다'고 결론지었다.[4] 심지어 해밀턴을 따르던 이들 중에도 서인도제도 출신 이민자가 보이는 어딘가 외래적인 색채 때문에 확신을 가지지 못했던 자들이 있었다. 우드로 윌슨Woodrow Wilson은 해밀턴을 마지못해 칭찬하면서 '아주 대단한 사람이지만, 대단한 미국인은 아니다'고 말했을 정도다.[5]

그러나 저명한 해설가들 중 다수는 엘리자베스 해밀턴의 대사를 그대로 되뇌면서 '나의 해밀턴'에 대한 정의가 아직 찾아오지 않았다고 말했다. 미국의 '건국의 아버지들Founding Fathers' 중 다른 인물들 모두에게는 자신의 명성을 한층 더 빛내줄 멀끔한 수 권짜리 전기가 있지만 해밀턴만큼은 그렇지 못했다. 영국의 정치가 제임스 브라이스James Bryce 경은 해밀턴이 건국의 아버지들 중 유일하게 후대로부터 마땅한 대접을 받지 못하는 인물이라고 평했다. 저서 『아메리카 공화국The American Commonwealth』에서 그는 '살아생전이건 사후건, 그의 동포들은 절대로 그의 엄청난 재능을 충분히 인정해주지 않았던 것으로 보인다. 이 점에 주목해본다면 아마 이 훌륭한 인물의 죽음은 곧 미국 초기 역사에서 유럽인들에게 가장 흥미로운 사건들 중 하나임을 알아차릴 수 있을 것'이라 보았다.[6] 굳센 민족주의와 활력 넘치는 정부로 대표되는 격정적인 진보적 공화주의Progressive Republicanism 의 시대, 시어도어 루스벨트Theodore Roosevelt는 해밀턴을 강력히 변호하며 그를 '당대 가장 고결하고 열정적인 지성을 지닌, 사상 최고로 훌륭한 미국인 정치가'라 평했다.[7] 루스벨트의 뒤를 이어 대통령이 된 윌리엄 H. 태프트William H. Taft 또한 마찬가지로 해밀턴을 '우리의 가장 위대하고 건설적인 정치가'라 칭했다.[8] 분명한 것은 알렉산더 해밀턴은 미국 역사상 대통령에 오르지 않은 정치적 인물들 중 가장 중요한 존재일 뿐 아니라, 심지어 수많은 역대 대통령들보다 더욱 크고 지속적인 영향력을 행사했다는 점이다.

해밀턴은 건국의 아버지들 중에서도 손꼽힐 만큼 여러 역할을 해냈다.

그는 사상가임과 동시에 행동가였고, 재기 넘치는 이론가임과 동시에 수완 좋은 집행자였다. 그는 제임스 매디슨James Madison과 함께 제헌회의를 소집했던 주요 인물로 손꼽히며, 자신이 직접 감독한 고전적인 헌법해설문 '연방주의자The Federalist' 시리즈의 주요 저자이기도 하다. 갓 탄생한 미 정부의 초대 재무장관이자 주요 설계사로서 해밀턴은 헌법적 원칙들을 받들었고 이를 광범위한 생활에 녹여넣으며 추상적인 관념들을 제도적인 현실로 바꾸어놓았다. 그는 실용적인 태도로 포괄적 프로그램들을 여럿 계획했다. 예산 제도, 장기채, 조세 제도, 중앙은행, 세관 체제, 연안경비대를 포함하여 근대 국민국가라는 조직을 용케도 부드럽게 운영하고 미국에서 가장 영향력 있는 공식 해설서들을 통해 그것을 정당화했던 해밀턴이지만, 한편으로는 행정부 권한의 최고 수위를 정하고 그 선을 한 번도 넘기지 않게끔 했다. 제퍼슨이 미국 정치 담론의 정수가 될 만한 시를 썼다면, 해밀턴은 미국이라는 국가의 경영에 대한 산문을 쓴 인물이다. 다른 그 어떤 건국의 아버지들도 장래 미국의 정치적·군사적·경제적 국력에 대해 그토록 명확하고 선지적인 전망을 내놓지 못했으며, 국가를 하나로 묶을 수 있는 그토록 기발한 메커니즘 역시 제시하지 못했다.

해밀턴이 재무장관직을 수행하면서 바쁘게 지냈던 시절도 대단했지만, 그의 짧은 생애는 그보다 더한 사건 사고들로 가득했다. 네비스 섬의 사생아로 태어났을 때부터 위호켄에서 피투성이가 된 채 쓰러지기까지, 해밀턴의 인생은 너무나 격동적이어서 아주 대담한 소설가나 그런 이야기를 지어낼 수 있을 정도다. 아메리카에 건너온 무명의 이민자가 자신을 스스로 재창조하여 결국에는 적절한 신분이나 어린 시절의 보살핌 없이도 성공했다는 평판은 그를 오래도록 상징했다. 세인트크로이 섬의 고뇌하는 회사 직원에서부터 조지 워싱턴 내각에서 군림하는 인물이 되기까지 해밀턴은 계속해서 모습을 바꾸었는데, 그 일대기는 눈을 뗄 수 없

• 프롤로그

을 만큼 흥미로울 뿐 아니라 나아가 미국의 국가 형성기를 파노라마처럼 보여준다. 1776년부터 1800년 사이, 조지 워싱턴을 제외하면 미국 정계에서 해밀턴보다 더 핵심에 가까웠거나 더 많은 전환점을 함께했던 인물은 찾아볼 수 없다. 그 누구보다 이곳저곳을 누볐던 해밀턴은 계층, 지역, 인종, 종교, 사상 간의 답답한 갈등 속에서 발화점 같은 역할을 담당했다. 그는 이 신생국에 충격요법을 던졌고, 영감을 불어넣었으며, 분노를 일으켰다. 그가 너무나 끊임없이 반항적이고 위풍당당한 정치적 공격을 퍼부었기 때문에, 그와 동시대를 살았던 이들은 종종 그의 공격에 어떻게 반응했는가에 따라 설명될 정도였다.

해밀턴은 기괴할 만큼 빠르게 행동하는 역동적인 천재였다. 한 인간이 49년 동안 쏟아낼 수 있는 최대한의 언사를 쏟아냈다고 볼 수밖에 없을 정도다. 그러나 그는 정치적 견해를 풍부하게 표현했던 데 반해 자신의 사생활, 특히 카리브해에서 보낸 추잡했던 유년기는 드러내지 않았던 것으로 유명하다. 건국의 아버지들 중 다른 그 누구도 그런 수치나 불행과 싸워야 했던 적이 없었다. 해밀턴의 유년기는 아직까지도 다른 그 어떤 주요 미국 정치가들의 어린 시절보다 더 짙은 미스터리에 싸여 있다.

해밀턴의 지적 활동에 대해 지금까지 남아 있는 자료는 충분하기 때문에 나는 이 이지적인 남자를 공인인 동시에 한 개인으로 만들어줄 일화와 자료들을 모으고자 노력했다. 매력적이면서도 충동적이고, 로맨틱하면서도 재치 있으며, 늠름하면서도 고집불통인 해밀턴은 전기작가로서 참을 수 없는 심리적 연구 대상이다. 그는 최고 수준의 지적 능력을 타고난 데다 자아까지 기민했기 때문에 신경질적인 성정이나 치명적일 정도의 호전적 성향을 갖게 되었다. 해밀턴은 사생아라는 자신의 오명을 평생 극복하지 못했고, 그가 시도했던 정교한 술수는 종종 그를 가장 열렬히 사랑하는 이들까지도 경악시킬 만큼 참혹한 판단 실패로 이어지곤 했다.

그는 가까운 친구도 여럿 사귀었지만 토머스 제퍼슨, 제임스 매디슨, 존 애덤스, 제임스 먼로James Monroe 그리고 에런 버와는 거대한 불화를 빚었다.

재무장관으로서 엄청난 업적을 세우는 바람에 해밀턴이 평생 거쳤던 다른 수많은 길들은 제대로 주목받지 못했다. 그는 회사의 직원이자 대학생이었고 그 이후에는 젊은 시인이며 수필가이자 포병 대위였으며, 전쟁 중에는 조지 워싱턴의 부관이자 전장의 영웅이었고, 그 뒤엔 국회의원, 노예제 폐지론자, 뉴욕은행 설립자, 주의회 의원, 제헌회의와 뉴욕 주 헌법 비준회의의 일원, 웅변가, 변호사, 논객, 교육자, 「뉴욕 이브닝 포스트New-York Evening Post」 후원자, 외교 정책 이론가, 그리고 육군 소장 등을 지냈다. 고집불통일 만큼 타협에 박했던 그는 최초의 정당 출현을 촉발시켰고, '연방주의자' 시리즈를 포함한 여러 지적 산물을 만들어냈다. 그는 연이은 네 번의 대통령 선거를 움직이는 주요 세력이었고, 워싱턴 행정부와 애덤스 행정부 시기에는 미국의 정치적 의제를 대부분 이끌었으며, 사실상 당대 거의 모든 핵심 이슈에 대해 방대한 양의 해설을 남겼다.

해밀턴을 다루었던 초기의 전기작가들은 그가 남긴 수많은 자료 중 오직 일부분만을 빈약하게 건드린 글을 쓸 수밖에 없었다. 1961년부터 1987년까지, 헤럴드 C. 시레트Harold C. Syrett와 그의 용맹한 컬럼비아대학출판부의 편집부는 해밀턴의 개인적인, 또 정치적인 문서들을 담은 스물일곱 권짜리 전집을 출판했다. 율리우스 괴벨 주니어Julius Goebel Jr.와 그의 조수들은 여기에 법적, 사업적 문서들을 다섯 권으로 엮어 이미 꽉 찬 서가에 추가해 넣음으로써 총 2만 2,000페이지의 글들을 쌓아 올렸다. 이 세심한 편저들은 해밀턴이 쓴 글들을 마구잡이로 모아놓은 것보다 훨씬 더 많은 것을 담고 있었고 학자들에게는 축제의 장이나 마찬가지였다. 전문가들의 해설은 물론 당시의 신문 기사들과 그가 쓴 편지 및 일기까지 한가득 포함되어 있기 때문이다. 그 어떤 전기작가도 이 풍족한 자료들을 완전히 담아내지는 못했다. 나는 여기에 광범위한 자료 조사를 추가로 실시해서, 해밀턴의 사설 50여 편을 포함하여 아직까지 세상에 모습을 드러내지 않았던 자료들을 이 책에 더해 넣었다. 절대로 베일을 벗지 못할 것 같았던 그의 유년기를 밝혀내기 위해 나는 국내의 자료 보관소 다수는 물론 스코틀랜드와 잉글랜드, 덴마크, 그리고 서인도제도의 여덟 개 섬에 있는 자료들을 샅샅이 뒤졌다. 바라건대 이를 통해 그린 나의 초상이 당대에 가장 정통한 사람들에게도 새롭고 놀라울 수 있기를 기원한다.

오늘날은 이미 오래전 미국의 자본주의 혁명을 예언했던 해밀턴의 삶을 재평가하기에 딱 좋은 시기다. 제퍼슨이 정치적 민주주의를 보다 풍부하게 표현해낸 인물이라면, 해밀턴은 경제적 기회에 대해 좀 더 섬세한 감각을 지닌 인물이었다. 그는 우리가 지금 살고 있는 시대에서 당대로 간 전령이나 다름없었다. 이미 우리는 농업이라는 장밋빛 이야기, 그리고 제퍼슨 민주주의 이면의 노예제라는 현실을 떠나와 마침내 해밀턴이 예견했던 세계, 즉 무역과 산업, 증권 거래, 은행들이 복잡하게 얽힌 세계에 살고 있다(해밀턴의 확고한 노예제 폐지론은 이와 같은 그의 경제적 전망과도 필수불가결한 관련이 있다). 그는 또한 연방정부의 형태와 권력을 예견했던 최고의 선지자였음이 드러났다. 제퍼슨과 매디슨이 입법권을 가리켜 '대중의 의지가 가장 순수하게 표현되는 것'이라며 찬양할 때 해밀턴은 역동적인 행정부와 독립적인 사법부, 전문 군대, 중앙은행, 그리고 발전된 금융 체계를 주장했다. 오늘날 우리가 해밀턴의 미국을 이어받은 상속자라는 데는 반박의 여지가 없고, 그의 유산을 거부한다는 것은 곧 현대 세계를 거부한다는 것이나 다름이 없어졌다.

1

표류자들

Alexander Hamilton

알렉산더 해밀턴은 자신이 영국령 서인도제도의 네비스Nevis 섬 출신이라고 주장했지만 현존하는 기록들로는 이를 입증할 수 없다. 오늘날 이자그마한 섬은 카리브 해에 찍힌 화려한 반점이자 숨어 있는 이국적인 관광지 정도에 지나지 않아 보인다. 지금으로부터 100만 년 전, 이제는 네비스 봉*이라 불리는 지대가 해저에서 솟아올라 섬을 형성했으며 그 3,200피트(약 975킬로미터_역주) 높이의 사화산 봉우리는 여전히 무역풍을 가로막고 서 있다. 이 삐죽삐죽한 봉우리들은 두꺼운 구름 소용돌이 뒤로 자주 모습을 감추곤 한다. 우거진 정글을 연상시키는 사방의 산봉우리와 가파른 협곡들, 그리고 모래사장 해변으로 이어지는 푸르른 산기슭들은 이 섬을 영국의 자연 요새로 만들어주었다. 이곳에는 자연의 신비와 공포가 동시에 넘쳐나는데, 한 예로 최초의 수도였던 제임스타운은 1690년 지진과 해일 때문에 바닷속으로 사라졌다.

오늘날의 관점에서 네비스 섬은 해밀턴이 세인트크로이 섬과 북아메리카로 이주하기 전에나 틀어박혀 있었던 지루하고 후미진 곳으로만 보일 수도 있다. 그러나 18세기 당시의 상황을 고려해보면 서인도제도가 절대로 주변적인 지역이 아니었고, 오히려 유럽 열강들이 수익성 좋은 설탕 무역의 지배권을 놓고 격렬한 세력 다툼을 벌였던 해양 격전지였음을 알 수 있다. 세련된 유럽 도시들의 소비자 취향에 작은 혁명이 일어나면서 사람들이 커피나 차, 코코아를 달게 마시기 시작하자 서인도제도 섬들은 그에 필요한 사탕수수를 재배하는 귀중한 땅으로 거듭났고, 그 결과 드문 드문 흩어져 있는 이 작은 섬들은 다른 모든 북아메리카 식민지들을 합친 것보다 더 큰 부를 영국에 가져다주었다. 1760년대에는 벤저민 프랭클린Benjamin Franklin 또한 '서인도제도는 북부 식민지의 우리들을 훨씬 능가한다'며 투덜거린 바 있다.[1] 프렌치-인디언 전쟁(1754~1763년 아메리카 대륙에서 일어난 영국과 프랑스의 식민지 쟁탈 전쟁_역주) 이후 영국은 캐나다 전체를 과들루프 섬 하나와 맞교환하는 방안을 진지하게 고려했으나, 결국 프랑스가 자신들의 설탕 섬을 지키기로 외교적 결단을 내림에 따라 축배를 들게 되었다. '하얀 금'으로도 불릴 만큼 설탕의 인기가 급작스레 높아지자 노예제를 바탕으로 일확천금을 얻을 수 있는 잔혹한 세상이 시작되었다. 서인도제도의 원주민들과 유럽인들은 찌는 듯이 덥고 고된 사탕수수 플랜테이션의 일을 꺼렸기 때문에 네비스 섬 및 이웃 섬들의 경작을 위해 수천 명의 흑인들이 서아프리카의 노예무역 요새에서 이곳으로 보내졌다.

영국 당국은 네비스 섬을 식민 점령하면서 런던 길거리에서 끌어모은 방랑자들, 범죄자들 및 여타 하층민들로 하여금 이곳에서 계약 하인이나 감독관으로 일하게 했다. 1727년, 이곳의 성공회 목사 한 명은 영성이 희미해지고 있음에 슬퍼하며 노예들이 '나태, 도벽, 고집, 불평, 배신, 거짓말, 술주정 등'을 행하는 경향을 띤다고 유감을 드러냈다. 그러나 그는 '사회 내의 소매치기들, 창녀들, 사기꾼들, 부랑자들, 도둑들, 남색자들을 포함한 쓰레기들과 살인자들'로 구성된 요란스러운 백인 계층을 향해 한층 더 신랄한 비판을 퍼부었다.[2] 아름답지만 하나님이 계시지 않는 이 지역에 갇힌 목사는 영국의 노예 수입이 '교수형에 처할 만큼 나쁜 건 아니지만 그들 고국의 선량한 동포들과 함께 살도록 놔두기에는 너무나 나쁜' 짓이라며 한탄했다.[3] '건국의 아버지들 중 해밀턴을 제외한 다른 이들은 단정한 뉴잉글랜드의 마을에서 자라났거나 버지니아의 사유지에서 애지중지 길러진 데 반해 해밀턴은 화려한 자연미를 배경으로 방탕한 백인들과 성질 사나운 노예들이 한데 뒤섞인 열대의 지옥 구덩이에서 자라났다.

해밀턴의 친가와 외가 모두는 불안정한 서인도제도 중산층의 삶을 살았다. 위로는 플랜테이션 귀족들에게 치이고, 아래로는 거리의 폭도들이나 제멋대로 구는 노예들에게 시달리는 삶이었다. 평생 사생아라는 손가락질을 받았던 해밀턴이 자신의 어린 시절에 대해 이야기하기를 꺼렸던 것도 이해할 만하다. 그는 '나의 출생은 가장 굴욕적인 범죄의 산물'이라며 고통스러운 고백을 뱉기도 했다. 해밀턴은 어린 시절의 가족사를 금기시했고, 오로지 수수께끼 같은 편지들 두어 장에서만 이에 관한 암시를 넌지시 남겼을 뿐이다.[4] 그는 자신의 외조부이자 내과 의사였던 존 포셰트John Faucette를 가리켜 '낭트 칙령의 폐지에 따라 서인도제도로 이주해 네비스 섬에 자리 잡은 후 상당한 부를 얻은 프랑스계 위그노'라 묘사했다 (루이 14세Louis XIV가 1685년에 폐지한 낭트 칙령은 프랑스 신교도들에 대해 종교적 관용을 보장했었다). 또한 외조부를 알던 여러 사람들의 말을 빌리자면 그는 문필가이자 상당한 신사였다고도 말했다.[5] 그러나 그가 세상을 떠나고도 10년 뒤에 태어난 해밀턴은 아마도 외조부에 대한 인상에 한 줌의 품위를 더해 넣었을 것이다. 노예제 기반 경제에서 내과 의사들은 주로 경매에 참석해 노예들의 치아를 확인하고, 혹독한 중간 항로를 거치는 동안 어느 정도의 기력이 남았는지 판단하기 위해 노예들에게 달리기와 멀리 뛰기, 높이뛰기 등을 시켰다. 설탕 섬의 그 어떤 백인도 노예제라는 만연한 오명에서 완전히 벗어날 수는 없었다.

네비스 섬에서도 비옥한 산악 지대인 세인트조지 진저랜드 교구의 기록물 보관소에는 존 포셰트가 1718년 8월 21일 영국 출신의 여성 메리 어핑턴Mary Uppington과 결혼했다는 기록이 남아 있다. 이 시점에서 그들은 이미 딸 앤Ann과 아들 존John 등 두 명의 자녀를 슬하에 두고 있었는데, 아들 존은 결혼식 당시 생후 2개월에 불과했다. 추측건대 열대 지방의 일반적인 관습에 안주하던 포셰트가 둘째 아이 출생 이후 자신들의 부부관계를 공식화하기로 결정한 듯하다. 결혼식 이전까지 이들은 사실혼 관계였으며, 훗날 해밀턴의 부모도 마찬가지로 사실혼 관계였다. 포셰트 부부는 총 일곱 명의 아이들을 낳았고 해밀턴의 어머니 레이철Rachel은 1729년 경 그중 여섯 번째 아이로 태어났다.

서인도제도에서는 레이철이 흑인 혼혈이었고 따라서 알렉산더 해밀턴 역시 쿼드룬(4분의 1의 흑인 혈통_역주) 혹은 옥토룬(8분의 1의 흑인 혈통_역주)이었다는 주장이 끊임없이 제기된다. 그러나 집요하리만치 인종에 집착했던 서인도제도의 사회 속에서 레이철은 언제나 마을의 백인 인두세 목록에 이름을 올렸고, 그녀가 혼혈이었다는 주장을 뒷받침해줄 증거는 남아 있지 않다. 해밀턴이 물라토(흑인과 백인의 혼혈아_역주)였으리라는 풍속적인 믿음은 아마 서인도제도의 사생아들이 대부분 혼혈이라는 부정할 수 없는 사실 때문일 것이다. 레이철이 태어나던 무렵 네비스 섬에 수입된 노예의 수는 백인 거주민보다 네 배 정도로 많은 4,000명이었고, 이 때문에 흑인 노예들과 백인 주인들 간의 성적(性的) 관계는 끔찍할 만큼 일상적인 일이었다.

네비스 섬 남부 산기슭에서 살던 포셰트 가족은 자그마한 설탕 플랜테이션과 최소 일곱 명의 노예를 소유하고 있었는데, 이는 당대 전형적인 소시민의 삶이라 할 수 있다. 훗날 이곳에는 포셰트를 영어식으로 적은 포셋(Fawcett)이라는 이름의 흑인 마을이 들어섰는데, 노예들이 종종 주인의 성을 자신의 성으로 받아들였다는 사실로 미루어보면 이것으로 포셰트 가족이 노예를 소유했었음을 알 수 있다. 설탕 섬들에는 말라리아와 이질, 황열 등 심각한 전염병이 계속해서 대규모로 찾아왔다. 포셰트 가(家)의 일곱 아이들 중 다섯도 영아기 혹은 유년기에 목숨을 잃었고 레이철과 더불어 그녀보다 훨씬 나이 많았던 언니 앤만이 살아남았다. 노예들의 도움을 받았음에도 소규모 농장주들은 힘겨운 상황에 놓여 있었다. 사화산 봉우리를 둘러싼 네비스 언덕은 너무나 험준한 바위투성이 산이라 계단식 밭을 꾸린다 해도 사탕수수를 키우기엔 적절치 않은 곳이었다. 네비스 섬은 점차 경제적 입지를 잃어갔다. 특히 원인 모를 병해가 돈 뒤 1737년부터 엎친 데 덮친 격으로 가뭄까지 서서히 네비스 섬과 그 무성한 산록을 좀먹어가면서 사태는 더더욱 심각해졌다. 이에 따라 대규모의 사람들이 네비스 섬을 떠나갔는데, 당시 제임스 리턴James Lytton이라는 부유한 농장주와 결혼한 앤 포셰트 또한 이 행렬에 몸을 실었다. 이들은 덴마크령의 세인트크로이 섬으로 건너갔으며 이후 해밀턴의 부모에게도 자신들을 뒤따를 수 있는 탈출구를 마련해주었다.

포셰트 부부의 결혼생활은 끊임없는 다툼으로 얼룩져 있었는데, 아마 1736년에 두 아이가 나란히 세상을 등진 데다 그 이듬해에는 섬을 모조리 말려버린 병충해가 닥치며 그들 사이는 더욱 나빠졌던 듯하다. 메리 포셰트는 예쁘고 사회적으로 야망 있는 여성이었기에, 이 침체된 섬에서 더 이상 꾸물거릴 수 없었던 것처럼 보인다. 확고한 결심, 그리고 힘 있는 남성들과 마주하며 살았던 요령을 발판으로 삼은 그녀는 리워드 제도(서인도제도의 동부 소앤틸리스 제도 북부에 있는 섬들_역주)의 수상에게 남편과의 법적 이혼을 신청했다. 1740년 판결에 따라 포셰트 부부는 '남은 여생 동안 따로 떨어져 살기로' 합의했고, 메리는 고작 53파운드의 연금을 받는다는 조건으로 남편의 재산에 대한 모든 권리를 포기했다.[6] 이때 그녀와 레이철이 폭 2마일(약 3.2킬로미터_역주)의 좁은 해협을 건너 세인트키츠 섬으로 간 뒤 그곳에서 스코틀랜드 태생의 젊은 상류층 인사 제임스 해밀턴James Hamilton을 처음 만났을 가능성이 있다. 메리가 존 포셰트의 모든 재산에 대한 권리를 포기했기 때문에, 그가 세상을 떠난 1745년에 레이철은 제2상속인으로서 갑작스레 아버지의 전 재산을 물려받게 되었다. 뒤이은 이야기에서도 알 수 있겠지만, 레이철은 매우 밝고 아름다우며 강력한 의지를 지닌 사람이었다. 이 점을 염두에 둔다면, 부유하고 교육받은 유럽 여성이 만성적으로 부족했던 그 세계 속에서 그녀가 큰 인기를 끌었을 것임을 짐작할 수 있다.

레이철과 그녀의 어머니는 큰딸 앤 리턴이 남편과 자리 잡은 세인트크로이 섬에서 새로이 출발하기로 결정했다. 이들은 주도州都인 크리스천스테드 교외의 상당한 사유지를 사들여 그곳을 그레인지Grange라고 불렀다. 네비스 섬에서 이주해 온 또 다른 이, 덴마크인 요한 미카엘 레비앙Johann Michael Lavien을 이들에게 소개시켜준 것도 아마 리턴 부부일 것이다. 레비앙은 잡화를 파는 행상이었다가 농장 운영에 관심을 가지게 된 사람이었다. '레비앙'은 레바인Levine이라는 이름의 세파르디(스페인, 북아프리카계 유대인_역주)식 형태일 수도 있는데, 만일 그가 정말 유대인이었다면 그는 자신의 출신을 숨기는 데 성공한 셈이다. 그가 자신을 유대인이라고 소개했다면, 서로 다른 인종 간의 결혼만큼이나 서로 다른 종교인들 간의 결혼에도 눈살을 찌푸렸던 그 세계에서 속물적인 메리 포셰트는 틀림없이 이 관계를 반대했을 것이기 때문이다.

단편적인 증거들로 보자면 레비앙은 신대륙에서의 일확천금을 꿈꾸던 남자였던 듯하다. 그러나 그 또한 다른 많은 이들과 마찬가지로 여러 좌절에 부딪혔다. 레이철을 만나기 한 해 전, 그는 보잘것없는 자본의 대부분을 세인트크로이 섬의 작은 설탕 플랜테이션으로 모두 탕진했다. 대규모 사유지들이 가득한 이 섬에서 수익성 괜찮은 플랜테이션을 운영하려면 노예들이 50명에서 100명은 필요했는데, 이는 가진 돈이 별로 없었던 레비앙의 몽상을 훨씬 넘는 수준이었다. 눈높이를 확 낮춰 값싼 작물에 관심을 가지기 시작한 그는 곧이어 작은 목화 플랜테이션 한 곳의 지분 절반을 사들였다. 그러나 이 때문에 그는 결국 덴마크 서인도회사Danish West India and Guinea Company에 큰 빚을 지게 되었다. 레비앙에게 있어 레이철 포셰트는 그녀가 가진 육체적 매력은 차치하고, 언제든 쓸 수 있는 현금 다발 정도의 의미였을 수도 있다.

요한 미카엘 레비앙을 가리켜 알렉산더 해밀턴은 자신의 가족사를 좀먹은 무시무시한 사람이라고 확고하게 말했다. 그는 '재산만을 노리던 남자, 레비앙(해밀턴은 Lavien이 아닌 Lavine으로 썼다)이라는 이름의 덴마크 사람 하나가 금으로 화려하게 치장하고 네비스 섬에 온 뒤 당시 아름다웠으며 포근한snug 재산을 가지고 있었던 젊은 여자, 즉 나의 어머니에게 구애했다'라고 적었다. 18세기에 사용했던 '포근한 재산'이란 표현은 비교적 평온한 삶을 살기에 충분한 재산을 의미했다. 검은 실크 가운과 밝은 금색 단추가 달린 파란색 조끼를 매우 좋아했던 레비앙은 호화롭게 치장하기를 즐겼다. 그는 자신이 빈털터리임을 숨기기 위해 치장에 돈을 쏟아부었고, 이것으로 메리 포셰트 또한 속여, 자신을 그럴듯한 구혼자로 여기게 만들었다. 해밀턴은 자신의 조모가 레비앙이 가진 겉면의 '반짝임에 사로잡혀서' 자기 딸을 마치 최고가에 팔아넘기듯 보내버린 그날을 개탄했다. 16세의 레이철은 당시 자신보다 적어도 열두 살이 많았던 늙은 레비앙과 결혼하는 데 마지못해 동의했다. 해밀턴은 이를 두고 '조모의 말에 따르는 일이긴 했으나 (중략) 어머니 자신의 의지와는 반대되는 일이었다'라고 적었다.[7] 해밀턴의 불퉁한 추측에 따르자면, 이 결혼은 속이 상한 자매들이 서로를 껴안고 울 만큼 '끔찍한 결혼'이었다.[8]

1745년, 모든 불행의 시초였던 결혼식이 그레인지에서 열렸다. 이 신혼부부는 자신들 소유의 자그마한 농장지에 집을 짓고 살았는데, 섬뜩할 만큼 아이러니하게도 이 농장에는 '만족Contentment'이라는 이름을 붙였다. 이듬해 신부는 10대의 나이에, 자신의 유일한 적장자인 피터Peter를 낳았다. 그러나 레이철이 단 한 번이라도 레비앙과 부부관계를 맺었는지는 의문이다. 해밀턴의 손자가 기억하는 바에 따르자면 레비앙이 '고압적인 사람이거나 혐오스러운 성정의 사람'은 아니었다고 하지만, 레이철은 자신의 나이 많은 남편이 상스럽고 참을 수 없으며 그 때문에 숨 막힌다고 느꼈을 것이 분명하기 때문이다.[9]

1748년, 레비앙은 또 다른 소규모 설탕 플랜테이션 한 곳의 지분 절반을 구매하면서 빚을 더더욱 늘렸고 이로써 레이철이 상속받은 재산을 빠르게 탕진해갔다. 이들의 결혼생활은 1750년경 황소 같은 성정의 아내 레이철이 집을 나가버리면서 한층 더 나빠졌다. 훗날 그들의 이혼 판결문에 따르면, 앙심을 품은 레비앙은 레이철이 자신과 함께 살 때 '남편과 아내 사이에는 해서는 안 될 저속하고도 매우 의심스러운 실수들을 범했다'며 분노에 차 소리쳤다.[10] 가차 없는 그의 고발에 따르자면 그녀는 '수치를 모르고, 음탕하며, 신을 섬길 줄 몰랐다.'[11]

자존심에 금이 가 분노로 들끓던 레비앙은 제멋대로 구는 자신의 신부에게 수치를 주려고 작심했다. 덴마크에는 아내가 두 번 이상 간통으로 유죄를 선고받았고 더 이상 남편과 함께 살지 않을 경우에는 남편이 아내를 감금해도 괜찮다고 허용하는 법이 있었다. 이를 이용하기로 마음먹은 레비앙은 레이철을 실제로 마을 감옥으로도 사용되던 크리스천스테드 요새에 가두었다.[12] 레이철은 종종 '창녀'로 그려졌으나 해밀턴에게 악의적이었던 한 언론은 그를 '캠프걸(군부대의 군인들과 어울리는 매춘부_역주)의 아들'이라고 불렀다. 그러한 넘겨짚기는 말도 안 되는 것이었다.[13] 그러나 아내에 대한 고발을 공개적으로 떠벌리고 다녔음에도 레비앙을 노골적으로 비난하는 이가 없었다는 점은 레이철이 실제로도 사회적 관습을 어기고 다른 남자의 품 안에서 위안을 찾았음을 암시한다.

갤로스 만의 가장자리에 위치한 크리스천스테드 요새는 산호초 너머로 해적들이나 적함을 향해 쏠 수 있는 대포, 그리고 주로 노예들을 굴복시킬 때 사용하기 위해 내륙을 향해 돌려 쏠 수 있는 소규모 대포를 갖추고 있었다. 백인을 때리거나, 수수밭에 불을 지르거나, 자유를 찾아 도망치는 등 '극악무도한 범죄'를 저지른 반항적인 흑인들은 이 끔찍한 장소에서 이루 말할 수 없는 징벌을 받았다. 이들에게는 채찍질과 낙인, 다리에 차는 무거운 강철 족쇄, 더러운 지하 감옥에 파묻기 등의 처벌이 내려졌다. 나머지 감방에는 주정뱅이와 좀도둑들 등 백인 사회의 쓰레기들이 갇혔는데, 레이철을 제외하면 여성이 간통을 이유로 이곳에 수감된 적이 없는 것으로 추정된다. 가로 10피트, 세로 13피트(각각 약 3미터, 4미터_역주) 정도의 눅눅하고 비좁은 감방에서 수개월을 지낸 레이철은 두려움과 외로움에 정신적으로도 고통 받았을 것이 분명하다. 방 깊숙이 붙어 있는 작은 덧창 너머로 그녀는 뾰족한 못들이 뒤덮고 있는 반대편 벽, 그리고 열대의 사나운 햇빛 아래에서 청록색으로 반짝이는 수면을 바라볼 수 있었다. 또한 대형 설탕통을 쌓아올리느라 바쁜 부두의 소리도 엿들을 수 있었을 텐데, 훗날 그의 아들 알렉산더 또한 이곳에서 무역회사의 어린 직원으로 일하게 된다. 이 기간 내내 그녀는 염장한 청어와 대구, 삶은 노란 옥수수 가루 등 욕지기나는 음식들을 힘겹게 삼켜야만 했다.

심리학엔 별다른 식견이 없었던 레비앙은 유감스럽게도 레이철이 3개월에서 5개월쯤 갇혀 있다 보면 이 비뚤어진 여자가 비로소 고분고분하게 자신의 독재적 권위를 따르게 될 것이라 상상했다. 훗날 발표된 이혼 선언문의 말을 빌리자면 그는 '모든 상황이 한층 더 나아질 것이며, 그녀는 진정한 아내로서 그 신앙심 없는 삶의 태도를 바꾸고 자신과 함께 그녀가 마땅히 그래야만 하는 모습으로 살 것'이라 믿었다.[14] 그는 그녀가 가진 불굴의 정신을 몰랐던 셈이다. 고독은 레이철로 하여금 자신의 인생에서 레비앙을 몰아내겠다는 다짐을 한층 더 굳혀줄 뿐이었다. 훗날 해밀턴은 약간 다른 맥락에서 이 이야기를 꺼내며 '국가들 또한 개인들과 마찬가지로 자신이 외부 압력에 좌지우지된다는 느낌을 받으면 반항하게 되어 있다는 점을 우리에게 잘 보여주는' 이야기라고 논했다.[15] 요새에서 나온 레이철은 당시 세인트크로이 섬의 권력자 중 하나였던 마을 지도자 베르트람 피에테르 드 눌리Bertram Pieter de Nully와 함께 살고 있던 자신의 어머니를 찾아가 수 주 동안 머무르며 직접 바느질을 하는 한편 자신이 소유한 세 명의 노예를 임대해주면서 돈을 벌었다.

이후 레이철은 스스로 사회의 낙오자라는 지위를 평생 뒤집어쓰게 될, 용감무쌍하지만 무모한 짓을 감행한다. 레비앙과 하나뿐인 아들 피터를 버리고 섬을 도망쳐 나온 것이다. 그리하여 그녀는 법적 별거 상태를 유지하며 얻을 수 있었던 장래의 혜택을 잃음과 동시에, 의도치 않게 아직 태어나지조차 않았던 알렉산더에게 사생아라는 운명을 쥐어주게 되었다. 이처럼 박해에 대한 당당한 반항과 정신적 강건함, 그리고 법정 모순에 대한 의지로 미루어 보면 그녀의 아들이 얼마나 열정적이고 고집스럽게 행동할지는 안 봐도 알 수 있었다.

1750년, 레이철은 세인트키츠 섬으로 넘어오면서 자신의 어머니인 메리 포셋과 동행했던 것으로 보인다. 메리는 신문 공고를 통해 채권자들에게 딸의 이주를 알리며 그녀의 빚을 갚아주었다. 레이철은 자신이 다시는 세인트크로이 섬을 볼 수 없게 되리라고, 복수심에 불타는 레비앙이 마지막 일격을 날릴 것이라고는 상상조차 하지 못했음이 분명하다. 알렉산더 해밀턴은 어머니와 레비앙의 결혼 생활에 대해 오래도록 사색해왔던 듯하다. 그는 이후 이를 두고 '자신들의 별이 서로에게 잘 맞는 두 사람, 우정과 감성의 달콤함을 즐길 줄 아는 영혼을 가진 두 사람을 묶어주는 것은 매우 좋은 일이지만 (중략) 불협화음을 이루는 두 사람의 분노가 만나는 것은 개 같은 일'이라고 말했다.[16] 아마도 그는 아내를 맞아야 할 시기가 왔을 때 자신의 선택에 각별한 신경을 썼을 것이다.

해밀턴의 또 다른 불행한 부모인 제임스 해밀턴 역시 서인도제도의 불운 속에서 고통받았던 사람이다. 1718년 경, 제임스 해밀턴은 스코틀랜드 글래스고 남서쪽에 위치한 에어셔 주의 스티븐스톤 교구 중 그레인지의 지주였던 알렉산더 해밀턴 슬하에서 열한 명(9남 2녀) 중 넷째로 태어났다. 1711년, 해밀턴가의 통칭 캠버스키트Cambuskeith 혈통 중 열네 번째 지주였던 알렉산더 해밀턴은 준남작의 딸인 엘리자베스 폴록Elizabeth Pollock과 결혼했다. 알렉산더가 유년기 내내 지겹도록 들었다시피, 캠버스키트 해밀턴 혈통은 문장紋章을 소유했고 수 세기 동안 킬마너크 부근에 그레인지라는 이름의 성城을 가지고 있었다. 실제 사실임이 확실한 계보를 따라가다 보면 캠버스키트 혈통은 14세기까지로 거슬러 올라갈 수 있는데, 말년에 해밀턴은 자신이 스코틀랜드 최고 혈통의 가문 중 한 곳의 자손이라고 떠벌리고 다녔다. "사실, 내 부모님이 누구였는지 물어본다면, 나는 이 나라에서 조상의 덕으로 화려하게 치장한 대부분의 사람들보다 더 나은 주장을 할 수 있소."[17]

1685년, 해밀턴 가문은 스티븐스톤 교구 해안가 마을의 상부에 위치한, 담쟁이덩굴로 뒤덮인 채 강한 바람이 부는 언덕에 우뚝 서 있는 케를로 성을 사들였다. 오늘날은 그저 고풍스러운 성곽 약간이 남아 있을 뿐이지만, 이 위풍당당했던 성은 당시만 하더라도 우아한 고딕 양식의 창문들이 장식된 거대한 연회장으로 이름을 날렸고, 성을 둘러싸고 있는 가문 소유의 남작 영지로도 유명했다. 성이 온전할 당시의 한 신문 기사는 이 성을 가리켜 '다소 가파르고 나무가 우거진 작은 강둑 위에 세워진 채 아름다운 협곡을 내려다보고 있다'고 묘사했다.[18] 안개가 끼지 않는 날이면 성주들은 클라이드 만 건너편 아란 섬의 경치를 감상하곤 했다.

당시에도 노스에어서 주의 전원 지역은 지금과 마찬가지로 부드럽게 경사진 목초지, 그리고 여기에 물을 대주는 샘과 연못들로 이루어져 있었다. 마소들은 나무가 없는 드넓은 언덕에서 풀을 뜯었다. 제임스 해밀턴이 케를로 성에서 자라나는 동안에는 가문의 영지가 너무나 드넓어서 스티븐스톤뿐 아니라 더 나아가 교구 내 경작지 중 절반이 여기에 포함되어 있었다. 가내 공업으로 베를 짜거나 구금(입에 물고 손가락으로 연주하는 작은 악기_역주)을 만드는 소규모 장인 집단도 있었지만, 그 외 대부분의 지역 주민들은 차디찬 오두막에 옹송그리고 모여 끔찍한 오트밀 죽을 먹으면서 해밀턴 가를 위해 일하는 소작농으로서의 궁핍한 삶을 이어나갔다. 상류층 태생으로 성 안에서 이야기책으로 모든 것을 배웠던 제임스 해밀턴에게는 불확실한 미래가 기다리고 있었다. 네 번째 아들이었던 그가 그레인지의 지주 자리를 물려받을 가능성은 거의 없었고, 이처럼 불안정한 위치에 있는 모든 남자 형제들이 그러하듯 그는 스스로 나가서 자립해야만 했다. 그의 아들 알렉산더가 말하기를, '형제 많은 가족의 넷째 아들'이었던 그의 아버지는 '무역을 하기 위해 길러졌다.'

제임스의 형제들에 대해 알려주는 자료들을 조각조각 모으다 보면 제임스는 그저 평범하기 그지없는 사람이자 가족의 골칫거리였던 것으로 보인다. 제임스는 정식 교육을 받지 않았던 반면 두 형과 두 남동생은 글래스고 대학에 다녔고, 이후에도 형제들 대부분이 평생 안정적인 지위를 가지고 살았다. 형 존John은 제조업과 보험 사업을 경영했다. 알렉산더Alexander는 외과의, 월터Walter는 의사이자 약재상이 되었고 누이 엘리자베스Elizabeth는 글래스고 항구의 관세 감독관과 결혼했다. 태평하고 태만했던 한편 자신의 정신력 강한 아들에게 줄 만한 영감이라곤 전혀 가지고 있지 못했던 제임스 해밀턴은 글래스고 사람 특유의 노력과 엄격한 규율이라는 기풍을 조금도 받아들이지 못했던 것 같다.

이후 그레인지의 지주가 되는 장남 존은 사냥개를 몰고 다니는 시골 대지주가 아니라 오히려 적극적이고 사업가적인 인물이었다는 인상을 준다. 그는 금융, 운송, 섬유 산업에 깊이 관여하며 글래스고에 대변혁을 일으키고 있었다. 성당과 대학을 중심으로 이루어진 이곳은 1720년대 영국의 작가 대니얼 디포Daniel Defoe가 '영국에서 가장 아름다운 작은 마을'이라며 칭송하기도 했는데 한편으론 벌써부터 상업의 정신이 생생하게 살아 숨 쉬고 있었다. 그리고 바로 이와 같은 정신이 알렉산더 해밀턴에게도 영향을 미치게 된다.[19] 1707년 스코틀랜드가 잉글랜드와 합병한 이후 스코틀랜드와 북아메리카 및 서인도제도 식민지 간의 무역은 크게 활성화되었고 설탕과 담배, 목화를 거래하는 대상인들은 큰 부를 거머쥐었다. 1737년 11월, 존 해밀턴은 상냥하지만 무책임했던 당시 열아홉 살의 제임스를 글래스고의 혁신적인 사업가였던 리처드 앨런Richard Allan에게 데려갔고 그의 밑에서 4년간 일을 배우게 했다. 앨런은 네덜란드의 산업 기술들을 대담하게 공격했는데, 이는 이후 알렉산더 해밀턴이 뉴저지 주 패터슨 시에 제조업을 들이기 위해 시도했던 것과 매우 유사한 방식이었다. 또한 앨런은 하를럼 리넨 및 염료 제조소Haarlem Linen and Dye Manufactory와 함께 스코틀랜드의 리넨 산업을 개척했다.

1741년, 존 해밀턴은 글래스고의 고위 귀족 세 명-아치볼드 잉그럼

Archibald Ingram, 존 글래스퍼드John Glassford, 제임스 데크먼James Dechman -및 앨런과 함께 글래스고 잉클 공장Glasgow Inkle Factory을 세우고 레이스를 만드는 데 사용되는 리넨 테이프(잉클)를 생산했다. 해밀턴과 함께 사업을 벌였던 글래스고의 상인 귀족들은 화려한 대형 마차를 타고 다니며 부동산을 관리하는 한편 자신들 소유의 외항선을 이용해 클라이드 강을 지배하고 있었다. 이들은 끊임없이 재정적 어려움에 시달렸던 제임스 해밀턴을 수 년 동안이나 계속 구해주었다.

1737년, 제임스 해밀턴이 리처드 앨런과 맺은 4년간의 고된 계약서에는 해밀턴이 리처드의 '견습생이자 하인'으로 일한다고 밝히고 있었으며 법적 구속력 또한 갖추고 있었다.[20] 존 해밀턴은 앨런에게 45파운드스털링을 지불하여 자신의 남동생이 섬유 무역을 배울 수 있게 했다. 그 대가로 제임스는 앨런의 집에서 깨끗한 이불보와 숙식을 제공받았지만 휴가나 주말의 자유시간 등은 약속받지 못했다. 존 해밀턴은 제멋대로인 제임스를 앞길이 창창한 신산업으로 자신이 인도하고 있다고 생각했음이 분명하다. 당시 리넨 산업이 실제로 수익성이 좋기는 했으나, 이처럼 이제 시작하는 단계의 회사에 있어서는 기대한 만큼의 결과물을 만들 수 없는 데다 비용 또한 많이 드는 사업이었다. 따라서 1741년에 견습생 계약이 만료되자 제임스 해밀턴은 자신의 운을 서인도제도에서 시험하기로 결심했다.

다수의 젊은 귀족들이 하나같이 환상에 빠져 서인도제도의 설탕 섬으로 모여들었다. 농장주나 상인이 되어 빠르게 부를 모은 다음 돈다발을 들고 유럽으로 돌아가 광활한 부동산을 사들이겠다는 것이 그들의 공통된 목표였다. 글래스고 지방에는 이 승자독식의 게임에서 이긴 가문들의 전원주택이 즐비하게 늘어서 있었다. 서인도제도의 섬들에서 돌아온 거대한 설탕 무역 선박들은 글래스고의 정제 공장(일명 '보일링 하우스boiling house')으로 갔고 증류주 공장에서는 그 설탕으로 만든 브랜디를 생산했다. 근면한 스코틀랜드인들은 설탕 무역 이외에도 상점을 운영하면서 플랜테이션에서 사용하는 자재들을 팔고 자신들의 생산물을 거래했다. 한 역사학자의 기록에 따르면 '그들이 연 대형 상점들은 마치 창고와도 같은 모양새였다. 그 상점들에는 철물 장비와 직물, 의류, 신발 따위를 포함하여 유럽과 북미의 상품들이 줄을 지어 넘쳐나고 있었다.'[21] 서인도제도를 통틀어 봤을 때 리워드제도의 세인트크리스토퍼 섬, 일명 세인트키츠 섬만큼 글래스고와 깊은 관계를 맺었던 곳은 거의 없다. 세인트키츠 섬은 그 영토 중 절반 이상이 스코틀랜드인들에게 증여될 정도였다.

스코틀랜드 대지주의 아들이었던 제임스 해밀턴은 처음에는 세인트키츠 섬에 대한 약간의 사회적 특권을 가지고 있었을지 모르겠지만, 그것이 그의 재정적 혹은 사업적인 성공으로 이어지지는 못했다. 서인도제도의 설탕 및 플랜테이션 상품 무역은 빈약한 자본을 가진 이들에게 있어 매우 위험한 짓이었다. 고객들은 무역상에 대해 신용을 요구했고, 무역상들은 상품이 유럽에 다시 팔리기 이전까지 물건들에 대한 리스크를 지는 한편 설탕세를 내야만 했다. 때문에 계산에 약간의 오류가 있거나 지급이 미루어지기라도 한다면 무역상에게는 재앙과도 같은 손실이 찾아올 수 있었다. 그러한 불운이 제임스 해밀턴에게도 닥쳤기에 그는 다시 한 번 형 존과 글래스고 친구들의 도움을 받을 수밖에 없었다. '그는 상인이 되고자 세인트키츠 섬으로 향했지만, 너무나 관대하고 너그러운 성정 탓에 사업에 실패해버리고 결국에는 궁핍한 처지에 놓이게 되었다.' 그의 아들인 알렉산더 해밀턴이 재치 있게 설명한 글이다.[22] 아버지에 대해 그는 경멸보다는 연민의 색채를 담아 너그러이 이야기했다. '과도한 오만과 너무도 극심한 나태함을 버리지 못한 것은 아버지의 잘못이지만, 그의 성질은 비난할 수가 없는 것이었으며 그의 태도는 신사의 것이었다.'[23] 간략히 말하자면, 해밀턴은 그의 아버지를 사랑스럽지만 게으르고 서투른 이로 바라보았다. 그는 아버지의 자긍심을 물려받았으나 그 나태함은 물려받지 않았으며, 일에 대한 그의 특출한 능력은 아버지의 능력에 대한 무언의 해석이기도 했다.

제임스 해밀턴은 자신의 방어적인 형이 자신에게 있어 최종 대부자 역할을 해주고 있다는 것을 거의 알아차리지 못했다. 존이 동생의 채권자들에게 자신의 역할을 알리지 말아달라고 당부했기 때문이었다. 1749년 그는 한 채권자에게 '내 동생은 내가 자기에 대한 보증을 서고 있다는 사실을 모른다'고 말했다.[24] 존 해밀턴의 편지들을 살펴보면 제임스가 가족들과 거리를 두었으며 심지어는 사이가 멀었다는 느낌을 받을 수 있다. 존은 사업 관계자 한 명에게 보내는 편지에서 '제임스가 어머니에게 편지를 보낸 지도 한참 되었는데, 마지막으로 보낸 편지는 그가 낼 돈이 있었으나 아직 내지 못했다는 내용'이었음을 밝혔다.[25] 아마 제임스는 끝없이 계속되는 자신의 서투른 실수들에 당황한 나머지 자신이 얼마나 큰 재정적 문제에 시달리고 있는지를 숨겨왔던 것으로 보인다.

레이철 포셰트 레비앙이 그의 앞에 나타나기 이전까지 제임스 해밀턴의 직업적 인생은 거의 만신창이에 가까웠다. 그즈음인 1748년 7월 15일, 세인트키츠 의회에는 그가 섬의 주도인 바스테르에서 항구 경비인 혹은 계량인(안타깝게도 벌레가 글자를 좀먹어버렸다)으로 취직했다는 복무 선서 기록이 남아 있다.[26] 그는 돈을 벌기 위해 잠시 서인도제도를 찾을 요량이었지만 돈을 벌기는커녕 영원히 발목을 잡혀버린 것이다. 부를 찾아 흘러 들어온 수많은 유럽 출신 젊은이들은 고향으로 돌아가기를 고대하며 흑인 혹은 물라토 정부情婦를 두고는 무사히 고향 땅을 밟기 이전까지 결혼을 미루었다. 애초의 계획이 완전히 틀어지면서 자신이 가까운 시일 내에는 스코틀랜드를 다시 볼 수 없다는 것을 깨달은 제임스는 아마 그 이유에서라도 당시 별거 중이었던 유럽인 여성 레이철과의 연애에 더욱 더 빠져들게 되었을 것이다.

레이철과 제임슨 해밀턴이 서로 만났던 1750년대 초에는 두 사람의 삶이 묘한 대칭을 이루고 있었다. 두 사람 모두 어린 시절에 실패를 맛보았으며, 사회적 지위가 아찔하리만큼 추락하는 고통을 겪었고, 점점 악화되는 경제적 상황의 공포와 맞서 싸워야만 했다. 또한 둘 모두 영국령 서인도제도의 보다 특수한 사회에서 쫓겨난 사람들이었고, 얼마 안 되는 백인 노동자들 사이에서 짝을 찾기로 마음먹은 이들이었다. 이들의 연인 관계에서 태어난 아들이 계급과 지위에 대해 극도로 민감할 뿐만 아니라 사회적 계급이 세계를 지배한다는 사실에 대해 고통스러울 만큼 의식적인 것도 놀랄 일이 아니었다.

18세기에 이혼이라는 일은 그리 흔하지 않았다. 영국령 식민지에서 이혼을 한다는 것은 매우 비싸고 고통스러운 일이었기에, 가난했던 제임스와 레이철은 자신들의 관계를 법적으로 공식화하지 못했다. 그러나 알렉산더 해밀턴은 이따금씩 애써 희망적으로, 자신의 부모님이 결혼을 했다는 것처럼 이야기했다. 레이철이 세인트크로이 섬으로 간 것에 대해 알렉산더는 '어머님은 세인트키츠 섬으로 건너가 아버지를 만난 이후 그와 결혼했고, 수년을 함께 살면서 여러 명의 아이들을 두었다'고 선언했다.[27] 이들의 관계는 실제로 15년 정도 이어졌던 것으로 보이기 때문에, 사실상 알렉산더 해밀턴이 사생아라는 점은 단순히 법적인 문제였을 뿐 그의 부모님이 그를 등한시하거나 소홀히 한 결과는 아니었던 것으로 추측된다. 실제로 해밀턴의 부모님은 사실혼 관계에 불과했음에도 자신들을 제임스 해밀턴, 레이철 해밀턴이라 소개했다. 이들은 슬하에 아들 두 명을 두었는데 첫째가 제임스, 그리고 2년 후에 태어난 알렉산더가 그들이었다

(해밀턴이 자신의 어머니에게는 '수 명의 자식들'이 있었다고 말했던 것으로 미루어 보아 그에게는 유년기 때 세상을 떠난 다른 형제들도 있었던 듯하다).

알렉산더의 후손들은 제임스와 레이철 해밀턴의 성격을 다소 비현실적으로, 심지어는 나쁜 점들을 모두 지워버린 듯한 것으로 회고했다. 알렉산더의 아들 존John은 레이철이 '엄청나게 똑똑하며, 고상한 감수성을 지녔고, 특별할 만큼 우아한 성정과 태도를 지녔다. 알렉산더의 천재성은 그녀에게서 온 것'이라고 회상했다.[28] 그러나 알렉산더의 손자 앨런 매클레인 해밀턴Allan McLane Hamilton은 이보다 더 꿈결 같은 말로 이들을 그렸다. '해밀턴의 아버지는 그 어느 면에서도 성공해본 적이 없는 것처럼 보였지만, 여러 측면에서 원대한 꿈을 가진 사람이었으며 이따금씩은 학생이었고, 아름답고 재능 있는 데다 모든 측면에서 자신보다 더 똑똑했던 아내가 만든 세상에서 살아가는 것을 가장 큰 행복이라 여겼다.'[29]

그러나 이들이 단란했던 가족임을 말해주는 구전 역사, 혹은 이들 가족이 대외적으로 보여준 모습들이 과연 신빙성 있는 것일까? 슬프게도 이와 관련한 문서 형태의 기록은 남아 있지 않다. 단 한 가지 확실하게 알 수 있는 점은 알렉산더 해밀턴이 그의 서투르고 나태한 아버지가 아닌, 바로 어머니로부터 그 지능과 확고한 의지력을 물려받았다는 것이다. 반면 아버지로부터 물려받은 스코틀랜드 혈통은 그로 하여금 공상할 수 있는 능력을 주었고, 평생 서인도제도의 외톨이로 미천한 신분을 가지고 살아가는 대신 지금만큼은 겉모습을 숨긴 귀족으로서 훗날 자신의 진정한 자아를 표출하고 보다 더 큰 무대에서 자신의 역할을 다할 날을 기다리는 자로 만들어주었다.

해밀턴의 출생연도는 실로 모호해서 해밀턴 전기의 작가들을 가장 괴롭히는 문제 중 하나가 되었다. 오랫동안 역사학자들은 해밀턴 본인과 그 가족들의 말에 따라 그가 1757년생이라고 믿어왔다. 그러나 최근에는 서인도제도 시절의 몇몇 기록들을 근거로 그가 1755년생이라고 믿는 역사학자들이 많아졌다. 1766년 자료 중에는 해밀턴이 증인 자격으로 서명한 법적 문서가 남아 있는데, 만일 그가 당시 정말 아홉 살에 불과했다면 그 나이치고는 엄청나게 대단한 일을 한 셈이다. 1768년 세인트크로이 섬의 유언 검인檢認 법원은 그가 당시 13세라는 기록을 남겼는데, 이는 해밀턴 본인이 아닌 그의 삼촌의 증언에 따른 것이므로 한층 더 신빙성이 있다. 알렉산더가 1771년 세인트크로이 섬의 한 신문에 시를 게재했을 때, 이 의욕 넘치는 시인은 편집장에게 "선생님, 저는 곧 17세가 되는 젊은이입니다"라고 말했다. 자신이 16세라는 점을 치기 어리게 표현한 것으로 본다면 1755년생이라는 설이 맞는 것 같다. 해밀턴이 북아메리카로 이주한 이후와 관련해서는 그가 1757년생임을 암시하는 상당한 증거자료가 남아 있지만, 초기 증거 자료와의 통일성을 위해 이제부터 이 책에서는 그의 생일을 1755년 1월 11일로 간주하겠다.

레이철은 네비스 섬의 주도 찰스타운의 중심지에 위치한 해변의 집을 물려받았는데, 전해지는 이야기에 따르면 알렉산더 또한 이곳에서 태어나 어린 시절을 보냈다. 만일 그렇다면 그는 왼편으로는 노예들과 화물선으로 넘쳐나는 마을 부두와 눈부시게 펼쳐진 바다를, 그리고 오른편으로는 세인트키츠 섬의 바위투성이 산기슭과 어둑어둑한 갈색 산봉우리를 보며 자랐을 것이다.

당연한 말이겠지만 이 소년은 미국의 가장 주요한 친영주의자가 될 운명을 타고났다. 영국 태생의 그는 조지 2세George II 치하의 영국령 섬에서 태어났다. 가냘프고 마른 체형, 발그레한 안색과 붉은 갈색 머리, 그리고 보랏빛으로 빛나는 푸른 눈동자 등 그의 외형은 누가 봐도 스코틀랜드인의 그것이었다. 서인도제도의 지도자 중 한 명은 해밀턴이 책벌레인 데다 '다소 섬세하고 유약했'고 기억하면서 그가 이후 고된 미국 건국 작업에서 그토록 큰 에너지를 보여주었다는 점에 놀라워했다.[30] 서인도제도의 모든 사람들과 마찬가지로 해밀턴 역시 어릴 때부터 흑인들에게 많이 노출되어 있었다. 이곳 사회는 주로 사회 계급과 피부색을 기준으로 극도로 계층화되어 있었고, 심지어는 가난한 백인들조차 노예들을 소유하고 그들을 임대해주는 것으로 추가 소득을 올렸다. 해밀턴이 태어난 이듬해인 1756년, 당시 네덜란드령 세인트유스타티우스 섬에 거주하던 그의 할머니 메리 포세트는 세상을 떠나면서 유언을 통해 '사랑스러운 세 노예 레베카, 플로라와 에스더'를 딸 레이철에게 물려주었다.[31]

해밀턴은 네비스 섬에서 정식 교육을 받지 않았던 것으로 보이는데, 이는 그가 사생아였던 터라 영국식 기관에 입학할 수 없었기 때문이었던 것으로 추측된다. 대신 그는 개인 교습을 받은 듯하다. 그의 아들이 회고한 바에 따르자면 '아버지는 개인사를 비밀리에 부쳤지만, 자신이 유대인 여자 선생님의 학교에서 히브리어로 십계명을 배웠고 그 학교가 너무 작아서 선생님의 책상 옆에 서서 수업을 들어야만 했다는 것만큼은 드물게도 미소를 머금은 채 이야기해주었다.'[32] 이 사랑스러운 일화에는 이미 널리 알려진 사실 두 가지와 일맥상통하는 부분이 있다. 서인도제도에서는 나이 많은 여자가 아이들을 가르치는 일이 흔했고, 네비스 섬에는 세파르디계 유대인 인구가 많았다. 이들 중 다수는 박해를 피해 브라질에서 탈출해 와 이곳의 설탕 무역에 진출한 이들이었다. 1720년대 즈음 이들은 찰스타운 백인 인구의 4분의 1을 구성했고 유대교 회당과 학교 및 잘 관리된 공동묘지를 만들었는데 그중 다수는 오늘날까지도 남아 있다. 프랑스계 위그노였던 어머니 역시 해밀턴을 가르쳤을 것이며, 그렇기 때문에 그는 두 가지 언어를 편하게 구사할 수 있었다. 그는 훗날 프랭클린이나 애덤스, 제퍼슨, 그리고 파리에서 수년을 보내며 언어를 배우기 위해 고생했던 많은 미국인 외교관들보다 훨씬 더 유창한 프랑스어를 구사했다.

외부의 영향을 많이 받는 어린 시절에 유대인에게 많이 노출되었던 탓인지 해밀턴은 평생 유대인을 숭배했다. 훗날 그는 한 장의 종이에 갈겨 쓴 사적인 글에서 '유대인의 진보는 (중략) 그들의 가장 초창기 역사부터 오늘날까지를 통틀어서 인류의 *일반적인 경로*를 완전히 벗어난 것이었으며 지금도 그러하다. 따라서 그 *원인*이 특별하다는 것도 타당한 결론이 아니다. 달리 말하자면, 이는 하나님의 어떠한 섭리에 의한 원대한 계획의 결과물이 아닐까?'라고 이야기했다.[33] 훗날 유명한 법적 공방이 한창일 당시, 해밀턴은 반대 측 변호인에게 맞서면서 "왜 유대인의 증거를 믿지 않습니까? 그들을 신빙하지 않는다는 것은 곧 기독교를 파괴하는 것이나 다름없습니다. (중략) [유대인들은] 순수하고 성스러우며, 행복하고, 천국이 입증한 신앙을 목격한 이들이며 그 신앙으로 개종한 이들이지 않습니까?"라고 말했다.[34]

상상력이 풍부한 소년이었던 해밀턴에게 있어 네비스 섬의 짧은 역사는 엄청난 이야깃거리가 가득한 창고나 다름없었다. 그는 유럽의 세력 다툼을 지켜보기 딱 적당한 자리에 있었다. 프랑스, 스페인, 영국의 선박들과 약탈하는 해적선 및 사나포선(私拿捕船, 교전국의 선박을 공격할 권한을 공인받은 민간 선박_역주) 간의 소규모 접전이 계속해서 이어졌다. 네비스 섬에는 해군 본부가 자리해 있었는데, 이는 곧 한때 해적이었던 이들이 수갑을 찬 채 거들먹거리며 법정에 끌려 들어간 후 갤로스 만으로 보내져 정식으로 교수형에 처해지는 광경이 펼쳐졌다는 의미였다. 해적들은 단순히 약탈자인 경우도 있었으나, 전쟁 중인 유럽 국가들로부터 비밀리에 지원받는 이들인 경우도 몇몇 있었다. 아마 해밀턴은 이를 보고는 해외 세력이 국권을 조작할 수도 있음을 배웠을 것이다.

해안가에서는 정기적으로 결투와 살인이 벌어졌다. 재래식 권총을 쓰거나 무거운 단검을 휘둘러 상대를 죽이는 식이었는데, 이는 그 어떤 소년이라도 떨리게 할 일이었다. 유혈 다툼은 서인도제도에서의 일상이나 다름없었다. 플랜테이션 사회는 봉건 사회였고 개인의 명예와 긍지에 입각해 있었기 때문에 자신을 귀족이라며 자랑스러워하는 백인들 사이에서는 결투가 흔히 벌어졌다. 미국 남부와 마찬가지로, 낭만적으로 과장된 명예는 노예 소유주들이 자신의 도덕적 우위를 과시하거나 억눌린 죄책감을 덜어내는 방식, 그리고 노예무역의 짐승 같은 본질을 은폐하려는 무의식적인 방식이었을 수도 있겠다.

훗날 결투는 해밀턴에게도 유해한 영향을 끼치게 되는데, 그 유혹은 1750년대 네비스 섬에서 일어났던 가장 전설적인 사건에서 비롯되었던 것으로 보인다. 1752년, 네비스 섬의 젊은 변호사 존 바벗John Barbot과 세인트키츠 섬의 부유한 농장주 매튜 밀스Matthew Mills는 토지를 놓고 다툼을 벌였는데, 그러던 중 밀스가 바르보를 향해 '버릇없는 개새끼'라고 일갈한 데서 결투가 촉발되었다.[35] 어느 날 동틀 무렵, 은색 레이스로 장식된 모자와 흰색 코트를 우아하게 차려입은 바벗은 노예 소년 한 명이 젓는 나룻배를 타고 세인트키츠 섬으로 건너왔다. 프리게이트 만의 결투장에서 밀스와 마주한 그는 은으로 장식된 자신의 권총을 들고는 그를 가까이에서 쏴 죽였다.

한바탕 파란을 몰고 온 그 살인에 대한 재판에서 바벗에게는 밀스가 자신의 권총집에서 권총을 꺼내려고 움켜잡을 기회를 가지기도 전에 밀스를 쏴 죽였다는 혐의가 부여되었다. 주요 증인으로는 의사 윌리엄 해밀턴William Hamilton(제임스 해밀턴과 혈연일 가능성도 있다)이 있었는데, 그는 밀스가 옆구리에 총상을 입었으므로 바벗이 그를 급습했음이 분명하다고 증언했다. 이 재판의 몇몇 부분들은 훗날 알렉산더 해밀턴과 에런 버 사이에서 벌어진 죽음의 결투에 대한 소름끼치는 전조라고도 할 수 있다. 잘 성장했지만 빚을 지고 있었던 바벗은 그가 명망 높은 밀스를 살해했다며 수군거리는 마음 약한 이들을 비웃으면서, 자신이 '남자들이라면 익히 알고 있는 명예의 관습에 따라 그를 정당하게 죽인 것'이라고 주장했다.[36] 바벗은 밀스가 치명적인 총상을 입은 뒤에도 자신을 향해 권총을 겨누고 있었다고 주장했다. 에런 버에게 일어났던 일과 마찬가지로, 지역 주민들은 바벗이 신사답지 못한 방식으로 수 주 전부터 사격 연습을 행해왔다고 증언했다. 결국 바벗은 교수형을 선고받은 후 교수대로 보내졌다. 네비스 섬의 어린아이들, 이를테면 이로부터 3년 뒤에 태어난 해밀턴 등은 이 유혈이 낭자했던 역사를 매우 상세히 들으며 자랐을 것이다.

노예제 기반의 설탕 섬들이 모두 그러했듯, 네비스 섬에서도 폭력은 일상적인 일이었다. 이곳으로 끌려온 8,000명의 흑인 노예들은 수적으로는 훨씬 적은 1,000명의 백인들에게 복종해야만 했다. 한 방문객의 회고에 따르자면 이러한 '불균형' 때문에 '모든 백인들은 어리건 늙건 예외 없이 잘 훈련된 민병대에 소속되었다.'[37] 찰스타운은 좁고 구불구불한 오솔길들과 목조 건물들이 늘어선 작은 마을이었으므로 해밀턴 또한 길을 지나다니며 마켓 숍 및 크로스 앨리 근처의 노예경매장을 정기적으로 지나쳤을 것이고, 광장에서 노예들을 야만적으로 채찍질하는 모습도 보았을 것이다. 서인도제도의 설탕 경제는 다른 곳과는 비교도 할 수 없을 만큼 야만적이어서, 남부 아메리카의 담배 플랜테이션이나 목화 플랜테이션은 차라리 고상해 보일 정도였다. 작열하는 열대 태양 아래의 사탕수수밭에서 고통 받던 노예들의 사망률은 그저 경악스러울 지경이었다. 이곳에 도착한 노예들은 다섯 명 중 세 명꼴로 5년 내에 세상을 떴고, 노예 소유주들은 이 빈자리를 끊임없이 다른 희생양들로 채워야 했다. 네비스 섬의 한 농장주였던 에드워드 허긴스Edward Huggins는 남성 노예 한 명에게 365대, 또 여성 노예 한 명에게 292대의 채찍질을 가했다는 끔찍한 기록을 세웠다. 그러나 지역 판사는 그의 가학성에도 전혀 동요되지 않은 듯 그에게 무죄를 선고해주었다. 세인트키츠 섬을 방문했던 한 고상한 영국인 여인은 남녀 노예들이 발가벗겨진 채 흙먼지 부는 길 위에서 질질 끌려가는 것을 보고 경악했는데, 그들을 끌고 가던 감독관은 마치 노예들이 자신의 처지를 계속 상기라도 해야 하는 것처럼 규칙적인 간격으로 그들에게 채찍을 휘둘렀다. '흑인 노예들 사이에는 열 명당 한 명꼴로 감독관이 함께 걷고 있었다. 그들 손에는 짧은 채찍 하나와 긴 채찍 하나가 들려 있었고 (중략) 계속해서 그것을 사용하는 모습을 볼 수 있었다.'[38] 또 다른 영국인 방문자는 '백인 남자는 흑인을 죽인다 해도 사형에 처해지지 않았다. (중략) 백인 남자를 때린 흑인은 형벌로 양손이 잘렸고, 만일 백인이 피를 흘리게 만든 경우라면 그 흑인은 사형에 처해졌다.'[39] 섬 생활은 해밀턴의 인생관에 그림자를 충분히 드리울 만한 유혈 장면들을 가득 담고 있었고, 이 때문에 훗날 그가 쓴 모든 글에는 인간 본성에 대한 숨길 수 없는 비관주의가 녹아들었다.

이 모든 끔찍한 사태들은 아름다운 옥색 바다와 작열하는 노을, 그리고 야자수들이 나른하게 늘어진 아름다운 자연과 어색한 조화를 이루며 한데 뒤섞여 있었다. 지질학적 활동이 활발한 이 지역은 언덕 등지에서 유황을 다량 함유한 온천이 부글부글 끓어오르곤 했기 때문에 나중에는 여행객들의 관광 명소가 되기도 했다. 바닷속에는 바닷가재와 도미, 그루퍼 (농어목 바리과의 바닷물고기_역주), 수정고둥 등이 가득했고 정글에는 앵무새들과 몽구스들이 살았으며 18세기 초 아프리카에서 건너온 버빗 원숭이들도 잔뜩 있었다. 많은 여행객들은 이 섬을 한적한 피난처 같다고 칭찬하면서, 만일 아내와 함께 온 남자라면 이곳에서의 '달콤한 휴가'를 위해 좀 더 머무르겠다고 할 만큼 '매혹적인' 곳이라고 평했다.[40] 만일 당신이 백인이고, 부유하고, 사탕수수 농장에서 고통 받는 흑인들을 못 본 척한다면 이 섬은 너무나도 쾌적하고 아늑하며 엄청나게 아름답고 한적한 곳이었을 것이다.

레이철은 요한 미카엘 레비앙의 복수심이 크리스천스테드에서 마무리되었다고 생각했겠지만, 슬프게도 그녀의 생각은 틀렸다는 것이 1759년에 증명되었다. 레이철이 세인트크로이 섬에서 도주한 지 9년이 지난 이후인 이 시점에서 레비앙은 응징이라는 단 하나의 목표를 가진 채 다시한 번 수면 위로 떠올랐다. 빚에 허덕이던 그는 두 명의 유대인 고리대금업자들에게 마지막 남은 플랜테이션을 넘겨야만 했고, 이후 플랜테이션 감독관 일을 하며 몇 명 남지 않은 노예를 임대해주는 것으로 근근이 먹고 살았다. 이즈음 그는 한 여자와 함께 살기 시작했는데, 그녀 또한 돈을 벌어들이는 족족 탕진하는 데 한몫을 더하는 사람이었다. 레비앙은 이 여자와 결혼하기로 마음먹었기 때문에 공식적인 이혼 판결문을 받아내기위해 레이철을 찾아온 것으로 보인다. 1759년 2월 26일의 일이었다.

분노가 가득 담긴 이 문서에서 레비앙은 레이철이 죄를 저지르고 살았다며 그녀가 부정한 여자라고 못 박아 말했다. 법정은 판결문에서 레이철은 투옥 이후에도 자신의 생활 방식을 고치지 못했고, '(레비앙의 곁을) 9년간이나 비우고 다른 곳에 살면서 수 명의 사생아를 낳았으므로, 이를 이유로 그는 마땅히 그녀를 상대로 이혼할 수 있음이 충분하다고 판단'했다.[41] 또한 레비앙이 '벌어들일 수 있는 돈으로는 너무나 버겁게도 레이철의 적장자를 키워야만' 했던 반면 그녀는 '자신의 의무를 완전히 잊어버리고, 남편과 아이를 홀로 놔두었으며, 대신 아무에게나 창녀질을 했으므로, 원고의 말에 따르자면 그녀의 가족들이나 친구들도 이 때문에 그녀를 혐오할 것'이라는 게 이 비통한 판결문의 내용이었다.[42] 이 잔혹한 고발 이후 레비앙은 자신의 재산에 대한 레이철의 모든 법적 권리를 박탈해달라고 법원에 요청했다. 그는 만일 자신이 레이철보다 먼저 죽으면 그

알렉산더 해밀턴

녀는 '부동산의 취득을 노릴 가능성이 있고, 따라서 그녀가 당연히 가지지 못하는 것을 가지게 될 뿐 아니라 그것을 화냥년의 아이들에게도 주게 될 것'이라고 경고했다.[43] 화냥년의 아이들. 이것이 알렉산더와 그의 형제를 지칭했던 레비앙의 표현이다. 레비앙은 자신의 재산을 모두 13세의 적장자인 피터에게 넘겨주기로 결심했던 것이다.

당연하게도 레이철은 이 예기치 못했던 복수극, 그 악몽과도 같았던 과거로의 회귀에 큰 충격을 받았다. 그녀는 세인트크로이 섬의 법정에 출두하라는 소환장을 받았지만 레비앙이 한층 더한 보복을 가할지도 모른다고 생각했는지 그곳에 가지도, 혐의를 부인하지도 않았다. 6월 25일, 이혼을 선고받음으로써 레비앙은 재혼을 허가받았으나 레이철에 대해서는 재혼이 엄격히 금지되었다. 덴마크 당국은 이러한 판결을 매우 진지하게 다루었고 성직자들이 이와 같은 결정에 반해 결혼하는 경우엔 벌금을 물리거나 직위를 해제하곤 했다. 회심의 일격 한 방으로 레비앙은 자신의 아들에게 유산을 확실히 물려줄 수 있게 된 동시에 레이철을 엄벌한 셈이었다. 이 때문에 그녀의 죄 없는 두 아들은 평생토록 사생아라는 굴레를 벗지 못하게 되었다. 레비앙이 혐오스럽게 행동하긴 했지만, 두 가지 사실에서만큼은 레비앙의 편을 들어야겠다. 레이철은 실제로 피터에 대한 모든 책임을 저버렸고 레비앙이 그를 혼자 키우도록 내버려두었다. 또한 훗날 레비앙은 세인트크로이 섬에 남은 레이철의 친척인 리턴 부부에게도 법적 문서상의 서명을 받은 바 있는데, 이는 그녀의 친족들 또한 그녀의 삶이 완전히 무죄인 것은 아니라고 생각했음을 암시한다.

이 혹독한 역사를 본다면 레이철은 아마 자신이 다시는 세인트크로이 섬으로 돌아갈 일이 없으리라 생각했을 것이다. 그러나 여러 사건들이 한데 뒤엉키면서 다시 한 번 그녀의 앞길을 결정해버렸다. 1760년대 초 레비앙은 세인트크로이 섬에서 크리스천스테드와는 정반대 편에 위치한 프레더릭스테드로 이사를 간 뒤 부동산에 손을 댔고, 이후 1764년경에는 피터가 사우스캐롤라이나로 이주했다. 그러므로 제임스 해밀턴은 1765년 4월 크리스천스테드로 발령받았을 당시 레비앙과 마주칠 걱정 없이 레이철과 두 아들을 데리고 그곳으로 갈 수 있었을 것이다. 제임스 해밀턴은 그때까지도 글래스고에서 형이 만들어놓은 사업 연줄에 의지해 살아가고 있었다. 그는 세인트키츠 섬 '담배 군주'의 아들인 아치볼드 잉그램Archibald Ingram이 운영하는 동명 회사의 책임자로 일하고 있었다. 잉그램은 알렉산더 무어Alexander Moir라는 이름의 남자가 유럽으로 돌아간 후 그들에게 빚을 지고 있다는 사실을 계속해서 부정한다며 제임스에게 그 돈을 받아오라고 시켰다. 이에 따른 법정 공방은 1766년 1월까지 계속되었다. 그동안 레이철과 아들들은 크리스천스테드에 자리를 잡고 살기 시작했다. 과거의 불행이 자리했었던 세계 속으로 다시 끌려 들어온 레이철은 옛날 자신이 투옥되었던 요새에서 불과 몇 블록 떨어진 곳에 살게 되었으며 자신을 '해밀턴 부인'이라고 소개할 자유도 잃어버렸다(세인트크로이 섬 인두세 목록을 보면 그녀의 이름은 철자를 약간 잘못 쓴 포셰트, 레비앙 아래에서 찾을 수 있다). 그들을 보호해주던 적법성이라는 위장이 벗겨진 이즈음에서야 알렉산더와 제임스 주니어는 자신들이 서자였고 어머니는 악명 높은 여자였다는 사실을 처음 알게 되었음이 분명해 보인다.

제임스 해밀턴은 무어 사건을 성공적으로 마무리했지만 그 직후 세인트크로이 섬을 떠나면서 가족을 영원히 버렸다. 왜 이렇게 갑자기 떠나버린 것일까? 레이철의 스캔들 무성한 평판이 그들의 관계에 금을 낸 것일까? 레비앙이 나쁜 마음을 먹고 빈정거림을 담은 소문을 퍼뜨린 것일까? 이러한 가설들은 그다지 설득력이 없어 보인다. 제임스 해밀턴은 세인트크로이 섬의 인두세 목록에 한 번도 이름을 올리지 않았고, 이는 그가 처음부터 일시적인 방문자에 불과했음을 암시하기 때문이다. 알렉산더는 자신의 아버지가 갑자기 떠난 데 대해 너그럽지만 타당해 보이는 이유를 댔다. 더 이상 그가 가족을 부양할 수 없어졌기 때문이라는 것이었다. 열두 살 된 제임스 주니어와 열 살 된 알렉산더가 이제는 레이철을 도울 만큼 성장했기 때문에, 아마 제임스는 자신이 마무리 짓지 못한다는 죄책감 따위 없이도 부모로서의 의무에서 손을 떼도 될 것이라 생각했을 수 있다. 악의보다는 슬픔에 찬 알렉산더는 이로부터 13년 뒤 스코틀랜드의 한 친척에게 보내는 편지에 다음과 같이 썼다. '당신도 당연히 알고 계시겠지만 내 아버지는 아주 초창기부터 파멸의 길을 걸어왔기 때문에, 자기 인생 최고의 순간이 찾아왔을 때 그 모든 상황을 쉽사리 감내하지 못했을 겁니다. 이와 같은 사정이 아버지와 나 사이를 갈라놓았으니, 그게 내가 아주 어렸을 때의 일입니다.'⁴⁴ 알렉산더는 방랑자인 아버지, 서인도제도에 머물렀으나 열대의 나태한 템포에 유혹되지 않았고 가난에 발목 잡히지도 않았던 아버지를 한 번도 원망의 눈길로 바라본 적이 없던 것 같다. 이들 부자는 서로 완전히 연락을 끊은 적도 없지만, 이해할 수 없을 만큼 서로 심리적 거리를 두었던 데다가 지리적으로도 계속 떨어져 살았던 탓에 사이가 갈라져버렸다. 앞으로 살펴보겠지만 제임스 해밀턴과 알렉산더 해밀턴이 왜 서로 부자지간이라는 데 다소 덜 연연했었는지를 설명할 수 있는 가설은 한 가지 더 존재한다.

레이철은 한때 세인트크로이 섬에서 불명예스럽게 쫓겨났던 여자치고는 그곳에 돌아온 이래 화려하게 회복한 모습을 보여주었다. 그녀는 붉은색이나 하얀색 치마를 입고 검은 실크 차양모자로 얼굴에 그늘을 드리운 채 크리스천스테드를 활보했다. 이 '잘생기고' 자립적인 여자는 자신의 불명예를 씻고 자신을 비난하던 이들을 조용하게 만들어야겠다는 결심에 불타오르고 있었다. 때문에 그녀는 곧 제임스 해밀턴의 뒤를 이어 성공적으로 이 집안의 가장 역할을 다하게 되었다. 1765년 8월 1일에는 부유한 형부 제임스 리턴이 그녀에게 호두나무로 만들고 가죽 방석을 씌운 의자 여섯 개를 사주며 자신이 모든 비용을 부담하겠다고 한 바가 있다. 알렉산더는 훗날 리턴 부부의 없어서는 안 되었던 후한 인심을 증언하며, 아버지는 자신들의 곁을 떠남으로써 '당시 부유했던 몇몇 이들을 포함한 어머니의 관계 속으로 나를 던져 넣어주었다'고 회고했다.[45]

　레이철은 세인트크로이 섬으로 돌아오면서 앤과 제임스 리턴 부부가 자신들을 도와주리라고 어느 정도 예상하고 있었을 것이다. 그러나 그녀가 바라던 대로 이루어지지는 않았다. 리턴 부부 역시 계속되는 문제들에 시달렸기 때문이다. 잘나가는 설탕 농장주였던 리턴 부부는 그레인지에서 여유로운 삶을 즐기고 있었다. 그들이 살던 '마을에서 가장 큰' 석조 저택은 윤기 나는 나무 바닥과 루버louver로 짠 블라인드, 패널로 만든 덧문, 샹들리에 몇 개로 꾸며진 집이었다. 다른 많은 설탕 농장주와 마찬가지로 이곳은 노예 무리와 사탕수수 압착기, 당밀과 흑설탕을 생산하는 정제 공장 등이 포함된 세계의 축소판이나 마찬가지였다. 그러나 리턴 부부의 자녀들도 알렉산더 해밀턴 주변의 모든 인물들을 괴롭혔던 저주로 인해 하나씩 하나씩 고통 받게 된다. 이로부터 수년 전, 앤과 제임스 부부의 둘째 아들인 제임스 리턴 주니어James Lytton, Jr.는 로버트 홀리데이Robert Holliday라는 자와 동업을 했다. 그러나 그들의 사업적 모험이 너무나 처참히 실패한 탓에 1764년 어느 여름밤 제임스 주니어는 파산을 했고, 결국 그와 그의 아내는 스물두 명의 노예들을 훔쳐 가족 범선에 올라타고선 캐롤라이나로 도망쳤다. 그보다 약간 덜 영민했던 홀리데이는 붙잡힌 뒤 거의 2년여 동안 실형을 살았다. 이 스캔들의 여파로 제임스와 앤 리턴은 그레인지를 팔아넘기고 1765년 네비스 섬으로 돌아왔는데, 이때는 레이철과 그의 두 아들이 그곳에서 세인트크로이 섬으로 넘어간 지 한 달여가 지난 뒤였다. 그로부터 채 1년이 지나지 않아 앤 리턴이 세상을 떠나면서 레이철은 마지막 남은 포셰트가의 일원이 되었다.

레이철은 성공회 교회와 학교가 인접한 컴퍼니가 34번지에 2층짜리 집을 샀다. 마을 사람들이 일반적으로 그렇게 했던 것과 마찬가지로 그녀는 두 아들들과 함께 목조로 된 2층에서 살았고, 아마도 거리를 내려다볼 수 있었을 석조로 된 1층에는 농장주들을 위한 잡화점을 열고 염장 생선, 소고기, 돼지고기, 사과, 버터, 쌀, 밀가루 등을 팔았다. 당시 여성이 가게를 운영하는 일은 상당히 흔치 않았는데, 특히 그토록 매력적이고 아직 36세라는 젊은 나이의 여성이라면 더욱 그러했다. 세인트크로이 섬을 찾은 한 여행객이 회고한 바에 따르면 '백인 여성은 차나 커피를 마시기, 먹기, 전화하기, 카드놀이하기, 그리고 이따금씩 바느질하기 말고는 다른 그 어떤 일을 한다는 것이 기대되지 않았다.'[46] 작은 뒤뜰에서 레이철은 염소 한 마리를 길렀는데 아마도 아들들에게 줄 우유를 위해서였던 것으로 보인다. 그녀는 몇몇 상품들은 집주인으로부터 조달받았고, 나머지 물건들은 뉴욕 출신의 상인이었던 데이비드 비크먼David Beekman과 니컬러스 크루거Nicholas Cruger로부터 사들여 팔았다. 이즈음 이 상인들이 세운 무역회사는 훗날 해밀턴의 불안정하고 숨 막히는 소년기의 배경이 된다.

네비스 섬과 마찬가지로 세인트크로이 섬에서도 노예제는 일반적인 것으로 자리 잡고 있었다. 당대의 한 글에 따르자면 이곳에서는 백인 한 명이 평균적으로 흑인 노예 열두 명을 소유했고, 노예제는 곧 '모든 시민들이 일용할 양식과 재산을 얻는 원천'이었다.[47] 10여 년 후 시행된 인구조사에 따르면 이곳 컴퍼니가에는 총 59채의 집이 있었고 187명의 백인과 427명의 노예들이 숨 막히도록 빽빽한 밀도로 살고 있었다. 흑인 자유시민과 물라토들이 사는 구역이 바로 이웃했기 때문에 알렉산더는 다양한 인종들에게 노출되어 있었다. 레이철은 어머니가 돌아가신 이후로 다

1 · 표류자들

섯 명의 성인 여성 노예를 소유했고 그들을 다른 곳에 빌려줌으로써 돈을 벌었다. 노예들에게는 네 명의 아이들이 있었는데, 레이철은 그중 아작스Ajax라는 이름의 어린 소년 하나에게 집 안에서 알렉산더의 시중을 들게 했고 제임스에게도 다른 노예 하나를 배정해주었다. 이처럼 어린 시절부터 노예들의 인간성에 노출되었던 경험은 해밀턴에게도 기나긴 인상을 남겼고, 이후 건국의 아버지들 중 대표적으로 격렬하게 노예제 폐지론을 주장하는 인물로도 만들어주었다.

세인트크로이 섬의 한쪽에서는 원뿔 모양의 사탕수수 압착기들이 펼쳐진 풍경을 볼 수 있었다. 풍차나 노새의 힘으로 가동되는 이 압착기들은 거대한 롤러를 이용해서 사탕수수를 으깼다. 추수기가 되면 해질녘 정제 공장들에서 반짝이는 불빛이 섬을 수놓았다. 크리스천스테드를 둘러싼 해안은 야트막하고 푸른 언덕들로 능선을 그렸으며 이따금씩 으슥한 만이 자리하고 있었다. 오늘날에는 이 마을을 그린 두 점의 풍속화가 전해지는데, 두 그림은 서로 완전히 다른 분위기를 풍긴다. 요새와 부두 근방을 그린 그림에서는 칼 같은 군대 행렬 아래로 수출될 준비가 끝난 설탕 배럴들이 무더기로 쌓인 모습을 볼 수 있는 반면, 내륙 풍경을 담은 한층 더 느리고 감성적인 그림에서는 흑인 여인들이 커다란 통을 머리에 이고 걸어가는 모습을 볼 수 있다. 집 안에서 일하는 노예들은 셔츠와 스커트를 입었지만, 우뚝 선 사탕수수 줄기 아래 푹푹 찌는 틈바구니에서 100~200명의 노예들이 벌거벗은 채 일하는 것도 드문 일은 아니었다. 덴마크 당국이 공식적으로 지정해놓은 크리스천스테드의 백인 거주 마을에서는 밤이 되면 야단스러운 여관들과 매춘 업소들이 문을 열면서 건달과 선원들, 그리고 수많은 나라에서 모여든 범법자들이 으르렁대고 음탕하게 노는 난장판이 펼쳐졌다. 백인과 흑인 간의 성관계는 너무나 흔하게 벌어졌던 나머지 마을 교회의 등록부에는 사생아 물라토 어린이들의 리스트가 길게 늘어져 있었다.

알렉산더 해밀턴은 야만과 타락에 노출되어 있었지만 한편으로는 삶의 우아한 방식들도 멀리서나마 지켜볼 수 있었는데, 아마 그는 이를 계기로 훗날 부유한 이들과 연대하겠다는 욕망을 키웠을 것이다. 이 지역은 그 분위기상 훗날 불같은 포퓰리스트가 탄생할 만한 곳은 아니었다. 노예 섬에서 가난은 그 어떤 긍지도 가져다줄 수 없었기 때문이다. 대농장주들은 화려하게 장식된 마차를 타고 다니며 수입된 시계와 보석들 등 유럽산 상품들을 사들였다. 또한 야만 속에서도 문화의 오아시스들 몇몇은 살아 있었다. 무용학교 두 곳에서는 미뉴에트를 가르쳤고, 리워드 아일랜즈 극단Leeward Islands Comedians은 셰익스피어Shakespeare의 작품을 다소 크게 변형시킨 연극과 복고주의 희극들을 공연했다. 레이철은 팍팍했던 양육 환경 속에서도 약간의 우아함을 생활에 더해 넣으려고 노력했다. 훗날 밝혀진 목록에 따르면 레이철은 여섯 개의 은수저와 여섯 개의 은제 티스푼, 설탕집게 하나, 열네 개의 도자기 접시와 두 개의 도자기 그릇, 그리고 깃털로 채운 이불이 딸린 침대 하나를 가지고 있었다.

여기에서 매우 흥미로운 사실이 한 가지 등장한다. 2층에 사는 세 식구에게는 무려 서른네 권의 책이 있었다. 이는 해밀턴의 주도적이고 잡식성인 독서 습관이 최초로 드러난 징후라고 볼 수 있다. 세인트크로이 섬의 많은 사람들은 그의 책벌레 성향을 비웃었는데, 이는 그가 여기에 위화감을 느끼며 하루빨리 서인도제도를 떠나야겠다고 마음먹는 데 한몫을 더했을 것이다. 그가 처음 쑥스럽게 지어냈던 산문이나 시들을 보면 우리는 그의 선반에 어떤 책들이 꽂혀 있었는지를 조심스럽게 추측해볼 수 있다. 알렉산더 포프Alexander Pope의 시집이 가장 영광스러운 자리를 차지하고 있었을 테고, 거기에 마키아벨리Machiavelli의 『군주론The Prince』과 플루타르코스Plutarch의 『영웅전Lives』의 프랑스어 판이, 그리고 그 주변에는 설교와 종교적인 글들이 함께 놓여 있었을 것이다. 만일 해밀턴이 세인트크로이 섬을 두고 숨 막히는 시골이라고 생각했다면, 그 책들은 확실히 그를 보다 드높은 세계로 이끌어주었음이 분명하다.

소년이 탈출을 염원했던 것도 무리는 아니었다. 1767년 당시 38세였던 레이철은 한 블록 아래인 컴퍼니가 23번지로 이사를 한다. 곧이어 새해 정월이 지난 직후, 그녀는 식구들을 이끌고 34번지로 다시 돌아왔으나 갑자기 엄청난 고열에 시달린다. 앤 맥도넬Ann McDonnell이라는 여자는 1주일간 그녀를 돌보다 결국 2월 17일 의사인 히어링 박사Dr. Heering를 호출했다. 이즈음 알렉산더 또한 원인을 알 수 없는 질병에 걸렸다. 의사는 두 모자에게 18세기에 가장 흔히 사용되었던 약제인 중세식의 설사약을 처방해주었다. 레이철에게는 위즈의 가스를 제거하기 위해 구토제와 바레리안이라는 이름의 약초가 처방되었고, 알렉산더에게는 피 뽑기 치료와 관장이 실시되었다. 고열에 들끓던 두 모자는 침상 하나에 나란히 누워서 끔찍한 구토와 고창, 배변에 시달렸을 것이 분명하다. 2월 19일 밤 9시경 레이철이 세상을 떠났을 때, 혼미한 의식의 알렉산더는 아마 고통스럽게 몸을 비틀어 어머니에게서 등을 지는 것 말고는 아무것도 할 수 없었을 것이다. 그로부터 몇 시간도 채 지나지 않았을 무렵, 유언 검인 법원의 직원 다섯 명은 서둘러 현장으로 찾아와 재산을 압류했고 침실 한 곳과 다락, 그리고 뒤뜰의 창고 두 곳을 봉쇄해버렸다.

장례식 당일, 기력을 회복한 해밀턴은 형과 함께 식에 참석할 수 있었다. 버려진 두 명의 멍한 소년들은 확실히 매우 안쓰러운 광경을 연출했을 것이다. 채 2년도 되지 않는 시간 동안 그들은 아버지의 가출과 어머니의 죽음을 맞닥뜨렸고, 고아 신세로 전락하여 친구들과 친족들 그리고 마을의 자비에 기댈 수밖에 없게 되었다. 마을 판사는 제임스 주니어에게 장례식에서 신을 신발을 사라며 돈을 조금 주었고, 두 소년 모두에게 검은 베일을 사주었다. 집주인이었던 토머스 디프널Thomas Dipnall은 문상객들을 위해 흰 빵과 달걀, 케이크 등을 내놓았고 사촌 피터 리턴Peter Lytton은 시신을 덮을 만한 검은 천 11야드(약 11미터_역주)를 기증했다. 이혼한 상태에서 두 명의 아이를 더 낳은 여자였던 레이철은 세인트존스 성공회 교회 근방의 공동묘지에 안장되지 못했을 가능성이 크다. 해밀턴은 매우 종교적인 인물이었음에도 언제나 정기 예배에 참석하는 일을 놓고 고심했다는, 선뜻 이해하기 어려운 모순도 이러한 이유로 설명할 수 있을 것이다. 교구 공무원이 장례식을 집행하는 가운데 레이철은 한때 리턴 부부의 소유였던 크리스천스테드 교외의 그레인지에서 마호가니 나무 아래에 잠들었다.

표류하는 두 소년의 고통은 결코 여기서 끝나지 않았고, 이후 일련의 재앙들이 계속해서 들이닥쳤다. 산더미 같은 청구서들이 날아왔는데 그중에는 어머니를 살리지 못했던 그 약값들도 포함되어 있었다. 레이철이 세상을 떠난 지 1주일도 되지 않아 검인 법원 공무원들은 부동산 평가를 위해 또 한 번 집으로 쳐들어왔다. 도덕주의자 같은 말투로 작성된 그들의 보고서에서는 요한 미카엘 레비앙이 레이철에 대한 복수라는 마수를 두 사생아에게까지 뻗치려 했음이 잘 드러나 있다. 법원은 상속자 후보로 세 명이 있음을 밝혔다. 그중 피터 레비앙은 아버지가 레이철과 '(법원이 수집한 정보들에 따랐을 때) 당국이 판단하기엔 정당한 이유로' 이혼한 부부의 아들이었던 반면 사생아 제임스와 알렉산더는 '병사病死한 자의 이혼 이후에 태어난 외설적인 아이들'이었다.[48] 그들의 결혼과 관련되었던 문제들이 이처럼 다시 한 번 수면 위로 떠올랐지만, 당시 알렉산더와 그의 형은 아직 그 의미를 완전히 이해하지도 못할 만큼 어린 나이에 불과했다. 검안 법원 청문회에서 레비앙은 1759년 이혼 판결문을 들먹이고 알렉산더와 제임스가 '매춘'으로 태어난 아이들이라고 거세게 비난하면서,

피터가 비록 지난 18년 동안 한 번도 레이철을 만난 적은 없지만 그럼에도 부동산 전체에 대한 상속권을 가지고 있다고 주장했다. 비통한 레비앙의 생활은 당시에도 전보다 전혀 나아지지 못한 상태였다. 그는 프레더릭스테드 병원의 문지기로 일하면서 여전히 엄청난 생활고에 시달렸고, 그의 두 번째 아내는 레이철보다 한 달 먼저 세상을 떠났으며, 부부 간에 낳았던 두 명의 아이들 역시 이미 죽은 후였다.

알렉산더는 어머니가 세상을 떠난 이후 1년여를 검인 법원이 주는 고통스러운 긴장감 속에서 살았다. 아마 그는 이를 계기로, 법을 조작할 수 있는 사람들이 사회에서 진정한 힘을 휘두른다는 쓸모 있는 교훈을 얻었던 것으로 보인다. 법원은 레이철의 노예들이나 그녀가 판매했던 상품의 재고 등 동산動産들에 대한 판결을 내리기도 전에 그녀의 다른 가재도구들을 경매에 부쳐버렸고, 그들을 연민했던 제임스 리턴은 알렉산더의 책 더미를 다시 사들여주었다. 레비앙을 상대로 하여 레이철이 겪었던 불행한 역사 때문인지 고등법원의 결정은 이미 정해져 있는 것처럼 보였다. 알렉산더와 제임스 해밀턴은 상속 자격을 박탈당했고 모든 재산은 피터 레비앙에게 넘어갔다. 1769년 11월, 아버지에 뒤지지 않을 만큼 무자비한 복수심을 가지고 있던 피터 레비앙은 세인트크로이 섬으로 돌아와 그의 적은 유산을 모조리 차지했다. 알렉산더는 이 부정의不正義에 대해 수년 동안이나 마음 아파했다. 피터는 바로 이전 해까지만 하더라도 사우스캐롤라이나 보퍼트의 세인트헬레나 교구에 위치한 한 교회에서 재정과 행정을 담당하는 최고 관리인으로 근무하며 꽤 큰돈을 벌고 있었지만, 어머니가 돌아가신 이후로 고아가 된 두 명의 궁핍한 이부형제들에게는 한 푼도 쓸 수 없었던 모양이다.

피터 레비앙이 세인트크로이 섬으로 돌아온 사건과 관련하여 주목해 볼 만한 한 가지 정보가 있다. 그는 스물세 살의 교회 관리인치고는 매우 충격적이며 설명하기 어려운 일을 벌였기 때문이다. 피터는 이곳에 돌아오자마자 재빨리 세례를 받았다. 왜 그는 이때까지 세례를 받지 않았던 것일까? 한 가지 가설에 따르자면, 요한 미카엘 레비앙은 자신의 유대계 혈통을 공들여 숨겨왔지만 그럼에도 자신의 아들이 세례를 받는 것은 원하지 않았을 수도 있다. 피터는 세례식이 수치스러운 일이기라도 한 것처럼 은밀하게 세례를 받았는데, 이는 그가 이를 극비리에 부쳐야 했다는 점을 암시한다.

레이철이 세상을 떠난 후 당시 서른두 살이었던 그녀의 첫째 조카 피터 리턴은 두 아들들의 법적 후견인이 되었다. 이미 홀아비였던 피터는 크리스천스테드의 식료품점 하나를 말아먹은 것을 포함하여 사업적 실패 때문에 큰 곤경에 빠져 있었다. 그의 형제는 훗날 그가 '정신 나간' 사람이었다고 회고했다.[49] 피터 리턴의 피후견인으로 살아가던 시기는 알렉산더 해밀턴에게 있어 인생의 저속한 면을 배울 수 있는 또 다른 혹독한 시간이나 다름없었다. 리턴에게는 레자Ledja라는 이름의 흑인 정부와 그녀가 낳은 인상적인 이름의 물라토 소년, 돈 알바레즈 드 발레스코Don Alvarez de Valesco가 있었다. 해밀턴 형제는 이미 운명이 이보다 더 끔찍할 수 없다고 생각하고 있었겠지만, 1769년 7월 16일 피터 리턴은 피 웅덩이가 된 침대 한가운데에 누워 죽은 채로 발견되었다. 법원의 기록에 따르자면 그는 '스스로를 칼로 찌르거나 혹은 총으로 쏴서' 자살했다.[50] 뒤이은 이야기 또한 해밀턴 형제들에게는 마찬가지로 끔찍할 뿐이었다. 피터는 그의 재산을 모두 레자와 그들의 물라토 아들에게 넘겨준다는 유언을 썼지만 일말의 고민도 없다는 듯 알렉산더나 제임스에게는 한 푼도 남겨주지 않았다. 곧이어 제임스 리턴이 아들의 재산을 청구하기 위해 억장이 무너진 표정으로 나타났다. 그는 고아 소년들을 도와주고자 했지만 피터 리턴의 자살을 이유로 삼은 법적 문제 때문에 그렇게 하지 못했다. 피터의 죽음으로부터 채 한 달도 지나지 않은 1769년 8월 12일, 슬픔에 잠긴 제임스 리턴 역시 세상을 떠났다. 그로부터 닷새 전 그는 새로운 유언장을 썼는데, 그 역시 조카 알렉산더와 제임스가 불길한 징크스라고 생각했는지 그들에게는 한 푼도 남겨주지 않았다.

이쯤에서 1765년부터 1769년 사이 이 두 소년들에게 닥쳤던 암울한 불행들을 잠시 되짚어보자. 그들의 아버지는 사라졌고, 어머니는 세상을 떠났으며, 사촌이자 그들의 보호자가 될 사람이었던 이는 피투성이의 자살을 택했고, 그들의 이모와 삼촌과 할머니마저 모두 세상을 떠났다. 열여섯 살의 제임스와 열네 살의 알렉산더는 이제 친구도 돈도 거의 없는 상태에서 완전히 홀로 남겨졌다. 뿌리도 없고 온통 뒤죽박죽이었던 그들 삶의 여정은 매 순간순간마다 실패했고 무너졌으며 적의에 가득 찬 사람들에 둘러싸여 있었다. 이들의 짧은 생애는 파산과 이혼, 죽음, 스캔들, 상속권 박탈 등 망연자실한 일들의 연속으로 그림자가 져 있었다. 알렉산더 해밀턴은 이러한 충격적인 사건들을 끊임없이 겪어나가면서 삶이 공평하다거나, 세상이 상냥하다거나, 혹은 다른 그 누구의 도움에 의존해도 괜찮을 것이라는 생각을 완전히 지워버렸을 것이 분명하다. 이렇게 끔찍했던 유년기를 지나온 소년이 그토록 강력하고 생산적이며 자립적인 인간으로 자라났다는 것, 아버지 없는 청소년기를 보낸 사람이 결국에는 당시 그가 아직 본 적도 없었던 땅 위에서 건국의 아버지가 되었다는 것은 거의 기적이라고 해도 과언이 아니다. 그는 훗날 그의 성공에 절대로 해가 되지 않도록 자신이 겪은 어린 시절의 이루 말할 수 없는 과거를 철저히 비밀에 부쳤기 때문에, 당대의 사람들이 그의 개인적인 승리가 가지는 어마어마한 본질을 깨닫는다는 것은 불가능한 일이었다. 오늘날 우리가 해밀턴의 어린 시절에 대해 알고 있는 사실들은 거의 대부분 지난 한 세기 동안 밝혀진 것들이다.

　피터 리턴의 죽음은 알렉산더와 제임스의 삶을 갈라놓는 분기점이 되었다. 두 형제는 이 이후 계속해서 완전히 다른 길을 걸었다. 제임스는 크리스천스테드의 나이 지긋한 목수 밑에서 일을 배우기 시작했는데, 이는 그가 별다른 능력이 없었음을 시사해주는 부분이다. 대부분의 백인들은 목공 등의 기술직을 꺼렸다. 물라토들이나 숙련된 노예 일꾼들과 경쟁해야 했기 때문이었다. 제임스는 이 분야에서도 대단한 장래성이나 재능을 보이지는 못했던 듯 싶은데, 이후에는 그가 막노동 수준의 작업만을 했던 것으로 보이기 때문이다. 반면 알렉산더는 피터 리턴이 세상을 떠나기도 전부터 상업 회사에서 일하기 시작했다. 그가 일했던 곳은 뉴욕의 무역회사 비크먼앤드크루거Beekman and Cruger로, 어머니의 가게에 상품을 조달했던 회사였다. 그리고 이 경험은 해밀턴보다 나이와 경험이 많은 이들이 그의 엄청난 재능을 알아보았던 수없이 많은 사건들 중 첫 번째가 된다.

　상업에 대한 그의 첫 번째 경험에 대해 알아보기 이전에, 먼저 해밀턴의 소년 시절이 품고 있는 또 다른 비밀을 짚고 넘어가야겠다. 제임스가 나이 많은 목수에게 일을 배우기 위해 떠나 있을 무렵, 알렉산더 해밀턴은 마치 디킨스Dickens 소설의 주인공이라도 된 것처럼 꿈결 같은 변화를 겪었다. 존경받던 상인 토머스 스티븐스Thomas Stevens와 그의 아내 앤Ann이 사는 킹가街의 집에서 지내게 된 것이다. 부부의 다섯 아이들 중 알렉산더보다 한 살 많은 에드워드 스티븐스Edward Stevens는 알렉산더의 가장 친한 친구가 되었다. 해밀턴은 훗날 에드워드를 '아주 어릴 때부터 알게 된 친밀한 지인'이라고 묘사했다.[51] 나이 든 이후에도 이들은 서로 비슷한 성격을 보여주곤 했다. 두 사람 모두 특출할 만큼 기민하고 영리했으며, 규율이 잡혀 있었고, 인내심이 강했으며, 프랑스어에 능숙했고, 고전 역사에 통달했으며, 노예제에 분노했고, 약학에 깊이 매료되어 있었다. 훗날 에드워드 스티븐스는 해밀턴을 회상하며 곧잘 '우리가 매우 자주 교환하곤 했던 우정의 서약'을 언급했고, 때때로 해밀턴의 약한 건강을 걱정했다.[52]

그들의 내면이 보통 이상으로 닮은 점을 많이 가지고 있었다면, 그들의 외양은 지나가던 사람들도 멈추게 할 만큼 묘하게 닮아 있었다. 30년 후, 당시 국무장관이자 해밀턴의 친한 친구였던 티머시 피커링Timothy Pickering은 에드워드 스티븐스를 처음 만나고는 그들의 닮은꼴에 충격을 받았다. 피커링은 '그를 처음 본 순간부터 느낀 것이지만 그와 해밀턴 장군의 얼굴은 놀라울 만큼 닮아 있었다. 나는 그들이 분명 *형제*일 것이라 생각했다'고 회고했다. 피커링이 스티븐스의 처남이자 세인트크로이 사람이었던 제임스 야드James Yard에게 자신의 놀라움을 털어놓자 야드는 피커링에게 '그렇게 말하는 사람을 수천 명도 더 보았다고 말해주었다.'[53] 이 미스터리는 탐구심이 많은 피커링의 호기심을 자극했고, 결국 해밀턴과 스티븐스가 *실제로* 형제였으리라는 결론을 내리게 만들었다. 해밀턴의 전기를 위해 모아둔 자료에서 피커링은 해밀턴이 스티븐스라는 '이름의 한 신사가 낳은 사생아라는 설이 지배적이었다'고 썼다.[54] 이러한 루머는 19세기 전역으로 퍼져나가, 1882년 정치가 헨리 캐벗 로지Henry Cabot Lodge는 '해밀턴은 서인도제도의 부유한 농장주 혹은 상인의 사생아였고, 그 아버지는 아마도 해밀턴의 어린 시절 친구이자 학교 친구였던 아이의 아버지인 스티븐스 씨였을 것이라는 구전설화를 당대 모든 학생들이 잘 알고 있었다'라고 쓸 정도였다.[55]

이 엄청난 가설을 어떻게 받아들여야 할까? 에드워드 스티븐스의 사진이 남아 있지 않기 때문에 실제로 그들이 가족처럼 닮았는지는 알 수 없다. 그러나 직접적인 증거가 부족함에도 알렉산더가 제임스 해밀턴이 아닌 토머스 스티븐스의 생물학적 아들이었다는 가설은 해밀턴의 전기가 품고 있는 수많은 이상한 점들을 해결해줄 수 있다. 레비앙이 레이철을 감옥으로 던져 넣을 당시 그 사실에 분개했던 바로 그 불륜 상대가 스티 븐스였을 수도 있다. 이는 또한 그가 레이철이 세상을 떠난 이후 얼마 지 나지 않아 해밀턴을 보호해주었지만 그의 형제 제임스에게는 별다른 손 길을 보내지 않았던 이유도 설명해준다(18세기에는 사생아들을 집주인 부부 의 혈족 중 부모를 잃은 아이로 위장하는 경우가 많았다. 손님들이 받아들일 수 있 는 의례적인 이야기를 꾸며야 했기 때문이다). 또한 이 혈통은 해밀턴이 왜 그 의 친형제보다 에드워드 스티븐스와 가늠할 수 없을 만큼 더 깊은 유대 관계를 맺었는지도 설명해준다. 아버지 제임스 해밀턴이 왜 아이들에 대 해 더 이상 책임이 없다고 판단한 후 가족들을 떠났는지, 또 알렉산더가 성공한 이후에도 왜 별다른 기쁨을 표시하지 않았는지 역시 이로써 설명 할 수 있다. 무엇보다 해밀턴이 훗날 그의 아버지나 형제를 상대로 취했 던 기묘한 거리감도 이것이 설명해줄 수 있다. 앞으로 살펴보겠지만, 알 렉산더는 극도로 충성스러운 사람이자 가족에게 크게 헌신하는 사람이 었다. 때문에 그와 그의 아버지, 그리고 그의 형 셋 모두가 마치 자신들이 끔찍한 비밀을 숨기고 있고 그것으로부터 도망치기라도 해야 한다는 듯 굴면서 자신들의 관계가 사라져버리게끔 놔두었다는 사실에는 무언가 미심쩍은 부분이 있다.

허리케인

Alexander Hamilton

비크먼앤드크루거에서 일하게 된 해밀턴은 열대 지방의 나른한 세계에 살면서도 무역선들과 요동치는 시장을 중심으로 빠르게 돌아가는 근대 세계에 단련될 수 있었다. 다소 힘들기는 했겠으나 어찌 되었든 세상의 외딴곳에 처박혀 살지는 않을 수 있었던 셈이다. 해밀턴의 첫 번째 직장은 그에게 국제 상업과 제국주의 세력들의 책략에 관한 귀중한 가르침들을 남겨주었다. 이곳은 또한 애당초 어느 무역 회사를 선두로 개발되었던 터라 이 직장에서의 경험을 통해 해밀턴은 당시 유럽 경제를 지배하던 중상주의 정책들에 일찍이 눈뜰 수 있었다.

　수출입 사업을 펼쳤던 비크먼앤드크루거는 해밀턴에게 있어 훌륭한 훈련장이었다. 해밀턴은 눈이 핑글핑글 돌 정도로 수많은 물품의 재고를 관리해야 했다. 이 회사는 농장주들에게 필요하겠다 싶은 거의 모든 상품을 취급했다. 목재, 빵, 밀가루, 쌀, 라드(돼지고기 지방_역주), 돼지고기, 소고기, 생선, 검은눈콩, 옥수수, 포터 맥주, 사과주, 소나무, 오크, 쇠스랑,

알렉산더 해밀턴

널빤지, 철, 석회, 밧줄, 검은 잉크, 벽돌, 노새, 소 등이 여기에 포함되었다. 알렉산더의 아들 존 C. 해밀턴John C. Hamilton은 아버지에 대해 말하면서, 그가 '훗날 수많은 일들에 참여'했음에도 '[이 시기를 가리켜] 자신이 받은 교육 중 가장 쓸모 있는 것을 배웠던 때라고 말씀하셨다'고 전했다.[1] 그는 아름답고 명확하며 유창한 어조로 글 쓰는 법을 배웠다. 그는 돈에도 신경 써야 했고 선박들의 출입 시간을 조정하는 한편 화물들도 추적했다. 또한 포르투갈 주화, 여덟 종류의 스페인 화폐, 영국 파운드화, 덴마크 두카트화, 네덜란드의 니켈화 등 이국적인 화폐들로 가격을 계산해야 했다. 훗날 갓 성인이 된 해밀턴이 어린 나이에도 사업에 대해 굉장히 잘 알고 있는 것처럼 보였던 것은 어느 정도 이때 쌓은 경험 덕분이었을 것이다.

비크먼앤드크루거는 부두 위쪽, 킹가와 킹스크로스가가 만나는 언덕 위의 교차로 부근에서 가게와 창고 하나씩을 나란히 운영했다. 상쾌한 바닷바람을 맞으며 비탈진 중심 거리를 즐겁게 내려가다 보면 정신없이 바쁜 부두에 닿았다. 비크먼앤드크루거도 이곳에 선창과 선박을 소유하고 있었다. 부두에 배가 들어오면 직원이 물건들을 검수하곤 했는데 그것들 틈에 밀수품도 종종 섞여 있었다. 공기 중에는 설탕과 럼, 당밀이 풍기는 달콤한 향기가 짙게 배어 있었으며, 이 상품들은 커다란 통에 담긴 채 말이 끄는 수레에 실려 북아메리카로 배송될 채비를 했다. 북아메리카 나라들은 이러한 물건들을 수입하는 대신 곡식과 밀가루, 목재, 건조식품 등을 수출했다. 중립지였던 덴마크령의 섬들은 프랑스령 서인도제도로 향하는 길목이나 다름없었으므로 해밀턴의 프랑스어 실력은 곧 엄청난 사업적 자산이 되었다. 세인트크로이 섬의 상인들은 대부분 영국 본토 출신이었기 때문에 섬의 공용어로는 덴마크어가 아닌 영어가 사용되었다.

비크먼앤드크루거는 훗날 해밀턴이 살게 될 도시 뉴욕과 그를 직접 연결하는 가교가 되어주었다. 뉴욕과 세인트크로이 섬 간에는 무역이 활발하게 전개되었다. 맨해튼의 수많은 무역 회사들은 가족 중 젊은 자녀들을 주재원 역할로 파견하곤 했는데, 니컬러스 크루거가 그 대표적인 예였다. 그는 식민지 뉴욕의 가장 유명한 집안들 중 한 곳 출신이었고, 아버지 헨리Henry는 부유한 상인이자 선박 소유주였으며 왕립의회 의원이었다. 삼촌 존 크루거John Cruger는 오랜 기간 뉴욕의 시장을 지냈으며 인지세법 회의의 일원이기도 했다. 왕족 출신의 크루거 가문은 뚜렷한 친영주의자 경향을 보였지만, 시간이 지나면서 돌연변이도 생겨났다. 니컬러스의 형제이자 그들의 아버지와 같은 이름을 가졌던 브리튼의 헨리Henry는 브리스틀 의원으로 의회에 입성한 후 에드먼드 버크Edmund Burke(영국의 정치가이자 사상가_역주)에 견줄 만큼 위엄 있는 유명 인사가 되었다. 니컬러스 또한 급진적인 식민지 주민들의 편에 서 있었으며 조지 워싱턴을 숭배했다. 해밀턴에게 정치를 가르쳐준 첫 번째 스승이 바로 니컬러스였을 가능성도 있다. 또한 그는 번창하면서도 사회 복지에 관심을 가지는 뉴욕 사업가의 면모를 해밀턴에게 보여주었다. 이들은 훗날 해밀턴이 옹호했던 엘리트 연방주의자의 본보기가 되었다.

어린 해밀턴은 반복적인 일상 속에서도 시작부터 놀라운 지구력을 보여주었다. 야망에 가득 찬 고아 소년들은 게으름을 피울 여유도 없었다. 해밀턴은 일을 시작하기 전부터도 13세치고는 지나치다 싶을 만큼 자립성을 길렀던 것이 분명하지만, 그런 그의 기강을 비크먼앤드크루거가 한층 더 단련시켜주었다. 해밀턴은 철두철미하게 효율성을 따지거나 냉철하게 자기를 관리한다는 인상을 풍겼다. 또래 아이들이 까불대며 놀던 때에 해밀턴은 세인트크로이 섬에서 벗어나기 위해 훨씬 더 힘겹고 급박한 삶을 살았다. 그는 자긍심 높고 예민한 소년이었고, 계층 이동이 쉽지 않았던 철저한 계급 사회에서도 하류층에 갇혀 있었다. 훗날 그의 친구 너

알렉산더 해밀턴

대니얼 펜들턴Nathaniel Pendleton은 당시 해밀턴이 자신의 직업을 '너무나 기피한 나머지 마치 더 이상 상업의 길을 걷지 않겠다고 마음먹은 것만 같았다'고 말했다.[2] 1769년 11월 11일, 14세의 해밀턴은 현존하는 그의 가장 오래된 편지에서 억눌려 있던 자신의 짙은 절망을 터뜨렸다. 우아한 필법의 이 편지는 이 어린 직원이 자신의 낮은 사회적 위치에 개탄했고 과도한 에너지에 짜증을 냈다는 것을 알려준다. 벌써부터 그는 화려한 명성과 먼 훗날 찾아올 영광을 상상하며 정신적 위안을 찾고 있었다. 편지의 수신자는 자신과 닮은꼴이었던 친한 친구이자 당시 학업을 위해 뉴욕의 킹스칼리지로 떠나간 에드워드 스티븐스였다.

> 내 약점에 대해 고백하자면 말이야, 네드(여기서 해밀턴은 에드워드를 네드 Ned 혹은 네디Neddy라는 애칭으로 불렀음_역주), 내 야망이 너무 크다는 거야. 그래서 나는 운 따위가 내게 선고해버린 이 직업의 굽실거림과 조건을 경멸하게 되었어. 이런 처지에서 벗어나기 위해 나는 기꺼이 목숨을 걸겠지만 내 성격만큼은 바뀌도록 놔두지 않을 거야. 나는 자신 있어, 네드. 내 유년기는 내가 곧바로 높은 자리에 오를 수 있다는 희망을 조금도 남겨주지 않았고 나 또한 그런 걸 바란 건 아니었지. 하지만 나는 이제 미래를 향한 길을 준비할 거야. 너도 알겠지만 난 철학가는 아니야. 아마 공상가라고 부르는 게 더 정확하겠지. 나 자신의 멍청함 때문에 너무 부끄러우니 너는 그걸 눈감아줬으면 좋겠어. 그래도, 네디, 우리는 한결같이 구는 사람들이 본인의 일에서 성공하는 경우를 많이 보아왔잖아. 그리고 마지막으로, 나는 전쟁이 일어났으면 좋겠어.
> -알렉스, 해밀턴[3]

이 짧은 편지에 예언과도 같은 해밀턴의 염원이 얼마나 많이 담겨 있는지 보이는가? 영웅주의와 전쟁의 영광을 갈망하던 이 소년은 얼마 지나지 않아 전쟁을 마주하게 된다. 편지에서 그는 통렬한 수치심을 드러냈는데, 이로 말미암아 해밀턴은 성인이 된 이후 의도적으로 허세 뒤에 자신을 숨기곤 했다. 특히 그는 자신의 거대한 야망 때문에 스스로 타락하는 것, 그리고 세상을 정복하고자 스스로 자신의 윤리까지 더럽히게 될 것을 본능적으로 두려워하고 있었다. 그의 글은 다소 어색하긴 하지만 열네 살의 어린아이가 쓴 것이라고 하기엔 놀라우리만큼 성숙한데, 이때부터 그는 역사적 기록이라 할 만한 글들을 남기기 시작했다.

해밀턴의 앞에는 자신이 가진 수많은 재능들을 갈고닦을 기회가 충분히 펼쳐져 있었다. 1769년 데이비드 비크먼이 사업을 그만둔 이후에는 또 다른 상류 가문 출신 뉴요커였던 코르넬리우스 코트라이트Cornelius Kortright가 그 자리를 대신했고 회사명 또한 코트라이트앤드크루거Kortright and Cruger로 바꾸었다. 1771년 10월 니컬러스 크루거는 지병을 이유로 5개월 동안 뉴욕으로 떠나면서 그의 조숙한 점원 해밀턴에게 책임을 맡겼다.

당시 해밀턴이 쓴 사업 관련 편지 다발에서 최초로 등장하는 '책임자로서의 해밀턴'은 훗날 그의 앞길에서도 계속 찾아볼 수 있다. 그는 이상할 만큼의 열의를 보이면서 회사가 빌려준 돈을 모아들였다. '저를 믿으세요, 사장님' 그는 자리를 비운 크루거를 안심시켰다. '저는 마땅히 해야 할 만큼 열심히 하고 있습니다.'[4]

이들이 주고받은 서신 무더기에서는 선더볼트Thunderbolt라는 이름의 범선이 한 척 등장한다. 크루거 가문이 소유권 일부를 가지고 있던 이 범선은 1772년 초 야윈 노새 수십 마리를 태우고 험난한 바다를 건널 예정이었다. 해밀턴은 화물을 실은 이 범선이 당시 적대적인 함선들이 들끓던 바닷길을 뚫고 스패니시 메인(남아메리카 대륙의 북서부 해안)까지 무사히 닿을 수 있도록 감독해야 했다. 해밀턴은 한 치도 망설이지 않고 그의 상관들에게 네 정의 총으로 배를 무장시킬 것을 조언했다. 그는 퀴라소 섬에서 가족 사업을 감독하던 타일맨 크루거Tileman Cruger에게 다음과 같이 단호하게 말했다. "그조차 갖추지 않았다가 그만한 범선을 잃게 된다면 두말할 것도 없이 엄청나게 애석한 일이 될 겁니다."[5] 침 흘리는 앙상한 노새 마흔한 마리가 배에 오르자 해밀턴은 범선의 선장에게 위압적인 말투로 설교를 했다. 훗날 그를 존경했던 부하들도 그 말투를 알았으리라. "만일 이 항해가 불행해질 경우를, 또 그것으로 당신의 주인들에게 발생할 손실을 당신이 어떠한 고생으로 메워야 할지를 반드시 염두에 두고 행동하십시오."[6] 이 청소년 직원은 빠른 결단을 내릴 줄 알았고 베테랑 선장에게 일갈하는 데도 일말의 거리낌이 없었다. 당시 그는 사람들을 매우 능숙하게 통솔했으며 그러고자 하는 열망도 넘쳤기 때문에, 1772년 3월 니컬러스 크루거가 세인트크로이 섬으로 돌아왔을 때는 아마 다소 풀이 죽었을지도 모르겠다.

코트라이트앤드크루거는 대부분 식료품이나 건조 상품들을 취급했지만 적어도 1년에 한 번 정도는 훨씬 더 손상되기 쉬운 화물, 즉 노예를 대규모로 운송했다. 노예선에는 수백 명의 아프리카인들이 쇠사슬에 묶인 채 악취가 진동하는 짐칸에 구겨져 실렸는데 여기에서 질식사하는 이들도 많았다. 이 역겨운 노예선들이 얼마나 비윤리적인 상태를 자랑했던지, 육지의 사람들은 노예선이 들어올 때면 수 마일 밖에서도 그 끔찍한 악취를 맡을 수 있었다. 해밀턴이 이 회사에서 일하고 있던 중인 1771년 1월 23일, 회사는 지역의 이중 언어 신문 「로열 대니시-아메리칸 가제트 Royal Danish-American Gazette」 제1면 꼭대기에 다음과 같은 광고를 실었다. '아프리카 윈드워드 해안에서 막 수입한 300명의 특급 노예, 코트라이트앤드크루거가 돌아오는 월요일에 크루거의 판매장에서 판매합니다.'[7] 이듬해 아프리카의 황금 해안에서 250명의 노예를 더 수입한 니컬러스 크루거는 이들이 '실로 썩 좋지는 않고, 병약하며 말랐다'고 불평했다.[8] 곧 경매에 부쳐질 노예들을 검수하고, 대기시키며, 몸단장시키고, 그들의 가격을 매기는 일을 도왔던 해밀턴이 얼마나 비인간적인 광경들을 목도했는지는 상상에 맡길 수밖에 없다. 외견상 더 좋아 보이도록 노예들의 몸은 제모되었고, 햇빛 아래에서 근육이 반짝이게끔 팜유가 발라졌다. 몇몇 구매자들은 달궈진 낙인 도구를 들고 와 새로 구입한 재산에 자신들의 이니셜을 새겼다. 니컬러스 크루거가 도망친 노예를 잡는다는 광고를 신문에 얼마나 자주 게재했는지 고려해보면, 인간 수송이 그의 사업에서 상당한 비율을 차지했음을 명백히 알 수 있다.

해밀턴이 세인트크로이 섬에 당도할 즈음 이 섬의 노예 인구는 지난 10년간 두 배로 늘어날 정도로 급증하고 있었으며, 농장주들은 합심해서 노예들의 반란을 막고 있었다. 종종 노예들이 자유를 찾아 근방의 스페인령인 푸에르토리코로 대규모 탈출을 벌이기도 했으나 이 역시 농장주들의 진압 대상이 되었다. 이런 끔찍한 환경에서는 그 어떤 백인도 중립적 방관자라는 고고한 지위에 있을 수 없었다. 노예제의 공범자가 되지 않으려면 섬을 떠나는 길밖에는 없었던 셈이다. 이와 관련하여 모든 것을 확실히 해두고자 했던 코펜하겐 정부는 『세인트크로이 주민들을 위한 소책자 The St. Croxian Pocket Companion』를 발간해 섬의 모든 백인 주민들이 마땅히 져야 하는 의무를 나열해놨는데, 이는 해밀턴에게도 1771년 이래 적용되었을 것이다. 16세 이상의 모든 남성들은 민병대에 들어가야 하며 자신의 무기와 탄약을 준비하여 매달 열리는 훈련에도 참석해야 했다. 모든 백인 남성들은 요새에서 두 발 이상의 총성이 들리면 그 즉시 자신의 장총을 들고 그곳으로 모여야 했고, 변절한 노예들이 크리스천스테드에서 처형되는 날이면 요새 주변에 둥글게 모여 서서 다른 노예들의 방해를 막고 그곳을 수호해야 했다. 백인을 공격한 노예는 모두 교수형이나 참수형에 처

알렉산더 해밀턴

해졌는데, 형 집행 전에 시뻘겋게 달군 부지깽이로 고문하거나 거세했던 것을 생각하면 사형은 그들에게 차라리 축복 같은 안도에 가까웠을 것이다. 또한 붙잡아온 다른 노예들에게 공포심을 일으키고 그들을 굴종하게 만들려는 목적하에 매우 끔찍한 형태의 형벌들도 가해졌다. 만일 노예가 반항을 목적으로 손을 올렸다면 그 즉시 손을 잘랐다. 도망쳤다가 3개월 이내에 돌아온 노예는 한쪽 발을 잘랐고, 또 한 번 더 도망치면 다른 쪽 발도 절단했다. 상습범들에게는 소름 끼치는 철제 목줄을 목둘레에 꼭 맞게 채웠는데, 목줄 안쪽으로 못을 여러 개 박아놓아서 노예가 자신의 목을 찢지 않고서는 비좁은 나무 덤불 아래를 기어 도망칠 수 없게 했다.

해밀턴이 어린 시절 목격했던 적나라한 잔혹상을 이해하지 않고서는 그가 행한 정치도 이해하기 어렵다. 훗날 미국 사회 전체에 희망이 만연해 있을 당시에도 해밀턴은 이 때문에 함께 희망에 도취되지 못했다. 세인트크로이 섬의 노예무역이 그로 하여금 평생 노예제를 혐오하고 폐지론자로 활동하게 만들었다는 점은 누가 봐도 명백하다. 그러나 그의 의식 속에는 한층 더 깊은 생각이 자리 잡고 있었다. 그토록 계층화된 사회에서 겁 많은 농장주들은 언제나 노예들의 반란을 두려워하며 살았고 그것을 피하기 위해 군사 체제를 강화했다. 아메리카로 건너간 후에도 해밀턴은 무정부 및 무질서 상태에 대한 큰 두려움을 계속 지니고 있었는데, 이는 그의 마음속에서 자유에 대한 열렬한 사랑만큼이나 큰 비중을 차지했다. 해밀턴의 소년기가 그에게 남겨준 유산은 다소 모호하게 정의될 수도 있겠다. 그는 농장주들과 그들의 압제적 지배가 낳은 폭압을 혐오하게 되었지만 한편으로는 불만을 품은 노예들이 일으킬 수 있을 반란도 두려워했다. 이후 폭정과 무정부라는 두 개의 망령은 평생 그를 괴롭혔다.

벤저민 프랭클린과 마찬가지로 해밀턴 역시 혼자 공부했고, 자투리 시간은 모조리 독서에 쏟아부었던 것으로 보인다. 이 어린 직원은 문필가가 될 작정이었다. 말과 글에 대한 능력이 언젠가 자신을 미천한 정박지에서 벗어나게 하고 당대 가장 강력한 인물들과 어깨를 나란히 하게끔 만들어 줄 것임은 그 자신 또한 이미 예감했을 수 있겠다. 서인도제도에는 서점 이 몇 개 없었고 그마저도 특별 구독이라는 형식으로 책을 주문하는 체 계였다. 이런 점에서 1770년 「로열 대니시-아메리칸 가제트」의 간행은 당시 문화에 굶주려 있던 해밀턴에게 있어 기적과도 같은 일이 아닐 수 없었다. 친영주의 성향의 기사들을 실었던 이 신문은 덴마크 국왕 크리 스티앙 7세Christian VII가 잉글랜드 국왕 조지 3세George III의 첫 번째 사촌이자 동시에 사위였다는 사실 따위를 보도했다. 또한 윌리엄 피트William Pitt the Elder 등의 저명한 연사들이 등장하는 런던 의회의 토론을 숭배적 논조로 보도 하는 한편, 왕실 가족들에 대한 작은 정보들을 담은 가십과 아첨도 빠뜨 리지 않고 실었다.

글을 기고할 신문이 생기자 해밀턴은 시를 짓기 시작했다. 그가 가진 언어의 샘은 한 번 열리자 그 뒤로 멈추지 않고 샘솟는 온천이 되었다. 알 렉산더 포프가 남긴 세련된 위트와 함축적인 격언들은 이 어린 직원의 마음을 사로잡았으며, 포프가 어린 시절 고전 시를 흉내 내었던 것과 마 찬가지로 그 역시 포프의 시를 흉내 내어 썼다. 1771년 4월 6일, 그는 「로 열 대니시-아메리칸 가제트」에 두어 편의 시를 게재했는데, 이때 그는 편 집장에게 자신을 다음과 같이 소개했다. '선생님, 저는 곧 열일곱 살이 되 는 젊은이입니다. 그러므로 저의 이런 시도는 아마 주제넘은 짓일 테죠. 그러나 제가 보내드린 글들을 잘 읽어보신다면 선생님의 신문에 올라도 될 만하다고 생각하실 겁니다. 글을 실어주시면 대단히 감사하겠습니다. 당신의 충실한 종, A. H.' 사랑을 주제로 해밀턴이 쓴 두 편의 시는 각기 완전히 대조적인 두 가지의 사랑을 그린다. 첫 번째 시는 꿈결 같은 첫사랑에 관한 것인데, 여기서 첫사랑 그녀는 '새끼 양'이 뛰노는 개울가에 기대어 누워 있다. 그는 그녀의 앞에 무릎을 꿇고 황홀한 키스로 그녀를 깨운 뒤 가볍게 들어 올리고는 결혼이라는 축복을 향해 그녀를 데리고 간다. 여기서 그는 '결혼이라는 성스러운 둘레 안에서 / 사랑은 두 배로 달콤할 테니 나를 믿어요'라고 속삭인다.[9] 두 번째 시에서 해밀턴은 갑자기 여자에 질려버린 난봉꾼으로 탈바꿈하고선 충격적이고 칼날 같은 첫 대사를 내뱉는다. '셀리아의 그림 같은 어린 창녀여.' 이 뒤로는 고양이 같은 교묘한 여인에 대한 묘사가 이어진다.

> 이제 고양이의 벨벳 같은 발바닥을 간질이네
> 이 계집은 자기 발톱을 얼마나 숨기는지
> 갸르릉대겠지만, 마침내는
> 그녀를 조금 강하게 움켜쥐게 되겠지
> 그녀는 등을 세우고 내뱉네 – 조심하세요!
> 착하게도 그녀는 당신을 급히 탐하리라

첫 번째 시는 여성에 대해 환상을 품은 평온한 청소년이 쓴 듯하지만 두 번째 시는 이미 사랑의 달콤함을 수도 없이 맛보았으며 여성상에 대한 아무런 환상도 가지지 않은, 이제는 사는 게 시들한 젊은 바람둥이가 쓴 것처럼 보인다. 순수하고 천사 같은 여자와 저속하고 유혹적인 여자. 사실 해밀턴은 서로 대척점에 있는 이 두 가지 여성상 모두에 끌렸음을 잘 드러내고 있는 셈이다. 해밀턴은 평생에 걸쳐 이 문제를 해결하지 못했고, 그 때문에 후에 불미스러운 일들을 맞이하게 된다.

이듬해 해밀턴은 두 편의 시를 더 게재했는데, 이번에 그는 음울한 종교 시인으로 돌변했다. 이러한 심정의 변화는 세인트크로이 섬에 장로교

2 · 허리케인

목사 휴 녹스Hugh Knox가 등장한 탓에 일어난 것임이 분명해 보인다. 잘생긴 젊은 청년이었던 녹스는 북부 아일랜드에서 스코틀랜드 혈통으로 태어났으며 이후 아메리카로 이주해 델라웨어 주에서 학교 선생님이 되었다. 특이한 매력을 지녔던 이 청년은 본래 그다지 독실한 편이 아니었으나, 기묘한 사건 하나를 계기로 완전히 다른 삶을 살게 되었다. 어느 토요일 그는 단골 술집이었던 마을의 여관에서 알딸딸하게 취해 떠들면서, 자신의 후견인이었던 존 로저스John Rodgers목사의 설교를 우스꽝스럽게 흉내냈다. 그러나 녹스는 자리에 앉은 뒤로도 자신의 불경함에 몸이 떨려오는 것을 느꼈고 더 나아가 머릿속을 계속 맴도는 설교 말씀에 감동을 받았다. 그는 뉴저지대학(오늘날의 프린스턴대학)에서 총장 에런 버Aaron Burr에게 신학을 배우기로 결심한다. 에런 버는 저명한 신학계 인사이자 훗날 해밀턴의 숙적이 될 남자의 아버지였다. 해밀턴이 에런 버의 이름을 처음 들은 것도 분명히 녹스의 입을 통해서였을 것이라 추정된다.

1755년 버에게 안수식을 받은 녹스는 복음을 전파하기로 마음먹은 뒤 네덜란드령 서인도제도의 사바 섬으로 갔다. 네비스 섬 근방에 위치했던 5제곱마일(약 8제곱킬로미터_역주) 남짓의 이 작은 섬에는 해변조차 없었고, 가장 굳건하게 결심한 선교사의 의지를 시험해보기에 딱 좋을 만큼 외딴 곳이었다. 사바 섬의 바위투성이 해안 주변은 파도가 매우 거칠어서 배를 정박시키는 것조차 위험할 정도였다. 섬의 유일한 성직자였던 녹스는 사화산 분화구 구덩이 아래에 '밑바닥'이라 불리던 거처를 짓고 생활했는데 이곳으로 가려면 바위투성이 길을 올라야만 했다. 녹스는 자신이 구원할 죄인들의 암울한 모습을 표현한 그림 한 장을 남겼다. 여기에는 '젊은 녀석들과 결혼한 남자들, 종교를 진심으로 여긴다는 기색이 전혀 보이지 않는 이들 외에도 (중략) 젊은 흑인 처자들을 데리고 살던 이들, (중략) 난봉꾼, 한밤중의 폭도들, 주정뱅이들, 도박꾼들, 안식일을 지키지 않는 이들, 교회를 무시하는 자들, 욕쟁이들, 부정직한 딜러들 등이 그려져 있었다.'[10] 최고 수준의 교육을 받았으며 그만큼 박식했던 녹스는 지적인 동료와 돈에 굶주려 있었다. 1771년 그는 세인트크로이 섬을 방문했는데, 이곳의 장로교 사람들은 그를 따뜻하게 맞이해주었을 뿐만 아니라 그에게 이 섬으로 이주해 오라고 설득했다. 1772년 5월, 녹스는 자신이 분화구 밑바닥에서 벌던 것보다 훨씬 더 높은 연봉을 받으며 세인트크로이 섬의 스코틀랜드 장로교 교회 목사가 된다.

사바 섬에서 고독한 세월을 보냈던 45세의 녹스는 세인트크로이 섬에서 다시 활기를 되찾았다. 그는 인도적이었고, 너그러웠으며, 정치적으로는 진보적이었고(그는 미국의 독립에 강하게 찬성했다), 노예제에 반대했으며(그러나 자신은 노예 몇 명을 소유하고 있었다), 나중에는 설교집 몇 권을 펴내기도 했다. 녹스에게는 해밀턴이 이끌릴 만한 점이 다수 있었던 셈이다. 현재까지 전해오는 녹스의 편지들 중 가장 오래된 것들을 보면 그는 사생아도 세례를 받아야 한다고 굳건히 믿었고, 성직자는 그들을 버릴 게 아니라 그 부모들로부터 그들을 구원해줘야 한다고 주장했다. 그는 장로교의 엄격한 칼뱅주의 교리들과 거리가 먼 사람이었다. 그는 음울하고 가혹한 하나님 대신 햇살 같고 공정한 하나님을 선호했다. 또한 만족할 줄 모르는 호기심은 곧 인간의 본성이라고 생각했고, '진리의 *구조 혹은 체계*'를 만드는 이에게 가장 큰 찬사를 보내리라는 말도 남겼다.[11]

바로 이때, 구조적 사고에 특출한 재능을 가진 사생아 출신의 젊은 직원이 녹스의 인생에 들어왔다. 녹스는 해밀턴을 발견한 자신의 엄청난 운에 경탄했을 것이 분명하다. 그들이 어떻게 만나게 되었는지는 정확히 알려지지 않았으나 어찌 되었건 녹스는 이 재능 많은 젊은이에게 자신의 서재 문을 활짝 열어주었고, 산문을 쓰도록 격려해주었으며, 학업을 계속 이어나가도록 독려했다. 우스꽝스러운 유머 감각을 지녔던 푸근한 이 남자는 해밀턴의 투지가 너무 강한 데다가 언제나 자신을 혹사한다는 것, 그리고 자신의 잃어버린 시간에 대한 보상을 너무나 강렬히 열망한다는 점을 걱정했다. 만일 이것이 결점이라면 해밀턴은 평생 이를 극복하지 못한 셈이다. 훗날 녹스는 해밀턴이 '다소 섬세하고 유약'했지만 '훌륭한 사람이 되겠다는 야망'이 있었고, 하는 일에서마다 최선을 다하기 위해 '전력을 기울이는' 경향이 있었다고 회고했다.[12] 녹스는 직감적으로 이 엄청난 소년이 위대한 일을 해낼 운명임을 알아차렸다. 그러나 훗날에는 그조차도 알렉산더 해밀턴은 자신이 했던 가장 큰 상상 또한 뛰어넘어버렸다고 고백했다.

다재다능했던 휴 녹스는 다양한 일을 겸했다. 그는 독학으로 의사 겸 약사가 되기도 했고 이따금은 「로열 대니시-아메리칸 가제트」의 편집장 자리를 대신하는 저널리스트로 변신하기도 했다. 어쩌면 해밀턴과 녹스가 처음 만난 것은 교회가 아닌 신문사 일 때문일 수도 있다. 녹스가 저널리스트 일을 부업 삼아 하고 있었다는 사실이 해밀턴에게 매우 중요하게 작용하는 사건이 하나 발생한다. 1772년 8월 31일 밤, 대형 허리케인이 세인트크로이 섬을 갈가리 찢어놓고 근방의 섬들 또한 처참하게 파괴해버렸던 것이다.

기록들에 따르면 이 태풍은 전례 없이 사나운 것이었다. 「로열 대니시-아메리칸 가제트」는 이를 두고 '인류의 기억 속에서 가장 끔찍했던 허리케인'이라고 보도했다. '해 질 무렵 시작된 강풍은 중간 30분 정도의 소강 상태를 제외하고 총 여섯 시간을 마치 거대한 총이 쏘아대는 것처럼 불어닥쳤다. (중략) 한때 아름다웠던 이 섬의 얼굴은 이제 재앙과도 같은 흉측한 모습이 되어 차마 말로 다 설명할 수 없을 지경에 이르렀다.'[13] 엄청났던 바람은 커다란 나무들을 뿌리째 뽑아버렸고, 집들을 산산조각 냈으

알렉산더 해밀턴

며, 배들을 물거품 아래로 가라앉히거나 머나먼 섬으로 날려 보냈다. 마찬가지로 큰 피해를 입은 네비스섬에서는 42갤런(약 159리터)들이 거대한 설탕 통이 400야드(약 365미터_역주)를 날아갔고 가구들은 2마일(약 3.2킬로미터_역주) 바깥으로 내던져졌다는 등의 내용이 상세한 기록으로 남아 그 무시무시했던 위력을 확인시켜준다. 네비스 섬에는 그날 오후 강력한 지진까지 발생했고, 이후 15피트(약 4.5미터_역주) 높이의 해일이 네비스 섬과 세인트키츠 섬, 세인트크로이 섬을 포함한 이웃 섬들을 덮쳤던 것으로 보인다. 피해가 너무 심각한 나머지 앞으로 찾아올 굶주림을 막기 위해 북아메리카 식민지에 식량을 요청한 바도 있었다.

9월 6일, 휴 녹스는 불안감에 떨던 신자들을 그의 교회로 불러 모은 뒤 위안이 되어줄 만한 설교를 늘어놓으며 같은 내용을 담은 책자를 수 주 후 출판했다. 해밀턴 또한 이 설교에 참석했을 것이고, 녹스의 설교에 감명을 받았던 것으로 보인다. 집으로 돌아와서 그는 아버지에게 허리케인의 공포에 대해 열렬한 어조로 장문의 편지를 썼다(아버지가 세인트크로이 섬을 떠난 이후로도 해밀턴과 6년여간을 더 연락했다는 사실은 눈여겨볼 필요가 있다. 제임스 해밀턴이 태풍의 영향권 바깥에 있었다는 점은 그가 남부 카리브 해, 어쩌면 그레나다 혹은 토바고 섬에 살았음을 암시한다). 신파극 같은 표현들로 허리케인을 묘사한 이 편지글을 보면 아마 자신의 언어적 솜씨에 도취되었을 젊은 해밀턴을 엿볼 수 있을 것이다. 그는 녹스에게 이 편지를 보여주었던 것이 분명하다. 녹스의 설득에 따라 이 편지는 「로열 대니시-아메리칸 가제트」 10월 3일 자에 실리게 된다. 글의 앞머리에는 녹스가 썼을 법한 짧은 설명이 덧붙여 있었다. '다음 글은 최근 허리케인이 휩쓸고 지나가고 1주일이 흘렀을 무렵, 이 섬에 사는 젊은이 한 명이 그의 아버지에게 쓴 편지다. 어느 신사가 우연히 이 편지의 사본을 손에 넣은 뒤 흥미롭게 읽은 터라 다른 이들에게도 똑같은 만족을 안겨주고자 이를 싣는다.

모두가 이 글이 흥미롭다는 데 동의하게 되리라.' 자칫 누군가 무정한 해밀턴이 재난을 그저 기회로 삼는다고 생각할 것이 걱정되었는지, 녹스는 이 익명의 저자가 처음에는 글을 싣기 주저했었다고 덧붙였다. 이는 아마도 알렉산더 해밀턴이 일생에서 출판을 부끄러워하거나 망설였던 마지막 순간이었을 것이다.

태풍에 관한 해밀턴의 이 유명한 편지는 두 가지 이유에서 독자들에게 충격을 안겨주었다. 글 속에 가득한 과장된 표현들 덕분인지, 이 글에는 독학한 열일곱 살 먹은 무역 회사의 직원이 가진 것이라 하기엔 너무나 큰 열정과 활력이 담겨 있었다. 확실히 해밀턴은 글솜씨가 상당했고 언어적 표현의 보고寶庫도 이미 양껏 키우고 있었다. '자연의 완전한 해체가 도래하는 것만 같았다. 바다와 바람의 포효, 공기 중을 가르며 날아다니는 사나운 유성들, 끝도 없을 것만 같은 번개의 엄청난 번쩍임, 무너지는 집들의 요란한 소리, 그리고 이 모든 것들로 고통받는 이들의 찢어지는 울음소리는 천사들조차 충격에 빠뜨리기 충분한 것이었다.'

그러나 또 한 가지, 해밀턴이 이 허리케인을 인간의 허영과 자만에 대한 하나님의 꾸짖음으로 보았다는 점에서도 이 글을 살펴봐야겠다. 비극적인 독백과 불벼락 같은 설교의 중간쯤으로 보이는 이 글에서 그는 동료 인간들에게 다음과 같이 촉구했다.

> 이번엔 어디인가! 비도덕적인 벌레여, 용기와 결단을 뽐낸 것이 당신인가? 당신의 거만함과 자기만족은 어떻게 되는가? (중략) 죽음이 승리를 거두어, 어둠이라는 열 겹의 장막 뒤로 몸을 숨긴 채 달려오고 있다. 그의 가차 없는 낫은 이미 어딘가를 겨누고 그것을 베어버릴 준비가 되어 있다. (중략) 속수무책의 너희를 돌아보고 스스로 깨달으라. (중략) 자신을 경멸하되 너희의 신을 사랑하라. (중략) 풍족함 속에서 흥청망청 노는 너희는 인류의 고통을 보고

그것을 달래기 위해 너희의 남는 것을 기증하라. (중략) 불행한 자들을 구하고 천국에서의 보물을 얻으라.[14]

아무리 치명적인 허리케인이 지나간 직후라지만, 10대 소년이 품은 것 치고는 음울한 생각들이 아닐 수 없다. 그가 논했던 태풍의 어두운 영혼, 그리고 온 세상의 소란과 무질서라는 종말론적 묘사는 그의 음울한 세계관을 시사한다. 또한 그는 젊은이 특유의 이상주의를 드러내며 부자들에게 자신들의 부를 나누어 주라고 충고했다.

당시에는 해밀턴 자신도 눈치채지 못했지만, 이로써 그는 스스로 가난에서 벗어날 수 있는 길을 써 내려간 것이나 다름없었다. 자연재해가 그의 구원이 된 셈이었다. 그의 허리케인 편지들은 엄청난 반향을 불러일으켜서, 심지어는 섬의 총독까지도 이 젊은 작가의 신원을 물어 올 정도였다. 지역 사업가들은 앞길 창창한 이 젊은이가 북아메리카에서 교육받을 수 있도록 모금 활동을 벌였다. 그들이 보여준 너그러움은 당시 섬의 상황이 음울하기 짝이 없었다는 사실을 고려할 때 더더욱 의미 있는 것이었다. 허리케인으로 주택들이 부서지고 사탕수수들이 넘어졌으며 정제 공장들은 파괴되었다. 완전히 회복되려면 수개월, 수년이 걸릴 터인 세인트크로이 섬은 앞으로도 오래도록 경제적 고난을 겪을 수 있는 상황이었다.

모금을 주도했던 책임자는 아마도 마음씨 좋은 휴 녹스였을 것이다. 그는 훗날 해밀턴에게 이렇게 말했다. "나는 네게 아메리카로 건너가라고 충고했던 것, 그리고 아메리카에 있는 내 오랜 친구들에게 너를 추천했던 것에 언제나 정당하고 비밀스러운 자부심을 느꼈었지."[15] 돈을 가장 많이 기부했던 사람들은 아마도 해밀턴의 상사들, 즉 니컬러스 크루거와 코르넬리우스 코트라이트, 데이비드 비크먼일 것이며, 여기에 그의 후견인 토머스 스티븐스와 첫째 사촌 누나인 앤 리턴 벤턴Ann Lytton Venton이 한몫을 더

했을 터였다. 아마도 해밀턴이 일찍이(그리고 그 이후로도) 의학에 관심을 가졌기 때문에, 사업가 사회에서는 해밀턴을 의사로 키우면 그가 훗날 섬으로 돌아와 열대 지방의 풍토병들을 고쳐줄 것이라 기대했을 수도 있겠다. 서인도제도에는 늘 의사가 귀했고, 에드워드 스티븐스 역시 의사가 되기 위해 이미 뉴욕에서 공부하는 중이었다.

정설만 놓고 본다면 해밀턴은 1772년 배를 타고 북아메리카로 영원히 건너갔다. 그러나 「로열 대니시-아메리칸 가제트」 및 다른 문서들을 자세히 연구한 이들은 이러한 일반적 연대기에 의문을 제기한다. 1772년 10월 11일 「로열 대니시-아메리칸 가제트」에 '우울한 시간The Melancholy Hour'이라는 제목의 시를 '유웨니스Juvenis(라틴어로 '청춘 남녀'라는 뜻_역주)'라는 필명으로 게재한 이가 해밀턴일 수도 있기 때문이다. '왜 나의 마음은 우울하게 얼룩지는가 / 왜 나의 가슴은 고통스러운 한숨으로 들썩이는가' 이 음울한 작품은 허리케인이 타락한 세계에 내려진 천벌이라는 주제를 다시금 반복한다. 10월 17일, 같은 신문에는 포프를 흉내 낸 찬미가가 하나 실렸는데, 이는 해밀턴의 펜 끝에서 나온 것이 분명하다. 훗날 해밀턴의 아내 역시 남편의 종교적 헌신을 증명하기 위한 자료들을 모으면서 이 글을 수집해두었다. '더없는 행복에 오른 영혼The Soul Ascending into Bliss'이라는 제목의 이 찬미가에는 자신의 영혼이 천국을 향해 날아오른다는 해밀턴의 사랑스럽고 신비스러운 명상이 담겨 있다. '들어라, 잘 들어라! 저기 있는 하늘에서 내려온 목소리를 / 나는 나의 구세주가 우는 소리를 들었느니 (중략) 주여 제가 갑니다, 제가 오르고, 제가 날아오릅니다 / 재빠른 날개로 나는 하늘을 가른다' 1773년 2월 3일 「로열 대니시-아메리칸 가제트」에는 사람들이 간과했던 해밀턴의 세 번째 시가 실려 있는데, 제목 아래에 '크리스천스테드, A. H. 씀'이라고 적혀 있다. 환멸을 담은 이 짧은 시에서 해밀턴은 재기 넘치나 본의 아니게 그의 친구 모두에게 적대감을 불러일으켰던 남자 에우제니오Eugenio에게 일갈한다. 시는 다음과 같이 끝맺는다. '다스리지 못한 위트는 악행으로 전락하고 마니 / 그의 농담으로 그의 친구들이 희생하게 되리라!'[16] 몰리에르Molière의 생애 속 한 사건에서 영향을 받은 것으로 보이는 이 시가 발견됨으로써, 해밀턴이 1772년부터 1773년 사이의 겨울을 세인트크로이 섬에서 보낸 것이 아니냐는 추측에 힘이 실리고 있다. 다만 그가 북아메리카에 머물면서 휴 녹스에게 편지로 이 시들을 보냈을 가능성은 있다.

해밀턴의 인생을 바꾸어놓았던 이 전환기를 이해하려면 그의 난해한 유년기 서사시를 이루는 또 다른 인물을 살펴봐야 한다. 그의 첫째 사촌 누나 앤 리턴 벤턴, 다른 이름으로 앤 미첼Ann Mitchell이 그 주인공이다. 해밀턴은 그녀에게 헤아릴 수도 없을 만큼 신세를 져서, 버와의 결투 전날에도 자신이 세상을 떠날 것에 대비해 아내에게 다음과 같이 일러두었다. '미첼 부인은 이 세상 나의 모든 친구들 중 내가 가장 큰 빚을 지고 있는 사람이오. 그러나 나는 이때까지 그녀에게 그 빚을 갚지 못했소.'[17] 왜 그는 오랫동안 역사의 그림자에 가려져 있었던 이 인물에게 그토록 죄책감 어린 경의를 보냈던 것일까?

해밀턴보다 열두 살이 많았던 앤 리턴은 어머니 레이철의 언니인 앤이 낳은 첫째 딸이었다. 해밀턴가의 수많은 인물들과 마찬가지로 그녀 역시 다사다난한 인생을 살았다. 10대 시절 앤 리턴은 크리스천스테드의 가난한 잡화상 토머스 홀우드Thomas Hallwood와 결혼해 곧바로 아들을 가졌지만 결혼한 지 1년 남짓 되었을 때 홀우드가 세상을 떠났다. 1759년, 앤은 그보다 약간 더 부유한 존 커완 벤턴John Kirwan Venton과 결혼한 후 작은 설탕 농장을 사들였다. 1762년 무렵 벤턴이 사업에 실패하고 그들의 집과 소지품들은 채권자들에게로 넘어갔다. 이들 부부는 갓 태어난 딸을 앤의 부모님에게 맡기고 뉴욕으로 건너갔으나 그곳에서도 자리를 잡지는 못했던 모양이다. 이어 앤의 남동생 피터가 자살하고 아버지 제임스 리턴까지 세상을 떠나자 1770년 이들은 다시 세인트크로이 섬으로 돌아왔다. 존 커완 벤턴이 앤의 유산에 손을 대고자 했을 수도 있겠으나, 앤의 아버지 제임스 리턴은 선견지명이 있는 사람이었다. 제임스는 재산의 7분의 2를 앤에게 남기면서 벤턴은 '그 행실이 유감스러우므로' 재산 상속에서 특별히 배제했다.

이즈음 벤턴 부부의 결혼생활은 악감정의 구렁텅이로 빠져들었다. 앤과 그녀의 딸은 크리스천스테드에 위치한 피터의 집에 머물렀던 반면 존은 프레더릭스테드에서 지냈다. 허리케인 이후 존 벤턴은 다시 한 번 파산 신청을 하고 그의 채권자들에게 공지했다. 요한 미카엘 레비앙에 견줄 만큼 성정이 못됐던 벤턴은 「로열 대니시-아메리칸 가제트」 1773년 5월 15일 자에 다음과 같은 협박조의 광고를 게재했다. '존 커완 벤턴은 모든 선박의 선장에게 고하노니, 앤 벤턴과 그녀의 딸 앤 리턴 벤턴이 이 섬을 떠나도록 배에 태우는 것을 금지한다.'[18] 앤 리턴과 그녀의 딸은 이 경고를 무시하고는 용감하게 뉴욕으로 달아났다. 해밀턴에게는 그의 어머니가 혐오스러운 레비앙의 말을 어겼던 순간을 떠올리게 만드는 사건이었을 것이다. 자신이 상속받은 유산을 지키기 위해 앤은 위임장을 통하여 당시 열여덟 살이었던 해밀턴에게 1773년 5월 3일부터 6월 3일까지의 기간 동안 아버지의 영지에서 나오는 모든 지불금의 수금을 맡겼다. 그가 보스턴행 배에 올라 서인도제도를 영원히 떠나온 것도 앤이 맡긴 일을 완수하고 난 직후였을 것이다. 앤 리턴 벤턴은 자신의 일을 도와준 데 대한 보답이든 혹은 대단히 눈부신 사촌 동생에 대한 단순한 애정에서든 간에, 해밀턴이 북아메리카로 건너오는 과정은 물론 그 이후의 교육까지 책임져준 (추정컨대 가장 큰) 후원자가 되었다. 만일 그렇다면 해밀턴 또한 훗날 앤을 재정적으로 도와주면서 신세를 갚았던 셈이 된다. 그는 언제나 유년기에 만났던 그 어떤 인물보다 그녀에 대해 가장 큰 책임을 느꼈다. 어쩌면 우리가 알고 있는 이야기들은 그녀가 그에게 해준 것들 중 극히 일부에 지나지 않을 수도 있다.

보스턴으로 향하는 배 위에서 알렉산더 해밀턴은 얼마나 두려웠겠으며 얼마나 많은 슬픔을 속으로 삼켰겠는가. 그는 자신의 불행했던 어린 시절을 고이 접어 마음 한구석에 처박아두고서 다시는 그 문을 열어보지 않았다. 진저리 나는 기억들은 차치하고서라도, 이 젊은이는 열대 섬의 노예 주인들이 즐길 수 있는 나른하고 느릿느릿한 삶과는 맞지 않는 인물이었다. 그는 서인도제도에서 보냈던 어린 시절에 대해 일말의 향수를 드러낸 적이 없거니와 그곳으로 돌아가고 싶다는 욕망도 절대 내비친 적이 없다. 2년 후 그는 다음과 같은 글을 썼다. '사람들은 일반적으로 자신의 고향과 그 연결 고리에 너무나 큰 애착을 가지고 있기 때문에, 그것을 신경 써서 끊어 내지 않으면 반드시 그것에 다시 끌려가게 되어 있다.'[19] 심리적으로 그는 수많은 고아들 및 이민자들이 그랬던 것과 마찬가지로 스스로를 자신의 과거로부터 완전히 단절시키고 새로운 정체성을 만드는 방식을 선택했다. 그는 그가 과거에 누구였는지가 아니라 무엇을 했는지에 따라 자신을 받아들여주는 곳을 집으로 삼고, 자신이 더 이상 사생아라는 그림자 아래에서 일하지 않아도 되는 곳에 자리 잡을 터였다. 그의 끈질긴 의지, 수치와 불명예에 대한 극렬한 혐오, 그리고 조숙한 자기 관리가 한데 모여서 끝도 없이 성공을 열망하는 청년 한 명을 만들어냈다. 역사를 공부하는 학생으로서 그는 인간의 운명이 얼마나 변덕스러운지를 잘 알고 있었는데, 훗날 이와 관련해 다음과 같은 글을 쓰기도 했다. '인간의 주변 환경은 확정적이지 않으며 오히려 자주 변화

2 · 허리케인

한다. 오늘날 행운이 함께하고 있는 이들 중에도 한층 더 낮은 곳까지 거슬러 가야만 친족들을 찾을 수 있는 이들이 있을 것이고, 반대로 지금은 모호한 처지에 놓였지만 자신의 선조들이 누렸던 상류층의 부유함을 올려다볼 수 있는 이들도 있을 것이다.'[20] 그는 전자에 속했던 반면, 그의 아버지는 두말 할 것도 없이 후자에 속했다.

알렉산더가 북쪽을 향해 격동의 모험을 떠나는 동안 그의 아버지는 구제불능의 가난 속으로 점점 더 깊이 빠져들고 있었다. 세인트빈센트 섬에 남아 있는 문서에 따르면 제임스 해밀턴은 서인도제도에서 계속 남쪽으로 내려가다가 거의 남아메리카 해안에 닿을 정도에까지 이르렀다. 작고 외딴 베키아 섬은 세인트빈센트 섬으로부터 남쪽에 위치해 있었다. 그는 이 섬에 도착한 뒤 영국령 식민지 당국이 가난한 거주자들을 독려하기 위해 만든 프로젝트에 참여했다. 그레나딘제도의 최남단에 홀로 외로이 자리한 베키아 섬은 7제곱마일(약 18제곱킬로미터_역주) 크기에 부드러운 언덕과 삐죽삐죽한 절벽들, 그리고 모래해변 등으로 이루어져 있었다. 1774년 3월 14일, 제임스 해밀턴은 사우스이스트 베이 해변을 따라 펼쳐진 삼림 지대 25에이커(약 3만 600평_역주)를 증여받는 계약에 서명했다. 사랑스럽지만 위협적인 이곳, 흑인 원주민들과 황인 카리브해 사람들 및 탈출한 노예들의 근거지였던 이곳에서 제임스 해밀턴은 앞으로 요새화될 예정인 공유지의 한 구역을 선택했다. 다소 외지고 활기가 없는 베키아 섬은 오로지 다른 선택지를 모두 시도해본 이들이나 올 법한 곳이었다. 제임스 해밀턴이 땅을 구매한 스토리는 그 자체로 넋두리가 될만한 이야기였다. 그의 25에이커짜리 땅이 '설탕 플랜테이션용으로 개작되지 않았고 가난한 정착민들을 위한 거주거주지로 남겨졌음'이 분명했기 때문이다.[21] 계약에 따라 제임스 해밀턴은 첫 4년 동안 한 푼도 내지 않을 수 있었지만 적어도 1년 이상 이 섬에 머물러야 했다. 1776년의 조사에 따르면 그는 70에이커(약 8만 5,600평_역주)를 심플Simple이라는 이름의 남자 한 명과 나누어 썼는데, 빈곤 거주민 명단에는 오로지 이 두 사람의 이름만이 올라 있었다. 제임스에게는 자신이 스코틀랜드 지주의 넷째 아들로 태어났고 한때 안개로 뒤덮인 성안에서 자라났다는 사실을 스스로도 믿기 힘든 나날들이 이어졌을 것이다. 그의 삶은 놀라우리만큼 추락했고 이제는 돌이킬 수도 없는 지경이 되었으나, 아메리카로 건너간 그의 아들은 눈앞에 마치 피할 수 없는 상승 가도라도 마련된 듯 승승장구하기 시작했다.

Alexander Hamilton

알렉산더 해밀턴은 평생 삶이 지루하거나 무료하다는 걱정은 해볼 일이 없었다. 언제나 사건사고의 그림자가 그의 발치를 덮었기 때문이다. 북아메리카로 향하는 3주 간의 항해 중에는 선박에 불이 난 일도 있었다. 선원들은 밧줄을 늘어뜨리고 바다로 내려가 양동이에 바닷물을 퍼 올리며 힘겹게 불을 껐다. 검게 그을린 범선을 타고 무사히 보스턴항에 당도한 후 해밀턴은 곧장 뉴욕으로 향했다. 그의 학비로 쓰일 모금 펀드를 관리하던 뉴욕의 코트라이트앤드컴퍼니Kortright and Company 사무실에 들러야 했기 때문이다. 코트라이트앤드컴퍼니의 뉴욕 본사는 뉴욕과 서인도제도를 오가는 범선 수 척을 소유하고 있었으며, 코트라이트앤드크루거를 세인트크로이 섬의 담당 지사로 두고 있었다. 세인트크로이 섬에서 보낸 설탕 배럴들은 모금함을 차곡차곡 채워 올렸고, 해밀턴은 새로운 배가 항구에 당도할 때마다 그 수익금 중 일정 비율을 가질 수 있었다. 다시 말해 훗날 대표적인 노예제 폐지론자가 되는 해밀턴의 학업도 어느 정도는 노예들이 수확한 사탕수수가 바탕이 됐던 셈이다.

뉴욕에 도착할 당시 휴 녹스가 써준 추천장들을 갖고 있긴 했으나, 이를 제외하면 해밀턴은 에드워드 스티븐스 말고는 뉴욕에 대해 아는 것이 아무것도 없었다. 열대 지역에서 자라난 이 청년은 아마 그때까지 한 번도 겉옷을 입어보는 경험, 또 계절이 바뀌는 경험을 해본 적이 없었을 것이다. 그러나 그는 그런 사실 따위는 아무 상관도 없는 것처럼 행동했고, 사람들에게 촌뜨기라는 인상을 남긴 적도 결코 없었다. 그는 사회적 지위라는 높은 장애물을 가볍게 뛰어넘은 것처럼 보였다. 똑똑하고 잘생겼으며 외향적이었던 그는 가슴을 당당히 내밀고는 군대식 자세로 꼿꼿하게 걸어 다녔다. 미스터리한 외국인으로서 가질 수 있는 모든 매력을 소유하고 있었던 해밀턴은 얼마 지나지 않아 첫 번째 친구를 사귀게 된다. 허큘리스 멀리건Hercules Mulligan이라는 세련된 재단사인 이 친구는 코트라이트앤드컴퍼니에서 일하던 한 하급사원의 형제였다. 1740년 아일랜드에서 태어난 외향적이고 수다스러운 멀리건은 해밀턴이 평생 사귀었던 몇 안 되는 사업가 친구들 중 하나였다. 그는 워터가에 가게 하나와 집을 가지고 있었는데, 해밀턴이 잠시 그곳에서 묵었을 가능성도 있다. 멀리건은 아일랜드인 특유의 유창한 감언이설을 더해 해밀턴을 뉴욕 사회에 소개해주었다. 'H씨는 저녁마다 내 가족, 또 내 형제의 가족들과 함께 둘러앉아 우스꽝스러운 운율의 광시狂詩를 지으며 놀곤 했소. 그는 언제나 정감 있고, 쾌활하고, 책을 아주 사랑하는 친구였다오.'[1] 이들의 사교 모임에서는 다소 체제 전복적인 정치적 이야기들이 오갔을 가능성도 있다. 당대의 소문에 의하면 허큘리스 멀리건은 '리버티 보이즈Liberty Boys'에 속해 있었는데, 이들은 당시 골든 힐(존가)에서 벌어진 영국군과의 소규모 접전에도 가담한 바 있었다. 그 접전은 영국군이 식민지 주민들을 향해 총격을 가했던 사건으로, 1770년의 보스턴 학살이 발생하기 불과 6주 전에 벌어진 일이었다. 훗날 독립전쟁 발발 이후 영국이 뉴욕을 점령하고 있던 시기, 멀리건은 조지 워싱턴을 위해 일하는 첩자가 되었다. 조지 워싱턴이 선택지를 가늠하는 동안 영국의 토리파(토리Tory 혹은 토리파Tories는 혁명과 독립에 반대하는 친영 왕당주의자를 경멸적으로 칭하는 말이었음_역주) 인사 및 장교 등 거들먹거리는 타깃들을 살살 구슬려 전략적 정보를 얻어내는 것이 그의 임무였다.

해밀턴의 초창기 아메리카 생활에는 휴 녹스의 인간관계가 종종 도움이 되었다. 녹스를 통해 해밀턴은 뉴욕에서 가장 저명한 장로교 목사 두 명을 알게 되었는데, 한 명은 녹스의 옛 스승이었던 목사 존 로저였고 나머지 한 명은 목사 존 메이슨John M. Mason이었다. 존 로저는 금 손잡이가 달린 지팡이를 짚고 자신의 지지자들에게 고개로 인사하면서 화려한 걸음걸이로 월가를 따라 교회에 가곤 하는 인상적인 인물이었다. 한편 존 메이슨의 아들은 훗날 해밀턴의 공식 전기를 집필하려고도 했다. 해밀턴은 녹스가 써준 또 다른 추천장들 덕분에 허드슨 강 너머에 위치한 평판 좋은 예비학교 엘리자베스타운아카데미Elizabethtown Academy에 등록할 수 있었다. 모든 독학자들이 그러했듯 해밀턴 역시 여태껏 그를 지도해줄 사람이 전혀 없었기 때문에 대학에 앞서 예비학교를 다니게 된 것이었다. 라틴어와 그리스어, 그리고 고급 수학 부분에서는 대학 수업을 따라갈 수 있을 때까지 집중적인 보충 수업이 필요하기도 했다.

뉴저지 주의 엘리자베스타운(오늘날의 엘리자베스)은 조지 2세의 인가를 받은 도시이자 식민지 아메리카에서 가장 오래된 영국령 지역 사회로 손꼽혔다. 목가적 소도시였던 이곳에는 과수원들과 두 개의 교회, 그리고 엘리자베스 강 위에 드리워진 돌다리가 있었고, 도시 바깥으로는 염전 사이로 풍차들이 군데군데 서 있었다. 장로교 교회를 기반으로 설립된 엘리자베스타운아카데미는 쿠폴라(원형 또는 다각형의 평면을 덮기 위한 반원형

지붕_역주)를 얹은 2층짜리 건물을 사용했다. 원장 프랜시스 바버Francis Barber
는 해밀턴보다 고작 다섯 살 많은 인물로, 그 무렵 뉴저지대학(프린스턴
대학의 전신으로 이후부터는 프린스턴대학이라 칭하겠다)를 졸업한 바 있었다.
그는 넓은 이마와 굵은 눈썹, 작고 단정한 입매를 가진 늠름한 남자였다.
고전에 심취했고 개혁적인 정치 성향을 가지고 있었던 바버는 다양한 측
면에서 해밀턴에게 이상적인 선생님이 되어주었다. 그는 훗날 독립전쟁
에서 요크타운의 식민지군에 복무하는데, 놀랍게도 그때는 관계가 반전
되어 서인도제도 출신 제자인 해밀턴의 지휘에 따라 싸우게 된다.

  엘리자베스타운아카데미는 프린스턴대학에 수많은 학생들을 입학시
켰으므로 해밀턴 또한 이곳에서 프린스턴대학의 기준에 맞춘 예비교육
을 받았음을 추론해볼 수 있다. 프린스턴대학 지원자들은 베르길리우스
Virgil와 키케로Cicero의 연설들 및 라틴어 문법을 익히고 있어야 했고, 이와
더불어 '4대 복음서의 그리스어를 라틴어 혹은 영어로 모두 해석할 수 있
을 만큼 그리스어에 능해야만' 했다.[2] 새로운 일에 도전하기를 절대 주저
하지 않았고 기이할 정도로 자신감에 가득 차 있던 해밀턴은 놀라우리
만큼 빠른 학습 능력을 보여주었다. 그는 자주 담요를 뒤집어쓴 채 자정
을 넘긴 시각까지 공부에 열중했고, 이튿날에도 새벽같이 일어나 근처의
공동묘지를 산책하며 외운 것들을 되뇌곤 했다(해밀턴은 평생 산책하면서
작은 목소리로 중얼거리는 습관이 있었는데, 그 모습은 마치 영감을 받은 사람 혹
은 미친 사람처럼 보였다). 엄청나게 많은 필기를, 그것도 짧은 시간 내에 해
냈던 그는 『일리아드Iliad』의 일부분을 그리스어로 휘갈겨 쓴 공책과 더불
어 지리와 역사에 관한 수많은 필기를 남겼고, 창세기와 계시록 각 장의
내용을 상세히 정리해두기도 했다. 자투리 시간에도 반드시 무언가를 남
겨야 한다고 생각했던 듯, 그는 시간을 쪼개어 시를 창작하는 한편 연극
한 편의 프롤로그와 에필로그를 써서 지역의 영국군 부대가 이를 공연한

적도 있었다.

엘리자베스타운아카데미를 다니던 시기에 해밀턴은 젊은 시절의 에런 버와 동시대를 공유했다. 에런 버 또한 해밀턴보다 수년 앞서 이 학교를 다녔던 탓이다. 버의 매형이었던 법학자 태핑 리브Tapping Reeve는 이 학교 이사회의 임원이자 학교 설립에도 큰 공을 세웠던 인물이었다. 엄청난 우연에 불과하긴 하지만, 해밀턴이 엘리자베스타운에 도착할 무렵이었던 1773년에는 버 또한 여름을 이곳에서 보냈다. 해밀턴은 이 젊고 다정한 청년이 길거리를 한가로이 거니는 모습, 작은 배를 타고 마을의 수많은 만들을 스쳐 지나가는 모습, 혹은 근방의 숲에서 사냥을 하는 모습을 보았을 수도 있다. 앞으로 살펴보겠지만, 이 두 사람 모두를 알고 있던 친구들의 집에서 그들이 서로 마주했을 가능성도 존재한다.

해밀턴은 언제나 나이 지긋하고 영향력이 있었던 사람들에게 깊은 인상을 남길 줄 알았다. 그는 놀라운 속도로 엘리자베스타운에서의 사회적 기반을 쌓아가기 시작했다. 세인트크로이 섬이었더라면 절대 불가능했겠지만, 점차 눈에 보이지 않는 경계선들을 넘어 귀족들의 특권적인 세계로 진입했다. 휴 녹스의 편지들 덕분에 그는 뉴저지 식민지 사회의 정점에 자리했던 사람들과 곧바로 접촉할 수 있었다. 해밀턴은 윌리엄 리빙스턴William Livingston과 엘리아스 부디노Elias Budinot를 만났는데, 두 사람 모두 돈 많은 변호사이자 장로교 정치 세계의 전문가였다. 그들은 해밀턴에게 당대의 비정통적인 정치적 기류를 알려주었다. 또한 두 사람 모두 휘그당과 관련이 있었는데, 이들은 왕권을 억제하고 의회의 영향력을 키우는 한편 시민적 자유의 확대도 꾀하던 사람들이었다.

해밀턴의 새로운 세상에서 가장 강렬하게 등장하는 인물은 두말 할 것도 없이 리빙스턴이었다. 당시 50세였던 그는 천생 운동가로 태어난 사람이었다. 당시 리빙스턴은 뉴욕 정계의 논쟁적인 직업을 버리고 뉴저지

대지주의 차분한 삶을 막 택한 참이었다. 120에이커(약 14만 7,000평_역주) 넓이의 사유지 리버티홀Liberty Hall이 건설되는 동안 그는 시내에 잠시 머물렀는데, 이 기간 동안 해밀턴이 그와 같은 곳에 묵었을 가능성도 있다. 리빙스턴은 해밀턴과 완전히 대조적인 인물이었고 언제나 젊은 해밀턴을 매료시키곤 했다. 귀족 출신의 반항아이자 강력한 허드슨 강 파벌의 자손이었던 리빙스턴은 로맨틱한 시 따위를 쓰는 편안한 삶을 내던지고 논쟁적인 사설들을 쏟아냈으며 논란 많은 조직들에 빠져들었다. 키가 크고 말랐으며 '휘핑 포스트the whipping post'(태형을 내릴 때 죄인을 묶어두는 기둥을 지칭_역주)라는 별명을 사용했던 열변가 리빙스턴은 상당히 독선적인 어투로 왕권을 비판해댔는데, 이에 한 토리파 신문은 그를 가리켜 '저지Jerseys의 돈키호테'라고 했을 정도였다.[3]

당시 토리파는 영국 국교회를 미국에 뿌리내리기 위해 노력하는 중이었고, 리빙스턴 역시 다른 장로교 교인들과 마찬가지로 이를 반대하는 편에 서 있었다. 그때로부터 20여 년 전에는 뉴욕에 영국 성공회 계열 대학이 들어서는 것을 막기 위해 신랄한 캠페인을 이끈 적도 있다. 그는 이 대학이 '극심한 편견을 담을 옹졸한 그릇'이자 왕권의 도구가 될 것이라 경고했다.[4] 그러나 캠페인이 실패로 돌아가면서 1754년 킹스칼리지가 왕의 인가를 받아 설립되자 리빙스턴과 그의 동료들은 뉴욕 소사이어티 라이브러리New York Society Library를 건립하고 학생들에게 대안적인 읽을거리를 안전하게 제공해주었다(해밀턴 또한 이곳에서 책을 보았을 것이다). 인지세법과 그에 따라 식민지에 엄청난 세금을 부과하는 조치들을 모두 반대했던 리빙스턴은 대륙회의Continental Congress와 제헌회의에도 참여했고 마침내 1776년에 독립 뉴저지의 첫 번째 최고행정관이 된다.

사교가였던 윌리엄 리빙스턴은 자신이 떠나온 사교계보다 한층 더 매력적인 사회로 해밀턴을 데려가주었다. 해밀턴은 리빙스턴에게 큰 신세를 지긴 했지만, 그가 자신을 가족으로 여겨 지원해주는 것이라고 생각한 적은 단 한 번도 없었다. 그는 리빙스턴의 아이들과도 친구가 되었다. 그 중에는 당시 이미 에런 버와 친분이 있었고 훗날엔 저명한 대법원 판사가 되는 이지적인 남자 브록홀스트 리빙스턴Brockholst Livingston, 그리고 사람들의 이목을 사로잡는 눈부신 리빙스턴 자매들이 포함되어 있었다. 에런 버의 친구들 중 하나는 당시 엘리자베스타운을 묘사하면서 '이곳의 분위기에는 확실히 무언가 요염한 구석이 있다'고 썼다.[5] 해밀턴은 아름답고 활기찬 사라 리빙스턴Sarah Livingston과 젊은 변호사였던 존 제이John Jay가 사귀는 모습을 지켜보았다(사라 리빙스턴은 엄청난 존재감을 자랑해서, 훗날 그녀가 파리의 한 오페라를 보기 위해 방문했을 때는 몇몇 관객이 그녀를 프랑스의 여왕으로 착각할 정도였다). 해밀턴 또한 리빙스턴의 또 다른 딸이자 키티Kitty라고도 알려진 캐서린 리빙스턴Catherine Livingston과 특별한 관계를 맺게 된다. 해밀턴이 절대 거부하지 못하는 타입의 여성이었던 키티는 예쁘고 요염했으며, 다소 버릇이 없었고, 언제나 추파 섞인 농담을 주고받을 줄 알았다. 독립전쟁 중 해밀턴이 그녀에게 쓴 편지로 판단해보건대, 그가 아메리카에 온 뒤 처음으로 사귀었던 여자는 바로 키티였을 것이라 추정된다.

할 수 있는 모든 방법을 통해 나를 만나러 와주길 바라오. 당신만 싫지 않다면, 우리는 즐거움과 재미를 위해서 꽃이 핀 산책길과 큐피드의 장밋빛 나무 그늘로 여행을 떠날 거요. 당신도 알겠지만 나는 용맹하기로 유명하고, 언제나 당신을 즐겁게 해줄 수 있소. 당신이 상상할 수 있는 가장 아름다운 것들을 당신의 앞에 놓아드리겠소. (중략) 당신은 삼미신(그리스·로마 신화에 등장하는 세 자매, 우아하고 아름다운 여성의 상징_역주) 중 하나요, 혹은 디아나 (로마 신화에서 임신과 출산을 돕는 신, 그리스 신화의 아르테미스와 같다_역주)이고, 혹은 비너스이며, 혹은 그들보다 더 아름다운 사람이요.[6]

알렉산더 해밀턴

알렉산더 해밀턴이 키티 리빙스턴과 한 지붕 아래에서 잠들면서 불순한 생각까지 완전히 잠재웠으리라고는 생각하기 힘들다.

사교적인 이 세계에서 해밀턴은 리빙스턴의 매부인 윌리엄 알렉산더 William Alexander와도 친구가 된다. 허세 있고 명랑한 이 남자는 스털링 경Lord Stirling이라고도 불렸는데, 이는 그가 스스로를 스코틀랜드의 백작이라고 당당하게 주장했기 때문이다. 사치스럽게 흥청망청 살던 그는 해밀턴을 만나던 당시 이미 빚더미에 앉아 있었다. 당시로부터 10년 전, 잘생기고 둥그런 얼굴의 스털링은 베스킹 릿지에 있던 1,000에이커(약 122만 5,000평_역주)의 사유지를 사들여 영국 귀족의 시골 저택을 흉내 내며 마구간들과 정원들, 그리고 사슴 농장을 꾸몄다. 리빙스턴과 마찬가지로 스털링 경 역시 개혁가임과 동시에 자칭 귀족으로 호기심 많고 복합적인 인물이었다. 그는 스털링 가문의 문장이 새겨진 사륜마차를 타고 돌아다녔고, 그의 웅장한 옷장에는 31벌의 코트와 58벌의 조끼, 43벌의 반바지와 30벌의 셔츠, 27개의 크라바트(남성용 삼각 스카프_역주)와 14켤레의 신발이 채워져 있었다.

만일 에런 버의 말을 믿을 수 있다면, 스털링 경은 독립전쟁의 부관이 되어서도 언제나 술이나 마시고 다니던 작자였다. 그는 부관 제임스 먼로를 데리고 다니며 충실한 술자리 부하로 써먹었다. '먼로가 해야 할 일이라고는 나리의 맥주잔을 가득 채우고는 그가 자신에 대해 늘어놓는 이야기들을 들어주며 존경을 담아 맞장구쳐주는 정도밖에 없었다.'[7] 그러나 버의 신랄한 평가는 당시 브루클린 전투를 통해 상당한 명성을 얻었던 스털링 경을 단지 술고래였다는 이유만으로 폄하해버리는 것이었다. 스털링 경은 박식한 사람이었고 수학과 천문학을 포함한 다양한 분야에 관심을 가졌으며(그는 금성의 움직임에 대한 논문을 쓰기도 했다) 뉴욕 소사이어티 라이브러리를 공동으로 설립하기도 했다. 특히 그는 훗날의 해밀턴과

97

마찬가지로 미국의 제조업을 선도적으로 옹호했다. 그는 말과 소를 사육하고, 포도를 재배하여 와인을 만드는 한편 선철鐵과 삼을 생산했다. 이외에도 해밀턴이 그에게 관심을 가질 만한 점은 한 가지 더 있었다. 그는 슬하에 매력적인 딸들을 두었는데, 그중에서도 언제나 '키티 부인'으로 불리던 캐서린Catherine이 가장 매력 있었다. 캐서린은 해밀턴의 인생을 통틀어 가장 악명 높았던 친구인 윌리엄 듀어William Duer와 결혼하게 된다.

그가 세 번째로 친해진 인물이자 앞으로 가장 오래도록 알고 지내게 될 인물은 바로 엘리아스 부디노였다. 변호사이면서 구리 탄광과 유황 광산의 소유자였던 부디노는 훗날 대륙회의 의장이 된다. 머리가 벗겨지기 시작하던 군턱의 이 남자는 유순한 지혜를 은은하게 풍기는 미소를 가지고 있었다. 여관 주인의 아들로 태어난 그는 해밀턴과 마찬가지로 프랑스계 위그노의 후손이었고, 또한 미국성서협회American Bible Society의 초대 회장이 될 만큼 독실한 기독교인이었다. 엘리자베스타운아카데미를 조직한 인물들 중 하나였던 그는 '이 도시의 학생 몇 명을 전액 장학생으로' 입학시키는 규정을 만들었으며, 해밀턴처럼 가난하지만 공부시킬 가치가 있는 젊은이들을 따뜻하게 맞이해주었다.[8]

부디노의 대저택인 복스우드홀Boxwood Hall에 정기적으로 방문했던 해밀턴은 책들과 정치 토론, 그리고 고급 문화가 살아 있는 세련된 세계에 눈을 떴다. 부디노의 아내 애니Annie는 시를 썼는데 조지 워싱턴 또한 그녀의 작품을 두고 '우아한 시'라고 칭찬할 정도였다. 책벌레였던 부디노 가족은 매일 저녁 한데 모여 앉아 전기들이나 신화들을 낭송하곤 했다.[9] 해밀턴은 부디노 가족과 대단히 친밀한 우정을 쌓았는데, 1774년 9월 부디노의 갓 태어난 딸 안나 마리아Anna Maria가 위독해졌을 때는 아픈 아이의 머리맡에서 철야 기도를 올렸고, 아기가 세상을 떠나자 구슬픈 비가를 지어주었다. 슬픔에 잠긴 어머니의 시점에서 노래하는 이 시는 해밀턴의 뛰어난 공감 능력을 유감없이 보여준다. 해밀턴 또한 영아기 혹은 유년기에 명을 달리한 형제자매가 있었으므로, 이 시에는 자신의 어머니가 겪었던 고초에 대한 기억이 담겨 있을지도 모른다.

> 사랑스러운 나의 아가야, 나의 소중한 심장아
> 엄마는 너를 한껏 사랑해 마지않았고,
> 손길마다 부드럽도록 조심스레 움직였지
> 너를 위협하는 모든 해를 막아냈어
>
> 그렇지만 아아 나의 보살핌이 소용이 있었을까?
> 가차 없는 죽음의 마수는,
> 부모의 기도와는 상관도 없이
> 내 사랑스러운 아이의 숨결을 앗아갔네[10]

훗날 친구들은 해밀턴이 친구나 가족 중 누군가가 곤경에 처하는 경우 거의 모성애에 가까운 염려를 보내곤 했다고 전했다.

숨 돌릴 틈도 없이 계속해서 내달렸던 해밀턴은 엘리자베스타운에서도 6개월 이상을 지체하지 않았다. 그러나 이 짧은 기간 동안에도 이곳은 그의 정치 인생에 진한 각인을 남겼다. 당시 어울렸던 사람들은 마치 영국 귀족 같은 생활을 즐기면서도 변화를 촉구하고 있었다. 이들은 사회 구조를 수정하고자 했지만 완전히 뒤엎으려 들지는 않았는데, 훗날 해밀턴의 정치 견해 또한 같은 말로 설명할 수 있을 것이다. 이 시점에서 해밀턴의 뉴저지 후원자들은 독립국가의 건설이 아직은 성급한 일이라며 반대하는 한편 영국 정부에게는 자신들의 권리를 계속해서 소리 높여 요구했다. 그들은 대영제국과의 완전 분리를 요구한 것이 절대 아니었고, 오히려 제국에 완전히 통합되기를 바랐다. 그들에게 있어 영국은 약간 흐려지긴 했으나 여전히 아름다운 이상향이었다. 훗날 해밀턴은 엘리자베스타운에 머물던 당시 자신은 영국에 대해 '강한 선입견'을 가지고 있었고 명백하게도 군주제에 마음이 기울어 있었음을 인정했다. 그는 스승들과 마찬가지로 혁명가이면서도 언제나 혁명을 불안해하고 주저했는데, 이는 아마 적법한 모든 것들을 버리고 노골적인 반란군의 편에 서기 힘들었기 때문이었을 것이다.[11] 장로교 교인들과 한데 어울린 것 또한 그의 정치적 성향에 영향을 주었다. 장로교 교파는 영국 왕실을 비판하던 휘그당과 관련이 있었던 반면, 성공회 교파는 식민지들에 대한 영국의 제국주의적 정책들과 국교회 제도를 지지했다.

해밀턴이 다음 학교를 두고 고심하고 있을 무렵, 식민지에는 선택할 수 있는 대학이 단 아홉 개밖에 없었다. 윌리엄 리빙스턴과 엘리아스 부디노는 프린스턴의 이사회 임원이었는데(특히 리빙스턴은 전 총장이었던 에런 버와 매우 각별한 친구 사이였고, 버가 세상을 떠나자 추도 연설을 하기도 했다), 프린스턴을 살펴보기라도 하라던 이들의 간청을 거절하는 것이 해밀턴 입장에선 예의 없는 것은 둘째 치고 그다지 현명한 선택 또한 아니었을 것이다. 프린스턴대학에는 이미 서인도제도 출신 학생들의 대표단이 있었고, 총장 존 위더스푼John Witherspoon은 학생들의 수를 늘리고자(혹은 부유한 설탕 농장주들을 꼬드겨서 본교 교수들의 연봉을 올리고자) 크게 노력했다. 그는 바로 이전 해에 '뉴저지대학에서 자메이카 및 여타 서인도제도의 거주민들에게 고함'이라는 제목의 열렬한 신문 광고를 내고는 '서인도제도 젊은이들의 교육에 있어 이 학교가 가진 장점들'을 홍보했다.[12] 영국 국교회의 영향력에 대한 균형추로서 1746년 설립된 프린스턴대학은 장로교와 휘그당 정서가 자라나는 온상이었고 종교적 자유를 설파하는 곳이었으므로 사실상 해밀턴에게는 딱 알맞은 선택처럼 보였을 수도 있다. 허큘리스 멀리건은 해밀턴이 그에게 '킹스칼리지보다 프린스턴대학이 좀 더 공화주의적이라 마음에 든다'고 말했다며 만족해했다.[13] 실제로 이 학교에서는 그러한 정치적 움직임이 보이고 있었기 때문에 토리 측에서는 이곳을 두고 정치적 극단주의의 요람이라며 비난하기도 했다. 위더스푼 총장 또한 프린스턴에는 '자유의 정신'이 '드높고 강력했다'고 회고한 바 있다.[14]

뉴욕과 필라델피아의 중간 지점에서 약간 떨어진 작은 시골 마을 프린스턴은 두터운 숲으로 둘러싸여 있었다. 당시 장로교에서는 빠르게 늘어나고 있는 교회들에서 설교해줄 목사들을 길러내고자 했기 때문에, 학생들을 도시의 유혹으로부터 가로막고 보호하기 위한 장치로써 이와 같이 고립된 환경을 조성했다. 해밀턴이 지원할 당시 이곳은 종교적 복고주의라는 격통에 시달리고 있었다. 허큘리스 멀리건은 해밀턴이 그의 어린 친구와 함께 이 외딴 곳을 찾아왔기 때문에 그를 위더스푼에게 소개했다고 말했다. 프린스턴의 이사였던 윌리엄 리빙스턴이나 엘리아스 부디노에게는 해밀턴을 따로 소개할 필요도 없었을 것이다.

에든버러 태생의 저명한 신학자였던 위더스푼은 정수리는 뾰족하지만 얼굴 중간 부분은 불룩한 독특한 인상의 건장한 남자였다. 개리 윌스Garry Wills는 그를 가리켜 '미국 교육사에 있어 가장 영향력 있는 선생님이었을 것'이라 말했다. 그의 재임 기간 동안 프린스턴대학은 미국 대통령 한 명과 부통령 한 명, 상원의원 스물한 명과 하원의원 스물아홉 명, 그리고 열두 명의 최고행정관 등 엄청나게 많은 정치적 인물들을 배출했다.[15] 훗날 위더스푼은 독립선언서에 서명함으로써 성직자로는 최초로 대륙회의의 의장이 된다. 대륙회의 참석자 중 프린스턴대학 출신은 아홉 명으로 다른 대학 출신보다 훨씬 많았는데 이는 결코 우연이 아니었다. 위더스푼의 첫 인상은 위압적으로 보일 수 있었다. 호전적이고 직설적이었던 그는 흥분하면 희한한 경련을 일으키며 폭발하는 습관이 있었다. 그러나 바위 같은 자부심의 해밀턴은 위더스푼 총장 앞에서도 한 발짝을 물러서지 않았다. 위더스푼은 해밀턴을 구두로 평가한 뒤 그의 뛰어난 지능에 큰 감명을 받았다. 여기서 해밀턴은 위더스푼에게 독특한 제안 하나를 던진다. 허큘리스 멀리건의 말에 따르자면, 해밀턴은 이 대학에 입학한 이후 '나의 능력이 허락하는 한 가장 빨리' 진급할 수 있게 해달라고 요청했다. 위더스푼 박사는 이 어린 친구의 비범한 제안을 주의 깊게 듣고는, '그 자신이 홀로 결정할 수 있는 문제는 아니지만 이사회에 안건으로 상정해보겠다'고 답했다.[16] 해밀턴이 언제나 자신의 삶을 한층 더 빠른 속도로 살아가고자 했다는 것은 이 이야기에서도 느낄 수 있는데, 이는 아마 자신이 출발 시점에서부터 뒤쳐졌다는 생각 때문에 생긴 만성적인 성급함 때문이었을 것이다.

위더스푼은 이로부터 수년 전 프린스턴의 총장으로 취임하면서 당시 느슨했던 입학 요건을 강화한 바 있으므로, 해밀턴이 제안한 독특한 시간표를 못마땅하게 여겼을 수도 있겠다. 멀리건은 그의 제안을 거절한 것이 이사회라고 보았다. 멀리건의 말에 따르면 2주 후 위더스푼은 해밀턴에게 '우리 대학의 취지와는 맞지 않기 때문에 그의 요청을 받아줄 수 없음을 알리는' 편지를 보내면서도, 같은 편지에서 '이 젊은 신사는 앞으로 어떤 대학에 다니게 되더라도 그 대학을 빛낼 것이라 확신한다'며 자신의 유감을 표현했다.[17] 실은 해밀턴처럼 자신만만한 요청을 했던 사람이 그 이전에도 있었으니, 바로 에런 버였다. 버는 열한 살의 나이에 프린스턴에 입학하려 했으나 너무 어리다는 이유로 거절당했다. 이후 2년 동안을 벼락치기 공부에 쏟은 그는 13세가 되자 뻔뻔하게도 3학년으로 입학하겠다며 지원했다. 타협을 통해 2학년으로 입학하게 된 그는 1772년 열여섯 살의 나이로 프린스턴을 졸업한다. 아마 해밀턴은 이 이야기를 버에게서 직접 들었거나 혹은 그들 모두를 아는 친구인 브록홀스트 리빙스턴으로부터 들었을 것이다.

위더스푼과 이사회가 해밀턴의 요청을 거부했던 까닭은 당시 한 젊은 버지니아 출신 학자가 겪었던 일 때문일 수도 있었다. 1769년 2학년으로 입학한 이 학자는 3년이 아닌 단 2년 안에 학사학위를 따기 위해 신경쇠약에 걸리기 직전까지 자신을 몰아세우며 공부했다. 그의 이름은 제임스 매디슨으로, 훗날 해밀턴과 함께 저명한 『연방주의자 논집The Federalist Papers』을 쓰게 되는 인물이다. 평소 위더스푼을 존경했던 데다 멀리 여행할 수 없을 만큼 쇠약해진 매디슨은 졸업 이후로도 예상보다 1년을 더 프린스턴에 머물면서 '나이 지긋한 박사님'과 함께 사적으로 공부를 이어나갔다.[18] 1772년 그는 마침내 버지니아로 돌아갔지만, 그때도 혹독한 학업으로 쇠약해진 몸을 완전히 회복하지 못해 건강을 염려해야 할 정도였다.

해밀턴은 프린스턴대학에 지원하면서 자신의 실제 나이를 '정정'하고자 2년을 깎았을 수도 있다. 만일 그가 1755년에 태어났다면 열여덟 살의 나이로 대학에 지원하는 것이었다. 당시에는 14세 혹은 15세가 일반적인 최소 입학 요건이었는데, 신동들은 이마저도 상당히 불편한 장애물로 여겼다(거베너르 모리스Gouverneur Morris는 열두 살에 킹스칼리지에 입학했다). 영재들은 이 나이를 넘기지 않는 선에서 신입생으로 입학했다. 매디슨 역시 열여덟 살에 프린스턴에 입학한 것이 확실한데, 그는 신입생 치고는 다소 나이 많은 축에 속했으므로 1학년을 건너뛰고 2학년으로 입학했다. 해밀턴이 나이를 속이고 두 살을 낮추었다고 해도 이해가 갈 만한 상황이었다. 어쨌건 에런 버가 바로 이전 해의 졸업식에서 연설을 할 동안 그보다 한 살 많은 해밀턴은 여전히 크루거의 회사에서 회계 직원으로 일하며 세인트크로이 섬을 탈출할 방도를 모색하고 있었다. 그런 곤경을 겪은 이 조숙한 소년에게, 나이를 속여 말하는 것은 이해될 만한 작은 과오에 불과할 것이다.

프린스턴에서 퇴짜를 맞은 해밀턴은 결국 킹스칼리지로 향했다. 그에게는 여전히 후원자들이 있었다. 로어 맨해튼 브로드가의 타운하우스 한 채를 상속받은 스털링 경이 오래도록 학교 이사회에 몸담으면서 기금을 조성한 덕분이었다. 해밀턴의 인생은 이제 새로운 방향을 향해 나아가게 되었다. 국적도 없이 방랑하던 소년은 미래의 재무장관이 자라나기에 가장 알맞은 도시, 즉 상업이 언제나 명예로운 일로 여겨지던 이 도시를 집으로 삼게 되었다. 해밀턴은 사업과 법, 정치가 한데 뒤섞인 정신없는 세계 속으로 들어가는 중이었고, 상업가들의 세계와도 귀중한 만남을 가질 수 있었다.

만일 해밀턴이 프린스턴으로 갔더라면 과연 그 역시 과격해져서 영국을 상대로 반항을 일으켰을까? 이에 대해서는 논쟁의 여지가 있다. 해밀턴은 위더스푼 대신 당대 식민지에서 가장 열렬한 토리파이자 킹스칼리지의 총장이었던 마일스 쿠퍼Myles Cooper 박사 밑에서 수학했다. 킹스칼리지에 입학하면서 해밀턴은 강경한 토리파 지지자들이 사는 도시이자 영국 식민권의 수호지인 뉴욕에 살게 되었다. 뉴욕에 산다는 것은 엄청난 혁명적 요소들을 직접 만나볼 수 있는 방법임과 동시에 식민지에서 가장 뛰어난 달변가들 및 노골적인 신문들을 접할 수 있는 기회였다. 뉴욕을 배경으로 토리 세력과 휘그 세력(반왕당파_역주)이 펼치는 맹렬한 충돌은 해밀턴 내면의 모순된 감정을 한층 더 갈고닦아줌으로써 그로 하여금 결국 독립주의자와 친영주의자 양측 모두의 견해에 공감할 수 있게 만들어주었다. 사실상 위더스푼 총장과 그의 동료들은 서인도제도 출신의 이 젊은 청년을 나른한 뉴저지 시골이었다면 절대로 불가능했을 법한, 애국을 위하는 사건사고가 무성한 곳으로 의도치 않게 밀어 넣었던 셈이다.

알렉산더 해밀턴

트리니티 교회가 세기 초 앤 여왕Queen Anne으로부터 수여받은 드넓은 땅 위에 세워진 킹스칼리지는 도시의 남부 끝자락에 위치했고, 쿠폴라가 얹힌 장중한 3층짜리 건물을 사용했다. 이 건물에서는 넓게 펼쳐진 낮은 목초지를 가르며 흐르는 허드슨 강의 아름다운 풍경을 볼 수 있었다. 이 고상한 캠퍼스는 오늘날 웨스트브로드웨이가, 머레이가, 바클레이가 및 처치가의 안쪽 구획에 자리했는데, 한 영국인 방문객은 이곳에 대해 '세상에서 가장 아름다운 학교 풍경'이라고 칭송했다.[19] 쿠퍼 총장은 호기롭게도 학생들을 불건전한 외부의 영향력과 분리시키고자 했다. 그의 글을 옮기자면 다음과 같다. '건물 주변에는 높은 울타리가 쳐져 있으며 마당과 정원에도 울타리가 쳐져 있고, 정문에는 경비원이 항시 지키고 서 있다. 정문은 매일 밤 10시에, 겨울에는 밤 9시에 닫히며 그 이후 정문을 드나드는 학생들은 목록에 이름이 적힌 후 매주 총장에게 보고되었다.'[20] 수도원이나 다름없는 이런 환경은 옥스퍼드대학을 본떠 만든 것이었고, 학생들은 학사모와 가운을 입은 채 교정을 활보했다.

쿠퍼가 이처럼 학생들을 격리시키고자 했던 것은 학교 근처에 악명 높은 홍등가가 있었기 때문이기도 하다. 이 구역은 '성스러운 땅Holy Ground'이라 불렸는데, 실제로 세인트폴 예배당이 그 땅을 소유하고 있었다는 사실을 생각해보면 꽤나 풍자적 암시를 담은 이름에 해당했다. 500여 명(즉, 도시 전체 인구의 2퍼센트)에 달했던 네덜란드 및 영국 출신 매춘부들은 매일 저녁 어둑어둑한 길을 어슬렁거렸는데, 도시의 어른들은 기민한 어린 학생들 근처에 이런 '불경함'이 있다는 사실을 못마땅하게 여겼다. 1774년 한 스코틀랜드 출신 방문객은 이에 대해 깜짝 놀라며 '한 가지 다소 불운한 것은…… 가장 유명한 창녀들이 사는 길거리들 중 한 곳에 (킹스칼리지로 들어가는) 입구가 나 있다는 것'이라는 글을 남겼다.[21] 대학은 '학생들 중 그 누구도 매춘 업소를 드나들지 말아야 하고 불미스러운 일을 벌인 사람들과 함께 다녀서도 안 된다'는 규칙을 반포했다.[22] 여자들은 절대로 대학 교정에 발을 들일 수 없었으며, 카드나 주사위 등 악마의 교묘한 유혹이라 여겨지는 것들도 금지되었다. 해밀턴은 종종 통행금지 시각을 넘겨서 교정에 돌아오곤 했는데, 어쩌면 그 또한 성스러운 땅에 남아 불경한 기쁨을 찾곤 했던 것은 아닐까?

외부의 유혹을 막아내는 일과 관련하여 쿠퍼 총장은 근방을 울리던 정치적 시위들 또한 의심의 눈초리로 바라보았다. 킹스칼리지는 영국 정교회의 요새로 거듭났는데, 윌리엄 리빙스턴과 장로교 교파의 비평가들은 이를 두고 계급과 복종에 대한 성공회의 숭배 방식이 자칫 왕권에 대한 복종을 잉태할 수 있다고 우려했다(독립전쟁 도중 영국군은 성공회 교회나 침례교 교회를 마구간이나 막사로 이용하면서 악의적인 즐거움을 누렸다). 쿠퍼 총장에게는 안타까운 일이었으나, 킹스칼리지에서 동쪽으로 한 블록 떨어진 곳에는 급진주의자들이 자주 모이곤 했던 커먼 광장(오늘날의 시청 공원)이 자리하고 있었다. 해밀턴이 재학 중이던 어느 날 광장의 풀밭 위로 80피트(약 24미터_역주)짜리 기둥이 하나 세워졌는데, 그 꼭대기에는 '리버티Liberty'라는 글자 모양의 도금 풍향계가 붙어 있었다. 해밀턴이 대중 앞에 나서는 연설가로 데뷔했던 곳도 바로 이 공원이었다.

당시 인구가 2만 5,000명이 조금 안 되는 뉴욕은 이미 아메리카 식민지 도시들 중 두 번째로 큰 도시였고, 순위상 보스턴과 엎치락뒤치락하며 필라델피아의 뒤를 따르고 있었다. 1623년 네덜란드 서인도회사Dutch West Inda Company의 상업적 모험에 의해 세워진 이 도시는 시끌벅적한 상업의 요충지이자 다양한 문화와 인종이 뒤섞여 활기 넘치는 항구로 자리매김한 지이미 오래였다. 해밀턴이 도착했을 무렵 뉴욕에선 열네 개의 언어가 사용되고 있었다. 붐비는 항구를 통해 연간 수천 명의 새로운 이민자들이 들어왔는데 대부분은 영국인, 스코틀랜드인, 아일랜드인이었다. 해밀턴은

알렉산더 해밀턴

이 도시가 외국인들에게 새로운 삶을 꾸릴 기회를 후히 준다는 점을 감사히 여겼을 것이 분명하다. 그의 친구 거베너르 모리스는 훗날 '뉴욕에서라면 아메리카에서 태어났는지 아닌지가 별 의미 없는 문제 같았다'고 설명했다.[23]

배터리 공원부터 커먼 광장까지 쭉 뻗은 구역은 도시 내에서도 매우 정돈된 지역이었다. 이곳의 주요 도로는 포플러나무와 느릅나무가 드리워진 브로드웨이였고, 그 옆으론 구불구불하고 좁은 길들이 미로처럼 엮여 있었다. 이곳에는 서인도제도 출신 소년의 마음을 빼앗을 만한 광경들이 가득했다. 매력적인 여자들이 브로드웨이를 따라 산책했고, 멋진 사륜마차들이 길 위를 내달렸으며, 우아한 교회들의 첨탑이 스카이라인을 형성하고 있었다. 부유한 상인들이 월가와 하노버 광장을 차지했고 허드슨 강변을 따라서는 주말 유람지가 늘어서 있었다. 1774년 필라델피아에서 열릴 대륙회의로 가던 도중 뉴욕의 도색된 벽돌 건물들을 본 존 애덤스는 그 길거리가 '보스턴보다 훨씬 더 균형 잡혀 있고, 우아하며, 집들 또한 더 웅장하고 더욱 깔끔하다'고 칭찬했다.[24] 동시에 이곳 주민들은 당시에도 말이 빠르고 무엇이든 닦달하며 돈에 환장한 전형적인 뉴요커의 모습을 드러냈다. '그들은 매우 큰 목소리와 빠른 속도로 말했고, 한꺼번에 여러 사람이 이야기했다.' 애덤은 이렇게 불평했다. '만일 그들이 당신에게 질문을 했다면, 당신이 대답으로 세 마디 이상을 뱉기도 전에 그들은 당신의 말을 끊고는 계속 떠들어댈 것이다.'[25] 부유함 속에서 가난함은 한층 더 두드러졌다. 1772년부터 1773년 사이 이스트 강까지 얼려버리는 혹독한 겨울이 찾아오자 시립 병원들은 궁핍한 환자들로 넘쳐났다. 범죄 또한 성행해서 브리드웰 감옥을 만들어야 했다.

해밀턴은 1773년 말 혹은 1774년 초 킹스칼리지에 입학한 것으로 보이는데 이는 1774년 여름에 졸업한 그의 세인트크로이 섬 친구, 에드워드 스티븐스 및 로버트 트루프Robert Troup와 얼마간 함께 머물렀기 때문이다. 쿠퍼 총장은 1774년 입학한 학생들 열일곱 명의 목록에 해밀턴의 이름을 올렸다. 이때 입학한 학생들의 평균 연령이 15세였으니, 실제로는 19세였던 해밀턴이 두 살을 낮춘 것도 무리는 아니었다. 빠르게 성장하고자 했던 해밀턴의 요구를 들어준 쿠퍼 총장은 해밀턴을 특별 학생으로 지정하고 개인 교습과 청강을 허용해주었으며, 적어도 입학 당시에는 그를 그 어떤 학급에도 배정하지 않았다. 1774년 9월, 해밀턴은 로버트 하퍼Robert Harpur 교수에게 수학을 배우기로 계약을 맺었다. 글래스고에서 공부한 하퍼 교수는 그의 새로운 제자에게 데이비드 흄David Hume을 포함한 스코틀랜드 계몽주의자들의 훌륭한 글들을 소개시켜주었을 수도 있다. 해밀턴은 하퍼 교수에게 진 빚을 다 갚는 데 9년이 걸렸는데, 이는 세인트크로이 섬에서 보내주는 후원금이 있었다 해도 그가 빡빡한 예산 안에서 생활했고 자신이 장학생이라는 사실을 절대 잊어버릴 수 없었으리라는 점을 암시한다.

당시 해밀턴의 모습을 그린 그림은 남아 있지 않다. 그러나 훗날 그를 묘사한 글에 따르자면 해밀턴은 5피트 7인치(약 170센티미터_역주)의 키에 나쁘지 않은 안색, 적갈색의 머리카락과 장밋빛 뺨, 그리고 호선을 그리는 커다란 입을 가지고 있었다. 요란한 모양의 콧구멍과 찌그러진 콧대는 특히 강렬한 인상을 주었으며, 깔끔한 턱선은 호전적인 느낌이었다. 또한 그는 날씬하고 우아하며 어깨가 마른 체형이었고, 맵시 있는 다리로 당당하고 가볍게 걸었으며, 기민하고 반짝이는 두 눈이 즐거움으로 일렁였다. 훗날 그의 연방당 동료이자 협력자가 되는 피셔 에임스Fisher Ames는 해밀턴의 외모에 대해 상세한 설명을 남겨두었다. 그의 말에 따르면 '해밀턴의 깊은 하늘색 눈동자는 탁월하게 아름다웠고, 그 안에서는 무정함이나 엄격함을 단 한 치도 찾아볼 수 없었다. 또한 그 어떤 누구의 것보다 한층 더 높은 지능과 안목이 빛났다'고 한다. 에임스는 산책 도중 해밀턴과 자주 마주쳤는데, '이때에도 해밀턴은 세련되고 우아한 태도와 몸가짐을 보여주었다. 나는 그만한 기풍을 *다른 그 누구에게서도* 본 적이 없었다. (중략) 그와 친밀했던 이들이라면 그가 역대 가장 우아한 인류 중 하나였다는 내 의견에 흔쾌히 동의하리라고 확신한다. (중략) 그보다 더 큰 편안함과 우아함, 그리고 더욱 세련된 움직임은 상상할 수조차 없다'고 말한 바 있다.[26] 훗날 해밀턴은 도시를 온몸으로 체득하긴 하지만, 서인도제도에서 갓 도착한 어린 청년이었을 시절에도 전직 하급 직원이었다고는 믿을 수 없을 만큼 침착하고 위엄 있는 분위기를 풍겼다.

본래 의사가 되고자 했던 해밀턴은 새뮤얼 클로시Samuel Clossy 박사의 해부학 수업을 수강했다. 더블린 출신의 선구적인 외과의 클로시는 1767년 뉴욕으로 건너온 이래 지역 공동묘지에서 시체를 파내 해부에 사용하는 끔찍한 일을 벌이며 큰 악명을 얻었다(1789년 이전까지 이 행위는 법으로 금지되지 않았는데, 이 때문에 대규모 폭동이 일어나기도 했다). 기억력 좋았던 해밀턴은 클로시의 강의 내용을 잊지 않고 모조리 암기했다. 수년 후, 해밀턴의 주치의였던 데이비드 호색David Hosack 박사는 해밀턴이 클로시의 '해부학 수업과 연구에 상당한 흥미와 열정을 느꼈다'며 자주 털어놓곤 했다고 밝혔다. 훗날 그는 해밀턴을 회고하면서 '사람의 몸 구조와 그 기능들을 그보다 더 상세히 알고 있는 이들은 거의 없었다'고 말했다.[27]

킹스칼리지는 그다지 유명하진 않았으나 그리스어와 라틴어 문학, 수사학, 지리학, 역사, 철학, 수학, 과학 등이 교과목에 포함되어 있는 등 정석적인 커리큘럼을 꽤 잘 갖춘 학교였다. 해밀턴은 자신이 견줄 데 없는 에너지를 가진 학생이자 학창 시절이 끝날 때까지 자기만의 속도로 내달릴 것임을 단번에 증명해 보였다. 그는 어느 날 아내에게 보내는 편지에 '다른 모든 사람들을 나처럼 추진력이 좋을 수는 없다오. 당신도 봐서 잘 알잖소'라고 농담처럼 쓴 적도 있다.[28] 해밀턴이 대학 시절에 쓴 사설들을 보면, 그는 도서관을 뒤져가며 존 로크John Locke, 샤를 루이 몽테스키외Charles Louis Montesquieu, 토머스 홉스Thomas Hobbes, 데이비드 흄David Hume 등의 책들은 물론 윌리엄 블랙스톤William Blackstone, 휘호 그로티우스Hugo Grotius, 사무엘 폰 푸펜도르프Samuel von Pufendorf 등 법학자들의 글까지도 찾아 읽었다는 점을 알 수 있다. 그는 특히 에머리히데 바텔Emmerich de Vattel(스위스의 국제법학자_역주)에 푹 빠져 있었던 그는 바텔을 가리켜 '국제법에 관한 가장 정확하고 정평된 저자'라고 칭송했다.[29] 학창시절 해밀턴은 독서에 탐닉했는데, 그는 이를 통해 어린 시절의 결핍을 채웠다. 킹스칼리지 시절 이후 그는 고전을 줄줄이 인용할 만큼 상당한 박식가임을 자랑했을 뿐 아니라 훗날 건국의 아버지들이 엄청난 지적 능력을 한데 모아 활용할 때에도 한몫을 거들 수 있었다. 또한 그는 고대 그리스·로마 시대의 역사를 상세히 꿰고 있었는데, 이는 훗날 미국 공화 정부의 앞날을 논의하는 데 있어 중요한 재료가 되었다.

동이 튼 직후 해밀턴이 혼자 중얼거리며 돌아다니는 모습은 종종 포착되었다. 그는 마치 터지기 일보직전인 머릿속의 내용물들을 감당할 수 없는 것만 같았다. 해밀턴은 허드슨 강의 강둑을 산책하면서 자신이 배운 것들을 읊조리거나, 혹은 바투가(지금의 데이가)의 나무 그늘 아래를 따라 걸었다. 훗날 해밀턴이 아들에게 그려준 시간표를 보면 우리는 그가 엄격한 일일 식이요법을 따랐고, 아침 6시에 일어나 자신이 사용할 수 있는 모든 시간을 공부에 쏟는 한편 즐거움을 위한 시간 또한 마련해두었을 것이라 추측해볼 수 있다. 그의 생활은 생산적인 시간관리의 모범 사례였다. 해밀턴은 학생들끼리 골탕을 먹이거나 장난을 치는 일에는 거의 관심이 없었다. 마일스 쿠퍼 총장은 자신이 만든 규칙에 따르지 않는 학생들을 '검은 책'에 기록했는데 해밀턴은 여기에 이름을 올려본 적이 없었다.

알렉산더 해밀턴

쿠퍼의 규칙을 어긴 학생들은 호라티우스Horace(고대 로마의 시인_역주)가 쓴 시구詩句를 외우거나 「스펙테이터The Spectator」(18세기 초에 간행되었던 영국의 일간지_역주)에 실린 글들을 라틴어로 번역해야 했다.

킹스칼리지 재학 당시 해밀턴의 친구들은 그의 종교적인 천성에 깜짝 놀라곤 했다. 물론 어느 정도는 이 학교의 규칙 때문에 시행했던 일들이기도 할 것이다. 학생들은 아침식사 전에 의무적으로 예배를 드려야 했고, 저녁식사 후에는 저녁기도 시간을 알리는 벨이 울렸으며, 일요일에는 교회에 두 번 가야 했다. 킹스칼리지 시절 해밀턴의 친구였던 로버트 트루프는 해밀턴의 종교적 행위가 단순히 규칙 때문은 아니었으리라고 확언했다. '해밀턴은 교회 예배에 주의를 기울였고, 매일 아침과 매일 밤 무릎을 꿇고 기도를 올리는 습관이 있었다. (중략) 나는 종종 그의 기도가 담고 있는 열정과 호소에 강한 영향을 받았다. 그는 종교적 문제에 관한 논쟁적인 글들을 많이 읽었고, 기독교의 기본 교리에 대해 열광적인 신자였다.'[30]

쾌활한 해밀턴은 친구들을 만드는 데 별다른 어려움을 겪지 않았다. 선장의 아들이었던 트루프는 곧 해밀턴의 가장 가까운 동지가 되었다. 트루프가 쓴 바에 따르면 그들은 킹스칼리지에서 '같은 방을 쓰고 같은 침대에서 잤으며' 트루프가 졸업한 후에도 계속 함께 살았다.[31] 1757년 엘리자베스타운에서 태어난 트루프는 1768년(해밀턴의 어머니가 세상을 떠난 그해다) 아버지를 잃고 이듬해 어머니마저 여의면서 고아가 된 뒤 해밀턴과 마찬가지로 몇몇 친구들의 도움으로 살아가고 있었다. 청소년기에 힘든 일들을 견뎌냈던 트루프는 그 때문인지 재정 상태에 대해 매우 불안해했으며, 해밀턴이 경제적 문제에 대해 별 걱정을 하지 않는 데 놀라워했다. 훗날 트루프는 해밀턴에게 보내는 편지에서 '가끔 생각하는 것이지만, 나중에는 자네 친구들이 직접 돈을 내고 자네를 묻어줘야 할 것 같다'고 썼

는데, 끔찍하게도 이 말은 예언이나 다름없는 것이 되었다.[32]

트루프와 해밀턴이 같은 방을 쓰게 된 것은 단순히 좋은 우연으로 일어난 일이었을까? 이 두 소년이 여타 부유한 학생들 사이에서 비밀스러운 유대감을 형성하리라 생각했던 마일스 쿠퍼가 만들어낸 인연은 아니었을까? 어린 날의 슬픔이 해밀턴을 강하게 만들고 자립적으로 길러주었다면, 같은 이유에서 트루프는 불안정하며 영웅 숭배를 좋아하는 이로 자라났다. 밝고 쾌활했으며 헤픈 웃음으로 호의를 표하던 그는 자신의 재능 있는 친구들을 치켜세우길 즐겼고, 해밀턴은 물론 버의 친구가 되기도 하는 드문 영광을 누렸다. 버는 한 편지에서 트루프를 '그 엄청난 뚱뚱보 녀석'이라고 애정을 담아 불렀고, 다른 한 편지에선 '화가 날 때는 한 무더기의 약보다 그 녀석이 훨씬 더 좋은 해독제'라고도 말했다.[33]

킹스칼리지에서 보낸 첫 한 달간 해밀턴과 트루프는 클럽을 결성하고 매주 모여 토론과 글쓰기, 말하기 기술을 연마했다. 같은 클럽의 일원이었던 니컬러스 피시Nicholas Fish, 에드워드 스티븐스, 새뮤얼 니콜Samuel Nicoll과 헨리 니콜Henry Nicoll 등은 해밀턴의 첫 번째 친구 무리가 되어주었다. 당시에는 소규모 문인 동아리가 대학 생활의 주된 활동이었기 때문에 클럽 구성원들은 글을 창작하고 그것을 소리 내어 읽으며 코멘트를 주고받았다. 해밀턴은 두말 할 것도 없는 스타였다. 트루프의 말에 따르자면 해밀턴은 '클럽의 모든 활동에 있어서 풍부한 천재성과 내면의 에너지를 특출할 만큼 발산했다'고 한다.[34] 영국과의 긴장이 고조되면서 토론의 주제는 왕정과 식민지 간의 관계에 대한 문제로 좁혀졌다. 처음에는 해밀턴도 마일스 쿠퍼가 옹호하던 친영주의와 그다지 다르지 않은 견해를 보였고, 트루프의 주장에 따르면 '본래 군주제 지지자였던 그는 영국사에 정통했고, 영국 헌법의 원칙들을 잘 이해하는 동시에 그것을 선망했다.'고 한다.[35] 그러나 해밀턴의 견해는 진화를 거듭했다. 당시 킹스칼리지 토론 클럽에서 그가 쓴 글들은 훗날 그에게 명성을 가져다준 노골적인 반영주의 사설들의 미리보기인 셈이었다.

§

해밀턴이 킹스칼리지에 입학할 무렵인 1773년 12월 16일 달 밝은 밤, 대영제국에 대항하는 식민지인들의 싸움은 극적인 전환점을 맞이했다. 얼굴에 검댕을 묻힌 군중 200여 명이 모호크Mohawk족 원주민의 의복을 어설프게 차려입고선 보스턴항에 세워진 선박 세 척으로 기어오른 뒤 도끼를 이용해 차 궤짝 324개를 열고 그 내용물을 모조리 바다에 던져버린 것이다. 부두에도 2,000여 명의 마을 주민들이 모여서 그들을 응원했다. 존 애덤스는 이것이 '참으로 가장 아름다운 순간'이라며 매사추세츠 브레인트리에서 응원을 보냈다.[36] 이 보스턴 차 사건Boston Tea Party은 무너진 원칙과 감소한 이윤에 대해 식민지인들이 분노를 터뜨린 사건이었다. 당시 식민지인들은 네덜란드에서 차를 밀수해 올 수 있었기 때문에 그동안의 차 세법을 묵인하고 있었다. 그러나 1773년 영국 의회는 관세를 조정하여 동인도회사East India Company에게 사실상의 차 독점권을 부여하면서 밀수업자들을 좌절시켰다. 이에 (적어도 동인도회사에 고용되지 않은) 부유한 보스턴 상인들은 갑작스럽게 마을의 급진주의자들과 결탁하고는 영국 의회의 조치들에 항의하기로 결심한 것이었다.

그로부터 나흘 후, 숨 가쁘게 뉴욕으로 달려온 폴 리비어Paul Revere(보스턴의 은세공가로 미국 독립혁명에도 참전했음_역주)가 보스턴 폭동에 대한 소식을 전했다. 트루프에 따르면 해밀턴은 직접 사건을 보도하기 위해 보스턴으로 황급히 떠났다. 신입생으로서 흔치 않게도 자신이 쓴 기사를 신문에 실을 수 있었던 모양이었다. 인지세법에 항의하는 시위를 비롯하여 영국이 식민지주의자들에게 세금을 부과하려다 좌절된 사건들에 서인도제도 역시 멀리서나마 영향을 받고 있었다. 그러므로 한때 무역회사의 직원이었고 수입 관세에 대해서도 잘 알고 있었던 해밀턴은 마침 자신에게 딱 알맞은 특종을 잡은 것이나 다름없었다. 트루프의 회고에 의하면 '[해밀턴이] 작성한 첫 번째 정치적 논설문은 보스턴 차 사건에 관한 것으로, 해밀턴은 그들이 행한 차 폐기가 필수적인 행위임과 동시에 정치적인 행위였음을 말하고자 했다.'[37] 존 홀트John Holt의 「뉴욕 저널New York Journal」에 실린 말을 빌리면, 신원을 알 수 없는 자들의 기습 공격은 '차에 대한 수호이자 폐기'였다. 트루프는 해밀턴의 이 기사가 당시 재산을 강탈당해 날이 서 있던 상인들의 불안을 가라앉혀줬다고 전했다. 특히 뉴욕에서도 '티 파티'가 뒤따라 일어나자 안도감을 주었던 그의 기사는 한층 더 시기적절한 것으로 보였다. 1774년 4월 22일, 뉴요커들 또한 알렉산더 맥두걸Alexander McDougall의 주도에 따라 모호크 족의 의복을 차려입고 '런던'이라는 이름의 영국 선박으로 몰려 들어가 차 궤짝을 바닷속으로 던져버렸던 것이다.

보스턴 차 사건 이후 분노한 영국은 자신들의 미국 동포들을 더 이상 참아주지 않기로 결정하면서 보복 조치들을 시행했다. 특히 격노한 의원 찰스 반Charles Van은 보스턴을 카르타고Carthago처럼 없애버려야 한다고 주장했다. "저 메뚜기 떼의 둥지가 파괴될 때까지, 나는 이 나라의 법에 순종하고서는 절대 이루지 못할 것을 주장하리오."[38] 1774년 5월이 되자 영국이 강제법Coercive Act, 일명 '참을 수 없는 법Intolerable Acts'을 제정해 앙갚음하려 한다는 소식이 들려왔다. 이 가혹한 조치들에 의거하여, 보스턴항은 식민지인들이 쏟아버린 차를 모두 배상할 때까지 폐쇄될 예정이었다. 또한 영국은 같은 법을 이용해 대중 집회를 제한하고, 배심 재판을 금지하며, 매사추세츠에 형편없는 군법을 적용시키고, 보스턴 길거리에 영국 군

알렉산더 해밀턴

대를 주둔시켜 강력한 무력시위를 할 예정이었다. 5월 13일, 이 법의 시행을 위해 새로운 군사 사령관 토머스 게이지Thomas Gage 장군이 4개 연대와 함께 보스턴에 당도했다. 자유로운 분위기의 해안 도시 보스턴에 이러한 조치들이 내려진 것은 크나큰 충격이 아닐 수 없었다. 이전까지만 해도 식민지인들 간의 통합은 거의 미미했었다. 하지만 영국의 조치들을 계기로 상황이 바뀌어, 이제 이들은 한목소리로 자신들의 동의 없이는 의회가 세금을 부과할 수 없다고 외치기 시작했다. 당시 식민지들은 각기 완전히 다른 나라나 마찬가지여서 공동의 임무나 정체성 등이 거의 없었다. 그러나 이때부터 각 식민지의 통신위원회(식민지인들은 비상시 연락을 위해 식민지 전역에 통신위원회를 조직해두고 있었음_역주)는 서로 연락하기 시작했고, 영국의 상품에 대한 수출입 금지와 더불어 오는 9월 필라델피아에서 대륙회의를 소집할 것을 결정했다.

한 목격자가 전한 바에 따르면, 늦봄이 되자 열렬한 친영주의 도시 뉴욕에서도 '외국 세력에게 포위되는 것은 아닌지에 대한 격론으로 들끓는' 정치적 분위기가 형성되었다.[39] 이 시기의 해밀턴은 필시 머릿속이 복잡했을 것이고 집회와 탄원, 비판의 글, 광고 전단 등에 마음을 빼앗겨 학업에 계속 집중하지 못했을 것이 분명하다. 당시 뉴욕에선 제1차 대륙회의에 참석할 뉴욕 대표의 선발 문제를 놓고 약간의 불화가 발생했다. 강경 시위대는 영국 상품의 불매를 주장했지만 중도파 소시민들은 불매 운동이 지나치게 도발적이고 자멸적인 방법이라 여겼다. 본래 인지세법에 대항하기 위해 결성된 과격 결사단체 '자유의 아들들Sons of Liberty'은 불매 운동을 지지하기 위해 1774년 7월 6일 오후 대규모 집회를 열었다. 집회는 킹스칼리지에서도 가까웠던 풀밭의 커먼 광장, 일명 '필드Field의 드높은 리버티 기둥liberty pole' 아래에서 열렸다.

집회를 주도했던 알렉산더 맥두걸이 매사추세츠에 대한 영국의 제재 조치들을 비판하는 결의들을 소개했다. 해밀턴의 일생에서도 중추가 되었던 이 사건의 풍경을 살펴보면 그가 연단에 올랐던 것은 자발적이었던 일, 혹은 군중 중 누군가 등을 떠밀어 일어난 일이었을 가능성이 있음을 알 수 있다. 이 자그마하고 앳되어 보이는 연설가는 처음엔 머뭇거리며 말하다가 이내 불이 붙어 화려한 웅변을 터뜨리기 시작했다. 훗날의 화법에서도 알 수 있지만, 해밀턴은 말할수록 에너지를 얻는 사람이었다. 그는 보스턴 차 사건을 옹호했고, 보스턴항의 폐쇄를 개탄했으며, 불공정한 과세에 대항하는 식민지 통합을 지지했고, 뒤로 갈수록 점점 솔직해져서 결국에는 영국 상품에 대한 불매 운동을 촉구하기에 이르렀다. 의기양양한 연설 막바지에서 그는 불매 운동이 '북아메리카의 구원과 시민적 자유를 증명해줄 것'이고, 만일 그렇게 하지 않는다면 '사기와 권력, 그리고 가장 혐오스러운 압력이 권리와 정의, 사회적 행복과 자유 위로 득세할 것'이라 소리쳤다.[40]

그의 연설이 끝나자 청중들은 자신들의 혼을 쏙 빼놓은 이 젊은 연설가를 바라보며 한동안 깊은 침묵에 빠져 있다가 이윽고 우레와 같은 박수를 보냈다. "대학생이다!" 사람들이 서로에게 속삭였다. "대학생이야!"[41] 해밀턴은 열아홉 살이지만 겉으로는 좀 더 어려 보였고, 덕분에 그의 연설도 한층 더 직관적으로 비춰질 수 있었다. 이때부터 사람들은 그를 조직의 젊은 영웅으로 대해주었고 알렉산더 맥두걸과 존 램John Lamb, 매리너스 윌릿Marinus Willett 등 '자유의 아들들'의 간부단 또한 그를 알아봐주기 시작했다. 해밀턴은 훗날 한층 더 신중한 상인 계층을 이끌었지만, 이 시점에선 그들보다는 수공업자나 기술자들과 함께 극단주의 노선에 섰다는 점을 눈여겨볼 필요가 있다. 해밀턴은 자신의 야망을 이루기 위해 북아메리카로 이주해 왔고, 마침내 자신을 드러낼 기회를 성공적으로 포착했다. 서인도제도 출신의 가난한 소년은 이때도, 또 이후로도 계속해서 그의 말이 가진 힘과 열정을 통해 주목받았다. 아메리카의 시민적 자유를 노래하는 조직에 발을 들인 이후, 해밀턴의 삶은 단 한 번도 고삐를 늦추지 않고 오히려 한층 더 빨라진 속도로 내달리게 된다.

커먼 광장의 격렬했던 소동에 대한 소문이 대학 내에도 알려지자, 마일스 쿠퍼 박사는 자신이 마음대로 하게 놔두었던 이 고아 소년이 이제는 평판 나쁜 분자들과 어울리고 있다는 사실에 경악했다. 쿠퍼는 '자유의 아들들'을 가리켜 '부도덕, 파벌, 혼란의 아들들'이라며 공개적으로 비방했다.[42] 자신은 영국 당국에 예를 표하는 중인데 해밀턴이 이를 욕보이고 있으니 쿠퍼로서도 난감한 상황이었다. 이로부터 정확히 3개월 후, 총장은 임기를 끝마친 친영파 총독 윌리엄 트라이언William Tryon에게 한 통의 공개 서한을 보냈다. 아첨으로 가득하며 그야말로 '번지르르한 산문'의 표본 같은 이 편지는 다음과 같이 마무리된다. '제가 한 가지 알 수 있는 것은, 사회에 단 명이라도 목소리를 들을 수 있는 존재가 있다면 트라이언이라는 이름은 사회를 후원했던 가장 훌륭한 인물들에 버금갈 정도로 칭송될 것이라는 점입니다.'[43]

해밀턴은 자신이 쿠퍼와 '상당한 애착'을 형성했다는 사실에 만족해했다. 평상시에는 그 또한 사랑스러운 제자였을 수도 있겠다.[44] 쿠퍼는 위트 있는 출판 시인이었고, 그리스어와 라틴어 학자였으며, 쾌락주의적 취향을 가진 세속적인 미혼남이었다. 존 싱클턴 코플레이John Singleton Copley가 그린 초상화 속의 그는 부드럽고 토실토실한 얼굴로 정면에서 약간 옆쪽을 의기양양하고 자신감 있는 표정으로 쳐다보고 있다. 몇 안 되는 킹스칼리지의 교사 중 한 명으로서 해밀턴에게 라틴어와 그리스어, 신학, 그리고 도덕적 철학을 가르친 것도 코플레이였을 가능성이 크다.

쿠퍼는 캔터배리 대주교의 추천으로 킹스칼리지의 총장이 된 것이었는데 이는 여러 면에서 훌륭한 선택이었다. 취임 후 10년도 채 되지 않아 그는 의학대학을 개관하고, 도서관을 확장시켰으며, 교사들을 추가하고, 심지어는 미술품을 수집하기에 이르렀다. 존 위더스푼과 마찬가지로 그에게도 걸출한 제자들이 줄줄이 있었는데 여기에는 존 제이, 로버트 R. 리빙스턴Robert R. Livingston, 거베너르 모리스, 벤저민 무어Benjamin Moore 그리고 해밀턴이 포함되어 있었다. 1774년 쿠퍼는 자신의 총장 임기 중 가장 중대한 임무에 매달리기 시작했다. 킹스칼리지를 왕립대학으로 바꿔줄 인가를 받고자 했던 것이다. 그러나 이후 발발한 독립전쟁이 그의 희망들을 날려버렸다. 본래 그는 폭동을 그저 약간 짜증스러운 일 정도로 치부했었다. 하지만 더 이상 중립적인 방관자로 남아 있을 수 없게 되자, 차 세법이 대단히 가벼운 것이라는 신랄한 사설들을 통해 시위자들을 후려치기 시작했다. '보스턴의 그자들은 비뚤어질 대로 비뚤어진 세대이며 (중략) 그 인가를 회수해야 함이 마땅하다.'[45] 이처럼 시대를 역행하는 견해들로 그는 뉴욕에서 가장 큰 경멸을 사는 친영주의자가 되었고 점점 더 자신의 학생들로부터 공격받기 시작했다. 새뮤얼 클로시 교수 또한 폭동 소란들에 환멸을 느끼고는 영국제도로 돌아갔다.

식민지인들의 저항은 한층 더 구조적 형태를 갖추기 시작했다. 1774년 8월 말이 되자 조지아를 제외한 모든 식민지들은 제1차 대륙회의에 보낼 대표자들을 선출했다. 존 제이와 제임스 두에인James Duane을 포함한 뉴욕 대표단은 열렬한 응원 속에서 필라델피아를 떠났다. 한 신문의 보도에 따르면 '이들이 출발하는 자리에는 상당한 수의 주민들이 골목 끝자락마다 모여 음악과 환호로 그들을 현란하게 배웅했다'고 한다.[46] 카펜터스홀 Carpenters' Hall이라고 알려진 검붉은 색 벽돌 건물에 윈저 체어(영국 윈저 지방에서 사용하던 형식의 목제 의자_역주)들을 놓고 6주 동안 벌였던 이 회의는 독단적인 극단주의자들의 것이 아니었으며 독립주의자들의 것도 아니었다. 준법의식이 강했던 대표단들은 전쟁이 일어나지 않도록 기원하는 공동 기도회를 제안할 정도였다. 이들은 영국 당국에 대한 충성을 다시 한 번 확인했으며, 런던과 평화적인 합의에 도달할 수 있기를 희망했고, 청렴할 만큼 적법성을 존중했다. 그러나 그들의 참을성에도 한계는 있었다. 대륙회의는 연대 결의를 만들고는 영국과의 수출입은 물론 영국산 제품의 소비까지 제한하는 수출입 금지 조치를 시행했고, 강제법이 폐지될 때까지 이어질 이 조치를 감독하기 위해 각 식민지에 위원회를 설치할 것도 결정했다. 11월경 뉴욕검사위원회가 꾸려질 때는 허큘리스 멀리건을 포함한 해밀턴의 동료 수 명이 위원 목록에 이름을 올리기도 했다.

존 애덤스는 자신이 보기로는 존 제이와 제임스 두에인이 너무 소심하다고 평했지만, 그럼에도 대륙회의의 행동은 뉴욕의 토리 세력에게 큰 충격을 주었다. 마일스 쿠퍼는 대륙회의가 폭동을 선동하는 악마들의 소굴이라 여겼고, 널리 읽힌 소책자 두 권을 통해 이를 신랄히 비난했다. 그는 깜짝 놀란 식민지인들에게 '대영제국의 국민들은 지구상에서 가장 행복한 사람들'이라고 알렸다.[47] 결코 의회를 비난하지 않았던 그는 '식민지들이 계속해서 용인할 수 없는 행동을 이어왔다'고 주장했다.[48] 쿠퍼는 또한 대륙회의의 계획에 대해 독설을 퍼부으며 '무력을 사용해서, 혹은 민족을 굶겨 순종하게 만듦으로써 원하는 바를 이루겠다는 발상은 수치스러운 무지와 오만, 그리고 우둔함의 증거일 뿐'이라고 썼다.[49] 다른 많은 사람들과 마찬가지로 쿠퍼 역시 영국의 무적 군대를 이길 수 있으리라는 식민지들의 생각을 호되게 비판했다. '아메리카가 영국을 견뎌낼 수 있으리라는 믿음은 꿈같은 열병에 불과하다.'[50]

대륙회의를 비난한 뉴욕의 성직자는 마일스 쿠퍼만이 아니었다. 그는 친영주의 문인 파벌의 일부에 속해 있었는데, 여기에는 훗날 트리니티 교회의 목사가 되는 찰스 잉글리스Charles Inglis 및 웨스트체스터 시의 친영주

3 · 대학생

의 목사 새뮤얼 시버리Samuel Seabury도 함께 있었다. 시버리는 체구가 거대하고 학식이 깊은 대담한 인사였다. 예일대학과 옥스퍼드대학에서 공부한 그는 상당히 잰 체했고 역동적인 지성이 넘치는 산문을 썼다. 당시 왕의 인가를 받았던 웨스트체스터 지역은 특수한 특권을 누리고 있었으므로 지역의 농민들은 수출입 금지 조치에 큰 위협을 느꼈다. 이에 시버리는 대륙회의가 휴정한 이후 마일스 쿠퍼와 논의한 끝에 '웨스트체스터 농부 A Westchester Farmer'라는 필명으로 일련의 소책자들을 출판했다(이 필명은 존 디킨슨John Dickinson이 의회의 과세에 대항하여 쓴 논쟁적인 글 '펜실베이니아 농부가 보내는 편지들'에서 교활하게 따온 것이었다). 시버리의 맹렬한 사설들은 새로운 검사위원회의 행정가들을 '앙심에 찬 전갈 새끼들'이라 매도하면서 그들이 우리를 '쏘아 죽일 것'이고, 그러니 '히커리 나무 몽둥이로 반겨주는 것이 좋을 것'이라고 썼다.[51] 영민하게도 그는 만일 영국을 상대로 무역 보이콧이 벌어진다면 농부들이 가장 큰 타격을 입게 될 것이라 경고하면서 농민들에게 호소했다. 상인들이 영국으로부터 상품을 수입할 수 없다면, 농민들에게 그것을 파는 가격도 대폭 인상하게 되지 않겠는가? 그는 '이곳의 수출이 막히면 그날 이후로 농민들은 자신들의 몰락이 시작되는 날만을 기다려야 할 것이다. 당신은 돈 없이 살 수 있겠는가?'라고 썼다.[52]

시버리의 비난을 담은 첫 번째 글이 제임스 리빙턴James Rivington에 의해 「뉴욕 가제티어New-York Gazetteer」에 실린 이후 이 신문은 열성적인 독립주의자들, 특히 해밀턴의 새로운 동료들이 보였던 반응을 다음과 같이 보도했다. "대중에게 확언하노니, 얼마 전 '자유의 아들들'이라 불리는 모임 자리에' 웨스트체스터 농부가 쓴 글이 소개되었는데 그들은 '모인 자리에서 단 몇 페이지를 읽어본 후 (중략) 성직자들의 허가 의례와는 관계없이 그것을 태워버리기로 결정했다. 그들 중 많은 이들, 실로 아주 많은 이들이 글을 쓰거나 읽지 못하는데도 그리 하기로 한 것이다."[53] 이들은 자신들이 뜻하는 바를 더욱 명확히 하기 위해 소책자 사본 몇 개를 타르로 칠하고 갈기갈기 찢어서 태형 기둥에 붙여두었다. 그러나 대중에게 큰 인상을 남겼던 이 소책자는 토리파 문인들의 전투력이 독립주의자들보다 훨씬 더 컸고, 따라서 독립주의자들 또한 자신들의 문인 챔피언이 있어야 한다는 점을 드러내주었다.

해밀턴은 최선의 결과물을 얻기 위해 자신이 경쟁을 통해 얻어낼 고되고 강력한 자리를 필요로 했는데, 이번에는 시버리가 그것을 제안한 셈이었다. 청년 해밀턴은 이 논쟁에 이끌렸고, 실제로 이를 달가워했다. 그는 자신이 싸우고 있는 상대가 사실은 마일스 쿠퍼와 가장 가까운 친영주의 성직자 중 한 명인 시버리라는 비밀을 알아차렸을 수도 있고, 아예 그 상황을 즐기고 있었을 수도 있다. 해밀턴은 정체를 숨긴 채 반격해야만 했기 때문에 자신의 본명을 사용할 수 없었다(사실 그 이유가 아니더라도 당시 정치적 논설문들은 보통 익명으로 쓰였다). 그가 극찬한 바에 따르면 18세기에는 '명성에 대한 사랑이자 가장 고결한 정신을 지배할 열정이며, 공공의 이익을 위하여 포괄적이고 고된 사업을 계획하고 실천하도록 만드는' 야망이 상당한 존중을 받았는데,[54] 유명해지기를 원했던 해밀턴 또한 이런 야망에 크게 이끌렸다. 완전히 이기적인 동기로 생겨난 야망은 무모한 것이었으나, 위대한 원칙들을 따르는 야망이라면 그 자체로 칭찬받아 마땅하다는 것이었다. 해밀턴은 보다 드높은 이상들을 추구하겠다는 야망을 품은 채 그 위대한 집필 활동의 첫 발자국을 떼었다.

1774년 12월 15일 「뉴욕 가제티어」에는 새로이 출판되는 소책자의 광고가 실렸다. '대륙회의의 조치에 대한 포괄적 변호A Full Vindication of the Measures of Congress'(이후 '포괄적 변호'로 지칭_역주)라는 제목의 이 글은 '웨스트체스터 농부'에게 보내는 답신임을 확실히 밝히고 있었다. 웨스트체스터 농부의 궤변은 '그의 지적이 틀린 것이고, 그의 책략 또한 들통나버렸으며, 그의 위트는 비웃음거리라는 사실을 드러냈다'고 말이다.[55] 35페이지 분량의 이 사설은 해밀턴이 이번 설전에 가담하기 위해 자신의 과장적인 언술과 학식을 모두 담아 약 2~3주에 걸쳐 써낸 글이었다. 그는 당시 문인의 본질적 재능으로 평가받았던 우아한 모욕에 자신이 능하다는 점을 증명했고 역사와 철학, 정치, 경제, 법에 대해 나이답지 않게 상당한 지식을 갖추고 있음을 보였다. 이제 와서 하는 말이지만, 그는 그 기회를 통해 격렬한 논쟁에서 두각을 드러내면서 두려움 없이 자신의 무기를 휘두르는 지성인 전사로서의 소명을 찾았다는 것이 명백했다.

'포괄적 변호'를 집필할 당시 해밀턴은 자신의 출신 배경을 숨겼던 것으로 보인다. 이민자들이 자신의 과거를 완전히 버리거나 온 마음을 다해 새로운 국가를 받아들이는 경우는 거의 없었다. '나는 상인도 농부도 아니다.' 그는 세인트크로이 섬을 떠나온 지 1년 반 만에 이와 같은 글을 썼다. '나는 내 조국-뉴욕-의 안녕을 원하노니 당신에게 고한다.'[56] 해밀턴은 보스턴 차 사건과 그 이후 보스턴에 내려진 가혹한 조치들(예를 들어 영국 군대가 '주민들을 살해할 권리' 등)을 되짚었다.[57] 해밀턴은 보스턴 차 사건을 일으킨 장본인들을 지지했고, 영국이 단지 가해자들뿐 아니라 전 도시에 벌을 내렸다며 비판했다. 그는 '대표 없는 과세'라는 유명한 항의 문구를 언급했고, 수출입 금지 조치를 변호하면서 그로 인해 다름 아닌 영국이 매우 심각한 피해를 입을 것이라고 주장했다. 훗날의 해밀턴보다는 훗날의 제퍼슨에 가까운 이 글을 통해 그는 영국이 빚과 세금에 관련된 많은 문제를 겪고 있으며 사치로 부패해 있다는 점을 상기시켰다.

'포괄적 변호'는 여러모로 장황하고 단조롭게 반복되는 글이었다. 그러나 마치 해밀턴이 훗날 사용할 문체를 보여주듯, 이 글은 마치 법조인이 쓴 것 같은 느낌을 풍겼다. 그는 자연법과 식민지 헌장들, 그리고 영국 헌법에 근거하여 논의를 펼쳤다. 당시에도 그는 문제를 시원하게 해결하는 대신 차일피일 미루기만 하는 불완전한 조치를 견딜 수 없어 했다. '어느 공동체의 정치적 구원이 달려 있는 문제라면, 공동체의 수호자로 자리 잡은 이들에게는 정의와 열의가 있는 조치, 또 그것을 추진해도 될 만큼 개연성 있는 조치를 취할 의무가 있다.'[58] 이 글에서는 무엇보다 돋보인 것은 권력의 심리학에 대한 해밀턴의 기민한 통찰이었다. 해밀턴은 로드 노스Lord North 당시 영국 총리에 대해 엄청나게 명민한 글을 내놓았다.

> 총리는 이제 돌이키기에는 너무나 멀리 가버렸고, 자신의 목적을 가능한 한 관철시키는 데만 깊은 관심을 드러낸다. 공동체 생활에서 오류를 철회한다는 것은 첫 단계에서부터라도 쉬운 일이 아니다. 인내는 우리를 그 안에 가둘 것이고 곤경에 못 박을 것이다. (중략) 여기에 더해, 실망과 반대는 종종 사람들의 마음을 흥분시켜 한층 더 많은 실수를 이끌어내기도 한다.[59]

시버리가 '포괄적 변호'에 반박하자 해밀턴 역시 또 다른 글로 응수했다. 제임스 리빙턴은 1775년 2월 23일, 해밀턴의 80페이지짜리 역작 '농부에 대한 논박The Farmer Refuted'을 내보냈다. 전작보다 두 배가 넘는 길이의 이 두 번째 사설은 당시 정치학이나 경제학의 정설들과는 다른 이야기를 펼쳤다. 시버리는 해밀턴의 글이 서투르다며 조롱했지만 도리어 큰코다쳤다. 해밀턴은 직접적으로 시버리를 겨냥하며 이렇게 말했다. '비평가로서 당신이 가지는 능력이란 내가 생각하기로는 (중략) 당신의 박수보다 당신의 반감이 훨씬 더 나을 지경이다.'[60] 마치 자신이 아닌 시버리가 젊은 초년생이기라도 한 듯, 해밀턴은 그의 대응을 가리켜 '유치하며 틀렸다'고 비웃으며 '나는 감히 이것을 오늘날의 논쟁에서 공개된 글들 모두를 통틀어 가장 터무니없는 것 중 하나라고 말하겠다'고 썼다.[61] 이처럼 격렬한 공격 방식 때문에 해밀턴은 아메리카에서 가장 두려운 논객이 되었고, 그를 따르는 추종자들은 물론 그에게 반대하는 적군 또한 생겨났다. 프랭클린이나 제퍼슨과 달리 그는 절대로 가벼운 공격, 혹은 교활하고 기교 있으며 축소된 표현을 통해 상대를 함락시키지 않았다.

다른 많은 식민지인들과 마찬가지로 해밀턴 또한 여전히 영국과의 우호적 관계가 유지되길 바라고 있었으며, 식민지인들이 영국 국민으로서의 완전한 시민적 자유를 부정당하고 있다고 항의했다. 영국의 과세에 대한 아메리카의 항의를 정당화하면서 그는 식민지들이 각자 가지고 있는 나름의 충성심은 영국 국왕에 대한 것이지 영국 의회에 대한 것이 아니라는 세련된 주장을 내놓았다. 그의 지적은 정확했다. 만일 식민지들이 오직 왕과 연결되어 있다면 이론적으로 그들은 의회의 지배로부터 자유롭고 대영제국 내에서 일종의 연방 지위를 형성할 수 있었다. 실제로 해밀턴은 자신을 '제한적 군주제를 환영하는 사람이자 현 왕가의 안녕을 꾸밈없이 기원하는 자'라고 소개했다.[62] 훗날 자기 특유의 스타일로 자리 잡게 될 화법으로, 해밀턴은 엘리자베스 여왕 시대로까지 거슬러 올라가 북아메리카에 수여된 왕의 헌장들을 추적했고 이를 통해 의회에게는 그 어떠한 권한도 주어지지 않았음을 증명했다. 또한 걸출한 한 문단에서는 식민지인들의 자연권을 상기시켰다. '인류의 신성한 권리들은 오래된 양피지나 케케묵은 기록들에서 찾아야 하는 것이 아니다. 이것들은 태양의 광선으로 인간성의 *전편全篇*에 걸쳐 하나님의 손 그 하나로 쓰였고, 인간의 힘으로는 절대 이를 지우거나 가릴 수 없다.'[63] 이 구절은 존 디킨슨의 말을 되풀이하는 것이었다. 존 디킨슨 또한 행복에 대한 본질적인 권리들은 인간이 아니라 신이 수여한 것이라며 그것들이 '양피지와 밀봉에 의해 우리에게 온 것이 아니'라고 했던 바 있다.[64] 해밀턴은 그의 표현에 아름다움과 리듬을 더해 넣었다.

확실히 해밀턴은 염세적인 스코틀랜드 철학자 데이비드 흄의 저작들

알렉산더 해밀턴

을 읽고 있었던 것이 분명하다. 그는 흄의 견해를 인용하면서 정부의 형성에서 '모든 *인간*은 정직하지 못하며, 모든 행동에 있어서 오로지 *사적 이득*만을 추구한다고 간주되어야 한다'고 말했다. 정부의 임무는 이기적인 싸움을 멈추기 위해 가망 없는 노력을 보이는 것이 아니라 그 싸움에 공익이라는 목줄을 채우는 것이었다. 해밀턴이 차츰 정부 형태에 대한 자신만의 윤곽을 그리기 시작할 이 무렵, 그는 흄의 어두운 인간관에 자극을 받았고 자신 또한 그런 견해를 갖게 되었다. 한번은 영국이 식민지 무역을 통해 얻을 수 있는 이득에 대해 이야기하던 도중 '말해두겠는데, 이 이기적이고 탐욕스러운 세상에서 약간의 재량이라 함은 최악의 경우라도 아주 *가벼운* 죄에 지나지 않는다'고 하기도 했다.[65] '이기적이고 탐욕스러운 세상'이라는 서늘한 단어는 해밀턴의 어린 시절이 가진 어두움에 대해 많은 것을 말해준다.

'농부에 대한 논박'을 통해 자신이 선택한 나라에서 웅변에 능한 후원자로 거듭난 서인도제도 출신의 이 학생은 영국의 압제에 저항하려면 통합이 필요하다고 주장했다. '만일 압제의 검이 아무 저지도 없이 한쪽 팔을 잘라낼 수 있다면 그 검을 몇 번 더 휘둘러 온몸을 해체시켜버리는 일도 곧 일어날 것이다.'[66] 그는 이미 아메리카인의 운명을 멀리까지 내다보고 있었고, 식민지들이 언젠가는 경제적 측면에서 모국을 상회할 수 있을 것이라고 보았다. '그리 멀지 않은 미래를 그려본다면, 이 나라의 생산이 우리의 수요를 한도 없이 초과할 것임을 인지해야 한다, 그렇게 되면 대영제국과 그 부속들이 우리의 초과분을 사들일 수도 있을 것이다. 또한 그때가 되면 우리의 인구도 엄청나게 증가할 것이므로 우리의 필요 또한 비례적으로 커질 것이다.'[67] 바로 이것이 독립 이후 등장할, 광대하고 다각적인 경제에 대한 비전의 초기 형태였다.

'농부에 대한 논박'은 예언적 통찰들로 빛나는 예술적인 글이었다. 영국은 아메리카가 독립전쟁에서 절대 승리할 수 없을 것이라 주장했지만, 해밀턴은 프랑스와 스페인이 식민지들을 도우리라고 정확히 예상했다. 갓 스무 살의 이 학생은 앞으로 영국을 이기기 위해 실행될 지리멸렬하고 기회주의적인 군사 전략을 예측했던 것이다.

> 두 부대가 맞붙어 정복을 논할 드넓은 평원들이 우리에게는 없다는 사실을 기억하라. (중략) 우리나라가 처한 상황은 총력전을 피할 우리의 능력에 달려 있다. 잦은 소규모 접전과 급습으로 상대의 군대를 공격하고 지치게 만드는 것이 노지에서 그들과 겨루는 것보다 더 나은 정책이 될 것이다. 만일 노지에서 겨룬다면 그들은 우세한 규칙성과 기술들을 십분 활용할 수 있을 것이다. 아메리카인들은 그처럼 이 나라에 최적화된 싸움에 있어 정규군보다 더 나은 자질을 갖고 있다.[68]

이는 워싱턴의 전략과도 정확히 일치했다. 해밀턴은 렉싱턴 전투와 콩코드 전투가 벌어지기도 전부터 워싱턴의 전략을 간략하게 꿰뚫어버린 셈이다. 이를 단순히 조숙한 지식 정도로 치부할 수는 없었다. 그야말로 최고의 직관적 판단이었기 때문이다.

두 '농부' 사설을 쓴 사람이 해밀턴이라는 소문이 돌았을 때, 마일스 쿠퍼를 포함한 다수의 뉴요커들은 그럴 리 없다며 소문을 일축했다. '나는 쿠퍼 박사와 나눈 대화를 기억한다.' 로버트 트루프가 말했다. '그는 존제이가 그 글을 쓴 것이 분명하다면서, [해밀턴처럼] 어린 학생이 [그런 글을 썼다고] 상상하는 것은 너무 터무니없다고 말했다.'[69]

다른 이들도 그 글들은 이를테면 윌리엄 리빙스턴 등 훨씬 더 입지 있는 자가 썼을 거라고 생각했다. 해밀턴은 그런 호들갑에 상당히 우쭐했을 것이 분명하고 그의 문인 클럽도 이를 크게 즐거워했을 것이다. 해밀턴은 이 글을 통해 공화주의 사설가들이 한데 모여 살고 있는 이 도시에 걸출한 입성을 알렸다. 그는 아무나 흉내 낼 수 없는 필력을 자랑했고(두 '농부' 사설들은 총 6,000자에 달한다) 자신의 견해에 엄청난 자신감을 갖고 있었으며, 이슈들을 쉽고 정교하게 다룰 줄 알았다. 그는 그의 새 국가와 함께 자라날 이였고 적의가 쌓여감에 따라 힘과 지혜를 얻을, 혁명의 진정한 후예가 될 것이었다.

4

펜과 검

Alexander Hamilton

해밀턴이 '농부에 대한 논박'을 썼을 무렵, 영국 의회는 매사추세츠가 반역 상태에 돌입했다고 선언했다. 국왕은 그들을 복종시키기 위해 필요한 모든 수단을 동원하고자 했고 의회 또한 이를 승인했다. 1775년 4월 18일 밤, 800명의 영국 군인들이 보스턴으로 진격해 왔다. 새뮤얼 애덤스Samuel Adams와 존 핸콕John Hancock을 체포하고 콩코드에 있던 독립주의자들의 탄약 무더기를 압수하는 것이 이들의 목표였다. 콩코드로 향하던 영국군이 렉싱턴에 진입하자, '1분 대기조'라 불리던 일반 시민 민병대가 그들의 앞을 가로막았다. 이어진 총격전에서는 독립주의자 측의 여덟 명이 사망했고, 영국군이 콩코드에 닿은 후에도 두 명의 사망자가 더 발생했다. 영국군이 허둥지둥 콩코드를 빠져나와 다시 보스턴으로 향하자 민병대는 울타리와 돌담 너머에 숨어 이들을 향해 총격을 가했다. 영국군의 사상자는 총 273명이었고, 독립주의자 측에서도 95명의 사상자가 발생했다.

나흘 후 뉴욕에 이 소식이 알려지자 도시 전체는 곧바로 반란의 분위기에 휩싸였다. 많은 사람들이 여관이나 골목골목에 모여 작당했고, 토리들은 몸을 사리고 다녔다. 토리파 인사 중 하나였던 토머스 존스Thomas Jones 판사는 의기양양한 반란군 무리가 길거리를 내려오는 것을 목격하고 다음과 같이 기록했다. '북을 두드리며 요란하게 돌아다니는 이 무리에는 흑인들과 소년들, 선원들, 소매치기들이 있었다. 이들은 모든 사람들에게 어서 무기를 들고 '아메리카의 훼손된 권리와 시민적 자유'를 함께 수호하자고 권유했다.'[1] 한층 더 대담해진 '자유의 아들들'은 이스트 강 부두까지 내려가서 보스턴으로 향하는 영국군 선박들을 터는 한편 시청 무기고의 소총과 총검, 탄약들을 모두 빼돌려 총 1,000여 개의 무기를 확보했다.[2]

밤사이 그 무기로 무장한 자율 민병대가 조직되었고, 식민지 전역 곳곳에서도 이와 같은 민병대들이 생겨났다. 그러나 대부분의 영국인들은 이 오합지졸 시민군을 비웃으며 별 신경을 쓰지 않았다. 매사추세츠에서 들려온 충격적인 소식에 격앙된 해밀턴은 펜보다 총을 먼저 잡은 유일한 지식인이 되었다. 니컬러스 피시는 그들의 킹스칼리지 자원병 조직에 대해 다음과 같이 회고했다. '렉싱턴 전투 직후, [해밀턴은] 당시 막 형성되기 시작한 민병대 한 곳에 들어갔다. 플레밍 대장이 이끌던 이 민병대는 도시 내 독립주의자 청년들의 손으로 국가를 수호하기 위해 조직된 것이었다. 해밀턴은 여기에 많은 시간을 할애했으며, 모든 퍼레이드에 정기적으로 참여했고, 기민하고 열의 있게 임무를 수행했다.'[3] 피시와 트루프 역시 이곳의 가장 성실한 간부들이었다. 매일 아침 수업 전 이들은 근처 세인트폴 예배당의 뒷마당에서 훈련을 했다. 이들의 교관을 맡았던 에드워드 플레밍Edward Fleming은 본래 영국 군대에 복무했었고 걸출한 드 페이스터 De Peyster 가문의 여인과 결혼했으나 여전히 아메리카 측에 애정을 가지고 있던 인물이었다. 해밀턴은 엄격한 교관이었던 플레밍을 믿고 따랐다. 훗날 해밀턴의 아들은 그 미숙한 자원병 무리의 이름이 '하츠 오브 오크스 Hearts of Oaks'였다고 전했으나, 군사 기록에는 코르시칸the Corsicans이라는 이름 으로 남아 있다. '자유가 아니면 죽음을 달라'는 문구를 수놓은 둥근 가 죽 모자와 몸에 꼭 맞는 짧은 초록색 재킷 차림을 한 이 젊은 자원병들 은 묘비들을 지나치며 힘차게 행진했다. 재킷 위에는 빨간색 하트 모양 의 배지를 달았는데, 여기에는 '하나님과 우리의 권리'라는 문구가 새겨 져 있었다.

해밀턴은 학업에서 보여줬던 것과 같은 완벽주의자적 열정으로 매일 의 훈련을 수행했다. 로버트 트루프는 해밀턴이 가졌던 '군사 정신'을 강 조하며 그가 절대로 '훈련을 거르지 않았고 발전에 대한 강력한 의지를 보였다'고 말했다.[4] 기회를 절대로 허투루 쓰지 않았던 해밀턴은 이때부 터 포괄적인 군사 교육을 받기 시작했다. 무엇이든지 빠른 속도로 배웠던 그는 보병 훈련 과정을 수료했고, 군사 전술에 관한 책들을 섭렵했으며, 베테랑 포격수로부터 포격과 화약에 대해 배웠다. 휴 녹스가 말했듯 이 젊은이는 신체적으로 연약한 구석이 있었지만, 그럼에도 기이한 불굴의 의지를 갖고 있었다. 그는 마치 평범한 보병의 임무보다 훨씬 더 큰 역할 을 준비하는 사람처럼 훈련에 임했다.

4월 24일, 8,000여 명에 이르는 거대한 독립주의자 군중이 시청 앞에 모였다. 극단주의자들은 흥분으로 몸을 떨어댔던 반면, 겁에 질린 수많은 토리파 상인들은 잉글랜드행 표를 끊기 시작했다. 이튿날에는 마일스 쿠 퍼와 네 명의 다른 '역겨운 신사분들'을 비난하는 익명의 전단지가 등장 했다. 매사추세츠의 애국적인 죽음들은 이들의 탓이고, 상징적인 행위(가 령 토리파의 인형을 만들어 태우는 짓 따위)만을 할 시기도 이미 지났다는 내 용이었다. 이 전단지는 다섯 명의 친영주의자들을 향해 '당신들이 이 나 라에 남긴 상처는 결코 완전히 배상될 수 없다'고 경고했다. '목숨을 위해 도망치거나, 그렇지 않다면 당신 스스로의 심판자가 되어 자신의 종말을 고대하라.' 이 노골적인 살해 협박문에는 '쓰리 밀리언스Three Millions'라는 필명이 서명되어 있었다.[5] 그러나 굳건했던 마일스 쿠퍼는 총장 자리에서 물러나지 않았다.

시위가 있었던 5월 10일 밤, 정치적 미사여구의 자극적 숨결과 독한 술에 취한 수백 명의 시위대들은 곤봉으로 무장한 채 킹스칼리지로 몰려들어 마일스 쿠퍼를 자신들의 방식대로 처벌하려 했다. 허큘리스 멀리건은 쿠퍼가 '토리파인 동시에 역겨운 남자였기 때문에, 군중들은 그에게 타르를 붓고 깃털을 붙이거나 그를 막대기둥에 묶어 들고 돌아다닐 요량으로 학교에 몰려들었다'고 회고했다.[6] (두 가지 행위 모두 근대 시기에 자주 사용된, 수치스러운 비공식적 형벌이었음_역주) 성난 군중의 무리가 학교로 몰려가는 것을 목격한 킹스칼리지 졸업생 니컬러스 오그던Nicholas Ogden은 쿠퍼의 방으로 달려가 그에게 뒷창문으로 빨리 빠져나가라고 재촉했다. 해밀턴과 트루프가 묵던 방은 쿠퍼의 숙사 근처였기 때문에 오그던은 그들에게도 성난 군중이 다가오고 있음을 알렸다. 트루프는 훗날 이를 다음과 같이 기록했다. '[오그던에게 소식을 듣자마자] 해밀턴은 곧바로 결심한 듯 뛰쳐나가, 총장이 묵던 숙사의 현관 계단 위에 올라서서 자신의 의견을 개진했다. 그는 총장이 탈출할 수 있는 시간을 최대한 벌기 위해 장황한 이야기들을 늘어놓았다.'[7]

군중이 학교 문을 열어젖히고 총장의 숙사로 쳐들어가자, 해밀턴은 열정적인 연설을 통해 시위대에게 간청하며 그들의 행동이 대의를 위한 것이 아니라 그저 '시민적 자유라는 영광스러운 대의를 욕보이고 그것에 상처를 내는 것'이라고 호소했다.[8] 한 이야기에 따르자면 귀가 잘 들리지 않았던 쿠퍼는 위층 창문으로 고개만 내밀고선 해밀턴이 현관 계단에 서서 군중들에게 손짓하는 모습을 바라보았다고 한다. 그는 자신의 제자가 사람들을 진정시키려는 게 아니라 오히려 그들을 선동하는 것으로 오해한 나머지 "그가 하는 말은 듣지 마시오, 그는 미쳤소!"라고 소리쳤다.[9] 혹은 쿠퍼가 깡패들에게 "해밀턴이 하는 말은 믿지 마시오, 그는 멍청이요!"라고 소리쳤다는 이야기도 있다.[10] 그나마 가장 믿을 만한 이야기에서는 쿠퍼가 오그던의 경고를 듣자마자 나이트가운을 입은 채 그대로 도망쳤기 때문에 이미 그 자리에 없었다고도 한다.

아마도 해밀턴은 자신이 성난 군중을 막을 수 없을 것임을 알고 있었을 테지만, 그는 쿠퍼가 뒷마당 울타리를 넘어 허드슨 만으로 도망칠 수 있는 귀중한 시간을 벌어주었다. 생명의 위협을 느꼈던 쿠퍼는 밤새도록 허드슨 해안가를 거닐었다. 이튿날 영국으로 향하는 군함에 올라탄 그는 학문이라는 방패 뒤에서 식민지인들을 다시 매도하기 시작했다. 특히 그는 자신의 탈출을 마치 멜로드라마처럼 그린 시를 펴내기도 했다. 그는 폭도들, 즉 '사람을 죽이려 드는 무리'가 자신의 방에 쳐들어오는 모습을 다음과 같이 묘사했다. '그들의 저주가 나의 머리를 채우는 동안 / 그들의 날카로운 쇠막대기는 나의 침대를 뒤지매 / 인간의 선혈에 목말라하더라.'[11] 사실 그는 오밤중에 옷도 절반만 걸친 채 비겁하게 도망쳐 나왔지만, 그런 시시한 진실보다는 피에 목마른 폭도들에게 급습당한 총장의 모습이 훨씬 낫다고 생각했던 듯하다. 쿠퍼는 그 이후로 해밀턴과 다시 조우한 일이 없고, 독립전쟁에서 영국이 패배하자 구슬프게 울었으며, 훗날 유언장에서 '나의 모든 인생은 그 끔찍한 반란 때문에 산산조각 났다'고 불평을 늘어놓기에 이르렀다.[12]

해밀턴의 초기 아메리카 생활 중에 있었던 모든 사건들 중, 마일스 쿠퍼를 즉각적으로 변호했던 이 사건은 그에 대해 가장 많은 것을 말해준다. 그는 개인적인 명예를 정치적 신념과 분리할 줄 알았다. 또한 그는 관용을 보이는 것이 혁명을 통해 복수하는 것보다 한층 더 낫다고 믿었고,

이번 사건은 물론 평생 동안 그 점을 잘 보여주었다. 해밀턴이 보여준 용기는 실로 모범적인 것이었다. 그는 군중들의 매를 맞을 각오도 했을 것이고, 이번 일로 자신이 '자유의 아들들' 사이에서 가졌던 영웅적 위상을 잃을 수도 있음을 알고 있었을 것이다. 그러나 해밀턴은 언제나 어떤 결과가 뒤따를지에 관계없이 자신을 솔직하게 표현했다.

무엇보다 이 사건은 이 복잡다단한 청년의 마음을 괴롭히던 모순된 충동들을 잘 드러내주었다. 그는 헌신적인 혁명가였지만, 한편으론 대중의 정서가 끓어 넘쳐 위험 수위에 이르지는 않을지를 언제나 진지하게 우려했다. 그는 심지어 자신이 지원한 반란 사태에서도 군중이 적법한 기관들에게 해를 가하고 폭도가 되어 사태를 장악하지는 않을까 하며 초조해했다. 다른 모든 건국의 아버지들과 마찬가지로 해밀턴 역시 우아한 혁명, 즉 하얀 가발을 쓴 재능 있는 연설가들이 법정과 의회를 배경으로 품위 있게 벌이는 혁명을 선호했음이 분명하다. 미국의 독립혁명이 성공할 수 있었던 것은 군주정을 무너뜨렸던 그 열정이 자칫 또 다른 파괴적 결말을 부를 수도 있음을 잘 알고 있었던 염세적 인물들이 주도했던 덕분이었다. 존 애덤스 또한 이미 1년 전부터 '군중, 대중, 사람 떼, 폭도들'이 권위에 대해 그처럼 노골적인 반항을 드러낼 것을 우려하고 있었다.[13]

해밀턴을 포함한 뉴욕의 독립주의자들에게 있어 1775년의 늦봄은 긍지와 두려움, 희망과 혼란의 계절이었다. 5월 6일, 제2차 대륙회의를 위해 필라델피아로 향하던 뉴잉글랜드 대표단이 뉴욕 시에 진입하자 수천 명의 뉴요커들은 온 교회의 종들을 끊임없이 울려대며 지붕과 현관 계단, 문간 등으로 나와 환호를 보냈다. 당시 뉴욕에는 구舊 친영주의 의회가 제1차 대륙회의에 대표단을 보내지 않겠다고 결정했다가 해체당한 뒤 새로운 뉴욕 주 지방의회가 들어서 있었다. 이들은 필라델피아에 보넬 대표단을 꾸렸는데, 여기에는 훗날 해밀턴의 장인이 될 필립 스카일러Philip Schuyler 그리고 해밀턴의 정적이 될 조지 클린턴George Clinton도 포함되어 있었다.

5월 10일, 펜실베이니아 식민지 정부 청사(오늘날의 미국 독립기념관)에서 제2차 대륙회의가 개회했다. 대부분의 식민지인들은 여전히 영국과의 평화로운 합의를 기원하고 있었지만 이제는 무장 충돌이 불가피한 상황이었다. 제2차 대륙회의는 군대나 화폐, 조세권을 비롯하여 정부의 전제조건이라 할 만한 것들을 다수 갖추지 못하고 있었으나, 급한 대로 이들은 미국 초대 정부의 전신前身으로 거듭나게 된다. 이들의 임무 중 무엇보다 시급했던 것은 독립군 총사령관의 임명이었다. 모든 사람들의 이목은 건장하고 과묵한 버지니아 출신의 한 남자에게 쏠렸다. 유별날 정도의 침착한 태도로 무장한 그는 프렌치-인디언 전쟁에 참전했었다는 사실을 보이기 위해 대령 제복을 입고 있었다. 한 의원은 이 남자, 조지 워싱턴이 '덤벙대거나 고함을 치거나 동료들을 욕하지 않고 그 대신 냉철하고, 한결같으며 침착하다'고 평했다.[14] 6월 15일, 43세의 워싱턴은 탁월한 재능과 경험을 토대로 대륙군의 수장에 임명되었다. 그때까지만 해도 전투는 뉴잉글랜드 지역에 한정되어 있었다. 그렇기에 버지니아 출신의 인물을 사령관으로 선택했다는 사실은 곧 향후에는 지역별 각개전투가 아닌 하나로 통합된 식민지들의 운동이 전개될 것이라는 신호였고, 식민지 총인구의 5분의 1을 차지하고 있던 버지니아에게 전쟁에서의 주도적 역할을 부여했다는 인상을 주기도 했다. 또한 워싱턴을 택한 것은 이후 북부 미국이 남부 미국을 회유하고 기쁘게 만들기 위해 펼칠 수많은 노력들 중 첫 번째 것이기도 했다.

이틀 후 보스턴 북부의 벙커힐(일명 브리즈힐)에서 전투 하나가 벌어졌다. 초반에는 아무도 이것이 독립군의 첫 승리가 될 것이라 예상하지 못했다. 아메리카인들은 공들여 만든 요새에서 쫓겨났고, 400명 이상의 사상자가 발생했다. 그러나 독립군 병사들은 어려운 상황 속에서도 엄청난 기개를 보여주었고, 영국군 측에서도 사령관 수십 명을 포함하여 1,000명이 넘는 사상자가 발생했다. 존 스타크John Stark 대령은 이날을 두고 '시체가 우리 안의 양떼처럼 두텁게 쌓였다'고 기록했다.[15] 독립전쟁의 첫 번째 공식 전투였던 이 싸움은 영국의 불패 신화를 무너뜨렸다. 영국 입장에선 자신의 식민지들을 복속시키기 위해 얼마나 많은 희생을 감내할 수 있는지를 처음으로 따져봐야 하는 순간이 도래한 셈이었다. 영국은 독립군의 비정통적인 전투 방식에 힘겨워했고 그들이 신사다운 교전 규칙을 따르지 않는다는 데 분개했다. 분노에 찬 한 영국군 병사는 아메리카의 소총수들을 두고 이렇게 불평했다. '나무 따위에 몸을 숨긴 채 우리 정찰병들을 쏠 기회만을 노리고 있었고, 총을 쏜 이후에는 즉각 후퇴해버렸다. 전쟁을 치르는 자들로서 이 얼마나 비겁한 방식인가?'[16]

전투 이후, 조지 워싱턴은 지휘권 행사를 위해 매사추세츠 케임브리지로 향하던 도중 뉴욕에 잠시 들렀다. 6월 25일, 호보컨(허드슨 강 연변에 위치한 항구도시_역주) 연락선을 타고 허드슨 강을 건너온 그는 백마들이 끄는 마차를 타고 브로드웨이를 따라 행차했다. 이 웅장한 승리의 행렬은 킹스칼리지 또한 스쳐 지나갔다. 그 영광스러웠던 여름날의 오후, 알렉산더 해밀턴은 채 2년도 지나지 않아 자신이 지금 처음으로 목도한 저 인물의 부관으로 일하게 될 것임을 전혀 눈치채지 못한 채 구경꾼들 사이에 서 있었다. 조지 워싱턴은 푸른색 제복에 보라색 띠를 매고 예의 깃털 장식이 달린 모자를 쓴 채 필립 스카일러 소장과 함께 웅장하고 빠르게 그를 지나쳤다.

제2차 대륙회의가 캐나다 식민지인들도 이 싸움에 동참시키는 방안을 숙고하고 촉구하는 동안, 해밀턴 또한 시간을 허투루 보내지 않았다. 워싱턴이 최고사령관으로 임명되었던 바로 그날 해밀턴은 리빙스턴의 퀘백법Quebec Act을 비난하는 첫 번째 편지를 한 신문에 기고했고, 곧이어 두 번째 편지를 워싱턴이 뉴욕에 방문하기 사흘 전에 발표했다. 바로 이전 해에 통과된 이 법은 퀘벡의 국경을 남쪽의 오하이오 강에 이르게끔 넓히는 한편 프랑스계 캐나다인들에게 완전한 종교의 자유를 보장해주는 내용을 담고 있었다. 독립주의자들은 이 법이 단순히 영국의 관용에서 비롯된 것이 아니라 오히려 이웃 국경 지대에 프랑스 공민법을 도입하려는 시도이자 로마 가톨릭교회를 노린 시도라고 보았다. 해밀턴은 캐나다의 로마 가톨릭 성직자들에게 도움을 요청하려는 영국의 사악한 속셈을 알아차렸다. '이 법은 지금까지의 모든 조치들을 통틀어 (영국) 정부의 어두운 속셈이 가장 진하게 깃들어 있으며, 그들이 절대적인 권력을 얻기 위해 체계적인 계획을 수립했음을 잘 보여준다.'[17] 위그노였던 해밀턴은 본능적으로 가톨릭교회를 두려워했다. 한편 그는 이 사건을 통해 자신이 독립혁명 내내, 또 그 이후로도 계속 가지고 가게 될 한 가지 신념을 확립했다. 종교에 대한 정부의 가장 훌륭한 태도는 소극적인 관용이지 이미 정립된 교회를 적극적으로 밀어주는 것이 아니라는 믿음이 그것이었다.

7월 5일, 제2차 대륙회의가 마지막으로 영국에게 작은 화해의 손짓을 보냈다. 그들은 올리브 가지 청원서Olive Branch Petition를 지지하면서 영국과의 갈등에 대한 해결책을 협의하고 더 이상의 싸움을 막아야 한다고 촉구했다. 올리브 가지 청원서에는 왕에 대한 충성을 맹세하는 한편 영국의 '교묘하고 잔혹한' 관리들을 비난하는 내용이 담겨 있었다.[18] 그러나 오만한 왕 조지 3세George III는 이 회유적인 메시지에 화답하지 않겠다는 의사를 내비쳤다. 그의 싸늘한 엄숙함은 중도파 의원들의 사기를 꺾었고, 아메리카는 군사적 준비를 한층 더 강화하기 시작했다. 8월 23일, 왕은 자신의 아메리카 식민지가 '반란을 천명하고 개진하는 데 돌입했다'는 내용의 선언문을 발표했다.[19] 전 세계에서 가장 힘 있는 나라였던 영국은 이제 자신들의 말을 듣지 않는 해외 식민지인들의 항의를 잠재우겠다며 돌이킬 수 없는 맹세를 결의했다.

우연찮게도 같은 날인 8월 23일의 밤, 알렉산더 해밀턴 또한 영국군의 무력과 잊지 못할 첫 만남을 가졌다. 사방이 강과 바다로 둘러싸인 맨해튼이 영국 해군에 취약할 것이고 아군의 해병력이 없는 이상 오래 버티지 못하리라는 것쯤은 모두가 알고 있었다. 그런 탓에 그 여름 아시아 Asia라는 이름의 영국 군함이 하버 만에 모습을 드러내자 뉴욕에는 상당한 공포감이 조성되었다. 뉴욕 주 지방의회는 배터리 공원 끝자락의 포트 조지(조지 요새)에 두었던 24문의 대포를 영국에게 빼앗길지도 모른다고 우려했다. 해밀턴은 다른 열다섯 명의 킹스칼리지 학생 자원병들과 함께 대포를 안전하게 커먼 광장의 리버티 기둥 아래로 옮겨 오는 위험한 작전에 돌입했다(킹스칼리지에는 이렇게 구해낸 대포들 중 두 개가 캠퍼스의 잔디밭 아래에 묻혀 있다는 전설이 있다). 해밀턴과 그의 동료 학생들은 아시아 함의 바지선이 해안가 근처로 다가와 자신들에게 폭격을 가하기 전에 10문이 넘는 대포들을 무사히 빼냈다. 독립군들과 아마도 그 사이에 끼어 있었을 해밀턴은 바지선이 아시아 함으로 돌아가는 동안 맞대응 포격을 퍼부었다. 포도탄(여러 개의 쇳덩이로 된 대포알_역주)과 포탄을 사용한 이 대규모 포격전으로 프라운시스 태번 지붕에도 구멍이 났으며, 기겁한 수천 명의 주민들이 침대를 빠져나와 비명을 지르며 거리로 뛰쳐나오기도 했다.

마일스 쿠퍼를 변호했을 때와 마찬가지로, 용감무쌍한 해밀턴은 비범한 침착함을 보여주었다. '아시아 함이 도시에 폭격을 퍼부었다.' 허큘리스 멀리건의 글이다. '나는 당시 해밀턴이 그곳에 있었다는 것을 또렷이 기억하고 있다. 내가 대포 중 하나의 머리를 돌리려고 애쓰던 중 H씨가 다가와 내게 자신의 권총을 들려주고는 자기가 대신 밧줄을 잡았기 때문이다.' 대포를 무사히 배치한 후, 해밀턴은 멀리건에게 자신의 권총을 되돌려달라고 했다. 그러나 멀리건은 총을 깜빡하고 배터리 공원에 놔두고 온 상태였다. 배터리 공원은 이미 아시아 함의 맹렬한 공격 한가운데에 있었다. '나는 그에게 권총을 어디에 놔두고 왔는지 말했다. 그러자 그는 포격이 계속되고 있다는 사실은 신경도 쓰지 않은 채, 마치 군함이 애초에 오지도 않았던 것처럼 무심하게 그곳으로 돌아갔다.'[20]

여유를 부릴 틈도 없던 그 가을, 해밀턴은 또 하나의 곤경과 마주하게 된다. 「뉴욕 가제티어」의 편집장 제임스 리빙턴의 상황이 점점 더 위태로 워지고 있었기 때문이다. 부유한 런던 도서상의 아들이었던 리빙턴은 우아했지만 호전적인 남자였으며 은색 가발을 쓰고 다녔다. 그는 1773년 월가 끝자락에 신문사를 차리면서 자신이 정치적으로 중립임을 자부했고 이후로도 모든 관점의 이야기를 신문에 담을 것이라고 맹세했다. 해밀턴과의 관계만 봐도 알 수 있듯, 그는 토리파의 신조에 대해 주저하지 않고 의문을 제기했었다.

그러나 시간이 점차 지나면서 그의 신문에는 토리파의 견해가 지배적으로 실리게 되었다. 리빙턴은 특히나 '자유의 아들들'과 그들의 교양 없는 노동자 계급 추종자들을 가차 없이 비판했고, 지도자인 알렉산더 맥두걸과 아이작 시어스Isaac Sears가 큰 잘못을 저지르고 있다고 콕 집어 보도했다. 1774년 9월, 시어스는 신랄한 편지들을 리빙턴에게 보내어 보복했다. '당신은 지금 자기가 이해하지도 못하는 짓을 하겠답시고 설치는 무지하고 버릇없는 자거나, 그게 아니라면 당신에게 돈을 주는 놈들을 위해 추잡한 짓도 서슴지 않을 준비가 된 아첨꾼이자 도구요.'[21] 얼마 지나지 않아 경쟁 신문사인 「뉴욕 저널」에는 리빙턴에게 크게 실망한 나머지 그의 신문을 더 이상 구독하지 않겠다고 밝힌 독립주의자들의 기나긴 목록을 보도했다. 렉싱턴 전투와 콩코드 전투가 지난 다음에는 리빙턴이 가장 큰 화두였던 셈이다. 킹스칼리지에서 마일스 쿠퍼를 쫓았던 바로 그 군중들이 이번에는 겁에 질린 리빙턴을 공격하기 위해 모여들었다. 붙잡힌 리빙턴은 킹피셔Kingfisher라는 군함에 열흘간 격리되었다. 이후 그는 신문사로 다시 돌아오긴 했으나 시련은 거기에서 끝나지 않았다. 같은 해 늦여름, 뉴욕 주 지방의회는 적을 돕는 이들이라면 누구나 무장 해제시키고, 투옥하며, 심지어는 추방시킬 수 있다는 판결을 내렸다. 아이작 시어스는 이 판결을 이용해 리빙턴에게 마지막 일격을 날리기로 결심한다.

뉴욕 길거리의 '왕'이라는 별명을 갖고 있긴 했으나 시어스는 사실 평민 영웅이 아니었다. 오히려 그는 서인도제도의 무역에도 발을 들였던 부유한 선장이자, 프렌치-인디언 전쟁에서 사나포선을 몰고 활약하며 약간의 부를 축적한 인물이었다. 11월 19일, 시어스는 코네티컷에서 100명에 가까운 기마병들로 민병대 하나를 조직한 뒤 목사 새뮤얼 시버리를 체포했다. 웨스트체스터에서 시버리의 가족들에게 겁을 준 이후, 그들은 수치스럽게 꾸민 이 토리를 트로피처럼 실어 들고 뉴 헤이븐을 가로질러 행진했다. 무장 군인들에게 둘러싸인 시버리는 자신이 해밀턴의 유명한 반박문을 불러일으켰던 그 '웨스트체스터 농부'라는 사실을 부정했다. 이후 남쪽으로 방향을 돌린 시어스의 소규모 군대는 갑자기 맨해튼에 위치한 리빙턴의 신문사를 습격하여 영업을 중단시켰다.

훗날 해밀턴이 존 제이에게 보내는 편지에서 이와 관련한 자신의 괴로움을 모두 토로했기 때문에, 이 사건은 해밀턴의 킹스칼리지 시절을 통틀어 문서로 가장 잘 뒷받침된 사건들 중 하나가 되었다. 이 싸움에 대해 말해주는 다른 자료가 하나 더 있다. 아마도 자신의 오랜 스승이었던 휴 녹스의 권유 때문이었는지, 뉴욕에서 해밀턴은 이름을 적지 않은 기사문 다발을 「로열 대니시-아메리칸 가제트」에 보냈다. 지금까지 공개된 적 없는 이 글들은 혁명 초기 시절 해밀턴의 삶을 보다 상세히 엿볼 수 있는 기회, 그리고 그의 초기 커리어가 띄엄띄엄 기록된 문서들에 나 있는 커다란 구멍을 메울 수 있는 기회를 준다. 이 익명의 특파원은 리빙턴 사건을 다음과 같이 보도했다.

「뉴욕 가제티어」는 지난주 내내 리빙턴 씨에 대한 기사를 다뤘다. 11월 23일, 총검과 화승총을 든 75명의 코네티컷 경기병대가 낮 12시와 1시 사이에 리빙턴의 신문사로 쳐들어갔다. 그들은 신문사의 인쇄기들을 모두 부수고 영업을 완전 중단시켜, 이미 쉰도 넘은 이 남자에게 세상을 처음부터 다시 일궈야 한다는 비참한 현실을 선물했다. 시민들은 깜짝 놀라긴 했으나, 박해당하고 박탈당한 이 신문사장에게 그 어떠한 조력도 건네지 않은 채 모든 상황을 방관했다. 「뉴욕 가제티어」는 미국이 올바른 정부를 회복할 때까지 발행되지 않을 것이다.[22]

이 특보에는 이름이 적혀 있지 않았지만, 이런 기사를 세인트크로이 섬까지 보낼 사람이 달리 누가 있겠는가? 허큘리스 멀리건의 말에 따르면, 리빙턴을 방관하던 이들 중 배짱 있게 걸어 나와 그를 변호했던 사람도 다름 아닌 해밀턴이었다. '리빙턴의 신문사가 동쪽에서 온 부대에게 공격당하고 있던 바로 그때 H씨는 (그 신문사가 토리 측이라고 간주되고 있었음에도) 우리 이웃들이 우리의 권리를 침해하고 있음을 개탄하며 그 자리로 가, 사태를 방관하고 있던 사람들에게 소리 높여 이야기하면서 자신과 함께 저 침략자들이 타자기를 가져가지 못하도록 막아내자고 권유했다.'[23]

마일스 쿠퍼를 공격했던 군중들과 마찬가지로, 리빙턴을 공격하는 군중의 모습은 해밀턴의 기억 속에 깊게 뿌리내렸다. 군중의 무질서에 대한 공포심을 갖게 된 해밀턴은 훗날 프랑스 대혁명에 대해서도 같은 맥락으로 두렵다는 반응을 내비쳤다. 시어스의 사람들이 리빙턴의 사무실을 약탈하고나서 며칠 후, 해밀턴은 존 제이에게 보내는 편지에서 리빙턴의 신문사가 '위험하고 치명적'이었으며 리빙턴 또한 '혐오스러운' 남자였다고 말했다. 그러나 그는 또한 이 행위의 무법적인 본질을 비난해야 할 의무가 있다고 생각했다.

오늘날처럼 사람들의 열정이 일반적이지 않은 고조高潮에까지 들끓는 소요의 시대에서는 결국 모두가 파멸적인 극단으로 치달을 위험이 매우 크네. 대중의 격정으로 운영되는 국가, 즉 길 안내자로 삼을 만큼의 충분한 사유나 지식 없이 독재와 압제정치에 대항하는 국가는 결국 모든 권위에 대한 경멸과 무시로 자연스럽게 이어지기 마련이지. 적정 중간선을 지키는 것은 지식인들 사이에서도 매우 힘든 일이지만, 생각이라는 것을 하지 않는 사람들 사이에서는 거의 불가능한 일이네. 대중은 본래 자신들이 믿던 공식 기관이나 방침에 대해 스스로의 믿음을 잃어버리는 순간부터 다소 들뜨는 경향을 보이며, 그만큼 무정부 상태에 빠지기도 쉬워지니 말일세.[24]

양면적인 스무 살의 이 청년은 확고하게 독립혁명을 지지했으나 여전히 습관적인 무질서 상태, 특히 교육받지 못한 대중 사이에서 반복되는 무질서 상태가 장기적으로 좋지 않은 영향을 줄 것이라 우려했다. 해밀턴은 보수 혁명가가 될 사람이 결코 아니었다. 그는 더 큰 자유가 더 큰 무질서를 부를 수 있고, 나아가 위험한 변증법에 따라 다시금 자유를 잃게 될 수도 있음을 너무나 명확히 알고 있었다. 해밀턴의 평생에 걸친 임무는 이 두 편을 가로질러서 모순을 해결하고, 자유와 질서 간의 균형을 맞추는 것이었다.

신문사 습격 사건의 후일담 또한 살펴볼 가치가 있다. 잠시간 사업을 접었던 제임스 리빙턴은 독립전쟁 중 영국이 뉴욕을 점령하자 '국왕 폐하의 신문사'로 다시 부활했다. 그러나 이는 속임수를 위한 겉모습이었을지도 모른다. 자신의 「로열 가제트The Royal Gazette」에서는 독립주의자들을 공격했을지 몰라도, 리빙턴은 남몰래 영국 해군의 기밀을 빼돌렸고 그것을 표지 안에 숨긴 책을 독립주의자 스파이들에게 팔아 워싱턴에게 전달해주었다. 때가 무르익으면 그 또한 마땅한 보상을 받게 될 것이었다.

리빙턴이 자신을 반대하는 이들 때문에 아무런 활동을 하지 못했던 무렵, 해밀턴 또한 글을 쓰고 싶어 안달이 난 상태였다. 문인으로서의 소질이 다분한 이 야망 큰 청년에게 있어 영국 정부를 공격하는 논설문을 쓰는 것은 명성을 얻을 수 있는 가장 확실한 길이나 다름없었다. 1776년 1월에는 해밀턴에게 완벽한 본보기 같은 인물이 나타났다. 영국 출신으로 2년 전 필라델피아에 정착했으며 독학으로 공부해온 토머스 페인Thomas Paine이 익명으로 『상식Common Sense』을 펴낸 것이다. 한때는 코르셋을 만드는 수공업자였고 세무관리로도 일했던 그는 『상식』을 통해 미국 독립혁명을 부르짖었고, 이 책은 그해 말까지 12만이라는 어마어마한 판매부수를 기록했다.

이즈음 해밀턴은 충실한 공화주의 신문이었던 존 홀트의 「뉴욕 저널」에 기자로서의 충성을 다하기 시작했다. 해밀턴은 신문사의 공동 창업자였던 윌리엄 리빙스톤William Livingston을 통해 홀트를 만난 것으로 추정된다. 1774년, 홀트는 신문 1면의 발행인란에서 왕가를 상징하는 것들을 빼버리고 그 대신 벤저민 프랭클린이 20년 전 '식민지 간 연합을 위한 올버니 플랜'을 위해 만들어 유명해진 판화를 삽입했다. 조각조각 잘린 구리머리 살모사 아래에 '통합이 아니면 죽음뿐'이라는 문구가 적혀 있는 그림이었다(본래 프랭클린이 사용한 문구는 '동참하지 않는다면 죽음뿐'이었다). 로버트

알렉산더 해밀턴

트루프는 해밀턴이 킹스칼리지에 있는 동안 수많은 기사를 썼는데, '특히 뉴욕의 열성적인 휘그당원이었던 존 홀트가 당시 편집장으로 있었던 신문사'에 많은 글을 보냈다고 전했다.[25] 시를 짓는 일도 포기하지 않았던 해밀턴은 끊임없이 광시와 운율시, 풍자시 등을 지었고 트루프에게 그것들을 모은 두꺼운 종이뭉치를 건네주기도 했다. 그러나 이는 독립 전쟁 중 사라져버렸다.

평소 철두철미했던 편집장들은 토리였던 리빙스턴이 펴낸 해밀턴의 글들을 모두 재인쇄했지만, 반체제 인사였던 홀트와의 협력작들은 이상하게도 모두 빠뜨리고 말았다. 해밀턴과 동시대를 살았던 이들은 「뉴욕 저널」에서 가장 정곡을 찌르는 몇몇 익명 사설들의 글쓴이가 해밀턴임을 알고 있었다. '나는 해밀턴이 계속해서 바쁘게 활동하기를 바라오.' 1775년 12월 5일 존 제이가 알렉산더 맥두걸에게 한 말이다. '나는 홀트의 신문을 지난 3개월간 받아보지 못했소. 때문에 해밀턴이 어떻게 발전하고 있는지를 판단할 수가 없다오.'[26] 사실 해밀턴은 여기에서도 명백한 공을 남겼다. 1775년 11월 9일부터 1776년 2월 8일 사이 「뉴욕 저널」은 '감시자The Monitor'라는 제목의 열네 편짜리 사설을 실었다. 이는 홀트가 독립혁명 이전에 발행했던 것들 중 가장 길고 가장 주목받은 사설 시리즈였을 것이다. 이 시리즈에서 해밀턴은 자신이 '농부' 사설들에서 개진했던 중심 주장들을 간략하게 다시 설명했다. 식민지들은 의회가 아닌 왕에게 충성을 서약했다는 것이 그 개요였다. 훗날 해밀턴은 이 글에서 보여주었던 급진적인 의견 몇 가지, 이를테면 상비군에 대한 반대 의견 등을 철회했다. 또한 정치인들과 왕가, 교황들과 사제들을 신랄하게 조롱했던 부분에 대해서도 나중에는 후회했을지 모른다. 그럼에도 이 사설들 중 다수는 초기 해밀턴 글들의 정수로 남아 있다.

'감시자'에서 해밀턴은 이것이 자신이 쓴 글이라는 단서를 다수 남겼다. 1769년 에드워드 스티븐슨에게 보내는 편지에서 하급 직원으로서의 '굽실거리는' 삶을 개탄했던 것과 마찬가지로, 이 글에서 그는 자신의 동료들에게 '굽실거리는 성향'에 주의할 것을 당부하면서 그것이 그들을 '자유인의 지위에서 노예의 지위로' 격하시킬 것이라고 경고했다.[27] 지도자는 결정적이고 명백하게 행동해야 한다고 훗날 주장했던 그는 여기에서도 마찬가지의 견해를 표명했다. '공공의 긴급 사태에서는 과도한 숙고, 소심함, 그리고 꾸물거림보다 더 해로운 것이 없고 열의, 사업가 정신, 모험보다 더 이로운 것도 없다.'[28] 영국 관리에 대한 이야기에서 때때로 그는 자신의 '농부' 사설들을 거의 그대로 반복하기도 했다. '그들은 오명이나 위험 없이 후퇴하기에는 너무나 멀리 나아갔다. 그들의 명예, 그들의 신뢰, 행정부로서 갖는 그들의 존재, 그리고 아마 그들의 삶 자체는 그들이 작금의 일을 성공시킬 수 있느냐에 달려 있다.'[29] 다작을 하는 다른 많은 작가들과 마찬가지로 해밀턴은 부지불식간에 자기 자신이 쓴 글을 인용했다.

'감시자' 사설들은 해밀턴이 변칙적 혁명가라는 점을 잘 드러낸다. 글의 앞부분에서 그는 다른 많은 극단주의 산문의 상투적 어구를 써가며 혁명 이후의 미래에 대한 열렬한 낙관주의를 드러냈다. 그는 아메리카의 운명에 대한 찬가를 부르면서, 전쟁 이후 국가는 '한층 더 드높은 장엄함과 부를 얻을 것이고, 우리가 독재 권력에 겸손하게 굴종한다면 절대로 얻을 수 없는 권력의 고지에 오를 것'이라고 예언했다.[30] 그러나 이러한 낙관적 태도는 인사人事에 대한 어두운 견해로 얼버무려졌다. 해밀턴은 동포들의 행동을 칭찬했지만 한편으로는 다음과 같은 냉소적인 말도 남겼다. '우울한 사실은 우리 중 다수의 행동이 곧 (인간)종에 대한 가장 극심한 풍자나 다름없었다는 것이다. 그것은 모순, 거짓말, 비겁, 이기심, 위선 등의 복합체였다.'[31] 해밀턴은 또한 순교가 가진 장점을 열렬히 주장하

알렉산더 해밀턴

면서, 식민지인들에게 그들이 '명예로운 삶을 살거나 아니면 영광스러운 죽음이라는 사임을 맞이하겠다는' 맹세를 해야 한다고 촉구했다.[32] 얼마나 이 생각에 깊이 빠져 있었던지, 그는 포프의 『일리아드』를 다음과 같이 인용하는 것으로 '감시자' 사설들 중 하나를 마무리할 정도였다. '죽음은 가장 나쁜 것이지만 모두가 시도해야 할 운명이니 / 우리나라를 위한다는 것은 죽음이 가질 수 있는 가장 큰 기쁨이다.'[33]

해밀턴은 '감시자' 사설들을 고작 한 주 만에 엄청난 속도로 휘갈겨 썼다. 그가 여전히 학생이었고 매일 아침 세인트폴 교회 뒷마당에서 규칙적으로 훈련을 받고 있던 중이었음을 생각하면 더욱 놀라운 속도다. 심지어는 이것도 그의 활동 범위를 좁히지 못했다. 뛰어나기 이를 데 없는 이 대학생은 예비 법학 공부를 시작했으며 킹스칼리지가 갖춘 최고의 법학 도서관을 샅샅이 뒤지고 있었다. 그는 특히 윌리엄 블랙스톤과 에드워드 쿡 Edward Coke 경의 책들에 푹 빠져 있었다. 훗날 자신이 말한 바에 따르자면, 해밀턴은 '꾸준하고 힘든 노력'으로 학사학위를 취득했고 '예비 공부를 통해 법학자로서 보낼 미래의 기반을 닦을 수' 있었다.[34] 해밀턴은 킹스칼리지에서 2년 남짓한 시간을 보냈던 것으로 추정되지만 독립혁명 발발로 정식 졸업은 불가능해졌다. 1776년 4월 6일, 한때 마일스 쿠퍼 때문에 오명을 뒤집어썼던 킹스칼리지는 독립군에게 징발되어 군사병원으로 사용되었다.

마지막 '감시자' 사설을 출판한 2월 8일, 해밀턴은 사설가로서 싹트기 시작하는 자신의 명예를 잠시 미루어두고 군사 활동에 사활을 걸었다. 이는 전쟁의 영광을 꿈꿨던 그에게 완벽하게 어울리는 일이었다. 2월 18일, 그는 「로열 대니시-아메리칸 가제트」에 개인적인 기사를 보내 자신이 곧 입대한다는 사실을 발표했다. 이름이 적히지 않은 이 편지는 순교에 대한 엄숙한 예감으로 가득 차 있었다. '내가 당신에게 또 다른 기사를 보낼 수 있을지는 불확실하다. (중략) 나는 군대에 들어가며 아마도 머지않아 나의 펜으로 변호했던 그 정서들을 나의 피로 봉할 운명에 처할 것이다. 천국이 그리 하길 명한다면 그렇게 하겠다. 나는 죽기 위해 태어났으며, 나의 생각과 의식은 이보다 더 낮거나 중요한 이유로 죽을 수는 없다고 말하고 있다.'[35]

당시 뉴욕 주 지방의회는 도시를 방어할 포병 부대를 꾸리는 중이었다. 출세욕이 강했던 서인도제도 출신의 이 청년이 위를 향해 나아갈 수 있는 또 다른 기회가 생긴 셈이었다. 다른 대부분의 혁명과 마찬가지로 독립혁명 역시 재능 있는 외국인들에게 문을 활짝 열어두고 있었다. 해밀턴의 입장에서는 운이 좋게도, 알렉산더 맥두걸이 뉴욕의 첫 번째 독립군 연대를 꾸리는 감독을 맡았다. 성격이 불같고 호전적인 스코틀랜드인이자 본래 선장이었던 맥두걸은 한편으론 윌리엄 리빙스턴의 장로교 후배이기도 했다. 아마 해밀턴을 그에게 소개시켜준 것도 리빙스턴이었을 것이다. 킹스칼리지에 있는 동안 해밀턴은 맥두걸에게 정치적 소책자들을 빌려서 읽곤 했는데, 그 책들이 방에서 도난당하는 바람에 해밀턴이 크게 당황했던 일도 있었다.

2월 23일, 지방의회는 '맥두걸 대령이 알렉산더 해밀턴 씨를 포병 부대 대위로 추천했다'고 보고했다.[36] 로버트 트루프의 말에 따르면 맥두걸은 존 제이(당시 윌리엄 리빙스턴의 사위)에게 해밀턴의 입대 심사를 맡겼고, 심사를 통과한 해밀턴은 1776년 3월 14일 자대 배치를 받았다. 과연 이 학생의 체력으로 포병 부대를 이끌 수 있겠냐는 의문이 제기되었지만 맥두걸과 제이가 사람들을 설득했다. 해밀턴이 배정받기 직전, 엘리아스 부디노는 스털링 경을 대신해 해밀턴과 접촉하여 당시 준장으로 진급한 스털링이 해밀턴을 군사 보좌관으로 쓰고 싶어 한다는 말을 전했다. 고집불통인 해밀턴은 누군가에게 복종하는 것을 꺼렸기에 그의 또래들이라면 두 손 들고 환영했을 이 제안에 퇴짜를 놓았다. 부디노는 실망한 스털링에게 해밀턴이 포병 대장 자리를 받아들였고 '따라서 여단 부관으로서 각하와 함께 일하는 기쁨을 거절'했다고 전했다.[37]

허큘리스 멀리건은 해밀턴이 포병 대위가 되었으니 서른 명의 부대원들을 모두 모을 수 있겠다며 기뻐했다. 멀리건은 자신과 해밀턴이 그날 오후에만 스물다섯 명의 부대원들을 모았다고 자랑했다. 해밀턴은 자신의 지휘를 따르게 될 68명의 남자들을 거의 아버지같이 돌봤다. 해밀턴은 장부 하나에 그들의 음식과 의복, 지급, 기강 등에 대한 사안들을 기록했는데, 부대원 중 일부는 문맹이어서 여기에 서명 대신 기호를 표시하는 경우도 있었다. 전통에 따라 그는 세인트크로이발㉕ 모금 펀드에서 돈을 가져다 쓰며 그 돈으로 부대원들의 장비를 갖추었다. 훗날 그는 '군사 퍼레이드를 통해 사기가 드높은 상태를 유지시켜야 한다. 무기를 다루는 방법을 부대원들에게 가르쳐야 하기 때문에 한시도 낭비할 수 없다'고 썼다.[38]

스물한 살의 대위는 곧 포수와 포격수의 고충을 함께 나누는 것으로 유명한 지휘관이 되었다. 그는 불공평한 상황에 예민했고, 자신의 부대원들이 대륙군의 동일 계급 부대와 똑같은 지급 및 배급을 받을 수 있도록 로비를 벌였다. 실력주의를 맹신했던 그는 뉴욕 주 지방의회가 선택한 정책, 즉 부대 내에서의 진급 방식을 기쁘게 받아들였다. 그의 부하들은 그가 강인하지만 공정한 사람이었다고 회고했다. 수년 후 부대원 중 하나는 해밀턴과 정치적으로 강경하게 대립하는 인물이 되었음에도 해밀턴을 변호사로 두었을 정도였다. 해밀턴이 그 까닭을 묻자 그 퇴역군인은 이렇게 대답했다. "나는 전쟁 동안 당신의 부대에서 있어봤기 때문에, 당신이 나의 결례에도 불구하고 일을 정당하게 처리해줄 것을 알고 있소."[39]

해밀턴은 복무 기간 내내 군복을 세심하게 차려 입었고 부대원들에게도 제대로 옷을 갖춰 입을 것을 요구했다. 그는 훗날 '병사들의 허영심을 자극하는 데 있어 무엇보다 필수적인 것'에 대해 쓰면서, '이를 위해서는 의복이 필수적이다. 옷을 갖춰 입지 않았을 때 병사들은 조롱과 수치에 노출된다'고 썼다.[40] 그의 부대원들은 놋쇠 단추와 담황색 칼라가 달린 푸른색 코트를 입었고 가슴팍에는 대각선으로 흰색 견대를 맸다. 4개월 정도가 지났을 때에는 부대원들에게 벅스킨(스웨이드 처리를 하여 고급스럽고 튼튼한 사슴 가죽_역주) 노리쇠 75개를 공수해주었고 필요한 경우라면 선금을 지급해주기도 했다. 해밀턴의 부대는 어엿한 모습으로 적절하게 행동할 수 있었다. 트루프는 이렇게 말했다. '그의 부대가 만들어지자마자 그는 포기할 줄 모르는 노고로 부대를 모든 기강이나 의무에 있어 완벽하게 만드는 데 열을 다했다. 그의 부대는 얼마 지나지 않아 전 육군을 통틀어 가장 기강이 잘 잡힌 아름다운 모범 부대로 거듭났다.'[41] 훗날 소장이 된 해밀턴은 그의 장교들에게 부대원들을 훈련시키고 교육하는 일에도 개인적으로 참여해야 한다고 가르쳤다.

해밀턴은 으레 초보들이 보이곤 하는 엉성한 망설임 따위는 보여주지 않았다. 대신 군의 고위 인사들에게 깊은 인상을 남겼고 그를 흠모하는 사람들의 수를 늘려 나갔다. 어느 날, 한때는 퀘이커 교도였으며 본래 철물상이었던 로드아일랜드 출신의 너대니얼 그린Nathanael Greene 장군은 커먼 광장을 가로질러 가다가 해밀턴에게 시선을 빼앗겼다. 그 청년이 얼마나 똑똑하게 자신의 부대에게 행렬 연습을 시키는지를 보고 충격을 받은 그린은 잠시 멈춰 서서 그와 이야기를 나누었다. 이후 그는 해밀턴을 저녁식사에 초대했고, 식사 자리에서는 그의 엄청난 군사 지식에 큰 감명을 받았다. 대체로 혼자 공부했던 그린은 해밀턴 또한 자신에게 견줄 만큼 빠른 시간 내에 상당한 전문성을 쌓았다는 데 놀랐다. 너대니얼 그린 역시 군사 경험이라고는 2년 정도의 민병대 복무 경험밖에 없었고, 전쟁에 관한 사실들은 대부분 책을 통해 배웠기 때문이었다. '그의 지식은 직관적이었다.' 포병 사령관 헨리 녹스Henry Knox는 훗날 그린에 대해 다음과 같이 말했다. '그는 내가 만나본 사람들 중 가장 날것의 사람이었고 가장 배운 것 없는 이였지만, 채 12개월도 되지 않아서 군대의 어떤 장성들과도 어깨를 나란히 할 수 있을 만큼의 군사적 지식을 갖췄다.'[42] 조지 워싱턴은 너대니얼 그린을 다른 그 어떤 장군들보다 높이 샀는데, 워싱턴에게 해밀턴의 강점을 처음 내세운 것도 아마 그린이었을 것이다. 스털링 경과 마찬가지로 그린 또한 해밀턴에게 자신의 보좌관으로 일하지 않겠냐고 권유했었던 듯한데, 만일 그렇다면 해밀턴은 또다시 장군이 건네는 제안을 거절했던 셈이 된다.

3월경에는 대륙군이 보스턴을 탈환했다. 영국군에게는 큰 충격을 주었고, 독립주의자들에게는 사기를 북돋워줄 사건이었다. 이제는 뉴욕이 최전방 도시로 떠올랐다. 뉴욕 시는 곧 닥쳐올지도 모르는 침략에 대비하기 시작했다. 해밀턴은 세인트크로이 섬의 독자들에게 편지를 보내 이 사실을 일러두었다. '현재 이 도시는 대대적인 공황으로 인구들 중 절반 이상이 피난을 떠난 상태다.'[43] 3월부터 스털링 경은 4,000명의 병사들을 지휘하여 주요 거리들을 봉쇄하고, 허드슨 만부터 이스트 강까지 이르는 맨해튼 전역에 포열과 토루(과거 방어용으로 쌓아올렸던 둑_역주)를 촘촘히 만들어두었다. 해밀턴의 부대는 베이어드힐의 고지대에 12문의 대포를 갖춘 작은 요새를 건설했다. 베이어드힐은 오늘날 커널가와 멀버리가의 교차로 가까이에 있었던 지역이다.

4월에는 워싱턴이 도시의 군사적 준비를 감독하기 위해 뉴잉글랜드에서 뉴욕으로 왔다. 그는 허드슨 강변의 리치먼드힐이라는 저택에 본부를 두었는데, 이 건물은 훗날 에런 버의 집이 되기도 했다. 희한한 우연으로, 독립주의자들의 퀘백 공략이 실패로 끝난 뒤 갓 미국으로 돌아온 상태였던 버는 같은 해 6월 워싱턴과 만난 뒤 그의 참모(알려진 바에 의하면 '가족')가 되지 않겠냐는 제안을 받아들인다. 몇몇 이야기들에 따르면, 귀족적인 청년이었던 버는 워싱턴이 중대한 전략적 사안들에 대해 자신과 협의할 것이라는 어마어마한 기대를 품었던 듯하다. 그러나 얼마 후 자신이 다소 평범한 지위로 격하되리라는 사실을 깨닫고 짜증이 난 버는 참모직을 그만두었다. 그는 자신보다 자격이 덜 갖춰진 남자들이 자신보다 더 높은 계급으로 진급한 데 항의하는 서신을 워싱턴에게 보냈고, 이후 이즈리얼 퍼트넘Israel Putnam 장군 밑에서 일했다. 에런 버의 몇몇 측면들, 이를테면 음모를 사랑하는 기질이나 충분치 못한 예의, 혹은 만족할 줄 모르고 여자의 뒤를 좇는 기질 등이 조지 워싱턴에게 거슬렸을 수도 있다. 버의 정치적 미래는 대부분 그가 전쟁 당시 워싱턴과 냉담한 관계에 있었다는 사실로 좌지우지되었다. 반면 수많은 동시대인들, 대표적으로 해밀턴 등은 워싱턴의 인정을 받았다는 것으로 큰 혜택을 받게 된다.

이 시기 동안 워싱턴은 적어도 어렴풋하게나마 해밀턴을 알고 있었다. 깐깐한 대위였던 해밀턴은 병장 한 명과 상병 두 명 및 이병 한 명을 '반란'죄로 체포하라고 명령했던 적이 있다. 이들은 군사법원에서 가벼운 처벌을 받게 되었는데, 워싱턴은 이들 중 두 명의 죄를 사해주고는 1776년 5월 15일 해밀턴에게 일반 명령들을 내려서 '돌아오는 일요일 오전 10시에 커먼 광장에' 부대를 집합시키라고 명했다.[44] 「로열 대니시-아메리칸 가제트」에서 알 수 있듯, 한 달 후 해밀턴은 100명의 부대원들과 함께 뉴욕항 바깥에 있는 샌디훅 등대의 건너편에서 용감하게 야간 공격을 이끌었다. 전쟁 특파원 겸 포병 대위 해밀턴은 다음과 같이 보도했다. '두 시간 내내 군함과 등대에서 포격이 쏟아지는 중에 우리는 야포와 소형 무기들로 그들을 공격했으나 벽에 자국조차 남기질 못했다.'[45] 그러나 해밀턴은 단 한 명의 아군도 잃지 않았다. 그는 탄약이 충분치 않았던 데다 적군이 공격을 미리 귀띔받았기 때문에 자신들의 공습이 실패로 돌아갔다고 분석했다. 치기 어린 꿈을 꿨던 해밀턴은 이제 전투 지휘권에 대한 환상에서 벗어나 현실로 던져졌다.

맨해튼에 돌아온 젊은 대위는 도시 전체가 토리파 지지자들을 향한 고의적인 폭력에 한창 빠져 있는 것을 목도했다. 많은 친영주의자들이 '가로장 태우기' 등 끔찍한 행위의 대상이 된 상태였다. '가로장 태우기'는 날카롭고 긴 막대에 사람을 묶은 뒤, 크고 건장한 남자 두 명이 그것을 짊어지고 길거리들을 행진하는 의식이었다. 이들이 골목을 돌 때마다 죄수의 이름을 소리 높여 외치면 구경꾼들은 묶인 사람을 향해 수치스러운 야유를 보냈다. 한 구경꾼은 다음과 같이 보고했다. '이번 주에는 토리파 사람들의 가로장 태우기가 몇 차례 대대적으로 있었다. (중략) 그중 몇몇은 매우 거칠게 다루어졌다. 가로장에 태우고 길거리를 돌아다니는 동안 그들은 옷의 등 부분이 죄다 찢겨 있었고, 몸에는 온갖 먼지가 묻어 있었다. (중략) 아침마다 토리파의 얼굴을 보기가 매우 힘들어졌다.'[46]

뉴욕은 한동안 토리파의 요새였다. 때문에 어딘가에서는 워싱턴을 대상으로 하는 음습한 계획이 생겨나고 있으리라는 두려움이 도시 전체에 만연해 있었다. 워싱턴을 생포하거나 암살하는 것은 영국에게 엄청난 선물이었기 때문이다. 실제로 전 뉴욕 주 총독이었던 윌리엄 트라이언은 그러한 계획을 실행하려 했었다. 해밀턴이 샌디훅에서 돌아올 즈음인 7월 21일, 워싱턴 장군을 살해하고 친영주의자들에게 도움을 요청하려던 이들 무리의 계획이 발각되었다. 뉴욕의 토리파 시장 데이비드 매슈스David Mathews는 '13개 식민지 연합의 권리와 자유에 반하는 위험한 생각과 반역의 음모'죄로 기소되었다.[47] 다른 자료에는 토머스 히키Thomas Hickey를 포함하여 워싱턴의 경호원이었던 이들 또한 계획에 가담했음이 드러나 있다. 매슈스 시장은 영국 측과 연락했었음을 시인하고 코네티컷 감옥에 수감

되었지만, 고집불통의 히키는 군사법원에서 아무런 증언도 내놓지 않았고 결국 사형을 선고받았다.

해밀턴은 세인트크로이 독자들에게 이 극적인 사건들을 보도하면서, '우리의 토리들이 벌인 가장 야만적이고 사악한 계획이 들통 났다'고 이야기했다. 그는 널리 퍼져 있던 음모론을 소개하면서, 그들의 목적이 '모든 참모 장교들을 살해하고, 화약고를 폭파한 뒤, 마을을 안전하게 빠져나가는 데' 있었다고 보도했다.[48] 7월 28일, 거의 2만 명에 달하는 사람들이 토머스 히키가 교수대에 오르는 모습을 보기 위해 보워리가 근방의 목초지에 모였다. 해밀턴을 포함하여 사실상 아직까지 뉴욕에 남아 있는 사람들 모두가 모인 셈이었다. 워싱턴은 수치를 모르는 히키를 본보기로 삼으려는 듯했다. 히키는 군 소속 사제들에게 손을 흔들며 '저들은 모두 살인자'라고 말했다.[49] 교수형 집행인이 올가미와 눈가리개를 씌울 때까지 그는 계속 허세를 부렸으나 마지막 순간에는 빠르게 눈물을 훔쳤다. 잠시 후, 교수대에는 그의 시신이 축 늘어져 매달렸다. 이 획기적인 사건에 대한 두 번째 특파 보도에서 해밀턴은 워싱턴의 신속한 정의구현을 칭찬했다. '아직까지 남아 있는 범법자들은 이제 우리의 손아귀에 있으며 자신들의 범죄에 대해 응당한 처벌을 받게 될 것이다.'[50] 그는 여기에서 보도를 끝낼 수도 있었을 것이다. 그러나 미래의 재무장관 해밀턴은 비금속 합금으로 만들어진 구리 주화가 회수될 것이며, 아마도 더 큰 사이즈의 대륙 주화로 바뀔 것이라는 잘못된 소문 또한 보도했다. 확실히 이 젊은 대위는 당시에도 금융 정책에 푹 빠져 있었던 것 같다.

히키가 처형되던 날, 영국의 국왕 조지 3세는 그의 불량한 식민지들을 무찌르기 위해 자신들이 얼마나 많은 준비를 하고 있는지 공개했다. 세계 최고의 해군력을 가진 영국은 대규모 함대를 조직하여 샌디훅으로 파견하기 시작했다. 18세기 최대 수륙 합동 공격의 막이 오른 것이다. 이들이 결집시킨 군대는 총 300여 척의 군함과 3만 2,000명의 병력을 갖추고 있었으며, 이들 중 8,400명은 프랑스 헤센 주 출신의 용병들이었다. 이처럼 무력을 과시함으로써 아메리카인들을 겁주고 제정신 차리게 만드는 것이 출정 부대의 목표였다. 영국이 너무나 많은 병력을 파견한 탓에 배에 타고 있는 영국군의 수는 그들을 맞이하게 될 뉴욕의 독립군과 시민들 모두를 합한 것보다 많을 지경이었다.

남부 맨해튼에 본부를 설치한 워싱턴에게는 2만여 명이 조금 안 되는 미숙련 병사만이 있었을 뿐이었고 군함은 단 한 척도 없었다. 때문에 그는 영국의 잘 관리된 전투 병기들을 무찌를 방법을 강구해야만 했다. 그는 즉각적인 공격에 대항할 수 있는 '모든 준비 태세'를 갖추고자 했으나 그의 군대는 '무기가 극도로 부족하며 (중략) 무기를 구해야 하는 엄청난 고충에 빠져 있다'는 사실을 인정해야만 했다.[51] 특히 탄약 부족 문제가 심각했는데, 뉴욕 주 지방의회는 이를 만회하기 위해 온 도시의 지붕 및 창문의 납틀 부분을 모두 떼어내 녹인 것으로 총알을 만들라고 지시했다. 게다가 장작 확보를 위해 엄청나게 많은 나무들을 베어냈기 때문에 뉴욕은 거의 유령 도시처럼 보였다. '엄청나게 많은 수의 집들이 문을 닫은 것을 보고 있노라면, 도시의 모든 사람들이 이미 대피하고 없다고 생각할 수도 있었다.' 한 토리파가 도망치면서 남긴 글이다. '길거리에서는 여자나 아이들을 찾아보기 힘들었다.'[52]

7월 2일, 윌리엄 하우William Howe 장군은 제독인 자신의 형제 리처드 하우Richard Howe 경이 통솔하는 함대를 보냈고, 이로써 영국군의 전투 계획이 펼쳐지기 시작했다. 수천 명의 영국군들이 스태튼 섬에 내렸다. 맨해튼 부두들과 지붕들에서 대륙군 병사들은 충격에 빠진 채 선박들이 끝없이 줄지어 항구로 밀려드는 모습을 지켜보았다. 영국 함대의 돛대가 가득한

만을 바라본 한 아메리카 병사는 그것이 마치 '소나무 숲'처럼 보였다고 말했다. '내 두 눈을 믿을 수 없었다. 마치 런던이 통째로 떠 있는 것 같았다.'[53] 배터리 공원에 대기하고 있던 해밀턴 대위와 그의 포병 부대는 적군의 모습을 코앞에서 볼 수 있었다.

이처럼 국가가 위협받는 상황에서 독립을 선언한다는 것은 상당히 불길한 예감을 불러일으켰지만, 어찌 되었든 미국은 바로 그 길을 선택했다. 고대 로마 이후로 가장 거대한 제국을 세운 영국의 군사력에 대항하기로 결정한 것이다. 7월 2일, 대륙회의는 뉴욕을 제외한 만장일치로 독립을 요구하는 결의안을 채택했고, 이틀 후엔 독립선언문의 최종본을 완성했다(실제 서명은 8월 2일까지 미루어졌다). 이런 행동들은 조금의 성급함도, 또 한 치의 어수선함도 없이 이루어졌다. 국가가 이미 전쟁 상태에 있었음에도, 준법정신이 투철했던 대륙회의 의원들은 자신들의 분리 독립에 대한 근거를 아무런 사심 없이 기재한 공식 문서를 발행해야 한다고 생각했다. 이 엄숙하고 용감무쌍한 행위는 지금까지의 역사적 조류를 완전히 거스르는 것이었다. 그 어떤 식민지도 모국에서부터 분리 독립하여 자치 국가를 수립하는 데 성공한 적이 없었다. 독립선언문에 서명한 대표들 역시 역사적 시각에서 봤을 때 이 상황은 자신들에게 아주 불리한 것임을 알고 있었다. 또한 그들은 반역이 사형에 처해질 수도 있는 중범죄이며, 대규모 함대가 필라델피아로 들어와 뉴욕으로 돌진하고 있는 모습을 보면 그런 처벌이 아주 먼 얘기가 아니라는 것도 잘 알고 있었다.

독립선언서는 이후로도 수년 동안 마땅한 축성을 받지 못했고, 그 양피지에 모든 서명을 받는 데도 두 주가 더 걸렸다. 대신 필라델피아의 신문 사장 존 던랩John Dunlap이 500여 부의 독립선언문 책자를 만들어 식민지 전역에 배포했다. 7월 6일, 해밀턴 대위가 잃어버린 지갑을 찾아 헤매는 동안(그는 가끔씩 건망증 심한 천재의 면모를 보여주었다) 지역 신문은 독립선언

　　　　　　　　　　　　　　　　　　　　　　　알렉산더 해밀턴

을 보도했다. 그로부터 이틀 뒤 워싱턴의 손에도 독립선언서의 복사본이
들어왔다. 이튿날 뉴욕 주 지방의회는 동[同] 문서를 비준했으며, 저녁 6시
정각 워싱턴은 해밀턴이 첫 연설을 했던 바로 그 커먼 광장에 전군을 집
합시키고는 격동적인 그 선언문을 큰 소리로 낭독했다. 완전히 몰입한 병
사들은 자신들의 아메리카 '식민지 연합'이 '자유 독립국가'로 거듭나는
순간을 목도했다.[54]

　독립주의자들은 그토록 오래 기다려왔던 선언에 크게 기뻐하며 광란
에 빠졌다. 민병대원들과 민간인들은 브로드웨이를 내달리면서 길 위에
있던 모든 영국의 잔재들을 파괴했다. 심지어 영국 왕실의 문장이 그려
진 여관 간판들도 부숴버릴 정도였다. 브로드웨이 끝자락의 볼링그린에
는 인지세법의 폐지를 축하하기 위해 로마 의복을 입은 조지 3세의 도금
기마상을 세워두었는데 군중들은 이 또한 공격했다. 존 애덤스는 한때 이
기마상을 두고 '아름다운 이 땅의 끝자락은 철제 난간으로 굳건히 둘러
싸여 있고, 그 중심에는 말을 탄 국왕 폐하를 본뜬 거대한 황금 동상이 드
높은 대리석 기둥 위에 올라 있다'고 감탄했었다.[55] 이제 조지 3세의 왕
관은 상징적으로든 실질적으로든 받침대 아래로 굴러 떨어졌다. 군중들
의 공격으로 넘어지는 과정에서 목이 부러진 4,000파운드(약 1,815킬로그
램_역주)짜리 도금 납덩어리는 그대로 코네티컷의 리치필드로 보내져 4만
2,088개의 총알로 다시 태어났다. 아무리 국왕의 병사들이라도 '그들에
게 총을 겨누는 폐하는 녹여 무너뜨릴 것'이라는 옛날 농담이 정말로 실
현된 셈이었다.[56]

　이 사건은 당시 포위당한 채 급박한 위기에 처해 있었던 도시의 사기
를 크게 진작시켰다. 7월 12일, 영국군은 반란자들에게 무시무시한 공포
를 선물하는 동시에 그들의 방어력을 시험해보기 위해 44개의 포가 장착
된 군함 피닉스Phoenix와 28개 포의 소형 구축함 로즈Rose를 파견해 맨해튼

남쪽 바다로 향하게 했다. 두 척의 군함은 맨해튼 해안에서 공격이 쏟아졌음에도 허드슨 만으로 접근해 뉴욕 시의 지붕들에 대포알을 쏘아대며 유유히 항행航行했다. 해밀턴은 독립군이 보유한 대포들 중 가장 큰 것 4문을 이끌고 영국군과의 대치에 직접 나섰다. 허큘리스 멀리건은 이에 대해 다음과 같이 회고했다. '자신의 부대와 포를 이끌고 배터리 광장으로 간 해밀턴 대위는 강을 거슬러 오르는 피닉스 함과 로즈 함을 향해 맹렬한 공격을 퍼부었다. 이때 대포 하나가 터져서 두 명의 아군이 순직했고, (중략) 그들의 시신은 볼링그린에 묻혔다.'[57] 그러나 실제로는 대포가 터지면서 최대 여섯 명이 사망했고 추가로 너댓 명이 부상을 입었던 것으로 보인다. 몇몇 이들은 부적절한 훈련 때문에 사고가 발생한 것이라고 비난했지만, 그보다는 당시 병사들이 전반적으로 매춘과 음주에 빠져 있었던 것이 그 원인이라 할 수 있겠다. 아이작 뱅스Isaac Bangs 보좌관은 '[대포가] 본래 위치해 있는 곳, 즉 성스러운 땅'의 병사들이 배터리 광장의 대포를 제대로 관리하지 않았다고 기록했다.[58] 해밀턴의 병사들이 관련된 이 사건에 대해서도 뱅스는 '주의가 산만한 우리의 포병 병사들 때문에 여섯 명이 우리의 대포로 목숨을 잃었고 다른 몇 명도 심각한 부상을 입었다. 사망한 병사들을 포함한 몇몇 부대원들은 사고 당시 취해 있었는데, 대포 구멍을 적시고, 감고, 막는 행위를 잊어버린 채 화약에 불을 붙이는 바람에 폭발했던 것'이라고 적었다.[59] (달리 말하자면 병사들은 한 번 발포한 뒤 잔불을 미처 다 끄지 않은 상태에서 화약을 넣었던 것이다.) 이와 관련된 그 어떠한 질책도 받지 않고 오히려 군사적 평판이 약간 더 좋아졌다는 사실로 미루어봤을 때 해밀턴은 이 인명 사고에 대한 아무런 책임이 없었다고 추측할 수 있다. 그러나 이 사고로 충격을 받은 해밀턴은 전쟁이 결국 추잡한 행위라는 점을 깨달았다.

8월 17일, 뉴욕에 큰 위기가 다가오면서 워싱턴 장군은 뉴욕 주민들에게 즉각 대피령을 내렸다. 전쟁 전 2만 5,000명이 살았던 이 도시에 이제 남은 민간인은 고작 5,000여 명이었다. 하우 경의 보좌관 앰브로즈 설 Ambrose Serle은 독립군을 보고는 영국군 특유의 생색내는 말투로 비웃었다. '내가 본 가장 이상한 조합의 부대다. 여기에는 예순 살의 남자, 열네 살짜리 소년, 다양한 연령대의 흑인들, 그리고 온갖 곳에서 끌어모은 사람들이 잡다하게 섞여 있다.'[60] 이는 만신창이가 된 부대들을 워싱턴이 맨해튼과 브루클린에 분산시켜놓았었기 때문이다. 지형을 정찰하기 위해 이스트 강을 건넌 해밀턴은 대륙군이 영국군의 맹렬한 합동 공격을 상대로 브루클린 하이츠를 방어할 수 없을 것이라고 생각했다. 허큘리스 멀리건은 자신의 집에서 있었던 저녁식사 자리를 회고하면서, 해밀턴과 존 메이슨 목사는 브루클린에서의 전술적 후퇴가 필요하며 그렇게 하지 않으면 대륙군이 모조리 당하고 말 것이라는 데 서로 동의했다고 기록했다. '식사 자리를 무른 뒤 그들은 롱아일랜드의 군대가 처한 상황을 개탄하며 군사들을 후퇴시킬 최선의 방법을 모색했다. 이윽고 그들은 워싱턴 장군에게 익명의 서신을 써서 군대를 철수시킬 최고의 방법들에 대한 자신들의 생각을 알리기로 결심했다.'[61] 멀리건은 이 서신을 워싱턴 장군의 보좌관 하나에게 전달했지만 별 소득이 없었다.

해밀턴의 예측은 신기하리만큼 정확하게 맞아떨어졌다. 8월 22일, 영국군은 스태튼 섬에서 시작해 브루클린으로 연결되는 좁은 수로를 따라 대규모의 침략 부대를 파견했다. 수일 만에 롱아일랜드에는 2만여 명에 달하는 영국군과 헤센 용병들이 진입했는데, 이는 신체 건강한 아메리카인보다 두 배 이상 많은 숫자였다. 수일간의 기만적인 소강상태를 거친 후, 영국군은 네덜란드 및 영국계 사람들이 살던 농촌 마을을 지나 북쪽으로 진격했다. 이들은 습지와 목초지를 가로질러 움직이면서 집들을 부쉈고, 울타리들을 넘어뜨렸으며, 앞길에 난 농작물들을 뿌리 뽑았고, 제대로 훈련되지 않은 아메리카인 병사들을 학살했다. 이들은 약간 다른 길을 선택했지만 그 목표는 단 하나, 브루클린헤이츠에 위치한 독립주의자들의 요새를 파괴하는 것이었다. 워싱턴이 맨해튼에서 급히 보충 병력을 보냈지만 브루클린에서의 전투는 그야말로 독립군의 완전한 패배로 끝났다. 1,200여 명의 아메리카인들이 죽거나 생포되었지만 그에 비해 영국군의 피해는 실로 미미했다. 영국군이 전면에, 또 후면의 이스트 강에 주둔해버렸기 때문에 워싱턴의 군대는 이제 독 안에 든 쥐나 다름없는 신세였다. 영국군이 제대로 된 일격만 날린다면 반란을 모두 잠재울 수 있는 절호의 기회였던 셈이다.

해밀턴은 이 전투에서 어떠한 큰 역할도 하지 않았다는 것이 정설이지만, 당시 「로열 대니시-아메리칸 가제트」에는 기자가 자신이 참여했던 일들을 이야기하는 특파 보도 하나가 실렸다. 이 기사가 해밀턴의 작품일 것이라고 추측하는 사람들도 있으나, 기자는 자신을 '펜실베이니아 부대'의 일원이라고만 소개했다. 메릴랜드 부대, 델라웨어 부대와 함께 이들 병사들은 한때 해밀턴을 후원했던 주당酒黨 스털링 경의 지휘를 받았고 엄청난 기개를 보여주었다. 스털링 경의 전기는 이에 대해 '뚱뚱하고 관절염을 앓았으며 허영과 잰 체가 심하고 탐욕스러웠던 이 술꾼이 전투에서 그토록 열정적인 모습을 보여주리라고는 그 누구도, 혹은 본인도 예측하지 못했다'고 기록하고 있다.[62] 세인트크로이 특파원은 스털링 경의 병사들이 보여준 용기를 증언하면서 그들이 '몇 문 없는 대포만으로' 한 주 동안 자리를 지켜냈다고 말했다.

특파원은 또한 워싱턴의 유명한 야간후퇴 작전에 깔린 전략도 설명했다. 독립군이 8월 29일 밤 이스트 강을 건너 후퇴한 것은 영국 군함이 이튿날 강을 거슬러 올라와 맨해튼으로 가는 길목을 완전히 차단해버릴 것을 워싱턴이 염려했기 때문이었다. 기자는 그들이 차갑게 내리는 가랑비를 뚫고 어떻게 후퇴했는지를 이야기했다. '우리는 새벽 2시 정도에 주둔지를 떠나라는 명령을 받았고, 우리가 철수하여 연락선에 거의 다다르자 워싱턴 장군이 또 다른 명령을 내려 우리가 최초로 주둔했던 전선으로 갈 것을 지시했다. 그곳은 가장 위험한 곳으로 여겨지는 지역이었다.'[63] 기자가 속해 있던 부대는 반도에 발이 묶여버렸고, 결국은 잠들어 있는 영국군이 마음만 먹으면 얼마든지 소총으로 쏠 수 있는 거리를 어둠과 두꺼운 안개를 방패삼아 지나야만 했다. 동이 트자 부대원들과 이 기자는 마지막으로 남아 있던 배들 중 한 척에 무사히 올라탄 뒤 브루클린 해안을 빠져나갔다. 용맹한 통솔력의 모범 사례와도 같았던 이 사건 속에서, 워싱턴은 모든 배가 강을 건널 때까지 기다렸다가 마지막에서야 자신도 강을 건넜다.

그러나 이 후퇴에도 불구하고 모든 일들은 영국군의 계획대로 돌아가고 있는 듯했다. 영국군은 아메리카의 이 엉성한 적군들이 결국은 불가항력으로 무너질 것이라고 예상했다. 스스로 만족한 영국군들은 반란군을 뒤쫓거나 우위를 굳히는 대신 그 자리에서 꾸물거림으로써, 어쩌면 이 전쟁을 끝낼 수도 있었던 기회를 날리게 되었다. 9월 15일 일요일, 영국군은 뒤늦게야 공격을 재개했다. 그들은 맨해튼 동쪽 해안의 킵스 만(오늘날 37번가와 38번가 사이 부근)에 위치한 독립군 주둔지를 향해 귀를 찢는 폭격을 계속 가했는데, 하우 경의 보좌관은 이를 두고 그 '폭격 소리는 너무나 끔찍하고 끊임없이 들렸다. 육군과 해군에 있었던 이들도 이처럼 심한 폭격 소리는 처음 들어보는 것이었다'고 기록했다.[64]

수십 척의 바지선들이 영국군과 헤센 용병들을 비탈진 숲 위로 쏟아내자, 기가 죽고 숨길 수 없는 공포에 빠진 독립군들은 기강 따위는 모두 던져버린 채 도망치기 시작했다. 분노한 워싱턴은 말에 올라타 그들의 무질서한 후퇴를 막으려 했다. 워싱턴은 평정하기로 유명한 사내였으나, 종종

4 · 펜과 검

그가 화내는 모습은 그야말로 볼 만한 것이었다. 그는 공황에 빠진 부대원들을 욕하면서 말채찍을 든 손으로 무능한 참모들을 향해 손가락질했다. 마침내 그는 모자를 땅바닥에 거칠게 내던지고는 씩씩댔다. "나와 함께 아메리카를 방어해야 할 자들이 고작 그런 자들이란 말인가?"[65] 구물대던 영국군이 북쪽으로 도망친 아메리카인들을 뒤쫓는 데 실패한 덕에 대부분의 독립군들은 할렘 헤이츠의 숲 속에서 피난처를 찾을 수 있었다.

해밀턴은 열기 속에서도 침착함을 유지했다. 이번에도 이야기는 수다스러운 허큘리스 멀리건의 말을 통해 전해진다. '해밀턴 대위는 뉴욕 근방의 벙커힐에 위치한 초소 한 개를 통솔하면서 적군의 뒤꽁무니와 싸웠다.'[66] 해밀턴은 훗날 자신이 '도시에 남은 마지막 군인들 중 하나였다'고 말함으로써 이 이야기를 간접적으로 증명했다.[67] 불굴의 용기를 보여주었던 해밀턴은 주룩주룩 내리는 빗속을 뚫고 숲이 우거진 맨해튼을 종단해야 했고, 날이 어두워진 이후에도 목적지에 도착하지 못했다. 당시 그는 매우 낙담한 상태였다. 멀리건의 말에 의하면 '그는 후퇴하던 도중 (중략) 그의 짐을 잃어버렸으며, 그들의 대포 1문이 망가졌다'고 한다.[68] 이들은 대포를 포기해야 했고, 이로써 그의 부대가 가진 무기는 이제 말이나 사람이 끌 수 있는 기동성 야포 두 개로 줄어들었다.

뉴욕이 영국의 손에 넘어간 이후, 해밀턴과 남은 대륙군 병사들은 자신들이 앞으로 7년 동안이나 이 도시에 발을 들이지 못할 것이라는 사실을 생각도 못한 채 너덜너덜해진 몸을 추슬렀다. 맨해튼에 물밀듯이 쳐들어간 영국군은 광란의 행진을 벌이며 적군의 남은 흔적들을 모조리 파괴했다. 그들은 독립군의 병원으로 사용되었던 킹스칼리지에도 들어가 그림과 책들을 찢었다. 9월 21일 자정 이후, 배터리 부근의 파이팅 콕스 여관에서 불길이 치솟았다. 집집으로 옮겨 붙은 화염은 몸집을 키워 결국 도시의 4분의 1을 잡아먹었다. 이 화재가 자연적으로 발생한 것인지, 혹은 독립파 방화범의 소행이었는지는 지금까지 누구도 밝혀내지 못했다. 그러나 이것이 독립파의 소행이라고 확신한 영국군은 200여 명의 용의자를 추려냈다. 여기에는 아메리카인 스파이였던 네이선 헤일Nathan Hale도 포함되었는데, 결국 그는 오늘날 3번가와 66번가 교차로 지점으로 추정되는 곳에서 교수형에 처해졌다. 뉴욕의 대부분은 새까맣게 탄 돌무더기로 전락했다. 그럼에도 수천 명의 절박했던 토리파 사람들은 피난을 위해 이 도시에 몰려들어 몸집을 불려나갔다. 이들은 다시 한 번 돌아올 독립군들과의 격돌이 있을 무대를 닦아놓고 있는 셈이었다.

뉴욕에서의 수치스러운 참패 이후, 워싱턴은 자연 요새와도 같은 할렘 헤이츠의 험준하고 우거진 환경이 그의 군대를 위한 피난처가 되어줄 것이라 생각했다. 너무나 큰 실망에 빠진 그는 주취와 약탈, 병사들의 탈영, 그리고 짧은 복무기간을 한탄했다. 워싱턴은 '민병대에 조금이라도 의지한다는 것은 부러진 가지에 몸을 기대고 있는 것이나 마찬가지'라며 상비군의 창설을 대륙회의에 요구했다.[69] 그가 이때 펼친 논의는 해밀턴의 논지와도 똑같아서 훗날 두 사람을 이어줄 바탕이 되었다. 해밀턴의 아들에 따르면, 워싱턴은 할렘 헤이츠에서 토루 건설을 지휘하는 해밀턴을 보고는 유별날 만큼 구조적이었던 그의 재능을 처음으로 알아보았다. 해밀턴의 부대가 처음으로 워싱턴의 직접 지휘를 받은 곳도 이곳이었다. 워싱턴은 '그에게 말을 걸고 대화했으며, 자신의 막사로 그를 초대했고, 그의 군사적 재능에 큰 감명을 받았다.' 아들 존 해밀턴의 기록이다.[70] 이 젊은 청년은 자신보다 훨씬 경험이 많은 사람과 또다시 순식간에 친해진 것이다.

10월 말 해밀턴은 화이트플레인스에서 워싱턴과 함께 싸웠지만 독립군은 또 한 번의 참패를 맛보았다. 이제 독립군은 마치 영국군의 상대도 되지 못하는 것처럼 보였다. 독립군은 지저분한 몰골로 낙담에 빠져 있었던 반면, 영국군 병사들은 깔끔한 유니폼을 입고 광나는 총검을 휘두르며 군악대의 고무적인 연주에 발맞춰 전장으로 나갔다. 화이트플레인스에서 워싱턴은 대부분의 병력을 고지대에 배치하는 한편 약 1,000명의 병력은 따로 떼어 서쪽 브롱스 강 위편의 채터튼스힐로 보냈다. 존 해밀턴의 말에 의하면, 해밀턴은 자신이 가지고 있던 야포 두 개를 채터튼스힐의 험준한 암벽에 설치하고는 줄지어 강을 건너 걸어오는 영국군과 헤센 용병들을 향해 폭격을 퍼부었다. '해밀턴은 야포를 발사하고 또 발사하여' '강을 거슬러 오르던 영국군 대열을 강가로' 몰아넣었다.[71] 영국군은 곧 전열을 가다듬고는 해밀턴과 그의 전우들이 채터튼스힐을 버리고 마침내 화이트플레인즈 전 지역에서 후퇴할 때까지 몰아붙였다. 그러나 이 전투에서 영국군이 미국군보다 더 많은 병력을 잃었다는 사실은 워싱턴의 사람들에게 있어 낙담한 마음을 북돋워주는 좋은 활력소가 되었다.

화이트플레인스 전투에서 또다시 영국해군에게 패한 독립군은 이제 맨해튼의 거의 모든 지역을 잃은 상태였다. 그해 봄만 하더라도 그들은 허드슨 강 양편에 두 개의 요새를 지었었다. 맨해튼 강변의 포트워싱턴 Fort Washington, 뉴저지 강변의 포트리Fort Lee가 그것이었다. 11월 16일, 포트리의 감시 초소에 올라선 워싱턴은 대규모의 영국군과 헤센 용병들이 포트워싱턴을 점령하는 모습을 실망에 찬 표정으로 지켜보았다. 포트워싱턴의 함락은 병사와 무기, 군수품의 대대적인 손실이었음은 물론 약해질 대로 약해진 대륙군의 사기에도 절망적이고 치명적인 충격을 주었다. 워싱턴은 요새에 비축해둔 대포나 탄약은 물론 병사들도 지켜내지 못했다는데 대해 큰 책망을 받았다. 나흘 후, 대륙군은 콘월리스Cornwallis 경에게 패배하며 포트리까지 넘겨주고 말았다. 귓가에 맴도는 비평가들의 치욕적인 욕설을 곱씹으면서, 워싱턴은 고작 3,000명도 되지 않는 허망한 병력만을 데리고 뉴저지를 건너 후퇴하는 수밖에 없었다.

새끼 사자

Alexander Hamilton

혹독한 추위에 시달리던 대륙군은 사기가 바닥을 친 상태로 영국군에게 쫓기고 있었다. 조지 워싱턴은 후줄근한 부대원들을 이끌고 뉴저지로 향했다. 뉴욕에서 너무나 큰 피해를 입었던 워싱턴은 대규모 대치 상황에서는 적군의 힘이 자신들을 압도할 것을 알았고, 앞으로는 반드시 그런 상황을 피해야 한다고 마음속에 되새겼다. 그는 대륙회의에 '그 어떠한 경우에서든 일반적 전술을 선택해서는 안 되고, 그 어떠한 위험성도 감수할 수 없다'고 보고하면서 '[전면적 대치가] 극도로 필요한 경우라면 예외가 되겠지만 그 예외마저도 절대 없어야만 한다'고 말했다.[1] 대신 그는 산발적인 소규모 접전에 집중할 요량이었다. 대학생 시절의 사설들을 통해 바로 이런 유동적이고 위험 기피적인 전술을 옹호했었던 해밀턴은 이때도 여전히 자신의 이론을 고수하고 있었다. 해밀턴은 '적군의 뒤꽁무니에 바짝 달라붙은 뒤 모든 기회를 활용해서 소규모 공격을 계속 퍼부으면' 영국군의 상황은 '걷잡을 수 없이 악화될' 것이라고 보았다.[2] 아메리

알렉산더 해밀턴

카의 험준한 지형과 울창한 숲 또한 영국군이 종래의 전술을 펼치기 어렵게 만들어줄 터였다.

워싱턴은 후퇴 도중 해밀턴의 기량에 다시 한 번 감탄하게 된다. 워싱턴 장군은 뉴브런즈윅 근방의 래리턴 강에 막사를 짓고자 했으나, 쇠약해진 자신의 군대가 적군의 공격을 견뎌내지 못할 것이라 판단한 후 조금 더 밀고 나아가기로 결정했다. 해밀턴은 강둑 높은 곳에 소총수를 배치한 뒤 후퇴하는 독립군들을 솜씨 좋게 엄호했다. 워싱턴의 양손자가 남긴 말에 따르자면, 개울을 헤치고 후퇴하던 독립군들에게 숙련된 영국군 행렬이 공격을 퍼붓던 와중 해밀턴은 이들에게 대항하여 포대를 지휘하면서 '훌륭한 용기와 존경스러운 기술'을 보여주었다.[3] 12월 초 대륙회의에 보낸 서신에서 워싱턴은 직접적으로 해밀턴의 이름을 언급하진 않았으나 '똑똑한 포격수' 하나가 부대원들의 탈출을 가능케 만들었다고 말했다.[4] 이를 포함한 여러 연유로, 하우 장군은 뉴저지를 점령했음에도 워싱턴과 그의 군대가 델라웨어 강을 건너 펜실베이니아로 들어가는 것을 막지 못했다. 꾀죄죄하고 형편없는 옷을 입은 부대원들을 살피던 워싱턴은 12월 20일 대륙회의에게 '우리 군대는 앞으로 채 열흘도 버티지 못할 것'이라고 경고했다.[5] 병사들 다수의 제대 날짜가 코앞으로 다가온 한편 이들에게 줄 겨울옷과 담요도 턱없이 부족했기 때문에 워싱턴은 낙담한 부대원들의 사기를 돋울 무언가 대담한 일을 감행해야만 했다.

포병 대위로 복무하던 힘겨운 시절 내내 해밀턴은 끊임없이 건강 문제에 시달렸는데, 훗날 모호하게 언급한 바에 의하면 당시 그는 '오랫동안 심한 발작'을 겪고 있었다.[6] 그러나 그는 결코 포기하지 않는 사람으로 유명했다. 해밀턴이 근처 농가에서 병상에 앓아 누워 있던 중, 워싱턴은 크리스마스 밤 델라웨어 강을 다시 건너가 트렌턴에서 넋을 놓고 졸고 있을 헤센 용병들을 습격할 계획을 세웠다. 기를 쓰고 원기를 회복한 해밀턴은 자리를 털고 일어나 습격 작전에 가담했다. 전사자들과 탈영자들을 제외하면 채 서른 명도 남지 않았던 해밀턴의 부대는 스털링 경이 지휘하는 여단에 소속된 채 자정 이후 움직이라는 명령을 받았다. 때가 되자 부대는 화물선에 몸을 숨기고는 서리를 뒤집어쓴 채 춥디 추운 델라웨어로 향했다.

해밀턴의 부대는 점점 심해지는 눈바람을 뚫고 2문의 대포와 함께 8마일(약 13킬로미터_역주)을 행진한 끝에 헤센 용병부대의 반짝이는 총검과 금속 투구들을 발견했다. 전날 가졌던 크리스마스 파티의 여파로 헤센인들은 몸을 가누지도 못하는 상태였다. 곧이어 이들 간에 포격전이 벌어졌는데 포탄 하나는 해밀턴을 귀를 스치고 아슬아슬하게 지나가기도 했다. 눈밭을 뚫고 헤센 부대의 거점으로 숨어 들어간 보람이 있게, 이날 이들은 1,000명 이상의 헤센 용병들을 생포할 수 있었다. 특히 해밀턴의 포병부대의 포격은 적군들의 항복을 받아내는 데 큰 역할을 했다. 독립군들은 너나할 것 없이 기쁨의 소식을 나누었다. 규모는 작았지만 대륙군의 사기를 엄청나게 북돋워준 전투였다.

승리의 기세를 몰아가고자 했던 해밀턴은 1777년 1월 3일 프린스턴대학에 주둔하는 영국군까지 기습했다. 이 전투 또한 규모는 작았으나 이들이 얻어낸 승리는 엄청나게 고무적이었다. 연이은 승리를 통해 워싱턴의 통솔력이 다시 한 번 신뢰를 얻을 수 있었던 것이다. 부대원들이 200여 명의 영국군 포로와 함께 돌아오자 기쁨에 찬 워싱턴은 "훌륭한 여우 사냥이구나, 내 아들들아!"라고 소리쳤다.[7] 한 선임 장교는 해밀턴과 그의 부대원들이 마을을 행진하는 장면을 다음과 같이 회고했다. '작고 마른, 겉으로는 거의 연약해 보이는 한 젊은이가 완연한 애송이의 얼굴을 한 채 대포 하나를 곁에 두고 행진하는 모습을 보았다. 그는 모자챙을 눈썹 위까지 젖히고 한 손을 대포에 올려놓고선 사색에 잠긴 표정으로 행진했

알렉산더 해밀턴

는데, 이따금씩은 대포가 애완동물이라도 되는 것마냥 그것을 토닥이기도 했다.'[8] 이 젊은 대위는 이제 어슴푸레하게나마 전설적인 분위기를 풍기기 시작했다. 사람들은 이미 뉴저지 후퇴 작전에서 그가 펼친 공을 잘 알고 있었다. 한 동료는 '해밀턴의 부대가 프린스턴대학으로 진격하던' 그 모습은 그야말로 '기강의 표본'이었다고 회고했다. '한 소년이 선두에 서서 부대를 이끌고 있었는데, 나이가 의심될 만큼 어린 모습이었다. 그러나 더욱 놀랐던 것은 그 가냘픈 소년이 (중략) 많이 회자되곤 했던 바로 그 해밀턴이라는 사실을 알았을 때였다.'[9] 수년 전 해밀턴에게 퇴짜를 놓았던 이 대학에서는 이제 영국군 연대 하나가 중앙 기숙사를 점거하고 있었다. 전설에 따르자면 해밀턴은 대학 운동장에 대포를 설치하고, 벽돌로 만들어진 기숙사 건물에 맹공격을 퍼부었으며, 대포를 쏴서 예배당에 걸린 조지 2세의 초상화에 구멍을 냈다고 한다. 어찌 되었든 영국군이 항복했다는 사실만큼은 확실히 알 수 있다. 해밀턴은 비실비실한 독립군이 잘 훈련된 영국 군대보다 한 수 앞서는 모습을 그려냈으며, 이를 통해 대륙군의 단결심을 북돋울 수 있다고 믿었다. 그는 이 전투들을 두고 훗날 이렇게 말했다. '트렌턴과 프린스턴대학에서 벌였던 모험은 (중략) 눈부시게 빛나는 영광이 터져 나올, 미래의 밝은 날들에 대한 밑그림이었다.'[10]

연이은 승리를 통해 워싱턴은 필라델피아를 방어해냈고, 쇠약해진 군대를 재정비할 수개월의 시간도 벌 수 있었다. 그는 3,000명의 병사들을 이끌고 뉴저지 모리스타운에 위치한 겨울 기지로 갔다. 뉴욕에서 30마일(약 48킬로미터_역주) 떨어진 아름다운 계곡 속의 이 기지는 병사들이 안전하게 쉴 수 있을 만한 곳이었다. 이즈음 워싱턴의 보좌관 자리에 공석이 생기면서 해밀턴이 적임자로 떠올랐다. 당시 해밀턴을 눈여겨보고 있던 장군들은 알렉산더 맥두걸과 너대니얼 그린, 스털링 경, 그리고 워싱턴을 포함하여 총 네 명이었는데 아마도 이 네 명 중 한 명이 해밀턴을 워싱턴

의 부관으로 진급시켜주었을 것이다. 로버트 트루프는 대륙군 포병 사령
관이자 명목적으로 해밀턴의 상관이었던 헨리 녹스가 가장 큰 역할을 했
다고 말했다. 스코틀랜드-아일랜드 혈통이자 본래 보스턴의 서점 주인
이었던 녹스는 300파운드(약 136킬로그램_역주)의 거구와 둥글납작한 코
를 가진 쾌활한 사람이었으며, 따뜻한 마음씨와 저속한 유머감각이 있었
다. 그는 보스턴을 방어하기 위해 포병 부대를 이끌고 드넓은 설원을 지
나 타이컨더로가_{Ticonderoga} 요새에 갔던 영웅적인 일화로 이미 유명해져 있
었다. 이 시기에 해밀턴과 친구가 된 많은 이들이 그러했듯 녹스 또한 어
려운 어린 시절을 딛고 홀로 공부해 자립한 인물이었다. 그는 열두 살 무
렵 아버지를 잃었고, 그 이후엔 혼자 어머니를 부양해야만 했다. 해밀턴
과 마찬가지로 녹스는 잡식성 책벌레였으며, 군대 기강에 관한 책들을 잔
뜩 읽는 한편 자신의 서점을 방문했던 영국군 장교들에게 질문을 하면서
전쟁에 대해 독학을 해나갔다.

프린스턴에서의 전투로부터 2주가 약간 지난 시점인 1777년 1월 20일,
워싱턴은 해밀턴에게 개인적인 쪽지 하나를 보내 자신의 부관이 되어줄
것을 제안한다. 5일 후, 「펜실베이니아 이브닝 포스트_{Pennsylvania Evening Post}」
에는 '알렉산더 해밀턴 대위, 뉴욕 포병 부대 소속, 본지 편집장에게 연락
바람, 좋은 소식이 기다리고 있음'이라는 짤막한 기사가 실렸다.[11] 수수께
끼 같은 이 문장은 필시 워싱턴이 보낸 쪽지와 연관이 있을 터였다. 해밀
턴의 임명은 3월 1일에 공식적으로 발표되었고, 이날부로 해밀턴은 훌쩍
진급하여 중령이 되었다. 발표 이전에도 그는 워싱턴과 함께 모리스타운
마을 중심부에 위치한 제이컵 아널드 여관에 본부를 차려놓고 기거 중이
었다.

세인트크로이 섬의 낙담한 하급 직원이었던 알렉산더 해밀턴은 그로
부터 채 5년도 지나지 않아 스물두 살의 나이에 아메리카의 가장 출중

한 인물 밑에서 일하는 부관들 중 하나로 올라섰다. 그러나 해밀턴은 진급에 대해 그다지 의기양양해하지는 않았다. 전장에서 돋보이고 싶어 했던 그의 입장에선 현장 지휘보다는 책상 앞에 묶여 있을 공산이 큰 이 직책을 받아들이기가 망설여졌던 것이다. 워싱턴은 그의 곁에서 일하는 이들이 '밤낮으로 틀어박혀 (중략) 지원서나 서신들을 검토하고 답장을 보낸다'고 썼던 적도 있다.[12] 이로부터 20여 년도 더 지난 뒤, 워싱턴과 훨씬 더 허심탄회하게 대화할 수 있게 된 해밀턴은 그에게 당시 자신이 얼마나 실망했었는지를 말한 바 있다. "1777년은 포병 연대가 크게 확대되고 있을 무렵이었잖습니까. 당시 상황을 본다면, 제가 상황을 완전히 뒤집어버리지만 않았어도 포병 사령관 자리 중 하나는 필시 제게 떨어졌을 것입니다. 아마 저는 그 후에도 더 진급할 수 있었겠지요."[13] 그러나 해밀턴은 1777년 3월의 부관 임명이 가지는 엄청난 의미를 과소평가했을지도 모른다. 이 임명을 통해 그는 아메리카를 선도하는 인물의 후원을 받고, 또 훗날 정치적 아군의 핵심이 되어줄 장교들을 만날 수 있었기 때문이다. 1789년에 해밀턴을 지지해준 세력은 여러모로 보았을 때 독립혁명 참전 장교들을 바탕으로 형성되었다고 할 수 있다.

여전히 병에서 회복하는 중에 있었던 해밀턴은 운 좋게도 한가로운 시기에 워싱턴의 임명을 받았다. 시간이 아메리카에게 유리하게 작용하고 있음에도 당시 영국군은 느긋한 속도로 싸우고 있었다. 모리스타운에 오고 나서 수 주 후, 해밀턴은 뉴욕의 동료들에게 편지를 써서 매일의 소규모 접전들에 대해 알렸다. '그 결과는 너무나 하찮고 의미 없는 것이라 별로 언급할 필요도 없소.'[14] 또한 세인트크로이 섬의 휴 녹스에게는 자신의 임명 이후 수개월 동안 전쟁에서 '중요한 의미가 있는 군사적 사건은 전혀 발생하지 않고 있다'고 말했다.[15] 마치 엄청나게 지루하다는 듯 말했지

171

만 사실 해밀턴은 워싱턴의 부관 역할을 자기 특유의 광적인 속도로 수행하는 중이었다. 3월 10일, 그는 알렉산더 맥두걸 준장에게 서신을 보내어 워싱턴이 다소 아팠으나 괜한 걱정을 끼치고 싶지 않아 미리 알리지 않았으며 이제는 회복했다고 밝혔다. 같은 서신에서 그는 '워싱턴 장군은] 도저히 피할 수 없는 일들에 너무 많은 신경을 쏟고 있는 듯합니다. 제 생각에 [장군이] 내놓으실 해답들은 저 자신이 내놓을 해답과 같을 터이니, 그 문제들이 [장군을] 방해하지 못하도록 하는 것이 제 임무일 것입니다'라고 말했다.[16] 해밀턴이 얼마나 일찍부터 워싱턴의 대리인 역할을 도맡았는지 알겠는가? 그는 이 당시에도 이미 권위적인 목소리를 냈으며, 워싱턴이 자리에 없을 때면 거리낌도 없이 직접 판단하곤 했다.

그해 봄, 싸움은 소강상태에 접어들면서 해밀턴이 워싱턴에 대해 좀 더 알아갈 수 있는 시간을 마련해주었다. 45세의 덩치 큰 버지니아 사람과 그의 스물두 살짜리 부관은 겉으로는 엄청나게 대조적으로 보였다. 워싱턴의 키는 해밀턴보다 적어도 7인치(약 18센티미터_역주)가 더 컸다. 해밀턴은 실제 출생연도보다 4년 이른 1751년생이며 바베이도스 여행을 갔던 워싱턴이 사생아로 낳은 인물이라는 케케묵은 유언비어도 있었지만, 소문을 일축하는 데 무엇보다 큰 몫을 했던 것은 이 둘의 체격 차이였다. 워싱턴은 자신이 젊은 시절 겪었던 사건들을 바탕으로 해밀턴에게 공감을 느꼈을 수 있다. 그는 귀족적인 분위기를 풍겼지만 출신 배경은 그것과 사뭇 달랐다. 부유한 담배 농장주였던 아버지는 워싱턴이 열한 살이던 무렵 세상을 떠났고, 이후로는 고압적인 어머니가 홀로 그를 키웠다. 워싱턴은 정식으로 학교를 다닌 기간도 매우 짧았고, 대학은 문턱도 밟아본 적이 없었으며, 청소년기에는 측량사가 되기 위한 훈련을 받았다. 훗날에는 엄격한 자기관리로 이름을 날렸으나 청소년기의 그는 그저 성미 급한 소년일 뿐이었다. 페어펙스Fairfax 경은 워싱턴의 어머니에게 보내는 편지에서 워싱턴이 '자신의 화를 다스릴 줄 알기를 바란다'고 썼다. "그는 자주 분노와 도발에 사로잡힙니다. 가끔은 그럴 만한 이유가 없을 때도 그렇죠."[17]

10대 시절의 워싱턴은 속한 곳 없는 이가 느끼는 불안정감을 잘 알고 있었고, 계획적인 자기계발을 통해 한층 더 세련된 사회로 진출하고자 노력했다. 그는 적절하게 춤추고 옷 입는 방법을 배웠으며, 전기와 역사책들을 읽었고, 예의범절 교과서를 통해 몸가짐의 규칙들을 익혔다. 해밀턴과 마찬가지로, 어린 시절의 워싱턴 역시 군사적으로 명성을 얻는 것이 세련된 세계로 진출할 수 있는 확실한 수단이라고 생각했다. 고작 스물두 살에 버지니아 민병대의 중령이 된 그는 프렌치-인디언 전쟁에서 엄청나게 용맹한 모습을 보여주었다. "나는 총알들이 속삭이는 소리를 들어보았소." 그가 전투 후 남긴 말이다. "나를 믿어보시오. 그 소리에는 매력적인 구석이 있다오."[18] 사소한 것들에 예민했던 워싱턴은 영국이 식민지 사관들에게 내비치는 생색을 짜증스러워했다. 또한 폭력적이고 완고한 에드워드 브래독Edward Braddock 장군의 부관으로 일했던 시절은 워싱턴에게 잊을 수 없는 기억이 되었다. 사람들에게 실망한 젊은 워싱턴은 이때부터 계속해서 냉소주의를 가지게 되었는데, 이는 해밀턴의 시각과도 잘 들어맞는 것이었다.

낙담한 젊은 장교였던 워싱턴은 예상치 못한 일련의 사건이 터짐에 따라 갑자기 부유한 농장주가 되었다. 바베이도스 방문 이후 이복동생 로런스Lawrence가 갑자기 세상을 떠나면서 워싱턴이 가문 소유인 마운트버넌Mount Vernon 영지의 유일한 상속자가 되었기 때문이다. 또한 스물여섯 살에는 부유한 미망인 마사 댄드리지 커스티스Martha Dandridge Custis와 결혼하면서 한층 더 입지를 굳혔다. 커스티스는 이전 결혼에서 낳은 두 명의 아이들이 있었지만 워싱턴과의 사이에서는 아이가 없었는데, 이 때문에 워싱턴이 바베이도스 여행에서 천연두를 앓아 불임이 되었다는 소문이 돌기도 했다. 그는 부성애를 가질 일이 없는 게 아쉬웠는지 독립혁명 동안 다수의 부하들을 아들처럼 여기곤 했는데, 대표적으로 라파예트 후작Marquis de Lafayette이 여기에 속했다. 그는 종종 해밀턴을 향해 '내 아들'이라고 부르기도 했다.

워싱턴은 사업 수완도 좋았는데, 초기에는 기민한 투기자로서 서부의 부동산을 다루다가 이후에는 마운트버넌 영주로서의 솜씨를 보여주었다. 종종 노예선의 주인들로부터 직접 노예를 사들이기도 했던 워싱턴은 독립혁명 때까지 총 100명의 노예들을 소유하고 있었으며, 영지도 계속 확장시켜서 총 13제곱마일(약 1,000만 평_역주) 규모를 넘겼다. 혁신적인 농부였던 그는 쟁기를 발명하는 한편 마운트버넌에 제분소와 옷감 제조상이 하나씩 포함된 소규모 산업단지를 세웠는데, 이러한 사업가적 면모는 아마도 해밀턴의 마음을 움직였을 것이다. 또한 워싱턴은 15년 동안 버니지아 하원의원을 지냈고 제1, 2차 대륙회의에 모두 참여했으며, 그 엄청난 정치적 경험을 고스란히 군사 활동에 가져왔다. 애국심으로 가득 차 있던 그는 독립혁명 내내 지출에 대한 지급을 제외하고는 자신이 받게 될 급료를 모두 거절하기도 했다.

워싱턴과 해밀턴 간의 관계는 초기 미국 역사에서 엄청난 의미를 가지고-제퍼슨과 매디슨 간의 끈끈한 동료애만이 이에 견줄 수 있을 뿐이다-그들의 커리어는 각기 따로 떼어놓고 생각할 수 없을 정도다. 이 두 남자는 상호 보완적인 재능과 가치, 의견들을 갖고 있었으며 이를 통해 22년 동안 수많은 난관들을 헤쳐나갈 수 있었다. 특출한 판단력, 훌륭한 성격, 분명한 목적의식을 가진 워싱턴은 그것들을 이용하여 자신의 다루기 힘든 후배를 이끌었다. 그는 해밀턴의 변덕스러운 성격에는 안정적인 도움이 필요하다고 여겼다. 반대로 해밀턴은 철학적 깊이, 행정적 전문성, 정

알렉산더 해밀턴

책에 대한 포괄적인 지식을 갖추고 있었으며 이 점에서는 워싱턴 수하의 어느 누구도 그의 적수가 되지 못했다. 그는 대강의 생각들을 상세한 계획으로 바꿀 수 있었고 혁명의 꿈을 오래도록 지속되는 현실들로 만들 줄 알았다. 이 두 사람의 조합은 그야말로 견줄 데가 없었으며, 각각 따로 있을 때보다는 함께일 때 훨씬 더 많은 것을 해낼 수 있었다.

그러나 이 두 남자는 서로 충돌하는 면모들도 있었고, 종종 진정한 애정보다는 서로 존중하는 모습을 보여주었다. 1779년 워싱턴의 초상화를 그렸던 찰스 윌슨 필Charles Willson Peale은 그를 남자답고, 자신감 충만하며, 으스대는 구석이 있고, 사람들을 손쉽게 통솔할 수 있는 인물로 묘사했다. 그러나 사실 차분한 성정이 아니었던 워싱턴은 오히려 쉽게 흥분했고 곧잘 화도 냈으며, 유머감각이 메말랐고, 즐거움을 억눌렀던 데다 아무리 기뻐도 웃음 짓는 일이 거의 없었다. 또한 그는 부하들에게도 친근하게 대하지 않았는데 이는 자칫 기강이 해이해질까 걱정했기 때문이었다. 냉담한 태도를 유지하며 근엄하고 진중한 모습으로 권력을 행사했던 그는 자신의 명성에 스스로 갇혀버리고 말았는데, 이 때문에 그가 있는 자리에서는 사람들이 편히 있지 못할 정도였다. 초상화 작가 길버트 스튜어트 Gilbert Stuart는 워싱턴의 전설적인 자기통제 이면에 숨어 있는 맹렬한 분노에 주목하여, 강렬하게 꿰뚫어보는 두 눈 속에 아득하면서도 주변을 경계하는 눈빛을 담은 그의 모습을 그려냈다. 워싱턴의 자기통제는 타고난 것이 아니라 일구어낸 것이었으며, 불붙기 쉬운 자신의 감정들을 숨기는 수단이었다. '그는 통제할 수 없이 들끓는 분노를 가지고 있었으나, 사려와 타협이 그 분노를 다스리는 확실하고 습관적인 역할을 해냈다.' 제퍼슨이 훗날 워싱턴의 그러한 면을 예리하게 지적한 말이다. '그러나 간혹 고삐가 풀리는 날이면 그는 엄청난 분노를 쏟아내곤 했다.'[19]

사교를 위한 자리에서 워싱턴을 만난 적이 있는 이들은 대부분 그의 정중한 관심과 명랑한 매력에 사로잡히곤 했다. 애비게일 애덤스_{Abigail} _{Adams}(존 애덤스의 아내_역주)는 그와 대화를 나누어본 후 존에게 '그에게는 신사와 군인의 기질이 기분 좋게 녹아들어' 있다고 말했다.[20] 그러나 워싱턴과 함께 비좁은 막사에서 일해야 했던 해밀턴은 종종 그의 급한 성미와 주체하지 못한 분노를 경험할 수 있었다. 워싱턴은 해밀턴을 엄청나게 아꼈고 다른 부관들보다 훨씬 더 좋아했지만 자신의 애정을 공개적으로 드러내진 않았다. 해밀턴은 언제나 그를 '각하'라고 불렀으며, 워싱턴의 고충을 자신이 타파할 수 없음에 괴로워했다. 그러나 라파예트는 해밀턴 또한 무언가를 숨기고 있다고 여겼다. 워싱턴이 해밀턴을 아들처럼 여겼다는 이야기가 표면적으로 여러 가치를 갖기는 하나, 이것만으로 두 사람 사이의 심리적인 상호작용을 모두 설명할 수는 없다. 해밀턴이 정말로 워싱턴의 아들과 같은 역할이었다면 그는 억눌린 오이디푸스 콤플렉스를 어느 정도 가지고 있었던 듯하다. 해밀턴은 아주 똑똑했고 냉철하게 비판적이었으므로 다른 부관들이 미처 발견하지 못한 워싱턴의 결함들도 알아챌 수 있었다. 워싱턴의 '가족' 중 워싱턴을 상대로 경쟁심을 느끼거나 자신이 직접 군대를 지휘하는 상상을 했던 젊은 층의 사람으로는 해밀턴이 유일했던 듯하다. 알렉산더 해밀턴은 기질상 누군가에게 복종하는 것이 힘든 이였고, 이는 심지어 상관이 조지 워싱턴이라는 어마어마한 존재인 경우에도 마찬가지였다. 동시에 그는 워싱턴이 특별한 재능을 타고난 위대한 지도자이자 초기 아메리카의 역사를 써나가는 데 있어 대체 불가능한 인물이라는 점에 대해 단 한 번도 의구심을 가져본 적이 없었다. 영웅 숭배를 꺼리는 사람이었음에도 해밀턴은 워싱턴에게 극도의 존경심을 품었고, 군사 지도자로서의 워싱턴에 대해서는 다소 걱정했으나-실제로 워싱턴 장군은 독립혁명 중 참전했던 대부분의 전투에서 패배했다-정치적 리더로서는 전혀 걱정하지 않았다. 워싱턴에게 사활을 건 해밀턴은 자기 자신과의 맹세를 통해 앞으로 절대 워싱턴을 공개적으로 비판하지 않겠다고 다짐했다. 워싱턴은 이 나라를 통일시킬 수 있는 드높은 인물로 남겨져야 하기 때문이었다.

존 애덤스는 연설하는 조지 워싱턴을 가리켜 '침묵의 재능'을 가진 훌륭한 연기자라고 묘사했지만[21] 이와 달리 워싱턴은 자신이 말솜씨가 없다는 사실을 알고 있었다. 그는 '설명보다는 행동을 통해 나의 구상을 드러내는 것이 언제나 나의 금언이었다'라고 쓴 적도 있다.[22] 그러나 이 무뚝뚝한 남자도 끝날 줄 모르고 밀려드는 서류 작업을 견뎌내야만 했다. 대륙회의와 주 의회의 입법 활동을 다루는 한편 명령서를 발행하고 부대 간 갈등들을 중재해야 했기 때문이었다. 전쟁이 예상보다 길어지면서 모병과 진급, 군수품, 의복, 식량, 물자, 포로들 따위에 관련된 수많은 관리상의 문제들이 그의 책상 위를 뒤덮었다. 그리하여 그는 글 잘 쓰는 사람을 간절히 필요로 하게 되었고, 그의 부관들 중 해밀턴만큼 펜과 친한 사람은 없었다.

워싱턴의 비서실장으로 지낸다는 것은 단순히 수동적인 속기사 역할을 넘어 훨씬 많은 일들을 요구했다. 워싱턴은 9월경 대륙회의에 보내는 서신에서 현재 자신이 '책상 앞에서 너무나 많은 시간을 보내고 있다'며, 그로 인해 '나의 의무들 중 많은 필수적인 부분들을 경시할 수밖에 없다. 그러므로 (중략) 나를 대신해 생각하고, 동시에 나를 대신해 명령을 실행할 자가 반드시 필요하다'고 썼다.[23] 이후 워싱턴은 서신 또한 초고는 부관들이 쓰고 이후 자신이 수정한다고 설명했다. 이러한 상황에서 해밀턴이 나타난 것은 워싱턴에게 있어 신의 선물과도 같았을 것이다. 해밀턴은 워싱턴의 마음속에 자신을 투영할 줄 알았고, 장군이 말하고자 하는 바를 직관적으로 알아챘으며, 그것을 본능적인 요령과 능수능란한 외교적 기

술들로 써냈다. 워싱턴이 일반적인 귀띔 몇 가지를 주면 해밀턴은 기록적
인 시간 내에 그것을 편지로 써내는 식이었으니 그야말로 복화술이 따로
없었다. 워싱턴의 야전명령 중 대부분은 해밀턴의 수기로 남아 있다. 로
버트 트루프의 말에 따르면 '우리 군을 위한 펜은 해밀턴의 손에 들려 있
었고 워싱턴 장군의 서신들은 태도의 품위 면에서나 내용의 골자, 문체의
우아함에서 다른 군사 기록들과 비교할 수도 없을 만큼 훌륭했다'.[24] 해
밀턴은 워싱턴의 군사 자문 역할도 겸했지만 혹여나 장군의 능력에 의문
을 던지는 자들이 생길까 우려하여 그 사실을 밝히기를 꺼렸다. 또 다른
부관이었던 제임스 매켄리James McHenry는 해밀턴이 '사실상 워싱턴 장군 아
래에서 군사를 연구했고 (내가 아는 한) 많은 경우 그의 조언은 워싱턴 장
군의 능력을 완벽에 가까울 정도로 끌어올려 그가 독립전쟁을 종식시키
는 것도 가능케 해주었다'고 말했다.[25]

　얼마 지나지 않아 이 스물두 살의 또 다른 워싱턴은 대륙회의와 총독
들, 그리고 대륙군에서 가장 영향력 있는 장군들에게 보내는 서신을 대
필하기 시작했다. 이윽고 그는 모든 기밀들에 대한 접근권을 부여받았고,
워싱턴이 내린 명령을 자신의 서명을 통해 직접 발행할 수 있게 되었다.
당시 부관 참모였던 티머시 피커링은 해밀턴이 본부의 최고 서기보다 훨
씬 더 많은 일을 했다고 단호하게 말했다. '해밀턴이 장군의 부관으로 있
었던 기간 내내, 그는 장군이 받는 가장 중요한 서신들에 대해 그를 대신
하여 *생각하고 또 써야* 했다.'[26]

　해밀턴은 개인 비서가 아니라 거의 참모장에 가까운 역할들을 수행하
기 시작했다. 그는 전투에서 장군과 함께 싸웠고, 외교사절단에 동행했
고, 고집 센 장군들과 씨름했으며, 기밀들을 다뤘고, 탈영병들을 심문했
고, 포로 교환에 대해서도 협상했다. 이를 통해 해밀턴은 경제적, 정치적,
군사적 문제들에 대한 폭넓은 시간을 갖춰나갔고 지적으로도 한층 더 발

전할 수 있었다. 워싱턴은 독립주의자들의 군사적 수장이자 정치적 수장이었으며 이미 사실상의 대통령 역할을 하고 있었다. 그는 끊임없이 군사 감독권을 요구하는 대륙회의를 달래야 했으며, 서로 논쟁을 벌이는 열세 개 주들 사이에서 계획을 조정해야만 했다. 워싱턴과 해밀턴은 모두 공공의 복지라는 측면을 고려하게 되었지만, 다른 많은 관료들과 정치인들은 지역주의적인 다툼에 붙잡혀 있을 뿐이었다. 또한 두 사람은 상비군과 강력한 중앙 권력이 지역 간 견제를 완화시켜줄 것으로 보았다. 언젠가 미국의 헌법과 연방당의 창설로 이어질 두 사람 간의 불꽃이 여기에서 처음 시작된 것이다. 병사들이 죽어나가고 있는 와중에도 필라델피아에서는 정치인들의 불화와 비겁함, 배신과 탐욕이 들끓고 있는 상황에 워싱턴과 해밀턴은 분노를 금치 못했다.

워싱턴의 부관으로 일하게 된 첫 한 주 동안 해밀턴은 훗날 자신의 정치적 본거지가 될 고향의 네트워크를 만들기 시작했다. 그는 뉴욕의 정치인들에게 군사적 상황을 계속 알려주기로 약속했고, 새로이 조직된 뉴욕 통신위원회와 매주 두 번씩 보고서를 교환하기로 했다. 그는 이를 통해 거베너르 모리스, 존 제이, 로버트 R. 리빙스턴 등과 정기적으로 연락하게 되었다. 1777년 4월 20일 뉴욕 주 헌법이 승인되자 해밀턴은 이에 대해 전반적인 만족감을 드러냈다. 모리스에게 보내는 서신에서 그는 최고행정관 선거가 '대중의 판단이 아닌, 선별된 의회의 섬세한 지혜에 의한 것이어야 한다'고 논했는데 이는 훗날 그의 견해를 짐작할 수 있는 부분이기도 하다. 이에 반해 재산을 가진 투표권자들에 의해서만 선출된 상원 의회와 관련하여 그는 과거 대학생 때 보여주었던 급진적인 시각을 계속 견지하면서, 분리된 상원의회의 존재가 '완전히 귀족적인 기구로 변절할 것'이라 우려했다.[27] 사실 뉴욕 주의 귀족적인 대지주들은 최고행정관 선거에서 올버니의 필립 스카일러 장군이 소규모 농부들의 영웅인 조지 클린턴George Clinton 장군에게 패배하면서 상당한 실망감에 빠져 있었다. 훗날 해밀턴의 장인이 되는 스카일러는 패배에 큰 충격을 받았고, 클린턴에 대한 존경을 표하는 한편 '그의 출신 배경과 인맥은 그렇게 높은 자리에 못 미치는 수준'이라고 불평했다.[28] 스카일러와 클린턴 사이에 있었던 불화 비슷한 종류의 것은 훗날 해밀턴도 경험하게 된다.

해밀턴이 워싱턴의 부관으로 들어온 지 얼마 지나지 않아 찰스 윌슨 필이 해밀턴의 첫 번째 초상화를 그리게 되었다. 상아에 그린 이 소형 초상화 속의 해밀턴은 단추와 금색 견장이 달린 푸른색 제복 및 부관들이 매던 초록색 리본을 착용하고 있다. 짧게 자른 머리와 뾰족하고 긴 코의 그는 강렬한 시선으로 보는 이를 사로잡는다. 훗날 해밀턴은 세련된 자신감을 트레이드마크처럼 휘감고 다녔지만 여기에서는 아직까지 그런 분위기를 찾아볼 수 없다. 얼굴에는 여전히 기울고 덜 자란 구석이 있었는데, 그의 얼굴은 나이가 들수록 점점 더 커져서 결국에는 그의 날씬하고 말쑥한 체형과 어울리지 않을 정도가 될 터였다.

제이컵 아널드 여관에 머물게 된 해밀턴은 그의 새로운 군인 가족들과 살을 부대끼며 친밀감을 쌓아나갔다. 워싱턴은 자신의 부관을 언제든 호출하기 위해 그를 자신과 같은 건물에 묵게 하는 편을 선호했다. 종종 서리 낀 밤이면 장군은 담요를 뒤집어쓰고 생각에 잠긴 채 소파에 누워 있다가 갑작스레 우편물을 싣고 말을 달려온 기수 때문에 일어나곤 했다. 그의 양손자는 이렇게 회고했다. '특보를 펼쳐 읽은 뒤 총사령관은 곁에 있는 수행원에게 침착하고 낮은 목소리로 *"해밀턴을 불러 오도록"*이라고 명령했다.'[29]

젊은 부관들은 보통 네 명에서 여섯 명이 한 방에 기거했고 두 사람당 한 침대를 사용했으며, 작은 나무 테이블 및 의자 들로 가득 찬 방 하나에 모여 앉아 일했다. 워싱턴은 특히 작은 사무실 하나를 두고 있었다. 바쁜 시기에 부관들은 하루 100통 이상의 서신을 쓰거나 필사하기도 했다. 진을 다 빼놓는 업무 중간 중간에는 무도회와 퍼레이드, 그리고 논평이 즐거움을 주었다. 밤이면 부관들은 식사 테이블에 접이식 의자를 꺼내놓고는 활기 넘치는 재담을 벌였다. 해밀턴은 '가족' 중 가장 어렸지만, 워싱턴의 말을 그대로 빌리자면 장군의 '가장 주요한 부관이자 가장 믿을 수 있는 부관'이었다.[30] 다른 부관들 역시 해밀턴을 시샘하기보다는 애정 어린 태도로 대했으며 그에게 햄Ham 또는 해미Hammie라는 별명을 붙여주었다.[31] 카리브해 출신의 고아 소년에게 이런 엘리트 가족의 일원이 되는 것보다 더 나은 운명이 어디 있었겠는가?

다시 한 번 되짚어보자. 이 젊은 이민자는 적도를 건너 반대편 반구로 넘어왔다. 과거의 공포들이 여전히 마음속 어딘가에 도사리고 있긴 했으나, 어쨌든 그는 여생을 미국 상류 사회의 일원으로 살게 된다. 근본 없는 과거를 가진 사람치고는 엄청난 변화가 아닐 수 없다. 전통에 얽매여 모든 고관들 자리에 귀족 출신을 임명했던 유럽 군대들과 달리 워싱턴의 군대는 계층 상승의 가능성이 상당히 열려 있었다. 완전한 실력주의 체계는 아니었을 수도 있겠으나 이전의 그 어떤 군대보다도 지능과 재능을 훨씬 더 높게 쳐주었던 것만큼은 분명하다. 이 고차원적인 체계는 해밀턴이 순수한 미국인으로 빠르게 거듭나는 데 큰 도움을 주었다. 국가기관이었던 대륙군은 해밀턴이 미국 민족주의에 대한 시각을 분명히 표현할 최적의 사람으로 자라나는 것을 도왔다. 그의 견해는 새로운 조국에 대한 이민자의 특별한 사랑으로 한층 더 단단해졌다.

해밀턴은 또한 활력 넘치는 성격으로 추종자들을 모았다. 너대니얼 그린 장군은 본부 내에서 그의 존재가 '밝은 햇살과도 같았고, 장군의 어두움이 깊어질 때마다 오히려 더욱 밝게 빛나는 듯했다'고 회고했다.[32] 훗날 해밀턴을 알았던 수많은 이들도 똑같은 이야기를 되풀이했다. 후에 상원의원이 되는 해리슨 그레이 오티스Harrison Gray Otis는 '솔직하고, 상냥하며, 똑똑하고 용감한 젊은 해밀턴은 그의 동료 병사들 사이에서 인기 만점이었다'고 기록했다.[33] 법관 윌리엄 설리번William Sullivan 또한 마찬가지로 해밀턴이 뛰어난 언변과 고상함, 친절함을 겸비한 인물임을 알아차렸으나 동시에 남 못지않은 악담을 퍼부을 수 있다는 점도 눈여겨보았다. '그는 사람들을 매우 다정하게 대할 줄도 알았지만, 자신이 반대하는 이들에 대해서는 그들이 자신을 두려워하거나 지독히도 싫어하게 만들 줄도 알았다.'[34] 말솜씨가 좋았던 데다 양날의 검 같은 유머감각을 가졌던 해밀턴은 자신의 생각보다 사람들에게 더 큰 상처를 주는 경우도 있었으며, 토론할 때는 너무나 영민하게 말했기 때문에 똑똑한 사람들조차 그가 있는 자리에서는 당황스러울 만큼 말문이 막히는 경험을 하곤 했다.

주변에 자신과 마음이 잘 맞는 젊은 부관들이 다수 있었던 덕에 해밀턴은 그 안에서 가족의 따뜻함을 느낄 수 있었다. 그는 또한 버지니아 주 알렉산드리아의 로버트 H. 해리슨Robert H. Harrison과 서신을 주고받았다. 존경받는 법관이자 워싱턴의 이웃이었던 해리슨은 해밀턴보다 열 살이 많았고 해밀턴에게 '새끼 사자'라는 별명을 붙여주고는 친근하게 대해주었다.[35] 해밀턴의 또 다른 초기 동료로는 당시 필라델피아에서 보병부대를 이끌던 텐치 틸먼Tench Tilghman이 있었다. 워싱턴은 틸먼이 거의 5년 가까이 자신의 '충성스러운 조수' 역할을 했다고 말했으며, 나중에는 그가 '공공의 열성적인 하인이자 종'이며 '화합을 사랑하는 겸손의' 남자라고 칭찬했다.[36] 리처드 키더 미드Richard Kidder Meade는 해밀턴과 거의 비슷한 시기에 부관이 된 사람인데, 해밀턴은 그를 두고 따뜻하게 칭찬했다. '경의를 표할 만한 사람들은 별로 없고, 정감을 줄 만한 사람은 더더욱 없소. 그러나 이런 사람을 만나면 나는 애정을 감출 수가 없다오.'[37]

이듬해에는 제임스 매켄리가 워싱턴의 부관이 되었다. 아일랜드에서 태어나고 자란 매켄리는 필라델피아의 벤저민 러시_{Benjamin Rush} 박사와 함께 의학을 공부했었다. 열대 지방에서 보낸 어린 시절 탓인지 해밀턴은 매해 여름마다 말라리아성 감염에 시달렸고 그 외에도 다양한 질병을 앓고 있었는데, 매켄리가 이를 돌봐줄 수 있었다. 해밀턴의 변비를 해결하기 위해 매켄리는 우유를 마시지 말고 와인도 줄이라고 처방했다. "아무리 와인을 잔뜩 마시고 싶다고 해도 삼가시오. 절대로 세 잔 이상은 마시지 말고, 그 어떤 일이 있더라도 매일 먹으면 안 되오."[38] (당시 터무니없이 많은 와인을 소비하던 시대적 분위기에 비하면 와인 세 잔은 아주 적은 양이었다.) 따뜻한 마음씨를 가졌으며 시를 좋아했던 매켄리는 종종 영웅시를 썼고 해밀턴과 함께 워싱턴의 가족과 어울리면서 노래를 부르곤 했다. 해밀턴은 '그와 내가 동료들의 귀에 선물하곤 했던 훌륭한 음악'에 대해 언급하기도 했다.[39]

매켄리의 일기를 보면 그해 봄 전쟁이 소강상태에 머물러 있던 틈을 타 워싱턴의 부관 다수가 연애로 눈을 돌렸다는 사실을 알 수 있다. 2월에는 워싱턴 부인과 녹스 부인, 그린 부인, 스털링 부인과 그녀의 딸 '키티 부인' 등 고위 간부들의 아내들이 저녁 무렵에 모여 작은 티파티를 벌였다. 이곳을 방문한 버지니아의 마사 블랜드_{Martha Bland}는 젊고 멋있는 부관들에게 감탄의 시선을 보내며 그들이 '모두 예의바르고 사교적인 신사들이며 방문객들을 아주 즐겁게 해주는 덕에 하루가 금방 지나간다'고 말했다.[40] 어느 날 그녀는 조지 워싱턴과 마사 워싱턴이 이끄는 승마 모임에 나갔다가 '현명하고 고상하며 예의바른 젊은 서인도제도 청년' 해밀턴에게 시선을 빼앗겼다.[41] 당시는 사회가 매우 유동적인 시기였으므로, 해밀턴은 귀하게 길러진 규수와도 사회적으로 대등하게 만나고 교제할 수 있었다. 알렉산더 그레이던_{Alexander Graydon} 대령은 침착한 해밀턴이 저녁식사 자리에서 사랑스러운 여성들 수 명에게 둘러싸여 있던 모습을 회고했는데, 이에 따르자면 해밀턴은 '부드럽고 예의바르며 생기 있는 태도'를 갖췄고 '사회의 가장 고위층이나 가질 법한 광채'를 내보였으며, 그 때문에 '그의 재능과 업적이 한층 더 호의적으로 느껴졌다'.[42] 모리스타운에서의 해밀턴이 여자에 미치고 성욕에 가득 차 있었다는 사실만큼은 확실하게 밝혀졌다. 그는 예상 밖의 순간에 갑자기 여성에게 추파를 던지거나 경망스럽게 구는 경향을 평생 없애지 못했다. 워싱턴의 부관이 된 지 얼마 지나지 않았을 무렵, 그는 한때 자신의 후원자였고 당시 독립 뉴저지의 첫 번째 최고행정관이 된 윌리엄 리빙스턴의 딸이자 자신의 오랜 친구였던 캐서린 리빙스턴에게 구애하기 시작했다. 4월 11일 키티에게 보내는 편지에서 해밀턴은 당시 한량들이 즐겨 쓰던 익살스러운 미사여구를 던졌다.

> 당신은 로맨틱한 사람이오, 아니면 사랑에 있어서 신중한 사람이오? 당신의 취향을 알게 된다면 나는 나 자신을 그것에 맞추고자 분투할 것이오. 만일 당신이 여신이 되기를 택하고 그만큼 숭배받기를 원한다면, 나는 온 세상이 당신이 여신임을 인정할 수 있도록 머리를 쥐어짜내 가장 그럴듯한 이유를 만들어내겠소. 그러나 당신이 그저 인간임에 만족하고, 마땅히 받아야 할 찬사들을 필요로 하지 않는다면 나는 제정신인 사람처럼 당신에게 말을 걸겠소.

그러나 해밀턴은 리빙스턴에게 그저 농담만 한 것이 아니었다. 같은 편지에서 그는 독립혁명이 끝난다면 '가장 아름다운 것, 즉 결혼으로 향하는 길 위의 모든 장애물들이 없어지는 셈'이라고 선언했다.[43]

다소 스스럼없을 정도의 편지에 캐서린 리빙스턴이 뒤늦게 답장을 보내자 해밀턴은 그녀의 답장을 동료 부관들과 함께 돌려 보았다. "해밀턴!" 누군가 털어놓았다. "이 멋진 여성에게 글을 쓰려 한다면 반드시 경배의 말투를 사용하게. 확신컨대 여신이 아니라면 이토록 아름다운 편지를 쓸 수 없어!" 해밀턴은 리빙스턴에게 보내는 답장에서 '가족' 구성원 몇몇은 자신이 너무 이성에 빠져 있다고 생각한다는 점을 밝혔다. "나는 이 편지가 검열에 걸려 내가 하찮고 중요치 않은 장난감, 즉 여자에게 너무나 많은 시간을 쏟는다며 질책받을 각오까지 하고서 이렇게 펜을 드오." 그러나 해밀턴이 리빙스턴의 냉담함을 나무랐던 것을 보면 그녀가 그의 일보 전진에 퇴짜를 놓았던 것이 분명해 보인다. 그는 자신이 '아마도 좋은 길 위에 있으리라'라며 철학적인 말로 편지를 마무리하며, '모든 것은 사랑을 위해서라는 게 나의 신조'라고 전했다.[44]

캐서린 리빙스턴에게 아첨을 함과 동시에 그녀를 깔보았던 점을 보면, 해밀턴이 젊고 매혹적인 여성들에게 어떠한 양면성을 품고 있었는지 잘 알 수 있다. 세인트크로이 섬 시절에 처음 썼던 연가에서도 해밀턴은 젊은 여성을 순결한 여신, 혹은 외설적인 작은 여우로 여겼다. 결국 어떤 타입을 좋아하게 될는지는 아직까지 그 자신도 모르는 일이었다.

1777년 늦봄, 해밀턴은 인생에서 가장 친밀하게 지낼 친구를 사귀게 된다. 푸른 눈의 우아한 젊은 장교 존 로런스John Laurens는 지난 10월부터 워싱턴의 부관으로 일하고 있었다. 자신을 그린 한 초상화 속에서 한 손을 허리춤에, 나머지 손은 길고 굽은 검의 손잡이 위에 올려둔 로런스는 땅딸막한 체구에서 엄청난 자신감과 위엄을 뿜어낸다. 그는 사우스캐롤라이나에서 가장 영향력 있는 농장주였던 헨리 로런스Henry Laurens의 아들로 태어났다. 헨리 로런스는 그해 11월 존 핸콕의 뒤를 이어 대륙회의 의장으로 선출되기도 하는 인물이다. 해밀턴과 로런스는 모두 프랑스계 위그노와 영국계 혈통을 반반씩 이어받았으며, 서로 비슷한 정신을 가진 영혼의 쌍둥이처럼 보였다. 두 사람 모두 책벌레에다가 야망이 컸으며, 대담했고, 모험심이 넘치는 데다 군사적 영예를 갈구했다. 또한 마치 돈키호테라도 된 것마냥 이 둘 모두는 가치 있는 죽음이 고귀한 것이라고 믿었다. 해밀턴과 마찬가지로 로런스 역시 확신에 차서는 자신을 반대하는 이들을 퉁명스럽게 짓뭉갰다. 로런스는 해밀턴이 사귀었던 그 어떤 친구보다 가장 진정한 친구였고, 두 사람은 독립혁명에 참전했던 많은 사람들의 기억 속에서 단짝으로 남겨졌다.

해밀턴이 네비스 섬에서 태어나기 몇 달 전, 사우스캐롤라이나 주 찰스턴에서 태어난 로런스는 주 내에서 가장 큰 노예 플랜테이션 중 하나를 소유한 가문에서 특권을 누리며 자라났다. 해밀턴이 세인트크로이 섬의 하급 직원으로 피땀 흘려 일하고 있었던 1771년 무렵, 로런스의 아버지는 아들을 스위스 제네바에 위치한 세계적인 학교에 보냈다. 그는 다재다능하고 성취도 높은 학생이었으며 고전과 승마, 장애물 경주와 미술에 탁월한 솜씨를 보였다. 제네바의 공화주의적 분위기를 한껏 들이마신 그는 곧이어 법정 변호사가 되기 위한 준비를 시작했고, 1774년에는 런던의 미들템플법학원에 들어가 법학을 공부했다. 당시 그곳에는 잉글랜드로 데려온 노예는 해방된 존재로 보겠다는 법관 맨스필드Mansfield 경의 판결을 필두로 반노예주의 사상이 일어나고 있었다. 로런스 또한 열정적인 노예제 폐지론자가 되었는데, 이를 토대로 해밀턴과의 강력한 사상적 연결 고리를 만들 수 있었다.

렉싱턴 전투와 콩코드 전투 이후 로런스는 집에 돌아가지 않으려 발버둥쳤지만 아버지 때문에 자신의 뜻대로 하지 못했다. 조바심 넘쳤던 로런스의 아버지는 자신의 치기 어린 아들이 전쟁에 대한 욕망을 품고 있음을 걱정했으며, 성급한 아들이 전장에서 죽을 것이라는 이상한 예감을 가지고 있었다. 1776년 토머스 페인의 『상식』을 읽은 후 존 로런스는 다시 한 번 대서양을 넘어가려는 욕망에 불타올랐지만 예기치 못한 사건이 생기는 바람에 잉글랜드에 묶여 있게 되었다. 마사 매닝Martha Manning이라는 젊은 여성을 임신시킨 것이다. 그녀의 부유한 아버지 윌리엄 매닝William Manning은 헨리 로런스의 절친한 친구이기도 했다. 기사도 정신에 따라 1776년 10월 비밀리에 매닝과의 결혼식을 올린 존 로런스는 4개월 후 마사가 딸을 낳자마자 즉시 배를 타고 찰스턴으로 돌아갔다. 그는 얼마 되지 않아 대륙군에 입대하며 워싱턴으로부터 완벽한 신뢰를 얻었으며 워싱턴의 권유로 그의 '가족'이 되었다. 워싱턴은 로런스에게 '문서화하기에는 시간도 우선순위도 충분치 않은' 기밀 작전들을 맡겼다고 직접 밝혔다.[45]

해밀턴과 로런스는 본능적으로 서로가 비슷하다는 것을 알아차렸고 곧 뗄 수 없는 사이가 되었다. 해밀턴은 훗날 친구의 '열의와 똑똑함, 모험심'을 칭찬했다.[46] 전쟁이 계속되면서 해밀턴이 로런스에게 애정을 가득 담은 편지들을 보냈기 때문에, 해밀턴의 전기작가 중 하나인 제임스 T. 플렉스너James T. Flexner는 이들이 동성연애 중이었던 것 같다고 추측할 정도였다. 18세기의 편지문은 남자들 간의 것이더라도 다소 화려하게 쓰는 것이 일반적이었기 때문에 이를 두고 함부로 추측할 수는 없다. 특히 로런스가 해밀턴에게 보낸 편지들은 따뜻했으나 적절한 것들이었음을 본다면 더욱 그러하다. 그러나 사람들이 해밀턴을 묘사할 때 상당히 자주 *여성스럽다*는 단어를 쓰곤 했다는 사실에는 주목할 필요가 있는데, 그가 보여준 군사적인 태도나 정력 넘치는 위업들을 생각해본다면 이는 더욱 놀라운 점이다. 아들 존 해밀턴은 아버지에 대한 공식 전기를 준비하는 과정에서 해밀턴과 로런스의 관계를 설명한 자료 중 낱장 하나를 빠뜨렸지만, 다행히 이것 또한 종이 무더기 사이에 섞여 오늘날까지 잘 보존되어왔다. 이를 보면 '혁명의 기사들'이라 불렸던 이 젊은 군인들 간의 교제

속에서는 여성스러운 부드러움에 대한 애착에 이끌린 진한 우정이 있었다'고 묘사되어 있다.[47] 확실히 해밀턴은 어렸을 때부터 동성애에 많이 노출되어 있었을 텐데, 이는 많은 '남색자'들이 도둑들과 소매치기들 등 바람직하지 못한 인물들과 함께 서인도제도로 보내졌기 때문이다. 당시 동성애는 13개 주 모두에서 사형으로 다스려졌기 때문에 해밀턴과 로런스가 실제로 사랑에 빠졌다면 ―이 역시 절대 확신할 수 없다― 아마 그것을 피하고자 엄청나게 노력했을 것이다. 그러나 적어도 해밀턴이 어린 마음에 그의 친구에게 반했다고는 말할 수 있을 듯하다.

해밀턴과 로런스는 젊은 프랑스계 귀족인 라파예트Lafayette 후작과 함께 삼총사를 이루었다. 1777년 7월 3일 열아홉의 나이로 대륙군 명예소장에 임명된 라파예트는 패기 넘치고 스타일리시한 젊은 귀족이었으며 공화주의적 이상에 푹 빠진 채 혁명을 위해 한 몸 바치겠다는 열의로 불타올랐다. '해밀턴과 로런스가 속해 있던 조합에 라파예트가 더해지면서 즐거운 삼총사가 완성되었다.' 해밀턴의 손자가 남긴 기록이다. '대체로 그들은 뒤마Dumas가 쓴 소설 『삼총사The Three Musketeers』의 등장인물들 같은 느낌을 풍겼다.'[48] 라파예트는 언제나 자신의 두 미국인 친구들을 향해 가장 사랑스러운 말들을 보내곤 했다. 그는 로런스에 대하여 '(로런스의) 열린 마음, 진실함, 애국심, 그리고 눈부신 용맹에 반하여 그의 헌신적인 친구가 되기로 하였다'고 썼고,[49] 해밀턴을 가리켜서는 '내가 형제처럼 자랑스러워하고 행복해하는, 나의 사랑하는 친구'라고 불렀다.[50] 엘리자베스 해밀턴은 남작이 '해밀턴을 친형제처럼 느꼈으며, 해밀턴 또한 남작을 형제처럼 사랑했다'고 확인시켜주었다.[51]

초상화를 보자면 라파예트는 흰 가발을 쓴 날씬하고 잘생긴 젊은이로 긴 얼굴과 장밋빛 입술, 그리고 섬세하게 휘어진 눈썹을 가지고 있다. 해밀턴과 마찬가지로 그 또한 불우한 어린 시절을 보냈다. 두 살 때는 아버지가, 열세 살 때에는 어머니가 돌아가시면서 해밀턴과 같은 나이에 고아가 된 것이다. 열여섯 살이 되던 해, 그는 당시 프랑스에서 가장 명망 높은 가문 중 하나인 노아유Noailles가의 딸이자 당시 열네 살이었던 아드리엔 드 노아유Adrienne de Noailles와 결혼했고, 이후에는 허영심 강한 루이 16세Louis XVI 왕가와 아메리카를 연결하는 귀중한 연결고리가 되어주었다. 파리에서 벤저민 프랭클린이 조지 워싱턴에게 편지를 써서 이 인맥 넓은 젊은이를 받아들이는 것이 정치적으로 얼마나 큰 이득일지를 설파한 덕분에 라파예트는 대륙군 내에서 일약 높은 자리에 오를 수 있었다. 라파예트는 봉급 없이 일하는 데 동의했으며, 자신이 직접 배를 구입해서 아메리카로 왔고, 독립군들을 옷 입히고 무장시키는 데 무턱대고 자신의 돈을 썼다.

라파예트가 시詩와 열정과 세련된 자유주의 성향으로 가득 찬 인물임을 눈치 챈 많은 이들은 그를 좋아하기 시작했다. 프랭클린은 워싱턴에게 '이 정감 있는 귀족 청년'과 친구가 되어보라고 간청했으며 사람들이 그의 선의를 악용할까봐 겁난다고도 말했다.[52] 그러나 프랭클린은 워싱턴의 애정에 관하여 걱정할 필요도 없었다. 이 젊은 프랑스 청년이 전투에서 부상을 당하자 워싱턴은 군의관에게 '그가 내 아들이라고 생각하고 열심히 치료하라'고 명령했다. 라파예트에게 있어 워싱턴은 존경하는 부모님이나 다름없는 존재였고, 훗날 자기 아들의 이름을 조지 워싱턴 라파예트George Washington Lafayette라고 짓기도 했다. 그러나 라파예트가 허영심 강하고 미심쩍으며 이기적이라고 비난하는 이들도 언제나 존재했다. 토머스 제퍼슨은 '유명세와 명성에 대한 게걸스러운 갈망이 (라파예트의) 가장 큰 약점'이라고 노골적으로 콕 집어 말했고[53] 라파예트를 엄청나게 아꼈던 해밀턴조차 그가 '수천 가지 변덕'에 시달린다며 놀리곤 했다.[54] 그러나 약점이 무엇이었든 그는 자신이 놀라울 정도로 조숙한 판단력을 갖춘 용맹한 장교임을 증명해 보였고 자신을 사랑하는 이들의 신념에 보답하는 것 이상의 활약을 보여주었다.

영어와 프랑스어에 모두 능했던 해밀턴은 초창기에 친해졌던 모든 이들을 통틀어 봤을 때 거의 즉각적인 속도로 라파예트의 친구가 되었고, 곧이어 라파예트의 연락 담당관으로 배정되었다. 해밀턴은 라파예트 남작과도 다소 부끄러운 줄 모르는 열정을 품은 관계를 맺었으며, 전기작가 제임스 T. 플렉스너James T. Flexner는 존 로런스의 경우와 마찬가지로 이들 사이 역시 단순한 친구관계 이상으로 발전하지 않았겠냐는 의혹을 제기했다. 해밀턴의 손자는 두 사람의 '우정에는 확실히 당시 일반적이지 않았던 로맨틱한 향기가 있었는데, 특히 라파예트는 이 나라에 온 지 얼마 되지 않았을 때 해밀턴과 가장 가까운 사이로 지냈다'고 말했다.[55] 과연 여기에는 얼마나 많은 의미가 숨겨져 있는 것일까? 전쟁이 후반에 접어들 무렵, 라파예트는 아내에게 보내는 편지에서 다음과 같은 말을 남겼다. '장군의 부관들 중에는 내가 아주 사랑하는 남자가 하나 있는데, 내가 당신에게 종종 이야기했던 그 사람이기도 하오. 바로 알렉산더 해밀턴 중령이오.'[56] 로런스가 편지를 주고받는 이들 중 가장 화려하게 글을 쓰는 이가 해밀턴이었다면, 라파예트는 해밀턴보다 한 술 더 떠서 황홀하기 그지없는 글을 써 보냈다. 라파예트는 1780년 해밀턴에게 편지를 써서 '이번 전투 이전의 나는 네 친구이자 세상의 속념에 알맞은 아주 친한 친구'였으나, 프랑스에서 돌아온 이후 '내 감정은 너무나 커져서 이제는 세상이 아무것도 모른다는 생각만 든다'고 말했다.[57] 이는 그저 당시 유행했던, 화려하게 치장한 프랑스식 글쓰기의 표본이었을까, 아니면 그 이상의 것이었을까? 존 로런스의 경우와 마찬가지로 우리는 라파예트와 해밀턴의 관계에 대해 아무것도 확신할 수 없다. 그러나 해밀턴은 훗날 쓴 그 어떤 서신에서도 로런스, 라파예트와 교환한 편지들에 담겼던 격정적인 말투를 다시금 보여주지 않았다. 어쩌면 이는 그저 젊음, 그리고 전장의 동지애에서 비롯된 것일 수도 있다. 넓은 의미에서 보자면 서인도제도 출신의 이방인이었던 알렉산더 해밀턴은 우정을 쌓는 데 특출한 능력을 지니고 있었고 훗날 자신을 정치적 세계의 가장 높은 곳으로 올려줄, 헌신적이고 믿을 수 있는 동료 무리를 벌써부터 형성하고 있었던 셈이다.

1777년 7월 초, 뉴욕 주 북부의 타이컨더로가 요새가 영국에게 넘어가자 국왕 조지 3세가 박수를 치며 소리쳤다. "무찔렀다! 아메리카인들을 모조리 무찔렀어!"[58] 이번 패배는 캐나다에 있던 존 버고인John Burgoyne 장군의 부대가 뉴욕 시로 남진할 길을 터준 것과도 같아서 독립주의자들에게는 앞으로 상당한 재앙이 닥칠 수 있었다. 버고인 장군의 부대는 반란군들을 반토막 내고 뉴잉글랜드를 고립시켰다. 그야말로 영국의 전략대로 돌아가고 있는 셈이었다. 패배에 격노한 해밀턴은 작전의 총사령관이었던 필립 스카일러에 대해 가차 없는 비난을 퍼부었다. '저는 언제나 스카일러 장군의 행보에 편파적일 만큼 호의를 보였고, 그에게 여러 의혹이 제기될 때에도 언제나 그의 편을 들었습니다.' 해밀턴이 로버트 R. 리빙스턴에게 쓴 서신이다. '그러나 이번만큼은 저도 그가 부족했다고 생각할 수밖에 없습니다.'[59] 역사학자들은 스카일러에 대해 조금 더 후한 평가를 내놓았다. 잇따른 탈영으로 부대가 쇠약해져 있었던 데다 엄격한 규율을 강조하는 뉴욕 출신의 스카일러에게 부대원들이 적의를 품었던 탓도 있었기 때문이다. 또한 예상과 달리 요새가 함락되었던 이유는 영국군이 타이컨더로가를 내려다볼 수 있는 가파른 산을 기어 올라가는 훌륭한 전략을 펼쳤기 때문이었다. 수많은 비방에 시달린 끝에 스카일러는 자신이 평소 뉴잉글랜드 사람들의 '우상'이라고 비웃었던 허레이쇼 게이츠Horatio Gates에게 대륙군의 북부 수장 자리를 넘겨주었다.[60] 훗날 그는 직접 군사

재판을 청구해서 타이컨더로가 요새의 함락은 자신의 잘못이 아니라는 판결을 받아냈지만, 그럼에도 당시의 대실패가 준 불명예에서 완전히 벗어나지는 못했다.

타이컨더로가 요새의 함락에 해밀턴이 크게 실망했다는 데서 우리는 이 국적 없는 청년이 뉴욕에 대해 모종의 소속감을 느끼기 시작했음을 알 수 있다. 그는 리빙스턴에게 자신이 '대체로 나의 정치적 부모라고 여기는 주州'에 가해진 위협에 계속 신경이 쏠렸다고 말했다. 또한 리빙스턴의 의견에 동의하면서, '아메리카에게 있어 당신의 주를 잃었다는 것은 남진하는 하우 장군이 앞으로 낼 그 어떤 피해보다 더 큰 충격'이라고 말했다.[61] 그러나 '당신의 주'라는 말은 당시 해밀턴이 뉴욕에 동질감을 느꼈을 수는 있으나 아직까지 뉴욕에 영원토록 충성을 다하겠다는 맹세를 한 것은 아님을 알려준다.

해밀턴은 자신이 이미 군사 전략에 통달해 있음을 잘 보여주었다. 그해 여름 그는 영국군을 분석하면서 몇 가지 예측을 내놓았는데, 시간이 흐를수록 그에게 선견지명이 있음이 드러났다. 먼저 그는 버고인 장군이 허드슨 강을 넘어 뉴욕에까지 남하하려 할 것이라고 예측했다. '그는 모험심으로 유명한 사람이기에, 아마 쉽게 불이 붙어 무모한 짓을 벌이려 들 것이라 추측하오.'[62] 실제로 이를 감행한 버고인 장군은 뉴욕 시 북부에서부터 급히 달려온 윌리엄 하우 경의 정규군이 지원사격을 해준 덕분에 간신히 패배를 모면했다. 해밀턴은 영국군이 지금까지 '대체적으로 멍청하게 행동하고 있다'고 평했으나, 그조차도 하우 장군이 이토록 현명한 줄은 몰랐을 것이다. 대신 그는 하우 장군이 '우리 군의 중심부에 대하여 대담한 시도'를 할 것이라 예측했는데, 실제로 윌리엄 하우가 필라델피아를 성급히 공격함에 따라 해밀턴의 예언은 또 한 번 정확히 맞아떨어졌다.[63]

원시적 통신의 시대에서는 대규모 함대라 해도 바다에 나간 이후엔 오래도록 연락이 두절될 수 있었다. 7월 말 267척의 함선과 1만 8,000명의 병사들을 이끌고 뉴욕에서 출항했던 하우 장군은 위치가 파악되지 않다가 1주일 후 갑자기 델라웨어 만에 출몰하고선 다시 사라졌고, 8월 말에야 다시 모습을 드러냈다. 해밀턴은 하우 장군이 필라델피아로 진입하지 못하게 막아야 한다며 당장이라도 출전할 태세였다. 그는 거베너르 모리스에게 열띤 목소리로 말했다. "우리 군대는 건강하고 사기도 드높은 상태요. (중략) 나는 그저 맞서 싸우는 데 그치지 않고 나아가 그들을 공격할 것이오. 침략해 온 적군이 아군보다 세 배 더 많을 땐 맞서 싸우라는 격언도 있지 않소."[64] 그러나 해밀턴이 너무나 낙관적이었다는 사실은 곧 드러났다. 9월 11일, 필라델피아 외곽의 브랜디와인크리크에서 영국군과 아메리카 군대 간의 혈전이 벌어졌다. 맹렬했던 전투는 독립군이 용맹히 저항했음에도 공황에 가까운 완패로 끝났다. 인명 피해도 엄청나서 사상자와 포로가 된 아메리카인들이 1,300여 명에 달했는데, 이는 영국군이 입은 피해의 두 배였다.

이제는 수도로 진격하는 영국군을 막는 것이 매우 소용없는 일처럼 보였다. 워싱턴은 해밀턴에게 '경기병 해리' 헨리 리Henry 'Light-Horse Harry' Lee 대위(그는 로버트 E. 리Robert E. Lee의 아버지다)와 여덟 개의 기마부대를 보내면서 스쿨킬 강의 제분소가 적군의 손에 넘어가기 전에 모조리 불태우라고 명령했다. 해밀턴이 이들을 이끌고 데이비서스페리Daviser's Ferry(혹은 데이버서스페리Daverser's Ferry)의 밀밭을 파괴하고 있던 중 보초병들이 갑자기 경고사격을 발포했다. 영국군의 기마 부대가 접근했다는 의미였다. 해밀턴은 탈출로를 확보해두기 위해 바닥이 납작한 배 한 척을 강둑에 대어놓은 상태였다. 리 대위의 부대가 말 등에 오르는 동안 해밀턴과 세 명의 동료들은 조각배에 올라탄 뒤 해안을 박차고 노를 저어갔다. 리의 회고에 따르면,

영국군들이 해밀턴의 조각배를 향해 일제히 사격을 퍼부은 탓에 동료 한 명이 죽고 다른 한 명도 부상을 당했으며, 그 모든 시간 동안 용감무쌍한 해밀턴은 '최근의 호우로 불어난 거센 물살과 싸우고 있었다'.[65] 해밀턴과 동료들은 결국 보트를 버리고 소용돌이치는 물속으로 뛰어들어 헤엄쳤다. 안전한 곳에 도착한 해밀턴은 숨 돌릴 새도 없이 존 핸콕에게 서신을 써서 대륙군이 필라델피아에서 즉각 철수해야 한다고 전했다. 워싱턴은 해밀턴이 본부에 돌아오기 직전 해밀턴이 스쿨킬에서 전사했음을 알리는 리 대위의 편지를 받았던 상태였기 때문에, 물에 홀딱 젖은 망령이 터덜터덜 문을 열고 들어오자 여기저기서는 안도의 눈물과 웃음이 터져 나왔다.

당일 밤, 대륙회의가 휴회한 이후 존 핸콕은 동틀 무렵이면 적군이 필라델피아에 당도할 수도 있다는 해밀턴의 서신을 읽었다. 많은 의원들이 도시를 버리기로 결정하고선 자정이 되기 전에 급히 도시를 빠져나갔다. 존 애덤스의 일기에 따르자면 그 역시 새벽 3시에 깨어나 해밀턴의 중대한 예보를 들었다고 한다. 애덤스는 급히 소지품들을 챙기고 말에 올라탄 뒤 다른 의원들과 함께 날이 밝기 전에 도망쳤다. '대륙회의는 마치 꿩 무리들처럼 필라델피아에서 트렌턴으로, 트렌턴에서 랭커스터로 쫓겨 다녔다.' 애덤스가 평소와 같은 담담한 말투로 기록한 글이다.[66]

그러나 해밀턴의 예보는 다소 시기상조였다. 영국군은 도시로 진입하기 전 1주일 이상을 꾸물거렸고, 워싱턴은 이 소강상태를 이용하여 군대를 재정비하고자 했다. 당시 대륙군은 담요와 의복, 그리고 말들이 절박하리만치 부족한 상태였다. 워싱턴은 마지못해 해밀턴에게 권한을 위임하고는 병사 100명을 배정한 뒤 필라델피아 주민들로부터 물수를 징발하라고 명령했다. 이는 당시의 가장 중대한 임무 중 하나였고, 워싱턴은 만일 이것이 실패할 경우 '군대의 파멸, 나아가서는 아메리카의 파멸로 이어질까봐' 두려워했다. 워싱턴이 해밀턴에게 내렸던 명령문을 살펴보자.

> 귀관에게 이 명령을 내리는 나 역시 이 명령을 수행할 귀관만큼이나 고통스
> 러우나, 귀관은 지금 즉시 필라델피아로 진격하여 담요와 의복, 그리고 두 가
> 지 용도 모두로 사용할 수 있는 직물을 지역 주민들로부터 징발하라. (중략)
> 여기에서 귀관은 작전의 본질에 걸맞게끔 최대한의 세심함과 신중함으로 이
> 를 수행하라.[67]

워싱턴이 스물두 살짜리 부관에게 맡긴 이 이례적인 권한위임 임무는
정교한 요령과 요지부동의 확고함을 동시에 필요로 하는 일이었다. 민주
주의를 위해 싸우는 전쟁에서는 대중의 지지를 잃지 않는 것이 가장 중요
한 사안이었다. 해밀턴은 규율을 세우는 한편 시민들의 분개가 아닌 공감
을 불러일으켜야만 했다. 그는 하급 직원으로 일했던 경험을 살려서 주민
들의 물자 징발을 꼼꼼히 기록하고 영수증을 발행해주었다. 워싱턴은 말
들 또한 영국군에게 징발될 수 있다며 모두 대피시킬 것을 명령했다. 이
에 해밀턴은 대피 명령을 적용받지 않을 사람들의 목록을 세심히 작성했
는데 여기에는 가난한 이들과 단기 체류자들, 곧 도시를 떠날 계획인 이
들과 말이 생계유지 수단인 이들 등이 포함되었다. 이틀 동안 쉬지 않고
일한 해밀턴은 엄청나게 많은 선박들에 군용품들을 실어 델라웨어로 보
냈으며 그 과정에서도 '엄청난 경계 태세를 갖춘 터라, 결국 영국군은 도
시를 함락시키고도 공공 재산은 거의 손에 넣지 못했다'. 이는 훗날 연방
대법원장이 되는 존 마셜John Marshall의 기록이다.[68] 이 물자의 도움을 받은
워싱턴은 10월 4일 저먼타운에서 영국군과 맞부딪친다. 대륙군 측에서도
또다시 1,000여 명의 사상자 및 포로가 발생했지만, 이 전투로 하우 장군
은 필라델피아에 발이 묶여 북쪽의 버고인 장군을 도우러 가지 못했다.

방종하고 자만심 강한 남자이자 '신사 조니Johnny'라고도 불렸던 버고인은 많은 측면에서 전시의 병법보다는 평시의 유흥이 더 어울리는 사람이었다. 그가 쓴 희곡 〈오크나무 아가씨The Maid of the Oaks〉는 영국의 유명 배우 데이비드 개릭David Garrick의 주연으로 드루어리 레인 극장에서 공연되기도 했었다. 1777년 10월 초, 버고인과 그의 군대는 온갖 번거롭고 화려한 의례와 의식들을 치르면서 허드슨밸리까지 진격했다. 버고인은 파리가 들끓는 늪 지대와 습지를 지나야 하는 상황에서도 마치 전투가 아니라 대관식을 위한 여행인 듯 최소 서른 대의 마차에 자신의 개인 소지품들을 싣고 다녔다. 그는 영국 관리들 사이에 만연해 있던 속물근성을 전형적으로 보여주었으며, 심지어는 영국이 건방진 아메리카인들에게 너무나 큰 관용을 베풀고 있다고 생각했다. 1774년 그는 '아메리카는 이미 버릇이 잘못 들어버린 우리의 자녀'라는 말도 남겼다.[69]

본래 영국에게는 뉴잉글랜드를 여타의 반란 식민지들로부터 떼어놓는다는 전투 계획이 있었는데 이를 위해서는 북쪽의 버고인과 서쪽의 베리모어 세인트 리저Barrimore St. Leger 중령, 남쪽의 하우 장군이 각각의 군대를 끌고 와서 한데 합류해야만 했다. 그러나 하우 장군이 필라델피아에 발이 묶여버리는 바람에 버고인의 군대는 홀로 허드슨밸리 상부에 고립된 채 허레이쇼 게이츠 장군이 이끄는 독립군들과 싸워야만 했다. 결국 10월 중반의 새러토가Saratoga 전투에서 버고인은 5,700명의 병사 전원과 함께 항복했는데, 이는 독립전쟁에서의 핵심적인 순간이 아닐 수 없었다. 그전까지는 개입을 주저했던 프랑스가 이 결정적인 대승에 마음을 굳히고 독립주의자 편에 서서 전쟁에 참전했기 때문이다.

새러토가 전투 이후 워싱턴은 승전보를 올린 게이츠의 군대 중 일부를 남쪽으로 직접 데려와 자신의 입지를 강화하고자 했다. 계속해서 줄어들고 있었던 대륙군의 복무 기간이 당시엔 겨우 1년 남짓밖에 되지 않았고 이 때문에 많은 문제가 발생하고 있었다. 승전 소식이 들려온 지 얼마 지나지 않아 워싱턴은 다섯 명의 주요 장군들과 열 명의 준장들로 이루어진 전시 내각을 소집하고 해밀턴에게 회의록 작성을 맡겼다. 그러자 이 어린 부관이 그저 말 잘 듣는 부하 직원이 아니라 그 이상의 역할을 담당하고 있다는 비난이 일기 시작했다. 펜실베이니아의 급진파 주의원 벤저민 러시는 워싱턴이 '그린 장군, 녹스 장군, 그리고 자신의 부관 중 하나인 스물두 살의 해밀턴 중령이 자신을 지배하도록' 내버려두고 있다고 비판했다.[70] 내각 회의에서 장성들은 새러토가 전투의 승리로 뉴욕에 대한 영국군의 위협이 극도로 줄어들었고, 때문에 이제는 게이츠가 자기 부대의 상당 부분을 워싱턴에게 넘겨줘야 한다는 데 합의했다. 게이츠에게 이토록 달갑지 않은 소식을 전할 특사로는 알렉산더 해밀턴이 선택되었다.

워싱턴이 자신의 젊은 부관에게 이토록 막중한 임무를 맡겼다는 사실은 눈여겨볼 필요가 있다. 새러토가 전투 이후로 허레이쇼 게이츠 장군은 시대의 영웅이자 뉴잉글랜드 정치인들의 사랑이었고, 바로 그 때문에 워싱턴과 서로를 향한 반감을 키우고 있던 중이었다. 심지어 게이츠는 워싱턴에게 직접 승전을 보고하지 않음으로써 그를 모욕하기도 했다. 그렇기에 해밀턴이 맡은 임무, 즉 인기 절정의 장군에게, 가능하다면 명령을 내리지 않고, 자기 군대의 상당 부분을 내놓으라고 설득해야 하는 임무는 자칫 잘못될 가능성이 매우 컸다. 해밀턴은 게이츠와 협상하기 위해 본부에서 300마일(약 482킬로미터_역주)을 달려가야 했으므로 더 이상 워싱턴의 조언을 받을 수도 없었다. 고압적인 게이츠는 스물두 살짜리 꼬맹이와 협상을 해야 한다는 사실 자체에도 분명 모욕을 느낄 것이었으므로, 해밀턴은 자신의 본능 속에 숨겨진 모든 간계와 외교술을 총동원해야 했다.

워싱턴은 해밀턴이 정당한 권한을 부여받았음을 알리기 위해 게이츠에게 자신의 부관을 소개하고 그에게 맡긴 임무를 설명하는 서신을 썼다.

197

'[해밀턴 중령은] 우리 막사가 처한 상황과 우리의 적들을 귀관에게 제시하기 위해 간 것이고, (중략) 이제는 피할 수 없어진 이번 작전 계획에 대한 나의 심정을 잘 알고 있으며 그것을 귀관에게 전달할 것이오.'[71] 해밀턴에게는 놀라울 정도의 재량권이 주어졌다. 워싱턴은 자신이 요구한 부대들이 이미 독립주의자들의 대의에 알맞게 활용되고 있다면 '그것을 방해하지는 않을 것'이지만, 그렇지 않다면 '앞에서 언급한 보충 병력을 (중략) 즉시 우리 군대에 합류시킬 수 있도록 조치하라'고 썼다. 여기서 게이츠가 제대로 하고 있는지를 판단하는 것은 오로지 해밀턴의 몫이었다.[72] 알렉산더 해밀턴이 내린 즉각적인 결정에 따라 사건의 결과가 완전히 뒤바뀔 수 있었던 순간은 독립전쟁을 통틀어서도 이번이 거의 유일했다.

　명령문을 손에 든 해밀턴은 5일 내내 하루에 60마일(약 96킬로미터_역주)씩 내달리며 무엇에 홀린 사람마냥 무시무시한 속도로 올버니로 향했다. 가는 도중 그는 허드슨 만의 동부 해안 피시킬에 있던 이즈라엘 퍼트넘 장군의 막사에도 들러서, 그 또한 워싱턴을 돕기 위해 두 개 여단을 남쪽으로 보내야 한다고 역설했다. 해밀턴은 스스로 판단을 내리고 행동하는 데 거리낌이 없었다. 본인 스스로의 직관으로 행동했던 그는 퍼트넘 장군을 설득하여 뉴저지 민병대 병사들 700여 명을 추가로 보내주겠다는 약속을 받아냈다. 그는 워싱턴에게 '각하께 힘을 실어드릴 수 있을 일을 각하도 마다하지 않으실 것이라 판단했고, 갑작스러운 일이긴 했지만 제 추정에 근거를 두고 그 일을 감행해보기로' 했다고 설명했다. 재빨리 화두를 돌리고 싶었던 듯, 그는 워싱턴에게 병참 장교가 자신에게 '건강한 말 몇 마리를 주려고 합니다. 말들이 준비가 되는 대로 저는 (허드슨) 강을 다시 건넌 뒤 반대편의 부대원들과 합류하여, 가능한 한 빨리 올버니로 가 그곳의 세 개 여단을 보내도록 하겠습니다'라고 썼다.[73]

　1777년 11월 5일, 해밀턴은 올버니에 도착하자마자 허레이쇼 게이츠 장군과 급히 회의를 가졌다. 사실 해밀턴은 새러토가 전투의 공이 게이츠 장군이 아닌 베네딕트 아널드Benedict Arnold에게 있다고 생각했고, 게이츠를 허영심 많고 비겁하며 능력 없는 장군이라 여기고 있었다. 이후 해밀턴은 일련의 사건들을 통해 자신의 준열한 판단이 맞았음을 알게 된다. 희끗희끗한 머리칼과 기다란 코끝에 걸린 안경 덕에 병사들로부터 훗날 '게이츠 할머니'라는 뒷담을 듣기도 했던 게이츠 장군은 체격이 좋았음에도 워싱턴보다 존재감이 훨씬 떨어졌다. 어느 공작과 가정부 사이에서 사생아로 태어난 게이츠는 영국 군사학교에서 공부한 이후 프렌치-인디언 전쟁에 참전했다. 당시 새러토가 전투에서의 승리로 자부심에 부풀어 있던 게이츠는 자신이 지휘하는 여단들 중 단 하나도 기꺼이 내놓으려 하지 않았다. 해밀턴은 유순하게 그의 말을 듣는 대신, 단호한 말투로 게이츠에게 직접 이야기하면서 그가 몇 개의 부대를 나누어 주어야 하는지 역설했다. 게이츠는 뉴욕의 영국군 사령관 헨리 클린턴Henry Clinton이 언제든지 허드슨 강을 거슬러 행군하면서 뉴잉글랜드를 위협할 수 있다고 응수했다. 결국 게이츠는 본래 해밀턴이 말한 세 개 여단 대신 패터슨Patterson 장군이 이끄는 여단 하나만을 워싱턴에게 보내기로 했다. 회의 이후 해밀턴은 염탐을 통해 패터슨 장군의 600여 명 규모 여단이 '이곳의 세 개 여단 중 가장 약한' 부대임을 알아차렸다. 해밀턴은 곧장 게이츠 장군에게 서신으로 자신의 심정을 가감 없이 밝혔다. '지금과 같은 상황이라면 저는 장군님께서 최선을 다하셨다고 생각할 수 없고, 제가 말씀드린 바와 같이 세 개 여단 중 택해서 보내라는 워싱턴 장군 각하의 지침대로 하셨다고도 생각할 수 없습니다.'[74] 해밀턴은 너무 직접적이지도, 너무 에둘러 말하지도 않으며 자신의 의견과 워싱턴의 의견을 요령껏 섞어 언급했다. '저는 최선을 다해 그와 논쟁을 벌이며 (부대를 보내는 것이 매우) 중요한 일임을 설득하고자 했으나' 몹시 답답해하는 해밀턴이 워싱턴에게 한

5 · 새끼 사자

말이다. '너무나 고집불통인 그는 최소 두 개 여단의 대륙군이 그곳 근방에 머물러야 한다고 주장했습니다.'[75] 해밀턴은 이후 게이츠가 '몰염치하고 어리석으며 비열하다'고 책망했다.[76]

게이츠는 자신만만하고 완고한 이 부관과 협상을 해야 했다는 사실에 자존심이 상했다. 워싱턴에게 보내는 서신의 초안에서 그는 해밀턴을 언급했다가 줄을 그어 지웠는데, 이를 보면 그가 이 상황 때문에 얼마나 속을 끓였는지 잘 알 수 있다. '임무 수행 중인 부관의 구두 명령들에 직접적이고 무조건적인 복종을 보여야 한다는 것이 관례적이고 심지어 완전히 필수적인 일임을 잘 알고 있습니다만, 그럼에도 저는 단 한 명의 부관이 300마일씩이나 떨어져 있는 부대를 상대로 하여 그 정도의 독재적 권한을 위임받은 전례가 없는 것으로 믿습니다.'[77] 결국 해밀턴은 게이츠에게서 그가 희망하는 두 개 부대를 주겠다는 약속을 받아냈다. 이 협상은 해밀턴의 예술적인 기교와 완벽한 정치적 기술이 잘 드러난 사건이었다.

게이츠와의 팽팽한 협상 이후 해밀턴은 오랜 친구 로버트 트루프를 만나기 위해 올버니에 조금 더 머물렀다. 그들은 필립 스카일러의 집에서 저녁식사 자리를 가졌다. 게이츠보다 한 발 앞서 대륙군 북부 수장을 지냈던 스카일러 장군은 새러토가 전투의 승리가 자신이 닦아놓은 준비 작업을 바탕으로 했던 것이었다고 말하며 게이츠에게 한 방 맞았다는 내색을 비쳤다. 이에 동의한 너대니얼 그린 장군 역시 게이츠는 '그저 행운의 자식'일 뿐이라면서 '북부군의 모든 성공은 그가 도착하기 이전부터 쌓아올린 기반 위에 놓인 것'이라고 주장했다.[78] 스카일러의 집을 방문하는 동안 해밀턴은 처음으로 그의 둘째딸인 스무 살의 엘리자베스를 만났다. 이들의 이야기는 이로부터 2년도 더 지난 시점부터 다시 시작된다.

게이츠와의 협상으로 기진맥진해진 해밀턴은 허드슨 강을 따라 다시 내려가기 시작했으나 이내 자신의 임무가 아직 끝나지 않았음을 발견하게 되었다. 뉴욕 최고행정관 조지 클린턴의 뉴윈저 저택에 들린 해밀턴은 이즈라엘 퍼트넘 장군이 약조한 두 개 여단을 내주지 않으리라는 사실을 알게 되면서 충격에 빠졌다. 허세가 심한 군턱의 농부였던 퍼트넘은 본래 코네티컷에서 여관을 운영했던 자로, 그의 부관이었던 에런 버가 '친애하는 나의 장군님'이라 부르며 따랐던 인물이었다.[79] 벙커힐 전투에서 '적군 눈의 흰자위가 보일 때까지 기다렸다가 낮게 사격하라'는 유명한 명령을 내린 사람도 퍼트넘 장군으로 추정된다.[80] 해밀턴은 퍼트넘 장군이 약속을 어겼다는 사실을 발견하자마자 그에게 격노가 담긴 서신을 보냈다. 해밀턴은 부관으로서의 조심성은 모두 던져버리고선 자신보다 나이가 두 배는 많은 베테랑 장교를 가차 없이 꾸짖었다.

> 장군님, 저는 놀라움을 금할 수 없습니다. 각하는 장군의 지원을 절대적으로 필요로 하시며 그것이 늦어질 경우 아메리카는 상상할 수 있는 가장 큰 위험에 처하게 되겠지만, 제가 장군님께 말씀드렸던 모든 것들이 조금도 이루어지지 않았으며 그로써 각하의 모든 계획이 지금까지 충족되지 못하였다는 사실을 알게 되어 몹시 두렵습니다. (중략) 제가 지금 마땅히 그래야 할 것보다 더 따뜻하게 말씀드리고 있을지도 모르겠습니다만, 저는 이 문제에 대륙의 본질적인 이익이 달려 있음을 생각하는 마음이 넘쳐흐르는 김에 장군께 따뜻이 말씀드리는 겁니다.[81]

해밀턴은 퍼트넘의 모든 대륙군 소속 부대(즉, 주 민병대는 제외)를 즉각 워싱턴에게 보내도록 직접 명령을 내려야만 했다. 그러나 이 모든 것이 퍼트넘의 잘못만은 아니었다. 수개월 동안 봉급을 받지 못한 두 개 여단이 반란을 일으켜 행군을 거부했기 때문이다.

입장이 불리해진 해밀턴은 워싱턴에게 보내는 보고서에서 자신이 월권을 했을지도 모르겠다며 상당한 두려움을 드러냈다. 그러나 다행스럽게도 워싱턴은 해밀턴의 결정을 전폭적으로 지지한다는 내용의 답신을 보내왔다. '나는 귀관이 택한 모든 행위를 전적으로 승인하며, 귀관이 다루어야 하는 모든 일들에 대해 계속해서 열정과 선의를 가지고 임하기를 바랄 뿐이네.'[82] 워싱턴은 9월 필라델피아에서 그랬던 것과 마찬가지로 이 유능한 젊은이에게 엄청난 재량권을 주었고, 해밀턴은 워싱턴의 도박에 당당하게 보답했다. 이제는 이 젊은 부관이 그저 장군의 대리인에 그치지 않고 그 자신의 권한을 가진 단호한 인물임이 만천하에 드러났다. 고집 센 두 명의 장군들을 만나는 과정에서 해밀턴은 엄격한 계급제와 중앙집권적인 지휘권을 한층 더 선호하게 되었고, 그것만이 무언가를 성취할 유일한 길이라고 생각하기에 이르렀다. 이는 훗날 그가 정치에 입문한 후에도 각 주별로 권한이 분산된 체제보다 중앙집권적인 연방권력 체제를 선호했던 것과 일치하는 견해였다.

계속 위태로웠던 해밀턴의 건강은 그가 허드슨 강을 따라 미친 듯이 오르내리는 과정에서 상당히 쇠약해졌다. 11월 12일, 그는 뉴윈저에서 워싱턴에게 서신을 보내어 귀환이 늦어질 것임을 알렸다. '저는 발열과 극심한 전신 관절통 때문에 이곳에 이틀간 머무르고 있습니다.'[83] 건강상의 이상에도 해밀턴은 곧 워싱턴의 군대에 합류할 부대들을 계속해서 이동시켰고, 강을 따라 픽스킬 근방까지 내려가면서 퍼트넘의 여단들을 최대한 압박했다. 그러나 11월 말, 초췌해진 해밀턴은 데니스 케네디Dennis Kennedy의 집에서 또다시 앓아누웠다. 이번에는 회복할 수 있을지도 불투명한 상황이었다. 클린턴 최고행정관에게 보내는 서신에서 I. 깁스L. Gibbs 대위는 해밀턴이 고열과 오한에 시달리고 있으며 상태가 위중하다고 알렸다. 11월 25일, 그는 해밀턴이 '외견상으로는 완전히 곧 숨을 거둘 사람처럼 보였고, 두 시간여를 극도의 오한에 빠져 있다가 겨우 살아남았다'고 보고했다. 11월 27일, 해밀턴이 다시 한 번 발부터 무릎 아래까지 극도의 오한을 느끼기 시작하자 곁을 지키고 있던 의사는 그가 살아남지 못할 것이라고 판단했다. 그러나 '그 상태로 거의 네 시간 가까이를 더 버틴 끝에 열이 상당히 잦아들었고, 그때부터는 상당한 회복세를 보였다'. 해밀턴이 게이츠 장군을 너무나 맹렬히 대한 탓인지 모두가 그의 회복을 기뻐한 것은 아니었다. 12월 5일, 휴 휴즈Hugh Hughes 대령은 자신의 친구인 게이츠 장군에게 다음과 같은 편지를 썼다. '그동안 신경쇠약으로 픽스킬에서 크게 앓아누워 있던 해밀턴 중령이 위험한 상태는 벗어났소만, 그 달콤한 성질머리에서까지 회복했는지는 모르겠소.'[84]

크리스마스 직전, 해밀턴은 워싱턴과의 합류를 위해 다시금 길을 떠나지만 모리스타운 근처에서 또다시 쓰러지고 만다. 마차에 실려 픽스킬로 돌아간 그는 양고기와 오렌지, 감자, 메추라기, 꿩 등의 푸짐한 음식을 먹으면서 요양했다. 해밀턴은 늦어도 1778년 1월 20일 이전, 필라델피아 근방의 밸리포지Valley Forge에 위치한 겨울 기지에서 드디어 동료들과 합류하게 되었다. 그러나 이곳은 너무나도 우중충해서 요양을 막 끝마친 중령이 사기를 북돋을 만한 곳이 아니었다.

허레이쇼 게이츠가 새러토가 전투 이후 얻은 명성은 실로 대단한 것이어서, 몇몇 막사에서는 그가 워싱턴 대신 총사령관 자리에 앉아야 한다고 말하는 목소리도 들려왔다. 워싱턴이 그를 못마땅하게 여긴 것도 이해가 갈 만한 대목이다. 그는 뉴욕과 필라델피아에서 이렇다할 만한 군사적 성과를 보여주지 못했으며, 화려했던 트렌턴 기습 및 프린스턴대학 기습 작전은 브랜디와인크리크와 저먼타운에서의 실패에 가려진 채 잊혀가고 있었다. 워싱턴과 게이츠의 라이벌 관계에는 대륙회의에서의 정치적 분열 또한 반영되어 있었다. 존 애덤스와 새뮤얼 애덤스, 리처드 헨리 리

Richard Henry Lee 등 대륙회의가 전쟁에 대해 보다 엄격한 통제권을 쥐고 있어야 한다고 주장했던 이들은 게이츠에 동조를 보냈다. 존 애덤스는 자신의 일기에서 워싱턴의 전투 지휘력을 개탄했다. '하늘이시여! 우리에게 위대한 영혼을 하나만 내려주소서! (중략) 적극적이면서 거장다운 능력을 가진 이가 이 혼란을 끝맺고 이 나라를 구하리라.'[85] 애덤스는 게이츠를 노골적으로 지지하지는 않았으나 워싱턴을 떠받들다 보면 결국 군사 통치로 이어질 것이라고 우려했으며, 따라서 새러토가 전투의 승리로 총사령관의 명성에 그늘이 진 것을 기뻐했다. 반면 존 제이, 로버트 R. 리빙스턴, 로버트 모리스Robert Morris 등의 보수주의자들은 총사령관에게 한층 더 많은 행정적 권한을 부여하고자 했으며 굳건히 워싱턴의 곁을 지켰다.

게이츠의 열렬한 신봉자 중에는 토머스 콘웨이Thomas Conway라는 이름의 우중충한 아일랜드 사람도 하나 있었다. 프랑스에서 교육을 받고 프랑스 군대에 복역했던 콘웨이는 그해 봄 대륙군에 입대한 인물이었다. 해밀턴은 새로운 준장에 대한 멸시를 조금도 숨기지 않고 드러냈는데, 한번은 그를 가리켜 '그보다 더 악랄한 중상모략자도 없고 그만한 선동가도 없다'고 쓸 정도였다.[86] 콘웨이는 게이츠에게 대고 워싱턴 장군의 군사적 능력을 거리낌 없이 비방했고, 새러토가 전투 이후엔 게이츠에게 '하늘은 당신의 나라를 구원하기로 결정했지만 유약한 장군과 그의 못된 고문들이 일을 그르칠 수도 있을 것'이라 말하는 편지를 쓰기도 했다.[87] 게이츠도 이와 같은 위험한 대화를 마다하지 않았다. 11월경 이 편지의 사본을 손에 넣은 워싱턴은 곧장 게이츠에게 격노가 담긴 서신을 보내 자신을 언급한 구절들을 인용하면서 해명을 요구했다.

현행범으로 붙잡힌 게이츠는 자신의 불충이 주목받는 것을 피하고자, 자신의 편지를 워싱턴에게 유출한 범인을 수색하기 시작했다. 그의 동료였던 제임스 윌킨슨James Wilkinson 소령은 이것이 아마 로버트 트루프의 짓이 아니겠냐는 의혹을 제기했다. 해밀턴과의 짜증스러운 대화를 마음속에 담아두고 있던 게이츠는 워싱턴의 젊은 부관이 그 범인이라고 결론지었다. "해밀턴 중령이 한 시간 정도 이 방에 홀로 있었던 적이 있소." 게이츠가 윌킨슨에게 말했다. "그동안 그는 벽장에서 콘웨이의 편지를 찾아낸 뒤 그것의 사본을 만들어 워싱턴에게 보냈을 거요." 이제 게이츠는 당시 픽스킬에 앓아누워 있던 해밀턴을 향한 복수극을 시작했다. 게이츠는 '워싱턴 장군이 [해밀턴을] 포기할 수밖에 없도록 만들' 작전에 착수했다면서 그러므로 '편지를 훔친 이와 사본을 받은 이 모두 불명예를 얻게 될 것'이라고 말했다.[88]

12월 8일 게이츠는 워싱턴에게 요령 없는 서신을 하나 보냈는데, 여기에는 해밀턴을 중상모략하려는 속셈이 그대로 드러나 있다. '각하, 콘웨이 장군이 제게 보낸 편지를 빼돌려 그 일부를 각하께 보내는 부정한 짓을 저지른 글쓴이를 색출하는 데 가능한 한 많은 도움을 주시길 바랍니다. 그 편지들은 *도둑질로 필사된 것입니다.*' 또한 같은 편지에서 게이츠는 '저를 배신하고 *각하가 직접 지휘하는* 활동들에 크나큰 해를 끼칠 그 악마를 잡아내어 저에게, 또 미합중국에게 큰 수고를 다하는 일'이 자신의 수중에 달려 있다고도 말했다.[89]

그러나 해밀턴은 이와 관련한 책임이 없고, 트루프와 해밀턴을 범인으로 지목했던 바로 그 제임슨 윌킨슨이 폭로의 주인공이었다는 사실이 밝혀졌다. 독특하고 이색적인 성격에다 술과 음모, 허세에 있어 거의 불치수준의 약점을 보였던 윌킨슨은 특보들을 들고 대륙회의로 가던 도중 펜실베이니아 주 레딩에 들러 술을 마셨는데, 여기에서 스털링 경의 부관을 만나 게이츠에게 보내는 콘웨이의 편지 이야기를 해버린 것이었다. 스털링 경은 곧바로 자신의 친구 워싱턴에게 이 소식을 알렸다. 해밀턴은 게이츠가 자신의 명성에 흠집을 내려 했던 사실을 절대로 잊지 않았다. '나는 개인적으로 그의 적이다.' 해밀턴이 2년 후 쓴 말이다. '그는 나의 인성을 부당하게, 이유 없이 공격했다.'[90]

워싱턴을 끌어내리기 위한 음해 세력, 이른바 '콘웨이 음모'가 실제로 그만큼 뚜렷이 존재했는지에 대해서는 역사학자들 사이에서도 오래도록 갑론을박이 있어왔다. 공식적으로 만들어진 조직이나 문서들은 없었으나, 워싱턴을 게이츠로 대체하고자 했던 움직임이 있었다는 것만큼은 확실하다. 처음에는 음모가 성공하는 듯 보였다. 11월 말, 대륙회의는 허레이쇼 게이츠를 군사위원회 의장으로 임명해 워싱턴을 감시할 수 있는 새로운 권한을 그에게 부여했다. 12월 중반에는 워싱턴의 항의를 딛고 콘웨이가 감찰관으로 진급했다. 해밀턴은 이제 악의를 품은 음모자들이 워싱턴을 해치려 한다고 생각했다. 해밀턴은 조지 클린턴에게 쓴 서신에서 자신이 지난번 이후로 '그 괴물들의 자취를 확실히 발견하였으며 어떻게든 달리 보려 해도 그 실체를 부정할 수가 없다'고 말했다.[91]

콘웨이 음모자들을 막기 위한 반대 세력도 이미 일어나는 중이었다. 1778년 1월 초, 해밀턴의 절친한 친구인 존 로런스는 아버지를 설득하여 워싱턴의 편으로 돌려놓았다. 당시 대륙회의 의장이었던 헨리 로런스는 아들에게 '그들의 모든 움직임을 예의 주시하면서, 사악하지만 조악한 시도들에는 강경히 반대'하겠노라고 장담했다.[92] 가장 최근의 분석에서는 워싱턴의 인기가 하늘을 찌르는 것으로 드러났고, 속이 뻔히 들여다보이는 중상모략들은 그의 명성을 한층 더 굳혀주는 역할밖에 하지 못했다. 1778년 4월경에는 대륙회의가 콘웨이의 감찰관 사직서를 기쁘게 수락했고, 허레이쇼 게이츠 또한 전장에서 점점 명성을 잃어가고 있었다. 도당 徒黨의 여파로 콘웨이와 게이츠 두 사람 모두 수차례의 결투 신청을 받았다. 제임스 윌킨슨은 자신의 멘토였던 게이츠에게서 등을 돌리고 그에게 결투를 신청했지만, 게이츠가 감정을 주체하지 못하고 사죄의 눈물을 흘림에 따라 결투는 중단되었다. 콘웨이는 계속해서 워싱턴을 비방하다가 존 캐드월레이더John Cadwalader에게 신청을 받고 결투장으로 이끌려 나왔다. 캐드월레이더는 콘웨이의 입 안에 총을 쐈고, 총알은 콘웨이의 머리를 관통했다. 그는 한 치의 후회도 내비치지 않았다. "이 망할 놈의 거짓부렁 주둥이를 어쨌든 막게 되었군." 그가 고통에 차 바닥에 쓰러진 적을 보고 했던 말이다.[93] 콘웨이는 어찌어찌해서 목숨을 부지하긴 했으나, 대륙군에서의 경력은 그대로 끝나버렸다.

용맹의 도가니

Alexander Hamilton

병마로 쇠약해진 해밀턴은 1778년 1월 드디어 밸리포지에 있는 동료들과 합류했다. 그러나 이곳의 진흙과 통나무로 만든 오두막들, 그리고 모닥불 주변에서 떨고 있는 지저분한 몰골의 병사들을 본 해밀턴은 어쩌면 다소 충격을 받았을지도 모른다. 부대에는 탄약과 텐트, 제복, 담요 등이 부족한 상태였으며 사방에서 끔찍한 풍경이 연출되고 있었다. 병사들이 신발도 신지 않은 멍든 발로 눈밭을 걸어 다녀서 바닥은 온통 핏발자국투성이였고, 그 옆으로는 말의 사체 수백여 구가 썩어가는 중이었다. 병사들도 천연두와 티푸스, 괴혈병 등으로 수척해져 있었고 워싱턴의 직속 부하라도 예외는 아니어서, 아침식사로 배급된 멀건 옥수수죽을 게 눈 감추듯 삼켜야만 하는 비참한 상황이었다. "얼마 전부터 우리 주둔지는 거의 기근에 가까운 상태에 빠져 있었소." 워싱턴이 2월 중순에 한 말이다.[1] 그해 겨울에만 부대 전체의 4분의 1, 즉 거의 2,500명에 가까운 병사들이 질병과 기근, 혹은 추위로 목숨을 잃었다. 그러한 고난을 이겨내려

알렉산더 해밀턴

면 고대 로마인들을 연상시키는 극기주의가 필요했기 때문에, 워싱턴은 자기희생적인 로마 정치인의 이야기이자 자신이 가장 좋아하는 희곡 작품인 조지프 애디슨Joseph Addison의 〈카토Cato〉를 밸리포지에서 공연하도록 하면서 지친 병사들의 기운을 북돋웠다.

그해 겨울, 해밀턴은 워싱턴과 함께 아이작 포츠Isaac Potts의 벽돌집에 머무르면서 일했다. 밸리포지라는 지명 또한 포츠의 대장간forge에서 비롯된 것이었다. 워싱턴은 콘웨이 음모로 침울해져 있던 데다 병사들의 비참한 상태에 불안감을 느꼈던 터라 평소보다 좀 더 신경질적인 상태였다. "장군은 괜찮으시지만 피로와 걱정에 시달리고 계세요." 마사 워싱턴이 친구에게 한 말이다. "그이가 지금처럼 불안해하는 모습은 본 적이 없어요."[2] 워싱턴은 종종 해밀턴에게 화를 풀곤 했고, 그 때문에 그들의 관계가 경직되는 경우도 있었다. 해밀턴은 전장에서의 지휘관을 동경했지만 워싱턴은 가장 귀중한 부관을 잃을 수도 있는 상황을 피하고자 했다. 어찌 되었든, 해밀턴은 대륙회의에 수많은 탄원서를 보내어 긴급 구호물자를 요청했으며 워싱턴의 곁에서 좌절감을 함께 나누었다. 한번은 마차 운전 권한과 관련하여 서신을 보낸 어느 대령에게 '친애하는 대령, 정말이지 제발 이런 문제에 대해선 스스로 노력하시오. 우리는 끝도 없는 곤경에 빠져 있소'라고 답했던 적도 있었다.[3]

해밀턴은 그들이 처한 불행 저변에 위치한 보다 더 심오한 원인들에 대하여 고찰하기 시작했다. 영국이 식민지들로 하여금 본국의 섬유 산업에 의존하게 만든 탓에 독립군들은 의복이 부족할 수밖에 없었다. 또한 충분한 무기를 확보하는 것도 불가능했는데, 이는 식민지들이 영국의 군수품에 의존하기 때문이었다. 해밀턴은 지폐를 지나치게 많이 발행하면 인플레이션이 닥칠 것이라고 뚜렷하게 예측했다. 대륙회의와 주정부에서 발행한 지폐는 그 가치가 떨어졌음에도 군대에게 음식이나 의복을 파는 경우 액면가 그대로만 인정됐기 때문에, 농민들과 상인들은 차라리 행상을 꾸려 필라델피아로 가서는 잘 먹고 잘 빼입은 채 흥청망청 놀고 있는 영국군한테 물건을 파는 쪽을 택하곤 했다.

밸리포지의 상황은 그야말로 언어도단이었다. 아메리카의 병사들이 아메리카의 가장 비옥한 농경지 한가운데서 굶어 죽어가고 있었기 때문이다. 해밀턴은 배급 부서의 서투른 일처리에도 환멸을 느꼈다. 2월 중순, 해밀턴은 뉴욕 주 최고행정관 조지 클린턴에게 다음과 같은 서신을 보냈다.

> 요즈음에는 사나흘 동안이나 아무런 식량을 배급받지 못한 채 지내야만 하는 병사들의 원성이 여기저기서 터져 나옵니다. 어마어마한 수의 병사들이 탈영하고 있으며, 반란의 기운도 뚜렷이 드러나고 있습니다. 병사들의 참을성이 이미 바닥을 드러낸 것은 아닌지 실로 진지하게 들여다봐야 할 일입니다. 무언가 효과적인 조치가 바로 취해지지 않는다면, 앞으로 어떻게 우리가 군대를 단합시켜 다음 작전을 수행할 수 있을지 저도 모르겠습니다.[4]

해밀턴은 독립주의자들이 하는 모든 일들을 비판적으로 바라보았다. 특히 그는 부당하게 이득을 취하는 사람들이 있다며 분해했고, 대륙 측의 대의에 근본적으로 정치적인 약점이 있음을 잘 알고 있었다. 클린턴에게 보내는 서신에서, 그는 대륙회의의 편파적인 지도자들이 '무공武功과 경력이라는 과시적인 허세를 온몸에 두른 하찮은 악당들에게 진급 기회를 마구 뿌려주고 있다'고 비웃었다.[5] 요청된 만큼의 자금과 병력을 지원해줄 수 없었던 무능한 대륙회의는 이제 주정부에게 구걸하는 신세로 전락했고, 주정부는 이기적이게도 자기 지역만을 위해 행동하며 대륙군에게 병사들을 내주지 않았다. 병사들을 모집하려면 두둑한 현금 포상금과 토지를 양도해주겠다는 각서 정도는 있어야만 했다. 또한 강력한 중앙 군대보다 주 민병대를 선호하는, 공화주의가 가진 편파성 역시도 독립혁명 그 자체를 약화시켰다.

환멸에 빠진 해밀턴은 한때 그토록 훌륭한 구성원들을 자랑했었던 대륙회의가 이제는 평범한 인물들로 넘쳐나게 된 이유에 대해 골몰하기 시작했다. 능력 있는 의원들은 다 어디로 갔단 말인가? 해밀턴은 주정부가 유능한 사람들을 모조리 끌어갔다고 결론지었다. 그는 클린턴에게 이렇게 말했다. "내부적인(즉, 주 단위의) 헌법이나 경찰 능력에서 형식과 효율을 갖추는 일도 물론 중요하지만 그보다 더 중요한 것은 현명한 중앙 회의체를 가지는 것입니다. (중략) 미합중국의 의원들을 데려다가 몇몇 주들의 행정부를 배불리고자 해서는 안 됩니다."[6] 해밀턴의 이 말은 그가 훗날 주창하는 민족주의의 미리보기나 다름없었다. 그러나 역설적이게도 조지 클린턴은 훗날 해밀턴이 가장 꼴 보기 싫어하는 사람, 즉 방금 해밀턴이 비난했던 그 편협한 지역주의 권력의 선봉장이 된다.

이제 막 스물세 살이 된 해밀턴은 벌써부터 최고행정관들에게 공민학 civics을 가르치고 있는 셈이었고, 심지어는 총사령관까지 그의 견해를 구했다. 워싱턴은 의회 위원회에 군대 재편과 관련하여 보고하러 갈 때 해밀턴의 조언을 구했고, 이에 해밀턴은 워싱턴에게 현재 시정되어야 할 폐단이 열거된 긴 목록을 작성해주었다. 그는 열흘 이상 휴가에서 돌아오지 않는 병사들을 군사재판에 회부해야 한다고 주장했고, 보초병들의 긴장을 유지시키기 위해 기습 사찰을 나갈 것을 추천했으며, 심지어는 병사들이 잠을 자는 자세까지 정해주었다. '모든 병사들은 머리맡에 자신의 배낭을 두고 자야 하며, 주둔지가 위험한 곳에 있을 때는 손에 무기를 들고 자야 한다.' 또한 해밀턴은 군사 기강을 매우 철저히 세우려 했으며, 규율 또한 매우 엄격하게 적용시키고자 했던 듯하다. 만일 기마병이 감찰관에

6 · 용맹의 도가니

게 사전에 알리지 않은 채 다른 이를 자신의 말에 태웠을 때는 '그와 같은 경솔을 죄로 100대의 채찍질에' 처해졌다.[7]

3월경 워싱턴은 영국군과의 포로 협상 자리에 대륙군 측 인사로 해밀턴을 보냈는데, 해밀턴이 벌써부터 아메리카의 정치적 미래를 마음속에 그리고 있었다는 사실은 여기에서 명백히 드러났다. 다수의 영국군 및 헤센 용병 탈영병들과 많은 이야기를 나눴던 해밀턴은 자연스럽게 이 임무의 적임자로 떠올랐고, 과거 엘리자베스타운 시절의 스승이자 당시 포로병 관리 수석대표였던 엘리아스 부디노와 함께 포로 협상에 나서게 되었다. 대륙회의에는 협상 자체를 반대하는 의원들도 있었고, 아예 영국을 비난할 구실을 만들기 위해 협상 실패를 바라는 이들도 있었다. 그 같은 이중성에 충격을 받은 해밀턴은 조지 클린턴에게 보내는 서신에서 다음과 같이 말했다. '협상에 돌입하는 것이 좋지 못한 정책으로 여겨지고 있습니다. 그러나 만일 그것이 사실이라 해도, 그토록 자주 신뢰를 저버리고 우리의 국가성을 파괴하는 것은 훨씬 더 좋지 않은 정책입니다.'[8] 해밀턴은 아메리카의 본성이 이 고통스러운 전쟁을 통해 태어나고 있으며, 그렇기 때문에 정직한 행동이 반드시 필요하다는 사실을 잘 알고 있었다.

해밀턴이 군대 재편에 관한 보고서를 쓴 지 얼마 지나지 않아, 축 늘어진 얼굴에 아래턱살이 두툼한 프로이센 병사 한 병이 밸리포지에 나타났다. 그는 자신을 독일의 남작으로 소개했고 우스꽝스러울 정도로 거들먹거리며 행동했다. 이 남자, 프리드리히 빌헬름 아우구스트 폰 슈토이벤Frederick William August von Steuben은 남작이 아니었을 수도, 또 거짓말로 '폰von'이라는 경칭을 썼을 가능성도 있긴 하나 실제로 그는 군인 가문 출신이었던 데다 한때 프리드리히 대왕Frederick the Great의 부관으로 일한 인물이었다. 그는 사비를 들여 미국에 왔고, 봉급 또한 독립군이 승리하지 않는 이상

알렉산더 해밀턴

받지 않겠다며 마다했다. 워싱턴은 그를 임시 감찰관으로 임명하고선 병사들에게 기강을 가르치도록 명했다. 슈토이벤의 영어는 기껏해야 더듬거리는 수준이었으며 평상시에는 프랑스어를 사용했다. 때문에 그는 프랑스어가 가능했으며 자신의 통역사 역할을 해준 두 사람, 해밀턴 및 존 로런스와 금방 가까워졌다. 슈토이벤은 마흔여덟 살인 반면 해밀턴은 스물세 살에 불과했지만 그들은 빠르게 친구가 되었고 프랑스어와 함께 군사에 대한 옛 지식들, 그리고 복무의 즐거움을 함께 나누었다.

이윽고 슈토이벤은 밸리포지를 으스대고 돌아다니면서 아마추어 병사들에게 열을 맞추어 행진하는 법, 권총을 장전하는 법, 총검을 고정시키는 법 등을 가르쳤다. 그는 명령을 내릴 때 다양한 언어로 다채로운 욕지기를 뱉어댔는데 이 때문에 부대 내에서 그를 좋아하는 사람들도 점차 생겨났다. 한 어린 이등병은 '남작만큼 고대 전설에 등장하는 전쟁의 신 같은 사람은 또 본 적이 없다. 내 보기에 그는 아레스Ares(그리스 신화에 나오는 전쟁과 파괴의 신_역주)의 완벽한 화신이었다. 화려하게 장식된 마구, 권총들과 엄청난 권총집들, 거대한 덩치, 걸출한 싸움 실력 등 모든 것들이 아레스에 딱 걸맞아 보였다'라고 회고했다.[9] 슈토이벤은 군 교련 지침서인 『블루 북Blue Book』을 검토했고 중대장들을 위한 훈련 지침서도 만들었는데, 해밀턴 역시 이 과정에 편집자 겸 번역가로 참여하곤 했다. 해밀턴은 교련교관 슈토이벤이 흥미로운 사람이라고 생각했던 듯하다. 그는 '남작은 제가 특히나 존경하는 신사'라고 말하는 한편 '권력과 중요성을 탐한다'고 책망하기도 했다.[10] 그는 대륙군이 그만한 기백을 갖추기까지는 슈토이벤의 기적과도 같은 공이 큰 몫을 했다고 믿어 의심치 않았다. "이는 의심할 여지없이 그의 노력 덕분이며, 우리는 군에 기강을 불어넣어준 그에게 큰 빚을 지고 있소." 해밀턴이 훗날 존 제이에게 건넨 말이다.[11] 1778년 5월 5일, 슈토이벤은 엄청난 노력을 인정받아 소장으로 진

6 · 용맹의 도가니

급했다.

　겨울 기지에 머무는 동안에도 해밀턴은 마치 자신은 앞으로 다가올 더 중대한 일들에 대비해야 한다는 듯 꾸준히 공부를 계속했다. 헨리 캐벗 로지의 말을 빌리자면 해밀턴의 '지력과 의지력은 그의 성공을 낳은 원천'이었다.[12] 해밀턴은 포병 대위 시절부터 뒤쪽에 빈 페이지들이 있는 장부 하나를 들고 다녔는데, 워싱턴의 부관으로 일할 무렵 그가 시간을 쪼개 책을 읽으며 남긴 글들은 무려 112페이지에 달했다. 해밀턴은 스스로 발전하는 독학자의 표본이었고, 자투리 시간을 모아 자기 자신을 개선하는 데 모조리 사용했다. 18세기 당시에는 모든 분야에 대한 지식을 두루두루 잘 알고 있는 팔방미인이 가장 품위 있는 인간상으로 받들어졌는데 해밀턴 역시 이를 갈망했다. 그의 장부에 남아 있는 기록을 보면 해밀턴은 베이컨Bacon, 홉스, 몽테뉴Montaigne, 키케로 등을 포함한 다양한 철학서들은 물론 그리스, 프로이센, 프랑스의 역사들까지도 숙독했다. 워싱턴에게 쏟아지는 서신들을 모두 처리하고 난 이후에 또 이러한 책들을 읽는다는 것은 결코 쉬운 일이 아니었을 테지만, 해밀턴은 이때 공부한 지식들을 계속 머릿속에 담아두었다가 훗날 알맞은 용도에 그것을 적용했다. 많은 아메리카인들은 독립 이후 찾아올 새로운 사회에서는 지나간 유럽 문명의 흔적들을 남김없이 지워버리겠다는 꿈을 꾸었지만, 해밀턴은 겸손한 자세로 유럽의 사회들을 공부하면서 새로운 정부의 형성에 대한 단서를 찾아 헤맸다. 제퍼슨은 아메리카의 건설이 현존하는 세계에서 벗어나 새로운 풍경으로 마법처럼 도약하는 일이라 여겼지만 해밀턴은 이에 동의하지 않았고, 오히려 신세계가 구세계로부터 배울 것이 많다고 생각했다.

　아마도 해밀턴이 가장 먼저 읽은 책은 말라키 포슬스웨이트Malachy Postlethwayt의 『무역·상업 대사전Universal Dictionary of Trade and Commerce』이었던 듯하

다. 정치학·경제학·지리학 분야를 통틀어 다룬 이 책에는 조세와 국채, 돈, 금융 등에 대한 글들이 잔뜩 담겨 있었다. 이 대사전은 상당히 크고 무거운 책 두 권으로 이루어져 있었는데, 이 책들을 어린 해밀턴이 전쟁의 난리통 속에서 이리저리 들고 다녔을 것을 생각해보면 거의 감동스러울 정도다. 해밀턴은 포슬스웨이트를 가리켜 '정치산술학에서 가장 유능한 인물'이라고 칭송했다.[13] 산업을 지지했던 포슬스웨이트는 혼합경제체제, 즉 정부가 시장을 조정하면서도 개인들은 자유로이 움직이게 해주는 체제를 해밀턴에게 넌지시 보여주었다. 해밀턴의 장부를 들여다보면 우리는 훗날 재무의 마법사가 되는 그가 금융의 기초를 공부하는 모습을 볼 수 있다. 해밀턴이 남긴 메모 중에는 '같은 돈으로 외국 화폐를 더 많이 가질 수 있다면 교환의 대상이 되는 본국 화폐는 가치가 높아졌다고 하고, 반대의 경우엔 낮아졌다고 한다' 같은 것도 있다.[14] 그는 또한 세계 곳곳에 관한 기본 정보들을 머릿속에 새겨두었다. '유럽 대륙의 크기는 세로 2,600마일, 가로 2,800마일이다.'[15] '프라하는 보헤미아의 제1도시이자 상업의 중심지이며, 유대인들이 상업을 주도하고 있다.'[16] 그는 포슬스웨이트의 책에 실린 유아사망률, 인구증가율, 환율, 무역수지, 주요 국가들의 경제총생산 등 다양한 수치들을 장부에 기록해두었다. 포슬스웨이트의 책을 보고 정리한 해밀턴의 노트는 그가 개인적인 공부에도 남들에게 귀감이 될 만큼 엄격하게 임했음을 잘 보여준다.

다른 건국의 아버지들과 마찬가지로, 해밀턴 역시 고대의 이야기들을 뒤지면서 정치적 선례들을 찾아 헤맸다. 특히 그는 데모스테네스Demosthenes의 『필리포스 탄핵 제1편First Philippic』 한 문단을 통째로 필사해두었는데, 이 발췌문은 지도자가 대중의 변덕에 휘둘려서는 안 된다는 그의 평소 생각과 잘 들어맞는 글이었다. 현명한 정치가들은 '부대의 선두에 서서 행진하는 장군'과 마찬가지로 '모든 일의 선두에 서서 걸어야 하며' 그렇기 때문에 자신이 '어떤 조치를 취해야 할지 가르쳐줄 사건이 터지기를 기다리는 것이 아니라, 무언가 사건을 터트릴 조치를 취하는' 이들이어야 한다는 내용이었다.[17] 장부 중 무려 51페이지에 걸쳐서는 플루타르코스의 여섯 권짜리 『영웅전』에서 발췌한 글들이 적혀 있다. 욕망과 탐욕, 그리고 권력을 갈구하는 사람들의 서사시를 담아낸 플루타르코스의 글을 읽은 이후부터 해밀턴은 언제나 정치를 그 이야기들에 빗대어 해석하곤 했다. 해밀턴의 정치 이론은 인간 본성에 대한 연구에 뿌리 내리고 있었기 때문에 플루타르코스가 보여준 전기적 이야기들이 그에게는 상당히 흥미로웠을 것이다. 특히 그는 원로원이나 사제 계급 등 사람들의 생활을 지배하는 엘리트 계층의 생성 과정을 자세히 필기해두었다. 해밀턴은 정부가 폭정과 무정부 상태를 모두 피할 수 있게 해주는 '견제와 균형'에 대해 벌써부터 관심을 가지기 시작했다. 리쿠르구스Lycurgus(『영웅전』에 나오는 스파르타의 지도자_역주)의 생애를 다룬 부분을 두고 해밀턴은 다음과 같은 기록을 남겼다.

리쿠르구스가 이룬 수많은 위업 중에서도 가장 중요한 것은 바로 원로원을 창설한 일이다. 원로원은 결정을 내리는 데 있어서 왕들과 동등한 권력을 가졌고, (중략) 군주제의 고압적이고 맹렬한 천재성을 공평성과 중용이라는 틀 안에 끊임없이 가둠으로써 쓸 만하게 만들고 육성했다. 그 전까지 국가는 발을 디딜 확고한 기반이 없었기 때문에, 가끔은 전제 군주제로, 또 가끔은 순수한 민주주의로 기울었다. 그러나 연방국에게 상원이란 선박의 바닥짐이나 마찬가지이며, 연방국의 창설은 곧 모든 것이 공정한 평형 상태를 이루게끔 해줄 것이다.[18]

해밀턴은 플루타르코스가 쓴 이야기들 가운데에서도 특히 연애사와 기이한 성적性的 풍습들을 주의 깊게 읽었다. 그가 장부에 적어둔 것들 중에는 고대 로마의 루페르쿠스(다산과 풍요의 신_역주) 축제에서 두 명의 젊은 귀족 남성들이 나체 상태로 기혼녀를 채찍질하고, '그 젊은 기혼녀는 채찍질이 임신에 도움이 된다고 생각하여 기뻐했다'는 이야기도 있다.[19] 해밀턴은 또한 리쿠르구스가 내린 판결들에도 큰 흥미를 보였는데, 그중에는 훌륭한 남성이라면 다른 남자의 허락을 구한 이후 그의 아내를 임신시켜서 '좋은 땅에 심어진 아이가 부모들의 훌륭한 장점들은 모두 물려받고 관대하게 자라날 수 있도록' 허가한 것도 있다.[20] 또 기혼녀들이 '원기를 찾고 건강한 자손을 낳을 수 있도록' 수 명의 처녀들과 젊은 남자들을 택해 '특정 축제 기간 동안 자신들의 면전에서 나체로 춤을 출 수 있도록' 허가했다는 얘기도 기록되어 있다.[21]

해밀턴의 장부를 연구해본 이들이라면 누구라도 훗날 그가 최고의 헌법학자이자 비할 데 없는 재무장관, 그리고 아메리카 역사상 최초로 일어난 대형 섹스 스캔들의 주인공이 된다는 사실을 무리 없이 받아들이게 될 것이다.

책상 앞에 붙박인 채 쉬지 않고 일했던 해밀턴은 오래전부터 전장으로 뛰쳐나가고 싶어 했다. 그리고 1778년 7월, 그는 극적인 기회 하나를 잡게 된다. 당시는 새러토가에서의 대승에 마음이 동한 프랑스가 지난 2월 아메리카의 독립을 승인하고선 이 신생국과 군사조약 및 상업협정을 맺기로 결정하면서 전쟁의 방향성이 바뀌기 시작하는 시기였다. 의기양양해진 존 애덤스는 다수의 아메리카인들에게 대영제국은 '더 이상 바다의 주인이 아니'라고 떠들고 다녔다.[22]

프랑스의 참전에 대한 대응의 일환으로, 영국은 사령관을 헨리 클린턴 경에서 하우 장군으로 교체했다. 해밀턴은 하우의 지도력이 그다지 대단하지 않다고 생각해왔다. "영국군은 그저 스물다섯 척의 소형 구축함과 열 척의 전함을 이용하여 우리의 항구를 봉쇄하기만 하면 됐었소." 해밀턴이 프랑스에서 온 손님에게 했던 말이다. "그러나 감사하게도 그들은 아무것도 하지 않았다오."[23] 하우 장군은 오히려 클린턴 장군보다 못한 인상을 주었다. 한번은 헨리 리가 워싱턴에게 클린턴 납치 계획을 제안했다. 당시 클린턴은 뉴욕 브로드웨이의 저택 한 채에 본부를 두고 있었는데, 저택 뒤편으로는 허드슨 강을 내다볼 수 있는 커다란 정원이 있었고 클린턴은 매일 오후 그곳의 정자에서 낮잠을 자곤 했다. 리는 허드슨 강의 썰물 때 병사 몇 명을 강 건너로 보내 졸고 있는 클린턴을 생포해 오자는 기발한 아이디어였다. 그러나 해밀턴은 이 계획에 반대하면서, 클린턴이 포로로 잡혀 온다 해도 '영국 정부가 그보다 더 무능력한 후임 사령관은 찾지 못할 터이니, 납치가 우리에게 좋은 일만은 아닐 것'이라며 사람들을 납득시켰다.[24]

6월 중순, 프랑스 함대가 아메리카로 온다는 사실을 알게 된 클린턴 장군은 그들이 대륙군의 편에 서서 영국 측의 필라델피아 점령군을 공격할까봐 두려워했다. 이를 미연에 방지하기 위해 그는 도시에서 철수한 후 방어가 좀 더 용이한 뉴욕에 병력을 집중시키기로 결정했다. 이는 곧 9,000여 명에 달하는 거대한 영국군이 무려 1,500여 대의 군용품 수레를 이끌고선 뉴저지를 가로질러 이동해야 한다는 것을 의미했다. 행군 당시 이들의 짐차들만 12마일(약 19킬로미터_역주)이 넘게 늘어섰으며, 속도 또한 끔찍할 정도로 느렸다. 위험할 만큼 보급로가 길게 늘어진 이 육중한 영국군은 대륙군의 공격에 그대로 노출된 상태였다. 워싱턴은 지금이 바로 취약해진 적군에게 회심의 일격을 날릴 수 있는 기회이자, 슈토이벤의 교련에 따라 밸리포지에서 갈고닦은 병사들의 실력을 뽐낼 기회라고 생각했다.

워싱턴은 콘웨이 음모에서 벗어난 이후 곧바로 찰스 리_{Charles Lee}의 도전을 받아내야만 했다. 경험 많은 장교였던 찰스 리 장군은 1776년 말에 한 여관에서 영국군에게 붙잡혔다가 5개월간의 포로 생활 끝에 최근에야 풀려난 인물이었다. 마른 체형에 호전적이고 별난 총각이었던 리는 4개 국어를 구사했고, 이탈리아에서의 결투로 손가락 두 개를 잃었으며, 한 무리의 개들을 이끌고선 이곳저곳을 여행했다. 그는 원주민 여성과 잠깐 결혼하고선 '끓는 물_{Boiling Water}'이라는 모호크식 별명을 얻었다. 그는 재능이 많았으나 주체할 수 없이 신경질적이었고, 자신이 군사의 천재라고 진심으로 믿었다. 오만하고 경박했던 그는 엘리아스 부디노에게 '워싱턴 장군은 병사들을 통솔하기엔 적절치 않은 인물'이라고 말한 적도 있었다.[25] 그는 또한 슈토이벤과 해밀턴이 군대에 전문적인 질서를 잡기 위해 들였던 노력들을 비웃곤 했다.

1778년 6월 24일, 워싱턴은 전략회의를 소집하여 당시 후퇴 중이던 영국군 덮쳐야 할지에 대해 논의했다. 독선적인 리는 즉각 워싱턴의 계획을 거세게 비난하면서, 아메리카인들은 우월한 유럽인들에게 격파당할 것이고 나아가 곧 프랑스군이 올 시점에서 문제를 일으키는 것은 무모한 일이라고 말했다. 리를 가리켜 '군사 과학에 대해서는 아무것도 모르는 얼간이거나 그보다도 못한 사람'이라며 묵살했던 해밀턴은 조용히 몸을 뒤틀 뿐이었다.[26] 그러나 놀랍게도 장교들은 리의 의견에 동의했는데, 해밀턴은 이를 두고 '조산사들 사이에서나 명예로운 일로 치부될 만한 결정'이라 비꼬았다.[27] 워싱턴은 본래 합의를 통한 의사결정을 선호했지만 이번만큼은 투표 결과를 뒤집고 '적당한 기회가 찾아올 시' 적군을 공격하라는 명령을 내렸다.[28] 리는 이것이 잘못된 작전이라면서 부사령관직 수행을 거부했다. 하지만 그가 허세를 부리고 있음을 간파한 워싱턴이 부사령관직을 라파예트에게 배정하자, 리는 그제야 기세를 굽히고 출전에 동의하면서 전진 부대의 지휘권을 잡았다.

그다음 수일간 라파예트의 연락 담당관으로서 해밀턴은 후텁지근한 밤을 가르며 달려 전선을 정찰하고 그 결과를 장교들에게 보고했다. 6월 27일 밤, 영국군은 뉴저지 주 프리홀드의 먼마우스 법원 청사 근방에 주둔 중이었고 리와 그의 병사들은 고작 그곳과 6마일(약 9.6킬로미터_역주) 떨어진 곳에 대기하고 있었다. 워싱턴은 리에게 '반대할 강력한 이유가 있지 않은 이상' 이른 아침에 그들을 공격하라고 명령했다.[29] 그들보다 3마일(약 4.8킬로미터_역주) 더 떨어져 있던 워싱턴은 이후 영국군 파견대의 등 뒤에서 덮칠 계획이었다. 해밀턴은 그날 밤 리에게 보내는 워싱턴의 명령문 초안을 작성하면서, 그에게 '다른 부대들이 뒤따라 올 시간을 벌 수 있게끔 [적군과의] 소규모 접전으로 시간을 끌라'고 전했다.[30]

1778년 6월 28일은 무엇보다도 숨 막히는 더위가 절정에 달했던 날이었다. 화씨 100도(약 섭씨 37.7도_역주) 가까이 치솟은 기온 덕에 상의를 벗은 채 말을 달리는 병사들도 있었다. 말들과 기수들 모두가 더위에 탈진해버렸던 그날, 계획상으로는 리가 영국군의 후미를 덮치면서 전투가 시작될 예정이었다. 아침 일찍 소화기 사격 소리가 들리자 워싱턴은 해밀턴에게 전장을 살피고 오라고 지시했는데, 그곳으로 간 해밀턴은 충격적인 소란이 벌어져 있는 상태를 목도했다. 리의 군대는 명령대로 적군과 싸우는 것이 아니라, 아예 대놓고 후퇴를 하고 있었던 것이다. 이는 워싱턴과 전혀 상의되지 않은 채 진행된 일이었다. 해밀턴은 리에게 달려가 소리쳤다. "장군, 저는 여기서 당신과 함께 서서 당신과 함께 죽겠습니다! 후퇴할 바엔 차라리 모두 죽음을 맞이하게 해주십시오!"[31] 다시 한 번, 이 젊은 부관은 장성에게 마치 동료라도 된 듯 말하기를 주저하지 않았다. 해밀턴은 또한 영국군 기마병 부대의 위협적인 움직임을 포착했고, 리를 설득해 라파예트로 하여금 그들을 향해 돌격 명령을 내리도록 만들었다.

병사들이 혼비백산하여 도망치고 있다는 소식을 들은 워싱턴은 곧바로 리에게 달려와 그를 노려보며 물었다. "장군, 이게 무슨 상황이오? 이 무질서와 혼란이 어떻게 발생한 것인지 알아야겠소!"

리는 그의 위압적인 말에 분해하면서 대답했다. "아메리카 병사들은 영국군의 소총 앞에서 견디지 못할 것이오."

그러자 워싱턴이 응수했다. "망할 놈의 겁쟁이 같으니라고, 당신은 시도조차 해보지 않았잖소!"[32] 워싱턴은 평소 비속어를 거의 쓰지 않았으나, 한 장군의 말에 따르면 그는 그날 아침 리의 불복종을 두고 '나무들이 몸을 떨 때까지' 욕을 퍼부었다고 한다.[33]

아마 아메리카인들은 먼마우스 전투 이후 조지 워싱턴을 한층 더 진정으로 숭배하기 시작했으리라. 승마 실력이 아메리카에서 가장 출중한 사람들 중 하나였던 워싱턴은 백마를 타고 다녔는데, 이 말은 당시 뉴저지 최고행정관이었던 윌리엄 리빙스턴이 델라웨어 강을 재탈환한 기념으로 그에게 선물한 것이었다. 그러나 이 아름다운 말이 더위로 인해 쓰러지자 워싱턴은 한 치의 망설임도 없이 적갈색의 암말로 갈아탔다. 그는 후퇴하는 병사들을 순전히 정신력으로 막아섰고 그들을 좇아가 돌려 세웠다. "거기 멈춰라, 나의 아들들이여, 너희의 적군에게 맞서라!"[34] 워싱턴의 한결같은 존재감은 도망치는 병사들에게 진정제 역할을 해주었다. 그는 그 자리에서 리에게 병사들을 이끌고 전장으로 가 영국군을 몰아내라고 명령했다. 라파예트는 워싱턴의 이 전설적인 행보를 모두 지켜보면서 '그보다 더 훌륭한 사람을 본 적이 없었다'고 회고했다.[35]

영웅 숭배를 그다지 좋아하지 않았던 해밀턴도 워싱턴의 수그러들지 않는 용맹함과 비교할 수 없는 극기에는 경외심을 표했다. "장군이 그렇게 돋보였던 적은 또 없었습니다." 그가 훗날 엘리아스 부디노에게 한 말이다. "장군의 냉철함과 굳건함은 존경스러울 정도였습니다. 그는 즉시

작전을 짜서 적군의 진격을 견제했고, 적군과 아주 가까운 곳에 있던 아군이 전열을 가다듬을 수 있는 시간까지 벌었습니다. (중략) 그는 자신의 지략과 정신력으로 그날의 운명을 바꾸어놓았습니다. (중략) 그는 명장의 솜씨로 전군을 지휘했습니다."[36]

마찬가지로 해밀턴의 용맹함 또한 오래도록 회자되었다. 리는 당시 전투에 굶주려 있었던 해밀턴이 '다소 무용武勇의 도가니에 빠져 있었다'고 말했다.[37] 전투가 벌어졌다 하면 해밀턴은 반드시 그 안 어딘가에 들어가 있었다. 한 연대가 포병 부대를 사수하기 위해 퇴각하려 하자, 이를 발견한 해밀턴은 그들에게 울타리를 따라 대열을 맞춰 선 뒤 총검으로 돌격하라고 명령했다. 햇볕이 내리쬐는 전장에서 모자도 없이 말을 타던 해밀턴은 이미 더위에 탈진해 있었는데, 이때 그가 타고 있던 말이 총격에 맞아 쓰러졌다. 말에서 떨어진 그는 이 전투에서 더이상 싸울 수 없을 정도로 크게 다쳤다. 바로 이날, 에런 버와 존 로런스 역시 자신들의 말이 총에 맞는 바람에 낙마했다. 버는 심각한 열사병에 걸려 더 이상 독립전쟁에 참전할 수 없기에 이르렀다. 극심한 두통과 구역, 탈진에 시달리던 버는 결국 10월경 임시 휴가를 떠났는데, 아마 워싱턴 휘하에서 자신이 생각만큼 진급하지 못한 것에 대한 짜증도 휴가의 이유로 작용했을 것이다.

많은 사람들은 해밀턴이 먼마우스 전투에서 보여준 모습에 경탄을 금치 못했다. 그것은 단순히 용맹으로 치부할 수 있는 수준이 아니었으며, 오히려 황홀경에 빠진 채 위험을 무시해버리는 반항심에 가까웠다. 전장에서 영광스러운 죽음을 맞이하겠다는 그의 치기 어린 환상도 거기에 잘 녹아들어 있었다. 한 부관은 해밀턴이 '용맹함의 단적인 예'를 보여주었고, '아무것도 확신할 수 없는 상황에서 죽음을 자처하고 뛰어든 뒤 그것을 이겨냈다'고 말했다.[38] 존 애덤스는 훗날 헨리 녹스 장군에게 해밀턴이 먼마우스 전투에서 보여준 '열기와 흥분'에 대한 이야기를 들려주었다.[39]

해밀턴은 극도의 압박 속에서 거의 과열 직전에 다다를 정도로 흥분했던 것이다.

먼마우스 전투에서 독립주의자들이 뚜렷한 승리를 거둔 것은 아니었고, 영국군은 이튿날 온전하게 퇴각했다. 이 전투는 대체로 무승부라고 평가된다. 하지만 오합지졸 대륙군은 1,000명이 넘는 적군을 사살하거나 부상 입혔는데, 이는 아메리카 측의 사상자보다 네 배나 많은 규모였다. 그들을 반대하는 자들에게 대륙군도 최고의 유럽 병사들을 상대로 훌륭하게 싸울 수 있음을 증명해 보인 것이다. '우리 군대는 처음에 그릇된 지휘에 휘둘리기는 했으나, 곧 한층 더 강한 정신을 갖추고는 영국군보다 훨씬 더 훌륭한 명령에 따라 움직였다.' 기쁨에 찬 해밀턴의 말이다. '우리 군대가 요즘보다 더 마음에 들었던 적은 없다.'[40] 또한 해밀턴은 자칫 엄청난 기회를 날려버릴 뻔했던 리 장군에게 단단히 화가 나 있었던 터라, 워싱턴이 리를 명령 불복종 및 수치스러운 퇴각 명령을 내린 혐의로 체포하자 크게 기뻐했다. 7월, 뉴브런즈윅에서 스털링 경이 감독하는 가운데 리의 군사재판이 열리자 해밀턴은 반대편 증인으로 참석하려 했다. "군사법원이 어떤 판단을 내린다 할지라도," 해밀턴이 엘리아스 부디노에게 말했다. "나는 그의 행동이 도저히 말도 안 되는 짓이었으며 절대 용서할 수도 없는 일이었다고 계속해서 믿겠습니다."[41] 찰스 리에게 동조를 보내는 이들 중에는 워싱턴의 군사적 재능을 깎아내리는 데 실패한 에런 버도 있었다.

7월 4일과 13일, 해밀턴은 군사재판에서 리를 상대로 증언했다. 그는 리가 워싱턴의 명령이 있었음에도 적군의 진격을 막기 위해 아무 조치도 취하지 않았다고 회고했다. 병사들은 완전히 무질서하게 도망쳤으며, 리는 워싱턴에게 그들의 후퇴를 알리지도 않았다는 것이다. 리는 해밀턴을 반대 심문하면서 그가 자신이 했던 행위와 정반대되는 의견을 내놓고 있다고 주장했다. "그렇지 않소." 해밀턴이 다시금 끼어들었다. "장군이 진정 스스로 대담하기를 갈망했다면 전장에서 고작 그 정도의 대범함만을 보여주지는 않았을 것이오." 해밀턴은 또한 '이 같은 결정적인 상황을 지탱해야 할 인물은 반드시 침착하고 한결같은 성정을 지니고 있어야 하나, 리 장군은 그렇지 못했으므로 이에 초조함을 드러냈다'고 알렸다.[42] 실로 희한한 대화였다. 젊은 부관이 베테랑 장군을 상대로 전장의 지휘관이 가져야 할 정신에 대해 설교하는 모습이었으니 말이다.

결국 찰스 리는 모든 혐의에 대해 유죄 판결을 받았으나, 정직停職 1년이라는 비교적 관대한 형을 받았다. 불명예를 입은 장군은 10월경 버에게 '사임하고 버지니아로 돌아가 담배 농사를 배우려 한다'고 말했다.[43] 그러나 그가 모든 것을 정말 여기에서 끝내버린 것은 아니었고, 그와 그의 부하들은 계속해서 워싱턴을 욕했다. 해밀턴도 군사재판에서 버를 상대하여 증언했다는 이유로 비난의 대상이 되었다. 11월 말, 해밀턴은 리를 숭상하는 부관 존 스키 유스터스John Skey Eustace와 마주하게 되었다. 유스터스는 사람들에게 해밀턴이 군사재판에서 위증을 했다고 떠벌리고 다녔지만, 그럼에도 해밀턴은 그에게 회유적인 태도로 다가가고자 했다. 이후 유스터스는 리 장군에게 보내는 편지에서 해밀턴과의 조우를 다음과 같이 묘사했다.

제가 방에 들어서자 [해밀턴]이 다가와 악수를 청했습니다만, 저는 그의 예의를 못 본 체하고 그에게 인사도 하지 않은 채 자리에 앉았습니다. (중략) 이후 그는 저에게 주둔지에서 바로 왔느냐고 물었지만 저는 일반적인 경어도 생략한 채 짧게 아니오, 라고 대답하고서는 *의자 앞에 서 있는 그를 그대로 내버려두고선 방을 나섰습니다.* 이보다 더 무례하게 굴 수는 없었을 것입니다. 저는 재판에서 그가 보여준 *진실성*을 계속해서 *의심*하고 다녔기 때문에 기회가 온

다면 그 개자식이 제게 맞설 수도 있을 것이라 생각합니다.[44]

12월 초, 리가 사설을 통해 또다시 워싱턴을 비하하자 존 로런스는 해밀턴에게 이에 반박할 것을 촉구했다. "자네의 손아귀에는 주니어스 Junius(1770년대 초 영국 런던의 신문사들에게 당대 지배층을 비판하는 투서들을 보낸 인물의 필명_역주)의 펜이 들려 있고, 자네라면 아무런 어려움 없이 (중략) 그 일관적이지도 못한 거짓투성이 글을 까발릴 수 있으며 동시에 그를 평생토록 입 다물게 만들어 세상을 만족시킬 수 있다고 생각하네."[45] 그러나 해밀턴은 본인 또한 논쟁의 당사자여서 그런 것인지, 그로써는 드물게도 펜을 들지 않고 침묵을 지켰다. 그 대신 로런스는 워싱턴을 음해하려던 리에게 복수를 해야겠다며 '명예의 작업', 즉 결투를 신청했다. 해밀턴은 로런스의 요청에 따라 입회인으로서 처음으로 결투에 참여하게 되었다.

결투는 대륙군 내에서 너무나도 흔히 벌어지는 일이었기 때문에 한 프랑스인 방문객은 이를 두고 '이곳에서는 결투를 위한 분노가 믿을 수도 없는, 언어도단의 지경에까지 이르렀다'고 선언할 정도였다.[46] 결투는 신사들이 자신의 명예를 지키는 방식이었다. 이들은 모욕을 당했을 때 법원의 심판을 구하는 대신 결투장에 그 문제를 회부했다. 평등주의를 노래하던 독립혁명의 이면에 숨겨져 있던, 지위와 고결함에 대한 갈망이 이 구시대적 풍습을 통해 드러나는 셈이었다. 언제나 자신의 위치에 대한 불안감을 품고 있었던 해밀턴은 귀족적 뉘앙스를 가진 결투를 자연스레 지지하게 되었다. 돈도 혈연도 없었던 그는 평생 동안 자신의 명성을 악착같이 지켜냈고, 이를 위한 '명예의 작업'도 여러 번 벌였다. 명예 없이 태어난 자가 명예를 특히 중요하게 여기게 된 것이다.

1778년 12월 23일의 쌀쌀했던 늦은 오후, 해밀턴은 존 로런스와 함께 필라델피아 외곽의 숲에 위치한 결투장으로 향했다. 리는 입회인으로 에번 에드워드Evan Edward 소령을 데리고 왔다. 미리 정해둔 규칙에 따라, 로런스와 리는 서로를 향해 성큼성큼 걸어간 뒤 대여섯 발자국 떨어진 곳에서서 권총을 발사했다. 로런스가 리의 오른쪽 몸통을 맞추자 로런스 본인과 해밀턴, 에드워드는 장군에게 달려갔으나 장군은 손을 휘저어 그들을 내쫓고 두 번째 대결을 요청했다. 그러나 해밀턴과 에드워드 모두 다음 대결을 허락하지 않았다. 이 점은 이들이 이튿날 합동으로 발행한 성명서에서 잘 드러나 있다. '해밀턴 중령은 리 장군이 개인적 원한을 동기 삼아 고집하지 않는 이상 결투가 여기에서 멈춰야 한다고 생각했다. 그러나 리 장군이 계속 두 번째 대결을 요청했기 때문에, 해밀턴 중령 또한 계속해서 반대하기에는 친구의 명예가 마음에 걸렸다.'[47] 그러나 두 번째 대결은 일어나지 않았다. 결투 이후 리는 '워싱턴 장군님을 존경'한다고 선언했고 다시는 문제가 되었던 방식으로 그를 비방하지 않기로 했다.[48] 로런스 또한 이에 만족했으므로 네 남자는 결투를 마무리 지었다. 성명서에서 해밀턴과 에드워드는 두 남자의 행동에서 '결투의 본질이 마땅히 그래야 하듯 예의와 관대함, 냉철함, 그리고 확고함이 강하게 드러났다'고 칭찬했다.[49]

해밀턴은 그의 첫 번째 결투 경험에서 어떤 영향을 받았을까? 그는 두 명의 신사가 모범적인 행동을 보여주면서 개인의 적대심보다는 오히려 이상을 위해 싸우는 것을 목도했다. 결투의 목적은 상대를 죽이는 것이 아니라 오래된 문제를 명예롭게 해결하려는 데 있었다. 로런스와 리 두 사람 모두 자신의 긍지는 지킨 채 서로에게서 멀어질 수 있었다. 어린 해밀턴에게 결투는 중세 시대의 야만적인 유물이라기보다는 고결한 명예를 귀족적으로 확인하는 방식으로 다가왔을 것이다. 이때의 결투는 찰스 리가 남긴 군사적 행보의 마지막 순간이기도 했다. 그는 전장에서 은퇴한 뒤 처음에는 버지니아에서, 이후에는 필라델피아에서 사랑하는 개들을 데리고 호젓하게 살다 1782년 10월 결핵으로 세상을 떠났다.

　그해 가을 해밀턴이 글을 통해 찰스 리를 공격하지 않았던 것은 그가 바로 얼마 전에 메릴랜드 주의원인 새뮤얼 체이스Samuel Chase에게 글로써 엄중히 반박했기 때문이었을 수도 있다. 독립선언문 서명인 중 하나이자 훗날 대법원 판사가 되기도 하는 체이스는 새뮤얼 존슨Samuel Johnson 박사를 닮은 껑다리였고 얼굴이 너무 크고 불그스레해서 '베이컨 얼굴'이라고도 불렸다. 그는 때때로 매우 위압적인 분위기를 풍겼고, 평생 동안 논쟁 속에서 고함을 치던 인물이었다.

　해밀턴은 막 도착한 프랑스 함대에게 배급되어야 하는 밀가루의 가격이 두 배 이상 폭등한 것을 발견하고는 체이스를 통렬히 비판하는 익명의 글을 펴냈다. 국회가 프랑스를 위해 밀가루를 사들일 것이라는 비밀 계획을 세우자 당시 시장을 장악하고 있던 관계자들에게 체이스가 이를 누설했다는 내용이었다. 해밀턴은 한때 「뉴욕 저널」의 편집장이자 이제는 영국이 점령 중인 뉴욕의 포킵시Poughkeepsie에서 신문을 만들고 있는 존 홀트와의 인맥을 다시 한 번 이용하여 체이스를 폭로했다.

　해밀턴은 자신이 평생 가장 좋아했던, '퍼블리우스Publius'라는 필명으로 홀트의 신문에 1778년 10월부터 11월에 걸쳐 장문의 글 세 편을 게재하며 체이스에게 혹평을 퍼부었다. 이 사설들은 훗날 산업을 재귀적으로 옹호했고 이윤 추구 동기를 비판 없이 장려했던 해밀턴이 썼다고는 믿기 어려운 글들이었다. 해밀턴은 먼저 독립주의의 대의를 해쳤던 이들에게 어떤 처벌이 내려졌는지를 언급한 이후 글을 이어나갔다. '이들과 똑같은 수준의 범죄이자 심지어 더욱 큰 해악이 될 수도 있는 일들을 벌이지만 지금까지 아무런 처벌을 받지 않아온 이들이 존재한다. 자신과 유사한 존재는 모두 배척한 채 잉여분을 모두 착취하고 독점 상태를 고수하는 이들 말이다. 탐욕스러운 이가 국가의 주도권을 잡는 것은 흔히 패망의 전조로 여겨진다. 우리 안에서, 심지어 이다지도 이른 시점부터, 이처럼 치명적인 질병의 증상이 강력하게 나타난다는 것은 얼마나 충격적인 일인가!'[50] '퍼블리우스'의 첫 번째 글은 탐욕이 국가를 부패시킬 수 있음을 지적하며, 신뢰를 저버린 국가 관리들은 '대중의 준엄한 분노를 느껴봐야 하고, 가장 위험하고 가장 나쁜 배신자라 불리며 경멸받아야 한다'고 말했다.[51] 두 번째 글에서 해밀턴은 체이스를 필요 이상으로 중상하기 시작하며 '스스로 몸을 팔 길마저 찾지 못했더라면 사람들은 여전히 당신을 멸시하거나 알지도 못했을 것'이라고 위협했다. '모든 사람들의 혐오를 받을 수 있는 나름의 특권을 가지는 것도 당신의 운이다.'[52] 해밀턴은 세 번째 글에서야 자신이 앞서 왜 그다지도 지나친 글을 썼는지 해명하는 단서를 남기는 듯했다. 그는 이미 한 수 너머를 보고 있었던 것이다. '국회의원은 내가 생각할 수 있는 모든 지위들 중 가장 저명하고 중요한 지위다. 국회의원은 입법자라고뿐 아니라 나아가 제국의 설립자라고 여겨져야 한다.'[53] 해밀턴은 아직 고군분투 중인 국가연합confederation이 언젠가는 하나의 강력한 국가로 뭉쳐질 것이라 기대했으며, 오늘날 정치인들이 보여주는 행보는 먼 미래에도 회자될 것이라고 믿었다.

1778년 가을은 영국과의 싸움이 대서양 연안 국가들의 전면적인 분쟁으로 확대되는 시점이었으므로 해밀턴이 훗날 아메리카의 위대함에 대해 숙고할 만도 했던 때였다. 스페인은 지브롤터Gibraltar 해협을 영국으로부터 탈환하는 것에 실패한 이후 대륙군 측에 서서 전쟁에 가담했다. 프랑스 또한 영국에 대한 전쟁을 선포했으나 이것이 아메리카와의 이념적 연대에서 비롯된 것은 아니었다. 루이 16세가 왕권에 대한 반란을 독려할

리 없었기 때문이다. 이들은 프렌치-인디언 전쟁의 패배를 만회하고 영국을 전복시키고자 했을 뿐이다. 또한 프랑스는 카리브해의 설탕 섬들 및 북아메리카 항구들에 보다 용이하게 접근할 수 있는 방법을 찾고 있었다. 국가들은 공감이 아닌 자신의 이익을 따라 움직인다는 현실정치Realpolitik가 준 초기의 교훈은 해밀턴의 기억 속에 아로새겨졌으며, 그는 훗날에도 종종 제퍼슨식 민주주의자들에게 프랑스가 그들의 이기적인 목적을 위해 싸운 것임을 상기시켰다. '프랑스가 우리를 도운 가장 큰 이유는 명백하게도 대영제국을 조각내어 자신들이 혐오하는 강력한 라이벌을 약화시키고자 하는 데 있었다.' 20여 년이 흐른 후 그가 쓴 글이다. '전제군주제 국가가 자유 혹은 우정을 중시하여 그것을 원칙으로 삼는 대중 혁명을 도왔다고 믿는 사람들은 순진하기 짝이 없는 이들일 것이다.'[54]

해밀턴의 킹스칼리지 동급생 니컬러스 피시에 말에 따르면, 라파예트가 프랑스 군대를 아메리카로 데려온 것도 해밀턴의 직접적인 독려에 의해서였다. 장 바티스트 데스탱Jean Baptiste d'Estaing 제독이 1778년 7월 함대를 이끌고 오기 이전, 해밀턴은 라파예트가 지휘하는 프랑스 육군이 이곳에 있으면 얼마나 좋겠냐며 라파예트의 허영심을 건드렸다. "미국은 알려진 것보다 훨씬 더 큰 빚을 라파예트에게 지고 있소." 해밀턴이 훗날 피시에게 한 말이다. "그가 우리 군의 소장으로서 보여준 용맹함과 선행만이 전부가 아니오. 그는 우리를 위해 프랑스 왕궁을 주선해주고 영향력도 행사해줬소. 지금 이곳에 있는 프랑스 군대는 (중략) 그가 아니었더라면 지금 이 나라에 와 있지 않았을 거요."[55]

해밀턴은 장엄한 기함을 끌고 온 데스탱 제독을 맞이할 담당자로 정해졌고, 이후로도 프랑스에 특사로 종종 파견되었다. 그는 이따금 워싱턴의 통역사 역할을 맡았는데, 이는 워싱턴이 프랑스어를 할 줄 몰랐던 데다 이제 와서 배우기에는 자신의 나이가 너무 많다고 생각했기 때문이었다.

또한 해밀턴은 외교 서신들을 화려한 미사여구가 적절히 섞인 프랑스어로 흠 잡을 데 없이 번역해냈다. 이처럼 해밀턴은 프랑스와의 동맹을 기회 삼아 대륙군 내에서의 지위를 한층 더 드높일 수 있었다.

독립전쟁에 모여든 프랑스인들 중에는 귀족 가문 출신의 급진주의자들도 다수 있었는데, 이들은 해밀턴의 사회성과 재치 있는 유머감각, 그리고 박식함에 즐거워했다. J. P. 브리소 드 와르빌J. P. Brissot de Warville은 해밀턴을 가리켜 '확고하고 (중략) 굳건했으며, (중략) 솔직하고 군인다웠다'고 회고했고, 훗날 프랑스 국민의회의 명예의원으로 그의 이름을 올렸다.[56] 샤스텔뤼Chastellux 후작은 그렇게나 젊은 사람이 '그 나이에 가질 수 있는 것보다 훨씬 더 신중하고 내밀한 태도를 보임으로써 자기가 가진 자신감의 이유를 증명했다'며 경탄했다.[57] 라 로슈푸코-리앙쿠르La Rochefoucauld-Liancourt 공작은 해밀턴을 지켜본 뒤 '그는 긍지와 감정, 영향력과 결정력, 기분 좋은 매너 및 최고의 다정함을 모두 한데 가진, 엄청나게 기분 좋은' 사람이라고 말했다.[58] 그러나 공작은 해밀턴이 자신에게 있어 매우 자명한 것들을 다른 사람이 곧바로 알아듣지 못할 때에는 크게 당황하는 일도 있음을 알아차렸다. 두뇌가 너무나 명민한 탓에, 자신만큼 두뇌 회전이 빠르지 못한 사람들에겐 자칫 관대하지 못하게 굴기도 했었던 것이다.

푸른색과 진홍색이 섞인 제복을 입은 프랑스 장교들 중에는 해밀턴을 좋아하는 이들도 많았지만, 한편으로 그들 사이에서는 불만도 자라나고 있었다. 친근함은 애정과 함께 멸시를 낳았다. 해밀턴은 다수의 프랑스 귀족들을 가리켜 자만심 강한 자랑쟁이라고 비하하면서, 그들은 독립혁명을 통해 티끌 같은 명예라도 잡은 뒤 고향에 돌아가 그것을 이용해 더 높은 자리에 오르려 할 뿐이라고 말했다. 반대로 해밀턴 역시 무능한 대륙군들에게 쏟아지는 모욕을 침묵으로 견뎌내야 했다. '프랑스 자원병들은 대체적으로 말하자면 병법에 관해서는 평범한 재능과 기술을 가진 사람들이었다.' 로버트 트루프의 말이다. '그러나 그들 중 대부분은 너무나 자만한 나머지, 아메리카 장교들과 비교하면 자신들은 카이사르나 한니발Hannibal 장군쯤 되는 줄로만 생각했다.'[59]

자수성가한 해밀턴은 프랑스에게 향하는 편애를 아니꼬워했다. 엄청난 개인적 희생을 딛고 싸웠던 다수의 대륙군 병사들을 의기소침하게 만들었기 때문이었다. "처음에 대륙회의는 프랑스인들에 대해 굉장히 현명하지 못한 계획으로 접근했다네." 그가 한 친구에게 한 말이다. "모든 승부사들은 대륙회의가 후보자들의 자격 따위는 따져보지도 않고선 장교 임명을 남발한다고 생각했었지."[60] 해밀턴은 종종 동맹 양측 간의 주름진 감정을 바로잡는 임무를 맡았는데, 존 설리번John Sullivan 장군과 데스탱 제독 간의 초창기 논쟁을 중재했던 것이 한 예다.

해밀턴이 떠맡은 큰 골칫거리는 자격 없는 프랑스인들을 진급시켜달라는 서신을 대륙회의에 수도 없이 보내야 하는 것이었다. 대륙회의가 요청을 거절할 때마다 그는 지원자에게 번지르르한 칭찬을 늘어놓으며 마음의 상처에 연고를 발라줘야 했다. 해밀턴은 존 제이와 나눈 대화에서 자신이 그 편지들을 쓰는 이유는 거절당한 프랑스인들의 필연적인 억울함으로부터 워싱턴을 보호하기 위해서라고 말했다. 사적인 자리에서 해밀턴은 프랑스 귀족들에게 편파적으로 이루어지는 대우를 누구보다도 많이 욕했고, 훗날엔 그를 경쟁 상대라고 노골적으로 지목하는 '귀족'들도 나타났다. 그러나 동시에 해밀턴은 귀족 계급에도 진보적인 사람들이 있을 수 있다는 것, 그리고 공화주의의 사상은 기술공들이나 상인들만의 전유물이 아니라는 사실을 배울 수 있었다.

해밀턴은 종종 프랑스 동맹군을 골칫거리 왕족으로 여기긴 했지만, 그럼에도 그들의 참전이 결정적이라는 점을 부정한 적은 단 한 번도 없었다. 프랑스군은 처음부터 독립주의자들에게 무기들과 물자들을 밀반입해서 가져다주었다. 그들 중에는 훌륭한 병사들도 다수 있었고 훗날 해밀턴은 '열정적이고, 충동적이며, 군사의 천재인 프랑스인들'에게 경의를 표하기도 했다.[61] 1779년 봄이 되자 그는 이따금씩 속을 썩이기도 하는 프랑스 동맹군에 대해 '이들의 우정은 우리 안보의 기둥'이라고 단언하게 되었다.[62]

지위에 민감했던 해밀턴은 워싱턴의 부하들 사이에서 발생하는 불공평 또한 예민하게 포착했는데, 이는 그의 가장 친한 친구인 존 로런스가 관련되었을 때도 마찬가지였다. 헨리 로런스가 대륙회의 의장직에서 내려오기 직전인 1778년 11월, 대륙회의는 존 로런스가 보여준 무용에 대한 보상으로 그를 중령으로 진급시키려 했다. 로런스는 처음엔 거절했으나 1779년 3월 또다시 같은 제안이 들어오자 이를 수락했다. 해밀턴은 로런스에게 장교직을 거부하라고 종용하지는 않았지만 실망을 숨기지도 않았다. 그는 로런스에게 편지를 썼다. '이번 일에서 유일하게 잘못된 점은 대륙회의는 자신들의 행동으로써 (중략) 그들이 군내의 다른 신사들에게는 주지 않았던 (중략) 특권과 영예, 특별함의 훈장을 수여하려는 의도가 있음을 드러냈다는 것이네. 이는 편파적 분위기를 타고 진행된 일로, 우리는 진정으로 자네의 성정을 사랑하며 군사적 능력을 존경한다고 말할 수 있지만 몇몇 이들은 이번 일 때문에 불안해할 수밖에 없을 것이네.'[63]

해밀턴과 로런스는 독립혁명에 대한 비슷한 이상을 품고 있었고, 이를 공유하면서 긴밀한 사이가 되었다. 두 사람 모두 단호하게 노예제 폐지를 주장했고, 노예 해방이 자유를 향한 싸움에서 떼놓을 수 없는 일부분이자 나아가 현재 심각하게 부족한 인력을 메울 수 있는 방책이기도 하다고 생각했다. "내가 생각건대 우리 아메리카인들은, 아니 적어도 남부 식민지 사람들은 노예들에게도 선거권을 주지 않는 이상 당당하게 자유를 위해 싸울 수 없네." 로런스가 독립선언문에 서명하기 직전 한 친구에게 남긴 말이다.[64] 사우스캐롤라이나의 어마어마한 노예 소유주를 아버지로 둔 사람으로선 상당히 대범한 발언이었다. 로런스는 워싱턴의 부관으로 합류하게 될 즈음부터 대담한 계획을 하나 세우고 있었으니, 노예가 대륙군에 입대한다면 자유를 주고 해방시켜주자는 것이 그것이었다(결과적으로는 5,000여 명의 흑인들이 실제로 독립주의자들과 함께 복무했으나, 대체로 이들은 비전투직으로 격하되곤 했다. 병사들이 부족했기 때문에 로드아일랜드에서는 1778년 노예들에게 자유를 약속해주며 모병하여 흑인 부대를 편성하기도 했다). 로런스는 자신의 계획이 그저 입바른 소리가 아님을 보이듯, 아버지로부터 언젠가 자신이 노예들을 물려받게 된다면 그들로 흑인 부대를 만들어 자유와 무기를 주고 사우스캐롤라이나를 지키게 할 것이라고 말하기도 했다.

그해 연말, 영국군이 친영주의자들의 동조를 일으키고자 남쪽으로 방향을 틀고 진격에 박차를 가하자 로런스의 계획에 한층 더 힘이 실렸다. 1779년 1월 무렵에 영국군은 서배너와 오거스타를 점령했으며 사우스캐롤라이나까지 위협하기에 이르렀다. 로런스는 워싱턴의 부관을 그만두고 출신 주를 방어하기 위해 돌아가는 길에 필라델피아에 들러, 대륙군 내에 두 개에서 네 개 사이의 흑인 부대를 꾸리게 해달라며 의회의 승인을 간청했다. 해밀턴은 존 제이에게 능변의 편지를 써서 자신의 친구를 옹호했고, 존 제이는 이를 대륙회의의 의장이었던 헨리 로런스에게 전달했다. 편지에서 해밀턴은 태어날 때부터 자신을 둘러싸고 있었던 노예제에 대한 생각을 가감 없이 밝혔다. '저는 흑인들이 적절한 관리만 있다면 아주 훌륭한 병사들이 되리라는 데 한 치의 의심도 품지 않으며, 그들을 가장 잘 다룰 수 있는 것은 로런스 씨라고 감히 말씀드리려 합니다.' 해밀턴은 노예들이 병사가 될 만큼 똑똑하지 못하며 유전적으로 열등하다는 통설을 일축했다. '지금까지 제가 알아온 바에 따르면 (그 통설들에) 반대하는 것이 타당하며, 제 생각에 그들은 타고난 능력이 우리와 비등할 것이므로 그들의 배우고자 하는 욕구에다 종살이를 하며 얻은 복종의 습관이 더해진다면 아마 우리 백인 주민들보다 더 빠르게 병사로 거듭날 수 있으리라 믿습니다.'

해밀턴주의의 전형이나 다름없는 이 글에서 그는 현실주의 정치에 포괄적인 윤리적 틀을 덧씌운 뒤 인류애와 사리사욕, 두 가지 모두를 강조하며 로런스의 계획을 지지했다.

> 우리는 흑인을 멸시해도 좋다고 배워왔지만, 그렇게 한다면 우리는 논리에도 경험에도 기초하지 못한 수많은 것들에 이끌리게 된다. 이미 자신이 가지고 있는 너무나 귀중한 것들을 나누기 싫어하는 마음 때문에, 우리는 그토록 많은 희생을 요하는 계획은 실현 불가능하다거나 유해한 성질이 있다거나 하는 변명들을 수천 가지도 더 대게 될 것이다. 그러나 만일 우리가 그들을 그리 동원하지 않는다면 적군이 그렇게 할 것이며, 그들이 받을 유혹에 대응하는 가장 좋은 방법은 그들에게 우리의 일신을 바치는 방법임을 명심해야 한다. 계획의 본질은 그들에게 소총과 함께 자유를 주는 데 있다. 이것으로 그들의 충성심을 유지시키고 용기를 북돋을 수 있을 것이며, 해방으로의 문을 열어두어 아직 남아 있는 이들에게도 좋은 영향을 미칠 수 있을 것이라고 믿는다.[65]

안타깝지만 로런스의 계획은 대륙회의의 지지 결의를 받아냈음에도 사우스캐롤라이나 주에서의 입법에 실패했다. 사우스캐롤라이나는 노예무역에 특히 큰 이익관계가 있었고, 북미에서 가장 많은 노예들을 들여오는 항구도시 찰스턴이 위치한 주였다. 다른 많은 지역들과 마찬가지로 이곳의 농장주들은 노예들의 불복종을 두려워하면서 살았고, 지속적으로 노예들의 거처를 뒤져 무기를 숨기지는 않았는지 확인했으며, 때로는 자신이 자리를 비운 사이 노예들이 반란을 일으키고 가족을 죽일까 하는 두려움 때문에 독립군 복무를 거부하기도 했다.

북부 주들 또한 아직까지는 남부 주들의 노예 문제를 두고 이래라저래라 할 수 있는 상황이 아니었다. 독립혁명 내내 식민지들은 자신들 간의 통합이 더욱 중요하니 지역적 갈등들은 잠시 접어두기로 암묵적 합의를 한 상태였고, 그러므로 노예제를 논하는 일은 금기시되었다. 게다가 다수의 노예 소유주들이 단순히 노예를 *계속 소유하기* 위해 독립전쟁에 참여했었기 때문에 문제는 한층 더 곤란해졌다. 버지니아의 친영파 총독 던모어Dunmore 경이 1775년 11월, 영국군 측에 가담하는 노예들에게 자유를 주겠다는 칙령을 반포했기 때문이다. 기겁한 많은 노예 소유주들은 우르르 독립군에 입대했다. 런던의 새뮤얼 존슨은 '흑인들을 조종하는 이들에게서 어찌 자유를 향한 가장 큰 외침을 들을 수 있겠는가'라며 항의했다.[66] 호러스 월폴Horace Walpole 또한 같은 맥락의 말을 남겼다. '아프리카인들의 영혼들이 아메리카인들의 검 위를 무겁게 짓누르고 있다고 생각할 수밖에 없다.'[67]

아메리카의 위선적인 입장을 잘 알고 있는 독립주의자들도 많았다. 심지어 애비게일 애덤스는 독립선언 이전부터 이 상황을 개탄하기도 했다. '나는 언제나 이것이 가장 부당한 방책이라고 느꼈다. 우리만큼 자유에 대한 권리가 있는 이들의 것을 강탈하고 약탈하여 우리를 위해 싸우는 데 쓴다는 것이 말이다.'[68] 그렇다 하더라도 1779년 헨리 클린턴 장군이 영국군 측에 가담한 탈주 노예들에게 자유를 약속했던 사건은 독립파 식민지인들에게 있어 씻을 수 없는 수치나 다름없었다. 로런스의 계획이 실패로 돌아가자 해밀턴은 완전히 실의에 빠져버렸고, 그해 말 로런스에게 다음과 같은 편지를 썼다. '나는 자네의 계획이 성공하길 바라지만, 가능성은 아주 희미해 보이네. 편견과 사익은 공공심이나 공적 이익으로 이겨

내기에는 너무나 강력한 적수일 테니 말일세.'[69]

입법 제안이 좌절된 이후 로런스는 윌리엄 몰트리William Moultrie 준장 휘하에서 복무하기 시작했다. 매우 용맹했으나 무모할 만큼 승산 없는 전투에 매달리곤 했던 그는 한번은 상관의 승인도 없이 병사들을 이끌고 적군에게 노출된 강둑으로 쳐들어갔다가 엄청난 사상자를 발생시키기도 했다. 몰트리 준장은 훗날 로런스를 가리켜 '뛰어난 장점들을 가진 청년이자 용맹한 군인이지만 결코 신중하지는 못한 장교다. 그는 너무 성급하고 충동적'이라고 회고했다.[70] 출처가 불분명한 한 이야기에 따르면 영국군이 찰스턴에서 몰트리의 부대를 줄줄이 포위하자 로런스는 도시의 항복을 가장 먼저 제안하는 민간인을 찔러 죽이겠다고 맹세했으며, 이후로도 적군에게 항복 문서를 전달하길 거부했다.

해밀턴은 로런스가 남부 지역에 가 있는 동안 그에게 편지를 여러 통 썼는데, 이 편지들은 그의 인생을 가장 많이 드러내주는 글들로 꼽힌다. 그는 남부 또한 영국군 때문에 위태로운 상황이었고 양측 모두에서 잔혹한 광경이 벌어지고 있다는 점을 잘 알았다. 아마도 그는 자신의 친구를 다시는 못 보는 것이 아닐지 우려했을 것이다. 1779년 4월경 쓴 편지 하나에서 해밀턴은 로런스에게 너무나 큰 애정을 드러냈기 때문에, 해밀턴의 아들로 추정되는 초기 자료 편집자 한 명은 단어 몇 개에 줄을 그어 지운 뒤 편지 윗부분에 '이 글을 그대로 출판해서는 안 됨'이라고 휘갈겨 써놓았다. 이 편지에는 로런스에 대한 애정 이외에도 과거의 일을 흉터처럼 짊어진 해밀턴이 누군가에게 자신의 감정을 드러내 보이기를 얼마나 두려워했는지 잘 드러나 있다.

업무 안에서는 차갑고 우정 안에서는 따뜻하니, 나의 친애하는 로런스, 나는 자네를 사랑한다는 것을 말이 아닌 행동으로 보여줄 수 있는 힘이 내게 있기를 바라네. 자네는 나의 마음에 자네를 두도록 가르쳤지만, 나는 자네가 안녕을 고하기 이전까지 그것이 어떤 가치를 가지는지를 거의 몰랐네. 이보게, 정말이지 그게 잘 안 되더군. 자네는 내가 인류에 대해 어떻게 생각하는지 잘 알겠지. 내가 어떠한 애착에도 얽매이지 않기를 얼마나 원하는지, 또 나의 행복이 다른 이들의 변덕으로부터 독립적이기를 얼마나 바라는지도 잘 알고 있을걸세. 그러니 자네는 내 감정을 이용하여, 내 허락도 없이 나의 애정 속으로 슬그머니 들어와서는 안 되네.[71]

해밀턴의 질투심과 상사병은 그가 로런스에게 쓴 다른 편지들에서도 짙게 나타난다. 그는 친구가 답장을 자주 쓰지 않는다며 자주 책망했다. '나는 자네가 필라델피아를 떠난 이후로 대여섯 통의 편지를 보냈지만, 자네가 답장을 제대로 썼더라면 아마도 그보다 많이 썼을 것이네.' 해밀턴이 9월경 로런스에게 보낸 편지다. '그러나, 마치 질투하는 연인처럼, 자네가 내 애정을 무시한다고 생각하기만 해도 나의 애정은 불안해지고 자존심은 상해버린다네.'[72]

그해 여름에는 로런스의 부재 이외에도 해밀턴을 괴롭히는 일들이 너무나 많았다. 미국연합규약을 만드는 과정에서 주정부가 대륙회의에게 조세권을 의무적으로 위임하게끔 하지 못했던 것이 가장 심각하고 근시안적인 사건이었다. 1777년 11월 15일 이 신생국을 통치할 헌장으로 승인된 미국연합규약은 이후 주정부들의 비준에 부쳐졌다. 조세권 위임을 받아내지 못한 대륙회의는 지폐 뭉치를 발행하거나 빌려오는 등의 조잡한 재정 정책에 기댈 수밖에 없었고, 그 과정에서 아메리카의 신용은 빠르게 파괴되었으며 종이 화폐의 가치 역시 빠른 속도로 절하되었다. 이런 과정 속에서 해밀턴은 중앙은행 설립에 대한 생각들을 처음으로 꾸려나가기 시작했다. 외국채와 개인 기부를 합하여 세워보겠다는 것이 그 계획이었다.

　해밀턴은 대륙회의에 대해 부지불식간에 엄청나게 통렬한 비판을 퍼부었던 모양이다. 7월 초, 존 브룩스John Brooks 중령은 해밀턴에게 서신을 하나 보냈다. 대륙회의 의원인 프랜시스 데이나Francis Dana가 필라델피아의 커피하우스에서 해밀턴에 관한 경멸적 언사들을 남겼다고 알려주는 서신이었다. 브룩스의 말을 그대로 옮기자면, 데이나는 해밀턴의 말을 인용하면서 '사람들이 성공하고, 워싱턴 장군의 부하가 되고, 대륙회의를 모른 체하기 딱 좋은 시기였다고 말했소. 또한 그는 최고로 말도 안 되는 이야기를 하려는 듯, 해밀턴 씨가 절대로 이 나라를 수호하는 데 흥미를 가지지 못했을 것이고 따라서 자신의 위대한 야망이 이끄는 대로 일련의 행동들을 추구했을 가능성이 높다고 했소'.[73] 해밀턴은 그리 멀지 않은 훗날 자질 논란에 휩싸일 때에도 계속해서 이와 똑같은 혐의를 받았다. 사람들은 해밀턴을 '외부인' 혹은 '외국인'으로 간주했고, 따라서 그가 애국심 하나로 움직였을 리는 없다고 생각했다. 해밀턴은 권력에 미쳐 있고 비밀스러운 목표에 따라 행동한 것이 분명하다는 의혹을 받았는데, 이에 대해 그는 평소 자신만만한 행실 뒤에 잘 숨겨놓았던 깊은 불안감을 드러냈다. 이와 같은 식으로 공격받는 경우 상당히 강하게 반박하는 경향을 보였던 것이다.

　수일 후 해밀턴은 데이나에게 편지를 써서 그가 한 이야기를 무르거나 혹은 그에게 이 이야기를 들려준 소식통을 밝히라고 요구했다. 그러면서 만일 데이나가 정말로 자신에게 그러한 의혹을 제기한 것이라면 그에게 결투를 신청할 것임을 암시했다. '의혹들이 너무나 인신공격적이고 저속하여 나로 하여금 괜찮은 시일을 잡아서 오늘날의 논의와는 아주 다른 종류의 것에 회부할 수밖에 없도록' 만든다는 것이었다.[74] 기나긴 서신을 주고받은 끝에 워싱턴은 소문의 근원이 당시 매사추세츠 주 자메이카 플레인 지역의 회중교회 목사이자 워싱턴 반대자였던 윌리엄 고든William Gordon이라는 사실을 밝혀냈다. 처음에는 고든 자신 또한 들은 이야기를 옮겼을 뿐이라고 주장했다. 그는 자신이 종교적인 이유로 결투에 반대한다고 말하면서, 만일 해밀턴이 결투를 신청하지 않겠다고 약속한다면 자기에게 소문을 말해준 사람의 이름을 대겠다고 약속했다. 해밀턴은 이미 로런스와 찰스 리의 결투에 입회인으로 참석했던 경험이 있고 이 문제에 대해서도 기꺼이 결투를 갖겠노라는 의지를 드러낸 상태였지만 그럼에도 고든에게 다음과 같이 말했다.

> 종종 우리의 열정이 우리의 이성과 불일치하는 일이 벌어지곤 합니다. 이것만 아니었더라면 당신은 아마도 우리가 기사도 시대에 살고 있지 않다는 사실을 떠올렸을 것이며, 적어도 결투와 관련된 부분들에서만큼은 당신이 제시한 예방책들이 사실 쓸모없는 걱정이었음을 알았을 것입니다. 현재 이 시대에 걸맞은 사리분별에 기꺼이 따르자면 당신의 무죄를 증명하기 위해, 혹은 고발자의 적의를 증명하기 위해 당신이 취할 수 있는 가장 나쁜 방법은 상대의 몸을 관통해 찌르거나 그의 머리통을 쏴버리는 것임이 분명하게 드러날 것입니다. 그리고 허락해주신다면 한마디를 더 하겠습니다. 당신은 종교적인 원칙 때문에 결투를 기피한다고 말씀하셨지만, 당신이 결코 불경하다고 손가락하지 못할 다른 모든 사람들 또한 당신과 마찬가지의 가책을 느낌에도 결투에 임하는 것임은 긍휼히 여기셔서라도 알아주셔야 합니다.[75]

결투라는 행위가 자신의 종교적 믿음과 상충한다는 것을 잘 알고 있었던 해밀턴은 언제나 결투에 대한 의구심을 품었고, 말년으로 갈수록 그 경향은 훨씬 확고해졌다. 해밀턴은 결국 고든이 그의 명예를 훼손한 주범

6 · 용맹의 도가니

이었음을 밝혀냈음에도 그를 명예의 전장으로 끌어내지 않았다. 가을 내내 해밀턴은 고든과 전투적인 서신들을 주고받았고, 이를 통해 자신이 소문처럼 의회에 대해 심하게 말할 일은 없다고 해명했다. 그러나 해밀턴은 언제나 대륙회의의 능력이 부족하다고 단호하게 못 박았었기 때문에 소문처럼 심각할 정도의 발언을 했을 가능성도 있다. 그를 싫어하던 이들은 그의 발언을 곡해했을 수도, 아니면 정말 그대로 회자했을 수도 있는 셈이다.

그해 9월, 해밀턴은 로런스에게 편지를 보내어 자신이 가눌 수 없는 우울감에 빠져 있음을 밝혔다. 그는 흑인 부대에 관한 로런스의 고결한 계획을 여전히 열망하고 있으나 한편으로는 사적 탐욕과 무지, 그리고 부패한 공직자들이 이 좋은 일을 더럽힐까봐 우려된다고 말했다. '이보게, 이런 종류의 희망은 모두 죽어 있는 꿈일 뿐일세.' 그는 특유의 절망적인 말투로 로런스에게 경고했다. '아메리카에는 덕이 없다네. 각 주들의 탄생과 성장을 주도했던 상업은 주민들을 사슬 안으로 밀어 넣었고, (중략) 그들은 그 사슬이 황금이기만을 진심으로 바라고 있지.'[76]

영광스러운 이상들을 위해 싸우는 스물네 살짜리 청년치고는 너무 어둡고 지쳐 있는 견해다. 해밀턴은 인생을 통틀어 한 가지 역설과 싸워야 했다. 그는 외부인으로서 행동한다는 의혹을 받을 때마다 격노했지만, 오히려 그 적대자들에게 반박할 때 정말 외부인처럼 말했기 때문이다. 그에게 가해지는 치명적인 의혹은 그로 하여금 자신을 입양한 국가에 대한 소외감을 느끼게 만들었다. 그가 이때 느낀 감정은 그를 반대했던 이들 또한 마침내 알게 되었으리라.

상사병에 걸린 중령

Alexander Hamilton

독립혁명은 여유로운 속도로 전개되고 있었기 때문에 해밀턴은 전쟁의 암울함 속에서도 꽤 풍요로운 사회생활을 누릴 수 있었다. 기분전환거리가 필요했던 이 청년은 본부로 찾아오는 멋진 여성들을 상대로 끊임없이 추파를 날렸고, 여자들도 그의 혈기왕성함과 사교적인 재치 그리고 춤솜씨를 높이 샀다. 대륙군에는 상당한 규모의 '캠프 레이디'들이 따라다녔는데, 존 마셜은 9월경 대륙군 주둔지를 방문했다가 그 노골적인 방탕함에 혀를 내둘렀다. "그 정도로 음탕한 광경은 또 본 적이 없었소." 그가 한 친구에게 털어놓은 말이다.[1]

　한때 해밀턴은 군인이라면 군대 이외의 다른 아내를 두어서는 안 된다고 친구에게 말하기도 했었지만, 프랑스와의 동맹이 강화되면서 아메리카 쪽으로 전세가 기울자 1779년 봄쯤부터는 그도 결혼을 고려하기 시작했다. 그는 전쟁이 끝난다면 자신은 가족도 없는 외톨이가 되리라는 사실을 잘 알았다. 그해 4월, 해밀턴은 존 로런스에게 쓴 장문의 편지에서 자

　　　　　　　　　　　　　　　　　　　　알렉산더 해밀턴

신의 아내가 갖춰야 할 덕목을 늘어놓았다. 어린 시절의 경험 탓인지 그는 대부분의 결혼생활이 불행하다고 생각했고 자신이 사람을 잘못 선택할까봐 두려워했다. 편지 일부분에는 그가 자신의 코 크기를 자랑하는 등(18세기 당시 '코'는 성기를 가리키는 은어였다) 외설적이고 유치한 이야기가 적혀 있긴 하지만 대부분은 진지한 내용으로, 해밀턴이 안정적인 결혼을 구성하는 요소들에 대해 진지하게 고찰했음을 잘 보여준다.

그녀는 어려야 하고, 잘생기고(준수한 외모를 무엇보다도 강조하고 싶네), 분별 있으며(약간이라도 공부한 정도면 괜찮지), 잘 길러졌고(그러나 *사교계*라는 단어에는 거부감을 느낄 줄 알아야 하네), 순결하고 상냥해야 하며(나는 수절과 자애를 열렬히 신봉하는 사람일세), 어느 정도 바탕이 괜찮아야 하고, 매우 너그러워야 한다네(돈을 사랑하지 않아야 하고 잔소리가 심해서도 안 되네. 나는 돈맛 아는 사람과 사람과 경제학자를 똑같이 싫어하니 말일세). 정치적으로는 그녀가 어느 편에 서 있다 해도 상관없네. 나의 편에 그녀 또한 있도록 쉽사리 설득시킬 수 있기 때문이지. 종교에 있어서는 반드시 신을 믿으며 성인(聖人)을 싫어하는 정도로 적당히 하는 사람이라면 좋을 것 같네. 그러나 돈은 많을수록 좋겠지. 자네는 나의 성질과 상황을 잘 알고 있으니 이 조항에 특별히 신경이 쓰일 것이네. 나의 탐욕을 위해 연옥에 걸어 들어갈 위험을 지겠다는 것은 아니네. 그러나 이 세상에서 돈은 행복의 필수 요소기 때문에-또한 나는 현재 가진 게 그다지 많지 않고 앞으로도 연설이나 사업으로 더 많은 돈을 벌 요량은 없어 보이므로-만일 내가 아내를 얻는다면 그녀는 적어도 자신의 사치를 감당하기에는 충분한 돈을 가지고 있어야 한다네.[2]

이상적인 아내를 묘사하는 과정에서, 해밀턴은 세속성과 도덕성 간의 균형을 맞추려는 듯이 설명하며 얼핏 자신의 모습 그대로를 그려냈다. 그는 돈에 대한 욕구를 솔직히 인정했지만 결코 탐욕의 노예는 아니었다. 그는 일반적인 도덕성과 결혼에서의 신의를 믿었지만, 도덕군자인 체하는 사람을 경멸했다. 그는 적당한 정도의 종교생활을 바랐으며, 확실히 광신도나 독실한 척하는 사람들을 싫어했다. 또한 섹스의 여신이나 교태 있는 요부-즉, 그를 언제나 흔들어놓았던 타입의 여성들-대신 굳건하고, 분별력 있으며, 꽤 매력적인 아내를 택하고자 했다.

그해 12월, 워싱턴이 부대를 이끌고 모리스타운의 겨울 기지로 이동하는 동안 해밀턴은 미래에 대한 자신의 계획을 좀 더 곱씹어볼 여유 시간을 가질 수 있었다. 워싱턴과 그의 부하들은 고故 제이컵 포드Jacob Ford 판사의 저택에 머물렀다. 해밀턴은 덩굴이 뒤덮인 이 고풍스러운 흰색 저택에 딸린 통나무집 사무실에서 일했으며, 텐치 틸먼 및 제임스 매켄리와 함께 위층의 침실에서 잤다. 그 무렵 이어지는 그 세기 가장 추웠던 날들은 대륙군의 상황을 상당히 안 좋게 만들고 있었다. 뉴욕 만에는 얼음이 하도 두껍게 얼어서 영국 육군이 그 위로 중포들을 끌고 진격해올 수 있었다. 모리스타운 본부에도 스물여덟 번의 눈폭풍이 불어닥쳤는데, 그중 1월에 찾아와 사흘간 지속되었던 최악의 폭풍 때문에 눈이 6피트(약 182센티미터_역주)까지 쌓이기도 했다.

이번 겨울은 밸리포지에서 견뎌냈던 겨울보다 한층 더 혹독했기 때문에 워싱턴으로서는 전쟁 최악의 시기가 아닐 수 없었다. 눈폭풍이 길을 막아 보급은 끊겨버렸고, 이 때문에 통나무집 안에서 추위와 싸우던 병사들은 자주 약탈을 벌였다. 반란을 일으키거나 떠나버리는 병사들도 상당히 많았다. 1780년 1월 5일, 워싱턴은 대륙회의에게 음울한 서신 하나를 보냈다. '수많은 병사들이 나흘 혹은 닷새 동안 고기 한 점 먹지 못하고 있으며 매우 부족한 빵과 극소의 보급품만으로 버티고 있는 상황이오. 몇몇 이들은 이성을 잃고 주민들을 약탈하고 강도질했으나, 그러한 행동을 벌하거나 탄압할 수 있는 권한은 나에게조차도 없어 보이오.'³ 대륙회의의 구조적 결함 때문에 각 주로부터 세금을 거둬들일 수 없었고 국가신용을 확립하지도 못했기 때문에 상황은 한층 더 심각해졌다. 밸리포지와 모리스타운에서의 기억을 절대로 잊지 못했던 워싱턴과 해밀턴은 훗날 나약한 중앙정부의 폐단을 극복하는 것을 정치적 의제로 삼아 싸우게 될 수밖에 없었다.

1월에 해밀턴은 로런스가 있는 남부 전장으로 자신을 배치해달라고 요청했지만 워싱턴은 이를 거절했다. 해밀턴은 우울의 구렁텅이에 빠졌다. '나는 원통하고 불행하지만 받아들이기로 했네.' 그가 로런스에게 쓴 편지다. '간단하게 말하자면, 로런스, 나는 극소수의 몇몇 정직한 동료들과 자네만을 제외하면 이 세상의 모든 것이 역겨워 보이고 가능한 한 빨리 위대한 탈출을 행할 수 있기만을 바라고 있네. 나약한 모습이지만, 나는 이 육생의 나라에 내가 어울리지 않는다고 생각하네.'⁴ 해밀턴이 자살 혹은 이민을 암시하거나 자신이 미국이라는 무대에 잘못 올라선 것 같다고 말하는 것은 처음 있는 일도 아니었다.

그러나 모리스타운의 겨울에도 예상치 못했던 사교의 꽃이 피면서 해밀턴의 마음을 달래주었다. 샤스텔뤼 후작은 조지 워싱턴과 가졌던 어느 기분 좋은 저녁식사를 회고했는데, 여기에서 해밀턴은 활기찬 모습으로 음식을 덜어주고 잔을 채워주며 정중한 건배를 제안했다. 수많은 젊고 예쁜 여성들이 썰매를 타고 눈발을 건너와 연회에 참석했다. 해밀턴은 고위 장성들도 참여하는 가장 무도회를 매우 좋아했다. 근방의 창고에서 종종 열렸던 이 이례적인 행사에서 워싱턴은 검은 벨벳 양복을 입은 늠름한 모습으로 여성들과 함께 춤을 추었고, 슈토이벤은 가슴팍의 메달들을 번쩍여댔으며, 프랑스 장교들은 금색 수술 장식과 레이스들로 치장을 했다. 가발과 굽 높은 구두로 무장한 혁명가들의 주변에는 여성들이 몰려 재잘거렸다. 1월경에 해밀턴은 코르넬리아 로트Cornelia Lott라는 이름의 여성에게 홀딱 반하면서 워싱턴 가족들의 놀림거리가 되어주었다. 새뮤얼 B. 웹Samuel B. Webb 대령은 익살스러운 시 한 편을 지어서 이 젊은 전장의 지배자가 어떻게 다른 사람의 지배를 받고 있는지를 놀려댔다. '이제 [해밀턴은] 화살이 멈출 수도 없이 쏘아졌음을 깨달았으니 / 코르넬리아에게 심장을 모조리 내어주고 있다네!'[5] 그러나 변덕이 심했던 해밀턴은 곧바로 폴리Polly라는 이름의 또 다른 젊은 여성에게 넘어갔다.

코르넬리아와 폴리가 스쳐 지나간 직후인 1780년 2월 2일, 엘리자베스 스카일러가 자신의 친척들과 함께 지내기 위해 호위병 한 명을 데리고 모리스타운에 왔다. 그녀의 아버지이자 '대륙군에서 가장 용맹한 남자들 중 하나'였던 필립 스카일러 장군은 워싱턴과 슈토이벤 각각에게 쓴 서신을 딸에게 들려 보냈다.[6] 장군의 누이였던 거트루드Gertrude는 성공한 의사 존 코크런John Cochran과 결혼한 뒤 뉴저지 주 브런즈윅으로 이주하여 쾌적하고 안전한 환경에서 사람들에게 천연두 예방접종을 시켜주고 있었다. 워싱턴의 전담 군의관을 맡을 정도로 훌륭한 의사였던 코크런은 훗날 대륙군 의료 부서의 총감독관으로도 임명되었다. 라파예트는 그를 가리켜 '좋은 의사 본즈Bones(외과 의사를 친근하게 부르던 말_역주)'라고 부르기도 했다. 모리스타운 기지에서 겨울을 나는 동안 코크런과 그의 아내는 친구 자베즈 캠프필드Jabez Campfield 박사의 깔끔한 흰색 집에 기거하고 있었다. 이곳은 워싱턴의 본부에서 400미터 정도밖에 떨어져 있지 않았으니, 엘리자베스 스카일러는 미래의 남편과 상당히 가까운 곳에 머물러 있었던 셈이다.

해밀턴은 워싱턴의 부관으로서 엘리자베스 스카일러와 동등한 지위에서 사귈 수 있었다. 그는 앞선 1777년, 허레이쇼 게이츠 장군이 워싱턴 장군에게 부대를 넘겨달라고 독촉하기 위해 올버니에 잠시 들렀을 때에도 그녀를 만난 적이 있었다. 그러나 그 만남이 없었다손 치더라도 이들은 어찌 되었든 친해질 터였다. 해밀턴이 오래전부터 알고 지내며 추파를 날리곤 했던 키티 리빙스턴이 엘리자베스와도 친구였기 때문이었다. 스물다섯 살의 해밀턴은 스물두 살의 스카일러에게 단번에 빠져들기 시작했는데, 동료 부관이었던 텐치 틸먼은 '해밀턴은 정신 나간 사람 같았다'고 보고했다.[7] 얼마 지나지 않아 해밀턴은 매일 저녁 캠프필드의 2층짜리 저택에 들러 시간을 보내곤 했다. 이 젊은 중령이 꿈꾸는 듯한 눈으로 정신을 빼놓고 다닌다는 사실은 곧 모두가 알게 되었다. 평소 흠잡을 데 없는 기억력을 자랑하지만 때때로 건망증 증세를 보였던 해밀턴은 어느 날 밤 스카일러를 만나고 돌아오는 길에 보초병에게 대야 하는 암호를 잊어버리고 말았다. '사랑에 빠진 병사는 너무나 당황했다.' 포드 판사의 아들이자 당시 열네 살이었던 가브리엘 포드Gabriel Ford가 회고한 말이다. '감시병은 해밀턴을 잘 알고 있었으나, 충실하게 자신의 임무를 수행하고자 했다. 해밀턴은 이마에 손을 짚고는 머릿속에 숨겨진 그 중요한 단어를 찾아내려고 애썼지만 성실한 감시병과 마찬가지로 그의 머리도 움직일 줄을 몰랐다.'[8] 결국 해밀턴을 불쌍히 여긴 포드는 그에게 암호를 알려주었다.

3월 초 해밀턴이 영국군과의 포로 협상을 위해 모리스타운을 떠나 뉴저지 주 앰보이로 향하게 될 무렵 ― 그들이 사귀기 시작한 지 채 한 달도 되지 않았을 때였다 ― 그와 엘리자는 결혼을 결정했다. 해밀턴의 친할아버지인 알렉산더 해밀턴 역시 부유하고 저명한 집안 출신의 엘리자베스와 결혼한 바 있는데, 해밀턴은 아마도 이 엄청난 우연에 놀라워했을 것이다.

해밀턴은 엘리자베스를 아름다운 '스카일러 가문'의 일부분으로 보기도 했다. 그는 이 가문의 세 아들(존 브래드스트리트John Bradstreet, 필립 제러마이아Philip Jeremiah, 렌셀레어Rensselaer) 및 다섯 딸(앤젤리카Angelica, 엘리자베스, 마가리타Margarita, 코르넬리아Cornelia, 그리고 당시에는 아직 태어나지 않았던 캐서린Catherine)의 환심을 사기 위한 노력을 아끼지 않았다. 특히나 그 똑똑하고 아름다우며 사교적이고 부유한 딸들은 해밀턴의 환상을 충족시켜줬을 것이 분명하다. 이들은 각기 다른 악기들을 연주할 수 있었고, 한자리에 모여 올버니의 스카일러 저택에 방문하는 사람들을 즐겁게 해주었다. 1776년 4월경의 한 주간 이 저택에 머물렀던 벤저민 프랭클린은 '우리를 편안하고 상냥하게 맞이해주신 데다 젊은 숙녀분들의 생기 넘치는 모습들 덕분에' 기뻤노라고 회고했다.[9] 텐치 틸먼 또한 마찬가지로 이들에게 사로잡혔다. '장군과 그의 부인, 그리고 그들의 딸들에겐 사람들을 즉시 끌어당기는 무언가가 있소. 나는 그들과 함께라면 어떤 속박도 없이 편안하게 있을 수 있다오.'[10] 이 다섯 딸들에겐 또 엄청나게 독립적인 구석들이 있어서, 결국에는 엘리자베스를 제외한 네 명 모두가 사랑을 위해 야반도주했다. 특히 코르넬리아는 워싱턴 모턴Washington Morton이라는 남자와 도망치려고 침실 창문으로 밧줄 사다리를 늘어뜨려 내려온 뒤 자신을 기다리고 있던 마차에 올라타 탈출하는 화려한 광경을 연출했다.

마치 동화 속 이야기처럼, 고아 출신의 해밀턴은 어마어마하게 크고 부유한 가문 속으로 갑작스레 입성하게 되었다. 언젠가 엘리자의 여동생 마가리타(언제나 페기Peggy라고 불렸다)의 사진들을 보게 된 해밀턴은 그녀에게 보내는 길고 장황한 편지에서 자신이 그녀의 언니를 얼마나 사랑하는지 펼쳐 보였다.

내가 감히 자신 있게 말하건대, 어떤 이상한 사유 때문인지는 몰라도 당신의 언니는 자신과 관련된 모든 일들에서 나를 매혹시키는 방법을 알아냈소. (중략) 그녀는 너무나 무자비하게 아름답고, 너무나도 반항적이어서 아름다운 여인들의 특권인 예쁜 척을 하지도 못한다오. 그녀는 이 세상 모든 멍청이들과 경박한 맵시꾼들을 돋보이게 만들어줬던 허영과 과시도 못 가졌소. (중략) 미인들이라면 자연스레 매력적인 경박함으로 자신을 치장하곤 하지만, 그녀는 그조차도 없이 그저 온화한 성격과 상냥함과 생기발랄함만을 가졌다오. 짧게 말해서 그녀는, 멋진 여성들이라면 응당 가질 법한 이면의 사랑스러운 결점들은 전혀 없으면서도 그 모든 아름다움과 덕목, 또 여성으로서 가질 수 있는 우아함은 모두 가지고 있는 너무나도 이상한 존재요.[11]

이 편지에서 해밀턴은 10개월 전 자신이 존 로런스에게 보내는 편지에서 늘어놓았던 바로 그 모든 덕목들을 스카일러가 정확하게 가지고 있음을 밝혔다. 그녀에게는 당당한 아름다움과 분별력, 온화함이 있었으나 허영과 가식은 없었다. 또한 그녀는 뉴욕에서 가장 부유하고 영향력 있는 남자들 중 한 명의 여식이었으므로 해밀턴은 사랑과 돈 사이에서 갈등할 필요도 없었다.

1757년 8월 9일에 태어난 엘리자베스 스카일러(해밀턴은 그녀를 엘리자 Eliza 혹은 벳시 Betsey라고 불렀다)는 대부분의 알렉산더 해밀턴의 전기들에서 모습을 드러내지 않는다. 그녀는 '건국의 어머니들' 중에서도 가장 자신을 내세우지 않는 인물이었고, 자신이 아닌 오롯이 남편에게만 모두가 주목할 수 있도록 애썼다. 그러나 그녀처럼 훌륭한 인물이 초기 아메리카를 빛낸 인물들 중 하나로 손꼽히지 않는다는 것은 참으로 불행한 일이다. 그녀의 활동적이고 적극적인 겉모습 뒤에는 충실하고 너그러운 성정과 넉넉한 연민, 강한 의지, 유머와 용기가 자리하고 있었다. 자그마하고 예쁜 그녀는 자만심이라고는 티끌만큼도 없었고, 해밀턴의 이상적인 동반자로서 그의 격동적인 인생에 가정이라는 강력한 기반을 만들어주었다. 그가 그녀에게 쓴 편지들에는 불쾌함이나 짜증, 혹은 실망이 드러난 순간이 단 한 번도 없었다.

모두가 엘리자베스를 칭송했다. '그 갈색머리 여자는 내가 본 사람들 중 가장 온화하고 선명한 짙은 눈동자를 가졌으며, 그 눈빛으로 인한 따뜻함과 너그러움이 얼굴 전체에 가득 녹아 있었다.' 텐치 틸먼이 일기에 쓴 말이다.[12] 그녀는 제멋대로인 상속녀와는 거리가 멀었다. 탄탄한 몸을 가진 그녀는 걸을 때도 한 발 한 발을 힘차게 내디뎠다. 언젠가 소풍을 나갔던 날, 틸먼은 가파른 언덕을 올라야 했을 때 다른 여성들이 남성들의 도움을 구하는 동안 그녀만이 혼자서 웃는 얼굴로 언덕을 기어올랐다고 회상했다. 샤스텔뤼 후작은 그녀의 '부드럽고 기분 좋은 표정'을 흠모했으며 J. P. 브리소 드 와르빌은 그녀가 '매력과 애교에다 미국 여성 특유의 털털함과 순박함까지 갖춘 기분 좋은 여자'라고 말했다.[13]

제임스 매켄리를 포함한 많은 사람들은 그녀의 자제력 아래에서 요동치는 강렬한 열정을 눈치 챘다. 그녀는 다소 충동적일 수도 있었다. '그녀의 강렬한 성정에는 깊고 뜨거운 구석이 있어서, 그 불타오르는 감정이나 기분을 자제하려 하다가도 때때로 강하게 표출하고는 했다.'[14]

1787년, 랠프 얼Ralph Earl은 통찰력 있는 솜씨로 엘리자베스 해밀턴의 초상화를 그려냈다. 그 무엇보다 해밀턴을 매혹시켰던, 놀라울 정도로 선명한 검은 두 눈동자에는 그녀 내면의 강함이 일렁인다. 그녀는 흰 파우더를 뿌린 둥그런 가발을 뽐내고 있는데, 이는 당시 사교계 여성들 사이에서 크게 유행했던 머리모양이었다. 그녀의 한 친구 중 하나는 이를 두고 '마리 앙투아네트 헤어스타일'이라고 놀리기도 했다.[15] 그녀의 솔직하고 곧은 시선은 그림을 보는 이에게 마치 금방이라도 다정하게 말을 건넬 것만 같다. 흰색 태피터(광택이 있고 매끄러운 견직물의 일종_역주) 드레스 아래로 드러나는 몸매는 균형이 잘 잡혀 있지만 부드러운 여성성이 두드러지진 않는다. 튼튼하고 활기찬 인상은 말괄량이 같은 느낌을 주기도 한다. 대체로 그녀는 활기차고 겸손한 성격이었으며, 상황 대처 능력이 훌륭했다.

스카일러의 겸손한 면모는 그해 겨울 모리스타운에서 마사 워싱턴을 만난 후 존경을 담아 그녀를 묘사한 글에도 잘 드러나 있다.

우리를 따뜻하게 맞이한 그녀는 우리 두 사람 모두에게 키스해주었다. 아빠와 장군이 아주 친한 친구였기 때문이다. 당시 거의 쉰 살에 가까웠으나 여전히 아름다웠던 그녀는 꽤 작고 통통한 체구에 흑갈색 눈을 가지고 있었고, 머리는 약간 희끗희끗했으며, 내가 그토록 위대하다고 여기는 여인 치고는 상당히 수수한 옷을 입고 있었다. 집에서 만든 것 같은 무늬 없는 갈색 가운과 커다란 흰색 행커치프를 착용한 그녀는 깔끔한 모자를 쓰고 있었고 손에는 20년도 더 넘게 끼고 다녔을, 금으로 된 단출한 결혼반지가 있었다. 그녀는 언제나 내가 바라는 진정한 여성상의 표본이었다.[16]

모리스타운에 도착하자마자 스카일러는 마사 워싱턴에게 소맷동 한 쌍을 선물했고, 마사 워싱턴은 이에 대한 보답으로 파우더 약간을 선물했다. 이윽고 스카일러와 마사 워싱턴의 관계는 어머니와 딸 관계나 마찬가지인 것처럼 무르익었다.

가정교사에게 교육을 받기는 했으나 스카일러는 정식으로 학교를 다닌 적이 거의 없었다. 그녀는 맞춤법을 잘 몰랐고 스카일러가의 다른 자제들만큼 유려하게 글을 쓰지도 못했다. 그녀가 흄이나 홉스 등 어려운 철학자들의 책을 탐독하면서 정기적으로 남편에게 질문을 던질 것이라 상상하기는 힘들었다. 반면 군인이자 정치인인 아버지를 둔 사람답게 그녀는 사회 문제들에 조예가 깊었고 많은 정치 전문가들과도 안면이 있었다. 열세 살 무렵에는 6자 비밀 정상회담에 참석하는 아버지를 따라 새러토가에도 갔으며 그곳에서 '우리 중 하나'라는 뜻의 원주민식 이름을 받았다.[17] 그녀에게 백개먼(서양식 주사위 놀이의 일종_역주)을 가르쳐준 사람도 다름 아닌 벤저민 프랭클린이었다. 1776년 4월 벤저민이 외교 임무를 위해 캐나다로 가던 도중 스카일러 장군의 집에 잠시 들렀을 때의 일이었다. 해밀턴과 마찬가지로, 엘리자 역시 자신을 둘러싸고 있는 세계에 커다란 관심을 가지고 있었다.

엘리자 스카일러와 알렉산더 해밀턴의 관계에서는 종교와 관련된 부분이 특히나 흥미롭다. 스카일러는 네덜란드 개혁교회의 적극적인 신자였고 불굴의 신앙심을 품고 있었으므로 텐치 틸먼은 한 편지에서 그녀를 가리켜 '그 작은 성인聖人'이라고 부를 정도였다. 워싱턴의 부관들 중에는 삐딱한 해밀턴이 아주 독실한 사람을 아내로 맞이한 것에 놀라는 이도 있었다.[18] 해밀턴도 어렸을 적에는 독실한 신자였지만 독립혁명을 거치면서 조직적인 종교에 대해 회의적인 입장을 보이게 되었다. 스카일러를 만난 지 얼마 되지 않았을 무렵, 그는 멘디Mendy 박사를 군내 목사로 추천하는 서신을 쓰면서 다음과 같이 말했다. '내가 생각하기에 멘디 박사는 군내 목사 자리에 딱 어울리는 사람이지만, 아쉬운 점이 있다면 매춘이나 음주는 하지 않는다는 것이오. (중략) 그는 싸울 것이고, 당신이 천국에 가든 안 가든 당신의 승천을 강력히 바라지는 않을 겁니다.'[19] 엘리자는 남편의 신앙에 단 한 번도 의구심을 품지 않았고, 그가 세인트크로이 섬에 있을 적 썼던 소네트(14행으로 이루어진 서양 시가_역주) '더없는 행복에 오른 영혼'을 언제나 보물처럼 여겼다. 반면 해밀턴은 아내가 변함없이 독실함에도 정식으로 교회에 소속되는 것은 꺼렸다.

그해 겨울 해밀턴은 할 수 있는 모든 말을 다 동원하여 엘리자에게 구애했다. 심지어 그는 '왜 내가 한숨 짓느냐고 묻는다면Answer to the Inquiry Why I Sighed'이라는 제목의 로맨틱한 소네트를 짓기도 했는데, 이 2연시聯詩는 다음과 같은 구절들로 이루어져 있다. '나의 사랑만큼 부드럽고 진정한 사랑을 / 다른 사람들이 알아채기 전에 (중략) 나의 가슴을 데워줄 환희는 다른 그 언제도 아니라 / 나의 천사가 나의 품 안에 있을 때에만 온다네'[20] 스카일러는 해밀턴이 엄청난 지능을 가진 남자임을 잘 알았지만, 지능보다는 그의 친절한 성격에 높은 점수를 주었다. 그녀는 종종 그가 자주 했던 말들을 즐겨 회고하곤 했다. "나의 친애하는 엘리자여, (중략) 나는 좋은 머리를 가졌지만, 감사하게 하나님은 내게 좋은 마음도 주셨소."[21] 말년에 그녀는 남편에 대한 일화들을 기자들에게 풀어놓으며 자신이 보여주고 싶은 해밀턴의 성격 몇 가지를 열거했는데, 이 목록에는 스카일러가 해밀턴의 다양한 재능을 어떻게 바라보았는지 잘 드러나 있다. '내면의 유연함. 지식의 다양성. 농담의 유머러스함. 훌륭한 마음씨. 엄청난 관용과 덕.'[22]

해밀턴은 1780년 3월 30일 존 로런스에게 편지를 한 통 보냈는데 이상하게 여기서는 스카일러, 또 갑작스레 결정한 결혼에 관한 이야기는 꺼내지도 않았다. 이윽고 6월 30일, 해밀턴은 결국 친구에게 모든 것을 털어놓는다. '나는 스카일러 양에게 내 자유를 넘겨줘버렸다네. 그녀는 좋은 마음씨를 가진 소녀이며, 확신컨대 자기 고집대로 하려는 사람은 못 될 것이야. 그녀는 천재적이지는 않지만 합리적일 수는 있을 만큼의 분별력을 가졌고, 엄청나게 아름답지는 않지만 검은 눈의 얼굴이 꽤 멋지며, 연인을 행복하게 해줄 모든 조건들을 겉모습에 모두 갖추고 있다네.' 자신의 말이 사랑의 황홀경에 빠진 사람처럼 들리지는 않을 것임을 잘 알고 있었던 해밀턴은, 마치 그녀의 돈을 보고 결혼하는 것으로 여겨질 것이 걱정되었는지 로런스에게 다음과 같이 덧붙였다. '나를 믿게나. 비록 내가 연인의 완벽함에 대해 열정적으로 떠들고 있지는 않지만, 그렇다 하더라도 나는 그녀를 진심으로 사랑하고 있다네.'[23] 로런스가 질투로 고통스러워할 것이 우려되었던지, 몇 개월 뒤 해밀턴은 '스카일러의 짙은 눈동자가 있다 해도 나의 일부는 여전히 대중의 것이며 또 다른 일부는 자네의 것'이라고 덧붙이며, 결혼을 하더라도 친구에게 절대 소홀해지지 않겠다고 약속했다.[24]

§

해밀턴은 스카일러 자매들 모두와 즐겁게 교우했다. 엘리자의 여동생 페기는 매우 아름다웠지만 허영심이 많고 거만했다. 그녀는 뉴욕 주에서 가장 큰 사유지인 렌셀레어스윅의 8대 지주이자 자신보다 여섯 살 어린 스티븐 반 렌셀레어Stephen Van Rensselaer와 결혼했다. 모리스타운에서 보냈던 그해 겨울을 시작으로 해밀턴은 엘리자의 언니이자 이미 기혼자였던 앤젤리카에게 자석처럼 이끌렸고, 이후 평생 동안 엘리자와 앤젤리카 양쪽 모두를 '친애하는 나의 갈색머리들'이라 부르며 흠모했다.[25] 두 자매를 한데 합치면 아마 해밀턴이 그렸던 여성상에 완벽히 부합했을 것이다. 이들은 해밀턴의 마음을 각기 다른 방식으로 흔들었다. 엘리자가 해밀턴의 성실한 목적의식과 투지, 그리고 정직함을 대변하는 존재였다면 앤젤리카는 그의 세속적인 측면, 즉 사교가의 사람들을 즐겁게 만들었던 그 유머와 매력, 그리고 쾌활함 등을 대변했다.

해밀턴과 앤젤리카 사이에는 강한 기류가 뚜렷이 생겨났고 그들이 연인 관계라고 생각하는 사람들도 더러 있었다. 다른 건 몰라도, 적어도 이들의 우정에 일반적이지 않은 열정이 숨어 있는 것만큼은 맞았다. 만일 앤젤리카가 결혼한 몸이 아니었다면 해밀턴은 엘리자가 아닌 앤젤리카에게 청혼했을 것이라 봐도 괜찮을 터였다. 앤젤리카는 엘리자보다 더 해밀턴과 잘 어울리는 사람이었다. 해밀턴에게 보내는 편지에서 제임스 매켄리는 앤젤리카가 '모든 사람들을 홀리고 있다'고 말했다. '여자건 남자건, 그녀를 모르는 사람은 있어도 그녀를 만나서 즐거워하지 않은 사람은 없네. 모든 이들을 기분 좋게 만드는 그녀의 자질은 기본적으로 그 여동생이 자네를 자신의 남편으로 만들었던 바로 그 자질들과 똑같다네.'[26]

존 트럼불[John Trumbull]이 그린 앤젤리카의 초상화 속에는 길고 창백한 얼굴과 어두운 색의 눈동자, 그리고 아름답고 도톰한 입술을 가진 여인이 맵시 있는 옷차림을 하고 있다. 엘리자보다는 좀 더 세련된 모습이다. 남자들의 상상력을 휘어잡곤 하는 그 신비로운 여성성은 엘리자보다 앤젤리카에게서 훨씬 짙게 찾아볼 수 있었다. 교태 넘쳤던 그녀는 재담이나 독서 토론, 기타 연주, 또는 시사에 관한 대화를 즐겼다. 그녀는 당대 가장 똑똑했던 정치인들의 뮤즈가 될 사람으로 타고났는데 여기에는 토머스 제퍼슨과 로버트 R. 리빙스턴, 그리고 무엇보다 해밀턴이 속해 있었다. 앤젤리카는 그녀 세대의 아메리카 여성치고는 드물게도 유럽식 거실, 예를 들면 허드슨 강 저택의 거실을 편안해했는데, 그녀가 아주 유럽인 같다는 소문도 종종 돌곤 했다. 엘리자와 달리 앤젤리카는 프랑스어를 완벽한 수준까지 배웠다. 엘리자는 해밀턴을 필요로 하는 사회의 부름에 마지못해 응해주었지만, 앤젤리카는 해밀턴의 야망을 칭송했고 언제나 그의 정치적 업적에 관한 소식을 기다렸다.

그다음 스물네 해 동안 앤젤리카는 해밀턴에 대한 애정을 사실상 자신의 여동생이나 해밀턴 본인에게 보내는 모든 편지에서 드러냈다. 해밀턴은 언제나 그녀에게 자신감과 추파가 뒤섞인 말투로 편지를 썼다. 특히 해밀턴이 국가사업으로 큰 부담을 지게 되었을 즈음에는 앤젤리카가 그의 응석을 받아주기도 했다. 그는 엘리자에게 부드럽고 사랑스러운 말투로 편지를 썼으나 용맹한 모습은 그다지 보여주지 않았다. 해밀턴의 결혼생활이 때때로 이 연년생 자매와 삼각관계를 이루었다는 인상을 아예 지우기는 힘들다. 해밀턴에 대한 앤젤리카의 끊임없는 애정은 그녀의 드높은 긍지를 충족시켜주었으나, 앤젤리카가 자신의 사랑하는 여동생을 화나게 하거나 위협했던 것은 전혀 아니었다. 해밀턴에 대한 공통된 사랑은 두 자매의 관계를 더욱 돈독하게 다져주었던 것으로 보인다. 역설적이게도, 해밀턴은 엘리자가 앤젤리카에게 가지고 있었던 특별한 애착을 방패 삼아 다른 여성들에게는 절대 하지 말아야 하는 방식으로 앤젤리카에게 애정을 표할 수 있었다.

앤젤리카는 지적인 남자들에게 이끌리는 대담한 여성이었지만, 희한하게도 그녀가 남편으로 택한 남자는 나이를 먹을수록 살집만 늘어갔던 존 바커 처치John Barker Church였다. 작은 키에 빛나는 눈동자와 두꺼운 입술을 가진 처치는 1776년 대륙회의의 명을 받고 당시 스카일러 장군이 지휘하던 북방군의 연보를 제작하기 위해 올버니에 파견되었다. 이곳에서 그는 앤젤리카에게 구애하는 동시에 그녀의 아버지를 짜증나게 하는 데 성공했다. 스카일러 장군은 당시 존 B. 카터John B. Carter라는 필명을 썼던 존 처치에게서 무언가 이상한 낌새를 눈치챘는데, 그의 직감이 옳았음은 곧 드러났다. 처치는 이름을 바꾸고 아메리카로 도망쳐 온 인물이었다. 아마도 런던에서 토리당 정치인 한 명과 결투를 벌인 이후 이 같은 일을 단행했던 것으로 보이는데, 도박과 주식 투기로 파산한 후 채권자들을 피해 도망쳤다는 이야기도 있다. 결혼을 허락받지 못할 것임을 잘 알고 있었던 처치는 1777년 앤젤리카와 함께 도망쳤다. 스카일러가 이에 격노한 것은 불 보듯 뻔하다.

처치는 독립혁명을 거치면서 엄청난 부를 쌓아올렸다. "처치 씨는 끝내주는 사업가라네." 제임스 매켄리가 해밀턴에게 한 말이다. "공동으로 관리하는 충분한 부가 있다면 기나긴 삶을 편안히 살 수 있다는 점을 나는 그에게서 배웠지."[27] 그와 그의 동업자 제러마이아 워즈워스Jeremiah

Wadsworth는 프랑스군 및 아메리카군과 물자 공급 계약들을 맺으면서 큰 수익을 올렸다. 해밀턴은 처치를 가리켜 '부와 진실성의 남자, 강한 정신력의 남자, 아주 정확하고 아주 적극적인, 그야말로 사업의 남자'라고 칭찬했다.[28] 그러나 처치가 쓴 편지들을 보면 그가 다정함이나 유머라곤 없는 차가운 사업가였음을 알 수 있다. 그는 정치에도 깊이 관여했지만 종종 요령도 없이 자신의 견해를 표출했다. 처치는 하우 장군이 아메리카의 몇몇 마을들과 소도시들을 불태워버린 데 격노했는데, 한 관계자는 당시 그가 그저 '복수심에 불타고 있었으며 잘못된' 태도를 보였다고 회고했다. 처치가 영국 장성들의 머리를 잘라 '피클로 만든 후 작은 나무통들에 넣어두었다가 영국이 마을을 불태울 때마다 한 개씩 보내고 싶다'고 말했기 때문이었다.[29] 앤젤리카는 해밀턴의 폭넓은 지성이나 시민의식에 이끌렸지만 처치에게는 그러한 것들이 없었다. 그러나 다른 한편으로 그는 앤젤리카가 내심 바라왔던 호화로운 상류층의 삶을 그녀에게 선사해주었다.

장인과의 관계는 해밀턴이 엘리자 스카일러와의 결혼생활에서 누릴 수 있는 많은 것들 중 특히나 행복한 것이었다. 키가 크고 날씬했으며 거친 목소리와 둥글납작한 코를 가진 마흔여섯 살의 필립 스카일러는 그해 4월 의회 의원회의 수장으로서 군대 개편을 감찰하기 위해 모리스타운에 당도할 때부터 이미 류머티스성 통풍으로 다리를 절고 있었다. 스카일러처럼 사회적 계급을 진지하게 여겼던 사람이 해밀턴을 그토록 쉽게 포용했다는 것은 곧 해밀턴의 능력이 그만큼 뛰어났음을 보여주는 증거다. "아들아, 너보다 밑에 있는 사람들에게는 너그럽게 대하거라." 스카일러가 한때 아들 존에게 한 말이다. "너와 동급의 사람들에게는 상냥하고 공손하게 굴고, 상위의 사람들에게는 존경을 표하되 위축되지는 마라. 지적 능력 면에서 상위에 있든 사회가 구축해놓은 필수적인 경계선상에서 상위에 있든 마찬가지다."[30] 그러나 이처럼 지위를 의식했던 남자는 서인도제도 출신의 사생아와 곧바로 친밀한 사이가 되었다. 해밀턴과 스카일러 두 사람은 모두 프랑스어를 할 줄 알았고, 박식했으며, 군대의 기강을 중시했고, 운하 건설 등의 내부 개발 정책들 및 산업에 공통적으로 관심을 가졌다. 이 두 인물은 또한 모두 워싱턴에게 충성을 바쳤고 대륙회의의 무능함을 답답해했다. 스카일러 본인이 대륙회의 의원이었음에도 이는 마찬가지였다.

1650년 뉴욕으로 건너온 초기 네덜란드 이주민의 후손인 스카일러(성씨는 독일 것이었을 수도 있다)는 당시 넓은 토지를 다루며 뉴욕 주 내의 정치를 쥐락펴락하던 허드슨 강 유역 대지주들 중 한 명으로 손꼽혔다. 스카일러 가문의 사람들은 지주 가문이나 영주 가문 다수와 인척 관계를 맺었고, 필립 스카일러의 어머니는 반 코틀랜드Van Cortlandt 가문 출신이었다. 올버니 언덕 꼭대기에는 조지 왕조 시대 양식으로 지어진 그의 우아한 벽돌집, 이름하여 '파스처스Pastures'가 위치해 있었고, 그 주변을 감싼 80에이커(약 22만 평_역주)의 영지에는 헛간들과 노예 거주지들, 그리고 훈연실 한 곳이 군데군데 자리하고 있었다. 진취적인 스카일러는 새러토가 숲 지대의 끝자락에도 2층짜리 집을 짓고선 네 개의 물레방앗간과 대장간 하나, 그리고 창고 하나가 포함된 산업 마을을 만들어 수백 명의 사람들에게 일자리를 제공했다(이곳은 훗날 스카일러빌이라는 마을이 된다). 스카일러의 영지는 허드슨 강을 따라 3마일(약 4.8킬로미터_역주)이나 늘어져 있었고, 그 넓이를 모두 합하면 1~2만 에이커(약 1,224만~2,450만 평_역주) 정도 되었다. 이것으로도 만족하지 못했던 듯, 필립 스카일러는 컬럼비아 카운티에 위치한 12만 에이커(약 1억 4,700만 평_역주) 규모의 클레이버랙 영지를 상속받을 캐서린 반 렌셀레어Catherine Van Rensselaer와 결혼했다.

필립 스카일러의 인상에 대한 평가는 사람마다 극도로 엇갈렸다. 그를 적대시하던 이들은 그가 차갑고 거만하다고 보았으며, 누군가 자신에게 대항하거나 자신의 자존심을 다치게 하는 일이 생기면 크게 심술을 부렸다고 평했다. 알렉산더 그레이든Alexander Graydon은 독립혁명 도중 스카일러 저택의 저녁식사 자리에서 있었던 불쾌한 사건을 풍문으로 전했다. '뉴잉글랜드 대위 하나가 볼일이 있어 (식사 자리에) 들어왔는데, 그는 가장 천한 계급의 사람이나 보일 법한 굴종의 태도로 비굴하게 행동했다. 그는 앉으라는 권유도, 와인 한 잔도 받지 못했으며, 자신이 원하는 바를 밝히자 비천하고 성가신 불청객에게나 낼 법한 스카일러의 언짢은 목소리가 그를 쫓아냈다.'[31] 그러나 그레이든은 그 대위가 무턱대고 스카일러의 식사 자리에 쳐들어왔던 것일 수도 있다고 덧붙였다.

반면 스카일러의 친구들은 그가 매우 정중하고 멋진 사람이자 매너의 표본이고, 다양한 사람들에게 아주 다정하게 대했다고 전했다. 그는 자신의 사회적 동료들에게는 상당히 넓은 아량을 베풀었다. 새러토가 전투 도중 버고인 장군은 군사적 이유로 스카일러의 저택과 영지 내 건물들 대부분에 불을 질렀다. 항복 이후 버고인이 스카일러에게 사과하자 그는 자비롭게 사과를 받아주면서, 버고인의 행동은 전쟁의 규칙에 따르는 정당한 것이었고 자신 또한 그러한 상황에 있었다면 똑같이 행동했을 것이라고 말해주었다. 헤센인 사령관 프리드리히 폰 리데젤Friedrich von Riedesel 소장의 아내였던 리데젤 남작부인 또한 새러토가 전투에서의 대패大敗 이후 스카일러가 보여줬던 기사도 정신을 회고했다. '텐트 근처에 (마차를) 세우자 잘생긴 남자 하나가 다가와 아이들이 마차에서 내리는 것을 도와주고 머리를 쓰다듬었다. 이후 그는 내게도 팔을 내밀었는데 그의 두 눈에는 눈물이 고여 있었다.'[32] 스카일러는 남작부인과 패잔병 버고인 장군 및 그의 부하 스무 명을 자신의 올버니 저택으로 초대하여 수일간 융숭한 식사를 대접했다. 이때까지만 해도 스카일러는 버고인이 새러토가 영지를 파괴해버린 탓에 자신이 재정적으로 내리막길을 걷게 될 것임을 모르고 있었다.

해밀턴은 스카일러가 이따금 제멋대로 구는 자기 딸들에게 매우 엄격하게 대하기도 한다는 사실, 또 존 바커 처치가 자신의 말을 어기고 앤젤리카와 결혼했다는 이유로 완전히 외면당하고 있다는 사실도 잘 알고 있었다. 그래서 해밀턴은 포로 협상에 임하고 있는 동안 스카일러의 결혼 허락을 침착하게 기다리며 엘리자와 사랑의 편지를 주고받았다. '여기에 담긴 부드럽고 달콤한 감정을 바라볼 때 내가 얼마나 황홀한 기분이 드는지는 말로 다 표현할 수도 없다오.' 그가 3월 중순 보낸 편지에서 한 말이다. '나의 벳시의 영혼은 한 줄 한 줄 내게 말을 걸어주면서 나를 세상에서 가장 행복한 사람으로 만들고 있소. 나는 앞으로도 계속 가장 행복한 사람일 거요.'[33]

1780년 4월 8일, 필립 스카일러는 해밀턴에게 마치 업무서신 같은 편지를 하나 보냈다. 자신이 해밀턴의 청혼에 관해 엘리자 스카일러와 논의했으며 이를 허락하기로 결정했음을 알리는 편지였다. 해밀턴은 크게 기뻐했다. 수일 후 그는 스카일러 부인에게 온갖 아첨이 섞인 편지를 써서 결혼을 허락해줘서 감사하다는 인사를 전했다. '바라건대 장모님, 장모님께선 제가 지금 하는 말을 그냥 하는 빈말로 여기지 않게 되실 겁니다. 저는 비록 장모님을 개인적으로 알지는 못하지만 얼마나 훌륭한 분이신지는 익히 알고 있으며, 그 덕분에 제가 따님과 이루어갈 앞날 속에서 한층 더 행복할 수 있으리라고 믿습니다.'[34]

스카일러 장군은 모리스타운에 집을 한 채 구한 뒤 스카일러 부인을 데리고 올버니에서 내려와 7월에 대륙군이 철수할 때까지 이곳에 머물렀다. 해밀턴은 매일 저녁 스카일러 가족에게 들러 그들과 함께 쌍방향의 애정을 돈독하게 쌓았다. 오히려 스카일러 가족은 이 서인도제도 출신의 전직 하급 직원이 자신들을 선택해줘서 고맙다고 생각하기에 이르렀다. 2년 여가 지난 후 필립 스카일러는 엘리자에게 그녀의 남편을 칭찬하는 즐거운 편지를 하나 써 보냈다.

> 네가 나의 사랑하는 해밀턴과 결혼을 했다는 사실이 다시 한 번 만족스럽게 느껴지는구나. 그는 말로 하기에 벅찬 행복을 내게 선사해주고 있다. 진정한 가치와 속빈 가치를 구별할 줄 아는 사람들이 그의 덕과 능력에 대해 매일같이 찬사를 늘어놓으니 듣는 나도 기분이 매우 좋구나. 사람들은 그를 우리나라가 받은 선물이라 여기고 있으며, 실제로도 그렇단다.[35]

엘리자 스카일러와의 결혼은 해밀턴의 대서사시 같은 일생 속에서 벌어진 또 하나의 꿈같은 사건이었다. 해밀턴은 이제 뉴욕 주 귀족 가문을 정치적으로 등에 업게 되었다.

모리스타운에서 겨울을 나는 동안 해밀턴의 머릿속에는 사랑과 함께 돈에 대한 생각들이 가득 들어차 있었다. 대륙회의가 발행한 지폐의 가치는 급격히 곤두박질치는 중이었다. 인플레이션이 독립주의자들의 대의를 약화시키고 있는 셈이었다. 1779년에는 단 3주 만에 대륙달러의 가치가 반 토막 나는 끔찍한 일도 있었다. 은화는 자취를 감추었으며 거의 휴지나 다름없어져버린 화폐가 그 자리를 대신했다. 1780년 3월, 대륙회의는 신권 한 장으로 구권 마흔 장을 대체할 수 있는 새로운 화폐를 발행함으로써 통화질서를 바로잡고자 했지만 이로 인해 대부분의 미국인들이 쌓아둔 저축은 물거품이 되어버렸다. 재정 개혁이 한층 더 급박하게 필요해지는 시점이었다. 제임스 매디슨은 토머스 제퍼슨에게 우려 담긴 편지를 보냈다. '생각건대 지금 상황에서 만일 주들이 강력한 정책을 펼쳐 하루 빨리 구권을 거두어들이고 신권의 신용을 뒷받침할 자금을 마련하지 못한다면 (중략) 우리는 끝입니다.'[36]

해밀턴은 자투리 시간을 활용하여 재정학 논문들을 탐독했다. 그는 워싱턴의 부관이었기 때문에 자칫 제멋대로 논쟁적인 계획들을 제안했다가는 대륙회의와의 관계가 틀어질 수도 있었다. 그러므로 그는 이름이 밝혀지지 않은 의원 하나에게 비밀리에 서신을 써서 새로운 화폐 체제를 제안했다. '이번의 제안은,' 그는 겸손하게 시작했다. '상업과 금융에 관한 연구에 따라 도출된 것입니다. (중략) 그러나 여가를 원하는 제 마음 때문에, 더 많은 시각에서 이를 검토하거나 이것의 중요한 필요조건들을 좀 더 곱씹는 일은 미처 하지 못했습니다.'[37] 그는 만일 수신자가 이와 관련하여 더 궁금한 것이 있다면 '모리스타운 우체국의 제임스 몬터규James Montague 앞으로 보내주시는 것이 선생님이 보시기에도 적절할 만큼 안전한 방법임을 알려드리며, 답장은 곧바로 보내드리겠다'고 덧붙였다.[38] '제임스 몬터규'는 아마도 해밀턴이 자신의 신분을 숨기기 위해 만들어낸 가명이었을 것이다.

6,000단어로 이루어진 해밀턴의 이 서신에는 충격적일 만큼의 조숙함이 담겨 있다. 그는 전시의 결핍 상태가 돈의 가치를 떨어뜨리면서 인플레이션이 발생한 것이라고 보았다. 시간이 갈수록 인플레이션은 스스로 가속도를 얻고 있는 상황이었다. 해밀턴은 경제학에서의 기본 요소들만으로는 이번 인플레이션을 설명할 수 없다고 이야기하면서 상황 속에 숨겨진 중대한 심리학적 요소들을 감지해냈다. 사람들은 '자신들의 이익에 대한 합리적인 생각보다는 스스로의 열정이나 편견에 이끌려 행동'했다는 것이었다. '시중에 돌고 있는 화폐의 양은 확실히 가치절하의 주요 이유 중 하나입니다. 그러나 현재 화폐가치는 마땅히 그래야 할 정도보다

다섯 배 이상 더 떨어져 있습니다. (중략) 그 초과분은 사람들의 생각, 즉 자신감을 확보하고자 하는 욕구 때문에 나타난 것입니다.'[39]

자신감에 대한 욕구를 어떻게 다루자는 것인가? 이와 관련해 해밀턴은 12개 항목으로 이루어진 계획을 제안했는데, 금융 체제에 대한 이 완전한 청사진에는 해밀턴의 일관적인 생각이 잘 반영되어 있다. 우선 의회는 정부와 민간이 반반씩 소유하는 중앙은행을 설립하여 화폐를 발행하고 공공차관 및 가계대출을 다루도록 해야 한다는 것이 해밀턴의 생각이었다. 그는 유럽의 선례들에서 힌트를 얻었다며 잉글랜드은행Bank of England과 프랑스상공회의소French Council of Commerce를 모범 사례로 들었다. 그는 세금과 내국채만으로는 전쟁 비용을 모두 충당할 수 없다고 논했으며, 따라서 200만 파운드의 외국채를 발행하는 것이 이 계획의 핵심임을 이야기했다. '외국채가 어느 때보다 더 필요한 상황입니다. 다른 그 어떤 것도 우리의 상황을 회복시킬 수 없습니다.'[40] 그는 프랑스와 영국이 그 정도의 정치권력을 행사할 수 있는 것도 전시에 외국채를 빌릴 수 있는 능력이 있기 때문이라고 보았다. 군사력과 재력財力은 서로 불가분의 관계에 있다는 이 생각은 이후 그가 내놓은 모든 의견들에도 잘 배어 있다.

해밀턴에게 있어 독립혁명은 경제학과 정치 이론이 실질적으로 펼쳐지는 장이나 다름없었고, 그가 여기에서 얻은 결정적인 실례實例와 교훈은 훗날 그의 경력에 도움이 되었다. 1780년에 연이어 날아든 비참한 소식들은 의회의 실패에 대해 다시 한 번 고찰하게 되는 계기를 마련해주었다. 영국군은 찰스턴을 점령하고 아메리카 주둔군 5,400명을 포로로 잡아갔는데, 존 로런스 또한 그 안에 포함되어 있었다. 1780년은 독립주의자들에게 음울한 한 해였다. 8월, 영국의 콘윌리스 장군은 사우스캐롤라이나 주 캠던의 허레이쇼 게이츠 장군을 격파하면서 900여 명의 아메리카 병사들을 죽이고 1,000명의 포로들을 잡아 갔다. 찰스턴과 캠던에서의 끔찍한 대패를 통해 해밀턴은 보다 장기적인 복무 기간의 필요성과 주 민병대에 더 이상 의지해서는 안 된다는 점을 한층 더 뚜렷이 알게 되었다. 게이츠가 겁에 질린 채 캠던에서 도망쳐 나왔다는 이야기에 고소해할 수 있다는 것이 해밀턴에게는 그나마 위안이었다. "우리 전 군을 통틀어 게이츠 장군처럼 뒤꽁무니를 내뺐던 자가 또 있었습니까?" 그가 고소해하며 뉴욕 주의원 제임스 두에인에게 한 말이다. "사흘 반 동안 무려 180마일(약 290킬로미터_역주)이나 도망쳤단 말입니다. 그 정도 나이에 그만 한 일을 해내다니 존경스러운 일이 아닐 수 없습니다."[41] 불명예를 입은 게이츠는 그해 10월 남방군 사령관에서 물러났으며, 너대니얼 그린 장군이 그 자리를 대신하게 되었다.

사우스캐롤라이나에 닥친 불행에 대해 해밀턴은 어쩔 수 없다는 듯 체념하는 동시에 남의 일인 것처럼 속 시원해했다. "이번 불행은 다른 일들보다는 충격이 덜하다오." 그가 엘리자베스 스카일러에게 한 말이다. "왜냐하면 나는 지나간 악들에게 불평하는 대신 그 안에서 선을 끌어내는 데 집중하고 싶고, 또 우리의 안전은 체계의 전면적인 변화에 달려 있다고 생각하기 때문이오. 그와 같은 체제 변화는 불행에 의해서만 만들어진다오."[42] 그러나 그는 방금 자신이 제임스 두에인에게 7,000단어짜리 편지를 씀으로써 그 천재적인 두뇌에서 벌써부터 싹트고 있었던 미래의 미국 정부를 드러내 보였다는 이야기는 하지 않았다.

이제 해밀턴은 미국연합규약에 면밀한 비판을 가하기 시작했다. 각 주가 가진 주권은 연합을 약화시킬 뿐이라는 것이 해밀턴의 생각이었다. 그는 '권한이 없다는 것이 대륙회의의 근본적인 결함'이라고 선언했으며 전쟁과 평화, 무역, 금융, 외교에 관해서는 대륙회의에게 최고권이 위임되어야 한다고 생각했다.[43] 의회에서의 갑론을박보다는 강력한 행정부를 원했던 해밀턴은 전쟁·외교·재정·해군에 관한 모든 문제를 다룰 단일 기구의 설립을 주장했다. '여러 부서들이 관계되어 있을 때보다 하나의 기구가 모든 일을 전담할 때 언제나 더 많은 결정을 내릴 수 있고, 더 많은 일을 할 수 있으며, 비밀도 더 잘 유지되고, 책임도 더 크게 질 수 있습니다. 이러한 계획에 따라 우리는 군주제와 공화국의 장점들을 한데 섞어 행복하고 이로운 연합을 만들어야 합니다.'⁴⁴ 해밀턴은 모든 군사력을 대륙회의의 통제권 밑으로 집결시키는 데 특히 강한 관심을 보였다. '신속한 개편이 없다면 우리 군대는 곧 녹아 없어질 것입니다. 지금은 군대라기보다는 군중에 가깝고 의복이나 급료, 군수물자가 부족한 것은 물론이며 도덕도 기강도 없습니다.'⁴⁵ 그러나 무엇보다 해밀턴의 예지가 빛난 부분은 따로 있었다. 회의를 소집하여 미국연합규약을 수정하라고 촉구했기 때문이다. 알렉산더 해밀턴은 이와 같은 형태의 총회를 제안한 최초의 인물이었고, 헌법 제정 회의는 그로부터 7년이 지나서야 열리게 된다. 다른 이들이 전쟁의 안갯속을 더듬고 있던 이 시기에, 고작 스물다섯 살의 해밀턴만이 모든 것을 꿰뚫어 보고 있는 듯했다.

편지의 마지막 부분에서 해밀턴은 자신의 생각들을 너무 급히 휘갈겨 썼다며 두에인에게 사과했다. 당연한 말이지만, 그가 이 모든 것을 기록했다는 것은 실로 놀라운 일이다. 지난 7월 중순에는 작달막하고 다부진 로샹보Rochambeau 장군이 5,500명의 프랑스 병사들을 실은 함대를 이끌고 로드아일랜드 뉴포트에 왔다. 전쟁에 승리하는 데 반드시 필요하다며 해밀턴이 라파예트를 설득했고, 이에 라파예트가 베르사이유를 설득하여 얻어낸 바로 그 프랑스 육군이었다. 프랑스군이 도착하자마자 해밀턴에게는 어마어마한 업무들이 쏟아졌다. 9월 말 하트포드에서 로샹보 장군과 회동하기 이전, 워싱턴은 자신의 부관에게 대륙군이 프랑스군과 벌일 수 있는 합동작전 세 가지를 구상하라고 시켰다. 아마 해밀턴은 하루 일과가 모두 끝난 뒤 완전히 녹초가 된 상태로 촛불 아래에서 두에인에게 그 기나긴 편지를 썼을 것이다.

당시의 상황이 군사적으로는 매우 불확실했으나 해밀턴에게는 희망찼을 수도 있겠다. 확실히 그는 워싱턴의 참모장 역할을 해내고 있었고, 곧 엘리자베스 스카일러와 결혼할 예정이었으며, 수준 높은 전략들을 펴냈고, 정부에 대한 포괄적인 청사진까지 그리고 있었기 때문이다. 그러나 그의 드높은 정신 밑에서는 여전히 서인도제도의 유년기에서 자라난 비관주의가 들끓고 있었다. 그는 때때로 세상을 향해 회의적인 시선을 보냈고 심지어는 인간 자체를 혐오하는 것만 같은 때도 있었다. 아마 짧은 시간 내에 너무나 많은 일들을 겪은 것이 혼란스러웠으리라. 그는 자신의 동포들을 비판했다. '친애하는 로런스,' 그가 그해 봄 친구에게 쓴 편지다. '우리의 동포들은 모두 멍청이들이며 그저 순한 양처럼 소극적으로 세상이 시키는 것을 받아들일 뿐이네.'⁴⁶ 해밀턴은 자신이 견해를 더욱 많이 표출할수록 자신에게 반대하는 세력 역시 늘어난다는 사실도 알고 있었다. 9월 12일, 로런스에게 그는 모든 사람들이 자신에게 화가 나 있다고 말했다. 몇몇 사람들은 그가 '도가 지나친 군대식 허세를 부리는 친구'라 생각했고, 또 어떤 이들은 군대의 권한을 지켜내는 일에 있어 그가 충분히 군인다운 모습을 못 보여주고 있다며 그를 책망했다. '사실 나는 그저 나의 감정을 모두에게 힘주어 말하고 있는 불행하고 정직한 남자일 뿐일세. 이런 이야기를 자네에게 하는 이유도, 자네는 이 일이 내게 어떠한 허영도 가져다주지 못함을 잘 알고 있을 것이기 때문이라네. 나는 대륙회의를 싫어하네. 군대도 싫어하지. 나는 이 세상도 싫고 나 자신도 싫네. 모조리 다 멍청이들과 악당들의 뭉터기일 뿐이야. 자네와 [리처드 키더] 미드 정도만이 예외긴 하지만. 잘 지내게, A. 해밀턴.'⁴⁷

해밀턴은 평생 동안 역사적인 사건들에 끊임없이 연루되는 재주가 있었는데, 1780년 9월에는 베네딕트 아널드 장군의 반역을 목도하게 되었다. 코네티컷 주 노위치에서 태어난 아널드는 젊은 시절엔 약제사와 도서 상인을 거쳐 모험심 강한 사업가로 거듭나기도 했었다. 용감한 군인이자 전쟁사를 공부하는 학생이었던 그는 영국군과의 전투에서 수차례 두각을 드러냈으며, 겨울의 퀘벡 전투에서는 총상을 입기도 했다. 그가 새러토가 전투에서 또다시 부상을 입어가며 너무나도 용맹하게 싸웠기 때문에 해밀턴을 포함한 많은 이들은 그를 승리 뒤에 숨겨진 일등공신이자 진정한 영웅이라고 생각했다. 대륙군이 필라델피아를 점거했을 당시엔 그곳 사령관을 지내기도 했던 아널드였으나, 한편으로는 여러 차례 부패 의혹을 제기받기도 했다. 그는 그때마다 그것이 '틀리고, 악의적이고, 가증스럽다'며 분노에 차 의혹을 부정했다.[48] 군사재판에서 그는 두 개의 가벼운 건을 제외한 모두에서 무죄 판결을 받았고, 형刑 없이 워싱턴의 질책을 받는 정도에서 처벌도 마무리되었다. 그러나 이미 아메리카의 미래에 대한 의구심을 키워가는 중이었던 아널드는 이 사건으로 크게 분개하여 반역에 가담하기로 결심하고, 영국군에게 대륙군의 군사 이동에 관한 기밀을 유출시켰다. 웨스트포인트(미국 육군사관학교_역주)의 새로운 사령관으로 지명된 후 그는 영국이 수월히 공격할 수 있도록 대륙군이 가지고 있는 요새 건설 계획들을 영국 측에 전달하기로 공모했고, 그 대가로 금전과 더불어 영국군 내에서의 지위를 약속받았다.

1780년 여름 웨스트포인트의 사령관 자리에 오른 이후 아널드는 그곳의 방어 체계가 무너지도록 그냥 내버려두었다. 워싱턴과 그의 수행원들(해밀턴과 라파예트도 포함된)은 하트포드에서 로샹보 장군과의 회동을 마치고 돌아오는 도중 9월 25일 아침 허드슨밸리에 당도했다. 지나는 김에 아널드 장군을 만나고 웨스트포인트를 감찰하기로 한 이들은 먼저 해밀턴과 제임스 매켄리를 아널드의 본부로 보내어 워싱턴을 맞이할 준비를 시켰다. 당시 아널드는 허드슨 강 동안東岸의 베벌리로빈슨Beverley Robinson 저택을 본부로 쓰는 중이었는데, 이곳은 웨스트포인트로부터 하류 방향으로 2마일(약 3킬로미터_역주)쯤 떨어진 곳에 위치해 있었다. 두 명의 부관들을 맞이하여 함께 아침식사를 하던 아널드는 한 통의 전갈을 받았다. 존 앤더슨John Anderson이라는 이름의 스파이가 뉴욕 시 북부에서 잡혔는데, 그의 신발 안에는 웨스트포인트 방어 체계가 상세히 설명된 종이들이 있었다는 내용이었다. 아널드는 너무나 깜짝 놀라 허둥지둥하기 시작했는데, 그 탓에 해밀턴과 매켄리까지 당황할 정도였다. 자신의 계획이 어긋나버린 데 경악한 아널드는 위층으로 달려가 아내에게 작별인사를 건네고는, 재빨리 집을 빠져나와 바지선에 올라탄 뒤 영국 군함 벌처Vulture가 기다리고 있는 하류로 노를 저어 갔다. 얼마 지나지 않아 워싱턴은 다른 부관들과 함께 베벌리로빈슨 저택에 당도했고, 아널드가 자리를 비운 것을 이상하게 여기며 아침식사를 한 뒤 웨스트포인트 감찰을 위해 다시 허드슨 강을 건너갔다.

해밀턴은 공문들을 정리하기 위해 저택에 남았는데, 이때 위층에서 아널드 부인이 울부짖는 소리가 들려왔다. 아널드의 부관인 리처드 바릭Richard Varick이 무슨 일인지 살피러 올라갔을 때 부인은 얇게 비치는 모닝 가운을 입고 헝클어진 머리를 한 채 서 있었다. "바릭 대령," 제정신이 아닌 듯한 부인이 말했다. "제 아이를 죽이라고 명령했나요?"[49] 그러더니 그녀는 갑자기 다른 이야기로 넘어가, 머리를 말 때 쓰는 뜨거운 기구에 데었다는 등 횡설수설하기 시작했다. 남편보다 스무 살이나 어렸던 마거릿 페기 시펜Margaret 'Peggy' Shippen은 필라델피아의 토리파 가문 출신이었고 18세가 되기 한 해 전에 베네딕트 아널드와 결혼했다. 자그마한 체구에 곱슬곱슬한 금발을 가진 그녀는 사회적 야망이 컸다. 해밀턴이 위층으로 올라갔을 때, 그녀는 자신의 아기를 품에 꼭 안고선 눈앞에 보이는 모든 이들이 아이를 죽이려 한다며 욕을 퍼부었다.

늦은 오후, 웨스트포인트의 해이한 실태와 아널드의 부재에 어리둥절해진 워싱턴이 다시 저택으로 돌아왔다. 해밀턴은 워싱턴에게 두꺼운 공문 뭉치를 건네주었는데, 여기에는 붙잡힌 존 앤더슨이라는 인물과 관련된 문서들도 있었다. 이후 해밀턴은 라파예트와 협의하기 위해 잠시 자리를 비웠다. 얼마 후 다시 방으로 돌아왔을 때 두 청년은 평소 침착하기 짝이 없었던 사령관이 눈물을 참고 있는 모습을 보게 되었다. "아널드가 우리를 배신했네!" 워싱턴이 격한 감정을 드러내며 말했다. "이제 누구를 믿을 수 있단 말인가?"[50] 그는 아직 아널드가 영국 측 경계선에 도달하지 못했을 수도 있다는 희미한 희망을 품고선 해밀턴과 매켄리에게 말을 타고 허드슨 강을 따라 10여 마일(약 16킬로미터_역주)까지 나가서 살펴보게 했지만 때는 늦었다. 아널드는 이미 벌처에 올라탄 뒤 뉴욕 시로 달아나고 있던 중이었다.

현장에서 해밀턴은 유별날 만큼 자립적인 모습을 보여주었다. 웨스트포인트가 위험에 그대로 노출되어 있음을 알아챈 그는 코네티컷 제6보병연대의 요새를 강화하라고 지시했다. 다시 한 번, 그는 장군들에게 이래라저래라 하기를 전혀 마다하지 않았다. '이곳에서는 가장 악랄한 반역의 현장이 벌어지고 있었습니다.' 그가 너대니얼 그린 장군에게 쓴 편지다. '병사들에게 군장을 갖춰 대기시키는 한편, 연대 하나를 즉시 이곳으로 보내주시길 부탁드립니다.'[51]

아널드가 보낸 서신이 도착하자 해밀턴은 이를 황급히 워싱턴에게 전달했는데, 여기에서 아널드는 자신의 배반이 은혜를 모르는 아메리카 때문에 일어난 것이라 말하며 자기 아내에게는 죄가 없음을 밝혔다. '그녀는 천사처럼 착하고 순수한 사람이며 나쁜 짓을 할 만한 위인이 못 됩니다.'[52] 그때까지도 이상하게 행동하고 있었던 부인은 바릭 대령이 워싱턴을 모시고 방으로 들어갔을 때에도 그가 워싱턴 장군임을 믿지 않았다. "아니, 저자는 워싱턴 장군이 아니라 바릭 대령을 도와 내 아이를 죽이러 온 자야."[53] 침대맡에 앉은 워싱턴은 히스테리 상태의 여인을 달래려 했다. 그러나 사실 워싱턴과 해밀턴, 라파예트는 모두 페기 아널드의 어전(御前) 공연에 멋지게 놀아난 셈이었다. 그녀의 행동을 본 그들은 그녀가 남편의 배반에 큰 충격을 받은 나머지 슬픔에 미쳐버렸다고 생각했다. 그녀역시 아널드의 배신에 대한 죄 없는 피해자일 것이라고 순진하게 믿어버린 것이다. 그러나 사실 그녀는 모든 계획을 알고 있었고, 영국군과 자신의 남편이 나눈 서신들 중 몇몇을 직접 전달하기도 했다. 미치광이 같은 모습은 그저 완벽한 연기에 불과했다.

소위 여성들의 계략을 잘 알고 있다고 자부하던 해밀턴도 아널드 부인의 뻔뻔한 가식에는 완전히 속아 넘어갔다. 언제나와 마찬가지로 그는 여자의 매력에 엄청나게 약했고, 곱게 자란 아가씨들이 고통을 겪고 있을 때면 특히나 기사도 정신을 발휘하고 싶어 했다. 그날 해밀턴이 엘리자에게 쓴 편지를 보면 그가 페기 아널드에게 얼마나 마음을 썼는지 잘 알 수 있다.

그 장면은 내가 이제까지 본 것들 중 가장 마음 아픈 것이었다오. 그녀는 상당한 시간 동안 완전히 정신을 놓았소. (중략) 한순간 그녀는 화를 냈다가, 다음 순간에는 눈물을 쏟아냈소. 때때로 그녀는 자신의 갓난아기를 가슴에 꼭 끌어안고는 남편의 경망 때문에 불행해질 아이의 운명을 개탄했는데, 그 말은 그대로 자기 자신에게도 비수로 날아와 꽂힐 터였소. 그녀의 모습과 행동거지에서는 달콤한 아름다움, 사랑스러운 순수함, 아내로서의 상냥함과 어머니로서의 다정함 모두가 묻어났소. (중략) 그녀는 우리에게 잘 곳을 내어주면서도 하염없이 우리의 동정을 유발했소. 그녀의 고통이 너무나 선연히 보여서, 나

는 차라리 내가 그녀의 형제라서 그녀를 지켜줄 수 있었다면 좋았을 것이라는 생각이 들 정도였다오.[54]

해밀턴은 그녀의 꿍꿍이도 모른 채 완전히 넘어가버렸다. 전시의 경계는 다 어디로 갔는지, 그는 페기 아널드와 로맨스를 찍는 지경에 이르렀다. 버림받은 아내에게 부드럽게 대했던 그의 태도는 아마도 유년기의 자기 어머니에 대한 연민에서 비롯된 것이었을 수도 있다. 이번 일이 마치 전조이기라도 했던 것마냥, 해밀턴은 훗날에도 버림받은 것으로 보이는 여자 하나에게 부적절한 연민을 품었다가 큰 코를 다치게 된다.

워싱턴은 아널드 부인이 필라델피아의 집으로 돌아갈 수 있도록 여권을 발행해주었다. 돌아가던 도중 그녀는 뉴저지 주 파라머스의 허미티지Hermitage 저택에 들렀다. 이곳에는 그녀의 친구인 시어도시아 프레보스트Theodosia Prevost 부인이 살고 있었는데, 그녀의 남편인 영국군 대령은 서인도 제도로 파견되어 있던 상태였다. 두 여인만 오롯이 남겨지자 아널드 부인은 친구에게 자신이 어떻게 워싱턴과 해밀턴, 그리고 다른 이들을 속여 넘겼는지 설명했고 연극을 하느라 완전히 지쳐버렸다고도 말했다. 그녀는 독립주의자들이 역겹다고 넌더리를 쳤으며, 자신이 어떻게 남편으로 하여금 웨스트포인트를 포기하게 만들었는지를 자랑했다. 이 이야기는 수년이 지난 다음에야 시어도시아 프레보스트의 두 번째 남편인 에런 버에 의해 세상에 공개되었다.

해밀턴이 신사다운 명예에 집착했다는 것은 베네딕트 아널드 사건의 후일담에서도 다시 한 번 드러났다. 영국군 부관 참모였던 존 안드레John André 소령은 '존 앤더슨'으로 밝혀짐에 따라 체포되었고, 자신의 운명을 결정지을 판결을 기다리는 동안 뉴욕 주 태편의 한 여관에 구금되었다. 해밀턴은 안드레보다 일곱 살이나 어렸지만 그에게 연민과 존경을 느끼게 되었고 그를 만나기 위해 수차례 방문했다. 이후 해밀턴이 로런스에게 쓴 편지에서는 우아하고 세련되었으며 시와 음악, 미술에 정통했던 안드레에 대해 그가 거의 존경하는 듯한 말투로 이야기하는 것을 찾아볼 수 있다. 해밀턴은 마치 자신의 운명을 뒤흔들 거대한 악몽을 예견했던 듯, 안드레의 불행을 자신의 일인 것처럼 함께 나누었다.

> 교육과 여행을 통해 훌륭한 이해심을 기른 안드레는 기이할 정도로 우아한 정신과 태도를 가진 동시에 다가가기 편안한 사람의 매력도 있었다네. (중략) 이런 매력으로 그는 자기가 모시는 장군으로부터 무한한 신뢰를 얻었고, 군내 계급과 평판도 급격히 오르고 있던 중이었지. 탄탄대로의 한가운데서 그는 자신의 편에게 사상 최대의 이득을 가져다줄 계획을 마주했고 그것이 주는 새로운 희망들에 들떠 있었네. 그러나 그는 갑작스레 번영의 꼭대기에서 추락했으며, 자신의 야망과 기대들이 무너졌고 자신 또한 파멸했음을 알게 되었지.[55]

자신 또한 그렇게 고지에 올랐다가 한순간에 바닥으로 곤두박질치리라는 것을 해밀턴은 생각이나 해봤을까?

안드레 대령의 운명을 놓고 해밀턴과 워싱턴 사이에서는 열띤 논쟁이 벌어졌다. 그가 스파이였는지 아니면 단순히 영국 사령부와 아널드 간의 연락 담당관이었는지가 그 주제였다. 이 의미론적인 논쟁에는 실질적인 의의도 있었다. 만일 안드레가 스파이였다면 그는 일반적인 범죄자와 마찬가지로 교수형에 처해질 것이었지만, 그저 단순히 불운한 장교였다면 신사답게 총살될 것이었다. 안드레와 해밀턴 모두 이와 같은 구분을 매우 중요하게 여겼다. 해밀턴은 안드레가 아널드와 중립 지역에서 만나기로 했다는 것을 이유로 들며 그는 스파이가 아니라고 주장했다. 즉, 독립군의 영토에 선 아널드가 안드레의 의지와는 상관없이 그를 꾀어냈다는 것이었다. 하지만 워싱턴이 소집한 장성위원회에서는 이에 반대되는 의견을 내놓았다. 이들은 안드레가 해안에 몰래 접근해왔고, 가명을 쓰고 민간인 복장을 했으며, 스파이로서의 역할을 다했기 때문에 그에 마땅한 처벌을 받아야 한다는 판결을 내렸다. 워싱턴은 위원회의 결정을 받아들였다. 그는 안드레의 임무가 독립파에 큰 피해를 입힐 수 있었다고 못 박았고, 응당 내려져야 할 것보다 약한 처벌을 할 경우 그의 죄가 조금이라도 가볍게 보일 수 있음을 우려했다.

9월 30일 헨리 클린턴 경에게 안드레와 아널드를 맞교환하자고 제안하는 비밀 서신을 보낸 것도 아마 해밀턴이었을 것이다. 서신의 필자는 자신의 필체를 숨기려 했으며 서명도 A. B.라고만 했다(이는 우연찮게도 에런 버의 약자와 같았다). 그러나 클린턴은 한 치의 의구심도 없다는 듯 편지 위에 '해밀턴, 워싱턴의 부관, 안드레 사망 이후 수신'이라고 휘갈겨 적어두었다.[56] 클린턴은 해밀턴의 제안을 고려해보지도 않았지만, 만일 아널드가 돌아왔다면 아마도 복수심에 불타는 독립군에게 바로 죽임을 당했을 것이다.

안드레 대령을 처형하기로 한 워싱턴의 선택에 해밀턴은 크게 유감스러워했을 뿐만 아니라, 그로서는 유일하게도 공개적이고 일관적으로 반대를 표명했다. "안드레의 사형은 아마도 피할 수 없었을 것입니다." 해밀턴이 거의 2년 가까이 지난 후 헨리 녹스 소장에게 한 말이다. "그러나 그 사건은 *융통성 없는 정의*의 행위였다고 두고두고 회자되어야 합니다."[57] 해밀턴이 워싱턴의 강직함에 대해 조금씩 불만을 가지기 시작했다는 것도 여기에서 얼핏 찾아볼 수 있다. 그의 불만은 얼마 지나지 않아 공개적인 반항으로 격화된다.

안드레 대령은 자신의 마지막을 우아하고 용기 있게 받아들였다. 위원회가 결정을 내린 바로 이튿날 저녁 5시경, 그는 태핀 외곽의 언덕 꼭대기에 위치한 교수대로 끌려갔다. 교수대를 본 그는 다소 동요했다. "나는 죽음을 기꺼이 감수하겠지만," 그가 말했다. "이 방식은 마음에 들지 않소."[58] 그는 누구의 도움도 받지 않고서 교수대 아래에 매달려 있는 관에 올라섰다. 엄청난 긍지를 보이며 스스로 자신의 목둘레에 밧줄을 단단히 맨 그는 곧이어 자신의 눈도 직접 손수건으로 가렸다. 발받침대가 떨어지자 밧줄에 목이 매달린 그는 바로 그 자리에 매장되었다. 해밀턴은 그의 죽음을 거의 로맨틱하다 싶을 만큼 감동적인 어투로 묘사했다.

> 처형장으로 가는 길에 그는 자신이 구금되어 있던 시간 동안 알게 된 모든 이들과 스스럼없이 인사했다. 모든 것을 받아들인 그 미소는 내면의 조용한 불굴의 용기를 드러내주었다. (중략) 처형자가 마지막 순간이 찾아왔음을 선언한 뒤 마지막으로 남길 말은 없는지 묻자 그가 대답했다. "내가 용감한 남자답게 죽었다는 것을 이 세상에 증언해주기를 바란다는 말 외엔 없소."[59]

해밀턴의 이 묘사에는 아름답고 고결한 죽음에 대한 그의 변치 않는 환상이 잘 드러나 있다. '진정한 강점을 가진 사람은 절대로 호의적인 빛 아래가 아닌, 역경이라는 상황을 거치면서 드러난다는 것을 나는 알고 있네.' 그는 로런스와의 편지에서 이렇게 결론 내렸다. '그를 둘러쌌던 구름들은 그의 훌륭한 면모가 낳은 그림자였다네.'[60]

존 안드레 대령은 해밀턴에게 최고의 이상이나 다름없었다. 사실 안드레를 칭송하는 이면에는 자기 자신의 부적절함을 혹독하게 곱씹는 해밀턴이 있었는데, 세상은 이를 거의 발견하지 못했다. 넘쳐날 정도의 재능이 있었음에도 해밀턴은 자신의 어마어마한 불안감을 깊숙이 숨겨 놓은 채 살았다. 그는 투지 뒤에 남는 슬픔, 영재의 아무에게도 말할 수 없는 우울, 그리고 저주받은 소년기가 남긴 상처들과 싸워야만 했다. 오직 존 로런스와 엘리자 스카일러에게만 자신의 두려움들을 털어놓았을 뿐이다. 안드레의 처형 직후, 해밀턴은 스카일러에게 편지를 써서 자신 또한 안드레와 같은 기량을 가졌으면 좋았을 것이라고 말했다.

> 내 사랑, 나는 겸손을 가장하려는 것이 아니오. 나는 내게 있는 강점들을 잘 알고 있소. 나는 내가 재능과 좋은 마음씨를 가졌다는 걸 알지만, 도대체 왜 나는 멋있지 않은 거요? 왜 나는 인간의 본성을 꾸밀 수 있는 모든 조건들을 갖추지 못한 거요? 왜 나는 운이 없어서, 더 많은 여가를 즐길 수 있었음에도 내게 걸맞은 무언가를 이루기 위해 그것을 포기해야만 했던 거요?[61]

참으로 기이한 감정의 폭발이었다. 해밀턴은 방금 막 처형당한 남자를 향해 질투심을 드러냈던 것이다. 오직 이러한 글을 통해서만 우리는, 대륙군 내에서 획기적인 성공을 거두었던 그가 여전히 자신은 불행하고 여전히 사랑받지 못하며 여전히 과거의 저주에 시달리고 있다고 생각했음을 엿볼 수 있다.

1780년 12월로 예정된 결혼에 앞선 여름과 가을, 해밀턴은 이따금씩 상사병에 걸린 백조마냥 사랑의 안갯속을 헤매곤 했다. '사랑은 일종의 미친 짓이라오.' 그가 스카일러에게 말했다. '내가 쓰는 모든 말에서 그 기미를 찾을 수 있지.'[62] 그는 '나의 야릇한 매력쟁이'에게 자주 편지를 써서 자신이 끊임없이 그녀를 생각하고 있음을 확인시켜주었다.[63] '실로 아름다운 이 이야기 속에서, 당신 같은 아몬드색 머리의 여인에게 완전히 독점당한 병사는 서서히 보잘 것 없는 사랑꾼이 되어가오.'[64] 그는 군중으로부터 몰래 도망쳐 나와 그녀를 그리는 데 온통 정신이 팔린 채 고독 속에서 산책할 것이라고 말했다. '확실히 당신은 작은 마법사임이 분명하오. 당신은 평소 내가 즐겼던 모든 것들이 더 이상 즐겁지 못하게 만들어

277

버렸소.'[65]

결혼 날짜가 다가오자 해밀턴은 미래에 대한 걱정에 굴복한 채, 자신의 인생을 통틀어 가장 솔직한 편지들을 스카일러에게 보냈다. 그는 이제 전쟁에 대해 낙관하기 시작했고, 프랑스 해군력의 도움을 받은 대륙군이 연말 즈음에는 승리를 거머쥘 수도 있으리라고 보았다. 그러나 해밀턴은 만일 독립파가 패배한다면 '인권에 보다 온화한 곳'으로 이주하여 살 것을 제안했고 그 예로 제네바를 들었다. 이후 그는 한 가지 고백을 했다. '한때 나는 나의 존재와 아메리카의 자유가 운명을 함께하기를 바랐소. 나의 벳시 덕분에 나는 긍지를 가지고 조금 더 오래 살고자 하는 마음을 먹게 되었지.'[66] 사랑스럽고 내성적인 스카일러는 해밀턴의 상상을 오래도록 지배해왔던 자기파괴적 환상에서 그를 구원해줄 것이었다.

동시에 해밀턴은 결혼에 대한 심각한 의구심들로 초조해하고 괴로워했다. 해밀턴은 내내 스카일러의 아름다움과 털털함, 부드러운 마음씨, 괜찮은 분별력을 칭송해왔지만 이제는 더 많은 것을 바라기 시작했다. '그대에게 간청하노니, 나의 연인이여, 내가 당신에게 준 임무들을 경시하지 마시오. 특히 당신 스스로를 돌보고 모든 여가시간을 독서에 쏟아주시오. 하늘은 당신에게 매우 관대했으니 하늘이 준 재능을 발전시키는 데 노력해주시오. 당신이 마땅히 열망할 자격이 있는, 모든 측면에서 특출한 인물로 거듭날 수 있도록 말이오.'[67] 그는 스카일러에게 스스로 정진하는 법을 가르치면서 다소 피그말리온적인 희망을 드러내기도 했으나, 한편으로는 그녀가 사랑이 식어 결혼을 없던 일로 해버리지는 않을지 걱정했다. 한 편지에서 그는 자신이 꾼 꿈을 언급했는데, 꿈속에서 해밀턴이 올버니에 도착했을 때 그녀는 어느 이름 모를 신사의 손을 잡은 채 풀밭에 누워 잠들어 있었다. '당신도 상상이 가겠지만,' 그가 썼다. '나는 그에게 주제 넘는 짓을 하고 있다고 책망하면서 당신이 나의 여자임을 주장했소.'[68] 해밀턴은 다행히도 꿈속의 스카일러가 잠에서 깨어나 자신의 품으로 달려온 뒤 확신이 담긴 키스로 마음을 가라앉혀주었다고 덧붙였다.

해밀턴이 약삭빠르게도 막대한 부를 노리고 스카일러와 결혼했다고 생각하는 이들은 그가 그녀의 돈에는 전혀 기대지 않았고 엘리자에게 한층 더 소박한 삶을 감내할 수 있는지 잘 생각해보라고 간청했다는 사실에 놀랄 수도 있겠다. 그는 세인트크로이 섬의 후원자들이 모금해준 기금에 대해 언급하면서 그의 돈을 관리하는 '악당들'을 개탄했다. '그들은 이미 수중에 있던 것을 절반도 더 넘게 갈아 없애버렸소. 또한 내게 [기금을] 점차 줄일 것이라는 말도 전해 왔다오.' 그러므로 스카일러는 어떤 것도 견뎌낼 각오가 되어 있어야 한다는 말이었다. '당신이 가질 훗날의 지위는 완전히 도박에 걸려 있는 것이나 다름없소. 당신은 고위층으로 나아갈 수도 있고, 아주 검소한 자리로 내려갈 수도 있소. 아마 후자가 될 가능성이 좀 더 높을 것이오. 당신 마음을 잘 숙고해보길 바라오.' 해밀턴은 이 문제를 한 번 더 강조하면서 그녀에게 물었다.

말해주오, 나의 어여쁜 여인이여. 그대는 집안일을 할 각오를 굳혔소? 당신은 정말로 가난한 남자의 아내로 살아가면서 기쁨을 누릴 수 있겠소? 양단(금은실로 두껍게 짠 비단_역주)보다 집에서 짠 직물을 더 좋아하고, 말 여섯 필이 끄는 마차의 기분 좋은 소리보다 수레마차의 덜컹거림을 더 좋아하기로 마음먹은 게요? 당신의 오랜 친구들이 우아함과 반짝임 속에서 경쾌하게 걷는 즐거운 삶을 과시할 때, 당신은 좋은 아내가 된다는 것 이외에는 그 어떤 즐거움도 느낄 수 없는 수수한 삶 속에서 아무렇지 않은 내색을 할 수 있겠소? (중략) 만일 그렇지 않다면, 내 사랑이여, 우리는 아주 잘못된 희극을 연기하고 있는 것이고, 당신은 우리가 불행한 부부의 비극을 연기하게 되기 이전에 이것을 바로잡아야 하오.[69]

　　　　　　　　　　　　　　　　　　　　　　　　7 · 상사병에 걸린 중령

해밀턴은 엘리자의 아버지를 가리켜 '막대한 부와 더불어 사적·공적 의의를 지닌' 신사라고 묘사했지만 이 편지들에선 엘리자가 그 정도 되는 남자의 딸이었다는 암시는 찾아볼 수도 없다.[70] 스카일러 가문 또한 전설만큼 엄청나게 부유한 것은 아니었으나, 어찌 되었든 해밀턴은 스카일러 가문에 빌붙어 살기엔 너무나 자긍심 넘치는 사람이었다.

결혼 전 해밀턴이 스카일러에게 보낸 편지들에는 어린 시절부터 박탈 속에서 살아왔던 청년의 모습이 드러나 있다. 그는 결혼을 낙관적으로 바라보기에는 너무나 많은 불행들을 목격해왔다. 한 편지에서 그는 남자와 여자, 양성兩性 모두에 대한 냉소적 견해를 밝히면서 그녀에게 고된 삶을 견딜 수 있겠냐고 물었다.

그러나 명심하오, 나의 천사여, 벳시의 마음가짐에 문제가 있는 것이 아니라 다만 *여자*의 마음이 그와 같은 질문들을 던지는 것이라오. 나는 당신의 말이라면 무엇이든 믿을 준비가 되어 있지만, 인간의 본성 및 그 유약한 면들과 관련하여 내가 겪은 경험 때문에 나도 어찌할 도리가 없소. 당신의 성별을 가진 이들 중 몇몇은 기쁨과 즐거움을 줄 모든 조건들을 갖추고 있고 존경과 우정, 그리고 애정을 불러일으킨다오. 그러나 이러한 이들은 거의 극소수에 불과하지. 우리 모두는 악으로 가득 차 있소. 그들은 나약함에 가득 차 있고, (중략) 나는 당신이 그 예외들 중 하나라고 말하는 내 감각과 판단을 믿어 의심치 않지만, 당신의 성정이나 성격을 보다 더 완벽하게 탐구해보고 싶다는 충동이 이따금씩 나도 모르게 든다오. (중략) 그러나 내가 당신의 성별에 대해 그릇된 생각을 가지고 있다고 간주하지는 말아줄 것을 간청하오. 나는 내가 가진 성별에 대해선 훨씬 더 좋지 않은 생각들을 가지고 있으니 말이오.[71]

알렉산더 해밀턴

그들이 주고받은 서신들에는 조지 워싱턴이라는 까다로운 존재가 배경의 한 자리를 차지하고 있음이 잘 드러나 있다. '더 쓰고 싶지만 장군이 나를 호출하셨다오.' 해밀턴이 어느 편지에서 남긴 마지막 문장이다.[72] 워싱턴만큼이나 전시 중의 방종을 싫어했던 해밀턴은 엘리자를 보기 위해 휴가를 떠나는 것도 마다했다. 1780년 11월 말에 결혼식을 위하여 올버니로 갔던 것이, 거의 5년이 다 되어가는 복무 기간 동안 해밀턴이 처음으로 맞이하는 휴가였다.

허드슨 강 절벽 위편에 위치했고 주변의 소나무 숲에 둘러싸여 있었던 올버니는 여전히 다소 세련되지 못한 소도시로 4,000여 명의 주민들 중 1할 정도는 노예였다. 당시는 영국의 영향력이 뉴욕 시까지 삼켜버렸을 때였지만, 올버니는 여전히 초기의 네덜란드식 모습을 잃지 않고 있었다. 박공(팔八자 모양으로 경사진 지붕 구조물_역주)이 있는 집들에서부터 그것이 드러났으며, 네덜란드어가 여전히 주요 언어로 쓰였고, 스카일러가의 사람들은 매주 일요일 개혁파 교회에 가서 기나긴 네덜란드어 설교를 들었다. 엘리자는 바느질과 정원 가꾸기를 좋아했고, 가정적이었으며, 자신을 내세우지 않았고, 집안 살림을 알뜰히 가꿨고, 다수의 아이들을 낳아 기르고 싶어 하는 등 많은 측면에서 당대의 전형적인 네덜란드계 여성의 면모를 갖고 있었다.

해밀턴이 그의 장모인 캐서린 반 렌셀레어 스카일러를 어떻게 생각했는지 보여주는 자료는 그다지 많이 남아 있지 않다. 프렌치-인디언 전쟁 중 필립 스카일러와 결혼한 캐서린은 자신의 초상화 하나를 남겼는데, 그림 속 그녀는 길고 우아한 목에 넓은 가슴을 가진 검은 눈의 놀라운 여인이다. 당대 그녀를 알았던 한 사람은 그녀가 '위대한 아름다움과 몸매, 그리고 고상함의 여인'이었다고 전했다.[73] 그러나 해밀턴의 결혼식이 다가왔을 즈음의 그녀는 통통한 네덜란드계 주부가 되어 있었다. 눈보라 치던 그해 12월, 스카일러가를 방문한 샤스텔뤼 후작은 스카일러 부인에게서 강한 인상을 받았다고 적었는데, 이에 따르면 그녀는 남편에게 겁을 줘가면서 마치 용처럼 집안을 지배했다고 한다. 조심성 있는 이 프랑스 청년은 '그녀에겐 너무 무신경하게 대하지 않는 것이 최선'이며 스카일러 장군이 '아내가 없는 자리에서는 좀 더 다정했다'고 결론 내렸다.[74] 당시 마흔일곱 살이었던 스카일러 부인이 정말로 손님들에게 그다지 상냥하지 않았다면 그것은 아마 그녀가 임신 7개월 차였기 때문이었으리라. 막내딸 캐서린은 그녀가 낳은 열두 번째 아이였다. 딸의 결혼식 무렵, 스카일러 부인은 한눈에 보아도 임신했음을 알 수 있는 모습이었다.

해밀턴은 결혼식에 그다지 많은 사람들을 초대하지 않았다. 세인트토머스 섬에서 지내고 있었을 그의 형 제임스는 당시에도 살아 있었던 것 같지만 결혼식에 참석하지 않았다. 그는 그레나딘제도베키아섬에 머물고 있던 아버지에게도 청첩장을 보냈으나 그 또한 오지 않았다. 아마도 전시 중이어서 영국령 지역과 아메리카 사이의 여행이 문제가 되었을 것이다. 결혼식 직전, 알렉산더는 엘리자에게 말했다.

> 내 사랑, 나는 아버지에게 보내는 편지 중 하나에서 당신에 대한 이야기를 썼는데 그 이후로 아직까지 답장을 받지 못했다오. (중략) 아버지께는 전쟁이 끝난 후 꼭 아메리카에 와보시라고 말했소. 아버지가 계신 섬으로 간 신사는 며칠 안에 내게 다시 한 번 사용할 수 있는 안전한 기회를 줄 거요. 나는 아버지에게 검은 눈을 가진 딸을 선물할 것이고, 그녀가 얼마나 마땅히 시아버지의 사랑을 받아야 하는 사람인지, 또 그녀가 희끗한 머리칼의 시아버지에게 얼마나 큰 축복이 될 것인지를 말할 거요.[75]

부끄러움 때문이었는지 아니면 질병이나 가난 때문이었는지는 몰라도,

제임스 해밀턴은 알렉산더가 미국으로 오라고 계속 간청했음에도 결국 엘리자와 스카일러가의 사람들, 그리고 자신의 손주들을 한 번도 만나지 못했다.

1780년 12월 14일 정오, 스물다섯 살의 알렉산더 해밀턴과 스물세 살의 엘리자베스 스카일러는 스카일러 저택의 남동쪽 응접실에서 결혼식을 올렸다. 2층짜리 벽돌 건물의 실내는 밝고 산뜻한 분위기였고 아름다운 난간 기둥들로 장식된 웅장한 나선형 계단이 자리하고 있었다. 아마도 결혼식 당시 이 응접실은 바깥에서 내리는 눈에 반사된 햇빛으로 환하게 밝혀져 있었을 것이다. 식은 신부의 집에서 가족들만 참석한 채 작게 연다는 네덜란드의 관습에 따라 치러졌다. 마을의 네덜란드 개혁교회 한 곳에서도 서기가 '해밀턴 중령 & 엘리자베스 스카일러'라는 간단한 기록을 남겼다.[76] 결혼식이 끝난 뒤 하객들은 현관의 홀에 모여 담소를 나누었을 것이다. 길이 50피트, 폭 20피트(각각 약 15미터, 6미터_역주)에 달하는 이 홀에는 커다랗고 우아한 창문들이 나 있었다. 해밀턴의 본부 동료들은 전시의 업무들로 너무 바빠 참석하지 못했으며, 유일하게 제임스 매켄리만이 이곳을 찾았다. 결혼식은 유쾌한 떠들썩함과 기분 좋은 분위기 속에서 진행되었지만, 수많은 스카일러가 사람들과 그들의 친척인 반 코틀랜드 가문, 반 렌셀레어 가문의 인사들 사이에서 가족 한 명 없이 홀로 서 있던 신랑이 만들어내는 굴욕적인 대비를 못 본 척할 수 있는 하객들은 많지 않았다.

신혼부부는 파스처에서 밀월을 보냈고 크리스마스 연휴까지 이곳에 머물렀다. 로샹보의 부대에 소속된 프랑스인 장교들 네 명은 얼음이 얼어붙은 허드슨 강을 건너 썰매를 타고 이곳에 와 그들과 함께 시간을 보냈다. 까다로운 프랑스인 장교들도 이곳의 음식과 마데이라 와인, 그리고 유쾌한 사람들을 칭찬했다. 그 무엇도 해밀턴의 완벽한 시간을 해칠 수는 없었다. 수 주 후, 그는 엘리자의 여동생 페기에게 한 통의 편지를 썼다. '당신의 언니에겐 매일같이 더 사랑스러워지는 능력이 있는 것 같소. 그게 아니라면 내가 사랑에 미쳐 있거나, 그도 아니면 둘 다겠지요. (중략) 그녀는 자신이 세상에서 가장 행복한 여인이라고 말하고 있다오.'[77]

해밀턴도 이 순간만큼은 자신이 세상에서 가장 행복한 사람이라고 생각했을 것이다. 엘리자 스카일러와의 결혼은 해밀턴의 오랜 유랑생활을 끝내줌과 동시에 그를 뉴욕의 앵글로-더치 귀족 사회에 편입시켜주었다. 그는 어린 시절을 거치면서 부자들을 싫어하게 된 것이 아니라, 오히려 자기 아버지의 잃어버린 고결함을 되찾고 싶어 했던 것이 틀림없다. 이번 결혼으로 그는 허드슨 강 유역 최고 가문들의 으리으리한 야망을 중심으로 돌아가는 뉴욕의 정치판 안에서 확고한 기반을 얻을 수 있었다. 분명 알렉산더 해밀턴은 자신의 인생 최초로, 어딘가에 진정으로 소속되었다는 느낌을 받았을 것이다.

해밀턴이 필립 스카일러와 쌓았던 우정 역시 앞으로의 인생에서 가늠할 수 없을 만큼 중요한 것이 되었다. 엘리자와의 혼인에 대한 허락을 구하던 무렵, 해밀턴은 장군에게 자신이 사생아로 태어났음을 밝혔다. '내가 친애하는 사람들이 이처럼 사려 깊은 모습들을 보여줄 때면 나는 참으로 기쁘다네.' 스카일러가 보낸 답신이다. '나는 자네가 언급한 일에서 자네의 됨됨이를 볼 수 있었네.'[78] 사회적 계급의 양극단에서 온 두 남자는 이제 서로 비슷한 정치적 입장 안에서 변함없는 동맹으로 거듭나게 되었다. 해밀턴과 마찬가지로 스카일러 또한 대륙회의와 연합규약의 무능함에 진저리를 냈고, 전쟁에서 이기는 데 필요하다면 조지 워싱턴에게 '독재적인 권한'을 부여해야 한다고 생각했다.[79] 그는 자신 대신 포퓰리스트 조지 클린턴을 뉴욕의 첫 번째 최고행정관으로 뽑아준 자작농들과 수공업자들을 믿지 않았다. 자신이 타이컨더로가 요새 함락 사건의 정치적 희생양이라고 생각했던 스카일러는 해밀턴에게 인신공격에는 단호하게 대처해야 한다고 촉구했다. '사람의 됨됨이를 농락해서는 안 되는 걸세.' 그가 언젠가 쓴 말이다. '또한 그것에 아무렇지도 않게 오명을 뒤집어씌우는 자는 참으로 아무 자격도 없고 아무것도 향유하지 못하게 될 것이야.'[80] 이런 사람이 반목과 결투를 즐겼던 해밀턴을 말릴 리는 없었다.

해밀턴이 그때까지 워싱턴에게 조용히 쌓아오고 있던 불만 또한 결혼을 계기로 격화되었던 듯하다. 워싱턴 장군은 종종 걸핏하면 화를 내는 경향이 있었고 공개석상에서 화를 삼키는 모습을 해밀턴에게도 자주 보였었다. '혁명 전쟁의 고단함은 (중략) 자신의 감정에 대한 워싱턴의 능수능란했던 통제를 흔들어놓았고, 그의 부하 장교들은 (중략) 그의 짜증 섞인 성질과 깐깐하고 민감한 태도 때문에 힘들어하는 일이 드물지 않았다.' 한 관계자의 전언이다.[81] 아무리 그 유명한 워싱턴 장군이라 하더라도, 해밀턴은 누군가의 밑에서 거의 4년 동안이나 행복하게 일하기에는 너무 많은 자부심과 재능을 타고났으며 진급에 대한 열망도 너무나 큰 인물이었다.

해밀턴은 여전히 전장의 지휘권에 목말라했다. 그가 원했던 것은 책상 앞에서의 업무가 아니라 펄럭이는 깃발과 폭음을 내는 대포들, 장전된 권총들이었다. 그해 10월, 스테이튼아일랜드 공습 작전을 준비하고 있던 라파예트는 워싱턴에게 해밀턴으로 하여금 연대 하나를 이끌게 하면 어떻겠냐는 제안을 건넸다. 하지만 그의 제안을 일축하며 워싱턴은 해밀턴을 포기할 수 없는 상황이라고 못 박았다. 결혼식 직후 해밀턴은 북부 맨해튼의 영국군 주둔지를 상대로 하는 공격을 지휘하게 해달라며 지원했다. "지난 가을쯤 제가 각하께 남진에 대해 말씀드렸을 때," 해밀턴은 워싱턴에게 당시를 상기시켰다. "저는 각하께 제 감정을 숨김없이 말씀드렸습니다. 제가 얼마나 군사적 명성을 존경하고, 그 어느 전장에서든 눈에 잘 띄는 역할을 해내어 병사로서의 저 또한 결코 평범하지 않은 수준에 이르게 되기를 제가 얼마나 갈구해왔는지 다 들으셨잖습니까."[82] 그러나 워싱턴은 또다시 해밀턴에게 퇴짜를 놓았다.

이즈음 부관 참모인 알렉산더 스캐멀Alexander Scammell이 사의를 표명했다. 두 명의 장군－너대니얼 그린과 라파예트 후작－은 그 후임으로 해밀턴을 추천했지만 워싱턴은 대령들을 놔두고 젊은 중령을 진급시킬 수는 없다며 막아섰다. 워싱턴의 심정 또한 불 보듯 뻔했다. 그에게는 수많은 야전 장교들이 있었지만 해밀턴만큼 프랑스어에 능한 사람, 또 그만큼 미묘한 뉘앙스가 담긴 서신을 잘 작성하는 이도 없었다. 4년 동안 워싱턴과 거의 매일을 하루 종일 함께했던 덕분에 해밀턴은 이제는 워싱턴의 또 다른 자아처럼 글에서나 대면으로나 그의 말투를 낼 수 있었으나, 한편으론 그 시간 동안 자기 자신의 성공은 포기하고 지낸 셈이었다.

해밀턴이 정치적인 실망감을 맛보게 될 때가 무르익고 있었다. 결혼식이 있기 얼마 전, 대륙회의는 상당한 규모의 기금 모금과 신속한 물자 운송을 촉구하기 위해 베르사이유 궁에 벤저민 프랭클린과 더불어 특명공사envoy extraordinary 한 명을 파견하기로 결정했다. 존 설리번 장군은 이와 같은 기금을 옹호했던 해밀턴을 후보자로 지명했으며, 라파예트 또한 해밀턴을 강력히 추천했다. 그러나 해밀턴의 결혼식 사흘 전날, 해밀턴 대신 존 로런스가 만장일치로 낙점되었다. 로런스는 해밀턴이 더 적임자라고 강경하게 버텼으나 소용없었다. 로런스는 해밀턴이 선택되지 못한 유일한 이유는 그가 대륙회의 내에서 충분한 인지도를 쌓지 못했기 때문이라고 생각했다. 그해 초, 로런스가 해밀턴을 프랑스 주재 미국 공사의 비서에 앉히려 했을 때 해밀턴은 이를 거절하면서 다음과 같이 그 이유를 밝혔다. '나는 이 나라의 이방인이네. 이곳에는 내 재산도, 내 혈연도 없지.

내게 재능과 진실성이 있다 해도 (중략) 이렇게나 시대에서 그런 것들은 그저 그럴싸한 장식에 지나지 않는다네.'[83] 이러한 실망감은 정부를 구성하는 최선의 방식은 귀족주의가 아닌 실력주의라는 그의 믿음을 한층 더 굳혀줄 뿐이었다.

해밀턴의 결혼식 이튿날, 사우스캐롤라이나의 존 매튜John Mathews 의원이 해밀턴을 러시아 공사 후보에 올렸으나 여기에서도 그는 다시금 탈락했다. 이제 해밀턴은 전쟁이 끝날 때까지 내내 책상 앞에 갇혀 있게 되는 것은 아닐지 걱정하기 시작했다. 해밀턴에게는 너무나 단조롭고 고된 일이었다. 그는 전후戰後의 정치적 세계에서 훈장처럼 자신을 따라다닐 최후의 영예를 갈구하며 마지막 단 한 번만이라도 전장에 나갈 수 있기를 고대했다. 아마 해밀턴은 엘리자 스카일러와의 결혼을 통해 워싱턴에게 대항하고 자신의 독립을 주장할 용기를 얻었을 것이다. 어찌 되었든 그는 이제 더 이상 돈도 연줄도 없는 어린 외국인이 아니기 때문이었다.

1781년 1월 초에 해밀턴은 군대로 복귀했다. 당시 워싱턴은 뉴윈저 지역 허드슨 강변의 한 농장에 본부를 차려놓고 있었는데, 해밀턴은 안내원 한 명을 고용하여 좁은 산길을 헤치고 이곳에 왔다. 뒤이어 엘리자 또한 이곳으로 와 해밀턴과 함께 마을 근처의 집 한 채를 얻어 살기 시작했다. 이 신부는 종종 마사 워싱턴을 도와 장교들을 접대했는데, 당시 워싱턴이 그녀에게 큰 인상을 남겼던 모양이다. 어느 날 본부 옆에 딸린 헛간에서 별안간 불이 치솟자 2층 사무실에 있던 워싱턴은 곧바로 계단을 달려 내려와 농부의 아내가 빨래할 때 쓰는 비누거품 가득한 대야를 집어 들어 불 위에 끼얹었고, 그 후로도 불이 꺼질 때까지 계속해서 대야들을 옮겼다고 한다. 마치 집안의 수호신 같았던 워싱턴의 이 일화는 그녀의 기억속에 깊이 각인되었다. 그러나 엘리자의 신랑은 이즈음 워싱턴에게 그 정도로 홀딱 빠져 있진 않았던 것 같다. 그는 몇 차례나 임명이 좌절된 것에 대해 공개적으로 항의를 할까 고민 중이었다. 그는 '만일 우리 사이에 문제가 생길 경우엔' '절대로 합의하지 않을 것'이라고 굳게 결심했다.[84]

그러나 해밀턴이 워싱턴에게 대항하기에는 시기가 좋지 않았다. 당시 대륙군은 또 한 번의 혹독한 겨울을 보내고 있었다. 그해 1월에는 펜실베이니아 주둔지와 뉴저지 주둔지에서 반란이 일어났다. 1년 이상 봉급을 받지 못한 병사들이 의복과 신발, 말, 수레마차, 고기, 밀가루, 탄약 등이 끝도 없이 부족한 상황에 항의하며 들고일어난 것이다. 3년의 복무 기간이 끝나자 다수의 병사들이 제대를 요청했지만 장교들이 이를 막고 있는 상황이기도 했다. 병사들의 사기가 너무 떨어져 있던 터라 몇몇 장교들은 이들이 영국군에 가담하지는 않을지 걱정할 정도였다. 워싱턴이 반란자들을 강경하게 진압하면서 그들이 무기를 버리기 전까지 협상하지 않겠다고 선언하자 해밀턴은 그의 결정을 칭송했다. 2월 4일, 해밀턴은 로런스에게 '우리는 그들에게 야만적으로 무조건 항복을 받아냈으며 가장 선동적인 주모자들 수 명을 교수형에 처했다'고 알리는 편지를 썼다.[85]

사태가 진압된 이후, 해밀턴은 자기 병사들의 반란으로 아직까지 예민한 상태에 있는 워싱턴을 상대로 하는 대망의 결전을 맞이하게 된다. 2월 15일, 두 사람은 뉴포트의 프랑스 장교들에게 보낼 공문들을 정리하느라 자정이 될 때까지 일했다. 이튿날 해밀턴은 녹초가 되어 뉴윈저 농장 본부의 계단을 터덜터덜 내려가다가 아래에서 올라오던 워싱턴과 마주쳤다. 장군은 해밀턴에게 할 말이 있다며 올라올 것을 퉁명스럽게 지시했다. 해밀턴은 고개를 끄덕이고는 텐치 틸먼에게 편지 한 통을 건네준 뒤 다시 위층으로 올라가기 전에 잠시 라파예트에게 들러 몇 마디 상의를 나누었다. 이틀 후 해밀턴이 필립 스카일러에게 쓴 편지에서는 그날 발생했던 두 사람의 격돌을 읽어볼 수 있다.

장군은 평소처럼 방 안에 들어가 계시는 대신 계단 발치에 선 채, 그 자리에서 매우 화난 목소리로 제게 말을 거셨습니다. "해밀턴 중령, 자네는 나를 계단 꼭대기에서 10분이나 기다리게 만들었다네. 이 말을 꼭 해야겠군, 중령. 자네는 내게 결례를 저질렀네." 저는 성마르지만 결단을 내리고 대답했습니다. "잘 몰랐습니다, 각하. 그러나 각하께서 필히 제게 그리 하라고 명하려 하시는 듯하니, 저희는 여기까지만 함께하는 것이 좋겠습니다." "좋네, 중령, 그게 자네의 선택이라면." 이러한 대화가 오간 뒤 저희는 헤어졌습니다. 제가 자리를 비워 장군께서 격노하셨다고는 하지만, 맹세컨대 그 시간은 채 2분도 되지 않았습니다.[86]

언쟁 이후 먼저 관대하게 화해의 손길을 내민 쪽은 놀랍게도 워싱턴이었다. 그는 한 시간 남짓 지났을 때 틸먼을 해밀턴에게 보내어, 자신이 순간 화를 낸 것을 후회하고 있으니 다시 돌아와 이야기해보자는 말을 전했다. 그러나 엄청난 용기 덕분인지 아니면 엄청난 뻔뻔함 때문인지 이 스물여섯 살짜리 해밀턴은 총사령관의 부탁을 단칼에 거절했다. 다른 이들이 워싱턴을 하늘과 같이 우러러 볼 때 해밀턴은 그의 인간적인 약점을 너무나도 잘 알게 되었던 것이다. '그래서 저는 장군께 이렇게 전해달라고 틸먼 씨에게 부탁했습니다. ─저는 스스로 내린 결심을 번복하지 않기로 결정했는데, 이는 앞으로의 대화가 서로 간에 동의할 수 없는 설명들만을 낳을 테고 그 이외에는 다른 어떤 목적도 달성하지 못할 것이기 때문입니다. 그럼에도 만일 장군께서 저와 말씀을 나누시길 원하신다면 그것을 거부하지는 않겠습니다만, 제가 거절하는 것을 허락해주신다면 기쁘겠습니다.'[87] 워싱턴은 자신의 부관직을 그만두겠다는 해밀턴의 결정을 마지못해 존중해주었다.

해밀턴은 이번 사건이 워싱턴의 가까운 친구이자, 워싱턴 장군의 부관을 사위로 맞이한다며 들떠했던 필립 스카일러에게 다소 충격이 될 수 있음을 잘 알았다. 해밀턴은 스카일러에게 자신이 포병 부대나 경기병 부대를 지휘하고 싶었다고 말했지만, 한편으로는 보다 상세한 설명이 필요하다고 생각했기에 자신이 성급하게 이 같은 일을 벌인 것은 아니라고 주장했다. 그는 자신의 지위를 얻어내는 데 있어 다른 이에게 개인적으로 의존하는 것을 오래전부터 혐오했고, 워싱턴에겐 그 고결한 명성에 비해 너무도 괴팍한 기질이 있음을 깨달았다. 업무상 그들의 관계는 해밀턴에게 '감정적으로는 폭력'이나 다름없었다.[88] 이후 해밀턴은 한 가지 충격적인 사실을 폭로했다. 워싱턴은 내내 그를 더욱 가까이 두기를 원했지만 자신은 그것을 거절했다는 것이었다.

> 지난 3년 동안 저는 그에게 어떤 우정도 느끼지 못했고 그것을 공언하지도 않았습니다. 사실상 저희는 서로 정반대의 기질을 가지고 있었으며, 제가 느끼지도 못하는 것을 공언하기에는 제 자존심이 허락하지 않았습니다. 실제로, 제가 그의 덕으로 이와 같은 진보들을 이루어냈을 때 저는 그 일을 통해 적어도 제가 그들의 환심을 사려는 성향이 없다는 것, 또 개인적인 연줄보다는 군사적인 자신감에 발을 딛기를 바랐다는 것을 알게 되었습니다. 제 안의 이러한 생각들이 세상 모든 이가 공경할 만한 사람을 어떻게 바꾸어놓았을지 모르는 척하시기에는 (장인어른께서) 인간 본성에 대해 너무나도 잘 알고 계실 것입니다.[89]

같은 날 좀 더 앙심 섞인 말투로 제임스 매켄리에게 쓴 편지에서, 해밀턴은 워싱턴에 대한 자신의 환상이 모두 깨졌고 주눅 든 채 사는 데 지쳐버렸다고 말했다. '위대한 그분과 나는 공개적으로 갈라서기에 이르렀소. (중략) 그분은 단 한 번만이라도 자신의 나쁜 심기를 돌아봐야 할 것이오.

그는 내가 자신에게 결례를 저질렀다면서 이성의 그늘도 없고 최소한의 근거도 없이 가장 모욕적인 방식으로 나를 비난했소.'[90] 해밀턴은 독립주의자들에게 워싱턴의 인기가 반드시 필요하다는 점을 잘 알았으며 작금의 균열을 비밀리에 부치기로 약속했지만, 자신의 결정을 돌이킬 생각은 조금도 없었다.

워싱턴과 갈라선 이 사건은 해밀턴의 자기중심주의와 엄청나게 높은 자존심, 그리고 급한 성미를 뚜렷하게 보여주는 것임과 동시에 시기와 사건을 기이할 만큼 잘못 판단하여 앞으로의 탄탄대로를 스스로 저버린 첫 번째 사건이었다. 워싱턴은 관대하게도 그에게 다시 한 번 기회를 주었으나, 이 과민한 청년은 독립혁명이 한창인 이 시기에 대륙군 총사령관에게 엄중한 교훈을 주기로 마음먹었던 것이다. 해밀턴의 치기 어린 무모함과 불안한 과대망상이 드러난 셈이었다. 그러나 한편으로 해밀턴은 자신이 워싱턴의 지시를 따르면서 너무 오랫동안 자신의 군사적 야망을 억눌러야 했다고 생각했으며, 성공을 위해 무려 4년 동안이나 침착히 기다린 것이라고 믿었다. 그가 원한 것은 오로지 조국을 위해 목숨을 바치는 일뿐이었다. 만일 해밀턴이 훗날 그의 적대자들이 말했던 것처럼 그저 뻔뻔한 기회주의자에 지나지 않았다면, 그는 독립혁명이 성공할 경우 이 나라를 이끌 것이 분명한 남자와 척을 질 수도 있는 일을 벌이진 않았을 것이다.

다행히도 워싱턴과 해밀턴은 각자가 이 전쟁에서 없어서는 안 되는 사람들이고, 또 짜증 나는 사건 정도로 서로를 위협해서는 안 될 만큼 중요한 역할들을 담당하고 있는 사실을 잘 알았다. 그들이 종종 서로 감정적으로 부딪히기는 했으나 워싱턴은 해밀턴을 한결같이 확고하게 지지해주었다. 그는 해밀턴이 간혹 이상하게 굴긴 하지만 여전히 이례적일 만큼 능력 있고 똑똑한 인물이라 여겼다. 혹자는 그가 공개적으로는 거의 드러내지 않았으나 내심 해밀턴에게 애정을 품고 있었다고 생각하기도 한다.

해밀턴 또한 간혹 워싱턴이 장군감인지에 대한 의구심을 품긴 했지만 그의 신중함이나 성격, 애국심, 그리고 통솔력을 과소평가한 적은 단 한 번도 없다. 최근의 연구에서는 해밀턴과 워싱턴이 독립혁명 도중 쌓았던 견고한 관계가 사실 개인적인 친밀함보다는 위험과 절망을 겪는 과정에서 생겨난 것이며 미국의 미래에 대한 공통된 희망이 있었기에 가능했던 것이라고 본다. 이들은 같은 상황을 겪으면서 같은 결론에 도달했다. 두 사람 모두 국군, 각 주들의 권한을 넘어서는 중앙 권력, 강력한 행정부, 그리고 전국 통일이 필요하다고 생각한 것이다. 전쟁의 도가니 속에서 형성된 이들의 정치적 견해는 훗날 그들을 갈라놓으려는 수많은 시도들을 거치면서도 튼튼하게 살아남을 것이었다.

8

영광

Alexander Hamilton

워싱턴과 해밀턴은 갈등이 있은 뒤로도 한 달 동안이나 아무 일도 없었던 듯 잘 지내는 척했다. 3월 초, 로샹보 장군 및 프랑스 장교들과의 회의에 참석하기 위해 해밀턴은 말 두 필(하나는 자신이 타고 하나는 짐을 싣는 용도였다)을 요청하여 워싱턴과 함께 뉴포트로 향했다. 3월 8일 저녁에 두 사람은 프랑스 장교들과 함께 말을 타고 프랑스 함대를 감찰했는데, 바로 그날 해밀턴은 워싱턴의 이름으로 쓰는 마지막 서신의 초안을 작성했다. 수일 후 워싱턴은 그의 말에 따르면 '나의 음울한 뉴윈저 숙사'로 떠났고 해밀턴은 올버니의 스카일러 저택으로 향했다.[1] 독립혁명 중 있었던 가장 훌륭하고 생산적인 인간관계 중 하나가 막을 내린 것이다.

　만일 워싱턴이 자신을 현장에 임명해달라고 조르는 해밀턴으로부터 드디어 벗어난 것을 위안으로 삼았다면, 그것조차 사실이 아니었음이 곧 드러났다. 4월 중순, 해밀턴은 엘리자와 함께 살 요량으로 벽돌과 돌로 지은 네덜란드식 집 한 채를 구했다. 그러나 허드슨 강 동안의 드 페이스터

　　　　　　　　　　　　　　　　　　　　　　　　알렉산더 해밀턴

갑岬에 위치한 이 집의 반대편에는 우연치 않게 워싱턴의 숙사가 있었다. 그는 심지어 '두 사람이 탈 수 있는 작은 나룻배'를 주문하여 갑작스러운 호출에도 강을 건너 오갈 수 있도록 해두었다.[2] 해밀턴은 짐을 풀자마자 너대니얼 그린 장군에게 편지를 써서 자신이 '무엇이든 행운을 가져다줄 수 있는 일'을 찾고 있다고 말했다.[3] 해밀턴은 뉴윈저 구석구석에서 모습을 드러냈다. 뉴잉글랜드에서 이곳을 찾은 제러마이어 스미스Jeremiah Smith는 어느 날 저녁 마을의 술집에 들렀다가 옆자리의 이들이 여느 주제를 놓고 토론을 벌이고 있는 모습을 보았다. '나는 그 대화에 완전히 마음을 빼앗겼다. (중략) 특히 그 대화를 주도하는 한 사람의 재능과 엄청난 논리력이 돋보였다. 그것은 내가 지금까지 들어본 그 어떤 말보다, 심지어는 나 자신의 생각보다 더 뛰어났다. 사람들이 자리를 물린 다음에야 나는 그 사람이 내가 존경해 마지않았던 해밀턴 중령이었음을 알았다.'[4]

4월 27일, 놀랍도록 끈질긴 이 젊은 중령은 워싱턴에게 공식적인 서신을 보내어 남부로 파병될 선봉대에 자신을 파견해달라고 요청했다. 해밀턴은 워싱턴에게 자신이 예전 포병 부대 대위로서 이루어냈던 공훈들을 읊은 뒤 덧붙였다. '저는 전선에서 시작했고 그곳에 계속 있었습니다. 그러므로 저는 마땅히 지금보다 더 높은 계급을 받아야 한다고 생각합니다.'[5] 이에 대해 워싱턴이 해밀턴에게 보낸 답장을 보면 그가 얼마나 크게 화났는지를 느낄 수 있다. 워싱턴은 여전히 진중의 드높은 불만들에 시달리고 있는 중에 해밀턴까지 상대해야 했던 것이다. '금번에 자네가 보낸 편지는 놀랍지도 않다네.' 워싱턴은 과거 해밀턴이 자신보다 높은 계급의 사람들을 뛰어넘어 단번에 영관급으로 진급했던 대사건을 시사하며, 자신과 해밀턴 간에 있었던 언쟁 때문에 그처럼 비타협적인 태도를 보이는 것이 아님을 확실히 하고자 했다. '자네의 요청을 내가 거절하는 것이 내가 언급한 이유들 이외의 다른 동기 탓이라고 여기게 될까 하

는 것이 나의 가장 큰 걱정거리네.'⁶

평생 게으른 적이 없었던 해밀턴은 임명을 기다리는 시간을 활용하여, 여러 주들을 좀먹고 있던 재정적 위급 상황들에 대한 자신의 생각을 가다듬었다. 대륙화폐제의 시행이 실패로 돌아감에 따라, 재무장관이 가지게 될 중앙권력을 두려워했던 대륙회의 또한 변화하기 시작했다. 권력은 의회 위원회들로부터 각각의 부서장들, 이를테면 전쟁부와 외무부, 재무부 장관에게로 흐르기 시작했다. 해밀턴이 제임스 두에인에게 추천했던 것과 똑같은 양상이었다. 당시 대륙회의로 돌아와 있었던 존 설리번 장군은 해밀턴을 재무관 후보로 지명하려 하면서 워싱턴에게 그의 자질을 물어보았다. 놀랍게도 워싱턴은 해밀턴이 부관으로 지내는 동안 단 한 번도 그와 재정에 관해 논의해본 적이 없다고 고했으며, 그럼에도 그를 추천했다. '해밀턴에 대한 모든 것을 아는 사람으로서 나는 그 나이에 그보다 더 많은 일반 지식들을 가진 사람, 대의를 위해 그보다 더한 혼신을 바치는 사람, 또 정직함과 순수한 덕목에서 그를 능가하는 사람도 없다는 것을 자신할 수 있습니다.'⁷ 해밀턴을 가까이에서 4년 동안이나 지켜봤던 이가 보낸 빛나는 찬사였다.

그러나 대륙회의가 로버트 모리스를 강력하게 지지했던 탓에 설리번 장군은 해밀턴을 포기할 수밖에 없었으며, 1781년 5월에는 모리스가 그 자리를 차지했다. 리버풀 출신의 모리스는 대륙회의 의원을 지냈고 마지못해 독립선언문에 서명을 했다. 그는 인상적인 외형의 사람으로 넓고 살찐 얼굴에 풍만한 배, 그리고 자수성가한 상업의 왕자답게 날카롭고 기민한 눈빛을 가지고 있었다. 또한 필라델피아의 호화로운 저택에서 살았으며, 정복을 입은 하인들을 데리고 다녔고, 필라델피아에서 가장 부자일 것이라 추정되는 인물이기도 했다. 모리스가 맡은 새로운 직책은 그로 인해 다소 엇갈린 평가를 받게 되었다. 연방의 조세권과 중앙은행이 없어

알렉산더 해밀턴

서 독립주의자들이 개개인의 신용에 의지할 수밖에 없었던 상황에서, 모리스는 자신의 신용을 내걸고 군대와 정부 스파이들에게 그 누구보다 더 많은 자금을 댔던 사람이었다. 반면 반대론자들은 그가 정부 인맥을 통해 사적 이익을 취하고 있다고 비난했다.

위풍당당한 모리스에 가려진 하찮은 인물, 해밀턴은 새로운 재무관에게 자신의 지적 능력을 증명하려 했다. 해밀턴은 그에게 서신을 보내기 전 우선 자신이 공부한 재정학 지식들을 되살리고자 했으며 티머시 피커링 대령에게 기본적인 교과서들을 보내달라고 요청했다. 데이비드 흄의 『정치 담론Political Discourses』, 영국의 성직자이자 논객이었던 리처드 프라이스Richard Price가 쓴 논문들, 그리고 그의 만능 대사전인 포슬스웨이트의 『무역·상업 대사전』이 여기에 포함되어 있었다. 1781년 4월 30일 해밀턴은 모리스에게 서른한 장에 달하는 어마어마하게 긴 서신을 보냈다. 아메리카의 신용을 뒷받침할 수 있는 완전한 금융 제도에 대한 구상을 선보이며 국립은행의 설립을 주장하는 편지였다. 끝나지도 않을 것 같은 이 기나긴 편지의 일부분은 엘리자의 필체로 쓰였는데, 아마도 쓰다 지쳐버린 해밀턴이 중간 중간 신부에게 대신 펜을 쥐게 했기 때문인 것으로 보인다. 해밀턴은 다소 온순한 태도로 말문을 열었다. '저는 유능한 금융업자인 척을 하려는 것이 아닙니다. (중략) 정확한 계산을 할 수 있을 만큼의 여유와 여력이 없었기도 합니다.'[8] 이후 그는 거장의 글솜씨를 통해, 독립 혁명을 끝마치기 위해서는 금융 개혁이 필요하다고 주장했다. '우리의 대의는 전투에서 이기는 것만으로 이루어지는 것이 아니라 우리 재정에 질서를 도입함으로써, 즉 국가신용을 회복함으로써 마침내 달성될 것입니다.'[9]

해밀턴은 재정 적자가 400만~500만 달러에 이를 것이라고 예측하며 대외신용만으로는 그것을 충당하기 어려울 것이라 보았다. 그는 해결책으로 국립은행을 제안했다. 그는 베네치아와 제노바, 함부르크, 네덜란드 및 잉글랜드가 그 융성한 국립은행들로 국력을 키우고 민간 상업을 가능케 함으로써 부를 이루었음을 근거로 댔다. 다른 이들이 영국군의 어마어마한 함선들과 부대들에만 집중할 때, 해밀턴은 군사 체제의 기반이 '광대한 신용 구조'에 있음을 알아차렸으며 '그것 하나만으로도 우리의 독립이 위협받고 있다'고 판단했다.[10] 그의 주장에 따르면 아메리카는 전쟁에서 확연한 승리를 거둘 필요가 없었는데, 이는 이미 많은 세금을 거두어들인 영국이 계속되는 소모전을 통해 알아서 함정에 걸려들 것이기 때문이었다. 독립주의자들은 그저 영국의 채권자들이 전쟁의 결과를 확신하지 못하도록 의심만 심어주면 되었다. '영국 정부는 성공에 대한 국민적 기대를 자원 삼아 움직이고 있는데, 영국군의 정복 활동을 저지한 뒤 그들을 부질없고 수치스러운 방어전으로 끌어내리기만 해도 우리로서는 그 기대를 무너뜨릴 수 있습니다.'[11] 아메리카는 영국을 전장에서보다 채권시장에서 훨씬 더 순조롭게 이길 수 있다는 말이었는데, 전장에 겨우 4년만을 몸담았던 젊은이가 내놓았다고 하기에는 너무도 절묘하고 정교한 분석이었다. 해밀턴은 영국을 상대로 자유를 얻어내고자 싸우는 과정에서 영국의 제도들을 선망하게 되었다. 편지의 마지막 부분에서 그는 아메리카가 영국의 방식을 모방하여 차용의 힘을 활용해야 한다고 설명했다. '과도하지 않은 선이라면 국가의 부채는 우리에게 국가적인 축복이 될 것이고, 우리의 통합을 굳혀주는 강력한 접착제 역할을 할 것입니다.'[12]

확실히 해밀턴은 언젠가 미국 재정을 관리할 사람으로 거듭나고 있는 중이었다. 모리스는 5월 말 답신을 보내어, 자신의 생각 또한 그가 언급한 대부분의 견해와 정확히 일치한다고 밝혀 해밀턴을 으쓱하게 만들었다. 모리스의 제안으로 북아메리카은행Bank of North America이라는 상업은행의 설립 계획 역시 막 회의의 승인을 받아낸 참이었는데, 모리스는 전쟁이 끝난 뒤 이를 상업 장려 기관으로 탈바꿈시킬 요량이었다. 이번의 서신 교환으로 중요한 교우 관계 하나가 시작된 셈이었다. 이때부터 해밀턴과 모리스는 아메리카 재정의 안정적이고 효율적인 기반을 닦기 위해 수년간 뜻을 같이하게 된다.

해밀턴이 계속 고심하는 것은 연합규약이었다. 연합규약은 1781년 2월 27일에야 모든 주들의 승인을 받아내는 데 성공했는데, 해밀턴은 이 느슨한 체계는 사후 경직을 위한 처방일 뿐이라고 생각했다. 연방 사법권도, 중앙 행정부도, 전국적인 조세권도 갖추지 못했을 뿐더러 국민 개개인에게도 직접적인 지배력을 행사하지 못하고 오로지 개별 주의 시민으로만 다룰 수 있었기 때문이다. 대륙회의에서는 각 주당 한 표씩의 투표권이 주어졌고, 중요한 사안에서는 열세 개 중 아홉 개 주의 찬성이 필요했다(연합규약 비준 이후 제2차 대륙회의가 종료되고 연합의회Congress of the Confederation가 발족했으나, 이 책에서는 통일성을 위해 제1, 2차 대륙회의 및 연합의회를 통틀어 대륙회의라 칭하기로 함_역주) 연합규약은 열세 개 소공화국 간의 깨지기 쉬운 동맹 이상의 것을 약속해주지 못했다. 해밀턴이 이미 경고했듯이, 이처럼 무너지기 쉬운 연합체가 고작 이 정도로 자신의 의회에게 충분한 권한을 부여해주었다는 환상을 키우기 시작한다면 '훗날 전시의 긴급 사태를 극복하거나 연합의 존속을 보장하기에는 역부족'이 될 터였다.[13] 다시 한 번, 해밀턴은 보다 튼튼한 정부를 만들 회의를 촉구했다.

작금의 열세 개 주가 언젠가 하나의 나라로 합쳐질 것이라는 이야기는 아직까진 머나먼 것으로 들렸다. 실제로 각 주들은 이를테면 장기 복무 기간 같은 다수의 전시 수단들에 훼방을 놓았는데, 이는 각자의 주 방위군이 자신의 주에 대한 충성을 버릴까 염려했기 때문이었다. 사람들은 여전히 자신의 주를 자신의 '조국'으로 여기고 있었으며, 가장 멀리 출정한 부대들도 출신 주에서 하루치 거리 이상으로 나아간 적이 없었다. 그러나 혁명 그 자체, 그리고 특히 대륙군은 주들 간의 경계를 녹이면서 아메리카라는 정체성을 형성하고 있었다. 존 마셜은 전쟁이 자신에게 남긴 영향에 대해 말하며 '나는 아메리카를 나의 조국으로 여기고 대륙회의를 나의 정부라고 여기는 습관에 익숙해졌다'고 했는데, 아마 수많은 병사들도 이와 같은 마음이었을 것이다.[14] 전쟁을 거치면서 다수의 아메리카 외교관들과 행정 관료들, 의원들, 그리고 무엇보다 워싱턴 주변의 핵심 장교들에게는 국가적 통합이라는 감각이 흐릿하게나마 새어들기 시작했다. 연합규약의 부족한 면모들에 당혹스러운 시선을 보냈던 이 사람들 중 다수는 훗날 주들 간의 긴밀한 연합체를 소리 높여 옹호하는 인물들로 거듭나게 된다.

해밀턴은 워싱턴의 부하로 일하던 시기에 일생일대의 사건 하나를 마주했다. 강력한 신생국이 새로이 건설된 것이다. 그는 외국에서 태어나 자란 고된 경험들과 범세계적인 관점 덕분에 전쟁 전의 복잡한 주내 정치에 연루되어 있지 않았고, 그로써 자연스레 새로운 아메리카 민족주의의 대변인으로 거듭났다. 워싱턴의 부관 일을 그만둔 직후부터 해밀턴은 자신의 개인적인 의견을 신문 사설을 통해 설득력 있게 풀어내기 시작했다. 그는 1781년 7월과 8월 두 달에 걸쳐 「뉴욕 패킷The New-York packet」에 '대륙주의자The Continentalist'라는 제목으로 네 편의 사설을 게재하고는, 헨리 클린턴 경에게 베네딕트 아널드와 안드레 장군을 교환하자는 제안서를 보냈을 때와 마찬가지로 A. B.라는 서명을 남겼다.

이 네 편의 글은 그 정신에 있어 『연방주의자 논집』의 전조나 다름없다. 해밀턴은 문제들을 마구잡이로 지적하고 잔소리하는 대신 현재의 정치 체계에 대한 구조적인 비판을 펼쳤다. 혁명의 역학은 평시의 통치와는 다르다는 것, 전후 세계에는 권력을 존중하는 새로운 정신이 자리 잡아야 하며 그렇지 못한 경우 무정부 상태가 도래하리란 것이 그 핵심 주제였다. '모든 대중혁명에는 권력에 대한 극도의 시기가 따랐고, 그것이 그 병폐를 드러내지 않은 적도 거의 드물다. 그러므로 여기에서부터 우리는 우리 공동의 대의를 너무나 깊숙이 뒤흔들었던 다수의 치명적인 실수들을 되짚어보아야 하며, 특히 이 글에서는 대륙회의의 권한 부족을 살펴보려 한다.'[15] 본질적으로 혁명은 과도한 정부 권력에 대항하는 것이지만, 정반대의 상황 또한 그만큼 위험할 수 있다. '너무 많은 권력이 폭정으로 이어지듯, 너무 적은 권력은 무정부 상태로 이어진다. 두 경우 모두 결과적으로는 백성들의 몰락과 연결된다.'[16]

중앙정부의 역할이 더욱 강력해지지 않는다면 각 주들은 점점 더 많은 권력을 쌓아올릴 것이며, 결과적으로 그들의 연합은 분리 독립 운동, 더 작은 단위의 연맹, 혹은 내전 등을 통해 해체되기에 이를 것이라는 게 해밀턴의 주장이었다. 그는 특히 인구가 많은 주들이 분리주의적 구상에 빠진 채 상업상의 대결 구도를 만들거나 경계 분쟁을 일으켜 결국에는 작은 주들을 상대로 전쟁을 일으키게 되는 상황을 우려했다. 이런 상황을 방지하려면 연합을 강화시켜야만 했고, 이를 위해서는 대륙회의의 권력이 더 많아져야 했다. 해밀턴이 말하는 이 권력들에는 무역을 통제할 권리, 토지와 개인들에게 세금을 징수할 권리, 그리고 전 계급의 군인들을 지명할 수 있는 권리 등이 포함되어 있었다. 마지막 부분에서 해밀턴은 모리스가 제안한 국립은행을 칭찬하며, '부유한 사람들의 이해관계와 정부의 재원을' 결합시켜줄 것이라고 평했다.[17] 이 같은 동맹은 불안정한 정부를 지탱하는 데 큰 도움이 될 터였다.

해밀턴은 처음부터 끝까지 일관적인 삶을 살았고, 훗날 그가 내놓은 이론들 중 다수의 핵심은 이때의 사설들에서 처음으로 싹텄다. 시간이 지남에도 그의 견해들은 크게 달라지지 않은 채 그 깊이와 범위, 그리고 풍부함을 더해갔을 뿐이다. 훗날 버넌 패링턴Vernon Parrington(1928년 퓰리처상을 수상한 미국의 문예평론가 겸 문학사가_역주)은 해밀턴을 가리켜 '유별날 만큼 조숙했으며 일찍이 무르익었다'고 평했다. '그는 스물다섯 살이 되기도 이전에 훗날 자신이 펼칠 정치·경제 사상의 핵심 원칙들을 모두 확립한 것처럼 보인다. 그때부터 그는 단 한 번도 망설이거나 자신의 길에서 크게 벗어난 적이 없었다.'[18]

1781년 봄부터 초여름까지 해밀턴은 워싱턴에게서 야전 사령관직을 따내기 위한 노력을 느슨히 하지 않았으나, 그럼에도 워싱턴은 그의 집요한 고집을 받아주지 않았다. 5월경 해밀턴은 워싱턴에게 담담한 어조로 이렇게 말하기도 했다. "간청으로 그 무언가를 얻어낼 수 있다고 기대해서는 안 되겠군요."[19] 엘리자는 해밀턴이 야전 지휘관으로 발탁될 경우 그가 위험해질까 걱정했으나, 언니 앤젤리카는 해밀턴이 공들인 그의 야망을 응원했다. 앤젤리카의 남편인 존 바커 처치는 해밀턴이 곧 임명받을 수도 있다는 소문을 듣자마자 처남에게 멋쩍은 어조로 '(이날 아침까지는 누군지 정확하게 밝혀지지 않았던) 한 여인이 자네의 행복과 영광을 몹시도 원하고 있다네'라고 알렸다.[20]

7월 초, 여전히 전투를 갈망하던 해밀턴은 워싱턴에게 자신의 운명을 건 서신을 하나 보냈다. 자신이 원하는 대로 전투직에 임명시켜주지 않으면 사직하겠노라며 암묵적으로 협박한 것이다. 워싱턴이 해밀턴을 높게 평가하고 있었던 게 다행이었다. 그는 이 뻔뻔스러운 요구를 묵살하는 대신, 선뜻 협조적인 태도로 해밀턴에게 텐치 틸먼을 보냈다. '오늘 아침, 틸먼이 [워싱턴의] 명령을 들고 와 내 직분을 계속 유지하라고 압박하면서, [워싱턴은] 모든 수단을 동원해서 내게 지휘권을 주기 위해 노력할 것이라는 말을 전했소.' 해밀턴이 당시 친정 가족과 함께 지내기 위해 올버니에 가 있던 엘리자에게 보낸 서신이다. '나의 벳시는 아마 내가 이 제안을 거절했다는 말을 듣고 싶어 하겠지만, 내 명성이 그리 하기를 허락하지 않았다는 것이 내 기쁨이오.'[21] 마침내 7월 31일, 해밀턴은 오랜 요구 끝에 드디어 뉴욕 경보병 대대의 지휘관으로 임명되었고, 자신의 킹스 칼리지 시절 동료인 니컬러스 피시를 부지휘관으로 선택했다. 전쟁이 거의 절정에 치닫고 있었던 시점이었으므로 해밀턴은 워싱턴이 자신에게 전장의 월계관을 얻을 마지막 달콤한 기회를 준 것임을 잘 알고 있었다.

해밀턴은 남편의 안위를 걱정하는 엘리자에게 보답하고자 했고, 특히 엘리자가 늦봄경 그들의 첫 번째 아이를 임신했음을 알려온 이후에는 더욱 그러했다. 당시 올버니 부근의 뉴욕 전선은 토리파와 원주민들의 공습으로 계속 약탈당하고 있었다. 한 예시로 1778년의 악명 높은 학살에서는 서른두 명의 독립주의자들을 잔인하게 죽이고 시체를 훼손한 일도 있었다. 1781년 5월, 스카일러 장군은 자신의 사위에게 그 지역이 '폐허와 황량함으로 뒤덮인 곳들 중 하나'라고 개탄했다.[22] 특히나 큰 위험에 처한 것은 스카일러 본인이었다. 그는 스파이 네트워크를 매우 효율적으로 감시한 끝에 그해 봄쯤에는 영국이 자신을 저택에서 납치할 계획을 세우고 있음을 알게 되었고, 특수 연락망을 마련하여 자신에게 위급 상황이 닥칠 경우 올버니 경비 부대가 신속히 자신을 경호할 수 있게 해두었다.

8월 7일, 약 스무 명의 토리파와 원주민들이 스카일러 저택에 쳐들어와 잠들어 있던 경비대원들을 제압한 뒤 지하 창고의 무기들을 장악하고 저택을 포위했다(앤젤리카는 어린 아들이 무기를 가지고 노는 것을 발견한 뒤 몇몇 무기들을 지하 창고로 옮겨두었다). 스카일러 장군은 위층의 침실로 대피한 뒤 미리 정해둔 신호, 즉 창문 밖으로 권총을 발사하여 경비 부대의 도움을 요청했다. 너무나 겁에 질린 스카일러 부인과 딸들 때문에 – '너무나도 괴로운 공포와 불안 속에서 몇몇 이들은 (스카일러 장군의) 팔에 매달렸고 다른 이들은 그의 무릎을 껴안았다'는 것이 당시 이를 목격한 이의 증언이다―장군은 팔다리에 매달린 식구들에게 꼼짝없이 갇힌 꼴이 되었다.[23] 이때 그들은 스카일러 부인의 갓난 딸, 캐서린이 현관 앞의 요람에 남겨졌다는 사실을 기억해냈다. 엘리자와 앤젤리카가 모두 임신 중이었기 때문에, 여동생 페기가 위험에 처한 아이를 구하기 위해 아래층으로 살금살금 내려갔다. 그러나 침입군들의 수장이 권총을 들고선 그녀의 앞을 가로막았다.

"아가씨, 아가씨! 주인은 어디 계시나?" 그가 물었다.

"마을에 이 상황을 알리러 가셨습니다." 페기가 침착히 말했다.[24]

침입자들은 스카일러가 군대를 데리고 돌아올 수도 있다는 생각에 놀라 달아났다.[25] 구전되는 이야기에 따르면 페기는 한 원주민이 도끼를 그녀의 머리로 던지는 와중에도 아이를 품에 껴안고 계단을 달려 올라갔다고 한다. 오늘날까지도 그곳의 마호가니 난간에는 이 소동의 흔적으로 추정되는 흠집이 남아 있다. 해밀턴은 소식을 듣고 충격을 받았다. '사랑하는 나의 벳시, 당신의 편지로 나는 아버님의 다행스러운 탈출 소식을 듣게 되었소. 아버님은 정말 존경스러운 침착함을 보여주었구려. (중략) 그 상황에 처했을 당신, 그리고 아버님이 깡패들에게 내몰린 모습을 보았을 당신의 마음을 생각하자니 그 공포와 고통이 내게도 느껴진다오.'[26]

8월 초까지만 해도 워싱턴은 뉴욕 시 포위 작전을 계획 중이었기 때문에 해밀턴 엘리자가 임신해 있는 동안 그녀와 너무 멀리 떨어질 일이 없을 것이라 생각했다. 그러나 8월 중순이 되자 워싱턴은 프랑스 함대의 제독 그라스Grasse 백작이 함대를 몰고 서인도제도에서 체서피크 만(미국 메릴랜드 주와 버지니아 주에 걸친 만_역주)으로 올 예정임을 알게 되었다. 이 엄청난 소식과 아귀가 딱 들어맞는 또 다른 소식도 한 가지 있었다. 콘월리스 장군이 이끄는 영국군들이 현재 요크타운에 주둔하고 있음을 라파예트가 알려온 것이다. 삼면이 바다로 둘러싸인 요크타운은 일견 완벽한 요새이기도 했으나 다른 면에서 보면 완벽한 덫이기도 했으므로 이는 잘 만 하면 확실한 군사작전을 펼칠 수 있는 기회였다. 워싱턴은 뉴욕의 영국 점령군에게 결정적인 한 방을 날리길 오래도록 고대해왔고, 초창기부터 넘겨주었던 맨해튼과 롱아일랜드를 되찾아 오랜 치욕을 씻고 싶어 했다. 그러나 로샹보 장군은 뉴욕항의 수심이 너무 얕고 맨해튼은 영국군의 방어 시설이 갖춰진 곳이라며 이 계획을 일축했다. 때문에 워싱턴은 (다소 내키지는 않았지만) 모든 초과 병력을 체서피크 만으로 보내 라파예트와 그라스 제독의 함대에 합류시킨 뒤 콘월리스 장군의 군대를 압박하기로 결정했다.

8월 말, 해밀턴은 엘리자에게 서신을 보내 자신과 더불어 부대 일부가 버지니아 주로 이동할 것임을 알렸다(이는 아직까지 군사 기밀이었으므로 경솔하기 짝이 없는 행동이었다). 그는 부대를 떠나려 하지도 않았고 아내를 만나기 위한 휴가를 요청하지도 않았다. '당신을 보지도 못하고 가야만 하오.' 뉴욕 부대가 남쪽으로 이동하기 시작하고 사흘 뒤 그가 쓴 편지다. '나는 당신을 껴안아보지도 못하고 가야 하오. 또한 나는 반드시 가야만 하오.' 그러나 그는 여전히 꿈결 속을 헤매는 새신랑이었다. 그는 구두쇠가 금을 탐하는 것보다 더 '당신의 사랑에 욕심을' 낸다며 편지를 이어갔다. '당신의 사랑은 내 희망의 양식이자 내 소망의 목적이며, 내 삶의 유일한 즐거움이오.'²⁷ 9월 6일, 그는 엘리자에게 군대의 목적지를 누설하면서('내일 우리는 요크타운으로 향하는 배에 오르오.') 승리를 확신하는 듯한 말을 했다. 그는 평소에도 자주 선보였던 시적인 미사여구를 통해 자신이 이따금씩 세속적인 추구를 모조리 버리고 그녀의 품 안에서 노니는 상상을 한다고 말했다. '매일의 인생은 내게 공공을 위한 삶을 포기하고 나 자신을 오로지 그대에게만 헌신하지 않겠냐고 되묻소. 권력과 영광을 헛되이 탐하는 데 자신의 시간과 평정을 낭비하는 일은 다른 이들이나 하라지. 나는 고요한 후퇴 속에서, 나의 사랑스러운 천사와 함께 행복해지는 것을 내 목적으로 삼겠소.'[28] 그러나 그가 이를 정말로 행동으로 옮긴 적은 단 한 번도 없었다. 다른 많은 선구자들이나 계몽주의 정치인들과 마찬가지로 해밀턴 또한 절대로 자신의 야망이 너무나 크다는 것을 인정하지 못했다. 혹여나 그것이 혁명의 순수성을 해할까 우려했기 때문이었다. 자유나 독립 따위의 목표들이 그렇게나 희미해진 시기에 과연 누가 자신의 사적 이익을 꾀하거나 그것을 동기로 삼았다고 인정할 수 있었겠는가?

워싱턴 또한 요크타운 계획을 망설였었는데, 이는 굶주리고 후줄그레한 부대원들을 데리고 자신이 진흙탕 길을 얼마나 멀리 헤쳐갈 수 있을지 확신할 수 없기 때문이었다. 무엇보다도 영국군에게 자신들의 속내를 들키지 않아야 하는 것이 문제였다. 그는 이 딜레마를 재치 있게 해결했다. 평행 대열로 세운 보병들을 시차를 두고 남쪽으로 행진시킴으로써 적군들이 그의 의도를 오해하도록 만든 것이다. 병사들과 함선들을 대규모로 조직화하여 공격한다면 영국군에게 치명적인 일격을 날릴 수 있었지만, 그 기회는 오로지 한 번뿐일 것임을 워싱턴은 잘 알고 있었다. 그는 언제나와 같이 정확한 판단으로 자신의 병사 2,000여 명과 로샹보 장군의 병사 4,000여 명을 이끌어, 그라스 제독이 서인도제도에서 데려온 스물아홉 척의 거대한 '함선 행렬' 및 3,000명의 병사들, 그리고 라파예트의 지휘하에 이미 그곳에 주둔해 있던 7,000명의 아메리카 병사들과 버지니아에서 조우할 수 있게 했다. 심지어 그라스 제독은 워싱턴보다 더 일찍 그곳에 도착하여, 워싱턴이 말 그대로 기쁨 속으로 의기양양하게 돌진할 수 있게끔 만들어주었다. 워싱턴이 제독의 기함 빌드파리Ville de Paris-120문의 포를 장착한 눈부신 3층짜리 전함-에 승선하자 프랑스 제독은 장대처럼 키가 큰 워싱턴을 가리켜 "작고 소중한 우리 장군님!"이라며 농을

쳤다.[29]

9월 말, 해밀턴이 이끄는 경보병 대대도 요크타운 포위 작전의 숙영지인 윌리엄스버그에 당도했다. 그는 여기서 라파예트와 존 로런스, 그리고 프랜시스 바버 등 자신의 오랜 친구 세 명과 즐겁게 재회했다. 라파예트는 당시 말라리아를 앓은 뒤 회복 중이었고 존 로런스는 무기 및 탄약, 그리고 벤저민 프랭클린이 협상으로 얻어낸 막대한 프랑스발 보조금을 들고 막 돌아온 참이었다. 엘리자베스타운아카데미 시절 해밀턴을 가르쳤던 프랜시스 바버는 먼마우스 전투에서 부상을 입을 정도로 전쟁 내내 용맹히 싸우고 있던 중이었다.

9월 28일, 해밀턴과 부대원들은 깊은 숲길과 옥수수밭, 담배밭 들을 지나 요크타운을 향해 터덜터덜 걸었다. 이튿날 이들이 도착하자 곧바로 포위 작전이 시작되었다. 고지대에 터를 잡은 영국의 콘월리스는 8월 초부터 흙으로 만든 보루를 쌓아올리기 시작했고, 자유를 얻기 위해 영국 전선에 가담한 수천 명의 노예들을 고용한 끝에 총 열 개의 외진 방어 요새를 건설할 수 있었다. 그중 다른 요새들보다 동맹군 방향으로 더 가까이 있었던 제9요새와 제10요새 두 곳은 해밀턴과 부대원들의 시선을 단번에 사로잡았다. 바로 그곳들이 해밀턴이 그토록 원했던 영광스러운 군사 지휘권을 휘두를 무대였다.

이즈음 영국군 전선으로부터 600야드(약 550미터_역주) 떨어진 곳에서도 프랑스의 전문 기술자들이 청량한 가을 날씨의 도움을 받아 깊숙이 땅을 파면서 평행 참호 두 곳을 건설하기 시작했다. 콘월리스와 그의 굶주리고 들뜬 병사들을 함정에 빠뜨리기 위해서였다. 첫 번째 참호를 완공한 10월 6일에는 군대의 관습에 따라 작은 축하연이 열렸다. 깃발들이 나부끼고 북소리가 울리는 와중, 이 영광스러운 순간을 기리기 위해 모인 해밀턴의 부대원들이 기나긴 참호 안으로 들어가기가 무섭게 영국군이 대포를 발사하기 시작했다. 해밀턴은 여기에서 전혀 불필요한 허세가 들어간, 너무나도 기이한 명령을 내렸다. 병사들이 중대형 화기라도 갖추고 있다고 생각했던 모양인지 그들에게 참호 밖의 맨 땅으로 나와 영국군을 마주하고 대열을 갖추라고 지시한 것이다. 어안이 벙벙해진 영국군이 어째서인지 해밀턴의 부대원들을 살육하지 않은(혹은 못한) 것이 천만다행이었다. 이 무책임한 행동에 해밀턴의 부하였던 제임스 던컨James Duncan은 자신의 일기에 이렇게 썼다. '이와 같은 명령을 내린 사람은 해밀턴 중령이었다. 물론 나는 그가 아메리카 군대 최고의 장교들 중 한 명이라고 생각하고 존경하지만, 방자하게 굴다가 부대원들의 목숨을 적군 앞에 노출시킨 이번 사건에 대해 그는 반드시 해명해야만 한다.'[30]

10월 9일, 워싱턴이 직접 첫 번째 대포탄을 쏘아 올리면서 콘월리스의 군대를 향한 동맹군의 폭격이 시작되었다. 수그러들 줄 모르는 기세의 폭격이 밤낮으로 이어져 영국 해군의 한 대위는 이를 두고 '하늘이 쪼개지는 것처럼 보였다'고 말할 정도였다. 폭음은 '거의 견딜 수 없을 지경'에 이르렀고, '머리와 팔다리에 총격을 입고 치명상을 입은 사람들이 사방에 널려 있었다. 이들의 울음소리, 그리고 삶의 터전이 화염에 휩싸이는 것을 바라봐야 했던 주민들의 고통스러운 울부짖음은' 그 살기등등한 분위기를 한층 더 고조시켰다.[31]

10월 14일에 이르자 두 번째 평행 참호도 거의 완성되었는데, 이를 완공하려면 영국군의 제9요새와 제10요새를 넘어야만 했다. 이 두 개의 방어 요새는 침입하는 자들을 모두 찔러버리겠다는 듯 서 있는 날카로운 나무들로 빽빽이 둘러싸여 있었다. 워싱턴은 병사들에게 전열을 갖추라고 명한 뒤, 만일 이 두 요새를 동시에 함락하지 못하면 그들의 포위 작전은 실패로 돌아갈 것임을 설명했다. 약간의 시차라도 발생할 경우엔 영국군 구조함이 당도해 콘월리스를 대피시킬 터였다. 워싱턴은 형제애를 발

알렉산더 해밀턴

휘하여 요새 중 한 곳은 프랑스 지휘하의 경보병 여단이, 다른 한 곳은 라파예트가 지휘하는 대륙군이 진압하기로 결정했다. 이에 라파예트는 자신의 부관이었던 장-조제프 수르바데르 드 지매트Jean-Joseph Sourbader de Gimat 에게 선봉장 역할을 맡겼는데, 사실 이는 프랑스와 아메리카 간의 동등한 우호 관계를 만들려던 워싱턴의 뜻을 물거품으로 만들어버리는 것이나 마찬가지였다.

세인트크로이 섬의 하급 직원일 시절부터 바로 이 순간만을 그려왔던 해밀턴에게는 라파예트의 이 선택이 자기에게 있을 전장에서의 마지막 기회를 강탈해가는 것처럼 느껴졌다. 그는 다시 한 번, 자신의 모든 열정과 능변을 담아 워싱턴에게 서신을 써서 자신이 지매트보다 선임이고, 공격이 예정된 날짜의 지휘관인 자신에게 우선권이 있으니 지휘권을 달라고 간청했다. 해밀턴을 더 이상 꺾을 수 없다고 판단했기 때문이든, 혹은 그저 프랑스인 지매트가 대륙군을 대표하도록 놔두는 것이 꺼림칙했기 때문이든, 워싱턴은 해밀턴에게 지매트와 피시, 그리고 로런스가 이끄는 3개 대대의 총지휘권을 맡겼다. 당시 요크타운에서 해밀턴과 같은 막사에서 지내는 중이었던 니컬러스 피시는 워싱턴을 만나고 온 자신의 친구가 흥에 날뛰던 모습을 목격했다. "우리가 해냈어!" 해밀턴이 소리쳤다. "우리가 해냈다네!"[32]

해밀턴이 요크타운에서 획득한 직책에는 악의적인 소문들이 따라붙었는데, 대부분은 존 애덤스가 퍼뜨린 것들이었다. 애덤스는 그로부터 수년 후 자신의 친구 벤저민 러시에게, 실은 해밀턴이 워싱턴을 협박해 그 직책을 얻어냈던 것이라고 말했다. "해밀턴은 폭력적인 열정에 휘말린 채 자신에게 부대의 지휘권을 달라고 요구했고, 만일 그렇게 해주지 않으면 워싱턴 장군의 소행을 소책자로 적어 폭로하겠다고 선언했다네."[33] 해밀턴이 워싱턴의 군사적 능력을 이따금씩 얕본 것은 사실이지만, 그것 또한 오로지 사적인 자리에서의 이야기였다. 해밀턴이 워싱턴에게 위협을 가하는 방법을 택했다거나, 워싱턴이 그의 위협에 굴복했다거나, 혹은 그 둘이 그러한 강탈 사건 이후로도 18년 동안이나 가장 가까운 협력자로 지냈다는 것은 그야말로 어불성설에 불과하다.

알론조 채펠Alonzo Chappell이 그린 요크타운 포위 작전 당시의 초상화 속에서 해밀턴은 예상을 벗어나는 자세를 취하고 있다. 깃털이 달린 모자를 쓴 그는 대포 곁에 서서 팔짱을 낀 채 생각에 잠긴 듯 눈을 내리깐 모습이다. 행동보다는 생각이 우선하는 사람으로 보이는 이 모습에서는 그가 곧 광란의 전장을 휘젓고 다닐 것이라는 기미조차 찾을 수 없다. 전투가 벌어지기 이틀 전, 해밀턴은 당시 임신 5개월이었던 엘리자에게 편지를 써서 안심시키는 말들로 그녀의 걱정을 누그러뜨리려 했다. 또한 7주 동안 자신이 스무 통의 편지를 쓴 데 반해 엘리자는 그만큼 편지를 보내주지 않았다고 말하며 이를 만회할 방법은 단 하나뿐이라고 말했다. '당신은 내게 *아*들을 선물해줘야 하오. 아마 당신은 여자애로는 안 되겠냐고 물어보겠지만 절대로 안 되오. 엄마가 그렇게 매력적인 사람인데 거기에다 아빠의 변덕스러움까지 물려받은 딸이 태어난다면 아마 세상 남자들 절반은 그녀의 노예가 되고, 그녀를 갈구하며, 그녀에 대한 열병을 앓게 될 테니 말이오.'[34]

포위 작전을 서두르고자 했던 워싱턴은 영국군의 제9, 제10요새를 대포를 동원해 천천히 굴복시키는 대신 총검으로 빠르게 진압시키려 했다. 프랑스 병사들은 왼편의 요새로, 해밀턴의 경보병 부대는 오른편의 요새로 동시에 돌격해 들어가는 것이 그의 계획이었다. 10월 14일, 어스름이 깔리자 동맹군은 허공에 수차례 포탄을 쏘아 올려 밤하늘을 환히 밝혔다. 이를 신호로 해밀턴과 부대원들은 총검을 들고 참호에서 뛰쳐나와, 포탄 잔여물로 뒤덮인 땅을 박차고 4분의 1마일(약 400미터_역주)을 달려서 제

10요새로 돌격했다. 자긍심 높은 이 병사들은 조용한 기습을 위해 총검에 탄환을 장전하지도 않은 채 요새로 들어가 자리를 잡은 뒤, 집중 포화를 피해 달리면서 인디언 같은 함성을 내질러 적군을 놀라게 했다. '그들이 너무나 끔찍한 비명과 함성을 질러댔던 탓에 몇몇 사람들은 웬 유령 사냥이라도 시작되었나보다고 생각했다.' 한 헤센 병사의 말이다.[35] 미리 성문으로 간 공병 부대원들은 문을 가로막고 있는 뾰족한 나뭇가지들을 내려치고 있었는데, 해밀턴과 그 부대원들의 속도는 이들을 추월할 정도로 너무 빨랐다. 성문이 열리자 해밀턴은 무릎을 꿇고 앉은 병사 한 명의 어깨 위를 뛰어넘어 적군의 흉벽을 밟고 올라선 뒤 병사들에게 자신을 따르라고 소리쳤다. 아메리카 측 병사 한 명의 말에 따르면 그들 간의 암호는 '로샹보' – '좋은 사람'이었는데, 이는 '로샹보'의 발음이 '소년들이여 돌진하라Rush-on-boys'를 빨리 말할 때의 발음과 비슷하기 때문이었다.[36]

요새 안에 들어간 해밀턴은 곧바로 병사들을 한데 모아 전투 대열을 갖췄다. 작전은 길어야 10분 안쪽에서 끝나야만 했다. 해밀턴은 요새를 능수능란하게 함락시켜 비교적 적은 수의 인명 피해만을 기록했지만, 프랑스 여단 쪽은 보다 강력한 영국군의 저항과 맞부딪힌 탓에 큰 피해를 입었다. 생포한 적군을 다루는 데 있어서도 해밀턴은 매우 모범적인 모습을 보여주었다. 부대원들 몇몇은 포로들을 상대로 본때기를 보여주자고 시끄럽게 요구했고, 한 대위는 심지어 영국군 장교 한 명의 가슴팍에 총검을 겨누고 달려들 기세여서 해밀턴이 유혈 사태는 벌이지 말라고 중재해야만 했다. 그는 나중에 자랑스러운 말투로 다음과 같이 보고했다. '과거에 벌어졌었던 야만적인 사건들을 더 이상 따라 할 수도 없고 최근의 도발들을 잊을 수도 없었으므로, 병사들은 저항을 포기한 모든 적군들을 사면해주었다.'[37] 해밀턴이 적군의 병사들에게 보여준 자비와 인도적인 태도는 그가 전쟁 또한 결투와 마찬가지로 신성하고 확고한 규칙하에서

신사들이 치르는 명예로운 의식이라고 생각했음을 잘 보여준다.

두 개의 요새를 점령한 동맹군은 이곳에 곡사포들을 설치하고 두 번째 평행 참호를 완공했다. 점령한 요새를 감찰하는 동안 해밀턴과 헨리 녹스는 아주 학문적인 논쟁 하나를 벌여 잠시간의 즐거움으로 삼았다. 워싱턴 장군은 병사들이 포탄을 발견할 때마다 소리 높여 "포탄이다!"라고 소리치라는 명령을 내린 바 있었다. 해밀턴은 이것이 군인답지 못한 명령이라고 생각했던 반면, 녹스는 여기에도 병사들의 안위를 걱정하는 워싱턴의 신중한 사려가 녹아 있다고 주장했다. 이 수준 높기 짝이 없는 대화가 오가는 동안, 적군의 포탄 두 개가 요새 내부에서 폭발했다. 자리에 있던 병사들은 "포탄이다! 포탄이야!"라고 소리치기 시작했는데, 해밀턴이 반사적으로 녹스의 거구 뒤로 숨어버리는 바람에 녹스는 그를 떼어내려고 씨름을 해야 했다. "자, 해밀턴 중령, 이제 저 '포탄이다!'가 어떻다고 생각하나?" 녹스가 성을 냈다. "하지만 미리 말해두겠는데 두 번 다시 나를 방패로 삼을 생각은 하지 말게나!"[38]

두 번째 참호까지 완성되면서 남아 있던 영국군들의 저항도 완전히 뿌리 뽑혔다. 콘월리스는 너무나 궁지에 몰린 탓에 심지어는 적군을 병에 걸리게 할 요량으로 흑인 노예들에게 천연두를 감염시킨 뒤 적진 근방을 어슬렁거리게 만들기도 했다. 자신이 심각한 위험에 처해 있음을 알았던 그는 헨리 클린턴 경에게 다음과 같은 서신을 보냈다. '저는 이제 중대한 (중략) 상황에 처했습니다. (중략) 폐허가 된 시설들, 불리한 위치, 줄어든 병력들 속에서 우리는 곧 공격에 노출될 것입니다.'[39] 10월 16일 밤, 동맹군의 포병 부대가 영국군 주둔지에 인정사정없는 포격을 퍼부었다. 콘월리스는 바닷길을 통해 부대원들을 철수시키고자 했으나 폭풍우가 몰아치는 바람에 그마저도 뜻대로 되지 않았다.

따뜻했던 10월 17일 아침, 붉은색 코트(당시 영국군의 군복은 붉은색이었음_역주)를 입은 소년 고수鼓手 한 명이 요새 흙벽에 나타났고, 그 뒤에는 백기를 든 군인 하나가 서 있었다. 총성이 멎어들었다. 콘월리스가 항복한 것이다. '내일이면 콘월리스와 그의 군대도 우리의 것이오.' 해밀턴이 10월 18일자로 엘리자에게 쓴 기쁨의 편지다. '이틀만 있으면 나는 아마 올버니를 향해 길을 떠날 수 있을 게요. 지금으로부터 3주 안에는 당신을 다시 껴안을 수 있기를 바라오.'[40] 경악감에 입을 틀어막은 구경꾼 수만 명이 지켜보는 가운데, 박살난 영국 군대는 오래된 영국 노래 '세상이 거꾸로 뒤집혔다네The World Turned Upside Down'의 가락에 발을 맞추면서 요크타운에서 행진해 나왔다. 그 양옆으로는 멋지게 차려입은 프랑스 군인들과, 해어지고 닳은 차림의 아메리카 병사들이 나란히 줄을 지어 행진했다.

해밀턴은 말 등에 올라탄 채 마지막 축제를 조용히 지켜보았다. 패배한 영국군 다수와 나누었던 대화가 그에게 쓸쓸한 뒷맛을 남긴 탓이었다. 그는 노아유Noailles 자작에게 이렇게 털어놓았다. '저는 영국 군대가 승리 안에서 그토록 거만했던 모습도 보았고, (중략) 그들의 굴욕 역시 하나도 빼놓지 않고 기쁘게 지켜보았습니다.' 그는 영국 병사들이 언젠가 자국이 아메리카에게 복수할 것이라며 이를 갈았던 데 대해 기분이 상해 있었다. '복수자들에게는 잔인한 일이지만, 영국은 아메리카를 정복하기 위한 계획들이 사실은 모두 헛된 것이었음을 믿을 수 없을 것입니다.'[41] 실제로 요크타운에서 프랑스-아메리카 동맹군이 거둔 압도적 승리 덕에 전쟁의 승패가 거의 확실시되었다는 데는 논쟁의 여지가 없었지만, 영국은 여전히 뉴욕 시를 점령하고 있었던 데다 서인도제도를 둘러싼 싸움도 한창 진행 중이었다. 이 이후로도 전쟁은 2년이나 더 지지부진하게 이어진다.

해밀턴 중령은 이로부터 한 주 만에 올버니로 달려가 엘리자를 만날 수 있었다. 말을 너무 빨리 달린 탓에 중간에 새로운 말 한 쌍을 다시 빌려야 했을 정도였다. 5년이 넘는 전쟁으로 너무나 지치고 병들었던 그는 이때부터 두 달가량을 거의 침대에만 누워 휴식을 취하며 보냈다. 1782년 1월 22일에는 엘리자가 그에게 상으로 아들을 안겨주었다. 아들의 세례명은 장인의 이름을 딴 필립Philip으로 정해졌다. '해밀턴 부인이 내게 잘생긴 아들을 낳아주었습니다. 익히 상상하실 수 있겠지만, 그 탄생에는 위대한 미래를 알리는 징조들이 함께했습니다.' 해밀턴이 환희에 차서 노아유 자작에게 보낸 편지다.[42] 해밀턴은 또 다른 격전이 벌어질 것을 우려해 곧바로 전역하지는 않은 채 워싱턴에게서 휴가를 받아 나와 있는 상태였다. 3월경 필라델피아를 방문하여 워싱턴을 만난 후에야 해밀턴은 은퇴를 결정했다. 그는 자신의 계급은 유지하되 '전쟁 중 혹은 그 이후에 군사적 신분에 부여되었던 모든 권리를' 포기했다.[43] 무엇보다 그는 모두 합한다면 지난 5년간 받았던 봉급과 맞먹는 금액의 연금까지도 포기했다. 군대가 해산되면서 병사들에게 지급되어야 하는 보상이 화두에 오르고 있었기 때문에, 혹여나 있을 이익 충돌을 미연에 방지하고자 했던 것이다. 그 동기는 확실히 칭찬할 만한 것이었으나, 훗날 그가 세상을 떠난 뒤 남겨진 미망인과 그 자손들은 그의 결정을 원망하면서 연금을 지켜내려고 애썼다.

요크타운에서 보여준 용맹한 모습 덕분에 해밀턴은 확고히 영웅의 반열에 오르게 되었다. 그러나 루이 16세가 같은 공성전에 참여한 프랑스 군인들에게 영예를 내려주었던 것과 달리 대륙회의가 해밀턴의 용맹함을 그 어떤 식으로든 기리지 않았다는 것은 다소 안타까운 일이다. 해밀턴은 비록 공식적인 표창을 받지는 못했지만, 그 대신 자신의 정치적 미래에 오래도록 큰 도움이 될 전설적인 위상을 얻을 수 있었다. 요크타운 전투를 통해 해밀턴은 죽음도 두렵지 않다는 듯 성벽을 향해 용맹하게 돌진했던 로맨틱하고 젊은 지휘관으로 오래도록 기억되었다. 만일 그 전투가 없었다면 그는 계속해서 워싱턴의 부관으로 이름은 날렸겠으나 영웅이 되지는 못했을 것이며, 훗날 육군 소장으로 임명되지도 않았을 것이다.

　미국 독립혁명은 해밀턴을 불안정한 외부자에서 완전한 내부자로 탈바꿈시켜주었다. 그는 이제 스카일러 장군의 딸과 결혼한 몸인 데다 대륙군을 이끄는 사람들과도 친근한 관계를 이루고 있었다. 훗날 너대니얼 그린 장군에게 보내는 찬사에서, 해밀턴은 혁명과 함께 자신에게 찾아온 개인적인 기회들에 대해 이야기했다. '혁명 중에 제가 얻은 사적 기회들은 혁명이 주었던 이득들 중 결코 가장 작은 것이라 할 수 없으며 그것이 만들어낸 악을 적절하게 보상해주었습니다. 이는 혁명이 없었더라면 희미하게 흩어져버리거나 몇몇 산발적이고 방황하는 희망으로나 이어졌을 재능과 덕목들에 그것이 빛을 비춰주었기 때문입니다.' 과연 누가 이 말이 해밀턴 본인의 경험에서 우러나온 말이 아니라고 생각할 수 있겠는가?

9

질풍노도

Alexander Hamilton

요크타운 전투 이후에도 여전히 영국이 뉴욕 시를 점령하고 있을 무렵, 해밀턴은 올버니의 스카일러 저택을 자신의 임시 거처로 삼고 그곳에서 2년여를 살았다. 1782년 5월에는 드디어 공식적으로 뉴욕 주의 시민이 되면서 평생의 방랑을 끝마치기도 했다. 갓 태어난 아들 필립의 요람을 흔들거나 무릎에 앉혀놓고 놀던 이 스물일곱 살의 참전용사는 이제 어엿한 가장으로서의 생활에 만족하는 듯 보였다. '자네는 내가 요즘 얼마나 가정적인 사람이 되어가고 있는지 상상도 못할 걸세.' 그가 워싱턴의 부관 시절 동료인 리처드 키더 미드에게 한 말이다.[1] 해밀턴은 한 편지에서 다소 엉뚱한 말들로 생후 7개월 된 아들 필립을 묘사했다.

　이 아이가 잘생겼다는 건 모든 사람들이 인정했다네. 얼굴도 괜찮고, 반짝거리는 눈은 다양한 감정들을 표현할 뿐 아니라 상냥함으로 가득 차 있지. 감정가들은 이 아이의 앉아 있는 자세가 우아하다고 호평 일색이고, 이 아이가 손을 흔드는 방식은 마치 자신이 장래 연설가가 될 것이라고 말하는 것 같다네. 그러나 서 있을 때의 자세는 다소 어색하고, 다리는 아직 자기 아버지의 그것처럼 호리호리한 섬세함을 갖추지는 못했네. (중략) 이 아이의 태도에서 굳이 문제점을 끌어내야 한다면, 그건 너무 많이 웃는다는 걸세.[2]

해밀턴은 지금까지 맛보지 못했던 가정적인 역할에 심취해 미드에게 이렇게 알리기도 했다. '나는 이제 야망을 쫓는 것에는 흥미를 잃어버렸네. 내 아내와 아기 이외에는 다른 그 어떤 것에도 감탄할 수가 없다네.'[3] 미드는 아마도 이것이 허튼소리에 불과하며 해밀턴이 자기 내면의 추진력을 통해 직업적으로 계속 정진하리라는 사실을 잘 알았을 것이다. 그는 카리브해에서 시간을 낭비했고 그 후에도 독립혁명으로 5년을 더 잃었으므로, 킹스칼리지 시절 이후 잠시간 손 놓고 있었던 법학 공부에 다시 발을 들이며 학업을 가장 빨리 마칠 수 있는 길을 강구하게 되었다. 해밀턴에게 법학은 정치권력으로 가는 가장 짧은 지름길이나 마찬가지였고 – 제헌회의 대표자들 중 서른네 명이 법학자였다 – 그것이 아니더라도 지속적이고 심지어 윤택한 삶을 가능케 해줄 길이었다. 뉴욕 주 대법원은 본래 법관 지망생들에게 출정出廷에 앞서 3년의 견습 기간을 거치도록 규정하고 있었다. 그러나 그해 1월 에런 버의 청원이 받아들여지면서 전쟁 이전에 법학 공부를 시작했던 참전 용사들에게만 일시적으로 이 조건이 면제되었다. 킹스칼리지에서 웬만한 법학자들의 두꺼운 책들을 모두 탐독했던 해밀턴도 그 대상에 포함되었다. 그로써는 법학에 빠르게 통달할 수 있는 길이 열린 셈이었다.

당대의 다른 야망 있는 변호사들과 달리 해밀턴은 실제 활동 중인 여느 변호사의 밑으로 들어가 일을 배우는 대신 스스로 공부하기로 결심했다. 워싱턴을 모신 후였던 그는 아마도 또 다른 상관에게 종속되고 싶지 않았을 것이며, 또한 자칭 스승이란 자의 법적 문서들이나 베끼게 될 가능성을 견딜 수 없었을 테다. 당시 해밀턴은 자신의 친구 제임스 두에인이 소유한 법학도서관을 마음대로 이용할 수 있었다. 올버니에 위치한 이 최고의 법학도서관에는 서가마다 영국법에 대한 논문들이 가득했는데, 특히 영국법은 뉴욕의 법과도 상당히 유사한 점이 많았다. '이 주써에서, 우리의 사법기관은 다른 그 어떤 곳보다 대영제국의 사법기관과 닮아 있다.' 해밀턴이 훗날 '연방주의자' 제83호에서 쓴 말이다. 영국적인 사상은 이런 식으로 해밀턴과 여타 뉴욕의 법학도들에게 스며들면서 보수적이고 친영주의적인 영향력을 행사했다. 그는 특히 윌리엄 블랙스톤의 『영법석의Commentaries』에 큰 영향을 받았다. 영국법에 보다 구조적인 일관성을 부여해준 이 책은 그때로부터 10년 전 미국에서 처음 출판된 것이었다. 역사학자 포레스트 맥도널드Forrest McDonald의 말에 따르자면 '블랙스톤은 해밀턴에게 법학 그 자체에 대한 숭배와도 같은 열정을 가르쳤다. (중략) 무엇보다 해밀턴은 블랙스톤이 말하는 법학을 통해 자신이 느껴왔던 시민적 자유와 법 사이의 긴장 상태를 완전히 해소시켰다.'⁴

당대의 법학도들은 일반적으로 판례나 법규, 절차 등에 관한 자료를 나름의 카테고리로 엮어 자신만의 교재를 만들어 활용했다. 존 마셜은 일곱 개 이상의 주제들에 걸친 238쪽짜리 요약문을 들고 다녔고, 실제로 일을 할 때에도 그 책에 크게 의존했다. 해밀턴 또한 자신만의 책을 만들어 '뉴욕 주 대법원 실무 기록Practical Proceedings in the Supreme Court of the State of New York'이라는 제목을 붙였다. 서른여덟 가지의 주제를 다루는 이 177쪽 짜리 수필手筆 개요서는 영국 및 식민지 모델을 벗어나기 이전의 뉴욕 주 법에 관해 현존하는 가장 오래된 논문이다. 해밀턴은 그저 글을 발췌해서 옮겨 적기만 한 것이 아니라 더 나아가 당시의 법적 허세들을 조롱하기도 했다. 한 부분에서 그는 익살스러운 말투로, 최근 법원이 '소송의 본안만 조사하면 사건이 끝난 것이며 그 이후의 절차적인 용어들과는 얽힐 필요가 없다는 기운 빠진 생각'을 하고 있는 것 같다고 비꼬았다.[5] 해밀턴은 훗날 법의 장엄함에 관련된 유명한 성명서들을 쓰기도 했지만, 한편으로는 라파예트에게 자기가 '요람을 흔들면서 내 이웃들에게 바가지를 씌울 기술을 공부하느라' 바쁘다고 말하는 등 자신이 선택한 이 직업에 대해 더러 짜증을 내기도 했다.[6] 『뉴욕 주 대법원 실무 기록』은 매우 전문적으로 집필되었고 그 방대한 정보가 너무나도 엄밀히 분류되어 있는 책이었기 때문에 뉴욕 법학도들은 수년간 이 책을 필사하고 돌려 보았다. 1794년 윌리엄 위치William Wyche의 교재 『뉴욕 대법원 실무New York Supreme Court Practice』가 그 자리를 대신하긴 했으나 이 역시 해밀턴이 세운 뼈대에 어느 정도 바탕을 두고 있는 책이었고, 여전히 해밀턴의 책을 선호하는 변호사들도 더러 있었다.

　해밀턴은 놀라운 속도로 법학을 배워나갔다. 그는 독학 6개월 만인 7월에 변호사 시험을 통과하면서 뉴욕 주 대법원에서 심리하는 사건의 변론을 준비할 자격을 얻었다. 이후 10월에는 영국의 배리스터(의뢰인을 대면하지 않는 법정변론 전담 변호사_역주)와도 유사한 '카운슬러' 자격을 획득하면서 직접 사건을 변론할 수 있게 되었다. 그가 이때 서명한 취임 선서에서는 각 주들이 연합규약하에서 어느 정도의 주권을 가지고 있었는지가 잘 드러난다. '저는 대영제국 국왕에 대한 모든 충성을 (중략) 포기하기를 선언합니다. 그리고 (중략) 자유롭고 독립적인 국가로서의 뉴욕 주에게 진정한 믿음과 충성을 바치겠습니다.'[7] 에런 버는 이 모든 자격증을 획득하는 데 있어 해밀턴보다 6개월 앞서 나갔고 1782년 7월 올버니에 법률사무소를 개업했다. 비록 전쟁에 시간을 빼앗기긴 했었지만 이 두 젊은이는 놀라울 만큼 서둘러 실무에 뛰어들었는데, 이는 평화가 찾아온 이후 독립주의자 변호사들이 가장 좋은 일감을 물려받을 것이라는 소문이 널리 퍼져 있었기 때문이었다. 이 소문은 1781년 11월 뉴욕 입법부가 토리당 변호사들을 주 법원에 발 들이지 못하게 막는 법을 시행하면서 현실이 되었다. 확실히 공화주의 변호사들에게는 노다지가 열린 셈이었다. 훗날 해밀턴은 반反토리 성향을 크게 지탄하는 인물이 되지만, 그럼에도 당시 그를 포함하여 독립주의자 편에 섰던 젊은 변호사들은 이 법이 효력을 발휘하는 4년여의 세월 동안 큰 이득을 보았다.

해밀턴이 올버니에서 버와 사회적으로 좋은 관계를 가졌다는 데는 의심의 여지가 없다. 해밀턴이 아직 요크타운에 있을 무렵, 버는 알렉산더 맥두걸 장군이 써준 소개장을 들고 스카일러 저택의 현관에 나타났다. '당신에게 이 서신을 전해주는 이는 버 중령으로, 법원의 자격증을 취득하기 위해 올버니에 갑니다.'[8] 당시 임신 중이었던 엘리자가 훗날 남편을 죽이게 될 사람에게 처음으로 미소를 지어 보이고 손을 흔들어줬던 때도 아마 이 무렵일 것이다. 해밀턴의 옛 동급생 로버트 트루프는 자신의 친구이기도 했던 버와 함께 올버니에서 변호사 시험을 준비했고, 두 사람은 동시에 자격을 얻었다. 트루프는 1782년 여름 내내 스카일러 저택에 기거하며 해밀턴이 조언을 필요로 하는 경우가 있으면 그의 법학 공부를 도왔다.

따지고 보면 해밀턴과 버는 시작부터 서로 아주 밀접한 관계이자 경쟁적인 상황에 있었던 셈이다. 두 사람 모두 키가 작고 잘생겼으며 유머러스하고 멋있는 데다 특히 여성들에게 치명적인 매력의 소유자들이었다. 이 젊은 중령들은 군인다운 침착한 태도를 가지고 있었고, 자신들의 직함을 과시하길 좋아했으며, 뉴욕 법원에서 눈에 띄는 자리들을 차지하기에 꼭 어울리는 사람들이었다. 그러나 해밀턴이 이미 요크타운의 영웅이자 워싱턴 장군의 후광을 등에 업고 있었으므로, 정치적인 측면에서 보자면 버는 그 건방진 동료보다 한참 뒤처져 있는 셈이었다. 해밀턴이 화려한 스카일러 저택에서 사는 동안 버는 의뢰인들을 끌어모으기 이전까지 한동안 소박한 삶을 영위했다. 그해 7월, 버는 스카일러가의 사람들이 자주 방문했던 네덜란드 개혁교회에서 페기 시펜 아널드의 친구인 시어도시아 프레보스트와 결혼식을 올렸다(시어도시아의 남편이었던 영국 장교는 이전 가을 자메이카에서 세상을 떠난 상태였다). 이듬해 그들은 딸 하나를 얻고선 마찬가지로 시어도시아라는 이름을 지어주었다. 버보다 열 살이 많았던 아내 시어도시아는 결코 아름답다고 할 수는 없었지만 그럼에도 매력적이고 유쾌했으며 영문학과 프랑스 문학을 잘 아는 사람이었다. 당대 대부분의 사람들이 그러했듯 버 역시 똑똑하고 성공한 여성을 좋아했는데, 그를 존경하던 사람들은 바로 이것 때문에 훗날 그가 보여준 익살스러운 장난들을 오히려 이해할 수 없어했다.

3년 동안의 법률 학업 과정을 단 9개월 만에 끝마쳤다는 것도 인상적인데, 해밀턴은 그 와중에 다른 일들까지도 여럿 해냈다. 요크타운 전투 이후로는 두 편의 '대륙주의자'를 더 썼는데, 당시 그는 얼마간 그 원고를 잃어버리거나 제자리에 두지 않았던 듯하다. '최근 그는 이것들을 되찾았다.' 1782년 4월 「뉴욕 패킷」이 '대륙주의자 제5호'를 소개하며 한 말이다. 신문은 그가 '시대의 성질이 그의 생각을 받아줄 때를 조용히 기다리기보다는 자신의 계획을 끝까지 발전시키기' 위해 이 사설들을 게재한다고 밝혔다.[9] 해밀턴은 역사를 간략히 훑으면서 영국 정부가 엘리자베스 여왕 재임기부터 어떻게 무역을 신장시켰는지, 그리고 루이 14세의 재무장관이었던 루이 콜베르Louis Colbert가 어떻게 마찬가지의 일을 해냈는지 보여주었다. 또한 정부의 무역 규제를 옹호하고 무역의 자기조절 능력 및 자기수정 능력을 부정하면서 데이비드 흄의 논문들을 언급했다. 그는 수입 상품들에 대한 관세가 미국의 가장 좋은 수익원이 될 것이라며 옹호했는데, 여기서 우리는 훗날 그가 재무장관으로서 펼칠 일들을 미리 엿볼 수 있다. 차ₜₑₐ를 비롯한 여타 수입 상품들에 대한 부당 관세들로 촉발된 혁명을 아직까지도 치르고 있는 이 나라에서 이 같은 주장은 (부드럽게 말하자면) 아주 많은 것을 내포하고 있었다. 해밀턴은 억압적인 조세를 두려워하는 사람들을 상대로 훗날 20세기에 등장할 '공급 측면의 경제학'과도 유사한 논리를 펼쳤다. 그의 말에 따르면 관료들은 '자신들의 권력을 남용할 이유가 없다. 수익을 발생시키는 원인이 스스로 수익의 과잉을 억제할 것이기 때문이다. 적당한 세금은 너무 높은 세금보다 더욱 생산적이라는 것이 경험적인 사실이다'.[10]

당시 다수의 주들은 자신들에게 있는 수입관세 부과 능력을 대륙회의에 넘겨주길 꺼리고 있었기 때문에, 해밀턴은 이에 따라 생겨날 경제적 라이벌 관계가 나라의 정치적 통합을 위태롭게 만들 것도 우려했다. 로버트 모리스 또한 해밀턴과 같은 우려를 가진 채 대규모 계획의 개괄을 세웠다. 국립은행을 설립하고, 전쟁 부채를 탕감하고, 인플레이션을 끝마친다는 내용들이 여기에 포함되어 있었다. 이 계획은 해밀턴이 재무장관으로서 걸을 길을 미리 닦아놓은 것이나 마찬가지였다. 중앙정부를 강화할 요량으로 모리스는 지역 관료들로부터 독립적으로 활동하는 세무 관리를 각 주에 한 명씩 임명하기로 결정했다. 1782년 5월 2일, 그는 해밀턴에게 뉴욕 주 대륙세의 세무 관리가 되어줄 것을 요청하면서 봉급으로 그가 거두어들일 총 세금의 0.25%를 제시했다. 해밀턴은 상당히 난처해하면서 그의 제안을 거절했다. '제게는 시간이 너무 소중해서, 그 결과가 대중이나 저를 위하는 일이 아니고서야 저 자신을 방해하는 길에 들어설 수 없습니다.' 해밀턴이 보낸 답신이다.[11] 그는 뉴욕 주의 다섯 개 카운티가 여전히 적군의 점령하에 있었으므로 그 보수가 그다지 많지 않을 것이라 판단했던 듯하다. 6월 초, 모리스는 해밀턴에게 그가 거두어들일

세금이 아니라 *부과할 세금의* 총 금액에서 그의 몫을 떼어주겠다는 한층
더 좋은 조건을 제시했다. 모리스의 제안에 혹한 해밀턴은 그것을 받아들
였고, 한 발 더 나아가 주 입법부에게 모리스의 조세 방안을 받아들이라
는 로비를 자발적으로 펼쳤다. 독학한 해밀턴이 그것을 알았는지의 여부
는 모르겠으나―혹자는 그가 매우 잘 알고 있었을 것이라고 추측한다―이
제 그는 당당하게 로버트 모리스의 뒤를 이어 미국 최고의 금융계 인물
이 될 채비를 갖추고 있는 셈이었다.

해밀턴은 세무 관리로 일했던 수개월 동안 연합규약의 또 다른 문제점
을 새로이 발견했다. 주정부들은 대륙회의에 대한 세금 납부가 사실상 비
의무적인 사안이라 생각했고, 거두어들인 자금을 중앙으로 이전시키기도
전에 자기 지역의 일을 위해 써야 한다며 유용해갔다. 독립적인 연방 수
입원이 부족했던 상황에서 이런 일까지 겹치자 독립주의자들은 차용이
나 화폐 발행을 통해 전쟁 자금을 댈 수밖에 없었다. 7월 4일, 해밀턴은
여섯 번째 '대륙주의자' 사설을 통해 모리스를 옹호하면서, 연방 세관 및
세무 관리인 임명을 칭찬하고는 그것이 '각 주 내부에서 연방정부에 대
한 호의적 영향력을 대규모로 형성'하고 있다고 평했다.[12] 혁명이 마무리
에 접어든 이 시점에서 해밀턴의 그다음 대결 상대는 미합중국의 건설이
세금 그 자체를 없애줄 것이라는 유토피아적 관념이었음이 이 사설을 통
해 명확히 드러난다. '그 환상을 없애고 사람들이 진실에 눈을 뜨게 만드
는 것이 매우 중요하다. 너무나 우스꽝스럽고 몽상적인 기대를 드높이기
위해, 우리는 인기에 영합하는 우상들에게 지나친 찬사를 보내고 있다.'[13]

7월 중순, 해밀턴은 곧 있을 변호사 시험을 위해 벼락치기를 하는 중
에도 필립 스카일러와 함께 포킵시로 떠나 그곳 주의원들에게 세금 징
수 업무를 더욱 신속히 처리할 특별위원회를 새로 만들어달라고 설득하
는데 성공했다. 해밀턴은 이 법안에 (아마도 직접 썼을) 몇 개의 결의안들

을 더해 넣게끔 했는데, 여기에는 대륙회의의 조세권을 확대하는 한편 전국 단위의 회의를 통해 연합규약을 감시하게 하는 방안도 있었다. 공공단체가 이러한 제안을 내놓은 것은 이번이 처음이었다. 해밀턴의 확고한 개혁 의지에 큰 박수를 보낸 모리스는 해밀턴과 주고받은 서신을 통해 대륙회의의 기량 부족에 대한 자신의 속내를 털어놓았고, 해밀턴 또한 이에 허심탄회한 답신을 보냈다. '더 들여다볼수록, 이 나라를 사랑하는 이들이 자신들의 무지를 슬퍼하게 될 이유가 더 명확히 보입니다.'[14] 그는 뉴욕 주 의회에 만연해 있는 비겁함과 이기심에 경악을 금치 못했다. '그들은 무엇이 국민들에게 *이익*이 될지보다는 무엇이 그들의 *기분을 좋게* 할지에 대해서만 계속 연구합니다.' 그가 모리스에게 한 말이다. '이러한 정부에서는 임시방편과 변덕, 그리고 어리석음만이 판을 칠 것입니다.'[15] 해밀턴은 순수한 민주주의에서는 정치인들이 단순히 대중의 구미를 맞추려 한다며 낙담했고, 이 대신 학식 있는 지도자들이 국민들을 계몽시키는 한편 그들의 판단을 국민들이 따르게 해야 한다는 생각을 키워갔다.

해밀턴은 주 입법부를 속으로 얼마나 무시했을지 모르겠지만 적어도 포킵시 사람들에게는 호의적인 인상을 남긴 듯했다. 법학자 제임스 켄트 James Kent 는 '그와의 대화는 활발하고 교훈적이었으며 그의 말은 그 감정이나 언어, 태도 등에서 일반적인 담화보다 훨씬 더 훌륭했고, 그 솔직하고 남자다운 몸가짐은 나의 주의를 끌었다'라고 회고했다.[16] 주의원들 또한 해밀턴의 모습에 완전히 반했던 모양인지, 해밀턴은 11월에 열릴 대륙회의(당시 연합의회로 개칭) 회담에 참석할 다섯 명의 뉴욕 대표단 중 하나로 임명되었다. 해밀턴은 행정 관리직에 있으면서도 그 특유의 재주로 의회 자리를 따낸 셈이었다.

해밀턴은 자신의 친구 존 로런스가 당대 그 누구보다 진정한 애국심과 훌륭한 지도력을 가진 사람이라고 생각했다. 영국이 여전히 찰스톤과 서배너를 점령하고 있던 1782년 1월, 로런스는 흑인 부대를 꾸리겠다는 계획을 그때까지도 버리지 못한 채 사우스캐롤라이나 입법부를 상대로 헛되이 애쓰고 있었다. 그해 7월, 그는 해밀턴에게 다정한 편지 하나를 써서 자신의 친구가 '공화국의 첫 번째 공직을 차지해주길' 바란다는 희망을 드러냈다(이 편지의 일부는 현재 사라진 상태인데, 아마도 해밀턴의 가족이 없애버린듯하다). 편지의 마지막에 로런스는 이렇게 적었다. '잘 있게나, 나의 친애하는 친구여. 이러저러한 사정들이 우리의 거리를 멀리 떨어뜨려놓았지만, 간청하건대 내게 편지로 주는 *위안*을 멈추진 말아주게나. 자네의 애정 어린 로런스가 보내는 불변의 감정들은 잘 알고 있겠지.'[17] 해밀턴은 전쟁이 끝나기만 하면 자신과 로런스가 마치 고대 로마 시대의 인물들처럼 다시 만나, 새로운 정치적 운동에 함께 승선하여 굳건한 공화주의 연합체의 기초를 닦기 위해 싸울 것이라 믿어 의심치 않았다. 8월 중순, 해밀턴은 주 입법부에서 자신의 이름을 대륙회의에 올렸음을 로런스에게 알리면서 엄청나게 희망찬 말투로 오랜 전우에게 그곳에서도 함께하자고 제안했다. '검을 내려놓고 *토가*를 입게나, 나의 친구여. 대륙회의로 오게. 우리는 서로의 감정을 잘 알고 있고, 우리의 견해는 서로 같다네. 우리는 어깨를 나란히 하고 아메리카를 자유롭게 하기 위해 싸워왔지. 이제 손에 손을 잡고 조국을 행복하게 만들기 위해 싸우세나.'[18]

　로런스가 이 편지를 읽어볼 수 있었는지는 알 수 없다. 1782년 8월 말 영국군 원정대가 식량을 찾아 컴바히 강 유역으로 나오자, 성미 급한 로런스는 명령을 어긴 채 소규모 병력을 이끌고 매복하여 그들을 습격하려 했다. 이 정보를 미리 입수한 적군은 높은 풀숲 사이에 몸을 숨기고 앉아 그를 기다렸다. 그들이 일제히 사격을 가하기 시작하자 로런스는 그들에게 돌격하면서 병사들에게 자신을 뒤따르라 명령했지만 그 순간 총탄에 맞아 쓰러지고 말았다. 존 로런스는 미국 독립혁명이 남긴 최후의 사상자들 중 한 명이었다. 많은 사람들은 진정한 적대 관계가 이미 끝난 시점에서 그가 어리석게도 자기 부대보다 상위의 군대를 상대로 사소한 싸움을 벌여 자신과 병사들의 목숨을 위험에 빠뜨렸다고 생각했다. 애국심 넘치는 로런스의 유일한 단점이 '용맹함과 무모함의 경계'에 서 있는 것이라던 워싱턴의 말이 옳았음을 그는 죽음으로 입증한 셈이었다.[19] 로런스가 훌륭한 지도자가 되리라 생각했던 수많은 사람들은 그의 죽음을 애도했다. '우리나라는 가장 유망한 인물을 잃었다고도 할 수 있지만, 그 또한 가치 있는 일이었습니다.' 존 애덤스가 헨리 로런스를 위로하며 한 말이다.[20]

해밀턴에는 참으로 마음 아픈 소식이 아닐 수 없었다. '가여운 로런스, 사우스캐롤라이나의 사소한 싸움에서 자기 열정의 희생양이 되어버렸어.' 슬픔에 잠긴 그가 삼총사의 또 다른 일원이었던 라파예트에게 한 말이다. '자네는 내가 그를 얼마나 진정으로 사랑했는지, 또 내가 얼마나 그를 애석하게 여길지 알겠지.'[21] 로런스의 죽음으로 해밀턴은 향후 연합체를 공고히 할 싸움에 함께해주었을 정치적 동무이자 변함없는 친구를 잃었다. 물론 해밀턴은 그 이후에 있었던 제임스 매디슨과의 협업 또한 즐겼을 것이며, 때때로 냉담하기도 했던 조지 워싱턴의 비호를 받는 한편 그의 충실한 부하로 평생을 살았다. 그러나 로런스가 없는 그는 고독한 전사에 더 가까웠고, 매디슨과 제퍼슨의 관계에 버금갈 평생의 친밀한 동맹군을 다시금 얻지는 못했다. 개인적 차원에서는 한층 더 참혹한 슬픔이 자리했다. 해밀턴은 자신을 존경하는 수많은 사람들에게 둘러싸여 살았지만 쉽사리 깊은 우정을 나누지 못했고, 로런스에게 했던 것처럼 다른 이에게 자기 삶의 내면을 드러내는 일도 다시는 없었다. 공적 생활에서의 언변은 한층 더 유려해졌으나, 사적 생활에서의 그는 자기성찰적인 태도나 진정한 본모습을 보다 덜 드러내기 시작했다. 이 이후 그의 고해성사는 엘리자나 앤젤리카 처치에게만 한정되어 이루어졌다. 존 로런스의 죽음 이후 해밀턴은 마음속 감정의 문을 닫아버렸고 그것을 두 번 다시 열지 않았다.

1782년 11월, 알렉산더 해밀턴은 올버니에서부터 말을 타고 달려 연합의회가 열리는 필라델피아에 당도했다. 그가 마주한 인구 4,000여 명의이 도시는 뉴욕이나 보스턴보다 크고 부유한 곳이었다. 바닷가 마을들에서 나고 자란 그는 높은 돛대 달린 배들과 드넓은 부두들이 만들어내는항구 풍경을 오랜만에 즐거이 바라보았을 것이다. 우아한 집들 사이사이로 정원 돌담들이 늘어서 있는 필라델피아는 시끌벅적한 상업의 도가니나 다름없는 뉴욕과 비교하면 훨씬 더 질서정연한 곳이었다. 화창한 날이면 멋진 여성들이 양산을 들고 길거리를 산책했다. 가로수 그늘이 진 길거리들에는 위생국에서 깨끗하게 관리하는 벽돌 보도가 깔려 있었고, 밤이면 고래유 가로등이 거리를 밝혔다. 비록 이제는 장로교파와 침례교파사람들이 퀘이커 교도들보다 더 많아졌으나, 그럼에도 퀘이커의 금욕적인 전통은 여전히 남아 있었다. 한 영국인 여행객은 밤 11시만 되어도 '이보다 더 조용해지는 도시는 아마 전 세계를 찾아봐도 없을 것'이라며 불평했다. '그 시간에 길거리를 걷는다면 도시 절반을 돌아다녀도 경비원들말고는 사람 코빼기조차 볼 수 없을 것이다.'[22]

해밀턴은 엘리자와 아들 필립을 올버니에 두고 와야 했지만 여전히 꿈결 속을 거니는 신랑이었고, 괜히 한밤중의 모험을 찾아 길거리를 헤매는짓은 하지 않았다. 그는 이곳에 도착하고 몇 주 뒤 아내에게 '신의와 애정에 있어 당신 남편을 이길 만한 사람은 이제껏 없었소'라며 안심시키는편지를 썼다.[23] 처음에는 엘리자의 부재를 잘 견뎌내면서 그녀가 곁에 있기를 그다지 갈망하지 않았던 그였지만, 1월경이 되자 엘리자를 보지 않고서는 견딜 수 없었는지 필라델피아로 그녀를 데려올 채비를 하기 시작했다. '매일 매시간 나는 이 문제로 너무나 고통스럽고, 밤에도 반절은 뜬 눈으로 지새운다오.' 그가 그녀에게 말했다. '나의 사랑, 내게로 와서 나를 달래주오. 나의 사랑스러운 아들을 데리고 와 내 가슴에 안겨주오.'[24]

필라델피아에서 해밀턴은 자기가 오랫동안 부족하다고 느껴왔던 바로 그 의회의 일원이 되었음을 여실히 느꼈다. 즉석에서 끝도 없이 마련되는 위원회들, 주들이 거부권을 필히 사용할 수밖에 없게 만드는 투표 규칙들, 의원들이 총 6년이라는 기간 동안 1년 단위로 세 번밖에 참석하지 못하게 하는 임기 제한 등 마치 설탕으로 쌓아 올린 것만 같은 그 구조는 의회를 마비시킬 수밖에 없었다. 해밀턴이 불평한 바에 따르면 그 비민주적인 투표 규칙은 권력을 '가장 필수적인 장치들의 발목을 잡거나 심지어는 좌절시키는 조합' 사이에 빠뜨려버렸다.[25] 그처럼 효율성을 숭배하던 사람이 이와 같은 상황에 화를 내지 않을 리 없었다. 1782년 11월 30일 미국 평화사절단이 대영제국과 예비 평화조약에 서명하면서 주들 간의 통합을 굳건히 할 이유가 한층 더 약화되자 문제는 더더욱 심각해졌다. 매사추세츠의 샘 애덤스Sam Adams나 버지니아의 패트릭 헨리Patrick Henry 등 지역 지도자들은 열변을 토하며 각 주의 주권을 주장했다. 주정부들의 유혹이 너무 커서 의원들 다수가 참석하지 않았기 때문에 의회의 정족수를 채우기도 힘들어졌다. 대표자들의 도량 또한 마찬가지로 낮아져 그들의 질투 섞인 불화에 해밀턴이 격노할 정도였다.

해밀턴을 낙담에서 구해준 것은 그만큼이나 박식했으며 그와 비슷한 시각을 가지고 강력한 국가를 그리던 남자, 제임스 매디슨이었다. 이들은 연합의회의 미래 전망을 논의하고, 자신들의 사명감을 즐겼으며, 수많은 위원회에 함께 참석했다. 어린 나이부터 스스로 버티며 살아야 했던 스물일곱 살의 해밀턴에게는 그와 달리 애지중지 길러진 서른한 살의 매디슨보다 훨씬 더 세속적인 면이 있었다. 반면 매디슨은 1780년 이래 계속해서 대륙회의에 몸담아온 노련한 의원이었다. 매우 성실했던 그는 3년의 임기 중 거의 하루도 빼놓지 않고 출석하여 의회에서 가장 지구력 높은 사람으로 손꼽혔다. 한 프랑스 장관은 매디슨이 '의회 내에서 가장 견실한 판단력의 남자'라면서, 그가 '거의 언제나 공평정대하게 말하며 동료들의 동의를 얻어낸다'고 평했다.[26]

많은 측면에서 매디슨은 해밀턴의 직업생활에서 핵심 역할을 담당했고, 두 사람이 초반에 보여준 협동과 훗날의 대립은 각각 해밀턴의 인생에 있어 뚜렷한 분수령이 되었다. 해밀턴에 대한 사람들의 호불호가 극명하게 갈렸다면, 매디슨은 그 양극단 중간쯤의 대안이나 마찬가지였다. 작은 체구에 수줍음 많았던 제임스 매디슨은 내적으로 어마어마한 정신을 지니고 있었던 데 반해 그 태도나 외모로는 별다른 호감을 주지 못했다. 그는 주로 검은색의 옷을 입었고 책벌레다운 창백한 얼굴에 우울한 인상을 풍겼다. 공공장소에서는 거의 웃지도 않아서, 한 버지니아 출신 정치인의 아내는 그를 가리켜 '음울하고 뻣뻣한 생명체' 같다며 핀잔을 주기도 했다.[27] 다른 한 여성도 매디슨이 사적 자리에서는 즐거운 모습을 보였으나 사람들 앞에 있을 때는 '과묵하고 차가우며 불쾌한' 사람이었다고 말했다.[28] 그가 유명세를 즐기지 않았고 카리스마적인 불꽃도 없었던 반면, 해밀턴은 바로 이러한 것들을 통해 자연스레 지도자의 자리에 오른 사람이었다. 지배하기 위해 태어난 사람이 해밀턴이었다면 매디슨은 반영反映하기 위해 태어난 사람과도 같았다. 그러나 매디슨 또한 일단 입을 열면 의기소침한 모습을 거짓말처럼 벗어던지고 불굴의 기력을 보여주곤 했다. 그는 자만심과의 경계에 걸친 지적 자신감과 더불어 사회적 소심함 및 어색함이 한데 뒤섞인 신기한 인물이었다. 비록 해밀턴이 가진 사회성과 언변은 없었지만 매디슨 역시 편한 사람들과 있을 때에는 재미 있는 이야기꾼이 되었고, 심지어는 외설적인 이야기들을 종종 늘어놓기도 했다. 두 사람이 만날 당시에도 매디슨은 젠체하는 총각이었으며 자신의 사생활에 대해선 완전히 함구했었다. 제임스 매디슨의 청렴강직한 인상이 사생활로 얼룩졌던 적은 단 한 번도 없었다.

버지니아 피드몬트 지역에서 편안한 삶을 영위하는 가문의 출신이었던 매디슨은 지역 지주들 다수와도 관련되어 있었다. 매디슨의 조부에겐 29명의 노예가 있었고, 그의 아버지는 그 수를 118명까지 늘리면서 버지니아 오렌지카운티에서 가장 많은 노예를 거느린 사람이 되었다. 가문은 또한 카운티 내에 최대 1만 에이커(약 1,224만 평_역주) 규모의 땅을 소유하고 있었다. 10남매 중 장남인 매디슨은 쉰 살이 될 때까지 아버지에게 경제적으로 의존했으며, 심지어 의회에서 일할 때에도 가족 농장에서 나오는 수입에 기대어 살았다. 제퍼슨과 마찬가지로 그는 개인적으로 그것을 얼마나 꺼렸는지에 관계없이 사실상 노예제에 대한 의존에서 벗어나지 못했고, 의회 임기 마지막 해에는 아버지에게 대표들의 봉급이 인상되지 않는 이상 '흑인을 파는 수밖에 없겠다'고 말했다.[29]

흑인들의 손길이 뒷받침하는 생활을 영위하기도 했으나 어린 시절의 매디슨은 세속으로부터 완전히 격리된 채 살았다. 뇌전증과 유사한 신경쇠약을 앓았던 그는 심기증(병증이 없는데도 자신이 병들었다고 생각하는 증상_역주)이 있었고, 병약한 아이들이 으레 그렇듯 책벌레가 되었다. 그는 5년간의 기숙학교 생활과 2년간의 자택 개인교습을 통해 수준 높은 정통 교육을 받았다. 프린스턴대학에 입학한 그는 하루에 네다섯 시간만 자면서 어마어마한 양의 책들을 섭렵했다. 한때 해밀턴을 거절했었던 위더스푼 총장은 매디슨이 '나의 학생이었던 시절 내내 소위 부적절한 짓을 했던 적이 한 번도 없다'고 회고했다.[30] 매디슨은 평생 학생다운 태도로 살았으며, 이후 주요 정치적 사건들이 다가올 때마다 고된 공부에 매진했다.

그는 오렌지카운티 민병대의 대령으로 복무하기는 했지만 쇠약한 건강 때문에 오래 지속하지 못했고, 이후 버지니아 하원의원 및 주정부 국무회의 의원을 지낸 뒤 1780년 최연소 대륙회의 의원으로 등극했다. 해밀턴과 매디슨은 전후 지도자들 중 신세대의 대표 격이었으며, 이들의 발전 과정은 곧 공화국의 탄생 및 성장 과정이었다. 이 시점에서 그들은 정부에 가해져야 하는 구조적 개혁들에 대해 서로 유사한 견해를 보였다. 매디슨은 상비군 및 영구적인 해군의 설치 등 훗날 해밀턴주의자들이 할 법한 생각을 다수 가지고 있었다. 그는 중앙 권력을 주장하는 데 있어 오히려 해밀턴보다 더 군사적인 태도를 보였으며, 연합의회가 분담 요구에 따르지 않는 주들을 상대로 무력을 행사할 수 있게 되기를 바랐다.

복잡한 권력 다툼이 벌어지는 시기였음에도 당시는 인류를 위해 살기로 결심한 이 두 젊은이들에게 그야말로 흥분되는 시대가 아닐 수 없었다. 매디슨이 1783년 4월 표현했듯 아메리카는 '인간 본질의 권리들'을 국민의 권리로 만들 것이었으며, 아메리카의 시민들은 '정치 사회에 대해 역사상 가장 위대한 신뢰를 보낼 의무'를 지고 있었다.[31] 이 신생국에게 충격 요법을 줄 필요가 있다고 생각했던 해밀턴과 매디슨은 국가의 수익원이 필요하다고 계속 역설했다. 1782년 6월 11일 존 애덤스가 네덜란드에서 대규모 차관을 들여오기로 한 이후에도 재정난은 완전히 해소되지 못한 상태였다. 이들은 연합의회가 영구적이고 독립적인 수익원, 즉 각 주들의 변덕으로부터 자유로운 수입원이 필요하다고 믿었다. 이를 통해서만 연합의회는 막대한 전쟁 부채에서 벗어나고 채무 불이행의 위험을 초기에 막을 수 있다는 것이었다. 해밀턴은 트럼펫 소리처럼 열렬한 어투의 결의한 하나를 통해 이 점을 강조했다. '의결. 미합중국 전역에 걸쳐 일반적으로 운용될 영구적이고 적절한 기금을 설립하고 (그 조세를) *연합의회가 수취하기로* 하지 않는다면, 미합중국의 채권자들에게 완벽한 정의는 이루어질 수 없고 국가신용을 효과적으로 확립할 수도 없음은 물론 미래의 전시 긴급 사태에도 대비할 수 없다는 것이 연합의회의 의견이다.'[32]

해밀턴은 매디슨과 함께 연방세 도입 운동을 벌였다. 연방세라면 의회에게 재정적인 자주성을 선물해줄 수 있을 것이었다. 해밀턴에게 있어 가장 중요한 목표는 연방 조세권의 확립이었다. 로드아일랜드에서 다른 그 어떤 곳보다도 격렬한 반발이 터져 나오자 해밀턴과 매디슨은 이 개성 뚜렷한 주의 문제를 다루기 위한 위원회에 참석했다. 이들은 (거의 대부분 해밀턴의 필체로 쓰인) 공동 성명을 발표하고 국가신용이 국가의 명예에 얼마나 중요한 것인지를 설파하며 기존의 입장을 다시 한 번 확인했다. 그 뒤에는 보다 큰 의의를 내포한 문장 하나가 뒤따랐다. '그 실행 단계에서 연방 구성원들의 내부 정책에 영향을 미칠 수 있는 권력이 존재하지 않는 한, 사실상 연방헌법은 존재할 수 없다.'[33]

해밀턴은 그야말로 도전장을 날리고 있었다. 중앙정부는 각 주들의 법보다 상위의 법을 시행할 수 있는 권력, 그리고 각 주의 시민들을 직접적으로 다룰 수 있는 권한을 필요로 했다. 1월 말, 한층 더 이단아 같은 연설을 통해 해밀턴은 연방 세무 관리자를 파견하여 각 주에 '스며들게' 한 뒤 주들을 하나로 '연합시키기'를 꾀했다.[34] 그는 이제 주들 간의 임시 연합체가 아닌, 오롯한 단일 국가를 공개적으로 겨냥하기 시작했다. 이 엄청난 솔직함에 놀란 매디슨은 몇몇 의원들이 '뒤에서 몰래 웃었'고 '해밀턴 씨가 비밀을 발설해버렸'며 고소해했다고 기록했다.[35] 이 사건은 교활한 음모자와는 거리가 멀었던 해밀턴이 종종 자신의 의견을 참지 못하고 뱉어버리는 경향이 있었음을 다시 한 번 보여준다. 그는 마음 내키지 않는 조치들을 가지고 밀거래하는 사람이 아니었다. 연합의회는 전후에도 계속 유지될 판례들을 세우고자 했고 4월에는 세금의 범위를 제한하고 수입 징수권을 각 주가 계속 가지고 있게끔 하는 타협안을 내놓았는데, 해밀턴이 이에 반대한 것은 당연한 수순이었다. 해밀턴은 뉴욕 최고행정관 조지 클린턴과 세금 문제를 두고 지나치게 격렬한 논쟁을 벌인 탓에 그와 서로 완전히 적대시하기에 이르렀고, 그 틀어진 관계의 영향에 평생토록 시달리게 된다.

　　뉴욕 주 뉴버그에 있는 대륙군의 겨울 기지에서는 불만을 품은 장교들이 반란을 일으킬 기미를 보이고 있었으므로, 연합의회 입장에서는 이들을 달래기 위해서라도 빠른 시일 내에 돈을 마련해야만 했다. 경우에 따라서는 6년 내내 봉급을 받지 못한 병사들도 존재하는 상황에서 예비 편화협정까지 체결되자 밀린 봉급이나 앞으로의 연금 지급 없이 군대가 해산될지 모른다는 불안감도 커졌다. 다수 부대의 장교들이 단체로 제대하겠다며 협박하고 나섬에 따라 연합의회는 문제 해결을 위해 세 명의 대표단을 필라델피아로 파견했다. 1783년 1월 6일, 장교 대표단은 병사들의 지긋지긋한 불만이 담긴 청원서를 연합의회에 제출했다. '우리는 사람이 견딜 수 있는 모든 것들을 견뎌왔다. 우리는 모든 재산을 다 써버렸고 우리의 개인적인 자원들은 바닥에 다다랐다.'[36] 몇몇 병사들은 전쟁과 인플레이션을 거치면서 너무나 큰 빚을 지게 되어 제대한 이후 감옥에 갇히지는 않을지 두려워해야만 했다. 해밀턴과 매디슨은 불만 가득한 장교들을 마주하고 그들을 위한 해결책을 구상할 소위원회에 임명되었다. 이때다 싶었던 두 사람은 연합의회에게 국가의 전쟁 부채를 모두 탕감해달라고 요구하는 한편 다른 채권자들과 더불어 병사들 또한 이에 관해 만족스러운 처우를 받아야 한다고 강하게 주장했다. 그러나 실질적인 조세권을 박탈당한 의회는 슬프게도 병사들에게 말뿐인 위로밖에는 해줄 것이 없었다.

　해밀턴은 주정부들이 연합의 금고를 채우고 장교들의 요구를 달래주리라는 데 큰 기대를 걸지 않았다. 그는 특유의 비관적인 상상을 펼치면서 현재 상황에 내재되어 있는 위험성들을 곱씹었고, 영국과의 평화가 찾아온 이후에는 사회적인 갈등, 혹은 심한 경우 연합의 해체까지 뒤따르진 않을지 우려했다. 2월 중순, 그는 조지 클린턴 최고행정관에게 걱정 담긴 서신을 보내며 뉴욕 주의 군사 장교들을 위한 재정착 계획을 제안했다. '이 법안이 토지 계획과는 다르게 다루어지기를, 그리고 넓게는 이 주의 시민이 될 수도 있는 모든 대륙군 장교들 및 병사들에게 충분한 수당을 지급해줄 수 있기를 바랍니다.' 선도적인 '대륙주의자'였던 해밀턴은 이와 같은 주장이 자신의 평소 이미지와는 반대되는 것처럼 보일 수 있음을 잘 알았다. '연합의 존속은 제가 가장 첫 번째로 바라는 일입니다.' 그가 설명했다. '그러나 그간의 연결고리가 그렇게나 허약하다면 어느 신중한 이가 그것에 의존하려 하겠습니까? 분열이 찾아온다면 지도에 눈길을 두는 모든 이들은 우리가 스스로의 안보에 대비하는 것이 얼마나 중요한지를 깨닫게 될 것입니다.'[37] 이번만큼은 클린턴도 해밀턴의 충고에 귀를 기울여, 토지를 원하는 장교들에게 뉴욕 주의 수익성 좋은 부동산들을 수여했다.

　이 폭발 직전의 장교들과 무능한 의회 간의 치명적인 대치 상태를 끝내줄 수 있는 인물은 워싱턴밖에 없음을 해밀턴은 잘 알고 있었다. 해밀턴은 당시 워싱턴과 1년이 넘도록 연락하지 않고 있던 상태였으나 과거의 신뢰를 기반으로 하여 2월 13일 날짜로 워싱턴에게 기밀 서한 하나를 보냈다. 이제는 워싱턴과 동등한 지위에서 쓴 이 서한에서 해밀턴은 감히 워싱턴에게 반란 위협을 다룰 수 있는 방법을 조언했다. 해밀턴은 기면 상태의 의회가 이 반란 협박을 계기로 국가 재정을 강화시킬 수도 있다고 보았다. '대륙군이 온건하지만 확고하게 내놓는 그 요구들은, 이성적 판단보다 불안감에 더 큰 영향을 받는 그들의 나약한 정신을 움직일 수도 있을 것입니다. (중략) 그러나 가장 어려운 문제는 *고통을 호소하는 대륙군*을 온건한 상태로 잡아두는 것입니다.'[38] 해밀턴은 워싱턴에게 군대와 시민들 사이의 입장에 계속 서 있어줄 것을 부탁하면서 대리인들을 통해 연합의회에 탄원하라고 촉구했다.

이는 워싱턴에게 고결한 정치인인 척하는 동시에 연합의회에 은밀히 압력을 행사하는 위험한 게임에 참여하라고 독려하는 것이나 다름없었다. 이 서한에서는 해밀턴의 가장 정직하지 못한 모습, 즉 위험하기 짝이 없는 세력들을 가지고 노는 모습이 잘 드러나 있다(이 전략을 썼던 것은 해밀턴뿐만이 아니었다. 필라델피아의 거베너르 모리스 역시 너대니얼 그린 장군에게 서신을 써서 '군대가 단합하고 그것을 추구하기로 결심하지 않는 이상' 주들은 절대로 군대에게 봉급을 주지 않을 것이라고 말했다).[39] 워싱턴의 신중한 언행이 공격적인 장교들의 마음에 가 닿지 않을까 걱정했던 해밀턴은 워싱턴에게 군대 항간에서는 그가 병사들의 이익을 '충분히 따뜻하게' 옹호하지 않았다는 소문이 돌고 있음을 일러주었다. '이것이 틀린 말임을 저는 누구보다도 잘 알고 있습니다만, 그렇다 해도 틀린 채로 남아 있는 것은 해로운 일이겠지요.'[40]

한 주 후, 해밀턴과 매디슨은 토머스 피츠시먼스Thomas FitzSimons의 집에 모여 날로 커져만 가는 장교들의 투지에 대해 논의했다. 매디슨의 기록에서는 당시 해밀턴이 워싱턴을 어떻게 생각하고 있었는지가 가감 없이 드러난다. 해밀턴은 이전에도 그랬듯, 워싱턴이 이따금씩 짜증스러울 수는 있으나 그 청렴강직에서만큼은 완벽하다고 다시 한 번 말했다.

해밀턴 씨는 자신이 워싱턴 장군과 매우 친밀하며 그를 완벽하게 알고 있다고 말했다. 그는 극도의 신중함을 갖췄지만 때로는 어느 정도 분노로 거칠어질 수도 있는 인물인데, 최근 들어 두 성향 모두 더욱 두드러지면서 그의 명성이 떨어지고 있다는 것이었다. 그러나 그의 덕과 애국심, 그리고 강직함 덕분에 (중략) 절대로 불명예스러운 계획들을 자신의 손으로 명하지는 않을 것이라 말했다. 그는 머잖아 자신을 산산조각 내도록 내버려둘 수도 있으며, 이것이 그의 진정한 성격임을 아는 해밀턴 씨는 그들의 보상 계획에서 그가 대륙군의 지휘자가 되어 그들을 온건케 하는 동시에 적절한 목표들을 추구하도록 만들어주기를 바랐다.[41]

3월 4일, 워싱턴은 해밀턴에게 답신을 보내며 그의 허심탄회한 의견에 감사를 표했고, 아메리카의 재정이 처한 최악의 상황을 자신은 아직까지 헤아리지 못하고 있었다고 토로했다. 그는 자신이 병사들의 봉급에 대해 고민했던 '사색적인 시간들'을 진중하게 언급했다. '한편에는 불만을 제기하는 군대의 고통이 있고 다른 한편으로는 의회의 무능함과 주정부들의 지지부진함이 있으니 이는 악이 닥칠 전조나 다름없네.' 그런 뒤 워싱턴은 해밀턴의 제안이 잘못되었다며 간접적으로 퇴짜를 놓았다. 그가 군대의 애로사항을 이용하여 의회로 하여금 국가재정을 돌보도록 만들려 한다는 것이었다. 그는 이것이 자칫 '시기심을 유발하여 다른 부작용들을 불러일으킬 수 있다'고 말했다.[42] 틀림없는 선견지명을 가진 사람답게 워싱턴은 군사 권력이 민간의 통제하에 있어야 한다는 원칙을 지키는 것이 얼마나 중요한지 잘 알고 있었다.

뉴버그의 상황은 점점 더 악화일로를 걸었다. 며칠 새 부대 내에서는 익명의 편지 두 통이 돌면서 워싱턴 장군에 대한 반대 심리를 조성하고 장교들에게 의회에 대한 무력행사를 촉구했다. '절제와 관용을 가지라고 충고하는 이를 의심하라'며 험악하게 경고하는 문서도 있었다.[43] 나라가 탄생하자마자 곧바로 비틀거리며 쿠데타를 향해 곤두박질치고 있는 모양새나 다름없었다. 이와 같은 상황을 보고받은 워싱턴은 3월 12일 해밀턴에게 서신을 보내 자신이 3월 15일에 장교들과 회담을 열어 '민간의 공포를 불러일으킬 짓'을 그만두도록 촉구할 것이며 만일 그렇게 될 경우 그들이 '물러날 길은 없다'는 것을 이야기하려 한다고 알렸다.[44] 워싱턴은 외교적으로 균형을 맞추어, 장교들의 극단적인 행동을 사전에 차단하는 동시에 의회에도 시의적절한 도움을 간청하고자 했다. '그러니 간청컨대,' 그가 해밀턴에게 말했다. '자네는 더 늦기 전에 이 문제를 진지하게 촉구해주기를 바라네. 진정으로 생각건대 지금 이 신사들의 상태는 이루 말할 수도 없이 괴로운 지경이라네.'[45]

　3월 15일, 장교들과 회담을 개최한 워싱턴은 의회로 진격하겠다는 그들의 계획을 무산시키고자 했으나 사상 처음으로 자신에게 적대감을 드러내는 병사들과 마주하게 되었다. 워싱턴은 반란의 목소리를 엄하게 힐책하면서 그것이 그들이 여태까지 바라보며 싸워온 자유를 위협할 것이라고 말했다. 반란은 오로지 '사회적인 불화만을 일으킬 것이며 우리의 떠오르는 제국을 피로 물들일 뿐'이라는 것이었다.[46] 그리고 나서 그는 자기 인생 최고의 명장면 중 하나를 남긴다. 그는 한 의원이 보낸 편지를 꺼내어 그것을 소리 내어 읽으려 했으나 눈앞이 흐릿해 글자를 제대로 읽을 수가 없었다. 이에 그는 주머니를 뒤적여 안경을 꺼내들며 말했다. "신사 여러분, 제가 안경을 좀 쓰겠으니 양해를 부탁합니다. 조국을 위해 싸우는 동안 저는 백발이 되는 걸로도 모자라 눈도 거의 멀어버렸으니 말입니다."[47] 반란을 일으키려던 병사들은 그의 말에 대단히 큰 감동을 받았고, 워싱턴에게 반기를 들었다는 데 부끄러움을 느끼며 제정신을 되찾았다. 워싱턴은 그들을 위해 의회에 로비하는 한편 해밀턴을 의장으로 하는 위원회를 통해 장교들에게 봉급 5년치에 준하는 연금을 주기로 약속했다. 의회가 자체적인 조세권이 없는 상황에서 정말로 이와 같은 지급을 성실히 이행할 수 있는지는 또 다른 문제였다.

해밀턴은 워싱턴이 보여준 고결한 모습을 전해 듣자마자 그를 칭송했다. '제가 생각하기로는 각하의 훌륭함이 현명하게 작동한 것 같습니다. 가장 좋은 방법은 급류를 막고자 하는 것이 아니라 그것을 아예 전환시키는 것입니다. 장군님께서 직접 적절한 행동이라 여겨 관철하시는 것에 저 또한 동의를 보내는 바입니다.'[48] 워싱턴은 이로써 지도자의 역할을 맡아달라는 해밀턴의 부탁은 받아주었지만, 정치적 목적을 위해 상황을 선동하라는 조언은 날카롭게 무시한 셈이 되었다. 해밀턴은 여전히 무력을 동원한 명확한 허세가 의회의 행동을 촉구할 수 있을 것이라는 생각을 가지고 있었으나, 그것 또한 그가 모험을 감수하기로 결심했을 때의 이야기였다. '어떤 식으로든 무력이 엮이게 된다면' 그가 말했다. '그것은 내전의 공포를 낳는 데나 유용할 것이며, 조국의 패망으로 이어질 수도 있습니다. 무엇보다 군대의 패망은 확실해질 것입니다.'[49]

뉴버그의 반란 협박 사태는 해밀턴과 워싱턴 간의 관계를 한층 더 다져주었지만 한편으로는 좀 더 복잡하게 만들기도 했다. 두 사람 모두는 연합규약이 완전히 수정되어야 하며 의회가 강화되어야 한다는 것을 한층 더 확신하기에 이르렀다. '내가 군대를 이끌면서 느꼈던 당혹감 중의 대부분, 그리고 이 군대의 거의 모든 애로사항과 곤경들은 모두 여기에서 비롯된 것이다.' 워싱턴이 의회의 약점에 대해 쓴 글이다.[50] 동시에 해밀턴에게서 다소 마키아벨리적인 면모를 발견한 워싱턴은 병사들을 '그저 대륙 기금을 설립하기 위한 꼭두각시'로만 취급하는 의원들에 대해 군내에서도 불만이 있다며 해밀턴에게 직설적으로 경고했다. '대륙군은 (중략) 가지고 놀기에는 매우 위험한 이들일세.' 그가 해밀턴에게 한 말이다.[51] 워싱턴은 해밀턴이 너무나 똑똑하고 용감하지만 가끔씩 판단력을 잃을 때가 있으며 이 때문에 그를 주의 깊게 관리해야 한다는 사실을 잘 알았을 것이다. 한편으로 해밀턴은 워싱턴과 자신이 함께 추구하는 이상들을 이루기 위해 스스로의 술책들을 이용했던 것이라고도 할 수 있겠다.

1783년 봄, 스물여덟 살의 알렉산더 해밀턴은 이미 국무의 정점 가까이에 서 있었다. 연합정부의 비호 아래에서 평시 군대의 첫 번째 계획을 시행할 군사위원회의 의장이 된 것이다. 4월 초 의회는 종전 협정을 다룰 위원회의 의장으로 해밀턴을 임명했고, 매디슨의 말에 따르면 '외교와 원주민 문제, 군사 및 해군의 평시 편제'를 조사할 폭넓은 권한을 그에게 부여했다. 같은 달, 의회는 영국과의 예비 평화조약을 비준하면서 8년간의 적대 관계에 종지부를 찍었다. 그러나 집에 돌아가기 전에 봉급을 제대로 받기를 원하는 병사들의 항의는 이로 인해 더욱 거세질 뿐이었다. '친애하는 해밀턴 중령,' 워싱턴의 글이다. '확실히 말해두겠는데, 우리 장교들에게 정의를 납득시키는 일이나 민간 근무처에서 병사들이 지금까지 60분의 1도 제대로 받지 못했던 전체 봉급을 지급하는 일은 질풍노도를 가라앉히는 것보다 더 어려울 것이오.'[52] 그해 4월 의회가 새로운 수입관세 제도를 시행하기는 했지만, 그럼에도 해밀턴은 여전히 군대에 평화를 불어넣을 수 있을 만큼 충분한 기금을 과연 확보할 수 있을지 우려했다. 5월경 로버트 모리스가 재무관 자리를 사임하겠다고 나섰을 때 군대가 무사히 해산될 때까지만 자리를 지켜달라며 그를 설득했던 사람들 중 하나도 해밀턴이었다. 그는 병사들에게 봉급을 주고 그들을 무사히 제대시킬 수 있도록 연합의 금고에 돈을 보내달라고 요청하는 긴급 결의안을 주정부들에게 제출했다.

6월 중순, 워싱턴이 경고했던 질풍노도가 한데 들이닥쳐 아수라장을 만들었다. 필라델피아 군대가 반역을 일으키고선 의회에 위협적인 청원을 보내어 그들의 돈을 요구한 것이다. 이틀 후, 80명의 무장 군인이 자신들의 밀린 봉급을 받기 위해 펜실베이니아 랭커스터에서 필라델피아로 행군하고 있다는 소식이 들려왔다. 필라델피아에 가까워질수록 그 무례한 병사들의 수 또한 계속해서 늘어났다. 이제 전적으로 의회 소속 인물이 된 해밀턴은 3인 위원회를 급히 발족시켜 그들의 위협을 막고자 했다. 그와 그의 동료들은 펜실베이니아 최고국무회의에 지역 민병대원들을 보내서 병사들이 필라델피아에 당도하여 지역 내 막사와 힘을 합치기 이전에 그들을 막아달라고 요청했다. 그러나 주정부가 어떤 잔혹 행위가 벌어지기 이전에는 움직일 수 없다며 거절하자 해밀턴은 이에 격분했다. 나서기를 두려워하지 않았던 해밀턴은 맨땅에 헤딩하듯 전쟁부 차관보 윌리엄 잭슨William Jackson에게 직접 연락을 취해 그 소란스러운 항의자들이 도시의 경계선을 넘기 전에 중간에서 막아달라고 요청했다. '비정상적인 행위들의 부적절함에 대하여 차분하지만 힘 있게 대처해주십시오.' 그가 지시를 내렸다. '그리고 그와 같은 부적절한 행위를 계속할 경우 그들이 처하게 될 위험이 무엇인지도 일러주시길 바랍니다.'[53]

반란군은 잭슨을 완전히 무시하고는 6월 20일 필라델피아로 쳐들어온 뒤, 마찬가지로 불만을 품고 있었던 도시 내 막사와 결탁하여 무기고 수 개를 점령했다. 이튿날, 현 연합의회 의장이자 과거 해밀턴의 후원자였던 엘리아스 부디노는 점점 심각해지는 사태를 논의하기 위해 이례적으로 토요일 오후에 연합의회를 개회했다. 반란군이 지역 은행을 습격할 가능성도 있다는 보고를 그날 아침 받았던 탓이었다. 몇몇 의원들만이 참석한 중에, 반란군 400여 명은 총검을 하늘 높이 치켜들고 의사당을 포위했다. 의사당은 연합의회와 주 최고국무회의가 회의실을 하나씩 사용하고 있던 건물이었다. 사태의 조짐이 좋지 않았다. 반란군들은 의사당 경비대원들보다 그 수가 훨씬 많았다. 무엇보다도 상징성의 문제가 컸다. 술 취한 군인 폭도 무리가 독립선언문이 서명된 바로 그 건물에서 국민들의 대표자들을 포위하고 있었기 때문이었다.

매디슨의 보고에 따르자면 의원들은 '계획적인 폭력'을 두려워하진 않았으나 '사기를 북돋우기 위해 인근 술집에서 공수된 술이 병사들에게 후하게 배분되고 있음이 관찰되었는데, 이는 자칫 성급한 폭력 사태로 이어질 수도 있는 상황이었다'.[54] 점점 더 취해가는 이 병사들은 건물 내부의 대표자들에게 힐책이 가득 담긴 탄원서를 보내면서, 20분 내로 자신들의 요구를 들어주지 않으면 직접 수 명의 병사를 선발하여 '분노한 군인'이 무엇인지를 보여주겠다고 협박했다. 대표자들은 그와 같은 협박에 응하지 않기로 했고 회기를 단축시키거나 폭도들과 협상하는 것 또한 거부했다.

세 시간 후, 포위당한 의원들이 반란군들의 조롱과 비웃음을 받으며 의사당에서 걸어 나왔다. 해밀턴은 건물 바깥으로 나오면서 자신이 상상했던 가장 끔찍한 악몽을 목도하게 되었다. 대륙군의 일부가 폭도로 돌변하여 쇠약해진 중앙정부를 위협하고 있었던 것이다. 마치 워싱턴이 석 달전 그리 했던 것처럼, 이제는 해밀턴이 군대를 민간의 통제하에 종속시킬 인상적인 장면을 만들어낼 차례였다. '군인의 부도덕함은 모든 정부가 두려워하는 것이다.' 그가 훗날 남긴 말이다. '이는 공화국에서 특히 억제되어야 하고, 만일 그것이 민간 권력을 상대로 하고 있다면 반드시 강하게 견제하고 엄벌에 처해야 한다.'[55] 이 상황을 통해 그는 다시 한 번, 어떻게 기백 넘치는 신생 민주주의에게 법의 지배에 대한 존경을 가르칠 수 있을지 고민하게 되었다.

그날 저녁, 엘리아스 부디노는 자신의 저택에 의원들을 소집했다. 이들은 해밀턴이 쓴 저항의 결의안을 통과시키며 정부 권력이 반란자들에게 '역겹도록 모욕당했다'고 선언하고선 '공권력을 수호하기 위한 효과적인 조치들을 즉각 취할 것'을 결의했다.[56] 만일 펜실베이니아 주정부가 계속해서 줏대 없이 무대응으로 일관한다면 연합의회는 (우연찮게도 독립주의자들이 유명한 승전보를 올렸던 두 곳인) 트렌턴 혹은 프린스턴으로 위치를 옮길 예정이었다. 이튿날 아침 해밀턴과 올리버 엘스워스Oliver Ellsworth는 직설적인 최후통첩을 당시 주 최고국무회의 의장이었던 존 디킨슨에게 전달했다. 만일 펜실베이니아가 의회의 안전을 보장해줄 수 없다면 향후 도시 내에서의 모든 회의를 연기하겠다는 것이었다.

국무회의와의 짧은 회의 끝에 주정부가 민병대를 보내주리라는 희망마저 박살 나자 해밀턴은 연합의회에게 냉담한 보고서 하나를 제출했다. 그의 말에 따르면, 반란자들은 이미 그들의 슬픔을 몸소 표현해줄 장교들을 선발했고 무력 사용 역시 허가했으며 심지어는 의회에게 '우리의 요구를 실현해주지 못할 경우 죽음에 이르리라'고 협박했다.[57] 명백한 행동이 필요한 순간에 펜실베이니아의 지도자들이 보여준 '나약하고 역겨운' 모습에 해밀턴은 완전히 질려버렸다.[58] 결국 그가 마지못해 내린 결론과 그에 대한 의회의 동의에 따라, 의회는 목요일까지 프린스턴으로 자리를 옮기기로 했다.

의회는 재빠르게 주 경계선을 넘어가 프린스턴에 임시 수도를 마련했고, 의원들은 비좁은 임시 막사에서 부대끼며 지내야 했다. 매디슨은 다른 의원 하나와 함께 10제곱피트(약 0.3평_역주)가 조금 넘는 방에 살면서 침대 하나를 나누어 썼다. 책을 사랑했던 그로서는 책상이 없다는 게 가장 큰 슬픔이었을 것이다. '나는 팔다리를 조금도 움직일 수 없는 자리에서 글을 써야만 한다.'[59] 프린스턴에서의 생활은 너무나도 원시적이었기 때문에 의회는 마치 사냥 시즌에 맞춰 이동해 다녔던 중세 프랑스 왕정마냥 한 달 만에 짐을 싸서 아나폴리스(메릴랜드의 주도_역주)로 갔다가 1년 후에는 트렌턴(뉴저지의 주도_역주)으로, 또 1785년에는 뉴욕 시로 자리를

알렉산더 해밀턴

옮겼다. 벤저민 러시의 말에 따르면 고향에서 쫓겨난 이 가출 의회를 두고 모든 사람들이 '욕설과 조롱, 저주를 보냈다'.[60] 해밀턴의 예상대로, 확고한 행동이 취해지자마자 반란은 수그러들었다. 펜실베이니아 국무회의는 뒤늦게야 500여 명의 민병대를 소집했고, 반란군들은 부대가 다가오고 있다는 소식을 듣자마자 무기를 내려놓고선 본래 소속지인 랭커스터로 터덜터덜 돌아갔다.

평생 논란을 달고 다녔던 해밀턴답게, 이번에도 그가 수도를 필라델피아에서 뉴욕으로 옮기려고 음모를 짠 것이 아니었냐는 소문이 일기 시작했다. 그러나 사실 해밀턴은 만일 의회가 자리를 옮길 경우 국내적으로 권위가 떨어질 것이며 대외적으로도 미국의 이미지가 실추될 것이라고 우려했었다. 7월 2일, 그는 의회가 필라델피아로 돌아가야 한다는 결의안을 재청했고, 매디슨으로 하여금 자신이 프린스턴으로의 이동을 마지막 순간까지 미루고 미뤘음을 확인시켜주는 성명서를 써달라고 촉구했다. 해밀턴은 마치 소송에 대비하여 선서 진술서를 모으는 변호사처럼 자신의 동료들에게 묻고 다녔다. "내가 그 일을 재촉하는 것처럼 보였던가, 아니면 오히려 그것을 미루고자 강력히 주장하는 것처럼 보였던가?"[61] 매디슨은 해밀턴이 실로 마지막 순간까지 버텼다는 내용의 서신으로 보답했다. 이는 모욕에 민감했던 해밀턴이 다시 한 번 중상모략에 재빨리 반박한 사건이었다. 정치에서는 사실이 아닌 외형이 모든 것을 지배한다고 확신했던 해밀턴은 어떠한 오해의 티끌이라도 남기지 않기 위해 애썼다.

필라델피아 반란 사태는 미국 역사에 지대한 영향을 미쳤다. 국가의 수도는 여타 주정부의 자비에 기댈 필요가 없도록 특수한 연방 구역에 자리해야 한다는 교훈을 남겼기 때문이었다. 이번 사건은 해밀턴에게 연합규약에 대한 실망을 안겨줌과 더불어 민병대에 의존하는 것은 어리석은 짓이라는 생각을 한층 더 굳혀주었다. 한편으로 그는 연합의회가 지금까지 의무 실행에 필요한 수단들을 모두 박탈당해왔음에도 그 실패에 대한 비난을 부당하리만치 모조리 떠맡고 있었다는 것을 알게 되었다. 그 명백한 나약함은 행정이 아닌 구조에서 나오는 것이었다.

펜실베이니아 반란군이 해산될 때까지 해밀턴은 연합의회에서 고된 7개월을 보내면서 자신의 기력과 참을성을 모두 소진해버렸다. 뉴욕 주 대표의원 다섯 명 중 세 명이 대부분 자리를 비웠다는 사실은 그의 어깨를 한층 더 무겁게 만들었다. 그는 아직 나라가 그 우스꽝스러운 연합규약을 수정할 준비가 되지 않았다고 판단했다. 지역 정치와 주내 정치가 너무나 큰 영향력을 행사하고 있기 때문이었다. '우리가 더 나은 것을 찾아 떠날 준비가 되기 전까지 현재의 기관들은 우리에게 이상향에 불과함을 이번 경험을 통해 알게 된 듯합니다.' 그가 너대니얼 그린에게 한 말이다.[62] 프린스턴에 머물고 있던 7월, 해밀턴은 다시 한 번 연합규약을 수정할 위원회의 소집을 촉구하는 결의안을 작성했다. 이 예지력 넘치는 문서에서는 1787년 헌법의 여러 특징들을 미리 엿볼 수 있다. 입법권과 행정권, 사법권이 각기 분리된 연방정부, 조세를 징수하고 군대를 일으킬 권한이 있는 의회 등이 그것이었다. 해밀턴은 또다시 자유무역주의에 대해 의문을 던지면서, 무역에 대한 연방의 규제를 통해 '상업상 해로운 가지는 쳐내고 이로운 가지는 북돋워주며, 유용한 상품과 제조품들을 홍보할 수' 있다고 주장했다.[63] 어마어마하게 똑똑했던 해밀턴은 이미 훗날 미국의 정부를 마음속에 그리고 있었던 것이다.

그러나 주정부를 옹호했던 많은 이들은 전쟁이 끝나자 상설 기구로서의 연합의회를 해체시키고 싶어 했다. 이들은 현재의 연합의회가 너무나 강력하다고 생각했다. 토머스 제퍼슨은 '평시에는 의회의 지속적인 개회가 불필요하다'면서 연합의회를 없애고 위원회로 대체하자고 주장했다.[64] 활성화된 중앙정부를 원했던 이들과 각 주들에게 권리를 돌려주기를 원했던 이들 사이에서는 훗날 격화될 갈등의 전선이 느리지만 가차없이 그려지고 있었다. 그러나 해밀턴은 자신의 결의안 초안이 거부되자 더 이상 이 의기소침한 의회에 남아 있을 이유가 없다고 판단했던 모양이다. 7월 22일, 그는 엘리자에게 서신을 보내 확정적인 평화조약이 체결되기만 하면 곧장 그녀의 곁으로 가겠노라고 알렸다. '기쁜 소식을 전하오, 나의 천사여. 당신 조국에 관련된 중요한 일이 기쁜 결론에 도달했소. 이제 나는 빠른 시일 내에 우리가 행복하게 뉴욕에 자리 잡게 되기를 바라오.'[65]

침울해 있던 엘리자는 해밀턴과 함께 말을 타고 올버니로 돌아가는 길에 뉴욕 시로 우회해서 가자고 주장했다. 그렇게 들르게 된 뉴욕에서 해밀턴은 퇴역한 독립주의자들과 친영주의자들 사이에서 자라나고 있던 요동치는 긴장을 느낄 수 있었다. 그는 토리파 사업가들의 이주에 분개했고―4월에만 7,000명의 사람들이 노바스코샤로 출항했다―이 대규모 탈출에서 비롯될지 모르는 경제적 난파를 우려했다. 충격을 받은 해밀턴은 올버니로 돌아가는 길에 로버트 리빙스턴에게 서신을 보냈다. '정치적 귀결 따위는 신경 쓰지도 않는 이류 상인들 다수가 각기 8~10기니(대영제국의 금화_역주)를 들고선 그 돈들을 해외로 보내려 신청하고 있다고 들었습니다. 우리 주는 앞으로 최소 20년간 이 대중적 광란의 영향을 받게 될 것입니다.'[66]

1783년 11월 25일은 뉴욕 시가 7년간의 영국 통치와 계엄령에서 벗어난 축복의 날이었고 이후로도 한 세기가 넘도록 뉴욕 시 해방일로 기념되었다. 맨해튼 남부 끝자락에서는 침울한 영국군들이 항만에서 대기 중인 수송선으로 태워다줄 연락선을 기다리는 동안 자신들의 마지막 표식이라며 항구의 깃대에 기름을 발라댔다. 이곳을 마지막으로 영국이 모든 점령지들을 포기하고 나가자마자 헨리 녹스는 미국인 유지들의 행렬을 이끌고 도시로 진입하여 새로이 세워진 깃대에 미국 국기를 내걸었다. 열세 번의 축하포와 나부끼는 깃발들, 그리고 착란에 빠진 듯한 군중들의 환호 속에서 조지 워싱턴과 최고행정관 조지 클린턴은 웨스트체스터 경보병대의 호위를 받으며 나란히 도시로 진입했고, 8열 횡대로 선 병사들과 무리지은 시민들이 그 뒤를 따랐다. 열광하는 군중들의 포효가 골목골목을 가득 채우는 와중, 승리를 기념하는 이 기나긴 행렬은 배터리 광장에 당도했다. 아메리카가 영국 점령의 마지막 잔재를 해치워버린 순간이었다. 이번 전쟁은 아주 길고 진 빠지는 싸움-8년간의 전쟁은 베트남 전쟁이 있기 이전까지 미국이 겪은 가장 긴 분쟁이었다-이었던 데다 그에 소모된 재산과 인명피해는 이루 다 말할 수도 없었다. 역사학자 고든 우드Gordon Wood에 의하면 독립혁명으로 목숨을 잃은 아메리카 병사들의 수는 당시 미국 전체 인구의 1퍼센트에 가까운 2만 5,000여 명에 달했고, 이보다 더 큰 인명피해를 낳은 사건은 남북전쟁밖에 없었다.[67]

워싱턴은 군중들을 바라보면서 도시 구석구석이 전쟁의 잔해로 뒤덮인 모습을 발견할 수 있었다. 1776년의 대화재로 큰 피해를 입은 도시 일부를 영국군이 재건하지 않고 그대로 방치했던 것이다. 도시는 이제 텐트와 가축우리 같은 집들이 들어선 판자촌이나 다름없었고, 그 사이사이에는 뼈대만 남은 저택들과 버려진 집들이 서 있었다. 잡초와 쓰레기로 뒤덮인 길거리에는 소들이 어슬렁거리며 돌아다녔다. 훗날 시장이 되는 제임스 두에인은 자신의 예전 집을 보고선 그곳이 '마치 야만인들이나 짐승들이 살았던 것처럼 보인다'며 탄식했다.[68] 영국군들은 땔감을 구하기 위해 도시의 울타리들과 나무들을 모두 베어버렸고, 바닷가의 부두들은 썩어들거나 부식되고 있었다. 한 방문객은 이런 말을 남겼다. '얕은 바다나 부둣가를 뒤덮은 진흙탕에서는 역겨운 수증기가 뿜어져 나오고 있었으며, 몇몇 사람들은 마치 나무통 안에 든 청어들마냥 우글우글 떼를 짓고는 불쾌한 냄새를 풍기며 몰려다녔다. 그들 대부분은 매우 더러운 몰골이었고 적지 않은 이들이 온갖 병을 앓고 있었다.'[69] 해밀턴은 이와 같은 참혹한 상황을 해결할 계획을 이미 세우고 있었다. 버려진 집들을 수리하고 공터에 오두막을 짓는 대신 그는 도시의 기술자들과 수공업자에게 '거대하고 우아한 건축물들을 짓게 하여 수익과 안정적인 일거리를' 제공할 요량이었다.[70]

평화가 다가오면서 도시가 물리적으로 변화한 만큼 그곳을 이루는 구성 인구도 달라졌다. 영국의 패색이 짙어지기 시작하자 수많은 친영주의자들은 수송 선단에 올라타고는 영국과 캐나다, 버뮤다로 탈출했다. 동시에 독립주의자들도 그만큼 뉴욕 시로 몰려 들어와서, 해방일 당시 1만 2,000여 명이었던 도시 인구는 2년 만에 그 두 배인 2만 4,000여 명으로 급증했다. 뉴욕 시가 규모 면에서는 보스턴이나 볼티모어를 능가하는 중심 도시가 된 것이다. 고향으로 돌아온 이들에 새로운 이주민들까지 더해지면서 식비와 연료비, 집값은 크게 치솟았다.

뉴욕에 1주일 조금 넘게 머무르는 동안 워싱턴은 전쟁 기간에 토리파 행세를 하며 독립주의자들을 위한 스파이 역할을 담당했던 사람들의 명성을 회복시켜주었다. 우연의 일치인지는 알 수 없으나 이들 중에는 해밀턴의 킹스칼리지 시절 동료가 두 명이나 포함되어 있었다. 뉴욕 시에 진입한 이튿날 워싱턴은 수다스러운 재단사 허큘리스 멀리건과 함께 아침 식사를 했다. 그가 자신의 가게를 방문하는 영국인 장교들을 상대로 스파이 일을 해줬기 때문이었다. 멀리건의 애국심에 한 치의 오명도 남기지 않겠다는 듯, 워싱턴은 그를 '자유의 진정한 친구'라고 선언했다.[71]

워싱턴은 점잖은 출판업자 제임스 리빙턴의 서점도 방문했다. 그는 해밀턴이 킹스칼리지에 있던 당시 아이작 시어스와 '자유의 아들들'에게 공격당했던 바 있었다. 전쟁이 끝나자 리빙턴은 자신이 펴내는 신문 이름에서 '로열'이라는 단어와 영국의 문장紋章을 떼어버리고는 계속해서 신문을 만들려 했으나 결국 발행을 중단해야 했었다. 그러나 사실 그 또한 독립주의자들의 조력자 중 하나였고, 영국 함대의 암호표를 훔쳐 그라스 제독에게 전달했던 적이 있었다. 워싱턴은 농업에 관한 책을 찾는 척하며 리빙턴과 함께 뒷방으로 들어가 그에게 보상으로 금괴가 든 자루를 하사했다.

12월 4일, 워싱턴은 브로드가와 펄가의 모퉁이에 위치한 프라운시스 태번에서 장교들과 눈물의 송별회를 가졌다. 왕이 되어달라는 모든 요청들을 거절했던 그는 여기에서도 군인들은 단순히 공화국의 시종일 뿐임을 다시 한 번 힘주어 말했다. 4년의 전쟁 기간 동안 워싱턴의 곁에서 함께했음에도 해밀턴이 이 역사적인 송별회에 참석했다는 증거는 남아 있지 않다. 상당히 눈에 띄었을 그의 빈자리는 그가 당시까지도 워싱턴으로부터 입은 비밀스러운 상처들에서 완전히 벗어나지 못했음을 보여준다. 무엇보다 워싱턴 정도의 아량을 가진 사람이 해밀턴을 초대하지 않았을 리 없었다. 송별회가 끝난 후, 워싱턴은 침묵에 잠긴 추종자들의 배웅을 받으며 화이트홀가를 따라 내려가 바지선에 올라탄 뒤 뉴저지 해안으로 떠났다.

알렉산더와 엘리자 해밀턴, 그리고 아들 필립은 송별회 수일 전부터 프라운시스 태번에서도 그다지 멀지 않은 월가 57번지(이후 58번지로 변경)에 세 들어 살기 시작했다. 서인도제도 출신의 이 방랑하는 청년이 드디어 진정한 고향과 영구 주소를 가지게 되는 순간이었다. 당대의 기준에 비추어보면 월가는 이 도시의 넓고 우아한 대로들 중 하나였고, 가장 유명세를 떨친 상업 가문들 다수가 이곳에 살았다. 해밀턴 일가가 상점들과 사무실들이 늘어선 비교적 덜 화려한 동쪽 끝자락에 자리를 잡은 반면 에런과 시어도시아 버 부부는 월가 3번가에 살았다. 버가 자랑스럽게 묘사한 바에 따르면 그들의 멋진 집은 '시청의 옆옆 건물이었다'.[72] 알렉산더 해밀턴과 에런 버의 삶은 계속해서 평행선을 그렸다. 비슷한 시기에 올버니 변호사 시험을 통과한 바 있었던 두 사람은 이제 뉴욕 시의 같은 거리에 살면서 거의 동시에 변호사 사무실을 각각 개업했다.

다년간의 전쟁 끝에 해밀턴은 돈이 절실하게 필요한 상황이었으므로 전업 정치인이 되는 길은 피하고자 했다. 해방일로부터 한 달 후, 뉴욕 주 의회가 그를 의원 후보로 지명했다는 소식이 신문을 통해 전해졌다. 해밀턴은 정중하지만 단호하게 그 영광을 거절하는 편지를 신문사에 보냈다. '공직을 거절하겠다는 제 결심을 이와 같이 선언함으로써 동료 시민들의 선거에 그 어떤 영향도 미치지 않게 하는 것이 적절하다고 생각합니다.'[73] '자유의 아들들'과 결탁한 지역 포퓰리스트들이 선거에서 압승하자 토리파 인사들에 대한 보복 조치가 아니냐는 의혹이 제기되었다. 이 같은 종류의 보복에 극도로 반대했던 해밀턴은 박해받는 토리파 인사들을 변호하면서 그들을 추방시키려는 짓을 멈추라고 촉구했다.

알렉산더 해밀턴보다 뉴욕 시의 전후 복구에 큰 몫을 담당했던 인물은 또 없을 것이다(훗날 도시의 위대함을 건설하는 데도 해밀턴의 공이 컸음은 물론이다). 그가 훗날 미국의 상업 및 금융 중심지로 자라나게 될 바로 이곳에서 자신의 기량을 발휘했다는 것은 운명이나 다름없었다. 그는 도시의 미래에 대한 가장 포괄적인 계획을 펼쳤지만 사실 그의 계획이 완벽했던 것은 아니었다. 해방일이 얼마 지나지 않았을 무렵, 해밀턴과 더불어 이 도시를 이끌게 될 운명의 학식 높은 청년들 몇몇이 디너파티를 벌이고선 지역의 부동산에 투자할 것인지 혹은 아직 개발되지 않은 뉴욕 주 북부의 숲 지대에 투자해야 할 것인지를 논의했다. 해밀턴의 아들 제임스가 그 이야기를 전했다.

존 제이는 뉴욕 시를 선호하여 이곳의 부동산을 구입했고 충분한 재력으로 그것을 계속 유지했다. 그는 이 투기로 부자가 되었다. (중략) 나의 아버지를 포함한 다른 몇몇 이들은 정반대의 의견에 따라 뉴욕 주 북부 카운티들의 토지에 투자했다. 그 미경지_{未耕地}들은 에이커당 몇 센트에 불과했지만 (투자 수익이) 그다지 빠르게 드러나지는 않았다.[74]

마지막 문장은 엄청나게 절제된 표현이었다. 알렉산더 해밀턴이 저 멀리 북부 숲 지대의 토지를 구매하면서 당시 어마어마하게 저렴했던 맨해튼의 부동산을 구입할 기회를 날려버린 것은 확실히 그의 경제적 판단이 틀렸던 몇 안 되는 경우들 중 하나로 꼽힌다.

진중하고 과묵하며
기이한 종류의 동물

Alexander Hamilton

전후 뉴욕의 젊은 변호사로 새로운 삶을 시작한 해밀턴은 이내 사회에서 돋보이는 인물로 거듭났다. 그는 깔끔하고 스타일리시하지만 현란하지는 않은 옷차림을 하고 다녔으며, 그의 회계 장부를 보면 프랑스인 재단사에게 정기적으로 방문한 기록 등 패션에 상당히 신경을 쓴 흔적들이 남아 있다. 우아한 옷차림은 해밀턴의 초상화에도 잘 드러나 있는데, 한 그림 속에서 그는 놋쇠 단추와 금박 마감된 소매가 있는 더블 브레스티드 코트(단추가 두 줄로 달린 코트_역주)를 입고 있으며 목 아래로는 섬세하게 나풀거리는 레이스 자보(셔츠 가슴팍의 주름 장식_역주)를 매달고 있다. 한 프랑스 역사가는 그가 '매너와 실크 양말, 멋진 죔쇠가 달린 신발들의 시대에 속해 있었다'고 평했다.[1] 그는 마치 신하가 왕을 보필하듯 자신의 적갈색 머리를 손질하는 데 공을 들였는데, 해밀턴의 아들 제임스는 그가 매일같이 이발을 받았다고 기록했다. '나는 아버지의 뉴욕 사무소에서 놀던 기억이 있는데, 그때 아버지는 미용사에게 머리 손질을 받고 있었다(이는 그의 하루 일과 중 하나였다).' 그는 긴 뒷머리를 땋아 올려 검은 리본으로 묶었고, 앞머리는 포마드를 바르고 파우더를 뿌린 뒤 이마에서부터 깔끔하게 빗질해 넘겼다.[2] 해밀턴을 그렸던 대부분의 화가들은 사이가 좁은 그의 푸른 두 눈과 불그레한 뺨 위로 조용한 미소가 번져 있는 모습을 그렸는데, 그 표정에서는 그의 정신적인 날카로움과 내면의 유쾌함, 그리고 당당한 태평함이 잘 드러났다. 그의 얼굴에는 보다 강하고 명확한 특색들이 있었고 특히 코와 턱은 뚜렷하게 존재감을 과시하면서 독특한 옆모습을 만들어냈다. 실제로 해밀턴의 가족들은 제임스 샤플리스James Sharples가 그린 측면 초상이 그를 그린 그림들 중 가장 실물에 가깝다고 평했다.

해밀턴의 친구들은 종종 그의 매력에 대해 열광적으로 이야기하곤 했다. 연방주의자 동지들 중 하나인 피셔 에임스는 그가 우정을 쌓는 데 탁월한 능력이 있고 '자신의 친구들을 정말 진정한 친구들로 만들었다'고 칭찬하면서 '그의 힘은 친구들이 보내준 애정을 통해 만들어졌고 그 이후로 평생 지속되었다'고 말했다.[3] 그에게 최고의 찬사를 보내곤 했던 법학자 제임스 켄트는 해밀턴이 '매우 다정하고 너그러우며 부드럽고 베풀 줄 아는 기질을 가지고 있었고, 내가 아는 모든 사람들 중 가장 꾸밈없는 간결함을 보여 주었다. 그를 사랑하거나 존경하거나 감탄하지 않는다는 것은 불가능했다'고 이야기했다.[4] 그러나 아주 가까이서 해밀턴을 지켜보았던 이들은 종종 그가 심각함과 즐거움의 경계를 재빠르게 넘나들었다는 점도 발견했다. 보스턴의 법관 윌리엄 설리번은 그의 얼굴에서 드러나는 대조적인 표정들에 대한 글을 남겼다. '쉬고 있을 때면 그는 보다 진중하고 사색적인 표정이었지만 대화에 참여하고 있을 때는 대개 매력적인 미소를 띠고 있었다.'[5] 진지함과 유쾌함의 혼합은 해밀턴이라는 사람의 본질이나 다름없었다. 그의 손자는 해밀턴의 성격에 '공격적인 힘과 무한

한 부드러움, 그리고 다정함이 혼재되어 있었다'고 말했다.[6]

　해밀턴의 초창기 인간관계는 뉴욕 변호사들 간의 배타적인 사교계 안으로 한정되었다. 『1786년 뉴욕 명부The New York Directory for 1786』를 보면 40여명의 '법관, 변호사, 공증인'들의 이름이 기록되어 있다. 토리파 변호사들다수가 이곳을 떠나갔기 때문에 당시 20대 중반에서 30대 초반의 능력있고 야망 있는 청년들에게는 탄탄대로가 펼쳐진 셈이 되었다. 에런 버, 브록홀스트 리빙스턴, 로버트 트루프, 존 로런스John Laurance, 모건 루이스Morgan Lewis 등이 모두 여기에 포함되었다. 법정 안팎에서 끊임없이 마주쳤던 그들은 함께 지역 순회를 돌며 업무를 보는 경우도 꽤 있어서, 종종 판사들과 더불어 조악한 역마차를 타고 시골길을 덜컹거리며 돌아다니거나 비좁고 냄새 나는 여관에 투숙하면서 침대를 나누어 쓰기도 했다. 이로써 이들 간에는 훗날의 정치적 격전들을 치르면서도 사라지지 않을 동지애가 싹텄다.

　대부분 민사 사건을 다루었지만 종종 형사 사건도 취급했던 해밀턴은 발타자르 드 하에르트Balthazar de Haert와 3년여 동안 동업을 했는데, 하에르트는 해밀턴의 동료 혹은 사무실 관리자였던 것으로 추정된다. 해밀턴은 이제 갓 변호사 시험을 통과했을 뿐이었지만 그에게서 배우고자 하는 변호사 지망생들이 줄을 섰고, 존 애덤스를 포함한 많은 훌륭한 사람들의 자제들에게 일을 가르쳤다. 해밀턴은 이 어린 학생들에게 아주 까다로운 상관이었던 모양이다. 예일대학을 졸업하고 곧바로 해밀턴 밑에서 일했던 디르크 텐 브로크Dirck Ten Broeck은 학교 친구에게 보내는 편지에서 이정력적인 사람의 부하로 일하는 것이 얼마나 힘든지를 토로했다. '한때는 행복이 목전에 있다고 생각했지만 이제 나는 모든 즐거움을 희생하고부단히 전심전력을 다해야만 얻을 수 있는 수준의 법학 공부에 매진하고있다. (중략) 너무나 심한 중압감에 거의 항상 시달리고 있다.'[7]

그는 훗날 영국에게서 뇌물을 받았다는 음모론도 있었지만, 사실 해밀턴은 돈에 대해 상대적으로 꽤 무관심한 편이었다. 당대의 많은 사람들은 그의 저렴한 수임료에 깜짝 놀라곤 했다. 라 로슈푸코-리앙쿠르 공작의 말에 따르면 '해밀턴 씨는 자신의 직업으로 상당한 수익을 올리고 있지만 그와 별개로 그가 돈에 대해 별 관심이 없다는 것은 이미 널리 알려져 있다. 이는 어디에서도 흔치 않지만 특히 아메리카에서는 더더욱 희귀한 일이다. 그가 요구하는 수임료가 너무 겸손하다는 것이 고객들의 유일한 불만이라면 불만이라고 한다'.[8] 또 로버트 트루프에 의하면 해밀턴은 자신이 예상했던 것보다 더 많은 수임료를 받을 경우 이를 거절했고 일반적으로 소송보다는 중재나 원만한 합의를 선호했다.

해밀턴의 아들 제임스는 아버지가 법에 관해 얼마나 양심적이었는지를 보여주는 두 가지 일화를 전했다. 한번은 롱아일랜드에 있는 어느 부동산의 유언 집행자가 몇몇 상속인들에게 소송을 당하여 해밀턴을 변호인으로 고용하고자 했다. 자신의 정당성을 입증하기에 앞서 해밀턴을 구워삶고자 했던 이 남자는 해밀턴의 책상 위로 금괴 조각들을 슬며시 꺼내 놓았다. 그러자 '해밀턴은 그것들을 다시 그 남자 쪽으로 밀어두고선 말했다. "나는 이런 이유로 당신의 사건을 맡지는 않을 것입니다. 이것을 가지고 집으로 돌아가, 마땅히 따라야 할 정의에 입각하여 지체 없이 상속인들과 화해하십시오."'.[9] 또 다른 하나는 거베너르의 사업에 관한 사건 하나를 단호히 거절한 것이었다. 거베너르가 누군가 '변호사마냥' 자신의 계산서에 다른 항목을 추가하고 있다며 험담했다는 사실을 알게 되었기 때문이었다. 해밀턴은 거베너르에게 신랄한 편지를 써서 그 같은 행동이 '이 직업을 가진 그 어떤 사람들도 기분 좋게 만들 수 없고, 정상적인 섬세함을 갖춘 사람이라면 이 직업에 대해 그런 생각을 공공연히 밝히는 사람의 의뢰를 반드시 거절해야 할 의무가 있다'고 설교했다.[10]

활기찬 항구도시이자 금융의 중심지였던 이곳에서 변호사 활동을 하면서 해밀턴은 환어음과 해상 보험에 관한 사건들을 셀 수 없이 다루었고, 헌법의 중요한 원칙들을 세울 사건들에 이끌리기도 했다. 그러나 해밀턴이 언제나 연무에 둘러싸인 위엄 있는 변호사였다고 생각한다면 큰 오산이다. 종종 그는 프로보노(소외 계층에 대한 무료 법률 서비스_역주)를 통하거나 햄 한 통 정도만을 받고선 형사 사건에서 가난한 이들을 변호해주었다. 그는 도움이 필요한 여성을 지나치지 못하는 고질적인 병이 있었다. 1786년, 그는 노처녀 바버라 랜슈머Barbara Ransumer의 변호를 맡았는데, 당시 그녀는 프라이팬이나 레이스 등 값진 물건 여럿을 훔쳤다는 혐의를 받고 있었다. '나는 그녀에게 무엇으로 반론할 수 있겠냐고 물었지만 그녀는 아무것도 없다고 답했다.'[11] 해밀턴이 회고했다. 오늘날 대부분의 변호사들과 달리 해밀턴은 고객이 무죄라고 생각될 때에만 사건을 맡았다. 그러나 그는 랜슈머 사건에 한해서는 자신의 규칙을 깨기로 결정했다. 그는 배심원 앞에서 뻔뻔하기 짝이 없는 연설을 펼쳐 동정심을 자아냈고, 결국 그녀가 무죄임을 설득하는 데 성공했다. '여자는 약한 존재이므로 남자의 보호가 필요하다.' 해밀턴이 한마디로 요약했다. '나는 이를 마음속에 새긴 채 배심원들의 연민을 일깨우고자 했고 이를 통해 무죄 판결을 얻어내는 데 성공했다. 이후 나는 다시는 마땅히 패하는 것이 옳다고 생각하는 의뢰인을 위해서는 변호를 하지 않겠다고 결심했다.'[12] 그러나 해밀턴은 바로 그해에 '결투인, 싸움꾼, 평화를 방해하는 자'라는 죄목의 조지 터너George Turner를 변호했다. 본인 또한 훗날 결투를 즐기게 될 사람이니만큼 그것관 관련된 사건은 그다지 기피하지 않았던 모양이다.[13]

해밀턴은 초기 공화국의 최고 변호사들 중 한 명으로 손꼽혔고 특히나 뉴욕 내에서 엄청난 두각을 드러냈다. 법정에서 위대한 법조계 인사들과 수도 없이 마주했던 앰브로즈 스펜서Ambrose Spencer 판사 또한 해밀턴을 가리커 '이 나라가 낳은 가장 훌륭한 인물'이라고 칭찬했다. '논리력에 있어 해밀턴은 대니얼 웹스터Daniel Webster(19세기 초 미국의 대표적인 정치가, 법률가_역주)와 견줄 만하고 그보다 더 뛰어난 사람은 없다. 창의력에 있어서 그는 웹스터보다 무한히 앞서 있다'.[14] 훗날 대법원 판사가 되는 조지프 스토리Joseph Story 또한 이에 버금가는 찬사를 보냈다. '새뮤얼 덱스터Samuel Dexter(훗날 애덤스 및 제퍼슨 행정부의 각료_역주), 존 마셜, 그리고 로버트 R. 리빙스턴 챈슬러가 말하는 것을 들었는데, 그들은 해밀턴의 생각이 자신들보다 훨씬 더 먼 곳에까지 미친다고 여겼으며 해밀턴의 옆에 있으면 자신들 또한 어린 학생이나 다름없고, 정오의 태양 앞에 선 촛불과도 같다고 했다.[15]

이 전설적인 명성은 어디서 온 것일까? 해밀턴은 법정에서의 화려한 연출을 좋아했다. 그는 노래하는 듯한 목소리와 최면을 거는 듯한 눈빛을 가지고 있었으며 필요한 경우 엄청난 열정을 내보이며 청중의 마음을 사로잡을 수 있었다. 1785년 1월, 법학자 제임스 켄트는 해밀턴과 로버트 R. 리빙스턴 챈슬러 간의 맞대결을 지켜보았다('챈슬러Chancellor'는 당시 주내 법조계의 최고 권위자에게 부여되는 직함이었다). 리빙스턴은 이번 소송에서 스스로를 직접 변호하면서 광대한 허드슨 영지 남쪽에 있는 토지에 대한 자신의 소유권을 주장했다. 뉴욕에서 가장 힘 있는 가문의 일원이었던 리빙스턴은 키가 크고 자신감 넘치는 인물이었고 귀족답게 타고난 우아한 몸가짐을 선보였다. 그에 반해 해밀턴은 거의 머리 꼭대기까지 흥분한 모습이었다. '그는 생각이 너무 많아 불안한 듯 보였다.' 켄트의 회고다. '챈슬러가 법정에서 발언하는 동안 해밀턴의 입술은 끊임없이 달싹였고 그의 펜은 빠르게 움직였다. 그는 품위 있는 모습으로 일어나 두어 시간 동안 손동작을 더해가며 이야기했다. 그의 유려한 반론에는 대단히 진지한 태도와 강력한 표현들이 담겨 있었다.'[16]

해밀턴은 글뿐 아니라 말에서도 종종 과도한 지경에 이르곤 했다. 아마 뉴욕 법정에서 가장 폐활량 좋은 사람이었을 그는 아무런 준비 없이도 몇 시간이고 완벽하게 이야기할 수 있었다. 그러나 아이디어가 샘솟는 머리를 가지고 있다는 것이 언제나 좋은 것만은 아니었다. 로버트 트루프는 해밀턴이 너무 장황하며 이야기를 끝내야 할 때를 모른다고 불평했다. '나는 그가 상대를 때려눕히는 것만으로는 만족하지 못하고, 거기에서 더 나아가 자기 귓가를 날아다니는 날벌레들을 모조리 없애버릴 때까지 집요하게 계속하려는 것 같다고 그에게 말하곤 했다.'[17] 트루프는 또한 해밀턴이 갈수록 공적인 일들에 너무나 마음을 빼앗긴 나머지 정작 법에 대해 깊이 연구할 기회는 가지지 못했던 것 같다고 보았다. 아마도 이 말은 사실이었을 것이다. 그러나 한편으로 당시에는 그를 찾는 사람들이 너무나 많았기 때문에 해밀턴이 사소한 것들은 무시하고 곧바로 사건의 기본적인 원칙들에만 집중했을 가능성도 있다. '다른 이들에게 있어 법이 거래나 마찬가지였다면, 그에게 법은 과학이었다.' 피셔 에임스가 한 말이다.[18] 해밀턴에게 맞서는 변호사들은 그가 공들여 준비한 길고 긴 연설을 들어야 했는데, 법률 용어들을 정의내리는 것으로 시작하는 이 연설은 이후 무수히 많은 판례들을 읊는 것으로 이어졌다. 법정에 올 때면 그는 법적 근거들이 담긴 문서와 함께 라틴 인용문들을 준비해 왔다. 그의 자료들은 종류도 다양했을 뿐더러 이해하기도 어려웠고 예측할 수도 없었다. 훗날 해밀턴의 법적 자료들을 정리한 편집자 율리우스 괴벨 주니어의 말에 따르자면 '해밀턴의 자료는 그저 영국 법에만 국한되지 않았다. 우리가 찾은 바에 의하면 그는 기본적인 로마 법문뿐 아니라 프랑스의 도마 Domat, 네덜란드의 비니우스 Vinnius, 스페인의 페레즈 Perez(각 나라의 법적 기초를 닦은 대표적인 법학자들_역주) 등을 인용했다'.[19]

해밀턴과 에런 버 사이에는 법조인으로서 갖는 선의의 경쟁 관계가 생거났다. 이따금씩 그들은 같은 편에 서서 일하기도 했지만 대부분의 경우 각자의 상대편이 되어주었다. 해밀턴은 디너파티나 사교 자리에까지 정치적 불화를 끌고 오지 않았기 때문에 에런 버와 다정히 지낼 수 있었다. 훗날 해밀턴은 그들이 '정치적으로는 언제나 반대 입장이었으나 사적으로는 언제나 좋은 관계를 유지했다'고 말했다. '우리는 같은 시기에 법조인으로서 활동했으며 각기 반대되는 정치적 방향성을 택했다. 버는 자신의 편으로 오라고 나를 끌어들였고 나는 그에게 나와 함께하자고 조언했다. 우리는 서로에게 동의할 수 없었다.'[20] 버의 친구였던 토머스 트럭스턴Thomas Truxtun 준장은 정치를 벗어난 그들의 관계에 대해 이렇게 증언했다. '내가 본 바에 의하면 그들은 성향은 달랐으나 (중략) 서로의 집이나 친구들의 집에 있을 때 즐거운 시간을 보냈다.'[21] 버와 해밀턴은 서로의 집에서 술잔을 기울였고 버의 아내 시어도시아도 엘리자를 방문하곤 했다. 두 남자는 1786년 플랫부시에 위치한 에라스무스홀아카데미(현재 뉴욕 주에서 가장 오래된 고등학교인 에라스무스홀고등학교의 전신)의 재무 관리를 함께 돕기도 했다.

수많은 기이한 우연들이 해밀턴과 버의 인생에서 그들을 엮어주었지만 그들의 출신은 완전히 달랐다. 버는 당시 아메리카에 존재했던 유서 깊은 귀족 계층을 상징했고, 해밀턴은 새로운 실력자 층을 대표했다. 1756년 2월 6일, 해밀턴보다 1년 늦게 태어난 버는 화려한 혈통을 자랑했다. 그의 외조부는 명망 있는 칼뱅주의 신학자이자 뉴잉글랜드의 최고 성직자인 조너선 에드워즈Jonathan Edwards였다. 에드워드의 셋째 딸 에스터Esther가 그의 어머니였고, 아버지 에런 버 목사는 고전주의 학자이자 신학자로서 프린스턴대학의 총장을 지낸 인물이었다.

버는 가장 안전하고 특권적인 환경에서 태어났지만 끔찍한 일들이 그를 덮치기도 했다. 버가 태어날 무렵에는 대학이 뉴어크에서 프린스턴

10 · 진중하고 과묵하며 기이한 종류의 동물

으로 이전했고, 1756년 말에는 버의 가족들이 새로운 총장 숙사에 둥지를 틀었다. 그러나 이때부터 악몽 같은 일들이 줄줄이 벌어지기 시작했다. 1757년 9월, 아버지 에런 버가 마흔두 살의 나이로 세상을 떠났다. 그로부터 5개월 후에는 그의 장인인 조너선 에드워즈가 총장 자리를 대신하게 되었는데, 에드워즈는 프린스턴에 도착하자마자 코네티컷의 성직자였던 아버지가 돌아가셨다는 소식을 접했다. 당시 프린스턴에는 천연두가 유행하고 있었는데, 에드워즈 역시 곧바로 천연두 예방접종을 받았다가 프린스턴에 온 지 2주 만에 세상을 떴다. 버의 어머니 에스더 역시 천연두에 걸려 에드워드가 죽은 지 2주 만에 명을 달리했다. 고아가 된 버와 그의 누이를 필라델피아로 데려와 키운 것은 윌리엄 시펜William Shippen 박사였다. 조모였던 에드워즈 부인이 아이들을 데리고 가기 위해 왔지만 그만 악성 이질에 걸렸고, 얼마 지나지 않아 세상을 떠났기 때문이다. 에런 버는 1758년 10월, 고작 두 살의 나이에 어머니와 아버지, 조모와 조부, 그리고 증조부를 모두 잃었다. 이 끔찍한 사건들에 대한 기억이 그에겐 전혀 없었지만, 따지고 보면 해밀턴보다 버가 더 완전한 고아였던 셈이다.

매사추세츠 주의 스톡브리지와 뉴저지 주의 엘리자베스타운에서 삼촌 티머시 에드워즈Timothy Edwards 손에 길러진 버는 이후 해밀턴이 다니기도 했던 장로교파 아카데미에 입학했다. 열세 살의 나이에 프린스턴대학에 입학한 그는 일류 학자로 자라났고 졸업식 때는 '공중누각Building Castles in the Air'이라는 제목의 졸업 연설을 통해 쓸모없는 이상들에 에너지를 낭비하지 말라는 열변을 토했다. 버는 매형이자 코네티컷의 법학자였던 태핑 리브와 함께 법학을 공부하다 독립혁명에 참전해 용맹히 싸웠다.

해밀턴과 마찬가지로 버 역시 나무랄 데 없이 단장하고 다니면서 우아한 인상을 남겼다. 그는 광채가 흐르는 짙은 두 눈과 도톰한 입술, 그리고 두터운 곡선의 눈썹을 가졌다. 재치 있고 세련되었으며 감정적으로 쉽사리 동요하지 않았던 그는 남자들은 물론 여자들의 마음까지도 빼앗았다. 버는 훗날 제퍼슨주의자들과 함께했음에도 귀족적인 거만함과 쾌락주의적 취향, 그리고 돈벌이를 위한 활동들을 업신여기는 태도를 절대 버리지 못했다. 그는 자기 자신을 다스린다면 다른 사람들을 다스리는 방법도 배울 수 있으리라고 믿었다. 좀처럼 동요하지 않는 성격이었던 그는 말하는 것보다는 듣는 것을 더 잘했다. 해밀턴이 헝클어지기 쉬운 사람이었다면 버는 암호와도 같은 철벽 뒤로 자신의 감정들을 숨겼다. 누군가 그에게 잘못을 털어놓을 때면 그는 '사과나 변명은 딱 질색이니 하지 말라'고 말했다.[22] 해밀턴과 달리 그는 불만 사항들을 오래도록 조용히 마음속에 묻어두는 사람이었다.

해밀턴이 정치생활 내내 남들의 잘못을 공공연히 지적하고 나섰다면, 버는 입이 무거운 남자로 타고난 인물이었다. 그는 스핑크스같이 난해하다는 평판에 기뻐했고, 자신을 3인칭으로 지칭하면서 '그는 진중하고 과묵하며 기이한 종류의 동물로, 우리는 무엇이 그를 이루고 있는지 알 수 없다'고 묘사한 적도 있었다.[23] 정치인으로서의 버는 보통 한 번에 한 사람에게만 말하곤 했고 상당한 자신감에 차 있었다. 대학 시절부터 그는 자신의 누나나 학교 동료들에게 암호로 된 편지를 쓰기 시작했으며 이후로도 자기방어적인 태도를 절대 버리지 않았다. 그는 글을 쓸 때도 자신의 생각을 완전히 드러내지 않았다. 상원의원 윌리엄 플러머William Plumer의 말에 따르면 '버는 가능한 한 종이 위에 자신을 완전히 내맡기지 않는 습관이 있었고, 글을 쓸 때는 상당히 신중을 기하곤 했다'.[24] 버는 자신의 법률사무소 직원에게 '글로 적은 것은 남는다'고 충고하기도 했다.[25] 이와 같은 신중함은 정치인으로서의 버에게 있어 가장 훌륭한 자질이 되어주었다. 그는 대부분의 문제들에 대해 완전히 명백하지는 않은 입장을 견지하는 카멜레온이었으며 세심한 계획에 따라 모호한 태도를 유지하는 데 천재적인 면모를 보여주었다. 그의 심술궂도록 통렬한 세상 속에서 모든 것들은 그저 영리하고 입바른 대화들에 지나지 않았다. 이따금씩은 그도 웃기고 충격적인 말들을 던지기를 즐기기도 했다. 뉴욕에 황열이 유행할 당시 그는 '우리는 꽤 빨리 죽겠지만 오늘 아침에 스미스 부인이 쌍둥이를 낳았으니 전체 머릿수는 결국 똑같은 셈'이라고 쓴 적도 있었다.[26] 반면 해밀턴의 글은 너무나 진심 어린 것이라, 몇몇 이들은 그가 장난스러운 수다를 더해 넣어 분위기를 환기시켜주길 바라기도 했다.

에런 버는 종종 건국의 아버지들 중 하나로 손꼽히곤 하는데 이는 도대체 영문을 모를 일이다. 워싱턴, 제퍼슨, 매디슨, 애덤스, 프랭클린과 해밀턴은 모두 심오한 생각들이 담긴 글들을 두꺼운 책으로도 열두 권이 넘는 분량을 써냈다. 이들은 드높은 이상을 위해 싸웠던 사람들이다. 반면 버와 관련된 책을 내려던 편집자들은 고작 두 권 분량의 편지들만을 모을 수 있었는데 이것 또한 대부분 가십과 잡담, 우스꽝스러운 일화들, 그리고 그가 저지른 성적 일탈에 관련된 짜릿한 여담들이었다. 그는 정치적 문제들이나 헌법적 이슈들, 혹은 정부 기관에 대한 주요 사설을 한 편도 남기지 않았다. 해밀턴이 종종 정치보다 정책에 더욱 큰 관심을 드러낸 반면, 버는 오로지 정치에만 관심을 보였다. 엄청난 정치적 분열이 일어났던 이 시대에 버는 확고한 정치적 입장을 가진 동료들 사이에서 이익을 위해 민첩하고 교묘하게 움직였던 기회주의자였다. 해밀턴은 버에게 수사修辭적으로 다음과 같이 물은 적도 있었다. '아무 이론도 가지지 않는 것이 바람직한 일인가? 과연 그런 사람이 체계적이거나 능력 있는 정치인이 될 수 있단 말인가? 나는 아니라고 생각하네.'[27] 또 한번은 이보다 훨씬 더 엄한 말로 그를 고발하면서, '시민 생활에서 그는 주요 공공사업에 대한 단 한 개의 조치도 제안하거나 만들어낸 적이 없다'고 했다.[28]

알렉산더 해밀턴

버처럼 눈부시고 똑똑했던 사람이 공공 정책에 대해 두드러지는 공을 남기지 못했다는 것은 꽤 이상한 일이다. 뉴욕소사이어티라이브러리의 1790년도 기록을 보면 버가 볼테르Voltaire의 소설 아홉 권을 연달아 읽었음을 알 수 있다. 이후 그는 1년 반을 들여 『현대 세계사Modern Universal History』 44권을 모두 섭렵했다. 메리 울스턴크래프트Mary Wollstonecraft가 쓴 페미니스트 논문 「여성의 권리 옹호A Vindication of the Rights of Woman」를 읽고 그것을 열렬히 추천하는 남자가 당대에 또 얼마나 있었겠는가? '명심하시오.' 버가 자신의 학식 있는 아내 시어도시아에게 한 말이다. '당신 성별에게는 그녀라는 유능한 변호사가 있소. 내가 생각하기로 이 글은 천재의 작품이오.'[29] 그러나 이런 버도 아내에게 모진 말들을 날릴 때가 있었다. 아내의 편지에 대한 답신 중 하나에서는 그녀의 글이 '당신에게서 받을 수 있었던 모든 것들 중 가장 멍청하기 짝이 없는 것'이었다는 혹독한 평이 실려 있기도 하다.[30]

정치적으로는 생각 깊은 사람이 아니었을지 몰라도, 버는 뉴욕 법정에서 해밀턴과 어깨를 나란히 할 만큼 수완 좋은 변호사였다. 그는 해밀턴이 때때로 장황하고 번드르르한 말만 늘어놓을 때도 있지만 보통은 자신보다 훨씬 더 언변에 능한 자였음을 알았다. 또한 그는 해밀턴과 글로 겨루는 사람들은 무조건 지게 되어 있다고 말하기도 했다.[31] 그러나 버의 동료들 중 몇몇은 버가 가장 뛰어난 변호사라고 생각했으며, 그가 곧장 문제의 핵심을 짚어낼 줄 안다고 평했다. '법조인으로서나 학자로서나, 버는 해밀턴에게 뒤지지 않는다.' 이래스터스 루트Erastus Root 장군이 한 말이다. '그들은 논리력만큼은 비등하나, 논의를 전개하는 방식은 서로 아주 다르다. (중략) 그들에 대해 종종 했던 말이 있다. 그들이 법정에서 대결하는 경우, 해밀턴이 두 시간에 걸쳐 하는 말들을 버는 30분 만에 해치워버리는 식이라는 것이 그것이었다. 버는 간결하며 설득력 있었고, 해밀턴은 유려하며 열광적이었다.'[32] 해밀턴이 논리로 상대방을 짓뭉개는 식이었다면 버는 교활한 술수와 예상 밖의 기교들로 승리를 이끌어내는 사람이었다.

해밀턴은 버가 법정에서 보여주는 지략을 칭찬하기도 했지만, 다소 속 빈 강정이라는 인상을 받기도 했던 모양이다. '법정에서의 그는 확실히 견실한 판단이나 훌륭한 논리보다는 창의력이나 재주들이 더 돋보인다.' 해밀턴이 버를 두고 한 말이다.[33] 또 다른 글에서는 같은 맥락으로 한층 더한 비판을 하기도 했다. '그가 법정에서 펼치는 논의는 간명하다. 그의 변론은 듣기 즐겁고, 그의 태도는 한술 더 떠 매혹적이기까지 하다. (그러나) 그의 논의들을 분석하면 나는 그가 무엇으로 위대한 사람인지를 도무지 알아차릴 수 없었다.'[34] 해밀턴이 법을 숭상했던 반면 버는 때때로 법을 다소 지겨워하거나 법에 대해 냉소적인 태도를 보여주었고, '법이란 그저 논증에 성공한 뒤 그럴싸하게 유지된 무언가'라는 말을 남기기도 했다.[35]

해밀턴과 버의 경쟁이 두 사람 모두 변호사였던 초기 시절부터 생겨났다는 것은 버의 초기 전기작가 제임스 파턴James Parton이 전하는 일화 하나에서도 잘 드러난다. 그들이 처음으로 한 고객을 공동으로 변호하게 되었을 당시, 누가 먼저 변론하고 누가 마무리 변론을 하는지가 화두에 올랐다. 당시에는 주± 변호사가 마무리 변론을 하는 것이 일반적이었는데 해밀턴이 이를 맡겠다고 나섰다. 버는 그 노골적인 허영심에 너무나 짜증이 난 나머지 자기 차례에서 해밀턴이 할 법한 말들을 모조리 미리 해버렸다. 이는 확실히 효과가 있었던 모양으로, 당황한 해밀턴은 마지막에 아무런 말도 할 수 없었다. 만일 이 이야기가 진짜라면, 이는 알렉산더 해밀턴이 할 말을 잃어버린 사상 초유의 순간들 중 하나였을 것이다.[36]

뉴욕 변호사로서 해밀턴은 이 나라가 혁명이라는 장밋빛 도취에서 벗어나 냉철한 법의 지배를 받는 국가로 무사히 자리 잡는 길을 찾게끔 도와줄 좋은 위치에 있었다. 평화를 관리하는 것은 전쟁을 수행하는 것보다 전혀 쉽지 않은 일임을 해밀턴은 잘 알고 있었다. 수년간의 싸움으로 형성된 분파적 경향성이 과연 건설적인 방향으로 나아갈 수 있겠는가? 혁명은 서로 전혀 다른 집단들을 하나로 묶어주는 역할을 했었다. 그러나 전우애라는 연결고리가 사라진 지금, 계층과 종교와 사상 등으로 나뉜 강력한 집단들이 이 새로운 국가를 찢어놓지는 않겠는가?

이 질문들은 특히 한때 영국군의 요새 역할을 했었던 뉴욕에서 가장 시급한 화두로 떠올랐다. 전쟁 전부터 뉴욕 사람들은 혁명에 대해 다른 주들보다 한층 더 미지근한 태도를 보였던 데다가, 다른 그 어떤 주보다도 오랜 영국군 점령기를 거친 상태였다. 해밀턴은 수많은 뉴요커들이 중립적이거나 노골적인 토리파였고, 영국군의 철수를 아쉬워했던 이들도 많았음을 잘 알고 있었다. 해밀턴은 로버트 모리스에게 보내는 서신에서 뉴요커들이 전쟁 발발 당시만 해도 '거의 절반 정도는 공공연히 자신들의 자유보다 대영제국에 더 가까운 입장을 보였습니다. (중략) 감히 말하겠는데 여전히 그들 중 3분의 1 정도는 적군을 위한 비밀스러운 소망을 품고 있습니다'라고 추측했다.[37]

친영주의자들의 대부분은 부유한 성공회교도 상인들이거나 전통적인 엘리트 사회의 일원이었고, 많은 독립주의자들은 이들에 대한 공감대를 쉽사리 형성하지 못했다. 특히 뉴욕 시는 영국군의 잔혹 행위들을 기억하고 있었으므로 상황이 더욱 나빴다. 영국군이 이스트 강에 정박시켜두었던 몇 대의 감옥선에는 어마어마한 수의 아메리카 병사들이 투옥된 바 있었고, 충격적이게도 무려 1만 1,000명의 독립주의자들이 이 배들 위에서 불결한 위생과 질병, 영양실조, 야만적 학대 등에 시달리다 세상을 떴다. 수년간 해안으로는 죽은 사람의 뼈가 떠밀려 오곤 했다. 말로는 다할 수 없는 이 행위들을 뉴요커들이 어떻게 잊을 수 있겠는가? 1783년 8월 해밀턴이 뉴욕 시를 돌아볼 당시만 해도, 고향으로 돌아온 참전용사들이 자신들이 없는 틈을 타 자리를 차지한 주민들에게 집세나 수리를 요구하는 싸움이 여기저기에서 흔히 벌어지고 있었다. 수많은 독립주의자들은 토리파가 배신자라며 단순하고 굳게 믿고 있었고, 그들의 복수를 막는 이가 있다면 똑같이 맞서 싸울 태세를 하고 있었다.

알렉산더 해밀턴은 용감하지만 불운하게도 바로 그 표적을 자처했다. 그가 이처럼 순교나 다름없는 길을 택한 이유는 이후로도 오랫동안 논쟁의 대상이 되었다. 냉소주의자들은 그가 부유한 친영주의자 고객들을 수도 없이 모시고 있었기 때문이라고 말하면서 해밀턴이 자신의 영혼을 영국의 금화에 팔아 넘겼다고 조롱했다. 또 다른 사람들은 그를 독립파 지주들의 졸개로 그리면서, 전쟁이 끝난 후 극단주의 세력이 급증할까 두려워했던 그가 결국 보수적인 토리파와 결탁했던 것이라고 여겼다. 만일 극단주의 세력이 정말로 토리파의 땅을 빼앗을 수 있다면 그다음 타깃은 독립주의자 지주들의 영지가 되지 않겠는가? 전쟁 발발 이전부터 부유한 친영주의자들과 사회적, 사업적으로 관계를 맺어온 바 있었던 허드슨 강 유역의 수많은 고위층 가문들은 이러한 이유 때문에 전쟁 이후에도 친영주의자들을 자신들의 잠재적 동맹군으로 여겼다. 실제로 해밀턴은 훗날 진보적인 지주들 및 전前 토리파 인사들과 동맹을 맺은 뒤 그들을 뉴욕 연방당의 핵심으로 끌어들였다.

해밀턴이 친영주의자들을 변호했던 이유에는 복잡한 사정들이 수도 없이 숨어 있다. 해밀턴은 그들이 막 격파한 적군을 어떻게 다루는지에 따라 아메리카의 성격이 결정될 것이라고 생각했고, 전시의 쓸쓸한 불만에서 벗어나 평시의 너그러운 자세로 진일보하기를 바랐다. 그는 언제나 복수를 두려워했으며, 계층 간의 시기나 폭도 무리를 오래전부터 무서워했다. 경제적인 이유도 있었다. 그는 토리파 인사들이 떠나면서 자본도 함께 유출된 것을 아쉬워했고, 무역 관계의 단절이 주요 항구도시로 거듭날 뉴욕의 미래에 치명적인 영향을 미치지는 않을지 우려했다. 그는 또한 국가의 생존이 유산계급의 지지에 달려 있다고 생각했고, 작금의 뉴욕에서는 그 유산계급이 여태껏 수모와 모욕을 당하다 결국 쫓겨난 것이라고 보았다.

상처 입은 친영주의자들을 위한 해밀턴의 싸움에는 외교 정책에 관한 생각도 섞여 있었다. 그는 유럽이 전쟁 이후의 미국을 존중하게 되기를 열렬히 바랐다. '토리파들은 우리나라에서 혐오받은 것만큼이나 (유럽의) 나라들에서 동정을 받고 있네.' 존 제이가 프랑스에서 해밀턴에게 보낸 조언이다. '그들을 지나치게 가혹히 다루는 것은 정의롭지 못할 뿐 아니라 현명하지도 못한 일이 될 것이네.'[38] 연합의회는 영국과의 평화조약을 통해 주 의회들에게 전쟁 중 점거한 토리파의 재산에 대해 보상해주고 더 이상의 사유재산 몰수를 자제하라고 '진정으로 권고'했던바, 해밀턴은 뉴욕 주의 반反토리파 법안이 평화조약의 내용을 공공연히 어기고 있다고 생각했다.[39] 토리파에 대한 대우 문제에 관해 국가가 체결한 조약을 각 주들이 자신들의 법으로 무시해버릴 수도 있다는 위험을 감지했던 셈이다. 이로써 그는 국가 최고의 법, 즉 헌법이 필요하다는 사실을 한층 더 명백히 느꼈다. 해밀턴에게 있어 뉴욕 토리파 인사들에 대한 복수는 자신이 아메리카를 위해 그려왔던 정치적·경제적·헌법적 기둥들을 훼손하는 일이나 다름없었다.

전쟁 도중 뉴욕 주 입법부는 토리파의 재산과 특권을 앗아가버리는 일련의 법들을 통과시켰다. 1779년의 몰수법Confiscation Act은 토리파들의 부동산을 압류할 근거를 마련했고, 1782년의 소환법Citation Act은 영국 채권자들이 공화국의 채무자들에게서 쉽사리 돈을 받아갈 수 없게끔 만들었다. 1783년 3월에 입법부가 시행한 '무단출입법Trespass Act'은 해밀턴에게 있어 가장 큰 골칫거리였다. 이 법을 통하여, 전쟁 중 전선 너머에 재산을 남겨 놓고 와야만 했었던 독립주의자들은 자신들의 재산을 점령이나 훼손, 파괴한 사람이라면 그 누구라도 고소할 수 있는 권리를 얻게 되었다. 이외 에도 친영주의자들의 직업을 제한하고, 추가 세금을 부과해 탄압하고, 그들의 시민적 권리와 재정적 권리를 빼앗는 수많은 법들이 제정되었다. 이와 같은 법들을 지지하는 유권자들도 상당히 많았다. 입으로는 자유를 노래하면서 뒤로는 토리파를 고소해 유죄 선고를 받게 만든 뒤 그들의 부동산들을 사들여 엄청난 수익을 올리는 이들도 더러 있었다. 복수와 탐욕, 분개, 시기, 그리고 애국심이 한데 뒤섞여 선동적인 무언가로 다시 태어나고 있었다.

1784년 초부터는 뉴욕 시에서 토리파를 향한 보복의 물결이 치솟기 시작했다. 사람들은 토리파 인사들에게 타르를 칠하고 깃털을 붙이는 것으로 이를 알렸다. 독립주의 신문들에서는 전쟁 중 영국의 전선 안쪽에 머물렀던 이들이 이제는 자발적으로 도시를 떠나거나 혹은 추방되어야 한다고 부르짖었다. 토리파들의 탈주가 일어날 것을 우려한 해밀턴은 언제나 위기가 닥칠 때마다 그러했듯 펜을 들고선, 「뉴욕 패킷」에 '포키온이 보내는 편지Letter from Phocion'를 실어 반토리파 법안에 대해 항의했다. 플루타르코스의 책에서 포키온의 이름을 빌려온 그는 영리하게도 자신의 삶과 고대의 역사적 일화들을 한데 뒤섞었다. 아테네의 군인이었던 포키온은 그늘진 혈통을 가지고 있었고, 다른 나라 출신이었으며, 위대한 장군 한 명의 부관으로 일했다. 인습 타파를 즐겼던 포키온은 훗날 자신 또한 장군이 된 후, 아테네가 스스로 무찌른 적군들과 화합을 이루게 하기 위해 노력했다. 이 글에서 해밀턴은 자신이 혁명의 참전용사였으며 '그 혁명을 일구어낸 공동의 노력에 본인 또한 너무나 큰 몫을 차지하고' 있으므로, '경솔하고 부도덕한 사람들이 폭력을 통해 (혁명의) 결실을 파괴하려는 작태를 저지하려는 노력조차 없이 그저 바라만 보고 있을 수는' 없다고 말했다.[40] 그는 만일 이 법의 시행으로 일정 부류에 속한 사람들이 공청회나 재판 없이 모조리 추방된다면 아주 악의적인 선례를 남기는 것밖에 되지 않는다며 비난했다. 만일 그런 일이 일어난다면 '그 어떤 사람도 안전할 수 없고, 우세한 파벌 쪽에 속해 있으나 죄 없이 희생당할 사람들을 가려낼 수도 없다. 그런 짓을 벌이는 정부에 자유의 이름을 쓴다는 것은 상식을 조롱하는 것이나 마찬가지'라고 한 것이다.[41]

해밀턴은 토리파가 사람들을 일부러 괴롭혔다는 이야기들을 일축하며, 그들은 '보복적이거나 이기적이거나 비열한 구석은 거의 없는 열정'에 의해 움직인 것이라고 말했다. 또한 그는 토리파 사람들을 몰아내어 더 많은 돈을 벌고자 했던 사람들에게 일침을 가하면서, 그 전략의 역효과가 상인들과 노동자들에게도 그대로 돌아갈 것이라고 경고했다. '그들은 상인들에게 토리파 상인들의 막대한 자본에 잠식될 것이라고 겁을 주며, 기술자들에게는 토리파 노동자들의 개입으로 사업의 수익성과 당신의 임금이 떨어질 것이라고 위협한다.' 그러나 해밀턴에 따르자면 지금까지 토리파 상인들의 신용에 기대고 있던 독립주의자 상인들의 신용은 곧 거절될 것이며, 기술자들은 일시적으로는 더 높은 임금을 받을 수 있겠지만 그로 인해 뉴욕으로 더 많은 기술자들이 유입되거나 혹은 그들의 서비스를 원하는 수요가 줄어들 것이므로 임금은 본래 수준으로 돌아올 것이었다. 해밀턴은 이제 충분한 교훈을 얻은 토리파가 우리의 새로운 정부의 신실한 친구가 되어줄 것이라고 주장했다. 시간만이 그의 낙관주의를 증명해줄 수 있을 터였다.

워싱턴 또한 과거의 적에게 자비를 보여줄 것을 호소했음에도, 사람들은 한때 워싱턴의 부관이었던 알렉산더 해밀턴이 친영주의자들을 옹호하고 나선 데 큰 충격을 받았다. 해밀턴의 행동들은 그의 이미지를 단숨에 바꿔놓았다. 그는 혁명을 배신하고 자신의 눈부셨던 약속들을 퇴색시켰다는 취급을 받았고, 이에 그는 그러한 광분의 감정들을 향해 항의할 수 있는 용기를 얻었다. 신문들에 익명으로 게재된 한 시에서는 해밀턴이 '한때 운명의 가장 희망찬 아들이었던 리산드로스Lysander(스파르타의 장군_역주)'라며 비꼬았다. 한때 해밀턴을 존경했다는 이 익명의 글쓴이는 해밀턴이 용맹했던 전장에서의 모습을 뒤로한 채 친영주의자들의 꼭두각시가 되어버렸다고 개탄했다.

> 자네 리산드로스여, 그렇게나 높은 곳에 올라서서는,
> 자신의 공로와 자신의 명성에 대한 갈증을 모두 잊고선
> 법학과 그 속의 기술과 비하를 배우기 위해 내려가,
> 자네의 명예로운 이름을 더럽힐 일을 하려 하는가!

해밀턴이 관용을 베풀어달라며 호소하고 다녔음에도 토리파에 대한 박해는 점점 더 심해졌다. 새로이 태어난 '자유의 아들들'의 주도로 3월경 커먼 광장에서 열린 대규모 집회에서 연사들은 수많은 청중을 향해 5월 1일까지 모든 토리파를 축출해내자고 촉구했고 주 입법부에게 그들의 시민권을 복원시키지 않겠다는 결의안을 승인하라고 요구했다. 이와 같은 소란에 경악한 해밀턴은 다시 한 번 펜을 들고 두 번째 '포키온이 보내는 편지'를 써서, 현재 횡행하고 있는 종류의 행동들은 모두 후대에까지 전해질 것임을 동료 시민들에게 상기시켰다. '첫인상과 어릴 적의 버릇이 곧 자신의 성정과 성격에 오래도록 남을 성향을 만들어낸다는 것은 개인은 물론 정부에게도 해당되는 이야기다.' 전 인류가 이들의 공화주의 실험을 지켜보고 있었다. '세계는 아메리카를 주목하고 있다. 우리가 지금까지 자유를 위해 일궈온 고귀한 투쟁은 인류의 정서에 혁명이라는 것

알렉산더 해밀턴

을 불어넣었다.'[42] 해밀턴은 만일 아메리카가 현명하게 행동한다면 민주주의에 대한 회의론을 반박하고 전 세계의 폭군들을 끝장낼 수 있는 역사적인 기회가 찾아올지도 모른다고 믿었다. 그러나 안타깝게도 두 편의 '포키온이 보내는 편지'로는 사람들의 불타오르는 복수심을 막을 수 없었다. 1784년 5월 12일, 대부분의 친영주의자들에게서 향후 2년간의 선거권을 박탈하는 주 법안이 통과되었다. 해밀턴은 이것이 평화조약에 대한 중대한 위반이자 아메리카의 대내적 조화와 대외적 관계들에 대한 나쁜 징조나 다름없다고 보았다. 그러나 그는 이쯤에서 포기하거나 입을 다물지 않았다. 혈기왕성한 해밀턴은 논쟁에 대해 언제나 강경한 투지와 자신만의 인습 타파적인 삐뚜름한 유희로 대응했다. 그는 선의의 싸움이라면 절대로 물러나는 법이 없었다.

두 번째 '포키온이 보내는 편지'를 쓸 당시 해밀턴은 유명한 소송 사건 하나에서 부유한 토리파 한 명을 변호하고 있었다. 이 사건은 해밀턴이 자신이 옳다고 생각하는 것이라면 설사 아무런 인기를 얻을 수 없다 해도 그것을 변호하기 위해 얼마나 많은 일들을 하는 이였는지를 잘 보여준다. 그는 유명세를 추구하는 정치꾼이 아니라 사람들의 사고방식을 바꾸기로 결심한 정치인이었다. 1776년, 대륙군 측의 미망인 엘리자베스 러트거스Elizabeth Rutgers는 메이든레인에 위치한 가족 소유의 거대한 양조장과 선술집을 버리고는 영국령 뉴욕을 등지고 피난을 떠났다. 당시 러트거스가는 양조장에서 벌어들인 돈으로 100에이커(약 12만 평_역주)의 영지를 사들인 상태였다. 그로부터 2년 후 두 명의 영국인 상인, 벤저민 와딩턴Benjamin Waddington과 에블린 피에르퐁Evelyn Pierrepont이 버려진 양조장을 점거한 뒤 조슈아 와딩턴Joshua Waddington을 관리자로 임명했다. 이 무렵 양조장은 이미 완전히 황폐화된 상태였는데, 벤저민 와딩턴이 훗날 증언한 바에 따

10 · 진중하고 과묵하며 기이한 종류의 동물

르면 그곳의 '가치 있는 모든 물건들은 이미 긁어내가고 없었으며, 오래된 구리 냄비 하나와 펌프 두 개, 그리고 온통 구멍 난 납빛 물탱크 하나만 남아 있었다'.[43] 버려진 양조장을 재단장하고 다시 개업하기 위해 새 운영자는 700파운드를 들여 새로운 창고와 마굿간, 장작 헛간을 만들었고 1780년 이후로는 영국군에게 지대를 냈다. 워싱턴이 뉴욕에 입성하고도 이틀 후인 1783년 11월 23일에는 양조장에서 화재가 발생하여 전시戰時 소유주에게 400파운드 가까이 되는 손해가 발행했다.

엘리자베스 러트거스는 뉴욕 시 법원에 무단출입법을 근거로 소송을 제기하고 조슈아 와딩턴에게 8,000파운드의 지대를 자신에게 지급하라고 요구했다. 남편을 잃은 비련의 여인이었던 러트거스 부인에게는 엄청난 동정표가 쏟아졌고, 와딩턴 측을 변호하는 해밀턴에게는 변절자이자 토리파와 비밀리에 결탁한 악당이라는 비난이 몰렸다. 그러나 그는 러트거스 사건이 무단출입법의 적법성을 심사할 이상적인 시험대가 될 만한 사건이라고 생각했다. 전쟁 기간 동안 부동산들을 파괴했던 수많은 토리파 임차인들과 달리 조슈아 와딩턴은 다 쓰러져가는 부동산을 점거한 뒤 상당한 지출을 들여 그것을 회복시킨 경우였다. 러트거스 부인은 와딩턴이 자신에게 빚진 집세를 계산하면서 이러한 투자에 들어간 금액을 공제하지 않았다. 또한 와딩턴은 도시가 계엄령하에 있을 당시 영국군이라는 분명한 권위자에 따라 행동한 바 있었다.

1784년 6월 29일, 다섯 명의 시의원이 참석한 가운데 러트거스 대 와딩턴사건Rutgers v. Waddington의 공판이 열렸다. 해밀턴이 잘 아는 두 사람, 제임스 두에인 시장과 시 판사(부시장) 리처드 바릭 또한 이날 참석했다. 존 애덤스의 묘사에 따르면 두에인의 '가늘게 뜬 두 눈에는 모든 것을 알고 있는 듯한 눈빛이 서려 있었고 (중략) 내 생각으로는 매우 합리적이고 상당히 기교 있는 사람이었다'.[44] 아일랜드 혈통의 똑똑한 법관이었던 두에인은 리빙턴스가 출신의 아내와 결혼했고, 독립혁명 내내 해밀턴과 편지를 주고받았으며, 자신이 소유한 법학도서관에 해밀턴이 마음대로 드나들 수 있게 해주었다. 리처드 바릭은 키가 크고 위엄 있는 풍채, 대머리와 날카로운 눈을 가진 사람으로 일전에는 필립 스카일러와 베네딕트 아널드의 부관을 지냈으며 허드슨에서 아널드 부인이 미친 사람인 척 연기할 당시 그 자리에 해밀턴과 함께 있기도 했었다. 브록홀스트 리빙스턴과 모건 루이스라는 유능한 사람들까지 공동변호인으로서 해밀턴과 함께하며 운명이 그에게 미소를 지어주는 듯했지만, 러트거스 부인 또한 자신의 조카인 에그버트 벤슨Egbert Benson, 존 로런스, 그리고 해밀턴의 킹스칼리지 시절 친구인 로버트 트루프 등을 포함하여 만만치 않게 저명한 법조계 인사들을 변호인으로 데리고 왔다. 여섯 명의 걸출한 변호사들 사이에서 해밀턴은 유달리도 설득력 있는 변론을 펼쳤다. 당시 벤슨의 재판연구원(재판 업무를 보조하는 전문 직원_역주)이었던 제임스 켄트는 해밀턴의 변론이 '다른 모든 경쟁자들보다 훨씬 더 높은 수준'이었고 '청중들은 존경하는 태도로 그의 열정적인 웅변을 들었다'라고 기록했다.[45]

제임스 두에인의 법정으로 걸어 들어갈 때부터 해밀턴은 훗날 자신이 『연방주의자 논집』에서 펼쳐 보일 근본적인 개념들을 머릿속에 가지고 있었던 듯하다. 이날 그가 선보인 것들은 장래 미국 법률학의 중심축이 되는 개념들이었다. 와딩턴의 부동산 지대 문제에 대해 해밀턴은 영국이 국제법을 따른 것이라고 선언했다. 당시 국제법은 전쟁 중일 경우라면 점령 영토 내의 재산 사용이 가능하다고 허가하고 있었다. 그는 뉴욕의 무단출입법이 국제법과 1783년 연합의회가 비준한 영국과의 평화조약을 침해한다고 주장했고, 사법 심사의 모든 주요 원칙들을 자세히 설명하며 그에 따라 법원이 무단출입법을 무효화시켜야 한다고 역설했다. 상위 법원은 각 법들을 면밀히 조사하고, 필요한 경우 법의 무효를 선언할 권리를 가지고 있다는 논리였다. 당시 미합중국에 여전히 연방 단위의 사법권이 없었음을 고려했을 때 이는 그야말로 엄청나게 독창적인 논리였다. 주 입법부는 여전히 대중의 의사를 완벽하게 대표하는 기관이자 최고 권력을 가지는 기관으로 인식되고 있었다. 러트거스 부인의 변호사들은 주 당국의 우월성을 주장했고, 연합의회의 행위가 뉴욕 법을 구속할 수는 없다고 말했다. 사실상 루트거스 대 와딩턴 사건은 이 새로운 나라의 정치권력에 대한 근본적인 질문을 던지고 있었다. 연합의회가 비준한 조약이 주 법을 이길 수 있는가? 사법권이 입법권을 기각시킬 수 있는가? 또한 아메리카가 진정한 나라로 기능할 것인가, 혹은 느슨한 연합국가로만 남을 것인가? 해밀턴은 주들이 중앙정부를 인정해야 한다고 단호하게 말했다. "한 주의 입법부가 미합중국의 법을 폐지시킬 수 없음을 인정해야만 합니다."[46]

8월 중순, 두에인은 판결 선언을 통해 해밀턴과 여타 변호사들을 모두 치켜세우면서 양측의 논의가 모두 '정교했고, 관련 요소들도 많았다'고 칭찬했다.[47] 그는 반반의 판결을 내려서 와딩턴은 러트거스 부인에게 지대를 지불해야 하지만 오직 1780년 영국군에게 지대를 지불하기 이전의 금액만을 지불하라고 판시했다. 이 사건을 둘러싸고 들끓어오르던 정서들을 고려한 해밀턴은 와딩턴 측에게 러트거스와 합의하라고 조언했다. 당시 러트거스는 800파운드의 보상을 고집하고 있었는데, 이는 처음에 요구했던 8,000파운드보다 훨씬 적은 금액이었다. 이 사건은 국제법의 원칙을 확인한 해밀턴의 압승이었다. 해방일로부터 단 9개월 만에 그는 부유한 영국계 고객의 편에 서서 독립주의자 미망인을 상대로 다소 불완전하지만 진정한 승리를 거둔 것이다.

해밀턴은 이 사건이 자신의 법조인 활동에 요긴하게 쓰일 것을 알고 있었다. 이제 그는 완전히 토리파를 변호하는 일만을 주로 맡게 되었고,

이후 3년 동안에만 무단출입법과 관련된 마흔다섯 건의 사건과 더불어 압수 및 몰수법과 관련된 사건 스무 건을 맡았다. 예상했다시피 그의 승리에는 악평 또한 따랐다. 극단적인 언론들은 그가 '이 세상에서 가장 방종한 악당들에게' 도움을 주었다고 맹렬히 비판했으며, 그를 암살하려는 도당이 있다는 소문도 피어오르기 시작했다. 험담을 일삼았던 언론인 제임스 치섬James Cheetham은 훗날 해밀턴을 가리켜 '뉴욕 주 내 대다수 친영주의자들은 오로지 이 유능한 웅변가의 노력 덕에 자신들의 재산을 회복할 수 있었다'고도 평했다.[48]

정치 세계의 분위기는 급격히 험악해졌다. 미국의 정치적 기류에는 이후로도 한 세기 동안 주워 담을 수 없었던 일종의 독이 퍼져나가고 있었다. 여느 혁명 이후의 시대와 마찬가지로, 순수주의자들은 사상적 후퇴에 대한 조그마한 기색도 놓치지 않으려 했으며 진정한 신의에서 약간이라도 벗어나는 일들은 모두 경계했다. 이러한 경향이 특히나 과열되었던 1780년대와 1790년대에 이들은 소위 배신자들이 전쟁의 결과를 뒤엎으려 한다며 그들을 축출하는 데 혈안이 된 상태였다. 당대의 극단주의자들에게 있어 혁명의 순수성은 곧 강력한 입법부를 의미했고, 그 때문에 행정부와 사법부가 나약해진다 해도 개의치 않았다. 해밀턴은 이것이 오로지 입법부의 압제로 이어지는 길일 뿐이라 여겼다. 러트거스 대 와딩턴 사건은 사법권이 정부의 다른 두 권력들과 동등한 위치를 가져야 한다는 원칙을 그가 자세히 설명할 수 있는 최초의 기회나 마찬가지였다.

1784년 러트거스 대 와딩턴 사건으로 해밀턴이 도시 내의 논쟁적인 인물로 떠올랐다면, 뉴욕은행Bank of New York의 설립은 그에게 한층 회유적인 역할을 부여해주었다. 뉴욕 최초의 은행이 세워진 이 순간은 뉴욕이 전 세계 금융의 중심지로 자라나는 여정의 첫 발자국과도 같았다. 금융은 미국 내에서 여전히 새로운 현상으로 여겨졌다. 처음으로 이와 같은 종류의 인가를 받은 북아메리카은행은 1781년 필라델피아에서 출범했고, 해밀턴은 이곳의 일들을 면밀히 조사했다. 로버트 모리스의 발명품이었던 북아메리카은행은 제러마이아 워즈워스, 그리고 해밀턴의 손윗동서인 존 바커 처치 두 명이 2대 주주로 있었다. 이 두 남자는 이제 자신들의 자본을 새로이 투자할 곳을 찾아다니고 있었다. 1783년, 존 바커 처치는 프랑스 정부와 전시에 맺었던 거래를 청산하기 위해 앤젤리카와 네 명의 자녀들을 데리고 유럽으로 건너갔다. 처치는 자신이 자리를 비울 동안 자기의 미국 사업을 돌봐줄 대리인으로 해밀턴을 임명했는데, 해밀턴은 이 일을 맡아서 하느라 상당한 시간을 써야만 했다.

처치와 워즈워스가 그에게 뉴욕에 상업 은행 설립 업무를 맡기려 하자 해밀턴은 그것으로 뉴욕의 상업에 다시금 활기를 불어넣을 수 있겠다며 반겼다. 로버트 R. 리빙스턴 또한 같은 시기에 해밀턴에게 '토지 은행'을 설립하자고 꼬드겼다. 토지 은행이란 초기 자본금들이 대부분 토지를 담보로 하고 있었기 때문에 붙여진 이름이었다. 그러나 해밀턴은 이것이 '거칠고 실현 불가능한 계획'이라며 거절했다.[49] 토지는 유동자본이 아닌 데다 긴급한 경우 현금으로 곧바로 바꿀 수도 없었기 때문에 해밀턴은 어음과 금은화만을 배타적으로 다루는 보다 보수적인 은행을 선호했다.

리빙스턴이 뉴욕 의회에 은행 설립 인가를 신청하자, 지칠 줄 모르는 해밀턴은 곧바로 뉴욕의 상인들을 동원하여 이 시도를 저지하고자 했다. 그는 처치에게 자신이 '현재 이 상황을 적절한 시각에서 바라보고 있는 가장 똑똑한 상인들 몇몇에게' 로비했음을 알리면서 그들이 '이 계획을 저지시키기 위한 조치에 들어갔다'고 말했다.[50] 해밀턴은 그가 스스로에 대해 생각하는 것보다 더 설득력 있는 사람이었다. 얼마 지나지 않아 사업가 대표 한 명이 그에게 접근하여, 자신들은 리빙스턴의 토지 은행 계획을 좌절시킬 수 있는 '화폐 은행'을 지지하려 한다는 말을 전해왔다. '저는 무엇을 해야 할지 다소 혼란스러운 상태였습니다.' 해밀턴이 처치에게 순순히 고백한 말이다. '그러나 대체로 그들과 함께하는 것이 최선이라는 결론을 내렸습니다.'[51] 또 다른 은행을 새로 설립하는 대신, 해밀턴은 처치와 워즈워스를 이 새로운 은행의 이사회에 올리기로 결정했다. 그는 이 은행을 앞으로도 오래도록 기억하게 될 터였지만, 역설적이게도 자기 이름으로는 딱 한 주株만을 보유하게 되었다.

1784년 2월 23일, 「뉴욕 패킷」은 기념비적인 집회 하나의 홍보 문구를 실었다. '자유의 원칙에 입각한 은행을 설립하고자 하는 도시 내 신사들의 모임으로 (중략) 이에 해당되는 분들을 내일 저녁 6시 머천트 커피하우스에 초대합니다. 이곳에서의 논의에 따라 앞으로의 계획이 세워질 것입니다.'[52] 동 집회에서 이 새로운 은행의 총재로는 알렉산더 맥두걸 장군이, 이사로는 해밀턴이 선출되었다. 이후 3주 동안 해밀턴은 혼자서 틈틈이 이 새 기관의 정관 초안을 작성했다. 이제는 그렇게나 어려운 일들을 아무렇지 않게 해내는 것이 그의 일상인 듯 보일 정도였다. 그는 뉴욕 최초의 금융 회사를 세우려는 설계자로서 백지 위에 자유롭게 그림을 그릴 수 있었다. 이렇게 만들어진 문서는 이후 수많은 은행 헌장들의 틀이 되어주었고 미국 금융의 기초 원리를 정의하는 데에도 큰 공을 세웠다.

엄청나게 과열된 주 정치의 무대 위에서 이 은행은 격렬한 논쟁거리가 되었다. 토지 은행을 원했던 뉴욕 주 북부 시골 지역의 인사들은 화폐 은행이 자신들에게 손해를 입힐 것이며 도시의 상인들에게나 유리할 것이라 믿었다. 그러나 도시에서도 믿을 수 없는 상황이 전개되고 있었다. 몰수된 전시 재산의 처리를 놓고 싸워댔던 극단주의자들과 친영주의자들이 뉴욕은행의 설립 인가를 위해 한데 모인 것이다. 맥두걸은 자타공인 혁명의 영웅이었고, 스코틀랜드 태생의 꼼꼼하고 비대한 출납원 윌리엄 세턴William Seton은 전쟁 내내 도시 내에 머물렀던 친영주의자였다. 이 둘의 기이한 조합에다 지금까지 가장 격렬하게 주장을 펼쳤던 '자유의 아들들' -매리너스 윌렛, 아이작 시어스, 존 램 등도 더해졌다. 이 모두의 이름은 뉴욕은행이 주정부의 인가를 구하는 청원서에서 찾아볼 수 있다. 이 새로운 은행의 이사이자 정관 작성자, 그리고 변호사였던 3중 권력의 해밀턴은 여러모로 봤을 때 주요 경제적 권력의 혼합체나 다름없었다.

해밀턴이 은행을 지원하기로 한 데는 여러 이유가 있었으나, 그중 하나는 미국의 혼란스럽기 짝이 없는 화폐 제도에 질서를 부여하기 위해서였다. 혁명이 끝날 무렵에는 금화나 은화 1달러어치를 사려면 대륙달러로 무려 167달러를 지불해야 했다. 이 쓸모없는 화폐는 새로운 화폐로 대체되었지만 동시에 각 주들에서도 어음을 발행했으며, 뉴저지와 펜실베이니아의 어음 상당수는 맨해튼으로 몰려들었다. 상점 운영자들은 현재 유통되고 있는 다양한 어음과 주화들의 요동치는 가치를 알아내기 위해 진정한 수학의 달인이 되어야만 했다. 연합의회는 1785년 달러화를 공식 화폐 단위로 채택했으나 그 이후로도 수년간 뉴욕의 상점 주인들은 가격을 파운드, 실링, 펜스 단위로 표기했다. 도시에는 스페인의 더블룬doubloon, 영국과 프랑스의 기니guinea, 프로이센의 캐롤라인caroline, 포르투갈의 모이도르moidore 등 이국적인 이름을 가진 낯선 외국 주화들이 넘쳐나고 있었다. 엎친 데 덮친 격으로 환율 또한 주마다 달랐다. 해밀턴은 뉴욕은행이 새로운 어음을 발행하는 동시에 다양한 화폐들과의 현재 환율을 고시하여 이 혼란을 잠재워주길 바랐다.

많은 미국인들은 이때까지도 금융을 어둡고 불가해한 수작쯤으로 여겼고, 북부의 포퓰리스트들은 그에 격렬한 반대를 표했다. 뉴욕은행은 영국 자본주의자들의 끄나풀 정도로 비하되곤 했다. 해밀턴은 주 의회에 은행 설립 인가를 요청했지만 7년 동안이나 거절당했는데, 이는 뉴욕 최고

행정관 조지 클린턴이 농업을 기반으로 하는 지역 유권자들의 편견에 굴복한 탓이었다. 주민들은 은행이 상인들에게 특혜를 주고 농부들을 제외시킬 것이라고 생각했다. 클린턴은 법인 은행을 만들려는 시도란 대중을 음해하려는 계획이나 마찬가지라며 불신을 내보였는데, 이는 훗날 해밀턴의 경제 계획들에 제퍼슨주의자들이 보낸 혐오와 똑 닮은 것이었다. 결과적으로 뉴욕은행은 1784년 6월 인가 없는 개인 은행으로 출범했다. 세인트조지 광장(현재 펄가)의 3층짜리 노란 벽돌과 갈색 가장자리 장식이 있는 월턴walton 저택에서 설립된 이 은행은 그곳에서 3년간 운영되다가 이후 하노버 광장으로 자리를 옮겼다. 알렉산더 해밀턴과 존 제이는 이 은행에 개인 계좌를 두고 사용했다. 훗날 설립되는 뉴욕증권거래소에서 가장 처음부터 거래되었던 주식사들 중 하나인 이 은행은 해밀턴이 길이길이 남긴 유산들 중 하나다.

　　　　　　　　　　　　　　　　　　10 · 진중하고 과묵하며 기이한 종류의 동물

유령

Alexander Hamilton

음울한 어린 시절을 보낸 해밀턴은 활기찬 대가족을 꾸리기를 원했다. 엘리자는 가족 주치의였던 새뮤얼 바드Samuel Bard 박사의 도움을 받아가며 계속해서 세상에 어린 해밀턴들을 내놓았다. 1784년 9월 25일, 해밀턴은 첫 번째 딸을 얻었고 엘리자의 언니를 기려 아기에게 앤젤리카라는 이름을 지어주었다. 1788년 훗날 해밀턴이 가장 좋아하게 되는 넷째 아이가 태어나자, 해밀턴 부부는 서인도제도에 숨어 모습을 드러내지 않는 할아버지의 이름을 따 제임스 해밀턴이라는 세례명을 지어주었다. 해밀턴은 자신의 어머니인 레이첼의 이름만큼은 아이들에게 주지 않았는데, 이는 아마도 어머니에게 받은 상처가 계속 남아 있었기 때문인 것 같다. 알렉산더와 엘리자 해밀턴 부부는 20년에 걸쳐 총 여덟 명의 아이들을 낳았다. 그러므로 엘리자는 결혼생활 내내 임신 중이거나 아이들을 키우느라 녹초가 된 상태였을 것이고, 아마도 해밀턴은 이 때문에 한층 더 여자를 밝히게 되었던 듯하다.

알렉산더 해밀턴

1786년 5월 16일, 셋째 아이였던 알렉산더가 태어난 이후 해밀턴 부부는 이례적일 만큼 다정한 행동 하나를 보여주었는데, 이는 지금까지 오래도록 간과되어왔던 사실이다. 아이들을 계속해서 낳고 있는 와중이었음에도 고아 한 명을 집에 들인 것이다. 킹스칼리지 졸업생이자 독립혁명 참전용사였던 에드워드 앤틸Edward Antill 대령은 전쟁 이후 변호사와 농부로 일했지만 실패했고, 1785년에 아내가 세상을 떠난 이후에는 슬픔에 잠긴 채 여섯 아이들을 달고 살아야 했다. 일련의 실패를 겪은 뒤인 1787년, 그는 두 살짜리 딸 파니Fanny를 해밀턴 부부에게 위탁했고, 부부는 이 명랑하고 활기찬 소녀를 집에 데려오기로 결정했다. 에드워드 앤틸은 그로부터 2년 후 세상을 떠났기 때문에 알렉산더와 엘리자는 파니가 열두 살이 될 때까지 맡아주었고, 이후에는 파니의 언니가 결혼하면서 그녀를 데려갔다. '그녀는 제대로 교육을 받았고 해밀턴의 친딸들과 모든 면에서 똑같은 대접을 받았다. 이후 그녀는 뉴욕의 저명한 자선가 아서 태편Arthur Tappan 씨와 결혼했다.' 아들 제임스가 쓴 말이다.[1] 당시 런던에 있던 앤젤리카 처치도 해밀턴에게 성녀 같은 자기 여동생을 칭찬하는 편지를 보냈다. '당신께서 제게 있다 했던 모든 미덕들도, 고아 앤틀Antle(앤틸을 잘못 쓴 것으로 보인다)을 보호해주기로 한 내 여동생의 너그럽고 자애로운 행동 앞에서는 색이 바래네요.'[2]

엘리자가 고아와 결혼했고, 고아 한 명을 입양했으며, 훗날 고아원을 공동으로 설립했다는 사실은 그녀가 버려진 아이들에 대해 특별한 연민을 가지고 있었음을 잘 보여준다. 해밀턴의 명백한 공로들은 차치하고 그녀가 본질적으로 해밀턴을 그렇게나 사랑한 데도 아마 이러한 이유가 한몫을 했을 것이다.

해밀턴 부부는 10년 동안 월가 57번지(이후 58번지로 변경)에 살았다. 당대의 월가를 그린 스케치를 보면 그곳이 3층짜리 벽돌집들이 늘어서 있는 번화가였음을 알 수 있다. 잘 차려입은 사람들은 벽돌 도보를 한가로이 걷거나 마차를 타고 당시 흔치 않게 자갈로 포장된 도로를 달렸다. 해밀턴의 사업 기록들에서는 그가 곤경을 헤쳐나가기 위해 친구들에게 작은 돈을 수도 없이 빌렸다는 사실이 드러나 있지만, 이 젊은 부부는 그럼에도 꽤 안락한 삶을 영위했고 이따금씩 오락도 즐겼다. 해밀턴이 제대한 직후 처음으로 샀던 물건들 중에 있는 디캔터(와인 접대 시에 사용하는 유리병_역주)와 두 개의 에일 맥주잔, 그리고 열두 개의 와인잔은 그가 명랑한 호스트였음을 보여준다. 존 제이와 사라 제이Sarah Jay 부부가 1784년 프랑스에서 돌아와 브로드웨이 8번지에 둥지를 튼 이후 쓴 '만찬 및 디너 목록'에서도 명랑한 해밀턴 부부는 꽤 앞 순위에 적혀 있다. 또한 알렉산더와 엘리자는 연극을 아주 좋아했고 로어 브로드웨이에 위치한 파크 극장의 단골이기도 했다.

엘리자 역시 남편과 마찬가지로 검소하고 근면했으나, 사교계 여성다운 화려한 옷들도 자주 즐겼다. 집 안에서 하는 여러 작업들에 매우 능했던 엘리자는 손가방이나 냄비 손잡이들을 직접 만들었으며, 꽃꽂이를 하고, 테이블 매트를 떴으며, 가구에 수놓을 패턴을 디자인하고, 설탕절임들과 빵들을 만들었을 뿐 아니라 아이들의 속옷도 직접 기웠다. 그녀는 양, 가금류, 송아지 등의 고기로 수많은 요리들을 만들어 내놓았으며 넉넉한 양의 감자와 순무를 곁들이고 싱싱한 사과와 배로 마무리했다. 올버니의 스카일러 저택에서도 정기적으로 해밀턴 부부에게 식재료들을 보내주었는데, 그 안에는 언제나 좋은 와인들이 포함되어 있었다.

해밀턴 부부가 앤젤리카를 대서양 너머로 보내야만 했던 것은 이들 부부가 결혼생활 초창기 무렵 겪었던 가장 안타까운 일들 중 하나였다. 1783년부터 1785년 사이 존 바커 처치는 프랑스 정부와의 사업을 마무리하느라 파리에 머물렀다. 앤젤리카는 그곳에서 만난 모든 유명 인사들

알렉산더 해밀턴

에게 자신의 매력을 여실히 드러냈으며, 얼마 지나지 않아 벤저민 프랭클린과 친구가 되었다. 그녀는 해밀턴이 언젠가는 유럽으로 건너와 프랭클린에 뒤이은 미국 공사公使가 되기를 기도했다. 남편이 런던 시내 삭스빌가의 집 한 채와 윈저 부근의 장엄한 시골 별장 한 곳을 매입하자 앤젤리카는 다소 속상해하기도 했다. 1785년 여름, 잠시 동안 미국에 들어온 처치 부부는 당시 출장차 나가 있던 해밀턴을 만나기 위해 필라델피아에 들른 뒤 영국으로 아예 이주했다. 이후 해밀턴은 앤젤리카에게 쓸쓸한 어투의 편지를 보냈다.

> 애석하게도 당신은 아메리카, 그리고 이곳에서 당신을 사랑하는 이들을 완전히 떠나버리는군. 일전에 당신이 필라델피아를 떠나는 모습을 볼 때도 나는 기이한 불안함에 휩싸였다오. 마치 당신이 다시는 돌아오지 않을 것만 같았지. 내 예감이 맞았으니, 내가 유럽에 가지 않는 이상 다시는 당신을 보지 못하겠지. 우리 모두 같은 소회를 품고 있다오. 이로써 당신을 온 *마음을 다해* 사랑하는 사람들의 슬픔과, 당신에게 무엇보다도 선연한 애착을 느끼는 나의 슬픔을 헤아려주시오. (중략) 당신의 선하고 애정 어린 여동생 벳시도 내가 말로는 전할 수 없을 만큼의 감정을 느끼고 있다오.[3]

겉으로만 보자면 앤젤리카는 런던과 파리의 멋진 살롱들에서 우아한 삶을 살았고 자연스럽게 그 음란하고 배타적인 세계의 일원이 되었던 것 같다. 그러나 그녀는 평생 향수병을 이겨내지 못했으며 언제나 엘리자와 알렉산더, 그리고 자신의 뿌리가 있는 미국으로 돌아오고 싶어 했다.

영원토록 바쁘게 살았던 남편을 둔 엘리자는 집안일을 도맡았으며 어린 아이들의 교육도 관리했다. 제임스 해밀턴은 매일 아침 그녀가 아이들을 가르치는 즐거운 장면을 이렇게 전했다. '그녀는 평소 습관대로 테이블의 끝머리에 앉아 무릎에는 냅킨을 올려둔 채 빵을 조각조각 잘라 버터를 발랐다. 그녀의 옆에 서서 기다리고 있던 어린 아들들은 성경 한 장이나 골드스미스Goldsmith의 『로마Rome』 일부를 읽은 대가로 빵을 받아 갔다. 공부 시간이 끝나면 아버지와 나이 많은 아이들까지 식탁으로 와 아침을 먹었는데, 남자아이들은 이때 학교를 갈 채비를 모두 마친 상태였다.[4] 마사 워싱턴과 마찬가지로 엘리자는 단 한 번도 정치적으로 목소리를 내거나 남편의 야망에 박차를 가한 적이 없었다. 동시에 그녀는 해밀턴의 신념에서 한 번도 이탈한 적이 없었으며, 그의 대의 속에 내재된 뜻들을 찾아냈고, 그의 정적들을 자신의 정적이라고 여겼다.

상당히 독실한 신자였던 엘리자는 자녀들에게도 종교 생활에 대해 엄하게 지도했다. 1788년 10월 12일, 그녀와 알렉산더는 아이들과 함께 월가 서쪽 끝까지 걸어 내려가 트리니티 교회를 방문했다. 이날 세 명의 큰아이들─필립, 앤젤리카, 알렉산더가 이곳에서 동시에 세례를 받았다. 이자리에는 스카일러와 폰 슈토이벤 남작, 그리고 당시 미국에 방문해 있었던 앤젤리카 처치가 함께했다. 당시 도시 내 성공회교 귀족들의 만남의장이었던 이 교회에서 해밀턴 부부 또한 1790년 이래로 교회 벤치 92번을 지정석으로 사용했으며, 해밀턴은 교회를 위해 법률 업무를 무료로 봐주었다. 킹스칼리지 시절만 해도 그는 하루에 두 번씩 무릎을 꿇고 기도를 올렸던 사람이었으나, 이제는 그때완 많이 다른 사람이 되어 있었다. 그는 명목적으로는 성공회교도였으나 교파에 완전히 소속된 것은 아니었으며, 정기 예배나 성찬식에 꼬박꼬박 참석한 것 같지도 않다. 애덤스와 프랭클린, 제퍼슨과 마찬가지로 해밀턴 또한 이신론理神論을 믿게 되었던 듯한데, 이는 계시를 부정하고 다른 원리들이 있을 것이라고 믿는 동시에 신이 인간의 일에 적극적으로 관여한다고는 믿지 않는 교파였다. 그러나 한편으로 그는 신의 존재를 단 한 번도 의심하지 않았으며, 기독교가 곧 도덕이자 우주 만물의 정의正義라고 여겼다.

해밀턴은 인간 본성에 대해 음울한 견해를 가진 사람이었지만, 그것 때문에 가정생활에 냉담해진 것이 아니라 오히려 더욱 헌신하게 되었다. 여덟 명의 아이들은 아버지에 대해 안 좋은 말을 하는 법이 없었다. 물론 해밀턴이 일찍 세상을 떠났으므로 그를 욕하기도 맞갖잖았겠지만, 자녀들은 사적인 편지들에서조차 단 한 번도 불평을 늘어놓은 적이 없었다. 그는 언제나 집에 돌아오자마자 사무실에서의 걱정은 다 털어버리고 자녀들의 상상력 넘치는 세계로 들어갔다. 아들 제임스의 말에 따르자면 '아버지의 따뜻한 마음씨 덕분에 그 자녀들과 친구들은 그의 집을 가장 즐거운 곳으로 여겼다. 그는 딸 앤젤리카와 함께 피아노를 치고 노래를 불렀다. 아버지와 자녀들 간의 관계에는 언제나 애정과 신뢰가 서려 있었으며, 자녀들도 그에게 신뢰와 공경을 보냈다'.[5]

해밀턴은 다양한 분야의 도서를 탐독했으며 만족할 수 없다는 듯 책들을 사들였다. 이 독학자의 자가 교육은 멈출 줄을 몰랐다. 그는 유머와 풍자 작가, 철학자, 역사학자 들의 저서를 읽었으며 영국제도 출신의 소설가들이 쓴 책들도 많이 읽었다. 조너선 스위프트Jonathan Swift, 헨리 필딩Henry Fielding, 로런스 스턴Laurence Sterne, 올리버 골드스미스Oliver Goldsmith, 에드워드 기번Edward Gibbon, 체스터필드 경Lord Chesterfield, 토머스 브라운Sir Thomas Browne, 토머스 홉스, 호러스 월폴, 데이비드 흄 등이 여기에 포함되었다. 그가 가장 아꼈던 책들 중에는 조지프 애디슨과 리처드 스틸Richard Steele이 출간한 여덟 권짜리 『스펙테이터The Spectator』가 있는데, 해밀턴은 이 글들을 젊은 사람들에게 자주 추천하면서 이것을 따라 글솜씨를 가다듬고 덕목을 배우라고 권했다. 또한 그는 플리니우스Pliny부터 키케로, 그리고 자신이 사랑했던 플루타르코스의 역사서들도 끊임없이 읽었다. 볼테르와 몽테뉴의 수필, 디드로Diderot의 『백과사전Encyclopedia』, 몰리에르의 희곡 등 프랑스어로 된 문학책들도 삐걱거리는 그의 서가를 채우고 있었다. 프랑스 혁명을 향해 불을 뿜는 것 같은 맹렬한 비난을 보내어 전국적인 격노를 불러일으켰던 이 정치인은 정작 자식 모두에게는 선생을 고용하여 프랑스어를 가르쳤다.

뉴욕에 살기 시작한 이래 해밀턴은 뉴욕 주의 수많은 기관들을 설립하는 데 일조했다. 주내 교육 제도를 개선시켜달라는 요청이 들어오자 그는 교육이사회를 창설하고 1784년부터 1787년까지 그곳에 몸담았다. 같은 맥락에서 그는 당시 영국 왕실의 잔재를 모두 떼어버리기 위해 컬럼비아 대학으로 개칭한 모교의 이사가 되었으며 그곳에서 명예 석사학위를 받기도 했다. 또한 동네를 가꾸기 위한 수많은 프로젝트들에도 참여했는데, 예를 들자면 월가의 교통 체증을 유발하는 윌리엄 피트William Pitt 동상을 다른 곳으로 옮겨달라는 청원을 시의회에 보냈고, 길거리 위생의 개선을 위한 일환으로 의회에게 '해당 길거리의 도보 중앙 부분을 높게 만들어 물이 길 양쪽으로 배수되도록' 만들라고 요구하기도 했다.[6]

해밀턴은 자신의 친구들에게도 작은 자선들을 수없이 베풀었는데, 폰 슈토이벤 남작 또한 그 수혜자들 중 하나였다. 남작은 일전에 독립주의자 측이 독립혁명에서 이기면 상환하겠다는 구두 약속을 받고선 연합의회에게 돈을 빌려준 적이 있었다. 그러나 연합의회가 이 약속을 어기자 해밀턴은 슈토이벤 남작을 자신의 집으로 데리고 가 입법부에게 보낼 청원을 작성하게 하며 그 일을 도왔다. 해밀턴이 작성한 이 문서에는 이 낭비벽 있는 남작이 대여금을 돌려받아야 할 이유가 너무나 설득력 있게 쓰여 있었고, 그 결과 남작은 뉴욕 주 북부의 토지 1만 6,000에이커(약 2,000만 평_역주)를 받을 수 있었다. 알렉산더와 엘리자는 35세의 화가 랠프 얼Ralph Earl을 구해주기도 했다. 런던에서 벤저민 웨스트Benjamin West에게 그림을 배운 뒤 미국으로 와 혁명 전쟁의 장면들을 그렸던 이 화가는 1786년 뉴욕으로 돌아온 이후 방종한 생활로 모든 돈을 탕진한 뒤 채무자 감옥에 들어가게 되었다. 제임스 해밀턴의 말에 따르자면, 웨스트의 이야기에 감동을 받은 해밀턴은 엘리자를 설득하여 '채무자의 감옥에 가서 (그녀의) 초상화를 하나 의뢰하고, 다른 여인들에게도 그렇게 할 것을 설득'하라고 했다. '이를 통해 화가는 충분한 돈을 벌어 빚을 청산할 수 있었다.'[7] 해밀턴의 사려 깊은 후원 덕분에, 우리는 엘리자가 마치 살아 숨 쉬는 듯한 초상화를 하나 얻게 되었다. 쿠션과 도금된 팔걸이가 있는 의자에 앉은 그림 속의 엘리자는 아들 제임스가 '성실하고 활기차며 똑똑한 여인'이라고 기억하고 있는 그 모습 그대로였다.[8]

이제 서른 살이 된 해밀턴은 뉴욕 전문가이자 대륙 엘리트 사회의 충직한 일원으로 거듭났으며, 과거 서인도제도의 어린 시절과는 상상조차 어려울 만큼 멀리 떨어진 삶을 살고 있었다. 그러나 때로는 문제 많았던 과거가 예상치 못한 순간에 그를 덮치기도 했다. 요크타운 전투 이후, 해밀턴은 이부형제 피터 레비앙이 사우스캐롤라이나에서 세상을 떠났으며 해밀턴과 제임스에게 각각 100파운드씩의 유산을 남겼다는 소식을 듣게 되었다. 레비앙은 자신의 두 사생아 형제들과 너무나 동떨어진 삶을 살고 있었기 때문에 유언장에 그들을 가리켜 '전 혹은 현 서인도제도 샌터크루즈 섬의 주민일 (중략) 알렉산더와 로버트Robert 해밀턴'이라고 쓸 정도였다.[9] 레비앙에게 있어 해밀턴이 그저 기억 속에 좀 더 진하게 남아 있는 형제여서 그랬던 것인지, 혹은 자신의 사생아 이부형제가 기적적으로 조지 워싱턴의 부관이 되었다는 소식을 듣고 그의 기억이 되살아나서 그랬던 것인지는 알 수 없다. 해밀턴은 이 변변찮은 뒤늦은 속죄에 감동을 받는 대신, 피터 레비앙이 대부분의 자산 - 즉 사우스캐롤라이나, 조지아, 세인트크로이 섬에 가지고 있었던 부동산들 - 을 자신의 친한 친구 세 명에게 나누어주었다며 그를 경멸했다. 해밀턴이 이 소식을 엘리자에게 알렸던 서신을 보면 우리는 그가 과거에 유산을 빼앗겼었다는 사실을 엘리자가 오래전부터 알고 있었음을 엿볼 수 있다. '당신은 나의 괴로움을 달래줄 상황들을 알고 있을 거요.' 그가 엘리자에게 한 말이다. '그러나 내 심장은 형제가 마땅히 받아야 할 권리를 알고 있다오. 그는 부유하게 죽었지만 자기 재산의 대부분을 이방인에게 넘겨줘버렸소. 나는 그가 내게도 유산을 어느 정도 남겼다는 소식을 들었으나 그게 얼마인지는 물어보지도 않았다오.'[10] 윌리엄 존슨William Johnson 경의 사건을 변호하면서 해밀턴이 내렸던 가차 없는 판단에서도 우리는 그가 레비앙의 유산에 대해 어떻게 생각했는지를 알 수 있다. 한 명의 적자嫡子와 여덟 명의 사생아를 데리고 있었던 윌리엄 존슨의 유산은 본래 전부 적자 피터Peter에게만 돌아가기로 되어 있었으나, 해밀턴은 '살아 있는 여덟 명의 자녀들 또한 유산을 받을 자격이 있다고 본다'고 주장한 것이다.[11]

　과거를 돌아보기란 해밀턴에게도 괴로운 일이었을 것이다. 그에게는 먼 옛날부터 계속 알고 지냈던 지인들이 별로 없었다. 해밀턴은 전쟁 내내 세인트크로이 시절의 스승이었던 휴 녹스와 서신을 주고받았다. 제자를 애지중지하면서 그의 성공을 자랑스럽게 여겼던 녹스는 해밀턴이 워싱턴과 가깝다는 사실에 놀라워했으며, 미국 독립혁명의 역사를 글로 남겨달라고 간청했다. 이윽고 1783년, 녹스는 해밀턴에게 애처로운 편지 한 통을 보내어 그의 전 제자가 자신의 편지에 3년 동안이나 답장을 보내지 않았음을 불평하며 멍든 감정을 토로했다. '자네가 전장의 먼지로 뒤덮이고 대포의 이명이 자네의 귓가를 울릴 때, 자네는 5~6개월마다 한 번씩은 한 시간의 짬을 내어 자네의 오랜 친구와 이야기를 나누었더랬지. 이제는 확고한 평화와 고요가 찾아왔으나 자네는 이러한 일에는 단 2분도 투자하지 못하게 된 것 같구먼. (중략) 좋은 옛 기억을 자랑스럽게 여기기에는 너무 돈을 많이 벌었나? (중략) 이 기이한 미스터리를 자네가 한시 바삐 해명할 수 있기를 기원하네!'[12]

해밀턴은 급하게 녹스를 달래면서 자신이 그간 편지를 한 차례도 받지 못했었다고 설명했다. 그러자 녹스는 열광적인 어조로 답신을 보냈다. '그동안 자네는 답장을 하지 않았을 뿐더러, 심지어 우리의 가장 낙관적인 희망들과 기대들을 훨씬 넘어서기까지 했구먼.'[13] 그는 자신과 친구로 지냈던 그 볼품없지만 끈기 있었던 청소년을 추억하면서, 너무 많은 일을 하고자 자신을 몰아붙이지 말라고 해밀턴에게 당부했다. 해밀턴은 녹스와의 마음의 골을 이렇게나마 메우긴 했지만, 어찌 되었든 그가 정말로 3년 동안이나 편지를 보내지 않았다는 것은 눈여겨볼 만한 사실이다. 그는 세인트크로이 섬을 다시 방문할 의사를 조금도 내비치지 않았으며, 엘리자에게 자신이 태어나고 자란 곳을 보여주고 싶어 하지도 않았다. 미국에서 새로이 다시 태어나려면 서인도제도로부터 정신적으로 멀어질 필요가 있었던 것일까? 그로부터 7년 후 녹스가 세상을 떠났을 때 해밀턴은 자신을 아껴줬던 오래된 스승을 다시 찾아뵙지 않았던 것을 후회했을 것이 분명하다. 녹스는 옛날 해밀턴이 글을 싣곤 했던 신문인 「로열 대니시-아메리칸 가제트」에서 '인류 최고의 애정을 보여준 사람'으로 칭송되었다.[14] 그는 확실히 해밀턴에게 특별하고 지속적인 애정을 보여준 인물이었다.

1785년 5월에는 해밀턴의 형 제임스가 다시 수면 위로 떠올라 해밀턴에게 돈을 빌려달라는 편지를 보내왔다. 해밀턴이 답신을 넣어 제임스에게 보낸 편지봉투는 제임스가 당시 세인트토머스 섬으로 이주했음을 알려준다(그는 이듬해 알 수 없는 이유로 세상을 떠난 것으로 보인다). 해밀턴은 초창기까지만 해도 자신의 목수 형 및 아버지와 계속 연락을 주고받으려 노력했으나, 이때 제임스에게 보낸 답신을 보면 해밀턴이 충격적일 만큼 그 두 사람과 동떨어져 살았음을 잘 알 수 있다. 해밀턴은 자신이 6개월 전에 보낸 편지를 제임스가 받지 못했다는 사실에 놀라면서, 그가 수년 동안 이번 편지를 포함하여 고작 두 통의 편지밖에 보내지 않았다며 다정하게 나무랐다. 우리는 제임스가 자신의 경이로운 형제에 대해 어떻게 생각했는지 정확하게 알 수 없다. 그러나 그가 어떻게 질투를 하지 않았을 수 있겠는가? 해밀턴은 그가 편지를 자주 보내지 않은 것을 용서하면서 자신이 기꺼이 도와주고 싶다는 말을 전했다. '형님이 처해 있는 그러한 상황을 형님의 입으로 전해 듣자니 나는 너무나 마음이 아픕니다. 내 힘이 닿는 데까지 형님의 고통을 덜어줄 수 있다면 그보다 더 행복한 일도 없을 겁니다.'[15] 그러나 해밀턴은 자신의 앞길 또한 '과대평가'되었다면서 – 이것이 자신의 상당했던 재산에 대한 해밀턴의 유일하고 신중한 언급이었다 – 지금으로서는 자신도 돈을 빌려줄 여력이 안 되며, 시간이 조금 지난 후 제임스가 미국으로 와서 농장에 자리를 잡고자 한다면 도와주겠다고 말했다.

> 그러나 내가 형님에게 품고 있는 애정으로는 형님의 안녕에 신경을 쓰지 않을 수 없습니다. 나의 형제애를 시간이 증명해주기를 바랄 뿐이죠. 하나만 부탁드리건대, 형님이 계신 곳에서 1~2년만 더 버텨주십시오. 그 시간이 지나면 형님을 이 나라에 초대하여 이곳에서 보다 편안한 삶을 사시게끔 도와드리겠다고 약조하겠습니다. 허락해주시면 한 가지만 당부드리겠는데, 가능한 한 빚은 지지 마십시오. 형님은 결혼을 하셨나요, 아니면 아직인가요? 만일 후자라면 그 상태로 계속 계시는 것이 형님께 여러모로 좋을 것입니다.[16]

해밀턴이 자신의 형제가 기혼인지 미혼인지조차 전혀 모르고 있었고, 설령 그가 결혼식을 올렸다 해도 자신을 초대하지 않았을 것이라 생각했다. 두 형제를 갈라놓은 골이 그야말로 거대했음을 암시하는 대목이다. 이윽고 해밀턴이 그들의 무책임한 아버지에 대한 이야기를 다시 꺼내자, 이 비련의 편지는 한층 더 슬퍼진다.

> 그런데 우리의 친애하는 아버지는 어떻게 되신 건가요? 제가 수차례 편지를 쓰긴 했지만, 아버지로부터 혹은 다른 사람으로부터 아버지의 소식을 들은 지가 너무나 오래됐습니다. 아마도, 신이시여! 아버지는 더 이상 이 세상에 안 계시고, 나는 그 생의 말년이 지금까지보다 더 행복해질 수 있도록 돕는 기쁨을 누릴 수 없는 거겠지요. 아버지의 불행과 어려움을 떠올릴 때면 내 가슴은 찢어집니다. 종종 나는 아버지의 형제들이 도움의 손길을 뻗어서 이제는 아버지가 고요함과 평안을 누리고 계실 것이라며 나 자신을 다독이곤 합니다. 그러나 이따금씩은 아버지가 곤궁함에 고통 받고 계실까봐 두렵기도 하지요. 간청건대, 가능하다면, 제 의문을 달래주시길 바랍니다. 아버지가 어디에 혹은 어떻게 사시는지, 살아는 계신지, 돌아가셨다면 어디에서 어떻게 그리 되셨는지를 알려주십시오. 아버지가 살아 계신다면 제 질문들을 아버지께 알려주시고, 제게 편지를 쓰라고 말씀 드려주시고, 저는 아버지의 거처와 행복을 위해 저 자신과 제가 가진 모든 것을 헌신할 준비가 되어 있다고 전해주시길 바랍니다.[17]

이 편지는 해밀턴이 자신의 아버지가 처한 상황에 대해 아무 소식도 듣지 못하고 있었으며 심지어는 그가 살아 있는지조차 알 수 없었음을 잘 알려준다. 그러나 해밀턴은 자신의 형이 아버지와 연락하고 있으리라고 추측하긴 했다. 이 편지는 또한 그가 아버지에게 분노보다는 다정함과 슬픔을 품고 있었음을 드러내 보인다.

해밀턴이 평생에 걸쳐 계속 연락을 주고받았던 세인트크로이 섬의 사람들은 단 두 명뿐이었다. 해밀턴의 사촌이자 그가 킹스칼리지에 갈 수 있게 재정적 도움을 주었던 앤 리턴 벤턴은 1776년 남편이 세상을 떠남에 따라 엉망진창이었던 결혼생활에서 탈출하게 되었다. 4년 후 앤은 스코틀랜드의 조지 미첼George Mitchell과 결혼했으나 이듬해 남편이 파산 신청을 하면서 세인트크로이 섬으로 도망쳤다. 3년 후 그들은 뉴저지 벌링턴으로 이사를 왔다. 이 시기는 앤 미첼에게 있어 끔찍한 시간이었는데, 1796년의 글에서 그녀는 자신과 딸이 '가난에 직면하는 많은 사건들로 고통 받아왔고 지금도 그렇다'고 불평했다.[18] 해밀턴은 종종 필라델피아에서 미첼을 만났으며 그녀를 재정적으로, 또 법적으로 지원해주고자 했다. 그러나 이후로도 그는 그녀의 고통을 충분히 달래주지 못했다는 것에 대해 끊임없는 양심의 가책에 시달렸다.

해밀턴이 소년 시절부터 유지했던 단 하나의 행복한 인간관계는 바로 그의 절친, 에드워드 스티븐스와의 것이었다. 1777년, 스티븐스는 에든버러에서 의학 공부를 끝마치고 라틴어로 소화기淸化器에 관한 논문을 출판했다. 길거리에서 돌을 삼키는 쇼를 펼쳐 먹고살았던 한 기이한 남자에 관한 연구였다. 이듬해 스물네 살이 된 스티븐스는 로열메디컬소사이어티Royal Medical Society의 초대 부회장이 된다. 휴 녹스와 마찬가지로 그는 해밀턴이 워싱턴의 부하가 되었다는 사실에 놀라워했으며 다소 들떠 보이기까지 했다. '누가 상상이나 했겠나, 친구여.' 그가 1778년 프랑스어로 해밀턴에게 쓴 편지다. '자네만 한 사이즈의 사람이, 자네처럼 연약한 체질과 자네처럼 조용한 사람이 자네가 해낸 것처럼 그렇게 짧은 시간 만에 마르스 광장Camp de Mars(군사 훈련 장소로 이용되었던 파리의 광장_역주)에서 그토록 빛나게 될 줄 누가 알았겠느냔 말일세.'[19](해밀턴의 '사이즈'를 강조한 것은 아마도 외설적인 암시였을 것이다.) 1783년, 스티븐스는 세인트크로이 섬으로 돌아가 결혼식을 올린 후 의사로서의 생활을 시작했다. 해밀턴과 마찬가지로 스티븐스 또한 시도하는 모든 일에서 순조롭게 성공을 거두었던 것으로 보인다. '자네의 의사 친구는 광범위한 분야에서 수익성 좋은 활동들을 펼치고 있으며, 마땅히 그럴 만하게도 자신의 직업에서 크게 존경받고 있다네.' 휴 녹스가 섬에서 전한 말이다. '그는 종종 아메리카로 가는 이야기를 하는데, 나는 그가 그곳의 주도들 중 한 곳으로 가서도 엄청나게 잘 해낼 것이라고 믿네. 그는 괜찮은 언변과 훌륭한 실력, 그리고 영리함을 갖추고 있기 때문이지.'[20] 해밀턴은 자신의 아버지나 형제들과는 이상하리만치 가지지 못했던 그 불가분의 연결고리로 스티븐스와 묶여 있었다.

해밀턴은 서인도제도에서의 어린 시절을 거치면서 노예제에 대해 확고한 반감을 가지게 되었다. 그는 존 로런스가 전쟁에서 독립을 위해 싸웠던 남부의 노예들을 해방시키고자 했을 때 이를 지원하기도 했고, 흑인과 백인이 유전적으로 동등하다고 굳게 믿었으며 그 생각을 거리낌 없이 드러냈다. 제퍼슨을 위시한 수많은 사람들이 여전히 흑인들은 태생적으로 열등하다고 믿고 있었던 이 시대에서 해밀턴의 견해는 상당히 계몽된 것에 해당했다. 그는 어린 시절의 경험을 통해 그들이 자신들과 별반 다를 게 없는 사람들이라는 사실을 잘 알고 있었다.

수많은 미국인들은 독립혁명을 거치면서 노예제가 공화주의의 이상들과 양립할 수 없는 끔찍한 제도라고 생각하게 되었으며, 이에 따라 노예제에 대한 반감이 자라났다. '오, 충격적이고 참을 수 없는 모순이여! (중략) 이 역겹고 파렴치한 모순이여.' 노예제 폐지론에 관한 어느 소책자에 새뮤얼 홉킨스Samuel Hopkins가 쓴 말이다.[21] 1775년 필라델피아의 퀘이커 교도들은 세계 최초로 반노예제 협회를 발족시켰고, 이윽고 북부와 남부에서도 잇따라 비슷한 단체들이 생겨났다. 이처럼 자유를 노래하는 목소리는 점점 더 높아졌지만 불행히도 노예제 그 자체는 정당성을 잃는 것이

자연스러워 보이는 이 상황 속에서 한층 더 확대되었다.

해밀턴이 스카일러 가문의 여식과 결혼했다는 사실은 아마 노예제에 관한 그의 입장을 한층 더 복잡하게 만들었을 것이다. 당시 필립 스카일러는 많게는 스물일곱 명의 노예들을 자신의 올버니 저택과 새러토가의 경작지 및 제분소들에 두고 있었다. 요리, 정원 가꾸기, 말 손질, 신발 닦는 일은 물론 목수일과 빨래, 낚시까지에 이르는 모든 집안일들은 그들이 도맡아 하고 있었다. 엘리자 또한 이 가정 노예들과 직접적으로 접촉했을 텐데, 그녀의 손자는 한술 더 떠서 엘리자가_機 '아마도 자신의 어머니를 도와 집안일과 노예를 관리하는 데 앞장섰을 것'이라고 추측했다.[22] 그러나 엘리자는 노예제를 확고하게 반대하는 사람이었으므로 그의 증언에는 상당히 부자연스러운 구석이 있다. 확정적인 증거는 아니지만, 엘리자와 해밀턴이 가정 노예 한두 명을 데리고 있었음을 암시하는 세 가지 힌트도 존재한다. 결혼식으로부터 5개월이 지났을 즈음, 해밀턴은 뉴욕 주 최고집행관 조지 클린턴에게 보내는 서신에서 다음과 같이 말했다. '헤이 Hay 중령이 귀환하므로, 저는 클린턴 부인이 H 부인에게 주신 여인에 대한 비용을 지불할 만큼의 충분한 돈을 받을 수 있을 것입니다.'[23] 여기에서 드러난 거래가 집안 하인을 고용하는 문제였는지, 혹은 노예를 사는 일이었는지에 대해서는 논쟁의 여지가 있다. 전기작가 포레스트 맥도널드 Forrest McDonald의 지적에 따르자면 이 '충분한 돈'은 아마도 해밀턴이 부병참감_{副兵站監} 우드니 헤이_{Udny Hay} 중령에게 받아내야 하는 체불 임금을 의미했던 듯한데, 이는 노예를 사기에는 턱없이 부족한 금액이었다.[24] 1795년, 필립 스카일러는 해밀턴에게 '그 흑인 소년과 여인은 자네에게 고용되었다'고 알렸다. 해밀턴은 이듬해 봄 장인에게 지불할 목적임이 명백한 수표를 써서 '그가 매입해준 두 명의 흑인 하인' 값으로 250달러를 보냈다.[25] 앞으로 살펴보겠지만, 이 거래는 아마도 존과 앤젤리카 처치를 위한 것이었으며 해밀턴은 마지못해 이를 대신 처리해줬던 듯하다. 1797년 5월 29일에 흑인 여인과 아이 하나를 사들인 일도 마찬가지였는데 이 거래는 명백하게 존 B. 처치의 이름으로 이루어졌다. 1804년 앤젤리카는 해밀턴이 계획하는 거대한 연회에서 엘리자를 도울 노예가 없다며 개탄하는 편지를 썼다.

노예제는 결코 남부에만 한정되지 않고 북부에도 마찬가지로 깊이 뿌리내리고 있었다. 1784년에 이르기까지 버몬트, 뉴햄프셔, 매사추세츠, 펜실베이니아, 로드아일랜드, 그리고 코네티컷이 노예제를 법적으로 금지하거나 점진적으로 폐지하는 법안을 통과시켰으나-적어도 뉴잉글랜드(앞의 여섯 주는 뉴잉글랜드로 통칭됨_역주) 지역은 대규모 플랜테이션에 의지하고 있지 않았던 덕분이었다-뉴욕과 뉴저지에서는 상당수의 노예 인구가 계속 유지되었다. 특히 뉴욕 시는 노예제 그 자체나 마찬가지의 도시로, 1750년대에도 여전히 노예 경매를 열었고 서인도제도의 설탕 정제 공장들과도 긴밀하게 연결되어 있었다. 심지어 1790년대까지도 뉴욕의 다섯 가구 중 한 가구는 가정 노예를 데리고 있었다. 특히 요리사와 하녀, 집사 등을 거느리고자 했던 부유한 상인들 사이에서 노예들은 부의 상징으로 여겨졌다(혁명 이후의 비교적 평등한 사회에서 그처럼 굽실거리는 하인 노릇을 하고 싶어 하는 미국인들은 거의 없었다). 노예들은 소작농들과 함께 수많은 허드슨 강 영지들의 농장을 경작했으며, 한 영국인 방문객은 이를 두고 '오래된 네덜란드 농부들 중 다수는 (중략) 20~30명의 노예를 데리고 있었으며, 모든 것이 그들의 보살핌과 관리에 달렸다'라고 기록했다.[26]

남부는 북부보다 훨씬 더 노예제에 크게 의존하고 있었다. 남부의 담배 및 목화 경제에서 노예제는 피할 수 없을 만큼 중대한 역할을 담당하고 있었기 때문이다. 토머스 제퍼슨이 독립선언문 초안을 작성할 당시만 해도 그의 고향 버지니아 주는 노예들이 인구의 40퍼센트를 차지했으며, 사우스캐롤라이나의 경우엔 노예가 백인보다 더 많았다. 남부 노예제의 규모는 해밀턴의 경력에 커다란 영향들을 미쳤다. 소위 귀족적인 경제 체제를 꿈꾼다는 평을 들었던 그였지만, 위선적이게도 가장 강력한 비판은 남부의 노예 소유주들로부터 쏟아져 나왔다. 그들은 사람들의 시선을 자신들의 비도덕적인 행위가 아닌 다른 곳으로 돌리기 위해 해밀턴과 관련된 북부의 금융 및 상업과 관련된 이익들에 공격을 가했다. 앞으로 살펴보겠지만 당시는 연합의 유지를 위해 노예 문제는 잠시 다루지 않기로 국가적 합의를 내려둔 시기였기 때문에, 남부의 플랜테이션 경제는 사실상 정치적 논의 금지 구역에 들어서 있는 상태였다. 반면 해밀턴이 제안하는 체제는 자연스레 가장 면밀한 검토를 통과해야만 했다.

해밀턴보다 더욱 일관적으로 노예제를 반대했거나 그것을 없애기 위해 더 많이 노력했던 건국의 아버지들은 거의 없다시피 하다. 이를 통해 우리는 해밀턴이 부자들이나 특권 계층에 대해서만 신경을 썼다는 역사의 색안경이 거짓임을 알 수 있다. 한 가지 말해두자면, 존 애덤스 또한 단 한 번도 노예를 소유한 적이 없었고 노예제에 관하여 비교적 깨끗한 기록을 가지고 있었다. 또한 그는 노예제를 가리켜 '인간 본성의 악취 나는 전염병'이라며 비난했다.[27] 그러나 그가 언제나 자신의 신념을 행동으로 옮긴 것은 아니었다. 전기작가 존 펄링John Ferling에 따르면 '변호사로서의 그는 종종 노예들을 변호했지만, 정치인으로서의 그는 묶여 있는 이들의 족쇄를 느슨케 하기 위한 노력을 전혀 하지 않았다'.[28] 남부와의 불화를 우려한 애덤스는 대륙군에 복무했던 노예들을 해방시켜주는 계획에 반대했으며, 흑인 병사들을 기용하는 것에 대해 항의했고, 매사추세츠 입법부가 노예제를 폐지하려 하자 그에 맞섰다. '그가 노예제에 관련된 문제에 대해 국가적인 포럼에서 단 한 번이라도 목소리를 냈다는 증거는 없으며, 남부의 친구들 중 그 누군가와 이 주제에 대한 대화를 나누었다

는 증거도 없다.' 펄링이 내린 결론이다.[29]

벤저민 프랭클린은 말년에 들어 한층 강경해지면서 펜실베이니아 폐지론자 단체의 수장으로도 활동한 바 있다. 그러나 중년 때까지만 해도 그는 자신이 운영하는 필라델피아의 신문 광고를 통해 노예 거래를 중개했으며, 자신 또한 노예를 사고팔았고, 한두 명의 가정 노예를 데리고 있었던 때도 많았다. 전기작가 에드먼드 모건Edmund Morgan은 프랭클린이 노예제에 깊이 연관되어 있었으며 '말년이 되어서야 양심의 가책을 느끼기 시작했다'고 지적했다.[30]

버지니아의 정치인들은 특히 이 문제를 까다로운 것으로 여겼다. 자신들의 경제적 안보가 노예제와 너무나 밀접하게 엮여 있기 때문이었다. 독립혁명이 발발하기 직전의 조지 워싱턴은 마운트버넌에 100명이 넘는 노예를 거느리고 있었으며, 대체적으로는 자애로운 주인이었으나 탈주 노예들에게는 가차 없는 사람이 되기도 했었다. 그는 공개적으로 노예제를 비난하지는 않았으나 양심의 가책을 느끼긴 했고, 훗날 뒤늦게나마 자신의 견해를 행동으로 보여주었다. 1786년 당시 200명이 넘는 노예를 소유했던 그는 더 이상 가족을 갈라놓는 일을 거부하면서 이후에는 노예를 사들이지 않겠다고 맹세했다. 그는 로버트 모리스에게 노예제의 '폐지를 위한 계획이 채택되는 것을 나보다 더 진정으로 보고 싶어 하는 사람은 이 세상에 없을 것'이라고 말했다.[31] 워싱턴은 노예들을 해방시켜주라는 유언을 남겼으며 심지어는 자유의 몸이 된 노예들과 그들의 아이들을 돕기 위한 돈도 따로 마련해두었다.

몬티첼로 및 여타 영지들에서 200여 명의 노예를 소유하고 있었던 토머스 제퍼슨은 고결한 혁명의 말들과 노예들의 처참한 현실 간의 괴리를 아주 잘 알고 있었다. 그는 독립혁명 초창기에는 노예들의 수입을 막는 계획을 지지하고 나섰으며, 대륙회의가 독립선언문에서 한 구절을 지우자 크게 실망하고선 노예무역이 조지 3세 때문에 생긴 것이라고 비난했다. 1780년대 초 작성된 '버지니아 주 관련 기록Notes on the State of Virginia'에서 그는 당시 내륙 지역으로 이주한 해방 노예들을 논하면서 이 나라의 노예제를 끝마칠 점진적 계획의 기틀을 잡았다(대통령으로서 그는 노예들을 서인도제도로 보내버리는 편을 선호했다). 1784년, 그는 노스웨스트테리토리(오하이오 강 이북 오대호 지역의 옛 이름_역주)의 노예제를 중지하려는 정책 하나를 시행했으나 여기에 무려 16년의 유예 기간을 두었다. 이 기간 동안 제퍼슨은 그 비겁한 정책 하나만으로 노예제에 대한 직접적인 조치를 무한히 연기하면서, 문제를 모호하게 무마시키거나 후대에게 떠넘길 수 있게 되기를 바랐다. 워싱턴과 달리 제퍼슨은 소수의 노예들, 예를 들자면 그의 정부情婦로 추정되는 여인 샐리 헤밍스Sally Hemigns의 형제들 정도만을 해방시켜주었다.

노예제에 대한 매디슨의 견해는 제퍼슨의 견해와 유사한 패턴을 보였다. 120여 명의 노예를 상속받은 그는 그들에게 비교적 인간적인 주인이 되어주었다. 한번은 감독관에게 '모든 흑인들을 대할 때는 그들의 필수적인 복종 및 일에 상응하는 인간성과 친절함으로 대하라'고 지시하기도 했다.[32] 1780년대 중반까지만 해도 그는 버지니아 주의회에서 노예제의 점진적 폐지를 위한 법안을 지지했지만, 그 이후로는 이 문제가 정치적으로 엄청난 골칫거리라며 기피하기 시작했다. 노예제의 도덕성을 변호하려 했던 적이 한 번도 없었던 그는 제헌회의에서는 이를 두고 '인간이 인간에게 행했던 것들 중 가장 억압적인 지배'라고 칭했지만, 그것을 없애기 위해 눈에 띄는 노력을 하지도 않았다.[33] 전기작가 잭 래코브Jack Rakove가 내놓은 가장 최근의 분석에 따르자면 매디슨은 '그의 가문이 속한 거대 농장주 계층의 모든 사람들이 그러했듯, 그 역시 노예제 없이 살 준비가 전혀 되어 있지 않았다'.[34] 말년에 그는 해방 노예들의 아프리카 재정착을 지원하는 미국식민협회의 일원으로 활동했는데, 그때까지 버지니아에서 정치적으로 살아남아야 했던 한편 국가 정책에도 따라야 했던 그는 이 시기에 이르러서야 마침내 노예제 문제에 관한 기만에서 벗어날 수 있었다.

노예제 문제는 독립혁명을 종결시킨 평화조약과 함께 다시 수면 위로 떠올랐다. 헨리 로런스의 설득으로 이 조약의 제7조에는 전쟁 이후 영국인들의 '흑인 노예 및 재산 반출'을 금지하는 내용이 포함되었다. 이 모호한 구절의 의미를 노예 소유주들은 영국인들이 지난날 영국 전선으로 넘어간 탈주 노예들을 제자리에 되돌려놓아야 하며 그렇게 하지 않을 경우엔 배상을 해야 한다는 것으로 받아들였다. 영국은 이에 대항하여, 전前 노예들은 그들이 영국 전선을 넘어왔을 때 이미 해방되어 있는 상태였다고 주장했다. 해밀턴은 영국이 제7조를 엄밀한 의미에서 침해했을지도 모른다고 인정했으나 노예주들을 옹호할 수는 없다면서 보다 드높은 도덕적 권위를 언급했다.

> 조약의 해석에 있어 혐오스럽거나 부도덕적인 것들이 추정되어서는 안 된다. 자신들에게 자유를 약속해줄 공식 선언들을 믿고 주인을 저버리도록 유도된 흑인들이 다시금 그 주인과 노예제의 굴레 아래로 떨어지게끔 내버려두는 일은 눈에 보이는 것만큼이나 혐오스럽고 부도덕한 일이다. 이는 계약 당사자들 중 한쪽에게 배신을 가하는 행위일 뿐 아니라 더 나아가 한 번 자유롭게 풀어준 사람을 다시 종으로 만드는 것이므로 혐오스럽다고 할 수 있다.[35]

사유재산을 강력하게 옹호했으며 계약을 성스러운 약속처럼 숭배했던 이 남자가, 사람들에게서 자유를 박탈하는 합의라면 그 어떤 것도 신성할 수 없음을 공개적으로 주장한 것이다.

뉴욕에서는 제7조를 둘러싸고 펼쳐진 논쟁이 곧바로 실질적인 반향으로 드러났다. 전쟁 이후, 다른 주 출신의 노예 소유주들은 뉴욕으로 와 이곳의 탈주 노예들을 낚아챌 궁리로 길거리를 어슬렁거렸다. 이와 같은 상황에서 1785년 1월 25일에는 열아홉 명의 사람들이 여관 주인 존 시먼스John Simmons의 집에 모여 단체를 결성하여, 이미 자유를 보장받은 흑인들은 보호하고 아직까지 굴레에 갇혀 있는 노예들에게는 자유를 주고자 활동하기로 결의했다. 이 단체는 '노예해방 촉진을 위한 뉴욕협회'라 불렸다. 구성원들은 특히 뉴욕 길거리에서 자유 흑인들을 납치한 뒤 노예로 팔아넘기는 사건이 횡행하고 있음에 분노했다. 포킵시의 상인이자 토지 투자자였던 멜런크턴 스미스Melancton Smith 및 로버트 트루프가 단체의 규칙을 제정하는 임무를 맡게 되었다. 이로부터 열흘 후, 창설 당시보다 더 커진 이 그룹은 머천트 커피하우스에서 집회를 가졌으며 이 자리에는 해밀턴과 알렉산더 맥두걸도 참석했다. 존 제이는 다섯 명의 노예를 소유하고 있었음에도 의장으로 선출되었다. 그는 아메리카가 점진적인 노예 폐지론을 채택하지 않는다면 '자유를 위해 하늘에 바친 기도가 모두 불경한 것이 된다'고 믿었다.[36] 독립선언문의 내용을 빌려 꾸민 이 선언문을, 두 명의 노예를 소유한 로버트 트루프가 소리 내어 읽었다.

> 자애로운 창조주이자 아버지께서는 사람들 모두에게 동등한 생존권과 자유권, 재산권을 주셨으니, 지상의 그 어떤 주권도 그것을 정당하게 박탈할 수 없다. 최근 이 도시에서 평화롭게 각자의 직업을 따르고 있었을 자유 흑인들 수 명을 붙잡아 해외에 팔아넘기려 했던 폭력적인 시도들은 인류애의 모든 친우들에게 분개를 일으키는 것임이 분명하므로 본보기가 될 처벌을 받는 것이 마땅하다.[37]

줄여서 '뉴욕해방협회'라고 불렸던 이 단체는 노예제에 반대하는 광범위한 캠페인을 펼치면서 강연들을 후원하고 사설들을 출판했으며, 자유 흑인들이 다시 노예제로 끌려 들어가는 것을 방지하기 위해 그들의 명부를 작성했다. 이들은 아프리카인자유학교African Free School를 설립하여 흑인 학생들에게 기초 교육을 시키고, 기강을 훈련시켰으며, 온정주의적이게도 그들이 '부도덕한 행위들에 빠져들거나 나태한 습관에 잠기지 않도록' 노력했다.[38] 나이 많은 소년들은 목공 기술과 항해술을, 나이 많은 소녀들은 의복 재단과 자수를 배웠다. 초창기 집회에서 이 협회는 뉴욕 입법부에 노예제의 점진적인 종결을 청원하기로 결정했으며, 당시 뉴욕 주 의회의 일원이었던 에런 버가 그들을 돕기로 했다. 이 미결 법안에는 장래의 특정 시일 이후 태어난 모든 흑인 아이들을 무조건 자유민으로 인정하라는 내용이 담겨 있었다. 버는 조치를 한층 더 강화시킬 요량으로, 일정 시일 이후에는 모든 노예제를 종결시켜야 한다는 조항을 삽입했다. 이 극단적인 수정 조항이 기각되자 버는 다소 완화된 버전을 다시 내놓았다. 결국 입법부는 노예 소유주들에게 스물한 살에서 쉰 살 사이의 노예들을 해방시키는 것을 허용하는 법령만을 시행했다. 그야말로 이빨 빠진, 완전히 소유주들의 자발성에만 기대는 조치가 아닐 수 없었다.

　노예제에 있어서 버는 절대로 천사 같은 사람이 아니었다. 그는 언제나 너댓 명의 가정 노예를 두고 살았으며, 그들에게 미운 정 고운 정이 담긴 편지들을 보내긴 했으나 그들을 해방시켜주겠다는 기색은 조금도 내비치지 않았다. 이후 제퍼슨주의자 진영에 속하게 된 버는 이제는 폐지론자 행세를 벗어던지는 것이 정치적으로 편리주의적인 방책임을 깨달았다. 먼 훗날인 1831년, 그는 「리버레이터The Liberator」의 편집장 윌리엄 로이드 개리슨William Lloyd Garrison에게 반노예제 운동을 그만두라고 설득하려 하기도 했다. 개리슨은 버를 가리켜 '그는 잘난 체했다. (중략) 그가 나의 도덕관념 앞에 자신을 드러내 보일수록, 나는 그가 그 어떤 고정된 원칙들도 가지고 있지 않음을 알게 되었다'고 회상했다.[39]

버 이외에도 1780년대 중반에 노예를 소유하고 있으면서도 폐지론을 옹호했던 이들은 많았다. 사실상 뉴욕해방협회는 이 모순이 오히려 일반적인 현상이며 협회원들의 절반 이상이 노예를 소유하고 있다는 멋쩍은 사태를 해결해야만 했다. 이들은 이 협회에 가입함으로써 자신들의 도덕적 부패를 씻어내고자 했다. 그러나 도대체 무슨 수로 그렇게 한다는 말인가? 2월 4일의 집회에서는 해밀턴과 트루프, 그리고 화이트 맷랙white Matlack이 이 문제에 대한 해답을 강구할 위원회로 선발되었다. 협회 회의록을 보면 해밀턴이 그저 화려한 대의에만 자신의 위신을 맡기는 유명 인사가 아니라 그 이상의 사람이었음을 알 수 있다. 천성적으로 행동가였던 그는 소극적인 조치들을 힐난했으며 대담하고 명백한 성명을 내고자 했다.

1785년 11월 10일, 해밀턴의 위원회는 협회원들이 자신의 노예들에 대해 어떤 조치를 취해야 하는지 규정한 제의서를 발표했다. 다수의 회원들은 이 제안들이 놀랍도록 과격하고 시일 역시 너무 구체적이라고 여겼다. 제안서에서는 현재 28세 이하의 노예들은 그들의 서른다섯 번째 생일날에, 28세부터 38세 사이의 노예들은 당시로부터 7년 이내에, 45세 이상의 노예들은 즉시 해방되어야 한다고 규정했다. 만일 그와 엘리자가 가정 노예를 한 명이라도 소유하고 있었다면 이처럼 비타협적인 계획을 옹호했을 것이라고 상상하기는 힘들다. 또한 회원들은 노예들을 팔지 않고 직접 해방시켜야 했는데, 이는 노예들이 뉴욕보다 더욱 가혹한 곳으로 이송될지 모른다는 우려에서였다.

해밀턴의 위원회가 협회에게 내민 도전장에는 노예들의 즉각적인 해방과 장래의 해방이 적절히 혼합되어 있었다. 멜런크턴 스미스는 노예해방에 이처럼 칼같이 시일을 정해두는 것을 꺼렸으므로, 이 문제를 다음 분기의 집회로 넘겨버리면서 해밀턴의 계획을 폐기시켰다(훗날 대표적인 주권州權 옹호자가 되는 스미스는 미국 헌법을 두고 뉴욕에서 해밀턴과 치열한 접전을 벌이기도 한다). 해밀턴, 트루프, 맷랙이 작성한 강령은 그들의 동료들이 받아들이기엔 너무나도 엄격했고, 곧이어 그들의 위원회 또한 즉결 해산되고 말았다. 뒤이어 발족한 후속 위원회는 지난번의 계획이 협회원들에게 '그들의 노고를 철회하고 점차 협회에서 멀어져 나가게끔 만들려고' 하는 것 같았다며 책잡았다.[40] 대신 이들은 협회원들이 협회의 거추장스러운 개입 없이 스스로 판단하여 적절하게 노예를 해방시키는 방식을 추천했다.

이러한 차질에도 해밀턴은 굴하지 않았다. 3개월 후인 1786년 2월, 그는 협회의 상설 위원회에 들어간 뒤 주 입법부에게 뉴욕에서의 노예 수출 중단을 설득하는 로비에 나섰다. 협회는 주의원들과 연방의원들에게 『아프리카인 등의 노예제에 관한 대화A Dialogue on the Slavery of the Africans etc.』라는 소책자를 다량으로 보냈다. 그해 3월, 해밀턴의 이름이 올라간 청원서는 주 입법부에게 뉴욕의 노예무역을 중단시킬 것을 요구하면서 '서인도제도나 남부 주들로 보내질 소떼 혹은 여타 판매용 상품들'처럼 수출된 흑인들의 곤경을 개탄했다. 청원서는 이 행위가 '인류에게 너무나 큰 혐오를 가져다주며, 자유롭고 계몽된 사람들을 빛내줄 너그러움과 정의에 너무나 부합하지 않으므로' 이것을 종식시켜달라고 요청했다.[41]

이 청원서에는 화려한 고위 관리급 인사들의 이름이 줄줄이 적혀 있었다. 얼마 지나지 않아 헌법을 위시한 여러 문제들을 놓고 서로 당파를 갈라 언쟁을 벌이긴 했지만, 이 순간만큼은 해밀턴과 존 제이, 제임스 던컨이 로버트 R. 리빙스턴, 멜런크턴 스미스, 브록홀스트 리빙스턴과 정치적 우호 관계를 이루며 손을 맞잡고 있었다. 이 청원서에 서명한 인물들을 훑어보는 것만으로도 1790년대 당시 연방주의자 단체에 몸담으면서 남부 농장주들에게 대대적으로 '귀족'이라고 비난받은 사람들이 얼마나 많았는지를 알 수 있다. 해방협회의 회원들 중에는 로버트 트루프, 니컬러스 피시, 허큘리스 멀리건, 윌리엄 리빙스턴, 존 로저스, 존 메이슨, 제임스 두에인, 존 제인, 윌리엄 듀어 등 해밀턴이 친하게 지냈던 인물들이 다수 속해 있었다는 것도 눈여겨봐야 할 점이다. 뉴욕해방협회 및 여타 주의 반노예제 단체들이 결성되던 순간은 제헌회의를 코앞에 둔 1780년대 아메리카의 인종 간 관계 문제에도 희망이 비치는 순간이었다. 이후 노예제 문제를 두고 갈등이 격화되자 새로운 연방정부는 양측 간의 화합을 최우선 과제로 삼게 된다.

해밀턴은 해방협회에 참여함으로써 억압된 이들에 대한 자신의 연민을 조금이나마 달랬으나, 한편으로는 다른 단체 하나에도 관여함으로써 미국에 세습적 귀족주의가 자리 잡는 것을 묵인했다는 비난을 받게 되었다. 1783년 봄, 최소 3년 이상 복무한 참전 장교들을 위한 신시내티협회 The Society of the Cincinnati가 헨리 녹스 장군의 제안으로 설립되었다. 이 공제회의 이름은 고대 로마의 장군이었던 킨키나투스Cincinnatus에서 따온 것인데, 그는 공화국을 위해 싸운 뒤 두 번이나 검을 물리고 본래의 소박한 농민의 삶으로 돌아갔던 인물이었다. 이 단체는 당대의 정치적 목표들(자유를 촉진하고 주들 간의 연합을 공고히 하는 것)과 더불어 자선적인 목표들(전사한 장교들의 가족들에 대한 지원) 및 사회적 의제(해산된 장교들 간의 동지애 유지) 등 칭찬받아 마땅한 대의들을 위해 활동했다. 초대 회장으로는 조지 워싱턴이 임명되었다. 당시 이미 군대를 떠난 뒤였던 해밀턴은 협회의 초대 서명인들 중에 없었으나, 곧이어 그 특유의 열정을 드러내면서 그의 친구 폰 슈토이벤 남작이 지휘하는 뉴욕 지부에서 적극적인 역할을 담당하게 되었다.

이 단체는 장자長子들이 아버지의 회원권을 물려받을 수 있도록 한 조항 때문에 극렬한 논쟁을 불러 일으켰는데, 이는 이것이 마치 귀족 직위의 세습처럼 비춰졌기 때문이었다. 타락한 유럽 왕실들의 잔재에 극도로 예민해져 있던 미국인들은 신시내티협회는 군사 도당 혹은 세습귀족제의 무시무시한 망령이나 다름없다고 여겼다. 독립혁명 초창기에 보스턴에서 활동했던 선동가이자 존 애덤스의 육촌인 새뮤얼 애덤스는 이 협회가 '사상 가장 단시간에 형성된 세습군사귀족제로 달려가는 지름길'이라며 득달같이 선언했다.[42] 협회를 두고 벌어진 논쟁에서는 한때 전쟁의 승리를 위해 함께 싸웠던 사람들 사이에 세워진 드높은 벽이 드러났으며 그 이후 수년간 이어질 깊은 갈등의 골도 얼핏 비춰졌다. 프랭클린, 제이, 제퍼슨, 존 애덤스는 이것을 가리켜 위험하고 가당찮은 술책이라며 통렬히 비난했다.

이 같은 소란에 크게 당혹한 워싱턴은 1784년 5월 필라델피아에서 개최된 첫 번째 총회에서 세습회원권 조항을 삭제하자고 회원들을 설득했으나 주들은 그의 요청을 거부했다. 뉴욕 지부의 반응을 수렴하고 적어내는 일은 해밀턴이 맡게 되었다. 1785년 12월, 워싱턴은 마운트버넌에서 해밀턴에게 편지를 보내 '만일 신시내티협회가 그들의 다른 동료 시민들과 함께 평화롭게 살고자 한다면 (필라델피아에서 채택된) 개정안을 받아들여야만 한다'고 간청했다.[43] 언제나 회유적이었던 워싱턴은 맹렬한 당파 싸움이 벌어질까 우려했으며 이 신생 협회가 정치적 불화를 넘어설 수 있기를 바랐다. 반면 해밀턴은 신시내티협회가 여러 주들을 하나의 공고한 연합으로 묶어줄 도구가 될 것이라 생각했다.

1786년 7월에는 뉴욕 지부의 회장이었던 폰 슈토이벤 남작이 두 번의 집회를 개최했다. 첫 번째 집회에서는 새로운 회원들을 맞이하는, 이례적이고 터무니없을 만큼 화려한 가입식이 열렸다. 폰 슈토이벤 남작은 캐틀드럼과 트럼펫들의 연주 속에서 으스대며 집회실로 걸어 들어갔다. 협회의 회계 책임자와 부책임자는 흰색 새틴 쿠션 두 개를 들고 앞으로 걸어나왔는데 첫 번째 쿠션 위에는 금색 독수리 휘장이, 두 번째 쿠션에는 새로운 회원들을 위한 양피지들이 놓여 있었다. 개회사 연설에서 해밀턴은 본 집회가 '하늘에게 또 우리 가슴에게 맹세하노니, 우리의 의도가 왜곡된 바를 해명하기 위해' 열린 것이라며 협회를 비난하는 이들을 반박했다.[44] 그는 협회가 오로지 우애를 다지기 위해, 또 전사한 전우들의 가족들을 돕기 위해 존재한다고 주장했다. 당대의 스타일에 맞춰 열린 연회에서 이들은 미합중국 의회와 루이 16세, 조지 워싱턴을 위한 축배를 들었으며, 각 축배가 끝날 때마다 열세 발의 축포를 쏘아 올렸다. 해밀턴은 그중에서도 여덟 번째 축배사였던 '연합의회의 권력이 전 연합을 지키기에 충분하기를!'이 특히나 기억에 남는다고 말했는데, 이는 그가 마음속에 보다 더 중대한 정치적 목표들을 품고 있었음을 잘 보여준다.[45]

이틀 후 시티 태번에서 열린 두 번째 총회에서 해밀턴은 협회에 제시된 개정안에 대한 보고를 발표했다. 해밀턴을 단순히 귀족제의 꼭두각시나 여느 편파주의자와 다름없다고만 여겼던 사람들은 아마도 이 연설 속의 발언들에 크게 놀랄 수도 있겠다. 그는 협회가 세습적 요소 없이는 존속될 수 없다고 생각함을 인정하면서도, 한편으로는 장자가 회원권을 물려받는 제도를 반대했다. 장자 상속제가 '본래 실력만으로 판단해야 하는 부분에서 출생을 고려하게 되므로, 우애와 애국심을 기반으로 설립된 본 협회의 탁월함과는 부합하지 않는 원칙이라는 비판에 부딪히기 쉽기 때문'이었다.[46] 둘째 아들로 태어난 해밀턴은 장자가 언제나 가장 능력 있는 것은 아니라는 사실을, 또 아버지가 스코틀랜드 지주의 넷째 아들로 태어나는 바람에 겪어야만 했던 비련의 이야기들을 알고 있었다. 다소 역설적이지만 그는 이 세습협회의 원동력이 출생 신분이 아닌 실력임을 못 박아 말했으며, 그 운영 원칙을 협회보다 더 큰 세상에도 적용시키고 싶어했다. 훗날에도 그는 실력을 갖춘 엘리트를 자명하게 선호했는데, 해밀턴을 음해하려는 이들은 이를 두고 그가 귀족제를 몰래 흠모하고 있다고 곡해했다.

12

위엄 있고 훌륭한 의회

Alexander Hamilton

독립혁명 이후 뉴욕은 짧은 경제 호황기를 겪었지만 부채 증가와 화폐 부족, 무역 감소 등을 겪으며 1785년에는 완전히 그 기세가 꺾여버렸다. 물가가 추락하면서 당시 빚을 지고 있었던 농민들의 변제 부담 또한 가중되었다. 뉴욕은행의 이사였던 해밀턴은 변제를 게을리하는 채무자들이 빈곤을 가장하여 채권자를 파멸시킬 수도 있음을 우려했다. 훗날 그는 점점 더 악화되는 재계 분위기에 대해 '금전 거래에 대한 자신감이 파괴되었으며, 산업의 탄력성 역시 그와 비례하여 떨어졌다'고 말했다.[1]

몇 달 지나지 않아 해밀턴은 가진 것 없는 사람들이 봉기하여 가진 자들의 재산을 빼앗을지도 모른다는 자신의 우려와 실제로 마주하게 되었다. 채무자들과 실직자들이 무리를 지어 유산자들을 인질로 잡을 태세였기 때문이다. 위기의 동이 트고 있음을 감지한 해밀턴은 리빙스턴가의 한 사람에게 '*재산의 안녕 혹은 정부의 번영을 고려하는 사람들*'은 '*세상을 평평하게 다지려는 사람들이 의회 의원들의 마음 속 원칙에까지 마수를*

뻗치지 못하도록 노력해야만 한다'고 말했다.[2] 1785년 4월 「뉴욕 패킷」이 발행한 주의원 후보자 예상 목록에 자신의 이름이 실리자, 해밀턴은 급히 신문사에 서신을 보내 '작금의 시기에는' 자신의 이름을 고려 대상에서 빼달라고 요청했다.[3] 그러나 선택지를 배제하기는 싫었던 듯, 해밀턴은 훗날 보다 괜찮은 시기가 온다면 의원직을 맡을 수도 있다며 여지를 남겼다.

해밀턴이 주들과의 싸움에서 만났던 가장 큰 적수는 단연 조지 클린턴 최고행정관이었다. 전시 최고행정관이었던 클린턴은 독립혁명을 거치면서 비할 데 없는 인기를 구가하는 인물로 거듭났고 세 번이나 재선에 성공했다. 키가 작고 땅땅했던 그는 넓은 어깨와 불룩 튀어나온 배를 가지고 있었다. 텁수룩한 눈썹과 헝클어진 머리 등 그의 거친 겉모습은 마치 생선 장수나 부두 일꾼 같은 건장한 분위기를 자아냈으며, 한눈에도 그의 황소고집을 알아볼 수 있게 했다. 해밀턴의 활동 기간 내내 조지 클린턴은 뉴욕에서 피해갈 수 없는 거대한 존재로 자리매김해 있었고 그곳의 정치 세계에 솟아오른 드높고 험준한 산이나 마찬가지인 존재였다. 그는 상스러운 외모와 달리 권력에 끈질기게 붙어 다니던 교활한 정치인이었다. 통틀어 7선 최고행정관과 연임 부통령을 지냈던 클린턴은 말하자면 친근한 아메리카 정치인의 전형, 즉 지역 포퓰리스트들의 수장이었고, 너무 꼼꼼하거나 너무 평판이 좋지도 않았으며, 그럼에도 대중으로부터 따뜻하게 환영받는 인물이었다. 그의 전기작가 존 카민스키John Kaminski의 말에 따르면 '조지 클린턴의 친구들은 그를 대중의 남자라 여겼고, 그의 적들은 그를 선동 정치가로 여겼다'.[4]

스코틀랜드-아일랜드 혈통의 이민자를 아버지로 둔 조지 클린턴은 얼스터 카운티의 시골 변호사로 시작했다가 뉴욕 의회의 선동적인 의원이 되었고, 그다음 임기에는 대륙회의에 몸담았다. 준장으로 복무한 그는 독립전쟁 내내 허드슨 고원지대를 지켰다. 지역 자작농들은 그를 불굴의 챔피언으로 모셨으며, 식민지 뉴욕을 지배했던 귀족 가문들-리빙스턴가, 스카일러가, 렌셀레어가 등 허드슨 강 유역의 지배자들-로부터 자신들을 지켜주는 수호신으로 여겼다. 훗날 시어도어 루스벨트는 베테랑 정치인의 날카로운 시각으로 클린턴을 관찰하면서, 그가 '소국가의 자유민들이 가진 차갑고 수상쩍은 성정'을 그들의 '속 좁은' 질투를 이용하여 동원할 줄 안다고 말했다.[5] 클린턴은 공화주의의 소박함을 자처했던 것치고는 썩 훌륭하고 정직한 사람이 아니었다. 그는 여덟 명의 노예를 데리고 있었고 관직을 통해 상당한 재산을 모았다. 또한 검소한 생활을 했지만 그것은 돈이 없어서가 아니라 엄청난 구두쇠 기질 때문이었다. 관직에 몸담았던 대부분의 시간 동안 조지 클린턴은 '각하, 귀하, 총독이자 민병대 총사령관, 뉴욕 주 함대 제독' 등의 허세스러운 직함들을 달고선 대중 위에 군림했다.[6]

해밀턴과 클린턴이 처음부터 불화가 심했던 것은 아니다. 클린턴은 해밀턴보다 열여섯 살이 많았으나 이 둘은 전쟁 내내 우정이 담긴 서신을 주고받았고, 대륙회의를 강화해야 한다는 데 서로 입을 모았다. 또한 해밀턴은 클린턴을 허드슨밸리의 미국군 사령관에 앉힌 워싱턴의 선택을 칭찬하기도 했다. 그러나 해밀턴은 엘리자 스카일러와 결혼하면서 클린턴의 가장 커다란 숙적을 장인으로 두게 되었다. 1782년 무렵, 해밀턴은 여전히 클린턴을 '무결함의 남자'라고 칭송했으나 한편으로는 '특히 새로운 선거가 다가올 때마다' 그가 대중의 편견에 영합했다고 생각하기 시작했다.[7] 그로부터 10년이 흐른 뒤에는 클린턴에 대해 한층 더 악랄한 비판을 늘어놓았다. 해밀턴은 클린턴 최고행정관이 무례하고 심술궂다고 생각하기 시작했으며, 허심탄회한 그의 태도는 끊임없는 계산을 가리기 위한 수단이라고 여기게 되었다. 클린턴은 '신중하고 조심스러웠'으며

　　　　　　　　알렉산더 해밀턴

'사전의 숙고나 계획 없이' 행동하는 일이 거의 없었다.[8]

조지 클린턴은 자신의 정치적 성향을 떠나 여러 이유로 해밀턴을 괴롭혔다. 해밀턴은 선동 정치가들이 자신의 폭정을 가리기 위한 포퓰리스트의 탈을 쓰고선 미국의 민주주의를 망쳐버릴 것을 언제나 우려했는데, 조지 클린턴과 토머스 제퍼슨, 에런 버 등은 모두 그것의 화신이나 다름없었다. 또한 클린턴은 은행 설립을 반대했으며, 그것이 투기자들만을 배불리는 동시에 고되게 일하는 농부들에게서 돈을 빼앗을 수단이라고 생각했다. 클린턴이 전쟁 이후 친영주의자들을 가혹하게 대하자 해밀턴은 한층 더 분개했다. '그는 친영주의자들을 누구보다도 자비 없이 비난하고, 투옥했으며, 처벌했다. 친영주의자들은 그의 명령에 따라 타르와 깃털 범벅이 되었으며, 수레로 운반되었고, 채찍질당했으며, 벌금을 물고, 추방되었다. 요컨대 이 반란자들의 특사는 죽음도 예외가 아닌 그 모든 종류의 잔인한 일들을 친영주의자들에게 행했다.'[9]

해밀턴은 클린턴의 다른 결함들은 모두 용납할 수 있다 해도 한 가지만큼은 용서할 수 없는 죄악이라 여겼을 것이다. 클린턴은 뉴욕이 전국 통합의 예외 지역이 되기를 바랐다. 그는 해밀턴의 열정적인 애국주의적 성향을 잘 알고 있었다. 얼마 뒤 그는 해밀턴을 '훌륭한 남자, 훌륭한 변호사, 완전한 사람이자 아주 야심찬 사람'이라 칭찬하면서도 '*여러 주들 간의 통합*이라는 감당치 못할 짓을 벌이길 열망한다'고 말했다.[10] 해밀턴이 주 정치에 대한 냉소주의를 갖게 된 것도 조지 클린턴에게 염증을 느끼기 시작한 것과 관련이 있었다. 최고행정관의 성화로 뉴욕 주는 서인도제도를 거쳐 들어오는 영국 상품에 막대한 관세를 부과하기 시작했다. 이에 분개한 도시 상인들과 운송업자 중 다수는 결국 이웃의 뉴저지나 코네티컷으로 자신들의 수입 상품을 가져다 팔기 시작했다. 그럼에도 뉴욕은 계속 관세를 매겼고, 뉴저지에서 생산된 농산물과 코네티컷의 목재에 대해서도 '수입' 관세라는 것을 부과했다. 연합의회는 5퍼센트의 연방 수입 관세 법안을 제시했고 해밀턴 또한 이를 지지했으나, 본래의 재정적 착취를 즐기고 있던 데다 그것을 남들과 나누고 싶지도 않았던 클린턴은 이 법안에 반대했다.

무역 문제를 두고 주들 간의 긴장이 너무나 고조된 탓에, 1786년 연합의회 의장으로 취임한 너대니얼 고램Nathaniel Gorham은 뉴욕 및 인근 주들이 내전에 돌입하지는 않을지 우려하기까지 했다. 주요 항구도시가 있는 주들과 그 항구들을 통해 상품을 수입하는 인근 주들 간에도 이와 비슷한 양상의 험악한 무역 논쟁이 벌어졌다. 본래 무역 정책을 정하는 것은 연방정부의 몫이었지만 주들은 이 권리를 무턱대고 찬탈했다. 이 때문에 해밀턴은 새로운 연방정부가 관세 수입에 대한 독점권을 확립하지 않는 이상 연방의 해체는 불 보듯 뻔할 것이라 믿게 되었다. 각각의 주들이 스스로 관세를 부과하여 이득을 올릴수록 공익을 위해 자신의 몫을 희생하는 일은 거리낄 것임이 분명하기 때문이었다.

경제적 위기가 한층 더 고조된 1786년 4월, 나설 때가 되었다고 판단한 해밀턴은 곧이어 뉴욕 주의회의 1년 임기 의원으로 선출되었다. 훗날 한 스코틀랜드 친척에게 보내는 편지에서 그는 자신이 법조인으로서 상당한 돈을 벌고 있었음에도 '연합 전반의 나약함 때문에 생겨난 우리 사회의 혼란 때문에 어쩔 수 없이 공직으로 다시 끌려갔다'고 말했다.[11] 해밀턴은 그야말로 마지못해 개혁에 대한 열정을 불사르기 시작했다. 그는 옳다고 믿는 것을 이뤄야 하는 목적의식에 사로잡혀 있었고 앞으로의 중대하고 장기적인 시행 계획 또한 가지고 있었다. 해밀턴은 트루프에게 자신이 '다음 회기의' 의회를 중앙정부 구조라는 '자신이 구상한 변화들에 복속시키기'를 계획하고 있었기 때문에 선거에 나간 것이라고 밝혔다.[12] 실제로도 그가 주의원에 선출된 것은 앞으로 그를 제헌회의로 곧장 데려다줄 일련의 사건들의 첫 발자국이었다.

제헌회의로 가는 길은 멀고도 험난했다. 1785년 마운트버넌에서 메릴랜드 주와 버지니아 주의 국세청장들이 열띤 논쟁 끝에 포토맥 강의 항행 문제를 놓고 합의한 것이 그 시발점이었다. 버지니아 주는 이것이 주간州間 분쟁에 대한 판례가 되어주기를 희망했으며, 1786년 초에는 '이와 같이 공공 이익을 증진시키기 위해 필수적이라고 판단되는 무역 규제의 틀을 잡기 위한' 회의를 아나폴리스에서 열자고 제안했다.[13] 수호신 제임스 매디슨 역시 주들 간에 들끓는 무역 및 경계 분쟁에 대해 해밀턴만큼이나 낙담해 있었다. 1786년 5월, 매디슨은 당시 파리 주재 미국 공사였던 제퍼슨에게 '현재 우리 상업이 처한 무정부 상태'를 알리며, 지배적인 항구 주들이 이웃 주들의 간을 빼먹고 있음을 묘사하는 편지를 썼다.[14] 주 입법부가 시행하는 이기적인 법들에 깜짝 놀란 매디슨은 제퍼슨에게 그 법들이 '공화주의의 가장 견실한 친구들조차도 놀랄 만큼 너무나 빈번하고 너무나 노골적으로' 시행되고 있다고 경고했다.[15]

1786년 5월 뉴욕 주의회는 아나폴리스 회의에 보낼 여섯 명의 위원들을 임명했으나, 종국에는 해밀턴과 그의 친구였던 주 변호사 에그버트 벤슨만이 참석했다. 그다지 중요치 않아 보였던 이 임명은 해밀턴에게 그 무엇보다 오래갈 영향을 남기게 된다. 만일 아나폴리스 회의에 참석하지 않았더라면 그는 제헌회의에 참여하지도 못했을 것이며 결국 그 유명한 『연방주의자 논집』을 쓰지도 못했을 것이기 때문이다. 훗날 로버트 트루프가 주장한 바에 의하면, 해밀턴은 아나폴리스 회의가 더 큰 것의 전주곡임을 알았고 '일반 헌법 형성을 위한 총체적 회의로 이어질 디딤돌 역할이 아니라면 이와 같은 상업 회의'에는 관심도 보이지 않았을 것이었다.[16] 운 덕분인지 준비성 덕분인지 아니면 이러한 일이 만들어지게끔 노력한 그 열의 덕분인지, 해밀턴은 공화국의 초기 역사에 찾아온 모든 중

대한 사건들에서 어김없이 자신만의 재주를 십분 드러내 보였다.

9월 1일, 해밀턴은 사비를 들여 아나폴리스로 길을 떠났다. 유랑하는 어린 시절을 보냈던 데다 전쟁 중에도 이리저리 옮겨 다녔던 해밀턴은 더 이상의 방랑을 원하지 않았지만, 이제는 과거에 자신이 병사로서 지나쳤던 풍경들을 다시 한 번 가로지르고 있었다. 여정 중 건강이 악화된 해밀턴은 다른 이들보다 아나폴리스에 한 주 늦게 도착했다. 당시는 엘리자가 세 번째 아이 알렉산더를 낳았을 무렵이기 때문에 해밀턴은 가족을 무척이나 그리워했다. 메릴랜드에 도착하자마자 그는 엘리자에게 우울과 애정이 가득 담긴 편지를 써 보냈다.

> 그러나 나의 사랑하는 아이들과 당신이 없기에 나는 행복할 수 없소. 나는 내가 집에 두고 온 즐거움을 그 무엇으로도 보상받을 수 없을 것만 같고, 그 어느 것도 나의 마음을 견디게 해줄 위로를 건네주지 못할 것 같은 기분이오. (중략) 사실상 나는 가정을 향한 애착 때문에 일도 제대로 할 수 없고 즐거움 또한 제대로 누리지 못하는 사람이 되어 있다오. 게다가 여기에 여드레, 열흘 혹은 2주 동안이나 붙잡혀 있을 생각을 하니 걱정뿐이오. 나의 벳시도 이러한 감정을 느끼고 있을 테니 잘 알겠지. (중략) 내가 당신을 생각하는 것만큼 당신도 나를 따뜻하게 생각해주오. 그렇게 한다면 우리는 언제나 행복할 수 있을 거요.[17]

이 호색한 청년이 연애와 결혼으로 집에만 머물렀던 것을 보면 확실히 알렉산더와 엘리자 간의 사랑은 식지 않았던 모양이었다.

회의가 열리는 아나폴리스는 비교적 작은 도시였는데, 매디슨의 설명에 따르면 회의 주최자들은 어떤 위원도 상대편 당파의 인질로 잡혀 있다는 의혹이 생겨나지 않게끔 하기 위해 주요 상업도시 및 주 의회 선거구를 제외하고 의도적으로 이 소도시를 택한 것이었다. 위원단은 수백 개의 침실이 있는 조지먼스시티 태번에 머물며 한때 상원이 열렸던 의사당 회의실에서 회의를 가졌다. 다섯 개 주 열두 명의 대표자들만이 나타났기 때문에 일견 보잘것없는 듯했지만, 오히려 적은 수의 사람들이 모인 덕에 훨씬 더 좋은 논의가 이루어질 수 있었다. 이 소수의 독립주의자 무리 중에는 한층 더 중앙집권적인 정부를 반대할 사람도 없었다. 이들은 비로소 상업적 논의보다 훨씬 더 많은 이야기를 허심탄회하게 주고받았으며, 허물어지는 연합규약에 대해 보다 더 정곡을 찌르는 다양한 비판들을 나누었다.

해밀턴보다 며칠 앞서 아나폴리스에 도착한 매디슨은 독보적이고 전문가다운 완전무결함으로 회의에 임했다. 그에겐 제퍼슨이 쌓아준 '문학적인 원재료'들이 있었고, 공화국들과 연합들에 관한 선례들도 마음속에 가득 차 있었다. 해밀턴은 연합의회 이후로 친우 매디슨을 만나지 못했을 것으로 추정되는데, 그 사이 매디슨은 법학을 공부했으며 버지니아 주의회에 몸담았다. 깊은 눈빛과 검고 짙은 눈썹에 머리가 벗겨진 작은 책벌레인 매디슨과의 관계를 다시금 돈독히 할 수 있음에 해밀턴 또한 기뻐했을 것이다. 아나폴리스 회의에 대해서는 알려진 것이 많지 않지만, 해밀턴과 매디슨이 2년 후 『연방주의자 논집』의 바탕이 될 철학적 대담들을 시작한 장소가 바로 이곳임은 확실해 보인다. 이 시점에서 두 사람은 정신적으로 거의 동류나 다름없었으며, 각 주들이 보여주는 지역주의 성향을 혐오했다.

아나폴리스 회의 참석자들은 곧 주들 간의 상업적 분쟁은 그 기저에 깔린 정치적 구조의 결함 때문이라고 합의했고 이후 놀라운 결단을 내렸다. 그다음 달인 5월 필라델피아에서 연합규약 수정을 위한 회의를 개최할 테니 주들에게 대표단을 파견하라고 촉구할 계획을 세운 것이다. 공동

선언의 초안은 해밀턴이 작성했지만 확실히 그는 너무나 열의에 차 있었던 듯하다. 버지니아 최고행정관 에드먼드 랜돌프Edmund Randolph은 해밀턴에게 그 가차 없는 고발장의 어조를 다소 완화하라고 요청했다. 이에 해밀턴은 마땅히 그 정도는 되어야 한다며 화를 냈지만, 매디슨은 그를 조용히 불러내어 전략적 후퇴를 촉구했다. "그 남자의 말을 순순히 따르는 편이 좋을 걸세." 매디슨이 주의를 주었다. "그렇지 않으면 온 버지니아가 자네에게 등을 돌릴 테니 말일세."[18] 머리를 식힌 해밀턴 또한 그의 말에 동의했다.

해밀턴이 작성한 공동 선언 최종안에서는 위원들이 본래 예정되어 있던 상업 관련 논의에서 한층 더 나아가는 모험을 감행했다고 설명하며, '무역을 규제하는 힘이 너무나 포괄적인 범위에 이르렀기 때문에' 이 문제를 해결하려면 정치 구조상의 타 분야에서도 그에 상응하는 조정이 필요했다고 말했다. 그들은 또한 상세히 분석해본 결과 현재 구조상의 결함이 '이전에 예정했던 것보다 훨씬 더 크고 많은 것으로' 발견되었다고도 밝혔다.[19] 아나폴리스 회의는 각 부서가 서로 밀접하게 연관된 하나의 섬세한 메커니즘으로서의 정치 구조를 제안했는데, 이는 곧 완전한 해밀턴주의의 구상을 발표한 것과도 같았다. 여기에는 해밀턴이 선호했던 구조적인 해결 방안 및 모든 것이 섬세하게 상호 연결되어야 한다는 그의 지론이 잘 반영되어 있었다.

아나폴리스 회의의 결의를 듣고 각자의 고향 주로 돌아간 매디슨과 해밀턴은 각각 정반대의 반응을 맞이하게 되었다. 버지니아 의회는 결의에 적극적으로 찬성하며 조지 워싱턴을 제헌회의 대표단의 수장으로 임명한 반면 조지 클린턴 최고행정관은 즉각 제동을 걸고 나섰던 것이다. 그는 이 제안에 대해 '강력한 불만'을 제기하면서 개혁의 필요성을 부정했고, '현재의 연합규약은 연합의 목적에 알맞다'고 단언했다.[20] 뉴욕 주의원들 다수가 아나폴리스 회의의 제안을 반겼음에도, 조지 클린턴은 그 이후로도 2년 동안이나 개혁을 방해했다.

1776년, 존 애덤스는 전후 시대의 '가장 복잡하고, 가장 중요하며, 가장 위험하고 섬세한 사업'은 바로 중앙정부를 만드는 일이 될 것이라고 예견했다.[21] 그의 말이 옳았다. 해밀턴은 이제 이 일에 완전히 몰두하기 시작했으며, 아나폴리스 회의 이후로는 전략적으로 이 목표를 추구할 태세를 갖추고 있었다. 더 긴밀한 연합을 만들기 위한 해밀턴의 운동에 경의를 표했던 저술가 캐서린 드링커 보웬Catherine Drinker Bowen은 훗날 연합규약에 대한 자신의 고전적인 논설에서 다음과 같이 적었다. '개혁의 포문을 연 사람들 중에는 눈여겨볼 만한 이름이 세 개 있다. 워싱턴, 매디슨, 그리고 해밀턴이다. 증거들에 따르면 이 셋 중에서도 특히 해밀턴은 1787년 제헌회의를 소집하는 데 가장 강력한 영향력을 행사했다.'[22] 반면 매디슨을 존경하는 이들은 매디슨이 가장 중요한 역할을 담당했다고 보았을 것이다.

연합규약을 둘러싼 문제들의 기반에는 하나같이 돈 문제가 깔려 있었다. 독립혁명 때문에 지게 된 막대한 부채를 연합정부와 주정부들이 해결하지 못한다면 미국은 사실상 파산 상태나 다름없었다. 유럽 각국의 증권 거래소의 투자자들은 미국의 생존 가능성에 대한 회의를 드러냈는데, 이는 미국이 자국의 증권을 액면가의 일부 금액만으로 팔아넘기려 했기 때문이었다. '아메리카의 운명은 머리카락 한 올에 달려 있다.' 거베너르 모리스가 한 말이다.[23]

당시 미국에서는 의원들뿐 아니라 국민들도 상당한 빚을 지고 있었다. 아나폴리스 회의가 열릴 바로 그 무렵에도 시골 지역에서는 소동이 일어났다. 서부 매사추세츠에서 빚을 진 농민들 수천 명이 치솟는 세금과 토지 압류에 대항하여 봉기를 일으켰으며, 말뚝과 쇠스랑을 들고선 정부 청사를 폐쇄하고, 토지 압류를 무력으로 좌절시킨 것이다. 전후 8년이 지난 이 시점, 해밀턴이 우려했던 바와 같이 권력에 대항하는 폭력적인 시위는 일상처럼 벌어지고 있었다. 이 농민 봉기는 '셰이스의 반란'으로 불렸는데, 이 명칭은 시위 주동자들 중 한 명으로 본래 민병대 대위였으나 별안간 민중의 영웅이 된 인물 대니얼 셰이스Daniel Shays의 이름에서 딴 것이었다. 반란은 마치 미국 독립혁명이 내전의 형태로 재현되는 모양새를 띠었다. 반군은 자신들의 낡은 대륙군 제복을 꺼내 입었고, 1776년의 정신을 받들어 자신들의 모자를 독미나리 잔가지로 장식했다. 1787년 2월까지 주 민병대가 반란을 진압할 수 있었지만, 이 시위의 영향력은 계속 잔존하여 결국 매사추세츠가 채무 구제 법안을 통과시키기에 이르렀다. 많은 채무자 및 유산가들은 주정부의 권력이 갑자기 강화된 것에 혼란스러워하는 한편, 무능하기 짝이 없는 연합정부가 군함은 한 척도 남기지 않고 팔아버린 데다 병사들도 700여 명밖에 남기지 않아 군대를 완전히 무의미하게 만들어버린 데 경악을 금치 못했다.

셰이스의 반란은 경제적 문제들, 다시 말해 해밀턴의 전공이었던 바로 그 문제들을 전면에 내걸었고, 로드아일랜드의 극단주의 운동과 마찬가지로 모든 부채를 폐지하고 부를 균등하게 분배하라고 주장했다. 많은 사람들은 매사추세츠 봉기에 가담했던 반란자들의 이렇듯 너무나 극단적인 주장에 충격을 받았다. 몇몇 시위자들은 아메리카의 토지를 '모두의 *공동 재산*으로' 여기기 시작했으며, 이에 경악한 워싱턴은 "큰일이로다!"라며 탄식하기도 했다.[24] 제임스 매디슨 또한 자신의 아버지에게 이와 비슷한 두려움을 토로했다. '그들은 헌법과 공공행정 분야의 특정 남용만을 개혁하려는 것이라고 주장하지만, 공공 및 민간의 부채 폐지와 새로운 재산 분할 또한 염두에 두고 있음이 강하게 의심됩니다.'[25] 약한 공화국은 곧 혼란을 키울 뿐이라는 것이 매디슨의 생각이었던 데 반해 제퍼슨은 이 같은 소동에 태평하게 반응했다. "이따금씩 일어나는 작은 반란은 좋은 것이지." 그가 파리에서 매디슨에게 고상한 태도로 한 말이다. "폭풍이 필요한 것은 자연이나 정치 세계나 마찬가지라네."[26] 제퍼슨은 윌리엄 스미스William Smith 대령을 안심시키면서 이런 명언을 남기기도 했다. "자유의 나무는 이따금씩 애국자들과 독재자들의 피로 기운을 회복해야만 하네."[27] 해밀턴은 혼란이 자체적으로 확대될까 걱정했지만, 한층 더 희망차고 자기만족적인 제퍼슨은 주기적인 과잉 사태가 스스로 고쳐질 것이라고 생각했다.

평소대로라면 진실의 폭포처럼 의견을 쏟아냈을 해밀턴이지만, 셰이스의 반란에 대해서만큼은 침묵을 지켰다. 농민들의 애환들에 공감하는 한편 그들이 취한 수단을 너무나 경멸했기 때문이었다. 해밀턴은 주들이 전쟁으로 진 빚을 연방정부가 인수하기를 바라왔는데, 그렇지 못했던 매사추세츠 주는 채무 변제를 위해 농민들에게 과중한 세금을 부과하면서 그들을 쥐어짰다. 그는 훗날 '이번 반란은 대부분 그 같은 압력의 산물이라고 할 수 있다'라고 썼다.[28] '연방주의자' 제6호에서 그는 '만일 셰이스가 *절박한 채무자*가 아니었더라도 매사추세츠가 내전 상태에 빠졌을지는 큰 의문'이라고 밝혔다.[29] 이번의 지역적인 반란은 곧 연방정부가 세금 부담을 주들에게 동등히 분배해야 한다던 해밀턴의 센스를 입증한 셈이었다.

많은 미국인들은 나약한 연합이 부자와 가난한 이들, 채권자와 채무자들 간에 쌓여가고 있는 염증을 견딜 수 있을지 궁금해했다. 1787년 2월, 해밀턴은 국가의 점점 악화하는 재정을 붙잡기 위해 뉴욕 주 의회에서 연합의회가 제시한 5퍼센트의 수입 관세를 지지하는 영웅적인 면모를 보여주었다. 그러나 해밀턴 또한 당시 주들의 권리를 옹호하는 캐치프레이즈로 상당한 인기를 누리던 클린턴파를 자신이 이길 수 있으리라고 낙관하지는 않았다. 새뮤얼 존스Samuel Jones 의원은 다음과 같이 해밀턴의 운동을 회고했다. '회기 중 해밀턴은 내게 말했다. 시민들은 자신에게 바로 이것을 바라고 자신 또한 그 기대를 실망시키면 안 된다고 생각했다고 말이다. 그것 때문이 아니라면 그가 의회에서 다시금 이 문제를 꺼내들 이유가 없었다.'[30] 해밀턴은 1시간 20분짜리의 기나긴 연설을 통해 연합 체제하의 아메리카에 대한 암울한 파노라마를 펼쳐 보였다. 그는 연합의회가 13개 주의 자발적인 지불에만 의존한다고 질타했으며, 몇몇 인색한 주들이 자기 몫의 일부분만 내거나 아예 내지 않는다는 사실도 지적했다. 또한 연방의 재정이 바닥난다면 채무를 상환하거나 아메리카의 대외 신용을 확립할 흑자 역시 남지 않을 것이라고도 말했다. 국내의 채권자들은 어느 정도 인내를 보여줄 수 있겠으나 해외 채권자들은 그렇지 않을 것이었다. "그들에게는 요구를 강제할 권한이 있습니다." 해밀턴이 경고했다. "조만간 그들은 그렇게 할 것입니다."[31] 해밀턴은 과도한 연방정부에 대한 경계가 잘못된 방향으로 가고 있다고 보았다. "만일 주들이 하나의 연방정부하에서 통합되지 않는다면 각 주들은 필연적으로 상호 간의 전쟁에 돌입할 것이며, 그들 사이의 분열은 곧 모두를 해외의 영향력이나 음모의 장난에 빠뜨릴 것입니다."[32]

클린턴주의자들은 해밀턴의 유창한 연설에 냉담한 시선을 보내며 모욕적인 반응을 보였다. 그들은 해밀턴의 연설을 반박하지도 않고선 이 문제를 투표에 부치자고 요구했다. 연방세 도입은 해밀턴이 예상했던 대로 거센 반발에 부딪혀 좌절되었다. 연이은 연설들로 상당한 피로가 쌓여 있었겠지만, 그럼에도 해밀턴은 지지자들이 보내는 찬사에 힘을 얻어 기력을 회복했는지 극장에도 모습을 나타냈다. "해밀턴은 의사당에서 관세를 옹호하는 유명한 연설을 남긴 뒤 극장으로 갔단다." 마거릿 리빙스턴

Margaret Livingston이 아들 로버트 R. 리빙스턴 챈슬러에게 한 말이다. "그가 들어왔을 땐 사방에서 위대한 남자라는 칭송이 쏟아졌어. 몇몇은 그가 최고 행정관이 될 인물이라고 말했지."[33]

의회에 몸담았던 그해 봄 동안 해밀턴이 투표한 조치들 중에는 자신의 어린 시절에 대한 애증을 드러내는 것도 두 가지 있었다. 이상하게도 그는 불륜을 사유로 이혼한 사람들이 재혼할 수 없게 만드는 법안을 지지했다. 이와 유사한 덴마크령 서인도제도의 가혹한 법이 해밀턴의 부모로 하여금 그를 사생아가 되도록 내버려둘 수밖에 없도록 만들었음에도 말이다. 만일 이 투표가 해밀턴이 자신의 어머니에게 가지고 있었던 숨겨둔 증오를 드러낸 것이었다면, 또 다른 투표에서는 그녀에 대한 애정이 나타났다. 의회는 사생아를 가진 여성이 아이를 낳자마자 죽이지 못하도록 만드는 법안을 논의하고 있었다. 문제가 된 한 조항에서는 만일 아이가 죽은 경우, 아이를 낳은 미혼모는 반드시 아이가 사산되었거나 자연적 이유로 죽었음을 입증할 수 있는 증인을 한 명 데리고 있어야만 한다고 규정했다. 해밀턴은 해당 미혼모가 자신이 사생아를 낳는다는 사실을 공개적으로 인정해야 한다는 것에 신경을 썼다. 당시의 한 신문 기사를 보면 해밀턴의 공감을 알아볼 수 있다.

> 해밀턴 씨는 이 조항이 정치적이지도, 정의롭지도 않다고 보았다. 그는 이 조항이 법안에서 빠지기를 바랐으며, 그 정당성을 보이기 위해 한 불행한 여인이 놓인 민감한 상황을 격정적으로 설명했다. (중략) 명예를 잃어버렸다는 사실만 숨긴다면 그녀의 처벌은 경감될 수도 있으며 그 불운은 여기서 끝날 수 있었다. 또한 그녀는 개과천선하고 다시 도덕의 사회로 돌아갈 수도 있었다. 이 법을 시행한다면 그녀는 자신의 치부를 온 세상에 드러내도록 강요받는 셈이다. 그러므로 그녀는 자신의 죄를 자백하느니 차라리 그 처벌을 각오하고

12 · 위엄 있고 훌륭한 의회

죄를 숨기는 편을 택할 것이 분명하다.[34]

새뮤얼 존스가 이 조치를 지지하자 해밀턴은 '엄청난 설득력으로' 그를 반박했으며 결국 의회의 마음을 돌려 자신의 편에 서게끔 만들었다.[35] 해밀턴이 이 조치를 그렇게나 열심히 논박했다는 것은 카리브해의 기억이 여전히 살아남아 그의 마음속을 불쾌하게 휘젓고 있었음을 알려준다.

관세 조치에서 완파당하자마자 해밀턴은 곧이어 필라델피아 제헌회의에 다섯 명의 대표단을 보내라며 의회에 요구하기 시작했다. 회의가 열린다 하더라도 연합규약을 만지작대기나 할 뿐 그 전체적인 체계를 점검하지는 못하리라는 것이 일반적인 예상이었다. 그러나 해밀턴은 이를 한층 더 대담하게 바라보면서 회의를 통해 견실한 연합이 탄생하기를 바랐다. 이틀 후, 클린턴파 인사들은 대표단을 다섯 명에서 세 명으로 줄이면서 해밀턴을 궁지에 몰아넣었다. 해밀턴은 뉴욕 주에서 누구보다 제헌회의를 촉구했던 사람이었고 클린턴파 인사들도 이를 모른 체할 수는 없었다. 때문에 그에게 한 자리를 주긴 했지만, 대신 나머지 두 명으로는 연방 권력에 반대하는 인물들을 보내서 해밀턴의 영향력이 상쇄되게끔 했다. 부유한 지주였던 올버니의 시장 존 랜싱 주니어John Lansing, Jr.와 뉴욕 주 대법원의 가식적인 판사 로버트 예이츠Robert Yates는 모두 연방의회에 독립적인 과세권을 주려는 시도들을 드러내놓고 반대해온 사람들이었다. 또한 이들은 다른 이유로도 서로 긴밀하게 연결되어 있었다. 두 남자는 인척 관계였으며, 랜싱은 10대 때 예이츠의 사무실에서 하급 직원으로 일한 적도 있었다. 그러므로 해밀턴은 주들 간의 연합을 주도하는 자리에 앉기는커녕, 그것을 반대하는 주가 보내는 소수 의견자로 격하된 셈이었다.

해밀턴은 1787년 5월 18일 필라델피아에 도착한 뒤 4번가에 위치한

알렉산더 해밀턴

인디언퀸 여관에서 다른 대표단들과 만났다. 수일 전부터 이곳에 와서 전투를 준비하고 있었던 매디슨은 워싱턴에게 랜싱과 예이츠가 그들의 친구 해밀턴의 앞길을 가로막지는 않을까 하는 두려움을 토로했다.[36] 다른 대표들과 마찬가지로 매디슨 역시 상당히 고무되어 있었으며, 이 회의를 통해 그려질 문서 하나가 '공화정부 평생의 운명을 결정'할 것이라 믿었다.[37]

정족수가 미달되는 바람에 회의가 정식 개최되기까지는 1주일이 더 걸렸다. 장대 같은 빗속에서 열린 이 회의에서 워싱턴은 만장일치로 의장에 선출되었다. 해밀턴은 내키지 않아 하던 마운트버넌의 장군을 설득하여 회의에 참석시키는 데 일조했다. 독립혁명의 끝자락 무렵, 워싱턴은 해밀턴과 마찬가지로 나약한 중앙정부를 개탄했고 '지역 혹은 주 정치가 너무나 큰 방해공작을 펼칠 것이므로 보다 자유롭고 확장적인 정부 계획의 지혜와 앞날이 (중략) 큰 영향을 받을 것'이라고 보았다.[38] 비록 이 회의에서는 다소 뚱한 반응을 보였지만, 워싱턴이 한층 더 효과적인 중앙정부를 얼마나 바라는지는 이미 잘 알려져 있었다.

워싱턴은 회의의 규칙과 절차를 닦을 소위원회에 해밀턴과 조지 위스George Wythe, 찰스 핑크니Charles Pinckney를 임명했다. 랜싱과 예이츠의 마수에서 벗어나고자 했던 해밀턴은 위원 개개인당 한 표씩의 투표권을 바랐으나 결국 각 주당 한 표의 투표권이 돌아가게 되었다. 해밀턴의 표는 두 명의 동료 위원들 때문에 사표死票가 될 가능성이 커진 셈이었다. 위원회는 비밀 준수를 우선으로 하는 전통적인 방식을 택하여 개개인의 예비 투표는 기록하지 않았고, 위원들의 공평무사를 독려하기 위해 '의사당 안에서의 발언은 어떤 방식으로든 인쇄되거나 출판되지 않을 것이며 무단으로 전달하지도 않기로' 결정했다.[39] 의사당은 언론인들과 호기심 많은 구경꾼의 출입이 제한되었으며, 보초병들도 문 바깥에서 대기했고, 위원들은 비밀유지 선서를 했으며 외부인에게 그 어떤 것도 누설하지 않았다. 심지어 이들은 비밀 보장을 위해 회의 장소를 의사당 2층으로 다시금 옮기기까지 했다. 필라델피아의 여름은 파리 떼가 끔찍하게 들끓었을 만큼 후텁지근했음에도 이들은 창문을 꼭꼭 닫고 커튼을 쳐두었다. 매디슨이 남긴 방대한 회의록 또한 수십 년이 흐른 뒤에야 출판되었다.

새로운 헌장의 초안을 작성하는 데 있어 왜 이다지도 비민주적인 방법이 사용되었던 것일까? 대다수 위원들은 자신들이 계몽되고 독립적인 시민이자 공공의 복지를 위하는 사람이고, 파벌이라는 혐오스러운 것에는 속하지 않는 자라고 여겼다. 해밀턴의 말에 따르자면 '만일 토의 진행이 당시 공개되었다면 파벌들의 목소리 때문에 그 어떤 만족스러운 결과도 얻지 못했을 것이고, 만일 이후에 공개되었다면 그것은 선동적인 언사들에게 먹잇감을 주는 꼴이나 마찬가지였을 것이다.'[40] 비공개 절차를 통해 고무적이고 제약 없는 논의가 이루어진 결과 사상 가장 찬란한 문서들 중 하나가 탄생했다. 동시에 이 비밀 회의의 내부에서는 악의적인 이야기들이 가득 돌아다니게 되었는데 이는 훗날 해밀턴의 장래에도 상당히 좋지 않은 영향을 끼치게 된다.

제헌회의는 한때 독립선언문의 서명이 이루어졌던 곳, 즉 붉은 벽돌로 된 의사당의 청회색 이스트룸에서 이루어졌다. 위원들은 올바른 생각을 가진 공화주의자들이었으며 적절한 긍지와 소박함을 갖춘 인물들이었다. 워싱턴이 등받이 높은 나무 의자에 앉아 있으면 위원들은 그를 중심으로 부채꼴 모양으로 윈저 체어를 놓고 앉았고, 녹색 모직천이 덮인 테이블 위에 대고 메모를 적어 내려갔다. 높은 창문들은 녹색 커튼으로 대부분 가려져 있었다. 이 장소는 논의하기에 상당히 긴밀한 분위기를 만들어주었다. 연설자들이 원형 극장의 무대 위에 오르는 따위의 모양새가 아니었기 때문이다. 위원들은 이처럼 안락한 공간에서 만나 다른 위원들과 눈을

알렉산더 해밀턴

맞춘 채 일상적인 목소리로 이야기를 나눌 수 있었다.

가장 앞줄에는 제임스 매디슨이 앉아 회의록 작성이라는 핵심적인 역할을 도맡아 해주었다. '이 기분 좋은 자리에서는 모든 것들을 들을 수 있고, (중략) 나는 단 하루도, 그 어느 날 어느 시간도 통째로 자리를 비우는 일이 없었으므로 아주 짧은 것이 아닌 이상 어떤 발언도 놓칠 수 없었다.'[41] 한 관찰자의 말에 의하면 이 작은 버지니아 사람이 몸을 수그리고 앉아 '평온한 표정, 꿰뚫어보는 듯한 푸른 눈으로' 노트를 들여다보는 모습은 마치 로댕의 '생각하는 사람' 같았다고 한다.[42]

조지아의 윌리엄 피어스William Pierce 장군은 해밀턴을 아주 상세히 묘사한 글을 하나 남겼다. 그는 해밀턴이 인상적이지만 다소 자의식 과잉일 만큼 거드름을 빼는 젊은 천재라고 말했다. '그는 대략 서른세 살쯤 되었고, 자그마한 키에 호리호리했다.' 피어스의 말이다. '그의 태도는 다소 경직되어 있었으며 때때로는 엄청나게 불쾌할 만큼의 허영이 그 안에 담기기도 했다.' 해밀턴의 목소리는 위대한 연설가들만큼 낭랑하지는 않았으나, 그럼에도 그는 매우 유창한 달변가였으며 주제들의 핵심을 곧장 파악할 줄 알았다. '사람들 앞에 나설 때 그는 흥미로운 주제들을 잔뜩 던지곤 했다. 그와 함께라면 문제의 겉핥기에서 끝나는 일이 없었다. 그는 반드시 그 밑에 깔린 기반에까지 내려가야만 하는 남자였다.' 피어스는 한순간 묵직했다가 또 다른 순간 경박해지는 해밀턴의 변덕스러운 성향을 꿰뚫어 보았다. '그의 말투는 언제나 한결같지는 않았는데, 가끔은 볼링브로크Bolingbroke(영국의 중후한 정치인 겸 문인_역주)처럼 설교적이었다가 다른 순간에는 로런스 스턴(파격적이고 관능적인 작품들을 쓴 영국의 작가_역주)처럼 가볍고 경쾌했다.'[43]

벤저민 프랭클린이 '평생 몸담았던 의회들 중 가장 위엄 있고 훌륭한 곳'이라고 칭송했던 제헌회의의 현자들은 어떤 사람들이었을까?[44] 열두 개 주에서 온 55명의 대표단(로드아일랜드는 마음을 바꿔 회의를 거부했다)은 아메리카 전체를 골고루 대변한다고 보기 힘들었다. 교육받은 백인 남성들이자 대부분 영향력 있는 유산 계급이었던 이 인물들의 과반 이상은 법조인이었으며 따라서 판례에 매우 민감한 반응을 보였다. 프린스턴대학 출신은 아홉 명으로, 예일대학(네 명)과 하버드대학(세 명) 출신보다 훨씬 많았다. 이들의 평균 나이는 마흔두 살이었는데, 이는 당시 서른두 살이었던 해밀턴과 서른여섯 살이었던 매디슨이 상대적으로 젊은 편이었음을 알려준다. 해외 태생의 대표단으로는 해밀턴만 있었던 게 아니었고, 열두 명에 가까운 위원들이 해외에서 태어나거나 수학했다. 많은 위원들이 공채公債에 대한 해밀턴의 견해에 공감했다. 과반 이상이 공적 담보를 소유하고 있었으며, 그 가치는 이번 회의의 결정에 따라 극적으로 달라질 것이었다. 이후 수개월 동안 해밀턴이 종종 자리를 비우는 경우도 많았으나 이는 이례적인 일이 아니었다. 많은 위원들이 업무상의 이유로 출신 주에 다녀오곤 했기에, 대부분의 경우 55명 중 대략 30여 명의 의원들이 자리를 지키고 있었다.

이 회의에서 해밀턴은 이때가 아니었으면 마주치지 못했을 건국의 아버지, 벤저민 프랭클린을 만나게 되었다. 필라델피아 출신의 나이 지긋한 프랭클린은 거의 벗겨진 머리에 남은 옆머리 몇 가닥과 두 턱을 가졌고 통풍과 신장결석으로 고통 받고 있었다. 그는 자주 자기 집 뒤뜰에 위치한 뽕나무 아래에서 해밀턴이나 다른 위원들과 토론을 나누었는데, 그가 아끼는 손자 벤저민 프랭클린 바크Benjamin Franklin Bache가 종종 이들을 지켜보기도 했다. 소문에 따르자면 노쇠한 프랭클린이 회의에 처음 참석했을 때에는 월넛스트릿 감옥에서 징집한 네 명의 죄수들이 그를 태운 가마를 하늘 높이 치켜들고 왔다고도 한다. 어찌 되었든, 그는 넉 달간 이어진 회의의 모든 회기에 참석했으며, 모범적인 헌신을 보여주었고, 이따금

알렉산더 해밀턴

씩은 다른 이들에게 성명을 전달해달라고 부탁하기도 했다. 해밀턴이 필라델피아에 와서 첫 번째로 한 행동은 프랭클린에게 경의를 표하는 것이었다. 현자 프랭클린은 행정부 관료들에게 봉급을 주는 데 반대하면서 이 조치를 통해 공공의 여물을 받아먹는 정부 인사가 아닌, 진정으로 공인의 자세를 갖춘 지도자를 만들어낼 수 있기를 바랐다. 다른 이들은 이것이 게으르고 부유한 사람들을 제외한 다른 모두를 공직에서 쫓아내게 될 것이라고 보았다. 해밀턴은 프랭클린의 의견을 재청했는데, 이는 아마도 이 남자에 대한 공경의 표시였을 것이다. 매디슨은 이 의견이 '상당히 존중되었지만, 그것의 사리나 실용성보다는 그 의견을 낸 사람에 대한 존중이 대부분'이었다고 사족을 붙였다.[45]

이론대로라면 이 회의에는 연합규약을 수정할 수 있는 권한만이 주어졌으나, 이처럼 제한된 임무를 곧이곧대로 믿은 위원들이 있었다면 곧 엄청나게 충격을 받았을 것이다. 연합규약을 전적으로 무산시키고 강력한 중앙정부를 형성할 방법을 찾자는 계획이 매디슨을 필두로 제시되었으며 5월 30일에는 에드먼드 랜돌프가 이를 발표했다. 이들에게 확실한 분기점이 된 '버지니아 플랜Virginia Plan'은 장래 미국 정부의 기본적인 설계도를 담고 있었는데, 여기에는 상·하원 모두 인구에 비례하는 양원제 입법부도 포함되어 있었다(버지니아는 가장 인구가 많은 주였으므로 인구 비례 제도를 통해 기득권을 보장받았다). 이 플랜을 통해 제헌회의는 급진파가 선호하는 회의체 대신 7년 임기의 1인 수반(예를 들어 대통령)에게 행정권을 집중시켜 한층 더 강력한 행정부를 만들고자 했고, 또한 권력 분립을 강화하기 위해 연방대법원을 위시한 국가 단위의 사법부를 구상했다. 버지니아 플랜에서는 각 주들이 어느 정도의 주권을 향유할 수 있지만 그 또한 반드시 연방정부에 종속된다는 것을 못 박아두었다.

랜돌프의 발표 이후, 이 신정부가 연합의 형태로 존속될 것인지 혹은 진정한 국가를 형성할 것인지를 놓고 해밀턴과 위원들이 정면으로 부딪혔다. 이들은 '미합중국이 단일 정부를 둘 것인지' 혹은 각 주가 '분리된 존재로서 연맹 형태로만 연결될 것인지'를 결정해야 했다.[46] 해밀턴은 중앙정부가 최고 주권을 향유하는 것이 핵심 의의라고 보았으며 이에 대한 긍정적인 반응도 다수 쏟아졌다. 이는 곧 대표단이 적극적인 개혁에 착수할 준비가 되었다는 것, 그리고 '중앙정부가 최고 입법부, 행정부, 사법부의 구성체로 설립되어야 한다는 것'에 회의가 압도적으로 동의했음을 의미했다.[47] 그러나 로버트 예이츠는 즉시 해밀턴의 행동에 반대표를 던지며 뉴욕 대표단 내에서의 메울 수 없는 간극을 드러냈다. 당시 자리를 비웠던 존 랜싱 주니어 또한 마찬가지로 행동했을 것이 분명했다.

많은 대표들은 연방 권력의 분립과 주 권력의 급격한 축소를 완전히 별개의 문제로 생각했다. 소규모 주들은 양원제 의회의 양원 모두가 인구 비례 방식을 택할까봐 두려워했다. 1월 15일, 뉴저지의 윌리엄 패터슨William Paterson은 또 하나의 색다른 의견을 회의에 제시했다. 패터슨은 신정부 수립을 위해 구제도를 파괴하는 게 아니라 그저 연합규약을 '바로잡고자', 또 각 주들의 기본적인 주권을 유지시키고자 했다. 이 '뉴저지 플랜'의 입법부는 양원제가 아닌 일원제 의회였으며 주마다 각 한 표씩의 투표권이 제시되었다. 더불어 지금까지 국가 재정의 발목을 잡아왔던 자발적 '징발' 제도 또한 유지하려 했고, 대통령 대신 최고집행위원회를 두되 과반 이상의 주 최고행정관들이 찬성하면 이를 없앨 수 있게 했다. 당연한 수순이겠지만, 규모가 큰 주들은 버지니아 플랜에 동조하는 한편 소규모 주들은 뉴저지 플랜으로 의견을 모았다.

존 랜싱은 다섯 번째로 큰 주의 대표 위원이었음에도 뉴저지 플랜에 반색했는데, 이는 이로써 '각 주들의 주권을 유지'할 수 있기 때문이었다.

알렉산더 해밀턴

그는 '주들은 결코 중앙정부를 위해 자신의 본질적인 권리를 포기하지 않을 것'이라며 버지니아 플랜을 책망했다.[48] 랜싱은 매디슨의 계획에 너무나 격심한 반감을 느꼈던 나머지, 이 회의에서 새로운 중앙정부가 구상될 줄 알았더라면 뉴욕 주는 필라델피아에 대표단을 보내지도 않았을 것이라고 말하기까지 했다. 랜싱의 발언으로 해밀턴은 뉴욕 주 대표단 내에서 소수자 입장에 있다는 것이 다시 한 번 확인되었고 회의에서 그의 입지는 한층 더 줄어들었다.

해밀턴을 알고 있었던 사람들이라면 그가 회의 첫 3주간 보여준 소극적인 태도에 매우 의아해했을 것이다. 그는 평생 구석에 얌전히 처박혀 있던 적이 없었기 때문이다. 제헌회의는 버지니아 플랜파와 뉴저지 플랜파로 양분되었으나 해밀턴만은 그 어느 쪽에도 가담하지 않아 이목을 끌었다. 로버트 예이츠는 6월 15일, '해밀턴 중령은 그 어느 계획에도 공감한다고 말하지 못한다'고 기록했다.[49] 매디슨의 기록에 따르자면 해밀턴은 자신이 나서지 않는 이유가 어느 정도는 다른 이들이 '능력, 연배, 경험 면에서 너무도 우월하여 그들과 다른 의견을 내고 싶지 않게 만들고' 또 어느 정도는 뉴욕 대표단 내부의 분열 때문임을 밝혔다.[50]

그 말 많은 해밀턴이 침묵을 깨는 순간에 또다시 장황한 연설을 늘어놓으리라는 것은 불 보듯 뻔했다. 대규모 주와 소규모 주들 간의 교착 속에서 그는 좀 더 급진적인 이야기를 꺼내기로 결정했다. 7월 18일 월요일 아침, 서른두 살의 이 젊은 천재는 환기도 제대로 되지 않아 답답했던 그 회의실의 연단에 처음으로 올라서서 말하고, 말하고 또 말했다. 날이 지기 전까지 장장 여섯 시간에 걸친 이 연설(무려 점심시간도 없이 계속되었다)은 훌륭했고 용감했으며 한편으로는 완전히 바보 같았다. 그는 자신이 설명하려는 계획에 대중의 의견이 전혀 반영되지 않았음을 인정했다. "제 상황은 그다지 좋지 못합니다." 해밀턴이 말했다. "그러나 이토록 중요한 질문에 대해 침묵한다는 것은 범죄나 다름없는 짓이겠지요."[51] 그는 사람들이 '민주주의'를 위하느라 진을 빼고 있다고 말했는데, 여기서의 민주주의는 학식 있는 대표자들이 여론을 정제하는 것이 아니라 날것의 여론 그대로를 곧이곧대로 대변하거나 심지어는 군중이 그들을 장악하는 사태를 의미했다. "그리고 버지니아 플랜이라는 게 도대체 무엇입니까?" 그가 물었다. "민주주의를 민주주의로 견제하겠다는 말인데, 이는 말하자면 똑같은 돼지고기에 양념만 약간 다르게 치겠다는 말이나 마찬가지 아닙니까?"[52] 해밀턴은 대중의 지혜에 대해 다른 그 어떤 건국의 아버지들보다도 깊은 의구심을 품고 있었으며 대중을 인도할 지도자들을 선출해야 한다고 생각했다. 이것이 바로 정치인으로서 그가 품었던 거대한 역설이었다. 그는 미국의 잠재력을 낙관적으로 바라보았지만, 근본적인 인간 본성에는 비관적인 시선을 던졌다. 미국 그 자체에 대해서는 믿음을 가지면서도 미국인들에게는 그런 믿음을 가지지 못했던 것이다.

해밀턴이 다른 사람들의 계획을 다듬는 것을 거부하고 자신만의 계획을 내세웠던 것은 말하자면 그의 자아주의와 드넓은 상상력, 그리고 초자연적인 지능이 전형적으로 드러난 사건이었다. 그의 머릿속엔 새로운 정부에 대한 전면적이고 완전한 계획이 이미 들어 있었다. 훗날 그는 위원단들의 논의를 촉진하고 보복에 대한 두려움 없이 논쟁적인 의견들을 발언할 수 있도록 회의가 철저히 비밀리에 진행되었음을 비판자들에게 상기시켰다. 그럼에도 공화국 초기의 무성한 소문들 속에서 이때의 연설은 어마어마한 악명을 얻었으며, 해밀턴에게 반대하던 이들은 이를 두고 그가 정치적 변절자라며 고소해했다.

글로 된 연설문이 남아 있지는 않지만 해밀턴과 매디슨, 예이츠, 랜싱, 루퍼스 킹Rufus King 등은 이에 관한 메모를 다수 남겼는데, 이 기록들은 이따금씩 상충하기는 하나 대체로 같은 본질을 이야기하고 있다. 1780년

9월 제임스 두에인에게 편지를 보낸 이후 해밀턴은 줄곧 새로운 정부를 구상하고 있었다. 그가 생각하는 혼합형 신정부는 군주제의 연속성과 공화국의 시민적 자유를 한데 결합시킨 것으로, 무정부 상태로도 또 폭정으로도 이어지지 않을 것이었다. 그는 대통령 한 명과 상원을 선출하되 그들이 '선행'한다는 조건하에 종신직을 유지해야 한다고 주장했다. 해밀턴의 정부 수반은 선출직이었던 데다 잘못된 행동을 할 경우 경질될 수 있었으므로 세습군주제와는 달랐다. 매디슨은 해밀턴의 열변을 들으며, '그와 같은 행정부는 아마도 선출 군주제로 이어질 것이며 전형적인 소란을 불러일으킬 것이다'라고 갈겨썼다. '그는 아마 *군주제*에는 기한이 없다고 대답할 것이다. 여기에는 권력에 대한 한도도, 기한도 없다.'[53] 매디슨은 이 군주제를 다룬 또 다른 개인적인 기록에서 '군주가 더 많은 것을 얻기 위해 위험을 감수하지 않게 하려면 군주는 세습 가능해야 하고 이미 엄청난 권력을 가지고 있어야 한다'고 적었는데, 이 또한 해밀턴에 대한 역사적 평판에 거의 도움이 되지 못했다.[54] 그러나 해밀턴은 이 부분을 말로써 정정했으며, 단 한 번도 세습군주제를 공개적으로 옹호하지 않았다. 매디슨이 '*선출군주제*'라고 언급한 것도 이를 증명한다. 해밀턴이 남긴 방대한 자료들 그 어디에서도 그가 세습행정부를 지지했다는 증거는 없다. 그의 발언 중 가장 급진적인 것이었던 이 연설에서도 그는 최고 행정관이 최종적으로는 의회의 통제 안에 있어야 한다고 역설했다. 그의 구상은 극렬하게도 잘못 인식되었지만, 왕이 다른 정부 부처의 권력들을 모두 능가하는 영구적이고 자주적이며 세습적인 권력을 가지는 진정한 군주제에는 한참 못 미치는 수준이었다.

해밀턴의 상원이 유권자들에 의해 종신직으로 선출되는 것이었다면, 이와는 대조적으로 그의 하원은 대단히 민주적인 구조였다. 매 3년마다 전 남성 유권자들에 의해 직접 선출되는 방식이었기 때문이다. 그러므로 상원은 귀족적인 요소를, 하원은 인민 대중을 대변하는 셈이었다. 장래에 국가가 한층 더 번영하면 소득 격차도 벌어질 것이므로, 해밀턴은 상원과 하원이 자신들의 의사를 서로에게 강요할까 우려했다. '다수에게 모든 권력을 준다면 그들은 소수를 억압할 것이고, 소수에게 모든 권력을 준다면 그들이 다수를 억압할 것이다.'[55] 이 구조는 계급 갈등과 지역적 이권을 초월한 공정한 결정권자 하나를 필요로 했는데, 여기서 해밀턴은 *군주*라는 무시무시한 단어를 꺼내어 논점을 흐렸다. '이와 같은 견제는 군주가 (중략) 대중의 흐름을 거스를 수 있다는 원칙을 가진 정부여야만 가능하다.'[56] 평민들만큼이나 귀족들을 두려워했던 해밀턴은 다수 *그리고* 소수의 권력 남용을 억제하고자 했다. "선동 정치가들이 언제나 *하찮*은 사람인 것은 아닙니다." 그가 매디슨의 연설 하나에 대해 남긴 답변이다. "귀족들도 자주 선동 정치가가 되었지요."[57] 해밀턴은 더 이상의 권력 남용을 방지하기 위해 열두 명의 판사들이 선행善行을 조건으로 종신 재직하는 대법원을 추천했다. 이런 식으로 각 부서들은 대중의 정서로부터 유익한 거리감을 유지할 수 있을 것이었다. 그러나 하원의회만큼은 예외적이었다. 해밀턴은 다음과 같이 결론지었다. "영구적인 *의지*가 여기에 있어야 한다는 것이 이 원칙의 주된 확립 목적입니다."[58]

한때의 모국母國에 대한 해밀턴의 평가는 몇몇 사람들에게 아주 선동적으로 들렸을 수도 있겠다. 매디슨은 이렇게 기록했다. '이는 그의 개인적인 견해로, 그는 영국 정부가 세계 최고였다고 (중략) 선언하는 데 조금도 가책을 느끼지 않았으며 미국 정부가 그보다 모자라지는 않을지를 크게 우려했다.'[59] 훗날 해밀턴을 음해했던 세력들은 이 발언을 토대로 그가 위험한 배신자이자 미국을 다시금 영국과의 구속 상태에 팔아넘길 수 있는 사람이라며 비난했다. 그러나 사실 당시에는 영국의 정치 구조에 경탄하는 사람들을 흔히 볼 수 있었다. 사우스캐롤라이나의 피어스 버틀러Pierce

Butler는 위원들이 '끊임없이 영국 의회의 훌륭함에 대한 생각에 홀딱 빠져 있으며 이유가 있건 없건 그것을 베끼고 있다'고 기록했다.[60] 그러나 해밀턴을 비방했던 사람들은 그만이 유독 영국의 체제에 아첨식의 존경을 보내면서 그것을 미국에 들여오려 한다고 해석했다.

그가 연설을 끝마치자 예의상의 박수가 약간 돌아왔다. 아마도 위원들은 드디어 더운 방에서 빠져나올 수 있음에 감사하며 숙소로 돌아갔을 터였다. 거베너르 모리스는 해밀턴의 연설이 '들어본 연설들 중 가장 탁월하고 인상적이었다'며 극찬했다.[61] 코네티컷의 윌리엄 새뮤얼 존슨 William Samuel Johnson은 해밀턴의 연설에 대해 '모두가 칭찬을 보냈지만 그것을 지지하는 사람은 아무도 없었다'고 말했다.[62] 수년 후, 존 퀸시 애덤스 John Quincy Adams는 이 계획이 미국인들의 정서와는 어울리지 않았지만 그럼에도 '위대한 능력의' 산물이며 실제로 채택된 계획보다 이론적으로는 더 훌륭했다고 칭찬했다.[63]

해밀턴은 왜 이런 연설을 한 것일까? 그는 끊임없이 군중 장악을 두려워했다. 이는 다른 위원들도 마찬가지였지만 그 두려움이 모든 희망을 집어삼킨 사람으로는 해밀턴이 유일했다. 그는 언제라도 변덕을 보일 수 있는 시민들을 상대로 견제와 균형을 갖추고자 하는 데 여념이 없었으므로 유권자들의 잠재력은 미처 고려하지 못했다. 해밀턴은 종종 두 세계 사이에 걸쳐진 남자 같아 보였다. 그는 귀족이나 세습 직위, 혹은 귀족 계층의 그 어떤 함정들도 옹호한 적이 없었고 이 이후로는 군주제를 어떤 식으로든 좋게 말한 적이 없었다. 그러나 그는 공화정부가 대중의 광란을 이겨낼 수 있을지, 또 법과 권력에 대해 군주정 체제에서만큼의 깊은 존중을 불어넣어 자유를 수호할 수 있을지 의심했다. 그의 정치관에서는 잘 길러진 엘리트들이 덜 교육받은 시민들을 위해 결정을 내려줬던 과거가 너무나 자주 언급되었다. 유동적이고 실력주의적이며 자신처럼 재능 있는 외부인에게도 열려 있는 엘리트 사회라는 그의 전망에서 표현되었던 발전된 경제 사상과는 대조적이었다.

구제불능 수준으로 정직했던 해밀턴은 버지니아 플랜과 뉴저지 플랜 모두가 분명 실패할 것이라 생각했으며 이에 대한 대안을 제시해야 한다는 의무감을 느꼈을 것이다. 그는 만일 합의를 이루지 못한다면 자신의 연설이 다시금 회자될 것이고 그 장점들 또한 뒤늦게나마 주목받게 될 것이라 믿었으므로, 그 전까지는 비밀유지 서약 뒤에 숨고자 했을 것이 분명하다. 무모한 견해들을 제시했던 것은 해밀턴뿐만이 아니었다. 노스캐롤라이나의 휴 윌리엄슨Hugh Williamson은 '우리가 언젠가는 왕을 추대할 것이 거의 확실'하다고 주장했다.[64] 해밀턴의 '선행을 조건으로 하는' 종신 대통령 제안에 찬성표를 던진 주도 네 곳이나 되었는데, 무엇보다 제임스 매디슨과 조지 메이슨George Mason, 그리고 에드먼드 랜돌프가 포함된 버지니아 주가 이에 속했다. 훗날 해밀턴은 자신을 조롱하는 제퍼슨주의자들을 향해 매디슨도 한때는 이와 같은 대통령제에 찬성했음을 상기시켰다. 만일 그를 군주제 지지자라고 한다면 매디슨도 마찬가지였던 셈이다. 매디슨은 또한 '이전의 대영제국 국왕이 그리했던 것처럼' 연방정부에게 주법에 대한 거부권을 주자고 주장했다.[65] 벤저민 프랭클린은 일원제 입법부를 원했으며 대통령 대신 최고집행위원회를 두고자 했다. 그는 또한 대통령에게 입법부에 대한 거부권을 주는 것을 반대하면서 그것이 '군주제로 치달을 때까지' 행정부를 부패시킬 것이라고 보았다.[66] 존 디킨슨은 주의회에 대통령 탄핵권을 주자고 주장했고, 엘브리지 게리Elbridge Gerry는 세 명의 '대통령'이 미국의 각기 다른 구획들을 대표하는 체제를 주장했다. 회의 위원은 아니었으나 존 애덤스 또한 세습 권력을 피할 수 없다고 생각했으며 '우리의 배는 결국 그 해안에 다다를 것'이라 예언했다.[67]

절대다수의 위원들은 해밀턴의 연설 시간을 그저 당장의 격렬한 내분에서 한숨 돌릴 수 있는 시간쯤으로 여겼던 듯하다. 이튿날 아침이 밝았으나 그 누구도 해밀턴의 주장을 반박하는 데 시간을 들이지 않았다. 매디슨은 해밀턴의 연설 때문에 이 중요한 시기에 소규모 주들이 소외감을 느낄까 우려했다. 사실상 매디슨의 버지니아 플랜은 해밀턴의 계획과 비교하자면 중도적으로 보였기 때문에 다소 이득을 본 셈이었다(몇몇 학자들은 이것이 바로 해밀턴이 연설을 한 진정한 의도였다고 주장한다). 매디슨은 발언을 위해 자리에서 일어났으나 해밀턴의 연설에 대해서는 일언반구도 하지 않았고 대신 뉴저지 플랜을 가차 없이 해부했다.

해밀턴의 계획은 좌절되었으나 그 영향력은 회의가 해산된 후에도 오래도록 이어졌다. 해밀턴의 반대자들은 마지막 순간까지 이 연설을 계속 들먹이면서 마치 여기에 *진정한* 해밀턴, *비밀스러운* 해밀턴이 담겨 있으며 그것이 나약해진 순간에 불쑥 입 밖으로 튀어나온 것이라는 양 굴었다. 그러나 사실 새로운 헌법을 위해 해밀턴보다 더욱 격렬하고 효과적으로 싸웠던 인물도 없었다. 그는 헌법을 지지하는 데 있어 단 한 번도 결단을 망설인 적이 없었다. 6월 18일의 연설은 인생을 통틀어 그가 남긴 세 번의 명백한 실수 중 하나였다. 각 사건들에서 그는 마치 자신의 가장 깊숙한 사상을 표출하고자 하는 충동을 겪는 듯 논쟁적인 주제에 대해 용감하고 상세하며 솔직담백하게 행동했다. 각 사건에서 그는 어마어마하게 완고했고 직설적이었지만 그럼에도 자신이 옳았음을 증명했다. 어찌되었든, 이 말 많고 고집불통에 입이 가벼운 남자가 그를 음해하려는 자들이 주문처럼 뇌까릴 것들을 너무나 많이 남겨주었다는 사실만큼은 분명했다.

그 논쟁적인 연설 이후, 소규모 주들과 대규모 주들이 팽팽하게 맞서는 상황에서 해밀턴은 잠시간 다시 침묵을 지키기 시작했다. 분열된 회의는

12 · 위엄 있고 훌륭한 의회

거의 붕괴될 지경이었다. 6월 28일 프랭클린이 각 회기에 앞서 하늘의 도움을 구하는 기도를 올리자고 제안하자, 해밀턴은 '이 회의 내의 곤경과 불화 때문에 이와 같은 조치를 취하는 것'이라는 인상을 공개적으로 심어줄 수 있다며 맞섰다.[68] 전설에 따르자면 해밀턴은 프랭클린에게 이 회의에는 '대외적인 도움'이 필요하지 않다며 익살을 떨었다고도 한다.[69] 확실히 작금의 회의에서는 주님을 찾아보기 어려웠다. 출처가 불분명한 한 이야기에 따르자면, 누군가 해밀턴에게 왜 헌법에서 '신'이라는 단어를 사용하지 않았냐고 묻자 그가 '잊어버렸다'고 대답했다 한다. 그러나 해밀턴은 중요한 것이라면 그게 무엇이든 절대로 잊어버리지 않는 사람이라는 점을 우리는 떠올려야 할 것이다.

6월 29일, 다시 한 번 의지를 끌어모아 발언에 나선 해밀턴은 교착된 회의에 대한 깊은 근심을 드러내 보였다. "현재 우리가 이 주제에 대해 이토록 평온하고 자유로운 논의를 나눌 수 있다는 것은 기적 같은 일입니다. 다시 한 번 이와 같은 기적이 있으리라고 믿는다는 것은 미친 짓일 테고요.."[70] 해밀턴은 이 기회를 빌려 처음으로 외교 정책에 대한 주요 발언을 남겼다. 그는 위대한 국가들은 자신들의 이익을 따른다고 말하고서는, 미국이 국내의 평온에 집중하고 대외적인 이익은 무시해야 한다는 공상적인 견해를 반박했다. "정부가 대외적으로 존경받을 수 있을 만큼의 충분한 안정성과 힘을 가지지 못한다면 국내에도 평온과 행복을 가져다줄 수 없습니다."[71] 그는 또한 대서양이 미국을 분쟁으로부터 지켜줄 것이라는 공상에도 반박했다. 이 호전적인 발언들로 해밀턴은 당대의 감상적인 고립주의에 현실주의의 찬물을 끼얹은 셈이나 마찬가지였다.

이러한 생각들을 발언한 그다음 날, 해밀턴은 개인적인 사정으로 뉴욕으로 떠났다. 당시 그가 워싱턴에게 쓴 편지에 따르면 그는 '회의 때문에 심각하고 깊은 괴로움'을 겪고 있었다. 뉴저지를 건너 여행하면서 그는 오로지 터프하고 두려움 없는 조치들만이 국가의 혼란을 저지할 수 있다는 자신의 신념을 강화시켜준다는 인상을 받았다. '저는 우리가 아메리카 제국을 분열과 무정부 상태, 빈곤으로부터 구출할 수 있는 황금 같은 기회를 놓치는 것은 아닌지 두렵습니다.' 그가 워싱턴에게 한 말이다.[72]

불화를 거듭했던 뉴욕 대표단은 이윽고 무너져버렸다. 7월 6일, 로버트 예이츠와 존 랜싱 주니어는 회의에 넌더리를 내면서 필라델피아를 떠났다. 이전에도 위원들이 자리를 비웠다가 돌아오는 경우는 있었지만, 원칙적으로 돌이킬 수 없는 이탈을 감행한 것은 이 두 명의 뉴욕 대표단이 처음이었다. 괴로움에 찬 워싱턴은 해밀턴에게 보내는 서신에서 '업계 사람들을 데려온 것을 후회'하며 그들이 회의에 대해 가지는 '장점도 *거의* 찾지 못하겠다'고 말했다. 그는 '지역 여론의 영향을 받는 (중략) 속 좁은 정치인들'이 자기의 주민들을 보호한다는 명목하에 '강력하고 적극적인 정부'를 이기적으로 저지한다며 통렬히 비난했다. 워싱턴은 해밀턴의 6월 18일 연설에 그다지 당황한 것 같지 않아 보였다. '자네가 떠났다는 게 유감이군.' 그가 해밀턴에게 확언했다. '자네가 돌아오기를 바라네.'[73]

7월 16일, 코네티컷의 로저 셔먼Roger Sherman을 위시한 여러 의원들이 제시했던 소위 '코네티컷 타협안'에 위원단이 극적으로 합의하면서 필라델피아에 드리운 먹구름이 마침내 걷혔다. 회의에서 드러난 주요 논쟁들은 연방 권력 대 주 권력의 대결이라기보다는 어떻게 연방정부가 주들을 골고루 대변할 수 있을지를 논하는 문제에 치중되었다. 위원단들은 모든 주들이 상원에서 동등한 대표권을 향유하되(이는 소규모 주들에게 희소식이었다) 하원에서는 각 주의 인구에 비례하여 대표권을 가지도록(이에 대해서는 대규모 주들이 기뻐했다) 함으로써 이 불가해한 수수께끼를 해결했다. 이로서 교착 상태는 해소되었지만, 상원의 구성 덕분에 미국의 소규모 주들은 오래도록 정치적인 이득을 보게 되었다.

예이츠와 랜싱 때문에 애매한 입장이 되어버린 해밀턴은 그해 여름 내내 뉴욕과 필라델피아를 오갔다. '예이츠와 랜싱은 단 한 번이라도 해밀턴과 같은 표를 던진 적이 없었고 그에 심히 굴욕감을 느낀 해밀턴은 집으로 돌아갔습니다.' 조지 메이슨이 토머스 제퍼슨에게 한 말이다. '법원 시즌이 오자 판사 예이츠와 변호사 랜싱은 법원에 참석하기 위해 떠났고, 해밀턴은 그 이후에 돌아왔습니다.'[74] 예이츠와 랜싱이 떠난 이후로도 해밀턴은 투표를 할 수 없었는데, 이는 회의가 각 주당 최소 두 명의 위원이 참석할 것을 조건으로 했기 때문이었다. 따라서 그는 투표권 없는 회의 구성원이 되었다. 그러나 그는 더 이상 뉴욕 주 위원단의 눈치를 볼 필요가 없었다. 해밀턴은 예이츠와 랜싱을 상대로 정중히 행동했으며, '예의범절과 여론을 위해' 그들을 다시 필라델피아로 모셔오고 싶다며 돌아올 것을 직접 권했다.[75] 말할 필요도 없겠으나, 두 사람 모두 그의 제안을 거절했다.

회의를 거부한 예이츠와 랜싱은 자신들이 더 이상 비밀유지 서약에 구속되지 않는다고 생각했던 듯, 클린턴 최고집행자에게 필라델피아에서 어떤 논의가 오갔는지를 보고했다. "솔직히 고백하건대, 우리는 미합중국 통합체를 하나의 정부 아래에 두려는 (중략) 모든 체제들에 동일하게 반대해야만 했습니다."[76] 해밀턴이 회고한 바에 따르면, 클린턴은 자신의 권력이 위협받고 있다고 느꼈으며 이에 어떤 식으로든 새로운 헌장은 '국가를 혼란 속에 던져 넣을 것'이라고 공개적으로 발언했다. 회의의 비밀유지 서약을 깬 데 격분한 해밀턴은 클린턴이 필라델피아 회의에 공정한 기회를 주지 않았으며 '회의가 그 어떤 계획을 내놓더라도 그에 대한 편견을 일찌감치 만들어놓고자 하는 의도를 명백히 드러냈다'고 말했다.[77]

필라델피아에서의 사건을 두고 뉴욕에서 안 좋은 소문이 돌기 시작하자 해밀턴은 이에 반박하고 싶어 안달을 냈다. 의원들이 조지 3세의 차남인 요크 공작The duke of York과 결탁하여 미국식 군주제를 도입하려 한다는 소문이 생겨나자, 해밀턴은 이 말도 안 되는 소리가 '이 도시의 제임스 레이널즈James Reynolds라는 자에게 온' 편지에서 시작되었음을 밝혀냈다.[78] 이는 훗날 해밀턴의 인생을 뒤흔들 여자의 남편을 그가 처음으로 입에 올리는 순간이기도 했다. 7월 21일, 해밀턴은 뉴욕의 「데일리 애드버타이저Daily Advertiser」에 조지 클린턴을 겨냥한 글을 실었다. 이 익명의 사설에서 그는 클린턴이 유권자들로 하여금 필라델피아에서 진행 중인 일에 등을 돌리도록 만들고 있다고 주장하면서 '그처럼 고위직에 있는 사람이 *공공의 이익*보다 *자신의 권력*에 더 큰 애착을 가지고 있다. 그는 더 위대한 대의들을 들먹이면서 *후자*를 감소시키는 모든 것에 반대할 위험한 선결을 내리려 하지만, 아마도 이로써 *전자*는 더욱 증진될 것'이라 말했다.[79] 해밀턴은 뉴욕의 헌법 비준을 이끌어내려는 운동의 일환으로, 뉴욕에서 가장 강력한 남자를 상대로 공개적이고 모욕적인 사격을 날린 것이다. 해밀턴의 정치생활이 내내 그러했듯, 이 또한 어느 정도는 용감하고 또 어느 정도는 무모한 짓이었다.

해밀턴은 클린턴을 공격하면서 정확하게 동맥부터 치고 들어갔고, 클린턴주의자들은 해밀턴에 대한 중상모략을 퍼뜨리며 강하게 응수했다. 해밀턴은 클린턴이 자기 잇속만 차리는 지배자의 전형이라고 비난했다면, 적들은 그의 개인적인 평판을 물고 늘어졌다. 해밀턴이 워싱턴의 총애를 받았다는 사실을 알고 있었던 그들은 그 관계가 더러운 것이었다고 떠벌리고자 했다. 클린턴의 한 심복은 '감독관'이라고 서명한 글 하나에서 다음과 같이 말했다. '나 또한 위대하고 좋은 사람인 척하던 풋내기 변호사 하나를 아는데, 그는 특출하게 천재적인 젊은 시절 동안 그런 후원을 받으면서 갑자기 이름을 떨치고 존경받게 되었다. (중략) 마침내 그가 피상적이고 자부심이나 강한 맵시꾼이라는 게 드러났으며, 그의 후원자

역시 더 이상 그에게 신경을 쓰거나 관심을 갖지 않는다.'[80]

해밀턴은 큰 모욕을 느꼈다. 아무런 명예도 없이 태어난 이 남자는 자신의 정치적 명예가 약간이라도 공격받는 경우 상당히 예민하게 반응했다. 아메리카라는 무대 바깥에서 온 외부인이었던 그는 그러한 중상모략을 반박하지 않고 넘길 수는 없다고 생각했으며, 따라서 워싱턴에게 이 모순을 바로잡아줄 것을 호소했다. '고백하건대 이는 제 마음을 상하게 합니다. 만일 그 이야기가 신뢰를 얻는다면 그에 대한 반박도 필요할 것입니다.' 해밀턴이 장군에게 한 말이다.[81] 해밀턴과 클린턴 두 사람 모두와 친했던 워싱턴은 한쪽 편을 들기를 꺼렸으나 해밀턴에게는 그 이야기가 '완전히 사실무근'임을 확언해주었다. 그는 해밀턴이 속임수를 써서 자신의 부하가 되었다고 믿을 이유가 전혀 없다고 설명했다. 해밀턴의 사직으로 이어졌던 자신들 간의 대립에 대해서는 '자네의 사직은 전적으로 자네의 선택에 따른 결과였다네' 라고 못 박았다.[82] 몇 년 동안 해밀턴은 자신의 숨통을 옥죄며 자라나는 거짓말들에 반박하는 데 진을 뺐다. 그러나 그가 소문의 싹을 자르려고 아무리 애써도 악의적인 소문들은 끝없이 새로이 터져 나왔다. 그토록 눈부시고 직설적이며 자신을 믿었던 이 남자에게 그와 같은 소문들이 따르는 것은 어쩌면 피할 수 없는 운명이었을지도 모른다.

필라델피아로 돌아오기에 앞서 해밀턴은 자신의 친구였던 영국인 상인 존 올조John Auldjo가 결투에 돌입하는 것을 막았다. 상대는 우연히도 제헌회의의 조지아 대표인 윌리엄 피어스 장군이었다. 피어스의 입회인에게 보내는 편지에서 해밀턴은 사업상 분쟁에서 올조가 보였던 무례한 행동을 용서해달라고 간청했으며, '공정한 숙고를 거친 다음에도 그 합의가 쓸모없는 것이라고 여겨질 때에만 극단적인 선택을 내릴 수' 있다고 말했다.[83] 결투는 흔히 있는 일이었지만 그 결과가 어떻게 될지는 아무도 몰랐으므로, 양측 모두 고심한 끝에 피를 보지 않고 합의하는 쪽으로 이 상황을 해결했다.

8월 6일, 필라델피아 제헌회의는 헌법을 가다듬기 위한 고된 작업을 재개했다. 8월 13일에 돌아온 해밀턴은 특히 이민과 관련된 논쟁에 열정적으로 참여하기 시작했다. 그는 의원이 될 자격의 조건으로 본토 태생의 미국인이어야 한다거나 일정 기간을 본토에 거주했어야 한다는 규정을 두려는 시도 일체에 반대했다. 그는 '외국인들을 독려하는 것의 장점은 명백하다'며 회의에서 역설했다. "중간 수준의 부를 가진 유럽 국가의 사람들에겐 이곳으로 올 이유가 충분히 있습니다, 만일 그들이 일등 시민과 어깨를 나란히 할 수 있다면 말입니다. 따라서 저는 그 부문에선 단순히 시민권과 거주 요건만을 두도록 요구하는 바입니다."[84] 일반 시민들의 고난에 무관심했던 해밀턴에게는 어울리지 않는 듯한 입장이었다. 그러나 그의 의견은 기각되었다. 하원의원이 되려면 7년, 상원 의원과 대통령의 경우에는 각각 9년과 14년의 거주 요건을 충족해야 한다고 결정되었다. 최종본에서는 대통령이 최소 35세 이상이어야 하고 본토 태생이거나 '헌법 채택 당시 미합중국의 시민일 것'을 규정했는데, 훗날에는 이를 두고 해밀턴이 본인의 대통령 출마를 위해 조항에 한 줄을 추가한 것이 아니냐는 의혹도 제기되었다. 그러나 회의가 이 제안을 작성할 당시 해밀턴은 필라델피아에 없었으므로 그의 입김이 작용했다고 보긴 어렵다.

매디슨이 인정한 바대로 노예제의 망령은 회의를 뒤덮고 있었다. '주들은 각기 다른 이익집단으로 나뉘었는데, 규모의 차이가 아니라 기본적으로 노예를 가지고 있느냐 없느냐에 따라 편을 나누었다. (중략) [갈등은] 대규모 주들과 소규모 주들 간의 것이 아니라 북부와 남부 사이의 것이었다.'[85] 대다수의 남부 인사들은 노예제에 대해 조금의 논의도 하려 들지 않았고, 버지니아 플랜을 지지하는 대가로 자신들의 고유한 제도를 지키고자 했다. 사우스캐롤라이나의 찰스 코츠워스 핑크니Charles Cotesworth Pinckney는 '사우스캐롤라이나와 조지아는 노예제 없이 살 수 없다'고 노골적으로 선언하기도 했다.[86] 이는 너무도 민감한 문제여서, 헌법에서는 노예라는 단어 대신 '사역 혹은 노동을 위해 보유하는' 사람들이라는 완곡한 표현이 사용되었다.

노예를 소유하는 주들에서는 의원 수를 배정하는 데 있어 그들의 인간 재산인 노예가 어떻게 다루어질지 관심 있게 지켜보았으며, 결국 북부 주들은 다섯 명의 노예를 세 명의 자유 백인과 동등하게 간주하기로 합의했다. 이후로도 80여 년이나 더 지속된 악명 높은 '연방 비율'이 탄생한 것이었다. 남부 주들은 인위적으로 하원의 의석과 선거인단을 늘릴 수 있었기 때문에 이 공식을 크게 반겼다. 미국의 첫 대통령 다섯 명 중 네 명이 버지니아 주 출신이었던 것도 다소간은 이 이유 때문이었다. 제퍼슨주의 공화당원들이 해밀턴주의 연방당원들을 상대로 궁극적인 승리를 거둔 데도 이와 같은 중대한 불평등이 적지 않은 몫을 했다. 그 대가로 남부 주들은 1808년 이후로 노예 수입을 중지할 수도 있다는 여지를 남기면서, 언젠가는 노예제가 사라질 것이라는 공상적인 희망을 키웠다. 해밀턴은 연방 비율 없이는 '그 어떤 연합도 형성되지 못했을 것'이라며 침울하게 결론지었다.[87] 실제로 필라델피아에서 세워진 이 상부 구조는 그 전부가 이토록 불안정하고 비민주적인 기반 위에 세워진 셈이었다.

이처럼 노예제를 용인해야만 했던 해밀턴의 분노는 우리가 알고 있는 것보다 좀 더 깊었을지도 모른다. 8월 13일 이민에 관한 발언을 남긴 이후 얼마 동안의 그의 행적은 지금까지 밝혀지지 않았었는데, 사실 그는 해방협회에 참석하기 위해 뉴욕으로 돌아온 상태였다. 해밀턴은 노예제에 대해 필라델피아가 곧 내릴 결정을 협회 동료들에게 알렸을 수도 있는데, 이 때문인지 협회는 제헌회의에 청원을 보내어 '이 협회의 목적 달성을 촉진해줄 것'을 요구했다.[88] 필라델피아에서 노예제에 대한 타협이 이루어지자 해밀턴은 해방협회에 한층 더 강력하게 참여하기 시작했다. 이듬해, 그는 51편에 달하는 '연방주의자' 논설들을 쓰고, 의회에서 일하고, 헌법 비준 운동을 벌이는 중에도 해방협회의 총회에 참석하여 뉴욕주의 노예 수출에 항의했으며 '도시 내에 매장된 흑인들의 시신을 다시 파헤쳐 없애는 행위에 분개'했다.[89] 그해 연말 해밀턴은 해방협회의 고문 네 명 중 한 명으로 임명되었다.

9월 6일경, 다시 필라델피아로 돌아와 있던 해밀턴은 새로운 헌법을 완전히 받아들이기로 결심한 상태였다. 매디슨이 의원들에게 한 말에 따르면 해밀턴은 '제도 전반에 대한 자신의 불호를 화두에 올리기를 자제하고 있었지만, 계획을 지지하기로 마음먹은 이상 (중략) 아무것도 없는 것보다는 나았으므로 몇 가지 점을 짚고 넘어가고자 했다'.[90] 9월 8일, 해밀턴은 헌법 조문을 정리하고 그 어구를 다듬을 '양식 및 준비 위원회'에 들어갔다. 다섯 명으로 구성된 이 위원회에는 위원회장 윌리엄 새뮤얼 존슨을 필두로 루퍼스 킹과 제임스 매디슨도 포함되어 있었지만 무엇보다 해밀턴의 친구인 거베너르 모리스의 활약 덕분에 성공을 거두었다. 모리스는 마차 사고로 인해 나무 의족을 단 채 지팡이를 짚고 다녔는데, 이 때문에 묘하게 이색적인 그의 존재감이 한층 더 부각되었다. 귀족 출신이었던 모리스는 해밀턴과 마찬가지로 군중의 사태 장악을 두려워했으며, 막대한 재산을 소유한 이들로만 구성된 상원을 꿈꿨다. 또한 노예제가 '비도덕적인 제도'이며 '이것이 만연한 주들에는 하늘이 저주를 내릴 것'이라 생각했다.[91] 그는 펜실베이니아 대표로 제헌회의에 참가했지만 사실은 뉴욕에 있는 가족 영지인 모리사니아에서 자라났다. 키가 크고 도회적이었던 그는 굳건한 애국자였고, 통렬한 유머감각과 무심한 듯 빛나는 두 눈을 가졌다. 제헌회의에서 그는 총 173회 발언했다고 기록되어 있는데, 윌리엄 피어스는 그가 '매력적이고 마음을 사로잡으며 청중의 온 감각을 끌어들인다'며 경탄했다.[92]

여러 언어를 구사할 수 있었던 모리스는 즐기며 사는 사람으로 타고 났으며 자신이 '본능적으로 기쁨을 좇는 취향'이라고 인정하기도 했다.[93] 킹스칼리지 시절 그는 '유머와 아름다움' '사랑' 등에 대한 수필을 지었다. 보다 더 진중한 사람들은 이 '키다리 소년'이 매력적이고 치근대는 여느 소년들과 마찬가지로 얄팍하며 심지어는 타락했다고 생각하기도 했다. 존 애덤스는 그가 '위트의 남자이자 아름다운 시들을 썼지만, 너무 가벼운 경향이 있었다'고 말했다.[94] 항상 몸이 달아 있던 모리스를 두고 존 제이 또한 비슷한 비난조의 글을 남겼다. '나는 거베너르의 다리가 언제나 마음에 걸렸다. 하마터면 나는 그가 다리가 아닌 *다른 것*을 잃었더라면 더 좋았을 것이라는 생각을 할 뻔했다.'[95] 모리스의 의족 또한 그의 성적 관심을 떨어뜨릴 수는 없어 보였으며 심지어는 그 때문에 한층 더 욕구를 드러내 보이는 것 같았다.

해밀턴과 모리스는 서로에 대해 다정한 냉소를 곁들인 두터운 친밀감을 느꼈다. 모리스는 해밀턴의 지능에 경탄했으나 그가 '지각없고 자만심 강하며 독선적'이라고 비판했다.[96] 그 찬사에 화답하듯 해밀턴은 모리스를 가리켜 '위대한 천재이자 믿음직한 남자이지만 이따금씩은 자신의 공상에 휘둘리는 나머지 평소의 신중함도 쓸모없게 만들어버린다'고 평하는가 하면[97] 또 다른 때는 '이 나라 태생이지만 그 천재성은 이국적'이라고 말하기도 했다.[98]

해밀턴과 모리스에 관련된 일화들 중에는 근거가 빈약하긴 하지만 아마 사실일 것이라 추정되는 멋진 이야기도 하나 있는데, 여기에서 모리스의 역설적이고 자신감 있는 성향이 드러난다. 언젠가 해밀턴과 모리스는 워싱턴이 사람들에게 자신과 존중의 거리를 유지해야 하며 너무 친근하게 행동해서는 안 된다는 신호를 어떻게 보냈는지에 대해 얘기하고 있었다. 해밀턴은 모리스에게 내기를 걸었다. 자신은 감히 워싱턴에게 다가가 등을 툭 치며 친근하게 말을 걸지는 않을 것이라고 말이다. 도전을 받아들인 모리스는 응접실의 벽난로 근처에 서 있는 워싱턴을 발견하고선 다가가 그의 어깨를 다정하게 살짝 쳤다. "친애하는 장군님, 잘 지내시는 모습을 보니 행복하기 이를 데 없습니다." 그러나 모리스는 곧 해밀턴의 도전에 응한 것을 후회하게 되었다. 워싱턴은 얼음장 같은 눈빛으로 모리스를 쳐다볼 뿐이었기 때문이다.[99]

양식 위원회의 일원이었던 해밀턴은 자신이 아무리 헌법에 대한 우려를 다수 품고 있더라도 여기에 협조할 수는 있으며 나아가 제 몫을 톡톡히 해낼 수 있다는 점을 보여주었다. 그의 글쓰기 솜씨와 속도를 생각한다면 제헌회의는 그를 잘 선택한 셈이었다. 본래라면 후대 사람들이 공들여 설명해야 했을 문언文言들을 그를 포함한 양식 및 준비 위원회가 단 나흘 만에 깔끔히 정리했다는 사실은 아직도 믿기 어렵다. 이들의 목표는 이 문서를 간결하고 탄력 있게 만드는 것이었으며, 그 문언이 남용을 억제할 수 있을 만큼 상세하지만 성장을 위한 공간은 남겨둘 만큼 일반적일 수 있도록 만드는 것이었다. 주主 작성자였던 모리스는 본래의 23개 조항을 단 일곱 개로 줄이고는 여기에 호소력 있는 전문前文, '우리 미합중국 국민We the People of the United States'을 써 넣었다. 모리스의 솜씨에 경의를 표한 매디슨은 '양식 및 준비 위원회가 보태준 *마무리* 작업은 상당 부분 모리스 씨의 펜 끝에서 나온 것'이라고 칭찬했다.[100]

힘겨운 싸움이 거의 넉 달 동안이나 이어진 끝에 드디어 1787년 9월 17일, 제헌회의는 열두 개 주 서른아홉 명의 대표단이 헌법에 서명함으로써 그 막을 내렸다. 연합규약을 폐기하고 주들을 강력한 중앙정부에 종속시킨 것은 그야말로 기념비적인 성과였다. 랜싱과 예이츠가 여전히 타협을 거부했기 때문에 해밀턴은 헌법에 서명한 유일한 뉴욕 대표가 되었다(각 주 대표단의 서명 앞에 쓰인 주 이름 또한 그의 필체로 쓰였다). 워싱턴이 그날 밤 일기에 '회의 소집, 여기서 열한 개 주들(의 대표단)과 뉴욕의 해밀턴으로부터 만장일치 승인을 받음'이라고 기록한 것은 다행스럽고도 즐거운 일이었다.[101] 결국 고집불통 해밀턴이 공공의 이익을 위해 자존심을 한층 꺾은 것이다. 서명 직전 그는 헌법에 대한 절대적 지지를 선언했으며 위원들에게도 그것을 만장일치로 채택하자고 호소했다. 매디슨이 이를 기록했다.

> 해밀턴 씨는 모든 대표단이 서명해야 한다며 우려[즉 열의]를 드러냈다. 헌법에 서명하기를 반대하거나 심지어 거부하는 이들로 인해 얼마 되지 않는 사람들만이 이름을 남긴다면 아마도 그것을 빌미로 한 악질적인 짓, 즉 헌법을 위하는 열정 그 아래에 잠복해 있는 불꽃을 쑤셔대는 장난질을 영원토록 당하게 될 것이지만, 그것은 금방 잦아들 수도 있다. 그가 정말로 알려진 것과 같은 의견을 가지고 있다면, 그는 최종 채택된 계획과 가장 판이하게 다른 의견을 가지고 있는 위원이라 할 수 있었다. 그러나 한편으로는 무정부 상태와 국가적 격변 사이를 가늠해볼 수 있으며 다른 한편에서는 계획에 따라 발생할 이익들을 누릴 수도 있겠다.[102]

서명을 마친 뒤 위원단들은 시티 태번으로 자리를 옮겨 송별회 겸 저녁식사를 했다. 존 애덤스는 이때를 두고 시티 태번은 '아메리카에서 가장 고상한 여관'이라고 묘사했다.[103] 유쾌한 연회 이면에는 아무도 입 밖에 꺼내지 않은 두려움이 깔려 있었는데, 연회 참여자 중 하나였던 워싱턴 역시 이 새로운 연방정부가 앞으로 20여 년이라도 살아남을 수 있을지 의심했다.

대표단은 아홉 개 주의 협의회가 승인하는 시점부터 헌법이 효력을 발휘한다고 결정했다. 각 주의 비준협의회는 주 의회로부터 독립적이도록 했는데, 여기에는 전략적인 이유와 철학적인 이유 모두가 작용했다. 새로운 연방정부에 적대적인 주 공무원들 때문에 헌법이 폐지되는 일을 방지하고자 했던 것이다. 또한 자주적인 비준협의회가 헌법을 승인한다면, 새로운 공화국은 그 정당성을 주 의회들이 아닌 시민들로부터 직접 구하게 되는 셈이며 이로써 연방법이 주법을 능가할 대의를 찾을 수 있었다.

협의회를 이끌어내는 데, 또 그 훌륭한 결과물의 통과를 확실히 하는 데 있어 해밀턴보다 더 큰 영향을 끼친 사람은 제임스 매디슨 외에 없었다. 그가 협의회에서 보여준 행동 그 자체는 또 다른 문제였다. 해밀턴이 그 전까지는 그토록 반대해왔던 문서에 대해 열렬한 지지를 보내자 제퍼슨주의자들은 그에게 순전히 다른 꿍꿍이가 있다고 생각했으며, 이후로도 사람들은 오랫동안 이를 모순적이라고 생각해왔다. 그러나 사실 헌법은 모든 서명인들이 영광스러운 타협을 이룬 결과물이나 마찬가지였다. 이 유연성은 곧 정치적 성숙도의 표식이라며 드높여졌지만, 해밀턴의 양보는 종종 음모가 아니냐는 의심을 받곤 했다. 해밀턴은 헌법이 성공적으로 시행될 수 있도록 모든 힘을 다하겠다는 맹세를 했으며 남은 한평생 이를 굳건히 지켰고, 공적으로든 사적으로든 이를 포기한 적이 없었다. 또한 이 문서에는 그가 1780년 이래 줄곧 주장해왔던 정부 형태와 양립할 수 있는 부분이 상당히 많았다. 그는 새로운 정부의 권력보다는 그 정부 안에서 활동하는 사람들의 재임 기간에 더 큰 의구심을 품었다. 결국에는 이 양피지 문서에 생명을 불어넣고 아메리카 정부의 권한으로 만들기 위해 알렉산더 해밀턴보다 더 많이 노력할 사람은 없었다.

13

퍼블리우스

Alexander Hamilton

미국 독립혁명은 유혈 사태와 대혼란 속에서도 결국 열세 개 주를 한데 통합시켰고, 비록 불안정하긴 하지만 희망적인 하나의 국가로 그들을 묶어주었다. 반면 제헌회의 이후로는 난장판이 벌어지면서 대중이 양극으로 분열되기 시작했다. 해밀턴이 헌법에 서명한 때로부터 나흘 후, 「데일리 애드버타이저」가 가장 먼저 그 문서를 뉴요커들에게 간략히 소개하자 많은 이들은 큰 충격을 받았다. 새 헌법이 본래 연합규약의 수정을 요청한 연합의회의 지시를 한참 넘어 아예 새로운 정부를 만들어버렸기 때문이었다. 이제 이전의 연합규약은 연기처럼 사라져버렸다. 클린턴 최고행정관의 수행원이 내비쳤던 우려를 되새김질하듯, 한때 충직한 '자유의 아들들' 중 하나였고 이제 뉴욕의 보안관이 된 마리너스 윌렛은 새로운 헌법을 가리켜 '무시무시한 이빨을 가진 괴물이 입을 쩍 벌리고서는 그 앞에 있는 모든 것을 먹어치우기 위해 준비하고 있다'고 말했다.[1]

미국은 거대한 논란과 끊임없는 논쟁들을 거치면서 두 파로 갈라서기

알렉산더 해밀턴

시작했다. 새로운 제도에 찬성하며 지배적인 중앙정부를 원했던 이들은 '연방주의자'라 불렸는데, 본래 이는 느슨한 연합을 선호하던 이들을 가리키는 말이었으므로 다소 역설적인 명칭이기는 했다. 반대로 주들의 특권이 잠식당할 것을 우려하면서 새로운 헌법에 반대하던 이들은 이제 반연방주의자라고 불리게 되었다. 양측 모두 상대편이 승리를 거둘 경우엔 악몽이 펼쳐질 것이라며 서로 경쟁하듯 주장했다. 연방주의자들은 연방의 해체와 내전, 외세의 모의를 언급했으며 채무이행 불능과 사유재산의 파괴가 찾아올 것이 명백하다고 주장했다. 반연방주의자들은 폭정과 군주제, 부자들의 기득권, 그리고 주 개념의 전면적인 폐지가 일어날 수도 있다는 음침한 말들을 퍼뜨렸다. 양측 모두의 주장에 어마어마한 과장이 섞여 있는 것을 보면 우리는 이것이 얼마나 촌각을 다투는 문제였는지를 알 수 있다. 독립혁명은 영국으로부터의 독립에만 초점을 맞춘 나머지 정작 아메리카에 어떤 사회가 도래해야 하는지에 대해선 별 신경을 쓰지 못했는데, 이제는 이 문제를 더 이상 미룰 수 없게 된 것이었다. 독립혁명은 새로운 사회 구조를 예고한 것일까, 아니면 이전의 상태와 비슷한 무언가가 영구적으로 이어지도록 만드는 것일까? 또한 지배적인 중앙정부를 구축하려는 새로운 헌법은 한때 식민지인들이 뒤집어엎어야만 했던 영국식 구조를 모방한 것은 아닐까? 헌법의 간결성과 보편성은 다양한 해석을 가능케 했고, 심지어는 정부가 거의 서류상으로만 존재할 것이라 상상하는 이들도 있었다. 모든 혁명 이후에는 순수주의자들이 편집증마냥 이단의 흔적에 촉각을 곤두세우는 일이 뒤따르기 마련인데 이는 미국 독립혁명도 예외가 아니었다.

버지니아와 뉴욕 등 대규모 주들에서 조직적 반대가 이어졌으므로 헌법이 비준되기까지 치열한 싸움이 벌어질 가능성은 커 보였다. 의구심 가득한 시민들은 여관이나 커피하우스에 삼삼오오 모여 새로운 헌법에 대해 토론했고, 많은 사람들은 헌법 내용을 흘낏 들여다보기만 하고선 반대를 표명했다. 제헌회의가 비밀리에 열린 것으로 보아 거기에는 무언가 사악한 꿍꿍이가 있었을 것이라는 혐의도 한층 더 짙어졌다. 한 예로 패트릭 헨리는 '필라델피아의 압제'를 욕했으며 새로운 헌법을 '조지 3세의 독재'와 비교했다.[2] 사람들은 계급을 막론하고 헌법에 반대했는데, 귀족계층은 권리장전이나 순환 대통령제를 주장했으며 평민들은 자기 연고지의 정치인들이나 노예제를 난데없이 나타난 연방정부로부터 지켜내고자 했다. 주 관세 수입만으로 모든 재원을 충당할 수 있었던 뉴욕에서는 특히나 관세 문제가 화두에 올랐다. 새로운 헌법에 따르면 관세를 부과하는 권리가 연방정부에게 독점적으로 부여되기 때문이었다. 1787년 가을이 되자 모든 뉴요커들은 새로운 제도에 대한 논의에 완전히 몰입했다. 한 신문에서는 '이 계절의 분노'에 대해 이야기하면서 '일꾼아, 너는 무엇이냐. 연방주의냐, 반연방주의냐'라고 묻기도 했다.[3]

이런 논란 덕분에 미국의 정치 세계는 그 어느 때보다 글로써 사람을 죽이는 일이 빈번하게 일어나는 시기를 맞이했다. 어느 정도까지가 정당한 반대 의견인지를 정해주는 에티켓도 아직까지 자리 잡지 못한 상태였다. 독 묻은 펜을 든 사람들은 상대측을 향해 공공연하게 편파적이고 신랄한 사설들을 써 날렸다. 이들은 정확성에는 거의 주의를 기울이지 않은 채 감정적이고 본능적인 충격만을 강구했다. 한때 영국을 향해 퍼부었던 날선 어구들이 이제는 국내의 적을 겨냥하게 된 셈이었다.

클린턴주의자들은 여전히 해밀턴이 지난여름 최고행정관을 향해 쏟아부었던 욕설을 마음에 두고 있었다. 9월 초에는 '거친 조각가Rough Carver'라 불리는 한 신문 필경사가 클린턴을 가리켜 '*자신*의 흔적이 남아 있지 않은 모든 것에 싸늘하게 반대할' 자들을 이끄는 '모종의 꿍꿍이를 품은 우둔한 대장'이라 조롱했는데, 이로써 클린턴주의자들의 반감은 한층 더 고

알렉산더 해밀턴

조되었다.[4] 이후 몇 주에 걸쳐 연방주의자와 반연방주의자들 간의 폭력적인 언론 전쟁이 벌어졌다. 클린턴주의자들은 '공화주의자A Republican'라는 이름으로 '거친 조각가'에게 대응했고, 해밀턴을 정조준하여 '그들의 귀족적인 견해에 유리하게 작동할 제도'를 세우고자 하는 '잘난 체하는 파벌'이라는 비난을 퍼부었다.[5]

그에 대해 연방주의자 측에서는 또다시 '아리스티데스Aristides'라는 필명의 사람이 응수했다. 그는 해밀턴을 가리켜 '순수한 원칙들만을 따르는' 숭고한 인간이자, 연합규약의 위험성에 대한 '고결하고 애국적인 경보'를 울린 영웅이라고 묘사했다.[6]

절대로 논쟁을 기피할 위인이 못 되었던 해밀턴은 지난여름 클린턴을 공격했던 익명의 글이 자신이 쓴 것이었음을 인정했다. 그러나 여기서 그는 불화를 종식시키기는커녕 또다시 새로운 일격을 날렸다. 해밀턴은 클린턴이 연합규약의 결함을 전형적으로 보여주는 인물이라 여겼으며 그를 가리켜 '통합과 평화, 미국의 행복을 대가로 자신의 권력과 보수를 지키고자 치명적 음모를 꾸미는 고위직 남자'라고 비난했다.[7] 해밀턴은 자신을 가리켜 스스로 덕의 귀감이라고 자처했는데, 이는 훗날 마수가 되어 그에게 돌아왔다. 자신을 3인칭으로 지칭한 그는 자신들의 적대자들에게 도전장을 던졌다. '해밀턴의 적대자들은 그의 공적 혹은 사적 행실이 진실성이나 명예의 엄격한 규칙들과 부합하지 않는다며 꼬투리를 잡고자 하지만, 해밀턴 씨는 그들의 모든 악의적인 재간을 무찌를 수 있다.'[8]

조지 클린턴은 해밀턴의 전쟁 선포에 두 가지 단계로 응수했다. 우선 이 최고행정관은 '카토Cato'라는 필명으로 헌법에 대해 조목조목 반박한 일곱 편의 사설을 썼다고 추정된다. 카토는 보다 강력한 의회와 보다 많은 하원의원, 그리고 단임제의 약한 대통령을 원했다. 그다음에는 '감독관Inspector'이라는 이름으로 된 한 쌍의 신문 사설이 발표되었는데, 이 글들은 해밀턴을 상대로 하는 중상이 얼마나 악랄해질 수 있는지를 보여주었다. 해밀턴을 가리켜 거만한 '톰 새끼Tom S**t'라고 부른 이 사설들은 그가 머스티, 즉 백인과 쿼드룬의 혼혈이라고 소개했다. 해밀턴의 적대자들이 인종이 뒤섞인 혼혈 태생임을 이유로 그를 폄하하려고 시도한 것은 이번이 처음이었다. 이 글에서는 톰 새끼의 '크리올(프랑스계 미국 이민자와 흑인 사이에서 태어난 혼혈아 혹은 혼혈 문화_역주)다운 이야기'를 통해 그를 조롱했다. 자만하는 풋내기이자 영국의 꼭두각시인 톰은 다음과 같이 독백했다. "친애하는 주인님들, 저는 당신을 섬기느라 실로 힘겨운 삶을 살고 있습니다. (중략) 당신을 위해 제가 치르는 거대한 희생을 살펴주십시오. 태어날 때부터 덴마크 국왕 폐하를 모셨던 저는, 이제 무더운 고향땅을 떠나와 당신을 위해 북아메리카인이기를 자처하고 있습니다." 이후 톰에게는 박해받는 토리당을 변호했던 자신의 '포키온' 사설들을 영국 국왕의 흠정 인쇄소에 직접 보냈다는 혐의가 씌워졌다. '감독관'은 해밀턴을 기만적인 외국인이라고 깎아내린 뒤 워싱턴을 언급하면서 그가 해밀턴의 '티끌 하나 없이 완벽한 아빠'라고 말했다.⁹ 여기서 완벽하다는 것은 곧 해밀턴이 사생아임을 은근히 헐뜯는 말이었으며, 이때부터 해밀턴이 워싱턴의 사생아라는 근본 없는 설화가 시작되어 오늘날까지 이어지게 되었다.

'감독관'은 해밀턴의 악명 높은 6월 18일의 연설에 대해 모두 알고 있는 듯 보였으나, 제헌회의의 비밀유지 서약 때문에 직접 언급할 수 있는 것은 아무것도 없었다. 그래서 '감독관'은 그다음 사설에서 '컬럼비아 부인Mrs. Columbia'이 톰 새끼에게 농장을 어떻게 경영하면 좋을지를 묻는 우화를 지어냈다. 톰은 농장 관리인이 4년의 임기 대신 평생 그 자리를 지켜야 한다고 대답했다. '감독관'은 '[톰은] 자신의 행운이라면 무엇이든 잡을 수 있다고 생각한 나머지 어둠 속에서 벗어나고자 그러한 행보를 걸었다'라며 이야기를 마무리했다.[10] 확실히 클린턴주의자들은 해밀턴을 잘게 부숴버려야 할 때가 왔다고 생각했던 것 같다. 그들은 해밀턴이 외국 태생에 사생아 출신이라는 점이나 그의 인종적 정체성을 물고 늘어졌으며, 그가 영국 왕실과 연결되어 있다는 혐의도 계속해서 제기했다. 곧 이는 지적 대화에서는 해밀턴을 이길 수 없다는 사실을 깨달은 적대자들이 인신공격에 나선 것이었는데, 이는 후에도 해밀턴의 여생에 걸쳐 끊임없이 반복되는 비난의 패턴으로 자리 잡았다.

9월 말, 해밀턴은 헌법에 관한 몇 가지 생각들을 담은 글을 작성했지만 이를 공개하지는 않았다. 그는 '민주주의의 정신이 걸핏하면 그러하듯, 재산에 대한 약탈'이 횡행할까 우려하는 유산 계급이 단합한다면 헌법이 비준될 수 있을 것이라며 조심스러운 희망을 내비쳤다. 그는 또한 정부가 채무를 변제해주길 고대하는 채권자들도 이를 지지할 것이라고 생각했다. 반면 자신의 권력이 감소할까 우려하는 주 정치인들, 그리고 새로운 과세를 두려워하는 시민들은 헌법 비준에 저항할 터였다. 만일 헌법이 비준되지 않는다면 해밀턴은 '연합의 해체와 그 내부에서 다수의 군주제' 혹은 다수의 공화주의 연합체들이 발생할 것이라고 예상했다. 또한 만일 내전이 벌어지면 식민지 상태로 회귀할 수도 있다고 내다보았다. '소요 사태에 대한 보편적인 혐오가 있으므로 대영제국과 재결합하는 일이 결코 없으리라고 말할 수는 없다. 그러나 그렇게 두려워할 필요는 없다. (짐작건대 해밀턴은 가능성이 높지는 않다고 본 것 같다.) 만일 개중 가장 설득력 있는 경우를 꼽으라면, 아마도 우리나라의 중앙정부가 영국 왕실과 가족 협정을 맺어 아들로 들어가는 일이 되겠다.'[11]

그 같은 두려움 때문에라도 해밀턴은 헌법을 수호하는 일에 매진하기 시작했다. 그는 정치인으로 활동하는 내내 실현 가능성이라는 차원에서 움직였으며, 자신이 원하는 대로가 아닌 있는 그대로의 세계를 바라보았고, 종종 완벽성을 독단적으로 고집하는 이들을 맹비난했다. 또한 그는 불완전한 고객으로부터도 최상의 판결을 끌어낼 수 있는 능력의 변호사였기 때문에 헌법 회의론자에서 탈피하여 열렬한 지지자로 돌아서기가 한층 쉬웠을 것이다. 입장에 변화가 있었던 사람은 해밀턴뿐만이 아니었다. 필라델피아에 모였던 대표단 모두가 타협의 정신으로 최종안을 받아들였다. 이들은 그것을 공동 작업의 결과물로 간주했고, 가능했던 해결책 중 최선의 것이라 생각했다. 제퍼슨이 조지 워싱턴을 두고 한 다음의 말은 해밀턴에게도 그대로 적용될 터였다. '그는 우리 헌법이 공화정부의 실현 가능성에 대한 실험이라고 생각한다며 몇 번이고 내게 말했다. (중략) 또한 그는 이 실험이 공정하게 치러져야 하며 그것을 지지하기 위해 자신의 마지막 피 한 방울까지도 아끼지 않겠다고 말했다. (중략) 나는 워싱턴 장군이 우리 정부의 존속 가능성을 완벽히 확신하지는 못했다고 믿는다.'[12] 해밀턴 또한 워싱턴만큼 희망을 가지고 있었고, 워싱턴만큼 헌신적이었으며, 무엇보다 워싱턴만큼 회의적이었다.

1787년 10월에 이르자 해밀턴은 뉴욕헌법비준협의회에 연방주의자 대표들을 선출하라고 독려하고자 야심찬 집필 계획을 세우기 시작했다. 그는 뉴요커가 뉴욕의 독자들을 위해 쓰는, 전 조문條文에 대한 포괄적인 설명문을 집필할 요량이었다. 1787년 10월 초 제임스 켄트는 올버니에 있는 스카일러 저택에서 열린 저녁만찬 자리에서 해밀턴과 마주쳤는데, 당시 해밀턴은 주 대법원의 가을 회기에 출정하고 있었다. 필립 스카일러가 연방 조세권이 필요한 이유를 상세히 설명하는 동안 해밀턴은 조용히 듣고만 있었다. '해밀턴 씨는 다소 무관심하거나 두서없어 보였다.' 켄트가 회고했다. '나중에야 알게 된 사실이지만 (중략) 당시 그는 불후의 명작인 '연방주의자' 시리즈의 집필 계획을 세우느라 깊은 생각에 빠져 있었다.'[13]

알렉산더 해밀턴

전설에 따르면 해밀턴이 『연방주의자 논집』이라는 이름으로 알려진 명작의 첫 글을 쓰기 시작한 것은 그가 엘리자와 함께 범선을 타고 허드슨 강을 따라 올버니에서 뉴욕으로 돌아가는 선실 안에서였다고 한다. 엘리자는 당시 자신들이 상류로 가고 있었다고 회고했으며(올버니에서 뉴욕 시는 하류 방향에 있음_역주), 배를 타고 가는 동안 해밀턴이 계획의 윤곽을 그렸다고 말했다. '나의 사랑하는 남편은 올버니로 향하는 노스 리버(허드슨 강 하류의 별칭_역주) 범선들 중 한 척의 위에서 '연방주의자' 시리즈에 실을 논설들의 개요를 썼다. (중략) 당시에는 일반적으로 1주일 정도 걸리는 여정이었다. 그는 공적 활동에 너무나 많은 시간을 빼앗겼으므로, 연구나 집필 활동은 대부분 이동하는 동안에 해야만 했다.'[14] 어느 방향으로 항해하고 있었건, 해밀턴이 높은 돛대 하나가 달린 범선을 타고 허드슨 고원지대와 팰리사이드를 지나쳐 가면서 계획을 수정하는 모습은 상상하기 즐거운 장면이다. 첫 번째 논설은 1787년 10월 27일 「인디펜던트 저널The Independent Journal」에 처음 소개되었다.

　해밀턴은 '연방주의자' 시리즈 프로젝트 전체를 관장하면서 아이디어를 내고 집필진을 선별함은 물론 어마어마한 양의 논문들을 써내며 출판을 감독했다. 해밀턴이 선택한 최초의 동업자는 존 제이였다. 키가 크고 말랐으며 대머리였던 그는 창백하고 우울한 얼굴의 소유자였고, 깊이 가라앉은 그의 회색 눈에는 경계하는 듯한 눈빛이 담겨 있었다. 초상화에서는 언제나 금욕적이고 삭막하기까지 한 인물로 그려졌지만, 그럼에도 그는 위트나 즐거움 또한 있는 사람이었다. 위그노의 후손이자 부유한 상인의 아들이었던 제이는 뉴욕 주 헌법의 주요 작성자이기도 했다. 그는 프랭클린, 애덤스와 더불어 독립혁명을 끝마칠 평화조약의 협상 자리에도 있었으며 연합규약 당시에는 오래도록 외무장관을 맡았다. 최상의 마음가짐과 나무랄 데 없는 완전무결한 남자 존 제이는 '연방주의자' 시리즈의 첫 번째 공동 집필자가 되기에 최고의 인물이었다.

해밀턴과 제이는 세 명의 집필진을 더 초대했다. 매디슨이 남긴 글에 따르면 '제임스 매디슨과 함께하자고 제안한 것은 알렉산더 해밀턴이었으며, 존 제이가 그것을 실행에 옮겼다. 윌리엄 듀어 또한 본래 계획에 속해 있었고 실제로 두어 편의 논설도 썼으나, 지성과 활력이 있었음에도 그의 집필은 계속되지 못했으며 그의 논설들 역시 출판된 논집에 실리지 않았다'.[15] 해밀턴은 거베너르 모리스에게도 "'연방주의자'의 집필을 도와줄 것을 열렬히 역설'하면서 그를 꼬드기려 했으나 모리스는 일이 너무 바빠 이를 거절할 수밖에 없었다.[16] 해밀턴이 모리스 및 매디슨과 접촉했다는 것은 그가 이 익명의 논집에 제헌회의 내부의 작업들에 관해 상세한 정보들이 담기기를 바랐다는 사실을 보여준다. 그는 언제나 틀을 만든 사람들의 의도가 결정적이지는 않을지언정 중요하다고는 믿었다. 그는 헌법이 '자기 스스로를 변호해야 한다. 그러나 솔직한 마음으로는, 그 틀을 짠 사람들의 견해들을 알 수 있는 완벽한 기회를 가졌던 사람들이 이 시점에서 내놓는 설명은 틀린 것이 아니라 옳다고 여겨져야만 하며, 그 구조물을 신뢰하는 데 있어 중대한 부차적 근거로서 작동해야 한다'고 말했다.[17]

각 집필진은 자신의 전문 분야에 대해 글을 쓰기로 했다. 제이는 자연스럽게 외교를 맡았고, 공화국과 연합의 역사에 통달했던 매디슨은 그 분야 전반을 맡기로 했다. 그는 또한 버지니아 플랜의 작성자였으므로 신정부의 전반적인 사항들을 개괄하는 일도 맡았다. 해밀턴은 자신에게 꼭 알맞은 정부 부처들, 즉 행정부와 사법부 및 상원의 일부분을 도맡았다. 다가올 일들을 미리 보여주듯, 그는 군사 문제와 과세 문제도 다루었다.

'연방주의자' 논설들은 가장 먼저 신문들을 통해 공개되었다. 집필진은 제헌회의의 비밀유지 서약을 어긴 배신자라고 내몰릴 수 있었으므로 필명 뒤에 자신의 정체를 숨겨야만 했다. 본래 해밀턴은 논설들을 '뉴욕 시민'이라는 이름으로 게재하려 했으나 버지니아 출신의 제임스 매디슨이 합류하게 되면서 계획을 바꿔 '퍼블리우스'라는 펜네임을 선택했다. 이는 그가 1778년 새뮤얼 체이스가 전시를 틈타 폭리를 취한다며 질책할 때 처음으로 썼던 바로 그 필명이었다. 이는 아주 적절한 선택이었다. 퍼블리우스 발레리우스Publius Valerius는 로마의 마지막 왕을 권좌에서 끌어내린 뒤 정부가 들어설 수 있도록 공화주의의 기반을 닦은 인물이었다. 해밀턴은 이 글을 자신이 썼다고 밝히지 않은 채 마운트버넌으로 보냈고, 워싱턴은 이에 다음과 같이 답신했다. '퍼블리우스의 나머지 편들에 관해서는 자네에게 감사를 보내야만 하겠네. 저자가 그 주제를 굉장히 잘 다루리라는 확신이 들었으니 말일세.'[18] 제이는 그다음 네 편을 작성했지만 류머티즘이 심해져 하차할 수밖에 없었다. 완성된 『연방주의자 논집』에는 총 85편의 논설이 실렸는데 그중 해밀턴이 51편을, 매디슨이 29편을 썼고 제이가 다섯 편만을 더했을 뿐이었다. 해밀턴은 제이의 병환을 예상하지 못했을 뿐더러 모리스와 듀어가 참여하리라고 생각했던 탓에, 매디슨과 자신이 그토록 많은 분량을 집필하게 될 것이라는 예측은 전혀 하지 못했다. 결국 두 사람은 7개월 동안 17만 5,000자에 달하는 글을 써내면서 '연방주의자' 시리즈를 사실상의 2인 합작물로 만들었다. 해밀턴과 매디슨의 활약 덕분에 뉴욕은 정부의 새로운 계획을 두고 지적 전투가 벌어지는 주요 경기장으로 떠오르게 되었다.

'연방주의자' 시리즈는 본래의 집필 계획보다 엄청나게 큰 규모의 사업이 되어버렸기 때문에, 모든 글을 모아 논집을 펴낸 하노버스퀘어Hanover Square출판사의 아치볼드 맥린Archibald McLean이 난색을 표하는 일도 있었다. 그는 로버트 트루프에게 이렇게 투덜댔다. '내가 일을 맡겠다고 약속했을 당시에는 스무 편, 최대 스물다섯 편의 논설로 구성되어 있었다네.'[19] 맥린은 『연방주의자 논집』이 본래 예상했던 250쪽짜리 한 권이 아니라 600쪽에 달하는 두 권짜리 책이 되었다고 불평했다. 엎친 데 덮친 격으로, 운도 지지리 없었던 이 출판사는 책이 팔리지 않아 수백 권의 재고를 쌓아두게 되었고 이에 맥린은 자신이 다 합쳐서 단 5파운드도 벌지 못했다고 불평했다. 아치볼드 맥린에게 있어 『연방주의자 논집』은 지독한 실패였으며 절대로 잊을 수 없을 만큼 불운했던 출판 사업이었다.

해밀턴은 자신의 익명성을 지키기 위해 로버트 트루프를 통해 초반의 논설들을 신문사들에 보냈다. 또한 자신이 다른 지역에 나가 있을 때면 엘리자에게 원고를 보냈는데, 아마도 엘리자는 이것을 트루프에게 전달했을 것이다. 이윽고 뉴욕의 정치판에서 해밀턴이 논집의 주요 저자였다는 사실이 공공연한 비밀이 되자, 신문사 사장인 새뮤얼 루던Samuel Loudon은 해밀턴의 사무실로 직접 찾아가 새 원고를 부탁했다. 해밀턴과 매디슨 및 제이가 집필진이었다는 사실은 이미 많은 사람들이 알고 있었지만 그럼에도 세 사람은 오로지 선택된 몇 사람에게만, 그것도 대부분 1788년 3월에 첫 번째 논집이 출판된 이후에나 이를 확언해주었다. 매디슨은 관련된 이름들을 암호로 적어 제퍼슨에게 알렸고, 해밀턴은 워싱턴에게 책을 보내면서 그것의 집필을 '매디슨 씨와 제가 주로 담당했고 제이 씨가 약간의 도움을 주셨다는 것을 (중략) 이미 알고 계시리라고 생각'한다고 말했다.[20] 누가 어떤 글을 썼는지는 한층 더 민감한 사안이 되었다. 해밀턴과 매디슨은 오로지 서로가 동의할 때에만 어떤 것이 누구의 글인지를 밝히기로 협약을 맺었기 때문에, 그다음 두 세기 동안 학자들은 대략 열다섯 편의 논설을 놓고 저자에 관한 논쟁을 벌였다. 맹세에 충실했던 해밀턴과 매디슨은 이 주제에 대해 철저히 함구했다.

『연방주의자 논집』은 정치적 걸작임은 물론 그 글 자체 역시 명작이라는 칭송을 받고 있다. 시어도어 루스벨트는 이것이 실질적인 정치학을 다

알렉산더 해밀턴

룬 책들 중 '전체적으로 봤을 때 가장 위대한 책'이라고 평했다.[21] 기한이 그렇게나 촉박한 상황에서 써내려간 글임을 감안한다면 그러한 성과는 더욱 놀라울 따름이었다. 11월 말부터 일련의 비준협의회가 시작하기로 계획된 상태였기 때문에 해밀턴과 매디슨에게는 새로운 연구나 고찰을 할 기회가 거의 없는 상황이었다. 이들은 한 주에 네 편의 논설(즉 각자가 두 편씩)을 대략 사흘 간격으로 쓰는 데 합의했는데, 이는 글을 검토할 시간조차 거의 없는 스케줄이었다. 이후 논설들이 너댓 개의 뉴욕 신문들에 실리기 시작하면서 무시무시한 마감 기한은 계속되었다. 집필진들은 이미 자신의 마음속이나 이전에 기록해뒀던 노트들에서 정보나 생각, 혹은 인용구들을 가져올 수밖에 없었지만, 다행히도 이들은 이미 이런 일들에 익숙한 사람들이었다. 매디슨은 제퍼슨에게 다음과 같이 설명했다. '비록 [출판이] 협력을 통한 것이기는 하나, 집필진은 상대의 생각들에 대해 대담을 나눌 수도 없습니다. 다른 누구에게 글을 찬찬히 읽어달라고 할 만한 시간도 거의 없으며 글을 쓴 본인조차 그것을 출판사에 넘겨주기 직전에야 통독해보지만, 그것조차도 못할 때도 이따금씩 있습니다.'[22] 매디슨은 스케줄이 너무나도 고된 탓에 종종 '출판사에서 한 편의 일부에 대한 조판을 하고 있는 동안 나머지 일부는 여전히 집필 단계에 있다가 겨우 시간 안에 출판사로 전달되기도' 했다고 말했다.[23] 해밀턴과 매디슨이 서로의 글을 이미 출판된 신문을 통해 접하는 일도 부지기수였다.

매디슨은 제헌회의에서 작성해놨던 노트 및 회의 준비를 위해 책을 읽으며 기록해뒀던 메모들의 도움을 받았다. 그는 그러한 학구적인 지지대가 없었다면 '결과물은 아주 다른 양상을 띠게 되었을 것'이라고 고백했다.[24] 해밀턴은 이 기간 동안 무모하기 짝이 없는 짓을 단행했다. 변호사 활동에 푹 빠져 있던 그는 마치 집필이 부차적인 일이라도 되는 것마냥 자신의 본래 스케줄에서 시간을 쪼개어 그 일에 임했다. 로버트 트루프는 해밀턴이 '연방주의자'에 실을 글들을 얼마나 급하게 썼는지를 회고했다. '[그는] 언제나 법조계 활동에 엄청난 신경을 쏟고 있었으므로 [자신이 담당한] 모든 편들을 그 무엇보다도 막중한 압박 속에서' 썼다. 심지어는 새뮤얼 루던이 '직접 [해밀턴의] 사무실로 찾아와 그가 여러 편의 '연방주의자'를 써내는 장면을 지켜보며 기다렸다가' 그것을 가져가 곧바로 신문에 싣는 일도 있었다.[25] 특히 매디슨이 버지니아로 돌아간 이후의 기간 동안 해밀턴은 폭발적인 기량을 보여주면서 단 두 달 만에 스물한 편의 논설을 줄줄이 써냈다. 어떤 때는 한 주에만 다섯 편의 논설을 게재했는가 하면, 조세에 관해 논할 때는 한 주 동안 무려 여섯 편이나 써낸 적도 있었다.

해밀턴의 머리는 언제나 기이할 만큼 재빨리 돌아갔다. 평생 그는 충격적일 만큼 수많은 글을 남겼는데, 그 분량은 단 한 사람이 채 50여 년도 되지 않는 생애 동안 남긴 것이라고 믿기 힘들 정도다. 언어를 주요 무기로 삼았던 그의 장부에는 수천 개의 깃펜과 양피지, 펜나이프, 석필, 수천 장의 풀스캡(대형 인쇄용지_역주), 밀랍 등을 구매한 기록이 빼곡히 적혀 있다. 해밀턴의 글들은 그가 마치 모차르트가 조옮김을 하듯 자신의 복잡한 생각을 몇 번의 터치만으로 손쉽게 글로 풀어내는 사람이었음을 보여준다. 이따금씩 문장을 만지작거릴 때도 있었으나 그는 대부분의 경우 생각의 논리적 흐름 자체를 바꾸지는 않았다. 아름다울 만치 정돈된 그의 사고 속에는 완전히 소화된 아이디어들이 알맞은 자리에 차곡차곡 들어가 있었고, 그는 그것들을 내키는 대로 꺼내서 빠른 속도로 글을 써 내려갈 수 있었다.

해밀턴의 산출력을 제대로 이해하기 위해서는 그가 집필 활동을 통해 남긴 주요 저작물들이 거의 대부분 시사적인 주제를 다루고 있으며 그것도 논쟁의 한가운데에서 쓰였다는 사실을 눈여겨봐야 한다. 집필 활동에 있어 그는 단 한 번도 고독한 철학가를 자처한 적이 없었다. 그의 친구였던 너대니얼 펜들턴은 해밀턴의 웅변이 '완전한 힘을 얻는 데는 무언가 반대 측에 있는 상대가 필요한 것 같았다'고 말했다.[26] 그러나 해밀턴이 쓰는 시사적인 글에서는 당대의 사건들 뒤에 숨겨진 불변의 원칙들을 찾아볼 수 있었다. 법적 질의서에서든 오랜 논쟁에서든 그는 언제나 이성에 호소하여 사람들을 설득하고자 했다. 그의 수완은 비교할 데가 없었으며, 그의 천성은 논쟁 속에서 더욱 빛을 발했다. 그의 어마어마한 작업량은 초인간적인 체력과 지성, 그리고 적당한 자기복제가 만들어낸 산물이었다.

해밀턴은 머릿속에서 글을 짜내기 위해 자신만의 독창적인 방법들을 고안해냈다. 그중 하나로는 실내를 서성이면서 머릿속에서 문장들을 구성하는 것이었다. 윌리엄 설리번은 해밀턴이 치열하게 글을 구상하는 장면을 훌륭한 글로 남겼다.

> 그의 연구 습관을 아는 여느 사람이라면 이렇게 말할 것이다. 그는 달성해야 할 진지한 목표가 있을 때면 그것을 미리 고안하는 데 시간을 들였다. 이 작업을 마치고 난 다음 그는 밤이 찾아오는 시간과 관계없이 잠을 청했고, 예닐곱 시간을 자고 일어나 진한 커피를 한 잔 마신 뒤 테이블 앞에 앉아 여섯, 일곱, 여덟 시간을 그 자리에서 보냈다. 빠르게 써 내려간 그의 글은 교정도 거의 필요 없이 바로 출판할 수 있을 정도였다.[27]

해밀턴의 글은 언제나 장황하고 지루하다는 것이 단점이었는데, '연방주의자' 시리즈의 집필에 시간과 분량의 제약이 있었다는 점은 결국 그의 글을 한결 간명하게 만드는 데 도움이 되었을 수도 있겠다.

§

알렉산더 해밀턴은 그 특유의 카리스마 때문에 본질적으로 대중에게 맞서는 데 비뚤어진 자부심을 느끼는 외톨이 지식인이었다. 매디슨 및 제이와의 긴밀한 협력을 통해 그 같은 위대한 문학적 성취를 이루어냈다는 점은 그래서 더 주목할 만하다. 필라델피아 제헌회의가 끝나자 매디슨은 거의 소멸 직전인 연합의회에 참석하기 위해 맨해튼 메이든레인 19번지의 숙소로 돌아와 버지니아 주의 다른 대표들과 함께 지내기 시작했다. 훗날 '헌법의 아버지'라고 칭송되는 매디슨이지만 당시만 해도 그는 조문들에 대해 많은 의구심을 품고 있었다. 그는 특히 상원에서 각 주들이 동등한 투표권을 가진다는 것에 의구심을 가졌고, 초반에는 다른 사람들이 그것을 변호하기 위해 나서는 것에 만족해했다. 그는 또한 다른 사람들도 제헌회의의 형성 작업에 접근할 수 있도록 해야 한다고 생각했었지만, 10월 말이 되자 헌법의 그로테스크한 왜곡과 뉴욕의 언론이 촉발한 격노에 너무나 실망한 나머지 해밀턴과 함께 '연방주의자' 시리즈를 집필하기로 결심했다.[28]

미국인들은 어떻게 해밀턴과 매디슨 같은 걸출한 사람들이 이 순간을 맞이하게 되었는지 종종 궁금해한다. 그 이유들 중 하나는 아이디어를 생산할 수 있는 사상가 및 그 사상들을 알기 쉽게 설명할 수 있는 명문장가들이 혁명 이후 극도로 필요해졌다는 것이었다. 국가를 세우려는 세대에게 있어 어떤 아이디어를 즉각 구현할 수 있는 능력은 말로 표현할 수 없을 만큼 소중한 강장제나 다름없었다. 그 민주주의 실험의 성패는, 다른 때였다면 그다지 중시되지 못했을 정치적 지식인들의 손에 달려 있었다.

이와 같은 기로에 선 해밀턴과 매디슨은 아마도 뉴욕의 다소 기이한 콤비로 보였을 것이 분명했다. 밝은 색의 옷을 입고 명랑하게 재잘대는 서른두 살의 해밀턴은 마치 공작새 같았던 반면, 언제나 검은 옷을 입고 선 침묵이나 생각 속에 빠져 있는 서른여섯 살의 매디슨은 마치 까마귀 같았다. 그해 이 두 사람을 만났던 프랑스의 언론인 J. P. 브리소 드 와르 빌J. P. Brissot de Warville은 연상이었던 매디슨이 오히려 새파랗게 젊은 학자 같 은 데 반해 해밀턴은 좀 더 세속적이고 더 나이들어 보였다고 말했다. '이 공화주의자는 많아봐야 서른세 살밖에 안 되어 보인다.' 와르빌이 매디슨 에 대해 쓴 말이다. '나와 만난 그는 피곤해 보였는데, 그것은 아마 최근 엄청나게 몰두했던 어마어마한 작업 때문이었을 것이다. 그의 표정은 마 치 엄격한 검열관 같았고, 우리의 대화에서는 그의 학자다운 태도가 드러 났으며, 그의 얼굴을 통해서 나는 그가 자신의 재능과 임무를 잘 알고 있 는 사람임을 알 수 있었다.'[29] 또한 해밀턴에 관해서는 '해밀턴 씨는 매디 슨 씨의 라이벌이자 동업자가 될 만한 사람이다. 그는 서른여덟 살이나 마흔 살 정도 되어 보이며, 키가 크지 않고, 단호하며, 솔직하고, 군인다운 외양의 인물이다. (중략) 그는 웅변과 더불어 견실한 논리로 두각을 드러 냈다'고 평했다.[30]

훗날 해밀턴과 매디슨은 각각 정치적 스펙트럼의 양극단을 상징하게 된다. 그러나 '연방주의자' 시리즈 집필 당시의 두 사람은 문체나 관점이 너무도 흡사해서 학자들도 어떤 부분을 누가 쓴 것인지 알기가 쉽지 않 다. 대체적으로 보자면 매디슨의 문체는 보다 밀도 높고 전문적이며 해밀 턴의 문체는 좀 더 우아하고 유려하지만, 눈부신 통찰력과 놀라운 경구 를 쓰는 재주는 두 사람 모두에게 있었다. 이 시점의 매디슨은 종종 '해밀 턴주의자' 같은 말들을 했으며, 그 반대의 경우도 마찬가지였다. 훗날 헌 법의 '엄격한 해석자'라고 평가받는 매디슨은 당시 묵시적 권한이라는 원 칙을 전면에 내세웠는데, 이는 훗날 해밀턴이 연방정부의 권한을 확대하기 위해 주장하던 바와 같은 것이었다. '연방주의자' 제44호에서 '목적 달성에 필요하다면 그것을 위한 수단은 허용되어야 한다는 것보다 법적으로든 논리적으로든 더 자명한 공리는 없다'고 말한 것도 다름 아닌 매디슨이었다.[31] 이 시점에서 그들은 연방정부를 강화함과 더불어 주 권력의 남용이 만연하는 사태를 다스려야 할 필요가 있다는 공동의 대의를 이룰 수 있었다.

해밀턴과 매디슨은 이따금씩 인간이 야망과 탐욕 때문에 비이성적으로 행동할 수도 있다고 간주하는 이성적인 사람들이었다. 매디슨은 '만일 모든 인간이 천사였다면 정부는 필요하지 않았을 것'이라고 쓴 바 있다.[32] 두 사람 모두 인간 본성에 대해 비관적인 견해를 갖고 있었는데, 특히나 해밀턴의 관점은 좀 더 어두웠다. 이들은 비이성적인 대중의 충동이나 다수 및 소수의 압제를 예방할 수 있는 장벽을 세우고자 했으며, 이를 위해 회의적이고 깨어 있는 정신의 사람들이 여론을 정제하여 대표해야 한다고 생각했다. 해밀턴이 엘리트주의자로 유명하긴 하지만, 먼저 시발점으로 나선 것은 매디슨의 가장 유명한 논설인 '연방주의자' 제10호였다. 이 글에서 매디슨은 사람들은 각자 타고나는 자질이 있기 때문에 재산이 불평등하게 분배되는 것이며 계급이나 이익 간의 충돌 역시 마찬가지의 이유에서 발생한다고 논했다. 또한 거대한 외생外生 국가에서는 권력의 남용을 견제함으로써 이익에 대한 서로의 갈등을 중화시킬 수 있다고 주장했다. '야망이 야망에 맞서게 하라.' 그가 '연방주의자' 제51호에서 남긴 말이다.[33]

'연방주의자' 시리즈에서 매디슨이 보다 폭넓은 이론과 역사를 제시했다면, 해밀턴은 세계에 대한 보다 많은 지식을 그 안에 담았다. 여태껏 여러 분야를 전전하며 살아왔던 그는 상업의 전문가이자 군사 전문가, 그리고 정치 전문가로서의 역할을 맡게 되었는데, 특히나 정치경제에 관한 논

           알렉산더 해밀턴

의에서는 매디슨보다 훨씬 더 뛰어난 기량을 보여주었다. 매디슨이 독재의 잠식을 헌법으로 억제하는 데 더 많은 관심을 쏟았다면, 해밀턴은 행동을 이끌어내는 자극제들을 옹호했다. 이후에도 평생 그러했듯, 행정부와 사업부에 대한 논설들에서 해밀턴은 정부가 활력과 에너지를 가지고 있어야 한다고 주장했다. 동시에 그는 질서의 필요성과 자유에 대한 갈망을 조화시키고자 언제나 만전을 기했다. 이에 대한 버나드 베일린Bernard Bailyn(지성사 연구의 거장인 20세기의 미국 학자이자 하버드대 교수_역주)의 글을 살펴보자. "'연방주의자' 시리즈에서는 헌법이 강력한 중앙정부를 만드는 데 있어 이전에 알려진 것보다 한층 더 큰 정치적 자유를 갈망하는 극단적인 바람들과 결을 같이함으로써 독립혁명의 정신을 저버리지 않았다고 논했다. 그러나 사실은 그와 정반대로, 헌법은 국가의 생존과 더불어 국민 및 각 주들의 권리를 보장하기 위해 반드시 필요한 권력을 창출함으로써 그 같은 극단적인 열망들을 충족시켰다.'[34]

이쯤에서 해밀턴이 쓴 '연방주의자' 논설들을 자세히 들여다보자. 이 글들에서 해밀턴은 이례적일 만큼 폭넓은 사상을 드러내 보였다. 시리즈의 첫 번째 편을 맡으며 논의의 포문을 연 해밀턴은 화려한 미사여구와 함께 이 일련의 글들이 '뉴욕 주 시민들'에게 바쳐진 것이라고 밝히면서, '현존하는 연합정부의 비효율성을 명백히 경험한 여러분은 미합중국을 위한 새로운 헌법을 심사숙고해야 할 입장에 놓이게 되었다'고 고했다. 주된 화두는 과연 그들이 훌륭한 정부를 '생각과 선택에 따라' 세울 수 있는지, 혹은 '정치 체제에 있어 끝없이 우연과 무력에 의존해야 할 운명인지'였다.[35] 해밀턴은 비준협의회의 결과가 '제국의 운명'을 결정지을 것이며 비준 거부는 곧 '전 인류의 불행'이 될 것이라 선언했는데, 이를 읽노라면 열변을 토하는 그의 모습이 눈앞에 거의 그려진다.[36]

해밀턴은 헌법에 반대하는 이들의 동기에 의혹의 눈길을 던졌다. 그는

13 · 퍼블리우스

자신의 정치적 악몽 속 등장인물들을 두 종류로 나누어 질책했는데, 여기에는 자신의 권력이 부식될까 두려워했던 주 정치인들(이를테면 조지 클린턴), 그리고 대중의 권리를 옹호하는 한편 대중의 혼란을 이용하는 선동 정치가들(훗날의 주역은 제퍼슨)이 있었다. 해밀턴은 '위험한 야망이란 대개 견고하고 효율적인 정부를 찾으려는 심각한 외형적 열의보다는 국민의 권리를 위하는 열의라는, 그럴 듯한 허울의 가면 뒤에 도사리고 있다'고 경고했다.[37] 이처럼 무대를 다진 해밀턴은 이후 앞으로의 집필 계획을 개괄적으로 밝혔으나 그 호수는 명시하지 않았다.

그다음 네 편의 논설에서는 존 제이가 나서서 국가연합이 외교에 있어 얼마나 나약하고 취약한 체제인지를 설명했다. 이후 해밀턴이 네 편의 논설을 할애하여 만일 연합규약이 지속되며 주들 또한 서로 계속 다투기만 한다면 국내에서도 어떤 치명적인 결과가 뒤따를 수 있는지를 이야기했다. 비극적인 일화들을 좋아했던 해밀턴은 여기에서도 셰이스의 반란을 고대 그리스가 겪은 끔찍한 선례에 빗대었다. '연방주의자' 제6호에서 그는 민주주의 공화국이란 필연적으로 평화로운 것이라는 생각에 대해 참으로 희망적인 발상이라며 조롱했다. '대중 집회들은 자주 분노와 원한, 시기, 탐욕 및 여타 비정상적이고 폭력적인 경향의 충동들에 사로잡히지 않는가?' 또한 해밀턴은 세계 무역을 예언한 사람답게, 상업이 국가들을 언제나 하나로 묶어줄 것이라는 몽상을 묵살했다. '이제껏 상업이 전쟁의 목적을 변화시키는 것 이상의 무언가를 한 적이 있는가? 부에 대한 갈구는 권력 혹은 영광에 대한 갈구만큼이나 지배적이고 진취적인 열정이지 않은가?'해밀턴은 아메리카가 곧 특별한 섭리에 따라 지배되는 에덴동산이 될 것이라는 관념들을 반박했다. '이제 그만 옛 황금기의 기만적인 꿈에서 깨어나, 다른 모든 지구상의 사람들과 마찬가지로 우리 또한 완벽한 지혜와 덕이 있는 행복의 제국과는 거리가 먼 곳에서 살고 있다는 현

실적인 격언을 우리 정치적 행실의 지침으로 받아들일 때가 오지 않았는가?'[38]

'연방주의자' 제7호에서부터 해밀턴은 강력한 연방이 부재하는 경우 주들 간에 벌어질 수 있는 싸움 다수를 검토하기 시작했다. 방어 시설과 상비군이 부족하면 주들 간의 다툼은 악화될 수밖에 없는데, 이는 큰 주가 작은 주들을 상대로 포식자처럼 굴 유인이 있기 때문이다. 그리하여 발생하게 될 혼돈은 반연방주의자들이 '국민들은 군대가 자신들의 보호자일 뿐 아니라 나아가 상관이라고 생각하게 될 것'이라며 우려했던 바로 그 전제적 군국주의로 이어질 터였다.[39] 해밀턴은 과거 공화국들 또한 혼란을 일으켰음을 인정하면서도 '정치과학'의 발전 덕분에 앞으로 가장 많은 남용을 방지해줄 원칙들, 이를테면 각 부처 간의 권력분립, 입법적 견제와 균형, 독립적인 사법부, 그리고 선출된 의원들의 대의권 등의 원칙들이 강화되었음을 지적했다.[40] 제이가 병환으로 펜을 내려놓자 그 뒤를 이어 등장한 매디슨은 전 시리즈를 통틀어 가장 영향력 있고 유명한 논설인 '연방주의자' 제10호를 썼다. 여기서 그는 민주주의가 오로지 소규모 국가들에서만 살아남을 수 있다는 몽테스키외의 이론에 반기를 들었다. 그의 논의를 완전히 뒤집은 매디슨은 보다 확장적인 공화국에서는 이익집단들이 서로 균형을 맞추며 압제적인 다수의 형성을 피한다는 점을 밝혔다.

'연방주의자' 제11호부터 제13호까지 해밀턴은 상업은 물론 정부의 세입과 지출에 관해 새로운 연합체가 가질 장점들을 논하며 자신의 실용적이고 행정적인 취향을 드러냈다. 미국 상업의 운명을 논하면서 그는 질투를 품은 유럽 국가들이 아메리카의 '위험하리만치 위대한 경지에 이를 수도 있는' 날개를 꺾으려 할 것이라고 예언했다.[41] 강력한 연합체가 있다면 미국은 더 나은 상업 협상을 이끌어낼 수 있을 것이며, 보다 훌륭한 해군도 창설할 수 있을 터였다. 그는 미국의 상인들, 농부들, 수공업자들, 제조업자들이 모두 함께 일하면서 번영을 이룬다는 포괄적인 견해를 제시했다. 또한 갑자기 경제적인 예지력도 발휘한 그는 훗날 20세기에 등장할 통화 이론을 예언했다. '한 나라가 세금을 지불할 수 있는 능력은 시중에 유통되고 있는 통화량과 유통에 있어서의 민첩함(오늘날의 경제학자들은 이를 유통 속도라고 한다)에 언제나 상당한 정도로 비례해야 한다.'[42] 강력한 연합을 이룩한 정부라면 관세를 훨씬 더 효율적으로 거둘 수 있는데, 이는 정부가 주들 간의 밀수를 막을 필요 없이 오직 대서양 해안 지방들만을 순찰하면 되기 때문이었다. 미국 국민들 역시 연합의 해체로 다수의 분리된 연합들이 발생할 때보다는 단 하나의 나라가 존재하는 경우 돈을 아낄 수 있을 터였다. 이 모든 주장들 또한 거대한 공화국들은 절대로 살아남을 수 없다는 몽테스키외의 견해에 대한 반박이나 마찬가지였다.

'연방주의자' 제15호부터 제22호까지에서는 해밀턴, 그리고 그다음으로 매디슨이 연합의 무정부 상태를 비판했다. 개인적인, 또 정치적 긍지와 명예를 상당히 중시했던 해밀턴은 혁명 이후 국가의 긍지가 낮아지고 수모를 당하고 있다며 개탄했다. 다른 국가들이 미합중국은 버려진 국가라며 비웃었다는 것이다. '우리는 군대도 없고 재무부도 없으며 정부도 없기 때문이다.'[43] 토지와 부동산 가격은 급락했고 돈은 점점 더 희소해진데다 국가신용은 파괴되었는데, 이 모든 것은 중앙정부가 힘이 없었던 탓이었다. 또한 중앙정부가 힘이 없었던 것은 서로 적은 돈을 내려고 경쟁하는 주들에게만 수입을 의존하고 있었던 탓이었다.

연방정부는 그 시민들을 직접적으로 다룰 수 있는 유일한 정부 형태였고, 주들의 방해를 우려하지 않을 수 있을 때에만 진정한 정부로 거듭날 수 있을 것이었다. '연방주의자' 제17호에서 해밀턴은 국가 공무원들이 마음대로 주들을 부리게 될 수는 없을 것이라고 말했다. 사람들은 언제나 주정부를 더욱 좋아할 것이므로 권력 남용은 지역적인 수준에서 일어날 가능성이 더 높다는 것이 그의 견해였다(해밀턴은 인간의 애정이 거리에 비례한다는 점을 들어, 연방정부가 생기더라도 국민들은 주정부에게 더욱 애착을 느끼게 될 것이라 말했다_역주). 이쯤에서 해밀턴은 고대부터 근대까지 존재했던 국가연합들을 개괄적으로 소개하면서 그것들이 경향상 얼마나 잘 해체되었는지를 보여줄 계획이었다. 그러나 이미 매디슨이 그러한 연구를 했다는 사실을 알게 되자 해밀턴은 '연방주의자' 제18호부터 제20호까지를 위해 자신이 써두었던 초안을 그에게 넘겨주었다. 이로써 탄생한, 다소 억지로 규칙을 찾는 듯한 매디슨의 글은 다음과 같은 방어적인 문구로 끝을 맺는다. '국가연합의 선례들을 이토록 길게 다룬 데 대한 사과는 하지 않겠다. 경험은 진실의 신탁이며, 그 반응들이 이처럼 명백한 경우라면 그것을 결정적이고 신성한 것으로 여겨야만 한다.'[44]

연합규약에 대한 엄중한 비판에 한층 더 살을 붙이기 위해, 해밀턴은 현 중앙정부가 법을 시행할 능력이 없음을 논하는 데 두 편의 논설을 더 할애했다. 셰이스의 반란을 되새긴 그는 다음과 같이 물었다. '만일 카이사르나 올리버 크롬웰Oliver Cromwell(영국에서 청교도혁명으로 왕당파를 물리치고 공화정을 수립한 인물_역주)이 불평분자들을 주도했다면 [매사추세츠에서 일어난] 최근의 격변이 또 어떤 문제를 일으켰을지 누가 알 수 있겠는가?'(해밀턴은 이처럼 카이사르를 자주 비난조로 언급했는데, 여기에서 우리는 해밀턴이 로마의 독재자를 숭상했다는 제퍼슨의 주장이 거짓임을 알 수 있다.) 그는 상업에 대한 연방 규제의 필요성을 옹호했으며, 중앙정부가 억압적인 세관 수수료를 부과하리라는 두려움을 가라앉혀주었다. '관세가 너무 높은 경우에는 소비가 저하되므로, 그것이 적절하고 합당한 범위 안에 국한될 때보다 징수하기가 어려울 것이며 국고에 돌아오는 양도 그리 많지 않을 것이다.'[45] 그는 또한 연합에 연방 사법권이 없다는 사실도 매도했다. '법의 진정한 의미와 작용을 해석하고 정의할 법원이 없다면 법은 죽어 있는 글자나 마찬가지다.'[46] 해밀턴은 연합규약이 가증스러운 것이고 국가연합은 '인간의 도취가 만들어낸 가장 형편없는 정부 형태 중 하나'라며 그 특유의 단정적인 말투로 일갈했다.[47]

그다음 열네 편의 논설(제23호~제36호)에서 해밀턴은 헌법을 조목조목 변호하며 원기왕성한 정부에는 평시 군대와 조세권이 있어야 한다고 주장했는데, 이 두 가지 모두 영국의 점령과 관련이 있었으므로 급진파들에게는 극약이나 다름없었다. 그는 미국이라는 신생국은 상당히 거대한 국가가 될 것이므로 아주 강력한 정부만이 이를 지배할 수 있으리라고 주장했다. 정부가 이를 실현할 힘을 얻으려면 다소 낭만에 젖어 있는 각 주의 민병대에 의존하지 않고 스스로 군대를 일으킬 권한을 가지고 있어야 했다. '다른 많은 것들과 마찬가지로 전쟁 역시 근면함과 인내, 시간과 연습으로 얻어내고 갈고 닦아야 하는 과학이다.'[48] 많은 이들은 드넓은 바다가 아메리카를 유럽의 위협으로부터 지켜줄 것이라고 생각했지만, 해밀턴은 점점 더 작아지는 세계 안에 얽힌 개개의 국가들을 볼 줄 알았다. '항해술의 발달은 (중략) 멀리 떨어져 있는 국가들을 상당한 정도의 이웃으로 만들었다.'[49] 경제적 힘과 군사적 힘은 서로 밀접한 연관이 있었다. '만일 상업 국가가 되고자 한다면 (중략) 우리는 가능한 한 빨리 해군을 갖추기 위해 노력해야 한다.'[50] 연방정부가 과도한 권력을 얻게 되리라는 우려에 대해 해밀턴은 다시 한 번 독자들을 안심시켰다. '중앙정부는 언제나 주정부들의 권리 침해를 견제할 준비가 되어 있으며, 주정부들 또한 중앙정부에게 마찬가지의 조치를 취할 수 있다.'[51] 마찬가지로 주의 민병대는 국군의 남용을 언제든 견제할 수 있으므로 연방정부와 주정부들 간의 세력 균형을 유지시킬 수 있을 것이었다.

얽히고설킨 재정 수입 문제를 다루면서 해밀턴은 조세권을 가리켜 '모

알렉산더 해밀턴

든 헌법의 필수불가결한 재료'라고 묘사했다.[52] 조세권이 없다면 연합 정부는 '점진적으로 부패 상태에 빠질 것이며, 거의 소멸 상태에 다가가게 될 것'이었다.[53] 조세 제도는 국가 운영비를 충당할 뿐만 아니라 국가가 채무를 변제하고, 신용을 회복하며, 전시에 대규모 자금을 끌어올 수 있도록 만들어줄 터였다. 해밀턴은 역사를 살펴보노라면 '전쟁의 격렬하고 파괴적인 열정이 평시의 온건하고 자애로운 감정보다 인간의 마음을 훨씬 더 강력하게 흔든다'는 결론을 얻을 수 있다고 여러 곳에서 밝혔다.[54]

제30호~제34호에서 해밀턴은 위임된 권한의 핵심 원칙들을 이야기하며 정치에서는 '수단이 목적에 비례해야 한다. (중략) 목적을 달성할 수 있는 권한에는 어떠한 제한도 가해져서는 안 된다'고 주장했다.[55] 그는 헌법이 유연한 문서가 되길 바란다면서 '장래 만일의 사태에도 대비할 수 있는 능력이 있어야 한다'고 말했다.[56] 해밀턴은 연방정부가 독점적인 조세권을 가지리라는 설을 부정하면서, 헌법이 '불완전한 연합 혹은 합병만을 목표로' 하기 때문에 주들 또한 자신의 시민들에 대한 조세권을 동시에 가질 것이라며 주요 경계선을 또 하나 그었다.[57] 그러나 관세만큼은 예외적으로 연방정부가 독점했는데, 이는 관세가 당시의 주요 수입원이면서 주들 간의 불평등 및 갈등을 일으키는 주된 원인들 중 하나였기 때문이었다.

'연방주의자' 시리즈를 쓸 당시의 해밀턴은 훗날 자신이 재무장관이 될 것이란 상상을 종종 했던 듯하다. 그는 제35호에서 '조세 사업은 정부 내 관리직 중 다른 그 어떤 자리보다 정보를 광범위하게 알고 있으며 정치경제 원칙들을 완전히 파악하는 사람을 필요로 한다'고 썼다.[58] 이어지는 그다음 호에서는 뻔할 정도로 자전적인 문장이 하나 등장한다. '어느 직업에서나 불리한 상황을 딛고 일어날 강인한 정신의 소유자들이 있기 마련인데, 그런 이들은 그 훌륭함을 통해 자신이 속한 계층뿐 아니라 더 나아가 사회 전반을 지배하게 된다. 문은 모든 사람에게 공평하게 열려 있어야 한다.'[59] 동시에 해밀턴은 지주와 상인, 전문직들이 대부분을 차지하는 의회가 대중을 위해 효과적인 입법 활동을 펼칠 수 있다고 생각했다.

1788년 1월 11일, 매디슨은 제37호를 시작으로 스무 편의 논설을 할애하여 새로운 연합체의 일반적인 구조를 다루었다. 해밀턴은 당시 올버니로 돌아가 있었으며, 후반의 논설 열 편에서는 그를 도왔을 가능성도 있다. 이 시점까지 해밀턴이 말했던 내용들은 거의 대부분 자신이 전쟁 도중 쓴 편지 및 '대륙주의자'에서도 반복적으로 언급되었던 것들이었다. 본래 자신이 선호했던 바에서 벗어나는 글을 그가 썼던 경우로는 선거 등의 주제들을 간략하게 다룬 훗날의 논설들 정도가 고작이었으며, 여기에서도 본래의 논의들로 새로운 입장들을 포장했다. 해밀턴이 '연방주의자'를 통해 선전 행위를 한 것이나 다름없다고 비난하는 이들은 그가 이전에, 또 이후에 썼던 글들과 이 논설들이 어마어마한 일관성을 가지고 있음을 알아야 한다.

제37호에서 매디슨은 연방주의 체계의 '복잡한 특성'들을 되짚었는데, 여기서부터 해밀턴과의 미묘하지만 운명적이고, 이후 시간이 지날수록 더욱 확대될 입장 차이가 드러나기 시작했다. 제41호에서 매디슨은 상비군의 필요성이나 연방 유지에 필요한 부담스러운 조세에 대해 의구심을 드러냈으며, 영국 의회의 부패에 대해서 냉소적으로 이야기했다(그러나 일반적으로 매디슨은 해밀턴보다 더 열렬한 영국 예찬자처럼 말했다). 매디슨은 연합규약의 애매한 문언을 질책하면서, 새로운 헌법의 정확성을 통해 연방의 권한이 통제될 수 있으리라고 보았다. 반대로 해밀턴은 헌법의 보편적이고 탄력적인 문언을 통해 정부 권한을 넓힐 수 있으리라고 보았다.

제59호~제61호에서는 당시 올버니로 돌아가 있던 해밀턴이 의회직 선거와 규제들에 관한 이야기를 꺼냈다. 북부의 상업 세력에 몸담은 사람이었음에도 해밀턴은 농업 사회라면 '토지 경작자들이 (중략) 정부 내에서 전반적으로 더 우세해야 한다'고 말했다.[60] '연방주의자' 제60호에서 그는 지주들이 주를 이루지만 다양성 또한 겸비한 하원에 대해 구상한 바를 제시했다. 해밀턴은 현재의 농업 사회에서 근시일 내에 제조업이 보조적인 역할을 하게 될 것이라고 조심스럽게 강조했다.

상원을 다룬 다섯 편의 논설(제62호~제66호)은 '연방주의자' 시리즈에서 협업이 가장 잘 이루어진 부분이었다. 매디슨이 처음의 두 편을 썼고 제이가 다시 등장하여 제64호를, 해밀턴이 마지막 두 편의 논설을 썼다. 제62호에서 매디슨은 하원의 인구 비례 의석과 상원의 동일 의석이 이상적 이론이 아닌 정치적 타협에 의해 탄생한 것이라고 솔직하게 밝혔다. 그다음 논설에서 그는 소수의 엘리트 상원이 '압제적인 귀족 계층'으로 발전할 것이라는 의견들을 반박하면서 해밀턴주의자와 유사한 발언들을 쏟아냈다. '자유의 남용은 권력의 남용만큼이나 자유를 위험에 빠뜨릴 수 있다. (중략) 미합중국에 있어서는 전자가 후자보다 훨씬 더 용이할 것이 분명해 보인다.'[61] 이 말을 끝으로 매디슨은 자신의 고향에서 헌법을 변호하기 위해 3월 중 버지니아로 돌아갔다. 제64호에서 제이가 상원의 조약체결권에 대해 논한 이후, 해밀턴은 스물한 편(제65호~제85호)의 논설을 혼자 써내면서 상원은 물론 행정부와 사법부를 모두 다룬 해석들을 남겼다.

해밀턴은 유달리 탁월한 제65호에서 상원의 탄핵권을 논하면서, 문제가 된 연방 공무원을 놓고 열정이 나라를 달궈버리거나 상원이 당파성으로 분열되었을 때 발생할 문제점들을 걸출한 예지력으로 그려냈다. 여기에서 해밀턴은 헌법이 슬기롭게 만들어둔 장치 하나를 소개했다. 대통령이나 연방 판사는 탄핵으로 관직을 내려놓은 이후라면 기소당할 수도 있으므로 헌법에서 전全 대법원이 아닌 수석재판관 혼자 탄핵 재판을 주재하도록 한 것이다. 이렇게 하면 상원은 수석재판관의 법적 지식으로 이득을 볼 수 있는 반면 고등법원은 그 책임에서 벗어나기 때문에 훗날 그 사건에 대해 어떤 결정이라도 자유로이 내릴 수 있게 된다. 탄핵 절차가 완벽하지는 못하다는 것을 알고 있었던 해밀턴은 헌법이 최선의 타협을 통해 만들어진 산물임을 강조했다. '만일 인류가 정부 기관을 승인하는 데 있어 그 모든 부분이 완벽의 기준에 가장 정확히 들어맞도록 조정될 때까지 문제를 놓고 씨름하려 했다면 사회 전체는 곧 무정부 상태의 장이, 그리고 세계는 사막이 되었을 것이다.'[62]

화두를 돌린 해밀턴은 제67호~제77호에서 자신이 가장 기민한 관심을 가지고 있고 전 조직의 엔진이라 여겼던 정부 부처, 즉 행정부에 관한 내용을 썼다. 제70호에서 그가 밝혔듯 '행정부 내의 에너지는 좋은 정부를 정의하는 주된 특성으로 꼽힌다'.[63] 그는 대통령에게 부여되는 권한에 몰린 과도한 걱정을 조롱하면서, 어느 면에서 보자면 대통령에게는 뉴욕 주지사만큼의 권한도 돌아가지 않으리라고 말했다. 해밀턴은 '선출 군주'가 왕과는 구별되는 점을 밝히기 위해 자신이 제헌회의에서 했던 연설을 끌어와 썼다. 그는 영국의 왕위는 세습제라고 콕 집어 말하면서, 영국 왕은 탄핵으로 쫓아낼 수 없고 양원에서 발의한 법에 대해 완전한 거부권을 가졌으며 의회 해체나 전쟁 선포, 조약 체결과 작위 수여 및 교회 성직자의 임명에 관한 권리도 있다고 말했다. 그는 반대론자들이 미국의 대통령과 영국의 국왕을 안일하게 비교한 것에 격분했던 게 분명했다.

정력적인 행정부를 논하는 글들에서 해밀턴은 피해야 할 사례로서 영국 국왕을 계속 언급하면서 특히 군주에게는 책임이 돌아가지 않는다는 점을 강조했다. 모든 대통령들은 '관직에서의 행동에 대한 개인적인 책임을 져야 한다'는 말이었다.[64] 제71호에서 해밀턴은 자신의 대통령론을 제시하면서, 대통령이란 이따금 국민들이 자신들의 이익 때문에 착각에 빠진다 해도 언제나 공동선公同善을 위해 행동해야만 하는 지도자라고 못 박았다. 해밀턴은 정부 부처들 간의 권력 분립이 서로에 대한 규제뿐 아니라 서로를 독립적으로 만들기 위한 것이기도 하다고 밝혔다. '만일 행정부와 사법부 모두가 입법부에 완전히 헌신하기 위해 구성된 것이라면 무엇을 위해 행정부 혹은 사법부를 입법부와 분리하겠는가?'[65]

이전의 발언들과 달리 여기서 그는 4년 중임의 대통령제가 가지는 이점을 역설했다. 중임을 허용한다면 현재 관직에 앉아 있는 사람들은 더욱 잘하고자 할 것이고, '현명한 행정 체계를 통해 정부에 영속성이라는 이점을 가져다줄 수 있다'는 것이었다.[66]

제73호~제77호에서 대통령의 권한들을 살펴보며 해밀턴은 대통령의 거부권을 가리켜 입법부를 억제하고 대중의 일시적 유행을 상쇄할 방법이라고 칭찬했다. 포퓰리스트들은 행정부가 입법부를 장악하는 게 아니냐고 걱정했으나, 해밀턴은 반대로 입법부의 과도한 권한을 우려했다. 제74호에서 그는 대통령의 사면권을 옹호하며 감동적인 호소문을 남겼다. '인간성과 좋은 정책이 명하는 바에 따르면 사면이라는 어진 특권은 가능한 한 속박되지도, 혹은 방해받지도 않아야 한다. 형법은 어느 국가에서건 필연적으로 매우 엄격하며 불운한 죄를 예외로 두기도 쉽지 않으므로, 정의는 피를 너무 즐기거나 혹은 잔혹한 표정을 짓게 될 것이다.'[67] 이 문단에서는 과거 한때 워싱턴 장군에게 존 안드레 소령의 선처를 부탁했던 젊은 해밀턴 중령을 다시 한 번 엿볼 수 있다.

해밀턴은 강력한 대통령을 선호했음에도 대통령의 권한에 대한 다수의 견제 장치들에 찬사를 보냈다. 특히 그는 외무부에 의해 변질된 대통령으로부터 나라를 보호하기 위한 수단으로 마련된, 대통령이 조약을 체결하려면 상원 3분의 2의 동의가 있어야 한다는 조항에 찬성했다. 같은 맥락으로 그는 대통령이 대사 및 대법원 판사를 임명할 때에도 상원의 동의를 구하게끔 하는 조항이 '대통령의 편파적인 정신'을 견제해줄 것이라 믿었다.[68] '연방주의자'에서 해밀턴은 권력 그 자체만큼이나 권력에 대한 견제 장치에 박수를 보냈는데, 이는 자유와 질서 간의 균형을 맞추려던 영원한 노력의 일환이었다. 마지막 분석에서 그는 주정부가 아닌 연방정부가 개인의 자유에 대한 최선의 보증이라고 말했다.

'연방주의자' 시리즈의 마지막 논설 여덟 편(제78호~제85호)에는 논집 제2권의 결론들이 담겨 있는데, 해밀턴은 그중 초반 여섯 편을 할애하여 사법부를 다루었다. 정치생활 내내 해밀턴은 독립적인 사법부에 대해 특히 우려했고, 사법부가 소수의 권리에 대한 가장 중요한 수호자이지만 동시에 정부의 세 부처 중 가장 약한 부처라고도 말했다. '사법부는 언론도 검도 부릴 수 없다. 후원자가 거의 없는 셈이다.'[69] 그는 특히 연방 사법권이 입법상의 모든 남용을 견제할 수 있도록 만들고자 했다. 제78호에서 해밀턴은 헌법에서 명시적으로 밝히지는 않은 본질적 개념 하나를 소개했다. 어떤 법안이 헌법에 위배된다고 판단된다면 대법원은 그것을 번복할 수 있어야 한다는 것이었다. 필라델피아에서 대표단들은 '주법원 대 연방법원'이라는 문제에 집중하느라 법원이 입법을 무효화할 수 있는지는 자세히 다루지 못했던 듯하다. 여기서 해밀턴은 '입법 행위가 (중략) 헌법에 대치된다면 유효할 수 없다'고 직설적으로 단언하면서 훗날 존 마셜 연방대법원 판사가 공포할 위헌법률 심사권의 지적 바탕을 닦아두었다.[70] 해밀턴이 이와 같은 글을 쓸 당시, 주의 판사들은 주의회에서 통과된 법안을 무효화시키는 데 있어 이제 겨우 첫 발자국을 머뭇거리며 뗀 정도였다.

위대한 판사들을 숭상했던 해밀턴은 그다음 논설에서 어떻게 가장 훌륭한 자질의 사람들이 법원에 고용되고 계속 유지될지에 대해 숙고했다. 그는 적절한 봉급에 찬성했고, 탄핵을 제외한 판사 해임권과 나이 제한에는 반대했다. 또한 법원 관할권의 범위를 간략히 설명하면서 대법원의 관할권과 항소법원의 관할권을 구분했다. 제82호에서 해밀턴은 주법원과 연방법원 간의 권력 분배라는 복잡한 문제를 다루었고, 이 글의 마지막 분석에서는 연방법원이 사법권을 향유하고 책임져야 한다고 주장했다. 그는 배심원 제도를 신봉했지만, 이어지는 논설들에서는 배심제가 민사 사건뿐 아니라 형사 사건에도 보편적으로 적용될 수 있으리라는 공상을 반박했다. 그는 특히 배심원들이 외교 관계와 관련된 사건들에 들어가게 된다면 국제법에 대한 그들의 무지 때문에 결국 사건에 영향을 받는 국가들과의 '보복이나 전쟁을 부를 수'도 있다며 우려했다.[71]

헌법에 반대하던 이들 중 다수는 비준의 전제 조건으로 권리장전을 요구했다. 제84호에서 해밀턴은 이것이 불필요하며 나아가 잠재적으로 위험할 수도 있는 조치라고 말했다. '실행할 권리가 없는데 실행하지 말아야 한다고 선언할 이유가 무엇인가? 가령 출판의 자유를 제한할 그 어떤 권한도 없는 상황에서 군이 출판의 자유가 제한되어서는 안 된다고 말해야 할 이유가 있는가?'[72] 또한 해밀턴은 헌법이 인신보호영장(불법 구금에 대해서는 누구든지 구조를 요청할 수 있다는 내용_역주)부터 배심원 제도까지에 걸쳐 이미 많은 권리를 보장하고 있다고 생각했다. '연방주의자' 시리즈에서 해밀턴은 종종 엄청난 예언들을 내놓기도 했지만, 권리장전에 관해서만큼은 완전히 빗나가고 말았다. 이는 그의 선견지명이 진정으로 실패한 몇 안 되는 경우 중 하나였다. 그가 '연방주의자' 제84호에서 귀족 작위 수여에 대한 헌법상의 금지를 열정적으로 변호했다는 사실은 특히 눈여겨봐야 한다. '이는 진정으로 공화정부의 초석이라 명명할 수 있으며, 귀족들이 배제되는 한 정부를 다른 누구 아닌 국민의 것으로 거듭나지 못하게 할 심각한 위협은 절대 존재할 수 없다.'[73]

마지막 편인 제85호에서 해밀턴은 헌법이 결코 완벽한 문서는 아니라는 점을 독자들에게 상기시켰다. 그는 흄을 인용하여 시간과 경험만이 정치적 사업들을 완성에 이르게 해줄 수 있다고 말했다. 틀을 닦은 이들이 즉시 완벽에 이르렀으리라고 상상하는 것은 우매한 짓일 터였다. '연방주의자'의 마지막 문장들에는 드높은 희망들이 가득 담겨 있었으나, 한편으로는 어두운 기색도 드러났다. 해밀턴은 확신에 찬 말투로 다음과 같이 말했다. '내 의견으로, 중앙정부가 없는 국가는 끔찍하다. 확고한 평화의 시기에 모든 사람들이 자발적으로 동의하여 헌법을 확립한다는 것은 경이로운 일이며, 그것이 완성되기를 나는 전율하는 열망으로 기대하고 있다.'[74] 만일 이처럼 희망적인 어조로 끝을 맺었다면 그건 해밀턴이 아니었을 것이다. 그는 '뉴욕 주 및 여타 주들의 힘 있는 사람들은 가능한 모든 형태의 중앙정부 전반에 있어서의 적이라는 사실을 나는 알고 있다'는 불길한 경고를 덧붙였다.[75] 이로써 역사상 가장 설득력 있는 헌법 변호문이 막을 내렸다. 2000년까지 '연방주의자'의 글들은 대법원 판결문에 최소 291회 인용되었으며, 그 횟수는 해를 거듭할수록 증가했다.

'연방주의자' 시리즈의 집필은 엄청난 노력을 요하는 일이었기에 해밀턴은 평소보다 더 앉은뱅이 생활을 해야 했다. 사실상 책상 앞에 묶여버린 셈이었다. 그는 잠시 짬을 내어 쉴 수도 없었고 다른 일을 할 시간도 없었다. 1788년 1월 22일 뉴욕 주의회 의원으로 다시금 선출된 해밀턴은 2월 25일 이전까지는 자신의 재능들을 선보일 기회조차 갖지 못했다. 정치적 회오리바람이 불어닥쳤던 그해 봄, 그는 거베너르 모리스에게 자신이 그동안 연락이 닿지 않았음을 사과하며 "사실 나는 이런저런 여가 활동들에 완전히 압도당해 지내는 중이라 친구를 위해 짬을 낼 겨를도 거의 없었다네"라고 말했다.[76] 여러 일들을 해내는 와중에도 해밀턴은 임신한 아내 엘리자를 정성스레 보살폈고, 4월 14일에는 그들의 네 번째 아이인 제임스 알렉산더 해밀턴이 태어났다. 엘리자는 그해 여름을 올버니에서 가족들과 함께 보냈으며, 앤 밴턴 미첼이 갑작스레 방문했을 때에도 그 자리에 있었다.

『연방주의자 논집』은 가장 중요한 헌법 해설서로 너무나 잘 알려져 있는 탓에, 그것이 본래는 해밀턴의 고향 주인 뉴욕에서 헌법 비준을 꾀하고자 쓰인 글이라는 사실은 종종 잊히곤 한다. 뉴욕 주 바깥 지역에서는 단 열두 편 정도의 글들만이 실린 버전으로 출판되었지만 그 영향력은 실로 두드러졌다. 이 책이 등장하는 모든 곳에서는 해밀턴과 매디슨 제이가 쏟아낸 말들의 눈사태가 가련한 독자들을 압도했다. 12월 중순, 끝나지 않을 것만 같은 말들의 공세에 시달리던 필라델피아의 한 반연방주의자는 이를 한탄하며 다음과 같이 말했다. '퍼블리우스는 이미 스물여섯 편의 글을 썼고 이것만으로도 불쌍한 죄인의 뇌를 지치게 만드니, (중략) 이제 그는 품위 있게 무기를 내려놓고 사람들에게 숨을 돌릴 약간의 시간을 줘야 한다.'[77] 또 다른 반연방주의자 하나는 퍼블리우스가 '올바르지 못한 말들을 급류처럼 쏟아내면서 신념을 강요하고자 했다'고 불평했다.[78] 그러나 지지자들은 이 논설들을 끝도 없이 탐했고, 집필진의 이름이 서서히 유출되기 시작했다. 버지니아의 에드워드 캐링턴Edward Carrington은 당시 파리에 있던 제퍼슨에게 논집 제1권을 보내면서 이것은 '매디슨, 제임스, 해밀턴이 쓴 책'이라고 의심쩍을 만큼 날카로운 추측을 선보였다.[79]

필라델피아 제헌회의는 아홉 개 주의 협의회가 비준하는 때로부터 헌법이 효력을 가지도록 결정했다. 해밀턴은 '연방주의자' 제22호에서 '아메리카 제국의 기본 구조는 국민들의 동의에 확고한 기반을 두고 있어야 한다'며 주 비준협의회가 존재하는 이유를 설명했다.[80] 델라웨어, 펜실베이니아, 뉴저지는 1787년 12월 헌법을 비준했으며 1월에는 조지아와 코네티컷이, 그리고 2월 초에는 매사추세츠가 과반을 간신히 넘겨 비준에 성공했다. 『연방주의자 논집』은 특히 3월 22일 제1권이 출판된 이래 대규모 주들의 비준 전쟁 후반부에 막대한 영향을 끼쳤다. 그해 4월 뉴욕 주가 비준협의회 대표단을 선발했을 때 해밀턴 또한 그에 포함되었다. 제임스 켄트는 임명 회의 하나를 회고하면서 '그 책들은 돌고 돌아 우리의 판단에 지대한 영향을 미쳤다. (중략) 얼마 지나지 않아 해밀턴 중령이 그 책의 유일하거나 주된 저자라는 생각이 파다하게 자리 잡았다'고 말했다.[81] 매디슨은 존 마셜을 포함한 버지니아 주 대표단에게 수백 권의 사본을 보냈다. 『연방주의자 논집』의 영향력은 특히 연방의 장기적인 생존 가능성에 필수적이었던 대규모 주 두 곳, 뉴욕 주와 버지니아 주에서 결정적인 역할을 했다.

주 협의회는 영리하게도 시간을 끌면서 비준을 향한 밴드왜건 효과(다수의 동향을 따라 움직이는 경향_역주)의 발생을 유도했다. 헌법을 비준한 주들의 수는 마법의 숫자 9에 가까워졌고 이것들이 한데 모여 긴박한 상황을 연출했다. '연방주의자' 시리즈의 본래 집필 의도는 뉴욕의 협의회 대표단 구성에 영향을 미치려는 것이었지만 그 방면에서는 성공을 거두지 못했다. 최종적으로 구성된 대표단은 해밀턴과 연방주의자들에게 있어 상당히 끔찍한 결과였을 것이 분명하다. 이들은 뉴욕 시 및 주변 지역에서 고작 열아홉 석밖에 가져오지 못했고, 클린턴 최고행정관을 위시한 마흔여섯 명의 뉴욕 주 북부 반연방주의자들과 맞서야만 했다. '연방주의자' 시리즈에 엄청난 지적 화력이 결집되었던 만큼, 뉴욕 주는 헌법을 반대하는 데 있어 매우 지적이고 능률적인 모습을 보여주었다.

5월 말에 이르자 메릴랜드와 사우스캐롤라이나가 각자 헌법에 축복을 보내기로 결정하면서 이를 비준한 주는 총 여덟 곳으로 늘어났다. 단 한 곳만 더 있으면 되는 상황이었지만 나머지 주들에서는 승리를 확신할 수 없었다. 노스캐롤라이나와 로드아일랜드는 이 계획을 경멸했고, 뉴햄프

알렉산더 해밀턴

서는 갈피를 잡지 못하고 있었다. 그러므로 헌법을 위한 전투의 승패는 결국 6월부터 비준협의회를 시작하는 버지니아 및 뉴욕 내의 대결에 달려 있었다.

지지자들에게는 다행스럽게도, 5월 28일엔 해밀턴의 새로운 논설 여덟 편이 포함된『연방주의자 논집』제2권이 출판되었다. 이 추가적인 논설들은 6월 14일부터 8월 16일 사이의 신문지상에 등장했는데, 특히 뉴욕 대표단이 협의를 시작한 이후로는 며칠 간격으로 한 편씩 발표되었다. 해밀턴과 매디슨은 각 지역의 협의회가 진행되는 동안 서로에게 계속 연락하기로 약조를 맺었다. 버지니아 주의 협의회가 뉴욕보다 2주 먼저 열렸는데, 해밀턴은 만일 좋은 소식이 있을 경우 즉시 자신에게 알려달라고 매디슨에게 부탁했다. 그다지 내켜하지 않는 뉴요커들로 하여금 버지니아에서 열린 길을 그대로 따라가도록 유도할 수도 있었기 때문이었다. "그 시점에서는 우리가 정확한 소통을 이어나가는 것이 매우 중요할 걸세." 해밀턴이 매디슨에게 한 말이다. "그리고 *그 어떤 결정적인* 문제라도 호의적으로 해결된다면 말과 마차를 갈아치워가면서라도 내게 즉시 그 결과를 알려주길 바라네."[82] 해밀턴은 고무적인 일이 일어나면 언제든 자신에게 그 소식을 전하러 뉴욕에 달려와달라고 뉴햄프셔에도 요청했으며, 두 경우 모두 자신이 비용을 지불하겠다고 약속했다.

'연방주의자'의 고상한 문언들에도 불구하고, 해밀턴은 뉴욕 주의 비준협의회가 결국 막무가내의 정치에 이를 것임을 알고 있었다. 저명한 반연방주의자 한 명은 이미 그에게 '헌법을 받아들이는 대신 유대인이나 투르크족, 혹은 신앙심 없는 자들의 정부를 각오하겠다'며 경고한 바 있었다.[83] 해밀턴은 그렇게 격한 감정을 설득하기란 쉽지 않을 것이라 예상하고 있었는데, 특히 조지 클린턴이 대표단의 수장인 상황에서는 더욱 그러했다. "클린턴은 자기 측의 진정한 지도자이자 완강하게 고집을 부리는 사람이므로, 논리를 통해 반대를 극복하는 방법에는 별 기대를 걸지 않고 있네." 해밀턴이 매디슨에게 털어놓았다. "우리에게 있어 유일한 기회는 앞서 있었던 아홉 개 주의 비준으로 클린턴을 따르는 이들의 견고함을 흔드는 것일세."[84]

이미 여덟 개 주가 비준을 마친 상태였으나 여정의 막바지는 결코 순조롭지 않았다. "상황이 빠르게 복잡해지고 있네." 조지 워싱턴이 5월 말 라파예트 후작에게 한 말이다. "아메리카의 정치적 운명은 이제 몇 주 내에 결정될 걸세."[85] 해밀턴은 상황을 음울하게 바라보았고, 연합체에 합류하는 일을 두고 뉴욕이 앞으로 1년은 더 고민할 수도 있을 것이라 우려하면서 매디슨에게 '결국 닥칠지 모르는 해체와 내전'에 대한 영원한 두려움을 털어놓았다.[86]

뉴욕 주 북부의 농민들과 달리 뉴욕 시의 상인들은 헌법을 열렬히 지지했으며, 6월 14일에는 비준협의회에 참석하기 위해 포킵시로 떠나는 연방주의자 대표단을 위해 화려한 배웅 행사도 열었다. 군중들이 손을 흔들고 배터리 광장에서 열세 발의 축포가 울리는 와중, 제임스 두에인 시장이 이끄는 대표단은 허드슨 강의 범선에 올라타 상류 방향으로 75마일(약 120킬로미터_역주)의 여정을 떠났다. 이 저명한 인물들 중에는 해밀턴과 제이, 그리고 로버트 R. 리빙스턴이 포함되어 있었다. 이들은 엄청나게 똑똑한 사람들이었지만 그 수가 너무도 적었다. 해밀턴은 포킵시에서 유일하게 헌법에 서명했던 인물로서의 특권을 누렸을 수도 있었겠지만, 그는 조지 클린턴이 이끄는 무시무시한 정치적 조직과 힘겹고 오랜 싸움이 벌어질 것임을 잘 알고 있었다.

비준협의회가 열린 포킵시의 법원 청사는 쿠폴라 지붕이 얹힌 2층 건물이었으며 지하에는 죄수들을 위한 감옥이 있었다. 의장으로는 클린턴 최고행정관이 선출되었는데, 겉으로는 매우 위엄 있어 보이는 그는 결코 중립적인 중재자가 아니었다. '연방주의자' 제77호에서 해밀턴은 이미 그가 '개인의 영향력을 야비하고 위험한 제도를 통해' 행사하고 있다며 혹평한 바 있었다.[87] 클린턴은 해밀턴이 주(州)를 흔적도 없이 지워버리려는 것은 아닌지 우려했지만, 적어도 뉴욕 주에서만큼은 자신이 헌법을 아예 짓뭉개 버리거나 까다로운 조건을 달아 실질적으로 승인이 불가능하도록 만드는 등의 방법으로 그의 꿍꿍이를 막을 수 있을 것이라며 자신있어 했다.

협의회가 시작될 무렵, 해밀턴은 협의회 규칙에 연방주의자들에게 전술적으로 매우 유리하게 작용할 절차 조항 한 가지를 슬쩍 집어넣었다. 헌법의 모든 조문을 하나하나 논의한 후에야 총 투표를 진행할 수 있게 한 것이다. 이는 그야말로 훌륭한 일격이었다. 해밀턴만큼 그 문언을 상세히 분석할 수 있는 사람은 아무도 없었기 때문에, 이처럼 단계별로 논의하면서 시간을 끌다 보면 버지니아나 뉴햄프셔에서 헌법이 비준될 것이고, 그 전갈이 이곳에도 닿아 뉴욕 또한 그 뒤를 이으라고 재촉할 수도 있었기 때문이다.

클린턴 최고행정관은 능력 있는 반연방주의자 연사들 수 명을 데리고 왔는데, 그중 가장 노련한 사람으로는 멜런크턴 스미스가 있었다. 건조하고 꾸밈없는 태도와 절제된 위트의 소유자였던 그는 남을 홀릴 줄 아는 훌륭한 토론자로, 상대를 빠져나오기도 쉽지 않을 만큼 깊은 논리적 함정에 빠뜨릴 줄 알았다. 스미스는 해밀턴을 귀족 파벌의 끄나풀이라고 생각했으며 의회에서는 '그가 평민인 것이 천만다행'이라고 말한 바 있었다.[88] 한편으로 스미스는 해밀턴의 능력을 매우 높이 샀지만, 그럼에도 그가 너무나 장황하고 산만하다고 평했다. "승자는 해밀턴일세." 그가 한 친구에게 인정한 말이다. "그는 자주, 매우 오래, 그리고 매우 열정적으로 발언하지. 또 마치 퍼블리우스처럼, 그는 주제에 적용하기 다소 어려운 이야기들도 많이 늘어놓는다네."[89]

비준협의회에서 해밀턴은 그야말로 체력과 열정, 그리고 화려한 웅변을 한데 뒤섞은 모습을 보여주었다. 포킵시에 도착하자마자 그는 매디슨에게 '우리의 적은 우리보다 훨씬 수가 많다'고 썼다.[90] 그야말로 외로운 싸움이었던 셈이다. 그러나 그는 불만스러운 얼굴을 한 거대한 청중들에 대항해 불굴의 용기를 보이며 끈기 있게 맞섰다. 그는 6주 동안 고되게 자리를 지키면서 총 26회의 연설을 했는데, 이는 연방주의자 측 인물들 중 가장 많은 횟수였다. 아마도 그는 가진 모든 기력을 다 쏟아내고 있었을 것이다. 1787년 10월 말 이래 그는 총 55편의 '연방주의자' 논설을 써냈고, 한편으로는 물밀 듯 들어오는 변호사 업무도 모두 처리했다.

불평등에 맞서서 그것을 이겨내리라는 해밀턴의 굳은 다짐은 결코 흔들리지 않았다. 그의 친구 중 하나가 뉴욕의 지지자들에게 어떤 메시지를 전달할 셈이냐고 묻자 해밀턴은 '헌법이 승인되기 전까지 협의회는 절대로 자리를 뜰 수 없다고 그들에게' 말하려 한다고 답했다.[91] 해밀턴은 법정의 방청석을 가득 메운 구경꾼들에게 잊을 수 없는 인상을 남겼다. 모든 회기에 참석한 제임스 켄트는 이후 엘리자에게 편지를 보내어 그녀의 남편을 다음과 같이 묘사했다. '그는 즉각적이고 열정적이고 박력 있었으며, 그에게서는 논의와 실례實例가 풍성하게 흘러넘쳤습니다. 그는 대체로 생기 있고 활기차게 말했으며 제스처 또한 상당히 많이 활용했습니다.' 또한 그는 마음속에 '이 상황에서 필요한 모든 배움과 선례들이 가득차' 있었으므로, 사전 준비를 하지 않고도 수차례 연설을 선보일 수 있었다.[92] 그는 청중들을 희망으로 회유하는 한편 그들의 두려움에도 불을 지폈다. 한 방청객은 이를 두고 '해밀턴의 장광설에는 식초의 신랄함과 기름의 부드러움이 뒤섞여 있다'고 평했다.[93]

해밀턴은 포킵시에 머무르던 처음 며칠 동안 계속 자리에서 일어나 과장된 연설을 이어갔다. 그는 연방주의자들이 연합규약의 나약함을 부풀려 말하고 있다는 의혹에 반박했다. "아니, 저는 그 나약함이 실재하며 파멸을 잉태하고 있다고 생각합니다. 그러나 우리나라가 얼마나 약하든, 자유를 희생시킬 일은 절대 없기를 바라고 있습니다." 이후 그는 상대측 진영을 영리하게 공격했다. "만일 제시된 제도(헌법)가 그런 경향을 가지고 있다는 것이 철저하고 솔직한 논의를 통해 드러난다면, 그때는 부디 그것을 거부하게 해주십시오!"[94]

6월 20일, 해밀턴은 상대 측을 향해 처음으로 오래도록 기억될 일격을 날렸다. 이번에 그는 이성에만 기대지 않은 채, 뉴욕의 안보를 위해 연방에 합류하는 것이 얼마나 필수적인지를 설명했다. "뉴욕의 주도州都는 육지와 바다를 통해 닿을 수 있으며 감히 그렇게 하려는 모든 침입자들에게 노출되어 있습니다. 또한 북서쪽으로는 강력한 다른 나라가 쳐들어올 수 있는 길도 열려 있지요."[95] 그는 새로운 중앙정부하에서는 세금 부담이 이전보다 훨씬 더 공평히 분배될 것이라 주장하는 한편 주의 권력이 연방의 권력을 계속 견제하게 될 것이라며 뉴요커들을 안심시켰다. 해밀턴은 말하던 도중 탈진에 이르렀는지 갑자기 연설을 짧게 마무리하며 이렇게 사과했다. "이 주제에 관해서는 다른 많은 사항들도 짚어볼 수 있겠습니다만, 지금 모두 다룰 수는 없겠습니다. 적잖이 피로하군요. 그러므로 이 문제에 관한 더 많은 이야기들은 다음번으로 미루는 것을 양해해 주시길 바랍니다."[96]

이튿날 다시금 연단으로 나온 해밀턴은 현재 제안된 하원 내 65석의 대표단이 너무 적으며 그것마저도 부자들이 독차지할 것이라는 주장을 반박했다. 입법 기관은 자신이 대표하는 자들의 뜻을 곧이곧대로 반영할 필요가 없으며, 본질을 알고 지혜와 경험을 가진 사람들이 공동선을 추구하는 기관이어야 한다는 것이 그의 지론이었다. 만일 그런 사람들이 공동체 내의 더 부유하고 더 교육받은 계층에서 많이 나온다면 그것은 있는 그대로 받아들여야 할 일이었다. 해밀턴이 부자들을 덕의 귀감이라고 생각한 것은 아니었다. 그의 말에 따르자면 부자들 또한 가난한 이들과 마찬가지로 많은 악덕을 품고 있지만 '그들의 악덕은 아마도 궁핍한 이들의 악덕보다는 좀 더 국가의 번영에 호의적일 것이며, 도덕적인 부패에도 보다 덜 관련되어 있을 것'이었다.[97] 또한 그들은 채권자이므로 새로운 정부를 영속시키는 데 특히 큰 이익관계를 가지고 있으며, 그들의 권력은 언제나 여론에 의해 제한될 터였다. "일반적인 경우라면 대중의 의견이나 편견은 지도자들의 행동을 감독하게 됩니다."[98]

같은 날 클린턴 최고행정관은 미합중국이 너무나 광활한 영토와 너무나 다양한 국민들을 아우르고 있기 때문에 모든 주에 '다 어울릴 보편적인 자유정부'는 만들어질 수 없다고 주장했다.[99] 반론에 나선 해밀턴은 미국 민족주의에 대한 자신의 견해를 선보이면서, 본래 여러 개의 식민지였던 다양한 집단 및 지역들로부터 하나의 통합된 문화를 가진 진정한 나라가 창조되는 모습을 설명했다. 중요한 사안에서라면 '뉴햄프셔부터 조지아에 이르기까지 미합중국의 모든 국민들은 유럽의 여느 국가와 마찬가지로 자신들의 이익과 입장 안에서 단결'할 것이었다.[100] 민족적인 이익과 민족의 문화는 이제 개별 주에서 관여할 문제가 아니었다. 해밀턴의 이 주장은 특히 중요한 의의를 품고 있었다. 만일 미국인들이 벌써부터 새로운 정치적 문화를 이룩한 게 사실이라면 그 현실을 증명해 보일 새로운 질서도 필요했기 때문이었다. 헌법은 바로 그 제도를 표상하는 것이나 마찬가지였다.

반연방주의자들은 한때 해밀턴이 제헌회의에서 선보였던 그 악명 높은 연설에 대해 떠들고 다녔었지만, 여론의 힘에 관해 이야기하는 작금의 해밀턴은 매우 합리적이고 설득력 있는 말들을 쏟아내고 있었다. 확실히

알렉산더 해밀턴

그는 뻔뻔한 조종자이자 두 얼굴의 위선자였지, 정치적 타협을 위해 적당한 양보를 내줄 줄 아는 위인은 아니었다. "그 남자가 스스로 *놀라운 공화주의자*로 알려지기를 얼마나 바랐는지 몰랐던 사람이라면 아마 깜짝 놀랄 수도 있을 거요." 찰스 틸링해스트Charles Tillinghast가 다른 반연방주의자에게 신랄하게 말했다. "*그러나 이제 그는 [공화주의자로] 알려졌소.*"[101] 해밀턴의 적들은 흔히들 그가 꿍꿍이를 숨기고 있다고 생각했으며, 그 신뢰할 수 없는 군주제 지지자의 가면을 벗기려는 데 여념이 없었다.

클린턴주의자들은 상원 구성안을 귀족들의 비밀회의라고 여기며 특히나 혐오했다. 이들은 주 입법부가 자기 주 소속의 상원의원을 소환할 수 있게 하는 수정 조항을 제시했는데, 이것이 해밀턴의 심기를 크게 건드렸다. 그는 상원이 변덕스러운 대중의 의지를 견제할 장치이므로 정치적으로 절연되어야 한다고 믿었기 때문이었다. 해밀턴은 연단에 올라, 미국이 앞으로 계속 혁명 정신을 유지하는 것의 위험성에 대해 논했다. 사람들이 혁명을 영구적인 정신 상태로서 숭배했기 때문에 결국 그것은 독재로 이어져버렸다는 것이 그의 논지였다. 자유를 위한 임무의 균형을 맞추려면 타협의 정신과 체제에 대한 깊은 생각이 필요했다.

압제의 권리 침해에 맞서 탄생한 혁명이라면 그 초입에서는 대중의 정신이 극단적인 시기猜忌의 정신에 영향을 받게 되는 것보다 더 자연스러운 것이 없습니다. (중략) 자유에 대한 열의는 지배적이고 과도하게 자라났습니다. 연합을 만드는 데 있어 이 열정은 그것 하나만으로 우리를 움직이게 만드는 것처럼 보이고, 우리는 우리 자신을 폭정으로부터 지켜내는 것 이외에는 다른 그 어떤 견해도 없는 것처럼 보입니다. 확실히 그 목표는 가치가 있으며 무엇보다도 주목받아야 마땅합니다. 그러나 여러분, 여기에는 그와 동등하게 중요한 또 다른 목표가 존재하며, 우리는 열정에 눈이 멀어 그것을 거의 고려해보지도 않았습니다. 저는 우리 정부 조직에서의 힘과 안정성의 원칙, 그리고 그 조직 운영의 활기를 말하는 것입니다.[102]

견실하고 효율적인 정부는 곧 자유를 지키는 데 있어 가장 신뢰할 만한 관리자다. 전쟁 이후의 해밀턴은 이 말이 통용되는 정치 문화로의 전환을 누구보다도 공들여 설계했다. 이것이 '나와 가장 가깝고 내가 마음으로 가장 소중하게 여기는 모든 이들의 목표'라 했던 그는 그 노력에 따른 성취가 곧 '인류를 이롭게 할 가장 중요한 연구'라고 말했다.[103]

해밀턴이 이 말을 남긴 바로 그날, 드디어 뉴햄프셔가 아홉 번째로 헌법을 비준했다는 전갈이 포킵시에 날아들었다. 이제는 헌법이 효력을 발휘하게 되었다는 의미였다. 헌법적인 원칙들을 따져보던 비준협의회의 토론은 이제 뉴욕 주가 연합체에 가입하느냐를 두고 정치적 사리를 따져보는 것으로 급격히 바뀌었다. 만일 앞으로 계속 냉담한 태도를 유지하기로 결정한다면 다른 주들과 정치적으로 소원해질 수도 있는 노릇이었다. 그럼에도 클린턴주의자들은 헌법에 계속해서 족쇄 같은 조건들을 달려고 했다. 해밀턴은 버지니아 주도 헌법을 비준했다는 소식이 들려야만 그들이 굴복할 것이라는 사실을 깨달았다. '우리는 자네로부터의 전갈을 애타게 기다리고 있네.' 그가 6월 27일 매디슨에게 급하게 쓴 편지다. '우리의 유일한 기회는 자네들에게 달려 있으니 말일세.'[104]

이튿날 아침, 포킵시에서는 억눌린 감정들이 분노를 통해 표출되기 시작했다. 해밀턴은 클린턴주의자들이 억지로 굴복당하지 않는 이상 새로운 연합체에 합류하지 않으리라는 사실에 언짢아했고, 클린턴주의자들은 전국적인 분위기가 이제 자신들에게 불리하게 흘러가고 있음에 분해했다. 해밀턴은 각 주들이 헌법하에서 가지게 될 권한들을 훌륭한 연설로써 설명했는데, 예를 들자면 살인 및 강도 등 특정 범죄들에 영향을 미칠 만한 법을 중앙정부가 만들 수 없다는 점을 확실히 해두는 식이었다. 해밀턴과 함께 제헌회의에도 참석했던 존 랜싱 주니어는 이것이 너무하다고 생각했던 듯, 해밀턴이 필라델피아와 포킵시에서 서로 완전히 다른 이야기들을 하고 있다고 비난했다. 한때 주들을 없애버리자고 주장했던 해밀턴이 이제는 바로 그 주들을 가리켜 연방정부에게는 없어서는 안 될 보조 역할이라고 주장한다는 뜻이었다.

이 혐의는 선명한 대립을 낳았다. 제헌회의에 참석했던 뉴욕의 이전 대표단, 즉 해밀턴과 랜싱 및 예이츠는 점잖은 겉치레를 모두 내려놓고 서로를 신랄하게 비난했다. 「데일리 애드버타이저」의 보도에 따르면 해밀턴은 '랜싱 씨의 암시를 부적절하고, 어울리지 않으며, 솔직하지도 못하다'고 묘사했다. '랜싱 씨는 들고일어났으며 오명에 대해 분노하는 티가 역력했다. 그는 예이츠 판사에게 부탁하여, 예이츠가 제헌회의 당시 작성했던 기록을 통해 해밀턴이 그러한 말을 실제로 뱉었음을 증명해 보였다.' 이에 해밀턴은 크게 놀랐을 것이 분명했다. 랜싱이 예이츠를 끌어들임으로써 필라델피아에서 맺은 엄숙한 비밀유지 서약을 깨버렸기 때문이다. 마침 로버트 예이츠는 기록을 뒤적거려 해밀턴이 필라델피아에서 남긴 말, 즉 각 주들이※ 더 이상 중앙정부를 잠식시키지 못하도록 막자고 했던 말을 그대로 인용했다. '그들은 작은 규모로 줄어들어야 하며 오직 공동의 권한만을 가져야 한다.'[105] 이 시점에서 해밀턴은 예이츠에게 격노했으며 마치 기소 검사와 같은 태도로 반대 심문에 나섰다. 그는 단도직입적으로 물었다. 예이츠는 주들이 유용하며 필수적이라고 해밀턴이 말했던 것을 기억하지 못하는가? 그는 탄핵 법정에는 연방대법원의 수석 재판관과 더불어 주의 대법관들이 참석해야 한다고 해밀턴이 말했던 것을 기억하지 못하는가? 예이츠는 마지못해 수긍했다.

더 이상의 언쟁을 막아야 한다는 사실을 깨달은 클린턴 최고행정관은 곧 협의회를 휴회했다. 온 뉴욕은 극도로 개인적인 차원까지 치달은 이 논쟁을 두고 입방아를 찧었다. 예이츠 판사의 가족 중 한 명은 랜싱과 해밀턴이 '서로 과하게 가까워져서, 랜싱이 그의 순결과 외설을 모두 원한다는 소문이 돌 정도였다'고 말했다.[106] 또 다른 주변인은 랜싱과 해밀턴 간의 언쟁이 재담에서 인신공격으로 변질되어 종국에는 결투가 벌어질 수도 있겠다고 보았다. '랜싱 씨는 해밀턴 씨를 향해 신상과 관련된 발언들을 쏟아내어 극렬한 논쟁을 야기했다. 너무 심각하게 종결되지는 않았으면 좋겠다.'[107] 이틀 후에도 비준협의회는 여전히 이 문제를 두고 법석이었다.

언쟁을 벌이는 동안 이 두 사람 모두는 버지니아 주가 6월 25일부로 헌법을 비준한 열 번째 주가 되었다는 사실을 모르고 있었다. 뉴욕에서와 마찬가지로, 버지니아의 반연방주의자들은 사실상 부유한 노예 소유주들을 포함하고 있었음에도 스스로 용기 있는 포퓰리스트인 체했다. 대표적인 반연방주의자였던 패트릭 헨리는 헌법을 지지하는 대표단에게 '그들은 당신의 노예를 풀어줄 것'이라고 경고했다.[108] 조지 워싱턴은 노예를 소유한 수많은 반연방주의자들의 위선을 지적했다. '헌법이 귀족 계층 혹은 군주제를 낳을지도 모른다는 점을, 막대한 재산을 가진 남부 사람들이 동부의 진실하고 민주주의적인 사람들보다 더 우려한다는 것은 다소 이상한 일이다.'[109]

7월 2일 정오를 조금 넘겼을 무렵, 포킵시 법원 청사에 전령 하나가 달려와 해밀턴 앞으로 온 특보 하나를 문지기에게 건네주었다. 곧 신난 속삭임들이 조지 클린턴의 목소리를 묻어버렸다. 해밀턴이 소리 내어 읽은 매디슨의 서신은 버지니아 주의 비준을 극적으로 알리고 있었다. 해밀턴으로서는 매디슨과의 협업이 정점에 달한 감동적인 순간이었을 터다. 환희에 찬 연방주의자들은 건물에서 쏟아져 나와 파이프(주로 군악대에서 쓰는 소형 플루트_역주)와 북을 들고는 법원 청사 주변으로 원을 그리며 축하를 나누었다. 이제 뉴욕은 헌법을 비준하지 않을 경우 새로이 형성된 연합체에서 배제되어 오도 가도 못한 채 노스캐롤라이나 로드아일랜드처럼 따돌림을 받게 될 판국이었다.

그러나 싸움은 한층 더 격화될 뿐이었다. 올버니에서 독립기념일 행진이 열린 7월 4일, 폭동이 발발하여 공개된 장소에서 헌법 사본이 불태워졌으며 연방주의자 대표단과 반연방주의자 대표단이 충돌하여 한 명이 죽고 열여덟 명이 다쳤다. 갑자기 방어적인 태도에 돌입한 클린턴 세력은 권리장전 및 여러 수정 조항들을 요구하여 헌법을 무너뜨리려 했다. 이것이 전술적 책략임을 파악한 해밀턴은 7월 12일 기나긴 연설을 펼치며 무조건적인 헌법 채택을 역설했다. 한 신문이 '가장 심하게 논쟁적이고 열정적인 연설'이라 평했던 이번 발언을 통해 해밀턴은 비준협의회에겐 권고를 할 수 있는 권한이 없다고 주장했으며, 대표단이 '무한히도 중요한 무언가에 대해 결정할 때에는 자신들이 지금 무슨 짓을 하려는 건지 잘 따져봐야 한다'고 진중하게 말했다.[110]

7월 중순에도 양 진영은 여전히 굳건히 대치 중이었는데, 우리는 이 사실을 눈여겨봐야 할 필요가 있다. 몇몇 역사학자들은 오직 버지니아와 뉴햄프셔의 비준이 뉴욕의 저울을 건드린 것이라면서 해밀턴이 포킵시에서 보여주었던 엄청난 기교들을 무시해왔기 때문이다. 그러나 열 개 주가 헌법을 비준한 *이후에도* 뉴욕의 분위기는 흉흉했고, 클린턴 최고행정관은 여전히 내전도 불사할 태세였다. 프랑스 공사관에 몸담고 있었던 빅토르 듀폰Victor du Pont은 사무엘 듀폰 드 느무르Samuel du Pont de Nemours에게 쓴 편지에서, 만일 헌법이 뉴욕에서 불안정해진다면 격노한 연방주의자들이 고향에 돌아온 클린턴과 그의 수행단을 물고 늘어진 뒤 '타르를 마구 바르고, 그들을 깃털 위에 굴리며, 마침내는 그들을 데리고 길거리를 행진할 것'이라 말했다.[111] 7월 17일, 해밀턴은 만일 헌법이 좌절된다면 뉴욕 시가 뉴욕 주에서 탈퇴할 것이라고 예측했으며, 클린턴은 그가 '극도로 지각 없고 부적절한' 경고를 하고 있다며 앉은 자리에서 그를 꾸짖었다.[112] 엄청난 연민을 불러일으켰던 그 연설에서 해밀턴은 '이미 떠난 애국자'의 영혼들과 살아 있는 영웅들을 소환함으로써 청중들의 눈물을 자아냈다.[113]

수일 후에는 멜런크턴 스미스가 드디어 교착 상태를 깨고 나와, 만일 연합의회가 몇 가지 수정 사항을 고려하기로 약속한다면 헌법을 지지하겠다고 밝혔다. 스미스는 반대편 진영의 '신사들이 선보인 추론들' 덕분에 자신이 마음을 바꾸었다면서 해밀턴에게 간접적으로 경의를 표했다.[114] 7월 26일에는 스미스와 열두 명의 반연방주의자들이 헌법에 찬성하는 쪽으로 표를 돌리면서 뉴욕의 찬성파는 아주 근소한 차이로 다수를 이루게 되었다. 앞으로 해밀턴에게 닥칠 문제들을 미리 보여주기라도 하는 듯, 최종 투표에서 찬성파는 모든 주 협의회를 통틀어 가장 근소한 격차를 보이며 30대 27로 승리를 거두었다. 클린턴 주지사는 의견을 바꾸지는 않았으나 표를 돌린 자신의 추종자들을 용인했다. 뉴욕의 승인을 기대했던 사람들은 뉴욕 시에서 사흘간 거대한 행진을 벌이면서 새로운 정부에 대해 요동치는 열정을 표출했다. 가벼운 비가 내리던 아침 8시경, 가발 제조업자들부터 벽돌공, 꽃집 주인, 장식장 제작자에 이르기까지 60개 업계에서 모인 5,000여 명의 대표자들은 깃발들을 잔뜩 든 채 밝은 색의 꽃수레들을 끌고선 브로드웨이를 따라 행진하기 시작했다. 뉴욕 주 북부에서는 여전히 헌법이 부자들의 음모라며 비난받고 있었겠으나, 이제 용감한 연방주의자로 거듭난 뉴욕 시의 수공업자들은 새로운 연합체가 가져다줄 이익들을 보여줄 상징물들을 만들었다. 제빵사들은 10피트(약 3미터_역주)짜리 '연방 빵'을 구워 높이 들어 올렸고, 맥주 양조업자들은 300

갤런짜리 맥주 통을 굴렸으며, 배럴 제조업자들은 열세 개의 말뚝으로 만든 배럴들을 질질 끌었다. 해밀턴의 친구들도 다수 이 무리에 뒤섞여 있었다. 로버트 트루프는 변호사들 및 판사들과 함께 행진하면서 새로운 헌법 법전을 휘둘렀고, 그 옛날 세인트크로이 섬에서 해밀턴을 고용했었던 니컬러스 크루거는 농부의 차림새를 한 채 여섯 마리의 황소가 끄는 쟁기를 이끌었다.

이 행진 속에서 알렉산더 해밀턴은 반연방주의자들이 다수를 이루는 곳에서 승리를 낚아챈 남자이자 시대의 영웅으로 신격화되었다. 그를 숭상하는 열기가 얼마나 뜨거웠는지 아예 도시의 이름을 '해밀토니아나 Hamiltoniana'라고 바꾸자는 목소리까지 등장할 정도였다. 이는 해밀턴이 대중의 따뜻한 과찬을 즐길 수 있었던, 인생에서 몇 안 되는 순간들 중 하나였다. 돛 제작자들이 휘두르는 깃발 하나에는 월계관을 쓴 채 헌법전을 들고 있는 해밀턴과, 명성을 상징하는 우의寓意적 인물 하나가 해밀턴 옆에서 트럼펫을 불고 있는 모습이 그려져 있었다. 그러나 해밀턴을 찬양하기 위한 것들 중에는 이 깃발을 무색하게 만드는 어마어마한 것도 있었다. 브로드웨이를 가득 메운 행렬에는 열 마리의 말이 이끄는 27피트(약 8미터_역주)짜리 소형 구축함 모형, 이름하야 '해밀턴 연방호Federal Ship Hamilton'가 있었다. 한 목격자의 기록에 따르면 돛들 몇 개는 느슨하게 매고 몇 개는 팽팽하게 당긴 이 모형 함선은 다른 꽃마차들 사이로 우뚝 솟아올라 있었으며, 배를 움직이게 해주는 바퀴를 가리기 위해 측면 사방에 휘장을 늘어뜨렸다.[115] 수레를 끄는 이들이 휘두르는 깃발에는 다음과 같은 문구가 적혀 있었다. '명예로운 연방의 배를 보라 / 우리는 이것을 해밀턴호라 부르리라 / 이 배가 고용할 모든 수공업자들에게 / 마부들도 물론 함께 기쁨을 누리리라'[116] 해밀턴 연방호가 배터리 광장 근처에 당도하자 베이어드 여관 앞에서 기다리고 있던 의원들이 배를 건네받았다. 귀청이 터질 듯한 연속 포격 속에서, 연합규약에서 헌법으로의 전환을 상징하기 위해 배의 조종사가 교체되었다. 이번 행진은 연방주의자들과 도시 수공업자들 간의 연합이 절정을 찍은 순간이었다. 해밀턴은 단 한 번도 대중의 환심을 사려 한 적이 없었고, 그들의 호의를 이만큼 누릴 일도 다시는 없었다. 헌법이 일으킨 파도에 올라탄 해밀턴과 연방주의자들은 도시 내에서 두말할 것도 없는 영향력을 행사하게 되었다.

14

기계 작동시키기

Alexander Hamilton

헌법을 두고 대격전이 벌어지는 동안 이 나라의 깊은 균열은 너무도 선명히 드러나버렸다. 그렇기에 첫 번째 대통령은 반드시 한 치의 흠도 없는 완전무결한 인물이자 새로운 공화국의 위대한 약속을 상징할 수 있는 인물이어야만 했다. 신과 같은 지명도를 가진 사람이자 파벌로 나뉜 정치판 너머에 있는 사람으로서 국가적 통합을 상징하고, 최고위자로서 제대로 일할 수 있는 사람이 필요했던 셈이다. 오로지 조지 워싱턴만이 정치 너머의 정치인이 되어야만 한다는 이 모순적인 위업을 이룰 수 있다는 것쯤은 이미 모두가 알고 있었다. 초대 정부를 워싱턴이 이끌 것이라는 믿음 하나로 헌법에 마지못해 찬성한 사람들도 수두룩했다.

포킵시의 비준협의회가 진행 중이던 몇 주 동안, 해밀턴은 워싱턴에게 대통령직을 맡아줄 것을 마치 구애하는 사람처럼 결연히 호소하기 시작했다. 오래전 그는 워싱턴 장군의 경력에 편승한 적이 있었고, 조지 워싱턴이 대통령이 된다는 것은 미국에 필요한 만큼 그에게도 필요한 일이었

　　　　　　　　　　　　　　　　　　　　　　　알렉산더 해밀턴

다. 두 사람 모두는 무능한 연합의회와 탐욕스러운 주 정치인들에 대해 분노했고, 상황을 바로잡으려면 적극적인 중앙정부가 반드시 필요하다고 보았다. 1788년 8월 중순, 해밀턴은 워싱턴에게 두 권의 『연방주의자 논집』을 보내면서 대통령직에 관한 이야기를 꺼냈다. 이제 그는 자신과 매디슨, 제이가 그 논문집의 작성자임을 거리낌 없이 밝혔다. 이는 편지의 진짜 의도가 분명히 드러나는 부분이었다. '저는 당연히 믿습니다, 각하. 새로운 정부와 관련하여 당신의 국가 전체가 선언하는 바에 순응하기로 결론을 내리셨겠지요. 감히 말씀드리건대 장군께서는 그 최초의 작전에 반드시 발을 들이셔야만 합니다. 시발점부터 가장 거대한 영향력을 잃어버린 *제*도는 도입해 본들 별다른 소용도 없을 것입니다.'[1]

워싱턴은 답신에서 '연방주의자'보다 더 나은 헌법 해설문을 본 적이 없다고 말하면서, '이 *위기*에 따라 생겨난 일시적 상황들이나 도피 행각들을 모두 없애버릴 수만 있다면 이 작품은 후세의 주목을 받을 가치가 있을 것'이라고 예측했다. 그가 보낸 헌사에는 앞으로의 일들을 미리 암시하는 구석이 있었다. 초대 대통령은 자신에게 어떤 행동들이 허용되는지 조언해줄 헌법 전문가를 내각에 두어야만 했기 때문이었다. 워싱턴은 대통령직에 신중하게 접근했다. 18세기 후반의 정치인들은 대체로 야망을 부인하는 경향이 있었으며 공직이 순수하게 희생적인 직업인 것처럼 굴었다. 그러므로 워싱턴은 섬세한 문장으로 편지를 끝맺으면서 자신이 대통령직에 대한 결정을 미루어버리고 그냥 마운트버넌에 머무를까 생각중이라는 암시를 던졌다. '자네는 나를 충분히 잘 알지, 친애하는 중령. 그러므로 자네는 나의 농장에 머물며 평화로운 은퇴 생활을 영위하다 가는 것이 나의 가장 원대하고 유일한 욕망이라는 말에 한 치의 꾸밈도 없다는 점을 믿을 수 있을 걸세.'[2]

독립혁명 이래 워싱턴과 해밀턴이 이토록 솔직한 대화를 나눈 적도 또 없었다. 비록 유대 관계에 시련이 있기도 했었으나 그 둘이 아예 갈라선 적은 단 한 번도 없었으며, 워싱턴은 자신의 미래에 대한 걱정을 털어놓을 수 있어서 안도한 듯 보였다. 해밀턴은 새로운 공화국이 그 첫 번째 행정부 동안 심판대에 오를 것임을 알고 있었으며, 평범한 사람이 수장 자리에 오를 상황이 벌어질까봐 끔찍이 두려워했다. 그는 초대 정부가 제대로 해야 한다면서 워싱턴에게 경고했다. '만일 잘못된다면 분명 그 체제 자체에 비난이 쏟아질 것입니다. 또한 그 기틀을 닦은 사람들은 혁명을 일으킬 만큼 가치 있는 그 무엇도 들고 나오지 못한 주제에 정부를 전복시켰다는 오명을 뒤집어쓰게 되겠죠. 하나의 유토피아를 허물고 또 다른 유토피아를 세웠을 뿐이라는 말이 나올 것입니다.'[3]

워싱턴은 발끈하는 대신, 해밀턴의 솔직함 덕분에 자신이 꼴사나운 야망을 드러내지 않으면서도 대통령직에 접근할 수 있게 되었다며 감사를 표했다. 마치 고해성사를 하듯 워싱턴은 자신이 대통령이 된다는 생각을 하노라면 마음 한구석에 자리 잡은 '일종의 침울함을 언제나 느낀다'면서, 만일 대통령 자리에 오른다면 '그것을 받아들이는 데는 내 평생을 통틀어 가장 자신 없고 꺼림칙한 마음이 뒤따를 것'이라고 말했다.[4]

워싱턴이 적당한 재촉을 필요로 하고 있음을 알아챈 해밀턴은 아메리카의 영광스러운 운명이 대통령으로서의 그를 요구하고 있다고 강조하면서 '다른 그 누구도 여론을 충분히 통합시키거나 정부 출범기에 그 직책이 필요로 하는 만큼의 무게를 실어줄 수 없을 것'이라고 말했다.[5] 다른 이들에게도 조언을 구한 워싱턴은 마침내 자신의 불안을 극복하고 대통령 선거에 출마하기로 결정했다.

해밀턴은 첫 번째 선거 동안 워싱턴의 총애를 받았으나 존 애덤스와는 척을 지기도 했다. 애덤스는 자신이 받은 모욕을 백과사전처럼 모두 기억하는 남자였다. 아내 애비게일의 말을 빌리자면, 1788년 7월 유럽에서 돌아온 애덤스는 부통령 이하의 직책이 '자신에게 모자라다'고 결론지었다.[6] 뉴잉글랜드 주가 가장 사랑하는 남자였던 애덤스는 그 수많은 유권자들의 지지를 믿고선 부통령에 출마하기로 동의했다. 그러나 이는 다소 곤란한 상황으로 이어졌다. 헌법에 따르면 대통령 선거인단은 각각 두 표를 던질 수 있었으나 대통령과 부통령을 따로 선출하지는 않았던 것이다. 누구든 더 많은 표를 얻은 사람이 대통령이 되고 차점자가 부통령이 될 터였는데, 만일 동점자가 나온다면 투표가 하원으로 넘어갈 수밖에 없는 위험이 있는 셈이었다. 더 나쁜 경우에는 부통령 후보가 의도치 않게 선을 넘어 대통령이 되어버릴 가능성도 있었다. "부통령이 되기를 의도했던 사람이 사실상 대통령이 될 수도 있는 그 헌법상의 결함은 모두가 알고 있었네." 해밀턴이 1789년 초 펜실베이니아의 연방주의자 제임스 윌슨James Wilson에게 한 말이다. 만일 애덤스가 만장일치의 표를 받고 단 몇 표가 워싱턴을 '교묘하게 벗어난다면' 애덤스는 워싱턴을 대통령직에서 몰아낼 수도 있었다.[7] 해밀턴은 이따금씩 격노에 휩싸이던 애덤스가 분열된 이 나라를 통합할 수 있을지, 혹은 이 신정부가 성공할 가장 훌륭한 기회를 제공할 수 있을지를 의심했다. 해밀턴에게 있어 미국이라는 실험 그 자체는 워싱턴을 대통령으로 가질 수 있느냐의 여부에 달려 있었다. 이러한 그의 우려는 희한하게도 조지 클린턴이 또 다른 대통령 후보로 출마하면서 더욱 깊어졌다. 해밀턴은 유권자들의 마음을 조지 클린턴으로부터 멀어지게 만들면 자칫 그들의 표가 워싱턴이 아닌 애덤스에게 몰리지는 않을지 두려워했다. 만일 그렇게 되면 그것은 자신이 그렇게나 대통령으로 원했던 한 남자의 패배를 의도치 않게 도와주는 셈이 될 것이라고 해밀턴은 되씹었다.

1788년 가을만 해도 해밀턴과 애덤스는 개인적 친분이 전혀 없었다. 해밀턴이 국내의 주요 인물로 떠오르는 동안 애덤스는 계속해서 외교상의 이유로 해외에 체류했다. 애덤스는 해밀턴이 법조인으로서 최상의 명성을 누리고 있음을 알았으나, 자신보다 한참 어린 그 사람을 풋내기이자 뒤늦게 나타나 미국 독립혁명에 참여한 사람으로 자연스레 여겼을 것이다. 해밀턴 또한 이미 애덤스에게 적대감을 느끼고 있었다. 허레이쇼 게이츠 장군더러 워싱턴의 자리를 노려보라며 그의 군사적 허세를 부추겼던 버지니아의 리Lee 가문, 그리고 존재 여부도 확실치 않았던 콘웨이 도당은 아직까지 해밀턴의 기억 속에 생생히 살아 있었다. 해밀턴은 매사추세츠의 한 동료에게 '리 가문과 애덤스 가문은 서로 연합하는 습관이 있으며 그 때문에 행정부는 물론 이 정부의 운영에 있어 매우 난처한 도당을 일으킬 수도 있다'고 말했다.[8] 동시에 해밀턴은 애덤스의 애국심이나 그의 '견실한 이해' 및 '공동선을 향한 열렬한 사랑'에는 반박할 여지도 없다고 확언하면서, 그가 워싱턴 행정부의 '조화를 해치려' 들지는 않을 것이라 확신했다.[9] 해밀턴은 매디슨에게 애덤스가 헌법의 믿을 만한 친구이며, 만일 부통령이 된다면 버지니아 출신의 대통령과 함께 지역적 균형을 맞출 수 있을 것 같다고 속내를 털어놓았다.

그럼에도 해밀턴은 선거에서 애덤스가 우연히 혹은 계획적으로 워싱턴을 제칠까봐 조바심을 냈다. 그러므로 해밀턴은 코네티컷의 선거인단 두 명, 뉴저지의 두 명, 그리고 펜실베이니아의 서너 명에게 접촉하여 워싱턴이 대통령이 될 수 있도록 애덤스에게 표를 던지지 말아줄 것을 요청했다. 여느 때와 마찬가지로 해밀턴의 우려는 과도했던 것으로 밝혀졌다. 1789년 2월 4일, 한자리에 모인 총 69명의 선거인단은 만장일치로 워싱턴에게 한 표씩을 던져 그를 초대 대통령으로 만들었으며, 차등으로 서른네 표가 몰린 애덤스는 부통령에 당선되었다(나머지 서른다섯 표는 열 명의 후보들에게 분배되었다). 비교적 미약한 결과로 자만심에 큰 타격을 입은 존 애덤스는 자신의 기개에 '얼룩'이 졌다고 개탄했으며, 자존심의 상처 때문에 관직을 거부하는 방안을 고려하기까지 했다.[10] 당시 그는 해밀턴이 자신에게 올 표 몇 개를 다른 이들에게로 돌렸다는 사실을 모르고 있다가 이윽고 뉴욕에서 나온 것임이 분명한 '어둡고 더러운 음모' 때문에 자신의 득표수가 낮아졌음을 알고선 격노에 휩싸였다. "그토록 야비한 방식으로 행해진 선거라면, 내가 이 관직에 당선된 것은 축복이 아니라 저주인 것이오?" 그가 벤저민 러시에게 항의했다.[11] 애덤스는 해밀턴의 행동을 용서할 수 없는 기만이라고 생각하게 되었다.

사실 해밀턴은 기껏 해야 일고여덟 명의 유권자들과 접촉했을 뿐이었기 때문에, 애덤스가 얻어내지 못했던 서른다섯 표 중 해밀턴의 영향이 미쳤던 것은 비교적 소수에 불과했다. 또한 해밀턴은 애덤스가 부통령이 되기를 원했고, 그를 해하려 했던 것이 아니라 워싱턴을 도우려 했을 뿐이었다. 하지만 해밀턴의 행동에 대해 애덤스가 그것은 자신을 모욕하거나 자기의 공적 위상을 떨어뜨리기 위한 것이었다고 생각한다는 사실을 알게 된 해밀턴은 큰 충격을 받았다. 수년 후, 그는 이 일화가 애덤스의 '극단적인 자부심'과 허영의 증거라고 묘사했다. '애덤스 씨는 자신이 워싱턴 장군과 공평한 기회를 가지는 것이 허용되지 않았다며 불평했다고 하는데, 나는 이를 알게 된 이후로 (중략) 거대한 충격을 받았으며 마찬가지로 거대한 유감을 느꼈다.'[12] 이 사건은 초기 공화국의 두 거인들 간에 빚어졌던 수많은 치명적 오해들 중 최초의 것이었다.

해밀턴의 진짜 목표물은 바로 조지 클린턴 최고행정관이었다. 클린턴은 12년간 그 자리에 몸담고 있어왔으면서도 1789년 봄에 또다시 주지사 선거에 출마했다. 그는 순환 대통령제를 옹호하긴 했지만, 뉴욕 주지사 자리를 자신의 절대적 기반으로 만들 수 있다는 데는 한 치의 의구심도 갖지 않았다. 해밀턴은 클린턴이 새 정부를 약화시키려 들까봐 두려워했다. 클린턴이 대통령 자리에 오르지 못하도록 적극적인 운동에 나섰던 해밀턴은 이제 그를 주지사 자리에서도 몰아내기 위해 움직이기 시작했다. 매사추세츠의 연방주의자 새뮤얼 오티스Samuel Otis는 한 친구에게 보내는 편지에서, 해밀턴과 필립 스카일러가 힘이 닿는 한 모든 수단을 동원해 '최고행정관을 정치적으로 죽이고자' 계획하고 있음을 알렸다.[13]

1789년 2월 11일, 해밀턴은 클린턴과 맞설 후보를 정하기 위해 당시 사업가들의 아지트였던 브로드가의 바던 여관에서 북적북적한 집회를 주최했다. 이곳에 모인 수백 명의 사람들은 무려 로버트 예이츠 판사를 후보로 선택하는 놀라운 결정을 내렸다. 한때의 적을 지지했다는 것은 클린턴을 권좌에서 끌어내리겠다고 해밀턴이 결심했음을 단적으로 보여주는 증거였다. 그는 예이츠가 뉴욕 주 남부의 연방주의자들과 북부의 반연방주의자 농민 모두의 지지를 이끌어내 승리를 거둘 수 있으리라고 생각했다. 뉴욕에서 헌법이 비준된 이래 예이츠는 확고히 헌법을 지지하면서 해밀턴에게 깊은 인상을 남긴 바 있었다. 해밀턴은 그를 한층 더 확실하게 지지하기 위해 통신연락위원회의 의장을 맡기로 했다. 예이츠와 가장 가까운 친구 중 하나였던 반연방주의자 에런 버 또한 바던 여관에 나타났으며 이들과 함께하기로 동의했다.

예이츠와 결탁한 해밀턴은 이제 클린턴을 오래전부터 자신의 트레이드마크였던 가차 없는 방식으로 강하게 공격하겠다고 마음먹었다. 해밀턴의 호전성은 아마 문제 많았던 성장기가 남긴 유산이었을지도 모른다. 그는 한 지지자에게 '전쟁에서와 마찬가지로 정치에서는 첫 공격이 전투의 절반'이라고 조언했다.[14] 해밀턴은 당시 관례에 따라 맹렬한 투서 열여섯 편을 'H. G.'라는 이니셜과 함께 「데일리 애드버타이저」에 실으면서 캠페인의 포문을 열었다. '연방주의자'를 쓸 때와 마찬가지로 여기에서도 폭발적인 에너지를 보여준 해밀턴은 1789년 2월 한 달 동안에만 여덟 편을 줄지어 신문지상에 실었다.

'H. G.' 투서를 시작한 해밀턴은 클린턴에게 독화살을 날렸다. 클린턴 최고행정관의 정치적, 군사적 커리어를 되짚어본 해밀턴은 그가 '좁은 시야, 편견 가득하고 인색한 기질, 욕정적이고 흥미 위주의 성정'을 가지고 있다고 비난했다.[15] 그는 클린턴이 독립전쟁 당시에도 준장으로서 진정한 용기를 보여주었는지에 대해 의혹을 제기했다. '성실하게 조사해봤음에도, 나는 그가 한 번 이상 실제 전투에 참전했다는 증거를 찾을 수 없었다.'[16] 한 투서에서 해밀턴은 혁명에 접근하는 사람들을 두 부류로 구분했다. 공동선에 진정한 관심을 가지며 '잠시도 가만히 있지 못하는 격동의 영혼들'이 한 부류였고, 클린턴처럼 소요를 틈타 폭군이 되려는 사람들이 또 다른 부류였다.[17] 수위를 한층 더 끌어올린 해밀턴은 혁명 도중 클린턴이 필립 스카일러와 초대 최고행정관 자리를 놓고 맞붙었던 선거에서도 그가 통솔하던 민병대에게 자신을 뽑을 것을 강요함으로써 스카일러의 자리를 빼앗았다고 비난했다.

후반의 'H. G.' 투서들에서 해밀턴은 좀 더 관념적인 이유를 들어 클린턴을 공격했다. 그는 헌법에 대한 클린턴의 끊임없는 반대를 분석한 결과 그 최고행정관이 변명의 여지도 없이 '뉴욕 주 및 연합의 평화와 안녕에 대한 위협으로 충만한' 방식을 고수한다는 점이 드러났다고 밝혔다.[18] 해밀턴은 1785년 1월 이후로 그러했듯 뉴욕이 계속해서 나라의 수도가 되기를 원했지만 클린턴은 연합의회가 이곳에 머무르는 것을 반대했는데, 해밀턴의 말에 따르자면 이는 방종한 행위가 늘어날까 우려했기 때문이었다. '지각 있는 사람이라면 의회가 이곳에 머무르는 것이 주의 입장에선 상당한 부의 원천이 됨을 알고 있을 것이다. 의회의 존재가 사치와 소모를 부추긴다는 그 쓸모없는 이야기에 관해 말하자면, 의회가 이 도시에 자리 잡은 지난 수년보다 더욱 절약한 때는 없었다고 생각한다.'[19] 해밀턴이 그린 클린턴은 옹졸하고 권력에 굶주렸으며 완고했을 뿐 아니라 더 나아가 연합의회 의장이 두 번이나 바뀔 동안 그들의 방문 비용을 예우상 지급했던 적이 한 번도 없을 만큼 매너라곤 전혀 갖추지 못한 천박한 사람이었다.

연방주의자들은 이 굉장한 맹공에 크게 기뻐했다. '이보다 더한 욕망으로, 또 더 성공적으로 읽어본 글이 없었다.' 해밀턴의 지지자 중 하나가 남긴 말이다.[20] 또 다른 사람은 '앞으로의 상황이 기대되는 만큼 해밀턴 중령이 직접 예이츠 판사를 위해 매우 적극적인 역할을 맡았다. 나는 늙은 *죄인* 클린턴이 쫓겨나리라고 믿는다'고 말했다.[21] 그 늙은 죄인은 직접 펜을 들어 해밀턴에게 반박하지 않았으나, 그 대신 대리인들이 응수해서 쓴 글이 곧 신문들을 장식했다. 3월 초, '필로파스Philopas'라는 자가 나타나 H. G.의 글에 '잔뜩 들어차 있는 상스러움'에는 '빌링즈게이트의 주민들도 얼굴을 붉히고 말 것'이라고 비난했다 무시하세요.[22] (빌링즈게이트는 영국 런던의 어시장으로, 상스러운 욕지거리가 난무하는 장소의 대명사 격이임_역주) 또 다른 필자는 클린턴 같은 '애매모호한 평민'이 감히 스카일러 같은 '귀족 가문의 한계 없는 야망'에 맞섰다는 게 H. G.가 진짜 꺼내고 싶어 했던 문제가 아니겠냐고 말했다.[23] 그는 만일 클린턴이 예이츠에게 패배하면 다음 선거에서도 맥을 못 출 것이므로 '아버지와 아들'이 물고기와 빵을 나누어 가질 수 있으리라고 예상했는데, 이것이 필립 스카일러와 그의 사위 해밀턴을 두고 하는 말임은 훤히 알 수 있었다.[24] 해밀턴은 클린턴에게 가차 없는 인신공격을 날림으로써 공적 차원뿐 아니라 극도로 사적인 차원에서도 보복이 이루어지게 했다. 자신을 향한 비난에는 그토록 예민했음에도 남을 향한 자신의 비난이 어떤 효과를 가지는지에 대해 그토록 무심했다는 점은 해밀턴의 내면이 가진 가장 큰 미스터리 중 하나였다.

3월 말에 이르자 언쟁은 한층 더 상스러워졌다. '윌리엄 텔William Tell'이라는 필명의 사람 하나는 해밀턴이 마키아벨리주의자라면서 그가 '기대에 차 있는 아첨꾼들, 일련의 야심찬 관계들, 그리고 몇몇 부자들' 덕분에 헛바람이 든 채 권력에 미친 정치인이라는 오명을 그에게 씌웠다. '윌리엄 텔'은 그 이후로 해밀턴이 단순한 야망보다 더 끔찍한 것을 품고 있다며 공격했다. '그대의 사적인 성격은 공적인 성격보다 한층 더 나쁘며 이제 그것은 그대 스스로의 행보에서 드러날 것이다. [그대]는 주어진 가장 엄숙한 의무를 따르지 않을 것이기에!*******'25 일곱 개의 별표는 기혼wedlock이라는 단어를 나타낸 것으로 보이는데, 이는 공개적인 글에서 처음으로 해밀턴이 간통 의혹을 받는 순간이었다. 앞으로 살펴보겠지만, 이것이 이 시점에서 수면 위로 떠오른 데는 그럴 만한 이유가 있었다.

다른 건국의 아버지들과 마찬가지로 해밀턴 역시 서로 완전히 반대되는 두 개의 세상에 몸담고 있었다. 한쪽은 헌법적 토론들과 품위 있는 담론들로 이루어진 우아한 세상이었는데, 많은 사람들은 그 위풍당당한 인물들에 대해 이렇게만 기억하고 싶어 할 것이다. 그러나 다른 한쪽에는 개인적인 저격과 은밀한 술책, 가십 잡지들의 언론 공격들이 넘쳐나는 시궁창 같은 세상이 있었다. 초기 시대의 논쟁적 문화는 미국식 정치적 표현의 정점임과 동시에 밑바닥이기도 했다. 혁명의 고고한 이상주의에서 일상적인 정치의 불쾌한 현실로 건너가는 과정 중 나타난 이런 모순적 환경은 아마 피할 수 없는 부분이었을 것이다. 1776년과 1787년의 영웅들이 신정부 들어 개인적인 권력과 이득을 놓고 싸우는 모습은 한층 더 초라하고 위선적으로 보일 수밖에 없었다.

해밀턴은 최고행정관을 겨눈 캠페인을 계속해나가면서 유권자들에게 보내는 공개 항의서를 발행했고, 이 글들은 클린턴의 유세 집회에서 경멸과 함께 책상 아래로 내던져졌다. 유권자들에게 보내는 최종 호소문의 틀을 짜면서 해밀턴은 부자들을 비난의 대상으로 내세우는 것이 클린턴의 가장 효과적인 전략이었음을 지적했다. 그는 공화주의자들이 부자들을 자신들 공격의 희생양으로 삼고 있다며 '권력자를 열렬하게 지지하는 사람들이 재산을 가진 사람들을 무차별적으로 지탄하는 것보다 더 해로운 조합도 없다'고 말했다.[26]

그러나 해밀턴의 논리는 유권자들의 마음을 움직이지 못했고, 클린턴 최고행정관은 예이츠 판사를 크게 이겼다. 격렬했던 이 선거는 상처 입은 감정들을 오래도록 남겼고, 해밀턴과 클린턴이 서로 화해할 마지막 기회도 앗아가버렸다. 여전히 극렬하게 분열된 뉴욕 주에서는 정치적 술수들이 판을 치고 있었다. 자기의 기반을 강화해야 한다는 사실을 알고 있었던 교활한 클린턴은 자신 또한 에런 버를 좋아하거나 신뢰하지 않았음에도 9월경 그에게 주 법무장관의 자리를 제안했다. 해밀턴은 예이츠를 위해 캠페인을 벌이는 에런 버에게 처음으로 배신감을 느꼈다. 에런 버의 정치적 천재성은 고향 주 내의 당파 싸움 속에서 끊임없이 이득을 보는 방법을 찾아내는 데 있었다. 지난 3년 동안 정치적 활동에 거의 참여하지 않았던 그의 잠든 야망은 이때부터 깨어나기 시작했다.

새 정부는 그에 걸맞은 화려한 행사와 축포 속에서 출범했다. 1789년 4월 16일, 조지 워싱턴은 마운트버넌에서 뉴욕까지 8일간의 여정을 시작했으며 그 길에서 전국적인 축하를 받았다. 대통령 당선인이 각 도시에 접근할 때마다 축포가 울렸다. 그는 수많은 개선문 아래를 지났고, 트렌턴의 다리 하나를 건널 때에는 열세 명의 젊은 아가씨들이 환영의 말을 속삭이며 꽃잎을 뿌리기도 했다. 겉으로는 종종 왕족의 행진처럼 보일 수도 있었겠으나 이는 큰 오해였다. 워싱턴은 큰 빚을 지고 있었으며 이 여행을 위해 어마어마하게 높은 이자율로 돈을 빌려야만 했기 때문이다. 뉴저지의

알렉산더 해밀턴

엘리자베스타운에 당도한 그는 호화로운 바지선에 올라타고선 허드슨 강을 건너 뉴욕 시로 향했다. 붉은 캐노피로 차양을 친 바지선은 열세 명의 조종사와 함께 빠른 바람에 몸을 실었다. 월가의 끝자락에서는 클린턴 주지사와 두에인 시장이 환호하는 군중과 함께 대통령 당선인을 맞이했다. 교회 종들이 울리고 항구에 정박 중이던 배들이 색색의 깃발을 걸어 올렸으며 열세 발의 축포가 울리는 가운데 워싱턴은 새로운 거처인 체리가 10번지에 위치한 3층짜리 벽돌 건물로 향했다. 도시의 집집마다 촛불을 환히 밝혔던 그날 밤, 클린턴 주지사는 워싱턴을 위한 만찬을 열었다. 해밀턴은 클린턴 주지사에게 예우를 갖춰야 한다는 사실에 마음이 쓰라렸지만, 워싱턴은 자신이 모든 국민들의 지도자가 될 것임을 보여주고자 했다.

새로운 연방정부의 임시 거처로 선택받은 뉴욕은 그 준비에 막대한 예산을 들였다. 영구적인 수도로 자리매김하고자 했던 뉴욕 시는 그것에 필요한 몇 가지 개선 작업에 돈을 들였다. 시 의회는 훗날 워싱턴 D.C.를 설계하기도 했던 프랑스의 건축가이자 엔지니어 피에르 샤를 랑팡Pierre Charles L'Enfant 소령을 고용하여 브로드가와 월가가 만나는 지점에 있던 시청 건물을 개조하게 했다. 그는 시청을 우아하고 신고전적인 '페더럴홀Federal Hall'로 재탄생시켰고 꼭대기엔 유리로 된 쿠폴라 지붕을 얹었다. 공사 비용 중 일부는 지역 시민들에게서, 또 다른 일부는 해밀턴의 뉴욕은행에서 나온 것이었다. 4월 초 새로운 의회가 처음으로 개회하자 '해밀턴 연방호'에 걸렸었던 깃발이 건물에 내걸렸는데, 이 깃발에는 건물 정면에 흰머리독수리(미국을 상징하는 새_역주)가 박힌 모습이 그려져 있었다.

4월 40일, 조지 워싱턴 장군은 일찍 일어나 머리에 파우더를 뿌리며 자신의 위대한 날을 준비했다. 정오가 되자 그는 의원 한 명의 배웅을 받으며 화려한 노란색 마차를 탄 뒤 페더럴홀에 가서 취임 선서를 했다. 주변

거리에는 이 역사적인 순간을 지켜보려는 1만 명의 뉴요커들이 몰려들었고, 이 순간을 만들기 위해 누구에게도 뒤지지 않을 만큼 많은 일을 해낸 해밀턴은 이 광경을 월가 자택의 발코니에서 멀찍이 지켜보았다. 제왕에게 걸맞은 위엄을 내보이는 한편 공화주의자다운 금욕적인 모습도 내비쳤던 향년 57세의 워싱턴은 이미 그 두 가지를 화합시키는 인물이 될 준비를 마친 것처럼 보였다. 의례용 검을 허리춤에 차고 휘황찬란한 위용을 뽐낸 그는 하트포드의 한 공장에서 짠 미국식 브로드클로스(광택이 있는 면직물_역주)로 만든 무늬 없는 갈색 정장을 입었다. 이 의상에는 해밀턴의 미래에게 보내는 특별한 메시지가 숨어 있었다. 이제 미국은 제조업, 그중에서도 대영제국이 점령하고 있는 섬유산업을 특히 장려해야 한다는 의미가 담겨 있었던 것이다. 워싱턴은 얼마 지나지 않아 미국산이 아닌 것을 입는 일이 '신사로서 유행에 뒤처지는' 일이 되기를 바랐다.[27]

푸른 배경에 금색 별들이 수놓인 배경을 뒤로한 채, 이 건장한 버지니아인은 기둥들이 늘어서 있는 2층 발코니에서 취임 선서를 했다. 존 애덤스가 그의 곁에 서 있었으며, 워싱턴은 로버트 R. 리빙스턴 챈슬러를 향해 선서한 뒤 진홍색 쿠션 위에 얹힌 성경에 입을 맞추었다. 즐겁고도 흠하나 없는 순간이었다. 워싱턴은 상원의사당에 모인 의원들에게 아마도 제임스 매디슨이 썼을 짤막한 취임 연설문을 읽어 내려갔는데, 왼손을 주머니에 찔러 넣고 나머지 손으로 페이지를 넘기는 모습이 다소 어색한 인상을 남겼다. 긴장한 듯한 그의 웅얼거림은 거의 들리지도 않을 지경이었다. 한 목격자는 워싱턴이 '대포나 권총의 총구 앞에 섰을 때보다 더 불안해하고 당황한 것 같았다'면서 미국의 그 영웅을 비꼬았다.[28] 초대 대통령이 된 워싱턴은 수행단과 함께 브로드웨이를 행진하여, 해밀턴이 다녔던 킹스칼리지와 가까운 곳에 위치해 있던 세인트폴 예배당으로 가서 기도를 올렸다.

알렉산더와 엘리자 모두 5월 7일의 대통령 취임 축하 무도회에 참석했다. 새로운 정권의 사교계를 빛내줄 인물로 자리 잡은 엘리자는 훗날 이 시기를 즐겨 회고했다.

> 나는 [마사 워싱턴보다] 더 어렸기 때문에 당대의 흥겨움에 좀 더 푹 빠질 수 있었다. 나는 5월 초에 브로드가와 월가 위쪽에 위치한 어셈블리룸에서 열린 취임 축하 무도회에 갔다. 대통령과 부통령, 내각 구성원들, 과반 이상의 국회의원들, 프랑스 공사와 스페인 공사, 군사 장교들과 공무원들은 다른 어떤 무도회보다 훌륭했던 이 무도회에 아내 및 딸들과 함께 참석했다. 워싱턴 부인은 아직 마운트버넌에서 뉴욕으로 건너오지 않은 상태였으며 그녀가 도착하기까지는 이로부터 3주가 더 걸렸다. 무도회에 참석한 모든 여자들에게는 파리에서 만든 부채가 선물로 준비되었는데, 상아 프레임으로 만든 이 부채를 펼치면 워싱턴의 옆모습을 닮은 화상畵像이 나타났다.[29]

워싱턴은 필립 스카일러와 해밀턴의 가까운 친우로서 엘리자와도 따뜻한 친분을 나누었고 취임 축하 무도회에서 그녀와 함께 춤을 추기도 했다. 알렉산더와 마찬가지로 그녀 또한 워싱턴과 다정하지만 너무 친근하지는 않은 관계였다. 그녀는 워싱턴이 무도회장에서도 완전히 긴장을 푸는 법이 없었으며 단 한 순간도 대통령다운 모습을 잃지 않았다고 말했다. 워싱턴과 함께 수많은 무도회에 참석했던 그녀가 훗날 이렇게 말했다. 그는 '언제나 파트너를 선택하고 인물들 사이를 격식 있게 걸었지만, 정말로 춤을 춘 적은 없었다. 그가 가장 좋아하는 춤은 미뉴에트로, 그의 위엄과 엄숙함에 걸맞게 우아한 춤이었다.'[30] 한 목격자도 이와 비슷한 맥락의 글을 남겼는데, 그는 워싱턴이 거의 웃지도 않았으며 젊은 아씨들에게 둘러싸여 있을 때조차 '부드러운 표정을 짓거나 평소의 무게감을 덜

어내지도 않았다'고 평했다.[31]

워싱턴은 그 자체로 선례를 만들면서 정부의 분위기를 설정하는 역할을 했기 때문에, 워싱턴 행정부의 모든 것은 극도로 높은 의의를 가지게 되었다. 그가 취임 선서를 하자마자 의전에 관한 문제들이 사사건건 논의에 올랐다. 대통령에 대한 호칭은 무엇으로 해야 하는가? 대통령은 방문객을 맞이해야만 하는가? 해밀턴과 그 무리들이 군주제를 염두에 두고 있다고 확신했던 반연방주의자들은 이 논의에서 곧 시작될 배반의 흔적들을 찾아내려고 혈안이었다. 해밀턴은 귀족 작위에 반대하긴 했지만, 법에 대한 존중을 제고하기 위해 작위를 다른 어떤 기사도騎士道 형식으로 대체할 수 있을지 고심했다. 다른 설립자들도 이와 비슷한 생각을 가지고 일을 펼쳤다. 1789년 5월, 벤저민 프랭클린은 벤저민 러시에게 '우리는 과거의 주들이 가장 크게 기대고 있던 악덕 하나, 즉 지도자의 과도한 권력을 경계해왔다. 그러나 지금으로선 그것에 제대로 복종하지 못하는 데서 위험이 발생하는 것으로 보인다'고 말한 바 있다.[32]

새로운 부통령 존 애덤스는 특히나 왕자 같은 차림새를 하고 다녀서 공화주의자들의 공분을 샀는데, 심지어 워싱턴도 그가 '과시적으로 왕족을 모방하고 흉내 낸다'며 조롱하기도 했다.[33] 애덤스 일가는 허드슨 강이 화려하게 내다보이는 고혹적인 저택, 리치먼드힐에 세 들어 살았다(훗날 이곳은 에런 버의 집이 된다). 매일 날이 밝으면 존 애덤스는 파우더를 뿌린 가발을 쓰고선, 제복을 입은 하인이 운전하는 값비싼 마차를 타고 와 상원의장석에 앉았다(그는 종종 갓 하버드대학을 졸업한 자신의 둘째 아들 찰스Charles를 데리고 다녔다. 이때까지도 해밀턴이 자신의 표를 앗아가기 위해 일했었다는 사실을 모르고 있던 애덤스는 7월경 해밀턴에게 찰스가 그의 밑에서 법을 배우게 해달라고 부탁했으며, 해밀턴은 이 으쓱해지는 요청을 받아들였다). 5월경 상원위원회가 칭호에 관한 문제에 착수하자, 존 애덤스는 워싱턴을 '드높으신 폐하His Highness, 미합중국의 대통령이자 자유의 수호자'라 부를 것을 제안했다.[34] 이는 당대의 재담꾼들에게 그야말로 먹이를 던져준 셈이었다. 그는 이때부터 '통통하신 폐하His Rotundity' 혹은 '브레인트리 공작'(매사추세츠 브레인트리 출신인 존 애덤스가 의례와 직위에 집착하는 것을 비꼬는 말_역주)이라고 불리기 시작했다. 애덤스는 새로운 정부에 대한 존중을 제고하려 했을 뿐이었지만, 예의를 중시하는 그의 모습에 의심을 품은 사람들은 그가 자신을 왕으로, 아들 존 퀸시John Quincy는 왕자로 하는 세습군주제를 만들려 한다는 의혹을 제기했다. 상원과 달리 하원에서는 대통령을 간단하게 '조지 워싱턴 미합중국 대통령'이라고 부르기로 결정했으며 이에 상원이 동의했다.

5월 초, 워싱턴은 해밀턴에게 대통령으로서의 에티켓에 대한 생각을 물었다. 애덤스와 마찬가지로 해밀턴은 직위의 위엄이 매우 중요하다 여겼으며 워싱턴에게 매주 '접견회'를 열어 손님들을 맞이하되 30분 이상을 그 자리에 머물거나 답방을 가지는 말 것을 조언했다. 또한 의원들 혹은 다른 공무원들과 사적 만찬을 할 경우 방문객 수는 여섯 명에서 여덟 명으로 제한되어야 하며, 대통령이 방문객들보다 테이블에 더 오래 머무는 일은 없어야 한다고 말했다. 흥미롭게도 해밀턴은 여기에서 워싱턴에게 상원의원들은 만나되 하원의원들은 따로 만나지 말라고 조언했다. 확실히 해밀턴은 대통령이라는 자리에 약간의 위엄을 더하면서 대중의 압력으로부터는 완충제를 두고 싶었던 모양이다.

워싱턴은 해밀턴의 조언을 대체로 받아들여서 매주 화요일 오후 접견회를 열었으나, 이는 매우 지루한 의례가 되어버렸다. 워싱턴은 가장 순조로운 시기에도 전혀 느긋해하지 않는 인물이었는데, 여기에 엄격한 접견 규칙까지 더해지면서 그는 완전히 밀랍인형 같은 모양새가 되어버렸다. 워싱턴은 검은 벨벳 코트에 검은 새틴 반바지를 입고 노란 장갑을 꼈으며, 예복용 칼을 칼집에 넣고선 허리춤에 찼다. 그리고는 빙하 같은 느 릿함으로 방문객들에게 돌아가면서 사교적인 인사를 건넸는데, 고개 숙여 인사를 하되 악수는 하지 않았다. 방문객들은 아마도 하품을 참고 졸음과 싸워야만 했을 것이다. 가발을 쓴 하인을 곁에 세워둔 호화로운 저녁식사도 재미없기는 매한가지였다. '대통령의 표정 속에는 어딘가 모르게 우울이 완전히 굳어 있는 것처럼 보였다.' 윌리엄 매클레이William Maclay 펜실베이니아 상원의원이 어느 날 쓴 말이다. '확고하게 자리 잡은 진지함의 우울한 구름을 뚫고 즐거운 햇살이 활기차게 내리쬐는 일은 없었다. 먹고 마시는 동안 그는 짬이 날 때마다 포크와 나이프를 드럼스틱처럼 들고 테이블을 두드렸다.'[35] 워싱턴은 기질 때문에든 정책 때문에든 원체 뚱한 사람이었으며, 자신의 양손자에게 '침묵하는 것이 최선이다. 친구보다 적을 만들기가 쉽다는 것 이상으로 자명한 사실은 없기 때문'이라고 조언한 적도 있었다.[36] 이 신중한 대통령은 말 많은 해밀턴과는 극명한 대조를 이루었다.

워싱턴은 너무 고고하지도 않고 너무 격식 없지도 않은 태도를 갖추려 했으며, 애비게일 애덤스의 말에 따르면 그해 봄에는 이런 면에서 존경스러운 성공을 거두었다. '그는 위엄 있고 정중했으며, 격식 없이 상냥했고, 오만하지 않게 거리감을 두었으며, 엄격하지 않게 진중했고, 겸손했으며, 현명했고, 훌륭했다.'[37] 그러나 반연방주의자들은 여전히 왕가의 표식을 찾아내기 위해 그를 감시하고 있었기에, 군주제의 기미를 드러낸다면 작은 것이라도 얼마든지 위협적인 것이 될 수 있었다. 공적인 일로 돼지들이 바글거리는 비포장도로를 달려야 할 때면 워싱턴은 제복을 입은 기수 두 명이 모는 담황색 마차를 타고선 행차했는데, 이 마차는 정말로 어둠 속에서 빛이 날 때까지 털을 빗질한 뒤 윤기가 흐르는 흰색 풀을 문댄 백마 여섯 마리가 끌었다. 이와 동시에 워싱턴은 공화주의자로서의 자격을 증명해 보이기 위해 매일 오후 2시경이 되면 산책에 나섰다. 하지만 워싱턴이 마운트버넌에서 일곱 명의 노예를 데려와 자신의 백인 하인들을 돕게 했다는 점은 현대인의 시각에서 보았을 때 무엇보다도 가장 이해할 수 없는 부분일 터다.

뉴욕의 빈부 격차는 명백하게 점점 더 벌어지고 있었는데, 이것만 아니었더라도 사회적 격차는 조금 덜 절망적일 수 있었을 것이다. 전시의 금욕주의로부터 벌써 수년이 흐른 지금, 지역의 상인들은 자신들의 부를 과시하고 있었다. J. P. 브리소 드 와르빌은 '아메리카 대륙에서 영국식 사치가 그 어리석음을 드러내는 도시가 있다면 그건 뉴욕이다. (중략) 여자들의 드레스 차림에서는 가장 훌륭한 실크와 면사포, 모자, 머리장식 등을 볼 수 있다. 사륜마차는 드물지만 매우 우아하다'[38]고 말했다. 상류층의 남자들은 유럽 귀족들을 흉내 내려는 듯 벨벳 코트에 주름 장식이 달린 셔츠를 입고 다녔다. 나라가 다시 귀족적인 분위기에 빠져버릴까 우려했던 공화주의자들에게 있어 그러한 겉치레는 구세계적인 퇴폐가 다시 피어오르는 전조나 다름없었다. 이들은 만일 뉴욕이 앞으로도 계속 수도로 남는다면 미국의 순수성은 도시의 쾌락주의에 물들어 못쓰게 되어버릴 것이라며 우려했다. 다수의 의원들이 한정적이고 새로울 게 없는 삶을 영위했으며 사치는 부리지 않았다. 랠프 이자드Ralph Izard는 봉급을 적게 받는 상원의원들이 '여느 소굴이나 모퉁이에 위치한 하숙집 따위에서 부적절한 사람들과 함께 살고 부적절한 대화를 나눔으로써 자신들의 위엄과 인품을 떨어뜨릴' 상황에 처해 있다면서 이 때문에 뉴욕을 향한 그들의 분노는 높아질 수밖에 없다고 불평했다.[39]

새로운 연방의회의 초기 결정들이 미국의 금융 및 아직 형성 중에 있는 행정부 및 사법부의 구조에 중대한 영향을 미칠 것임을 알고 있었던 해밀턴은 의회를 주의 깊게 지켜보았다. 상원과 하원 모두 본래 3월 초에 개회할 계획이었으나 정족수를 모으는 데 그보다 한 달이 더 소요되었다. 페더럴홀의 지상층에서 열렸던 하원에는 방문객들이 앉을 수 있는 공개 방청석이 마련되었는데 이는 상당한 상징성을 띠는 것이었다. 1789년 4월 1일 초대 의회가 개회했을 당시, 해밀턴은 구경꾼들 사이에 섞여 주위를 빙빙 돌았다. 제임스 켄트는 '해밀턴 중령은 내게, 첫날엔 별다른 할 일이 없었음에도 그 정도의 군중이 몰렸다는 것은 호기심이라는 강력한 원칙의 증거라 했다'고 회고했다.[40] 한편 비밀스러운 상원의회는 2층의 회의실에서 방청석 없이 열렸고, 초기 5년 동안 상원은 비공개로 업무를 처리했다.

헌법은 전략적으로 정부의 행정부 구조에 대해 아무 말도 남기지 않았으며 내각에 대해서 역시 언급하지 않았다. 조지 워싱턴은 취임한 이래 몇 개월 동안 그 *자체가* 행정부였다. 행정부는 여전히 손에 잡히는 현실이 아닌 모호한 개념에 불과했던 것이다. 매디슨은 '우리는 우리를 이끌어줄 발자국 하나 없는 황무지에 서 있다'며 개탄했다.[41] 특히 위태로운 것은 신정부의 재정 상태였다. 미합중국은 이미 국내외 국가채무에 대한 이자 지불을 유예해왔고, 신정부의 상환 능력이 별다른 신뢰를 얻지 못한 탓에 미합중국의 채권은 유럽 거래소에서 가파른 할인율로 거래되는 중이었다. 만일 이런 상황이 지속된다면 정부는 조마조마한 채권자들을 달래기 위해 터무니없이 높은 이자를 지불해야 할 수도 있었다.

행상들의 고통스러운 신음과 소들의 딸랑거리는 방울 소리, 그리고 월가를 우르릉대고 지나가며 종종 페더럴홀 안의 목소리까지 파묻어버리는 마차 소리 속에서, 새로운 정부는 그해 여름과 이른 가을에 걸쳐 천천히 모양새를 잡아갔다. 하원에서는 제임스 매디슨이 주 위원회들이 제시한 헌법상의 변화 수십 가지를 열두 개의 수정 조항으로 압축하는 일을 도왔다. 그중 처음의 열 가지 수정 조항은 주들의 비준을 거치면서 권리

장전으로 불리게 될 터였다. 또한 상원에서는 여섯 명으로 구성된 대법원과 그것을 지탱할 연방 지방법원 및 순회법원(연방 항소법원_역주)을 포함한 법원조직법 초안이 올리버 엘스워스의 주도하에 작성되고 있었다. 5월 19일, 해밀턴의 엘리자베스타운 시절 후원자였고 현 뉴저지 의원인 엘리아스 부디노가 의회에서 재정을 관리하는 부처의 설립을 제안함에 따라 이때부터 재무부가 구체화되기 시작했다. 바로 이곳이 신정부의 진정한 논쟁점이 되리라는 점은 명백했다. 비판가들은 유럽식의 폭정이 뿌리내릴까 두려워했고, 입법자들은 이에 대해 과거 영국의 과세권 남용이 독립혁명을 낳았으며 재무장관들이 세관장의 대규모 군대를 동원하여 막대한 관세를 부과했음을 상기시켰다. 그와 같은 권력의 집중을 견제하기 위해 엘브리지 게리는 재무부의 지도권을 개인이 아닌 위원회에 두고자 했다. 반면 필요한 모든 권력을 가진 단일 장관이 부서를 관리해야 한다고 주장한 사람은 다름 아닌 매디슨이었다.

이어 재무장관의 의무를 놓고 법을 제정하는 데 있어서도 엄청난 소란이 벌어졌는데, 장관이 자신의 관할권에서 있었던 일들을 의회에 보고해야 하는지의 문제도 이에 포함되었다. 반대자들은 재무장관을 밝은 빛 아래에서 낱낱이 밝히는 이 조치가 의회의 감독권 중에서도 그다지 환영하지 못할 형태의 것이라고 보았다. 영국의 선례를 마음에 두고 있던 이들은 이로 인해 행정부가 입법부의 일들에 간섭할 문을 열어주지는 않을지 우려했는데, 이 의혹은 실제로 해밀턴의 재임 기간 동안 그를 따라다니며 괴롭히게 된다.

1789년의 봄은 애국자 스카일러 집안에 있어 흐뭇한 시기였다. 앤젤리카 처치가 네 명의 아이들과 남편을 영국에 남겨둔 채 조지 워싱턴의 취임을 지켜보기 위해 미국으로 건너온 것이다. 그녀는 집을 끔찍이도 그리

위했으며 통풍으로 고생하는 아버지를 걱정했다. 무엇보다도 그녀는 알렉산더와 엘리자와 함께하는 시간을 갈망했다. 해밀턴은 여전히 처형에게 홀딱 반해 있었으며 기회가 있을 때마다 농담조의 편지들로 그녀에게 추파나 농을 던지곤 했다. 앤젤리카와 함께일 때의 그는 다시금 진취적이고 기사도 정신 드높은 청년으로 돌아갔다. '나는 어떤 여인을 연인이나 정부情婦로 삼고자 생각할 때가 아니고서는 좀처럼 여자에게 편지를 쓰질 않는다오.' 그가 '연방주의자' 제17호를 마무리 지은 후 그녀에게 한 말이다. '이는 아주 고무적인 효과가 있지. 그리고 당신의 경우에는 가장 고리타분한 이야기들로 덮으려 해 봐도 그 같은 생각을 멈출 수가 없다오.'[42]

존 바커 처치의 정치적 야망은 앤젤리카에게 기이하도록 불편한 운명을 안겨주었다. 미국 장군의 딸이 곧 영국 의회 의원의 아내가 되기 직전이었기 때문이다. 이런 상황에서도 좋은 점을 찾아내려는 듯, 앤젤리카는 해밀턴에게 자신의 남편이 '당신의 웅변을 가졌더라면' 하원의원 남편을 두는 것도 행복할 거라고 말했다.[43] 이에 대해 해밀턴은 그가 오히려 동서가 새로운 미국 의회의 의원으로 당선되는 것을 지켜보았으리라고 답했다. 그러나 1790년 존 바커 처치는 결국 웬도버 자치구의 하원의원이 되었다. 처치 일가는 윈저 성 부근의 영지인 다운플레이스에서 문학계과 예술계, 그리고 정계의 인물들에게 둘러싸여 살았다. 이곳을 방문한 미국인 사촌은 세련된 앤젤리카가 '자신의 시골 저택에 터덜터덜 걸어 들어온 사촌을 향해 애정을 듬뿍 담아 예의를 차려주는 천사'라고 말했다.[44] 처치 부부가 몸담고 있던 사교계는 과도한 음주와 충동적인 도박, 그리고 암암리의 간통이 일상이나 다름없는 세계였다. 그 무리의 중심에는 앤젤리카를 아꼈으며 훗날 국왕 조지 4세George Ⅳ가 되는 웨일스의 왕자, 그리고 존 처치와 도박의 열정을 나누었고 자신의 버릇을 채우기 위해 그에게서 엄청난 액수의 돈을 빌리곤 했던 휘그당 지도자 찰스 제임스 폭스Charles James

알렉산더 해밀턴

Fox가 있었다. 처치 부부는 드루어리 레인 극장에도 개인 좌석이 있었으며 〈추문패거리The School for Scandal〉을 쓴 희곡 작가 리처드 브린슬리 셰리든Richard Brinsley Sheridan과도 친구가 되었다. 흥청망청 돈을 써댔던 이 작가는 '지불은 오로지 그들(채권자들)을 격려시킬 뿐이기에' 채무 변제를 거부한 적도 있는 인물이었다.[45] 처치 부부는 또한 미국인 화가 존 트럼불과도 가까워진 뒤 그에게 돈을 빌려줌으로써 그가 영국의 벤저민 웨스트Benjamin West, 프랑스의 자크 루이 다비드Jacques-Louis David와 함께 그림 공부를 수 있도록 해주었다.

앤젤리카는 화려한 배경의 유럽 망명생활 중에도 종종 외로움과 우울을 느꼈다. 훗날 엘리자에게 보낸 애처로운 편지에서 그녀는 극장에 갔다가 왕실 가족들을 만난 이야기를 전하면서 다음과 같이 덧붙였다. '워싱턴을 봐왔던 미국인에게 왕들과 왕비들이 무어란 말이니!'[46] 이후 그녀는 계속해서 이야기를 이어나갔다. '너는 우리 아버지와 나의 남작님(폰 슈토이벤), 그리고 너의 해밀턴과 이야기하지. 나는 그 쾌활한 트리오 때문에 네가 부럽단다. 얼마나 즐거운 저녁들이고, 얼마나 쾌활한 수다가 함께할까. 내 세계는 차갑고 우울한 영국인들에게 국한되어 있는데 말이야.'[47] 또 다른 편지에서 앤젤리카는 고향을 향한 그리움을 가득 담아냈다. '잘 있어, 나의 사랑하는 엘리자. 행복하고 즐겁게 지내되 너의 웃음 속에서도 나를 기억해줘. 너의 행복에 함께하기를 원하고 마땅히 그럴 가치가 있는 사람으로 말이야. 해밀턴과 남작님에게 포옹을 전해주렴.'[48]

앤젤리카가 뉴욕으로 돌아온 1789년 3월, 해밀턴이 결혼생활에서 부정을 저지르고 있다는 추문이 그때 최초로 등장한 것도 단지 우연의 일치만은 아니었을 것이다. 당시는 새로운 정부를 기념하기 위한 사교 행사들로 온 도시가 콧노래를 부르고 있을 무렵이었고, 해밀턴과 그의 처형이 서로에게 보냈던 존경은 그들이 함께 다녔던 파티나 만찬 자리에서 명확히 드러났으므로 분명 사람들의 의혹을 불러일으켰을 것이다. 한 무도회 자리에서는 앤젤리카가 바닥에 떨어뜨렸던 가터벨트를 해밀턴이 당당하게 주워든 적이 있었다. 음흉한 위트의 소유자였던 앤젤리카는 해밀턴이 가터 훈장(영국의 최고훈장_역주)을 받은 것은 아니냐며 놀렸는데, 그녀의 냉소적인 여동생 페기는 이를 두고 '할 수만 있었다면 해밀턴은 침실 훈장을 받았을 것'이라고 말했다.[49] 이는 모두 악의 없는 농담에 불과했겠지만, 이런 이야기는 지역의 가십에 소재거리를 제공해줄 뿐이었다.

앤젤리카는 계속 뉴욕에 머물렀으나 11월이 되자 존 처치로부터 아이들이 아프다는 내용의 편지가 날아드는 바람에 영국으로 돌아가는 표를 급히 예약해야 했다. 앤젤리카의 오랜 체류 기간 동안 알렉산더와 무슨 일이 있었든(혹은 없었든), 엘리자는 사랑하는 언니가 떠난다는 데 완전히 넋을 잃어 그녀가 출발하는 모습을 지켜보지도 못할 지경이었다. 폰 슈토이벤 남작을 포함한 많은 이들이 그녀의 고통을 나누었다. 해밀턴과 그의 장남 필립Philip, 그리고 슈토이벤 남작은 앤젤리카를 배터리 광장으로 데려다준 뒤 그녀가 올라탄 배가 항구에서 멀어져가는 모습을 아쉬움에 잠긴 채 바라보았다. 이 남자들은 엄청난 감정에 무너져 내렸다. '우리의 기분이 어땠을지 상상해보오.' 해밀턴이 앤젤리카에게 보내는 편지에서 그녀가 떠나던 장면에 관해 쓴 말이다. '우리는 바라보았고, 한숨을 쉬었고, 눈물을 훔쳤소.'[50] 심지어 그보다 더 굳세었던 나이 지긋한 전사 슈토이벤조차 눈물 고인 눈으로 울음을 참았다. '사랑스러운 앤젤리카!' 해밀턴이 끝맺었다. '당신은 그 모든 좋은 사람들에게서 사랑받을 만한 사람이오. (중략) 우리 중 몇몇은 지금은 물론 아마 앞으로도 당신의 부재를 슬퍼할 거요.'[51] 알렉산더와 엘리자는 앤젤리카를 향한 흠모 때문에 갈라서기는 커녕 한층 더 단결한 모양이었다. '벳시와 나는 매일 밤 그리고 매일 아침 당신에 대한 이야기를 나눈다오.' 해밀턴이 그녀에게 한 말이다.[52] 엘리

알렉산더 해밀턴

자가 자신의 언니에게 쓴 따뜻한 작별 인사를 본다면 알렉산더와 앤젤리카가 나눈 외견상의 추파를 두고 혀를 놀렸던 가십쟁이들은 아마도 깜짝 놀랄 것이다.

> 나의 가장 사랑하는 앤젤리카 언니. 나는 언니에게 편지를 쓰려고 앉아 있지만, 내 마음은 언니의 부재로 인해 모두 써넬 수도 없는 슬픔에 잠겨 있고, 내 두 눈에도 눈물이 넘쳐서 그다지 많이 쓸 수는 없을 것 같아. 하지만 기억해, 기억해줘, 나의 사랑하는 언니. 우리에게 돌아오겠다고 약속했던 그 말, 그리고 그리 오래 우리에게서 떠나 있지 않기 위해 할 수 있는 모든 것을 다 하겠다던 언니의 말을 말이야. 언니를 우리에게 보내준다면 내가 얼마나 행복할지를 처치 씨에게 전해줘. 나뿐만 아니라 사랑하는 부모님과 자매들, 친구들, 그리고 마치 친남매 같은 애정을 언니에게 보내주는 나의 해밀턴에게 있어서도 말이야. 더 쓰고 싶지만 이만 줄일게. 안녕, 안녕. E. H.[53]

새로운 행정부의 허약한 상태를 상징하기라도 하듯, 조지 워싱턴은 1789년 6월 중순 기이한 질병에 걸려 거의 죽을 뻔했다. 처음에는 열이 나기 시작하더니 이후 왼쪽 허벅지가 물러지면서 곧이어 고통스러운 부종과 '악성 종기'로 발전했다. 워싱턴 대통령은 몸무게가 줄었고, 똑바로 앉을 수도 없었으며, 며칠 동안 위중한 상태로 침상에 누워 있었다. 대통령의 소수 측근을 제외하면 그의 질병이, 게다가 그것이 치명적이기까지 하다면 얼마나 엄청난 파장을 가져올지 제대로 이해하는 사람은 별로 없었다. 당시 그는 탄저병이라는 진단을 받았지만, 탄저병이든 암이든 당시에는 마취 없이 수술로 해당 부위를 절제해야만 했다(여전히 시골스러웠던 미국에서는 농부나 농장주가 감염된 동물들에게 옮아 탄저병에 걸리는 일이 드물지 않게 일어났다). 나이 지긋한 외과의사 하나가 다소 가학적으로 보이는 열정으로 수술을 집도했다. "잘라내시오!" 그가 소리쳤다. "깊이, 깊이, 더 깊이. 두려워하지 마시오. 그가 얼마나 잘 견뎌내는지 보게 될 테니!"[54] 워싱턴 대통령의 건강이 어떻게 될지 확신할 수 없는 상황이었기에, 제임스 두에인 시장은 워싱턴의 거처를 지날 때면 마차를 세운 뒤 길 위에 지푸라기를 뿌려 혹시라도 그를 방해할지 모르는 소음을 낮춰주었다.

7월 4일 당시 워싱턴은 여전히 회복 중이고 충분한 기력을 차리지 못한 상태였으므로 신시내티협회가 세인트폴 예배당에서 개최한 독립기념일 행사에도 참석하지 못했다. 독립혁명 참전 장교들은 시티 태번에 모인 뒤 포병 연대와 군악대를 대동하고선 교회로 향했다. 이들이 대통령의 거처를 지날 때쯤, 군 제복을 완벽하게 차려입은 워싱턴은 현관에 서서 그들에게 인사를 보냈다. 이후 행렬에 합류한 마사 워싱턴은 취임식 이후 가장 화려한 인물들이 모인 세인트폴 예배당으로 향했고, 부통령 애덤스 또한 상하원의원들을 이끌고 그 자리에 참석했다. 단춧구멍에 독수리 배지를 단 신시내티협회 회원들은 각자 할당받은 특별 구역에 자리를 잡았다. 기념식의 화룡점정은 해밀턴이 3년 전 세상을 떠난 그의 친구, 너대니얼 그린을 위한 추모 연설을 한 것이었다. 한 신문의 보도에 따르면 '한 무리의 눈부신 여성들'이 방청석에서 그를 내려다보고 있었는데, 해밀턴이 이에 기뻐했음은 뻔한 이야기일 것이다.[55]

유리를 깎아 만든 샹들리에들 및 코린트식 기둥들이 들어선 깨끗하고 맑은 이 예배당은 다소 역설적으로 보였을지언정 기념식에 있어선 아주 훌륭한 배경이 되어주었다. 연사들이 올라서는 연단은 여섯 개의 깃털로 된 왕관 문양을 그린 덮개로 덮여 있었는데, 이는 도시 내에 마지막으로 남아 있던 영국 점령의 상징물이었다. 해밀턴은 먼저 '다른 무엇도 아닌 교육만 있었더라면 너대니얼 그린은 미합중국의 일인자가 되었을 것'이라고 말하며 그에게 경의를 표한 뒤 진술한 애정을 담아 그를 칭송했다.[56] 해밀턴과 마찬가지로 그린은 보잘 것 없는 상황을 딛고 일어나 스스로 전쟁학을 공부한 사람이었다. 당시 해밀턴이 그린에게 보낸 칭송의 말에는 자전적 어조가 깔려 있었다.

> 때때로 사회를 경련하게 만드는 그 위대한 혁명들에서 인간의 본성은 그것의 가장 밝은 면은 물론 가장 어두운 면까지 전면에 드러내는 데 절대로 실패한 적이 없지만, 이는 흔한 일이거니와 그만큼 정의로운 일이기도 합니다. 또한 자칫 어둠 속에서 시들어갔을, 혹은 산발적으로 흩어지는 빛줄기 몇 가닥만을 발하는 데 그쳤을 재능이나 덕목에 새로운 빛을 비춰주기 위해 그들이 고충을 겪었다고 한다면, 그 고충을 보상해주기 위한 이익들 중에서는 이것 또한 작지 않은 가치를 가진다고 매우 정히 평가되어왔습니다.[57]

독립혁명 후반기 남부군의 사령관이었던 그린은 콘월리스를 공격하는 데 있어 빈약한 병력으로 눈부신 성과를 거두면서 명성을 얻었다. 아마도 이를 염두에 두었을 해밀턴은 당시 그린 밑에서 복무했던 민병대를 공개적으로 조롱하는 실례를 저지르고 말았다. 그린의 활약상을 이야기하면서 민병대가 '군인을 흉내 내는 사람들'에 불과했다고 폄하한 것이다. 사우스캐롤라이나의 맹렬했던 전투에 대해 애기할 때는 그린이 이끄는 최전선의 민병대가 공격을 못 이기고 무너졌으며 결국 용감하고 결의에 찬 후방의 대륙군이 그들을 구출했다고 말했다.[58] 아마도 해밀턴은 남부 병사들에 대해 지나가듯 했던 이 말이 사우스캐롤라이나 출신의 의원이자 술고래에 불같은 성정을 가진 아일랜드 출신의 남자, 아이대너스 버크Aedanus Burke에게 치명적인 모욕을 주었다는 사실을 거의 눈치 채지 못했을 것이다. 당시 해밀턴은 연방 공무원도 아니었으므로 버크는 이 연설을 공개적으로 문제 삼지 않았고, 게다가 뉴욕 비준협의회 이후 해밀턴이 유명세의 정점에 있었기 때문에 감히 그를 공격할 엄두를 내지 못했던 듯하다. 훗날 그는 '해밀턴 씨는 당대의 영웅이었으며 누구보다도 큰 사랑을 받고 있었다. 그의 머리털 하나라도 건드렸다가는 뉴욕의 개 사육장으로 끌려가 이스트 강에 거꾸로 던져졌을 것이 분명했다'고 설명했다.[59] 앞으로 살펴보겠지만, 버크는 이 일화를 마음속에 담아둔 채 보복할 기회만을 전략적으로 노렸다. 또한 '인간성을 폄훼하는 온갖 법에 구속받은 채 자신들의 주인을 싫어할 수밖에 없었던 셀 수 없이 많은 노예들' 때문에 남부 독립주의자 측의 작전이 방해받았다는 해밀턴의 솔직한 발언에 대해서는 아마 버크뿐 아니라 여타의 남부 사람들도 분노했을 것이다.[60] 해밀턴은 노예주들이 노예들의 증오를 *살 만했으며* 필연적으로 영국에 공감하거나 독립주의자들에게 협조하지 못하는 방식으로 행동해왔다고 인정하는 셈이었는데, 확실히 이는 노예주들이 극도로 싫어하는 정서였다.

해밀턴은 매 순간마다 논쟁에 불을 붙이는 것 같았다. 그가 7월 4일의 연설을 할 당시 뉴욕은 아직 초대 상원의원 두 명을 선출하지 못한 상태였다. 헌법에 따라 그 결정권은 주 의회에게 돌아갔는데, 이는 지역의 관료들이 이에 관해 비례적으로 목소리를 낼 수 있게 하기 위함이었다. 식민지 시대와 마찬가지로 뉴욕 정치는 여전히 대부분 소수의 힘 있는 가문들이 독식하고 있었다. 에런 버의 초기 전기작가가 아주 절묘하게 표현한 바에 따르면, '클린턴가는 권세를 가지고 있었고, 리빙스턴가는 수(數)를 가지고 있었으며, 스카일러가에게는 *해밀턴*이 있었다'고 한다.[61] 가문의 수장이었던 필립 스카일러 장군은 확실히 상원의 한 자리를 가져갈 터였다(스카일러의 또 다른 사위들 중 하나였던 대부호 스티븐 반 렌셀레어 또한 그해 뉴욕 주의원으로 당선되었다). 스카일러는 라이벌인 리빙스턴가에게 그 집안의 사위였던 뉴욕 시장 제임스 두에인이 또 다른 상원의원이 될 수 있도록 지지하겠다고 약속했다. 이 동맹이 성사되었다면 아마도 스카일러가와 리빙스턴가는 뉴욕 주의 권력을 둘이 나누어 가지면서 조지 클린턴을 고립시켰을 수도 있었을 것이다. 또한 훗날 제퍼슨주의자들이 뉴욕 주에 침투하는 것을 막아내고, 나아가 미국 정치의 판도를 아예 바꾸어버릴 수 있었을는지도 모른다.

그러나 이 계획은 해밀턴이 어마어마한 정치적 실수를 저지르는 바람에 실현되지 못했다. 두에인의 뒤를 이어 시장 자리를 물려받을 이가 '아주 어울리지 않는 성정'을 가졌거나 그 정치가 '도시에 해를 끼치게' 되지는 않을지 우려했던 해밀턴이 두에인의 상원의원행을 저지하기로 결심했기 때문이었다.[62] 해밀턴은 자신의 친구인 서른네 살의 루퍼스 킹을 상원 자리에 앉히기 위해 애썼는데, 이로써 그는 전능한 리빙스턴가에게 노골적으로 모욕을 준 셈이 되었다. 수려한 외모의 하버드 출신 변호사였던 루퍼스 킹은 뉴잉글랜드에서 최근 뉴욕으로 이주해 온 인물이었다. 킹은 아름다운 상속인 메리 알소프Mary Alsop와 결혼했고, 이들 부부는 해밀턴 부부와 종종 어울렸다. 달콤한 연설가이자 노예제를 강력히 비판했던 킹은 매사추세츠 대표단으로 제헌회의에 참석했으며 해밀턴과 함께 양식위원회에 몸담기도 했었다. 킹은 단시간 내에 뉴욕에서 빼놓을 수 없는 인물로 자리매김했는데, 이를 두고 로버트 트루프는 해밀턴에게 '마치 새로운 종파의 전도사가 신자들을 몰고 다니는 것만큼, 모든 집단의 사람들이 우리의 킹을 따르고 떠받든다'고도 말했다.[63] 또한 해밀턴은 스카일러를 설득하여 그가 두에인에게 보내기로 맹세했던 지지를 킹에게 돌리게끔 만들었다. 자신의 장인과 친구를 뉴욕의 두 상원의원으로 두려는 데 푹 빠진 해밀턴이 멍청하고 이기적인 선택을 내린 셈이었다.

갈고닦은 정치적 본능의 소유자인 조지 클린턴은 해밀턴이 도를 넘고 있다는 것을 알아차렸고, 스카일러 가문과 리빙스턴 가문 사이를 갈라놓기 위해 비밀리에 킹의 출마를 지원했다. 결국 뉴욕 주가 두 번째 상원의원을 뽑은 1789년 7월 16일에는 루퍼스 킹이 1등으로 치고 올라왔다. 클린턴이 예상했던 대로, 로버트 R. 리빙스턴 챈슬러는 이에 격분했으며 조금씩 클린턴 주지사 측으로 돌아서게 되었다. 세련되고 우아한 데다 존중받는 것에 익숙했던 리빙스턴은 자신이 벼락출세한 해밀턴에게 방해를 받았다고 느꼈다. 이로써 고향 주에서 해밀턴의 입지는 좁아졌는데, 이는 훗날 대통령이 되기 위한 핵심적인 발판을 앗아가버린 데다 에런 버가 주州정치에서 그 기이한 장난질을 칠 길도 닦아주는 결과를 초래했다. 또한 해밀턴과 로버트 R. 리빙스턴 모두 그해 여름에 단 하나의 보상, 즉 재무장관 자리를 애타게 노리고 있었기에 그들 간의 긴장은 더욱 격화될 수밖에 없었다. 이윽고 워싱턴이 임명하게 될 재무장관 자리가 초대 행정부에서 가장 강력한 지위가 될 것임이 확실했기 때문이었다.

조지 워싱턴은 재정 문제를 제대로 다루지 못하면 연방이 붕괴될 것임을, 또 그렇기에 이 임명이 얼마나 중요한지도 잘 알고 있었으므로 선택을 내리기 전에 오래도록 고심했다. 처음에 그는 독립혁명을 위해 자신의 개인 신용을 저당으로 바쳤던 필라델피아의 상인이자 애국주의 재정의 대명사, 로버트 모리스를 그 자리에 앉히기로 마음을 정했었다. 워싱턴의 양손자에 따르면 4월 경 취임을 위해 뉴욕으로 향하던 워싱턴 대통령 당선인은 모리스의 호화로운 저택에 잠시 들렀다. "모리스씨, 재무부는 당연히 당신의 자리가 될 것이오." 워싱턴이 단언했다. "독립혁명의 자본가로서 당신은 가치를 매길 수도 없을 만큼 많은 일을 해주었으므로, 그 누구도 재무장관 자리를 놓고 당신과 겨루는 시늉조차 할 수 없을 겁니다." 그러나 모리스는 개인적인 이유를 대면서 그의 제안을 정중히 거절했다 (당시 모리스는 이미 가파르고 미끄러운 내리막길을 걷고 있었고, 그 끝에는 파산과 채무자 감옥이 기다리는 상황이었다).

"하지만 친애하는 장군님," 그가 워싱턴을 안심시켰다. "제가 재무장관 자리를 거절했다고 해서 손해 볼 일은 없으실 겁니다. 저는 당신의 재무장관 자리에 저보다 훨씬 더 영리한 친구이자 당신의 전 부관이었던 해밀턴 중령을 추천합니다."

깜짝 놀란 워싱턴이 답했다. "해밀턴 중령이 최고의 재능을 가진 인물임은 이미 잘 알고 있지만, 그가 금융에 대한 지식까지 가진 줄은 미처 몰랐습니다."

"그는 모든 것을 알고 있습니다." 모리스가 대답했다. "해밀턴 같은 사람이라면 그 무엇도 가릴 게 없지요."[64] 다른 버전의 이야기에 따르면 워싱턴은 모리스에게 엄청나게 쌓인 국채를 해결할 방법을 물었고, 이에 모리스가 다음과 같이 조언했다고 한다. "당신에게 그 답을 말해줄 수 있는 사람은 미합중국에 딱 한 명 있습니다. 바로 알렉산더 해밀턴입니다."[65] 그 대신 로버트 모리스는 미국의 초대 상원의원을 지냈다.

워싱턴이 모리스와 협의하던 바로 그 무렵, 해밀턴은 뉴욕 길거리를 걷던 중 필라델피아의 변호사 알렉산더 J. 댈러스Alexander J. Dallas와 마주쳤다. "중령, 누가 내각에 들어가게 될지 내게 말해줄 수 있겠습니까?" 댈러스가 물었다.

"실은 변호사님," 해밀턴이 답했다. "누가 될지 알려드릴 수는 없습니다만, 변변치 않은 당신의 일꾼이 그 안에 들지 않으리라는 것 하나만큼은 쉽게 말씀드릴 수 있습니다."[66]

대통령 취임 선서를 한 지 얼마 되지 않아 워싱턴은 해밀턴에게 자신이 재무부의 최고 직위에 그를 올리려 계획하고 있음을 알렸다. 해밀턴은 이 순간을 지난 수 년 동안 그려왔을 터였다. 그렇지 않다면 그가 전쟁 내내 딱딱한 경제학 서적들이나 프랑스 재무장관 자크 네케르Jacques Necker의 세 권짜리 회고록을 탐독한 이유가 무엇이었겠는가? 수년간 그는 마치 그 직업을 위해 준비하듯 마음속으로 상세한 재무 계획을 갈고 닦았다. 재무장관 자리로의 승격은 명성을 향한 그의 저돌적인 행보에 있어 거의 필연적인 수순이나 다름없었다. 확실히 그는 이 일을 해볼 만하다고 느꼈는지, 워싱턴에게 그 자리를 수락하겠노라고 말했다.

해밀턴의 친구들은 자칫 영국 점령기의 기억들을 떠오르게 만들 수도 있는 재무부에 발을 들이지 말라고 경고했다. 재무부 장관이 되면 특히나 중상모략을 당할 것이라고 거베너르 모리스가 장담하자, 해밀턴은 '그것이 내가 가장 잘 다룰 수 있는 상황'이라고 답했다.[67] 해밀턴은 헌법에 대한 논의에서 연방 과세와 세무 관리직 문제가 무엇보다도 큰 소란을 불렀음을 알고 있었다. 최고 세무 관리로서 그는 피할 수 없는 불만들을 온몸으로 받아내야만 하는 사람이 될 터였다. 사실 해밀턴이 미국을 강력한 근대 국가로 탈바꿈시키기 위해 세웠던 계획의 모든 것들, 이를테면 중앙은행과 장기채, 조폐국, 세관, 제조업 보조금 등은 영국의 선례를 맹종하듯 모방했다는 비판을 받게 될 것이었다.

워싱턴과 이야기를 나눈 해밀턴은 로버트 트루프에게 그 중대한 소식을 알리면서 그에게 자신의 법률 사무소를 맡아달라고 부탁했다. 트루프는 자신이 도울 수 있음에 기뻐했지만 해밀턴이 중대한 오류를 저지르고 있다고 생각했다. 그는 해밀턴이 변호사로서 얻는 수입보다 훨씬 적은 연 3,500달러의 봉급 때문에 발생할 재정적 손실을 지적했다. 트루프는 자신이 해밀턴에게 '변호사 업무를 그만두면 가족에게 막대한 손실이 돌아갈 것'이라 충고했다고 회고했다. '당시 해밀턴의 재산은 상당히 한정적이었으며 식구들은 점점 늘어나고 있었다.' 해밀턴은 트루프에게 자신 역시 그러한 재정적 손실에 대해 잘 알고 있지만, 그럼에도 '자신의 능력이 정부의 재무 부처에 자리한다면 국가에 큰 도움이 될 것이라고 생각하며 자신에게는 사적 생활에 대한 다른 어떤 생각보다도 이 생각이 중하게 느껴졌다고' 대답했다.[68] 나무랄 데 없는 완전무결함의 남자였던 해밀턴은 관직에 있는 동안 다른 모든 외부 수입원을 차단했는데 이는 워싱턴이나 제퍼슨, 매디슨도 감히 이루지 못한 위업이었다.

훗날 해밀턴은 자신이 헌법을 위해 오래도록 벌여온 운동의 논리적 정점이 재무장관직임을 인정했다. 그는 정부 구조의 구상에 참여하면서 '그 기계를 어느 정도 규칙적으로 작동시키는 일을 돕는 의무를 지는 나 자신을 상상했다. 그렇기에 나는 재무장관직을 맡아달라는 워싱턴 대통령의 제안을 망설임 없이 수락했다'고 말했다.[69] 해밀턴은 자신의 임명 사실을 몇몇 친구들을 제외하고선 비밀리에 부쳤는데, 그동안 라이벌들은 그 자리를 차지하기 위해 갖은 술수를 썼다. 5월 말, 매디슨은 제퍼슨에게 로버트 R. 리빙스턴이 재무장관직을 탐내고 있지만 아마도 해밀턴이 '그런 종류의 업에 가장 적격인 인물'이므로 더 잘해낼 수 있으리라고 말했다.[70] 재무장관직을 놓친 리빙스턴은 대법원의 수석재판관이 되기 위한 로비를 벌였지만 이 전투에서는 존 제이에게 패배하고 말았다. 리빙스턴가의 일원이 뉴욕 주 상원의원을 놓치는 일까지 벌어지자, 리빙스턴은 워싱턴 행정부는 물론 그에 더해 해밀턴과 스카일러가 자신의 야망을 끊임없이 위협하고 있다고 믿었을 것이 분명했다. 7월 경 해밀턴은 워싱턴에게 유럽과의 차관을 협상하는 자리에 앉을 인물로 리빙스턴을 추천했지만, 이 화해의 제스처도 두 사람 간의 깊은 골을 메워주진 못했다.[71]

그해 여름에는 해밀턴이 곧 '임명될 것이라는 소문이 파다하게 퍼지면서 뉴잉글랜드를 포함한 여러 지역에서 질풍 같은 흥분이 고조되었다. 그러나 공식 선언은 재무부를 설립하는 법안에 워싱턴이 서명할 9월 2일 이후로 미루어졌다. 마침내 1789년 9월 11일 금요일, 서른네 살의 알렉산더 해밀턴은 공식적으로 재무장관에 지명되었고 상원 또한 같은 날에 그의 임명을 승인했다. 해밀턴은 성공적으로 일을 풀어나가기 시작했다. 임명

바로 이튿날 그는 뉴욕은행으로부터 5만 달러 규모의 융자를 받아냈고, 그다음 날인 일요일엔 트리니티 교회 남쪽에 있었던 브로드웨이의 재무부 사무실에서 하루 종일 일했다. 그는 필라델피아의 북아메리카은행에도 5만 달러를 요청하는 글을 써 보냈다. 해밀턴은 빠른 결정과 경이로운 에너지가 갖는 상징적인 가치를 알고 있었다. 그가 독립혁명 당시 썼던 것과 마찬가지로, '만일 정부가 스스로의 권한에 자신있어하는 모습을 보여준다면 분명히 다른 이들에게도 그와 같은 자신감을 불어넣을 수 있을 것이다.'[72] 몇몇 주들에서는 여전히 헌법에 대한 지지가 신통치 않았고, 해밀턴은 꿍꿍이를 품은 적들이 헌법을 파괴하기 위해 기다리고 있는 중임을 알고 있었다. 따라서 성공을 위해 정부는 스스로의 권위를 세워야 했고, 이를 위해 그는 이례적인 속도로 움직일 준비를 해두어야만 했다. 알렉산더 해밀턴은 인간이라면 누구나 겪는 정신적인 혼란 상태에 단 한 번도 빠지지 않는 것처럼 보였다. 초자연적인 자신감을 가졌던 그는 언제나 가장 해괴한 질문들에 대한 해답을 꿰뚫어보곤 했다.

시작부터 해밀턴은 압박에 직면했다. 이 젊은 재무장관이 과연 기적적으로 미국의 신용을 회복시킬 수 있을까를 두고 채권자들이 잔뜩 경계한 채 그를 지켜보고 있었기 때문이다. 해밀턴이 임명된 지 고작 열흘 만에 하원은 그에게 국가신용에 대한 보고서를 써 내라면서 단 110일의 답변 기간을 주었다. 이처럼 등을 떠미는 바람을 타고, 해밀턴은 오히려 워싱턴 행정부 내에서 크게 도약하면서 자신의 주도권을 잡아나가기 시작했다.

해밀턴의 풍부한 재능이 어디까지 뻗어 있는지를 이즈음보다 더 잘 보여주는 순간은 미국 역사를 통틀어 봐도 또 없었다. 새로운 정부는 그야말로 백지 상태였으며, 해밀턴은 청년다운 에너지로 그 위에 계획을 그려나갈 수 있었다. 워싱턴 행정부는 맨 처음부터 모든 것을 만들어내야만 했다. 그만큼 해밀턴은 흔치 않은 혁명가였으며, 숙달된 행정 관료이자 미국 정계가 낳은 가장 유능한 공무원이었다. 한 역사학자의 말에 따르면 '해밀턴은 행정의 천재'였고, 그가 워싱턴의 내각에서 행사한 영향력은 미국 내각 제도의 역사를 통틀어 그 어느 것에도 비할 수 없다.[73] 해밀턴이 앉아 있던 그 자리는 사상가이자 행동가, 숙련된 행정가이자 정치 이론가, 그리고 서로 밀접하게 관계되는 정책들을 만들 수 있는 시스템 구축가를 요구함과 동시에 헌법적 원칙들과 합치하는 제도의 틀을 닦을 수 있는 사람을 필요로 했다. 사실상 해밀턴이 만든 모든 제도와 기관들은 근본적인 헌법적 쟁점들을 제기하는 것이나 다름없었기에, 법학 공부와 '연방주의자' 집필 활동은 그가 효율적인 정부 조직을 세우게 해줌과 동시에 그 이론적 토대를 자세히 밝힐 수 있게끔 만들어준 셈이었다.

헌법에서는 내각을 언급하지 않았으므로 워싱턴은 이를 만들어내야만 했다. 처음의 행정위원회는 해밀턴 재무부 장관과 제퍼슨 국무부 장관, 그리고 헨리 녹스 전쟁부 장관 등 단 세 명으로 구성되었다. 초대 법무장관이었던 서른여섯 살짜리 버지니아 사람 에드먼드 랜돌프는 아직 담당 부서가 없었으며 본질적으로는 자문 역할을 하면서 연간 1,500달러의 의뢰비를 받았다. 키가 크고 잘생긴 랜돌프는 정부의 법률고문으로 비춰졌음에도 그 소박한 봉급을 보충하기 위해 개인 고객들을 유치해야만 했다. 존 애덤스 부통령은 대체로 행정부의 의사결정 체계에서 배제되어 있었는데, 이처럼 권력을 강등당한 그는 젊은 해밀턴을 향해 질투의 날을 한층 더 뾰족이 세우게 되었다.

내각이라는 개념이 성숙해지기까지는 조금 더 시간이 걸렸다. 대통령 임기의 초기 3년 동안 워싱턴은 장관 회의를 거의 소집하지 않았고 회의보다는 각각의 장관들에게 의견을 구하는 편을 선호했다. 이를 두고 해밀턴은 훗날 영국 공사公使에게 '우리는 내각이 없으며 아주 특정한 사안들에 대해서만 각 부처 장관들의 회의가 열린다'고 말했다.[74] 각 장관들은 행정부처가 세 개밖에 없었던 탓에 상당한 권력을 행사했고, 부처 간 경계도 그다지 뚜렷하게 정의되지 않았으므로 넓은 범위의 사안들을 넘나들며 다룰 수 있었다. 워싱턴 또한 자주 내각 전체에게 한 가지 사안에 대한 의견들을 구하면서 이런 사태를 조장했다. 특히 제퍼슨은 해밀턴이 권력을 향한 열렬한 탐욕으로 자신의 영역을 침범한다면서 분개했다. 실제로 해밀턴은 너무나 많은 의견을 쏟아냈고 영향력의 범위 또한 너무나 넓었으므로 대부분의 역사가들은 그가 국무총리와 유사한 역할을 했다고 본다. 워싱턴이 국가의 수장이었다면 해밀턴은 정부의 수장이었으며 행정부를 움직이는 힘이었던 것이다.

독립혁명 때와 마찬가지로, 해밀턴과 워싱턴은 서로 보완적인 재능을 발휘하며 각자가 홀로였다면 할 수 없었던 일들을 함께 해냈다. 종종 자기 직위의 의전적 측면을 강조했던 워싱턴은 당파 싸움을 초월하는 인물이 되고자 했고 독립혁명의 전형典型으로서 자신의 아우라를 유지하려 했다. 이처럼 한 발짝 떨어져 있고자 했던 워싱턴 덕분에 운영 면의 문제들, 특히 재정 문제에 관해서는 다른 이들도 적극적으로 나설 수 있었으며 해밀턴은 기꺼이 그 자리를 차지했다. 비록 해밀턴이나 제퍼슨, 매디슨, 프랭클린, 애덤스 같은 일류의 지력知力이 없었을지라도 워싱턴에게는 최상급의 판단력이라는 재능이 있었다. 선택지들을 앞에 둘 때면 그는 거의 언제나 올바른 것을 골랐다. 비판가들은 종종 워싱턴이 해밀턴의 손아귀에 있는 고분고분한 도구라고 주장했지만 이는 절대 사실이 아니었고, 그는 오히려 자주 재무장관의 결정을 기각하곤 했다.

워싱턴과 해밀턴은 서로의 개인적인 약점을 상쇄시켜준다는 점에서도 걸출한 짝을 이루었다. 워싱턴은 종종 비판에 극도로 민감했고 수모

알렉산더 해밀턴

를 받으면 절대로 잊어버리지 않았으나 자신의 감정을 다스리는 법을 알았던 인물이었기에, 툭하면 불이 붙곤 했던 해밀턴에게 있어서는 귀중한 존재였을 것이다. 해밀턴은 종종 불필요할 만큼 도발적이고 요령 없이 굴었던 반면, 타고나기를 점잖았던 워싱턴은 언제나 회유적이었다. 애덤스는 워싱턴이 '과묵함의 재능'을 가지고 있다고 말했다.[75] 해밀턴은 머리가 언제나 재빨리 돌아갔고 결단력도 있었기 때문에 그의 결정은 자칫 성급한 것이 될 위험도 있었지만, 워싱턴의 운영 방식은 이와 완전히 정반대의 것이었다. '그는 많이 상의했고, 오래 숙고했으며, 천천히 결정했고, 확실하게 결정했다.' 해밀턴이 훗날 대통령을 두고 한 말이다.[76] 워싱턴은 매 사안의 모든 측면을 따져볼 줄 알았고, 그 정치적 반향들도 차분히 살펴볼 줄 아는 사람이었다. 이에 대해 제퍼슨은 이렇게 말했다. '그의 성격에서 가장 강한 특질은 아마도 그 신중함이었을 것이다. 그는 모든 상황과 모든 가능성이 충분히 고려될 때까지 절대로 움직임에 나서지 않았으며, 의심이 보인다면 행동을 삼갔지만 한 번 결정한 후에는 어떤 장애물이 가로막더라도 자신의 목표를 향해 나아갔다.'[77] 이러한 남자에게는 그 재무장관의 넘치는 성질머리가 가끔 도움이 되었을 것이다.

워싱턴과 해밀턴이 함께 그렇게나 잘 어울려 일할 수 있던 가장 큰 이유는 아마 두 사람 모두 열세 개 주가 아메리카의 훌륭한 단일 국가로 거듭나기를 오래도록 바라왔기 때문이었을 것이다. 독립전쟁이 끝나갈 무렵 워싱턴은 열세 명의 주지사들이 회람하게끔 보낸 편지 한 통에서 미국이 위대해지기 위해 갖춰야 할 네 가지 사항들을 이야기했다. 주들을 하나의 강력한 연방정부로 통합시키는 것, 제시간 안에 채무를 변제하는 것, 육군과 해군을 창설하는 것, 그리고 국민 간의 조화를 이루는 것이 그것들이었다. 젊은 재무장관은 자신이 지칠 줄 모르는 기지로 내놓았던 안건들을 워싱턴 대통령이 승인해준 덕분에 비교 불가한 권력을 얻을 수 있었다. 제퍼슨은 해밀턴이 워싱턴을 조종하고 있다고 비난했지만 이는 사실이 아니었다. 워싱턴은 근본적인 정치적 문제들에 있어 제퍼슨보다는 해밀턴의 손을 들어준 것뿐이기 때문이다. 이로써 워싱턴은 기꺼이, 알렉산더 해밀턴이 미국의 가장 영향력 있고 논쟁적인 남자로 거듭나는데 필요했던 정치적 방패가 되어주었다.

악마의 사업

Alexander Hamilton

알렉산더 해밀턴이 활기찬 중앙정부를 위해 자신의 원대한 계획을 펼치기 시작할 때만 하더라도 행정부는 여전히 약소한 초기 단계에 머물러 있었다. 재무장관으로 취임한 첫날 해밀턴은 아마 텅 빈 방들을 서성였을 것이다. 곧 그는 가느다란 책상 다리들에 여인상이 조각되어 있는 우아한 마호가니 책상 하나를 들여놓았는데, 이 책상에서는 얼마 후부터 어마어마한 양의 일들을 처리하게 될 터였다. 그는 셀 수 없이 많은 연설들과 발표문들, 보고서들을 작성하면서도 대필 작가를 고용하지 않았고, 후대에 전해지는 거의 모든 편지들도 그가 자필로 직접 쓴 것들이다.

　조지 워싱턴이 대통령으로서 부리는 사람의 수는 그가 마운트버넌의 주인으로 있을 때보다 적었다. 해밀턴이 감독했던 부처는 그 시작부터 가장 컸고 곧 서른아홉 명의 직원을 두게 되는데, 국무부의 경우는 직원이 다섯 명에 불과했던 탓에 해밀턴이 거대한 관료 체계를 개인의 권력 기반으로 삼으려 한다는 우려가 즉각 자라났다. 재무부의 열렬한 확대 속도는 전쟁부에 비하면 차라리 긍정적인 편이었다. 이에 대해 전기작가 노스캘러한North Callahan은 이렇게 썼다. '[헨리] 녹스가 뉴욕 시에 도착하여 공무를 시작할 무렵, 그는 할 일을 거의 찾지 못했고 다만 자신에게 비서 하나와 직원 하나가 있었다는 것만 알게 되었다. 이들이 당시 전쟁부를 구성하는 전 직원이었다.'[1] 초대 재무장관으로서 해밀턴은 부기簿記, 계좌, 회계 감사 등 가장 기본적인 체계들을 세워야만 했고, 그중 다수는 수 세대에 걸쳐 그대로 사용되었다. 해밀턴은 마치 관리 업무를 대단히 원했던 것마냥 가장 따분한 일들에 몸소 뛰어들었다. 길거리를 걷다가 그를 본 사람들은 아마도 냉담하고 이지적인 이 재무장관이 생각에 잠긴 채 행인들과는 좀처럼 눈도 마주치지 않는 모습을 보았을 것이다. 뉴욕의 한 신문은 재무장관이 되고자 하는 이들이라면 '길거리에 나타나지만 그것도 흔치 않은 일이며, 마치 심오한 생각에 빠져 있는 듯 길바닥을 내려다보는 데 전념해야 한다'며 농담할 정도였다.[2]

첫 번째 달에는 업무 압박을 달래줄 여가 시간도 거의 나지 않았다. 앤젤리카가 영국으로 떠난 후 엘리자와 자녀들은 다시 올버니로 돌아가는 바람에, 산더미 같은 일에 붙잡힌 해밀턴은 홀로 뉴욕에 남겨졌다. '모두가 없으니 나는 고독 속에 남겨져 있소.' 그가 엘리자에게 보낸 편지다. '그리고 우리의 재회를 고대하는 마음은 점점 더 커져만가오.'[3] 그달 말 엘리자가 돌아오자 해밀턴 부부는 조지 및 마사 워싱턴 부부와 함께 존 스트리트 극장에서 리처드 브린슬리 셰리든의 희곡 〈비평가The Critic〉의 공연을 보는 짜릿한 경험을 했다. 이들이 극장에 들어서자 오케스트라는 '대통령 행진곡'을 연주하기 시작했으며, 관람객들은 그들에게 기립박수를 보냈다. 엘리자가 언제나 즐겁게 이야기하던 일화는 하나 더 있다. 마사 워싱턴의 또 다른 환영 연회에 매카이버스McIvers 양이 타조 깃털로 만든 거대한 머리 장식을 쓰고 나타났는데, 이 장신구에 샹들리에에서 불이 옮겨 붙자 당시 대통령 보좌관이었던 윌리엄 잭슨이 손바닥 사이에 깃털을 두고 손바닥을 마주쳐 불꽃을 껐던 일이었다.

그러나 이러한 외출도 해밀턴이 곤경을 겪던 초창기에는 드문 일이었다. 관세가 정부의 수요 수입원이 될 터였기 때문에 그는 당장 세관을 설립해야만 했다. 취임한 지 이틀째 되던 날, 그는 모든 세관장들에게 편지를 돌려 각 주가 축적한 관세의 정확한 금액을 보고할 것을 요구했다. 그런데 이들이 수상쩍게도 낮은 금액을 알려오자, 세인트크로이 섬에서 벌어지던 밀수에 대해 어느 정도 알고 있었던 해밀턴은 동부 해안에도 이런 일이 만연해 있다고 추측하여 자연스레 그다음 단계의 일에 착수했다. 그는 한 서신에서 '순찰정을 배치하는 사업을 고려 중에' 있다고 말했는데, 이는 아마도 훗날의 연안경비대를 암시한 최초의 기록일 것이다.[4]

정보에 대한 해밀턴의 욕구는 끝이 없었다. 그는 항구 관리인에게 등대와 신호등, 부표 따위에 대해 매우 상세히 캐묻곤 했으며, 세무 관리들에게 선박들의 화물 목록을 요구하여 수출 화물의 정확한 수량과 종류를 확인했다. 정부 내의 모든 통계적 기반은 그의 지시에 따라 모양새를 갖추었다. 여기서 그는 관세를 낼 때 금은화뿐만 아니라 뉴욕은행과 북아메리카은행의 어음으로도 지불할 수 있게 했는데, 이는 동전을 쓰던 온 나라에 지폐라는 효율적인 시스템을 불어넣을 혁신이나 다름없었다.

해밀턴은 언제나 시간에 철저했고 - 한번은 '나는 일이 지연되는 것이 정말 싫다'고 말한 적도 있었다 - 한시의 지체도 없이 공직자로서의 마음가짐을 갖춘 일류의 부하 직원들을 모았다.[5] 그가 지명받은 당일에만 다섯 명의 조수들이 임명되었는데, 그중에는 코네티컷 출신의 회계 감사관 올리버 월콧 주니어Oliver Wolcott Jr.도 포함되어 있었다. 펜실베이니아의 새뮤얼 메레디스Samuel Meredith가 회계 담당자로 임명되었을 때, 철두철미한 재무장관은 그에게 '기본적으로 일을 가능한 한 빨리 처리하는 것이 얼마나

중요한지는 따로 말할 필요도 없을 것'이라며 설교했다.[6]

해밀턴은 친구인 윌리엄 듀어를 초대 차관보로 택했다. 스털링 경의 딸인 키티 부인과 결혼한 듀어는 재치 있고 우아하며 명랑한 인물이었다. 그러나 이 선택은 곧 해밀턴에게 통탄할 만한 후폭풍을 가져다줄 것이었다. 듀어는 상습적인 투기자였고, 훗날 해밀턴의 명성은 듀어가 벌이는 추문 때문에 더럽혀졌다. 잉글랜드에서 자라났으며 이튼칼리지에서 고전을 공부한 듀어는 10대 때 아버지가 세상을 떠난 뒤 벵골로 가 동인도회사에서 일했다. 그곳의 기후 때문에 건강을 해친 그는 이후 안티구아의 가족 농장에서 시간을 보내다가, 뉴욕 주 북부에 있는 스카일러의 사라토가 영지와 그리 멀지 않은 곳에 땅을 사두고선 영국 해군에게 목재를 팔았다. 잉글랜드 출신의 마일스 쿠퍼와 친구가 된 듀어는 그를 통해 당시 킹스칼리지에서 공부 중이던 해밀턴을 알게 되었다.

듀어와의 인연은 해밀턴에게 극도로 해가 되는 것이었기에 훗날 그의 친구들 다수가 이를 의아하게 여겼다. 그러나 두 남자는 정치적 견해와 패기만만한 태도에서 서로 잘 맞았고, 이력만 보면 듀어는 차관보 자리를 맡을 자격이 충분한 사람이었다. 잉글랜드에 머무는 동안 그는 공공연한 휘그당원으로서 식민지인들의 불만을 지지했으며 폭동을 방지하기 위해 개혁을 택했다. 또한 독립혁명 중에는 대륙군에게 물자를 조달했으며, 대륙군에 복무했고, 뉴욕 주 헌법의 초안을 작성하는 회의에도 참석했다. 해밀턴은 충분히 똑똑했던 듀어를 '연방주의자'의 집필진으로 영입했으나 정작 그가 써온 두 편의 글을 신지는 않았다. 해밀턴이 그를 택했을 무렵, 듀어는 막 구舊재무위원회의 수장으로서 3년의 임기를 끝마친 상태였다. 1789년, 해밀턴은 그를 위해 특별히 차관보 자리를 마련하면서 필라델피아에 머무르라고 꼬드겼다.

불행히도 심각한 도덕적 근시를 앓고 있었던 윌리엄 듀어는 언제나 공무와 사익 간의 경계를 흐렸다. 그해 가을, 해밀턴은 미변제 국채의 가치에 극적인 영향을 미칠 만한 결정들을 내릴 참이었고 이에 대해 알고 있는 동료들은 이를 누설하거나 이용해서는 안 된다는 의무를 지고 있었다. 그러나 훗날 밝혀진 바에 의하면 듀어는 지난 수년간 국채에 대한 거대한 이해관계를 끌어안고 있었다. 지각없는 듀어는 여러 잘못들을 저질렀지만 무엇보다 가장 큰 잘못은 자신의 친구들에게 국채를 갚기 위한 해밀턴의 전략에 대해 주절거린 것이었다. 이는 시장을 움직일 만큼 대단히 귀중한 내부 정보였기 때문이다. 해밀턴의 취임 1주일 뒤, 노아 웹스터는 암스테르담의 한 투기자에게 재무장관의 자금 책략에 대한 비밀 정보를 알리면서 이것이 '차관보 듀어 대령과 조용히 나눈 이야기'라고 적었다.[7] 상원의원이자 성질 더러운 일기日記 작가였던 윌리엄 매클레이는 국가 부채에 관한 소문이 의원들 간에 돌고 있다고 기록하면서 '모든 소란이 재무부에서 기원했음을 아무도 의심치 않았다. 그러나 그 잘못은 듀어에게 있었다'고 적었다.[8]

안타깝게도 듀어의 행동은 새로운 재무부가 부패의 온상이라는 부당한 가십거리를 제공해주었다. 그러나 사실 해밀턴은 관직에 앉자마자 우선 높은 도덕적 기준을 마련했고, 직원들의 국채 거래를 금지하는 정책을 세우면서 미국 공무원 조직이 오래도록 따를 선례를 남겼다. 해밀턴 자신 또한 만에 하나 이익 충돌을 빚을 수도 있는 모든 투자 사업들에서 손을 뗐다. 훗날 사인私人 신분이 되었을 때에도 그는 자신의 '양심적인 마음가짐' 때문에 '투기라고 명명되는 것에 관여될 수' 없다고 말했다.[9] 그렇기 때문에 그가 듀어의 파렴치한 술수를 몰랐다는 점은 한층 더 의아하게 보였다. 해밀턴은 사람 됨됨이를 극도로 잘 알아보곤 했으나, 윌리엄 듀어는 그의 기민한 통찰력이 마치 편협한 것처럼 보이게 만든 몇 안 되는 경우들 중 하나였다.

국무장관으로 취임할 제퍼슨이 아직 뉴욕에 도착하기 이전이었을 무렵, 해밀턴은 쑥스러워 하지도 않은 채 그의 대리인으로 나섰다. 영국 외교관이자 캐나다 총독의 보좌관이었던 조지 벡위스George Beckwith 소령은 필립 스카일러에게 신임 재무장관과의 비공식 회의를 열어달라며 의사를 타진했다. 해밀턴의 친영주의 성향은 잘 알려져 있었다. 영국이 여전히 미국과의 공식적인 외교 관계를 맺지 않았기 때문에, 해밀턴과 벡위스는 신중을 기해 10월경 비밀리에 회담을 열었다. 이에 따라 논의는 비공식적으로 이루어졌으나, 해밀턴은 벡위스에게 자신의 말이 '이 나라에서 가장 계몽된 사람들의 정서'를 대변한다면서 '워싱턴 장군의 사람들, 그리고 상원의 대다수가 여기에 속한다고 자신 있게 말씀드릴 수 있다'고 확언했다.[10] 보안상의 이유로 벡위스는 런던에서 회담 내용에 대해 보고할 때 해밀턴에게 코드넘버 '7'을 배정했는데, 이 때문에 훗날 해밀턴은 영국의 첩자가 아니었냐는 터무니없는 의혹이 제기되기도 했다.

벡위스와 나눈 폭넓은 대화에서 해밀턴은 영국과의 상업적 조약에 대한 전망을 언급하면서 그것에 대한 자신의 지지를 상당히 분명히 밝혔다. "저는 언제나 다른 그 어떤 국가보다 당신 국가와의 연결을 선호해왔습니다. *우리는 영어로 생각하고* 비슷한 편견과 편애를 가지고 있으니까요."[11] 해밀턴은 매디슨이 의회에 영국 선박을 차별하는 법안들을 제출한 데 대한 벡위스의 분노를 함께 나누며 이렇게 털어놓았다. "사실 그 신사는 언제나 영리한 인물이지만, 그럼에도 세계에 대해 아는 것은 거의 없습니다. 그가 청렴결백하며 매수할 수도 없는 사람이라는 데는 한 치의 의심도 없습니다."[12]

미국 상업과 영국 상업 간의 무역 동맹에 대해 해밀턴이 제시한 계획은 아첨과 전혀 거리가 멀 뿐 아니라 오히려 미묘한 위협들과 미끼들을 두르고 있었다. 훗날 미국이 위대해질 것이라 예감했던 그는 영국이 미국의 구매력을 무시해서는 안 된다고 못 박아두었다. "저는 우리가 거대한 소비자이며 앞으로도 그럴 것이라고 생각합니다."[13] 그는 미국이 지금은 그 위상 면에서 영국에 미치지 못하지만 언젠가는 경제력으로 겨루게 될 것이라고 예견했다. "아직은 어리고 성장 중인 제국으로 수많은 모험과 열정이 함께하고 있지만, 우리가 농업 국가라기보다는 오히려 제조업 국가이며 앞으로 수년간 그럴 것이라는 점에 대해서만큼은 의심의 여지가 없습니다."[14] 해밀턴은 현재로선 원자재 생산국인 미국이 제조업의 거물인 영국과 완벽하게 어울리는 짝을 이루고 있다고 말했다. 그러나 한편으로는 북부의 주들이 제조업에서 진전을 보이고 있으므로, 만일 영국이 미국을 좌절시킨다면 영국의 점유율에 대한 이들의 위협은 한층 더 빨라질 터였다. 또한 영국에게 거절당할 경우 미국은 프랑스와 연합을 형성할 수도 있었는데, 이는 서인도제도에 대한 영국의 소유권을 위협할 가능성이 있었다.

친영주의 앞잡이도 아니었고 고위 첩자는 더더욱 아니었던 해밀턴은 기회가 있을 때마다 미국의 이익을 고집스레 옹호했다. 그는 백위스에게 굽실거린 게 아니라 그와 협상을 벌였으며, 미국이 영국령 서인도제도와 교역할 수 있어야 한다고 주장했다. 해밀턴은 영국이 평화조약을 존중하여 오하이오 강 하곡의 서부 요새들을 포기하기를 바랐다. 그가 공식적인 정책에서 일탈한 지점은 딱 한 군데 있었는데, 바로 영국이 독립혁명 중 진영을 이탈해 간 노예들을 반환하지 않겠다고 거부한 데 박수를 보낸 것이었다. "그들을 보호해줄 장치도 없는 상황에서 그들을 본래의 주인에게 떠넘겨버린다는 건 불가능한 일이었을 겁니다." 해밀턴이 백위스에게 말했다.[15]

회담이 끝날 무렵, 해밀턴은 미국이 곧 영국에 사절을 파견하여 오늘 다뤘던 문제들을 계속 논의할 것이라는 여지를 남겼다. 10월 7일, 워싱턴은 해밀턴 및 제이와 함께 그 임명을 놓고 논의한 뒤 해밀턴의 제안에 따라 거베너 모리스를 영국에 보내기로 결정했다. 재무장관으로 승인받은 지 불과 수 주 만에 해밀턴은 이미 행정부 내에서 외교 정책에 가장 강력한 영향력을 행사하는 인물로 자리매김한 셈이었다.

　해밀턴이 외교 정책에 대해 생각할 시간이 있었다는 것은 참으로 놀라운 일이었다. 벡위스와의 회담은 그해 가을 해밀턴을 몰두하게 만든 산더미 같은 일들 중 잠깐 쉬어가는 타이밍의 것일 뿐이었다. 의회가 요구한 국가신용 보고서의 마감 기한이 1월까지였기 때문이다. 그는 미국이 처한 재정적 곤경을 모두 요약해야 했고 독립혁명이 남긴 어마어마한 공채_{公債}를 처리할 시정조치들을 추천해야만 했다. 해밀턴은 다른 사람의 의견도 구했으나, 그의 보고서는 여느 위원회가 쓴 것이 아니었다. 51편의 '연방주의자'를 집필했을 때와 마찬가지로, 그는 한결같이 어마어마하게 힘들고 고독한 일에 다시 한 번 자신을 내던졌다. 날이면 날마다 집무실에 틀어박혀 있던 그는 4만 단어에 달하는 논문(소책자)을 고작 3개월이 조금 넘는 시간에 모두 탐독했고, 복잡한 수학 계산들 역시 모두 직접 해냈다.

　혁명 세대의 다른 일원들이 미국식 에덴동산을 꿈꾸는 동안, 해밀턴은 아이디어를 찾아 꾸준히 영국과 프랑스의 역사를 파헤쳤다. 그는 정부의 차입이 국가의 군사적 기량을 강화시킬 수 있다고 주장했던 프랑스 재무장관 자크 네케르에게 과한 존경심을 품고 있었지만, 국가 재정에 있어 해밀턴의 진정한 북극성이 되어주었던 것은 다름 아닌 영국이었다. 1690년대의 영국은 잉글랜드은행을 설립하고 증류주에 대한 소비세를 부과하여 공채 변제에 필요한 자금을 마련했다. 다시 말하자면 특정 수익을 담보로 채무의 변제를 보장했던 셈이다. 18세기를 거치면서 영국의 공채는 엄청나게 확대되었지만, 이로써 국가는 약해지긴커녕 오히려 여러 이익을 낳았다. 국가신용은 영국으로 하여금 해군을 창설하고, 전 세계를 상대로 전쟁을 추진하며, 세계적인 상업 제국을 유지할 수 있게끔 해주었다. 이와 동시에 채권자들은 국가가 채무를 변제하기 위해 발행한 국채를 융자 담보로 사용할 수 있었는데, 이로써 결과적으로는 경제에 충격 요법이 사용된 셈이었다. 해밀턴은 이러한 영국의 행보를 모방했지만, 그렇다고 비판가들이 주장했던 것처럼 미국을 전前 모국에게 다시 한 번 굴종시키려는 의도를 가졌던 것은 아니다. 그의 목표는 미국의 번영과 자급자족을 촉진시키는 것이었고 궁극적으로는 영국 자본에 덜 의존하는 상태를 만드는 것이었다. 다시 말해 그는 영국을 경제적인 면에서 이기기 위해 영국의 방식을 사용하려 했던 것이다.

보고서를 준비하면서 해밀턴은 다방면에 걸친 원전原典을 활용했다. 확실히 그는 공채가 사업 활동을 활성화할 수 있다고 인정했던 데이비드 흄의 『정치 담론』을 제대로 이해하고 있었다. 몽테스키외는 국가가 재정적 부채를 '대중의 신뢰 전체를 저버리지 않으면서 특정 주제 몇 가지에 대해서만 취할 수 있는' 방법으로서 존중해야 한다고 강조했다.[16] 토머스 홉스는 증권의 이전移轉 계약에 대한 신성불가침을 강조하면서, 그런 계약에 발을 들인 사람들은 그에 뒤따르는 모든 결과를 자발적으로 또 반드시 받아들여야 한다고 주장했다. 홉스의 말은 외견상으로는 곧 해밀턴의 커리어에 폭발적인 영향을 미칠 신비로운 격언처럼 보였다. 해밀턴은 독립혁명 내내 책가방에 넣고 다녔던 말라키 포슬스웨이트의 『무역·상업 대사전』을 다시 한 번 꺼내들었다. 포슬스웨이트는 채권자들이 자유롭게 채권을 사고팔 수 있게 하지 않는 이상 그 어떤 국가도 매력적인 이자율로 돈을 빌릴 수 없다는 점을 강조했다. '자신들의 상황에 따라 공적 기금 내의 자기 재산을 사고팔 수 있는 특권을 누릴 수 없다면 가장 급박한 위급 상황에서도 국가를 돕기 위해 스스로 돈을 빌려줄 사람은 아무도 없다는 것이 곧 국가신용의 본질이다.'[17] 해밀턴이 미국에 자리 잡게 하고자 했던 자본주의 문화의 심장부에는 불가침의 재산권이 놓여 있었다.

보고서와 씨름하던 해밀턴은 여러 동시대인에게 자문을 구하기도 했는데, 여기에는 옛날 단축 학습에 대한 자신의 요구를 거절했던 프린스턴 대학 총장 존 위더스푼도 포함되어 있었다. 해밀턴은 그 교육자의 공손한 대답에 즐거워했을 것이 분명하다. '자네가 현 직위에서 맡는 중요 임무들에 내 조언이 도움이 될 것이라 생각했다는 점에 나는 매우 으쓱해지네.'[18] 독립혁명을 통해 미국이 세금 그 자체를 매우 기피하는 나라로서 태어났음을 잘 알고 있었던 해밀턴은 매디슨에게 '또 어떤 세금들이 *가장 덜* 인기 없을 것인지'를 묻기도 했다.[19] 이 시점에서 해밀턴과 매디슨은 여전히 정치적 동지애를 나누고 있었다. 한 여인은 그해 여름 그들이 '함께 나타나 웃으면서 이웃 뒤뜰을 기어오르는 원숭이 한 마리와 놀던' 장면을 회고했다.[20] 그러나 이즈음 매디슨이 해밀턴에게 썼던 편지에서는 그들 간의 운명적인 분립을 처음으로 미리 엿볼 수 있다. 매디슨은 장기국채를 꺼리면서 그것이 외세의 손에 들어갈 수도 있음을 우려했다. '미국인들보다 더 많은 돈을 가지고 있고 보다 덜 생산적인 사용처밖에 없는 그들은 상당히 일반적으로 미국인들의 것을 모조리 사들일 수 있으며 또 그렇게 할 걸세.'[21] 매디슨이 이처럼 나긋한 반대를 표명할 때까지만 해도 해밀턴은 이와 같은 견해차가 곧 그들의 우정을 무너뜨릴 것이란 점은 생각조차 하지 못했다.

해밀턴이 따분한 재정적 문제들에 그토록 매달리지 않았다면 그의 「국가신용 보고서Report on Public Credit」가 역사적 명성을 얻는 일도 절대 없었을 것이다. 그러나 그는 여기에서 정부의 재정 조직에 대한 상세한 청사진을 제시하면서 폭넓은 정치적, 경제적 견해들로 이를 감싸 안았다. 시작하는 장에서부터 해밀턴은 독자들에게 현 정부의 부채는 독립혁명을 통해 생긴 '자유의 값'이며 따라서 현 정부는 자기 부채를 공공의 재정으로 충당할 수 있는 특별한 권한이 있음을 상기시켰다.[22] 혁명 기간 동안 각 주들은 시민들에게 짐스러운 세금을 부과하는 데 망설였고 대륙회의는 세금 징수 능력이 없었으므로 남은 해결책은 차입뿐이었다. 미변제 채무의 규모는 실로 어마어마해서 국가 부채 5,400만 달러, 주州 부채 2,500만 달러 등 도합 7,900만 달러였다.

해밀턴은 자유의 안보와 재산의 안보를 떼어놓을 수 없다면서, 계약은 곧 공적·사적 도덕의 기초를 형성하기 때문에 정부들이 자신들의 채무를 존중해야 한다고 주장했다. '개인들과 마찬가지로 주들의 경우에서도 자신의 약속을 이행하는 자들은 존중과 신뢰를 받겠지만, 그 반대의 행보를 걷는 이들에게는 그 정반대의 운명이 따를 것이다.'[23] 정부 부채를 제대로 다룰 수 있다면 미국은 감당할 수 있는 이자율로 돈을 빌리는 것이 가능해질 것이고, 한편으로는 미국 경제에 대한 강장제 역할도 할 것이었다. 대출 담보로서의 국채는 돈으로 기능할 수 있었다. 해밀턴은 무엇보다 돈의 희소성이 곧 경제를 수렁에 빠뜨리고 토지 가치의 극심한 디플레이션을 일으킨 원인이라고 생각했다. 미국은 앞으로의 기회가 많은 젊은 국가였고, 유동자산만이 부족한 상황에서 국채는 그 커다란 결핍을 채워줄 수 있을 터였다.

국채 관리의 비밀은 이자를 지불하고 원금을 변제할 수 있는 수입을 규칙적인 간격으로 따로 마련해둠으로써 국채에 대한 자금을 확보하는 데 있었다. 해밀턴은 자신의 자금 마련 계획이 투기를 부를 것이라는 의혹에 반박했다. 오히려 그것과는 반대로, 만일 투자자들이 국채가 변제될 것을 확실히 알고 있는 경우라면 그 가격은 그다지 크게 요동치지 않을 것이고, 따라서 투기꾼들이 이득을 볼 기회도 적어진다는 것이 그의 주장이었다. 무엇보다 중요한 것은 정부가 변제를 성실히 이행한다는 점을 사람들이 *신뢰하*는 것이었다. '무엇이 됐든 신용에 관할 때보다 겉모습이 더 중요해질 때는 없다. 신용에 관한 사람들의 의견이 곧 신용의 본질이며, 여기에는 현실과 더불어 겉모습이 영향을 미친다.'[24] 해밀턴은 공공 관계와 자신감 구축이 미래의 모든 재무장관이 짊어질 특별한 부담임을 직감했다.

채무를 위해 얼마나 정확하게 자금을 마련하느냐가 가장 논쟁적인 정치적 사안으로 떠올랐다. 혁명 중에는 부유한 시민들 다수가 채권에 투자했고 많은 참전용사들도 봉급을 대신해 차용확인서를 받았지만 연합규약체제에서 그 가격은 이내 곤두박질쳤다. 강직했던 독립주의자들도 많은 경우 (현금이 필요해서였든 혹은 절대로 변제받지 못할 것이라 믿어서였든) 자신들의 증권을 투기자들에게 적게는 1달러어치당 50센트에 팔아넘겼다. 해밀턴은 정부가 변제를 보증하는 자신의 자금 마련 계획에 따라 그러한 채권들의 절하가 완화되고 결국 액면가를 완전히 회복할 수 있기를 기대했다.

그러나 이런 즐거운 전망도 정치적 진퇴양난에 빠졌다. 만일 채권이 가치를 회복하는 경우라면 투기자들이 그 뜻밖의 횡재를 챙기게 해야 할까? 아니면 절하된 정부 발행 증서를 이미 수년 전에 팔아넘긴 본래 소유주들—이들 중 다수가 용맹한 병사들이었다—에게 그에 해당하는 돈이 돌아가게 해야 할까? 해밀턴은 이 난처한 질문에 대한 대답이 앞으로 미국 자본 시장의 성격을 결정지을 것임을 잘 알고 있었다. 크게 심호흡한 뒤 써내려갔을 것이 분명한 글에서 해밀턴은 자신이 본래 소유주에게 보상을 하고 현재의 투기자들을 벌하는 방안에 대해 '가장 깊이 숙고해본 끝에', 그러한 접근은 '국가신용의 파멸을 부를' 것이므로 그에 반대하기로 결정했다고 말했다.[25] 그처럼 전前 채권 소유자들에게 유리한 '차별'이 작동할 수 없다는 것도 문제의 심각성에 한몫을 했다. 그렇게 하려면 정부는 그들을 일일이 추적하고 채권들의 할인가를 알아낸 다음, 그 채권을 잠시 가지고 있었던 중간 투자자들을 추적한 뒤 그들로부터 채권을 사들인 현재의 소유자들을 찾아내야만 했는데 이는 그야말로 행정적인 악몽과도 같았다.

이와 같은 정치적 문제를 기피하면서 기술적인 용어들 사이로 피신할 수도 있었으나 해밀턴은 논의의 어조를 바꾸었다. 그는 최초 소유자가 단순히 숭고한 희생자인 것만도, 또 현 구매자가 단순히 악랄한 투기꾼인 것만도 아니라고 말했다. 본래의 투자자들은 자신들이 원했던 바대로 현금을 얻었고, 이 나라의 미래에 대한 신뢰를 거의 드러내 보이지 않았다. 반면 투기자들은 그들의 돈을 위험한 상황에 내걸었으므로 그에 대한 합당한 보상을 받아야만 했다. 이와 같은 방식으로 해밀턴은 반대자들이 점하고 있던 드높은 도덕적 우위를 빼앗음과 동시에 향후 미국 내 증권 거래에 있어서의 법적·도덕적 기반을 닦을 수 있었다. 증권은 자유롭게 이전할 수 있고, 구매자들은 거래로 인한 모든 이익 및 손실에 대해 전적인 권리를 가진다는 게 그 골자였다. 해밀턴은 정부가 금융 거래에 소급적으로 개입할 수 없음을 사람들이 알게 되는 것이 정부의 단기적 이익보다 훨씬 더 중요하다고 생각했다. 이러한 '이전의 보장'이라는 개념을 확립하는 데 필요하다면, 돈 버는 데만 관심 있는 악당들에게 보상을 주고 애국자 시민들에게 불이익을 줄 의향도 해밀턴에겐 있었던 셈이었다. 이 커다란 도박을 통해 해밀턴은 장래 눈부시게 발전할 미국 금융의 기반을 닦았다.

보고서 속에서 해밀턴은 치명적인 정치적 지뢰들이 촘촘히 파묻혀 있는 구역들 위를 살금살금 걸어 다녔다. 그다음으로 자극적이었던 쟁점은 부채의 어느 정도는 열세 개 주가, 또 어느 정도는 연방정부가 소유하고 있다는 점이었다. 해밀턴은 모든 부채를 연방 부채라는 단일 형태로 통합할 것을 결정했다. '재무장관은 이 점에 대한 충분한 숙고를 거친 끝에, 특정 주들의 부채를 연방이 인수하고 각 주들의 부채에 연방 부채와 마찬가지의 충당금을 주는 것이 견실한 정책이자 상당한 정의를 품은 조치가 될 것이라는 완전한 신념을 가지게 되었다.' 해밀턴이 쓴 글이다.[26] 이 결정은 알렉산더 해밀턴이 미국 정부를 강화하기 위해 실행했던 그 어떤 행동보다 거대한 영향을 몰고 왔다.

연방정부의 주 부채 인수가 왜 그렇게나 중요했던 것일까? 시작하는 이들에게는 빚을 변제하는 데 있어 서로 상충하는 소규모 제도들보다는 모든 것을 아우르는 단 하나의 제도가 있는 편이 더 효율적일 터였다. 여기에는 심오한 정치적 논리도 반영되어 있었다. 해밀턴은 채권 소유자들이 자신들에게 돈을 빚진 정부에 대해 일종의 지분 의식을 가질 것임을 알고 있었다. 즉, 만일 주정부가 아닌 연방정부가 돈을 빌려준 것이라면 채권자들은 중앙정부에게로 그들의 주된 충성을 돌리게 될 것이라 예상했던 것이다. 해밀턴은 채권자들을 부유하게 만들거나 특권 계급을 키우는 것보다는 정부의 안정성과 생존을 확실시하려는 데 온 관심을 쏟았다. 월터 립먼Walter Lippmann은 훗날 해밀턴에 대해 이야기하면서 '그는 부자들을 그들의 부보다 훨씬 더 큰 목적을 위해 사용했다'고 말했다.[27] 한편으로 해밀턴은 부자들의 경우 훨씬 더 큰 일련의 이익들에 사로잡히지 않고 그 대신 언제나 공적 의무에 대한 더 폭넓은 사고를 가질 것이며 왠지 사리를 추구하지도 않을 것 같다는 순진한 생각을 품기도 했다.

주 부채를 인수하는 데는 또 다른 장점도 있었다. 헌법에서는 연방정부에게 수입 관세 징수에 대한 독점권을 부여했다. 만약 주들 또한 부채를 갚아야 하는 상황이었다면 이들은 그 독점 제도에 항의하고 수입 관세에서 돈을 빼돌리려 했을 텐데 그렇게 되면 연합규약하의 혼돈이 다시

한 번 빚어질 수도 있기 때문이었다. 해밀턴은 자신의 계획에 따른다면 주요 수입원에 대해 주들이 연방정부와 경쟁할 유인이 사라질 것이라 믿었다.

이제 해밀턴은 국가 부채를 본래의 이자율에 상환해야 할 것인지를 결정해야만 했다. 그는 이것이 엄청난 조세 없이는 불가능할 것임을 알고 있었으나, 만일 그렇게 한다 해도 반란이 일어나거나 나라가 가난해질 가능성이 있었다. 그는 또한 소규모 투자자들에게서 싼 값에 주 채권을 사들였던 투기자들이 *너무 많은* 이익을 가져가지는 않게끔 만들고자 했기에, 이자율이 4~5퍼센트 정도에 그쳤던 외국채는 그대로 상환하기로 결정했다. 이자율이 6퍼센트에 달했던 국내채의 경우에는 훨씬 더 큰 딜레마가 기다리고 있었다.

정부의 재정적 압박을 덜기 위해 해밀턴은 국내채 일부의 지불을 거절하기로 결정했지만, 확실히 그 방식을 좋게 본 것은 아니었다. 그는 채권자들이 본래 견실하긴 하지만 이자율이 떨어지는 경우 상환받을 수 없는 정부발發 증권(현대적 용어로는 임의상환금지채권) 대신 차라리 낮은 이자율을 선택할 것이라는 데 도박을 걸었다. 그는 국내 채권자들을 유도하기 위한 다수의 임의적 옵션들을 제시했는데 그것들 중 몇 개만이 시행될 터였다. 한 예로 채권자들은 지급금의 일부를 본래의 6퍼센트 이자율로 상환받고 나머지 일부는 서부의 토지로 지급받을 수 있었는데, 이 경우라면 이들은 국경 지대의 부동산 가치 상승을 노려볼 수 있었다. 이것이 아니라면 채권자들은 보다 낮은 이자율에 상환받는 방법도 있었지만 이 또한 오랜 기간 기다려야 가능한 일이었다. 조건을 한층 더 좋게 만들기 위해 이 경우들에서 투자자들에게는 연간이 아닌 분기별로 지급하는 방식이 채택됐다. 해밀턴의 지지자들은 이것이 복잡 미묘하고 훌륭한 계획이라는 칭송을 보냈지만, 그의 적들은 이것이 대중을 속이기 위해 고안된 불투명한 헛소리라고 비난했다.

해밀턴은 지급 보장을 위해서는 상당한 규모의 해외 차관을 도입해야 하는 한편, 현재 자신이 마음껏 끌어다 쓸 수 있는 수입 관세보다 더 높은 수준으로 국내 조세를 강화해야 한다는 것을 알고 있었다. 그는 미국 내에서 생산한 와인과 증류주 및 차와 커피에 대한 세금을 도입했다. 이 최초의 '죄악세'들에 대해 해밀턴 재무장관은 과세되는 제품들이 '사실상 사치품, 그것도 상당 부분이 외국의 사치품이며 몇몇 경우에는 과도하게 사용할 경우 치명적일 수도 있는' 것이라 여겼다.[28] 이러한 과세는 소비 저하 및 수입 감소와 이어질 수 있음을 해밀턴 또한 알고 있었지만, 그는 '모든 종류의 사치는 인류가 가장 강력한 애착을 가지는 것들이며 특히나 습관이 되어버리면 쉽사리 떼어낼 수 없는 것들'이기 때문에 그러한 사태는 벌어지지 않으리라고 생각했다.[29]

보고서의 마지막 부분에서 해밀턴은 재원이 제대로 마련된 국채는 미국의 번영을 수호할 '국가적 축복'일 것임을 다시 한 번 강조했다. 그는 이 말이 *영구적인* 국채를 요구하는 말로 오해받을까 걱정했는데, 그런 일은 실제로 벌어지고 말았다. 여생 동안 그는 자신의 의견이 의도적으로 곡해되는 현장 앞에서 경악을 금치 못하게 될 터였다. 보고서를 통해 해밀턴은 '국채 발행 시에는 언제나 그것을 소화시킬 수단도 함께해야 한다는 말이 미합중국의 국가신용 제도 안에서 근본적인 격언으로 자리 잡는 모습을 볼 수 있길 열렬히 바란다'고 썼으나, 자신의 적들은 이 중요한 구절을 무시해버렸다는 것이 해밀턴의 주장이었다. 이 재무장관은 바로 그것이 '국가신용을 불멸의 것으로 만드는 진정한 비법'이라고 여겼다.[30] 3년 후, 해밀턴은 대중에게 자신은 '가장 최초의 표명에서부터', 다시 말하자면 '공채라는 주제에 대해 언제나 말했듯이, 공채가 공공의 축복이라는 교리에 대한 옹호를 (이제 와서) 억지로 했다는 그 표현들이 담긴 *바로*

그 *보고서*에서'부터 채무의 소멸을 옹호했었다며 화를 냈다.[31] 실제로도 해밀턴의 글에서는 공채가 곧 유동자본의 원천이라고 하는 찬가보다는 억압적인 채무에 대한 경고를 훨씬 더 많이 찾아볼 수 있다. 첫 번째 보고서를 쓴 지 5년이 지났을 무렵, 여전한 논란 속에서 해밀턴은 채무가 꾸준히 축적되는 것이 '모든 정부에게 있어 자연 재해나 다름없으며, 이보다 더 쉽게 제국에 거대하고 발작적인 혁명들을 부를 무언가를 찾아내기도 쉽지 않다'고 경고했다.[32]

시간이 지남에 따라 채무가 소멸될 수 있게끔 하기 위해, 해밀턴은 우체국에서 발생하는 수입을 자금으로 사용하고 정부 고위 인사가 관리하는 형태의 감채기금을 설립하자고 제안했다(감채기금은 부채 상환을 목적으로 일반 예산과는 별개로 설립하는 기금이다). 이렇게 해두면 갑자기 정치인들이 변덕을 부려 단기 이익을 위해 국고를 공략하려 한다 해도 수입원을 무사히 지켜낼 수 있었다. 감채기금은 국채가 완전히 상환될 때까지 매년 약 5퍼센트의 채무를 변제할 예정이었다. 당시 미변제 채권은 액면가보다 낮은 가격에 거래되고 있었다. 따라서 증권의 가격이 오르는 경우 그러한 구매는 정부에게 이득이 될 것이었고, 그러므로 정부는 민간 투자자들과 함께 가격 인상으로 인한 이득을 보게 되는 셈이었다. 해밀턴은 '재무장관의 의견으로는 (중략) 주가를 가능한 한 빠르게 그 진정한 기준치까지 끌어올리는 것이 정부의 정책이어야만 한다'고 결론지었다.[33] 이때까지만 해도 그는 자신이 얼마나 빠르게 성공을 거둘 것인지, 또 그 성공으로 인해 얼마나 많은 문제가 벌어질 것인지를 거의 알지 못했다.

해밀턴이 이와 같은 역작을 편찬하던 바로 그 순간에도, 정부 증권의 가격은 보고서의 출판에 대한 기대감에 힘입어 쭉쭉 오르고 있었다. 해밀턴이 기대했던 것보다 심리적 효과가 훨씬 선명하게 나타난 셈이었다.

재무장관의 입장에서 봤을 때 이는 새로운 정부의 자신감이 놀라울 만큼 확증되는 순간이었다. 이자율은 크게 떨어졌고, 미국의 신용에 대한 믿음은 다시 회복되고 있었다.

해밀턴의 보고서가 정확히 어떤 내용을 담고 있는지는 1월 중순까지도 밝혀지지 않았었다. 연방의회가 소집되자 부유한 증권 중개인들은 페더럴홀로 모여들어 해밀턴의 계획에 대한 상세한 내용을 알아내고자 의원들을 귀찮게 굴었다. 투기자들 입장에선 해밀턴의 의도를 정확히 예측할 경우 막대한 이익을 볼 수 있었기에, 뉴욕의 저녁만찬들에서는 해밀턴이 한 말들이 낱낱이 회자되었다. 수많은 부자 상인들은 이미 남부의 오지 지역에 요원들을 보내서 가치절하된 주州 채권을 쓸어 담았는데, 만일 연방정부에게 인수된다면 채권의 가격은 훨씬 높아질 터였다. 탐욕이 전염되어가던 이 분위기 속에서, 해밀턴은 자신으로부터 정보를 캐내려는 모든 시도들을 쳐냈다. 11월에 그의 버지니아 출신 친구 헨리 리는 해밀턴에게 그 계획에 대한 정보를 알려줄 수 있냐고 묻는 서신을 보내며, 자신의 부탁이 부적절한 것은 아니길 바란다고 말했다. 해밀턴은 아주 양심적인 재무장관 그 자체로서의 답신을 보냈다.

> 나를 부적절한 상황에 몰아넣고 싶지 않다는 자네의 말이 진심임을 나는 알고 있네. 또한 자네의 질문에 답하는 데 있어 어떤 부적절함이 있을지도 나는 모르네. 그러나 카이사르의 아내와 관련된 이야기(즉, 아내는 혐의를 받아서는 안 되었다는 이야기)를 기억해주게나. 내 생각에 그 정신은 한 국가의 재정 관리에 몸담고 있는 모든 사람들에게 적용할 수 있는 것이라네. 혐의를 담은 눈초리는 언제나 매처럼 그들과 그들의 행보를 지켜보고 있으며, 가장 순수한 것들은 걸핏하면 잘못 해석되곤 하니 말일세.[34]

보고서를 제출하기 바로 전날 해밀턴은 매우 초조해했다. '내일이면 예산안을 제출해야 하니, 당신은 오늘의 내가 아주 바쁘고 조금의 걱정도 없다고 상상하겠지.' 해밀턴으로부터 이러한 편지를 받은 앤젤리카는 곧바로 런던의 서점들에서 재정학 논문들을 사서 그에게 보내주기 시작했다.[35] 변덕스럽고 몹시 신경질적이었던 해밀턴은 이 제안서가 광란의 논쟁을 점화시킬 것이란 점, 또 입법부의 적들이 칼을 갈고 있다는 점도 알고 있었다. 그가 연합의회에 보고서를 제출할 준비가 되었음을 알리자, 해밀턴이 이를 직접 발표할지 혹은 서면으로 보낼지를 두고 논란이 격화되었다. 당시까지도 사람들은 행정부가 의회를 잠식하게 되는 상황을 너무나 두려워했기 때문에 해밀턴이 직접 보고서를 발표하는 것 또한 허용되지 않았으며, 이에 따라 51쪽짜리의 이 소책자는 1월 14일 하원의회에서 낭독되었다. 보고서가 너무나 길었던 탓에 종반에 수많은 의원들은 넋을 놓은 채 침묵 속에 앉아 있기만 했다.

상당한 시간이 흐른 뒤, 대니얼 웹스터는 해밀턴의 보고서에 대해 다음과 같이 열광적으로 이야기했다. '주피터의 머리에서 미네르바가 탄생했다는 신화도 미합중국의 금융 체계가 알렉산더 해밀턴의 머릿속에서 순식간에 튀어나온 일에 비하면 덜 갑작스럽고 덜 완벽한 것이었다.'[36] 수많은 동시대인들은 물론 역사를 따라서도 오래도록 이와 같은 평가가 이어졌지만, 이를 폄하하려는 사람들은 곧바로 목소리를 높였다. 그들은 해밀턴의 계획과 채권자들에게 제시된 일련의 선택지들이 매우 복잡한 탓에 어리둥절해했다. 적들은 자신들이 해밀턴의 모든 의도를 파악하기에는 그가 너무나 많은 최전선에서 너무나 빠르게 움직이고 있다고 생각했다. 그가 경제 구조를 무척이나 정교하게 설계해둔 덕분에 그 톱니바퀴들은 서로 완벽하게 맞물려 돌아갈 수 있었고, 누군가 전체를 망가뜨리지 않고서 어느 한 부분만을 건드리는 것도 애초에 불가능했다. 해밀턴은 이 천재적인 구조물에 대해 훗날 이렇게 밝혔다. '신용은 곧 전부다. 각각의 모든 부분들은 다른 모든 부분들에 대해 최선의 지지대가 되어주고 있다. 나뭇가지 하나만 건드려도 온 나무가 줄어들고 썩어 들어갈 것이다.'[37]

해밀턴이 맞서 싸워야 했던 편견들 중 가장 깊이 뿌리내리고 있었던 것은 아마도 영국의 행보와 희미하게라도 유사한 계획들은 모두 치명적일 것이라 여기는 본능적 거부감일 터였다. 영국의 것을 연상시키는 것은 대규모의 확정국채뿐만이 아니었다. 해밀턴이 정부 내의 세력 균형을 바꾸어, '국민들의' 부처라는 하원에서부터 행정부에게로 기울이려 한다는 두려움도 그중 하나였다. 윌리엄 매클레이 상원의원은 해밀턴의 계획에 대한 자신의 공포를 이렇게 기록했다. '그는 무차별적인 자금을 추천하며 영국 부처의 방식대로 법안을 제출했다.'[38] 비판가들은 이러한 재무부의 권력 행사 너머에서 입법자들이 행정부에 의해 완전히 부패로 물들게 될까 두려워했다. 매클레이를 포함한 몇몇 사람들은 수 명의 의원들이 정부 증권에 투자했다고 추측했다. 매클레이는 이와 같은 '악마의 사업'이 '장관으로서의 해밀턴이라는 인물을 영원히 망쳐버릴 것'이라고 결론지었다.[39] 알렉산더 해밀턴은 곧 미국의 메피스토펠레스라는 미신이 태어나는 순간이었다. 매클레이는 뉴욕의 자본가들을 '우리나라에서 펼쳐진 가장 방종한 투기 체제'를 강화하기 위해 해밀턴과 결탁한 악마적인 심복이라 여겼다.[40]

해밀턴은 의원들이 정부 증권에 투기했다는 의혹을 부인했다. "제가 아는 한 입법부에는 주식 투기꾼이라거나 증권 중개인이라고 부를 만한 사람이 없습니다." 그가 워싱턴에게 확언했다. 그와 같은 증권 소유주들은 대부분 전쟁 당시부터 증권을 가지고 있던 사람들이며, 해밀턴은 여기엔 아무런 잘못도 없다고 생각했다. "사람들이 자기 나라의 기금들에 대한 소유주가 된 것만으로 부패하고 범죄를 저질렀다고 여겨져야 한다는 것은 (중략) 기이하게 왜곡된 생각입니다. 어찌 되었든 저는 상당 수준의 기금들을 소유한 적 있는 의원들은 극소수에 불과하다고 믿습니다."[41]

매클레이는 이러한 주장을 비웃었고 연방의회가 뉴욕 투기꾼들과 불경스러운 관계를 맺고 있다고 보았다. '온 도시가 그것에 정신이 팔려 있으며, 그들 모두가 연방의회의 조치에 영향을 미치는 데 개입하고 있음도 물론이다. (연방의회의) 구성원들도 이 지저분한 일에 손을 담그고 있었다. (중략) 그 이후로 우리는 투기가 의회 내부의 소행이라고 여긴다.'[42] 매클레이는 자신의 의혹이 사실일 것으로 믿었으나, 해밀턴의 반대론자들이 대부분 그러했듯 그 역시 기본적으로 금융에 대해 무지한 인물이었다. 그해 말 감채기금이 정부 부채를 사들이기 시작하자 매클레이는 이것이 투기꾼들의 주머니를 채워주려는 계획이라고 생각했다. 그는 이러한 시장 조작이 부채를 줄이고 이자율을 낮춤으로써 전체 경제에 이득을 가져다준다는 사실을 깨닫지 못한 것 같았다. 매클레이를 포함한 비판자들은 해밀턴의 제도가 반드시 정의롭거나 선한 사람들에게만 보상을 가져다주지 않는다는 점에 대해서는 옳았지만, 그것이 사회 전반에게 더 큰 이득이 된다는 점은 놓쳤다.

해밀턴의 「국가신용 보고서」는 열광적인 반응을 불러일으켰다. 증권들은 미국에서는 유례가 없었던 속도로 거래되기 시작했다. 로버트 R. 리빙스턴은 이 투기 광풍이 '모든 계급의 사람들에게 침투했다'면서 심지어는 조지 클린턴이나 멜런크턴 스미스 같은 강경한 반연방주의자들까지도 감염시켰다고 말했다.[43] 걷잡을 수 없이 자라나는 투기에 충격을 받은 제임스 잭슨James Jackson 의원은 그 장본인들을 가리켜 '게걸스럽게 집어삼킬 이들을 찾는 탐욕스러운 늑대들'이라고 불렀다.[44] 1월 말, 잭슨은 하원의 연단에 서서 해밀턴의 보고서에 뒤따른 '대혼란, 투기, 그리고 몰락의 정신'에 대해 항의하면서 다수의 투기자들이 정보를 미리 입수하여 이득을 본 게 아니냐는 의혹을 제기했다. 그는 투기자들을 가득 태운 선박 세

척이 지난 2주 동안 뉴욕에서 출발하여 남부로 간 뒤, 아직 해밀턴의 계획을 전해 듣지 못했으며 이상한 낌새도 눈치 채지 못한 투자자들로부터 주 공채들을 모조리 사들였다는 혐의를 제기했다. "용납될 수 없을 만큼 탐욕스럽고 부도덕한 그 행위에 제 영혼이 분개하여 일어납니다." 그가 으르렁거렸다.[45]

또 다른 반대론자인 필라델피아의 벤저민 러시 또한 해밀턴의 계획에 대해 무지한 반대 의견을 곧잘 드러냈다. 이제 러시는 의회가 '영국의 것들을 위하여 법을 만든다'는 과장된 주장을 펼치면서, 공채뿐 아니라 모든 종류의 채무가 사회에 해가 된다고 반대하며 이렇게 경고했다. '국가 신용을 과대평가하지 말지어다. 사적 신용은 국가의 것이고 금융 사무소들은 개인들의 것이다. 그것은 빚과 낭비와 악덕과 파산을 부른다. (중략) 재무장관의 도박 보고서가 우리의 신생 공화국에 필연적으로 들여올 유럽식 악덕을 생각할 때마다 나는 매번 역겨워진다.'[46]

해밀턴의 보고서는 북부와 남부 사이에 잠복해 있던 구분선들을 명백히 했다는 점이 그의 문제들을 한층 더 복잡하게 만들었다. 정부 증권의 원 소유주들은 남부 출신에 치중되어 있었고 그들에게 '사기를 친' 현재의 소유주들은 북부 출신 사람들이라는 믿음이 일반적으로 자리 잡고 있었다(해밀턴은 이를 엄청난 오해라고 여겼다). 그는 그러한 지역적 이전이 이루어졌다는 것을 부정하면서, 부채가 북부의 소유주들에게 집중된 이유는 오직 전쟁 중 대부분의 전투가 그곳에서 벌어졌고 그에 따라 북부의 병사들이 더 많은 채무증서를 받았기 때문일 뿐이라고 주장했다. 그러나 부정직한 북부의 상인들이 선량한 남부의 농부들을 속였다는 인상은 여전히 남아 있었다. 해밀턴과 친밀했던 뉴요커들 중 다수 제임스 두에인, 거베너르 모리스, 윌리엄 듀어, 루퍼스 킹이 상당 규모의 정부 증권을 축적하고 있었다는 점도 그다지 도움 되는 사실이 아니었다. 필립 스카일러만 해도 6만 7,000달러어치를 소유하고 있었는데 전해지는 바에 따르면 상원이 해밀턴의 계획을 통렬하게 비판한 데 너무나 놀란 나머지 '마치 인디언들이 그에게 불을 붙인 것처럼 머리털을 쭈뼛 세웠다'고 한다.[47] 해밀턴 또한 그 의원들이 카이사르의 아내처럼 의심받아서는 안 된다고 생각했던 것은 아니었던 듯하다. 그의 자금 계획을 두고 벌어진 논쟁에서 우리는 시골 사람들이 대도시의 자본가들을 향해 가졌던 변치 않는 두려움, 훗날 미국 정치 전반에 스며들게 될 바로 그 두려움의 시발점을 찾아볼 수 있다.

해밀턴은 자신의 조치들로 인해 이득을 볼 다수의 현 채권자들이 천사 같은 사람들은 전혀 아님을 잘 알았다. 그러나 그의 계획은 당대의 당파 싸움이 아닌 미국의 미래에 초점을 맞춘 것이었다. 위대한 나라를 위한 기반을 닦고 있었던 그는 워싱턴에게 이렇게 말했다. "재산에 관한, 그리고 사회의 연결고리들을 형성하는 모든 일반적인 규칙들은 그 평범한 활동에서조차 자주 특정 어려움들과 부상들을 수반합니다. 그러나 공공질서와 사회 일반의 안녕을 위해서는 그 규칙들에 꾸준히 순응해야 합니다. 원칙들을 침해하는 것보다는 부분적인 악덕에 따르는 편이 아마도 언제나 더 나을 것입니다."[48]

1790년 2월 8일부터 하원의회는 해밀턴의 「국가신용 보고서」를 논의하기 시작했는데, 초대 의회의 두 번째 회기는 이 논의에 거의 통째로 사용되었다. 매클레이의 일기에 따르면 초조했던 해밀턴은 한 주 전부터 이 사람 저 사람에게 로비를 하기 시작했다. '내가 느끼기에 해밀턴 씨는 자신의 자금 계획에 대해 상당히 불안해했다. 그는 이곳에 일찍부터 와서 연사를 기다렸는데, 내 생각에 그는 대부분의 시간을 의원들 사이의 이곳저곳을 쏘다니는 데 보냈다.'[49] 다수의 의원들이 해밀턴의 끈질긴 압력을 경험했다. 그는 정신적인 활력에 조직적인 부지런함을 더했다. 하원의 논

의가 시작된 지 하루 뒤, 해밀턴의 옛 스승인 신학자 존 로저스John Rodgers
는 매클레이를 찾아가 해밀턴의 체계에 대해 '마치 설교단에 올라 설교
하는 것처럼' 자세히 설명했다. "신시내티[협회]는 [해밀턴의] 또 다른
조직이며 뉴욕 시 전체가 그러하다.'[50] 오래지 않아 기분이 상한 매클레
이는 해밀턴의 '도구들'과 '검투사들'이 일말의 가책도 없이 자신을 조르
고 있다며 질책했다.[51] 미국인들은 영국의 선례에 따른 의회 제도를 거부
했으며 행정부 관료들이 입법부에서 자리를 차지하지 못하도록 했지만,
연합의회 내에 만연해 있던 해밀턴의 존재감은 그런 이해를 침해하는 듯
보였다.

계획을 세우면서 해밀턴은 이제는 버지니아 주 연방의원이 된 제임스
매디슨이 충직한 지지를 보내줄 것이라 믿었다. 워싱턴 대통령은 취임 연
설 이래 계속해서 에티켓부터 공사 임명에 이르기까지 폭넓은 문제들을
매디슨과 정기적으로 논의했다. 제헌회의에서 중대한 역할을 해냈음은
물론 권리장전과 『연방주의자 논집』으로 인해 매디슨은 이제 가장 영향
력 있는 의원으로 거듭나 있었다.

만약 자신의 자금 계획을 매디슨이 지지해줄 것이라 예상했다면, 해밀
턴은 그 계획을 공격하는 매디슨의 1790년 2월 11일 연설을 통해 혹독하
게 진실을 깨우쳤을 것이다. 매디슨은 지금까지 정부 증권의 가치가 오
르면서 생긴 이득을 현재 시점에서 채권을 보유한 사람들이 가져가도록
허용할 마음의 준비가 되어 있었다. 그러나 해밀턴의 계획을 통해 발생
할 장래의 가치 상승에 대해서는 그 우발적인 소득이 본래의 소유주들에
게 돌아가길 바랐다. 그들이 그 증권을 팔아넘긴 지 얼마나 오래되었는지
와 상관없이 말이다. 매디슨에게 있어 이러한 원 소유주들은 해밀턴의 주
장과 달리 정부에 대한 믿음을 포기하지 않았던 자들이었고, 그저 단순히
가치가 떨어진 것을 팔았던 사람들일 뿐이었다. 그는 잘못 없는 독립주의

자들이 피해를 입고 있다고 생각했고, 그의 정의감은 투기자들이 무지한 시골 사람들로부터 국채를 사들였다는 것에 자극을 받았다. 매디슨은 이것이 미국 독립혁명에 대한 배반이라고 보았다.

해밀턴은 이에 깜짝 놀랐다. 그는 그러한 '차별'을 실행할 수 없는 모든 실질적인 이유들을 열거한 바 있었고, 특히 원 소유주들을 추적하는 데 필요한 서류들이 소실되었다는 점도 설명했었다. 또한 매디슨의 제안은 증권 구매자들이 모든 장래 배당금과 이익을 가져야만 한다는 소중한 원칙에 해를 입힐 터였다. 해밀턴의 시각에서 이 권리에 대한 정부의 개입은 사적 재산의 몰수나 다름없었다. 매디슨의 논의에는 독립과 참전용사들에 대한 짙은 감정적 호소가 담겨 있었던 반면, 해밀턴의 논의에서는 융통성 없는 실용성이 중심을 차지하고 있었다.

논의가 길어지면서 페더럴홀의 방청석은 결과를 애타게 기다리는 투기자들로 가득 찼고, 매디슨의 제안에 대한 표결이 다가올수록 긴장 또한 고조되었다. 2월 20일, 애비게일 애덤스는 여동생에게 보내는 편지에서 자신이 차별에 관한 거대한 논의에 참석하러 간다고 말했다. '내일이 그 문제에 대한 결정적인 날이 될 것이라고 다들 생각해. (중략) 그 일 덕분에 나는 처음으로 하원에 가보게 되었어.'[52] 해밀턴이 효과적으로 자기 측의 세력을 끌어모은 반면 매디슨은 서투르고 융통성 없는 모습을 보여주었다. 실망에 빠진 매클레이는 2월 22일 매디슨의 '자긍심이 모든 소통을 가로막는 것처럼 보인다'면서, 해밀턴의 계획에 대한 '반대가 이 남자의 고집 때문에 무산되었다'고 말했다.[53] 바로 그날, 하원은 매디슨의 제안을 36대 13으로 부결했다. 그러나 열세 개의 반대표 중 아홉 표가 버지니아주, 즉 가장 많은 인구를 거느린 주에서 나왔다는 점은 해밀턴에게도 좋지 않은 징조였다.

매디슨은 해밀턴과 멀어지기 시작했다. 그는 해밀턴의 계획 중 오직

알렉산더 해밀턴

일부에 대해서만 반대하는 것이라고 주장했지만 사적인 자리에서는 보다 근본적인 개탄을 드러냈으며, 한 서신에서는 '공적 채무는 곧 공적 저주라는 원칙을 믿는다'고 말하기도 했다.[54] 한때 해밀턴과 매디슨, 그리고 제이로 이루어졌던 '퍼블리우스' 팀은 자유에 대한 최고의 위협이 주차원에서 오는 것이라고 여겼지만, 이제 매디슨은 유능한 재무장관의 손에 들려 있는 연방 권력을 향해 비난의 화살을 돌리기 시작했다. 다른 이들 중에서도 존 애덤스는 의원으로서의 매디슨에게 환멸을 느낀 듯했다. "매디슨 씨는 학구적인 학자라네." 부통령이 4월경 한 친구에게 한 말이다. "그러나 인재로서 그가 가지는 명성은 프렌치 퍼프(속이 비어 있는 빵의 일종_역주) 같은 산물이지. 최악의 조치들 몇 가지, 그리고 가장 명청한 행동들 몇 가지가 그의 악명을 공공연하게 드러내고 있다네."[55]

해밀턴에게 있어 매디슨의 변절은 개인적으로도 고통스러운 배신이었다. 해밀턴의 지지자 중 하나였던 목사 겸 투기자 매너세 커틀러Manasseh Cutler는 자신의 친구에게 해밀턴이 그의 계획에 대한 매디슨의 반대를 '[매디슨 스스로가] 수호하겠노라고 진지하게 맹세했던 원칙들을 믿을 수 없을 정도로 저버린' 것으로 본다고 말했다.[56] 그러나 이 분열은 단순히 개인적인 차원의 것만이 아니었고, 해밀턴과 매디슨 사이에 생겨난 균열은 곧 미국의 양당 체제가 시작될 전조나 다름없었다. 기금에 대한 이 논의는 신정부에 도입되었던 정치적 컨센서스 제도의 짧은 수명을 끝장내버렸다. 그다음 5년간 미국의 정치적 스펙트럼은 '그 사람이 알렉산더 해밀턴의 프로그램들에 찬성하는가 혹은 반대하는가'에 따라 정의되었다.

매디슨이 해밀턴의 기금 계획을 매타작하고 있을 바로 그 무렵, 의회에서는 기금 문제와 별 관련이 없어 보이는 노예제 문제와 연결된 또 다른 드라마 한 편이 펼쳐지고 있었다. 뉴욕과 펜실베이니아의 퀘이커 교도들은 노예무역의 폐지를 주장하는 청원서를 제출했는데, 다른 한편에서는 향년 84세의 벤저민 프랭클린이 이끄는 '노예제 폐지 촉구를 위한 펜실베이니아협회'가 노예제 그 자체의 폐지를 위해 한층 더 공격적인 청원을 제출했다. 이 민감한 문제에 대해 남부의 대표단은 즉각 당연한 분노에 휩싸였다. 사우스캐롤라이나 주의 에이더너스 버크Aedanus Burke는 퀘이커 교도들이 '폭동을 선동하는 나팔을 불고 있다'고 비난하면서 관중들에게 그와 같은 이단의 말을 들었다가는 귀를 더럽힐 수도 있다며 방청석을 비워달라고 요청하기도 했다.[57] 조지아 주의 제임스 잭슨James Jackson은 성경 자체가 노예제를 승인하고 있다고 말했다. 남부의 입법자들이 보인 이러한 열정은 그들이 어떠한 타협도 내놓지 않으리라는 점을 명백하게 보여주었다. 사우스캐롤라이나의 윌리엄 루턴 스미스William Loughton Smith는 노예제에 개입하지 않을 것임을 단서로 남부의 주들이 헌법을 비준했다는 사실을 동료 의원들에게 상기시켰다. 그 맹세를 어기는 시도는 그 어떤 것이라도 연방의 존속을 위협할 가능성이 있었다.

이 싸움은 미국의 초기 역사에서 사족 정도로 남을 사건이 아니었다. 노예제는 북부의 많은 지역들에서 점진적으로 흐려지는 중이었으나, 해를 거듭할수록 남부의 경제에는 더욱 깊이 자리 잡고 있었다. 매사추세츠의 피셔 에임스는 남부의 분노에 대해 한 친구에게 불평을 남겼다. '수준 낮고 외설적이며 불경한 말들이 오가고 있다네. (중략) 남부의 젠트리(토지를 소유한 중산계급_역주)는 자신들의 불같은 성정과 고집스러운 편견, 그리고 남부의 중요도에 대한 오만과 흑인 노예제에 이끌리고 있지.'[58]

이 폐지론자 청원들은 하원위원회에서 언급되었다. 3월경 위원회는 이에 대한 답변을 보고하면서 제헌회의에서 노예무역에 대한 20년의 유예기간이 채택되었음을 인용했다. 즉, 의회는 노예를 해방시키는 일은 고사

알렉산더 해밀턴

하고 1808년 이전까지는 노예무역을 금지할 권한도 가지지 못한다는 의미였다. 마지못한 실용주의적 선택이었든 명백한 비겁함 때문이었든, 폐지 운동은 이제 공식적으로 죽은 셈이었다. 하원위원회의 보고 이후, 당시 막 권리장전의 지휘를 끝마쳤던 매디슨은 남부가 노예제 문제를 유순한 무시 속에 덮어둬야 한다고 에드먼드 랜돌프에게 말하며 그것을 시인하듯 이렇게 썼다. '남부 구성원들의 진정한 정책은 그 문제를 가능한 한 작은 소란 속에 두는 것입니다.'[59] 매디슨은 폐지론에 대한 지적 공감과 더불어 성난 남부 사람들의 반응에 대한 두려움도 동시에 느끼고 있었다. 노예제를 보존해야 한다는 의지와 연방을 유지시켜야 한다는 의지 중 어떤 것이 더 강했는지는 몰라도, 그가 버지니아 주의 유권자들에게 아첨하는 동안 그의 견해는 개인적이고 지역적인 사리에 점점 더 물들어갔다.

노예제 문제를 미루어두는 것은 1787년에도 그랬듯 1790년대에도 연방의 존속을 위해 필수적인 선택이었다. 노예제를 열렬히 비판했던 해밀턴이었지만 그 또한 불 붙기 쉬운 이 사안이 연방을 좌초시킬 수 있다는 것을 알고 있었다. 그에게 있어 최고의 애국주의자이자 최고의 폐지론자가 되는 것은 불가능한 일이었다. 노예제 문제는 어차피 소용없는 싸움이 될 공산이 컸는데, 이를 괜히 들쑤셨다가는 논쟁적인 기금 계획을 밀고 나갈 수 없게 될 터였기에, 언제나 무한한 의견들을 쏟아냈던 이 남자는 이토록 중요한 문제에 대해 침묵하게 되었다. 그러나 그 이듬해에는 노예 소유주들을 향해 비밀리에 채찍질을 가했던 것 같기도 하다. 역사학자 필립 마시Philip Marsh는 해밀턴이 '시비스Civis'라는 필명으로 1791년 2월 23일자의 한 신문에 다음의 글을 실어 매디슨과 제퍼슨에 대한 냉소를 드러내 보였다고 주장했다. '그 흑인들에 대해 얘기하자면, 당신들은 그들에게 부드럽게 대할 것이 분명하다. (중략) 누가 자유와 평등을 가장 많이 이야기한단 말인가? (중략) 한 손에는 권리장전을 들고 다른 한 손에는 노예들을 겁주기 위한 채찍을 든 자들이 아니던가?'[60] 만일 해밀턴이 이 글을 쓴 것이라면, 그는 토머스 데이Thomas Day라는 영국의 극단주의자가 1776년에 쓴 글을 갱신한 셈이었다. '만일 본질적인 면에서 진정 우스꽝스러운 존재들이 하나 있다면 그것은 미국의 독립주의자들이다. 그들은 한 손에는 독립을 위한 결의안들을 들고 다른 한 손으로는 노예들에게 겁을 주기 위해 채찍을 휘두르고 있다.'[61]

노예제 문제를 보류하기로 한 양당의 결정으로 남부의 경제 체제는 비난을 피할 수 있게 되었는데, 이는 해밀턴의 경제 조치들에도 심오한 영향을 미쳤다. 1790년대 미국의 비판적인 에너지들은 북부의 경제와 해밀턴이 고안한 금융 및 제조업 체제에 배타적으로 조준되어 있었다. 이 점은 해밀턴의 기금 체계를 두고 가열된 논쟁에서 남부의 노예 소유주들이 '북부의 자본가들은 악한 사람들인 반면 노예 소유주들은 선한 포퓰리스트들이자 강직한 흙의 사람들'이라고 선언하면서 즉시 명백해졌다. 이는 토머스 제퍼슨과 제임스 매디슨의 정치적 천재성에 대한 증언이었다. 그들은 해밀턴의 체제에 야단스러운 스포트라이트를 비추며 그것이 가장 중요한 악의 화신이라고 말함으로써 남부의 노예제가 가진 소름끼치는 현실들로부터 사람들의 주의를 돌리는 데 성공했다. 그들은 북부 상인들에게 집중된 부를 통렬히 비난했지만, 사실 가장 극악무도한 부의 집중을 명백히 대표하는 것은 남부의 노예 농장들이었다. 1790년대를 거치는 동안 농장주들은 영세 농민들의 민중 지도자 격으로 나서면서 주식과 채권, 은행, 제조업 등 해밀턴식 자본주의의 모든 사악한 장치들이 가진 타락성을 비난했다.

의회가 폐지론자 청원들에 대한 논의를 나눈 뒤 3월경 다시 해밀턴의 「국가신용 보고서」로 돌아왔을 때, 수많은 남부 인사들은 해밀턴이 연방 정부에 부여하려고 계획했던 권한을 두고 한층 더 분개한 듯 보였다. 만

알렉산더 해밀턴

일 재무장관이 채권 인수 계획을 통해 주들 간의 강력한 연합을 형성시켰다고 가정한다면, 같은 식으로 노예제에 관여하는 연방의 권력도 강화시킬 수 있지 않았을까? 또한 그렇기 때문에 남부 인사들이 해밀턴의 계획에 저항하고 주들의 권한을 지탱할 필요가 있던 것이 아니었을까? 그해 봄 남부의 분노가 어디까지 뻗어나갔는지는 에이더너스 버크의 변덕스러운 행동에서 극적으로 드러났다. 버크는 숱이 많고 두꺼운 백발에 길고 뾰족한 코를 가졌고, 꿰뚫어보는 듯한 눈빛에서 사나운 성격이 드러났다. 그해 봄, 그는 자신의 남부 유권자들 중 다수가 해밀턴의 인수 계획에 반대했음에도 그것을 지지했다가 정치적 진퇴양난에 빠져버렸다.

자신의 정치적 명성을 회복하기 위해 버크는 주의를 다른 데로 돌리기 위한 영리한 술책을 하나 시행했다. 1790년 3월 31일, 그는 의회 연단에 서서 9개월 전인 7월 4일 해밀턴이 너대니얼 그린 장군에게 바친 추도 연설에 대해 장황한 비난을 늘어놓았다. 이 연설에서 그는 해밀턴이 민병대를 가리켜 '군인임을 흉내 내는 사람들'이라고 말한 구절을 씹어댔다. 버크는 다수의 남부 민병대원들이 '자유의 신성한 제단에 자신들의 목숨을 바쳤다. 그들의 무덤은 우리 숲 속의 공터와 삼림 지대 이곳저곳에서 찾아볼 수 있지만, 이제 그들은 더 이상 없다'면서 해밀턴의 그 발언이 모욕적이라고 말했다.[62] 이후 그는 방청석에 시선을 고정시키고선―거기엔 아름다운 여인들이 잔뜩 앉아 있었기에 버크는 해밀턴이 그녀들 사이 어딘가에 있을 것이라 생각했다―재무장관을 향해 정치적 예의의 범주를 벗어나는 말들을 쏟아냈다. "이 의회 앞에서 그리고 방청석들의 입회 하에서 (중략) 저는 해밀턴 중령이 거짓말쟁이임을 보이겠습니다."[63] 그 노골적인 모욕은 너무나 충격적이었기 때문에 의원들은 질서를 지키라고 소리치며 버크의 폭주를 중단시켰다.

그들이 깜짝 놀란 가장 큰 이유는 버크가 해밀턴을 거짓말쟁이라고 칭함으로써 그의 *개인적인* 명예를 침해했기 때문이었다. 수많은 동시대의 정치인들과 마찬가지로 해밀턴 또한 여전히 두 가지 세계에 발을 담그고 있었다. 하나는 헌법이 있는 근대 세계였고, 다른 하나는 명예와 긍지에 기반을 둔 오래된 중세적 질서였다. 누군가의 명예에 대한 직접적인 도전은 그것을 철회하지 않는 이상 법의 왕국 바깥에 위치한 명예의 장, 즉 결투장에서 해결되어야만 했다. 토론을 엿듣기 위해 하원에 들른 윌리엄 매클레이 상원의원은 자신의 일기에 '사우스캐롤라이나의 버크 판사가 해밀턴에게 개인적인 공격을 날림. 칼의 남자들이라면 반드시 결투가 뒤따를 것이라 말할 만함'이라고 기록했다.[64]

몇몇 관찰자들은 버크의 모욕적인 행동을 그리 심각하게 받아들이지 않았다. 윌리엄 루턴 스미스는 버크의 '말투나 그 무례함이 웃음을 유발할 뿐'이라고 주장했다.[65] 그러나 해밀턴은 웃지 않았다. 몇몇 의원들은 그의 주체할 수 없는 호전성에 대해, 혹은 그가 자신의 명성을 얼마나 맹렬히 수호하는 인물인지를 아직 모르고 있었다. 피셔 에임스는 해밀턴에 비하면 그 누구라도, 심지어는 '로마의 카토조차도 완전무결함과 명예에 관한 일, 혹은 그것에 관한 것처럼 보이는 일에 대해 해밀턴보다 더 유동적이었을 것'이라고 보았다.[66] 스미스는 자신이 해밀턴과 이 시국에 대해 이야기를 나눌 당시 그가 자신의 정책과 자기 자신에 대한 비난을 뚜렷하게 구분했다고 말했다. '그는 재무장관으로서의 공직에 대한 평가는 언제가 되었든 모두 무시해야 하지만, *이것은* 그냥 넘어갈 문제가 아니다'라고 말했다.[67] 스미스는 또한 버크가 조지 클린턴 주지사와 '놀랄 만큼 친밀했으며' 클린턴의 딸들 중 한 명과 연애 중이라는 소문도 있음을 지적했다. '클린턴은 해밀턴을 죽을 정도로 싫어했으므로 아마 버크에게 이를 시켰을지도 모른다'고 그는 추측했다.[68]

바로 그다음 날, 해밀턴은 버크에게 짤막하지만 열띤 서신을 보냈다.

알렉산더 해밀턴

그는 추도 연설의 구절이 맥락을 고려하지 않은 채 인용되었으며 전문을 봤을 때 그 구절은 그린 장군이 '일시적인 소규모 자원 민병대, 즉 군인임을 흉내 내는 사람들 때문에 곤경을 겪었다'는 뜻이었다고 주장했다. 그는 사우스캐롤라이나 민병대가 아닌 북부의 비정규 자원병들에 대해 이야기한 것이었다. '그러므로 선생, 그 말의 진정한 의미를 말씀드렸으니 이 설명에 따라 당신이 어떤 행동을 보여야 올바를지를 판단하는 일은 당신의 몫입니다.'[69]

날이 가기 전에 버크는 해밀턴에게 긴장을 한층 더 고조시키는 어조의 답신을 보냈다. 집에 돌아가서 읽을 것을 생각하여 쓰인 이 편지에서 버크는 남부 민병대들의 용맹을 칭찬했다. 해밀턴에 대한 혐의를 왜 9개월이 지난 이 시점에서 제기한 것인지 설명해야 함을 알고 있었던 그는, 자신이 만약 당시에 그렇게 했다면 해밀턴의 인기 때문에 '순전한 광기를 불러왔을 것'이라고 이야기했다.[70] 격했던 당시의 정치적 분위기 속에서 논쟁은 곪아 터졌으며, 주요 인물들을 중심으로 당파들이 형성되었다. '버크와 해밀턴 간의 결투와 관련하여 온 도시가 동요하고 있다.' 매클레이의 말이다. '이 일에 이해관계가 있는 사람들은 그 바보들이 정말로 싸우게 만들 수도 있을 것이다.'[71]

결국 여섯 명의 의원들이 중재에 나서 논쟁을 종결시켰다. 이들은 두 장의 편지를 얻어냈는데, 첫 번째는 해밀턴이 자신은 남부 민병대를 욕보일 생각은 없었다고 주장하는 편지였고 두 번째는 버크가 해밀턴의 그 말을 인정하고 그에게 사과한다는 내용이었다. 이는 '명예로운 일'에 관한 암묵적인 규칙들에 따라 교묘하게 조직된 것이었다. 버크는 이 소동으로 오히려 영향력이 더욱 줄어드는 역풍을 맞게 되었다.

그렇다고 이 사건이 해밀턴의 완전한 승리로 끝났다고는 할 수 없었다. 그린 장군에게 바치는 추도 연설에서 그는 남부의 병사들에게 불필요한 질책을 가했고 민주주의 정치의 도리에 대해 충분히 신경 쓰지 못한 바가 있었다. 버크는 그에게 여론의 쓰라림을 깨닫게 해주었으며, 해밀턴이 불필요할 만큼 지각없는 행동의 값을 치러야 했던 것은 이것이 마지막이 아니었다. 겉으로는 천하무적처럼 보였을지라도 해밀턴의 이면에는 여전히 서인도제도에서 온 극도로 예민한 소년이 있었음은 사소한 언쟁들을 통해 또다시 드러나곤 했다. 그의 호전성은 언제나 단순한 정치적 계산을 넘어섰는데, 이는 그가 자신의 명예에 흠집을 냈던 일들을 집착적으로 곱씹었기 때문이었다. 건국자들 중 그 누구보다도 군중의 격정을 우려했던 이 최고의 이성주의자도, 그 스스로는 이따금씩 다스릴 수 없는 깊은 감정의 남자였던 것이다.

16

펜글로스 박사

Alexander Hamilton

해밀턴이 기금 계획과 관련된 논쟁에 휘말려 있던 중인 1790년 3월 1일, 토머스 제퍼슨은 국무장관으로서의 의무를 받들기 위해 몬티첼로 (버지니아 주 샬러츠빌에 위치한 제퍼슨의 사저_역주)를 떠나 필라델피아로 왔다. 프랑스 주재 미국 공사였던 그는 5년의 임기를 마친 후 1789년 10월 파리에서 돌아온 바 있었다. 그는 11월경 버지니아 주 노퍽 시에 배가 정박한 이후에야 워싱턴이 자신에게 장관직을 제안하는 서신을 보냈다는 것을 알게 되었다. 아직까지 신중함이 부족했던 초창기의 상원의회는 제퍼슨이 그 제안을 알기도 전에 지명을 승인한 바 있었다. 요란스러운 해밀턴이 제퍼슨의 업무를 덥석 채간 뒤 행동을 펼치고 있는 동안 제퍼슨은 겨울 내내 머무적거리다 1790년 2월 중반이 되어서야 국무장관직을 수락했다.

마찬가지로 해밀턴과 매디슨, 제이가 '연방주의자'를 통해 헌법을 변호하는 동안 제퍼슨은 미국의 새로운 헌장을 두고 갈팡질팡했다. 이따금

알렉산더 해밀턴

씩 그는 연합규약을 수정하여 쓰는 편을 선호하는 것처럼 보이기도 했다. 그는 파리에서 헌법을 두고 '거기에는 매우 좋은 조항들도, 매우 나쁜 조항들도 있다'며 '어떤 것이 더 많은지는 모르겠다'고 선언했다.[1] 그는 매디슨에게 정부가 세 부처로 나뉜 것은 좋지만 그가 가장 좋아하는 말썽쟁이 도깨비, 즉 집행권에 대해서는 진지한 의문들이 든다고 털어놓았다. 필라델피아에서 해밀턴이 선행을 조건으로 한 종신직 대통령제를 옹호하는 동안, 제퍼슨은 4년의 임기 이상으로 집권하는 대통령을 꺼려했다. "나는 나 자신이 아주 정력적인 정부의 친구는 아님을 인정한다네." 그가 매디슨에게 한 말이다. "그것(즉 적극적인 정부_역주)은 언제나 압제적이니 말일세."[2] 이런 이유로 그는 해밀턴과 부딪힐 수밖에 없었고 새로운 중앙 정부에서 일하는 것도 망설일 수밖에 없었다. 연방의회가 처음으로 개회한 1789년 봄에도 제퍼슨은 여전히 헌법에 대해 모호한 입장을 취했다. 누군가 그에게 연방주의자인지 혹은 반연방주의자인지를 묻자 제퍼슨은 논점을 흐리면서 자신은 모든 종류의 당파적 꼬리표를 반대한다고 말했다. "그러므로 당신께 항의하건대, 저는 연방주의자들의 당파에 속해 있지 않습니다." 그가 펜실베이니아의 판사이자 독립선언문 서명인이었던 프랜시스 홉킨슨Francis Hopkinson에게 설명했다. "그러나 저는 더더욱 반연방주의자들의 당파에도 속해 있지 않습니다."[3] 그러므로 토머스 제퍼슨은 수많은 의구심들을 품은 채 새로운 정부에게 자신의 운명을 맡긴 셈이었다.

1789년 프랑스의 조각가 장 앙트완 우동Jean Antoine Houdon이 만든 제퍼슨의 흉상에서는 침착하고 자신감 있는 분위기의 잘생긴 남자를 볼 수 있다. 그러나 바짝 경계한 듯한 눈초리에서는 그가 행동하기 이전에 모든 것을 고려한 뒤 느리고 신중하게 움직이는 남자임이 엿보인다. 꾹 다물린 입술은 그 귀족적인 느긋함 뒤에 수수께끼 같은 무언가가 숨어 있음을 보여준다. 버와 마찬가지로, 토머스 제퍼슨은 비밀과 침묵 속에서 힘을 얻었다. 낯을 가리고 냉담했던 그는 청중과 눈을 맞추는 일도 거의 없었지만, 마음 맞는 사람들이 소규모로 모인 자리에서는 따뜻하고 매력적인 모습도 보여주었다. 이 과묵한 남자는 훌륭하리만치 재치 있는 논평들로 대화를 즐겁게 이끌어나갈 줄 알았으며 많은 사람들이 그의 이러한 모습을 오래도록 기억했다. 그는 좋은 음식들과 여덟 종류의 와인들이 돋보이는 저녁만찬 자리들에서 자신의 조용한 매력과 공손한 품행으로 사람들의 마음을 끌곤 했다.

키가 크고 호리호리했으며 주근깨와 붉은 머리칼, 녹갈색 눈동자를 가진 제퍼슨이 사실 행동거지는 느슨하게 풀어진 편이었다는 점은 그 대리석 조각상이 미처 잡아내지 못한 부분이었다. 윌리엄 매클레이는 이 신임 장관을 만난 뒤, 그 구부정한 자세의 인물은 장관으로서의 위엄이 없어 보였다고 말했다. '그는 앉을 때 너무 편안한 자세를 취한다. 대부분은 한쪽 엉덩이만 걸치고 앉고 한쪽 어깨를 다른 한쪽보다 훨씬 더 올리고 있다. (중략) 전체적인 모습에서는 그의 발목을 잡을 만한 느슨한 분위기가 풍겼다.'⁴ 그의 격식 없는 옷차림은 거의 엉성해 보이기까지 했는데, 그가 주는 소탈한 느낌에 사람들은 그에게 마음을 열고 비밀을 털어놓곤 했다. 수수한 옷차림과 부드러운 태도, 그리고 잘난 체하지 않는 분위기는 스스로 민중의 대변인으로 비춰지고자 온 힘을 다했던 뛰어난 술수의 남자에게 완벽히 어울리는 의상이었다.

부모 모두가 엘리트 가문이었던 제퍼슨은 결코 평범한 사람이 아니었다. 그의 아버지 피터Peter는 담배농장 소유주이자 형평법 법원의 판사였으며 식민지 시대 버지니아 주의 하원의원이었고, 어머니 제인 랜돌프Jane Randolph 역시 유수 가문 출신이었다. 피터 제퍼슨은 세상을 떠나면서 자녀들에게 60명이 넘는 노예들과 말 25필, 소 70마리, 돼지 200마리, 그리고 7,500에이커(약 900만 평_역주)의 땅을 물려주었고 그 유산의 3분의 2가량은 장남 토머스에게 돌아갔다.

　피터 제퍼슨은 아들 토머스에게 완벽히 정석적인 교육을 시켰다. 5세 때부터 가정교사에게 수업을 받은 제퍼슨은 9세에 기숙학교에 입학하여 그곳에서 그리스어와 라틴어를 통달했다. 전기작가 뒤마 멀론Dumas Malone 은 제퍼슨에게는 '기독교의 성인들이나 근대의 역사적 인물들보다는 고대의 영웅들이 더 진짜였을 것'이라 주장한다.[5] 그는 버지니아 주 젠트리 자녀들의 학교인 윌리엄메리대학을 다녔으며 이후 법원 시험을 통과했다. 해밀턴과 마찬가지로 제퍼슨 또한 자기발전에 광적으로 집착했다. 그는 매일 아침 동이 트기 전에 일어났고 매 시간을 유익하게 사용하면서 하루에 열다섯 시간을 공부에 쏟았다. 극도의 체계적 습관을 갖췄던 제퍼슨은 책 더미 속에 고요히 파묻히는 것을 좋아했으며, 관심사의 범주도 광대했다. 그는 자신의 딸에게 '언제나 무언가를 하고 있노라면 우리는 놀라우리만치 많은 일들을 해낼 수 있다'는 말을 남겼다.[6] 승마를 하거나, 바이올린을 연주하거나, 건물들을 설계하거나, 신기한 소도구들을 발명하곤 했던 토머스 제퍼슨은 모든 일에 능숙해 보였다. 성취를 이룬 사람들 중 다수가 그러하듯 그 또한 스스로 완벽에 이르기 위한 수행에 열중했으며 공직의 유혹에는 쉽사리 넘어가지 않았다. 자급자족적인 면모와 철학적인 휴식은 그를 비전형적인 정치인으로 만들어주었다. 한번은 '고통을 멀리하는 가장 효과적인 방법은 바로 우리의 내면으로 걸어 들어가 스스로의 행복에 만족하는 것'이라고 적은 적도 있었다.[7]

　귀하게 자랐던 그의 삶은 노예제에 기반을 두고 있었다. 노예가 들고 있는 베개에 안겨 말에 탔던 순간은 제퍼슨의 가장 어릴 적 기억들 중 하나였다. 그는 단 한 번도 노예제를 정당화하려 하지 않았으며 그 '한탄스러운 악덕을 폐지할 기회가 주어질' 날을 열망으로 기다려왔다고 말했다.[8] 버지니아 주에 더 이상 노예를 수입하지 말자는 그의 제안이 주 의회에서 기각되자 그는 '여론이 그 제안을 받아들이지 않을 것'이라며 애석해했다.[9] 그러나 노예제의 '도덕적, 정치적 부패'를 얼마나 개탄했든, 고질적으로 돈을 펑펑 써댔던 생활에서나 직업적인 측면에서 제퍼슨은 자신의 노예들을 계속 데리고 다녔다.[10] 그는 산꼭대기에 몬티첼로 저택의 건축을 의뢰하면서도 그 높은 곳까지 건설 자재들을 날라야 할 노예들이 얼마나 힘들어할지는 그다지 생각하지 못했던 듯하다.

열네 살의 해밀턴이 세인트크로이 섬을 탈출하기만을 꿈꾸고 있던 1769년, 스물여섯 살의 제퍼슨은 버지니아 주 식민지 하원의원으로 당선되었다. 제퍼슨은 앞길이 창창한 귀족에 속했다. 스물여덟 살 때 그는 젊은 과부 마사 웨일즈 스켈턴Martha Wayles Skelton과 결혼했는데, 그녀에게는 아버지가 죽으며 물려준 135명의 노예가 있었다. 사랑이 넘쳤던 10년간의 결혼생활은 아이들이 줄줄이 죽으면서 불행해졌고 여섯 명의 아이들 중 성인이 될 때까지 살아남은 것은 두 명에 불과했다. 1782년 9월에는 마사 또한 서른네 살의 나이로 세상을 떴다. 당시 서른아홉 살밖에 되지 않았던 제퍼슨은 아내보다 44년을 더 살았지만 재혼하지 않았다. 책들과 발명품들, 실험들과 함께 몬티첼로에 안락하게 자리 잡은 제퍼슨은 그 심중을 알 수 없는 외톨이였다.

미국 독립혁명이 발발하지만 않았더라도 토머스 제퍼슨은 산꼭대기 집에서 세련된 농장주이자 철학자로서 느긋한 삶을 살았을 터였다. 해밀턴에게 있어 독립혁명은 탈출과 발전을 위한 환상적인 기회가 되어주었지만, 제퍼슨에게 있어서는 소중한 사적 생활에 대한 달갑지 않은 방해물일 뿐이었다. 해밀턴과 마찬가지로 제퍼슨 또한 완전히 숙련된 글솜씨를 통해 새로운 나라의 희망을 노래하는 밝고 낙관적인 글들을 남기면서 정치를 펼쳐나갔다. 개인의 자유와 존엄성에 대한 이상들을 그보다 더 숭고하게 표현한 사람은 없었고, 일반 시민들의 지혜를 그보다 더 독실하게 믿었던 사람도 없었다. 독립선언문의 주요 작성자로서 제퍼슨은 주로 단순한 생각들을 내놓고선 그것을 장엄한 모양새로 만들어냈다. 새로운 정부가 형성될 당시는 독립선언문이 아직 미국의 성서로 여겨지지 않을 때였다(제퍼슨은 자신이 독립선언문을 작성했다는 사실을 거의 밝히지 않고 있다가 1790년대에 이르러서야 정치적 편의를 위해 이를 공개했다). 그러므로 해밀턴은 1790년 제퍼슨을 처음 만날 때만 하더라도 오늘날 우리가 생각하듯 그가 그토록 위대한 인물임을 알아채진 못했다.

해밀턴은 자신에 비하면 제퍼슨이 국가에 대해 그리 크게 공헌하지 못했다고 여겼을 수도 있는데, 이는 헌법에 관련된 자신의 위업들에만 근거한 생각은 아니었다. 워싱턴의 서신들을 관리했던 것은 차치하고서라도 해밀턴은 전장에서 5년을 보냈고, 수차례나 적들의 포화 속에 몸을 내던졌던 반면 제퍼슨은 단 한 번도 전장에 발을 들인 적이 없었다. 1779년 버지니아 주의 최고행정관으로 선출된 그는 그 직업을 귀찮게 여겼으며 이를 사임하고자 해서, 에드먼드 펜들턴Edmund Pendleton이 이를 두고 매디슨에게 "이토록 부산한 시점에서 직책을 내려놓는다는 것은 다소 비겁하지 않은가!"라며 불평할 정도였다.[11] 워싱턴이 제퍼슨에게 미리 경고했음에도, 1781년 1월경 영국군의 베네딕트 아널드가 리치먼드를 불태우고 약탈했을 당시 수도는 여전히 무방비 상태에 놓여 있었다. 제퍼슨 최고행정관은 단 한 발의 저항도 없이 리치먼드를 포기했고, 군수품과 정부 기록들이 영국의 손에 넘어가는 것을 지켜만 보았다. 제퍼슨의 최고행정관 임기가 저물어가던 6월, 샬러츠빌을 습격한 영국군은 그곳에 모여 있던 버지니아 주의회를 포위하기 직전까지 갔다. 영국의 기갑 부대가 몬티첼로로 진격 중이라는 소식이 날아들자 제퍼슨은 말 등에 올라타고선 숲속으로 내달렸다. 그는 의무를 유기했으며 후임자에게 권력을 이전하는 일도 등한시했다는 비난을 받았다. 버지니아 주의회는 그의 모든 실책을 면제

해주었으나, 제퍼슨이 비겁하다고 생각한 사람들은 해밀턴뿐만이 아니었다. 훗날 해밀턴은 진정한 위험이 등장했을 때 '오랜 영지를 거느린 그 최고행정관은 가련하고 소심한 철학자로 내려앉았으며, 용맹한 동포들과 함께하는 대신 몇몇 경기병으로부터 달아나 피신하면서 수치스럽게도 자신의 믿음을 내버렸다'는 조롱조의 글을 썼다.[12]

독립혁명을 거치면서 영국인들에 대해 돌이킬 수 없는 반감을 가지게 된 제퍼슨은 그들을 '부유하고, 오만하고, 위협을 가하며, 옥신각신거리는 육식 동물들'의 인종이라 여겼다.[13] 그는 부패한 군주제 사회라며 혐오했던 것 이외에도 영국에 대해 개인적인 불만을 잔뜩 품고 있었다. 콘월리스는 제퍼슨의 농장 중 하나를 유린하면서 가축들을 살육하고 농작물에 불을 질렀으며 서른 명의 노예들을 갈취해 갔다. 버지니아 주의 농장주들이 대부분 그러했듯 제퍼슨 역시 토지는 많았으나 현금은 없었으며 만성적으로 영국 채권자들에게 빚을 지고 있었다. 그는 언젠가 버지니아의 농장주들이 '런던의 몇몇 상업 회사들에게 얽힌 재산의 종種'이라고 통렬하게 말한 적도 있었다.[14] 1780년대 말 담배 가격이 폭락하면서 일전에 런던의 채권자들에게서 빌린 돈을 갚기 어려워지자, 버지니아의 농장주들은 영국군이 데려간 노예들의 반환을 요구하기 시작했다. 제퍼슨은 노예제를 공개적으로 혐오했으나, 영국의 은행가들에게 진 빚이 너무도 많았기에 자신의 수많은 노동자들을 계속 데리고 있을 수밖에 없었다. "내가 이 세상에서 단 한 푼도 소유하지 않는 순간이 도래할 때까지 견뎌낼 마음의 고통은 정말로 삶에 거의 아무런 가치를 가져다주지 못할 정도일세." 그가 1787년 자신의 미국인 관리자에게 한 말이다. 그러나 그는 빚을 갚기 위해 토지를 팔려 하진 않았고, '또한 노예들의 노동력으로 나의 빚을 갚을 수 있는 가망이 남아 있는 한 나는 노예들을 기꺼이 팔지는 않을 것'이었다.[15] 자신의 낭비벽으로 생겨난 그 빚의 무게 때문에, 토머스 제퍼슨은 자신이 이상적으로 되고자 했던 사람이 되진 못했던 것 같다. 국무장관을 지낼 때에도 그는 영국의 채권자들에게 7,000파운드라는 어마어마한 액수의 저당이 잡혀 있었다. 그는 1826년 세상을 떠날 때까지 그 거대한 빚을 떠안은 채 살았고, 이 때문에 6개월 후에는 130명의 노예들이 몬티첼로에서 팔려나갈 수밖에 없었다. 확실히 이는 민중의 철학자가 후대에 남기고자 했던 모습이 아니었다.

1784년, 제퍼슨은 벤저민 프랭클린의 뒤를 이어 프랑스 주재 미국 공사가 되었다(당시만 해도 '대사'라는 단어는 군주제의 잔재라며 지양되었다). 이곳에서 그는 절대주의 정부를 직접 경험했다. "볼테르가 꿰뚫어본 진실은 그야말로 이곳의 모든 사람들이 영원히 망치 혹은 모루가 될 수밖에 없음을 알려준다네." 그가 한 친구에게 한 말이다.[16] 그는 조지 워싱턴에게도 자신이 느낀 바를 명백히 표현했다. "저는 유럽에 오기 전에도 군주제의 상당한 적이었습니다. 그것이 무엇인지를 보고 난 지금 저는 예전보다 1만 배는 더한 적입니다."[17] 프랑스에 체류하는 동안 급진적 인물이 된 그는 미국에도 귀족정이나 군주제에 대한 동조가 해를 끼치지는 않을지 상당히 우려했다. 알렉산더 해밀턴이라는 인물은 그 의혹들의 결정체나 다름없었다.

그동안 내내 제퍼슨은 프랑스가 미국의 형제 동맹국이 되는 상상에 매달렸다. 그는 매디슨에게 이렇게 썼다. '이 나라를 우리 편으로 만들기 위해서라면 우리는 그 어떤 것도 아껴서는 안 되오.'[18] 제퍼슨은 프랑스의 정치적 방식들을 지탄하는 한편 그 퇴폐적인 사회 안에서의 생활을 흠모했다. 그는 파리와 그 안의 사람들, 와인, 여자들, 음악, 문학, 건축물 등을 대단히 즐겼다. 반귀족주의적 성향이 더 짙어질수록 그는 귀족적인 기쁨들에 한층 더 익숙해져갔다. 제퍼슨은 자신을 그저 자연의 아들이자 단출하며 꾸밈없는 사내로 그렸지만 사실 그는 오히려 고위 귀족이자 미식가에 쾌락주의자였고, 영리하며 야심찬 정치인이었다. 프랑스 사회의 불공평을 개탄하는 바로 그 순간에도 그는 루이 15세의 장관들 중 한 명의 숨겨둔 애인을 위해 샹젤리제에 세워졌다는 우아한 랑작 호텔에 머물렀다. 제퍼슨은 세련된 판매자들로부터 사들인 신고전주의풍의 가구들로 이 집을 꾸몄다. 머리에 파우더를 뿌려 다듬은 이 철학자는 마부와 풋맨(남자 주인의 시중을 전담하는 하인_역주), 시종 한 명씩을 포함하여 집안에서 일하는 하인들 일고여덟 명을 고용했는데, 이로써 있을 수 있는 하인들은 모두 갖춘 셈이었고 심지어는 오로지 바닥을 광이 날 때까지 문질러 닦는 일만을 하는 프로타주frottage장이까지 고용했다. 파리에서의 제퍼슨은 어마어마한 쇼핑을 통해서도 흥청망청 돈을 써댔는데-그는 2,000권의 책과 63점의 그림을 샀다-이는 자신의 참담한 부채와 그것을 위해 일하는 노예들을 몰지각하게 무시해버리는 것과도 같았다. 제퍼슨의 파리지앵 생활은 그의 정치와 모순되어 보이지만, 당시 그의 주변을 둘러싸고 있던 한 무리의 계몽주의 귀족들 또한 그와 똑같은 첨예한 모순을 드러내고 있었다.

제퍼슨은 파리에서 체류하는 동안 두 딸과 함께 지냈는데, 1787년에는 둘째딸 폴리Polly가 노예 소녀 샐리 헤밍스Sally Hemings와 함께 이곳으로 왔다. 당시 열네 살이었던 밝은 피부의 샐리 헤밍스는 몬티첼로에서 '멋진 샐리'라 불렸고, 훗날 다른 노예는 그녀를 두고 '거의 백인만큼 굉장하며' '등까지 내려오는 길고 곧은 머리칼'이 '매우 멋지다'고 말했다.[19] 제퍼슨은 아내를 통해서 헤밍스 일가를 물려받았는데, 오늘날에는 샐리 헤밍스가 제퍼슨 부인의 이복 여동생이었던 것으로 추정되고 있다. 제퍼슨과 샐리 헤밍스 간의 분명한 로맨스가 시작된 것이 이 당시인지, 혹은 미국으로 돌아오고 난 후인지는 확실히 알려지지 않았다. 제퍼슨은 홀아비였고 여자들에게 아주 민감했다. 그는 결혼생활에 대한 찬가를 보냈지만 기혼 여성에게도 거리낌 없이 추파를 던졌다. 그는 마흔세 살이던 1786년, 당시 스물여섯 살이던 이탈리아 태생의 금발 영국인 예술가 마리아 코스웨이Maria Cosway와 함께 파리를 거닐었으며, 그녀의 남편인 화가 리처드 코스웨이Richard Cosway는 대부분 그 자리에 없었다. 그녀와 제퍼슨 간의 불장난은 오래도록 이어져서, 바로 얼마 전 마리아 코스웨이를 자신의 성대한 살롱에 들이면서 그녀의 가장 친한 친구가 되었던 앤젤리카 처치까지도 제퍼슨과 연이 닿았을 정도였다.

제퍼슨이 파리에서 처치를 처음으로 만났던 1787년 말 그녀는 코스웨이 부인의 중개자 역할을 했던 듯한데, 이는 그녀가 혼외 관계에 대해 개방적인 견해를 가지고 있었음을 말해준다. '사랑스러운 처치 부인을 아직 만나보신 적이 없으신가요?' 마리아 코스웨이가 그해 크리스마스에 제퍼슨에게 보낸 편지다. '만일 제가 그녀를 그토록 사랑하지 않았더라면 저는 그녀와의 라이벌 관계를 걱정해야 했겠지만, 아니요, 저는 당신이 당신의 모든 마음을 다해 그녀를 사랑할 수 있도록 해드리겠어요.'[20] 처치는 친구가 선물해준 차 항아리 하나를 제퍼슨에게 가져다주었다. 제퍼슨은 세속적이고 유혹적인 처치에게 해밀턴이 그랬던 것만큼이나 그녀에게 빠져버렸다. 제퍼슨은 그녀의 따뜻한 생기, 그리고 본인이 직접 묘사한 바에 따르자면 그녀의 '부드럽고 안정된' 기질을 사랑했다.[21] 존 트럼불에게 두 점의 소형 초상화를 의뢰한 제퍼슨 미국 공사는 그중 하나를 마리아 코스웨이에게, 또 다른 하나는 앤젤리카 처치에게 보냈다. '트럼불이 당신에게 전해준 나의 기념물은 사실 나의 가장 무가치한 일부분이오.' 제퍼슨이 동봉한 쪽지에서 앤젤리카에게 한 말이다. '만일 그가 당신을 향한 나의 우정을 그려낼 수 있었더라면, 그것은 일반적인 선을 넘어서는 무언가였을 거요.'[22] 마찬가지로 교태를 부리는 답신에서 앤젤리카는 자신과 코스웨이가 그에게 '편지를 쓰는 것을 허락받아 엄청난 기쁨의 허영 속에 빠져 있으며, (그의) 호의적인 의견들을 일부나마 나눌 수 있어 매우 행복하다'고 말했다.[23] 남편과 슬하에 네 명의 아이를 둔 앤젤리카 처치였음에도 제퍼슨은 꿋꿋이 진격해나갔다. 앤젤리카가 이듬해 미국으로의 여행을 계획하고 있던 1788년에 제퍼슨은 그녀에게 자신을 보러 몬티첼로에 오라고 초대하면서, 그게 아니라면 자신이 그녀를 보러 뉴욕으로 가서 함께 나이아가라 폭포를 여행하는 것도 좋겠다고 말했다. 이 당시의 제퍼슨과 앤젤리카 처치는 굉장히 친밀한 관계였는데, 이는 제퍼슨이 가지고 있던 '연방주의자' 사본에 놀랍게도 '처치 부인에게, *여동생* 엘리자베스 해밀턴이'라는 말이 적혀 있다는 점에서도 알아볼 수 있다.[24] 처치 부인은 제퍼슨에게 이 사본을 주고선 황급히 영국으로 떠났던 것이 분명했다.

결과적으로 앤젤리카 처치는 제퍼슨의 수줍은 서곡序曲을 거절했으며, 그들의 장난질도 더 이상 다른 일로 이어지지는 않았다. 해밀턴과 제퍼슨 간의 불화 때문에 처치는 두 남자들 중 한 명을 선택해야만 했으며, 당연하게도 그녀는 자기 여동생의 남편을 선택했다. 그러나 이 짤막한 인연도 정치적으로 영향을 미쳤던 듯하다. 뉴욕에 머무르던 1789년 중, 처치는 해밀턴에게 제퍼슨과 마리아 코스웨이의 관계라든가 제퍼슨이 자신에게 함께 미국을 여행하자며 도발적 제안을 해왔다는 사실을 별다른 의심 없이 이야기해주었다. 심지어는 샐리 헤밍스에 관한 추측들도 화두에 올랐을 수 있다. 샐리 헤밍스의 아들인 매디슨Madison은 훗날 '파리에서 나의 어머니는 제퍼슨 씨의 첩이 되었으며, 그가 본국으로 돌아갈 때 그녀가 *만삭* 상태였던 것도 그 때문이었다'라고 주장했다.[25] 제퍼슨의 파리 생활에 대한 추문들은 해밀턴에게 새로운 국무장관이 그가 세상에 내세우고자 했던 보다 금욕적인 사람과는 너무도 다르다는 인상을 주었을 터였다. 훗날 해밀턴은 자신이 생각하는 진정한 제퍼슨, 즉 정체를 숨긴 호색가의 가면을 벗기기 위한 캠페인을 벌이는데, 이때에도 처치가 전해준 이야기들 속에 담긴 제퍼슨의 육욕적인 모습들은 해밀턴이 그리는 초상화에 색채를 더해주었을 것이다. 해밀턴과 제퍼슨은 서로를 위선적인 난봉꾼이라고 여기게 되었으며, 이를 토대로 상호 간의 냉소주의가 자라났다. 해밀턴은 이 분야와 관련하여 씻을 수 없는 죄를 스스로 증언해 보였으나, 수수께끼 같은 제퍼슨은 너무나도 확고부동하게 말을 아끼는 사람이었으므로 그와 샐리 헤밍스 간의 성적인 관계에 관련된 이야기들을 부분적으로나마 확증하는 데도 두 세기 동안의 공들인 파헤침이 있어야 했다.

선천적 낙천주의자였던 제퍼슨은 프랑스가 미국의 뒤를 따라 폭정에 족쇄를 걸어 잠그리라는 확신에 차 있었다. 그는 라파예트 등의 프랑스 귀족들이 미국에서 자유에 대한 사랑을 흡수해 갔으므로 그들의 사회에도 상당한 변혁을 일으키리라 믿었다. 1788년 11월, 제퍼슨은 워싱턴에게 보내는 서신에서 희망으로 가득 차 있는 프랑스를 노래했다. '그 나라는 우리의 혁명으로 각성되어 있으며, 그들 자신의 힘을 느끼고 있고, 계몽되었으며, 스스로의 빛을 퍼뜨리고 있고, 역행하지도 않을 것입니다.'[26] 마찬가지로 그는 제임스 먼로에게도 프랑스가 '한 방울의 피도 희생하지 않으면서' 2~3년 내로 '괜찮은 자유 헌법'을 가지게 되리라고 진지하게 말했다.[27] 이후 1789년 3월 15일 즈음이 되자 제퍼슨은 프랑스인들의 숨결에 묻어났던 폭력적인 감정들은 모두 잊은 듯 보였다. 그는 매디슨에게 '프랑스가 미래의 헌법을 자리 잡도록 만드는 데는 시간이 걸릴 것이므로, 적어도 올해의 프랑스는 얌전할 것'이라고 말했다.[28] 이 무렵, 프랑스의 절박한 소작농들은 곡물 운반 수레들을 약탈하고 있었다.

그다음 달, 한 벽지 제조업자가 임금을 대폭 삭감할 것이라는 루머가 돌자 노동자들이 그의 집을 둘러싸고선 '부자들에게 죽음을, 귀족들에게 죽음을'이라 외치는 일이 벌어졌다.[29] 이 시위자들을 진압하면서 벌어진 사태로 수십 명, 혹은 수백 명의 사람이 죽었다.

프랑스 정치를 오래도록 목격해온 제퍼슨이 그토록 수많은 사상자를 낳을 사태를 깨닫지 못하고 있었다는 말은 상당히 역설적으로 들릴 터다. 반면 유럽에 발을 들여본 적도 없었던 해밀턴은 그보다 훨씬 더 선명하게 프랑스 대혁명을 내다보고 있었다. 처음에는 제퍼슨의 호들갑도 자연스럽고 이해할 만한 것이었다. 1789년 6월에는 입법부가 국민의회로 개칭하면서 루이 16세가 입헌군주제를 받아들이려는 것으로 보이기도 했다. 7월 11일, 라파예트는 제퍼슨이 검토해준 권리선언문을 의회에 선보였다. 이후 1789년 7월 14일에 벌어진 피투성이의 잔혹 사태는 결국 바스티유 감옥의 함락으로 이어졌다. 잘린 머리들이 창에 꽂혔으며 훼손된 시신들이 길거리에 이리저리 끌려 다녔고, 시체들은 가로등 아래에 나뒹굴었다. 혁명의 미래를 읽어내려 애쓰던 자들은 이처럼 피로 점철된 장면들 안에서 그 신호를 찾아내야 했다. 사이먼 샤마Simon Schama는 폭력이 혁명 초창기부터 핵심적인 부분을 담당했다고 지적했다. '1789년부터 1791년 사이의 프랑스가 기요틴(프랑스 혁명 시 사용된 단두대_역주) 건립을 앞세운 일종의 자유주의적 정원庭園을 누렸다는 관념은 완전한 공상이다.'[30]

상당히 선택적인 태도로, 제퍼슨은 당시 상황의 희망적인 측면들을 곱씹는 편을 택하면서 그 대학살을 안중에서 지워버렸다. 8월 3일, 그는 친구에게 다음의 서신을 보냈다.

파리에서 일어난 것보다 더 엄청났던 소요를 찾아내기란 불가능하며, 그토록 엄청난 소요가 그렇게나 적은 사상死傷만을 낳았던 경우도 다른 그 어떤 국민들에게서 찾아볼 수 없으리라고 나는 믿네. 나는 매일같이 그 속에서 살아왔고, 그들의 목적들을 이해하기 위해 폭도 무리들을 내 두 눈으로 관찰해왔다네. 자네에게 선언컨대 나는 그들의 정당성을 너무나 분명히 봤기에, 그동안 죽 나의 집에서 내가 가장 평화로웠던 시기에 그러했을 만큼 너무나 조용하게 잠들곤 했네. (중략) 이 나라의 그 모든 일들이 좋게 끝나지 않는다면 나는 엉터리 예언자로서 뭇매를 맞아도 좋을 걸세.[31]

제퍼슨은 마리아 코스웨이에게 귀족들의 참수에 대한 농담을 던지기도 했다. '목을 자르는 일이 너무나 유행하여, 사람들은 매일 아침 자신의 머리가 어깨 위에 잘 붙어 있는지를 확인하곤 하오.' 또한 그는 프랑스 혁명이 미국 독립혁명의 속편이라고 불릴 만하다는 데 의구심을 품지도 않았다. '이전에는 찾아볼 수도 없었던 그런 혁명들을 14년 동안 두 번이나 목도하게 된 나의 운은 실로 대단한 것이오.'[32] 제퍼슨이 프랑스를 떠나던 그 가을만 하더라도 수천 명의 가난하고 절박한 여인들은 왕실 사람들을 다시 파리로 돌려보내기 위해 베르사유로 몰려들고 있었다.

수많은 미국인들은 자국의 독립혁명이 그 법적인 형태에서 유사한 측면을 가진 유럽의 후계자를 낳았다는 데 우쭐해했다. 1789년 10월 6일, 당시 주 방위군 수장으로 임명되었던 오랜 친구 라파예트에게 해밀턴이 보낸 편지는 그중에서도 가장 뛰어난 예언이나 마찬가지였다. 뉴욕에 들어앉은 채 「국가신용 보고서」에 공을 들이고 있던 이 신임 재무장관은 그로부터 5년 후 제퍼슨이 집에서 머물며 해냈던 것보다 더 깊이 있게 프랑스 사태를 꿰뚫어보았다. '최근 자네의 나라에서 일어났던 일련의 사건들에 대해 나는 기쁨과 우려가 뒤섞인 감정을 느껴왔다네.' 해밀턴은 조심스러운 어투로 편지의 말문을 열었다. '인류와 자유의 친구로서 나는 그것을 확고히 하기 위한 자네의 수고에 대단한 기쁨을 느끼지만, 한편으로 그에 관련된 존경스러운 이들의 운명을 생각하면 나는 그 시도들의 최종적인 성공이 매우 염려되네.' 해밀턴은 자신이 왜 이러한 '불길한 예감'을 가지고 있는지에 대해 라파예트가 궁금해할 것을 알고 있었다. 프랑스 헌법을 두고 반대 세력이 수면 위로 떠오를 것이며, 프랑스 국민들은 '격정적인 성정'을 가지고 있고, 귀족들은 희생하기를 거부하며 저항하리라는 것이 처음 세 가지 이유였다. 그러나 가장 설득력 있게 들렸던 것은 아마 마지막의 네 번째 이유였을 것이다. '나는 자네 나라에서 이 순간 엄청난 영향력을 손에 넣은 것처럼 보이는, 그 철학적인 정치인들의 몽상이 두렵네. 순전한 관조자로서의 그들이 인간 본성이나 혹은 자네 나라의 구성에 알맞은 것보다 한층 더 드높은 개선만을 꿈꿀까 두려운 것이라네.'[33]

이 순간 본국으로 돌아가고 있던 미래의 국무장관은 곧 인간 본성에 무지한 '철학적인 정치인'이라는 인상을 해밀턴에게 심어주게 될 터였다. 해밀턴은 훗날 한 동료 정치인에게 제퍼슨이 파리에서 '종교, 과학, 정치에 있어 프랑스의 철학을 깊이 들이마셨다'고 설명했다. '그는 소요騷擾가 있던 시기의 프랑스에서 왔는데, 그 또한 그곳의 흥미진진한 일에 관여했으며 기질적인 측면과 상황적인 측면 모두에서 그 열정들과 감정들을 공유했다네.'[34]

1790년 3월 21일, 제퍼슨은 메이든 레인의 저택으로 이사한 뒤 이곳에서 공화주의적인 내핍 생활이라고는 할 수 없는 나날을 영위했다. 그는 파리에서 값비싼 프랑스 가구, 도자기, 은제품들은 물론 책들과 회화 및 판화들로 가득 찬 상자 여든여섯 개를 운송해 왔고 288병의 프랑스 와인들도 집에 가지고 왔다. 그는 프랑스 음식에 대한 갈망을 달래기 위해 자신의 노예 중 한 명이자 파리지앵 셰프에게 고급 요리를 배운 제임스 헤밍스James Hemings(샐리 헤밍스의 형제)를 데리고 왔다. 국무장관직을 수행하는 동안 제퍼슨은 파리에서 데려온 다섯 명의 하인들과 네 필의 말, 한 명의 급사장을 데리고 살았다.

이 같은 귀족적인 생활과는 다소 모순적이게도, 제퍼슨은 미국이 목가적 순수함의 이상향이 되리라는 그림을 그렸다. '정말이지 부인, 저는 우리 조국만큼 매력적인 것을 또 알지 못합니다.' 그가 파리에서 앤젤리카 처치에게 보낸 편지다. '유식한 자들은 이를 두고 새로운 창조라고 말합니다. 저는 그들의 말을 믿지만 이는 그들의 논리 때문이 아니며, 다만 이것이 개선된 계획에 의한 창조이기 때문에 그들에게 동의하는 것입니다. 유럽은 최초의 아이디어이자 원물原物이며, 주님이 당신의 작업을 아시거나 혹은 당신께서 무엇을 원하는지 마음을 정하시기 이전에 만드신 것이었습니다.'[35] 그 궁궐 같은 파리식 저택에 들어앉은 제퍼슨은 아직 때 묻지 않은 미국인들이 사치스러운 길들에 굴복하고 있다며 개탄했다. '나는 그들을 사로잡은 사치가 전쟁 중의 왕당주의보다 더 사악한 악덕이라고 생각하네.' 그가 한 서신에 쓴 말이다.[36] 그는 이제 자신이 오래도록 떠나 있었던 미국의 '정서의 분위기'를 평하고 싶어 안달을 냈다.[37]

뉴욕에 도착한 제퍼슨은 곧 자신이 자리를 비운 동안 미국이 타락해갔으며 그로써 독립혁명이 도덕적 위험에 처해 있다고 결론지었다. 부유한 뉴요커들 사이에서는 '공화주의 정부보다 제왕적 정부를 선호하는 것이 명백히 가장 흔한 정서'라는 말이었다.[38] 수많은 만찬 자리에서 그는 많은 상인들의 친영주의 성향과 그들의 아내들이 착용한 호화로운 외투 및 장신구들에 깜짝 놀랐다. 그는 온 도시가 왕당주의자들과, 해밀턴을 숭배하듯 떠받드는 탐욕스러운 정부 증권 투기자들로 들끓고 있다는 인상을 받았다. 1776년의 영웅들은 이제 해밀턴을 위시한 1787년의 영웅들에게 자리를 내주었다. 그들은 좀 더 보수적이고 색다른 종자들이었다. 제퍼슨은 영국식 방식들과 제조업이 공화주의의 순수성을 부패시키고 있다고 비난했다.

제퍼슨보다 열두 살 어렸던 해밀턴은 이전까지 그를 단 한 번도 만나본 적이 없었다. 제퍼슨이 독립선언문을 작성할 당시 해밀턴은 낮은 지위의 포병대 대위였으며, 해밀턴이 눈부시게 도약하는 동안 제퍼슨은 우연의 일치로 줄곧 해외에 나가 있었다. 해밀턴은 앤젤리카 처치와 제임스 매디슨으로부터 제퍼슨에 관한 좋은 이야기들을 전해 들었을 수 있고, 아마도 제퍼슨이 그들을 소개시켜주었을 것이다. 해밀턴과 제퍼슨은 훗날 서로의 적이 되어 피비린내 나고 가차 없는 불화를 빚게 될 터였지만, 처음 만날 당시만 해도 두 사람은 그 같은 적대심을 품지 않았으며 오히려 서로 상당히 다정한 관계를 맺었다. 알렉산더와 해밀턴은 제퍼슨을 환영하는 저녁만찬을 열었고, 제퍼슨은 푸른색 코트와 무릎까지 오는 진홍색 반바지 차림으로 나타나 프랑스인들이나 그들의 군주제를 제거하려는 열망에 대해 허황되게 떠들었다. 제퍼슨은 엘리자와 상당히 친해져서, 6월경 앤젤리카 처치에게는 왜 자신에게 더 자주 편지를 써주지 않았느냐고 책망하며 '당신의 소식은 해밀턴 부인을 통해 전해 듣는 길밖에 없겠소'라며 엄살 섞인 한숨을 쉬었다.[39] 신임 국무장관과 재무장관은 서로 친근한 서신들을 주고받았다.

제퍼슨은 해밀턴의 걸출한 재능을 단 한 번도 과소평가한 적이 없었다. '연방주의자'를 읽은 제퍼슨은 그것이 '정부의 원칙들에 대한 사상 가장 훌륭한 해설'이라고 선언했다.[40] 그는 또한 해밀턴의 덕을 낮추어 보지도 않았다. 시간이 흘러 그들 간의 장대했던 전투도 역사 속으로 사라졌을 무렵, 제퍼슨은 다음과 같은 말을 남겼다. '해밀턴은 예민한 이해력을 가진 실로 훌륭한 인물로, 객관적이고 정직하며 모든 사적 관계에서 명예를 지켰고, 사람들과 다정하게 지냈으며 사생활에서의 미덕을 가치 있게 여길 줄도 알았다. 그러나 그는 영국식 선례에 너무나 홀려 있고 도착되어 있어서, 부패가 한 국가의 정부에게 있어서는 본질적이라는 완전한 신념에 사로잡힌 듯했다.'[41] 여기서 제퍼슨이 말한 '부패'는 반드시 노골적인 금전 거래만을 의미하는 것이 아니라 오히려 특권과 직위 등 관직에 따른 특전들을 이용하여 행정부가 입법부에 미친 유해한 입김을 가리키는 표현이었다. 부패한 영국 행정부가 후원과 연금을 매개로 의회를 매수한 뒤, 이를 통해 얻어낸 권력을 휘둘러 식민지인들에게 세금을 부과하면서 오래된 영국식 자유를 빼앗아갔다는 논리는 미국 독립혁명의 핵심 교리였다. 제퍼슨은 언제나 이 불안정한 대비를 렌즈 삼아 해밀턴을 바라보았다.

제퍼슨이 뉴욕에 도착할 무렵, 매디슨은 차별 투표에서 해밀턴에게 완파당했고 재무장관은 그의 기금 마련을 향해 돌격하고 있었다. 제퍼슨은 자신이 뒤늦은 당도를 애석해했을 것이 분명하다. 그는 한 치의 의심도 없이, '사기를 쳐 증권을 사들인' 투기자들이 정부 증권의 본래 소유주들에게 돌아가야 할 정당한 이익들을 빼앗아갔다고 믿었다. '이로써 가난한 자들과 무지한 자들, 그리고 이전에는 가난했지만 부를 축적했던 자들로부터 상당한 금액이 좀도둑질당했다.'[42] 제퍼슨이 해밀턴의 계획에 반대하는 데는 철학적인 근거가 있었다. 그가 보기에는 정부가 작을수록 자유를 수호할 가능성이 커졌기 때문이었다. 또한 중앙정부가 반드시 있어야만 한다면 강력한 의회와 약한 행정부로 구성되기를 바랐다. 무엇보다 제퍼슨은 연방이 침해하지 못하는 주州의 권리을 지켜내고자 했다. 중앙정부를 강화하고, 입법부가 다소 약해진다 해도 행정부처를 공고히 하며, 주들을 종속시키고자 했던 해밀턴의 의제들에는 제퍼슨이 혐오하는 모든 것들이 담겨 있었다.

16 · 펜글로스 박사

제퍼슨은 기금 계획으로 부유해진 자들이 해밀턴의 지독히도 충성스러운 지지자들로 거듭날 것을 우려했다. 훗날 그는 워싱턴에게 해밀턴이 '이해관계를 가진 사람들'을 데려다가 재무부의 말에 따라 언제든지 움직일 준비가 된 '정규 체계'를 만들어냈다고 말했다.[43] 그는 정부 증권에 투자한 의원들이 있다고 믿었으며 '심지어는 우리 정부의 태동기인 지금에도 우리의 몇몇 구성원들은 너무나 비도덕적이어서 자신들의 의무보다 이익을 더욱 중시하며 공익보다는 사익을 더 추구한다'고 했다.[44] 제퍼슨은 또한 해밀턴이 진정으로 정부 부채를 갚으려는 것이 아니라고 믿었다. '모든 부채를 당장 내일 갚아버렸으면 좋겠습니다.' 제퍼슨이 워싱턴에게 한 말이다. "그는 절대로 그것을 갚으려 하지 않고, 대신 그것을 가지고 입법부를 부패시키고 조종하려 합니다.'[45] 부채가 영원히 남아 있을 것이라는 이 생각은 해밀턴이 직접 표명한 바와는 완전히 다른 것이었을 뿐아니라 그의 말을 곧 권력을 탐하는 노골적인 손길로 탈바꿈시켜버렸다.

해밀턴과 제퍼슨 간의 사상 차이에서 갑자기 노골적인 적대 관계가 발생한 것은 아니었다. 이 박식한 남자들은 내각이 형성된 지 얼마 되지 않았던 시기에 수차례 사적 대화를 나누었고, 제퍼슨은 여기서 해밀턴의 말을 귀담아 들었다가 그것을 훗날 그를 공격하는 데 그대로 써먹었다. 흠잡을 데 없는 매너의 정중한 신사였던 제퍼슨은 반대하기를 꺼렸다. 논쟁을 즐겼던 불나방 해밀턴과 달리 제퍼슨은 논란을 극도로 싫어했으며 자신의 생각을 드러내는 데도 해밀턴보다 훨씬 더 조심스러워했다. 그는 상황에 알맞은 단어들을 골랐으며 청중들의 편견에 말을 맞춰 그들이 듣고 싶어 하는 말을 해줌으로써 자신의 견해를 비밀리에 부치고 다른 사람들이 말하도록 독려했다. 반면 독선적이고 거의 무모할 만큼 솔직했던 해밀턴은 그러한 종류의 용의주도함은 절대 갖출 수 없는 사람이었다. 제퍼슨은 불가해한 침묵이 가지는 장점을 잘 알고 있었다. 제퍼슨과 함께 대륙회의에 몸담았던 존 애덤스는 그가 '한 번에 세 문장 이상을 말하는 것을 들어본 적이 없다'고 회고했다.[46] 또한 애덤스는 언젠가 그 버지니아 사람을 가리켜 '그림자의 남자'라고 지칭하며, 그의 성격을 빗대어 '밑바닥이 보이지도 않고 소음도 내지 않는 거대한 강'이라고 표현하기도 했다.[47] 자신의 혀나 펜, 그리고 자기노출적인 습관을 제대로 주체하지 못했던 해밀턴은 결국 스스로를 철두철미하게 제어했던 제퍼슨 앞에서 속수무책이 될 수밖에 없었다.

차별 대결에서 패배한 제퍼슨이 품었던 공포는 곧 그가 당시 하원의 원내총무였던 매디슨과 함께 대의를 형성하면서 초기 공화국 최초의 주요 정치적 지지 관계를 낳았다. 제퍼슨과 매디슨의 거의 신비스러운 유대 관계에 대해 존 퀸시 애덤스는 '물리적 세계에서 자석이 움직이는 현상과 마찬가지로 눈에 보이지도 않는 미스터리한 현상'이었다고 말했다.[48] 해밀턴과 매디슨 간의 관계는 아이디어들을 중심으로 형성되었으므로 정치의 영역을 벗어나서도 그들의 우정을 지탱해줄 만한 개인적 인과 관계는 거의 없었다. 「국가신용 보고서」 집필 초기 단계에 조언을 주기도 했었던 매디슨의 변절은 해밀턴에게 엄청난 영향을 미쳤다. 해밀턴은 매디슨을 무한히 존경하고 있었으며, 심지어는 훗날 자신이 매디슨의 전폭적인 지지를 받지 못할 것임을 알았더라면 절대로 재무장관 자리를 수락하지 않았을 것이라고 말하기까지 했다.

제퍼슨은 채권 인수를 놓고 논쟁이 격화되어 있던 뉴욕에 도착했다. 당시 해밀턴은 연방정부로 하여금 2,500만 달러의 국채를 인수하게 할 계획이었다. 앙심 가득했던 이번 충돌은 차별을 둘러싼 대결을 차라리 고상한 것으로 보이게 만들 정도였으며, 제퍼슨은 훗날 이것이 '주들의 연합이 생겨난 이래 가장 격렬하고 성난 시위'였다고 분류했다.[49] 1790년 2월 24일,

매디슨이 자신의 본래 의견을 뒤집고선 인수에 항의하기 시작하자 해밀턴은 충격에 빠졌다. 본래의 국가주의적 견해에서 후퇴한 매디슨은 자신의 고향 주를 포함한 몇몇 남부 주들아 대부분의 전쟁 부채를 갚게 될 것이며, 만일 '그 의무를 다하고 난 뒤'에는 '의무를 동등하게 다하지 않은 주들에게 기여하도록' 강요당하며 손해를 볼 것이라고 항의했다.[50] 해밀턴은 매디슨이 '연방주의자'에서 그랬던 것과는 다르게 국가적 이익이 아닌 버지니아 주의 유권자들을 위해 말하고 있다고 보았다(물론 해밀턴은 재무장관이었으므로 무리 없이 대륙적 견해를 견지할 수 있었을 터였다). 해밀턴으로서는 이 반발로 계획에 갑작스러운 타격을 맞은 셈이었고, 그것의 주도자가 하필 매디슨이었다는 것은 다소 잔인하기까지 한 사실이었다. 해밀턴은 제헌회의 도중의 어느 날 매디슨과 함께 '오후 산책'을 나가서 나누었던 이야기들을 또렷이 기억하고 있었다. '우리는 이 같은 조치의 편의성과 적절성에 완벽히 동의했었다.'[51]

창백하고 웃음기 없는 얼굴에 무심한 분위기와 작은 키 등 매디슨은 그 겉모습만 본다면 다소 소심한 듯한 인상이었다. 별칭으로 '자그마한 제미Little Jemmy'라고도 불렸던 그에게 성공적인 정치인이라면 무릇 가질 위엄이나 결단력은 없다고 믿는 동료 정치인들도 더러 있었다. 그는 해밀턴과 달리 자신의 정신적 활력에 어울리지 않을 만큼, 생각을 행동으로 옮기는 데 재능이 없었다. '결단력이 없었으며 적군의 힘을 커 보이게 만드는 기질이 있다는 점은 정치인으로서 그가 갖는 큰 단점이었다.' 에드워드 리빙스턴Edward Livington 의원이 형제인 로버트 R. 리빙스턴에게 한 말이다. '그는 상황적인 압력 때문에 완전히 떠밀리기 직전까지 절대 먼저 행동하기로 결정하는 법이 없었고, 그 후에도 자신이 좀 더 나은 기회들을 놓쳐버렸다며 유감스러워했다.'[52] 외견상 그는 너무나도 소심해 보였기 때문에, 수많은 동시대인들은 제퍼슨보다 여덟 살 어린 매디슨이 자신의 기민한 스승에게 완전히 지배당하고 있으리라 믿었다. '매디슨 씨는 언제나 제퍼슨 씨의 재능과 지식, 그리고 덕목에서 비롯된 훌륭한 의견들을 누리고 있다.' 해밀턴이 훗날 쓴 글이다. 그러나 그는 두 사람이 자신의 기금 계획을 반대하는 데 있어서 적어도 서로의 생각을 공고하게 만들어주긴 했을 것이라 여겼다. '제퍼슨 씨는 관직에 앉자마자 무분별하게도 공개적으로 매디슨 씨의 원칙들에 찬성을 표했다. 여기서 무분별하다는 말을 쓴 이유는 무릇 행정부 중 한 부처에 몸담고 있는 신사라면 다른 부처의 일에 대해 편을 들어서는 안 되기 때문이다.'[53]

제퍼슨이 매디슨을 조종했다는 생각은 해밀턴의 오해였는데, 이는 제퍼슨이 뉴욕에 도착하기 이전부터 매디슨이 해밀턴을 저버렸다는 것 때문만이 아니었다. 제퍼슨과 마찬가지로 매디슨은 그림자 속에서 움직였고 미묘한 술책과 간접적인 행위들을 사용했다. 그의 전문가다운 면모는 그의 요지부동한 의지와 광적인 신념을 가려주었다. 훗날 제퍼슨 행정부와 매디슨 행정부에서 재무장관이 되는 앨버트 갤러틴Albert Gallatin은 매디슨을 가리켜 '자리를 잡는 데는 오래 걸리지만, 그 후에는 폭풍이 일어난다 해도 요지부동'인 인물이었다고 회고했다.[54] 오히려 매디슨은 제퍼슨보다 유연하고 독창적인 사고를 가지고 있었으며 헌법과 관련된 문제들도 더욱 잘 파악하고 있었다. 1780년대의 매디슨을 가리켜 철인哲人 군주라 한다면, 1790년대의 매디슨은 실로 실용적인 정치인이었으며 거래를 트는 데도 어마어마한 수완을 보여주어서 '빅 나이프the Big Knife'라는 별명이 붙을 정도였다. 훗날 해밀턴의 추종자들 중 일부는 매디슨이 표를 쓸어갈까 우려하면서 그를 가리켜 '장군'이라고, 또 제퍼슨을 가리켜 '총사령관'이라고 불렀다.[55] 또 코네티컷의 스바냐 스위프트Zephaniah Swift 의원도 훗날 매디슨이 해밀턴만큼의 활력을 보이지 않았던 것은 기만이었을 수도 있다고 말했다.

그는 불꽃도, 열정도, 활기도 품고 있지 않았으나 대신 무한한 신중함과 근면성이 있었다. 그는 최고로 명백한 공평무사함으로, 극도의 세밀함과 정확성으로 모든 것을 계산한다. 그가 하원의회의 그 누구보다 가장 큰 사적 영향력을 행사한다는 점은 의심할 여지가 없다. 그처럼 기개를 드러내지 않으면서도 자신의 재능을 십분 활용하는 방법을 매디슨보다 더 잘 이해하고 있는 남자를 나는 모른다. 그는 세상에서 가장 인위적이고 계획된 인물이다.[56]

솜씨 좋은 매디슨은 1790년 2월부터 7월까지 총 네 차례에 걸쳐서 인수 계획의 시행을 좌절시켰다. 사람들은 해밀턴의 권력을 질투한 매디슨이 그의 관직을 탐내고 있다고 해밀턴의 귀에 속삭였다. 그러나 시간이 지나면서 그동안의 정치적 견해차는 개인적인 이유들을 가리고 있었을 뿐이었다는 것이 드러났다. 해밀턴의 기금 계획은 주에 대한 충성심을 수면 위로 끌어올렸다. 매사추세츠와 사우스캐롤라이나를 포함한 몇몇 주는 막심한 부채에 시달리고 있었기에 중앙정부가 이를 경감해준다는 데 기뻐했다. 그러나 버지니아나 노스캐롤라이나 같은 다른 주들은 자신들의 부채를 거의 다 탕감한 상태였고 다른 주들을 도와야 할 이유도 느끼지 못하고 있었다. 이러한 차이는 제헌회의를 통해 그렇게나 고되게 얻어냈던 불안정한 합의를 폭파시킬 수도 있어 보였다.

자신의 계획을 변호하려 했던 해밀턴은 단순히 무미건조한 기술적 용어들만을 늘어놓는 데 그치지 않고 더 나아가 정의와 평등, 애국심, 그리고 국가의 영예를 이야기했다. 그의 기금 체계는 단 하나의 개념을 전제로 하고 있었다. 부채는 독립혁명 때문에 생겨난 것이고, 모든 미국인들은 혁명에 의해 동등한 혜택을 받았으므로 그 부채에 대해서도 공동의 책임을 져야 한다는 것이 그것이었다. 이는 각 주의 부채들이 서로 동등하지 못하다면 그들이 전투에 들인 희생도 동등하지 못하다는 의미였다.

한 예로 해밀턴은 상당한 부채를 진 매사추세츠의 '어마어마한 노력'을 칭찬하면서 '그들이 상당한 부분에서 독립혁명의 중심축이었다고 말해도 과언이 아닐 것'이라 말했다.[57] 그는 몇몇 주들이 야비한 방식으로 부채를 탕감했다고 지적했다. 예를 들자면 뉴욕은 이자 지불을 무시함으로써 채권의 시장가치를 낮춘 뒤 주정부가 저렴한 가격에 다시 사들일 수 있게끔 만들었다. 해밀턴은 또한 만일 채권을 인수하지 않는다면 부채를 지고 있는 주들은 세금을 올릴 수밖에 없고, 부채가 없는 주들은 세금 부담을 덜어내게 될 것이라는 절묘하고 정교한 논의를 내놓았다. 이 때문에 사람들은 세율이 높은 주에서 세율이 낮은 주로 대탈출을 벌이게 될 것이며, 이로써 '특정 주들에서는 유해할 만큼의 인구 재편성'이 일어나게 될 것이라는 말이었다.[58]

해밀턴에게 있어 채권 인수 문제는 자신의 성패를 좌우하게 될 일이었으나, 그 전망은 암울해 보이기만 했다. 해밀턴은 '매디슨 씨를 포함한 남부의 저명한 인사들이 인수에 반대하는 입장에 섰다. 그들은 너무나도 드높은 명망을 누리고 있었기 때문에 이대로 가다가는 반대 세력이 성공을 거둘 것이 확실해 보였다'고 회고했다.[59] 해밀턴은 평상시처럼 맹렬한 기세로 이 전투에 몸을 던졌다. 예외적일 만큼 고단했던 이 싸움에서 해밀턴은 워싱턴의 도움 없이 자기 진영을 이끌어야만 했다. 워싱턴 대통령은 인수를 지지하기는 했으나 당파성을 가지고 있다는 비난을 피하고자 했고 이에 따라 공개적인 의견 표명을 꺼렸다. 게다가 5월에는 워싱턴이 폐렴으로 앓아 누우면서 상황이 더욱 안 좋아졌다. 그는 너무나도 쇠약해져 있어서, 제퍼슨은 이를 두고 워싱턴에게 "두세 명의 의사들은 당신이 죽음에 접어들고 있다고 선언했습니다. (중략) 이 일 때문에 사람들이 얼마나 긴장했는지 당신은 아마 모르실 겁니다"라고 말했다.[60]

5월 10일부터 6월 24일까지, 워싱턴은 일기도 남길 수 없을 만큼 허약해진 상태였고 대신 해밀턴이 사실상 국가수반으로서의 역할을 담당했던 것으로 보인다. 이 시기에 쓰인 미출판 논평에서, 해밀턴은 제퍼슨이 최고 지도자의 부재를 틈타 대통령을 향한 열망을 드러내 보였다고 비난했다.

제퍼슨 씨는 후기의 대통령 자리를 놓고 벌일 경쟁에서 해밀턴 씨가 강력한 라이벌이 될 것이라 우려했다. (중략) 그(제퍼슨)가 관직을 맡게 된 이후 대통령은 병환에 시달렸고 그동안 모든 애국자들의 마음속에는 혼란과 긴장이 빚어졌다. 이 때문에 장관은 자신의 앞길에 놓인 위험한 적들을 모두 제거하려는 열망에 불타오를 뿐이었다. 이 음울한 상황은 그에게 비어 있는 대통령 자리에 접근할 수 있는 기회를 제시했으며 이를 통해 대중에게 자신이 그 후계자라는 인상을 남길 수 있을 터였지만, 이는 자신보다 인기가 높았던 재무장관이 없어야만 가능한 일이었다.[61]

아마 해밀턴은 자신 또한 제퍼슨과 마찬가지로 대통령에 대한 환상을 품고 있었으므로 이 기억을 묻어두기로 결정했을 터다.

워싱턴이 병중에 있는 동안, 해밀턴과 그의 부하들은 어마어마한 조직력을 선보이며 의원들에게 바싹 접근하여 인수에 찬성할 것을 설득하고 다녔다. 곧 페더럴홀에서는 언제나 재무장관을 찾아볼 수 있게 되었고, 그곳의 방청석에도 그의 지지자들이 가득 들어앉아 있었다. 이를 윌리엄 매클레이보다 더 싫어한 사람도 없었다. 그는 자신의 일기에서 해밀턴 '성하His Holiness'를 크게 비난했으며, 한번은 그를 '지긋지긋한 악당'이라 부른 적도 있었다.[62] (그러나 비교하자면 해밀턴에게 쏟아진 비난은 가벼운 질타 수준이었다. 매클레이는 존 애덤스가 '방금 막 반바지를 처음 입어본 원숭이' 같다고 썼다.[63]) 강력한 행정부를 두려워했던 의원들은 해밀턴의 소용돌이

알렉산더 해밀턴

같은 에너지 때문에 그에게 크게 저항했다. 해밀턴의 활동을 보고 있노라면 1720년대의 영국 재무장관이자 엄청난 전능을 행사하여 사상 최초로 '총리prime minister'라 불렸던 로버트 월폴Robert Walpole이 연상되었다. 필라델피아에서는 벤저민 러시가 해밀턴의 고강도 로비 활동을 지탄했다. '(뇌물을 제외하고선) 해밀턴 재무장관이 보고서를 쓴 뒤에 행한 것보다 더 불명예스럽게 영향력이 행사된 경우를 그 어떤 영국 장관에게서 또 찾아볼 수 있을지 의문스럽다. 이 영향력은 뉴욕에서 이루어진 한밤중의 방문, 약조, 타협, 희생, 그리고 위협들에만 국한되지 않는다.'[64]

알렉산더 해밀턴은 연합체를 공고히 하기 위해 인수 계획을 밀어붙였던 것이지만, 당시엔 그보다 더 분열을 키우고 있는 사람도 없어 보였다. 만일 정치를 곧 타협의 기술이라고 한다면 해밀턴은 어느 면에서는 이 직업에 아주 어울리지 않는 사람이었다. 그가 되고자 했던 것은 나라를 이끄는 용맹한 지도자였지 타협을 이뤄내는 정치인은 아니었다. 작고 단편적인 것부터 시작하는 대신, 해밀턴은 한 판의 거대한 재정적 조치들을 제시하며 그것이 한꺼번에 수용되기를 바랐다.

해밀턴을 반대하는 언론 전쟁이 달아오르면서 매디슨의 지지자들은 승리의 냄새를 맡게 되었다. 4월 8일, 윌리엄 매클레이는 흡족한 듯한 어조로 해밀턴의 지지자들을 깔보았다. '나는 오늘 오후 하원에서 재무장관의 지지자들 사이에 퍼졌던 것 정도로 풀 죽은 양상을, 그토록 탁하고 허망한 모습을 또 본 적이 없었다. (중략) [루퍼스] 킹은 마치 소년처럼 훌쩍여댔다.'[65] 매클레이의 호들갑도 이해가 갈 법했다. 1790년 4월 12일, 하원은 해밀턴의 인수 계획을 31대 29로 기각시켰고, 2주 후에는 이 문제에 대한 모든 논의를 더 이상 이어나가지 않을 것을 투표로 결정했다. 6월 초에 이르자 이전 계획은 완전히 잊혀져가는 듯 보였다. 그러므로 해밀턴은 자신이 세운 경제 계획의 핵심이라도 살려내기 위해 타협을 모색하기 시작했다.

    나라의 수도가 어디에 위치해야 하는지를 두고 결정적인 논쟁이 벌어지자 해밀턴은 여기에 사활을 걸었다. 제헌회의에서 대표단은 10제곱마일(약 783만 평_역주) 면적의 연방 구역을 만들기로 결정하면서 그 위치는 특정하지 않았는데, 곧 이 결정은 멜로드라마 같은 추측을 낳았다. 혹자는 분리된 수도라는 아이디어가 위험투성이라면서 특권적인 고립 영토가 태어날 것이라 우려했다. 조지 클린턴 주지사는 이 10제곱마일짜리 구역이 대통령의 '왕실'이 될 것이고, 왕가의 표식으로 더럽혀진 그곳에는 '나태한 야망, 천박한 오만, 부자들의 노동 없는 탐욕, (중략) 아첨, (중략) 반역, (중략) 배신, 그리고 무엇보다 덕에 대한 영원한 조롱'이 두드러질 것이라고 보았다.[66]

    수도의 위치는 이미 강도 높은 로비와 모의 활동을 낳고 있었다. 승리를 거둔 주에는 대규모의 부와 권력, 그리고 인구가 수여될 것이었으므로 이 문제는 모든 관련자들에게 있어 매우 중대한 사안이었다. 게다가 연방정부는 주변 지역의 정치적 분위기를 어느 정도 흡수할 수밖에 없었기 때문에 그 위치 또한 연방정부의 성격에 영향을 미치게 될 터였다. 교통이 발달하지 않은 거대한 국가에서 지역 주민들의 목소리는 연방의 입법자들에게 보다 더 크게 울리기 마련이었다.

    영구적 수도가 준비되는 동안 정부의 일시 거처 역할을 할 임시 수도가 우선적으로, 아마도 뉴욕이나 필라델피아에 마련되리라는 기대가 논의를 한층 더 복잡하게 만들었다. 국가주의적 성향이 있었음에도 해밀턴은 뉴욕이 최소한 임시 수도로 남아 있기를 바랐다. 1788년 8월, 그는 자신의 오랜 스승인 뉴저지 최고행정관 윌리엄 리빙스턴에게 연락해 리빙스턴이 '펜실베이니아의 유혹'에 굴복하여 초대 의회에서 필라델피아를 임시 수도로 지지한 데 대한 충격을 표했다.[67] 북동부 주들은 만일 펜실베이니아가 임시 수도로 결정된다면 그곳에 한층 더 큰 권력이 모여 결국 영구적인 수도로 못 박힐 것이라며 두려워했다. 해밀턴은 리빙스턴에게 감질 나는 거래 하나를 제시했다. 만일 리빙스턴이 뉴욕 시를 임시 수도로 밀어준다면 자신은 뉴저지의 트렌턴을 영구 수도로 지지하겠다는 식이었다.

뉴욕을 수도로 만들겠다는 해밀턴의 열망은 워싱턴의 취임이 가까이 다가오면서 점점 커졌다. 1789년 2월, 그는 당시 뉴욕 주 연방의원 선거에 출마한 친구 존 로런스를 위해 기백 넘치는 유세 연설을 선보이며 '의회의 거처는 틀림없이 뉴욕 시에게도 중대한 사안이 될 것이므로, 바로 이 도시가 그 영예로운 조직이 머물 최고의 자리임을 증명할 수 있을 만큼 연설에 재능 있는 사람이 우리의 대표가 되어야 한다'고 역설했다.[68] 해밀턴의 기금 계획을 두고 대소동이 빚어지던 와중인 1790년 1월 17일, 윌리엄 매클레이는 해밀턴이 그의 급성장하는 권력을 바탕으로 뉴욕 시를 수도로 만들기 위해 작정했다고 믿게 되었다. '나는 해밀턴과 뉴요커들의 움직임을 무엇보다 주의 깊게 눈여겨보았다. 그들에게는 정직함이 없다. 그들은 절대로 의회를 내어주는 데 동의하지 않을 것이다.'[69]

이 싸움에서 뉴욕은 다소 논쟁적인 선택지였고, 해밀턴이 너무나 깊이 연관되어 있었기 때문에 그의 적들은 이곳을 가리켜 '해밀터노폴리스Hamiltonopolis'라고 불렀다. 수많은 남부 사람들, 특히 제퍼슨에게 있어 뉴욕 시는 공화주의자들의 실험을 오염시킬 은행가들과 상인들이 뒤덮은 친영주의의 보루라 여겨졌다. 이와 같은 비판자들은 뉴욕이 런던과 마찬가지의 해악을 가지고 있다고 보았다. 필라델피아 지지자였던 벤저민 러시는 매디슨에게 다음과 같이 말했다. "저는 우리 도시의 영향력이 [재무]장관의 부정 및 부패 조직에 맞설 수 있음에 만족합니다. (중략) 필라델피아는 그 체제에 맞서 싸우는 데 뉴욕보다 더 나은 전장이 될 것입니다."[70]

수도의 위치에 관련된 문제는 곧 미국이 도회적 성격과 농업적 성격 중 어느 쪽을 가질지 결정하는 문제나 마찬가지였다. 다수의 남부 사람들은 수도가 북부에 위치할 경우 도시의 부유한 상업가 이익단체들이 유리해질 것이며 농업 사회를 차별대우할 것이라고 믿었다. 소규모 독립농장들로 이루어진 목가적 국가를 그렸던 제퍼슨의 이상향은 많은 미국인들의 심금을 강하게 울렸지만, 이는 노예를 소유하는 남부의 현실과도 상당히 동떨어진 것이었다. 제퍼슨과 매디슨, 워싱턴은 마운트버넌에서 그다지 멀지 않은 포토맥이 영구 수도가 되기를 원했다. 제퍼슨은 이를 통해 폐지론자 세력이나 '마구잡이로 자라난 상업도시들'의 유혹으로부터 안전한 전원 풍경에 국가의 수도를 심을 수 있으리라고 보았다.[71] 매디슨과 헨리 리는 포토맥의 부동산에 투기하면서 이곳이 수도로 선정되어 산더미 같은 이익이 돌아오기를 기다렸다.

고려해봐야 할 또 다른 정치적 문제들도 있었다. 수도는 미국의 인구적, 혹은 지리적 중심지와 가까워야 하는가? 뉴욕은 이 나라의 남북 양극단으로부터 중앙 지점에 위치해 있다고 할 수 없었으며, 이곳에 오기 위해 먼 거리를 여행해야만 하는 남부 대표단의 고충도 있었을 터였다(당시 최초의 상원의원 스물네 명 중 열여섯 명이 뉴욕의 남쪽에 위치한 지역 출신이었다). 수도의 선택은 곧 장래 미국의 성장에 관한 국민투표이기도 했다. 이 나라가 서쪽으로 확장될 것이라 믿었던 사람들은-이 견해는 특히 남부 주들에서 만연했는데, 이는 그들의 서쪽 경계들이 국경 지역으로 향하는 관문 역할을 했기 때문이었다-북동부에 위치한 수도가 장래 미국의 정치적 경관을 제대로 감당하지 못할 것이라고 여겼다. 당장이라도 폭발할 것 같았던 이 문제들은 뒤이은 논쟁들을 통해 수면 위로 떠올랐다.

1790년 봄을 지나면서 채권 인수 및 수도 선정을 놓고 논쟁의 수위가 점점 올라갔기 때문에, 이 문제들 때문에 연합체가 깨질지 모른다는 이 야기는 아주 허황된 말도 아닌 것처럼 보였다. 남부는 한때 영국에게 쏟 아부었던 통렬한 말들로 해밀턴에게 점점 더 강한 공격을 퍼부었다. 매디 슨에게 보내는 편지에서, 헨리 리는 채권 인수를 막기 위해 벌어진 이 싸 움이 독립혁명 때를 상기시킨다고 말했다. '나로서는 우리 남부 국민들이 사실상 노예가 되거나 아니면 고르디아스의 매듭(복잡해 보이지만 발상의 전 환이나 대담함으로 해결할 수 있는 문제를 비유_역주)을 단번에 잘라버려야 한 다고 본다.'[72] 제퍼슨은 그해 봄 마치 탁한 공기처럼 뉴욕에 퍼져 있던 신 랄한 분위기를 오래도록 기억했다. '의회는 날마다 하는 일 없이 개회하고 폐회했다. 당파들은 너무나 화가 난 상태라 함께 일을 할 수 없었다.'[73]

해밀턴은 자신이 추진하고자 했던 두 가지 정책들, 즉 연방정부의 주 채무 인수와 뉴욕 시의 수도 선정 중 전자를 비교도 할 수 없을 만큼 더 중히 여겼다. 이는 주들에게 멍에를 씌워 하나의 영구적 연합체로 만들 수 있는 가장 효과적이고 확고부동한 길이었다. 그러므로 인수를 막기 위 한 투표권들이 매디슨에게 쥐어져 있음을 보았을 때, 해밀턴은 수도로서 의 뉴욕을 대가로 해서라도 인수 문제에 대한 남부의 지지를 얻는 방법 을 고려했다. 한참 이른 시기인 5월 16일, 필립 스카일러가 스티븐 반 렌 셀레어에게 보낸 편지에서는 벌써부터 거래의 전조가 빛나기 시작했다. '정부의 자리를 제거하기 위한 그 어떤 움직임도 아직 시작되지 않았으 나, 만일 인수가 이행되지 않는다면 사우스캐롤라이나는 아마 (그들에게 그렇게나 중요한 목표를 이루기 위해) 그 제거를 원하는 이들과 협상할 것으 로 우리는 파악하고 있소.'[74] 9일 이후, 윌리엄 매클레이는 그 미친 것만 같은 협상을 기록했다. '뉴요커들은 버지니아 사람들을 상대로, 포토맥에 영구적인 자리를 내주는 대가로 뉴욕에 임시적인 자리를 달라는 협상을

벌이느라 여념이 없다.'[75]

1790년 6월 2일, 하원은 인수 부분을 제외한 해밀턴의 기금 법안을 통과시켰다. 해밀턴은 이 일을 빠르게 처리해야 한다는 점을 알고 있었다. 비타협적인 태도로 자신의 평판을 스스로 깎아먹고 싶진 않았던 해밀턴은 의원들의 편에 기대어 회유적인 서곡을 열었다. 훗날에는 기본적인 행위로 자리 잡을 터였지만, 초기 공화국까지만 하더라도 정치인들이 입법을 위한 책략에 가담하는 것은 쉬운 일이 아니었다. 그러므로 해밀턴은 펜실베이니아의 상원의원이자 필라델피아 수도안을 주도적으로 옹호했던 로버트 모리스에게 특사를 보내 그의 의사를 타진했다. 이에 대해 모리스는 이렇게 말했다. '나는 그들을 믿기로 결정한 것이 아니었으나, 해밀턴 중령에게 쪽지를 써서 내가 이른 아침 배터리 광장을 거닐고 있을 것이며, 만일 그가 내게 무엇이라도 제안할 것이 있다면 나를 그곳에서 만날 수 있을 것이라는 내용을 알렸다.'[76] 모리스로서는 놀랍게도, 해밀턴은 이미 그들의 약속 장소에 도착해 있었다. 해밀턴이 제시한 거래는 간단했다. 만일 모리스가 인수에 찬성하는 쪽으로 상원에서 한 표, 하원에서 다섯 표를 모아준다면 저먼타운이나 트렌턴-두 군데 모두 필라델피아와 매우 가까운 곳이다-을 영구적인 수도로 지지하겠다는 것이었다. 수도를 놓고 거래를 벌이는 해밀턴은 이제 거장 전략가로서의 면모를 드러내고 있었다. 펜실베이니아 의원 피터 뮬런버그Peter Muhlenberg는 벤저민 러시에게 '재무장관이 동부 인구밀집지들의 움직임을 지휘하고 있다는 데는 *의심할 여지가 없다*'고 말했다.[77]

그러나 펜실베이니아 대표단과 버지니아 대표단은 이미 필라델피아를 임시 수도로, 포토맥을 영구 수도로 정하기로 합의한 상태였으므로 해밀턴의 이 거래는 무산될 수도 있었다. 이 방안에서는 뉴욕의 역할이 무시되었으며 장기적인 수도 또한 남부에 위치할 것이었으므로, 해밀턴은 무엇보다 이 방안을 피하기 위해 노력했다. 아마도 펜실베이니아 입법자들은 일단 필라델피아가 임시 수도가 된다면 이를 또다시 옮기기는 힘들 것이라는 희망찬 예감에서 이 방안에 합의했을 터였다. 6월 18일, 델라웨어가 영구적 수도가 되리라는 희망에 싸인 채 해밀턴은 느릿하게 포토맥 안案에 동조하기 시작했다. 그날 윌리엄 맥케이는 해밀턴이 '뉴잉글랜드 사람들이 포토맥 혹은 볼티모어를 영구적 수도로 만들기 위한 거래를 할 것이라고 모리스 씨에게 말하는 척을 했다'고 기록했다.[78]

합의는 바로 이러한 상황을 배경으로 마침내 탄생했다. 포토맥 자리에 수도를 놓아준 이 저녁만찬에서의 거래에 대한 유명 일화는 제퍼슨의 입을 통해 전해진다. 그의 말에 따르자면, 북부 주들이 '분리 독립과 해산'을 위협하고 있을 무렵 제퍼슨은 워싱턴의 관저 바깥에서 어수선한 옷차림의 해밀턴과 마주쳤다. 평상시엔 말쑥하게 차려입는 해밀턴이 실의에 빠진 채 헝클어진 모습을 보였다는 것에 제퍼슨은 깜짝 놀랐다. '그는 겉모습이 침울하고 초췌했으며, 낙담해 있었다. (중략) 심지어 그는 옷도 상스럽게 입은 채 내버려둔 상태였다.'[79] 해밀턴은 절망한 듯 보였다.

> 나와 함께 반시간 가량 대통령 관저 앞뒤를 거닐면서 그는 입법부가 초래한 모든 것들에 대한 심정, '채권자 주'라고 불렸던 자들에 대한 혐오, 구성원의 *분리 독립* 및 주들 간의 분리가 일어날 위험성을 애절하게 털어놓았다. 또한 그는 행정부 구성원들이 일제히 발맞춰 행동해야 한다고 말하며, 비록 이 사안이 나의 부처와 관련된 것은 아니지만 그럼에도 이를 공동의 관심사로 만들어야 할 공통의 의무가 있기 때문이라고 그 이유를 이야기했다. (중략) 이 사안에 있어서는 과반수에 근접하게 지고 있으므로, 내가 나의 몇몇 친구에게 그들이 가진 판단력과 신중함에 호소한다면 아마 투표에서도 변화를 부를 수 있으리라는 말이었다.[80]

16 · 펜글로스 박사

해밀턴은 만일 인수가 불명확해질 경우 자신이 사임해야 할지도 모른다는 암시를 남겼다. 제퍼슨은 해밀턴에게 자신이 인수에 관한 '이 모든 이야기들을 진정으로 전혀 모르고 있었다'고 담담히 알렸다.[81] 그러나 자신을 순진한 정치인으로 보이도록 만드는 데 도가 튼 그는, 사실 여념 없이 그 논의를 뒤쫓으면서 막 조지 메이슨에게 서신을 보내 이 일에 대한 타협을 촉구한 참이었다. 이를 완벽히 숨기고 있던 제퍼슨은 해밀턴 재무장관을 이튿날 자신의 저녁만찬 자리에 초대했다.

만일 제퍼슨의 이야기가 사실이라면, 장래의 수도지를 결정지었던 이 저녁만찬은 1790년 6월 20일 메이든레인에 위치한 그의 저택에서 열렸다. 이는 아마 미국 역사에서 가장 유명한 만찬일 것이다. 손님으로는 제퍼슨과 매디슨, 해밀턴, 그리고 두어 명의 사람들이 더 있었던 듯하다. 제퍼슨은 한 달 넘도록 편두통에 시달려왔음에도 칭찬할 만한 정중함으로 만찬을 주도했다. 그는 인수를 반대했지만 그럼에도 기금 계획에 관련된 교착 상태가 연합체를 흩어놓을 수 있음을 잘 알았으며, 국무장관으로서 그것이 미국의 대외신용에 미칠 영향 또한 우려했다.

매디슨은 언제나와 마찬가지로, 채무를 정당하게 변제한 버지니아 및 다른 주들이 인수로 인한 불이익을 받는다는 점을 다시 한 번 강조했다. 그러나 그는 만일 대가를 약속해준다면 인수에 찬성하기로 혹은 적어도 반대하지 않기로 결정했다. 제퍼슨은 '남부 주들에게 있어 그것은 쓰디쓴 약이므로, 그들을 달래기 위한 무언가도 행해져야 한다고 (중략) 보았다'며 당시를 회고했다.[82] 진정제 역할을 해줄 그 조치는 향후 10년간 필라델피아를 임시 수도로 삼다가 이후 포토맥을 영구적인 수도로 정하자는 내용이었다. 매디슨은 자신의 고향 주에 상당히 도움이 되는 이 양보에서 한 술 더 떠, 중앙정부가 최종 부채를 탕감시킬 때 버지니아에게 유리한 대우를 해주겠다는 약조도 받아낸 것으로 보인다. 그 대가로 해밀턴은 펜실베이니아 의회 대표단이 필라델피아를 임시 수도로, 포토맥을 영구적인 수도로 받아들일 수 있도록 최선을 다해 노력하겠다는 데 동의했다.

이 저녁만찬은 아마도 거의 달성된 것이나 마찬가지였던 거래를 축성했다. 그러나 전형적인 뉴요커였던 해밀턴이 뉴욕 시를 런던이나 파리처럼 정치와 더불어 금융, 문화의 수도로 자리매김시킬 수 있었던 기회를 모종의 거래로 날려버렸다는 점은 꽤 슬픈 아이러니다. 고달팠을 그 타협은 그가 인수에 대해 얼마나 초월적 가치를 매겼는지를 증언해주었다. 해밀턴이 자신의 기금 체계를 지키기 위해 수도를 버리기로 '마음을 정했다'고 말하자 상원의원 루퍼스 킹은 격분했다. 킹은 해밀턴이 이번만큼은 독단적이고 비밀스러운 수를 두었다고 생각했으며, 사적인 자리에서 해밀턴을 향해 '모의 혹은 나쁜 조치들의 확립을 통해 위대하고 훌륭한 술책들을 성공시켜서는 안 된다'며 고함쳤다.[83]

저녁 맹세를 지킨 해밀턴은 펜실베이니아 대표단을 설득하기 시작했다. 비공개로 진행된 이 논의에 대해 매클레이의 일기는 또 한 번 귀중한 사료가 되어준다. 해밀턴이 그의 기금 계획이라는 '혐오물'을 수도로서의 포토맥과 연관 지었음을 알게 된 매클레이는 워싱턴을 가리켜 해밀턴의 도구이자 '모든 더러운 투기들을 닦아줄 행주'라고 비난했다.[84] 6월 23일 상원에서 매클레이는 로버트 모리스가 위원회의 부름을 받았다고 기록했다. '그는 자리에 돌아와 내게 속삭였다. "마침내 일이 해결되었소. 해밀턴이 임시 수도로서의 뉴욕을 포기했소."'[85] 이튿날, 펜실베이니아 의회 대표단은 필라델피아를 10년간의 임시 수도로 하는 타협안을 받아들였다.

거래를 성사시키기 위해 해밀턴과 제퍼슨, 그리고 전쟁부 장관 녹스는 6월 28일 펜실베이니아 사람들과 함께 만찬을 가졌다. 이 저녁식사 자리에 대해서도 매클레이는 유익한 회고록을 남겼다. 그는 제퍼슨이 경직되어 있고 정중하며, '고결한 무게감'을 가지고 있다고 봤던 반면 뚱뚱하고 태평한 녹스에게는 보다 마음을 열었던 듯하다. 이 자리에서 녹스는 술을 과하게 마신 듯하지만-매클레이는 그를 두고 '바카날리아(술의 신 바쿠스를 기리는 축제_역주)의 사람'이라 지칭했다-그럼에도 위엄 있는 기백을 풍기는 데는 성공했다. 해밀턴에 대한 묘사는 다소 도발적이었다. '해밀턴은 매우 소년 같고 들뜬 태도를 보였는데, 스코틀랜드-아일랜드 사람이라면 아마 그를 스카이트skite라고 불렀을 것이다.'[86] 『옥스퍼드 영어사전Oxford English Dictionary』을 보면 '스카이트'라는 스코틀랜드식 단어는 허영심 많고 경솔한, 혹은 난잡하게 노는 소녀를 말한다. 그의 단어 선택으로 미루어보면 해밀턴에게는 그 군인다운 자세 아래에 어딘가 여성스러운 구석이 있었음을 엿볼 수 있고, 그의 중성적인 특징은 다른 이들도 언급한 바 있었다. 이 묘사에서는 또 자신의 기금 계획에 대한 최종적인 지지를 얻어낸 해밀턴이 비참한 절망에서 벗어나 형언할 수 없는 기쁨에 차 있었음을 알려준다.

1790년 7월 10일, 하원의회는 필라델피아를 임시 수도로 하고 포토맥의 10제곱마일짜리 영역을 영구적 수도로 지정하는 수도법Residence Act을 승인했다. 이에 환멸을 느낀 매클레이는 해밀턴이 이제 전능을 얻었다는 결론을 내렸다. '그의 검투사들은 (중략) 이 자리에서 우리의 몇 달을 낭비시켰다. (중략) 모든 것이, 심지어는 위원회의 이름조차도 해밀턴과 그가 이끄는 투기자들의 마음대로 이미 정해져 있었다.'[87] 7월 26일, 하원은 인수 법안을 간신히 통과시켰다. 그 유명한 저녁만찬 거래가 정치적 마법을 발휘한 셈이었다. 매디슨은 해밀턴의 조치에 반대표를 던졌으나, 버지니아와 메릴랜드의 의원 네 명을 설득하여 인수에 찬성표를 던지게 만들었다.

돌이켜보자면 이 시기는 해밀턴과 매디슨, 제퍼슨에게 있어 훌륭한 순간이었다. 그들은 연합체의 해체를 막기 위해 국가의 지도자다운 해결책을 강구했다. 그러나 이처럼 이상적인 공화국의 여명 속에서도 그러한 타협은 기나긴 저주의 울음소리를 낳았다. 모든 뒷거래는 부패로 인식되었으므로 입법자들은 대중의 반응을 걱정스럽게 기다렸다. 펜실베이니아 대표단의 토머스 피츠시먼스는 자신이 포토맥 수도안에 동의해버렸기 때문에 필라델피아로 돌아간다면 '자신에게 돌팔매질이 돌아올 것'이라고 말했다.[88] 이미 새로운 대통령 관저 건설에 착공했던 뉴욕 시에서는 그 임시 수도를 빼앗긴 데 분노한 사람들이 길거리에 지나가는 펜실베이니아 사람들을 향해 가당찮은 욕설을 던졌다. 사태를 가장 슬퍼했던 뉴요커 중 하나였던 필립 스카일러는 '시민들이 의회에게 공간을 제공하고자 아주 훌륭한 노력을 선보이는 도시에게 마땅히 돌아가야 했던 그 같은 품위'를 놓쳤다며 비통해했다.[89]

주들을 약화시킬 공모에 가담했다는 사실에 대해 아마도 제퍼슨은 후대에게 해명해야 할 것이다. 그는 연합체에 대한 위험을 언급하는 것으로 이야기를 끝맺을 수도 있었지만, 그 대신 해밀턴을 희생양으로 삼기로 결정했다. 제퍼슨은 훗날 워싱턴에게 인수 법안을 통과시키는 데 있어 자신이 담당했던 역할에 대해 말하며 '나는 재무장관에게 속아서 이 일에 발을 들였고, 그는 나를 그 계획을 진전시킬 도구로 만들었다. 당시 나는 이것을 제대로 이해하지 못하고 있었는데, 이는 나 스스로의 정치 인생에서 저질렀던 수많은 오류 중 가장 후회되는 것'이라고 이야기했다.[90] 1818년의 제퍼슨은 해밀턴이 인수를 통해 '주식 투기꾼 무리들'에게 돈 되는 선물을 던져주었다면서 한층 더 생생한 주장을 펼쳤다. '이로써 그는 재무장관을 숭배하는 이들의 수를 늘려나갔고, 그들의 수장으로서 입법부에서 행해지는 모든 투표의 주인으로 거듭났으며, 이로써 정부로 하여금 자신의 정치적 견해에 알맞은 방향성을 가지게 할 수도 있었다.'[91] 제퍼슨은 해밀턴이 인수 문제에서 승리를 거둔 이 사건에서 두 개의 주요 정당, 즉 공화당과 연방당이 형성되는 시발점을 찾았다. 제퍼슨은 이 사건을 통해 의회가 순수하고 선한 공화주의자들과 '돈 버는 데만 관심 있는 무리' 혹은 '원칙적으로 보자면 군주제 지지자'들로 양분되었다고 보았는데, 후자의 경우는 '당연히 그 원칙들의 지도자였던 해밀턴에게 딱 달라붙어' 있었다.[92]

왜 제퍼슨은 이미 지나간 해밀턴의 인수 계획에서 자신이 담당했던 역할을 뒤늦게야 깎아내렸던 것일까? 당시에도 그는 자신이 인정한 것보다 그 계획을 잘 이해하고 있었지만, 아마도 이 계획이 미국의 연방 권력에 대한 흔들림 없는 기반을 만들어주었다는 점을 해밀턴만큼 분명하게 내다보진 못했을 것이다. 연방정부는 미국인에 대한 어마어마한 조세권을 영구적으로 획득했다. 반면 수도의 위치 문제는 다소 부차적인 문제처럼 보였다. 제퍼슨은 해밀턴에게 속았던 것도 아니었고, 해밀턴은 자신의 계획을 아찔할 만큼 길게 설명한 바도 있었다. 단지 제퍼슨은 기금 계획의 세부 사항들에 지속 가능한 정치적 체계를 심어 넣었던 해밀턴보다 더 똑똑하지 못했을 뿐이었다. 그해 9월, 해밀턴은 '국가부채 채권자들에게 고함Address to the Public Creditors'이라는 제목의 미서명 신문 사설 하나를 통해 자신의 국정 운영법에 담긴 비밀을 공개했는데, 이에 제퍼슨은 크게 분개하게 된다. '누구든 우리 정부의 본질을 고려하는 안목 있는 자들이라면 알겠지만, 좋은 조치들이 받아들여지는 길 위에는 온갖 장애물들과 시간 끌기가 자주 자리한다. 그러나 아마도 그 조치들은 한 번 수용된 이후엔 안정적이고 영구적으로 남을 것이다. *만드는* 것보다는 *없애는* 것이 훨씬 더 어려운 일일 것이다.'[93]

인수 법안을 통과시키고 포토맥을 수도지로 만들었던 그 만찬에서의 거래는 해밀턴과 제퍼슨, 매디슨이 공동의 의제를 실현하기 위해 협력했던 마지막 순간이었으며, 이후 그들은 더 공개적으로 서로를 공격하게 된다.

알렉산더 해밀턴

17

미국 최초의 타운

Alexander Hamilton

기금 계획이 통과된 이후에도 해밀턴은 잠시도 쉬지 않고 일을 계속해 나갔다. 궁핍했던 어린 시절을 보상받으려고 언제나 노력했던, 이 지극히 투지 넘치는 남자의 마음속에서는 끊임없이 새로운 아이디어들이 요동 쳤다. 미국의 앞길에 놓인 사안들을 위해 그는 자신의 온 마음을 다해 헌신했다. 해밀턴은 일을 대강 끝마치는 법을 몰랐고, 제2의 조국이 마주한 운명에 대해 너무나도 열정적이고 개인적으로 신경을 쏟았다.

온갖 생각이 가득 들어찬 머릿속 때문인지, 그는 직업상의 위대한 일들과 일상생활 속 작은 변화들 간의 균형을 잘 맞추지 못했다. 그의 펜 끝에서 흘러나온 끝도 없는 편지들은 대체로 추상적이라 어떤 형상도 거의 찾아볼 수 없다. 그는 날씨나 풍경, 자신이 만난 사람들의 옷차림이나 태도, 자신이 살았던 방들의 가구 따위를 묘사한 적이 거의 없고 쉬는 날이나 휴가, 혹은 여가 시간들에 관해서도 거의 언급하지 않았다. 앤젤리카에게 보내는 어느 편지에서 해밀턴은 언젠가 유럽을 방문하는 것이 자신이 '가장 좋아하는 소망'이라 말하기도 했으나, 그는 단 한 번도 미국을 벗어난 적이 없었으며 올버니나 필라델피아보다 더 먼 곳으로 여행을 간 적도 거의 없었다.[1] 해밀턴은 편지를 유쾌하게 만들기 위해 일화나 쓸데없는 수다를 써넣는 일도 드물었는데, 이는 그가 시대를 위한 글들만을 썼기 때문이라기보다 – 물론 해밀턴은 거대한 시류 속에서 자신이 위치한 곳을 잘 알고 있었다 – 단순히 자신의 거창한 계획들 때문에 일상적 생각들이 들어설 자리가 거의 없었기 때문인 것처럼 보인다.

해밀턴이 재무장관에 취임한 지 얼마 지나지 않았을 무렵, 필립 스카일러는 엘리자에게 그녀의 남편이 올버니로 가는 도중 들렀던 뉴욕 주 북부의 한 마을에서 정신 팔린 행동을 보여 웃겼던 일화를 전해주었다. 로저스Rodgers라는 사람이 소유한 가게의 앞을 지나던 해밀턴은 아마 그 순간에도 머릿속으로는 법적 질의서나 연설을 구상하고 있었던 것이 분명했다. 이를 목격한 누군가가 다음과 같은 글을 남겼다.

> 확실히 깊은 생각에 빠져 있던 그는 마치 누군가와의 대화 중에 있는 듯 입술을 빠르게 달싹거리며 가게 안으로 들어가, 잔돈을 바꿔달라며 50달러짜리 지폐를 내밀었다. 로저스가 이를 거절하자 그 신사[해밀턴]는 자리를 떴다. 가게 안에 있던 한 사람이 로저스에게 지폐가 위조된 것이라도 했냐고 묻자 그는 아니라고 대답했다. 그렇다면 왜 당신은 저 신사에게 잔돈을 바꾸어주지 않았소? 로저스는 이렇게 대답했다. 왜냐하면 저 불쌍한 신사는 정신이 나가 버렸기 때문이오. 그러나 다른 한 사람은 자신의 눈엔 그가 완전히 멀쩡해 보였다고 말했다. 그러자 로저스는, 그건 아마 그가 간혹 찾아오는 제정신 상태에 있었기 때문일 것이라고 했다. 자신은 가끔 그 신사가 가게 앞에서 반시간가량을 걸어 다니거나, 이따금씩은 제자리에 선 채 언제나 혼잣말하는 모습을 봐왔다고 했다. 그러므로 만일 자신이 돈을 바꿔주기라도 했다가 그가 돈을

잃어버린다면 자신 또한 그에 대한 책임감을 느끼게 될 터라는 말이었다.[2]

새로운 미국 정부의 주요 건설자로서 해밀턴은 대개 일에 사로잡혀 있었다. 엘리자가 자신의 남편을 어르고 달래어 맑은 공기를 쐬거나 운동하게 함으로써 그 혹사당한 뇌를 쉬게 만들어줘야 했다는 이야기는 스카일러가에서 몇 번이고 회자되었다. 1791년에는 버지니아에서 헨리 리가 해밀턴에게 말 한 필을 보내줘서 그가 건강을 위해 '매일 바깥바람을 쐬거나 짧은 승마'를 나갈 수 있게끔 해주었다.[3] 독립혁명 당시 상당한 정도로 말을 타고 다니는 훌륭한 기수였던 해밀턴이었지만 그는 리에게 특별할 만큼 얌전한 말을 보내달라고 부탁했다. 해밀턴은 여전히 신장과 관련된 고질병을 앓고 있었는데, 한 친구는 이를 두고 그가 '오래된 신장 문제'로 불평했으며 이 때문에 덜컹거리는 마차를 타는 것이 고역이었다고 묘사했다.[4] 워싱턴의 첫 번째 임기도 중반에 들어갔을 무렵, 앤젤리카 처치는 해밀턴이 과로로 점점 더 부어오르고 있다는 이야기를 전해 들었다. '백위스 소령이 말하기를 우리의 친애하는 해밀턴이 너무나 많은 글을 쓰고 운동은 전혀 하지 않으면서 너무 뚱뚱해지고 있다는구나.' 그녀가 엘리자에게 불평했다. '나는 그 말도 그 사실도 다 싫더라. 네가 해밀턴의 건강과 좋은 외양에 신경을 써줘야 해. 왜 내가 그곳에 돌아가 둔하고 육중해진 그를 봐야 한단 말이니!'[5]

온 힘을 다해 가열하게 일했던 이 남자도 업무 시간이 지나면 유쾌한 사람으로 변모할 수 있었다. 윌리엄 설리반이 전하는 이야기에서는 남자다운 터프함과 여성스러운 섬세함이라는 거의 정반대의 성향이 한데 뒤섞인 해밀턴의 모습을 잘 찾아볼 수 있다.

그는 보통보다 더 작은 몸집에 마른 체형이었지만, 두드러질 만큼 꼿꼿한 자세와 위엄 있는 몸가짐을 취했다. (중략) 그의 머리칼은 이마에서부터 빗어 넘겨졌고 파우더가 칠해진 다음 뒤로 모여 묶여 있었다. 그의 안색은 대단히 좋았고, 특이한 점이라면 뺨이 거의 여성스러울 만큼 장밋빛이었다는 것 정도다. 맵시와 빛깔에 관해서라면 그는 흔치 않게 잘생긴 얼굴이라 할 수 있을 것이다.[6]

설리반은 그들이 참석했던 한 사교 모임을 묘사하면서, 해밀턴이 뒤늦게 극적으로 등장한 뒤 깊이 있는 사색가와 유머러스한 이야기꾼으로서의 모습을 번갈아 보여주었으며 특히 여인들이 그를 사랑스럽게 바라볼 때는 더더욱 그러했다고 전했다.

방 안으로 들어선 그에게 존경을 담은 시선을 보내는 일행들을 보노라면 그가 유명 인사였음을 분명히 알 수 있었다. 그는 밝은 색 단추가 달린, 옷자락이 유달리 긴 푸른 코트를 입었고 그 안에는 흰색 조끼와 검은색 실크 반바지를 입었으며 흰색 실크 스타킹을 신었다. 그를 손님으로 초대했던 신사는 그와 일면식도 없는 사람들에게 그를 소개시켜주었다. 그는 모두에게 각각 정중히 인사했고, 허리를 매우 깊이 숙였으며, 악수를 하는 의례는 찾아볼 수 없었다. (중략) 만찬 자리에서는 그가 대화에 참여할 때마다 모두가 귀 기울여 들었다. 그는 신중하고 진지한 어조로 말했으며 그의 목소리는 매력적이고 기분 좋게 들렸다. 같은 날 저녁 그는 남자들과 여자들이 모두 있는 자리에서 이야기를 나누었는데, 저녁식사 자리에서 엿보였던 고요한 신중함은 이제 사교적이고 장난기 많은 태도에게 자리를 내주었다. 이로써 그는 마치 돋보이고자 하는 야망이 있는 사람처럼 보였다.[7]

대부분의 사람들은 해밀턴이 상당히 기분 좋은 사람이라고 여겼다. 설리반의 글에 따르면 '그를 가까이서 관찰할 기회를 얻어 이제 그의 태도에 관해 말할 수 있는 사람들은, 공적 및 사적 자리에서의 그가 솔직하고 다정하며 고결하고 열린 마음의 신사였다는 데 모두 동의했다. (중략) 사람들은 그가 친밀한 사적 교류에서 대단히 다정했으며 애정을 담은 인기를 끌었다고' 했다.[8] 놀랍지도 않지만, 그의 정적들 사이에서는 해밀턴의 성격 중 호의적이지 못한 면모들도 회자되었다. 해밀턴은 다른 사람들을 주눅 들게 하는 지성과 강한 의견의 소유자였고, 존 퀸시 애덤스는 해밀턴과 반대되는 의견을 가진 사람은 그와 어울리기 힘들었다고 주장했다. 해밀턴은 자신에게 독단적인 성격이 있다는 것을 알고 있었고, 한번은 제삼자에게 자신에 대한 글을 쓰면서 농담을 던진 적도 있었다. '그 간부가 어떤 좋은 성격 혹은 나쁜 성격을 가졌든, 융통성이라는 성격은 그중에 없었소.'[9] 아마도 자신의 허영이라는 거울에 해밀턴을 비추어보았을 존 애덤스는 훗날 제퍼슨에게 그가 '무례한 맵시꾼으로, 좋은 사람들과 좋은 와인이 함께하는 식사 자리에서도 마치 어린 소녀가 자신의 보석이나 조악한 장신구들에 대해 이야기하듯 자신의 행정부에 대해 우스꽝스러운 말을 늘어놓거나 허풍을 떨지 않는 일이 거의 없었다'고 말했다.[10]

반면 해밀턴은 수 명의 충실한 친구들도 두고 있었다. 그중 몇몇을 꼽아보자면 거베너르 모리스, 루퍼스 킹, 니컬러스 피시, 에그버트 벤슨, 로버트 트루프, 윌리엄 듀어, 리처드 바릭, 올리버 월콧 주니어, 엘리아스 부디노, 윌리엄 베이어드William Bayard, 티머시 피커링, 제임스 켄트 등이 있었다. 해밀턴의 손자가 한 말에 따르면 그는 활동 기간 내내 '그의 유머러스하고 거의 여성스러운 특질에 이끌린' 동료들을 끌어모았다.[11] 전쟁 도중 해밀턴과 사이가 나빠졌다가 다시 관계를 회복했던 제임스 윌킨슨은 그와 함께 있었던 것이 그립다면서 '마음을 즐겁게 하는 이해와 태도에 있어 [그토록] 사람을 홀리는 또 다른 이를 두 번 다시 발견하지 못했다'고 말했다.[12] 정적들은 해밀턴이 무정한 사람이라고 비난했으나, 실상 해밀턴이 주고받은 서신들에서는 그가 자비를 베풀곤 했다는 사실이 여기저기 드러나 있다. 모건 루이스는 자세한 사항을 밝히지 않은 '사심 없는 우정'의 행위에 대해 해밀턴에게 감사를 표하면서 '나의 기억이 틀리지 않았다면, 실로 나는 지금까지 현재[와 같은 경우]를 지금까지 겪어본 적이 없다고 진정으로 주장해야겠다'고 말했다.[13] 뉴욕의 외과의사였던 제임스 틸러리James Tillary는 해밀턴이 채무와 관련하여 자신을 도와주자 모자를 들어 올리며 그에게 경의를 표했다. '당신은 제가 우정에서 한 일로 곤경을 겪을 때 저를 도우려고 돈을 빌려주셨지요. 이제 저는 수천 번의 감사 인사와 함께 그것을 돌려드립니다.'[14] 해밀턴은 또한 가난한 이들에게도 선행을 베풀었는데, 한번은 자신의 미용사 존 우드John Wood를 조지 워싱턴에게 비서로 추천하며 익살을 떨기도 했다. '그는 당신 가족 몇 명의 머리와 뺨을 다루는 영광을 누리길 원하고 있으며, 제가 연줄이 되어 (중략) 당신이 그를 알 수 있도록 해주고자 합니다.'[15]

막중한 책임을 지고 있는 인물이었다는 점에서, 해밀턴이 엘리자의 도움 없이 그토록 따뜻하고 행복한 사교생활을 즐길 수 있었으리라고는 상상하기 힘들다. 이들은 우아하지만 젠체하지는 않는 가정을 꾸렸고 사랑스러운 가구들을 집에 채워 넣었는데, 여기에는 루이 16세 스타일의 의자들과 페더럴 양식의 마호가니 소파도 있었다. 이들이 가지고 있던 수많은 장식 소품들 중에는 (폰 슈토이벤 남작이 선물한) 프리드리히 대왕의 도자기 코담배갑, (한 프랑스 대사가 선물한) 루이 16세의 초상화, 그리고 이후에는 길버트 스튜어트가 그린 위풍당당한 조지 워싱턴의 초상화도 있었다. 런던에서는 앤젤리카 처치가 이들에게 아름다운 선물들을 잔뜩 보내주었는데, 그중에는 금으로 세공한 도자기 식기 및 푸른색과 금색이 섞인 프랑스제 화병들도 있었다. 엘리자는 사적 생활을 꾸리는 데만도 기쁘게 자신을 헌신했을 터였지만, 남편의 커리어에 요구되는 바에도 부드럽게 응했다. 마사 워싱턴이 티파티를 열 때면 그녀는 언제나 활기찬 모습으로 자리했다. 그녀는 이 시절을 다음과 같이 회상했다.

> 그즈음 나는 거의 사생활을 누리지 못했다. 나와 마찬가지로 가정과 집안 생활을 열렬히 사랑했던 워싱턴 부인은 종종 자신이 견뎌내야 했던 '시간 낭비'에 대해 불평했다. "그들은 나를 이 나라의 영부인이라고 부르는데, 아마 나는 여기에 엄청나게 행복해해야 하는 것 같아요." 그녀는 종종 씁쓸한 듯 말하고선 다음과 같이 덧붙였다. "저를 최고 국사범國事犯이라고 부르는 편이 더 정확할 거예요." 나는 그녀보다 나이가 어렸기 때문에 당시의 흥겨움 속에 좀 더 어우러질 수 있었다.[16]

엘리자는 마사 워싱턴 식의 유희에는 아름다움과 미각, 그리고 겸손함이 적절하게 섞여 있다고 생각했다. 엘리자가 남긴 몇 안 되는 소지품 중에는 분홍색 새틴 슬리퍼 한 켤레가 있는데, 이는 마사 워싱턴이 스카일러 저택에 두고 갔다가 엘리자가 기쁘게 물려받은 신발이었다.

남편만큼이나 에너지 넘쳤던 엘리자는 식구들의 요구에 단 한 번도 불평한 적이 없었다. 해밀턴이 재무장관으로 취임할 무렵 그녀는 이미 여덟 명의 아이들 중 네 명을 낳은 상태였다. 엘리자는 훌륭한 주부였으며 거대한 가족을 제대로 다스릴 줄 알았다. 제임스 매켄리는 들려오는 이야기들을 두고 해밀턴에게 '자네가 미합중국의 부를 다루는 회계사라지만 엘리자는 그만큼 훌륭한 자네의 회계사'라며 놀린 적도 있었다.[17] 해밀턴은 자신의 삶에 꾸준히 헌신해준 그녀에게 고마워했다. 그는 그녀에게 자주 편지를 보내면서 세심한 배려와 보호가 담긴 말투로 꾸준히 엘리자의 안

부를 물었다. 그는 마치 난투가 펼쳐지는 정치판으로부터 그녀를 보호하고 싶다는 듯, 편지에서는 일에 관한 이야기를 거의 꺼내지 않았다.

양육이라는 부담은 엄격하지만 자애로운 어머니였던 엘리자가 지게 되었다. 언젠가 그녀는 가족 모두와 친했던 친구 한 명에게 '어린 사람들에게 자신들을 지켜보고 조언해줄 친구가 있다는 사실도 알려주지 않은 채 그들끼리 저녁 시간을 보내라고 하는 것은 위험하다'고 말한 적도 있었다.[18] 그러나 시간을 잔뜩 잡아먹는 업무 속에서도 해밀턴은 모든 육아를 엘리자에게 얼렁뚱땅 넘기지 않았다. 식구들이 각기 다른 도시에 머물러야 할 때면 해밀턴은 어린 아이들이 엄마 엘리자와 함께 있는 동안 자신은 한두 명의 큰아들들을 데리고 다니면서 밤에는 자기 침대를 나누어 쓰게 해줄 때도 종종 있었다. 해밀턴은 식구들에 대한 걱정을 끊임없이 달고 살았는데, 이런 감정은 아마도 그의 유년기에서 비롯되었을 것이다. 한번은 앤젤리카가 엘리자에게 해밀턴을 두고 '안 그런다고 말은 해도, 그의 감성은 너와 너희 아이들을 향한 걱정으로 가득 차 있다'고 말한 적도 있었다.[19]

해밀턴은 자녀들을 가르치는 일도 즐겼다. 그는 자녀들에 대한 기대치가 높았고 그들이 그것을 제대로 해내기를 바랐지만 그는 본성이 까다롭고 야망 있는 사람이었다 그들에게 쓴 편지들 중 현전하는 몇 통에서는 참을성 있는 애정 또한 찾아볼 수 있다. 장남 필립 해밀턴은 1791년 아홉 살의 나이로 알렉산더 주니어 해밀턴Alexander Jr. Hamilton과 함께 기숙학교에 들어갔으며, 이후 아버지에게 편지를 보내 자신이 얼마나 잘 지내고 있는지를 말했다. 해밀턴은 다음과 같이 답장했다.

선생님 또한 네가 입학 첫날부터 배운 것을 암송해서 매우 만족스러웠다고 하시더구나. 네가 하고자 한다면 아주 잘해낸다는 사실을 나는 알고 있으니,

선생님이 보내주시는 모든 편지는 곧 너의 발전에 대한 신선한 증거가 되리라고 생각한다. 나는 네가 노력하지 않고선 배길 수 없는 정신을 가지고 있으며, 그로써 매일매일 우리를 더더욱 자랑스럽게 만들어줄 것이라 확신한다.[20]

해밀턴은 자신의 자녀들이 자신의 유별난 성취들을 뒤따를 것이라 생각하진 않았고, 각자의 타고난 자질에 맞추어 과제를 내주며 조심스럽게 성격의 틀을 만들어주었다. 아홉 살 된 딸 앤젤리카가 할아버지 스카일러와 함께 올버니에 머물고 있을 무렵, 해밀턴은 업무 중 짬을 내어 딸에게 부드럽게 설교하는 편지 하나를 썼다.

나의 사랑하는 딸아. 네가 프랑스어 공부를 곧 시작할 것임을 알게 되어 매우 기쁘게 생각한다. 우리는 모든 면에서 네가 너의 선의를 해치지 않을 태도로 행동하기를, 또 너라는 사람과 함께하는 모든 이들에게 신경 쓰기를 바란다. 만일 네가 그들 중 누군가의 기분을 상하게 했다면 언제나 솔직하게 사과할 준비가 되어 있어야 한다. 그러나 언제나 예의와 올바른 태도, 세심한 마음으로 행동함으로써 애초에 사과할 일을 만들지 않는 것이 가장 좋은 방법이란다. 네 엄마도 너에게 최고의 사랑을 보낸다고 하는구나. 잘 지내거라, 내 사랑하는 딸.[21]

해밀턴이 아버지로서 보여주었던 감수성과 눈치는 그 자신의 문제 많았던 어린 시절을 고려해봤을 때 한층 더 놀랄 만한 것이었다. 또한 그는 아이들과의 약속을 깨지 않는 것을 곧 체면의 문제로 여겼다.

해밀턴은 예술을 사랑했고 그에 대한 관심사를 아이들과 함께 나누고자 했다. 특히 음악을 매우 사랑했던 그는 앤젤리카로 하여금 온 런던을 다 뒤져서 자신의 딸 앤젤리카를 위한 최고의 피아노를 찾아내게 만들기도 했다. 듀엣곡을 부르는 것은 곧 그들이 가장 좋아하는 취미가 되었다. "해밀턴은 무엇이든 아름다운 것을 좋아한다는 걸 난 알고 있지." 앤젤리카 처치가 엘리자에게 한 말이다. "자연과 예술의 아름다움은 그에게 쓸모없는 것들이 아니야."[22] 해밀턴은 마사 워싱턴의 조언을 받아 미술품들을 구입했으며, 만테냐Mantegna(15세기의 이탈리아 동판 화가_역주)와 뒤러Dürer(15세기 후반부터 16세기 초반까지 활동한 독일의 화가_역주)의 작품을 포함한 목판 및 동판화 컬렉션을 모았다. 1780년대에 랠프 얼을 채무자 감옥에서 구해주었던 것과 마찬가지로, 해밀턴과 엘리자는 허드슨 강 풍경화를 전문으로 그리던 영국인 화가 윌리엄 윈스턴리William Winstanley도 찾아냈다. 해밀턴은 이 젊은 예술가에게 돈을 빌려주었는데, 마사 워싱턴의 응접실에 걸린 그의 작품 두 점도 아마 해밀턴이 사다준 것으로 보인다.

해밀턴이 교육이나 학문을 쫓는 이들을 끊임없이 도왔다는 이야기 역시 그의 사생활에서 반복적으로 계속 등장한다. 1791년 1월 21일, 그는 미국의 가장 오래된 학술단체인 미국철학회에 가입했다. 대학을 정식으로 졸업하지 못했던 이 남자는 언제나 학문적 명예를 갈구했다. 이미 컬럼비아대학의 이사였던 그는 이때부터 줄줄이 명예박사 학위를 따기 시작하여 마흔도 되기 이전에 컬럼비아와 다트머스, 프린스턴, 하버드, 그리고 브라운대학의 학위를 받았다.

해밀턴은 아메리카 원주민에 대한 교육에 관심을 가졌고 이를 통해 대학에 자신의 이름을 내걸게 되었다. 독립혁명 도중 필립 스카일러는 올버니 부근의 원주민 부족과 협상을 벌여 그들이 중립을 지키도록 만든 바 있었다. 여기서 그는 여섯 개 부족으로 이루어진 이로쿼이Iroquois 연맹에 선교사로 파견되었던 목사 새뮤얼 커클랜드Samuel Kirkland에게 번역가이자 특사로 활동해줄 것을 종종 요청했다. 특히 오네이다Oneida 부족과 가까웠던 커클랜드는 그들에게 독립주의자 측을 지지해달라고 호소했다. 해밀턴은 원주민들에게 인간적이고 계몽된 정책 한 가지를 홍보했다. 부동산 투기꾼들이 뉴욕 주 서부에서 그들을 몰아내려 했을 당시 그는 클린턴 주지사에게 '원주민들의 만으로도 우리의 경계 지역을 평화롭게 만들 수 있다'면서 '그토록 종잡을 수 없는 부족민들을 쫓아내고자 함은 위험할 뿐 아니라 또 그만큼 비현실적인 이야기'라고 경고한 바 있었다.[23] 그는 종종 경계 지역의 정착민들이 원주민들을 약탈하는 데 격노했고, 훗날 워싱턴을 위해 쓴 한 연설문 초안에서는 정부 정책이 '변칙적이고 법을 무시하는 일부 경계 지역 주민들의 폭력으로부터 원주민들을 보호하기에 부적절'하다고 쓰기도 했다.[24] 원주민들과의 문제가 생길 때면 그는 언제나 무력을 들기 이전에 화해를 모색했다.

이처럼 원주민들의 곤경에 공감하고 있던 해밀턴 1793년 1월 커클랜드가 그에게 연락하여 백인 및 아메리카 원주민을 위해 뉴욕 주 북부에 건립될 새로운 학교의 이사회 일원이 되어달라고 부탁하자 이를 기꺼이 받아들였다. 후자의 경우 영어와 원주민 언어를 모두 사용하여 수업할 계획이었다. 커클랜드는 자신의 일기에서 '해밀턴 씨는 앞서 말한 신학교의 이사가 되어주며 자신의 힘이 닿는 한 모든 조력을 다 해주기로 흔쾌히 승낙했다'고 적었다.[25] 같은 달에 뉴욕 주의회는 '해밀턴-오네이다 아카데미'의 설립 인가를 내주었고, 이듬해엔 폰 슈토이벤 남작이 해밀턴의 대사로서 학교의 초석을 놓았다. 해밀턴은 실제로 이 학교를 방문한 적이 없었지만 그럼에도 커다란 후원을 보냈고, 이로 인해 이후 1812년에 이 학교는 더욱 포괄적인 새로운 인가를 받으면서 '해밀턴칼리지Hamilton College'로 개칭했다.

필라델피아를 임시 수도로 하는 수도법이 1790년 7월 국회에서 통과됨에 따라 모든 정부 청사들은 12월 초까지 그곳으로 자리를 옮기게 되

알렉산더 해밀턴

었다. 연방정부는 한날한시에 다 같이 자리를 옮긴 것이 아니라 무질서한 대탈출 속에서 드문드문 펜실베이니아로 이동했다. 1790년 8월 12일 의회는 페더럴홀에서 고별회기를 열었고, 그달이 끝날 즈음에는 워싱턴 대통령이 바지선에 올라탄 채 맨해튼을 향해 작별의 인사를 보냈다. 9월 1일, 아마도 선명한 안도의 한숨을 지었을 것이 분명한 제퍼슨과 매디슨은 사륜마차를 타고 죄스러운 맨해튼의 보금자리를 출발한 뒤 뉴저지를 지나 남쪽으로 향했다. 11월이 되도록 움직이지 않았던 애비게일 애덤스는 아마도 남쪽으로 옮겨야만 하는 상황에 화났던 듯, 자신이 필라델피아를 즐겨보고자 노력했으나 '모든 것이 끝났을 때는 브로드웨이가 아니게 되었다'며 욕했다.[26]

사실 필라델피아는 세계적인 도시였다. 상류 출신의 영국인 방문객 한 명은 이곳을 두고 '세계의 불가사의 중 하나'이자 '아메리카 최초의 도시'라고 칭송하면서 '유럽의 그 어떤 도시와도 겨뤄볼 수 있겠다'고 말했다.[27] 뉴욕이나 보스턴보다도 거대했던 이 도시에는 열 개의 신문사와 서른 개의 서점들이 자리해 있었다. 대부분 벤저민 프랭클린의 도시 구상에 의거한 이곳은 문화 기관이나 도시적인 기관들을 잔뜩 뽐냈는데, 여기에는 두 개의 극장과 회원제 대출 도서관 하나, 자원 소방서 한 곳과 병원 한 곳도 포함되었다.

가장 큰 정부 부처의 수장으로서 해밀턴은 거의 전장에서와 같은 정밀함으로 필라델피아로의 이전을 지휘했다. 8월 초 그는 캐슈넛가와 월넛가 중간의 서드가에 위치한 2층짜리 벽돌 건물을 확보했다. 해밀턴이 매일 아침 9시부터 12시 사이에 접견했던 방문객들의 말에 의하면, 이 건물은 이제 가장 강력한 정부 부처의 본부로 거듭났음에도 기이할 만큼 임시적인 분위기를 풍겼다. 프랑스인 방문객이었던 모로 드 생메리Moreau de St.Méry는 '한 부처의 공식 거처가 그렇게나 형편없을 수 있다는 데 충격을 받았다'고 말했다. 그는 발을 질질 끄는 늙은 하인이 정문으로 마중을 나온 데 깜짝 놀랐다. 또한 지상층에 위치해 있던 해밀턴의 평범한 집무실에 대해서는 이렇게 말했다. '그의 책상은 평범한 소나무 ㅌ 테이블이었고 초록색 천으로 덮여 있었다. 널빤지들과 가대들 위에는 기록물들과 서류들이 놓여 있었으며, 한쪽 끝에는 모조 도자기 화병 하나와 안경이 올려진 접시 하나가 놓여 있었다. (중략) 한마디로, 나는 내가 스파르타식 풍습 속에 들어와 있는 것 같다고 느꼈다.'[28]

이처럼 수수하게 시작한 재무부 집무실은 곧 빠르게 몸집을 키워 한 블록 전체를 점령하기에 이르렀다. 1791년의 도시 안내책자를 보면 이 급성장하는 부처의 해부학을 엿볼 수 있다. 해밀턴의 집무실에는 여덟 명의 직원이 있었고 회계검사원의 열세 명, 회계감사실의 열다섯 명, 등록실의 열아홉 명, 총무실의 세 명, 연방정부와 주정부 간의 거래를 다루는 부서의 열네 명이 함께했다. 또한 세컨드가에 위치한 세관에는 스물한 명의 직원, 여기에 더해 다수의 항구들에는 122명의 세관장과 감독관들이 파견되어 있었다. 당대의 기준에 비춰봤을 때 이는 어마어마한 규모의 관료 체계였다. 비판가들은 이를 두고 괴물이 탄생 중에 있다고 여겼으며, 이 부처가 재무장관의 개인적인 첩보 기관이나 병기로 거듭날 수도 있음을 우려했다. 여기에 관세청까지 더해지면서 해밀턴 휘하의 재무부는 곧 500여 명이 넘는 직원들을 거느리게 되었다. 반면 헨리 녹스의 전쟁부에는 고작 열두 명의 민간 직원이, 제퍼슨의 보잘 것 없는 국무부에는 여섯 명의 직원들과 유럽에 파견한 대사 직무 대행자 두 명만 있을 뿐이었다. 거구의 녹스와 그의 전 직원들은 거대한 재무부 단지의 바로 서쪽에 위치해 있던 자그마한 뉴욕홀에 몸을 구겨 넣었다. 이처럼 다른 정부 부처들을 모두 합한 것보다 훨씬 더 큰 관료 체계를 지휘했던 그 남자는 자신이 얼마나 신중하게 행동하는지와 관계없이 반발을 불러일으킬 수밖에 없었다.

근면했던 재무장관은 상인 월터 스튜어트Walter Stewart에게 '나의 사무실이 될 곳에서 최대한 가까운 위치에' 가족이 살 집을 구하고자 한다고 말했다. 열대 지방에서 자라난 그는 이제 북부 위도에 단단히 거처를 잡고선 뉴요커로서의 면모를 드러내고 있었다. "탁 트인 위치와 방향은 물론 뉴요커에게 있어 아주 중요한 요소요." 그가 스튜어트에게 충고했다. "저택에는 최소한 여섯 개의 방이 있어야 합니다. 훌륭한 식당과 응접실도 중요한 요소들이오. 뒤뜰에는 내 개인 공간을 하나 두었으면 합니다. 집세는 적절한 집을 얻는 데 충분하기만 하다면 낮을수록 좋습니다."[29] 10월 14일에 이르자 해밀턴은 집무실로부터 고작 한 블록 아래에 있는 서드가와 월넛가에 집을 얻었으며, 이로써 자신이 바라왔던 대로 침대에서 일어나자마자 곧장 집무실로 향할 수 있게 되었다. 이는 그가 얼마나 성실했고, 얼마나 바쁜 스케줄을 영위했는지 단적으로 보여준다.

그가 재무장관으로 지낼 동안 남긴 능수능란한 국가 문서들은 역사를 따라 기려졌지만, 무엇보다 그의 재임 첫 한 해 동안 가장 많은 시간을 잡아먹었던 것은 아마도 관세청을 설립하는 일이었을 것이다. 고결한 지성인이었지만 해밀턴은 다른 어떤 주제보다도 등대 건설에 관한 일상적인 서신들을 가장 많이 작성했다. 그 정도로 여기에 몰두한다는 것이 이상해 보일 법도 했지만, 정부 수입의 90퍼센트 이상이 수입 관세에서 비롯된다는 사실을 떠올려본다면 그럴 일만도 아니었다. 관세 수입이 없으면 정부 활동도 없었던 것이다. 이런 이유로 해밀턴은 무역과 관련된 모든 것들에 대해 경계를 늦추지 않았다.

의회는 해밀턴에게 '몇 개 주에서 등대와 신호등, 부표, 시계탑 등을 손볼' 권리를 부여했고, 그는 이것들을 관리할 사람들을 고용하고 감독했다.[30] 그는 또한 이 항해 보조 장비들과 관련된 계약 체결을 도모하는 데도 막대한 영향력을 행사했다. 대서양 연안을 따라 수 개의 신호등과 부표, 등대들을 세우면서 해밀턴은 매번 계약을 검토하고 워싱턴의 승인을 받았는데, 짜증을 부르는 그 자질구레한 행정 업무에 두 사람 모두 숨이 막힐 지경이었다. 인수 문제와 수도를 놓고 거래가 오갔던 것으로 유명한 저녁만찬이 있었던 날 밤, 해밀턴이 워싱턴의 승인을 요청한 계획 하나는 바로 뉴욕 항 바깥의 샌디훅 등대 근방에 세워질 신호등의 '목재, 판자, 못, 기술자'에 관한 것이었다.[31] 해밀턴은 등대의 빛을 밝히기 위해 어떤 고래유, 심지 혹은 양초들이 제일 좋은지 따위 등 고통스러울 정도로 따분한 일들의 전문가가 되었다.

독립혁명 이전까지만 하더라도 밀수는 독립주의자들이 영국을 상대로 벌이는 반항의 한 형태였고, 식민지인들은 세관장들을 진심으로 혐오했다. 이제는 해밀턴이 무법적 습관들을 고쳐야 할 때가 되었다. 1790년 4월, 그는 의회에게 돛대 한 개짜리 범선들, 이름하여 밀수감시정으로 이루어진 함대 하나를 편성하여 연안을 순찰하며 밀거래를 가로막게 할 것을 요청했다. 8월 초에 이르자 워싱턴이 이 기관을 설치하는 법안에 서명하면서 훗날의 연안경비대가 탄생했다. 해밀턴은 워싱턴에게 첫 번째 열 척의 밀수감시정들을 '연방의 각기 다른 지역들에' 배치하여 지역적 편애를 피하라고 조언했다.[32] 다가올 그의 산업 정책들을 미리 보여주듯, 그는 외국산 직물보다는 국내에서 재배한 직물로 돛을 다는 쪽을 추천했다. 해밀턴은 여기에서도 관리자로서의 본능과 타고난 지휘 능력을 드러냈다. 그는 각 감시정들이 소총과 총검 열 자루, 권총 스무 정, 끌 두 개, 도끼 한 개, 랜턴 두 개를 가지고 있어야 한다는 등 숨 막힐 만큼 상세한 지시들을 내렸다. 아마도 카리브해 시절에서 비롯되었을 항해에 대한 지식들을 드러낸 그는 감시정들이 진로에서 벗어나 '심지어는 서인도제도로 향하게 될 수도 있으므로 그 같은 사고가 발생할 때에도 선원들이 먹을 수 있도록

언제나 염장육과 비스킷, 식수를 충분히 배에 실어놓는 것이 적절할 것'
이라며 세관장들에게 지시를 내렸다.[33]

연안경비대를 창설하면서 해밀턴은 엄격한 전문성과 흠잡을 데 없는
행동을 고집했다. 그는 만일 밀수감시정의 선장들이 다른 선박을 수색할
때 오만불손한 태도를 보인다면 그런 고압적인 행동으로 대중의 지지를
잃을 수도 있음을 잘 알았다. 이에 해밀턴은 선장들에게 자제된 단호함
을 요구하면서 '동포들은 자유 시민이며, 압제적 정신의 기미가 아주 약
간이라도 보이는 그 모든 것들을 받아들이지 못하는 사람들임을 언제나
잊지 말라. 그러므로 자네들은 (중략) 외견상의 오만이나 무례, 혹은 모욕
을 자제해야 한다'고 당부했다.[34] 외국 선박의 승선에 대해 해밀턴이 남
긴 지시는 너무나도 훌륭해서 1962년 쿠바 미사일 위기 때까지도 적용
될 정도였다.

세관 수장으로서 해밀턴이 갖는 권력은 그의 직원들에게만 미치는 것
이 아니었다. 원시적인 통신 수단으로 절름거리며 나아가던 이 거대한 나
라에서는 경제 활동에 대한 그의 포괄적인 견해 또한 동등하게 중요한
영향력을 행사했다. 재무부 직원들은 여덟 명 중 일곱 명 꼴로 수도 바깥
에서 근무하면서 해밀턴에게 가치 있는 지식들의 물줄기를 끝없이 제공
해주었다. 제퍼슨의 주요 정치 정보원 중 한 명인 존 베클리John Beckley는
이 네트워크를 가리켜 '세관 직원들을 매개로 한 조직적인 첩보 체계'라
고 매도했다.[35] 정부 수령액을 검토하는 데 있어서도 해밀턴은 미국 항구
를 드나드는 모든 선박들을 파악하기 위해 세관장들에게 주간 보고를 요
구했다. 만족할 줄 모르는 호기심으로 그는 선박의 크기와 내구력, 구조,
운행 스케줄, 통상 항로와 화물들에 대해 모두 알고자 했다 그는 이와 같
은 데이터를 모으는 설문법의 선구자 역할을 했다.

또한 해밀턴은 종종 불가해한 법적 문제들로 이어지기도 했던 선박 소

17 · 미국 최초의 타운

유주들 간의 분쟁들을 셀 수 없이 많이 중재했다. 한번은 볼티모어의 세관장이 말들에 대해서도 수입 관세를 걷어야 하냐고 묻자, 해밀턴은 말을 포함한 가축들이 무역 관세의 적용 대상이라고 결정했다. 이후 그는 한발짝 더 나아간 견해를 내놓았다. '그러나 나는 노예들에 대해서는 수입 시의 관세를 면제해야 한다고 생각함을 반드시 말해두어야겠다.'[36] 말들에 대한 수입 관세의 이야기에서 곧바로 어떻게 노예를 다루는지에 관한 이야기가 이어진 것은 다소 유감스러운 발언이다.

관세청을 통해 해밀턴의 손을 거쳐 가는 어마어마한 금액 역시 그에게 통화 제도에 대한 막대한 영향력을 안겨주었다. 이를 우려했던 한 버지니아 사람은 매디슨에게 이렇게 경고했다. '나는 세입을 다루는 부처의 수장 자리에 앉은 그 *신사*를 개인적으로 알지는 못하지만 (중략) 연방의 연간 수입 8,600만 달러라는 엄청난 금액의 꼭대기에 있다는 생각을 하니 몸이 떨린다.'[37] 그러나 사실 해밀턴은 흠 잡을 데 없는 태도로 현금 흐름을 관리했다.

재무부로 들어오는 수입 중 4분의 3은 영국과의 상업 거래에서 비롯된 것이었다. 전前 모국과의 무역은 해밀턴이 정부에서 했던 그 모든 일들 중 가장 핵심적인 사안이었다. 부채상환 기금을 마련하고, 은행들을 강화하고, 제조업을 증진시키고, 정부를 강화시키고자 했던 해밀턴에게는 영국과의 좋은 무역 관계가 필요했다. 서인도제도 식민지들에서 미국 선박들의 출입을 거부하는 한편 영국 항만으로 들어오는 미국 선박은 오로지 미국 제품만을 싣도록 했던 영국의 무역 정책들에 대한 불만들을 그는 잘 알고 있었다. 그러나 그 짜증나는 장애물도 해밀턴에게 있어서는 정책상 고려해야 할 더 큰 대의들에게 가려졌다. 미국이 관세 수입에 의존하기로 결정했다는 것은 곧 영국과의 무역에 의존하겠다는 의미였기 때문이다. 이 핵심적인 경제적 진실 때문에 해밀턴은 제퍼슨의 국무부 영역을 몇 번이고 침범하게 되었다. 재무부와 국무부의 고려 사항들이 겹치면서 두 남자 사이에서는 끝나지 않는 갈등이 점점 더 커지게 되었다.

해밀턴은 국내 세입을 포함하여 수입원을 다양화시키고자 했다. 1790년 12월경 그는 의회에서 추가 조세의 필요성에 대해 보고하면서 수입 관세가 이미 합리적인 최고치에 다다랐다고 우려했다. 이제 고통을 좀 더 고르게 분산시켜야 할 때가 온 셈이었는데, 특히나 해밀턴과 사교를 나누던 무리들이자 뉴욕에서의 정치적 기반이 되어주었던 이들 중 일부였던 연안 상인들이 수입 관세로 타격을 입고 있는 상황에서는 더더욱 그러했다.

갑작스러운 위기가 발생하여 새로운 돈이 필요해진 것은 아니었다. 1790년대 말, 해밀턴은 사실상 상당한 규모의 재정 흑자를 축적했다. 그의 비호하에서 정부 증권의 가치는 세 배나 뛰었고, 연합규약 당시의 혼란과 비교해보자면 그의 정책들은 경제 성장에 건강한 박차를 가해주고 있었다. 한 보스턴 특파원은 이렇게 말했다. '나로서는 미합중국이 이보다 더 밝은 번영의 햇살을 받았던 시기가 또 없었던 것으로 생각된다. (중략) 연방의 이 지역에서 모든 계급의 시민들이 보편적으로 만족을 누리는 모습을 지켜보는 것은 실로 즐거운 일이다. (중략) 우리의 농업 관계자들은 미소 짓고, 우리의 상업은 축복받았으며, 우리의 제조업은 번창한다.'[38] 그러나 해밀턴의 재촉에 따라 연방정부는 이제 주들의 부채를 인수받았으며, 해밀턴은 부차적 재원 없이 이를 감당할 수 있는 방법을 알지 못했다. 세금을 기피하는 성향은 이미 미국인들에게 깊이 뿌리내린 상태라는 현실이 그를 에워싸고 있었다. 사람이나 가구에 직접 과세하는 방식은 많은 사람들이 극도로 싫어했으며, 농업 관계자들이나 부동산 투기자들의 영향력으로 미루어본다면 토지세는 절대로 시행되지 못할 터였다. 그렇다면 과세할 대상으로 또 무엇이 남았는가?

1790년 12월, 다른 선택지들을 배제한 해밀턴은 자신이 「국가신용 보고서」에서 선보였던 제안, 즉 위스키 및 국산 증류주에 대한 특별소비세를 다시금 꺼내들었다. 특히나 밀주密酒를 즐겼던 시골 지역에서는 이 조치가 지탄받을 것임을 알고 있었으나, 그는 이것이 토지세보다는 더 농부들의 구미에 맞으리라고 생각했다. 해밀턴은 워싱턴에게 이 주세의 이면에 담긴 정치적 동기를 고백했다. 그는 '그토록 중요한 재원을 주정부가 보편적으로 점하기 이전에' 가져오고 싶었다는 말이었다. 채권 인수와 더불어 그는 주정부의 재원을 말리고 연방정부를 한층 더 뒷받침하고자 했다. 정치적 목적들에 기술적인 옷을 덮어씌울 줄 알았던 해밀턴의 약삭빠른 능력은 제퍼슨이 과장 없이 전한 바 있었다. 해밀턴의 경제 계획에는 숨겨진 의제들이 묻혀 있었는데, 그는 그 목표를 고위급의 친구들과는 나누었으나 대중에게도 항상 공개하는 경향을 보이지는 않았다.

해밀턴으로서는 기쁘게도, 매디슨은 설득력 있는 다른 대안이 없다는 데 동의하면서 증류주에 대한 특별소비세를 지지했다. 매디슨은 '직접세는 여전히 일반적으로 매우 불쾌하게 받아들여지며 수입에는 이미 그들이 감당할 수 있을 만큼의 세금이 부과되고 있으므로, 소비세만이 유일한 재원이며 모든 물품들 중에서도 증류주 대상이 가장 덜 불쾌하다'고 단언했다.[39] 또한 그는 위스키세 부과에 따라 '금주가 늘어날 것이며 그에 따라 질병과 이른 사망을 예방할 수' 있으므로 부차적인 사회적 편익을 얻을 수도 있을 것이라 여겼다.[40]

펜실베이니아 하원의회는 해밀턴의 과세 방안에 저항하는 제의를 받아들였는데, 이는 아마도 수년 이후 격화될 '위스키 반란'의 첫 발화점이었을 것이다. 산으로 둘러싸인 서부 펜실베이니아에서는 가내 주조가 곧 뿌리 깊은 지역 문화였으므로, 그에 대한 정부의 개입에 이 지역은 맹렬한 분노를 나타냈다. 해밀턴이 주세를 통과시키려 하자 윌리엄 매클레이가 다시 한 번 의회의 악당 마법사처럼 등장하여, 콩그레스홀의 1층에 있던 하원에서 2층의 상원의회실로 한달음에 달려가 자신의 부하 격이었던 의원들에게 지령을 내렸다. 매클레이는 국내 증류주에 관련한 통계 자료를 제출하려 했으나 해밀턴이 자신보다 한 발 빨랐음을 알게 되었다. '나는 위원회 회의실의 문 앞으로 갔으나 (중략) 해밀턴이 여전히 그들과 함께 있었기에 돌아왔다.'[41] 매클레이는 자신의 일기에서 냉담하도록 정확한 예언을 남겼다. '이 모든 일의 결과로는 전쟁과 유혈이 뒤따를 것이다.'[42] 그가 말한 것처럼 사실 당시에는 펜실베이니아 의회조차도 지금껏 서부 카운티들의 무법적인 내륙 지역들에게 소비세를 적용하지 못하고 있었다.

해밀턴은 위스키세에 대한 반발에 한 치의 환상도 없이 대비했으며, 상당한 집행력을 가진 소규모의 조사관 부대를 준비시켰다. 「국가신용 보고서」에서 그는 이 조사관들에게 돌아갈 광범위한 권한의 윤곽을 그렸는데, 여기에는 숨겨놓은 증류주를 압수하기 위해서라면 언제든 집이나 창고에 들어갈 수 있게 하는 권한도 포함되어 있었다. 증류주 거래자들은 물론 심지어 오래가지 못할 것 같은 1인 사업자라 해도 예외 없이 적절한 자격증을 소지해야 했고, 정확한 기록도 계속 남겨야만 했다. 해밀턴은 1791년 5월 회람용 편지 한 통을 통해 그 규정을 반포했는데, 이는 특히나 태생적으로 세금 징수관들을 싫어했던 이 나라에게 있어서는 과도하다고 여겨질 만큼 상세해 보이는 것들이었다. 그는 감독관이 '최소한 하루 두 번씩' 모든 증류소를 방문하기를 원했고, 주간 보고서를 통해 '각 증류소의 소유주 혹은 관리인의 이름, 그 증류소가 위치해 있는 도시, 타운 혹은 마을, (중략) 그리고 나라, 각각 보유한 증류기의 개수, 갤런 단위의 생산 가능량, (중략) 주로 증류하는 원재료, 주로 가동하는 시간' 등을 명시하게 했다.[43]

서부 펜실베이니아에서 저항의 봉기가 일어나기까지는 그리 오랜 시간이 걸리지 않았다. 1791년 7월 세법이 효력을 발하기 시작하자마자 지역 주민들은 조사관들을 피하거나 심지어는 위협도 가하기 시작했다. 해밀턴은 조사관이 '업계에 관련된 사람들의 모든 집과 건물들을 무차별적으로 수색할 수는 없다'면서 자신이 그 권한을 양심적으로 제한했다고 여겼으나, 다수의 주조자들은 그들의 방식이 괴롭힘이나 무단침입과 매한가지라고 생각했다.[44] 주세에 대한 불만이 높아지면서 시위자들은 비판의 범위를 넓혀 해밀턴의 기금 계획 및 그의 정책 전반을 공격했다.

해밀턴은 딜레마의 정점에 붙잡혀 있었다. 연방정부를 지탱하기 위해서는 국가신용을 회복시켜야만 했다. 그러나 국가신용의 회복을 위해서는 인기 없는 세법을 제정해야 했고, 이로써 연방정부를 '공격하려는 이들에게 그 구실을 주었다'는 것은 훗날 그도 인정한 바였다.[45] 하지만 주세를 대신할 만한 모든 대안들은 주세보다 더 인기가 없었을 터였다. 서부 펜실베이니아의 소요에 관한 소식들이 필라델피아에 닿았을 때도 해밀턴은 조치를 완화하지 않았다. 그는 비록 인기는 없지만 필수적인 정책들을 도입하는 것이 자신의 임무이며 심지어는 그로 인해 자신의 인기가 떨어진다 해도 그렇게 해야만 한다고 생각했다. 해밀턴은 위법을 용인하는 사람이 아니었으며, 그가 도입하기로 계획한 수많은 논쟁적인 정책들은 아직도 한참 남아 있었다.

탐욕과 사업의 그것

Alexander Hamilton

주류 특별소비세 법안을 내놓으며 의회를 충격에 빠뜨리고 그다음 날인 1790년 12월 4일, 알렉산더 해밀턴은 또 하나의 선구적인 보고서를 제출했다. 이번에는 미국 최초의 중앙은행을 낭랑한 목소리로 요구하는 보고서였다. 이 재무장관이 고작 15개월 동안 찍어낸 수많은 제도들로 정신을 차리지 못하고 있던 이 나라는 그저 또 한 번 해밀턴의 뇌가 얼마나 왕성하게 활동했는지를 알게 되었다. 그는 국가신용과 효율적인 조세 제도, 관세청 등 강한 국가의 건설에 필요한 벽돌들을 하나하나 쌓아올리고 있었고, 그다음 순서는 강력한 중앙은행이었다. 미합중국은행Bank of the United States의 설립 제안은 그가 선보인 다수의 기념비적인 제도들 중에서도 가장 면밀한 헌법적 논쟁을 불러왔다.

미국 독립혁명과 그 후일담은 18세기 후반의 거대한 변혁 두 가지와 시기를 같이했다. 정치적 영역에서는 개인의 자유, 다수결의 원칙, 제한된 정부 등이 새로이 존중되기 시작하면서 왕가에 의한 통치가 거부되었

알렉산더 해밀턴

다. 만일 해밀턴이 이 영역에서 한몫을 해냈다고 한다면 프랭클린과 애덤스, 제퍼슨, 매디슨 또한 마찬가지였다. 반면 이 시기에 그와 평행선상에서 일어난 경제적 대변혁 -산업혁명, 국가 간 무역의 확대, 은행과 증권 거래소의 성장-에 있어서라면 해밀턴이 독보적인 선구자였는데 -오직 프랭클린 정도가 그를 바짝 뒤따랐다- 이는 해밀턴의 참신함과 위대함 덕분이었다. 그는 미국의 경제적 미래를 내다보는 총명한 사도였고, 그가 내놓은 청사진은 많은 이들의 마음을 사로잡은 동시에 다른 많은 이들을 불안하게도 했으나 결국 승리를 거두었다. 시대적 구분선으로 보자면 그는 뚜렷하게 근대의 구획에 발을 담그고 있었는데, 이 때문에 다른 건국자들과 구별되는 듯 보였다. 작은 움직임으로도 그는 상당한 두려움과 혼란을 불러일으켰다.

지난 두 세기 동안 해밀턴의 명성은 나라가 사업가들을 미화하느냐 힐난하느냐에 따라 흥하고 기울기를 반복했다. 역사가 고든 우드의 글에 따르자면 '19세기 말 미국인들은 해밀턴을 미국 자본주의의 창시자라고 드높였지만, 20세기 들어 그 명예는 곧 부채로 전락했다'고 한다.[1] 자본주의에 의해 깨어난 그 모든 상충하는 감정들 -즉 풍부한 효율성과 자비 없는 불공평-은 모두 해밀턴의 이미지와 직결되었다. 시장 경제의 주요 대리인으로서-그는 사람들이 사리 추구를 경제적 행위의 주된 요소로 받아들이게끔 만들면서 그 소유욕 섞인 충동들에 박차를 가해야만 했다. 동시에 그는 절대로 아무 생각 없는 사업 촉진제가 아니었으며, 돈을 향한 욕망이 얼마나 유해한 탐욕으로 바뀔 수 있는지를 잘 알고 있었다. '연방주의자' 제12호에서 그는 번영이 어떻게 귀금속의 순환으로 이어지는지를 논하며 금과 은을 가리켜 '인간의 탐욕과 사업의 특별한 물체들'이라 불렀는데, 이는 부를 축적하고자 하는 개인의 동기에 대해 그가 가지고 있던 양면적 생각들을 깔끔히 요약해주는 구절이다.

18 · 탐욕과 사업의 그것

정부가 자아실현, 자기계발, 그리고 자립을 촉진해야 한다고 믿었던 해밀턴은 곧 자수성가한 국민들의 나라인 미국에서 상징적인 인물로 거듭났다. 그 자신의 삶부터가 사회 이동의 비범한 실례實例였고, 그의 끝없는 에너지에서는 일이 주는 유익한 힘으로 사람들의 심신이 발달한다는 점을 그가 철석같이 믿었음을 알 수 있었다. 재무장관으로서 해밀턴은 사업가들이 경제의 원동력이라 여겼고 그들에게 공간을 주고자 했다. 프랭클린과 마찬가지로 그는 미국이 사업에 대해 특별한 천재성을 가질 것임을 직감했다. '사업에 관련된 것이라면 무엇이든, 우리는 지구상의 다른 그 누구에게도 뒤처질 걱정을 할 필요가 없다. 사업은 곧 우리의 요소라고도 말할 수 있을 것이다.'[2]

해밀턴은 미국의 시장 경제를 창안했다기보다는 그것이 번영할 수 있는 문화적·법적 배경들을 만들었다. 자본주의 사회에는 특정 전제 조건들이 필요하다. 무엇보다 집행 가능한 계약들에 의한 법의 지배, 사유재산에 대한 존중, 법적 분쟁들을 중재할 신뢰성 있는 관료 체계, 발명을 장려할 특허 등의 보호 장치들이 반드시 있어야 한다. 연합규약은 이런 분위기를 제공하는 데 완전히 실패했으며, 이는 해밀턴이 헌법을 옹호하는 가장 큰 이유들 중 하나가 되었다. 그는 이렇게 썼다. '알려진 바와 같이, 재산과 신용에 관한 주정부의 느슨한 대처는 우리의 정치적 통일체가 현재의 헌법을 받아들이기 이전에 싸워야만 했던 가장 심각한 질병들 중 하나이자 여론이 그 헌법을 수용하게 만든 주요 원인이었다.'[3] 그는 새로운 헌법을 유연한 제도로 탈바꿈시켜서 경제 성장에 반드시 필요한 법적 기틀을 닦을 수 있게 했다. 이를 위해 그는 아직까지 확실한 형태가 없는 세 개의 조항들 - 필요적절조항, 공공복지조항, 통상조항 - 을 활성화시켜 경제에서의 정부 활동주의에 대한 기반이 되도록 만들었다.

워싱턴의 초대 임기는 대부분 경제적 사안들에 치중되었고 이 분야에서 해밀턴은 탁월한 활동을 펼쳤다. 이를 두고 우드로 윌슨은 '우리는 초대 행정부의 정책들을 돌아볼 때 워싱턴 대통령보다는 해밀턴 씨를 떠올리게 된다'며 적절한 평가를 내렸다.[4] 해밀턴에게는 다른 누구와도 견줄 수 없는 지식의 보고寶庫가 있었다. 재정의 '과학'이란 미국에게 새로운 것이었고 '이 때문에 신사 한 명이 최고의 의도로 최악의 조치들을 도입할 수도 있었다'는 게 피셔 에임스의 말이었다.[5]

선의를 가졌으며 정치적으로는 진보적이었지만 그럼에도 재정과 관련해서는 한심할 만큼 뒤떨어졌던 세 사람, 즉 제퍼슨과 매디슨 및 애덤스는 1790년대에 해밀턴을 가장 신랄하게 비판한 이들이었다. 이 관점에서 보자면 해밀턴은 당대의 진보적인 인물이었고, 그의 비판자들은 보수적인 인물들이었다.

버지니아 플랜테이션 사회의 일원들이었던 제퍼슨과 매디슨은 시장가치들에 대해 거의 본능적인 반감을 가졌고, 상업을 지저분하고 기생충 같으며 모멸적인 행위라고 폄하하려 했다. 역사상 대지주 귀족들이 그러했듯 이들은 고상한 체하며 상업과 금융 투기를 업신여겼다. 제퍼슨은 미국이 한정된 수의 가구만 제조업에 종사하는 농업 낙원이라는 환상을 영원토록 가졌다. 그는 해밀턴이 구상했던 무질서한 도시의 역동보다는 시골 생활의 차분하고 일관적인 리듬을 선호했다. '나는 우리 정부들이 주로 농업의 것으로 남는 한 몇 세기 동안 선하게 유지될 수 있으리라 생각한다. (중략) 만일 유럽처럼 대도시들에 서로 몰려든다면 우리 정부들도 유럽과 마찬가지로 부패할 것이다.'[6] 제퍼슨에게 있어 은행들은 가난한 이들에게 바가지를 씌우고, 농부들을 억압하며, 공화주의적 간결성을 전복시킬 사치스러운 취향으로 유도하는 장치들이었다. 엄청난 수의 노예를 소유하고 있던 사람치고는 이상하게도, 그는 농업이 평등주의적이며 제조업은 계급이 뚜렷한 사회를 낳을 것이라 믿었다.

뉴잉글랜드 상인 사회의 대표자로서 존 애덤스는 해밀턴의 경제 체제에 공감하는 후보자에 가까워 보였을 수 있지만, 그 또한 마찬가지로 보다 소박한 시대를 그리는 견해를 가지고 있었다. 후년에 애덤스는 제퍼슨에게 '은행 어음의 귀족 계층은 프랑스나 잉글랜드의 귀족만큼이나 나쁘다'고 말했다. 애덤스에게 있어 은행 제도는 부자들이 가난한 자들을 착취하는 사기에 불과했다. 그는 '아메리카의 모든 은행들은 개개인의 이익을 위해 국민들에게 부과하는 막대한 세금과 같다'고 논하면서 은행가들을 '사기꾼이나 도둑들'이라고 폄하했다.[7] 또 한번은 '내가 언제나 혐오했던 우리의 은행 체계 일체'라고 말한 적도 있었다. '나는 이자를 지불받는 모든 은행들과 그 책임자들이 산출한 이윤들을 (중략) 계속해서 혐오할 것이며 그런 채로 죽을 것이다.'[8] 애덤스는 은행을 완전히 없애버릴 수 있다고 생각하기에는 너무나 기민한 사람이었다. 대신 그는 개인 은행이 아닌 국가 부처가 관련된 중앙은행을 원했다. 제퍼슨과 애덤스 모두는 증권을 가지고 놀면서 생계를 꾸리는 사람들을 혐오했고, 훗날 애덤스가 그 대단히 부당한 은행 체계에 대해 통렬하고 장황한 비난을 늘어놓자 제퍼슨 또한 그 사업이 '흉악한 절도의 무한한 반복'이라는 데 동의했다.[9]

은행이 어떠한 경제적 목적으로도 활용될 수 있다는 점, 즉 은행이 일궈내는 번영이 몇몇 이들만을 풍요롭게 할 수도 있지만 동시에 상업의 바퀴들에 윤활유를 칠해줄 수도 있다는 점은 두 남자와는 맞지 않는 듯 보였다. 그러므로 해밀턴의 준(準)악마적인 조건들에 대한 그들의 글을 읽을 때면 우리는 그들이 은행업 및 여타 금융 행위들을 지긋지긋한 사기 행위로 보았다는 점을 기억해야만 한다.

해밀턴은 중앙은행이 긴급히 필요하다는 점을 단 한 번도 의심하지 않았다. 모든 주들에서 통용되는 단일 통화가 없으며 여전히 여러 외국 화

알렉산더 해밀턴

폐들이 난장판으로 뒤섞인 이 사태에서 국가에게는 통화 공급을 확장시키고, 정부와 기업들의 신용을 늘리며, 세금을 징수하고, 부채를 갚고, 외화를 거래하며, 정부 기금의 보관소가 되어줄 기관이 필요했다. 해밀턴은 단 한 달이라도 재무장관으로 일했던 사람이라면 '정부의 금전적 작전에 있어 은행들은 필수적이라는 완전한 확신'을 가지게 될 것이라고 단호히 말했다.[10]

해밀턴은 필라델피아와 뉴욕, 그리고 보스턴의 개인 은행들을 몇 개 알고 있었으나, 지역적인 제도는 중앙은행을 세우는 데 한정적인 지침만을 제공해줄 뿐이었다. 다행히도 그는 유럽 은행들이 세워둔 선례들을 파헤쳤던 바 있었다.

미국 독립혁명의 소란과 난장 그 한가운데서 그는 금융의 역사에 대해 스스로 공부하는 위업을 이루었다. 앞서 살펴봤듯 1780년 9월 당시 스물다섯 살이었던 해밀턴 중령은 제임스 두에인에게 충격적일 만큼 조숙한 편지를 보낸 바 있었는데, 그가 그 편지에서 선보였던 통찰력은 이제 중앙은행에 관한 하나의 이론으로 거듭나 있었다. 공적 기금과 사적 기금을 유익하게 뒤섞을 수 있다는 게 그 골자였다. '잉글랜드은행은 개인 신용에 대한 믿음과 공권력을 한데 결합했다. (중략) 암스테르담은행The Bank of Amsterdam 또한 이와 유사한 기반을 두고 있다. 그러할진대 왜 우리는 미국 은행을 가질 수 없단 말인가?'[11] 공권력에 의해 뒷받침되는, 본질적으로 사적인 은행이라는 이 혼성적 성격은 그의 중앙은행을 정의하는 특징이 될 터였다.

유럽의 중앙은행들에 대해 더 많이 알아보기 위해, 해밀턴은 말라키 포슬스웨이트의 『무역·상업 대사전』 및 앤젤리카 처치가 런던에서 보내준 애덤 스미스Adam Smith의 『국부론Wealth of Nations』을 파헤쳤다. 그러나 무엇보다 그의 주된 지침서가 되어준 것은 국왕 윌리엄 3세William III 치하에서 1694

년에 설립된 잉글랜드은행의 헌장이었다. 그는 헌장 한 부를 책상 위에 올려두고선 은행 관련 보고서를 쓸 때마다 들춰 보곤 했는데, 그것을 무비판적으로 베낀 것은 아니었고 몇몇 중요한 면들에서는 크게 다른 의견을 보이기도 했다. 해밀턴의 은행은 정부를 위해 작동함과 동시에 경제를 활성화시킬 것이었다. 또한 그는 공익에 보다 더 치중할 것을 계속 강조하며, 그렇지 않을 경우 은행은 소수의 투기자 무리들을 위한 부당한 도구로 오해받을 것이라 말했다.

보고서의 시작에서부터 해밀턴은 자신이 유럽의 선례를 따라잡고자 한다고 강조했다. '가장 계몽된 주요 상업 국가들에서 공공 은행이 승인과 후원을 받아왔다는 사실은 이미 널리 알려져 있다. 이러한 은행들은 이탈리아와 독일, 네덜란드, 잉글랜드, 프랑스의 뒤를 이어 이제는 미합중국에 세워진다.'[12] 해밀턴은 은행에 반대하는 편견이 널리 퍼져 있음을 잘 알고 있었기에 은행의 장점들을 알려야 된다는 생각을 하게 되었다. 애덤 스미스의 말을 빌린 그는 금과 은이 상인의 금고 안에 잠들어 있는 것이 얼마나 무익한 일인지를 설명했다. 반면 은행의 수중에 있는 경우라면 그 죽은 귀금속들은 '국부國富의 아기 방'으로 되살아나, 은행의 금고에 쌓인 주화들보다 몇 배는 더 큰 신용 공급을 형성하게 된다.[13] 해밀턴은 통화 공급과 그 유통 속도를 키우고자 했고 그것을 당대의 언어로 표현한 것이었다. 돈이 희소했던 탓에 많은 거래들은 물물교환의 형태로 이루어지고 있었으며, 남부에서는 담배를 대상으로 한 창고증권이 화폐보다 두 배의 값어치를 가질 때도 종종 있었다. 반면 중앙은행은 상업을 쉽고, 자유롭고, 효율적으로 만들 유동자본을 공급할 터였다.

해밀턴이 그토록 오랫동안 은행에 반하는 소문들과 싸워야 했다는 점은 당시의 사람들 사이에 은행에 대한 일반적인 혐오가 자리하고 있었음을 시사한다. 일례로 그는 은행들이 필시 증권에 대한 투기 열풍을 일으킬 것이라는 편견과 맞서 싸워야만 했다. 그는 정부에 대한 신뢰가 자라날수록 그 채권에 대한 투기는 점진적으로 줄어들 것이라 주장했다. 동시에 그는 투기적인 남용이 '가끔 있는 해악이자 보편적인 이익에 반하는 일'임을 인정하면서도, 그것이 은행이 불러올 전반적인 장점들보다 더 크지는 않다고 말했다. '이로운 것임에도 그것이 남용된다는 이유만으로 비난받아 마땅하다고 결정해버린다면, 공공 번영의 원천들 중 당장 사라지지 않아도 괜찮을 것들은 거의 없을 것이다.'[14] 투기 열풍이 임박해 있다는 데 대해 해밀턴이 얼마나 솔직한 태도를 보였는지는 강조해둘 필요가 있겠다. '은행들은 그 모든 예방 조치들에도 불구하고 종종 앞서 묘사된 사람들에게 거짓된 신용을 줘버릴 수도 있으나, 결국은 그들 자신들과 공동체에게 이로울 사업을 벌이거나 추진할 자본을 적게 가진, 혹은 자본이 아예 없는 정직하고 근면성실한 사람들이 그 사업을 벌일 수 있게끔 만들어주는 경우가 더욱 많다.'[15]

정치적 및 법적 이유들 때문에 해밀턴은 지폐라는 논쟁적인 대상을 다루어야만 했다. 헌법은 주에서 지폐를 발행하는 것을 불법으로 규정했으나, 모든 사람들은 지난 혁명 도중 대륙의회가 발행한 무가치한 대륙화폐를 기억하고 있었다. 연방정부는 이제 지폐를 발행해야 하는 것일까? 인플레이션의 위험을 우려했던 해밀턴은 이를 일축했다. '어음을 찍어내는 일은 세금을 부과하는 것보다 훨씬 더 쉬운 작전이지만, 어음 발행 중에 있는 정부는 위급 상황이 발생한다면 거의 예외 없이 그 수렁에 너무나 깊이 빠져버릴 것이다.'[16] 그 대안으로 해밀턴은 중앙은행이 발행하는 은행권을 주화로 교환할 수 있게 하는 형태를 내세웠는데, 이를 통한다면 자기수정적인 체계가 시작될 수 있었다. 만일 은행이 너무 많은 은행권을 발행한다면 은행권 소유주들은 그 가치에 의문을 가지게 되어 그것을 금이나 은으로 교환할 것이고, 이에 따라 은행은 은행권 공급을 축소할 수밖에 없으므로 은행권의 가치는 다시 회복될 것이었다.

해밀턴은 자신이 세울 중앙은행이 개인 투자자들도 끌어들일 수 있을 만큼 수익을 만들어내는 한편 공익에도 기여하기를 바랐다. 그는 이사회 구성이 논쟁적인 사안임을 잘 알고 있었다. 이사회는 '소규모의 선별된 계층의 남자들'로 구성될 터였는데, 해밀턴은 직권 남용을 막기 위해 의무 순환제를 제안했다. 또한 그는 이사회 내에서의 처리 과정이 '반드시 비공개'로 이루어져야 한다고 주장했는데, 그 결과로 '무언가가 잘못되었거나 잘못되리라는 무한한 상상의 나래'라는 '피할 수 없는 의혹이 떠오를 게 뻔하기 때문에 은행 설립 헌장에 임원 교체 조항을 반드시 넣어야만 하는 확고한 이유'가 생겼다고 말했다.[17] 그러나 누가 이 비밀스러운 돈 보루를 관리해야 하는가? 1,000만 달러의 자본금은 미국 역사상 한 번도 존재한 적이 없었던 규모이자, 당시 존재하는 모든 은행들의 자본들을 모두 모은 것보다 몇 배는 더 큰 금액일 터였다. 은행이 대체로 사인私人의 소유이기를 바랐던 해밀턴은 훗날 중앙은행의 공리公理가 되는 이론 하나를 선보였다. 통화 정책은 남용되기가 너무나 쉬우므로 이에 간섭하려는 정치인들로부터 단절되어 있어야 한다는 것이었다. '이러한 성질을 가진 제도에 완전한 자신감을 부여하려면 공적 관리가 아닌 사적 관리에 의해, 또 공공 정책이 아닌 사익에 의해 운영되는 것이 그 구조상의 필수적 요건으로 보인다.'[18]

동시에 해밀턴은 은행이 공공의 제어를 너무나 잘 피한 나머지 남용이 발생하게 되는 경우도 우려했으며, 공익을 수호하기 위해 정부를 은행의 소수 주주로 만들어 이사회에 투표할 수 있게 했다. 대통령은 1,000만 달러의 자본금 중 최대 200만 달러까지의 주식자본금 구입할 권한을 부여받는데, 이는 정부에게 상당한 영향력을 선사해주기엔 충분한 액수였지만 한편으로 자기 잇속을 차리기 위한 정책을 펼치기엔 다소 모자라는

알렉산더 해밀턴

금액이었다. 또한 재무장관은 은행 활동에 대해 주간 보고를 받으며 그 회계 장부들을 점검할 수 있는 재량도 가질 터였다.

각각의 조치들이 서로 맞물려 하나의 연동된 체계를 구성하게 한 것은 해밀턴이 재무장관으로서 거둔 성공의 본질이나 마찬가지였는데, 그의 중앙은행도 예외는 아니었다. 자본금 중 개인의 납입자본인 800만 달러는 그 4분의 3이 정부 증권으로 지급될 터였다. 그러므로 해밀턴은 자신의 중앙은행과 국채 계획들을 정교히 한데 엮어 둘 중 하나에서만 발을 빼기 어렵게끔 만들었다. 그 조치들이 너무나도 복잡 미묘하고 상호적으로 관련되어 있었기 때문에 해밀턴의 적들은 그를 더더욱 골칫거리이자 공포로 여기게 되었다.

1791년 1월 20일, 20년을 기한으로 하는 미합중국은행 설립 헌장의 초안이 사실상 상원을 수월하게 통과했다. 이로부터 얼마 지나지 않아 미국 정계에는 깊은 갈등의 골이 입을 벌리며 최초의 정당을 낳게 될 것이었지만, 이때까지만 해도 그 전조는 전혀 드러나지 않았다. 그러나 하원이 설립안을 두고 고심하던 2월 초가 되자, 특별소비세로 인해 잠시간 회복되었던 해밀턴과 매디슨 간의 우호관계는 이제는 돌이킬 수 없을 만큼 산산조각 날 것임이 뚜렷이 드러나기 시작했다. 매디슨의 반대는 이번에도 어느 정도 지역적 색채를 띠고 있었다. 중앙은행을 비판하던 몇몇 이들은 이 기관이 남부 농민들을 약화시키고 북부 상인들은 강화시킬 것이라 생각했는데, 매디슨은 최대 규모의 농업 주 출신이었던 것이다. 해밀턴은 도시적인 편향성을 일절 부인하면서, 은행은 그것이 설립되었던 모든 곳에서 '농업, 제조업, 상업에 새로운 봄을 가져다준 바 있다'고 워싱턴에게 말했다.[19] 그러나 이것이 사실이라 해도, 해밀턴은 농부들이 그 특성상 채무자들이고 그러므로 은행가들 및 채권자들을 경멸할 수밖에 없다는 사실을 감안해야만 했다. 남부의 농장주들은 특히 은행가들을 혐오했다. 역사학자 존 C. 밀러John C. Miller는 '은행업을 곧 불법적 이득을 위해 벌이는 돈의 매춘 정도라고만 여겼던 한 버지니아 농장주는 은행에 들어가다 걸리느니 차라리 매음굴에 들어가겠다고 맹세했다'고 쓰기도 했다.[20]

해밀턴은 이 새로운 은행을 필라델피아에 두고자 했다. "상당한 양의 *자본과 사업이* 함께하는 *대형 상업도시가* 본 은행을 위한 가장 최적의 자리라는 점은 명백합니다." 그가 워싱턴에게 한 말이다.[21] 매디슨은 필라델피아에 은행을 두면 포토맥으로의 국가 수도 이전에 대한 약속이 깨지면서 수도가 영원히 그곳으로 자리 잡을지 몰라 조마조마해했다. 로드아일랜드의 의원 벤저민 번Benjamin Bourne은 이것이 포토맥으로의 '의회 이전에 불리하게' 보이지만 않았어도 '남부의 신사' 매디슨이 은행에 대해 반대하는 목소리를 낼 일은 없었을 것이라고 추측했다.[22] 이를 포함한 여러 이유들로, 패트릭 헨리는 해밀턴의 경제 계획을 가리켜 '이는 내가 언제나 두려워했던 한 체계, 즉 북부의 이익집단에 남부가 종속되는 체계를 구성하는 일부분'이라며 비난했다.[23]

이와 같은 지리적 분열 위에는 과연 헌법이 중앙은행을 허용하기는 하는지에 대한 근본적인 질문이 그림자를 드리웠다. '연방주의자'를 집필하던 당시 매디슨은 헌법의 유연한 해석을 지지했었다. 그러나 지금 하원의회의 연단에 올라선 그는 입장을 완전히 뒤바꿔, 헌법에 특정적으로 열거되지 않은 연방정부의 권한을 부정하고 나섰다. '헌법을 검토한 결과 (중략) 은행을 설립할 권한을 찾아보기란 불가능했습니다.'[24] 해밀턴은 제1조 8항, 즉 명시된 권한을 행사하기 위해 '필요하고 적절하다'고 여겨지는 모든 법안을 통과시킬 권한을 의회에게 부여한 포괄적 조항을 들어 설명했다. 매디슨은 그가 그 권한을 부당하게 이용하여 '일반정부(연방정부_역주)의 권한을 제한하고 주정부의 권한을 보호하는 장애물들을 모두 들어 올리고 있다'고 비난했다.[25] 매디슨은 민첩한 해밀턴이 무제한적인 활동을 꿈꾸면서 '필요적절'조항으로 그것을 정당화시킬까 두려웠던 나머지 헌법을 엄격하게 해석하는 사람으로 거듭난 셈이었다.

매디슨은 해밀턴이 연방 권력의 고삐를 쥐고 있던 부자 귀족 세력들을 대변하는 공식적인 목소리라고 여기게 되었다. 그러나 본래의 헌법 해석론에서 벗어난 사람은 다른 누구도 아닌 매디슨이었다. 매디슨으로서는 당황스럽게도 엘리아스 부디노는 의회에서 필요적절조항에 관련된 '연방주의자' 제44호의 글 일부를 낭독했는데, 그 안에는 대표적으로 다음의 내용들이 포함되어 있었다. '목적을 달성해야 할 필요가 있다면 그것을 위한 수단은 승인된다'는 것보다 법적으로든 논리적으로든 더 자명한 공리는 없다. 즉, 무언가를 이루기 위한 일반적인 권한이 주어졌다면, 그것을 행할 모든 특정한 권한들도 거기에 포함되어 있다.'[26] 아마도 해밀턴은 자신의 오랜 친구에게 이것이 매디슨이 쓴 물증이라며 귀띔해주었을 것이다.

2월 8일, 하원의회는 39대 20이라는 일방적인 투표 결과로 은행 설립안을 통과시키면서 해밀턴에게 특히나 달콤한 승리를 안겨주었다. 덕분에 잠시간은 그가 정부를 완전히 지배하는 것처럼 보이기도 했으나, 이 승리는 상당한 골칫거리를 낳게 되었다. 포토맥을 기준으로 북쪽에서 온 거의 모든 의원들은 해밀턴에게 완전한 지지를 보냈던 반면 그 상대편이었던 남부 의원 거의 전부는 그에게 반대한 것이다. 철학적인 관점이 점점 더 지역적인 이익들과 경계를 같이하게 되면서 두 개의 정당이 점점 더 윤곽을 갖춰나가는 모습도 눈에 보이기 시작했다. 개별적인 사안들이 하나로 뭉쳐지고 있었으며, 사안마다 상대해야 하는 사람들도 똑같았다. 존 마셜 연방대법원장은 저서 『워싱턴 전기Life of Washington』에서 미국 정당의 기원은 미합중국은행을 두고 벌어졌던 악의 가득한 분쟁에서 찾을 수 있다고 말했다. 그의 말에 따르자면 그 분쟁은 '경계가 분명하고 가시적인 당파의 완전한 조직으로 이어졌으며, 권력을 놓고 그들 간에 벌어진 수상쩍고 오랜 갈등은 곧 미국을 중심부터 흔들게 되었다'고 하다.[27]

마치 전능한 것처럼 보이는 해밀턴의 권력은 매디슨을 더욱 불안하게 만들었다. 그가 꿈꿨던 행정부와 입법부 간의 세력 균형이 이로써 왜곡되는 듯했기 때문이다. 1787년 필라델피아의 대표단 중 다수는 의회가 주도적인 정부 부처이자 대중 자유의 수호자로서 영국식 압제의 도래를 막을 것이라 여겼다. 바로 이 때문에 헌법 제1조에서는 입법부의 의무를 규정한 것이다. 매디슨은 이 견해에 따라 재무장관 역시 의회에 대한 종속적 역할, 즉 의원들이 법안을 만들 때 도움이 될 보고서를 제공하는 정도만을 담당해야 한다고 생각했다. 제퍼슨 또한 마찬가지로 해밀턴이 보고서를 제출하고 또 그것에 근거하여 법안을 작성하는 방식을 내켜하지 않았다. 그러나 해밀턴은 정부의 주요 엔진이자 정책들에 힘과 방향성을 실어줄 수 있는 유일한 부처가 행정부라 생각했고, 그의 구상은 시간이 지날수록 그 정당성을 입증하게 되었다.

해밀턴도 자신의 은행 설립안이 헌법의 위기를 촉발하리란 점을 미리 예견한 것은 아니었다. 제퍼슨과 매디슨은 해밀턴이 단순히 자신들의 원칙들을 부숴버릴 구조를 세우려는 것이 아니라, 나아가 그 창조물들을 돌에 아로새기려 한다며 점점 더 큰 걱정에 빠졌다. 연방 권력에 대한 해밀턴의 확장적인 구상은 그들에게 불길한 예감을 한층 더 채워 넣었다. 때가 지나버리면 돌이키기 매우 어렵다는 것은 선례들을 통해 충분히 알 수 있었다. 해밀턴 또한 후에 자신의 회고에서, 새로운 중앙은행은 자신이 최대로 확장시킨 연방 권력을 대표하는 것이었다고 인정했다. 이 신정부가 비로소 결정적인 순간에 도달한 것이다.

매디슨은 워싱턴이 해밀턴의 은행 설립안을 저지하고 미국 역사상 최초의 거부권을 행사하기를 바랐다. 설립안이 헌법과 합치하는지를 따져보기 위해 워싱턴은 조밀한 내각의 구성원들의 생각을 물었다. 제일 먼저 워싱턴이 찾은 사람은 은행이 헌법에 위배된다는 내용의 논설을 매주 써내고 있던 법무장관 에드먼드 랜돌프였다. 이후 워싱턴은 제퍼슨에게 갔는데, 그는 독점과 특허 회사(국왕의 인가를 받아 설립된 회사_역주)는 영국 국왕들이 부여하는 특권이라며 그것들을 오래도록 혐오해왔던 사람이었기에 중앙은행과 진정한 공화주의를 합치시킬 순 없다고 여겼다. 또한 제퍼슨은 워싱턴의 내각 안에서 자신이 상대적으로 무능하다는 데 점점 더 짜증이 나고 있었으며, 상업의 북부가 해밀턴의 찬조하에 농촌의 남부에 대한 우위를 점할까 두려워했다. 그는 조지 메이슨에게 다음의 말을 남겼다. '우리 정부의 현재 형태에서 부패한 것을 고칠 수 있는 유일한 방법은 하원의회에서 수를 늘려 더 많은 농업적인 대표를 확보하고, 그들이 주식 투기꾼들보다 더 많은 이익을 행사하기를 바라는 것이오.'[28]

제퍼슨은 해밀턴이 필요적절조항을 왜곡하고 있음을 근거로 들면서 미합중국은행이 헌법에 위배된다고 간명하게 혹평했다. 어떠한 조치를 시행하는 데 있어 연방에 부여된 권력을 행사하는 것이 더 편리하다는 이유만으로는 그 권력 행사가 합헌이라고 할 수 없으며, 나아가 연방 권력 행사가 조치 시행에 반드시 필수적인 - 즉 없어서는 안 되는 정도일 경우에만 합헌이라는 게 제퍼슨의 말이었다. 입법권에 대한 헌법상의 설명을 문자 그대로 받아들인 그는 '명확하게 그어진 경계선 바깥으로 한 발짝이라도 내딛는다는 것은 (중략) 곧 그 어떤 한계에도 구속받지 않는, 한없는 범위의 권력을 손아귀에 넣는 것'과 같다고 예언했다.[29]

이듬해 제퍼슨이 매디슨에게 보낸 위협적인 편지에서는 그가 새로운 은행을 얼마나 격렬하게 반대했는지 엿볼 수 있다. 헨리 리 최고행정관은 버지니아에서 해밀턴의 국립은행 지사에 맞대응하는 역할을 해줄 지역은행을 설립하고자 했다. 제퍼슨은 중앙은행에 정당성을 부여해줄 수도 있는 모든 움직임들을 우려했다. 그의 편지를 보면 연방법이 주법보다 우위에 있다는 헌법의 기본 교리를 그가 인식하지 못하고 있었다는 점이 명백히 드러난다.

> 은행이나 회사를 설립하는 권한은 일반 정부에게 주어지지 않은, 주 자체에 남아 있는 권한이다. 주 자체에 속하는 사건에서 외부의 입법부(제퍼슨이 뜻한 것은 미국 연방의회다)를 인식하는 사람이라면 누구나 그것이 주에 대한 *반역 행위*임을 알 수 있을 것이다. 또한 누구든 외부 입법부의 권한을 구실 삼아 행동하는 자 - 즉 증서에 서명을 하거나, 증서를 발행하고 통과시키거나, 관리자나 출납원 혹은 그와 관련된 부서에서 일하는 자들 등은 *대역죄를 저지르고 있다고 선고되어야* 하며 주정부의 판단에 따라 *마땅히 죽음에 처해져야* 한다. 이것이 우리 주가 하염직한 유일한 반대이며 효과적일 수 있는 유일한 종류의 반대다. (중략) 나는 이것이 아니라면 그 어떤 일도 벌어지지 않기를 바란다.[30]

다시 말해 독립선언문의 이 주요 저자는 미국 헌법의 주요 설계자에게 해밀턴의 은행과 협력하는 버지니아의 모든 은행원들은 대역죄로 유죄를 선고받고 처형되어야 한다고 말하는 셈이었다.

워싱턴은 은행을 지지하는 쪽으로 마음이 기울어 있긴 했으나 제퍼슨과 랜돌프가 내놓은 부정적인 평결에 흔들렸으며, 2월 16일에는 이에 대한 해밀턴의 의견을 구했다. 워싱턴이 그 조치에 대한 승인 혹은 거부를 결정하기까진 단 열흘이 남은 상태였다. 해밀턴의 자료 편찬자 중 한 명의 말에 따르자면 이때 해밀턴이 답신으로 보낸 문서는 '미국 정치 역사상 헌법의 확장 해석에 관한 가장 훌륭한 글'이었다.[31] 여느 때와 마찬가

알렉산더 해밀턴

지로 해밀턴은 상대를 눈사태 같은 논의 속에 파묻어버리려 했다. 그는 생각을 정리한 뒤 필라델피아 최고의 법관 중 하나였던 윌리엄 루이스 William Lewis에게 조언을 청했고, 두 사람은 오후 내내 루이스의 정원을 거닐면서 해밀턴의 주장들을 검토했다. 이로부터 1주일이 약간 더 지났을 무렵, 인간 발전기 같은 해밀턴은 거의 1만 5,000단어에 이르며 훗날 발간된 그의 논집에서도 거의 40페이지를 차지하는 논문 한 편을 써냈다. 21일 월요일, 그는 워싱턴에게 자신의 의견에 대한 변호를 '사상 가장 공들여' 준비했으며 그 결과물을 화요일 저녁이나 수요일 아침에 전달하겠다고 보고했다. 그는 이번 사안이 '철저히 검토'되길 바란다는, 우스꽝스러울 만큼 절제된 표현을 썼다.[32] 해밀턴은 기한 직전까지 논문을 쓰는 데 매달렸다. 워싱턴에게 이를 전달하던 수요일 아침, 기진맥진해진 그는 마지막 원고가 '지난밤의 대부분을 잡아먹었다'고 고했다.[33]

엘리자 해밀턴은 남편이 헌법의 공고한 원칙 하나에 불멸의 표현들을 선사했던 그 잠 못 이룬 밤을 기억하고 있었다. 훗날 나이 지긋해진 그녀는 미망인의 상복을 입은 채 그날의 이야기를 한 젊은이에게 해주었으며, 그 젊은이는 자신의 일기에 이를 다음과 같이 기록했다.

나이 지긋한 해밀턴 부인은 (중략) 신체도 활동적이고 정신도 맑으며 (중략) 워싱턴, 제퍼슨, 그리고 아버지들에 대해 스스럼없이 이야기한다. 나는 그녀의 남편과 정부政府와의 관계성에 대한 이야기를 (중략) 얼마나 흥미롭게 들었는지 그녀에게 이야기했다. "그이가 자네의 정부를 만들었다네." 그녀가 말했다. "그이가 자네의 은행을 만들었지. 나는 밤새도록 일어나 앉아서 그가 그리 하는 것을 도왔었고. 제퍼슨은 우리가 은행을 가져서는 안 된다 생각했고 워싱턴 대통령은 그렇게 해야 한다고 생각했어. 그러나 내 남편은 '우리는 반드시 은행이 있어야 한다'고 말했지. 나는 밤새 일어나 앉아 그의 글들을 옮겨 적었고 이튿날 아침 그이는 그것을 워싱턴 대통령에게 전달했다네. 그래서 우리는 은행을 가지게 된 것이지."[34]

해밀턴 자신도 그날 밤 '대부분'을 깨어 있었다는 암시는 곧 그 장대한 위업을 완성시켰던 전율적인 마무리 작업에서 그의 영감이 찬란하게, 다소 마지막인 듯 폭발했음을 증명한다. 그가 선보였던 다른 지적 산물들과 마찬가지로 이것 또한 거의 마라톤 선수 같은 기량을 거친 위업이었다.

해밀턴은 논문 수준의 학식과 성명 수준의 열기를 통하여 자신의 견해를 밝혔다. 정부는 설립 목적을 이루기 위한 수단을 반드시 갖춰야 하고, 그렇지 않으면 사회의 연결고리들이 무너지리라는 게 그 요점이었다. 정부를 헌법의 제한적 해석으로부터 자유롭게 만들고자 했던 해밀턴은 정부가 헌법에 명시된 권리를 행하는 데 필요한 모든 필수적 수단을 사용할 권리를 가진다는 원칙, 이름하여 '내재된 권리implied powers'의 원칙을 가다듬었다.

의견의 초안을 작성하면서 해밀턴은 제헌회의의 회의록이 필요적절조항에 대한 자신의 진보적 해석에 대한 '풍부한 확인'을 제공해줄 것이라고 주장했다. 제헌회의의 비밀유지 서약을 깨고 싶지 않았던 -혹은 어쩌면 매디슨이 같은 카드를 꺼내들까 우려했던- 그는 그 문단을 지우고선 헌법이 스스로를 변호하도록 두었다. 그는 워싱턴에게, 만일 받아들여진다면 '국무장관과 법무장관이 옹호하는 종류의 구성 원리들은 미합중국의 정당하고 필수적인 권위에 치명적일 것'이라고 말했다.[35] 이후 해밀턴은 이탤릭체를 잔뜩 써가면서 자신의 핵심 주장을 설파했다. '지금 재무장관이 보기에 이 *일반적인 원칙*이란 정부의 *정의* 자체에 *내재된* 것이며 미합중국이 만들어나가야 할 진보의 모든 발자국에 있어 *본질적인* 것이다. 다시 말해 한 정부에게 부여된 모든 권한은 본성적으로 *자주적이고*,

그러한 권한이 가지는 *목적*의 성취에 필요하고 정히 *해당되*는 모든 수단을 사용할 권리를 그 *용어*의 *힘*에 인하여 향유한다. 만일 제퍼슨이나 랜돌프의 견해가 인정된다면, 미합중국은 *주권*이 없는 *정치적 사회* 혹은 *정부* 없이 *지배되*는 국민들이라는 훌륭한 장관을 펼치게 될 것이다.'[36]

해밀턴은 헌법이 은행을 명시적으로 언급하지 않았다는 것을 근거로 삼는 불만들도 날려버렸다. '*내재된* 권한이 *명시된* 권한과 더불어 존재한다는 점, 그리고 전자가 후자만큼이나 유효하게 위임되었다는 점은 부인되지 않는다.'[37] 제퍼슨과 맞서 논쟁하면서, 그는 모든 정부 정책들에 있어 특정 직무 수행이 '절대적으로 필요한지'를 엄격히 심사하려 든다면 정부가 마비될 것이라고 주장했다. 무엇이 절대적으로 필요한지를 과연 누가 확실히 말할 수 있단 말인가? 그는 관세청 설립 시의 이야기를 들어 이를 지적했다. 당시 해밀턴은 등대와 신호등, 부표 등 엄밀하게 필수적인 것은 아니지만 그럼에도 사회에 도움이 되는 것들의 건설을 감독한 바 있었다. 이로써 그는 다양한 형태의 연방 권력이 장래에 사용될 수 있는 밑바탕을 마련해두고 있었다.

미합중국은행은 정부가 헌법에 명시적으로 언급된 네 가지 권한을 사용할 수 있게끔 만들어줄 터였다. 세금을 거둘 권리, 돈을 빌릴 권리, 주들 간의 무역을 규제할 권리, 함대와 군대를 지원할 권리가 그것들이었다. 제퍼슨은 연방정부가 기업을 세울 수 있는 모든 권리를 박탈하고자 했으나, 해밀턴은 이것이 장래 미국의 산업을 심각히 손상시킬 것이라 보았다. 당시에는 몇 안 되는 회사만이 존재하고 있었고, 그마저도 대부분 대형 도로를 닦는 회사들이었다. 앞을 멀리 내다볼 줄 알았던 해밀턴은 이 산업 형태의 어마어마한 유용성을 알아보았으며, 왜 한정적인 법적 책임의 회사가 개인 동업자들보다 우월한지를 워싱턴에게 끈기 있게 설명했다. 결국 은행에 대한 해밀턴의 논의는 헌법에 대한 그의 해석뿐 아니라 역사에 대한 연구에서도 비롯되었던 것이다. '이러한 성격의 모든 질문들에서, 인류의 행위는 개개인의 의견보다 훨씬 더 중요하게 여겨져야 한다.'[38]

이 권위 있는 변론을 써낸 뒤, 해밀턴은 2월 23일 수요일 정오가 되기 전 이 글을 워싱턴에게 보냈다. 이튿날, 그의 견해를 검토해본 워싱턴은 비록 의혹이 완전히 해소된 것은 아니었지만 그럼에도 충분히 감명을 받았으며 망설임 없이 이 글을 제퍼슨에게 보냈다. 하루가 더 지난 그다음 날, 그는 은행 설립안에 서명했다.

은행 설립에 대한 해밀턴의 탄원은 미국 역사를 따라 오래도록 영향력을 발휘했는데, 그 글이 연방대법원장 존 마셜에게 큰 영향을 미쳤던 것도 여기에 한몫을 더했다. 1819년의 기념비적인 맥컬럭 대 메릴랜드 주 사건McCulloch v. Maryland에서 대니얼 웹스터는 미합중국제2은행Second Bank of the United States을 옹호하는 구두 변론을 펼치며 해밀턴이 1791년 필요적절조항에 관해 워싱턴에게 보냈던 메모를 인용했다. 명백하게 해밀턴의 말을 빌려온 마셜은 *필요적*이라는 말은 *없어서는 안 된다*는 것보다는 *적절하다*는 말에 가깝다고 이야기했다. *필요적*이라는 단어에 대한 해밀턴의 유연한 정의는 미국 역사상 수차례에 걸쳐서 정부가 예기치 못했던 위급 상황에 자유로이 대처할 수 있게 해주었다. 헨리 캐벗 로지는 훗날 해밀턴이 주창한 '내재된 권리'라는 신조를 가리켜 '헌법이라는 무기고에서 가장 가공할 만한 무기로, (중략) 연방정부의 권한을 거의 모든 크기로 부여해줄 수 있다'고 언급했다.[39] 해밀턴은 결코 헌법의 주요 설계자가 아니었고 그 월계관은 확실히 제임스 매디슨에게 돌아가지만, 가장 뛰어난 헌법 해석자는 다름 아닌 해밀턴이었다. '연방주의자'부터 시작한 그는 자신의 목적들을 성취하기 위해 헌법의 교리들을 자세히 설명해야만 했던 재무장관 임기 동안에도 헌법의 해석을 계속 이어갔다. 이론에서건 실천에서

건 그는 헌법의 모든 음절들을 살렸는데, 이 때문에 역사학자 클린턴 로시터Clinton Rossiter는 '우리가 받들며 살고 있는 헌법을 형성하는 데 있어 해밀턴이 했던 일과 남긴 말들은 다른 그 어떤 미국인이 남긴 것보다 더욱 중대한 역할을 해왔다'고 주장하기도 했다.[40]

해밀턴이 다스려야 했던 수많은 불가사의한 사안들 중에는 화폐 주조 문제도 있었다. 이 문제에 관해 미국이 너무도 늑장을 부리는 바람에, 연합의회에서 달러를 화폐 단위로 채택했음에도 워싱턴은 취임 이후 영국 파운드, 실링, 펜스 등으로 일상적인 지출을 기록했다. 각기 다른 주의 사업가들은 여전히 변동하는 가치들을 외국 주화에 맡겼고, 그 주화 또한 자유로이 계산되고 있었다. 너무나 많은 금화와 은화들에 비금속이 섞여 있었기 때문에, 많은 상인들은 값을 제대로 받지 못할 것이 두려운 나머지 사업에 뛰어들기를 꺼려했다. 화폐 위조도 성행하고 있었는데, 해밀턴이 재무장관이 되었을 당시에도 이는 여전히 뉴욕 주에서 사형에 처해지는 중범죄였다.

심지어 자신의 은행 보고서를 선보이던 그 시기에도 해밀턴은 외국의 화폐 제도에 관한 책들을 열심히 탐독해나갔고, 특히 제임스 스튜어트James Steuart의 『정치경제학 원리Principles of Political Economy』를 즐겨 읽었다. 그는 주조의 대가 아이작 뉴턴Isaac Newton이 영국 재무부가 사용할 수 있도록 파운드의 정확한 귀금속 단위 가치를 명시한 표들을 상세히 읽었으며, 외국 주화들에 대한 특수 시금試金을 주문하여 그 안에 얼마만큼의 금과 은 및 구리가 섞여 있는지 알아보았다.

상원에서 은행 설립안이 통과되고 1주일 후인 1791년 1월 28일, 해밀턴은 사면초가에 몰린 의원들에게 또 하나의 두툼한 문서를 건네주었다. 그의 「주조 보고서Report on the Mint」에는 영리한 제안들이 촘촘히 박혀 있었다. '화폐 단위의 고유한 가치를 단일하게 보존하는 것보다 국무의 경제에서 더 중대한 지점은 거의 없다.' 그가 읊조렸다. '안보와 안정적인 재산 가치는 근본적으로 여기에 근거한다.'[41] 그는 달러 및 그것을 십진법으로 나눈 더 작은 단위의 주화들을 기본 통화로 지지했다. 여전히 다수의 미국인들이 물물교환을 하고 있었기 때문에 그는 주화의 사용을 독려하고자 했다. 시장 경제를 강화하기 위한 캠페인의 일환으로 해밀턴은 다양한 종류의 주화 도입을 추천했는데 여기에는 금은화 달러, 10센트짜리 은화, 1센트 및 0.5센트짜리 구리 주화가 포함되었다. 그는 부유한 사람들만을 고려한 것이 아니었다. 작은 단위의 주화들은 가난한 이들이 '당장 필요한 생필품들을 더 적은 양으로, 또 더 합리적인 가격에 살 수 있도록 해줌으로써' 이득을 가져다줄 것이었다.[42] 애국심을 고무하기 위해 그는 주화에 대통령의 두상이나 여타 상징적인 그림들을 담으면서 엄청난 미美와 솜씨를 드러내는 방식을 제안했다. '주화의 완벽성은 위조에 대한 훌륭한 예방 조치가 된다는 것이 관찰된 바다.'[43] 언제나 디테일까지 신경 썼던 그답게, 해밀턴은 훔치기 더 어렵게끔 주화를 크고 얇은 형태가 아니라 작고 두꺼운 것으로 만들어야 한다고 추천했다.

금이나 은으로도 주화를 만들어야 하느냐는 질문에 대해, 해밀턴은 두 가지 모두를 선택하는 한없는 실수를 저지름으로써 곧 미국 금융 역사의 저주가 될 '복본위제複本位制'를 시작하게 되었다. 그는 통화 공급을 늘리고 경제 활동을 북돋우려는 게 자신의 주된 목표였던 시점에서 금이나 은 중 하나를 통화용 금속으로 선택해버리면 '유통되는 매체의 수량을 축약하게' 될 것이라 우려한 나머지 이런 결정을 내리게 되어버렸다.[44] 그가 해결하고자 했던 주요 문제들 중 하나는 여러 주들에서 달러화가 아직 고정 가치를 가지지 못했다는 것이었다. 해밀턴은 그다운 정밀성으로 각 주화에 들어가는 귀금속의 양을 정하고자 했는데, 예를 들자면 은화 달러

하나는 '370과 1,000분의 933그레인(약 24그램_역주)의 순은'을 함유하게 하는 식이었다.[45]

해밀턴이 「주조 보고서」의 초안을 작성하던 무렵만 해도 그와 제퍼슨은 여전히 예의 바른 대화를 나누고 있었으며 돈에 관한 아이디어들을 주고받았다. 주화는 제퍼슨이 가장 흥미를 가진 분야들 중 하나였고 지난여름 그는 이에 대한 보고서를 의회에 올리기도 했었다. 사실 해밀턴도 이 보고서에 의존하여 자신의 보고서를 작성했었기에 이번만큼은 그들이 서로 동의하는 듯 보였다. "제가 엄청난 만족감으로 읽어 내려갔던 당신의 주조 보고서를 돌려드립니다." 해밀턴의 보고서가 의회에 제출되기 전 제퍼슨이 해밀턴에게 한 말이다.[46] 파리 대사로 있는 동안 왕실 조폐국을 방문했었던 제퍼슨은 동전의 양면에 동시에 무늬를 새길 수 있는, 스위스의 발명가 장 피에르 드로즈Jean Pierre Droz의 주조 기계에 경탄한 바 있었다.

1792년 봄 의회가 마침내 미합중국조폐국을 설립하고 첫 번째 연방주화를 생산하기 시작했을 때, 이를 제퍼슨의 국무부 관할에 두기로 한 워싱턴의 결정을 해밀턴은 오래도록 유감스러워했다. 이는 대통령 또한 재무장관이 충분히 많은 일을 하고 있다고 믿었던 데서 결정한 일이었다. 안타깝게도 제퍼슨은 조폐국을 제대로 운영하지 못했다. 해밀턴은 우체국을 국무부에 넘겨주는 대신 조폐국을 자신의 소속인 재무부의 관할하에 두게끔 담당 기관을 교환하고자 했으나 헛수고로 돌아갔다. 이러한 불안정한 시작에도 조폐국은 필라델피아에 굳건히 자리 잡았으며, 1800년 정부가 워싱턴 D.C.로 옮겨갈 때에도 이곳 임시 수도에 남게 되었다.

미합중국은행이 열띤 논쟁을 불러일으켰고 나라를 양극으로 분열시켰다는 사실도 1791년 7월 4일에는 모두 다 지나간 이야기처럼 보였다. 그 기념비적인 날 필라델피아에서는 해밀턴의 중앙은행에 대한 주식 청약이 기대감에 잔뜩 부푼 일반인들에게 개방되었고, 흥분한 대중은 이에 지체 없이 뛰어들었다. 투기가 만연하여 청약자들에게는 12퍼센트가 넘는 상당한 배당이 돌아갔고 이 최초의 모집을 기대한 사람들은 1주일 전부터 수도로 모여들었다. 억눌려 있던 수요가 너무나 활기찼던 탓에, 부자가 될 수 있다는 환영에 홀린 군중은 건물로 들이닥쳐 사무소를 압도했다. 청약자들이 과도하게 몰린 탓에 발행주는 한 시간이 채 지나지 않아 모두 거래되었고 다수의 투자자들이 언짢아진 채 빈손으로 돌아가야만 했다. 제퍼슨은 제임스 먼로에게 '그 은행은 문을 연 순간 가득 찼고 곧 흘러넘쳤다'고 말했다.[47]

해밀턴은 이처럼 주식을 공개적으로 거래하는 데서 활기찬 시장이 형성될 것이라 짐작은 했지만, 이렇게까지 떠들썩하리라고는 전혀 예상치 못했다. 6월 말이 되자 대규모의 돈이 다가올 청약에 흘러들고 있다는 내용의 보고서들이 그의 사무실에 날아들었다. "상황을 고려해보았을 때, 미합중국은행에 대한 청약은 충격적일 만큼 빠르게 진행될 것입니다." 해밀턴이 한 의원에게 확언한 말이다. "한 주 만에 끝난다 해도 놀라지 마십시오."[48] 청약 모집이 한 시간도 걸리지 않아 끝난다는 것은 해밀턴조차도 상상해본 적 없는 일이었다.

주식 거래가 시작되자 주가는 즉각 치솟았고, 돈에 대한 열망은 지금까지 미국인들이 한 번도 목격해본 적 없는 수준까지 들끓었다. 투자자들은 주식을 드러내놓고 사진 않았다. 해밀턴은 은행 지분을 우선 가(假)증권의 형태로 판매하는 데 동의했다. 튼튼한 시장을 만들고 지분 소유자들을 다양하게 구성하기 위함이었다. 이 체계에서 투자자들은 우선 25달러의 계약금을 지불하고 가증권을 받는데, 이 가증권을 통해 그들에겐 일정 수량의 주식을 액면 가격으로 매수하고 18개월 내에 그 금액을 지불할 수 있는 자격이 주어졌다. 가증권 거래가 너무도 광적으로 벌어졌기 때문에 다수의 투자자들은 며칠 만에 돈을 두 배로 불리기도 했는데, 이에 따른 광기는 '가증권 마니아scrippomania' 현상이라고 일컬어졌다.

이 현상은 다른 도시들에게도 빠르게 전염되었다. 뉴욕으로 달려간 특수 수행원들은 필라델피아와 보스턴에서 하늘을 향해 치솟고 있는 가격들을 보고했으며, 신문들은 가격이 뛸 때마다 이를 보도했다. 우연히 뉴욕에 있었던 매디슨은 거래 마니아들이 맨해튼으로 몰려드는 모습을 실망에 휩싸인 채 지켜보았다. 투기로 벌어진 난리법석이 이 버지니아의 농장주의 눈에는 그리 아름다운 꼴이 아니었던 탓이다. 7월 10일, 그는 제퍼슨에게 '은행 주식은 이곳 시장에서도 필라델피아에서만큼 치솟았다'고 알리면서 그 신흥 시장을 가리켜 '대중 약탈 행위를 놓고 벌이는 쟁탈전'이라고 혹평했다.[49] 매디슨과 마찬가지로 제퍼슨 또한 이 '투기의 섬망'은 해밀턴의 신비 때문이라기보다는 낭비되는 돈의 효과로 나타난 것이라 보았다. 그는 '자국의 상업을 이끌고, 제조업을 확립하고, 건축물을 세우는 등의 일을 하기도 벅찰 만큼 자본이 적은 나라에서 과연 그만큼의 금액이 그런 유용한 목적들이 아닌 도박에 쓰여야만 했는지는 차차 두고 봐야 할 것'이라고 워싱턴에게 말했다.[50]

해밀턴은 근대적인 금융 세계 및 그 모든 불안정한 결과들을 미국에 가져다주었다. 그는 은행 소유권을 널리 퍼뜨리고자 했으나 이 과정에서 치명적인 실수 한 가지도 저질렀으며, 이 때문에 남부 사람들은 그가 북부 계획의 우두머리라는 의혹을 사실이라고 확신하기에 이르렀다. 필라델피아에서 최초의 모집이 있었기 때문에 수많은 투자자들은 구매를 위한 금은을 짊어지고 이곳으로 여행을 왔다. 해밀턴은 매사추세츠은행Bank of Massachusetts을 통해 보스턴 사람들이, 또 뉴욕은행을 통해 뉴욕 사람들이 가증권을 살 수 있게끔 해두었다(보스톤은 매사추세츠의 주도임_역주). 이런 이유로 대다수의 가증권 소유자들은 필라델피아와 보스턴 및 뉴욕 거주자들이 되었는데, 이 불균형적인 결과는 단순히 보스턴과 뉴욕에 중개 역할을 해줄 은행이 있었다는 사실에 따른 것이라기보다는 오히려 순전한 편파주의에 따른 결과처럼 보였다. 해밀턴은 이와 같은 소유권의 패턴을 유감스러워했으며, 그의 서신들을 보면 그가 남부 사람들에게 편지를 보내 은행 주식을 사도록 유도하고자 했음을 알 수 있다.

이처럼 북동부의 투자자들이 수적으로 우세했다는 문제적 사실은 다른 요소들과 결합되어 마치 북부의 과두제專頭制가 바지런히 움직이고 있다는 인상을 키웠다. 대부분의 청약자들은 상인들과 법관들 -즉 해밀턴의 정치적 지지자들 중 일부-이었으며, 윌리엄 듀어를 필두로 가장 두드러졌던 투기자들 몇몇은 해밀턴의 수행단에 속해 있었다. 제퍼슨과 매디슨이 입법부에 영국식의 부패가 만연해 있다고 지적할 때에도, 최소한 서른 명의 의원들과 전쟁부 장관 녹스가 은행 가증권을 청약받았다는 사실은 해밀턴의 입장에 도움이 되지 못했다.

해밀턴은 증권에 대한 투기적인 탐식이 자신의 체계를 변색시킬 수 있음을 알았다. 그는 열정을 반겼으나 미친 투자자들은 반기지 않았다. '이 사치스러운 투기의 기습 공격들은 정부 및 국가신용의 전 체계에 실로 해가 된다.' 해밀턴이 연초에 경고한 말이다.[51] 그는 부유한 이익집단들의 수하가 절대 아니었고, 오히려 그들을 새로운 국가의 이익에 연결시키고자 했다. 당대의 수많은 사상가와 마찬가지로 그는 재산이 사람들에게 독립적인 판단력을 부여한다고 생각했으며, 채권자들이 정부에 대한 계몽되고 객관적인 관점을 가져다주기를 바랐다. 그러나 만일 그들이 투기에 굴복하여 본래 자신들이 안정화시켜야 했던 체계를 망쳐버린다면? 만일 그들이 국익을 위하는 장기적 관리자가 되는 대신 단기적이고 파괴적인 행동만을 일삼는다면? 만일 이런 일이 벌어진다면 해밀턴의 정치적 계획

전체는 약화될 수도 있을 터였다.

　모든 투기적 거품과 마찬가지로, 은행 가증권에 대한 합리적 자신감이 극도의 희열로 피어나는 순간을 잡아내기란 어려운 일이다. 늦어도 7월 31일 전, 피셔 에임스는 보스턴에서 해밀턴에게 은행 청약을 칭찬하는 편지를 쓰면서 '이곳의 사람들은 의기양양함과 고마움을 가득 느끼고 있다'고 전했다.[52] 이후 8월 초에는 주가가 수직선을 그리며 급등했다. 8월 8일, 매디슨은 제퍼슨에게 '주식 투기꾼들은 그 넉넉함이라는 뇌물을 먹고선 소란과 조합 행위로 정부를 압도해버리는 집정관 우두머리임과 동시에 정부의 꼭두각시, 그리고 그 폭군이 될 것'이라며 충격을 토로했다.[53] 제퍼슨은 미국의 도덕심을 곱씹었다. '도박의 정신은 그것이 그 대상을 사로잡아버린 이상 치료할 수 없다. 하루 만에 큰돈을 만들어본 재단사는 이튿날 그것을 모두 잃더라도 다시는 자신의 바늘을 통한 느리고 적당한 벌이에 만족할 수 없다.'[54] 벤저민 러시는 필라델피아에서도 역시 돈에 미친 소란이 벌어지고 있음을 보고했다. 상인부터 말단 직원들까지 모두들 가증권에 돈을 거느라 일상의 업무들을 내팽개치고 있었던 것이다. '필라델피아라는 도시는 요 며칠간 거대한 도박장과 같은 모습을 보였습니다. (중략) 광란이 이토록 보편적으로 자리한 것을 나는 또 본 적이 없습니다. 무리지은 사람들은 모두들 오로지 가증권에 대한 이야기만 하고 있었고, 심지어는 그것에 관심이 없는 사람들까지도 그러했습니다.'[55] 루퍼스 킹 상원의원은 훗날 해밀턴에게, 사람들이 은행 주식을 놓고 도박을 벌이는 데 달려가버리는 바람에 뉴욕 시의 경제가 멈춰 섰다고 전했다. '사업은 가장 걱정스러운 방식으로 접어들고 있었고, 기술자들은 자신들의 가게를 버렸으며, 가게 주인들은 자신들의 상품들을 경매에 부쳤고, 적지 않은 수의 우리 상인들은 도시의 정상적이고 수익성 좋은 상업을 경시했습니다.'[56]

마침내 1791년 8월 11일, 미국 역사상 최초의 정부 증권 추락 현상이 벌어졌다. 고작 한 달 전 25달러에 판매되었던 은행 가증권은 이제 300달러가 넘는 가격으로 급등해 있었는데, 여기서 은행가들이 주요 투기자들에게 더 이상의 신용 확대를 거부하면서 이 거품에 바늘구멍이 뚫렸다. 발 빠른 매도자들이 주식을 내다 팔기 시작하자 가증권의 값은 급강하했다. 시장의 이러한 격변은 최고 금융 관리자였던 해밀턴을 곤란한 상황으로 밀어 넣었다. 그에게는 보고 따를 수 있는 선례도 존재하지 않았다. 규칙대로 그는 시장에 개입하지 않으려 했고 정부 증권의 가치에 대한 의견을 피력하는 것도 부적절하다고 생각했다. 그러나 그는 자신에게 금융 체계를 보호해야 할 의무 또한 있다고 믿었으므로 이에 따라 그때그때에 맞춰 임기응변을 펼쳐나갔다. 8월 15일 루퍼스 킹이 해밀턴에게 전한 말에 따르면, 은행 주가를 떨어뜨리려던 투기자들은 가증권이 완전히 과대평가되었다는 해밀턴의 말을 인용하고 다녔다. '그들은 한 술 더 떠서 자네의 권위로 승인된 가치는 현재의 시장(가격)보다 낮다고 말하며 다닌다네.'[57]

　이 소문들은 어느 정도 사실에 기초하고 있었다. 해밀턴이 킹에게 인정한 바와 같이, 평상시 그는 적절한 주가 수준에 대해 의견을 밝히지 않았지만 가격이 너무 높다는 점을 암시한 적은 *있었다*. '나는 이를 말하는 것이 바람직할 것이라고 생각했는데, 이는 내 전략과 연결된 거품이 내가 겁내야 할 모든 적군들 중에서도 가장 가공할 만한 것이라고 판단되기 때문이오. (중략) 안전한 기반 위에 서는 것만이 그 망상에 대처하는 유일한 방법으로 보이오. 그러므로 나는 그 매력을 흐리는 데 기여할 무언가의 위험을 감수하는 방책을 생각했소.'[58] 현대 언어로 표현하자면 해밀턴은 시장의 '하락을 유도'하여 장래의 더욱 심각할 추락을 막는 방안을 미묘하게 시도하려 했던 것이다. 동시에 그는 자신이 주가의 적정 수준이라며 언급한 가격이 투기자들의 입에 오르내렸던 것만큼 낮지는 않다고 강조했다.

8월 16일, 해밀턴은 뉴욕은행의 은행원 윌리엄 세턴William Seton에게 기밀 서한을 써서 15만 달러 규모의 정부 증권을 사들이라고 지시했다(이는 오늘날 우리가 '공개시장조작'이라고 부르는 행위다). 해밀턴은 이 증권들의 주가가 오르면서 은행 주식 시장으로 유익한 영향이 번져들기를 바랐고, 그의 전략은 먹혀들었다. 해밀턴이 걱정했던 것은 금융 체계가 처한 위험이었지 투기자들이 입을 피해는 아니었다. 그가 특히 두려워했던 것은 현금이 빠져나가는 상황에 발목을 잡힌 증권 거래자들이 주식을 유동자산으로 바꾸면서 자생적으로 주가를 떨어뜨리게 되는 상황이었다. 그의 말을 빌리자면, 이러하다. '거래자들의 당혹이 희생으로 이어지는 상황에 대비하여 주가가 너무 낮게 떨어지는 것을 막는 게 저의 주된 목표입니다.'[59]

뉴욕에서 가장 대담하게 활동한 투기꾼이 해밀턴의 킹스칼리지 시절 절친했던 친구, 윌리엄 듀어라는 불편한 사실은 상황을 한층 더 복잡하게 만들었다. 듀어는 7개월간 재무부 차관보 자리를 맡았었다. 관직을 떠난 그는 한시도 지체하지 않고선 재정 작용에 관한 자신의 지식을 이용하는 일에 착수했고, 촌구석으로 대리 구매자들을 잔뜩 보내서 국채를 장악하기 시작했다. 그는 막대한 규모의 은행 가증권을 거래했으며 그 자금을 대기 위해 어마어마한 빚을 졌는데, 해밀턴은 이것이 상황을 한층 더 극도로 위험하게 만든다는 점을 알고 있었다.

8월 17일, 마음을 단단하게 먹은 해밀턴은 듀어에게 그의 술책을 나무라는 편지를 쓰면서 1720년의 남해포말 사건(영국 남해회사가 거액의 국채를 인수하는 대가로 에스파냐령 아메리카와의 무역 독점권을 얻으며 주가 폭등 및 투기를 불러일으켰으나 사업 내용의 부실에 따른 주가 폭락으로 영국 경제를 공황에 빠뜨렸던 사건_역자주)을 상기시켰다. 해밀턴은 듀어와 그의 동료들이 남을 잘 믿는 대중에게 사기를 쳐서 더 많은 주식을 사게끔 유도하려고 '허구의 구매'를 통해 은행 가증권의 가격을 조작하고 있다고 사람들이 수군거린다는 이야기를 그에게 전했다. 해밀턴은 듀어가 그러한 사기 행위를 벌이진 않을 것임을 알고 있다는 말을 전술적으로 더해 넣으면서도, 자신이 이 보고를 진지하게 받아들인다는 점을 명확히 밝혔다. '정직하게 털어놓건대 나는 자네가 진정으로 우려된다네. 자네의 지갑과 자네의 명성 두 가지 모두에 대한 우려와 함께 나는 자네에게 진심을 담아 이 글을 보내는 걸세.'[60] 평소와 같이 해밀턴의 완전성이 드러나는 이 편지에서는 듀어를 향한 친구로서의 걱정과 증권 시장의 건전성에 대한 걱정 모두를 찾아볼 수 있다. 이어 해밀턴은 체면 떨어지게도, 듀어에게 은행 주식에 대한 적정 가격을 제시하며 속내를 드러내보였다. '나는 오히려 190 정도가 더 나은 것들에 대한 희망이 있는 범위라고 말해야겠으며, 자네가 언급한 정도에서 이를 지지할 수 있길 진정으로 바라네.'[61] 해밀턴에게 있어 뉴욕은행을 이용하여 주가를 지탱하는 것과 오랜 친구이자 대규모 투기꾼을 자신의 중개인으로 두는 것은 완전히 별개의 문제였다. 물론 듀어는 모든 의혹을 일체 부인했다. '이러한 종류의 주식이 시장에서 그 진정한 가치의 정도를 넘어 상승하는 것을 나의 책략이라고 전가하려는 자들은 내게 한없이 부당한 짓을 저지르고 있는 걸세.' 그가 답했다.[62] 해밀턴의 편지는 듀어로 하여금 자신의 내부 정보로 이득을 얻을 수 있다고 한층 더 대담하게 믿도록 만들 뿐이었다. 그는 계속해서 지신과 재무장관과의 연결고리를 과시하고 자기가 정부의 계획들을 비밀리에 공유하는 사람인 체하며 여전히 이상한 낌새를 눈치 채지 못한 투자자들을 이끌었다.

이 시점에서 해밀턴의 행동은 금융 시장의 추락을 중단시켰으며 가격

알렉산더 해밀턴

이 재앙처럼 무너지는 일도 피할 수 있게 해주었다. 가증권의 주가는 보다 합리적인 110선을 되찾았다가 이후 9월에는 145선까지 올랐다. 금융을 규제하는 기관은 공황 상태에 빠진 시장을 능숙하고 은밀한 조작을 통해 진정시킬 수 있다는 점을 해밀턴은 미국 역사상 최초로 보여주었다. 그러나 안타깝게도 그는 투기를 삼가라는 자신의 경고를 계속 무시했던 윌리엄 듀어에게 비밀을 털어놓는 실수를 범하고 말았다.

점점 더 늘어만 가는 해밀턴의 반대 세력에게 있어서는 이 대대적인 금융 혼란 사태가 곧 그가 펼친 금융 곡예를 좀먹는 결과로 보일 뿐이었다. 뉴욕의 상인 세스 존슨Seth Johnson은 은행 주식에 대한 낭비적인 거래로 유발된 행위들을 비난했다. '얻은 자들은 더 많이 얻을 수 있길 바라며 행동하고, 잃은 자들은 계속해서 더 나은 운을 바라며 행동한다.'[63] 제퍼슨에게 있어 가증권 마니아는 해밀턴의 체계에 대한 자신의 모든 혐오들을 수면 위로 떠올려주었고, 이로 인해 그는 반드시 농경의 순수한 미국을 보존해야 한다는 필요성을 다잡게 되었다. '배들이 부두에 놓여 있다.' 그가 그해 여름에 쓴 글이다. '건물들은 멈추어 섰고, 자본은 상업과 제조업, 예술, 농업에서 빠져나가 도박에 쓰이고 있으며, 다른 그 어떤 나라에도 쉬이 비할 데 없었던 대중의 번영이라는 물결은 그 길목에서 붙잡혔고 하루아침에 부자가 될 수 있을 것이라는 흥분감에 억눌려버렸다.'[64] 제퍼슨에게 있어 알렉산더 해밀턴은 완전히 그릇된 처방을 내린 사람 정도에 그치는 존재가 아니었다. 해밀턴은 누군가 어떤 값을 치러서라도 막아내야만 하는, 미국이라는 실험에 위협적인 존재로 자라나고 있다는 것이 제퍼슨의 생각이었다.

미래의 도시

Alexander Hamilton

국가신용과 이전 문제, 그리고 중앙은행을 놓고 제퍼슨 및 매디슨과 벌였던 접전에서 승리를 거둔 이후인 1791년 여름, 해밀턴은 바야흐로 권력의 최전성기를 맞이했다. 그토록 빛나는 성공은 그로 하여금 자신이 무적이라는 기분에 도취되게 만들었을지도 모른다. 그러나 재임 기간 동안 보여준 왕성한 활동 탓에 해밀턴은 초기 공화국의 범상치 않은 씨앗으로 여겨지기 시작했고, 국민들 중 적지 않은 소수자들은 그의 반대 세력에 가담하게 되었다. 이 때문에 자신의 평판에 더더욱 신경을 써야만 했을 것이나, 그는 사상 최악의 경우들 중 하나로 손꼽힐 만큼 잘못된 판단을 내렸다. 마리아 레이널즈Maria Reynolds라는 이름의 기혼 여성과의 추악한 불륜에 빠져들면서 자신의 명성을 훼손시켰음은 물론 나아가 그것에 영원히 먹칠을 한 것이다. 정계 인물이라는 드높은 지위에 있었던 해밀턴은 서인도제도 소년 시절의 그 불결한 세계를 연상시키는 나락으로 다시 떨어졌다.

필라델피아는 육감적 쾌락에 관해선 한몫을 하는 곳이었다. 프랑스인 방문객들로부터는 예스러울 만큼 금욕주의적이라며 무시당했지만, 미국인들 사이에서 이곳은 상당한 명성을 누리고 있었다. 해밀턴을 포함한 정부 관리들은 한밤에 벌어지는 파티와 무도회, 연극들의 메들리에 접근할 수 있었는데, 이 사회적 모임들의 주최자는 대개 연방주의자 상인들이었다.

지역 사회의 여왕벌인 앤 윌링 빙엄Anne Willing Bingham은 어마어마하게 부유했던 윌리엄 빙엄William Bingham의 아내로, 서드가와 스푸르스 근방에 위치한 3층짜리 호화 저택에서 연회를 열곤 했다. 애비게일 애덤스의 말을 믿을 수 있다면, 고지식함과 거리가 멀었던 1790년대 필라델피아의 모임들에서는 팔과 가슴을 노출하는 일이 흔했다고 한다. 애비게일은 파티에서 여자들이 살을 드러내는 데 대해 충격을 받았다. '드레스의 스타일은 (중략) 예절을 완전히 무시해버렸다. (중략) 팔은 거의 어깨까지 드러냈으며 스테이스(코르셋의 일종_역주)나 보디스(몸에 꼭 맞는 상의_역주)도 입지 않았다. (중략) 대부분[의 여인들]은 노출이 심했고 가슴도 지나치게 추켜올렸다. 자연이 선사해준 모습에 만족하지 못해 기술에 기댄 그들은 문자 그대로 젖 먹이는 어머니처럼 보인다.'[1]

명랑한 알렉산더와 엘리자 해밀턴은 빙엄 내외를 포함한 부자 부부들과 함께 어울렸다. 아마 그해 봄, 엘리자는 자신들의 사회적 의무에 염증을 느꼈으며 회복할 시간이 필요하다고 생각하게 된 듯하다. 1791년 5월 중순, 해밀턴이 일에 파묻혀 지낸다는 것을 잘 알고 있던 필립 스카일러는 엘리자에게 네 명의 아이들(그리고 고아 파니 앤틸)을 데리고 올버니로와 여름을 보내라고 애원했다. 필라델피아 등의 대도시에서는 날씨가 무더워지면 많은 사람들이 전염병을 피하기 위해 도시를 잠시 떠나곤 했다. '더운 날씨가 시작되고 나서도 자네가 있는 곳에 계속 머무른다면 그녀의 건강이 나빠질 것 같아 걱정되네.' 스카일러가 엘리자에 대해 해밀턴에게 했던 말이다. '그러니 간청컨대 가능한 한 빨리 그녀를 재촉해주게나.'[2] 스카일러의 따뜻한 배려 덕분에 엘리자와 아이들은 선풍적이었던 7월 4일의 은행 가증권 청약이 있은 지 얼마 되지 않아 필라델피아를 떠나 그 무더운 여름의 나머지를 보내게 되었다.

당시는 엘리자가 해밀턴을 버려두는 것이 매우 위험한 시기였다. 그에게는 모든 이목이 집중되어 있었고, 많은 사람들은 그가 여자를 얼마나 좋아하는지를 알아채고 있었기 때문이다. 존 애덤스는 그의 '무례한 즐거움'에 대한 잔소리를 했고, 해리슨 그레이 오티스는 자신의 아내에게 해밀턴이 저녁만찬 자리에서 기혼 여성에게 '호색한 추파'를 던졌다고 말했으며, 후에 워싱턴의 공공 건물 조사관이 된 벤저민 래트로브Benjamin Latrobe는 해밀턴을 '만족할 줄 모르는 난봉꾼'이라 일컬었다.[3] 과장된 부분이 있다 해도 이러한 묘사들은 상당한 진실을 품고 있었다. 해밀턴은 아름다운 여인들의 매력에 매우 약했던 *적이 있었다.* 커리어를 좇아 사는 사람들이 대부분 그러하듯, 그에게는 일탈이나 휴식을 즐길 충분한 시간이 허락되지 않았다. 1791년 찰스 윌슨 필이 그린 해밀턴에게서는 위엄 있는 정치인의 분위기를 볼 수 있는데, 그의 입매는 단호하고 두 눈은 집중한 듯 가늘게 떠져 있다. 해밀턴의 진중한 얼굴을 부드럽게 만드는 기쁨의 흔적은 여기에서 전혀 찾아볼 수 없다. 그는 변덕스러운 성격을 엄격한 외형으로 잘 포장해둔 사람이었던 것이다.

여자들을 대할 때마다 해밀턴은 관료주의적인 태도를 벗어던지고 지난날의 엉뚱한 모습으로 되돌아갔다. 은행 청약이 있기 직전, 매사추세츠의 시인이자 극작가, 역사가였던 머시 워런Mercy Warren에게서 '카스티유의 여인들The Ladies of Castille'이라는 제목의 극적 운문 한 편을 받은 해밀턴은 급히 감사의 답장을 보냈다. '〈카스티유의 여인들〉을 놓고 보자면 그 성性은 새로운 승리의 때를 맞이하게 될 것이 분명하오. 나는 시인이 아니므로, 최소한 극적 운문을 짓는 일에서는 미국의 여성 천재들이 남성들을 능가했다는 생각에 굴욕을 덜 느낄 수 있어 다행이오.'[4] 그가 여자들과 나누는 유머에는 자주 추파가 섞여 들어갔다. 친구였던 수재나 리빙스턴Susanna Livingston이 자신이 가진 재무부 증권에 대한 질문을 해오자, 해밀턴은 답장이 늦어졌음에 사과하면서 '당신이 어떠한 구형을 내리더라도 나는 그에 대해 최대한 배상해야만 하는 기사도의 계율에 구속되어 있소. 물론 당신은 내가 결혼한 남자라는 사실을 기억할 거요!'라고 말했다.[5]

'몸을 더럽힌 여자'의 아들이었던 해밀턴은 곤경에 처한 여자들을 상대로 기사도를 펼치는 경향이 있었다. 워런을 칭찬했던 바로 그다음 날, 그는 마사 워커Martha Walker라는 이름의 보스턴 과부에게 편지를 한 통 보냈다. 그녀는 자신의 남편이 독립혁명에 참전하기 위해 퀘벡에 있던 그의 귀중한 재산을 희생했다면서 의회에게 구호 청원을 보냈던 사람이었다. 셀 수 없이 많은 청원들이 의회에 날아드는 와중에 해밀턴이 이 건을 서류 무더기에서 집어 들고 워커에게 다음과 같이 확언했다는 점은 눈여겨볼 만하다. '개인적인 메리트가 호의적인 인상을 주었기 때문에, 또 한 여인의 불행하고 도움을 받아 마땅한 곤경에 연민으로 참여한다는 의미에서, 저는 이로써 고무된 모든 천명을 다하여 철두철미하게 이 사안을 조사해봐야겠습니다.'[6] 해밀턴이 워런과 워커에게 편지를 쓰고선 곧바로 올버니에 있던 엘리자에게 보내는 편지를 썼다는 점은 그가 단순히 여성들의 접근을 잘 받아들이는 데 그치지 않았음을 시사한다.

6년 후 대중에게 자신이 벌인, 선을 넘은 무모한 불장난에 대해 이야기할 때 알렉산더 해밀턴은 1791년 여름으로 다시 되돌아와 있는 느낌을 받았을 것이다. 불장난의 상대는 아주 매혹적이었을 것이 분명한 23세의 마리아(아마 머라이어라고 읽었을 것이다) 레이널즈였다. 그녀는 예고도 없이 사우스서드가 79번지에 위치한 그의 붉은 벽돌집에 찾아왔다. 해밀턴은 여기서 그 유명한 어록을 남겼다. '1791년 여름 어느 즈음, 한 여인이 필라델피아 시에 있는 내 집에 들러 나와 사적으로 이야기를 나눌 수 있겠냐고 물었다. 나는 가족들과 떨어져 있는 방으로 그녀를 안내했다.' 레이널즈는 남편 제임스 레이널즈에 관한 애절한 이야기로 해밀턴의 마음을 끌었다. 그 남편이 '오랫동안 그녀를 매우 잔인하게 대해왔으며, 최근에는 그녀를 다른 여자와 함께 살도록 내버려두었다. 그녀는 자신의 친구들에게 돌아가기를 바랐지만 그토록 궁핍한 조건에서는 그렇게 할 방도가 없었다'는 것이었다. 해밀턴은 마리아 레이널즈가 뉴욕 출신이었고 자신 또한 뉴욕 시민이었으므로 '그녀는 도우고자 하는 나의 인간애를 누릴 자유를 얻었다'며 이야기를 이어나갔다.[7] 1791년 도시 명부에 그녀의 이름이 갑작스럽게 등장한 데다가 기이하게도 '레이널즈 부인'이라고 등재된 점은 -사실상 그녀는 성姓으로 기록된 유일한 사람이었다- 그녀가 막 필라델피아에 도착했음을 확인해주는 것으로 보인다.

서른여섯 살의 해밀턴은 곤경에 빠진 아가씨를 절대로 그냥 내버려두는 일이 없었으며, 아마 마리아 레이널즈도 이를 알고 있었음이 분명하다. 그는 그녀의 상황이 '매우 흥미로운 경우'이며 자신은 그녀를 돕고 싶지만 그녀가 좋지 않은 시기에(즉 엘리자가 집에 없는 때에) 자신을 찾아왔다고 말했다. 그날 저녁, 그는 사우스포스가 154번지에 위치한 그녀의 집에 자진해서 '약간의 금전적인 보급'을 가져다주었다. 해밀턴은 유독 소설 같은 말투로 그날의 만남을 회고했다.

그날 저녁, 나는 주머니에 은행권을 넣고선 그 집으로 갔다. 나는 레이널즈 부인을 뵙기를 청했고 그녀는 위층에서 나타났다. 나는 위로 올라가 그녀를 마주했으며 그녀는 나를 침실로 안내했다. 나는 주머니에서 은행권을 꺼내 그녀

알렉산더 해밀턴

에게 건넸다. 얼마간의 대화가 오가고 나자 금전적인 위안 이외의 다른 것도 받아들여질 수 있음이 빠르게 명백해졌다.[8]

이 사건은 알렉산더 해밀턴이 레이널즈를 만나러 밤중에 슬쩍 빠져나갔던 나날들 중 첫 번째 것일 뿐이었다. 엘리자가 올버니로 떠난 이후 해밀턴은 아무 걸림돌도 없이 정부情婦를 자신의 집에 데리고 왔다. 그는 첫 번째 만남 이후 '그녀를 자주 만났으며, 대부분은 나의 집에서였다'고 회고했다.[9] 얼마 지나지 않아 레이널즈는 해밀턴에게 남편과 갑작스럽게 화해했음을 알렸는데 훗날 해밀턴은 자신이 이를 독려했다고 주장했다. 그러나 마리아 레이널즈는 평범한 간통 상대에 그치지 않았고, 이제 이 작품 속엔 정치가 엮여 들어오기 시작했다. 그녀가 자신의 남편은 정부 증권에 투기해왔고 심지어 재무부로부터 얻은 정보를 통해 이득을 취했다고 해밀턴에게 이야기했던 것이다.

해밀턴이 제임스 레이널즈를 만났을 때, 레이널즈는 그 정보 제공자로 윌리엄 듀어를 지목했다. 재무장관으로서 오점 없는 명성을 얻기 위해 노력했던 해밀턴이 스스로 화를 자초하고 있으며 협박당할 수도 있는 상황에 놓였음을 몰랐다는 것은 이해할 수 없는 지점이다. 마리아 레이널즈는 자신의 남편에게 해밀턴이 자신이 가장 힘들 때 도와주었던 자애롭고 사심 없는 구원자라고 소개했으며, 이에 제임스 레이널즈는 해밀턴에게 고마운 척을 했다. 그러나 레이널즈는 자신이 버지니아로 갈 것이라고 말하면서, 나중에 돌아오면 정부에 자리 하나를 마련해줄 수 있겠냐고 해밀턴에게 물었다. 이에 해밀턴은 애매한 태도를 유지했다.

사건을 회고하면서 해밀턴은 자신이 너저분한 제임스 레이널즈에 대해 알아가면 갈수록 더더욱 그와의 관계를 끝내고 싶어 했었음을 인정했다. 그는 한창 그 위대한 「제조업 보고서Report on Manufactures」를 준비 중에 있었으나 한편으로는 어두운 성적 충동의 손아귀에 있기도 했으며, 마리아 레이널즈는 사랑을 가장하여 자신의 올가미에 그를 단단히 가두는 법을 알고 있었다. '폭력적인 애착의 모든 겉모습, 그리고 포기할까 하는 생각이 섞인 고통스러운 곤경의 모든 겉모습이 가장 인상적인 속임수였다.' 그가 적었다. '비록 나로 하여금 완전히 그 계획에 속아 넘어가게 하진 못했으나, 이 속임수가 나를 우유부단한 상태로 만들긴 했다. 나의 감성, 아마도 나의 허영은 진정한 사랑의 가능성을 인정했고, 갑작스러운 중단보다는 그 점진적인 단절의 계획, 만일 진정한 편애가 존재했다면 최소한의 고통만을 주고자 계산된 그 계획을 내가 선택하게끔 만들었다.'[10] 모든 종류의 중독이 대부분 그러하듯 '점진적인 단절'이라는 상상의 개념은 오직 방종을 이어나가는 데 위안으로 삼을 구실일 뿐이었다.

훗날 집필한 소책자에서, 해밀턴은 마리아 레이널즈가 정말로 자신에게 홀딱 반해 있었을 수도 있다는 점을 애써 시사했다. 당시에 대한 그의 회고를 보면 그가 그 불륜 관계를 진심으로 연애 비슷한 것이라 여겼음이 드러난다. 이 사건이 진정 그녀의 의지로 시작되었다가 이후 협박으로 바뀌어버린 것인지 아니면 그녀가 처음부터 제임스 레이널즈와 함께 꾸민 음모였는지, 해밀턴은 이 둘 중 어느 쪽으로도 절대 확신하지 못했다. 그러나 그가 은연중에 드러내는 것으로 미루어보건대, 아마도 그의 허영은 자신이 천한 협잡꾼 부부에게 사기당했다는 사실을 인정할 수 없었을 것이다. 무한한 술책을 펼친다고 적들에게 비난받았던 남자가 실은 순진한 사기 피해자였던 것이다. 마리아 레이널즈는 해밀턴의 관심이 덜해질 때마다 그에게 자신의 남편이 자기를 험하게 다룬다거나, 좀 더 날카롭게는 남편이 이 이야기를 엘리자에게 폭로하겠다고 협박했다는 이야기들을 전하며 다시금 그의 동정을 얻었다. 해밀턴은 언제나 마리아 레이널즈를 희비극적인 인물이자 동시에 자신감 있는 여자라는 기이한 혼합체로

알렉산더 해밀턴

여겼다.

마리아 레이널즈의 본래 의도가 무엇이었든, 그녀의 천박한 남편과 비교했을 때 해밀턴은 우아하고 매력적이며 마치 신 같은 사람으로 보였을 것이 분명하다. 해밀턴에 대한 진정한 감정이 그녀에게 산발적으로 스며들지 않았을 것이라고는 상상하기 힘들다. 그녀는 해밀턴에게 수없이 많은 편지를 썼는데 비탄에 잠긴 해밀턴은 그녀가 '엄청난 작가'였다고 회고했다.[11] 그 맞춤법이나 철자, 구두점의 수준은 끔찍했고, 처음부터 끝까지 한 문장으로 이루어진 편지도 몇 있었다. 편지들에서 마리아 레이널즈는 자신을 가련하고 사랑에 우는 사람이자 해밀턴을 다시 만나기를 학수고대하며 그리움으로 말라가는 사람으로 그렸다. 이 편지들이 해밀턴으로 하여금 그녀의 감정은 진실한 것이라고 믿게 만들었을 수도 있지만, 편지에 가득한 그 히스테리는 해밀턴에게 그가 위태로울 만큼 불안정한 여자를 대하고 있다는 경고를 주었어야만 했다.

마리아 레이널즈의 배경에 관해 우리가 아는 것은 거의 없다. 1768년 뉴욕 더치스 카운티에서 메리 루이스Mary Lewis로 태어난 그녀는 열다섯 살에 제임스 레이널즈와 결혼했고, 2년 후 수전Susan이라는 이름의 딸을 낳았다(어느 시점에선가 그녀는 메리에서 마리아로 이름을 바꾸었다). 그녀는 해밀턴에게 자신의 언니 수재나Susannah가 길버트 J. 리빙스턴Gilbert J. Livingston과 결혼했다고 말했는데, 이는 그녀에게 명망 있는 허드슨밸리 사람들과의 연결고리가 되어주었다. 필라델피아의 상인이었던 피터 A. 그로잔Peter A. Grotjan은 그녀를 똑똑하고 세심하며 고상한 사람이라고 묘사했지만, 이 모습은 필라델피아에서 그녀에게 세를 내줬던 여인의 아들인 리처드 폴웰Richard Folwell이 남긴 진술과 상반된다. 폴웰이 묘사한 마리아 레이널즈는 그녀가 감정 기복이 거칠고 변덕스러운 성격이었다는 해밀턴의 이야기에 힘을 실어준다.

그녀의 정신은 고요하거나 한결같은 것과는 거리가 멀었고, 거의 분 단위로 자신의 남편에 대한 존경을 선언했다가, 울면서 괴로워했다가, [눈물을] 싹 닦고선 경박하게 굴다가, 남편에 대한 격렬한 혐오를 표출하곤 했다. 이 같은 모순과 어리석음은 그녀의 문제 많지만 순수하고 무해한 마음 탓이었다. 어느 때인가의 발작에서 그녀는 레이널즈가 종종 벌였던 너무나 악랄했던 배신에 대해 내게 말해주었는데, 이에 따르면 그는 그녀가 스스로 영향력 있는 고위층 인사들 몇몇의 환심을 사서 그들과 밀회를 가지도록 노력해야 하며 사실상 그들로부터 돈을 뜯어내기 위해 창녀질을 해야 한다고 주장했다 한다.[12]

폴웰의 집을 떠난 이후 마리아와 제임스 레이널즈는 노스그랜트가에 살면서 각각 침대를(아마 방도) 따로 썼고, 마리아는 이때부터 매춘에 손을 대기 시작했다. 신사들이 그녀의 복도 입구에 편지를 놔두고 가면 그녀는 '밤이 되고선 그 내용에 답하기 위해 날아가곤 했을 것'이라는 게 폴웰의 말이었다.[13]

폴웰의 증언은 마리아 레이널즈가 정직과 더불어 그녀의 전매특허였던 위선이 한데 뒤섞여 있는 인물이었음을 확인시켜준다. 그녀가 절망에 빠진 여인을 능숙하게 연기하면서 돈을 뜯어내기 위해 해밀턴에게 접근했다는 데는 의문의 여지가 없어 보인다. 그러나 그녀는 어떤 대본에 따라 움직이기엔 너무나 변덕이 심했다는 점 또한 명백했다. 자신의 남편을 경멸했다는 점으로 미루어볼 때, 그녀는 해밀턴을 괴롭히는 와중에도 그가 자신을 구해줄 것이라는 환상을 품었을 수 있다. 어느샌가 사실과 소설이 그녀의 마음속에서 뒤섞였을 수도 있었을 것이라는 뜻이다. 훗날 해밀턴은 자신의 애인에 대해 '이 여인이 취할 수 있는 모양새는 끝도 없이 다양했다'고 결론지었다.[14]

마리아 레이널즈는 확고하고 분별 있었으며 충실했던 엘리자와 완전히 대조되는 사람이었다. 해밀턴이 그해 여름 엘리자에게 돌아오지 말라고 청했던 편지들을 보면 상황은 한층 더 우울해진다. 8월 2일, 그는 엘리자가 올버니에 무사히 도착한 데 대해 안도를 표하면서 당시 아팠던 열세 살짜리 아들 제임스에 대한 걱정을 드러냈다('내 아이를 잘 돌봐주오'). 동시에 해밀턴은 그녀에게 올버니에 계속 머물라고 종용했다. '나는 당신의 건강이 완전히 회복되는 것을 열렬히 바라고 있으므로 그를 위해 엄청난 희생을 치를 각오도 되어 있소.'[15] 언젠가 엘리자가 얼마 있다 돌아갈 것처럼 말하자, 자신을 이상하게 여기진 않을지 우려했던 해밀턴은 그녀에게 '당신과 뉴욕에서 만날 수도 있으니 결정을 내린다면 미리 알려달라'고 권했다.[16] 엘리자가 금방이라도 돌아올 것처럼 보였던 8월 말에 해밀턴은 다음과 같이 조언했다. '이 행복한 순간을 오래도록 기다려왔지만, 그만큼 당신의 건강이 회복되기를 바라는 열망이 너무도 거대하여 어쩔 수 없이 당신이 지금 있는 곳에 더욱 머물러도 좋다고 생각할 수밖에 없소. (중략) 나의 벳시, 내가 그러한 만큼 당신도 나를 생각하고, 나를 꿈꾸고, 나를 사랑해주오.'[17] 해밀턴이 오랜 신장 지병으로 고생하며 이를 달래기 위해 목욕을 하곤 했던 9월경, 마침내 엘리자는 아이들과 돌아가기로 결심했다. 마지막으로 해밀턴은 그녀에게 '걱정하지도 서두르지도 마오. 당신 자신이나 아이들이 다칠 수도 있으니'라고 충고했다.[18]

이와 같은 기만을 비웃으면서 해밀턴은 아내에게 모든 감정을 거짓으로 고했다고 결론짓기 쉽지만, 이는 마치 모범적으로 보였던 그들의 결혼 생활이 실은 그렇지 않았음을 말해준다. 엘리자 해밀턴은 언제나 자신의 남편에게 숭상 그 이하의 태도를 보인 적이 없었다. 그 보답으로 그는 그녀에 대해 깊고 한결같지만 아주 불완전한 사랑을 보내주었다. 변화무쌍한 어린 시절을 보냈던 이 복잡한 남자의 모든 욕구를 단 한 명의 여인이 채워주기란 불가능하다는 것이 문제였다. 청소년기에 썼던 시들로 미루어 보건대 해밀턴은 신실하고 가정적인 종류의 사랑과 금지되고 이색적인 종류의 사랑이라는, 두 종류의 확연히 다른 사랑을 필요로 했던 듯하다.

훗날의 고백에서 해밀턴은 제임스 레이널즈가 엘리자에게 모든 이야기를 털어놓을까 두려웠다는 자신의 공포를 들먹이며 이 관계가 미친 듯 지속되었던 이유를 설명하고자 했다. 그의 말을 옮기자면 '훌륭한 아내라는 행복을 소중히 여기는 남자라면 누구라도 그녀가 사실의 폭로, 특히 대중을 상대로 한 폭로로 인해 끔찍한 괴로움을 겪는 것을 바랄 수 없다. 내 가정생활의 내부를 가장 잘 알고 있는 자들이라면 그와 같은 사려가 내게 주는 힘을 인정해줄 것이다. 진실은 (중략) 나는 폭로를 극도로 무서워했으며, 그것을 피하기 위해서라면 거대한 희생도 감수할 각오가 되어 있었다.'[19] 엘리자를 지키고자 했던 그의 욕망은 결국 그녀에게 더 큰 상처를 주고 말았다.

그해 가을 엘리자가 필라델피아에 돌아옴에 따라 더 이상 마리아 레이널즈를 자신의 집에 둘 수 없게 된 해밀턴은 그녀를 그녀의 집으로 돌려보냈다(당시 해밀턴 부부는 대통령 관저와 가까웠던 마켓가로 집을 옮긴 상태였다). 그가 어떻게 「제조업 보고서」를 편찬하는 중에도 시간을 짜내어 육욕의 막간을 즐겼는지가 놀라울 따름이다. 빡빡한 스케줄 가운데에서도 중간중간 이러한 밀회를 즐겼다는 점은 해밀턴이 성적인 강박에 사로잡혀 있었다는 인상을 한층 더 강하게 준다. 이는 마치 수년간 고위층의 세계에서 살았던 해밀턴이 다시금 어린 시절의 관능적이고 방종한 세계로 후퇴하는 것이나 마찬가지였다. 저속한 삶에서 탈출한 어린 영웅이 부도덕한 협잡꾼 한 쌍에 의해 다시 유혹에 빠져버린다는 그의 이야기는 다시 한 번 흡사 디킨스의 소설 같은 면모를 드러내 보인다.

　　　　　　　　　　　　　　　　　　　　　　　　　알렉산더 해밀턴

만일 대가를 치르지 않고서도 불륜을 저지를 수 있으리라고 믿었다
면, 해밀턴은 그해 가을 제임스 레이널즈가 다시금 그의 앞에 나타남으로
써 자신이 틀렸음을 배우게 되었을 것이다. 독립혁명 도중 레이널즈는 허
드슨 강의 범선 선장으로 일하면서 독립군 부대에게 물자를 조달했고, 이
과정에서 윌리엄 듀어와 여타 조달업자들을 만났다. 이후 그는 바다로 나
갔다가 돌아와 뉴욕에 자리를 잡았으며, 1789년에는 새로운 재무부에서
일자리를 구하고자 했다. 그는 로버트 트루프를 졸라 추천서를 받아내긴
했으나 그 자리를 얻지는 못했는데, 아마도 이 때문에 해밀턴에 대해 한
층 깊은 원한을 품었을 수도 있다. 이듬해 뉴욕의 몇몇 투기꾼들은 레이
널즈를 남부로 보내서 정부가 버지니아와 노스캐롤라이나의 참전용사들
에게 빚진 담보물들을 구매하도록 시켰다.

　　해밀턴이 「제조업 보고서」를 의회에 제출하기 열흘 전인 1791년 12월
15일, 한때는 우정을 가장했던 제임스 레이널즈와의 관계가 갑작스럽게
막을 내렸다. '어느 날 나는 [마리아 레이널즈로부터] 한 통의 편지를 받
았는데 (중략) 그녀는 남편이 [우리의 성적인 간통을] 발견했음을 알려
왔다.' 해밀턴이 회고한 말이다. '정말로 이것이 우연에 의한 발견이었는
지, 혹은 때가 되어 그 계획의 위기 부분이 도래한 것인지는 의뭉스러운
문제다.'[20] 제임스 레이널즈는 확실히 타이밍을 잘 알았다. 그는 제조업
보고서를 놓고 소란이 빚어진 탓에 당시 언제나 신문을 장식했던 해밀턴
을 협박할 수 있는 이상적 순간을 놓치지 않았다.

　　그 잊을 수 없는 날인 1791년 12월 15일 화요일 오후, 마리아 레이널
즈는 해밀턴에게 남편이 그에게 편지를 썼으며, 만일 답장을 보내지 않는
다면 남편은 '해밀턴 부인에게 편지를 쓸 것'이라고 경고했다. 평소와 마
찬가지로 마리아는 감정에 압도되어 있었다. '오 하나님 나는 나보다 당
신이 더 걱정되고 나는 내가 차라리 태어나지 않았으면 좋았을 거예요

당신에게 이만금이나 불행을 안겨주다니 그에게 편지를 스지 마요 단 한 줄도 쓰지 말고 어서 이리 와요 뭘 보내지도 말고 그의 손에 뭘 넘겨주지도 말아요 마리아.'²¹ 정말 해밀턴은 제임스 레이널즈로부터 속내가 뻔히 보이는 협박 편지를 한 통 받았는데, 그 첫 줄은 다음과 같이 시작했다. '나의 가장 친한 친구라고 믿었던 사람이자 사실 나의 가장 큰 적이었던 사람이 지금껏 나를 아주 잔인하게 다루어왔다는 점을 알게 되어 매우 유감스럽소. 당신은 나와 가깝고 내게 소중한 모든 것을 빼앗아갓소.' 상스러운 멜로드라마 만들기의 달인이었던 레이널즈는 마리아가 계속해서 눈물을 훔쳤고, 자신이 이를 의심스럽게 여기게 되었으며, 그녀의 편지 중 하나를 해밀턴의 집에 전달해주던 편지 배달부의 뒤를 밟았다는 이야기를 해밀턴에게 전했다. 그리고 자신이 마리아와 마주하자 '그 불쌍하고 마음 무너진 여인'은 그 일을 털어놓았다는 것이다. 제임스 레이널즈는 다음과 같이 자신의 당연한 분노를 내뿜었다.

> 친구가 되는 대신 당신은 세상에 존재하는 가장 잔인한 남자의 역할을 햇소. 당신은 온 가족을 불행하게 만들엇소. 그녀는 이 세상에서 자기가 신경 쓰는 다른 남자는 또 업다고 말햇소. 이제 나를 향한 그녀의 애정이 식어버린 것은 다 당신 때문이엇소. 그녀는 여인이엇소. 나는 마치 천국의 천사를 보는 게 아닌지 으심해야 할 정도엿소. 그리고 나의 모든 행복도 거기에 달려 있엇소. 그리고 나는 그녀를 행복하게 만들기 위해서라면 거의 나의 삶까지도 희생할 수 있엇소. 그러나 이제 나는 더 이상 만족을 얻을 길이 막켯소.²²

해밀턴은 그날 오후 레이널즈를 자신의 집무실로 불러냈다. 그는 레이널즈가 불륜의 증거를 가지고 있는지 혹은 그저 허풍을 떠는 것인지 알 수 없었으므로 비밀리에 일을 처리했다. 당시 해밀턴은 불륜을 인정하지

　　　　　　　　　　　　　알렉산더 해밀턴

도 부인하지도 않았으며, 훗날 다음과 같은 글을 썼다. '만일 내가 그에게 끼친 그 어떤 해악이라도 알고 있다면, 만족을 얻을 권리를 줄 테니 그것을 모두 이야기해보라고 말했다. (중략) 그가 돈을 원한다는 것은 쉬이 알 수 있었으며, 폭발을 막기 위해 나는 그를 만족시켜주는 것으로 해결했다. (중략) 그는 비밀을 지키겠다는 약속과 함께 물러났다.'[23] 간통에 있어 해밀턴은 완전한 아마추어였다. 제임스 레이널즈에게 자신의 집무실을 내보임으로써 그는 협박범에게 우위를 내주고 말았다.

12월 17일 토요일 저녁, 제임스 레이널즈는 해밀턴에게 편지를 써서 그가 마리아의 애정을 앗아가버렸다고 비난했다. '아내는 내가 더나지 않는다며 언제나 훌쩍이고 기도하기만 하오. 그리고 이는 전부 당신 탓이오. 당신이 그녀를 망치지만 않앗어도 이 같은 일은 일어나지 않앗을 거요.'[24] 레이널즈는 자신의 박살 난 결혼생활에 대한 보상을 요구하며 그다음 날 해밀턴과 만나기를 청했다. 해밀턴은 너무나 놀란 나머지, 이름을 적지 않은 쪽지 하나를 다음과 같이 써 보냈다. '지금 이 순간 추측건데 나는 내게 해가 될 가장 심각한 계획이 숨어 있는 것으로 보이는 약속 장소에 나갑니다. (중략) 어느 처참한 사건이 나의 명성을 기웃거리게 될 수도 있으므로, 나는 당신이 나의 인상으로부터 사건의 진실을 추측하기를 바라며 이 소식을 전합니다.'[25]

두 사람이 만났을 때 레이널즈는 매우 업무적인 태도를 보였다. 해밀턴은 그에게 보상의 액수를 물었고, 이튿날 레이널즈는 1,000달러라면 그의 '상처 입은 명예'를 달래기 적절할 것이라고 전해 왔다.[26] 그는 자신이 다시는 아내의 사랑을 얻을 수 없을 것이라 주장했으며 이에 딸들을 데리고 도시를 떠나려고 계획 중임을 말했다. 해밀턴은 이제 협박받은 상당한 금액을 12월 22일과 1월 3일 두 차례에 걸쳐 그에게 건네야만 했다. 제임스 레이널즈는 맞춤법에는 약했을지언정 자신의 아내에 대한 해밀턴의 만족할 줄 모르는 성적 욕구와 폭로에 대한 두려움은 헤아릴 줄 알았던 것이다.

이 시점에서 해밀턴은 그의 화려한 공적 생활과는 기이하도록 대조되는 이 터무니없는 관계를 끝내려고 시도했다. 잠시간 그는 마리아와 모든 연락을 끊었다. 자신의 장래 수입이 사라지는 모습에 제임스 레이널즈는 화들짝 놀란 듯하다. 1792년 1월 17일, 그는 해밀턴에게 자신의 집에 방문해달라고 청하는 편지를 쓰면서 자신의 아내를 '친구'로 여기라고 종용했다. 부당한 취급을 받은 배우자가 아니라 자기 아내의 안녕을 염려하는 복지가로, 또 슬픔에 잠긴 남편이 아니라 수치를 모르고 아내를 내놓는 포주로 갑자기 돌변한 것이다. 이 시점에서 해밀턴이 그토록 위험한 관계를 단번에 끊어내지 않았다는 사실은 정말이지 믿기 어렵다. 레이널즈의 초대에 대해 해밀턴은 다음과 같이 썼다. '내가 제대로 기억하고 있다면 나는 초대에 바로 응하지 않았고, 레이널즈 부인으로부터 독촉의 편지를 수차례 받은 뒤에는 시간을 끌지도 않았다.' 남편과 아내가 연달아 보낸 편지들은 그에게 있어 '한 손에는 나의 욕정, 또 한 손에는 발각에 대한 나의 우려를 들고선 그것을 빌미로 돈을 받아내고자 노고를 아끼지 않는 불굴의 술책'이나 마찬가지였다.[27]

마리아 레이널즈를 향한 성욕을 마음껏 풀고 있던 그때에도 해밀턴은 머릿속으로는 미래 지향적인 산업 도시를 그리고 있었다. 제조업 사회의 축소판이 될 이 도시는 제퍼슨이 그렸던 농부 시민들의 국가에 맞서는 것이었다. 미국인 스무 명 중 열아홉 명이 여전히 땅을 일구며 살던 이 시점에서, 해밀턴은 미국이 순수한 농업 국가가 되었다가는 유럽 사회들에게 영원히 종속되는 지위로 격하될 수도 있음을 우려했다. 경제를 재편하고 생산성을 늘려줄 놀라운 과학의 시대는 이미 열려 있었다. 1760년대 대

알렉산더 해밀턴

영제국에서 제임스 와트James Watt가 발명한 최초의 증기 엔진부터 1780년대 프랑스의 하늘을 가로지르며 떠 다녔던 열기구 풍선, 1790년대 엘리 휘트니Eli Whitney의 발명품인 조면기(목화씨를 빼내는 기계_역주)와 호환성 부품의 사용 등 당시는 여러 경이로운 기술들이 연이어 등장하던 시대였다. 그중에서도 가장 극적인 변화를 겪은 것은 영국의 섬유 산업이었다. 물을 흘려보내어 여러 가닥의 실이 동시에 감기도록 하는 기계, 이름하여 수력 방적기를 리처드 아크라이트Richard Arkwright 경이 발명한 것이다. 해밀턴이 재무장관으로 취임할 즈음 스코틀랜드의 클라이드 강에 있는 아크라이트의 방적 공장에서는 1,300명 이상의 사람들이 일하고 있었다.

잉글랜드은행, 영국 재무부, 영국 해군 등과 마찬가지로 이 산업적인 돌파구들은 영국을 세계 경제의 리더 자리로 쏘아 올렸다. 영국인들은 그러한 경제적 발견들을 국가의 소중한 기밀로 여겼고, 라이벌 국가들로부터 빈틈없이 지켜냈다. 방적기의 해외 수출을 불법으로 규정하는 법안들이 통과되었으며, 그와 같은 밀수품을 싣고 있는 배라면 바다 한가운데서도 멈춰 세웠다. 섬유 공장에서 일했던 숙련된 기술자들은 타국으로의 이주가 금지되었으며 이를 어길 경우 벌금을 물거나 투옥될 수도 있었는데, 이는 그들이 청사진들을 빼돌릴 수는 없다 하더라도 그 방식을 기억할 수는 있으며 그 귀중한 정보를 해외로 유출시킬 수 있기 때문이었다. 해밀턴은 이 모든 것들에 완전히 홀린 것처럼 몰입했다. '확실히 다른 그 어떤 미국인도 영국 산업주의에서 벌어지고 있는 변화의 중요성을, 또 여기에 손을 댄 나라에게 새로운 질서가 열어줄 어마어마한 부의 저장고를 그처럼 명확하게 알아차리지는 못했다.' 버넌 패링턴이 해밀턴에 관해 쓴 말이다.[28] 장래의 국력이 그러한 산업적 기량에 정비례할 것임을 직감했던 해밀턴 재무장관은 펜실베이니아의 양모 모자 제조 사업가가 됐든 안경 제조 사업가가 됐든, 혹은 코네티컷의 시계 제작자가 됐든 관계없이 미국의 산업이 일찍이 성장하고 있음에 기뻐했다.

영국의 꼭두각시였다는 이미지와 대조적으로, 해밀턴은 일찍부터 섬유 산업에서 영국의 우위에 도전하기 위한 술책을 펼쳤다. 1789년 1월, 들뜬 투자자들은 월가에 위치한 로손 여관으로 모여들어 와인과 케이크로 만찬을 벌이며 뉴욕제조업협회를 축성했다. 두 달 후, 해밀턴의 이름은 로어 맨해튼의 크라운가(훗날 리버티가)에 들어설 예정이었던 새로운 양모 공장의 투자 인가 후원자 목록에 등장했다. 결국 이 공장은 치명적인 수력 부족 문제로 고생하다가 1~2년 만에 폐업하고 말았지만, 이 경험은 해밀턴에게 새로운 산업 질서의 신비를 가르쳐주었다.

이즈음, 새뮤얼 슬레이터Samuel Slater라는 이름의 한 청년은 영국 당국이 자국의 섬유 사업을 위해 세운 촘촘한 보호막을 뚫고 빠져나왔다. 리처드 아크라이트의 견습생이었던 슬레이터는 자기 상관의 사업 비밀들을 절대로 누설하지 않겠다고 맹세한 바 있었다. 이 서약을 어긴 그는 뉴욕으로 건너와 로드아일랜드의 퀘이커였던 모지스 브라운Moses Brown에게 연락을 취했다. 슬레이터의 감독과 브라운이 마련한 자금으로 로드아일랜드에는 아크라이트의 공장을 모방한 방적 공장이 세워졌다. 해밀턴은 이 승리를 상세히 보고받았고, 얼마 지나지 않아 뉴잉글랜드의 강들에는 물방아용 둑들이 줄을 잇기에 이르렀다. 애국적인 자부심에 찬 브라운은 해밀턴에게 '미합중국이 원하게 될 그 모든 면실을 만들기 위해 1년 안으로 전국 방방곡곡에 공장들과 기계들이 들어설 것'이라 예견했다.[29]

해밀턴의 정책은 자급자족 및 잉글랜드와의 동등한 무역을 향해 있었는데, 후자의 경우는 애초에 미국 독립혁명을 촉발한 원인이었다. 식민지인들은 자신들의 제조업을 제한하고 원자재를 모국에 팔아넘기라고 강요하면서 경제적인 잠재력을 억압했던 제국주의적 체계에 반기를 든 바 있었다. 독립혁명 전에 영국은 면이나 린넨, 양모, 실크 등의 제조에 도움이 될 만한 그 어떤 도구도 미국으로 수출하는 것을 금지하는 법을 시행했다. 모자, 못, 철, 화약 등을 생산하던 영국 제조업자들은 그에 상응하는 제품을 만들고자 하는 미국인들의 노력을 방해했다. 영국을 위협하는 것은 제퍼슨의 자작농 사회가 아니라, 해밀턴이 꿈꾸던 거대 제조 기업으로서의 미국이었다.

1790년 5월 텐치 콕스Tench Coxe가 윌리엄 듀어의 뒤를 이어 재무부 차관보가 되면서 해밀턴의 산업 정책이 활발히 형성될 조짐을 보이기 시작했다. 이번 인사에는 상당한 상징적 의미가 들어 있었다. 콕스는 유명한 제조업 옹호자였고 영국의 산업 기밀들을 급습하는 것을 열렬히 바랐던 인물이기 때문이었다. 그해 2월, 그는 해밀턴에게 기나긴 편지를 써서 산업에 대한 미국의 첫 분발을 칭찬하면서도, 자본가들과 대규모 자본이 부족한 탓에 노동 절약적인 기계류를 들여오는 일이 지연되고 있음을 지적했다. 그는 섬유 산업에서의 기술적 우위에 대한 영국의 호전적 방어 때문에 미합중국이 '아직 노동자들과 기계류, 그리고 제조 기술의 기밀들을 완전히 손에 넣지 못한' 상황에 유감을 표했다.[30]

해밀턴과 콕스는 팀을 이루어 영국의 산업 기밀들을 대담하게 넘보기 시작했다. 콕스는 미국이 산업 면에서 영국과 어깨를 견줄 수 있는 최선의 방법은 많은 것을 알고 있는 영국의 섬유 산업 관리자들을 유혹하여 미국으로 데리고 오는 것이라고 판단했다. 비록 그것이 영국 법을 어기게 되는 셈이라 해도 말이다. 재무부에 들어온 직후 그는 앤드류 미첼Andrew Mitchell이라는 이름의 남자를 영국으로 파견하여 공장들을 염탐하고 방적기의 모형을 남몰래 만들어오라고 지시했고, 이에 더해 1790년 1월 11일에는 영국의 방직공 조지 파킨슨George Parkinson과 합의서를 체결했다. 슬레이터와 마찬가지로 아크라이트 밑에서 공부했던 파킨슨은 자신이 '리처드 아크라이트 경의 특허 받은 기계에 사용된 비밀 구조를 알고 있다'고 공공연히 떠벌리고 다니던 자였다.[31] 필라델피아로 이주하는 대가로, 파킨슨은 콕스에게 아크라이트의 설계로 세워진 아마亞麻 방직 공장의 운전 모형을 제공해주기로 했다. 1791년 3월 24일, 미국 정부는 파킨슨이 자신의 아마 방직 공장은 '대영제국의 (중략) 공장 또는 기계의 개선된 형태'일 뿐이라고 인정했음에도 그것에 특허를 내주었다.[32] 확실히 미국 정부는 현대의 어법을 빌리자면 산업 스파이 행위라고도 불릴 수 있는 것들을 용납했던 듯하다. 이 선례를 시작으로, 해밀턴은 영국의 산업 기밀을 약탈하는 데 재무부의 전권을 쏟아부었다.

1791년 4월에 이르자 콕스는 정부의 일반적인 승인하에서 사익으로 운영되는 제조업 단체 하나를 구상했고 해밀턴은 그것에 자신의 위신을 더해주었다. 이는 시범 사업임과 동시에 혁신을 위한 실험실이 될 것이었다. 이렇게 탄생한 제조기술수립협회Society for Establishing Useful Manufactures, SEUM를 두고 후대의 한 역사가는 '미국 초기 역사에서 가장 야심찼던 산업 실험'이라고 칭찬했다.[33] 4월 29일 공개된 유려한 협회 안내문은 콕스의 도움을 받아 주로 해밀턴이 쓴 것임이 거의 확실해 보인다. 그는 '이론과 경험모두가 입증하려 공모하는 바에 따르자면 국가는 (중략) 확장적인 제조업에 따른 결과가 아니고서는 *왕성한* 부를 가질 수 없다'고 씀으로써 자신이 미국의 미래를 어떻게 그리는지에 대해 의문의 여지조차 남기지 않았다.[34]

협회의 목표는 단순히 하나의 공장을 세우는 데 그치지 않았다. 거대한 제조업 *타운*을 세우고 그 투자자들로 하여금 공장의 생산품, 그리고 타운 부동산의 가치 상승으로 이득을 보게 하려는 것이 그들의 계획이었다. 안내문에는 협회가 생산을 염두에 두고 있는 온갖 상품들이 나열되어 있었는데 여기에는 종이와 돛천, 면과 린넨, 여성화, 실, 소모사梳毛絲 스타킹, 모자, 리본, 담요, 카펫, 맥주 등이 포함되어 있었다. 해밀턴은 이 협회가

'모방의 정신'을 통하여 영국과 비교 가능할 정도의 국내 산업을 낳아주기를 바랐다.[35] 지금까지는 '빈약한 자원'이 이런 사업들에 있어 가장 큰 장애물이었으나, 이제는 정부의 장기채가 부족한 자본을 달래줄 터였다. 다시 한 번, 해밀턴은 언제까지고 커져만 갈 경제 활동의 그물망 안에서 하나의 조치를 이용하여 다른 조치의 발전을 이끌었다. 협회 초기 자본으로는 50만 달러가 필요했는데, 안내문에서는 그중 일부가 정부 채권으로 지불될 것이라고 언급함으로써 국채와 산업 도시를 한 번에 홍보하는 효과를 거두었다. '지금까지 부족했던 자원이 바로 여기에 있습니다.' 해밀턴이 뽐냈다.[36] 또한 같은 안내문의 '이곳에서 충분히 완벽에 다다르지 못한 수단들은 유럽의 숙련된 노동자들과 기계들, 도구들로부터 얻어낼 것입니다'라는 구절에서는 그가 기꺼이 유럽의 산업 기밀을 뒤져낼 각오가 되어 있었음을 분명히 알 수 있다.[37]

해밀턴은 단순히 멀찍이 서서 이 계획에 자신의 위신을 보태준 정도가 아니었다. 1791년 7월 - 투자자들이 은행 가증권을 집어삼켰고 그가 마리아 레이널즈와의 불장난을 시작했던 바로 그달- 그는 협회의 첫 번째 주식 청약에 대한 독려차 뉴욕으로 여행을 다녀왔으며, 그 청약은 순식간에 완료되었다. 이후 8월에 해밀턴은 뉴저지 뉴브런스윅에서 열린 청약자들의 취임 행사에 참석했다. 그해 말 협회의 감독관을 뽑는 일에서, 해밀턴은 자신의 자유분방한 친구인 투기꾼 윌리엄 듀어에 의지하는 우를 범했다. 듀어는 폭넓은 지리적 대표성을 추구하는 대신 지역의 자본가들로 협회 이사회를 꾸려 일곱 명의 뉴욕 출신, 여섯 명의 뉴저지 출신 감독관을 기용했다. 또한 당시는 산업에 대한 자격을 갖춘 사람들이 몹시 필요했던 때였음에도 이사회는 과할 만큼 많은 금융가들로 채워졌다.

초창기에 해밀턴과 콕스는 이 모험을 위한 최적의 장소로 뉴저지를 골랐다. 뉴저지 주는 인구밀도가 높았고 저렴한 토지와 울창한 숲이 있었으며 뉴욕의 자본에도 쉽게 접근할 수 있었다. 무엇보다 그곳의 강들은 터빈 날개와 물레바퀴를 돌리는 데 필요한 물을 충분히 공급해줄 수 있었다. 그해 8월, 해밀턴은 정찰병들을 파견하여 그 수로를 조사하도록 지시했다. 그를 포함한 협회 구성원들은 자신들이 소유한 강변 부동산의 장점을 내세우는 지역 지주들의 호소에 압도되었다. 이윽고 대체로 듀어의 주장에 따라 '세계에서 가장 괜찮은 환경들 중 한 곳'이라는 뉴저지 주 북부 퍼세이익의 그레이트 폭포가 이 모험을 위한 지역으로 선정되었다.[38]

해밀턴은 그 예정지를 잘 알고 있었다. 독립혁명 도중 그와 워싱턴, 라파예트는 폭포 근처로 소풍을 나가서 무성한 숲을 배경으로 한 채 차가운 햄과 동물의 혀, 비스킷 등의 '검소한 식사'를 즐기며 잠시간 전쟁에 대한 생각을 잊었던 적이 있었다. 그레이트 폭포는 퍼세이익 강에서도 경치가 아름다운 곳으로, 하루 최대 20만 갤런(약 75만 7,000리터_역주)의 물이 70피트(약 21미터_역주) 아래의 깊고 좁은 흑갈색 현무암 협곡으로 떨어지면서 그 흩날리는 물방울들로 무지개를 만들어내곤 했다. 협회는 윌리엄 패터슨 주지사에게 잘 보이기 위해 새로운 타운을 '패터슨'이라고 명명했다. 1791년 11월 22일, 주지사는 협회에 (아마도 해밀턴이 작성했을) 인허장을 발행함으로써 독점적 지위와 10년 기한의 면세 특권을 부여하며 그 호의에 보답했다. 협회는 700에이커(약 85만 7,000평_역주)의 토지를 매입한 뒤 그것을 구획 단위로 분할하여 공장들만을 위한 곳이 아닌 완전히 새로운 타운을 형성하여, 패터슨이 훗날 뉴저지 주에서 세 번째로 큰 도시가 되도록 만들었다.

프로젝트에 동원되는 직원이 점점 늘어나는 가운데 해밀턴은 놀랍게도 첫 번째 면방직 공장의 감독자들을 직접 모집했다. 이 영화로운 조언자는 영국의 방적기 비밀을 빼돌렸던 바로 그 조지 파킨슨을 감독으로 고용했고, 파킨슨의 생활비도 재무부에서 지원하게 했다. 7월경 해밀턴은 리처드 아크라이트를 배신한 또 다른 제자이자 역시 영국 섬유 산업의 비밀로 무장한 채 미국으로 건너온 토머스 마셜Thomas Marshall로부터 비범한 편지 한 통을 받았다. 아크라이트의 더비셔 공장 관리자를 지냈던 그는 해밀턴에게 자신이 지난가을 정찰 업무 때문에 다시 한 번 그 공장을 견학한 바 있다고 뽐냈다. '저는 그의 일터 전체를 돌아다녔으며 이에 따라 현대적인 개선 사항들 모두를 잘 알고 있습니다.' 마셜은 협회 프로젝트들을 위해 영국의 기계들을 빼돌리는 데 조금도 불안해하지 않았으며, '아크라이트의 사업 중 제직製織 부서의 달인이었으며 오늘날 영국에서 유행하는 패턴들을 전부 혹은 거의 모두 가지고 있는 사람을 곁에 두는 것은 매우 유용할 것'이라고 제안하기까지 했다.[39] 그해 8월 해밀턴은 영국 섬유 산업으로부터 망명해 온 사람들과 줄줄이 계약을 협상했는데, 그중에는 섬유 염색 및 표백법을 배운 윌리엄 홀William Hall과 요크셔 면방직 공장을 세웠던 윌리엄 피어스William Pearce 등이 포함되었다. 그해 12월 이 타운의 인사 체계를 정하기 위해 소집된 협회 이사회는 해밀턴의 모든 선택들에 승인 도장을 찍어주었다.

뉴저지 강둑에서의 해밀턴은 단순히 미국이 제조업도 할 수 있음을 보이는 정도에 만족하지 않았다. 그는 자신이 1791년 12월 5일 의회에 제출한 「제조업 보고서」에서 이야기했던 이론적 예시들을 실현시켜야 한다는 생각에 사로잡혀 있었다. 그의 야심찬 국가 문서들 중에서도 최고로 손꼽히는 이 보고서는 상당 시간 동안 그의 머릿속에서 숙성된 것이었다. 거의 2년 전부터 하원의회는 그에게 미국이 어떻게 하면 제조업을 장려할 수 있겠는지에 관한 보고서를 준비해달라고 요청해왔었고, 이제 해밀턴은 연방정부가 그러한 경제 활동을 활성화시킬 수 있는 수많은 방법들을 글로써 활짝 꽃피웠다. 이 보고서는 미국의 선택적 산업발전 계획을 위한 최초의 정부 지원 청사진이었으며, 연대기 작가의 말을 빌리자면 해밀턴은 이 글을 통해 '남북전쟁 이후의 미국을 대부분 예언했다'고 한다.[40]

이 보고서를 낳은 추동력은 대체로 군사적이고 전략적인 성격을 띠고 있었다. 워싱턴은 '자유 시민'이라면 '필수품, 특히 군용 물자에 있어서 다른 이들을 독립적으로 만들어주는 성격의 공장들을 장려해야 한다'며 의회를 책망했다.[41] 영국이 대부분의 공산품에 대해 식민지 시장을 독점했고 그 부작용으로 대륙군은 화약부터 제복까지 그 모든 것들의 부족에 시달려야 했던 상황을 잘 기억하고 있었던 해밀턴은 외국 공산품에 대한 의존이 전시의 미국을 절름발이로 만들 수도 있음을 알았다. 그는 보고서에서 이렇게 언급했다. '지난 전쟁에서 미합중국이 물자 조달 불능과 관련하여 겪었던 극도의 당혹스러운 기억은 여전히 생생하게 살아 있다.'[42]

포기를 몰랐던 해밀턴은 이 연구의 준비 과정에서 제조업자들과 조세 징수원들을 조사하여 그들 관할구역의 생산 현황에 대해 자세히 물었다. 각 구역 내 공장의 수, 생산되는 상품의 규모, 그 가격과 질, 주정부가 생산에 대해 제공하는 원동력과 걸림돌 등, 평소와 마찬가지로 그는 모든 것을 알려는 열망에 차 있었다. 미국 상품이 주는 느낌을 직접 알아보기 위해 상품들을 만져보고 느껴보기도 했던 해밀턴은 조세 징수원에게 이렇게 말했다. "만일 비용 없이 간단하게 견본품을 가져갈 수 있다면 저 또한 그렇게 하고 싶습니다."[43] 코네티컷에서 가져온 양모, 매사추세츠에서 가져온 카페트 등 온갖 견본품을 모으기 시작한 해밀턴은 그 타고난 쇼맨십으로 이 상품들을 하원의 위원회의실 앞에 펼쳐놓고 소형 무역 박람회를 벌이면서 사실상 새로운 형태의 로비를 선보였다.

해밀턴이 지난번에 작성한 국가 문서는 오롯이 자신의 마음속에 있던 화폐 제도에 대해 쓴 것이고 대필 작가를 고용한 적도 없었으나, 이번 「제조업 보고서」 작성 시에는 텐치 콕스로부터 크나큰 도움을 받았다. 콕스는 화약과 놋쇠, 철 등의 물품들에 대한 미국의 자급자족을 독려하는 밑그림을 그렸다. 종국에 해밀턴은 콕스가 자만심에 빠져 있고 자신의 재능을 과대평가하는 부정직한 녀석이라고 여기게 되었고 훗날 이렇게 말했다. '그 남자는 현명하다고 하기에는 너무나 교활하다. 내가 자신의 의견을 경시한다고 여기는 그의 모습을 나는 너무도 자주 발견했다.'[44] 그러나 이 시점에서 콕스의 전문성은 필수적인 것이었다. 해밀턴은 콕스가 써둔 예비 논문을 수정하고 발전시켰다. 그는 콕스의 제안서에 다소 난해한 경제 이론들을 더하는 한편, 제조업을 통해 미국이 얻게 될 정치적 힘을 확신적인 어조로 논하면서 글을 윤색했다. 단순히 기술적인 문서와는 거리가 멀었던 「제조업 보고서」는 미국 민족주의에 대한 선견지명이 담긴 진술서나 다름없었다.

해밀턴은 자신이 제조업을 옹호하면서 상당한 저항에 부딪힐 것임을 알고 있었다. 공장들이 농업을 해치고 공화주의 정부를 해할 것을 우려했던 사람들 때문이었다. 그의 적들은 풍부한 토지와 부족한 자본 및 노동력을 이유로 들면서 미국이 농촌 민주주의로 남아야 한다고 주장했다. 특히 미국의 민주주의와 농경 간의 방정식이 오래도록 유지될 것이라고 믿었던 제퍼슨은 프랑스에서 돌아오기 얼마 전, '미국이 오늘날의 사람들 중 누구라도 여전히 살아 있는 시일 내에 제조업 국가가 되는 일을 불가능하게 만드는' 상황들에 대한 글을 남기기도 했다.[45]

처음부터 해밀턴은 자신이 농장들을 공장들로 바꾸려는 것이 아님을 강조했으며 농업이 '*다른 그 어떤 종류의 산업보다도 출중해질 강력한 권리를 본질적으로 가지고 있다*'고 말했다. 농업을 해치려는 것과는 전혀 다르게, 제조업은 잉여 농산물들을 위한 국내 시장을 형성해줄 것이었다. 그러니 농업에만 '배타적인 편애'를 주지 말자는 것이 그가 그 모든 것들을 통해 하고자 했던 말이었다.[46] 제조업과 농업은 서로 다른 경제적 주기를 따르므로, 한쪽이 하강한다면 다른 한쪽의 상승으로 이를 상쇄할 수도 있을 터였다. 보고서를 통해 그는 농업이 인간 노동의 가장 생산적인 형태라고 극찬하는 한편 경제를 조종하려는 정부의 시도들을 비난했던 프랑스 경제학파, 중농주의자들의 영향력과 경쟁을 벌였다. 해밀턴은 농업이 태생적으로 생산적이며 제조업은 '척박하고 비생산적'이라는 그들의 믿음을 반박했다.[47] 애덤 스미스의 『국부론』과 매우 비슷한 생각들을 선보인 해밀턴은 공정을 가장 단순한 작업들로 세분화하고 기계화의 힘을 빌린다면 제조업도 농업에 뒤지지 않을 만큼 생산성을 확대할 수 있음을 설명했다. 그는 또한 미국이 농업에 초점을 맞춘 것은 지리적 조건에 따라 자연적으로 생겨난 부산물이 아니라 유럽 국가들의 무역을 위해 억지로 떠안게 된 현상이라고 주장했다.

해밀턴의 적들은 그가 고정적이고 계층화된 사회를 만들려 한다고 주장했지만, 해밀턴이 그린 번영의 미래 경제는 그것과 닮은 구석이 거의 없었다. 그의 미국은 무한한 다양성을 갖춘 실력주의 사회이자 그 모든 나라의 외국인이나 온갖 배경 출신의 사람들을 흡수하는 다양화된 시장이 있는 곳이었다. 비록 보고서에서는 노예제를 전혀 언급하지 않았으나, 해밀턴이 이상적으로 여긴 경제에는 남부 농장들에서 행해지는 봉건적인 만행이 없었다. 해밀턴이 늘어놓은 제조업의 장점들은 철저하게 미국다운 구석이 있다. '공동체 내에서 평소에는 사업에 종사하지 않았던 계층의 신규 고용. 외국으로부터의 이민 장려. 재능과 기질에 대한 다양성의 범위를 늘려 개개인들을 특화시키는 것. 보다 풍부하고 다양한 사업 필드의 제공.'[48] 제조업자들과 노동자들은 풍부한 원자재와 낮은 세율, 흐르는 강물과 울창한 숲, 그리고 민주적인 정부가 있는 카운티로 몰려들 터였고, 노동자들의 유입은 미국 제조업의 가장 커다란 걸림돌인 '높은 임금'을 달래줄 수 있을 것이었다.

해밀턴이 '다양성'을 강조한 것은 현대인들의 귀에도 즐겁게 들릴 테지만, 그가 아동 노동을 강조했다는 점은 그것과 심한 부조화를 이룬다. 그는 생산적인 영국 면방직 공장에 대해 다음과 같이 평했다. '특히 눈여겨볼 필요가 있는 부분이 있다. 일반적으로 여성과 어린이가 더 유용한 인력이며, 후자의 경우는 다른 곳에 비해 제조 시설에 있을 때 더욱 빠르게 유용해진다는 점이다.' 영국의 방직 공장에서는 '7분의 4 가까이가 여성과 어린이며 이들 중에서도 대부분은 어린이고, 그중 다수는 아주 어린 나이'였다.[49] 해밀턴의 이야기는 다소 냉담하게 들릴 수 있으며, 그가 19세기 공장의 잔혹성을 미리 예견하지 못했다고 손가락질받는 것도 확실히 꽤 타당해 보인다. 그러나 당시엔 농장이나 공방에서 어린이들이 일하는 것이 흔한 현상이었다. 해밀턴 또한 10대 초반부터 하급 직원으로 일을 시작했고, 해밀턴의 어머니도 일을 했다. 그는 자신이 궁핍한 이들에게 음울한 응징을 가한다는 생각은 하지 않았으며, 오히려 그들에게 적당한 임금을 벌어들일 수 있는 기회를 제공하고 있다고 보았다. 해밀턴에게 직업이란 작위나 다름없는 경험이었다. '모든 종류의 산업이 한 공동체 안에 자리 잡는 때가 온다면, 각 개인들은 자신에게 딱 알맞은 요소를 찾을 수 있을 것이며 자신이 타고난 모든 활력을 그 활동에 쏟아부을 수 있을 것이다.'[50] 해밀턴은 어린이 노동이나 여성 노동을 착취라 여기지 않았다.

해밀턴이 바라는 것이 모두 이루어진다면 그곳은 자유 무역과 공개 시장, 그리고 애덤 스미스의 '보이지 않는 손'이 있는 세상일 터였다. 그는 말년에 다음과 같은 글을 남겼다. '산업에 관해 이야기하자면, 나는 인간이 벌여대는 일들은 대체로 자유롭게 놔두어야 하며 너무 많은 규제에 구속받아서는 안 된다는 데 추호의 의심도 없지만, 현실적인 정치인들은 정부의 신중한 원조와 독려가 그 일들을 유익하게 자극할 것임을 알고 있다.'[51] 이처럼 미국 역사의 초기 단계에서 해밀턴은 유럽의 공격적인 무역 정책에 대해 미합중국도 동일한 수준으로 응수해야만 한다고 생각했다. 따라서 그는 일시적으로 중상주의적인 정책들을 옹호하면서 그 정책들을 통해 미국의 자급자족을 증진시키고 보다 나은 무역수지와 더 많은 경화硬貨를 확보할 수 있기를 바랐다. 유럽 선진국들의 세계 속에서 자신의 길을 찾기 위해 고군분투하는 신생국에게 있어 현실정치realpolitik는 애덤 스미스의 자유방임적 순수주의보다 앞서는 것이었다.

시장에 섣불리 손대고 싶지 않아 했던 해밀턴은 자신이 투자에 대한 정부의 방향성과 관련하여 설득력 있는 지침서를 선보여야 한다는 것을 알고 있었다. 여기에는 명백한 이의가 존재했다. 똑똑한 사업가들은 관료제의 설득 없이도 수익성 좋은 기회들을 발견하고 자본을 투자하지 않을까? 해밀턴은 사업가들이 시장의 변화에 반응한다는 데 동의했지만, 한편으로 그들은 종종 심리적인 이유 때문에 느린 속도로 반응하기도 함을 언급했다. '이는 습관과 모방 정신의 강한 영향력, 한 번도 시도되지 않은 사업에서 본보기도 없는 성공을 할 수 있을지에 대한 우려, 초심자들이 자기가 시도하려는 사업에서 이미 완벽에 이른 자들과 경쟁해야 한다는 데서 느끼는 내재적인 어려움 등과 관계가 있다.'[52] 신생국은 다른 국가들이 이미 견고한 지위를 확립했다는 불리한 조건에서 씨름해야 했다. 유치산업에는 '정부의 비범한 원조와 보호'가 필요했고,[53] 외국 정부들이 자국의 회사들에게 보조금을 퍼붓고 있는 상황에서 미국은 그 경쟁에 응하는 것 외에는 별다른 도리가 없었다.

정부의 제조업 진흥책에 대한 지적 기초를 닦아둔 후, 해밀턴은 홍보하고자 하는 품목들을 모두 열거했다. 구리부터 석탄, 나무부터 곡물, 비단부터 유리까지 그 범위는 다양했다. 그는 유치산업을 보호하기 위한 정책들 또한 열거했는데 그중에는 프리미엄, 장려금, 수입 관세 등이 포함되었다. 해밀턴은 가능할 때마다 정부의 지시에 따라 금전적인 인센티브를 주는 편을 선호했다. 예를 들어, 관세가 소비자들에게 부과되고 독점 이익이 생산자들에게 돌아간다는 것을 알고 있었던 해밀턴은 그 규모를 적정하게 줄이고 성격을 임시적으로 바꾸면서 가능한 한 빨리 그것을 폐지하고자 했다. 그는 장려금을 선호했는데, 이는 그것이 가격을 인상시키지는 않기 때문이었다. 일례로 원자재에 대한 관세는 제조업을 장려하기 위해 심지어 *낮추고자* 할 때도 종종 있었다. 또한 해밀턴은 혁신에 박차를 가하기 위해 투자자들도 특허 보호를 받을 수 있게 되기를 바랐으며, 영국이 혁신적인 기계류의 수출을 저지하기 위해 사용했던 자기방위적인 종류의 법들을 미국 또한 채택하기를 원했다.

해밀턴은 경영을 고무시킬 권리, 또 필요하다면 그것을 저지할 권리가 연방정부에 있다고 생각했다. 아서 슐레진저 주니어Arthur Schlesinger Jr.는 '개인적인 재산 취득의 역학에 대한 해밀턴의 열정은 언제나 정부 규제와 제어에 대한 믿음으로 단단해져 있는 상태였다'고 말했다.[54] 일례로 그는 공산품에 대한 정부 점검이 소비자들을 안심시키고 판매에 충격 요법을 줄 수 있다고 논하면서, 시어도어 루스벨트의 혁신주의 시대Progressive Era에 가서야 시행될 규제 정책들을 예견했다. '우리나라 공산품의 품질 개선 및 특성 보존을 위해 가정의 소비자들과 외국의 수입업자들에 대한 사기 행위를 방지한다면, 그것은 틀림없이 그 상품들의 신속하고 이로운 판매에 도움이 될 것이며 다른 부문에서 격렬한 경쟁 또한 방지하는 역할도 할 것이다.'[55] 그는 또한 '모든 곳에서 우리 밀가루의 질을 개선하고 외국 시장들에서 그 명성을 드높이기 위하여' 전 항구에서 밀가루를 대상으로 정부 점검을 실시하는 방안을 추천했다.[56] 해밀턴은 공공도로와 운하들로 이루어진 네트워크만큼이나 영국의 산업을 도왔던 것이 또 없다고 주장하며 또 다른 형태의 정부 활동주의를 지지했다. 이로써 그는 내부적인 개선-오늘날의 표현을 빌리자면 공용 인프라-의 장점을 내세우면서 미국의 산발적인 지역 시장들을 단일 경제로 통합하고자 했던 것이다.

화약 제조에 대해서는 고작 두 문단 정도만을 할애하여 다루었을 뿐이지만, 해밀턴은 자신의 「제조업 보고서」가 본래 무기의 자급자족에 대한 필요성 때문에 작성되었다는 점을 잊지 않았다. 전쟁 발생 시 물자가 부족한 상황에 빠지지 않도록 만들겠다고 결심한 해밀턴은 '무기고들의 형성'을 원조하기 위해 '정기적으로 군수 무기들을 구매'하는 방안을 지지했다.[57] 국가 안보에는 물자가 너무나도 중요했기 때문에, 해밀턴은 정부 소유의 무기 공장을 세우는 방안도 배제하지 않았다.

보고서를 마무리하면서 그는 자신이 묘사한 이 정력적인 계획들은 모든 국가에, 또 모든 시기에 어울리는 것이 아니라 오로지 국가 발전의 초기 단계를 위해 고안된 것임을 명확히 밝혔다. '상당한 민간의 부를 갖춘 나라들에서는 애국심을 가진 개인들의 자발적 기여가 훨씬 더 큰 효과를 발휘할 것이다. 그러나 미합중국과 같은 상황에 처해 있는 공동체에서는 공공의 돈이 민간 자원의 부족분을 채워주어야 한다.'[58]

결과적으로 해밀턴의 「제조업 보고서」는 무익한 것이 되었다. 국가신용과 화폐 제도, 중앙은행에 대한 그의 위대한 국가 문서들과 달리 이번 보고서는 정부에게 일반적인 방향성을 제시하는 정도에 그쳤으며 위급한 특정 문제들에 대한 해결책을 제시하지도 못했기 때문이다. 하원은 이 보고서를 보류했으며, 해밀턴 또한 이것을 입법부의 망각에서 건져내려는 시도를 딱히 하지 않았다. 비록 법안으로 발전되진 못했으나, 이 보고서는 연방정부에 대한 폭넓은 개념을 그 안에 담고 있었기 때문에 이례적인 우려를 불러일으켰다. 언제나와 같이 해밀턴은 자신의 계획에 대해 헌법적인 근거를 제시하면서, 의회에게 '*공동의 방어*와 *공공복지*를 가능케 할' 권리를 준 조항을 들먹였다.[59] 해밀턴의 관대한 해석 덕을 어느 정도 본 탓에, 이 조항은 훗날 정부가 공공복지 증진을 위한 계획을 시행할

알렉산더 해밀턴

수 있게 해줌으로써 엄청난 의의를 향유하게 된다.

매디슨은 이와 같은 논의에 크게 놀랐다. 그의 말에 따르자면, 지금까지 헌법에 대한 자유적인 해석을 논했던 이들은 오로지 헌법에 명시된 목적을 이루기 위해 수단을 선택할 자유를 주장하는 데 그쳤을 뿐 제조업을 정부의 목적으로 한다는 이야기는 전혀 하지 않았었다. 이에 대해 매디슨은 이렇게 불평했다. '수단만이 아니라 목표들에 대해서까지 아무 제한을 하지 않는다면 그 양피지는 당장 불에 던져버리는 편이 나을 것이다.'[60] 제퍼슨 또한 이 보고서에는 해밀턴의 월권행위가 은행 때보다 한층 더 전면적으로 담겨 있다며 경악을 감추지 못했다. 제퍼슨은 어느 날 워싱턴과의 아침식사 후 그에게 해밀턴의 최신 보고서 이야기를 꺼내며, 과연 미국이 여전히 제한적인 정부하에 놓여 있는 것인지를 음침하게 물었다. 자신의 동료가 선보이는 느슨한 헌법 해석에 따라 정부 권력이 점차 축적될 것을 우려했던 그는 '특정 제조업을 장려하기 위하여 장려금을 준다는 구실로' 해밀턴이 '공공복지' 조항을 빌려 '그들이 공공복지라고 여기는 관리감독하에 의회가 모든 일을 처리하게' 만들려 한다고 불평했다.[61] 제퍼슨에게 있어 이는 정부 활동주의의 포문을 활짝 열어준 것이나 다름없었다.

은행 가증권에 대한 수요가 투기 거품을 형성하던 1791년 여름, 해밀턴은 그 현상이 확산되어 통제를 벗어나기 이전에 투기 열기를 식힐 수 있는 방안을 강구했지만 그 경감책의 효과도 오래가지 못했다. 증가하는 수출량, 유럽 내 미국 채권에 대한 수요 증가, 그리고 줄줄이 새로 설립되는 회사들 등에서 알 수 있듯 해밀턴은 패기만만한 지도력으로 번영을 일구어냈다. 이 때문에 열광적인 낙관이 생겨났고, 이는 곧 정부 증권과 은행 가증권에 대한 또 다른 광적인 난장으로 이어져 가증권 가격은

1791년과 1792년 사이 또 다른 고지에 올라버렸다.

여기에서의 주인공도 해밀턴의 오랜 친구이자 언제나 순박함 밑에 가만히 있지 못하는 성미를 숨기고 있었던 자, 윌리엄 듀어였다. 듀어의 아내 키티 부인은 오래전부터 남편의 충동적인 도박 때문에 괴로워했고, 한번은 이렇게 남편을 책망하기도 했다. "저는 당신이 벌이는 그 다양한 사업들과 투기들 때문에 당신의 정신이 너무 지쳐버린 나머지 내적으로 침묵해버릴 것이 두려워요."[62] 듀어의 친구였던 메릴랜드의 새뮤얼 체이스 역시 같은 맥락에서 그에게 소유욕에 따르는 충동을 자제하라고 간청했다. '나는 자네 영혼의 활동을 알고 있고, 자네의 관점이 두렵다네. (중략) 그리고 술책들은 끝이 없지. (중략) 자네가 욕망의 한계선을 정해두기를 진심으로 바라네.'[63]

안타깝지만 그 누구도 투기를 향한 윌리엄 듀어의 욕망을 잠재우지 못했다. 이제 그는 뉴욕 금융 시장의 거물이 되었으며, 제퍼슨은 그에게 '골목의 왕'이라는 칭호를 선사하여 조롱했다.[64] 1791년 말, 정부 증권과 은행 주식들을 매점하기로 결심한 그는 부유한 토지 투기꾼 알렉산더 매컴 Alexander Macomb과 비밀리에 결탁했다. 해밀턴은 제조기술수립협회의 책임자로 듀어를 막 선택한 참이었으며, 매컴 또한 관리인으로서 협회에 몸담고 있었다. 무모하기 짝이 없던 듀어는 이제 주가 조작 자금을 마련하기 위해 자기 이름으로 어마어마한 금액을 대출받았으며, 제조기술수립협회의 은행가들 몇몇을 끌어들여 투자 도당을 형성했다. 이들은 정부 증권의 6퍼센트를 독점하려는 계획을 세웠으며 이 때문에 '6퍼센트 클럽'이라는 별칭으로 불렸다.

1792년 1월, 신규 은행 세 곳의 탄생이 발표되자 정신없이 돌아가는 은행 가증권 거래 시장에는 갑작스러운 자극이 가해졌고, 이에 불길한 예감을 느낀 해밀턴은 뉴욕 금융 시장에 대한 감시에 돌입했다. 그전까지 뉴욕에는 뉴욕은행과 미합중국은행의 공개 부처 한 곳 등 도합 두 개의 은행만이 존재했다. 밀리언은행The Million Bank은 뉴욕 비준협의회 당시 해밀턴의 숙적이었던 멜런크턴 스미스가 매컴과 함께 세운 것이었는데, 정치적 색채를 띠고 있다는 점에서 이는 조지 클린턴 주지사의 부를 불리기 위한 수단으로 비추어졌다. "도시의 '은행 마니아bancomania'들이 폭력적으로 격노하고 있습니다." 제임스 틸러리가 해밀턴에게 전한 말이다. "그리고 이 은행은 주지사의 재선을 돕기 위한 엔진으로써 만들어진 것입니다."[65] 1월 16일, 밀리언 은행의 주식 발행 한 시간 만에 열 배가 넘는 청약자가 몰림에 따라 이 도시는 은행 마니아에게 장악당한 듯 보였다. 이렇게 엄청난 성공에 뒤이어 주립은행State Bank과 상인은행Merchants' Bank 제안이 떠오르면서, 결국엔 신규 은행 세 곳을 하나의 거대한 기관으로 묶는 초대형 계획이 탄생하기에 이르렀다.

재무장관으로서 해밀턴은 금융 활동을 촉진시키고 싶어 했으나, 이 신규 은행들에 대해서는 노골적 투기를 위한 장치라며 거부감을 나타냈다. 그는 밀리언은행에 대한 이야기를 듣자마자 지난여름 자신과 함께 공황을 잠재웠던 뉴욕은행의 윌리엄 세턴에게 격렬한 편지를 써 보냈다. 뉴욕 경제의 '위험한 종양'이 생겨났다는 소식에 '한없는 고통'을 토로한 해밀턴은 다음과 같이 경고했다. '이 사치스러운 투기 공격들은 제정신인 시민들을 넌더리나게 만들고 모든 것들에 사나운 기운을 불어넣음으로써 정부와 공공 신용의 전 체계에 실로 해가 될 것입니다. (중략) 뉴욕은행이 이 새로이 탄생한 괴물과 그 어떤 연합도 이루지 않기를 진심으로 희망합니다.'[66] 세턴은 답장을 보내어, 밀리언 은행을 이끄는 '미친 사람들'이 부도덕한 수단을 통해 뉴욕은행에게 합병을 택할 것을 강요하고 있음을 해밀턴에게 전했다. 그들은 은행을 무너뜨릴 수도 있을 만큼의 금액을 인출하겠다며 협박하고 있다는 것이었다. '현재 벌어지고 있는 어리석고 미친 짓거리는 우리의 불명예일 뿐입니다.'[67] 신용 형성에는 투기적 위험이 뒤따를 것임을 알고 있었던 해밀턴은 세턴에게 이렇게 경고했다. '신용의 상부 구조는 이제 그 기반에 비해 너무 광대해졌습니다. 보다 합리적인 차원 내로 점차 내려오지 않는다면 무너지고 말 것입니다.'[68] 훗날 해밀턴은 주식 거래가 '도박의 정신을 부추겼으며 일정 수의 개인들이 다른 목표를 모두 버리도록 만들었다'고 인정했다.[69] 그러나 자본에 신속히 접근할 수 있게 됨으로써 훨씬 더 큰 사회적 편익이 생겨났다는 점 또한 함께 고려되었어야만 했다.

은행 마니아 현상에 대해 토머스 제퍼슨은 그것을 피할 수 없었던 결함 정도가 아니라 오히려 해밀턴주의 사업의 심장부에 자리한 궤양으로 여겼다. 그는 워싱턴에게 지폐가 '우리 시민들로 하여금 (중략) 유용한 사업들 대신 일종의 도박, 도덕의 파괴, 정부 그 자체에도 독을 주입했던 그것에 자신들은 물론 자신들의 자본까지 모두 바치게' 만들었다고 경고했다.[70] 제퍼슨의 우려도 이해할 만한 것이긴 했으나 거기에는 오해된 구석이 있었다. 그는 듀어가 내부 정보를 통해 거래하고 있다고 의심했으며 해밀턴이 그의 지속적이고 자발적인 공범자라고 잘못 간주했다. 제퍼슨은 워싱턴에게 편지를 써서 해밀턴이 '재무부의 기밀들을 자신이 원하는 때에 원하는 방식으로 친구들에게 유출했다'고 고발했고 이는 시간이 지난 뒤에도 그와 그의 정치적 지지자들이 지겹도록 반복해서 제기할, 근거 없는 혐의가 되었다.[71]

신용에 탄력을 받은 정부 및 은행 증권들의 주가는 정상적인 평가 수준을 훨씬 넘어섰고 1792년 1월 말에 그 정점을 찍었다. 해밀턴의 회고에 따르면 '그 급격하고 기이한 상승은 (중략) 사실 가능성을 신중히 계산해 보았더라면 절대로 예상할 수 없었을 만큼 인위적이고 끔찍한 것이었다'

고 회고한다.[72] 이후 주가 상승으로 인한 희열은 의심에 의심을 거듭하다 절망으로 바뀌었다. 주가가 5주 연속으로 하락했던 것이다. 듀어는 자신의 책무를 다하기 위해 절박하게 더 많은 돈을 쏟아부었고 온갖 사람들로부터 상당한 금액의 돈을 빌렸다. 그는 부유한 뉴요커들로부터 느슨한 조건의 대출을 구하고 다녔으며 정육점 주인이나 상점 주인들에게서 푼돈의 현금을 빌렸고, 한 상인의 말에 따르자면 심지어 '유명한 여자 포주인 매카티McCarty 부인에게서도' 돈을 빌렸다.[73] 그가 자신의 명의로 빌린 돈은 총 50만 달러에 달했다. 로버트 트루프는 해밀턴에게 '과부들, 고아들, 상인들, 기술자들 등이 모두 그의 명부에 올라 있다'고 알렸다.[74] 피 냄새를 맡은 듀어의 채권자들은 매달 최고 6퍼센트까지 오르는 고리대금업식 이자율을 통해 그를 쥐어짰다. 듀어는 주가가 더 오른다는 데 돈을 건 황소 떼를 이끌고 있었으나, 반대쪽에서는 리빙스턴가의 일원 세 명이 곰 무리를 진두지휘했다. 이들은 주가를 떨어뜨리기 위해 은행 예금을 빼내서 심각한 신용 부족 사태를 부추겼고, 이에 따라 투기자들에 대한 이자율이 높게는 하루당 1퍼센트까지 오르게끔 만들었다. 이미 큰 빚을 지고 있던 듀어에게 있어 이는 치명적인 한 방이었다. 그는 빚을 갚기 위해 주식을 포기하기 시작했으나 이 때문에 주가는 한층 더 나락으로 떨어질 뿐이었다.

3월 9일 드디어 그의 재정은 바닥을 드러냈고, 궁지에 몰린 듀어는 몇몇 채권자들에 대한 지불을 멈췄다. 너무나 많은 사람들에게 너무나 큰돈을 빌려왔기에 그의 파산은 곧 금융 분야를 아수라장으로 만들었다. 이튿날 스물다섯 명의 뉴욕 자본가들이 파산하면서 혼란은 한층 가중되었다. 듀어가 실패한 원인은 그가 정부에 빚진 돈 때문이었다. 듀어는 오래전 재무위원회 위원장이었던 시절부터 23만 6,000달러라는 놀라울 만큼의 큰 빚을 지고 다녔다. 3월 12일, 해밀턴의 승인에 따라 회계 감사관 올리버 월콧 주니어는 뉴욕 지방검사에게 듀어로부터 돈을 회수하거나 그것이 불가능하다면 그를 상대로 소송을 제기하라고 명령하는 편지를 썼다. 이 이야기를 전해듣자마자 듀어는 이 명령을 철회시키지 못한다면 자신은 끝장나는 것이나 다름없다는 사실을 알게 되었다. 정신이 나간 듀어는 황급히 해밀턴에게 전갈을 보냈다. '제발 한 번만 자네의 영향력을 이용하여, 내가 당도하여 그럴 필요가 없어질 때까지 [그 편지의 발송을] 미루어주게, (중략) 한 푼 한 푼이 곧장 돌아올 걸세. 내 명예를 걸고 맹세하네. 만일 소송이 대중에게 알려지기라도 한다면 (중략) 나는 파멸하는 것이나 마찬가지일세.'[75]

해밀턴은 3월 14일이 되어서야 답신을 보냈다. 십중팔구 그는 자신이 돌이키려 하기도 전에 월콧의 명령 서한이 발송되었다는 점을 알리고 싶었을 것이다. 듀어에게 보내는 글에서 해밀턴은 예고된 소송을 지연시킬 그 어떤 행동도 취하지 않았고, 공직자로서의 청렴함도 버리지 않았다. 친구를 대하는 마음으로, 그는 자신이 듀어가 겪고 있는 곤경에 '가늠할 수 없을 만큼의 슬픔을' 느끼며 '따스운 마음이 쓰일 자네의 이야기에 대해 영혼의 모든 비참함을 경험하고 있다'고 전했다. 동시에 그는 엄중한 판결을 내렸다. '*용기와 명예*를 가지고 행동하게나. 만일 자네가 합리적으로 탈출을 바랄 수 없다면, 더 이상 깊이 가라앉지는 말게. 사태를 완전히 막아내려는 용기를 갖게. 공익사업 기관들에 가장 먼저, 그리고 그다음엔 모든 온당한 채권자들에게 자네가 할 수 있는 최대한의 책임을 다하게.'[76] 이 편지는 다시 한 번 해밀턴이 부유한 이익 단체들의 꼭두각시였다는 이미지를 반박하고 있다. 한편 제퍼슨은 자신의 사위에게 '이 나라의 신용과 운명은 도박하는 악당들이 던져 올리고 떨어뜨리는 데 절박하게 매달려 있다'고 불평했다.[77]

듀어를 구제해주지 않는 대신, 해밀턴은 시장에서 대규모의 정부 증권을 사들였다. 이렇게 함으로써 그는 시장을 안정시켰고 동시에 할인된 가격으로 국채를 되사들일 수 있었다. 이때의 자금은 그가 국채를 보완하기 위해 마련해두었던 감채기금에서 나온 것이었다. 사람들의 인식에 예민했던 해밀턴은 윌리엄 세턴에게 당시 머천트 커피하우스에서 하루에 두 번 열리던 증권 경매 시장에서 채권을 조금씩 사들일 것을 지시하며 '자주 모습을 드러내 보임으로써 사람들의 사기는 충전시키되 한 번에 너무 과하게 하진 말라'고 말했다.[78] 그는 또한 세턴이 처음엔 구매자의 신분을 숨길 것을, 그리고 그로 인해 소문이 퍼지면서 효과가 확대되기를 바랐다. '당신이 대중 앞에 모습을 드러낸다면 추측이 이어질 공산이 매우 큽니다. 다만 자백 없이 그 추측이 알아서 퍼져나가도록 두는 것은 좋을 것입니다.'[79] 해밀턴은 위기에 대처하는 중앙은행가에게 반드시 필요한 창의적인 모호성을 본능적으로 이해하고 있었다. 지난여름의 사건과 마찬가지로 이번 역시 해밀턴에겐 그 어떤 훈련이나 스승도 없었지만 그럼에도 그는 노련한 중앙은행가다운 침착함으로 반응했다. 그는 일시적으로 시장을 고요하게 가라앉혔으나, 작은 회오리들은 그해 가을 내내 계속해서 이어졌다.

윌리엄 듀어가 겪었던 곤경은 그야말로 대사건이어서 며칠간 뉴요커들을 얼어붙게 만들었다. 듀어의 저택에서는 채권자들로부터 그를 구제해내려는 사람들이 끊임없는 만남을 벌였다. '이 가련한 남자는 거의 완전히 미쳐버릴 지경에 이르렀네.' 트루프가 해밀턴에게 말했다. '그리고 그의 상황 때문에 그의 모든 친구들은 형언할 수 없는 슬픔을 느끼고 있다네.'[80] 듀어는 자신이 자비 없는 채권자들의 뿔에 치인 순진한 어린 양이 된 척을 했다. 불안해하는 기색을 보이며 때때로 횡설수설했던 그는 폰 슈토이벤 남작의 저택으로 피신한 뒤 해밀턴이 소송을 취소해주기만을 헛되이 기다렸다. 아무도 멈출 수 없었던 자기기만의 능력으로, 듀어는 한 친구에게 '이제 나는 적들로부터 안전하고, 세계에 반항했던 나의 심장이 지닌 순수성을 느낀다'고 확언했다.[81] 이 용감한 선언을 남긴 바로 이튿날 그는 채권자 감옥에 갇혔다. 알렉산더 매컴 또한 얼마 지나지 않아 파산했고 마찬가지로 투옥되었다.

이 시점에서 듀어는 자신의 투옥을 반겼을 수도 있다. 그의 내장을 꺼내버리겠다고 울부짖으며 복수심을 불태우는 군중으로부터 몸을 숨길 수 있을 것이었기 때문이다. 군중의 반감은 너무도 커서 혹 그들이 감옥으로 쳐들어와 그에게 린치를 가하지는 않을지 우려될 정도였다. 4월 18일 밤, 분개한 수백 명의 채권자들과 투자자들은 감옥으로 몰려와 돌을 던졌다. 한 신문은 그들이 내뱉은 '빈번한 비명과 위협'에 대해 보도하면서, 그중 많은 사람들이 '우리에게 듀어를 달라, 그가 우리의 돈을 가져갔다며 크게 소리쳤다'고 말했다. 그들의 외침은 '재소자로 하여금 극도로 겁에 질리게 만들었을 것이 분명하며, 해를 입은 시민들의 복수가 곧바로 자신을 향해 다가오고 있다고 생각하게 만들었다.[82] 듀어는 여전히 해밀턴의 기적적인 개입으로 자신이 풀려날 것이라 기대하고 있었다. 사실 재무장관은 이미 듀어를 본보기로 만들고자 결심한 상태였고, 한 친구에게는 다음과 같이 알리기도 했다. '정직한 사람들과 정직하지 못한 놈들, 존경받을 만한 주주들 및 기금 거래자들과 순전히 원칙 없는 도박꾼들을 구분하는 선이 있어야만 하네. 법이 저지할 수 없는 것은 공개적인 악명으로 저지해야만 한다네.'[83] 이 몇 주 사이에 해밀턴이 윌리엄 세턴에게 보낸 편지들에는 공황으로 몰락한 자들의 곤경을 생각하며 그가 느낀 슬픔과 공포가 뒤섞여 있다.

해밀턴의 비판가들은 이 사건들이 그의 체제에 대한 자신들의 비난을 정당화시켜주었다며 흡족해했다. 노예를 소유한 남부에서 이는 북부의 타락을 증명하는, 반박 불가능한 증거로 받아들여졌다. 제퍼슨은 '이 문

702

알렉산더 해밀턴

서 체계의 범죄성'을 통렬히 비난하면서 사람들이 이제는 '분명하고 단순한 상식'으로 돌아와야 한다고 말했다.[84] 이 상황을 다소 고소히 여겼던 그는 투기자들이 낭비한 500만 달러는 뉴욕 부동산의 값을 모두 합친 것과 동일하다는 계산을 선보였다. 한편 매디슨은 만족스러운 듯 이렇게 말했다. '그 도박 체계는 (중략) 스스로 파열하기 시작했다. 듀어, (중략) 투기자 부족의 왕자님은 그저 자기 사업의 희생양이 되고 말았다.'[85] 매디슨은 시장의 안정화를 목적으로 정부 증권을 구입했던 해밀턴에게 한 가지 혐의를 씌웠다. 그렇게 높은 가격을 형성함으로써 투기자들에게 이득을 안겨주려 했다는 것이었다. 이를 알게 된 해밀턴은 아연실색했다. 그의 훌륭한 기교를 완전히 오해해버린 이 말은 해밀턴 자신으로서도 참기 힘든 것이었다. 그는 자신의 버지니아 친구에게 '매디슨 씨가 개인적이고 정치적인 반감에 따라 움직인다는 것을 그 누구도 의심치 못하게 하라'고 말했다.[86]

매디슨을 포함한 남부 의원들이 내보였던 보복성의 분위기를 해밀턴이 과장해 말한 것이 아니라는 점은 애비게일 애덤스가 여동생에게 그 공포에 대해 말한 편지에서도 알 수 있다. '남부 일원들은 재무장관을 망치는 것이 가능하다면 그의 튼튼한 제도를 전부 파괴하려고, 또 만일 가능하다면 그 기금 체계에 치명적인 칼을 꽂아 넣으려고 결심한 상태에 있단다.' 그녀의 남편인 부통령은 상원을 '조화시키는' 데 성공했지만, 이로써 지역적인 원한이 모두 저지된 것은 아니었다. '그럴 희망은 없어 보이지만, 솔직함이 늘어나고 모략이 줄어들지 않는다면 나는 앞으로 10년만 더 오래 살아도 남부 주들과 북부 주들이 서로 나뉘는 모습을 보게 될 것이라고 확실히 믿고 있어.'[87]

윌리엄 듀어의 몰락은 해밀턴이 벌였던 증권 시장의 규모를 드러내 보였고, 거짓 루머를 심고 주가 거래에서 경매 체계를 부당하게 착취하는 사기꾼들에 의해 정부 채권에 대한 시장이 얼마나 쉽게 조작될 수 있는지도 보여주었다. 보다 질서 잡힌 시장을 만들기 위해 스물네 명의 브로커들은 5월 17일 월가 68번지에 위치한 버튼우드 나무그늘 아래에 모여 증권 거래를 다스릴 규칙들을 제정했다. 이 역사적인 버튼우드 합의 Buttonwood Agreement는 브로커의 최소 수수료를 설정하면서 훗날 뉴욕증권거래소의 설립으로 이어지게 될 기초를 닦았다. 해밀턴 혼자서 탄생시킨 자본 시장이 가진 비범한, 때로는 불붙기 쉬운 활력은 이로써 증명된 셈이다.

1년 후, 정부 증권 거래가 너무나 빠르게 성장한 탓에 버튼우드 모임은 새로 생긴 톤틴 커피하우스의 위층 방으로 자리를 옮겼다. 월가와 워터가 교차로에 위치했던 이 3층짜리 벽돌 건물은 해밀턴의 뉴욕 저택 바로 옆에 있었다. 초대 회장으로는 아치볼드 그레이시Archibald Gracie가 선출되었는데, 그의 이스트 강 저택은 훗날 뉴욕 시장의 관저로 쓰이게 될 터였다. 주식 거래의 확장을 촉발시켰던 해밀턴의 은행 가증권을 기려 지역 농담에서는 톤틴 커피하우스를 '가증권의 성城'이라고 불렀다. 이때부터 월가는 로어 맨해튼에 위치한 짤막하고 좁은 길보다 훨씬 많은 의미를 가지게 되었다. 월가는 산업, 경제의 한 부문, 정신 상태를 상징했으며 미국 금융 그 자체의 대명사가 되었다.

1792년 7월 4일, 뉴욕의 상인들이 감사하는 마음에서 존 트럼불에게 의뢰한 해밀턴의 전신 초상화가 시청에 내걸렸다. 스스로를 내세우는 것처럼 보일까 우려했던 해밀턴은 한 가지 조건을 걸고선 이 프로젝트에 동의했다. 그 그림이 '나의 정치적 생활에 관한 어떠한 사건과도 연관되어 보여서는 안 된다'는 것이었다.[88] 트럼불은 해밀턴을 자주 그렸지만 -그는 두 점의 원본 초상화와 열다섯 점의 복제품을 그렸다- 이번 것은 이중턱을 너무 조금만 접히게 그렸다는 점만 빼면 역대 작품들 중 해밀턴의 모습을 가장 잘 담아낸 그림이었다. 재무장관은 선지자 같은 자신감으로 먼

　　　　　　　　　알렉산더 해밀턴

곳을 응시하고 있다. 아주 세련된 모습의 그는 옅은 색 정장 차림으로 자신의 책상 옆에 서 있고, 그의 몸매는 날씬하고 균형 잡혔으며, 한쪽의 맨손은 책상 위에 올려두었고 우아하게 장갑을 낀 다른 한쪽 손에는 두 번째 장갑을 쥐고 있다. 그의 검은색 코트는 근처에 놓인 의자 위에 걸려 있다. 해밀턴의 지력에 헌사를 보내기라도 하듯 잉크병에는 펜 한 자루가 꽂혀 있다. 선한 미소로 환히 밝혀진 얼굴의 그는 조용하고 자신감에 찬 에너지를 발산하고 있으며, 앞으로 더 많은 승리를 거둘 준비가 된 것처럼 보인다.

1792년의 금융 위기는 해밀턴이 미국 제조업의 반짝이는 전망들로 대중을 고무하고자 했던 위대한 프로젝트 두 가지, 제조기술수립협회의 설립과 「제조업 보고서」의 제출 바로 뒤에 이어졌다. 두 프로젝트의 외견은 이 공황에 모두 심각한 손상을 입었다. 주식 마니아들 가운데 가장 심각한 짓을 저질렀던 자들 중 다수 - 윌리엄 듀어, 알렉산더 매컴, 뉴욕 브로커 존 듀허스트John Dewhurst, 로열 플린트Royal Flint - 가 제조기술수립협회의 감독관에 포함되어 있었기 때문에 이제는 협회가 그저 사업적 모험 단체처럼 보이게 된 것이다. 협회의 책임자이자 가장 큰 지분을 소유하고 있었으며 가장 많은 증권을 판매했던 주요 거래인, 듀어의 악명은 특히나 해가 되었다. 해밀턴은 자신의 친구 니컬러스 로Nicholas Low를 파견하여 투옥 중인 듀어의 의사를 타진했으나, 그 고집 센 금융가는 협회 책임자를 사임하지 않음은 물론 협회 기금의 행방을 설명해주지도 않았다. 주식을 사기로 서약했던 사람들이 떼를 지어 빠져나가면서 이 단체의 명성은 더럽혀졌다.

협회의 나머지 감독관들은 협회 장부를 뒤져 손해액을 평가해보려 했으나 듀어가 협회의 은행 금고를 탈탈 털어 개인적으로 사용했다는 사실을 알고선 당혹감에 빠졌다. '나는 그들이 빼돌린 게 아니라고 믿네.' 해밀턴이 한 편지에서 듀어에게 경고했다. '공익과 나의 명성은 이 문제와 크게 관련되어 있다네.'[89] 공황이 덮쳐왔을 때 듀어는 협회 기금 1만 달러를 자신의 수중에 넣은 바 있었지만, 이제 그 돈은 흔적도 없이 사라진 상태였다. 듀어는 협회 금고에서 대략 5만 달러의 대출을 받았던 것으로 드러났고(다만 그중 대부분은 그가 담보로 잡아놓은 주식이 팔려나가면서 회복되었다), 방적기 구입 자금이었던 또 다른 5만 달러는 존 듀허스트가 손에 들고 펜실베이니아로 달아나버렸다. 그해 4월 협회 이사회가 뉴저지 주의 뉴브런스윅에서 분기당 회의를 열었을 때, 뉴욕 감독관들은 그 아수라장에 너무나 정신이 팔린 나머지 아무도 회의에 참석하지 않았다. 부책임자 아치볼드 머서Archibald Mercer는 해밀턴에게 '당신의 힘이 닿는 데까지 우리의 운영을 도와달라'며 호소했다.[90]

이사회의 사기를 부활시키기 위해 해밀턴은 협회를 위한 대출금을 마련해보겠다고 약조하면서, 필요한 노동자들을 유럽에서 고용해보는 방법을 추천했다. 그러나 이사회가 산업에는 지독하리만치 무지한 금융가들로 가득 차 있다는 사실이 빠르게 명백해졌다. '고백건대 저는 제조업 경영에 관한 임무들에는 완벽하게도 무지합니다.' 머서가 해밀턴에게 5월 중 있을 협회의 특별회의에 참석해달라고 간청하면서 인정한 말이다. 이 사업을 구제하는 데 열중해 있던 해밀턴은 재무부의 스케줄에서 며칠의 짬을 내어 이사회와 협의했다.

듀어 때문에 금고가 깨끗이 바닥난 제조기술수립협회는 정확히 어떻게 퍼세이익 강의 부동산을 구매할 수 있었던 것일까? 뉴욕은행의 윌리엄 세턴에게 개인적으로 연락한 해밀턴은 할인된 5퍼센트의 이자율로 5,000달러의 대출금을 마련했다. 그는 공익과 더불어 허드슨 강 바로 건너편에 제조업 타운이 생긴다면 뉴욕 시가 가지게 될 장점들 따위의 고결한 이유들을 들먹였으나, 단순히 공익보다 더 급한 문제가 남아 있었다. '친애하는 경, 저는 문제에 빠진 협회에게 뉴욕은행이 어떠한 협의라도 제공해준다면 그에 관하여 *금전상의 능력*이 줄어드는 일은 절대 없으리라고 당신에게 *자신 있게* 말하는 데 일말의 가책도 갖지 않겠습니다. 저는 협회의 안녕에 저의 명성이 달려 있다고 느낍니다.'[91] 해밀턴은 협회가 무너질 경우 자신의 경력 또한 위태로워질 수 있음을 알고 있었다. 해밀턴은 제조기술수립협회의 대출 때문에 뉴욕은행이 입게 되는 그 어떤 금전적 희생이라도 완전히 보상받을 것이라고 세턴에게 약속함으로써 공직과 사인으로서 자신이 갖는 역할을 너무나 쉽게 섞어버렸다.

1792년 7월 초, 해밀턴은 수일에 걸쳐 협회 감독관들과 머리를 맞대고 앉아 새로운 계획을 만들어냈다. "그 어떤 계획에서라도 인내는 변덕이나 동요보다 더 낫소." 이는 해밀턴이 한 관리자에게 설교한 말인데, 이것이 거의 해밀턴 개인의 모토였다고 볼 수도 있겠다.[92]

그의 노력을 보상해주기라도 하듯 협회는 폭넓은 범위의 계획을 승인했다. 면방직 공장 하나, 날염 공장 하나, 방직 공장 하나, 그리고 50여 명의 노동자들이 묵을 숙소가 4분의 1에이커(약 300평_역주)짜리 땅 위에 세워질 계획이었다. 자신의 전문성을 언제나 주저 없이 드러냈던 해밀턴은 독립전쟁 중 힘과 아름다움으로 자신을 흠뻑 경탄시켰던 바로 그 폭포의 발치에 정확히 공장 터를 그려냈다.

협회 건물들의 건축을 감독하고 미래지향적인 패터슨 타운을 계획하는 데 있어 협회가 해밀턴의 제안에 따라 건축가 피에르 샤를 랑팡을 고용했다는 것은 곧 해밀턴이 만들어낸 희망을 보여주는 지표였다. 당시 랑팡은 포토맥 강변의 새로운 연방 도시를 막 설계하고 온 참이었다. 그러나 이는 해밀턴의 끊임없는 걱정을 보여주는 지표이기도 했다. 그가 재무장관으로서 열심히 일한다기보다는 오히려 공장 감독에게나 어울릴 만큼 경영상의 세부적 사항들에 손을 대고 있다는 증거였기 때문이다. 일례로 그는 감독관들에게 노동자마다 도구 목록을 작성하게 하라고 지시하면서, 만일 도구가 고장 날 경우엔 그 부품을 반납하고 '창고 관리인에게 제대로 열을 맞춰 쓴 글로 보고'하게끔 할 것을 지시했다.[93] 자신의 명성이 달린 것이니만큼 해밀턴은 이 사업에 자신이 소유한 한정적인 기금을 보태 1,800달러를 들여 기계를 구매했다. 듀어가 엄청난 난장판을 벌여놨었음에도 협회는 방적과 제직, 날염 공장을 출범시켰다.

이후에 이어지는 협회의 기록들은 꽤 우울한 마음으로 읽지 않을 수 없다. 해밀턴이 끊임없이 여러 문제들로 고통 받고 있었음이 드러나기 때문이다. 랑팡은 그 자리에 어울리는 사람이 아니었다. 현금이 부족한 협회를 위해 돈을 아끼는 대신, 그는 어떻게든 7마일(약 11.3킬로미터_역주) 길이의 석조 송수로를 만들겠다는 사치스러운 계획을 세웠다. 단순한 공장을 세우려는 것이 아니었던 그는 대로들이 길게 늘어서 있는 초기 워싱턴 D.C.의 패턴을 따라 거대한 산업 도시를 만들 생각에 푹 빠져 있었다. 1794년 초에 이르자 랑팡은 프로젝트를 던져버린 것은 물론 더 나아가 청사진들까지 지워버렸다. 숙련된 섬유 산업 노동자를 찾기 위해 협회는 스코틀랜드로 정찰을 보냈고, 노동자들이 아메리카로 이주해오는 비용을 대주기도 했다. 감독관들조차 임금을 올려달라고 성화였으며, 협회 회의록에 따르자면 해밀턴이 개인적으로 고용했던 장인 몇몇도 불만을 품고선 기계를 훔쳐가는 식으로 공장에 위해를 가하기 시작했다. 이 이야기에서 가장 슬픈 부분은 어린이들을 고용한 것과 관련되어 있다. 어린이들이 유용한 노동을 행하면서 그와 동시에 교육을 받을 수 있으리라는 희망찬 계획을 해밀턴이 얼마나 품고 있었는지는 모르겠으나, 아이들은 학교에 갈 시간은 물론 돈도 가질 수 없었다. 이 문제를 가라앉히기 위해 위원회는 교사 한 명을 고용하여 일요일마다 공장의 아이들을 가르치게

알렉산더 해밀턴

했지만, 이것이 만족스러운 해결책에 전혀 미치지 못한다는 것은 해밀턴
도 분명 알았을 것이다.

해밀턴이 여전히 이사회에 몸담고 있었던 1796년 초, 협회는 마지막으
로 남아 있던 품목의 생산을 포기하며 공장 가동을 멈췄고, 판매를 위해
면방적 기계를 내놓았다. 해밀턴의 풍요로웠던 꿈이 강변에 텅 빈 건물들
만을 남긴 채 사라진 것이다. 처음에는 이 사업이 완전히 역효과를 낳은
것처럼 보였다. 이후 2년 동안 미국에서 인가를 받은 제조업 회사는 단
한 곳도 없었다. 패터슨에서의 섬유 제조업에 대한 해밀턴의 믿음은 훗날
1800년대 초가 되어서야 그 정당성을 입증하게 되었다. 수로의 동력을
사용하는 '레이스웨이raceway' 체계로 거듭난 패터슨에는 섬유 공장들을 포
함한 여러 형태의 제조업이 들어섰는데, 이는 오늘날에도 그레이트 폭포
역사지구에서 찾아볼 수 있다. 해밀턴이 건립을 도왔던 이 도시는 실제로
주조 공장, 섬유 공장, 실크 공장, 기관차 공장, 콜트 권총 공장 등이 포함
된 확장적인 제조 사업을 펼치면서 명성을 얻었다. 해밀턴은 잘못된 시기
에 잘못된 후원자를 선택했고, 듀어와 랑팡을 고용하면서 판단 착오를 보
여주었다. 마치 전 국가를 단숨에 바꾸고 싶기라도 한 것처럼, 그는 너무
나 많은 계획들을 너무나 촘촘한 간격으로 시행하고자 했던 것이다.

1796년의 공황 이후에도 협회의 문제는 또다시 발생했다. 이번에는 해
밀턴의 정치적 운세가 바뀌기 시작할 무렵이었다. 그가 끝도 없이 쏟아내
는 보고서들과 혁신들은 나라를 덜컹거리게 만들고 있었다. 한 제퍼슨주
의자가 쓴 글에 따르자면 듀어가 마땅한 벌을 받게 된 이후 해밀턴은 '수
입, (중략) 기금, (중략) 은행들, (중략) 그리고 (중략) 제조업에 대하여 너무
나 많은 말을 한 탓에 그것들은 마치 연방의 기본 덕목이라도 되는 것처
럼 여겨졌다. 이런 이유로 자유와 독립 (중략)은 미국의 단어장에서 지워
졌고 그 대신 돈이라는 상형문자가 삽입되었다'고 한다.[94] 1792년 9월, 엘

리샤 부디노Elisha Boudinot - 뉴호크의 변호사이자 엘리아스 부디노의 형제- 는 해밀턴에게 제조기술수립협회에 반대하는 정치적 시위가 일어나는 중임을 알리면서 '재무장관을 상대로' 필라델피아에서 '강력한 세력'이 형성되고 있다고 경고했다. 부디노는 특정되지 않은 버지니아인 한 명이 '이 문제에 관하여 매우 폭력적'이었고 '해밀턴을 쫓아내기 위해' 어떤 짓을 할 수 있을지 알아보려 했다고 보고했다.[95] 장래 미국의 풍경들에서 해밀턴의 계획들이 기여한 부분들을 본다면 대부분의 미국인들은 그 엄청난 풍성함에 깜짝 놀라게 될 것이었다.

월가에서 벌어진 금융 소란과 윌리엄 듀어의 대실패는 해밀턴이 주창한 정치 이론에 두드러지는 결함이 있었음을 드러냈다. 바로 부자들은 국익보다 자신들의 사익을 더욱 우선시할 수 있다는 점이 그것이었다. 그는 언제나 상인들을 공화국의 잠재적인 척주脊柱라 여겼는데, 이 생각은 특별하지만 절대로 유연하거나 무비판적인 것이 아니었다. 언젠가 그는 '일반적인 안녕에 대하여 유산계급의 시민들이 너무나 중요한 부분을 형성하고 있으므로, 그들이 모든 실질적이고 합리적인 면제와 방종을 요구하지 않기도 힘들다'고 썼다.[96] 그는 경영인들이 좀 더 폭넓게 알기를, 또 공산품을 포용하기를 바랐다. 그러나 그는 부자들을 상대로 하는 남용들을 너무 자주 걱정했으며, 때로는 부자들이 벌일 수도 있는 속임수를 최소화시키곤 했다. 윌리엄 듀어의 일대기는 해밀턴의 정치적 관점 속에서 한계를 드러내 보였다.

그렇다면 듀어는 어떻게 되었을까? 1792년 공황 이후 그는 감옥에서 7년을 더 살다가 세상을 떠났다. 그는 마지막까지 해밀턴에게 가슴 미어지는 편지들을 보내면서 10~15달러 정도의 보잘 것 없는 금액을 빌려달라고 청했고, 해밀턴은 이를 받아들였다. 황열이 유행하던 시절, 해밀턴은 듀어를 병으로부터 지켜줄 다른 편의 감옥으로 옮겨주기 위해 관런 절차를 마련해두었다. 듀어는 투옥에 대해 자신의 오랜 친구를 탓하지는 않는 것 같았고, 해밀턴은 한때 모든 것을 가졌었으나 이제는 완파된 제조업 공장 사회와 딱 그만큼의 명성을 가지고 있는 이 남자를 용서한 것으로 보였다. 1799년 세상을 떠나기 직전, 듀어는 해밀턴에게 감동적인 편지 한 통을 남겼다. '자네를 향한 나의 애정과 자네의 행복에 관련된 그 모든 것들을 위한 나의 감정은 언제나 진심이었으며, 나는 자네를 나에게서 앗아간 그 모든 상황에 너무나 큰 고통을 느끼고 있다네.'[97]

20

부패한 비행대대

Alexander Hamilton

제조업 협회와 관련하여 금융 공황과 여러 차질들이 빚어졌음에도 알렉산더 해밀턴의 손길은 여전히 황금색으로 빛났다. 그의 조치는 날렵했고, 그의 지위는 워싱턴의 총애 안에서 난공불락인 것처럼 보였다. 그는 대담한 아이디어들로 가득 차 있었으며 단번에 그것들을 위풍당당하게 실현시켰다. 제퍼슨과 매디슨은, 미국을 정확히 잘못된 방향으로 끌고 갈 것이며 그렇게 할 수도 있는 단 한 사람이 워싱턴의 오른팔이며 사실상 국가를 직접 운영하고 있다는 데서 겁에 질렸다.

매디슨과 제퍼슨은 이르게는 1791년 5월부터 재무장관의 승리 행진에 대한 반대를 조직하기 시작했다. 미합중국은행과 관련한 해밀턴의 성공 이후 이 두 명의 버지니아 사람들은 일견 무해해 보이는 '식물 답사'를 핑계로 뉴욕 시로 떠났고, 허드슨 강과 조지호_湖를 지나 뉴잉글랜드의 서부, 다시 말해 해밀턴 지지 세력의 심장부에까지 당도했다. 제퍼슨의 말에 따르자면 '왕과 귀족, 평민들(의 체제)를 옹호하는 자들은 대부분 뉴잉글랜드 출신'이었다.[1] 두 남자는 나무에 대한 엄청난 기록들과 꽃 표본들을 잔뜩 모아 왔고 민물송어를 낚아 올렸으나, 그들의 이 모든 활동은 더 진중한 의제를 가리기 위한 변장술일 뿐이었다. 미국 정계가 지역적인 선을 따라 나뉘면서, 제퍼슨은 남부가 북부 해밀턴주의자들의 비대한 영향력이 흘러들어오는 것을 막아야 함을 잘 알고 있었다. "남부에서는 엄청난 규모의 불만이 모이고 있습니다. 그것이 언제 터지게 될지는 하나님만이 아시겠지요." 제퍼슨이 여행을 떠나기 전날 로버트 R. 리빙스턴에게 한 말이다.[2]

뉴욕에서 두 버지니아 사람들은 리빙스턴은 물론, 필립 스카일러를 밀어내고 뉴욕의 상원의원 두 명 중 하나가 된 에런 버와도 협의했다. 기민한 로버트 트루프는 이것이 해밀턴의 힘을 그 뒤뜰에서 바로 벗겨내려는 계획은 아닌지 의심했다. '매디슨과 제퍼슨이 도시에 당도했을 때 두 사람과 챈슬러[리빙스턴], 그리고 버 사이에서 열정적인 교류가 오간 정황이 있다네.' 그가 해밀턴에게 알렸다. '생각건대, 델렌다 에 카르타고Delenda est Carthago라는 격언이 자네에게 어울릴 것 같군.'[3] 델렌다 에 카르타고는 '카르타고는 멸망하여 사라져야 한다'(즉, 두 명의 영웅은 공존할 수 없다_역주)는 뜻이다. 로마 역사의 한 장에서 빌려온 이 도전적인 말은 해밀턴과 제퍼슨 사이에서 끝없이 계속될 전쟁이 이제 막 시작되었음을 알리는 것이었다. 이 싸움은 작게는 워싱턴의 내각을, 크게는 전 국가를 반으로 찢어버렸다. 미국 정부에 대한 서로 상반되는 견해를 오래도록 품고 있었던, 워싱턴의 가장 재능 있는 두 부하들 간의 이 갈등은 개인적 충돌의 수준을 넘어섰다. 스탠리 엘킨스Stanley Elkins와 에릭 매키트릭Eric McKitrick은 당대의 역사를 논하면서 이렇게 썼다. '새로운 공화국의 초기 역사에서 그 정치생활의 형태를 구성했던 모든 사건들 가운데서도 알렉산더 해밀턴과 토머스 제퍼슨 사이에서 1790년대를 따라 발달한 대규모의 개인적이고 정치적인 원한, 미국 역사 연대기에 있어 이 고전보다 중심적인 사건은 또 없었다.'⁴ 음모와 혹독한 논쟁으로 가득 찼던 이 불화는 거의 병적인 수준으로 격화될 참이었다.

앞서 살펴봤듯 해밀턴과 제퍼슨은 서로 화기애애한 관계일 때도 있었다. '아마 우리는 서로에 대해 괜찮게 생각했을 것이다.' 제퍼슨이 회고했다. '그러나 정치인으로서의 두 사람은 그보다 더 반대되는 원칙들을 가질 수가 없었다.'⁵ 누구와든 대치하는 것을 싫어했으며 해밀턴의 내각 내 영향력과 맞서 싸워야만 했던 공손한 제퍼슨은 상당히 불리한 위치에 놓여 있었다. "나는 반목을 사랑하지 않는다네." 그가 존 애덤스에게 한 말이다. '나는 조용함을 좋아하고 적극적으로 나의 임무를 다하고자 하지만, 모략에는 화가 나며 그것 때문에 나의 직책을 포기할까 하는 충동도 자주 느끼네.'⁶ 반면 건방진 해밀턴은 칼날이 맞부딪치는 논쟁을 즐겼다. 발 빠르고, 자신의 판단을 믿었으며, 모든 사안들을 잘 꿰고 있었던 그가 토론에서 화려한 입담을 뿜내는 동안 제퍼슨은 잠자코 있곤 했다. 이르게는 1792년부터 두 장관들 사이에서는 그 모든 형태의 공손함이 자취를 감추었고, 제퍼슨의 다음과 같이 회고했다. '내각에서 마치 두 마리 수탉처럼 매일같이 맞붙었다.' 임기가 끝날 무렵 이 두 명의 적대자들은 서로의 존재 자체도 견디지 못할 지경에 이르렀다.

오늘날 우리는 양당제를 미국 민주주의의 초석이라며 높이 산다. 그러나 건국자들은 정당, 혹은 그들의 용어를 빌리자면 '파벌faction'을 군주제의 잔재이자 진정한 공화국에서는 정당한 자리를 찾을 수 없는 것으로 보았다. 해밀턴은 정당이 민주 정부에 있어 '가장 치명적인 병'이라고 두려워하면서 미국이 그러한 집단들을 없앨 수 있게 되기를 희망했다.⁷ 제임스 켄트가 훗날 쓴 글은 다음과 같다. '해밀턴은 파벌이 우리를 망칠 것이며 우리 정부는 그 경향에 저항하거나 그들의 압제와 난봉을 제어하기

알렉산더 해밀턴

위한 충분한 에너지와 균형을 갖추지 못했다는 말을 '연방주의자'와 자신의 연설에서, 또 나와의 대화에서 수백 번은 더 이야기했다.'[8] '연방주의자' 시리즈에서 해밀턴과 매디슨은 모두 악성 파벌들을 통렬히 비판했으나, 해밀턴은 '연방주의자' 제26호에서 '당의 정신은 다양한 정도로 정치체 전체를 감염시킬 것이라 예상되어야만 한다'고 인정했다.[9] 파벌은 주의 지역적 이익들과 연관되지만 연방의 입법자들은 보다 넓은 마음을 가질 것이라는 게 해밀턴의 상상이었다. '연방주의자' 제27호에서 해밀턴은 그들이 '보다 작은 사회들에서 자주 공공의회들을 오염시키는 것들, 이를테면 때때로 찾아오는 불편한 심기나 일시적인 편견과 경향들의 영향을 보다 덜 받을 것'이라 보았다.[10]

그러나 얼결에 최초의 정당을 형성시킬 인화점이 되어버린 사람은 다름 아닌 해밀턴이었다. 그의 조치들을 놓고 벌어졌던 혹독한 논쟁들은 미국이 편파적인 무리 짓기를 피할 수 있을 것이라는 목가적 환상들을 폭파시켰다. 카리스마 있는 그의 성격과 지대한 영향력을 가진 그의 정책들은 지지자를 한데 집결시켰고, 이들은 점차 '연방파'라고 알려졌다. 헌법 지지자들을 끌어들이기 위해 이와 같은 이름을 고른 연방파는 전략적으로 그들의 적대 세력이 헌법에 반대한다는 암시를 남겼다. 회중교회(각 교회가 독립적으로 운영하는 기독교 교회의 한 형태_역주) 교도들과 성공회 교도들이 불균형적으로 섞여 있었던 연방파는 곧 뉴잉글랜드 및 대서양 연안 지역의 강력한 금융 및 상인 세력들과 연합했다.

동시에 제퍼슨과 매디슨, 그리고 그 지지자들 사이에서 점점 자라난 해밀턴에 대한 두려움은 조직적인 반대 세력을 이루게 되었고, 이후 '공화파'라 불리기 시작했다. 고대 로마 공화국을 넌지시 암시하는 이 명칭 또한 영리한 꼬리표였다. 연방주의자들은 진정한 공화주의자가 아니며 나아가 군주제 지지자임이 분명하다는 뜻을 그 안에 담고 있기 때문이었다.

주로 침례교도나 감리교도였던 공화파는 부유한 남부 농장주들과 소규모 농부들에게서 힘을 구했다. 이들은 자신들이 가지고 있는 신조들의 상당 부분이 해밀턴의 체계에 대한 두려움에서 비롯되었다고 규정하며, 자신들의 연대를 표현하기 위해 약칭 '반反해밀턴 문구'들을 사용했다. 제퍼슨은 연방파가 '우리 정부에서 가장 큰 지원을 필요로 하는 부처가 바로 행정부'라고 믿는 데 반해 공화파는 미국의 행정부가 '영국 정부의 유사 부처와 마찬가지로, 헌법상의 공화주의적 요소들에 비하여 이미 너무 강력한 상태이자, 몇몇 경우에는 어물쩍 입법권까지 넘보려 든다'고 생각한다며 두 당파를 구분했다.[11]

엘킨스와 매키트릭은 '정당의 출현'을 '당대의 진정한 참신함'이라고 묘사하면서 그 시작점을 1792년 즈음으로 보았다.[12] 흔히들 연방파는 귀족적 파벌인 반면 공화파는 평민들을 대표한다고 생각하기 쉽지만 이는 잘못된 생각이다. 제임스 T. 플렉스너 James T. Flexner는 해밀턴과 제퍼슨 간의 충돌에 대해 이렇게 썼다. '두 챔피언들 사이에서 벌어졌던 논쟁은 기본적으로 가진 자와 가지지 못한 자들에 관련된 것이 아니었다. 이는 서로 다른 종류의 자산가를 만드는 일이 포함되어 있는, 서로 다른 경제 체제 간의 싸움이었다.'[13] 사실 연방파 사람들 중에는 해밀턴과 마찬가지로 자수성가한 변호사들이 다수 있었던 반면 공화파는 어마어마한 부를 물려받은 두 명의 남자, 제퍼슨과 매디슨이 이끌고 있었다. 게다가 노예를 소유하는 남부의 정치 문화에서는 부나 지위상의 해로운 격차가 북부에서보다 훨씬 더 두드러지게 나타났고, 노예제 폐지를 주장하는 정치인들 중 대다수는 소위 귀족들이라 불렸던 연방파 출신이었다.

급작스러운 정당의 출현은 1790년대의 정계에 가차 없는 분위기를 가져다주었다. 정치인들은 정당을 나쁜 것으로 여겼기 때문에 그것에 대한 연루를 부인했고, 편파적 감정을 품고 있는 게 아니냐는 의혹들에 발끈했으며, 상대 측의 위선들을 기민하게 알아챘다. 또한 정당은 놀랍도록 새로운 현상이었기 때문에 자칫 악한 음모로 오해받기 쉬웠으며, 이에 따라 정치적 담화에는 편집증적인 기미가 더해졌다. 연방파는 자신들이 미국을 무정부 상태에서 구해낸다고 믿었던 반면 공화파는 자신들이 미국을 반혁명에서 구해낸다고 보았다. 각 측은 상대편의 견해를 끔찍하고 왜곡된 것이라 여겼고, 이러한 현상은 자기 측을 이상적이라고 드높이면서 한층 더 견고해졌다. 무엇이 교양 있는 정당 간 행동인지를 정의하는 에티켓은 아직 마련되지 않은 상태였고, 한 정당이 완전히 자리를 잡고선 다른 정당을 영원히 배제해버릴 것이라는 불안한 전망도 떠올랐다. 두 정당이 자연스레 권력을 번갈아 잡을 수 있을지가 아직 자명하지 않았기 때문이다. 마지막으로, 정권을 쥐고 있는 정부에 대한 '충심 어린 반대'의 개념 또한 당시까지 존재하지 않았다. 정당 정신이 점점 더 험악해지면서 행정부에게 비난이 쏟아지자, 해밀턴과 워싱턴은 그중 대부분이 본질적으로 불충하고 심지어는 반역에 가까운 것이라 여기게 되었다.

이제 걸음마를 뗀 정당 체계의 특징을 마지막으로 한 가지만 더 짚어보자. 당시 떠오르던 당파들은 아직 고정된 정치 집단이 아니었으며, 한눈을 파는 당원에게 규율을 강요할 수도 없었다. 오로지 이데올로기와 집단에 대한 충성으로 느슨하게 통합되어 있던 그들은 현대인의 시각으로 보자면 오히려 무정형의 개인 숭배자들처럼 보일 수 있다. 또한 정치인 개개인이 정당을 투영하는 것이 아니라 마치 정당이 정치인 개개인을 투사하는 것처럼 보이기도 했다(연방파에는 워싱턴과 해밀턴, 이후 존 애덤스가 이름을 올렸으며 공화파에는 제퍼슨과 매디슨, 그리고 제임스 먼로가 있었다). 그결과 주요 인물들의 명성은 곧 정치적 전투에서 결정적 요소로 작용했다. 해밀턴처럼 자신의 명성을 노심초사 지켰던 남자에게, 정당의 부상浮上은 그로 하여금 자신의 개인적 명예에 한층 더 민감해지게끔 만들었다.

국내적 측면에서 봤을 때 해밀턴의 저장고에서 한도 끝도 없이 나오는 계획들이 정당의 부상을 촉발시켰다면, 유럽에 대한 정치적 격변 또한 그것들과 마찬가지의 정도로 논쟁을 격화시켰다. 구체적으로 말하자면 과연 미국의 정책이 영국과 프랑스 둘 중 어느 나라를 향해 기울어야 하는지를 놓고 벌어진 논쟁이었다. 그 염열炎熱의 대부분은 식민지인들이 영국을 상대로 전쟁을 벌였으며 프랑스는 그들의 주요 동맹국이었다는 사실에서 기인했다. 이 명백한 배경 너머에서도, 영국과 프랑스는 곧 미국이 어떤 종류의 사회가 되어야 하는지에 관한 국내 논쟁의 양측을 대변하는 꼴이 되었다. 제퍼슨과 매디슨에게 있어 문제가 되는 것은 해밀턴이 친영주의자라는 점뿐 아니라 자신들이 혐오했던 영국 정부의 면모들을 그의 정책이 그대로 모방했다는 점이었다. 반면 해밀턴에게 있어 프랑스 혁명은 엉망으로 빗나간 혁명에 대한, 피비린내 나는 교훈적 이야기에 불과했다.

　제퍼슨은 영국에 대한 오랜 유감을 품고 있었다. 한참 전인 1786년에 제퍼슨은 런던을 방문했다가 영국 관계자들의 냉담한 환영을 받은 바 있었고, 그들의 참을 수 없는 생색은 그에게 뿌리 깊은 적의라는 잔여물을 남겼다. 영국에서 두 달을 보낸 이후 제퍼슨은 맹렬한 비판을 날렸다. '그 나라는 우리를 싫어하고, 그 장관들도 우리를 싫어하며, 그들의 왕은 다른 어느 누구보다도 그러하다.[14] 유럽을 방문해본 적이 없으므로 제퍼슨이나 프랭클린을 질리게 만들었던 그들의 오만을 직접 경험해보지 못했던 해밀턴이 영국을 더욱 쉬이 좋아할 수 있었다는 사실은 아마 눈여겨봐도 좋을 것이다. 버지니아 담배 농장주들이 영국의 신용에 의존하고 있다는 것은 차치하고서라도, 해밀턴은 영국을 향한 남부의 적대심이 전쟁 당시의 경험에서 기인한 것이라 여겼다. '전쟁 도중 영국 군대가 우리 남부 지역에서 자행한 가혹 행위가 (중략) 그곳에서 영국 정부에 대한 한층

더 큰 적의를 낳았다는 것은 사실이다.'[15]

시들지 않는 혁명의 기억을 품고 있었던 다수의 미국인들은 여전히 영국을 경계하고 있었으므로, 해밀턴은 완전히 감정적인 선호 대상에 불과한 프랑스보다는 영국이 미국에게 더 알맞은 무역 파트너라는 불쾌한 진실을 설명하고 다녀야만 했다. 미합중국에게 있어 영국은 수출의 절반 가까이와 수입의 4분의 3가량을 차지하는 국가였기에 미국은 영국에 대한 경제적 의존 상태를 여전히 벗어나지 못하고 있었다. 이는 독립성을 약화시킬 수 있는 상황이었으나, 영국 수입품들 중 대부분이 식기나 식사 도구 혹은 도자기 등 매일같이 쓰는 품목이었던 반면 프랑스로부터의 수입품은 와인이나 브랜디, 여성용 양말 등 사치품들에 특화되어 있었다. 외교에 있어 상업적 현실주의를 주창한 인물이니만큼, 해밀턴은 미국이 영국을 약화시키고 프랑스와 동맹하는 것보다는 현재 영국의 국제적인 무역 체계 속에서 일시적으로 부하 노릇을 하는 편이 나을 것이라고 생각했다.

아마 해밀턴은 자신의 출신 배경 때문에 영국인들에게 좀 더 마음이 기울었을 것이다. 스코틀랜드 귀족의 후손이었던 아버지가 자신에게 들려주었던 영국제도 이야기들 때문에 그렇게 마음먹은 것일 수도 있고, 사생아였던 그가 아버지의 잃어버린 귀족적인 유산과 자신을 동일시했기 때문일 수도 있다. 영국에 대해 감정적 친밀함을 느끼는 것은 해밀턴뿐만이 아니었다. 독립혁명은 가족 간의 불화나 마찬가지였기에, 그것에 있을 법한 그 모든 이중적인 감정들도 똑같이 뒤따랐다. 애초에 식민지인들은 스스로 영국인일 권리를 침해받은 이유로 봉기를 일으켰던 것이다. 이주민들로 인해 다양한 사람들이 점차 거주하게 되었으나, 1790년대까지만 해도 이 나라에는 앵글로색슨으로서의 면모가 고스란히 남아 있었다.

제퍼슨은 1791년 필라델피아에서 자신이 애덤스와 녹스, 해밀턴과 저녁을 먹으며 영국 정치에 대해 나눴던 이야기를 종종 회고했다. 그들은 왕실의 후원과 연금 등 영국 정치 체계의 '부패'에 대해 논하던 중 다음과 같이 의견을 주고받게 되었다.

애덤스 씨가 말했다. "헌법에서 그 부패를 몰아냅시다. (중략) 그렇게 한다면 이는 인간의 기지로 만들어낸 가장 완벽한 헌법이 될 것입니다." 그러자 해밀턴이 끼어들어 말했다. "헌법의 부패를 모두 없애버린다면 (중략) 그것은 *실행 불가능한* 정부가 될 것입니다. 소위 결함들을 가지고 있다는 지금 그대로의 모습으로도 우리 정부는 존재 역사상 가장 완벽한 정부입니다."[16]

제퍼슨은 해밀턴의 이 대사에 사악한 색채를 덧씌웠으나, 해밀턴은 단순히 영국 왕실에게는 의회의 자금력을 상쇄시키기 위한 후원이 필요했다는 이야기를 한 것뿐이었다. '연방주의자' 제76호에서 해밀턴은 영국을 포함한 모든 곳에서 대중 집회들이 행정부에 침입하는 경향이 있다고 묘사했다. 영국의 불문不文헌법과 대의정체代議政體에 대한 선망은 식민지인들의 글에서도 흔히 찾아볼 수 있었다. 존 마셜은 혁명 이전의 미국에서는 '영국 헌법의 훌륭함은 자주 열변의 주제가 되었고, 동시에 모든 식민지인들은 자신이 그 장점을 누릴 권리가 있다고 믿었다'고 말했다.[17] 독립선언문이 나오기 불과 7개월 전 제퍼슨은 '믿어주십시오, 친애하는 경. 대영제국과의 연합을 저보다 더욱 진심으로 사랑하는 사람은 영국 제국에또 없습니다'[18]라고 쓴 바 있었고, 헌법 비준을 놓고 싸움을 벌일 때 패트릭 헨리는 영국 헌법이 새로운 미국 헌법보다 우월하다는 칭찬을 했었다. 독립주의자들은 영국 왕실에게 제멋대로 짓밟혀왔던 영국식 이상이 자신들의 새로운 정부를 통해 드디어 실현된 것으로 여기고 있다는 이야기도 터무니없는 것은 아니었다. 독재정부와 오래도록 인연이 깊었던 것은 영국이 아니라 프랑스였으며, 영국에 대한 해밀턴의 드높은 칭찬은 제퍼슨이 고했던 것처럼 이단적인 것도 아니었다.

제퍼슨은 때때로 해밀턴이 재무부를 운영하는 데만 만족하지 못할 뿐 아니라 더 나아가 국무부를 자신의 범위에 넣으려는 것 같다고 생각했다. 이는 어느 정도는 해밀턴의 야망 탓도 있었을 것이고 어느 정도는 워싱턴의 내각이 너무 작았던 탓, 또 어느 정도는 해밀턴의 체계가 대부분 영국 상품에서 비롯되는 관세 수입에 전적으로 의존하고 있었던 탓이었다. 재무부와 국무부의 일들은 서로 쉬이 떼어놓을 수 있는 것이 아니었다. 앞서도 언급했었지만, 1791년 초 제퍼슨이 프랑스와 보다 긴밀한 무역 관계를 형성하기 위해 로비를 벌였음에도 해밀턴은 영국 정부의 비공식 사절인 조지 벡위스와 무소속의 계약을 시작했다.

해밀턴은 벡위스에게 영국이 미국과 완전한 외교 관계를 맺고 공식 대사를 선임한다면 영국에게 훨씬 더 도움이 될 것이라고 말했다. 미국인들은 독립혁명 이후 영국이 미국에 대표자를 파견하지 않았다는 점에 자존심 상해하고 있었다. 해밀턴의 귀띔은 1791년 말 영국이 필라델피아에 스물여덟 살의 조지 해먼드George Hammond를 보내면서 그 열매를 맺었다. 어린 나이였음에도 노련한 외교관이었던 해먼드는 가장 초반의 사적 담화들 중 다수를 해밀턴과 나누었다. 그는 런던에 다음과 같은 서신을 보내기도 했다. '저는 해밀턴 씨와 매우 길고 은밀한 대화를 가졌으며, (중략) 의견을 나누는 동안 그 신사의 정의롭고 자유주의적인 사고방식을 완전히 확인할 수 있었습니다.'[19] 그러나 해먼드는 미국이 런던에 특사를 파견하는 데 동의하기 이전까지 워싱턴에 대한 신임을 보류했다.

조지 해먼드는 결정적인 순간에 찾아왔다. 당시 미국과 영국은 누가 평화조약을 어겼는지를 놓고 서로에게 끝없는 항의를 퍼붓고 있었다. 미국

20 · 부패한 비행대대

은 영국이 북서부의 요새들을 포기하지 않았음은 물론 진영을 건너간 노예들에 대해 농장주들에게 보상하지도 않았다고 책망했으며, 영국은 미국이 전쟁 이전에 진 빚을 영국인 채권자들에게 여전히 갚지 않고 있다고 불평했다. 해밀턴은 해먼드에게 요새들에 대한 포기는 반드시 필요하다는 점을 명심시켰으며, 오래된 빚에 대한 영국의 상환 요구는 정당한 것이라고 인정했다. 해밀턴은 여기에서도 해방된 노예들에 대한 보상을 활발히 밀어붙이기를 거부했는데 - 이는 제퍼슨에게 있어 매우 중요한 문제였다 - 해먼드는 이 문제가 그다지 중요하지 않다고 평하면서, 자신의 평가를 해밀턴은 '어느 정도 묵인하는' 것으로 보인다고 기쁜 어조로 자국에 보고했다.[20]

해먼드와 관련된 부분에서 해밀턴이 제퍼슨의 영역을 침범했다고 나무라는 것도 틀린 말은 아니지만, 제퍼슨이 방해하려 했던 대화들을 그가 무사히 지켜냈다고 보는 시각도 가능할 것이다. 제퍼슨은 해먼드에게 자신이 영국에서 받았던 것과 똑같이 냉랭한 환영 의례를 선사했다. 해먼드는 국무장관에 대해 이렇게 불평했다. '우리의 사이가 멀어진 것은 그의 잘못이다. 그는 대화를 나누는 것보다 글을 쓰는 편을 선호했으며 이에 따라 우리는 동떨어지게 된 것이다.'[21] 제퍼슨이 미국 독립혁명의 정당성이라는 케케묵은 논쟁을 꺼내자 해밀턴은 이에 절망했고, 해먼드에게 '동료의 무절제한 폭력'에 대해 사과하면서 제퍼슨의 견해는 '우리 정부가 가진 감정을 신실하게 설명하는 것과는 매우 거리가 멀다'며 안심시켰다.[22] 제퍼슨의 친프랑스 성향 때문에 그가 국무장관으로 재임하던 기간의 앵글로-아메리칸 관계는 진정한 진척을 보이지 못했다. 엘킨스와 매키트릭은 이를 두고 이렇게 지적했다. '영국 공사는 어떤 것이 비합리적인지 혹은 그렇지 않은지를 알아보고자 할 때 국무장관보다는 재무장관이 더 나은 조언을 해준다고 느꼈다.'[23] 해밀턴으로서는 프랑스와의 상

알렉산더 해밀턴

업 협정을 맺기 위한 제퍼슨의 행동을 뒤엎고 있는 셈이었다. 두 명의 야심차고 끈질긴 정치인들이 벌이는 내부의 전쟁은 워싱턴 행정부의 정책들을 마음대로 움직이지 못하게끔 만들기 시작했다.

전쟁 부채의 상환부터 국립은행까지의 모든 사안에 있어 워싱턴은 해밀턴의 편, 다시 말해 제퍼슨과 매디슨의 반대편에 섰다. 워싱턴은 해밀턴과 다수의 가치관을 공유했고, 다방면에 걸쳐 있는 해밀턴의 지식들에 의존했으며, 그의 판단에 좌지우지되는 경향을 보였다. 이는 행정부를 비판하던 공화파에게 한 가지 딜레마를 안겨주었다. 워싱턴은 여전히 미국의 영웅이자 정치적으로 손댈 수 없는 인물이었으므로, 그에게 직접적으로 공격을 가한다는 것은 가히 정치적 자살 행위로 여겨지기 때문이었다. 그러므로 워싱턴이라면 상상조차 할 수 없었을 정도로 공격에 취약했던 해밀턴은 그들에게 반드시 필요한 총알받이가 되었다.

어떻게 제퍼슨은 자신의 속내를 드러내지 않고서도 일터에서 해밀턴을 괴롭힐 수 있었을까? 능숙한 정치적 복화술사였던 제퍼슨은 자신은 입을 꼭 다물고 있으면서 대리인더러 나서라고 시키는 데 도가 튼 인물이었다. 그가 자신의 의견을 널리 알려줄 대변인으로 선택한 사람은 시인 필립 프리노Philip Freneau였다. 공화파는 오랫동안 「가제트 오브 더 유나이티드 스테이츠Gazette of the United States」로부터 괴롭힘을 당하고 있었는데, 이 신문은 보스턴의 교사 출신이자 해밀턴에 대해 논하기를 매우 즐겼던 존 페노John Fenno가 편집하는 것이었다. 해밀턴은 1789년 페노에게 신문사를 차리라고 독려했으며 이후 그가 재정적으로 어려울 때에도 돈을 마련하여 구해준 적이 있었다. 이 신문은 관보官報에 준했는데, 이는 페노가 실제로 연방정부를 위해 일했고 심지어는 1791년 필라델피아 주민 명부에 미합중국 정부 공무원으로 기록되기도 했기 때문이었다. 제퍼슨은 이 신문이 '순수한 토리주의 신문으로, 왕당과 귀족제의 신조를 전파하고 국민의 영향력을 배제하는 것을 설파한다'고 비난했다.[24] 제퍼슨과 매디슨은 프리노를 페노의 적수로 내세우기로 한 뒤 그를 공화파 신문의 편집자로 만들었다.

프린스턴대학에서 공부한 프리노는 독립혁명 이전부터 제임스 매디슨의 친구이자 학교 동급생이었다. 혁명 당시 독립파 사나포선의 선원이었던 프리노는 영국에게 붙잡혀 감옥선에서 참혹한 6주를 보냈던 경험 때문에 그 국가에 오랜 혐오를 품게 되었다. '혁명의 시인'이라 불렸던 프리노는 조지 3세를 가리켜 '대영제국의 칼리굴라Caligula(고대 로마의 황제로 재정을 파탄내고 독단적인 정치를 강행했음_역주)'라고 신랄하게 묘사하는 등 영국 왕실에 대한 준열한 조소를 보내는 것으로 이름을 떨쳤다.[25] 그는 또한 워싱턴이 '두 번째 디오메데스Diomedes(『일리아드』에 나오는 영웅_역주)'라면서 그의 행보는 '로마 영웅이나 그리스 신'도 두려워했을 것이라고 열광적으로 이야기했다.[26]

워싱턴이 해밀턴의 은행 설립안에 서명한 1791년 2월 25일로부터 사흘 뒤, 제퍼슨은 매디슨의 지령에 따라 프리노에게 국무부의 번역가 자리와 다소 적은 연봉 250달러를 제안하면서 그를 필라델피아로 데려오려 했다. 프리노는 아는 외국어라곤 프랑스어 하나가 전부였고 이런 직책을 맡을 만한 실력도 아니었다. 해밀턴은 이 한직의 이면에 또 다른 진정한 계획이 숨어 있을 것이라 생각했다. 실제로 제퍼슨은 프리노에게 번역가 자리는 '너무 할 일이 없어서 다른 직업을 함께 선택하더라도 그것에 별 방해가 되지 않을 것'이라는 암시를 남긴 바 있었다.[27] 매디슨과 제퍼슨은 1791년 식물 답사를 다녀오는 길에 뉴욕에 들러 프리노와 아침식사를 함께했으며 그에게 필라델피아로 와서 반대 신문사를 열라고 독려했다. 제퍼슨은 신문사의 수입을 늘려주기 위해 자진해서 법적 공지문 인쇄

등과 같은 국무부의 몇몇 소일거리를 넘겨주었다(훗날 그는 이러한 약속이 있었음을 전면 부인했다). 해밀턴은 이 모든 사건들을 신랄하게 기록하면서 제퍼슨에 대해 다음과 같이 말했다. '당신을 이러한 목적으로 고용하려는 것입니다, 라고 말하는 거북하고 어색한 절차를 거치지 않고서도 그는 자신이 원하는 모든 효과들을 만들어내기 위하여 계산된 상황에 사람을 배치할 줄 알았다.'[28] 1791년 7월에 이르러 프리노는 국무부 번역가 자리를 수락했으며, 10월 31에는 「내셔널 가제트_National Gazette」의 첫 호가 발행되었다. 이 자유분방한 신문은 곧 미국 내 가장 중요한 공화파 측 언론 기관으로 자리 잡았다.

1790년대의 다른 신문들과 마찬가지로 프리노의 「내셔널 가제트」는 중립을 가장하지 않았다. 신문사들은 당파색을 당당히 드러내면서 초기의 정당들을 한데 묶어줄 결속력을 공급해주었다. 미국인들은 글 읽는 사람들이었으며, 열두 개도 넘는 신문사들이 번창했다. 아마 미국은 다른 어떤 나라보다 인구당 신문사가 가장 많았을 것이다. 전형적인 신문은 네 장의 긴 종이 위에 사설들과 작은 광고들이 가득 들어찬 형태였고, 그림이나 일러스트레이션은 없는 것이 보통이었다. 이 신문들은 사실을 간략하게 보도했으며 -속보 보도 따위는 거의 없었다- 의견은 길게 실었다. 일간 신문이라기보다는 논설 잡지에 가까웠던 셈이다. 종종 천박하거나 부정확하기도 했던 그것들은 익명의 관리 몇몇이 돈을 횡령하거나 외국 세력과 결탁했다고 보도하는 것도 서슴지 않았다. '신문에서 본 말들은 이제 그 어느 것도 믿을 수가 없다.' 제퍼슨이 훗날 한 말이다. '진실 그 자체도 그 오염된 수단에 올랐다는 것만으로 의심스러워진다.'[29] 책임 있는 언론 활동을 규정하는 행위 규범도 당시에는 없었다.

이름이 서명된 사설은 상대적으로 드물었다. 아마도 당대 가장 왕성하게 활동한 사설 작가였을 해밀턴 또한 자신의 이름으로 글을 출판한 경우는 거의 없었고 그 대신 다양한 필명들을 사용했다. 이러한 필명들은 종종 투명한 가면이나 다를 바 없어서 대중이 유명 정치인을 쉬이 알아보는 경우도 있었다. 익명 공격을 허용하는 이와 같은 분위기는 정치 담화에 유별날 정도의 분노가 스며드는 것을 허락해버렸으며, 이것만 아니었더라도 수면 위로 떠오를 일이 없었을 맹렬한 발언들은 정기적으로 언론을 장식했다. 사설들의 잔혹한 어조 때문에 정치는 곧 마음에 상처를 주는 시련이나 다름없어졌다. 당대의 비평가 한 명은 신문사들에 대해 다음과 같이 말했다. '그들은 마치 사냥용 새들처럼 (중략) 그들의 당파가 부추기거나 재료를 제공해주는 데 따라 대중을 조롱한다. 이 행위로 투표권이라는 우리의 특권은 이제 저주로 변질되었다.'[30]

제퍼슨과 매디슨 두 사람은 모두 「내셔널 가제트」의 주요 선동자였지만, 제퍼슨은 신중히 움직여야 했던 반면 매디슨은 좀 더 공개적일 수 있었다. 매디슨은 '프리노 씨의 수입이 자신의 재능에 가능한 한 상응할 수 있게 만드는 데 기여함으로써 그에 대한 나의 존경과 우정을 증언하고 싶은 욕망' 때문이라고 설명하며 친구들에게 신문 구독을 부탁했다.[31] 매디슨이 「내셔널 가제트」에 큰 당파적 기대를 걸었다는 점은 그가 법무장관 에드먼드 랜돌프에게 보낸 서신에서도 알 수 있다. 여기서 그는 프리노를 '천재'라 일컬으며, '군주제와 귀족에 호의적으로 돌아가는 기조나 담론에 대하여 해독제 역할을 해줄 신문의 필요성'을 역설했다.[32] 이쯤 되자 *군주제*와 *귀족*은 곧 해밀턴과 연방파를 가리키는 암호나 마찬가지였다.

해밀턴의 신빙성을 떨어뜨리는 데 있어 제퍼슨이 가진 주요 무기들 중 하나는 바로 정치적 기밀에 대한 끝없는 식탐이었다. 주목할 만한 토론들을 가진 뒤 제퍼슨은 그 내용들을 종이 위에 옮겨 적었다. 1818년에 그는 그러한 정치적 대화의 기록들을 한데 모아 스크랩북으로 만들고 그것을 일컬어 자신의 '일화집'이라 했는데, 이는 만찬 가십의 개론서였다. 이 책에서 해밀턴은 워싱턴 행정부의 멜로드라마틱한 악당으로 그려지며, 적어도 마흔다섯 개의 이야기에서 등장한다. 해밀턴에 대한 이러한 괴담들은 두 세기 넘도록 되새김질되어 이제는 역사가들이나 독자들의 기억 속에 아로새겨져버렸다. 그러나 불행히도 그 일화들은 해밀턴을 잔혹하리만치 오도한 것인 경우가 많으며, 그의 명성에도 작지 않은 흠집을 내버렸다. 제퍼슨은 증거 문서들이 주는 힘을 매우 잘 이해하고 있었다.

우연의 일치인지는 모르겠으나, 제퍼슨이 '일화집'의 첫 번째 이야기를 기록한 때는 프리노가 국무부 일을 맡는 데 동의한 직후였다. 제퍼슨은 해밀턴에 관한 이야기에 대해서만큼은 쉬이 속아 넘어갔으며 그가 친영주의, 왕정주의의 악마를 불러낼 것이라고 암암리에 믿었다. 이 '일화집'에서 그는 해밀턴이 헌법을 무너뜨리고 영국식 군주제를 세우고자 하는 도당의 끄나풀이라며 손가락질했다. 해밀턴이 엄청난 분량의 『연방주의자 논집』을 썼으며 뉴욕에서의 헌법 비준도 거의 혼자 이끌어냈다는 사실은 안중에 없었던 듯하다. 고요하지만 치명적인 방식으로, 제퍼슨은 해밀턴의 무분별한 행동들을 차곡차곡 기록했다. 해밀턴과 애덤스가 영국 헌법에 대한 찬양을 노래했다는 이야기, 해밀턴이 아마도 뉴욕 세인트앤드루스협회의 저녁만찬 자리에서 조지 3세를 위한 축배를 들었던 것으로 추정된다는 이야기, 또 해밀턴이 어느 저녁만찬 자리에서 '군주제가 아닌 모든 형태의 정부에서는 안정도 안보도 없다'고 선언했다는 이야기 등은 모두 제퍼슨이 여기에 기록해둔 것들이었다.[33] 이 이야기들이 미심쩍다는 점은 제퍼슨이 1791년 해밀턴을 자신의 집에 초대한 일화에서 엿볼 수 있다. 벽에 걸린 세 점의 초상화들에 대해 해밀턴이 묻자 제퍼슨이 답했다. "그들은 이 세계가 낳은 가장 위대한 세 명의 인물이요. 프랜시스 베이컨 경, 아이작 뉴턴 경, 그리고 존 로크요." 그러자 해밀턴은 이렇게 대답했다고 한다. "지금까지 존재했던 가장 위대한 사람은 율리우스 카이사르지요."[34] 순전히 터무니없는 이야기처럼 들리지만, 그게 아니라 해도 해밀턴이 지금까지 쓴 글들에서 율리우스 카이사르에 대한 경멸적인 발언들을 잔뜩 찾을 수 있는 것으로 미루어 봤을 때 이 이야기는 무언가 미심쩍다. 사실 해밀턴은 제퍼슨을 포퓰리스트 선동 정치가로 그리고자 할 때마다 어김없이 그를 율리우스 카이사르에 비유했다. 혹자는 해밀턴이 정말로 이런 말을 했다면 그것은 아마도 그가 제퍼슨과 나눈 농담이었을 것이라 추측한다.

'일화집'의 문제는 제퍼슨이 이야기를 날조했다는 데 있지 않았다. 때때로 그는 전해 들은 가십을 액면 그대로 받아들였다. 때로는 대강의 평만을 전해 듣고선 그것을 괴물 같은 초상으로 부풀려 적었으며, 때로는 이야기를 아주 다르게 만들 수도 있는 뉘앙스들을 날려버리기도 했다. 해밀턴을 스스로 인정한 군주제 지지자로 만들었던 이야기들을 예로 살펴보자. 해밀턴은 헌법이 사회를 보호할 수 있을 만큼 충분히 지속될 것인지에 대해 항상 의문을 가졌고 입헌군주제가 필요한 것은 아니냐며 두려워했지만, 한편으로는 자신이 힘이 닿는 한 새로운 정부에게 공정한 기회를 주겠노라고 맹세했다. '일화집'의 기록들 중 1791년 8월 13일의 것에서 제퍼슨은 이 점을 제대로 강조했다. 새로운 공화국은 '우리가 공화적인 방식들을 모두 포기하기에 앞서서 반드시 시도되어야만 한다. 그렇지 않으면 정치적 권리의 평등이라는, 만일 계속해서 질서정연하게 유지될 수 있다면 곧 순수한 공화주의의 근간이나 마찬가지일 그 정신이 선호되지 않는 방향으로 타락할 것이기 때문'이라고 해밀턴이 말했다는 것이다.[35] 그러나 다른 기록에서 제퍼슨은 다소 주의 깊지 못하게, 해밀턴이 '단지 군주제 지지자일 뿐만 아니라 부패에 바탕을 둔 군주제 또한 지지하는' 사람이라고 단도직입적으로 말했다.[36]

그러나 해밀턴에게 가장 큰 흠집을 냈던 이야기는 제퍼슨이 아니라 이

보다 훨씬 더 시간이 흐른 뒤에 출판된 책, 이름하여 『시어필러스 파슨스 회고록Memoir of Theophilus Parsons』에서 등장했다. 파슨스는 존 애덤스 행정부의 법무장관이었고 이 책은 그의 아들에 의해 1859년에 출판되었는데, 이때는 시어필러스 파슨스 사후 46년째이자 알렉산더 해밀턴이 죽은 때로부터는 55년이 지난 뒤였다. 작자가 주장하는 바에 따르자면 헌법이 채택된 지 얼마 되지 않았을 무렵, 뉴욕의 한 저녁만찬 자리에서 익명의 손님 한 명이 미국 국민의 지혜에 대해 열변을 토하고 있었다. 이에 해밀턴은 테이블에 주먹을 내리치고선 "당신의 국민들은, 선생-당신의 국민들은 엄청난 짐승입니다!"라고 외쳤다는 것이다. '나는 이 이야기를 한 친구에게서 들었는데, 그는 당시 만찬 자리에 있던 손님 한 명과 관계 있는 사람이었다'고 저자는 덧붙였다.[37] 스티븐 F. 노트Stephen F. Knott가 『알렉산더 해밀턴과 신화의 지속Alexander Hamilton and the Persistence of Myth』에서 보인 것과 같이, 71년 전에 벌어졌던 한 사건을 누군가 다른 이에게 전달하고 그 사람이 또 다른 누군가에게 전달했으며 그것을 또 다른 누군가가 옮겨 적은 이 글은 해밀턴의 명성을 해하고자 하는 사람들에게 이미 그 기회를 모조리 내어준 뒤였다. 사실 그가 했다는 그 말은 도미니크회 수사修士였던 토마소 캄파넬라Tommaso Campanella(1568~1639)가 쓴 포퓰리즘 시에서 비롯된 것으로, 국민들은 잠들어 있는 짐승이며 자신들의 힘을 깨달아야 한다고 주장하는 내용이었다. 해밀턴은 세상이 부정직한 자들과 멍청한 자들로 가득 차 있다고 습관처럼 말하긴 했지만, 이 발언만큼은(만일 그가 정말로 한 것이라면) 훗날 혐의를 받은 것과는 아주 다른 어조나 의도로 나온 것이었을 터다.

1792년 2월 28일 오후, 제퍼슨은 워싱턴과 함께 앉아서 표면적으로는 우체국에 대한 이야기를 나누고 있었다. 그러나 제퍼슨에게 있어 이 대화의 목적은 해밀턴의 재무부가 정부를 집어삼킬 것이라고 워싱턴에 경고하는 것이었다. 제퍼슨은 우체국을 자신의 국무부 관할로 두고자 했는데, 이는 '재무부가 이미 행정부 전체를 집어삼킬 수 있을 만큼의 영향력을 가지고 있으며, 심지어 장래의 대통령은 (중략) 이 부처에 반대되는 결정을 내리기가 불가능해질지도 모른다'는 것이 그의 생각이었다.[38] 언제나와 같이 그 모든 정치적 야망을 경건하게 부인하며 제퍼슨은 자신이 직을 사임하는 방안도 고려했다고 말함과 동시에 해밀턴은 떠날 기색을 전혀 비추지 않았다고 침울하게 언급했다. 이튿날 아침식사 자리에서 워싱턴은 제퍼슨에게 남아 있어줄 것을 촉구했다. 나라가 대체로 번영하고 있었음에도, 제퍼슨은 이 나라의 모든 문제가 해밀턴의 체계라는 단 하나의 원천에서 비롯된 것이라 주장했으며, 자신의 동료가 시민들을 꾀어 금융의 도박으로 몰아넣었다고 비난했다. 해밀턴은 워싱턴을 자신으로부터 멀어지게 만들려는 제퍼슨의 시도들을 모르고 있었다.

제퍼슨은 해밀턴을 중상하는 의혹들을 설파하는 데 한층 더 공을 들이기 시작했다. 4월경의 한 내각회의에서, 해밀턴은 재무부 내부 문건에 대한 의회의 요구를 수용하겠으나 민감한 정보들을 제공하지 않을 권리는 지키겠다고 말했다. '그들은 상당히 해가 될 수 있는 성격의 비밀들을 요구할 수도 있다'는 것이 그의 설명이었지만, 제퍼슨에게 있어 이는 허울일 뿐이었다. '여기서 나는 그 구성원들 및 여타 정부 인사들이 주식, 은행 등에 얼마나 투자했는지를 그들이 검사하기에 이를 것임을 [해밀턴이] 우려하기 시작했다고 생각했다.' 제퍼슨이 '일화집'에 쓴 말이다.[39] 5월, 제퍼슨은 워싱턴에게 필립 스카일러가 수개월 전 저녁식사 자리에서 세습 정부를 옹호한 바 있다고 경고했고, 같은 달 해밀턴주의 체계의 '궁극적인 목표'는 '현재의 공화주의 정부를 군주제로 바꾸기 위한 길을 닦는 것'이라 주장하는 쪽지를 워싱턴에게 썼다.[40] 청렴한 워싱턴은 해밀턴과 15년간 가까이 지냈으며 이와 같은 의혹들을 묵살할 만큼 현명한 사람이었다.

제퍼슨만큼이나 확고한 해밀턴 반대자가 된 매디슨 또한 자신의 그 끔찍한 적을 반드시 멈춰 세워야 한다고 생각했다. 개리 윌스는 말했다. '매디슨은 자신에게 명백한 진실로 보이는 것에 대하여 반대하는 자들은 곧 악한 동기를 가지고 있음이 분명하다고 생각하는 경향이 있었다.'[41] 매디슨은 해밀턴이 군주제 준비에 대한 일환으로 미국에 영국식 부패를 이식하려 한다고 생각했다. 프리노의 「내셔널 가제트」는 매디슨에게 편리한 연단이 되어주었으며, 그가 매달 해밀턴을 향해 퍼붓는 익명의 공격은 점점 더 거세졌다. 제퍼슨이 내각 내부에서부터 해밀턴을 공격하고 있었던 1792년 2월, 매디슨은 '부패한 영향력으로 운영되는, 공적 임무의 자리에 사익의 동기를 대신 채워 넣는 정부'를 욕했다.[42] 3월에 이르자 해밀턴에 대한 매디슨의 비판은 무분별한 수준에 이르렀다. 해밀턴이 투기꾼들을 애지중지하고, 국채에 인플레이션을 일으키며, 헌법을 왜곡하고, 미국에 귀족제를 가져오려는 계획을 세우고 있다는 것이 그의 주장이었다.

의회에서도 책략의 달인이었던 매디슨은 이제 하원 역사상 최초의 야당 지도자로 거듭났으며 대부분의 남부 출신 인사들을 공히 자신의 뒤에 두었다. 무엇보다 그는 워싱턴이 신임하는 조언자 역할을 자신이 아닌 해밀턴이 맡았다는 데 분해했을 것이다. 해밀턴을 방해하기 위한 시도의 일환으로, 매디슨은 다가오는 서부 탐험을 위해 군대가 쓸 자금을 마련하는 데 있어서 재무부가 갖는 권한을 입법부의 감독하에 두려 했다. 비록 매디슨은 이에 성공하지는 못했으나, 해밀턴은 한때 자신의 친구였던 자가 자신의 권한을 그토록 철저하게 축소시키려 하는 데 경악했다. 훗날 해밀턴이 말했듯, 매디슨은 '자신이 성공하는 경우 그 결과는 나의 *사임*일 것임을 잘 알고 있었다.'[43] 애비게일 애덤스는 반해밀턴 캠페인이 버지니아에서 비롯되었다고 보았다. '재무장관과 정부에 대한 모든 공격은 그 지역에서 나오고 있어.' 그녀가 여동생에게 한 말이다. '하지만 나는 이 와

중에도 국민들이 번영하고 행복을 누리고 있다고 생각해. 그들을 날려버릴 수는 없을 게야.'[44] 피셔 에임스 또한 해밀턴에 대한 체계적인 반대가 버지니아에서 나오고 있음을 보았다. 그는 한 친구에게 이렇게 말했다. "버지니아는 단단한 열을 이루어 움직이고 있소. 그리고 그 당의 규율은 프로이센만큼이나 엄격해서 탈주자도 그냥 내버려두지 않는다오. 매디슨은 필사적인 정당 지도자가 되었소."[45]

그해 봄 내내 해밀턴은 「내셔널 가제트」를 예의 주시했다. 프리노는 제퍼슨이 '걸출한 애국자'이자 '자유의 거인'이라고 찬양한 반면 해밀턴을 두고서는 '아틀라스'(올림피아와 티탄 신족의 싸움에서 후자의 편을 들었다가 패배하여 지구를 떠받치는 형벌을 받게 된 신_역주)라면서 풍자적인 어조로 비꼬았다.[46] 5월 초, 그는 다음의 운문을 「내셔널 가제트」에 실어 해밀턴을 조롱했다. '공공의 부채는 공공의 저주요 / 병사들의 손에! 이보다 더 나쁜 것은 없노라! / 투기꾼들의 손이 늘어갈 때에나 / 공공의 부채가 공공의 축복이 되리니!'[47] 워싱턴 또한 프리노의 조롱을 피해갈 수 없었다. 해밀턴이 순수한 의도에서 새로운 주화에 워싱턴의 얼굴을 새겨 넣자고 제안하자, 프리노는 여기에 왕정주의 성향이 있다고 보았다. '워싱턴, 내가 가장 사랑하는 아이여, / 오만한 왕들 중 하나로 등극하려 하는가?'[48] 이처럼 반정부적인 혹평들이 제퍼슨의 국무부가 고용한 유급 번역가에 의해 출판되고 있다는 사실을 해밀턴은 더 이상 감당하지 못하기에 이르렀다. 그는 제퍼슨과 매디슨이 자신을 관직에서 밀어내기 위해 합심하여 노력하고 있다고 결론지었다. 단순히 비판을 당하는 것이 아니라 십자가에 내걸리고 있었던 해밀턴은 포퓰리스트들이 제퍼슨만큼이나 미심쩍은 공상에 빠져 자신을 파멸시키려는 음모를 꾀하고 있다고 믿었다. 재무장관으로서 자제한 지도 수년이 지난 지금, 그의 감정은 이제 완전히 들끓기 시작했다.

1792년 5월 26일 해밀턴이 버지니아의 조세감독관이었던 에드워드 캐 링턴에게 보낸 놀라운 편지 한 통은 사실상 제퍼슨과 매디슨에게 전쟁을 선포하는 글이었다. 해밀턴은 이 편지에서 신중함 따위는 집어던지고 가 장 깊은 감정들을 토해냈다. 그는 이르게는 자신의 기금 체계에 대한 논 쟁이 있을 때부터 사람들이 자기에게 매디슨의 적대감을 귀띔해주었지 만 그 말들을 믿지 않았었다고 캐링턴에게 말했다. 하지만 그의 눈에 있 었던 콩깍지는 이제 벗겨졌다. '마지막 회기에 이르기도 전에 나는 다음 의 사실에 대한 명백한 확신이 들었다. *제퍼슨 씨와 협력하는 매디슨 씨 는 나와 나의 행정부에 대해 확연히 적대적인 파벌을 이끌고 있으며, 내 가 판단하기로는 좋은 정부의 원칙들을 전복시키고 연방과 평화, 그리고 이 나라의 행복을 위험에 빠뜨릴 견해들에 의해 움직이고 있다.*'49 제퍼슨 과 매디슨이 펼치는 '체계적 반대'에 대해 해밀턴은 이렇게 선언했다. '만 족스럽지 못하나, 나의 멸망은 오래전부터 그들의 목적이었다.'50

해밀턴은 제퍼슨보다는 매디슨의 배신을 괴로워했던 것으로 보인다. 이 시점에서 해밀턴은 온화한 제퍼슨이 실은 자신을 향해, 혹은 연방정 부 그 자체에 대해 확고한 악의를 품은 광신도라고 여겼다. 또한 해밀턴 은 언제나 자신보다 매디슨이 훌륭하고 고결한 남자라고 생각했었지만, 이제 그는 제퍼슨의 꾐에 넘어갔다고 결론지었다. '저는 매디슨 씨와 저, 다시 말하자면 한때 매우 같은 출발선에서 시작한 정치를 펼쳤던 이들이, 이제는 어떤 조치를 추구하는 것이 적절한지를 놓고 너무나 폭넓은 의견 차이를 보여야만 한다는 것을 믿을 수 없습니다.' 해밀턴이 캐링턴에게 한 말이다. '제가 한때 매디슨 씨의 성격이 가진 용기와 간결성과 공정함 에 대하여 보냈던 평가는 이제 유별나게 인공적이고 복잡한 종류의 것이 라는 확실한 생각에게 자리를 내주었습니다.'51

이번이 마지막은 아니었으나, 해밀턴은 자신이 공화주의 정부의 몰락

20 · 부패한 비행대대

을 바라는 '군주제 파벌' 소속이라는 그로테스크한 공상에 반박하고자 했다. 그는 제퍼슨이나 매디슨에 비하면 자신 및 자신과 동류의 사람들이 포퓰리스트적 믿음을 덜 옹호한다는 점을 인정했으나 그 둘은 '국가의 공화적 체계를 전복시키려는 모든 시도들을 *범죄임과 동시에 공상적인 것으로*' 여길 것이라 말했다. 그는 헌법에 가능한 한 모든 기회를 주고자 했다. '나는 공화주의 이론에 *애정 어린* 애착을 가진다. 나는 모든 *세습적* 구별을 배제하고, 사회의 질서와 행복에 부합한다는 실질적인 입증에 의해 확고히 세워진 정치적 권리의 *평등을 다른 그 어떤 것보다* 바란다.'[52]

해밀턴은 만일 자신이 미국에서 군주제를 실현시키고자 했다면 포퓰리스트 선동 정치가의 고전적인 루트를 따랐을 것이라고 말했다. '나는 인기라는 목마에 올라탔을 것이오. 나는 권리 침해와 자유에 대한 위협 따위를 외쳤을 것이오. 나는 중앙정부를 제정신이 아니게 만들고, 소요를 일으키며, 그 회오리바람을 타고 폭풍을 진두지휘하고자 분투했을 것이오.' 그는 매디슨이 이와 같은 짓을 벌이지는 않고 있으나, '심오한 야망과 폭력적인 열망의 남자'인 제퍼슨에 대해서는 의심이 든다고 말했다.[53] 캐링턴이 이와 같은 생각들을 믿지 않을까봐 걱정했는지, 해밀턴은 이제 자신이 제퍼슨과 매디슨에게 도전장을 날렸음을 알렸다. '두 사람 모두 내가 이런 생각을 가지고 있다는 점을 간접적으로 알고 있소.'[54] 은밀한 접전의 시대는 막을 내렸으며, 이제 야전이 시작될 차례였다.

조지 워싱턴은 자신의 내각에서 벌어지는 이 앙숙 관계를 혼란스럽게 바라보았다. 더 이상 혁명의 전장을 활보하던 젊은 장군이 아닌 그는 이제 양피지처럼 울퉁불퉁한 피부의 나이든 남자가 되었다. 그의 회색 눈은 더 작게, 눈두덩이는 더욱 움푹 꺼져 보였다. 그는 류머티즘에 시달렸으며, 하마 엄니로 만든 고통스러운 의치는 유일하게 남아 있는 그의 건강한 치아를 고통스럽게 밀어내고 있었다. 윌리엄 매클레이는 그의 '안색이 창백한, 아니 거의 죽은 사람 같은 색'을 띠고 있었다고 말했다. '그의 목소리는 공허하고 흐릿했는데, 내 생각으로 그것은 아마도 앞턱에 넣은 인공 치아 때문인 듯했다.'[55]

워싱턴은 파벌을 넘어선 시민들의 왕인 대통령이라는 이상적 이미지를 고수했지만, 격렬하게 분열된 내각 때문에 이러한 입장을 유지하기가 점점 더 어려워졌다. 제퍼슨은 워싱턴이 허영심 많고 속 좁은 남자에다가 아부로 조종하기도 쉽다며 그를 개인적으로 저격했다. '그의 마음은 너무도 오래전부터 무한한 박수 세례에 익숙해져 있어서 모순, 심지어는 요청한 적 없는 조언들도 물리칠 수 없게 되었다네.' 제퍼슨은 자신의 친구에게 불평하며 다음과 같이 덧붙였다. '그러므로 나는 조치들이 승인될 수 있을 때에는 그에게 아부하고, 반대할 때에는 침묵함으로써 그를 회유하는 것이 공화의 이익에 있어 가장 좋다고 오래전부터 생각해왔네.'[56] 해밀턴이 자신들을 누르고 내부적 논의들에서 승리를 거두었다는 점을 믿을 수 없었던 제퍼슨은 워싱턴이 속아 넘어갔다는 결론에 다다랐다. 워싱턴은 지식인은 아니었으나 독립적인 판단을 내릴 능력은 충분히 있었으며 속아 넘기거나 강요할 수도 없는 사람이었다. 훗날 제퍼슨이 워싱턴에게 해밀턴의 영향을 너무 크게 받는다며 비난을 퍼붓자, 워싱턴은 화를 내며 그에게 '[자네도] 공히 알다시피 나는 명백히 [해밀턴을] 언급하는 사람의 의견들에 찬성했던 것만큼이나 그에 명백히 반대하는 결정을 내린 경우도 아주 많다'는 점을 상기시켰다.[57] 해밀턴과 제퍼슨 사이의 자라나는 불화 속에서 조지 워싱턴이 더 이상 침묵이나 방관을 선택할 수 없음은 1792년 7월 초에 이르러 명백해졌다. 그러나 아마도 그는 통제력을 행사하기에는 너무도 오랜 시간을 기다려왔던 듯했다. 그의 섬세하고 초당파적인 입장은 자신이 임명한 두 사람 간의 당파 싸움을 더욱 강화시킬 뿐이었다.

필립 프리노가 중상모략의 과장들을 쏟아냈던 「내셔널 가제트」는 이제 새로운 절정으로 치닫기 시작했다. 7월 4일을 기념하기 위해 프리노는 전면 기사를 통해 '제한적인 공화정부를 무제한적인 세습정부로 바꾸기 위한 규칙들'을 나열하면서 해밀턴의 조치들이 이를 위한 가장 효과적인 수단들이었다고 언급했다.[58] 다른 기사들 또한 해밀턴과 그의 수행원들이 미국을 군주제와 귀족정의 하수인으로 만들고자 계획했다는 가혹한 암시들을 잔뜩 담고 있었다. 대통령을 한층 더 도발할 목적으로 프리노는 「내셔널 가제트」세 부를 매일 워싱턴의 집무실로 보냈다.

남은 여름을 보내기 위해 몬티첼리로 떠나기 전, 제퍼슨은 다시 한 번 워싱턴과 마주앉아 '의회 내 부패한 유권자들의 비행대대'가 해밀턴의 주머니 속에 있으며, 그들이 그의 조치에 찬성표를 던지는 것은 오직 자신들이 은행 주식이나 정부 증권을 소유하고 있기 때문임을 그에게 설득시키고자 했다.[59] 왕당주의 계획에 대한 제퍼슨의 경고들을 점점 더 지긋지긋하게 여기고 있었던 워싱턴은 자신이 해밀턴의 정책들을 지지하고 있음을 단호히 밝혔다. 이를 곧이곧대로 받아들이지 못하는 자는 대통령이 '그들을 다루기에는 너무나 경솔하고 그들을 이해하기에는 너무나 멍청하다고' 여길 것이 분명하다는 게 워싱턴의 말이었다.[60]

7월 25일, 해밀턴은 페노의 「가제트 오브 더 유나이티드 스테이츠」를 통하여 제퍼슨을 향한 일제 사격의 첫 발을 날렸다. 'T. L.'이라고 서명한 이 투서에서 그는 프리노와 그의 국무부 봉급에 대해 간략한 의문을 제기했다. '그의 *번역*에 대한 것이든 혹은 그의 *출판*에 대한 것이든, 그 봉급은 우리 사회 문제를 관리하기 위해 헌신하며 목소리를 내는 사람들을 비방하기 위해 설계된 것인가?'[61] 고작 한 문단짜리였음에도 이 투서는 매우 중대한 의미를 가졌다. 익명을 빌린 재무장관이 국무장관을 공개적으로 고발하는 것이기 때문이었다. 해밀턴은 예전에 그러했듯 맨주먹의 논객으로 돌아갔고, 프리노는 기회를 놓치지 않고 반격했다. 사흘 후 프리노는 자신의 연방과 상대측인 존 페노를 '불쾌한 아첨꾼'이라 욕하며, 그가 미국 상원의 저널들을 출판하고 정부로부터 자신보다 더 많은 돈을 받았다고 비난했다.[62]

워싱턴은 이 엄청난 소란을 언짢아했다. 난잡한 신문 전쟁은 모든 것을 순식간에 한계점까지 몰고 갔다. 7월 29일, 워싱턴은 마운트버넌에서 해밀턴에게 '사적 & 기밀'이라고 적힌 편지 한 통을 보내어, 집에 잠시 가 있는 동안 자신에게 들려온 그의 행정부에 대한 불만 스물한 가지를 열거했다. 국가가 번영하고 행복하다는 데는 모두가 동의했으나 몇몇 조치들에 대해서는 우려의 목소리가 나왔다. 비록 워싱턴은 조지 메이슨이 이 우려들의 주요 발화자라고 말하긴 했지만 그 원천이 제퍼슨임은 명백했다. 해밀턴을 공격하고 싶지 않았던 워싱턴은 스물한 가지의 불만 사항들 모두가 해밀턴의 조치들과 관련된 것이라는 사실을 언급하지 않았다. 특별소비세가 억압적이다, 국가 부채가 너무 높다, 투기가 생산적인 사용처들로부터 자본을 앗아가며 의회를 부패시켰다 등 불만의 연도連禱(일련의 탄원 기도나 기원으로 이루어진 기도 형식_역주)는 이제 친숙하게 들릴 지경이었다. 마침내 워싱턴은 해밀턴에게, 이 계획들의 진정한 의도는 '영국 헌법을 모델로 하는 군주제로 현재의 공화주의 정부를 바꾸기 위한 길을 닦는' 것이라 하더라는 소문을 전했다.[63]

해밀턴은 워싱턴의 편지를 8월 3일에 받았으나 그때는 이미 해밀턴 또한 마운트버넌으로 한 통의 편지를 보낸 상태였다. 그는 워싱턴에게 재선에 출마할 것을 촉구하면서, 그가 출마하지 않는 것은 '작금의 시기에 이 나라가 처할 가장 큰 해악이라고 개탄하게' 될 것이라며 경고했다.[64] 워싱턴의 편지는 정부가 적들로 둘러싸여 있으며 제퍼슨이 자신의 축출을 계획 중이라는 해밀턴의 두려움을 증폭시켰을 것이 분명하다. 해밀턴은 답신을 보내기에 앞서 제퍼슨을 향한 신랄한 비판의 글을 「가제트 오브 더 유나이티드 스테이츠」에 실었다. '어느 미국인An American'이라는 가명을 쓴 해밀턴은 공개적으로 이름들을 열거하면서 수위를 높였다. 프리노의 신문은 제퍼슨의 견해를 퍼뜨리기 위해 마련된 것이고, 프리노를 필라델피아로 데려오는 데 있어 매디슨은 그 중간자 역할을 해주었다며 혐의를 제기한 것이다. 해밀턴은 번역가 프리노가 아는 외국어라고는 프랑스어뿐이고 제퍼슨도 이미 프랑스어는 할 줄 안다면서 강력한 조롱을 퍼부었다. 이후 그는 제퍼슨의 불충을 직접 겨냥했다. '정부 주요 부처의 수장인 제퍼슨 씨가 그 신문의 후원자일 수 있을까? 정부와 그 조치들을 매도하려는 게 명백한 목적 아닌가?'[65] 다수의 독자들은 '어느 미국인'이라는 가면 뒤에 숨은 저자가 누구인지를 추측해냈을 것이 분명했다.

이제 완전히 링 위에 오른 해밀턴은 8월 11일과 18일 두 차례에 걸쳐 '어느 미국인'의 글을 연이어 공개하면서 제퍼슨과 프리노 간의 부적절한 관계를 한층 더 상세히 밝혔다. '그가 정부의 주요 조치들에 죄를 물었다는 것, 그것도 지각없거나 나아가서는 부적절한 열기로 그리하였다는 점은 (중략) 그 관료에게 접근하는 모든 사람들에게 알려져 있는 사실이다.'[66] 해밀턴은 이와 같은 공격을 날리는 동시에 워싱턴에게 4,000단어짜리 편지를 써서 자신의 재무장관 임기가 정당한 것임을 역설했다. 그는 자신에게 던져진 잘못된 혐의들로 입은 깊은 상처를 토로했다. 자신의 판단에 대한 비난은 감수할 수 있지만 자신의 완전성에 대한 비난은 참을 수 없었던 모양이다. '저는 그런 말을 들을 필요가 전혀 없다고 생각하며, 분개의 표정들은 제가 그것을 억누르려 모든 노력을 다하는 와중에도 종종 그 사이를 빠져나갑니다.'[67] 해밀턴은 자신이 재임 중에 이루었던 경제적 위업들을 나열했다. 그는 미국이 대출을 상환하는 데 쓰일 이자율이

6퍼센트에서 4퍼센트로 급감했다는 점과, 외국 자금이 유입되어 상업과 농업에 쓰였다는 점을 이야기했다. 정당한 사업 목적을 위해서라면 이제 풍성한 돈을 끌어다 쓸 수 있었다. 심지어는 투기 또한 그 체계의 견고함을 증명했다. 만일 반대로 '나쁜 체계 아래에서였다면 공공 주식은' 사람들이 투기하기에 '너무도 불안정한 대상'이었을 것이기 때문이었다.[68] 해밀턴은 의회 구성원들 중 정부 부채에 투자한 사람은 있지만, 그렇다 하더라도 '주식 투기꾼이라거나 증권 중개인이라고 부를 만한 사람은 없다'고 말했다.[69] 다수는 미합중국은행이 설립된 이후에 은행 주식을 매수했는데, 자신은 여기에 아무 문제가 없는 것으로 본다는 말이었다. 해밀턴은 제퍼슨이 혼자서만 도덕적이라고 주장하는 데 짜증을 내면서 자신의 적에게 다음과 같은 응수를 날렸다. '자유와 조국을 사랑하는 마음에 있어, 당신은 내가 그것으로 행했던 것들보다 더 강력한 증거를 내보이지 못했소. 당신과 당신 무리들은 이 나라의 모든 애국심과 덕을 가로채는 짓을 그만두시오.'[70]

훌륭한 글이긴 했으나, 해밀턴의 편지에 담긴 염열은 행정부 내의 분립에 대한 워싱턴의 걱정을 더욱 고조시켰을 것이 분명했다. 8월 말, 그는 해밀턴에게 우울한 어조의 답신을 보내 그와 제퍼슨이 서로에게 관용을 보여주기를 청했다. 그들이 언론을 통해 서로를 고발하고 있음을 알고 있었던 워싱턴은 그 '상처가 되는 혐의들'과 '짜증나는 고발들'에 유감을 표했으며, 조화를 회복하기 위한 '치료 조치'를 요청했다.[71] 그러한 악감정이 지속될 경우 연방 그 자체가 분해될지도 모른다는 것이 대통령의 우려였다.

초기 공화국의 정치적 양상은 이제 기이한 장관을 선보이고 있었다. 당대를 이끌었던 인물들은 훗날 미국 역사상 존재했던 모든 정치적 지도자들 중에서도 최고의 지적 기량을 자랑하는 이들이었다. 그러나 서로를 향한 악감정 또한 후세에 능가된 적이 거의 없었다. 이 고상한 사상과 그 저변의 중상모략을 어떻게 설명할 것인가? 앞서 언급한 대로, 양측 모두는 조국의 미래가 위험에 처해 있다고 믿었고, 1792년에 이르러서는 상대 정당을 혁명이 남긴 유산에 대한 도덕적 위협이라 여겼다. 그러나 이상주의와 혹평 세례의 이 특별한 혼합물은 건국자들이 직접 겪은 경험들에서 비롯된 것이기도 했다. 그 이타적 혁명의 전사들과 제헌회의의 현자들은 올림퍼스만큼 드높은 곳에서 내려와 일상적인 정치라는 한층 더 거친 세계에 적응해야만 했으며, 여기에서 자신만의 이익을 형성하며 과거의 영광을 이용하고자 했던 것이다. 결과적으로 건국의 아버지들은 모두 양면적 모습을 지니게 되었다. 숭고하면서 평범하고, 이타적이면서 이기적이고, 영웅다우면서 단조로운 사람이 된 것이다. 1776년과 1787년의 허약한 통합 이후 이들은 극도로 경쟁적인 성향을 띠었으며 때로는 상대방을 질투하기도 했다. 그들에 대한 가장 준열한 평가가 그들 자신의 펜에서 비롯된 것도 우연은 아니었다.

해밀턴은 워싱턴의 충고를 받아들여 제퍼슨에 대한 공격을 그만두기는커녕 오히려 그것에 한층 더 박차를 가했다. 9월 9일 워싱턴에게 답장을 보낸 날로부터 하루 전, 해밀턴은 자신을 비난하는 새로운 기사들이 자신에게 타격을 입히고 있음을 목도했다. '아리스티데스'Aristides – 금전적 이익이 아닌 조국에 대한 사랑으로 행동했던 아테나인ᴧ – 이라는 이름의 저자는 제퍼슨이 '귀족정, 군주제, 세습 승계권, 작위 체계, 그리고 왕당정부의 호화스러운 의식을 모방한 모든 것들에 대한 확고한 반대자'라면서 그를 신격화했다. 그는 해밀턴이 이와 같은 혐오스러운 것들을 옹호했음을 은연중에 암시했는데, 사실 해밀턴은 언제나 이것들을 비난해온바 있었다. 해밀턴의 비판들이 익명이었음을 지적한 저자는 재무장관을 가리켜 '어둠 속에서 공격하는 겁쟁이 암살자로 그 모습이 보이질 않으니 확실한 상처를 남긴다'고 묘사했다.[72] 프리노의 「내셔널 가제트」는 계속해서 연방파가 '군주주의 정당' '부유한 귀족 계층' '독재 정치 지지자'라며 맹공격했지만 그중 그 어떤 것도 해밀턴에게 회한을 불러일으키지는 않았을 것이다.

9월 9일의 편지에서 해밀턴은 워싱턴의 중재 시도를 칭찬한 뒤, 불화를 시작한 것은 *자신*이 아니고, 오히려 *자신*은 공격받은 측에 속하며, 이에 비난받을 사람도 *자신*이 아니라고 밝혔다. 여기서 그는 제퍼슨이 내각에서 축출되어야 한다면서 불화를 한층 더 키웠다. '망설임 없이 말씀드리건대 저의 의견으로는, 공공의 이익이 당신의 행정부 내 *상이한 구성원*들을 *대체*시키라고 요청할 시기가 머지않았습니다.'[73] 해밀턴은 제퍼슨이 자신을 중상모략하더라도 그것이 정부를 약화시키지 않는 이상에는 용인할 수 있다고 말했다. 그것은 더 이상 문제가 아니었다. '제가 가진 증거에 따르자면 그 [제퍼슨]는 자신의 정치적 목적을 위하여 「내셔널 가제트」를 세웠고, 그 주요 목적 하나는 저와 제 부처에 관련된 모든 조치들을 가능한 한 혐오스러운 것으로 만들고자 하는 것이었음을 이보다 더 확신할 수 없습니다.'[74] 해밀턴은 반정부 파벌의 가면을 벗기고 '그 주요 행위자들을 가린 베일을 걷어내는 것'이 자신의 의무라고 생각했으며 자신이 '그 강력한 충동에 (중략) 따라온 것'이라고 말했다.[75] 믿기 어렵게도 그는, 제퍼슨을 향한 신문 공격을 그만둘 수 없다고 워싱턴에게 말했다. '저는 작금의 제가 물러날 수 없는 상황에 놓여 있다고 생각합니다.'[76]

이처럼 워싱턴이 직접 요청한 바를 해밀턴이 거부한 것은 전례 없는 일이었다. 장군의 전시 부관직을 관둔 이후에도 그가 이토록 자신의 의지로 독립적이길 주장한 적은 없었다. 휴전에 이르도록 노력하겠다고 말하긴 했으나 사실 해밀턴은 다음 차례의 언론 공격을 준비하고 있었다. 그와 제퍼슨이 맹렬하게 주고받았던 그 비난들은 이제는 파벌 간의 복수극으로 치달았으며 이를 멈추기에 워싱턴은 너무나 무력했다.

제퍼슨 또한 관용을 요청하는 워싱턴의 도량 넓은 간청을 따르지 않았다. 대통령의 요구에 대한 답신에서 그는 해밀턴의 체계에 대한 자신의 통렬한 비판을 재차 강조하면서, 그것이 '자유에 반하는 원칙들에서 나온 것이며, 자기 부서가 의회 구성원들에게 영향력을 행사할 수 있도록 만들어 공화국을 약화시키고 붕괴시키고자 고안된 것'이라 말했다. 그는 해밀턴이 제헌회의에서 국왕과 영국 상원에 호의적인 태도를 보였다고 고발했는데 이는 해밀턴의 말들에 대한 완전한 오해였다. 제퍼슨은 또한 해밀턴이 영국 및 프랑스의 장관들과 가졌던 미승인 회담을 비난하면서 약간의 정당성을 찾는 듯했으나 여기에서 그는 평소엔 잘 숨겨두었던, 해밀턴을 향한 못난 생색을 드러냈다. '그를 받아주고 그에게 일용할 양식을 주었을 뿐만 아니라 그의 머리 위에 명예를 쌓아주었던 이 나라에서, 역사가 그를 알아보려 몸을 숙인 그 순간부터 나라의 자유에 해가 되는 교묘한 책략들을 가득 키웠던 한 남자의 모략 때문에 제가 은퇴하는 일은 없을 겁니다.'[77] 이 발언에서는 자수성가한 남자에 대한 귀족적인 혐오의 기색을 찾아볼 수 있다. 그러나 사실 해밀턴만큼 미국에 더 많이 기여한 이민자는 역사상 또 없었다.

해밀턴은 이 논란에 불안해하는 듯 보였다. 그는 당시 아직 비밀이었던 레이널즈와의 불륜으로 자신이 사생활에서는 자제가 부족함을 드러냈는데, 이제는 공적인 생활에서도 그의 다소 충동적이고 억제할 수 없는 성향이 나타나기 시작했다. 감정에 사로잡힌 그는 공격들에 응해야 한다는 욕구를 참을 수 없었고, 이 감정들은 억누르려 할 때마다 다시 솟구쳐 나와 그를 압도해버렸다. 가을을 지나면서, 논쟁을 즐겼던 이 재무장관은 로마인의 이름들을 필명으로 빌려와 자신의 정체를 숨기고선 혹독한 사설들을 내놓았다. 이때부터 그는 신문을 통해 자신의 행정부를 실황 중계했다. 자신의 개인적 명예와 공화국의 미래 모두가 여기에 달려 있다고 보았으므로 그는 자기가 가진 언어의 무기들을 총동원하여 싸웠다. 그러나 해밀턴은 여기에서도 자신의 커리어 내내 저질렀던 정치적 실수를 다시금 반복했다. 그는 멈춰야 할 때를 몰랐고, 이 때문에 선을 넘어버린 뒤 돌이킬 수 없을 만큼 지각없는 행동들을 일삼게 되었다.

새로운 방침에 따라 해밀턴은 전투를 적군의 영역, 즉 「내셔널 가제트」의 지면으로 이끌고 들어갔다. 자신의 격론을 멈출 수 없다고 워싱턴에게 고한 지 이틀 후 그는 프리노의 신문에 두 차례 등장했다. '시비스Civis'라는 이름을 쓴 그는 제퍼슨주의 도당이 다음 선거에서 권력을 잡으려 한다며 경고했다. 「사실Fact 제1호」에서 그는 공공의 부채가 공공의 축복이 되리라는 자신의 믿음을 제퍼슨주의자들이 왜곡했다며 이를 바로잡았다. 그는 자신이 정부 부채가 언제나 좋은 것이라고 한 적이 없으며, '특정하고 일시적인 상황들은 그때에 한하여 이로울 수 있으나, 다른 경우에는 해로울 수도 있다'고 말했다.[78] 그는 또한 제퍼슨주의자들은 '부채에서 벗어나려 하지만 그것을 갚을 돈을 마련하기 위한 조세에는 반대하는 사람'이라고 묘사할 수 있다면서, 그들이 세금과 부채 두 가지 모두에 반대하는 것은 위선이라고 고발했다.[79]

1주일이 지나지 않아 다시 자기 측 이데올로기의 영역인 페노의 「가제트 오브 더 유나이티드 스테이츠」로 돌아온 해밀턴은 '카툴루스Catullus'라는 이름으로 새로운 시리즈의 글들을 내놓았다. 그는 뻔뻔하게도 자신을 멋있는 사람으로 추켜세우면서, 재무장관은 그 자신의 동기에 대한 그 어떤 조사도 두려워하지 않는다고 밝혔다. '만일 그가 자신의 정치적 원칙들과 행위들에 대한 철저한 조사를 두려워한다면 나는 그 남자를 잘못 알고 있는 셈이다.'[80] 이전과 마찬가지로 해밀턴은 제퍼슨을 가리켜 정체를 숨긴 폭군이자 공화주의의 검소함 뒤에 자신의 정치적 야망을 숨기고 있는 사람이라고 묘사하며, 그가 본래는 헌법에 반대했지만 자신의 정치적 편리성 때문에 그것을 받아들였다고 주장했다. 해밀턴은 정치에서 그치지 않고 나아가 이제는 제퍼슨의 개인적 평판을 공격했다. 그의 사생활에 관한 어두운 사실을 알고 있다는 암시를 남긴 해밀턴은 제퍼슨이 진짜 정체를 감춘 난봉꾼이라고 말했다. '제퍼슨 씨는 이제까지 조용하고, 검소하며, 내성적인 철학자이자 분명하고 단순하며 야망 없는 공화주의자로서 두각을 드러냈다. 사실 그가 아주 흥미로운 선동가이자 출세지향적이고 사나운 경쟁자임이 이제야 처음으로 고려되어서는 안 되었다.' '카툴루스'는 제퍼슨의 진정한 본성이 아직까지 밝혀진 적 없다고 말했다.

> 그러나 교묘하게 변장된 학구적 성격들이 벗겨지는 '최초의 순간'은 언제나 존재하기 마련이다. 그 쾌락주의적 인물의 이마에서 스토아주의의 차양을 뽑아내는 때가 그러하고, 가려진 쾌락으로부터 퀘이커의 검소함이라는 수수한 옷차림이 벗겨질 때가 그러하며, 내밀어진 왕관을 부끄러운 듯 거절하는 카이사르가, 과시적인 요소들을 거부하면서도 그 제국의 통치라는 본질은 끈덕지게 쥐고 있는 카이사르로 보일 때가 그러하다.[81]

해밀턴은 제퍼슨의 보다 내밀한 사생활을 알고 있다고 말했는데, 이는 앤젤리카 처치가 전해준 이야기에 등장하는 샐리 헤밍스와 제퍼슨의 관계를 지칭하는 것일 터였다. 특히 해밀턴은 여기에서도 율리우스 카이사르를 위대한 역사적 인물이 아닌 가장 악랄한 독재자 중 하나의 예로 들었다.

해밀턴은 스스로 펜을 들었고 제퍼슨은 대리인들을 고용했다는 차이점을 차치한다면, 두 사람은 관용을 요청했던 워싱턴에게 똑같이 보답한 셈이었다. 1792년 9월 26일부터 12월 31일 사이, '제퍼슨 씨에 대한 변호Vindication of Mr. Jefferson'라는 제목의 사설 여섯 편이 「아메리칸 데일리 애드버타이저」에 실렸다. 다섯 편은 제퍼슨의 버지니아 후배인 상원의원 제임스 먼로가, 여섯 번째는 매디슨이 썼다. 두 사람은 몬티첼로에서 제퍼슨과 오랜 시간 상의했고, 제퍼슨은 매디슨에게 일곱 통의 편지를 보냈으며, 먼로는 이 편지들을 자유로이 자신의 사설에 인용했다. 먼로는 제퍼슨이 헌법에 반대했으며 국채 지불을 거부하고자 했다는 혐의에 대한 그의 무죄를 입증하기 위해 애썼다. '정당에 관한 솔직한 토로A Candid State of Parties'라는 한 사설에서 매디슨은 해밀턴주의자들이 '다른 사회 계층의 사람들보다는 부유한 자들에 더 기울어 있다'고 묘사하면서 그들이 '지위의 연회, 돈과 봉급의 영향력, 그리고 군사적 힘의 공포'를 통해 정부를 지휘하고자 한다고 말했다.[82] 사설을 쓰기 전에 매디슨은 하원의회의 서기 존 베클리로부터, 해밀턴이 매디슨을 가리켜 '자신의 *개인적*이고 *정치적인 적*'이라고 명백히 선언했다는 이야기를 전해 들은 참이었다.[83] 모든 것들은 5년 전 해밀턴과 매디슨이 '연방주의자' 시리즈를 시작할 때만 해도 상상조차 할 수 없었던 광적인 수준에 다다르고 있었다.

1792년 10월 1일 아침, 아침식사에 앞서 마운트버넌에서 조지 워싱턴을 만난 제퍼슨은 해밀턴이 군주제를 지지하는 계획을 펼치고 있다며 다시 한 번 그를 설득하고자 했다. 제퍼슨의 말에 따르자면 해밀턴은 그에게 '헌법은 순전히 물을 탄 우유처럼 미적지근한 것으로, 오래 지속되지도 못하고 또 보다 나은 무언가를 위한 디딤돌이 되는 것 말고는 아무런 쓸모가 없다'고 말했다는 것이었다.[84] 이제 워싱턴은 제퍼슨은 물론 존재하지도 않는 계획에 그가 보이는 집착적인 믿음에 대한 모든 인내심이 바닥나버렸다. 그는 제퍼슨에게 '이 정부를 군주제로 바꾸어버린다는 생각에 대해 말하자면, 미국 내에서 의견으로 존중받을 만한 사람들 중 그러한 생각을 가지고 있는 사람은 단 열 명도 없을 것이라 믿는다'고 말했다.[85] 워싱턴은 또한 자신은 해밀턴의 기금 계획이 *성공했었기에* 그것을 지지했음을 확실히 해두었다. '그 또한 우리가 절박한 상황에 처해 있고 우리의 신용이 떨어졌음을 보아왔으므로, 이는 갑작스럽고 비정상적인 정도로 가장 높은 정점에 달했던 것이었다.' 제퍼슨이 훗날 쓴 말이다.[86] 워싱턴은 어느 정부에서나 어느 정도의 사익은 피해갈 수 없으므로, 몇몇 의원들이 정부 채권을 소유하고 있다 해도 별다른 신경을 쓰지 않는다고 말했다.

대통령이 자기보다 훨씬 어린 라이벌의 편에 서자, 제퍼슨은 툴툴대면서 대통령의 머리가 세월에 따라 쇠약해졌으며 이 같은 그의 의견은 곧 '다른 이들이 그를 대신하여 행동하고 심지어는 생각하도록 놔두겠다는 의지'를 보여주는 것이라고 결론지었다.[87] 절망에 빠진 제퍼슨은 워싱턴의 첫 번째 임기가 끝날 무렵(1793년 3월) 다시 한 번 국무부장관을 사임하겠다고 밝혔으나, 그해 말까지는 자리를 지키게 되었다. 해밀턴은 관직에서 스스로 꽃을 피웠으며 그곳에서 자신의 정체성을 찾았던 반면 제퍼슨은 서류 작업을 싫어했고, 행정 정책들과 씨름하는 데 지쳤으며, 몬티첼로로 돌아가 평화를 추구하는 삶을 몽상하곤 했다. 관직은 그로 하여금 정적들에게 둘러싸이게 만들었고, 관직 바깥에서 추종자들을 모으는 것이 더 쉬울 것임은 그도 알고 있었다. 조지 워싱턴의 마음을 돌리려는 시도는 이제 더 이상 없었다. 알렉산더 해밀턴이 승리를 거둔 것이다.

21

폭로

Alexander Hamilton

정당의 출현, 신문 전쟁, 제퍼슨과의 격렬한 내부 싸움 등 1792년에 일어난 격동의 사건들은 알렉산더 해밀턴이 한층 더 자신의 명성에 대한 위협을 경계하도록 만들었을 것이다. 이제 자기 권력의 정점에 서게 된 서른일곱 살의 재무장관은 자신의 모든 실수들을 호시탐탐 노리는 적들을 두게 되었다. 이처럼 위험한 상황에서도 그는 마리아 레이널즈와의 불륜을 이어갔으며 제임스 레이널즈에게 입막음 비용을 지불했다. 이 시점에서 그가 보여준 도덕적 방종, 폭로의 위험도 감수했던 터무니없는 의지는 지금까지 이해할 수 없는 수수께끼로 남아 있다.

여기에 또 다른 위협적인 투기꾼, 제이컵 클링먼Jacob Clingman이 갑작스레 나타나면서 위험이 한층 더 가중되었다. 클링먼은 제임스 레이널즈의 친구이자 전 펜실베이니아 하원의장 프레더릭 뮐런버그Frederick Muhlenberg의 전 행정직원이었던 자였다. 어느 날 레이널즈의 집에 찾아온 클링먼은 알렉산더 해밀턴이 그곳을 떠나는 모습을 목격하고는 충격에 빠졌다. 며칠 후

알렉산더 해밀턴

클링먼은 꿈만 같은 또 다른 장면과 맞닥뜨렸다. 그는 마리아 레이널즈의 집에 그녀와 단둘이 있었는데, 이때 노크 소리가 나더니 곧이어 재무장관이 들어온 것이다. 클링먼의 존재에 깜짝 놀랐던 듯 해밀턴은 우스꽝스럽게도 자신이 전언을 전달하러 온 체했다. 그는 마리아에게 한 장의 종이를 건네면서, 그녀의 남편이 그녀에게 이것을 전달하라는 '명령'을 했다고 말한 뒤 떠났다. 큰 충격을 받은 클링먼은 어떻게 제임스 레이널즈가 미국에서 두 번째로 힘 있는 남자를 마음대로 부릴 수 있는지를 궁금해했다. 이후 그가 마리아 레이널즈에게 이를 묻자 그녀는 해밀턴이 자신의 남편에게 '1,100달러 이상'을 지불했다며 자랑했고,[1] 제임스 레이널즈 또한 자신이 투기를 위해 해밀턴으로부터 돈을 받았다고 떠벌였다. 해밀턴의 정책 전반을 비판했던 클링먼은 그러한 지불은 곧 해밀턴이 정부 증권의 투기꾼들과 결탁하고 있는 증거라고 생각하게 되었다. 어느 날 제임스 레이널즈와 함께 해밀턴을 방문했던 그는 바깥에서 잠시간 기다렸다가 자신의 친구가 100달러를 들고 나타나는 모습을 보게 되었는데, 이는 해밀턴이 매수되었다는 그의 의심을 증명해주는 증거와도 같았다.

해밀턴은 후에 자신이 마리아 레이널즈와의 관계를 끝내려 했다고 주장했는데, 그가 그녀에게 관계를 끝내고 싶다고 말할 때마다 이 팜므 파탈은 한숨과 신음, 그리고 눈물이 동반된 연기로 답했다. 그녀는 마지막으로 한 번만 더 만나달라고 애원했으며, 만일 자신의 소망을 거절할 경우엔 끔찍한 결과가 뒤따를 수도 있음을 암시했다.

그래요 안심하새요 저는 다시는 저를 찾아달라고 부탁하지 않을게요 저는 지난 잇틀 동안 침대를 지켰고 이제 당신이 무시한 내 베개에서 일어나 가장 뾰족한 가시로 들어찼어요 저는 제가 두려워했던 것을 더 이상 의심하지 않아요 아니요 하지만 멈춰 보아요 저는 당신이 제가 요새 겪은 실망들에 대하여 그 무엇이라도 말하는 거슬 더 이상 보고 십지 않아요 아니요 저는 곧 슬퍼서 폭발할 것만 같은 제 마음을 달래기 위해 그렇게 하는 거예요 저는 머 글 수도 잘 수도 없어요 저는 가장 끔찍한 행동들을 하려고 했엇어요 저는 제가 어떻게 될지를 생각만 해도 몸설이를 쳐요 저는 헛되이 저에게 도움이 될 만한 이유들을 찾으려 하지만 아아 저에게 위로가 되는 것은 업네요.²

마리아의 하녀는 밤새도록 이처럼 변덕스러운 글들을 전달하느라 바삐 움직여야 했다. 당시 다섯 번째 아이를 임신하고 있던 엘리자가 이를 알아챌까 하는 생각에 해밀턴이 얼마나 끊임없이 공포에 시달리며 많은 식은땀을 흘렸을지는 쉬이 상상할 수 있을 것이다.

제임스 레이널즈는 시사에 밝았으며, 위협이 담긴 그의 편지들은 해밀턴이 공적 생활에서 주요 에피소드를 겪었던 때와 동일한 시기에 자주 보내졌다. 레이널즈는 해밀턴이 윌리엄 듀어에게 투기를 위한 돈을 주었고 그 부당한 관계를 통해 3만 달러를 몰래 벌어들인 부도덕한 관료라 여겼으며, 이 잘못된 정보를 클링먼에게 전달했다. 이로써 제임스 레이널즈는 1792년 3월 말 해밀턴이 뉴욕의 금융 공황을 해결하고자 분투하는 동시에 사생활에서도 문제에 시달리게끔 만들어버렸다. 듀어가 투옥된 바로 그다음 날, 제임스와 마리아 레이널즈는 해밀턴에게 편지를 써서 그를 궁지에 몰아넣었다. 그들은 각자의 역할을 완벽히 수행했다. 강하지만 상처를 입은 남편 역의 제임스는 해밀턴 때문에 아내의 애정을 잃었고, 변덕스럽고 혼란스러웠던 아내 역의 마리아는 자신의 연인에게 절망적일 만큼 매혹되어 가극조의 발광을 보이면서 잔인한 운명에 기도를 올렸다. 마리아가 편지에서 자신을 여전히 '해밀턴 중령'이나 '경'으로 칭하는 것을 본 해밀턴은 이에 가슴 아파했을까, 아니면 그저 터무니없다고 생각했을까?

알렉산더 해밀턴

듀어의 체포 이후 보냈던 편지들에서 마리아 레이널즈는 자신이 '고통의 쓰디쓴 잔을 들이마시는 저주를 받았'으며 '이제는 죽음이 반가울 지경'이라는 허튼소리들을 내뱉었다. 마리아는 자신이 방문하면 안 되겠냐며 해밀턴에게 또다시 애원하기 시작했다.[3] 동시에 제임스 레이널즈는 해밀턴에게 자신은 그를 해치고 싶은 마음이 없고 자신이 잃어버린 가정의 행복에 대한 보상을 요구하는 것뿐이라고 말했다. '당신이 그녀와 함께 있을 때마다 그녀는 생기 잇고 친절하게 보엿소.' 제임스 레이널즈가 해밀턴에게 설명했다. '그러나 때때로 당신이 업슬 때 그녀는 반대로 조용하오. 그리고 혼자 있고 시퍼 하오.' 이것이 아내를 사랑하는 남편의 마음을 상하게 한 것은 물론이었다. 마리아는 해밀턴에게 자신의 남편이 이튿날 저녁 그를 만나고 싶어 한다고 전했고, 제임스는 자신이 해밀턴을 '우습게 보려는 것이 아니며, 누군가에게 개로움을 주기보다는 오히려 모두에게 행복을 주고자 한다'는 점을 믿어주기 바란다며 한껏 예의를 가장하여 설명했다.[4]

그 만남에서 무슨 일이 벌어졌든 그것은 제임스 레이널즈를 한층 더 대담하게, 더 많은 돈을 원하게끔 만들었을 뿐이다. 처음에만 해도 그는 비굴한 태도로 돈을 요구했다. 그러나 한 주가 지나자 이 말장난의 귀재는 해밀턴에게 다음과 같은 편지를 쓰기에 이르렀다. '당신을 너무 자주 귀찬케 하는 자유를 누리고 잇음을 용서해주길 바라오. 내 상왕을 알리자니 마음이 아프오. 당신이 나에게 대략 30달러의 돈을 꺼주는 아량을 베풀어준다면 나는 그것을 감사하개 바다들이겟소. (중략) 나는 그 돈을 나의 가정생활에 반듯이 필요한 작은 일에 쓰고자 하오, 경.'[5] 레이널즈는 갈취에 정당성을 부여하기 위해 속내가 빤히 보이는 겉치레를 차리면서, 마치 자신이 자랑스러운 가장이며 힘든 시기를 헤쳐나가기 위해 돈을 빌리고자 하는 사람인 양 굴었다. 그는 해밀턴에게 영수증을 적어주면서 그

'대출'을 되갚겠노라 약속했다. 나흘 후 레이널즈는 또다시 돈을, 이번에는 45달러를 요구했다. 협박이 점점 더 뻔뻔해지고 있는 것이었다. 해밀턴은 레이널즈에게 인사말이나 서명을 생략한 채 자신의 '현금 부족'을 알리는 답신을 보냄으로써 그에게 더 큰 화를 불어넣었다. '내일이면 당신이 요청한 것이 준비될 것입니다. 오늘은 거의 불가능합니다.'[6] 토머스 제퍼슨이나 제임스 매디슨도 달래줄 필요가 없다고 생각했던 이 남자는 훗날 자신이 '모호하고, 하찮으며, 헤픈 한 남자'였다고 통렬하게 회고했던, 이상야릇한 제임스 레이널즈의 앞에서 굽실거려야만 했다.[7] 레이널즈를 너무 두려워했던 나머지 해밀턴은 그가 자신의 편지를 '불량 대출'의 원동력으로 사용하거나 '여타 사악한 목적을 위하여 제출'하지는 않을지 우려하면서 필체를 위장하여 쓰기도 했다고 직접 밝혔다.[8]

1792년 4월 17일, 레이널즈는 해밀턴에게 그와 마리아 레이널즈 간의 불륜이 자신들의 결혼을 파괴해버렸다고 알렸다. '그녀는 펜이 그려낼 수 읍슬 만큼 나를 잔인하게 대하고 잇소. 그리고 자신은 더 이상 나의 아내가 되지 않겠노라 결심햇다고 햇소.' 그 어느 때보다도 자기 자신을 낮춘 레이널즈는 해밀턴을 책망하지는 않겠다고 말했다. '나는 당신을 기꺼이 용서하고 당신이 이와 관련하여 단 한 순간이라도 두려워하고나 고통스러워하지 안키를 바라오.'[9] 그러나 한편으로 그는 해밀턴이 상황을 어느 정도 무마할 수 있을 것이라고 계속해서 말하며 그의 집무실로 찾아가겠다고 했는데, 분명 해밀턴은 이에 몸서리를 쳤을 것이다. 6일 후 레이널즈는 또다시 30달러를 요구하면서 해밀턴의 집무실에서 그의 답을 기다리겠다고 말했다.[10] 이제 제임스 레이널즈는 편지들에서 가짜 우정을 가장한 야단스러운 말들은 생략하고 곧장 본론으로 들어가기 시작했다.

1792년 5월 2일, 제임스 레이널즈가 보낸 편지를 통해 해밀턴은 자신의 경력에 중대한 위기가 찾아왔음을 완전히 인식하게 되었다. 당시 이미 수많은 정치적 문제들을 안고 있었던 해밀턴은 윌리엄 듀어의 횡령으로 부터 제조기술수립협회를 구해내기 위한 긴급회의에 막 참석하려던 참이었다. 이날의 편지에서 레이널즈는 그동안 자신은 해밀턴을 향한 마리아의 열병이 서서히 가라앉기를 희망하고 있었으나 뜻대로 되지 않는 바, 이제 다시는 그녀를 찾아오지 말라고 해밀턴에게 선언했다. 레이널즈는 또한 해밀턴이 마치 자신들을 방문하는 것이 수치스러운 듯 언제나 집 뒷문으로 몰래 들어왔다며 비난했다. 자기연민을 대담하게 드러낸 레이널즈가 말했다. '내가 그렇게 나쁜 사람입니까. 당신이 우리 집 정문으로 들어오는 모습을 보이고 시퍼 하지 안을 만큼 말입니다.'[11] 이제 해밀턴은 이 권모술수가 정치적 측면에 접어들었을 수도 있음을 뒤늦게 깨달았다. 그는 레이널즈의 집에서 제이컵 클링먼과 '우연히' 마주쳤던 일을 기억해냈다. 적들이 자신을 함정에 빠뜨린 것은 아닐까? 수 년 후, 해밀턴은 5월 2일의 이 편지를 걸작이라고 묘사했다. '여기서 남편은 자신의 아내에 대한 나의 방문을 금지했는데, 내가 사람들의 눈을 피해 조심스럽게 굴었다는 것이 주로 그 이유였다. 나를 상대로 하는 한층 더 깊은 반역의 계획에 있어서라면 아마 내가 그 집에서 목격되는 일이 반드시 필요했을 것이다. 그러므로 [제이컵] 클링먼이 이따금씩 나를 보았던 것은, 내가 그것을 피하려 아무리 주의를 기울인다 했었던들 이미 의도된 상황이었던 것이다.'[12] 해밀턴만큼이나 냉소적이고 세속적이었던 남자가 이러한 위험을 파악하는 데 그토록 오래 걸렸다는 점은 상상조차 할 수 없을 만큼 기이한 일이다.

슬프게도, 해밀턴의 뇌리를 가득 채웠던 것은 자신의 경력에 드리워질 위협이었지 임신한 아내에 대한 걱정이 아니었다. 마침내 그는 마리아 레이널즈가 또다시 애원해올 것에 대비하여 의지를 끌어모으며 단단히 마음을 먹었다. 그녀의 마지막 간청은 1792년 6월 2일에 찾아왔다. '친애하는 경 저를 다시 만나달라 청하기 위해 펜을 들어요 오 해밀턴 중령님 제가 무엇을 햇길래 이토록 저를 무시하는 건가요'[13] 이 거짓된 편지 뒤에는 제임스 레이널즈의 새로운 편지가 함께 뒤따랐는데, 여기에서 그는 랭커스터 대형 도로의 주식에 투자하겠다며 해밀턴에게 300달러를 요구했다.

해밀턴은 레이널즈의 요구를 들어주는 대신 간결한 답장을 보냈다. '저의 명예를 걸고 확인하는데 이제 당신의 요구에 부응하는 것은 완전히 저의 능력을 벗어난 일이 되었습니다. 당신의 편지는 돌려드립니다.'[14] 퇴짜를 맞은 레이널즈는 자신의 요구를 50달러로 줄이면서 그날 저녁 해밀턴의 집에 들르겠다는 끔찍한 말을 덧붙였다. 재무장관은 그에게 돈을 건넸지만, 레이널즈의 갈취는 이번이 마지막이었다.

해밀턴은 아마 이 악몽과도 같은 사건이 이제 끝났다고 생각했겠지만, 이야기는 지금부터 시작일 뿐이었다. 믿기 힘들지만 그는 불륜을, 그것도 이 나라 수도의 심장부에서 거의 1년 가까이나 지속했다. 그해 9월경 연방파 정치인 한 명에게 보내는 편지에서 해밀턴은 여전히 자신을 선善의 귀감이라고 소개했다. '당신과 나의 모든 친구들에게 맹세컨대, 민간의 시민으로서든 공직의 관료로서든, 나의 행실의 모든 부분을 가장 엄격하게 조사한다 해도 오직 그것의 완벽한 순수성만 입증하게 될 것입니다.'[15] 그러나 그가 이 항변을 하지 않았더라면 차라리 나았으리라는 것은 곧 밝혀지게 된다.

1792년 여름 동안 해밀턴은 프리노와 제퍼슨 및 매디슨 간의 연결 고리를 폭로하고 내각 내부의 전쟁에서 승리를 거두기 위해 몰두했다. 그는 마리아 레이널즈를 데리고 놀 시간도 또 그럴 생각도 없었으며, 이 때문에 제임스 레이널즈의 계획이 틀어졌다. 5번가 코너에 가까운 바인가의 좀 더 큰 집으로 이사를 간 이 부부 협박단은, 제임스의 표현에 따르자면 '고상한 하숙인들'에게 방들을 세주며 집 구입비를 충당하고자 했다. 유일한 문제는 그 방을 꾸밀 현금이 부족하다는 것이었다.

언제나와 마찬가지로 제임스 레이널즈는 타이밍에 있어 날카롭고 사디스틱한 감각을 발휘했다. 8월 22일, 엘리자 해밀턴은 다섯 번째 아이인 존 처치 해밀턴을 낳았다. "해밀턴 부인은 최근 나에게 또 다른 아들을 선물해주었소. 아이와 산모는 매우 건강하오." 해밀턴이 워싱턴의 비서 토비어스 리어_{Tobias Lear}에게 한 말이다.[16] 제임스 레이널즈는 아마도 갓난아기를 품에 안은 해밀턴이 좀 더 협박하기 쉬울 것이라 생각했을 것이다. 8월 24일 그는 해밀턴에게 편지를 써 또다시 200달러를 뜯어내려 했고, 한 주 후엔 답신을 받지 못했다며 개탄하는 편지를 재차 보냈다. 해밀턴이 자신의 아내를 더 이상 만나지 않고 있으므로, 제임스 레이널즈는 더 이상의 마수를 뻗치는 것을 아예 포기한 것처럼 보였다. 해밀턴은 아마 마리아 레이널즈의 일로 죄책감을 느꼈던 듯 집에 딱 붙어 있었으며, 그해 가을 쓴 편지에서는 자신이 '지금까지 너무나 제대로 돌보지 못한, 점점 커져가는 가족'을 언급했다.[17]

제임스 레이널즈와 제이컵 클링먼이 11월 중순 미국 정부를 상대로 400달러를 사취했다는 혐의만 받지 않았어도 레이널즈 사건이 다시금 조명되는 일은 없었을 것이다. 두 사기꾼들은 에프라임 구드너프_{Ephraim Goodenough}라는 이름의, 일전에 정부로부터 무언가 돌려받을 것이 있다고 주장했으나 이즈음에는 사망한 것으로 추정되는 참전용사의 부동산 상속 집행인인 척을 했다. 레이널즈와 클링먼은 존 들레바_{John Delebar}를 꼬셔서 자신들의 이야기가 사실인 척 위증해달라고 시켰다. 구드너프의 이름은 정부가 돈을 빚진 병사들의 목록에서 고른 것이었는데, 이 목록은 재무부에서 훔쳐온 기밀문서였다. 레이널즈와 클링먼을 기소했던 사람은 한 해 전 재무부의 회계감사관으로 임명되었던 올리버 월콧 주니어였다. 월콧의 완전무결함과 지식에 경탄했던 해밀턴은 워싱턴을 설득하여, 제퍼슨이 추천했던 후보를 밀어내고 월콧이 임명되게 만든 바 있었다.

레이널즈와 클링먼은 결국 필라델피아 감옥에 투옥되었다. 재무부가 사건을 기소했으므로 제임스 레이널즈는 이것이 해밀턴이 펼친 복수극이라고 추측하게 되었다. 그는 해밀턴에게 두 차례 편지를 써서 도움을 구했지만 아무런 조력도 받지 못했다. 이후 해밀턴은 레이널즈가 '어느 부처의 수장이라는 인물에게 해가 될 폭로'를 할 수 있다며 크게 소리쳤다는 이야기를 월콧으로부터 전해 들었다.[18] 해밀턴은 일이 흘러가는 양상을 정확하게 꿰뚫어보았고, 월콧에게 레이널즈의 혐의가 완전히 벗겨질 때까지 그를 계속 투옥해두라고 조언했다.

보석으로 풀려난 제이컵 클링먼은 곧장 자기가 알고 있는 가장 힘 있는 남자이자 자신의 전 상사였던 펜실베이니아 의원 프레더릭 뮬런버그를 찾아갔다. 전 하원의장이었던 뮬런버그는 클링먼에 대한 선처를 탄원해주는 데는 동의했으나, 레이널즈에 대해서는 '악당'이라는 소문을 들었다면서 그까지 도와주지는 않았다. 뮬런버그는 뉴욕 상원의원 에런 버와 함께 해밀턴과 이야기를 나누기로 결정했다. 면담 자리에서, 신중한 해밀턴은 명예에 부합하는 모든 수단을 동원하여 클링먼을 도와주겠다고 했다. 뮬런버그는 올리버 월콧을 설득하여 거래 하나를 하게 만들었다. 클링먼과 레이널즈가 정부로부터 사취한 돈을 모두 갚고, 훔쳤던 병사 목록을 돌려놓으며, 그 문서를 유출시킨 재무부 직원이 누구인지를 밝힌다면 그들에 대한 혐의를 취소시켜줄 수도 있다는 내용이었다. 명백하게도 두 사람은 1792년 12월경 이 조건들을 모두 충족시켰다. '두 명의 보잘 것 없는 사람들을 망신 주고 벌하는 것보다는 재무부의 가슴팍에서 그 부정직한 직원이 누구인지를 밝혀내고 축출하여 장래에 더한 해악이 생기는

일을 방지하는 것이 확실히 대중에게는 보다 중요한 일이었다'고 훗날 해밀턴이 썼다.[19]

사건은 이렇게 끝이 났을 수도 있었겠지만, 여기서 클링먼은 뮬런버그에게 자신이 해밀턴의 잘못을 알릴 정보를 품고 있다는 음침한 암시를 계속 주었다. 뮬런버그는 이렇게 회고했다. '묻지도 않았는데, 클링먼은 레이널즈가 재무장관을 해칠 수 있는 무언가를 아주 구체적으로 수중에 쥐고 있으며 그가 벌인 매우 부적절한 거래들 몇 건도 알고 있다는 암시를 나에게 자주 던지곤 했다.'[20] 처음에 뮬런버그는 이를 비웃었다. 그러자 클링먼은 해밀턴이 투기에 깊게 연루되어 있으며 제임스 레이널즈에게 부당한 목적으로 사용할 자금을 건네주었다고 말했다. 뮬런버그는 레이널즈가 '재무장관의 목을 매달 힘을 가지고 있었다'는 주장에 강한 인상을 받았다.[21] 레이널즈가 그러한 정보를 숨길 수 있을 것이라 믿지 않았던 뮬런버그는 12월 12일 수요일 아침, 다른 두 명의 버지니아 출신 공화파인 제임스 먼로 상원의원과 에이브러햄 B. 베너블Abraham B. Venable 하원의원을 찾아갔다. 먼로가 그 무렵 「내셔널 가제트」에 쓴 글을 생각해봤을 때, 이 사건에 그가 등장하기 시작한 것은 해밀턴에게 있어 특히 불길한 징조였다. 그 글들의 저자가 먼로라는 것을 해밀턴이 알았는지는 확실치 않지만, 해밀턴은 먼로가 제퍼슨 및 매디슨과 친밀하다는 점만큼은 분명히 알고 있었다.

클링먼은 마리아 레이널즈 덕분에 해밀턴이 제임스 레이널즈에게 썼던 무서명 편지 몇 통을 입수했고, 뮬런버그는 이를 다시 먼로와 베너블에게 보여주었다. 이런 기회를 놓칠 리 없었던 버지니아인들은 곧바로 제임스 레이널즈를 만나기 위해 감옥으로 향했다. 이 죄수는 자신이 '고위직 한 사람을 오래전부터 손아귀에 쥐고 있어왔다'면서 모호하지만 감질나는 암시로 그들을 가지고 놀았다. 나아가 레이널즈는 그 미스터리한 사람과 '월콧 씨가 같은 부서에' 있으며, 추측건데 그 또한 '그의 영향력이나 통제하에 있다'고 말했다.[22] 이는 누가 들어도 해밀턴에 대한 암시임이 분명했지만, 약삭빠른 레이널즈는 자신을 풀어주기 전까지 더 이상의 정보를 털어놓지 않겠다고 말했다.

한편 마리아 레이널즈 또한 부지런히 움직이고 있었다. 스물네 살의 이 교활한 여자는 예고도 없이 고위 관료들과 약속을 잡을 수 있는 것처럼 보였다. 그녀는 펜실베이니아 주지사 토머스 미플린Thomas Mifflin을 찾아갔고, 그는 그녀의 곤경에 연민을 느꼈다. 그녀는 미플린에게 다른 이야기들과 더불어 자신과 해밀턴의 불륜 관계를 털어놓았다. 또한 그녀는 당시 공직자로서의 적절한 행동과 자기방어 사이에서 아슬아슬한 줄타기를 하고 있던, 자신의 저명한 옛 연인을 찾아갔다. 한쪽에서 해밀턴은 월콧의 입장을 되풀이하여, 클링먼과 제임스 레이널즈는 병사 목록을 그들이 부당하게 얻은 돈과 함께 재무부에 돌려줘야 한다고 말하고 있었다. 그러나 마리아 레이널즈의 말에 따르자면 다른 한쪽에서 그는 자신이 제임스에게 보냈던 그 해로운 편지들을 불태워버릴 것을 마리아에게 종용하고 있었다. 필라델피아 정치의 세이렌Seiren(그리스 신화에 나오는 치명적 마력의 바다 요정_역주) 같은 이 여자는 그 편지들이 보험으로서 갖는 가치를 잘 알고 있었으므로 똑똑하게도 두세 통의 편지를 따로 보관해두었다.

해밀턴의 불륜을 전혀 알지 못했던 뮬런버그와 먼로는 12월 12일 마리아 레이널즈의 집을 찾아가, 그녀의 남편과 해밀턴 사이에 있었던 금융 공모에 대한 내용을 더욱 알아내고자 했다. 처음에 마리아는 속내를 선뜻 털어놓지 않았으나 점차 그 사업 관계에 대해 입을 열기 시작했으며 해밀턴이 제임스 레이널즈에게 보냈던 서명된 편지들을 자신이 아주 많이 태워버렸다고 이야기했다. 그녀는 해밀턴이 자신을 돕겠다고 약속했고 제임스에게는 '모든 것을 포기하고 이곳을 떠나라. (중략) 그렇게 한다면 자신이 [그녀에게] 무언가 괜찮은 것을 주겠다'고 종용했음을 전했다. 그녀는 자신의 남편이 '몇몇 부서의 수장들을 몸서리치게 만들 것들을 이야기해줄 수 있을 것'이라 부추기면서 방문객들의 궁금증을 절정에 달하게 만들었다.[23] 한층 더 높은 신뢰성을 얻기 위해, 그녀는 자신이 한 주 전 해밀턴에게서 받은 편지 한 통을 보여주었다.

영향력 있는 의원들이 제임스 레이널즈를 오전 시간에 닦달했다는 사실을 알게 된 그날은 알렉산더 해밀턴의 생애에 있어 그야말로 파란만장한 하루가 되었다. 자정을 약간 넘긴 시각, 그로부터 몇 시간 전 감옥에서 풀려난 제임스 레이널즈는 해밀턴의 집에 어린 여자 한 명을 전령으로 보냈고, 자신과 클링먼은 답변을 기다리며 바깥에서 서성였다. 전언을 받아 돌아온 그 소녀는 제임스 레이널즈더러 아침에 자신을 찾아오라 했던 해밀턴의 말을 전했다. 레이널즈는 동이 트자마자 해밀턴을 만났는데, 이때 해밀턴이 보였던 정신 나간 듯한 모습은 그의 뇌리에 강렬하게 남았다. '해밀턴은 극도로 불안해했고, 이마와 허벅지를 번갈아 긁으며 방을 [가로질러] 앞뒤로 걸어 다녔다. 그는 자신이 일터에서도 적군 몇몇을 마주하게 되었으나 기꺼이 그들과 당당하게 맞설 것이라고 말했다. 그는 그에게 너무 오래 머무르지 말라고 청하며 그렇지 않으면 (다른 사람들의) 눈에 띌 것이라고 말했다.'[24] 제임스 레이널즈의 말은 죄다 수상쩍지만, 강박적인 서성임과 신경질적인 몸짓은 해밀턴이 전형적으로 보이는 것들이었다. 면담이 끝난 이후 제임스 레이널즈는 채권자들 및 이후의 기소를 피해 필라델피아를 빠져나갔다. 그는 그날 아침 10시경 먼로와 베너블을 만나기로 약속한 상태였으나, 두 명의 버지니아 출신 의원들은 이제 그가 '도주했거나 종적을 감추었음'을 알게 되었을 뿐이었다.[25]

제임스 레이널즈가 도피해버리자 뮬런버그와 먼로, 베너블은 해밀턴이 직권을 남용했다는 의혹을 한층 더 키우게 되었다. 이 충격적인 사실을 워싱턴에게 알릴 준비가 되어 있었던 그들은 이미 그에게 보내는 편지를 써둔 상태였다. 그러나 그들은 그것을 보내기에 앞서 해밀턴이 그 혐의와 맞서는 것이 우선적인 의무라고 생각했다. 12월 15일 아침, 세 명의 의원은 뮬런버그가 앞장서는 가운데 줄지어 해밀턴의 집무실로 들어갔다. 해밀턴은 이를 다음과 같이 회고했다. '뮬런버그는 나에게 그들이 나와 레이널즈 씨 사이의 *매우 부적절한 접점*을 발견했음을 알리며 이야기를 꺼냈다. 이 서론에 극도의 타격을 입은 나는 아주 강력한 분노를 표하며 담화가 더 이상 진전되는 것을 저지했다.'²⁶ 해밀턴의 분노를 마주한 세 의원은 자신들이 어떠한 혐의를 씌우려는 것이 아니라, 이 문제를 워싱턴에게 보고하기에 앞서 그와 상의하는 것이 명예로운 일이라 느꼈을 뿐이라고 다시 한 번 확언했다. 해밀턴이 레이널즈에게 보냈던 친필 편지를 의원들이 내보이자, ―의원들로서는 놀랍게도― 그는 즉각 그것이 진짜임을 인정했다. 해밀턴은 의원들이 그날 저녁 자신의 저택에 찾아온다면 그 모든 의혹들을 씻어내고 자신의 결백을 입증해줄 수기 문서들을 보여주겠다고 말했다. 올리버 월콧 주니어 또한 그 모임에 초대받았다.

그날 저녁, 알렉산더 해밀턴은 자신의 저택에서 세 명의 공화파 의원에게 그들이 기대했던 부정직한 이야기와는 완전히 다른 일련의 외설스러운 스토리를 대접했다. 그는 제임스와 마리아 레이널즈가 보낸 편지 더미들을 보여주며 그 혼외정사의 역사를 읊었다. 다른 사람이었다면 간략하거나 생략된 이야기만을 전했을 것이다. 그러나 마치 장腸을 비워낼 필요가 있는 사람처럼 해밀턴은 그 남편이 아내에게 얼마나 음담하게 굴었는지, 어떻게 협박으로 돈이 오가게 되었는지, 자신이 그 부부를 얼마나 혐오했는지, 또 자신이 그들을 쳐내길 얼마나 바랐는지를 진저리날 만큼 상세히 그들에게 이야기했다. 세 명의 의원들은 이 스캔들이 정부 부패가 아니라 배우자를 상대로 한 부정不貞에 대한 것임을 깨달았으며, 그중 최소 한 명이 '더 이상의 이야기는 불필요하니 그만하라'고 부드럽게 촉구했다. 그러나 '나는 전부 이야기해야 한다고 주장했고 그렇게 했다'고 해밀턴은 회고했다.[27] 해밀턴은 마리아 레이널즈가 보낸 간절하고 엉망진창인 편지들과 제임스 레이널즈가 노골적으로 돈을 요구했던 편지들을 그들에게 읊었다. 해밀턴은 마치 스스로의 죄를 씻어냄과 동시에 자신에게 채찍질을 가하고 있는 것처럼 보였다.

의원들은 해밀턴의 이야기에 만족한 듯 보였고, 오히려 그 어색한 상황에 다소 허둥거렸다. 그들은 그의 사생활을 침범한 데 대해 사과했다. 해밀턴은 훗날의 회고에서 그들이 서로 미묘하게 다른 반응을 보였다고 말했다. '뮬런버그 씨와 베너블 씨는 특히 이 일에 관해 어느 정도 감정적인 모습을 보였다. 먼로 씨는 보다 냉정하지만 아주 명쾌하게 굴었다.'[28] 이튿날 먼로는 다음과 같은 메모를 남겼다. '우리는 [해밀턴에게] 의혹이 모두 사라졌다는 내색을 비추었다. 그는 우리의 행동이 공정하고 자유로웠음을 인정했으며, 거기에 대하여 불평할 수는 없을 것이다.'[29] 워싱턴에게 보내려던 고발의 편지는 구석에 처박혔다. 돌아오는 길에 뮬런버그는 월콧을 옆으로 살짝 끌어낸 뒤 해밀턴에 대한 진심 어린 연민을 드러내면서, 그가 그처럼 내밀한 문제에 대해 그토록 수치스럽게 고백하는 장면을 보지 않을 수 있었더라면 좋았을 것이라고 말했다. 반면 먼로는 계속해서 제이컵 클링먼을 만났다. 1월 초, 클링먼은 해밀턴이 직권 남용의 혐의를 벗었다면서 먼로에게 불평했다. '그는 나에게 더 많은 것을 이야기해주었다.' 먼로가 이후 쓴 글이다. '그는 여기에 크게 충격을 받은 모습으로 *나타나 터무니없을 만큼 많이 울었던* 레이널즈 부인과 이야기를 나누었다는 말을 전했다.'[30]

뮬런버그와 먼로, 베너블은 이 사건을 비밀리에 부치기로 맹세했다. 1790년대의 정치 세계는 하나의 드넓은 속삭임의 회랑(작은 소리까지도 멀리까지 울리도록 만든 회랑_역주)이나 마찬가지였으므로 해밀턴은 그들이 자신들의 맹세를 과연 지킬 것인지 의문스러워했다. 이틀 후, 숙고 끝에 해밀턴은 그들이 자신에게 보여주었던 문서들을 복사해달라고 요청했다. 그러나 그들에게 사본을 만들도록 했던 것은 해밀턴의 치명적인 실수였다. 먼로가 그 작업을 하원의회의 서기였던 존 베클리에게 맡겨버렸기 때문이다. 베클리는 교활하고 수완 좋은 충실한 제퍼슨주의자였으며, 해밀턴을 상대로 하는 음모에 수차례나 모습을 드러낸 인물이었다. 그는 이 일련의 문서들을 한 부씩 더 만들어 자신이 가지고 있기로 결정했다. 먼로는 이후 평생에 걸쳐 자신이 해밀턴에 대한 비밀 서약을 어기고 버클리에게 그 문서를 건넸다는 점을 인정하지 않았다. 이로써 1792년 12월 17일에는 제퍼슨 및 제임스 매디슨도 해밀턴이 세 명의 의원들과 대면했다는 사실을 알게 되었다. 제퍼슨은 당시의 일들을 멋대로 오해하면서, 그 사건들이 해밀턴이 마리아 레이널즈와의 정사는 물론 정부 증권을 가지고 부패한 투기 또한 벌였다는 증거라고 해석했다. 이는 정확히 해밀턴이 반박하고자 했던 부분이었다. 베클리는 계속해서 먼로와 제퍼슨에게 근거 없는 소문들을 불어넣어 주었다.

　해밀턴만큼이나 불행했던 사람은 그 원본 문서들을 가지고 있었던 제임스 먼로였다. 훗날 먼로는 자신이 '그 문서들을 한 친구에게 맡겼다'고 했는데, 모든 가능성을 따져보면 아마도 그 친구는 토머스 제퍼슨이었을 것이다.[31] 1793년 1월 5일, 먼로는 '제퍼슨 씨에 대한 변호'의 마지막 편을 내놓으면서 이 글을 통해 해밀턴에게, 필요한 경우라면 자신은 레이널즈와의 일에 대해 알고 있는 바를 망설임 없이 써먹을 수 있다는 사실을 경고하려 했다. '글을 마무리하면서 나는 그 저자[즉, 해밀턴]가 대중의 시선들 앞에 모습을 드러내기를 얼마나 바라고 있는지 밝혀야만 하겠다. 그는 스스로 티끌 없는 순수함의 소유자인 양 굴어왔으니, 다른 사람들의 아주 대담하고 오만한 검열에 의해 그가 진정으로 그 순수함의 산증인인 지 낱낱이 밝혀질 모습을 우리는 기대해볼 수도 있겠다는 말이다.'[32] 해밀 턴은 '티끌 없는 순수함'이라는 조롱조의 말이 무엇을 뜻하는지 알고 있 었다. 그는 자신의 정적들이 마음만 먹으면 자신의 사생활과 관련된 중상 모략의 재료들을 이용할 수 있다는 사실을 알고 있었으며, 이 점은 재무 장관으로 지냈던 그의 나머지 시절들에 그림자를 드리웠다. 영원히 그의 머리 위를 맴돌 이 '다모클레스Damocles의 칼'(절박한 위험을 뜻하는 관용적 표 현_역주)은 그가 왜 워싱턴의 뒤를 이어 대통령이 되는 일에 진지하게 도 전하지 않았는지에 대한 한 가지 설명이 될 것이다.

알렉산더와 엘리자 해밀턴의 결혼생활은 이 사건을 견뎌냈지만 제임 스와 마리아 레이널즈의 결혼은 그렇지 않았다. 1793년 5월, 메리Mary로 개명한 마리아는 뉴욕에서 이혼 소송을 제기하면서 하고많은 사람들 중 하필 에런 버를 변호사로 선임했다. 이제 그녀는 제임스 레이널즈에게 절 조 없는 악당이라는 꼬리표를 붙였으며 그가 1792년 7월 10일 뉴욕 더치 스카운티의 엘리자 플라비니에Eliza Flavinier라는 여자와 불륜을 저질렀다고 고발했다. 그 날짜가 매우 흥미로운데, 이는 해밀턴이 제임스 레이널즈의 협박에 더 이상 돈을 건네주지 않기로 했던 때부터 고작 한 달이 조금 더 지난 시점이기 때문이다. 아마도 마리아는 제임스보다 자신이 더 쓸모 있 어졌다고 생각했던 듯하다. 이혼이 공식적으로 인정된 바로 그날, 마리아 는 제이컵 클링먼과 결혼했다. 에런 버는 이 사건에서 마리아 레이널즈를 변호하면서 알렉산더 해밀턴의 무질서한 사생활을 들여다보는 혜택을 얻었는데, 이는 아마도 훗날 해밀턴이 에런 버의 부당한 행실을 지적했을 때 그가 격노하게 되는 이유가 되었을 것이다.

해밀턴은 형편없이 부족했던 자신의 판단에 따라 벌어진 그 결과들에 어떻게 반응했을까? 알렉산더와 엘리자 해밀턴이 나눈 편지들 중에는 그 스캔들을 간접적으로나마 언급한 것들도 찾아볼 수가 없다. 그러나 해밀턴의 글들을 자세히 들여다보면 간통에 관해 그가 가지고 있던 생각들을 이와 전혀 어울리지 않는 곳에서 찾아볼 수 있다. 그때로부터 몇 달 뒤 해밀턴이 쓴, 외교에 있어 미국의 중립성이 필요함을 역설한 미출판 사설의 한가운데에 바로 그런 대목이 등장한다. 한 문단에서 그는 충직한 결혼에 대한 믿음을 다시금 이야기하면서, 불륜이 가족들을 해하고 간통을 저지른 이들은 물론 기만당한 배우자까지도 해치는 일임을 알고 있다고 말했다.

> 감정에 좌우되지 않는 선한 미국 시민이라면 순수하게 *미국적인* 바탕 바깥에 선 무엇이라도 경멸할 것이다. (중략) 비유적으로 말하자면, 그는 자신의 조국이 아내와 같아서 여기에 배타적인 신실과 애정을 바쳐야만 한다고 여길 것이다. 그리고 그는 외국 국가를 돌아다니고자 하는 자기 마음의 모든 경향들을 질투 어린 눈으로 바라볼 것이며, 이를 자신의 충직함을 비뚤어지게 만들고 자신의 행복을 해할 수도 있는 정부情夫로 여길 것이다. 우리 중에는 외국인 정부를 향해 비정상적이고 또 그만큼 폭력적인 욕정을 가지게 되는 사람들이 있다. 사랑의 열병처럼 보이는 그 안에서, 아마도 스스로 합리적이고자 하는 일조차 없이, 그들의 애정을 구하기 위해 편파적으로 구는 데 정치적 가족의 진정한 안녕을 희생할 준비가 너무나도 갖춰져 있다는 점은 유감스러워해야 할 부분이다.[33]

레이널즈 사건은 해밀턴에게 있어 용서할 수 없는 슬픈 실수였다. 그리고 자신의 높은 직위와 자칭 자신의 도덕성, 그가 여러 번 놓쳤던 관계 종결의 기회 및 임신한 아내가 보여준 사랑과 충직함은 그를 한층 더 수치스럽게 만들 뿐이었다.

알렉산더 해밀턴

22

어둠 속의 칼

Alexander Hamilton

해밀턴과 제퍼슨은 불화가 점점 더 심해지는 와중에도 입을 모아 워싱턴에게 대통령 재선에 도전해달라고 간청했다. 이 원수 같은 적대자들을 하나로 묶어주는 것은 이제 이것 하나밖에 남지 않은 듯했다. 두 사람 모두는 자신들 간의 전쟁이 여전히 취약했던 연방을 망가뜨릴 수도 있음을 알고 있었고, 그것을 하나로 묶어줄 수 있는 사람은 워싱턴뿐이라고 생각했다. '북부와 남부는 이들을 잡아주는 당신과 함께라면 같이 지낼 수 있을 것입니다.' 제퍼슨이 대통령에게 말했다.[1] 해밀턴에게는 워싱턴의 재선을 기원할 또 다른 이유가 있었다. 워싱턴 대통령은 그의 둘도 없는 후원자이자 그의 정책들에 대한 한결같은 지지자였으며, 내각에서도 걸출한 지위를 그에게 선물해준 사람이었다(워싱턴은 그해 가을 의회에서 하는 연례 연설의 초안을 작성하면서 모든 내각 구성원들의 의견을 구한 뒤 해밀턴에게 연설을 맡긴 바 있었다). 워싱턴의 두 번째 임기는 해밀턴주의의 또 다른 목표인 행정부 권력의 강화에도 도움이 될 터였다. 자신에 대한 반대가 의회에서 점점 더 힘을 얻을수록, 의회 독재에 대한 해밀턴의 두려움 또한 커져만 갔다.

워싱턴의 승리는 거의 확실시되었으므로 화두는 누가 부통령이 될 것인가로 옮겨갔다. 높은 인기를 구가하는 대통령을 직접적으로 겨냥할 수 없었던 공화파는 부통령 선거가 워싱턴의 초임에 대한 국민투표가 되게끔 만들었다. 해밀턴은 한 치의 망설임도 없이 존 애덤스를 부통령으로 지지했는데, 이는 훗날 그들의 관계를 생각해봤을 때 이해하기 힘든 부분이다(앞서도 살펴보았지만 심지어 애비게일 애덤스조차 재무장관으로서의 해밀턴을 응원했었다). 1792년 10월 한 연방파 의원에게 쓴 편지에서 해밀턴은 '애덤스 씨는 다른 모든 사람들처럼 그만의 결함과 기벽이 있는 사람'임을 인정했는데, 후일에 이르러 해밀턴은 직접 그 결함과 기벽을 폭로하게 된다. 그는 자신들의 의견이 다소 다르다는 것을 인정했으나, 그럼에도 애덤스는 '정직하며, 확고하고, 신실하며, 독립적이고, 조국을 진심으로 사랑하며, 진정한 자유의 참된 친구다. (중략) 사적인 면에서도 그보다 더 온당한 성격을 가진 사람은 없고, 그보다 더 사심 없고 용감무쌍한 애국심을 강력하게 증명해 보인 사람도 또 없다'고 말했다.[2] 해밀턴의 남 헐뜯기 좋아하는 깃펜에서 이처럼 눈부신 수식어들이 흘러나온 것도 드문 일이었다.

원체 참견하기를 좋아하는 사람이었던 해밀턴은 애덤스에게도 그가 청한 적 없는 조언들을 건넸다. 애덤스 부통령은 신념에 의해서라기보다는 자연스럽게 연방파가 된 인물이었으며 -그는 자신이 '정당이라는 독성'으로부터 유난스럽게도 독립적이고 자유롭다는 점을 자랑스러워했다- 해밀턴과 대의를 형성해야 할 필요도 딱히 느끼지 못했다.[3] 클린턴 주지사가 애덤스에 맞서 부통령에 출마한다는 소문이 돌자, 해밀턴은 1792년 7월 애덤스에게 '정부를 전복시키려는 게 분명한 무언가'에 대해 경고하는 것으로 자신의 책임을 다했다.[4] 오래도록 필라델피아를 즐겨 떠나 있는 것은 애덤스의 수많은 기벽들 중 하나였다. 9월 초, 해밀턴은 애덤스가 매사추세츠 퀸시에 위치한 자택에 오래 머무르는 것이 그의 재선 기회를 망칠 수도 있다고 우려했으며, 재치 있는 어조로 편지를 써 보내며 그에게 수도로 돌아올 것을 촉구했다. '당신이 적들에게 오해의 소지를 줄 것입니다. 당신이 특정 선거에 대해 개인적으로 아주 무관심하다는 사실을 잘 알고 있지만, 저는 이것이 좋은 정부라는 대의에 관련되어 있는바 당신께서 무관심을 거두어주시길 바랍니다.'[5]

애덤스는 선거의 결과에 전혀 무관심한 것이 아니었다. 존 퍼링은 말했다. '애덤스가 부통령직을 워싱턴 대통령의 뒤를 잇기 위한 최고의 방법이라 여겼다는 점에는 의심할 여지가 거의 없다. 이를 추구하기 위해 애덤스는 곧 파우더를 뿌린 가발과 의례용 검, 화려한 마차 등을 피하기 시작했다.'[6] 해밀턴의 조언에 짜증이 난 애덤스는 필라델피아로의 귀환을 서두르지 않았다. 자만심 강했던 그는 애비게일에게 자신보다 지식이나 공직 생활에서 열등한 조지 클린턴이 자기에게 심각한 정치적 위협을 가하는 일은 상상조차 되지 않는다고 말했다. 애덤스의 자존감은 실로 어마어마해서, 캠페인 도중에는 아들 존 퀸시에게 자신의 인생사가 '거의 전례 없는 성공'이었다고 말할 정도였다.[7] 그러나 이번 선거는 애덤스의 안주하는 태도보다는 해밀턴의 경각심이 더 옳았음을 입증해주었다.

애덤스에게 편지를 보낸 직후 해밀턴은 조지 클린턴보다 한층 더 거대한 위협을 경계하기 시작했다. 에런 버가 공화파의 부통령 후보로서 애덤스에게 맞설 것이라는 소문을 그 당사자가 묵인하고 있었기 때문이었다. 서른여섯 살의 버에게는 열렬한 북부의 후원자들이 있었는데, 그중 한 명인 벤저민 러시는 그에게 '어디에나 있는 당신의 친구들은 당신이 우리 정부에게서 군주제라는 쓰레기를 지워내는 데 적극적인 역할을 해줄 것이라 기대하고 있습니다. 이제 우리가 *목소리를 내야* 할 때이며 그렇게 하지 않는다면 우리는 끝장입니다'라고 말했다.[8] 남부 인사 다수는 버가 경선에 진입한 것을 달갑지 않은 침범으로 여겼다. 애덤스만큼 위상 있는 사람을 몰아내기에는 깊이나 경험이 없었던 그는 곧 클린턴에게 지역 단위의 지지를 보내기 시작했다. 버가 갑자기 여론을 알아보고 다니기 시작하자 남부의 유망한 동맹 세력들은 이를 미심쩍어했는데, 그 실체가 드러나기까지는 그 뒤로도 10년 가까이가 남아 있었다.

버가 뉴잉글랜드에서 주요 지지 세력을 모으고 있다는 소식을 해밀턴에게 가장 먼저 전한 사람은 뉴욕의 또 다른 상원의원인 루퍼스 킹이었다. 킹은 본래 애덤스에게 돌아갈 표들 중 열 표를 버가 떼어갈 수도 있다면서, 만일 그렇게 된다면 섬세한 자존감의 애덤스는 그 결과에 너무도 낙담한 나머지 부통령 자리에 앉기를 거절할 수도 있다고 우려했다. '만일 정부에 대한 적군들이 비밀리에 통합된다면 우리는 애덤스 씨를 잃을 수도 있소.' 킹이 해밀턴에게 경고했다. '지금까지 있었던 그 어떤 일도 그 뿌리 깊은 반대를 이토록 결정적으로 증명해 보인 적이 없었소.'[9]

해밀턴은 워싱턴과 애덤스의 재선을 지지하기로 마음 먹은 상태였다. 애덤스는 에런 버가 '오리처럼 뚱뚱하고 수탉만큼 불그스름해' 보인다고 말했지만, 지난해에 있었던 사건들은 그가 예의 주시해야 하는 사람임을 가르쳐주었다.[10] 해밀턴은 필립 스카일러를 제치고 상원의원이 된 버를 좋아하지 않았다. 또한 에런 버는 단독으로 움직이면서 단기적 이익을 위해 이곳저곳과 동맹을 맺어대는 인물이었다. 상원에서 그는 해밀턴이 언짢아했던 제퍼슨주의자들 및 프랑스 혁명의 열렬한 지지자들과 느슨한 동맹을 맺었다. 이후 1792년 초에 이르자 버는 뉴욕 주지사에 관련된 서류를 살펴보고선 조지 클린턴의 6선에 도전하기로 했다. 불만을 품은 클린턴주의자들과 연방파 사람들을 끌어모아 뉴욕의 정치적 판도를 바꾸겠다는 것이 그의 전략이었다. 자신의 정당에 불순물이 섞일까 우려한 해밀턴은 그 연립을 저지시키면서 에런 버의 야망을 가로막는 거대한 장애물로 우뚝 서게 되었다. 해밀턴은 이후로도 몇 번이나 장애물을 자처함으로써 결국 버를 광기로 몰아넣고 말았다.

1792년 봄에 열렸던 뉴욕 주지사 선거는 특히 해밀턴에 대해 버가 가지는 커다란 원한들 중 하나의 원인을 제공했다. 자신의 시도가 실패했음을 알게 된 버는 딱히 불쾌해하는 기색도 없이 물러나 다시 조지 클린턴을 지지하기 시작했다. 반면 연방파는 존 제이 연방대법원장을 주지사로 하고 해밀턴의 동서였던 스티븐 반 렌셀레어를 부지사로 하는, 아마도 해밀턴이 구성했을 출사표를 던졌다. 연방파의 후보들은 해밀턴과 거의 동일시되었기 때문에 이번 경선은 곧 그의 정책들에 대한 일종의 찬반 투표와 다를 바 없어졌다. 선거는 결국 손댈 수도 없는 교착 상태에 빠졌다. 뉴욕 주 북부 세 개의 카운티에서 접전이 발생하자 사람들은 에런 버와 루퍼스 킹에게 접전 선거구에 대해 의견을 구했고, 버는 단호하게 클린턴의 편을 들면서 논란 많은 승리를 안겨주었다. 해밀턴의 친구였던 로버트 트루프는 이를 언짢아했다. 그는 버를 가리켜 클린턴의 도구라 칭하며 그가 '수치스럽게도 자신의 재능으로 매춘을 벌인다. (중략) 이처럼 교묘한 다툼을 이용하는 것은 그의 특징'이라고 비난했다.[11] 이러한 보도들은 버가 대중적 소요를 이용하려는 부도덕한 기회주의자라 여겼던 해밀턴의 생각을 한층 더 강화시킬 뿐이었다.

부통령을 향한 버의 야망을 저지하는 일에 착수한 해밀턴은 그가 조지 클린턴의 지지도를 높여주기 위한 허수아비 후보일 수도 있다고 생각했으며 사람들에게 그를 지지하지 말라고 당부하는 편지들을 보냈다. 너무도 깊고 확고부동한 원칙들의 남자였던 해밀턴은 자연스레 버를 도덕적 기준이 전혀 없는 사람으로 볼 수밖에 없었다. 심지어 해밀턴은 어느 편지 한 통에서 갑자기 조지 클린턴의 덕목을 칭찬하기 시작하면서, 그가 '재산가'이자 사생활에서는 '정직하다'고 묘사했다. 그러나 버에게는 그 정도의 칭찬도 해줄 수 없었던 모양이다.

> 나는 다른 그 신사[즉, 버]가 공인으로서든 사인으로서든 절조 없는 사람일까 두렵다. 헌법이 심의 중에 있을 때 (중략) 그는 모호한 행실을 보였다. (중략) 사실 나는 그가 어떤 것에 찬성하거나 반대하는 게 아니라 그것이 자신의 이익이나 야망에 들어맞는지를 본다고 생각한다. 내가 보기에 그는 여당의 수장이 되어 (중략) 국가의 가장 높은 영예까지, 그리고 상황이 허락하는 한 가장 높은 곳까지 기어오르는 길을 찾고자 결심한 듯하다. (중략) 만일 혼돈의 게임을 벌이려는 게 그의 목적이 아니라면 내가 잘못 안 것일 터이고, 나는 그의 커리어에 반대하는 것을 종교적인 의무로 느낀다.[12]

해밀턴은 제퍼슨에게 가했던 것과 비슷한 말들로 버를 비난하면서, '우리가 미합중국 내에 카이사르의 씨앗을 가지고 있다면 그것은 바로 버'라고 경고했다.[13] 그러나 제퍼슨은 비록 광적인 것이라 해도 어쨌든 원칙들을 가지고 있는 사람이었으며, 해밀턴은 이를 용서할 수 있었다. 반면 버의 영원한 죄목은 그가 아무런 원칙도 가지고 있지 않다는 점이었으며, 이는 해밀턴이 용서할 수 *없는* 부분이었다.

버에 대한 해밀턴의 걱정은 때가 일렀던 것으로 드러났다. 10월 16일, 필라델피아의 공화파 간부회의는 익명 투표를 통해 조지 클린턴의 부통령 출마를 승인했다. 프로페셔널한 정치인이었던 버는 패배를 시인하며 다음번을 기약할 준비가 되어 있었고, 우아하게 자리에서 물러났다. 당대를 연구하는 사람들은 이 회의를 가리켜 미국 선거 사상 최초의 정당 조직이라고 보지만 당시 여기에 참여했던 이들은 자신들을 쉬이 정당이라 부르지 않았다. 그러나 여러 주 출신들이 모인 이 집단은 확실히 비슷한 마인드를 가진 정치인들 사이에서 나타난 새로운 수준의 정치적 결합이었다고 볼 수 있다.

이 집단의 우두머리는 마치 어디에나 존재하는 것처럼 보이는 하원의회 서기 존 베클리였다. 공화파 간부회의 이후, 베클리는 매디슨에게 해밀턴이 선거 정치에서 영향력을 키워가고 있음을 설명했다. 베클리는 말했다. '이번 부통령 경선에서 재무장관이 '직접적으로, 또 간접적으로' 들인 노력은 끊임없으며 비범합니다. (중략) 이 비범한 남자의 조합들은 단 한 번도 최고가 아니었던 적이 없습니다. 그의 모든 조치들은 그의 포괄적인 시각, 영리하고 획책을 거두어내는 마음가짐, 그리고 목표에 헌신하는 영혼을 통하여 신속하고 적절하게 고안된 것들이며, 마치 사슬의 연결고리처럼 서로에게 의존하고, 그렇게 연결된 연합체로서 한층 더 큰 힘을 구가합니다.'[14] 해밀턴이 불의를 저질렀다고 확고히 믿고 있었던 베클리는 매디슨에게 자신이 재무장관을 몰락시킬 수도 있을 폭발적인 새로운 증거를 가지고 있다고 전했다. '제 생각에 이에 관하여 제가 가지고 있는 것은 단순한 혐의가 아니라 그것을 훨씬 넘어서는 모종의 단서인 듯하나, 사리를 따져보았을 때 이것을 *지금* 폭로해서는 안 될 것 같습니다.'[15] 베클리의 편지는 그가 레이널즈와의 불륜을 일찍이 알고 있었음을 암시한다.

언제나와 같이 해밀턴은 자신의 완전무결함을 내세워 공격에 대비했으며 어떤 중상모략도 진압해버릴 채비를 갖추었다. 초가을경, 그는 메릴랜드의 의회 캠페인에서 재임자 존 F. 머서John F. Mercer가 해밀턴의 재임 중 행실에 의문을 제기했다는 소식을 들었다. 부유한 버지니아 농장주의 아들인 머서는 옛날 몬머스 전투 이후 군법회의에 처해졌던 자만심 강한 찰스 리 장군의 부관을 지낸 바 있었다. 강력한 중앙정부를 반대했던 머서는 제헌회의에 참석하여 열변을 토해냈으며(제퍼슨은 그가 '토론의 병적

인 격노로 괴로워하는' 남자라고 묘사했다) 헌법에 서명하지 않고 필라델피아를 떠났었다.[16]

캠페인 연설에서 머서는 해밀턴에게 제기되었던 케케묵은 의혹들을 모두 다시 끄집어냈다. 유산 계급의 도구인 해밀턴은 투기꾼들의 배를 불리기 위해 정부 채권을 부풀려진 가격에 되샀고, 의회에게 입법을 명령했으며, 윌리엄 듀어에게 서부군에 물자를 공급하는 수익성 좋은 계약을 선물했고, 주류에 대한 끔찍한 특별 소비세를 도입했다는 식이었다. 또한 머서는 1790년경 자신이 재무부 건물 입구에서 마주친 해밀턴에게, 그가 혁명 중에 타고 다니다 총상을 입혔던 말들을 변상하라고 요구했음을 전했다. 해밀턴은 농담조로, 만일 머서가 자신의 인수 법안에 찬성표를 던졌다면 직접 사비를 털어 그 말들을 변상하겠노라고 말했다. 머서는 해밀턴이 이처럼 농담으로 말을 돌리는 것이 그가 부패했다는 증거라고 주장했다. 마지막으로 그는 해밀턴이 풋내기에 '기이하게 생겨난 버섯'이라고 조롱하면서 그가 얻은 명성에 걸맞지 못한 사람이라고 말했다.[17]

중상모략이 자신의 명예를 향할 때면 해밀턴은 언제나 그것이 방아쇠라도 되는 양 분노했다. 그는 당장 결투라도 가능할 것임을 암시하는 말투로 성급히 머서에게 편지를 쓰면서, 자신이 투기꾼들을 돕기 위해 정부 채권을 부풀려진 가격에 사들였다는 혐의에 대한 발언을 취소하라고 요청했다. 머서는 해밀턴이 사적 이익을 위해 정부 채권을 사들인 적은 없다고 인정하며 자신의 말들 중 일부를 취소했지만 더불어 해밀턴이 '부유한 사람들을 정부의 동력원으로 만들기 위하여 당신의 행정부에' 영향력을 행사한 적이 *있다*고 주장했다.[18] 이를 가만히 넘길 수 없었던 해밀턴은 그해 12월 필라델피아에 위치한 머서의 저택을 찾아가 의견을 좀 더 물러달라고 요구했다. "제가 생각하기에 저는 당신의 정직함이나 완전무결함에 상처를 입힐 만한 그 어떤 것도 입 밖에 내지 않았습니다." 머서가 마지못해 인정하자 이에 만족한 해밀턴은 결투를 피할 수 있었다.[19] 훗날 해밀턴이 주장한 바에 따르자면 그는 원칙적으로 결투를 반대했으나, 그 같이 성급한 남자에게 있어 이 명예의 작업은 적군들의 입을 다물게 하는 편리한 무기들 중 하나였다. 해밀턴은 비방을 당할 때마다 공격적으로 그 말의 취소를 요구했으며 씁쓸한 최후의 순간까지 이를 계속했다.

1792년 12월 5일, 선거인단이 각 주에 집결했다. 해밀턴은 자신이 예상했던 결과가 나온 데 기뻐했다. 워싱턴이 만장일치로 대통령에 당선된 것이다. 애덤스는 77표를 받아 부통령으로 당선되었으며, 조지 클린턴 또한 50표라는 꽤 많은 득표수를 기록했다. 제퍼슨은 (언제나 알아서 걸러 들어야만 하는) '일화집'에, 상원의원 존 랭던John Langdon이 애덤스에게 득표수 격차가 크지 않았다고 말했던 일을 기록했다. 랭던의 말에 따르자면, 애덤스는 이를 갈면서 이렇게 소리쳤다. "제기랄, 제기랄, 제기랄. 선출 정부가 이래서 안 된다는 겁니다."[20]

표면적으로 이번 선거는 국가의 통합을 인상적으로 보여준 것 같았다. 그러나 사실 이는 한창 진행 중인 전쟁에서 잠시 쉬어가는 때였을 뿐이자 해밀턴주의자들과 제퍼슨주의자들이 조지 워싱턴의 위신을 미봉책으로 삼았던 마지막 순간이었다. 선거인단이 모였던 날로부터 사흘 후, 제임스 먼로는 제퍼슨을 변호하는 신문 사설을 다시 펴내기 시작하면서 해밀턴을 '군주제를 위함이, 그것도 너무나 많은 근거들을 바탕으로 의심되는' 사람이라 칭하며 질타했다.[21] 그러나 이처럼 해밀턴을 비난하는 진부한 장광설보다 훨씬 더 주목해야 했던 것은 바로 워싱턴을 겨냥한 첫 번째 일격이었다. 더 이상 신성한 인물, 혹은 비난을 피해갈 수 있는 사람이 아니게 되어버린 그는 필립 프리노가 튀긴 진흙을 잔뜩 뒤집어썼다. 프리노는 워싱턴이 대통령으로서의 에티켓에 충실한 척만 한다고 비난했다.

'군주제의 어여쁜 것들 몇 가지를 크게 칭송해야만 하겠다. 알현식, 저택 응접실, 악수 대신 위엄 있는 고갯짓, 직함들, 사람들로부터의 호젓함 등을 말이다.'[22] 워싱턴이 재임을 내켜 하지 않았음을 생각해봤을 때 이는 특히나 마땅치 않은 비난이었고, 애덤스는 언론이 정부에게 '신랄하고, 성났으며, 짜증스럽고, 조바심 넘치며, 거짓말 섞인 문단들'을 던지고 있다고 개탄했다.[23]

워싱턴의 두 번째 임기 동안 정치적 분위기는 확실히 첫 번째 임기 때의 것보다 한층 가혹해졌다. 크리스마스 직전, 해밀턴은 존 제이에게 절망적인 어조의 편지를 보냈다. 그는 자신을 향한 끝도 없는 공격들과 중상모략들로 너덜너덜해져 있었으며 자신의 힘으로는 그것을 멈출 수도 없으리라고 생각했다. 그는 제이에게 자신이 공직 업무의 무게, 그리고 자신을 해하려는 의원들의 술책을 추적해야 한다는 의무감에 짓눌렸다고 말했으나, 자신이 짊어진 '짐과 당혹감'은 그보다 더 악한 원천에서 나오는 것이라고 이야기했다. '그것은 바로 어둠 속의 칼로 어떻게든 나를 해하려는 악의 섞인 음모들이며, 나로서는 이에 맞서 스스로를 지켜내야만 하는 일이 너무나도 자주 일어나고, 그것들이 너무도 방해되고 귀찮기 때문에 거의 참을 수 없는 정도에 이르렀으며, 나의 친애하는 마음과 성향이 이끄는 대로의 목표들을 제대로 추구할 수 없을 지경이다.'[24] 이 기운 빠진 평가는 해밀턴이 뮬런버그와 베너블, 먼로와 만난 날로부터 딱 사흘 뒤에 쓴 것이다. 그는 마리아 레이널즈와의 사건이 앞으로도 오랫동안 영향을 미칠 것임을 알고 있었던 것이 분명했다.

워싱턴의 초대 임기가 1793년 초로 막을 내릴 무렵, 대통령은 여전히 언쟁을 벌이는 내각 때문에 심란한 상태였다. 그는 고집 센 재무장관과 국무장관에게 국익을 위해 화합하려 노력해야 한다면서 그들을 계속 책

22 · 어둠 속의 칼

망했다. 제퍼슨은 대통령에게 자신이 통합을 위해 노력하겠노라 확언하며 자신이 '모든 도당 및 정부에 대한 서신들을 멀리하기 위해' 애써왔다고 말했다.[25] 그러나 그는 뒤돌아서자마자 다시금 해밀턴에 대한 신랄한 공격을 퍼부었다. 워싱턴이 자랑했던 인내심은 이제 분노의 심술궂은 폭발에 자리를 내주었고, 제퍼슨의 말에 따르자면 '재임 중의 자기 존재에 대한 극도의 비참함을 표현했으며, 알현식들에서 최근 자신에게 가해진 공격들을 장황하게 늘어놓았다'고 한다.[26] 이 말에는 제퍼슨의 책망이 내포되어 있다. 왕족 같은 '알현식' 혹은 접견회를 열고 있다며 워싱턴이 비난했던 인물은 다름 아닌 프리노였기 때문이었다.

말로는 평화를 맹세하는 유화책을 썼으나, 사실 제퍼슨은 매디슨과 함께 미국 역사상 최초로 내각 구성원 중 한 명을 공권 남용으로 축출시킬 결연한 계획을 몰래 세우고 있었다. 이들은 뚜렷한 증거도 없이 해밀턴이 공화주의 정부에 대한 중대한 위협이자 공화국을 파괴시킬 부정직한 군주제 지지자라고 여기게 되었다. 「내셔널 가제트」는 해밀턴이 '온 정부라는 기계 장치가 자신을 중심축으로 돌아가고 있다고 여기면서 (중략) 대통령, 입법부, 그리고 헌법 그 자체에 대하여 의견들을 내뱉고 있다'고 말했다.[27] 제퍼슨과 매디슨은 모든 것을 밝힐 심문을 준비하면서 마지막 남아 있던 자제력까지도 모두 버렸다.

자신들의 노력을 숨기기 위해 이들은 불같은 버지니아 의원이자 훗날 제퍼슨의 딸들 중 한 명과 교제하게 되는 남자, 윌리엄 브랜치 자일스 William Branch Giles를 대리인으로 내세웠다. 해밀턴은 이르게는 1792년 봄부터 버지니아 의원들 사이에 음모가 있음을 의심하기 시작했고, 매디슨을 가리켜 '자일스 씨와 몇몇 이들을 반대의 공개적인 도구로 사용하는 자'라고 말했다.[28] 목소리가 허스키하고 종종 단정치 못했던 자일스는 프린스턴대학 졸업생이자 버지니아의 저명한 변호사였다. 그는 은행과 근대식 금융에 대한 버지니아 주 고유의 혐오를 품고 있었고 '북부의 당파'가 연방을 파괴하려 한다고 생각했다. 제퍼슨의 대변자 역할을 자주 했던 그는 특유의 호전적인 스타일로 주의 권한을 옹호했으며, 연방파의 그 누구도 빼놓지 않고 비난했다. 심지어 그는 워싱턴이 '왕자답게도 국가에 대해 무지함'을 드러낸다고 비난하면서, '어느 일부의 요구와 소망이 나머지들의 이익을 위해 희생되어왔다'는 사실을 그 증거로 들었다.[29]

자일스는 정부가 유럽에게 빌린 돈을 해밀턴이 어떻게 사용했는지를 밝힘으로써 그의 신임을 떨어뜨리고자 했다. 이 고발은 제퍼슨이 남몰래 준비하여 매디슨에게 건네주었던 한 메모에 바탕을 두고 있었다. 해밀턴은 해외 차관을 통해 정부가 미합중국은행으로부터 빌린 공채를 갚고자 했는데, 이 200만 달러의 공채는 미합중국은행이 연방정부에게 자기 은행의 주식을 매수하는 데 쓰라고 준 돈이었다. 한결같이 프랑스 혁명을 지지했던 제퍼슨주의자들은 미국이 프랑스에게 진 빚을 갚는 데 쓰여야 할 돈이 이 때문에 다른 데 쓰이는 것은 아닌지를 우려했다. 과거 해밀턴은 해외 차관을 도입하여 국내 차입을 갚은 적이 있었는데, 이는 엄밀히 따지자면 위법 행위였으나 그는 이에 대해 워싱턴의 구두 승인을 받았다고 주장했었다. 그러나 비판자들 사이에서는 그가 유럽에서 빌려온 기금을 중앙은행으로 이전시켜 투기꾼들을 돕고자 한 것이 아니냐는 의혹이 짙게 퍼졌다. 또한 이제 제퍼슨과 매디슨을 포함한 소수의 반대자들은 마리아 레이널즈 사건의 문서들에 대해서도 알고 있었으며, 그것이 곧 해밀턴의 직권 남용에 대한 증거라고 생각했다. 1792년 12월 말, 하원의회는 두 차례에 걸쳐 해밀턴에게 해외 차관에 대한 엄격한 회계 보고서를 요구했다. 그는 레이널즈 문제에 정신이 팔려 있던 와중에도 용케 상세한 보고서를 작성하여 1월 3일에 제출했다. 사면초가에 몰린 해밀턴은 전례 없는 적군이 자신을 향해 행진해 온다는 중압감을 느꼈고 이제 자신의 명성을 망치기 위해 잘 조직된 시도가 자신을 겨누고 있다며 두려워했다.

해밀턴의 진을 다 빼놓고자 했던 자일스는 1월 23일 하원에 다섯 건의 결의안을 제출하며 해외 차관에 대한 한층 더 확장적인 정보를 요구했다. 이 결의안들은 그 형태로 봤을 때 해밀턴에게 거대한, 아니 압도적인 부담이 될 터였다. 그는 정부와 중앙은행 간의 균형에 대한 완성된 계산을 내놓아야 했으며, 동시에 감채기금의 정부 공채 구매에 대한 포괄적인 목록 또한 제시해야만 했다. 자일스의 전기작가를 포함한 몇몇 역사학자들은 제퍼슨이 이와 같은 결의안을 만들도록 지시했으며 매디슨이 직접 그것을 작성했다고 믿었다. 하원은 단 4개월이라는 짧은 의회 회기를 이용하여, 해밀턴에게 3월 3일이라는 불가능한 마감일을 요구했다. 공화파는 해밀턴이 제출에 실패할 경우 그것이 곧 그의 유죄를 입증해 보일 일단의 증거가 되리라 믿었고, 연방파는 그가 이를 통해 자신의 청렴함을 증명해 보일 수 있으리라 믿었다.

해밀턴의 적대자들은 그의 초인적인 체력을 심각하게 과소평가한 셈이었다. 그는 적진에서 적군들을 무찌르기를 즐겼으며, 그 결의안들은 그의 투지를 북돋워주었다. 충격적일 만큼의 부지런함을 자랑했던 해밀턴은 2월 19일 자신이 재무장관으로서 했던 일들을 포괄적으로 보여주는 표와 목록 및 통계 등으로 장식한 방대한 분량의 보고서들을 하원에 제출했다. 2만 단어짜리 보고서 하나의 결론 부분에서, 해밀턴은 자신이 이 투지 넘치는 중노동을 끝마치기 위해 몸이 망가질 위험도 감수했음을 시사했다. '하원의 요구에 가능한 한 빠르게 부응하기 위해 건강의 위험을 무릅쓰고서라도 내 능력이 닿는 한 최선을 다했음은 확실하다.'[30] 해밀턴의 보고서는 그의 실상을 파헤치고자 했던 적들의 마음을 돌려놓지 못했고, 논의를 사로잡지도 못했다. 해밀턴의 엄청난 재능이 증명될 때마다 그는 점점 더 위협적인 존재로 보일 뿐이었다.

알렉산더 해밀턴

해밀턴과 화해하라는 워싱턴의 요청을 어긴 제퍼슨은 한층 더 공격의 범위를 좁히며 수위를 올렸다. 2월 25일, 그는 워싱턴에게 해밀턴과 재무부에 대한 공식적인 조사를 요청했으나 워싱턴은 이를 직설적으로 일축했다. 해밀턴은 제퍼슨이 내각을 떠나야 하고, 내부에서부터 행정부를 전복시키려 할 것이 아니라 공개적으로 반대를 천명해야 한다고 생각했다. 제퍼슨은 이에 대한 보답으로 다소 비범한 일을 저질렀다. 해밀턴을 검열하는 일련의 결의안들을 작성하여 윌리엄 브랜치 자일스에게 조용히 건네준 것이다. 제퍼슨은 이제 사실상 공화파의 수장 역할을 도맡고 있었다. 해밀턴이 의회에 간섭하며 권력분립을 해친다고 수차례나 비난했던 바로 그 사람이, 이제 자신이 몸담고 있는 행정부의 일원 한 명에 반대하여 의회의 결의안을 남몰래 작성했다는 것은 상당한 아이러니다.

자일스는 2월 말 해밀턴에 대한 아홉 건의 검열 결의안을 제출했는데, 이번에도 이것이 제퍼슨의 대략적인 초안에 기초한 것임을 철저히 숨겼다(그 초안은 심지어 1895년까지 모습을 드러내지 않았다). 한 투기자의 말을 빌리자면 이때 자일스는 해밀턴에게 '사상 가장 날카로운 공격'을 통해 혐의를 제기했다.[31] 결의안은 해밀턴이 의회를 '무례하게' 대했으며 해외 차관과 국내 차입도 부적절하게 뒤섞어버렸다고 비난했다. 자일스는 제퍼슨이 작성한 결의안들 중 한층 더 기이한 두 건을 제외시켰는데, 여기에는 해밀턴이 투기꾼들에게 이득을 가져다주려 했다는 주장 및 회계관의 사무실을 재무부의 나머지와 분리시켜야 한다는 요구가 포함되어 있었다. 제퍼슨이 작성한 결의안들 중 한 건에서는 그 복수극의 이면에 가려진 진정한 의도가 드러나 있었다. '확신컨대 재무장관은 직무 수행 중 실정失政의 죄를 지었으며, 의회의 의견으로 그는, 미합중국 대통령에 의해 관직에서 해임되어야 한다.'[32] 의회가 휴회하기 바로 전날 이 결의안들을 제출한 자일스는 이로써 해밀턴이 반박할 수 있는 충분한 시간을 앗

22 · 어둠 속의 칼

아가버렸다. 매디슨의 지원이 있었음에도 하원은 대대적으로 이 결의안들을 부결했다. 제퍼슨은 패배를 예상했으나 입증되지 않은 의혹들이 공기 중을 감질나게 떠돌아다닐 것임도 알고 있었다. 그는 그 결의안들이 사람들로 하여금 '그들이 처한 위험의 정도를 이것을 통하여 볼 수 있도록' 해줄 것이라 여겼다.[33]

공화파의 캠페인이 수포로 돌아감에 따라 해밀턴에게는 거의 전적인 지지가 몰렸다. 3월 1일에는 버지니아 의원들의 의결안 아홉 건이 모두 부결되었다. 정부의 이자 수입이 줄어들지 않도록 해밀턴이 과도한 재량을 발휘하여 계좌 간 돈을 이전시켰다는 혐의는 인정되었는데, 고작 이것이 그에게 인정된 가장 큰 죄목이었다. 해밀턴은 또한 몇몇 대여금을 그에 알맞은 법을 통해 승인할 만큼의 꼼꼼함을 발휘하지 못했음이 밝혀졌으나, 그 누구도 알렉산더 해밀턴이 개인의 이익을 위해 공금을 단 한 푼이라도 다른 곳에 사용했음을 증명하지는 못했다.

연방파는 공화파의 복수극이 역풍을 맞은 데 기뻐했으며, 보스턴의 한 연방파 인사는 "정부의 대의와 해밀턴의 평판은 본래 기대되었던 것만큼 영광스러우리라"라고 소리치기도 했다.[34] 그러나 공화파의 공격이 계속될 것이라 내다보았던 해밀턴은 루퍼스 킹에게 이렇게 말했다. "내 마음속에는 한 치의 의심도 없소. 다음 회기면 더욱 조직적이고 진지한 공격이 되살아날 것이오."[35] 이 시기에 이르자, 그와 같은 괴롭힘은 지칠 대로 지쳐버린 해밀턴에게 육체적으로나 정신적으로 큰 부담이 되었다. 종종 그는 분노를 쏟아내는 사설들을 썼다가도 서랍 속에 고이 잠재워두곤 했다. 한 미게재 사설에서 그는 제퍼슨주의자들을 가리켜 '교활한 위선자들'이자 '간교하고 방종한 협잡꾼들'이라고 욕했다.[36] 그는 이제 '위선과 배반'이 '정치 시장에서 가장 성공적인 상품'이라고 생각하기에 이르렀다. '적들을 자신의 친구로 잘못 여기고, 아첨꾼들을 자신의 신실한 종으

알렉산더 해밀턴

로 잘못 여기게 되는 것은 수많은 국가들의 운명인 것처럼 보인다.'[37] 그는 자신이 조국을 위해 크게 희생했으나 감사 인사는 받지 못했다고 생각했다.

해밀턴의 말대로 제퍼슨과 그의 지지자들은 공격을 단념할 생각이 전혀 없었다. 이제 그는 뮬런버그나 베너블, 혹은 먼로가 -또는 이 세 사람 모두가- 레이널즈 사건에 대해 함구하기로 했던 맹세를 저버렸다는 사실을 알게 되었다. 1793년 5월 초, 혁명 때부터 해밀턴과 친밀했던 헨리 리가 버지니아에서 그에게 편지를 보내왔다. '만일 내가 자네의 곁에 있었더라면, 나는 문을 걸어 잠그고 창문을 굳게 닫은 채 자네와 몇 시간이고 이야기를 나누었을 걸세. 내가 들은 몇몇 소문들 때문에 내 마음이 너무나도 괴롭기 때문일세.'[38]

의회가 해밀턴을 한층 더 지지하게 되자 제퍼슨주의자들은 의회가 그와 관련해서는 절대로 독립적인 판단을 내릴 수 없으리라는 신념을 한층 더 굳혔다. 제퍼슨은 이제 존 베클리에게 '페이퍼-맨paper-men 목록', 즉 은행 지분이나 정부 채권을 소유하고 있는 의원들의 목록을 작성해오라고 시켰다. 소위 그 의원들 간에 있었다고 여겨지는 이익 충돌은 제퍼슨에게 해밀턴에게 무죄 선고가 내려진 이유를 설명해주는 완전한 자료가 되어줄 터였다. 매디슨 또한 결의안이 부결된 것은 해밀턴의 재정상 조치들로 이득을 본 부패 의원들 탓이라고 여겼다. 이 단계에 이르자 제퍼슨은 재무장관을 상대로 하는 자신의 싸움은 이곳 정부의 품 안이 아닌 자신의 안전한 피난처, 몬티첼로에서 끝을 맺어야 한다고 더욱 굳게 믿게 되었다.

패배를 맛본 이후 해밀턴에게 한층 더 해가 될 만한 정보를 찾아다니던 공화파는 곧 불만을 품은 전 재무부 직원, 앤드루 프라운시스Andrew Fraunces와 결탁하게 되었다. 처음에는 해밀턴의 공직 생활에 관한 내부 정보를 가진 성난 남자를 드디어 발견한 것처럼 보였다. 1789년 재무부가 설립될 때부터 그곳에서 일하다 1793년 3월 해고된 뒤 뉴욕으로 이사 온 프라운시스는 생활고에 시달리면서 해밀턴에 대한 복수를 꿈꾸기 시작했다. 1793년 5월, 그는 먼 옛날 연합규약 초기 시절에 작성된 상환 보증서 두 건을 재무부에 제출했다. 정부 수립 직후의 시기에는 이 보증서들을 상환해주는 것이 재무부 공무원들의 일상적인 업무들 중 하나였으나, 이후 그들은 전임자들이 작성한 그 서류들이 너무나도 엉성하다는 판단을 내리고서는 자동 지급을 줄이기 시작했다. 한때 재무부 직원이었던 프라운시스 또한 이 역사를 알고 있었다. 그러나 자신의 상환 요구가 거부되자 그는 재무부 장관이 자신을 부당하게 대하고 있다며 항의했고, 돈을 지급해달라면서 해밀턴과 워싱턴 두 사람 모두를 귀찮게 굴었다.

6월 초, 프라운시스는 필라델피아로 돌아왔을 뿐만 아니라 해밀턴을 찾아가기까지 했는데, 이에 해밀턴은 그가 요구하는 바를 글로 작성해 오라고 말했다. 낙담한 프라운시스는 이제 기회만을 노리는 해밀턴 적대자들의 어둑어둑한 세계에 발을 들이게 되었다. 얼마 지나지 않아 그는 뉴욕에서 마리아 레이널즈의 새로운 남편이 된 제이컵 클링먼을 만났다. 6개월 전의 제임스 레이널즈를 연상시키는 듯한 자부심 넘치는 말투로, 그는 클링먼에게 자신이 '내킬 때면 해밀턴과 어울릴 수 있다'고 말했다.[39] 클링먼은 여전히 해밀턴이 윌리엄 듀어와 음모를 꾸며 정부 증권 시장을 조작했다는 가당찮은 혐의들을 입증하기 위해 노력 중이었으며, 프라운시스는 자신이 듀어의 불운한 투기와 해밀턴을 직접적으로 연결해줄 정보를 가지고 있는 척했다.

클링먼과 프라운시스가 나눈 대화는 존 베클리의 귀에까지 닿았고, 베클리는 이 헛소리를 제퍼슨에게 전해주었다. 베클리는 해밀턴의 명예를 더럽힐 수만 있다면 그 어떤 풍문도 믿을 준비가 되어 있었는데, 심지어는 해밀턴이 소위 듀어와의 금전적 관계가 드러나는 증권들 때문에 프라운시스에게 2,000달러를 건넸다는 터무니없는 이야기에 대해서도 마찬가지였다. 너무 멀리 나가버린 프라운시스는 두 남자 간에 돈을 옮겨다주었던 운반원을 자신이 알고 있다는 주장까지 펼쳤다. 베클리는 또한 마리아 레이널즈가 이제 자신의 전남편과 해밀턴 간의 관계에 대해 자기가 알고 있는 모든 것들을 말할 준비가 되었다는 클링먼의 주장에 크게 이끌렸다. 입 가벼운 마리아가 마치 지금까진 입을 다물고 있었던 것처럼 들리게 하는 대사였다.

제이컵 클링먼은 앤드루 프라운시스가 불쾌한 사람임을 알고 있었으나 이는 그 남자의 이야기를 믿는 데 아무런 걸림돌이 되지 않았다. 베클리는 클링먼의 반응을 다음과 같이 기록했다. '클링먼은 프라운시스를 원칙 없는 남자라고 여기지만, 그가 듀어와의 모든 연결고리에 접근할 수 있다고 확신하고 있다. (중략) 또한 클링먼은 프라운시스가 술을 좋아하고 또 매우 탐욕스러우며, 그 열정들 중 어느 한쪽을 신중하게 자극한 것이 그로 하여금 해밀턴과 듀어의 편지들을 인도하도록, 또 그가 알고 있는 모든 것을 이야기하도록 만들었다고 내게 말했다.'[40] 베클리는 해밀턴에 관한 추문에 너무나도 굶주려 있던 나머지 직접 뉴욕으로 와 '그 부당한 장면을 풀어줄' 프라운시스를 만났다.[41] 베클리는 프라운시스에게서 그가 해밀턴을 향해 퍼부었던 거친 혐의들을 입증해줄 문서들을 끄집어내고자 노력했으나 언제나와 같이 이는 허사로 돌아갔다.

이 날것의 가십거리들은 모두 국무장관에게도 곧장 흘러들어왔으며, 그는 베클리의 편향을 분명히 드러내 보이는 증거를 막 입수한 참이었음에도 이 모든 소문들을 자신의 일기에 성실히 기록했다. 1793년 6월 7일 자의 '일화집'을 보면 제퍼슨은 베클리의 기이한 이야기 하나를 기록했다. 영국인들이 해밀턴에게, 만일 미국의 군주제를 실현하려는 그의 계획이 실패로 돌아갈 경우엔 영국으로 망명하라고 제안했다는 내용이었다. 제퍼슨은 뉴욕 주재 영국 총영사의 입에서 나온 것이라는 이 구전설화에 대한 자신의 의견을 귀퉁이에 적어두었다. '해밀턴으로서는 불가능. 그는 그보다는 훨씬 더 대단한 사람이었다.' 이후 제퍼슨은 자신의 주요 정치 정보원에 대해 다음과 같은 평을 남겼다. '베클리는 자신이 아는 것에 대해 주장할 때에는 완벽한 진실의 남자가 되지만, 다른 이에게서 들은 이야기를 너무 쉽게 믿기도 한다.'[42] 그럼에도 제퍼슨은 베클리가 클링먼과 프라운시스로부터 전해들은 이 뒤죽박죽의 이야기들을 해밀턴에 대한 자신의 부풀어 오르는 부기에 더해두었다.

7월 초에 이르자 해밀턴은 정적들이 자신의 움직임을 추적 중이며 앤드루 프라운시스로부터 정보를 뽑아내려고도 하고 있다는 사실을 알게 되었다. 그는 또한 이와 같은 첩보 활동이 제퍼슨의 후배인 베클리의 감독하에 이루어지고 있음도 알았다. 7월 초 해밀턴은 제이컵 클링먼을 자신의 집무실에 초대하는, 훗날 위험해질 가능성이 있는 선택을 내렸다. 전해져 내려오는 대화가 베클리를 통한 것이기 때문에 우리는 해밀턴이 어떻게 말했는지를 대략적으로밖에 알지 못한다. 마치 목격자를 미묘하게 취조하는 변호사처럼 해밀턴은 클링먼에게 그가 앤드루 프라운시스를 아는지, 그의 집에 머물렀던 적이 있는지, 그의 식탁에서 식사를 했는지, 혹은 그의 사무실을 방문한 적이 있는지 따위를 물으며 얘기를 이끌어냈다. 클링먼은 프라운시스와 한 번 저녁을 같이 먹었고 그의 사무실을 한 번 방문한 적이 있다고 인정했다. 해밀턴은 클링먼에게 프라운시스가 '취한 상태에서 마구잡이로 이야기'한 것들을 무시하라고 말했다.[43] 이후 그는 날카로운 의혹을 드러내 보이면서 클링먼에게 존 베클리를 만난 적이 있냐고 단도직입적으로 물었다. 클링먼은 자신의 전 상관인 프레더릭 뮬런버그의 집에서 버클리와 마주친 적이 있다고 답했다. 이 정보는 해밀턴이 품었던 최악의 우려를 확증시켜줄 뿐이었다.

　아마도 해밀턴이 이전의 성공들로 협박받아왔음을 알고 있었을 프라운시스는 8월 초 그에게 편지를 써서, 자신의 보증서 두 건에 대한 금액을 제대로 지급받지 못하면 '국민들에게' 모든 것을 폭로해버리겠다고 위협했다. 수 시간 내로 해밀턴은 분노에 찬 답신을 보냈다. 그는 제임스 레이널즈에게 내주었던 실수를 다시는 반복하지 않을 참이었다. '당신은 국민들에게 호소하겠다고 나를 위협하는 것이, 내가 나의 공적인 임무라고 믿는 것을 저버리도록 만들 수 있다고 상상하는 것인가! (중략) 나는 당신과 당신의 공범들 모두를 멸시한다.'[44] 이튿날 해밀턴은 그답지 않게도 프라운시스에게 한층 누그러진 어조의 편지를 써서 자신이 처음에 보냈던 성급한 답신에 대해 사과하며, 자신의 '몇몇 음험한 동기들' 때문에 보증서들을 상환해주지 못한 게 아니라고 항의했다.[45] 이는 프라운시스가 워싱턴에게도 또 다른 편지를 보냈고, 이를 읽어본 워싱턴이 해밀턴에게 이 사건에 대한 해명을 요구했기 때문인 것임이 분명했다. 이로써 해밀턴은 자신이 개인적 위협이 아닌 공직에 관련된 일을 다루고 있음을 상기했을 것이다. 해밀턴은 워싱턴이 납득할 만큼 이 사건을 설명해 보임과 동시에 프라운시스의 변호사에게도 날 선 편지를 보내어, 만일 어떤 것이라도 위조된 문서가 자신을 해하는 데 쓰인다면 법적 결과가 뒤따를 것이라 경고했다.

　그러나 이에 굴하지 않았던 프라운시스는 자신이 해밀턴 및 워싱턴과 주고받았던 서신들을 8월 말에 소책자로 출판했다. 짜증난 해밀턴은 10월 11일 뉴욕의 신문 두 군데에 공고를 실어, 자신은 프라운시스에게 그 혐의에 대한 증거를 제시하라고 반복적으로 요구했으나 그가 그 요청을 무시해버렸음을 대중에게 알렸다. 해밀턴은 자신의 옛 부하직원을 '경멸할 만하고' '야비한 중상모략가'라 칭했다.[46] 이튿날, 수치를 모르는 프라운시스는 라이벌 신문 한 곳을 통해 응수했다. '만일 내가 *야비한 중상모략가*라면, 안타깝지만 나는 해밀턴 씨 밑에서 이를 오래도록 전수받은 것'이라 응수했다.[47] 프라운시스는 계속해서 독설을 퍼부었고, 로버트 트루프와 루퍼스 킹은 유명 인사들로부터 해밀턴의 무죄를 입증하는 선서 진술서들을 모았다. 술독에 빠져 살았다는 것이 잘 알려져 있는 평판 나쁜 전 정부 공무원 하나가 불만을 품은 채 해밀턴의 됨됨이를 이처럼 지속적이고 공개적으로 깎아내릴 수 있다는 것은 당대의 비도덕적인 파벌주의를 증명해주는 꼴이었다. 또한 해밀턴이 그토록 알려지지 않았던 사람과도 공개적인 모욕을 주고받아야만 한다고 생각했다는 점은 곧 그가 자신의 명성에 칠해진 아주 작은 얼룩도 눈 감고 넘어가지 못함을 증명했다.

프라운시스 논란은 결국 그 과거 정부 직원이 의회에게 정의에 대해 호소하면서, 해밀턴이 자신의 보증서들을 부당하게 다루었다는 혐의를 제기하는 것으로 끝을 맺었다. 해밀턴이 알기로 그 혐의들에는 타당성이 없었다. 1794년 2월 19일, 의회는 두 건의 의결안을 통과시켜 프라운시스의 주장을 기각하고 해밀턴이 이 일을 명예롭게 다루었다고 칭찬했다.

시민 주네

Alexander Hamilton

1793년 3월 4일, 조지 워싱턴은 두 번째 임기를 시작하는 선서를 올렸다. 말 많은 재무장관과 달리 간결함의 힘을 믿는 사람이었던 대통령은 단 두 문단의 간명한 취임 연설을 선보였다. 상원의사당에서 그가 연설하는 동안 미국 정계의 긴장감이 표면으로 스멀스멀 드러나기 시작했는데, 이는 초대 취임 연설 때의 열광적인 분위기와는 매우 대조적이었다. 언제나 상황을 날카롭게 관찰했던 피셔 에임스는 '파벌의 정신은 (중략) 곧 위기에 달할 것이 분명하다'고 중얼거렸다. 그는 공화파 의원들이 워싱턴의 첫 번째 임기 동안 보여준 비교적 점잖았던 비난을 이제는 내다버릴 것이라 예견했다. '그들은 복수에 목말라 있다. 재무장관은 그들이 화형시키고 싶어 하는 사람들 중 하나다. (중략) 대통령도 예외가 될 수는 없다. 그의 명성은 곧 힘의 원천이며, 이 때문에 그들은 이를 파괴하고자 한다. 그러므로 그는 쉴 새 없이 거친 공격을 받는다.'[1]

워싱턴의 두 번째 임기는 격론의 외교 정책 문제를 중심으로 돌아갔다.

알렉산더 해밀턴

프랑스 혁명은 미국인들에게 자신의 혁명이 가진 의미를 곱씹어보게 만들었으며, 해밀턴 지지자들과 제퍼슨 지지자들은 서로 극렬하게 반대되는 결론에 도달했다. 파리에서 계속되고 있던 소요 사태는 본국에서 극단주의적인 불씨들을 잠재우려던 해밀턴주의자들에게 걱정을 안겨주었으나, 제퍼슨주의자들이 새로운 불꽃을 일으키게끔 독려해준 것 역시 바로 그 대격변이었다. 미국인들은 프랑스 혁명과 연대하는지, 혹은 그 선동적인 방식들을 기피하는지에 따라 점점 더 본국의 국내 정치를 정의하게 되었다. 그러므로 프랑스 혁명은 미국 정계의 양당 체계를 굳혀주었을 뿐만 아니라 그들 사이의 이데올로기적 간극도 더욱 넓혀준 셈이다.

대부분의 미국인들은 프랑스 혁명을 미국 독립혁명의 지당한 후계자라며 칭송했고, 그 형제 관계는 1792년 8월 파리의 국민의회가 '조르주 워싱턴Georges Washington,' 'N. 매디슨N. Madison,' 그리고 '장 해밀턴Jean Hamilton'에게 명예시민권을 수여하는 것으로 다시금 확인되었다.[2] 해밀턴은 이를 전하는 프랑스 내무장관의 편지를 받자마자 멸시하는 어조로 편지 뒷면에 이렇게 휘갈겨 적었다. '프랑스 공화국 정부가 시민권 수여증 전달을 위해 보낸 편지, 세례명이 잘못 쓰임. (중략) 프랑스인의 섬세함치고는 의아한 경우.'[3] 그러나 점점 더 유혈로 치닫는 파리의 사태는 그곳에 머물고 있던 미국인 대표단들을 경악하게 했다. 제퍼슨이 파리에 체류했던 시절의 개인 비서이자 당시 헤이그에 머무는 중이었던 윌리엄 쇼트William Short는 1792년 여름 제퍼슨에게 보내는 편지에서 '프랑스의 그 미치고 부패한 사람들이 자유의 이름하에 자신들의 정부를 파괴시켰다'고 전하며 파리의 길거리들이 '말 그대로 피에 붉게 물들어 있다'고 경고했다.[4] 쇼트는 해밀턴에게도 군중들이 왕궁으로 쳐들어가 루이 16세를 투옥시킨 이야기를 전해주었다. 8월 말에는 튈르리 근방에 기요틴이 세워졌으며, 로베스피에르Robespierre와 마라Marat가 성직자들과 왕정주의자들, 편집자들, 판사

23 · 시민 주네

들, 부랑자들, 매춘부들 등 국가의 적이라 여겨지는 모든 이들을 대대적으로 잡아들이기 시작했다. 1,400여 명의 정치범들이 '9월 학살'이라 불리는 사건을 통해 처형되었으며, 도취된 로베스피에르는 이를 두고 '인류를 영예롭게 한 가장 아름다운 혁명'이라고 선언했다.[5] 마라 또한 '배신자들의 피가 흐르게 하라'며 동조했다. '그것만이 이 나라를 구하는 길이노라.'[6]

제퍼슨주의자들은 오랫동안 이 잔혹 행위에 관한 보도들이 순전히 선전에 불과하다고 여겼다. 심금을 울리는 프랑스 혁명의 미사여구에 감동받은 그들은 '자코뱅Jacobin'이라는 이름을 자처하면서, 프랑스인 동무들과 연대한다는 의미로 서로를 '시민' 혹은 '여성 시민'이라 부르며 인사를 건넸다. 1792년 9월 20일 프랑스가 공화국을 선포하자 이들을 지지했던 미국인들은 축배와 축포, 그리고 환희로 이 소식을 축하했다. 제퍼슨은 윌리엄 쇼트에게 보내는 답신에서 프랑스 혁명이 미국 공화파에게 용기를 북돋워주었으며 해밀턴주의의 '독재정치 지지자들'을 약화시켰다고 말했다. 그는 파리에서의 인명 피해를 유감스러워한 뒤 다음과 같은 으스스한 변명을 덧붙였다. '그들이 위하여 싸운 것에 전 지구의 자유가 달려 있었다. (중략) 그것이 실패로 돌아가느니 차라리 전 지구의 절반이 황량해지는 편을 보는 게 나았을 것이다.'[7] 제퍼슨은 여기에 프랑스나 미국만이 아닌 온 서구 세계의 자유가 프랑스 혁명에 달려 있었다고 보았다. 그의 마음속에선 이토록 보편적인 목표를 위해서라면 피를 갈구하는 수단들도 용서할 수 있었다.

1793년 1월 21일에는 한층 더 소름 끼치는 사건들이 이어지면서, 프랑스 혁명이 미국 독립혁명의 로맨틱한 프랑스 버전이었다는 생각을 재평가할 수밖에 없도록 만들었다. 미국 독립혁명을 도왔으며 미국 독립주의자들이 오래도록 그 생일을 기념했었던 루이 16세가 혁명에 반하기를 꾀했다는 이유로 기요틴에 오른 것이다. 루이 카페Louis Capet(왕족 작위를 박탈당한 루이 16세의 이름_역주)의 처형은 선혈로 흠뻑 물들었다. 학생들은 환호했고, 모자를 높이 던져 올렸으며, 국왕의 피를 핥았다. 사형 집행인 한명은 왕족의 머리카락이나 옷가지들을 팔아 엄청난 돈을 벌었다. 왕의 참수된 머리는 그의 늘어진 다리 사이로 굴러갔다가 이후 바구니에 담겼고, 나머지 시신은 가공하지 않은 상자에 담겨 소각되었다. 영국은 이 소식에 큰 충격을 받았으며, 소小 피트William Pitt the Younger(영국의 정치가_역주)는 이를 가리켜 '전 세계가 목도한 가장 악랄하고 극악무도한 행위'라 칭했다.[8] 2월 1일 프랑스는 영국과 네덜란드 및 스페인을 상대로 전쟁을 선포했고, 얼마 지나지 않아 온 대륙이 싸움에 휘말리면서 20년도 더 넘게 이어질 전쟁으로 이끌려 들어갔다.

1793년 3월 말에 이르자 미국에도 왕족의 참수 소식이 알려졌는데, 이는 당시 프랑스가 영국보다 도덕적으로 우위에 있음을 강조하던 제퍼슨주의자들에게는 좋지 않은 시기였다. 그들은 이 행위를 비난했을까, 아니면 정당화했을까? 그 해답은 프리노의 「내셔널 가제트」가 '루이 카페, 머리를 잃다Louis Capet has lost his caput'라는 제목의 기사를 내놓음으로써 명확해졌다. 글쓴이는 프랑스 국왕의 죽음을 축하하는 경박함을 내보였다. '이와 같은 말장난은 내가 그의 운명을 가벼이 여기는 것으로 보일 수 있겠다. 확실히 그러하다. 이는 나에게 여느 악인의 처형보다 더한 인상을 주지 못했다.'[9] 글쓴이는 국왕 시해가 '정의의 위대한 행동'을 대표한다고 말했으며, 누구라도 이처럼 고의적인 폭력에 충격을 받은 사람이 있다면 그는 '왕정에 대한 애착의 강력한 잔재'를 품고 있으며 '군주제 지지자 무리'에 속하는 이라고 이야기했다.[10] 이는 곧 해밀턴주의자들을 가리키는 말이었다. 한때는 토머스 제퍼슨도 루이 16세를 가리켜 '좋은 사람'이자 '정직한 남자'라고 칭송했던 적이 있었다.[11] 그러나 이제 그는 군주들이 '다른 범

죄자들과 마찬가지로 쾌히 그 처벌을 받아들여야' 한다고 주장했다.[12]

매디슨은 파리의 그 '어리석고 야만적인 행동들'에 다소 꺼림칙한 구석이 있음을 인정했으나 전반적으로는 제퍼슨만큼이나 공격적인 어조로 프랑스 혁명을 칭송했으며, 그 혁명의 '과정은 아름다웠고 (중략) 결과는 어마어마했다'고 묘사하는 한편 그 적군들을 '인간 본성에 대한 적군'이라 펌하했다.[13] 매디슨은 그들의 프랑스 동무들이 실패했다면 미국의 공화주의도 망했을 것이라는 제퍼슨의 말에 동의했다. 루이 16세 시해에 전혀 당혹해하지 않았던 매디슨은 만일 국왕이 '배신자'였다면 그 또한 '다른 이들과 마찬가지로 처벌을 받아야만 한다'고 말했다.[14] 더불어 그는 제퍼슨과 마찬가지로 프랑스를 깎아내릴 수 있는 사실들을 걸러냈으며, 국왕의 무고와 그 적대자들의 피에 대한 목마름을 이야기하는 신문들을 가리켜 '겉으로만 그럴싸하다'고 조롱했다.[15]

공화파들은 프랑스 혁명을 기뻐하면서 미국 독립혁명에 참전했던 프랑스 장교들에게 미국이 빚진 신성한 부채를 언급했지만, 바로 그 장교들이 혁명의 폭력에 휘말린 희생자들이었다는 사실은 이 완강한 맹목에 숨은 통렬한 아이러니였다. 당시 프랑스 주재 미국 공사였던 거베너르 모리스는 국왕의 처형 이후 해밀턴에게 이를 알리는 편지를 썼다. '이는 미국에서 복무했던 프랑스 장교들의 대다수가 초창기부터 프랑스 혁명에 반대했거나 혹은 후일에 이르러 그것에 반대해야겠다는 의무감을 느낀 데서 일어난 일이었소. 그들 중 일부는 이제 추방된 상태이며 그들의 재산은 몰수되었소.'[16] 군주제가 몰락하면서 라파예트 남작 또한 배신자로 지목되었다. 그는 벨기에로 달아났으나 오스트리아인들에게 붙잡혔고 이후 5년 동안 여러 감옥을 전전했다. 독방에 던져진 그는 결국 완전히 파리하고 수척해졌으며 머리칼이 모두 빠져버린 시체 같은 모습이 되었다. 라파예트의 가족들도 소요에 끔찍하게 시달렸다. 그의 처제와 장모, 장조모는 모두 처형당한 뒤 공동 무덤에 내던져졌다. 미국 독립혁명의 다른 영웅들도 혁명의 광기에 휩쓸렸다. 로샹보 장군은 콩시에르주리 감옥에 갇혔고 데스탱 제독도 처형을 당했다.

공화파가 이와 같은 사건들을 모르는 체했다면, 연방파는 이 사건들을 접하면서 아마도 그들의 친영주의 성향을 한층 더 공고히 하게 되었을 터였다. 이르게는 1792년 3월, 제퍼슨은 자신의 '일화집'에 워싱턴이 '프랑스 혁명이라는 사건에 대한 자신감이 부족'하다고 적었다. '국왕이 도주한 뒤 붙잡혔다는 소식을 들었을 때, 나는 가장 먼저 그에게 이를 전했다. 나는 평생토록 그가 어떠한 사건에 대하여 그토록 낙담하는 것을 또 본 적이 없었다.'[17] 실제로 워싱턴은 프랑스의 유혈 사태에 이골이 나 있었으며, 이 때문에 그와 제퍼슨 간의 골은 한층 더 깊어졌다. 상당한 선견지명으로 프랑스에서 벌어질 일들을 내다본 존 애덤스는 다수의 미국인들이 '너무나 맹목적이고, 분간할 줄도 모르며, 그 경박하고 비현실적이며 무아지경에 빠진 사람들이 벌인 일들에 열광하는' 모습을 유감스러워했다.[18] 그는 '당통Danton, 로베스피에르, 마라 등은 복수의 화신들이다. 용의 이빨들이 프랑스에 심어졌으며 이것들은 곧 괴물들로 자라나게 될 것'이라 경고했다.[19]

알렉산더 해밀턴은 프랑스 혁명에 대해 그 누구보다도 예언적이고 장황한 비난을 쏟아놓았다. 그는 훗날 라파예트에게 군주제의 중단과 9월 학살이 '프랑스 혁명에 대한 나의 선의를 바로잡아주었다'고 말했다.[20] 해밀턴은 파리에서 일어난 대학살을 용납하지 않았고 목적과 수단을 따로 생각하지도 않았다. 그는 혁명이 단 하룻밤 새에, 또는 법과 질서 및 전통을 부인하는 식으로 일어나서는 안 된다고 생각했다. '자유를 위한 투쟁은 그 자체로 존중받을 만하고 영광스러운 일이다.' 그가 의견을 밝혔다. '도량과 정의, 인간애를 통해 이루어진 투쟁이라면 그 투쟁의 모든 친우들이 인간 본성을 경애하도록 만들었을 수밖에 없다. 그러나 범죄들과 낭비들로 더럽혀진 투쟁이라면 그 투쟁에 대한 존중은 사라져 버린다.'[21] 미국 독립혁명은 '국가의 자유롭고, 정규적이며 신중한 행위'였고 '정의와 인간성의 정신'으로 행해졌기 때문에 성공한 것이었다.[22] 이는 사실상 양피지에 쓰이고 문서들과 청원들, 그리고 여타 형태의 법들로 정의된 혁명이었다.

프랑스의 혁명적인 희망들이 자신의 기대를 배신한 데다 미국인 옹호자들이 그 '인류의 연대기를 더럽힌 가장 잔혹하고 피범벅인 데다 폭력적인 사태'를 정당화하기 시작하자 해밀턴은 큰 절망에 빠졌다.[23] 그에게 있어 프랑스의 유토피아적 혁명가들은 질서와 도덕, 종교, 재산권을 제거하기 위해 자유를 강조하는 사람들일 뿐이었다. 해밀턴은 은행가들과 사업가들이 진보적 변화를 이끌어낼 중개자들이라 여겼으나 프랑스인들은 이들을 특히 박해했다. 그는 만일 미국에서도 자유를 향한 사랑이 질서에 대한 보호 장치들을 날려버릴 경우 일어날 수 있는 일들을 프랑스의 대혼란을 통해 미리 엿볼 수 있다고 생각했다. 그가 가장 두려워했던 악몽은 대서양 건너편에서 현실이 되고 있었다. 희망에 찬 혁명이 무차별적인 공포와 권위적인 독재로의 길을 터주고 있었던 것이다. 그는 단정적인 결론을 내렸다. '만일 견고한 선善이 무어라도 존재한다면, 프랑스의 혁명을 그 마지막 단계에 이르기까지 옹호했다는 사실이 불명예로 여겨지는 때가 분명 올 것이다.'[24]

프랑스가 영국을 포함한 왕권 국가들에 전쟁을 선포했다는 소식은 4월 초가 되어서야 미국 해안가에 닿았으며, 해밀턴은 당시 마운트버넌에 머물고 있던 워싱턴에게 '전쟁의 존재를 의심할 여지가 없는 것으로 보인다'면서 이를 알렸다.[25] 워싱턴은 급히 필라델피아로 돌아와 정책을 세웠

알렉산더 해밀턴

다. 그는 거의 본능적으로 중립적이고자 노력했고, 미국 선박들이 친親 프랑스 사나포선들을 상대로 전쟁할 채비를 갖추고 있다는 소문을 무마시켰다. 워싱턴이 도착하기 전부터 중립 선언을 고려했던 해밀턴은 당시 외교 정책에서 서서히 소외되고 있던 토머스 제퍼슨이 아닌 존 제이와 이 문제를 상의했다. 워싱턴은 4월 17일 필라델피아로 돌아왔고, 이튿날 고문들에게 그다음 날 아침 자신의 집에서 회의를 열 것이라면서 열세 개의 질문들에 대해 숙고해올 것을 지시했다. 첫 번째 질문은 다른 무엇보다도 중요한 것이었다. 미합중국은 중립을 선언해야 하는가? 나머지 열두 개로는 모두 프랑스와 관련된 것들이었는데 그중에는 미국이 프랑스 대사를 받아들여야 하는지, 종래의 조약들은 유효한지, 프랑스가 벌이려는 전쟁이 공격적인 것인지 혹은 방어적인 것인지 등이 있었다. 제퍼슨은 프랑스에 대한 회의론이 내포되어 있는 이 질문들을 해밀턴이 만든 것이라고 보았지만, 실은 워싱턴이 부러 직접 작성한 것들이었다.

평소와 같은 맹렬한 확신으로 중립만이 적절한 길이라 믿었던 해밀턴은 이미 워싱턴에게도 '평화의 지속'이 '보편적이며 동시에 긴급하다고 말할 수 있는' 정도로 필요하다고 설교한 바 있었다.[26] 이는 전쟁에 대한 양심의 가책 때문이라기보다, 신생국은 전투를 벌이는 것이 가능해질 때까지 번영과 안정의 기간을 거쳐야만 한다는 판단에 따른 것이었다. 워싱턴의 생각 또한 이와 같았다. 당시 미합중국은 아직 정규 해군조차 갖추지 못한 상태였는데, 해밀턴은 이러한 시점에서의 전쟁은 '한 나라가 관여할 수 있는 가장 불평등하고 그 무엇보다도 재앙을 불러올' 일이 될 것이라고 말했다. 그렇게 벌어진 '전쟁은 우리가 독립국으로서의 존재를 입증하게끔 해주는 것이 아니라, 거의 틀림없이 더 큰 위험들과 참사들을 잉태하고 있음을 증명해보일 것'이었다.[27] 비록 제퍼슨은 프랑스에, 또 해밀턴은 대영제국에 공감하고 있긴 했으나 중립이 유일하게 합리적인 정책이라는 데는 두 사람 모두가 동의했다. 그러나 이 두 장관은 중립을 어떻게 취해야 하는지 그 형태를 놓고 의견을 달리했으며 이로부터 사흘간 열정적인 토론이 이어졌다.

4월 19일의 극적인 회기에서, 영국으로부터 양보를 받아내겠다는 의지에 가득 찬 제퍼슨은 중립 선언을 당장은 혹은 아예 하지 말아야 한다고 워싱턴 앞에서 이야기했다. 왜 가만히 멈추어 선 채 다른 국가들이 미국의 중립을 얻어내고자 하는 것을 기다리지 않는단 말인가? 경악한 해밀턴은 미국의 중립은 협의할 수 있는 문제가 아니라고 못 박았다. 자신의 가공할 만한 설득력을 모두 끌어모은 그는 그로티우스, 바텔, 푸펜도르프 등 국제법의 권위자들을 들먹이며 청중들에게 일격을 가했다. 해밀턴은 그날의 토의를 완전히 주도했고, 이후 내각은 '자국의 시민들이 그 어떤 교전 세력들과도 같거나 다른 편에 서서 전투에 참여하는 것을 금지하는' 선언문을 발표하기로 결정했다.[28] 제퍼슨은 혁명 도중이었던 1778년에 프랑스와 맺었던 조약이 위배된다는 데 경악했지만, 해밀턴은 프랑스가 미국 독립혁명을 지원한 것은 인도주의적인 동기에서가 아니라 오직 영국을 약화시키기 위해서였다고 역설했다. 그는 또한 루이 16세를 실각시킨 프랑스인들이 새로운 정부로 옮겨 가면서 종래의 조약들을 무효로 만들어버렸다고 주장했다. 예상대로 그는 얼마 전 미국에 도착한 프랑스 공사에게 친근한 환영식을 열어주는 데 반대하면서, 만일 그렇게 한다면 미합중국이 프랑스의 대의에 엮이게 될 수도 있다고 우려했다. 그럼에도 제퍼슨은 프랑스 공사를 조건 없이 받아들이기로 하는 문제에서 승리를 거두었으며, 워싱턴은 이로써 자신이 해밀턴의 손아귀에서 놀아나는 꼭두각시가 아님을 증명해 보였다.

해밀턴과 제퍼슨 간에 열띤 토론이 오갔던 그다음 날인 4월 22일, 워싱턴은 중립 선언문을 공포했다. 공식적이고 빠른 행정적 선언을 발표했으므로 해밀턴은 두말할 것도 없이 커다란 승리를 거둔 셈이었으나, 제퍼슨 또한 몇몇 중요한 부분에서 승리를 거두었다. 특히 그는 중립이라는 단어가 프랑스에 대한 단순한 거절로 비춰질 수도 있음을 우려했으며, 이 때문에 선언문에서는 미국 시민들이 교전 세력들을 '우호적이고 공정하게' 다루어야 한다는 표현을 사용했다.[29] 이번 선언은 자랑스러운 독립 미국이라는 개념에 대한 필수적인 선례를 세워줌과 동시에 유럽의 소요를 피해갈 사상적인 방패가 되어주었다. 훗날 헨리 캐벗 로지는 이 선언에 대해 다음과 같은 말을 남겼다. '워싱턴이 이끄는 연방파의 영향력을 이 유명한 선언보다 더 강력히 보여주는 예는 미국 역사상 또 없으며, 어떻게 생각하더라도 해밀턴이라는 인물이 미합중국의 미래에 이보다 더 직접적으로 영향을 미쳤던 적 또한 없다.'[30] 해밀턴은 중립 선언문과 함께 계속해서 미국의 외교 정책에 대한 자신의 견해를 정립해나가고 있었다. 감정적 애착이 아닌 자국의 이익에 근거해야 한다는 것, 소위 국가들의 이타주의는 종종 더 깊은 동기들을 숨기고 있다는 것, 개인들은 때때로 자비롭게 행동하기도 하지만 국가들이 그렇게 하는 경우는 거의 없다는 것 등이 그가 얻은 결론이었다. 인간사에 관한 이 꾸밈없고 냉정한 견해는 아마도 유럽 열강들을 관찰했던 서인도제도 시절의 기억에서부터 비롯된 것일 터였다.

중립 선언은 제퍼슨과 해밀턴 사이에 또 다른 언쟁을 촉발시켰다. 국무장관은 미국 외교 정책의 중요한 이정표가 될 이 선언문의 형태에 반대했으며, 먼로에게 그 분노를 털어놓았다. '해밀턴은 대영제국이 선택할 만한 것을 우리가 거부할 때마다 난리를 피운다.'[31] 매디슨 또한 그 행정 정책의 '영국화된 양상'에 분노했고 중립 선언을 가리켜 '가장 불운한 오류'라고 폄하했다. 그는 본래 입법부가 쥐고 있던 국방에 대한 권한을 행정부가 빼앗아가고 있다고 생각했다. 전쟁과 중립을 선언할 수 있는 권한은 오직 의회만이 가지고 있는 것 아니었던가? 그는 프랑스와의 조약에서 '슬쩍 물러나려는' 해밀턴의 시도가 '조악함과 우둔함 때문에 경멸받을 만한' 수작이라고 비난했다.[32] 미국이 프랑스를 지지하는 편을 선호했던 매디슨은 워싱턴이 '영국 예찬자들의 대중적이지 못한 대의'에 굴복해 버렸다고 개탄했다. 그는 여전히 프랑스 혁명을 자유를 향한 고무적인 싸움으로 여기고 있었으며, 조지 워싱턴이 '다른 나라에서 자유가 거둔 성공으로부터 무엇을 배워야 하는지'를 분연히 물었다.[33]

1793년 4월 8일, 범선 앙뷔스카드Embuscade호를 타고 미국으로 와 사우스캐롤라이나 찰스턴에 당도한 새로운 프랑스 공사는 거대한 군중의 떠들썩한 환영을 받았다. 그의 이름은 에드몽 샤를 주네Edmond Charles Genêt였으나 역사에는 프랑스 혁명으로 유행하게 된 형제식 이름인 '시민 주네Citizen Genêt'로 알려지게 된다[당시 혁명 프랑스에서는 '동무'라는 의미로 서로를 시민(남성은 citizen, 여성은 citizeness)이라 칭했음_역주]. 키가 작고 불그레한 서른 살의 이 외교관은 불타는 듯한 붉은 머리, 경사진 이마, 그리고 매부리코를 가지고 있었다. 거베너르 모리스는 그가 '초짜의 태도와 모양새를 가지고 있다'는 냄새를 맡았다.[34] 비록 정치적으로는 종종 아마추어처럼 굴긴 했으나 그는 아주 훌륭한 이력을 가진 자였다. 여섯 살 때부터 그리스어를 능숙하게 사용했고 열두 살에 스웨덴의 역사를 번역한 바 있는 그는 총 7개 국어를 구사했으며, 훌륭한 음악가였고, 이미 런던과 상트페테르부르크에서 외교 업무를 수행한 적이 있었다. 그는 왕이 참수되기 이전부터 온건파 지롱드Gironde당과 너무나 밀접하게 연관되어 있던 인물이었기 때문에, 시민 주네가 미국에 갈 때는 왕실 사람과 동행할 수도 있다는 추측이 난무했다.

사교 자리들에서 이 부산하고 젊은 특사는 매력적이고 적극적인 모습을 보여주었으나 외교관에게 기대되는 미묘함이나 신중함을 가지고 행동하지는 않았다. 만일 해밀턴이 프랑스 혁명에 대한 자신의 우려를 극적으로 보여주고자 프랑스 공사를 이 나라에 들인 것이었다면, 허영심 많고 사치스러우며 과장된 주네보다 여기에 더 잘 어울리는 이를 떠올릴 수는 없었을 터였다. 이 프랑스인은 해밀턴과 제퍼슨 간의 전쟁터를 확보하고, 고함치며, 무턱대고 그 안으로 뛰어들게 될 것이었다.

시민 주네는 기나긴 의제 목록을 들고 나타났다. 그는 미국이 프랑스에 더 많은 자금과 식량을 포함한 군수 물자들을 지원하기를 바랐다. 이보다 훨씬 더 논쟁이 되었던 것은, 그가 스페인과 영국이 더 이상 북미의 땅을 소유하지 못하게 만들고자 했으며 이를 위해 이미 비밀 요원들을 고용할 준비가 되어 있다는 점이었다. 제퍼슨은 비밀리에 앙드레 미쇼André Michaux 라는 이름의 프랑스인 식물학자를 켄터키 주지사에게 소개시키는 편지를 써줌으로써 주네의 공범이 되었다. 미쇼는 켄터키 사람들을 무장시키고 스페인령 루이지애나와의 국경 분쟁을 일으킬 계획을 세웠다. 제퍼슨의 지원은 중립 정책을 어기는 것이었는데, 이와 비교하자면 해밀턴이 조지 백위스와 가졌던 무허가 회담은 오히려 덜 무분별한 것으로 보일 정도였다.

워싱턴과 해밀턴을 가장 짜증나게 만들었던 것은 공란의 '타국 선박 나포 면허장'이 가득 든 주네의 서류가방이었다. 이 문서들을 통한다면 사선私船을 사나포선으로 임명할 수 있었다. 만일 사선이 이 면허장을 받는다면, 사냥감을 찾아 돌아다니는 선박들은 비무장 영국 상선들을 '전리품'으로서 포획할 수 있었고 포획자에게는 돈이, 프랑스에게는 군사적 이익이 돌아가게 될 터였다. 주네는 미국인 및 프랑스인 선원들을 고용하고자 했다. 사우스캐롤라이나에 터를 잡은 그는 사나포선들에게 미국 항구에서 출항하는 영국 선박들을 먹잇감으로 삼을 허가를 내주었으며, 한편으로는 600명 규모의 군대를 만들어 플로리다의 세인트 어거스틴을 침략하고자 했다. 필라델피아에서 해밀턴은 이 악행들이 '오만의 극치'라고 비난했으며 그 안에 숨겨진 진정한 의도도 밝혀냈다. '주네는 전쟁에서 우리에게 승선하지 않겠다는 태도를 가장하여 이 나라에 왔으나, 그는 간접적 수단들을 통하여 우리를 있는 힘껏 그 안에 끌어들이고 있다.'[35] 해밀턴은 주네가 독자적으로 행동하는 것이 아니라 공식적인 정책을 수행하고 있다고 확신했는데, 이러한 의심은 곧 사실로 드러나게 될 터였다.

　미국에 도착하고 열흘 뒤, 시민 주네는 워싱턴에게 신임장을 제출하기 위해 북쪽의 필라델피아로 향하는 기나긴 여정을 시작했다. 타국의 외교관이라기보다는 정치인 후보자처럼 행동했던 그는 연회들을 통해 환영받았으며, 6주 간의 이 여행은 주요한 정치적 함의를 가지게 되었다. 주네의 존재 때문에 많은 도시들에서 '공화주의자' 혹은 '민주주의자' 단체들이 생겨났고, 그 구성원들은 주네에게 인사를 건네며 서로를 '동료 시민으로서' 받아들였다. 이 단체들은 만일 유럽 열강들이 프랑스 혁명을 전복시킨다면 마찬가지로 미국의 혁명에도 공격을 가하게 될까봐 우려했고, 초조해진 연방파는 이 새로운 단체들이 파리의 대혼란을 일으켰던 강경 자코뱅의 '클럽'을 흉내 내게 될 것을 걱정했다. 이 단체들은 서로 연결된 연락망을 형성했기 때문에, 해밀턴은 이것이 미국 독립혁명의 불꽃을 일으키는 데 도움을 주었던 '자유의 아들들'의 지부 체계를 흉내 낸 것일 수도 있다고 보았다. 해밀턴은 예방 조치로서, 만일 항구에 정박하는 상선에 총구가 뚫려 있을 경우엔 자신에게 보고할 것을 관세징수원들에게 지시했다. 이는 상선이 사나포선으로 바뀌었다는 표식이기 때문이었다.

　주네가 북쪽으로 이동하는 동안 그의 활동들에 대한 논란은 하루가 다르게 거세졌으며, 연방파의 분개가 공화파의 과찬과 맞붙게 되었다. 주네가 여행하는 사이 앙뷔스카드호는 미국 영해에서 영국 선박 그랜지Grange

호를 나포하고선 이 '전리품'을 필라델피아로 끌고 갔다. 조지 해먼드 영국 공사는 워싱턴의 중립 선언을 이보다 더 조롱하는 행동이 따로 없다며 토머스 제퍼슨에게 격렬히 항의했으나, 국무장관은 미국법을 위반한 이 행위를 개인적으로 칭찬했다. 그랜지호가 필라델피아에 당도하자 제퍼슨은 기쁨을 감추지 못했다. "그 배가 모습을 드러내기 시작하자 수천의 수천 명이 (중략) 부두를 가득 메우고 뒤덮었다오." 그가 제임스 먼로에게 한 말이다. "나는 그곳이 그토록 북적이는 모습을 본 적이 없으며, 영국 국기가 *뒤집히고* 프랑스 국기가 머리 위에 나부끼자 그들은 의기양양하게 종소리를 울려댔소."[36] 주네에게 홀린 제퍼슨은 매디슨에게 자신이 '모든 것을 제공했고 그 무엇도 요구하지 않았다. (중략) 그가 맡은 임무의 취지보다 더 애정 깊고 더 아량 넓은 것은 존재할 수 없다'고 알렸다.[37]

이 모든 것들은 1793년 5월 16일 시민 주네의 득의만면한 필라델피아 상륙을 장식하는 서곡이었다. 주지사 토머스 미플린이 일련의 축포 발사와 함께 그를 맞이했다. 공화파들은 주네가 프랑스-미국 간의 관계를 굳힐 수 있도록 애정을 쏟아부어 주길 희망했고, 두 국가의 국기들은 도시 전역에 나란히 게양되었다. 프랑스 지지자들은 필라델피아에서 가장 큰 연회장을 빌려 '우아한 도시식 식사'를 가졌으며, '자유의 모자'를 돌렸고(기부금을 걷었다는 의미_역주), 마르세예즈(프랑스 국가_역주)를 소리 높여 불렀다. 주네 공사는 심지어 필라델피아의 자코뱅 클럽에 가입하기까지 했다. 의기양양해진 제퍼슨은 매디슨에게 이렇게 말했다. "전쟁은 우리의 관심만으로는 절대로 불러일으킬 수 없었을 정도의 큰 열정을 두 정당에게 불어넣고 점화시켰소."[38] 한 연방파 인사는 주네에게 쏟아졌던 경배를 믿을 수 없다며 글을 남겼다. '숫자들이나 말로써는 사람들이 그에게 퍼부은 포옹들과 키스들을 다 표현할 수 없다. (중략) 그 *시민*은 몸 구석구석 경애를 받지 않은 곳이 거의 없었다.'[39]

사람들이 그에게서 동지애와 고결한 정신을 찾는 동안, 해밀턴은 미국의 외교 정책을 전복시키려는 음모가 태동하고 있음을 감지했다. 주네의 환영식을 계획한 사람들은 미합중국 정부의 한결같은 적들이자 방해꾼이었던 자들과 일치했다.[40] 필라델피아는 공화파의 정서가 짙게 밴 곳이었고, 주요 인사들은 자신의 친프랑스 성향을 과시했다. 존 애덤스는 마라와 로베스피에르를 위한 축배들이 연신 이어지는 데 깜짝 놀랐으며, 그 중 미플린 주지사가 올린 축배 하나를 다음과 같이 회고했다. "프랑스를 지배하는 힘이시여. 미합중국이 그들과 연합하여 영국에게 전쟁을 선포하도록 하소서."[41] 당시에 너무도 마구 날뛰는 친프랑스 열기 때문에 애덤스는 연방파를 상대로 폭력이 벌어지지는 않을지 우려했다. '당신은 1793년 주네가 불러온 공포를 전혀 느끼지 못했음이 분명하오.' 몇 년 후 애덤스가 제퍼슨을 책망하며 남긴 말이다. '수만 명의 사람들은 날이면 날마다 필라델피아의 길거리에 서서, *워싱턴을 관저에서 끌어내고* 정부 내의 혁명을 일으키거나 혹은 프랑스 혁명에 찬동하면서 영국에 대한 전쟁을 선포하도록 강제할 것이라고 *위협했소*.'[42] 부통령이었던 애덤스는 자신 또한 공격에 노출되어 있다고 생각했고, 이에 뒷길을 통해 육군성에서 자신의 저택으로 무기들을 빼돌려 가족과 친구들, 하인들을 보호할 수 있는 채비를 갖추어두었다. 여전히 불안정한 곳이었던 이 신생 공화국에는 외세의 음모와 내전, 혼돈, 그리고 연합의 해체에 대한 두려움이 아직까지 가득 차 있었다.

조지 해먼드와 나눈 사담에서, 해밀턴은 미국을 프랑스 측으로 참전시키려는 노력에 자신이 적극적으로 대항하겠노라 약속했다. 그는 또한 미합중국이 혁명 정부에게 큰 진전을 가져다주지는 못할 것이라고 예상했으며 프랑스에 대한 채무 이행을 연기시켰다. 런던에 보내는 서신에서 해먼드는 '*대외적인* 평온을 위협하는 그 어떤 일이라도 벌어진다면 국가의 이익과 그의 (중략) 개인적인 명성 및 (중략) 야망을 위해 그가 세운 체계에도 치명적인 위협이 될 것이기 때문에' 해밀턴이 미국의 중립성을 지지할 것이라고 언급했다.[43] 만일 해밀턴이 해먼드와의 비공식 회담을 통해 제퍼슨에 대한 불충을 저질렀다면, 제퍼슨 또한 이에 상응하는 보답을 했다. 필라델피아에 도착하고 나서 얼마 후 주네는 파리의 상관에게 자신이 국무장관과 솔직한 대담을 나누었다고 보고했다. '제퍼슨은 (중략) 관직의 사람들에 대한 요긴한 정보들을 주었으며, 영국의 이익에 편향된 [로버트] 모리스 상원의원과 해밀턴 재무장관이 대통령의 판단에 가장 큰 영향력을 행사하고, 이것이 그들의 시도를 상쇄하는 데 있어 자신이 겪는 유일한 어려움이라며 제게 숨김없이 말해주었습니다.'[44]

프랑스 혁명의 결과와 그 정당성 모두에 의구심을 가졌던 해밀턴은 주네에게 보다 낮은 외교적 지위를 주자고 워싱턴에게 제안했다. 워싱턴은 그의 의견을 기각하고선 제퍼슨에게 프랑스 대사를 정중하게, 그러나 너무 따뜻하지는 않게 맞이할 것을 지시했다. 제퍼슨은 이것이 해밀턴의 의견에 대한 워싱턴의 '작은 희생'이라고 해석했다.[45] 주네가 처음으로 당도했을 때, 제퍼슨은 그가 데리고 온 찰스턴의 무장 사나포선들을 격퇴하려는 노력들에 저항했다. 다른 모든 내각 구성원들─워싱턴, 해밀턴, 녹스, 랜돌프─은 이 행위들이 미국의 주권에 대한 모욕이라 여기며 그 선박들을 쫓아내고자 했다. 6월 5일에 이르자 제퍼슨도 주네에게 사나포선들에 대한 지원은 이제 그만하고 미국 시민들을 데려다 거기에서 일하도록 만드는 일도 멈추라고 이야기해야만 했다. 이 시점에서 주네는 다시 한 번 누구도 흉내 낼 수 없을 경솔함을 드러내 보였다. 제퍼슨이 경고한 지 고작 열흘 뒤, 그는 나포한 영국 상선 리틀세라Little Sarah의 이름을 라쁘띠데모크라트La Petite démocrate로 개칭한 뒤 무장 사나포선으로 바꾸는 작업에 돌입했다. 해밀턴의 말을 빌리자면, 이를 통해 주네가 '정부의 눈이 바로 닿는' 필라델피아에서 미국의 명령들을 어겼다는 점이 사람들을 한층 더 화나게 만들었다.[46] 해밀턴과 녹스는 이 선박을 영국에 돌려주거나 미국 해안에서 송환시켜야 한다고 생각했고, 워싱턴은 제퍼슨의 반대를 무릅쓰고 두 번째 의견을 받아들였다.

이 복잡한 시국의 한가운데였던 6월 21일, 해밀턴은 워싱턴에게 편지를 써서 의회의 다음 회기가 끝나는 1794년 6월에 사임하고 싶다는 뜻을 밝혔다. 그는 자신이 출범시켰던 계획들을 실행할 충분한 시간, 또 윌리엄 브랜치 자일스가 이끄는 현재진행형의 취조로부터 자신의 오명을 씻어낼 충분한 시간을 원했으나 관직이 주는 제한들로 방해받고 있다고 이야기했다. 그는 계속해서 프랑스 혁명을 비판하는 장광설을 풀어놓았다가 이 편지를 서랍 속에 고이 넣어두었다.

해밀턴이 워싱턴에게 보낼 편지를 휘갈겨 쓴 그 다음 날, 시민 주네는 제퍼슨에게 프랑스는 미국 항구에 위치한 선박들과 더불어, 나아가 미국 국민들이 자신에 동의하는 경우엔 그들까지 무장시킬 권리가 있음을 알려왔다. 그 뻔뻔스러움에 깜짝 놀란 해밀턴은 주네의 편지를 가리켜 '타국의 공사가 자신이 기거하는 우호적인 나라에 보낸 모든 편지들 중 가장 모욕적인 문서일 것'이라 칭했다.[47] 며칠 후 해밀턴은 주네와 팽팽한 대화를 나누었는데, 여기서 그는 프랑스가 유럽 전쟁을 촉발시킨 장본인이고 이로써 미국은 이전에 그들이 체결한 방위조약을 이행할 의무가 모두 없어졌다고 말했다. 해밀턴이 워싱턴의 중립 선언권을 변호하자 주네는 행정 권력의 이와 같은 남용이 의회의 특권을 찬탈하는 것이라고 쏘아붙였다. 이 장면에는 결정적으로 우스꽝스러운 요소가 하나 있었으니, 『연방주의자 논집』의 주요 저자에게 주네가 미국 헌법의 해석에 대해 설교하고 있었다는 점이 그것이었다.

7월 6일, 시민 주네는 지금까지의 실수들은 다 하찮은 정도로 만들어버리는 어마어마한 실수를 저질렀다. 당시 워싱턴은 마운트버넌에 가 있었는데, 주네가 이 틈을 타 펜실베이니아 주정부 국무장관인 알렉산더 J. 댈러스Alexander J. Dallas에게 자신이 미국의 중립성을 거부한다는 바를 알린 것이다. 그는 자신이 워싱턴을 넘어서서 미국 국민들에게 직접적으로, 미국 항구들에 프랑스 사나포선들이 자리 잡도록 도와달라고 호소할 계획이라 말했다. 주네는 이전의 경고들을 단순히 어기는 정도가 아니라, 눈치도 없이 미국 정부를 모욕하면서 감히 조지 워싱턴의 따귀를 날리려 하고 있었던 셈이다. 댈러스는 이 이야기를 미플린 주지사에게 전했으며 미플린은 해밀턴과 녹스에게, 그리고 그들은 워싱턴에게 이를 전달했다. 주네가 제퍼슨에게 걸어놓았던 주문도 이로써 단번에 종적을 감추었다. "내가 생각건대, 작금의 프랑스 정부가 이곳에 임명한 저자보다 더 큰 재앙을 부를 인사는 절대 또 없었소." 그가 매디슨에게 항의했다. '성급하고, 몽상뿐이며, 판단은 없고, 격정적이고, 무례한 데다 심지어는 대통령께 정숙지 못한 글과 말을 건넸소. (중략) 그는 나의 입장을 극도로 어렵게 만들고 있소."[48]

해밀턴은 격분했지만 한편으로는 프랑스를 향해 쓸 수 있는 묵직한 무기를 주네가 선사해주었음을 유념했다. 7월 8일, 해밀턴과 제퍼슨, 녹스는 주 의사당에 모여 라쁘띠데모크라트호의 처리에 대해 논의했다. 자리를 비웠던 워싱턴은 이미 미국 항구에 있는 무장 사나포선들이 저지되거나 강제 압수되어야 한다고 판단한 바 있었다. 해밀턴과 녹스는 델리웨어 강을 따라 몇 마일 내려간 곳에 위치한 전략적 요충지인 머드 아일랜드에 무장 민병대를 배치하여 도주 선박들을 붙잡고자 했다. 제퍼슨은 배 그 자체보다는 그 배에 승선한 미국인 선원들을 보다 부드럽게 다루기를 희망했다. 약조를 한 것은 아니었으나, 주네는 제퍼슨에게 워싱턴이 돌아오기 전까지는 라쁘띠데모크라트호를 필라델피아에서 출항시키지 않겠다고 말했다. 주네를 신뢰하지 않았던 해밀턴은 그 범선이 달아나는 것을 막을 강제 조치를 취하고자 했다. 한 메모에서 그는 '한 정부에게 있어 자신감이나 자존감이 부족해지는 것만큼이나 더 위험한 것은 없다는 말은 가장 잘 확립된 사실이자 최고로 중요한 사실'이라고 적었다.[49] 그러나 해밀턴은 무력 사용에 대한 동료들의 동의를 얻어내지는 못했다.

워싱턴은 7월 11일 필라델피아로 돌아왔다. 7월 12일 항구를 빠져나간 라쁘띠데모크라트호는 머드 아일랜드를 지나쳐 항해해 가는 데 성공했다. 해밀턴은 이 소식을 접하자마자 곧바로 프랑스 정부에게 주네의 소환을 요청하자고 제안했고 제퍼슨조차 아무런 반대 의견을 내놓지 않았다. 며칠 후에도 라쁘띠데모크라트호는 여전히 항해 중에 있었다.

해밀턴은 주네의 상스러운 행동들을 지켜보면서 자신의 견해를 대중 앞에 내보이고 싶은 욕망을 오래도록 억눌러왔다. 그는 애초에 사건들을 조용히 관조하는 사람으로 태어나지 않았던 것이다. 6월 말에 이르자 더 이상 자신을 제지하지 못한 해밀턴은 서둘러 글을 써냈다. 1793년 6월 29일, 자신을 '파시피쿠스Pacificus'라고 칭한 저자가 「가제트 오브 더 유나이티드 스테이츠」에 중립 선언문을 변호하는 사설 일곱 편의 첫 번째 편을 실었다. 해밀턴의 이 글들은 7월 한 달에 걸쳐 1주일에 두 번씩 게재되었으며, 그 영향력은 시민 주네의 터무니없는 행동이 이어지면서 한층 커져갔다.

첫 번째 논설에서 해밀턴은 오직 의회만이 전쟁을 선포할 권리를 가지고 있으므로 마찬가지로 중립 선언 또한 의회만이 선포할 수 있다는 논리에 반박했다. 해밀턴은 만일 '한편에서 의회가 전쟁을 일으킬 권리를 가진다면, 다른 한편에서 행정부는 전쟁이 선포될 때까지 평화를 유지해야 한다는 의무를 진다'고 지적했다.[50] 행정부의 권한이 외교에까지 미치며 특히 위급 상황에서는 더더욱 그러하다고 다시 한 번 말한 셈이었다. 그는 또한 중립을 놓고 벌어진 이 난리법석이 사실 워싱턴을 약화시키거나 관직에서 축출하려는 반대 세력의 의도에서 벌어진 것은 아니겠냐고 추측했다. 두 번째 글에서 그는 중립 선언이 프랑스와의 방어동맹조약을 침해한다는 설을 반박했다. 해밀턴은 그 조약이 공격 전쟁에는 적용되지 않으며, 프랑스가 먼저 유럽 열강들에게 전쟁을 선포했다는 사실을 지적했다. 세 번째 글에서 해밀턴은 만일 미국이 프랑스의 편에 서서 전쟁에 끌려들어 갈 경우 입을 수 있는 막대한 피해를 상기시켰다. 대영제국과 스페인은 그들의 영향력 하에 있는 '수많은 원주민 부족들'에게 미국을 내부에서부터 공격하라고 선동할 수 있을 터였다. 게다가 '기나긴 해안선이 있고, 요새화는 전혀 되어 있지 않으며, 400만 명에 채 못 미치는 인구를 가진' 미합중국은 처음부터 불공평한 싸움에 뛰어드는 격이었다.[51]

뒤이은 글들에서 파시피쿠스는 루이 16세가 자애로운 남자이자 미국의 진정한 친구였다고 소개했다. '존경하는 프랭클린이 자신의 글들을 통해 이를 반복적으로 증명해 보이지 않았다고 한다면 나는 아주 잘못 알고 있는 셈이다.'[52] 그는 미국 독립혁명에 대한 프랑스의 지지가 국왕 및 고위 정치인들 사이에서 비롯된 것이지 대중으로부터 나온 것은 아니라고 주장했다. '[미국을 지원하기로 했던] 결정에 우리가 되갚아야만 하는 호의가 있었다고 한다면 그것은 바로 루이 16세가 보여준 호의다. 그의 심장은 호의의 보고였다.'[53] 세상을 떠난 왕에게 공감을 표한다는 것은 해밀턴으로서도 자신이 군주제 지지자였다는 오명을 뒤집어쓸 각오를 한다는 것이나 마찬가지였다. '파시피쿠스' 시리즈의 마지막 편에서 해밀턴은 '군대도 함대도 없는' 이 나라는 전쟁을 치르기에 아직 너무 미숙하다는 이유를 들어 미국의 중립을 옹호했다.[54] 그 견해를 보충하기 위해 해밀턴은 중립 선언에 대한 대중의 지지를 내보이는 집회들을 조직했다.

해밀턴은 외교 정책에 대한 자신의 의견을 그 열정적인 실용주의를 통해 잘 보여준 '파시피쿠스' 시리즈를 항상 아꼈다. 훗날 그는 『연방주의자 논집』 1802년판에 이 논설들을 함께 넣으면서, 그의 '몇몇 친구들은 이것이 그가 남긴 최고의 글이라고 칭했다'는 말을 출판사에 전했다.[55] 해밀턴은 이 논설들 모두를 한데 묶는 일에 상당한 즐거움을 느꼈을 것이다. 이로써 『연방주의자 논집』의 또 다른 주요 저자인 제임스 매디슨이 앙심에 찬 반응을 보였기 때문이다. 제퍼슨은 매디슨이 중립 선언을 두고 해밀턴과 맞서도록 부추겼다. '파시피쿠스' 논설들 몇 편을 읽어본 제퍼슨은 경악을 금치 못하면서 다시 한 번 해밀턴에게 반박하기 위한 대리인을 내세우기로 결정했다. 7월 7일, 그는 매디슨에게 재무장관을 향해 창을 겨누라고 촉구했다. '아무도 그에게 반박하지 않고 있으니 이로써 그의 신조들은 곧 진실한 것으로 받아들여질 것이오. 그러니 친애하는 경, 제발 당신의 펜을 들고, 가장 충격적인 이단을 골라 대중의 눈앞에서 그를 갈기갈기 찢어버리시오. 그 사람과 같은 선상에 오를 수 있고 또 그렇게 할 자는 당신뿐이오.'[56]

제퍼슨은 중립 선언에 내재된 확장적인 행정권에 저항할 기회를 매디슨이 붙잡을 것이라 생각했었음이 분명하다. 그러나 매디슨은 이를 꺼렸다. 당시 버지니아의 농장에 머물고 있었던 그는 제퍼슨에게 '파시피쿠스'에 반박하는 데 반드시 참고해야만 하는 책들이나 문서들이 없는 데다 자신이 여름의 열기에 잡아먹혀 버렸다고 말했으며, 자신의 집을 방문한 손님들이 예상보다 너무 오래 머무른다는 탓도 했다. 매디슨조차 해밀턴과 맞설 생각에 몸을 떨었던 것일까? 모든 변명이 바닥난 그는 마침내 제퍼슨에게 툴툴대며 말했다. '저는 억지로라도 그에 답해야 하는 과제를 손에 잡았습니다. 진정으로 말하건대 이는 제가 경험하는 가장 속 시끄러운 일이 될 것입니다.'[57]

결국 매디슨은 '헬비디우스Helvidius'라는 이름으로 나타나 다섯 편의 논설들을 내놓으면서 해밀턴에게 대항했다. 첫 번째 편에는 '연방주의자' 저자들 간에 자라났던 깊은 반감이 그대로 반영되어 있었다. '최근 몇몇 글들이 파시피쿠스라는 자의 서명과 함께 게재되었는데 오직 외국인들과 우리 중의 퇴폐한 시민들, 그리고 우리의 공화 정부와 프랑스 혁명을 혐오하는 자들만이 이 글을 기쁘게 읽고 칭찬했다.' 매디슨은 '중립이라는 가면' 뒤에 '은밀한 친영주의'가 숨어 있다고 비난했다.[58] 그는 해밀턴이 중립 선언문을 지지한다는 것을 이유로 그가 군주제 지지자라고 쏘아붙였다. 그 같은 특권은 '영국 정부에서 왕족이 가지는 특권이자 이에 따라 영국인들이 행정부의 특권이라고 해석하는 것'이기 때문이라는 식이었다.[59]

해밀턴의 것보다 한층 더 무미건조했던 이 글에서, 매디슨은 중립 문제에 한층 더 엄격한 법의 해석을 적용해야 한다고 말했다. 그는 헌법이 행정부 수반에게 특정 권한을 부여하고 있는 경우를 제외한다면 외교 정책에 관한 모든 권한은 대통령이 아닌 의회에 전적으로 돌아가기를 바랐다. 제퍼슨은 이처럼 대통령의 선언에 대한 공격을 사주하는 데 아무런 가책을 느끼지 않는 것처럼 보였고, 매디슨의 글을 수정해주는 동시에 그에게 내각의 기밀들을 이야기해주기까지 했다.

자신이 몸담은 행정부에 반대하는 여러 조항들을 부추겼던 제퍼슨은 이것이 워싱턴의 기분을 상하게 만들고 있음을 알고 있었다. 그는 대통령에게도 공감했으나 한편으로 대통령은 마땅히 그러한 기분을 느껴야 한다고 생각하기도 했다. 6월경 그는 매디슨에게 다음의 편지를 보냈다.

대통령께서는 상태가 좋지 않으시오. 약간의 미열이 1주일 혹은 열흘 동안이나 떠나지 않고 있으며, 이 때문에 외관도 눈에 두드러질 만큼 수척해졌소. 그는 또한 공개 논설들이 자신에게 계속 퍼붓는 공격에도 상당한 영향을 받고 있소. 생각건대 아마 그는 내가 만나본 사람들 중 그런 것에 가장 크게 영향을 받는 사람인 듯하오. 그것을 보게 되어 매우 유감이오. (이후 제퍼슨은 워싱턴이 자신에 대한 그 공격들을 자초했음을 암시했다.) 본연의 그는 신성한 체하며 숭배를 받아왔지만, 왕실의 누더기를 걸치고 나면 그것을 갈가리 찢지 않고서는 벗겨낼 수도 없을 것이오.[60]

다사다난했던 1793년 여름 동안 행정부 내부의 싸움은 점점 더 극악무도해져갔다. 7월 23일, 워싱턴은 이제 비현실적인 분위기를 띠기 시작한 내각 회의를 개최했다. 대통령은 프랑스의 심기를 건드리지 않으면서 주네의 소환을 요구하고자 했기에, 해밀턴은 현재 정부가 마주한 위기에 대한 기나긴 장광설을 늘어놓게 되었다. 그는 정부를 '전복시키려' 하는 '당파' 하나를 언급하면서, 그것의 발전을 막으려면 행정부는 주네의 꼴사나운 행동들에 대한 모든 이야기를 공개해야 하며 만일 그렇게 하지 않는다면 사람들은 '선동가들'에 합세할 것이라 말했다.[61] 그 당파의 정신적 지주인 토머스 제퍼슨이 바로 그 방 안에 앉아 있었다는 사실은 이 극적인 장면을 너무나도 비현실적으로 만들어주는 대목이다.

그해 여름 제퍼슨은 해밀턴을 지지할 수도, 또 피해갈 수도 없음을 깨달았다. 해밀턴은 재무부 일과 겸하여 언제나 익명의 언론인으로 활동하고 있었다. 7월 말 「아메리칸 데일리 애드버타이저」는 그가 쓴 '자코뱅은 안 된다No Jacobin'는 제목의 글을 실었는데, 이는 앞으로 4주간 해밀턴의 펜에서 흘러나올 아홉 편의 사설들 중 첫 번째 것이었다. 그는 초장부터 번개를 내리꽂았다. '이 도시에는 *프랑스 공화국의 공사가 국민들에게 호소할 것이라면서 미합중국의 대통령을 위협했다는* 소문이 공공연하게 돌고 있다.'[62] 지금까지 기밀로 다루어졌던, 워싱턴에 대한 주네의 이 무례

알렉산더 해밀턴

하기 짝이 없는 행동이 대중에게 공개되자 여론은 크게 출렁였다. 그다음 주, 해밀턴은 주네가 국내 정치에 간섭하려 했다며 비난을 이어나갔다. '이토록 치명적이고 알려지지도 않았지만 이렇게나 혐오스러운 가식을 이 나라의 시민이 옹호하게 되려면 도대체 얼마나 비열하게 굴고 얼마나 열심히 자신을 팔아넘겨야만 하는가!'[63]

8월 1일 제퍼슨은 매 토론마다 자연스럽게 완벽한 연설들을 쏟아냈던 인간 워드 머신, 해밀턴이 있는 내각 회의에 또다시 갇혀버린 자신을 발견했다. 재무장관은 시민 주네와 주고받았던 해로운 서신들을 모두 폭로해야 한다고 강력히 역설했다. 제퍼슨의 기록을 보면 우리는 해밀턴이 워싱턴의 자그마한 내각에서 얼마나 극적인 태도를 보였는지 엿볼 수 있다. '해밀턴은 한 시간당 45분씩을 차지하고선 즉석에서 연설을 해댔다.' 지친 기색의 제퍼슨이 일기에 쓴 말이다. '그는 마치 배심원에게 이야기하는 양 선동적이고 웅변적인 연설을 쏟아냈다.'[64] 필요한 말만을 하곤 했던 제퍼슨이 이 고무적인 수다쟁이를 대하는 데서 얼마나 큰 당혹감을 느꼈을지는 누구라도 알 수 있었다. 이튿날에 그는 이렇게 적었다. '다시 만났을 때에도 해밀턴은 또 한 시간당 45분동안 발언했다.'[65] 마치 유럽 왕실들이 제기했던 혐의들을 되풀이하듯 해밀턴은 프랑스가 혁명을 다른 나라들에도 수출하고자 했다고 이야기했다. 속으로 해밀턴을 공화 정부에 대한 반역자라고 매도했던 제퍼슨은 일기에 이렇게 적었다. '자유라는 대의에 대한 이 얼마나 치명적인 모독인가, 브루투스 너마저.'[66]

이 시점에서 제퍼슨 또한 드디어 자신의 의견을 내놓았다. 예상했던 대로 그는 주네에 대한 정부의 대응이 어떠했는지를 폭로해서는 안 된다고 주장했으며, 나아가 주네가 미국에 온 이후에 생겨난 '민주주의' 단체들을 탄압하는 것은 절대 무익하리라고 경고했다. 만일 정부가 이 단체들을 탄압한다면 사람들은 이제 단순히 '자발적인 집회의 권리를 주장하기 위하여' 그 단체들에 가입할 것이라는 게 제퍼슨의 주장이었다.[67] 그의 주장은 제대로 받아들여졌지만, 이로써 그는 대통령이 자신에게 보내는 신임을 잃고 말았다. 얼마 지나지 않아 그는 아주 극적인 사건을 통해 이 사실을 발견하게 될 터였다.

　워싱턴은 해밀턴과 제퍼슨 사이에서 공평을 유지하기 위해 영웅적인 불굴의 용기로 애를 썼지만 그조차도 더 이상 내각 내부의 불화를 용인하는 것은 불가능해졌다. 격정을 억눌러왔던 예민한 남자 워싱턴 또한 프리노의 「내셔널 가제트」를 통해 자신에게 쏟아졌던 악랄한 비난들을 견디지 못했다. 워싱턴이 중립 선언문에 서명한 것은 '영국 사람들Anglomen'이 그의 머리를 잘라버리겠다고 협박했기 때문이라는 글을 5월에 프리노가 신문에 싣자 워싱턴은 제퍼슨에게 프리노를 국무부에서 해임시키라고 요구했다. 「내셔널 가제트」가 나라를 군주제로부터 지켜냈다고 굳게 믿었던 제퍼슨은 워싱턴의 요구에 순응하지 않았다. 이즈음 한 내각 회의에서 헨리 녹스는 '조지 워싱턴 장송곡'이라 불리던 천박한 풍자 공격 하나를 입에 올리고 말았다. 워싱턴이 마치 루이 16세처럼 기요틴으로 처형될 것이라는 그 명예훼손적인 노래는 프리노가 쓴 것으로 추정되었다. 녹스의 발언은 워싱턴의 마음속 도화선에 불을 붙였으며, 비록 겉보기에는 침착했으나 그는 언제 터져도 이상하지 않을 상태에 이르렀다. 제퍼슨은 '일화집'에서 그 흔치 않았던 광경을 묘사했다.

　　대통령은 매우 격앙되었는데, 그는 자신을 통제하지 못할 때 그러한 격정에 빠지곤 했다. 그는 자신에게 쏟아진 개인적인 모욕들을 줄줄이 읊었고, 자신이 몸담고 있는 정부가 가장 순수한 동기들로만 이루어진 것은 아니었으므로 지구 상의 그 어떤 남자도 자신이 행했던 것과 같은 행위를 단 하나라도 이루어내지 못했을 것이라 했으며, 자신이 한 번도 후회한 적은 없지만 한 번이라도 실수하는 순간은 곧 관직을 내려놓는 순간이며 이후로는 그 순간이 전부이게 되리라고 [말했고], *하나님의 뜻에 따르자면* 자신은 현재의 상황보다 차라리 무덤 속에 누워 있었을 것이고, 세계의 황제로 만들어지기보다는 차라리 자신의 농장에서 머물렀을 것인데, 그럼에도 그들은 자신에게 왕이 되고자 했다는 혐의를 씌운다 했다. *프리노라는 악당*은 마치 자신이 신문 배급자라도 된다고 생각하는 양 매일 자신에게 신문 세 부를 보내는데, 여기에서는 자신을 모욕하려는 무례한 의도 외엔 다른 무엇도 찾아볼 수 없다고 했다. 그는 이처럼 고조된 어조로 끝을 맺었다. 잠시간 정적이 있었다. 우리의 토론을 재개하는 데는 다소 어려움이 있었다.[68]

제퍼슨은 그해 8월 내각에서 거의 점수를 올리지 못했다. 중립국으로서의 미국은 교전국들로 하여금 미국의 항구에 사나포선들을 정박시키도록 놔두거나 그들에게 피난처를 제공해서는 안 된다는 판단이 세워졌다. 해밀턴은 관세청의 수장으로서 이를 위반하는 자들을 처벌하며 외교 문제에서 자신의 영향력을 공고히 했다. 그동안 제퍼슨은 해밀턴의 권력을 깎아내릴 음모를 세웠다. 8월 11일, 그는 매디슨에게 기밀 편지를 보내어 새로운 하원에서는 공화파가 더 많은 의석을 차지해야 한다고 말했다. 이로써 두 가지 조치를 통해 해밀턴을 약화시킬 때가 무르익고 있는 셈이었다. 관세 업무와 국내 세금 업무를 구분시켜 재무부를 분할시키는 조치가 하나였고, 미합중국은행과 정부 간의 모든 연결고리를 단절시키는 것이 다른 하나였다. 제퍼슨은 해밀턴을 약화시키지 못한다면 그의 부처 자체를 그렇게 만들고자 했던 것이다.

구제 불능의 주네 때문에 생겨난 혼란이 점점 커지는 와중에도 제퍼슨은 주네의 무례한 행동에 대한 모든 이야기들을 공개하려는 내각의 움직임을 여전히 가로막고 있었다.[69] 그는 자신이 '부유한 귀족들, 영국과 긴밀히 연관된 상인들, 증권으로 돈을 번 졸부들' 무리와 어울리는 것을 혐오한다며 사퇴하겠다고 워싱턴을 협박했고, 미국에 군주제를 불러오려는 움직임이 있음을 다시 한 번 언급했다.[70] 제퍼슨은 주네의 불쾌한 행동들을 비밀에 부치는 것에 워싱턴이 동의할 때에만 그해 말까지 자리를 지키겠다고 했다. 내각 동료들은 계속해서 이에 반대했다. "해밀턴과 녹스는 전에 없던 열정으로 국민들에 대한 호소를 밀어붙였네." 제퍼슨이 매디슨에게 한 말이다.[71]

해밀턴은 루퍼스 킹 상원의원과 존 제이 연방대법원장으로 하여금 한 뉴욕 신문사에 폭로의 투서를 보내게 만듦으로써 이 이야기를 간접적으로 누설했다. 격앙된 주네는 워싱턴에게 항의하면서 '그 어둠의 중상모략들을 소멸시킬 것'을 다급히 요청했다.[72] 그의 편지에서 드러난 무절제한 어조는 그가 협력자를 찾았다는 의심들을 한층 더 키울 뿐이었고, 이에 따라 제퍼슨은 8월 16일 주네의 소환을 요청하는 편지를 프랑스에 보낼 수밖에 없었다.

제퍼슨은 주네에 관한 이야기들이 연방파가 지어낸 거짓말은 아니었음을 인정하며 매디슨에게 이렇게 말했다. "자네도 G[주네]가 국민들에게 호소하겠다고 협박했다는 것을 놓고 왈가왈부하는 모습을 보게 될 걸세. 확언컨대 그것은 사실일세."[73] 8월 내내 매디슨과 먼로는 프랑스가 미국 독립혁명을 도와주었던 것에 대해 감사 인사를 표하는 결의안을 작성했다. 워싱턴이 시민 주네와 갈라서자 풀 죽은 매디슨은 그것이 '자유의 원칙들, 미국 혁명과 프랑스 혁명이 근거를 둔 그 원칙들의 계몽된 친구들 모두에게 크나큰 고통을 줄 것'이라 말했다.[74] 필립 프리노 또한 프랑스 혁명이 악랄한 면모를 드러냈음을 인정하지 않았다. 9월 초 그는 두 혁명들의 평행 관계를 강조하기 위해 프랑스 인권 선언과 미국 헌법을 연이어 출판했다.

그러나 파리의 상황은 곧 이 명제를 약화시켰다. 그해 봄 파리에서는 공안위원회가 설립되었고, 곧이어 이것이 혁명적인 공포를 주도하는 기구로 거듭나는 모습이 목도되었다. 6월에는 중도파이자 주네의 소속 정당이었던 지롱드당이 제거되었으며, 급진적인 자코뱅당이 하원을 장악했다. 해밀턴은 당시 동맹국을 위협했다는 혐의로 주네를 면직시켜달라는 미국의 요구를 프랑스 공직자들이 들어줄 가능성이 자코뱅의 승리를 통해 더욱 커졌다는 점을 간파했다. 로베스피에르가 이끄는 자코뱅은 자신들의 공포 정치에 방해가 될 만한 모든 장애물들을 치워버렸고, 가을에 이르자 야간 자택 수색과 임의 체포는 일상적인 일이 되었다. 사제들은 박해받았으며 교회들은 파괴되었다. 노트르담 대성당이 '이성理性 숭배의 신전Temple of Reason'으로 개칭된 것도 이 때문이었다. 10월 16일, 마리 앙투아네트Marie Antoinette 혹은 '미망인 카페widow Capet'는 감옥에서 끌려나와 자그마한 농장용 수레에 처넣어졌고, 야유를 퍼붓는 시민들을 가르며 길거리를 행진한 뒤 참수되었다. 10월 31일 단 하루에만 스물한 명의 지롱드 당원이 처형되는 등 기요틴은 너무나 바삐 움직였다.

해밀턴은 피투성이의 운명이 파리에서 시민 주네를 기다리고 있다는 소식을 듣자마자 그가 미국에 남아 있게 해달라고 워싱턴을 설득했다. 그렇게 하지 않으면 공화파는 분명 워싱턴이 그 자신만만한 프랑스인을 죽음 속으로 보내버렸다며 비난할 것이 뻔했기 때문이었다. 워싱턴은 그의 망명을 허용했으며, 이로써 시민 주네는 역설적이게도 미국 시민이 되었다. 그는 해밀턴의 숙적인 조지 클린턴 주지사의 딸, 코르넬리아 클린턴Cornelia Clinton과 결혼했으며 여생을 뉴욕 북부에서 보냈다. 결국 워싱턴은 미국 행정부를 대했던 주네의 행동을 상세히 공개하려던 해밀턴의 소망을 들어준 적이 없는 셈이 되었다. 그러나 해밀턴은 주네 사건에서 자신이 얻고자 했던 바를 거의 모두 얻어냈다. 무엇보다 연말이 지나고부터는

토머스 제퍼슨이 관직을 내려놓은 것에서 뜻밖의 커다란 즐거움을 얻을
터였다.

유쾌하지 못한 일

Alexander Hamilton

워싱턴이 주네의 운명을 두고 고심하던 그해 8월, 필라델피아는 미국 국민들에게 호소하겠다던 프랑스 공사보다 훨씬 더 두려운 위협에 시달리고 있었다. 부두 근처에 살던 몇몇 주민들이 오한으로 몸이 떨리고 심각한 근육통이 찾아오는 무시무시한 병에 걸려 죽어 나가기 시작한 것이다. 충혈된 눈의 피해자들은 위장 출혈로 시꺼먼 토사물을 쏟아냈고, 피부도 흉측할 만큼 누르스름한 색으로 변했다. 이 어린 국가에게 지금까지 닥쳐온 전염병들 중 가장 끔찍한 것이었던 황열은 여러 경로를 통해 유입된 것으로 파악되었다. 이 병은 같은 해 서인도제도를 유린했는데, 산토도밍고의 노예 폭동 이후 필라델피아로 대거 몰려든 난민들이 미국에 이를 들여왔을 것이고, 습도 높은 봄에 뒤이어 이례적일 만큼 덥고 건조한 여름이 찾아오면서 한층 더 쉽게 전염되었을 터다. 도시 대부분의 구역들의 위생 상태는 끔찍했다. 주민들은 더럽고 꽉 막힌 시궁창에 오물을 버렸고, 옥외 화장실 때문에 심하게 오염된 물들을 식수로 사용하고 있었다.

　　　　　　　　　　　　　　　　　　　　　　　알렉산더 해밀턴

8월 말에 이르자 전염병은 하루에 스무 명에 달하는 목숨을 앗아갔고 총 4,000명 이상의 사람들이 죽은 것으로 파악되었다. 정부나 상업 활동은 완전히 멈춰버렸다. 관棺 제작업자들은 시청 앞에 상품들을 내다 놓고 팔았다. 사람들은 모기가 이 질병을 옮긴다는 사실을 이해하지 못했으며, 대신 환자와 접촉하는 것으로 병이 옮을 수 있다고 생각했다. 이들은 더 이상 악수를 나누지 않았고, 다른 보행자들과 부딪힐까봐 길거리 한가운데에 우두커니 서 있곤 했다. 몇몇 사람들은 식초에 적신 손수건으로 코를 가리거나 마늘을 씹으며 다녔고, 그들이 풍기는 악취는 한참 떨어진 곳에서도 맡을 수 있었다. 가장 안전한 방법은 도시를 떠나는 것이었으므로 2만여 명의 사람들이 그리 하였고, 그로써 정부 직원들 또한 대폭 감소했다. 9월 초에는 해밀턴의 재무부에서 여섯 명의 직원이, 또 관세청에서 일곱 명의 직원이, 그리고 세 명의 우체국 직원이 이 병에 걸렸다.

이 도시에서 가장 저명했던 의사는 불굴의 벤저민 러시 박사였다. 존 애덤스가 '활기 넘치고 매력적인 친구'라 칭했던 러시 박사는 전염병이 퍼져 있는 동안 거의 잠도 자지 않고선 용감하게 이집 저집을 돌아다니며 부유한 이들과 가난한 이들을 가리지 않고 진료했다.[1] 시체를 잔뜩 쓸어 담은 수레가 길거리를 돌아다니며 주민들에게 "죽은 이를 데리고 나오시오"라고 소리치던 당시 상황에서 그처럼 행동하는 데는 아주 용맹한 뱃심이 필요했다.[2] 러시는 환자가 있는 집 바깥에 경고 표식을 걸었다. 황열을 치료하는 데 있어 러시는 지금 보자면 매우 야만적으로 여겨질 방법을 택했다. 환자의 피를 뽑아내고 속을 비워내게 만드는 것이 그것이었는데, 이는 지켜보기에도 아주 끔찍한 과정이었다. 그는 소름끼치는 물약과 관장약을 섞어서 환자의 위장을 네다섯 번씩 비워냈고, 이후 혈압을 낮추기 위해 10~12온스(약 300~350밀리리터_역주)의 피를 뽑아냈으며, 이에 더해 추가로 부드럽게 구토를 유발시키기도 했다. 이 요법은 하루에 두세 번씩 반복되었다. 러시는 본받을 만한 용기를 가진 사람이었으나, 그가 정말로 사람을 살렸는지 혹은 사람들의 자연적인 저항력을 약화시켜 죽음을 재촉했는지는 알 수 없다.

1793년 9월 5일에는 해밀턴 또한 극심한 황열에 걸리고 말았다. 그와 엘리자는 도시로부터 2.5마일(약 4킬로미터_역주) 떨어진 곳에 있는 여름 별장으로 갔다. 페어힐이라 불리던 이 저택은 조지프 P. 노리스Joseph P. Norris라는 필라델피아 상인이 소유하고 있었다. 아이들은 옆에 딸린 집에 격리되어 있었기 때문에 엘리자는 그들을 부를 일이 있을 때마다 창문가로 가서 아이들에게 손을 흔들어야만 했다. 얼마 지나지 않아 엘리자 또한 병에 걸렸고, 자녀들은 올버니의 스카일러 저택으로 피신했다. 여기서 놀라운 우연의 일치가 하나 등장한다. 당시 필라델피아에 머무르고 있었던 해밀턴의 세인트크로이 섬 시절 친구, 에드워드 스티븐스가 이 부부를 치료하기 위해 나타난 것이다. 부유했던 유명한 의사 스티븐스는 바로 이전 해 아내 엘리오노라Eleonora가 세상을 뜨기 전까지 10년 동안 세인트크로이 섬에서 사람들을 돌봤고, 이후 헤스터 에이모리Hester Amory라는 이름의 부자 미망인과 결혼하여 필라델피아로 이주해 왔다.

세인트크로이 섬에서 황열 환자들을 치료해본 경험이 있는 스티븐스는 피를 내고 장을 비우는 미국식 치료에 반대했으며 오히려 그것이 환자의 심신을 약화시킬 뿐이라고 생각했다. 그는 '다정하면서 활력과 원기를 불어넣는' 치료법들을 역설했다.[3] 환자들의 기운을 북돋우기 위해 스티븐스는 '페루의 껍질'이라 불렸던 퀴닌(키나나무 껍질에서 얻는 약물_역주)과 숙성된 마데이라 와인을 환자들에게 잔뜩 먹였다. 그는 또한 환자들에게 찬물 목욕을 시킨 후 그을린 시나몬을 올린 브랜디 한 잔을 마시게 했으며, 밤에는 아편 팅크(알코올과 정제수에 아편 추출물을 섞은 것_역주)를 곁에 두고 자도록 했다. 또한 환자들은 구토를 멈추기 위해 카모마일

꽃과 페퍼민트 오일, 그리고 라벤더 증류주가 섞인 향긋한 혼합물을 벌컥 벌컥 들이켰다.

해밀턴이 병에 걸린 사실을 알게 된 조지와 마사 워싱턴 부부는 위로의 편지와 함께 빈티지 와인 여섯 병을 보냈다. '자네가 만연한 그 열병의 초기 단계에 있다는 우려의 소식을 들으니 나는 너무나 걱정이 된다네.' 대통령이 해밀턴에게 보낸 편지다.[4] 그러나 토머스 제퍼슨은 이와 상당히 다른 반응을 내보였다. 그는 매디슨에게 오해가 잔뜩 담긴 편지를 보내며 해밀턴이 겁쟁이에 심기증 환자이자 사기꾼이라고 비난했다. '그의 가족은 그가 위험에 처해 있다고 생각하고, 그 또한 과도한 걱정으로 자신이 위험에 처한 양 굴고 있소. 그는 병이 나을 것이라는 확실한 이야기를 듣기에 앞서 며칠 동안 비탄에 빠져 있었소. 그는 군사적인 일에서 상당한 용맹을 보여 명성을 얻었지만, 만일 그 명성이 진짜였다면 물 위에서도 소심, 말 등에서도 소심, 병중에도 소심한 남자로서의 모습은 그저 눈속임에 지나지 않는다는 말일 것이오. 그의 모습을 보지 못한 친구들은 그가 가을 열감기에 걸린 것으로 추측하고 있소.'[5] 제퍼슨은 이 글 하나로 병자를 가차 없이 모욕함과 동시에 현실을 완전히 왜곡해버렸다. 해밀턴이 황열에 걸린 것뿐만 아니라 그가 독립혁명에서 걸출한 용맹을 자랑한 것은 모두 사실이었다. 반면 당시 버지니아 최고행정관이었던 제퍼슨은 진격해오는 영국군 부대를 피해 비겁하게 숲 속으로 달아난 바 있었다.

에드워드 스티븐슨은 알렉산더와 엘리자 해밀턴을 단 닷새 만에 치료해내는 눈부신 위업을 이루었다. 알렉산더의 생물학적 형제였을지도 모르는 이 남자를 굳게 신뢰한 해밀턴 부부는 셀 수 없이 많은 사람들이 목숨을 잃어가는 와중에서 살아남았다. 킹스칼리지 시절부터 의예에 관심이 있었고 아이들에게 천연두 예방주사를 맞히기도 했던 해밀턴은 수동적인 환자로 머물러 있는 데 만족하지 않았다. 스티븐스가 자신을 치료해내자 해밀턴은 당시의 일반적인 치료법을 그의 치료법이 대체하게끔 만들고자 했다. 엘리자 또한 치료로 호전되는 모습을 보이자 해밀턴은 '도시의 인구를 급격하게 감소시키며 공공의 활동 및 사업을 지연시키고 있는 이 과도한 공황'을 끝낼 수 있길 희망하며 신문에 의과대학에 보내는 공개 항의서를 실었다.[6] 스티븐스를 칭찬한 그는 자신의 친구가 의료진들에게 그 치료법을 기꺼이 가르쳐줄 것이라고 말했다.

해밀턴의 투서는 엄청난 반향을 일으켰다. 그는 병중에 있을 때조차 논쟁에 휘말렸는데, 이는 그가 벤저민 러시를 암암리에 힐책했기 때문이었다. 러시는 스티븐스의 치료법을 며칠 동안 시도해보면서 환자들에게 찬물을 양동이로 끼얹고 그들의 창자에 퀴닌을 주사해 넣었으나, 스티븐스와 같은 결과를 얻어내지 못하자 예전처럼 피를 내고 장을 비우는 방식으로 되돌아갔다. 불행하게도, 어느 의학적인 견해가 옳은 것인지를 따지는 이 논쟁은 곧 정치적 색채를 띠게 되었다. 러시는 노예제 폐지론자에다 열정적이고 목소리를 크게 내는 개혁가였으며, 훗날 정신병에 관한 획기적인 논문도 출판할 사람이었다. 그는 또한 제퍼슨파의 충실한 당원이었다. 그러므로 해밀턴이 스티븐스의 황열 치료법이 종래의 '표준' 치료법보다 더 우월하다고 칭찬했을 때, 러시는 이미 이를 공격으로 받아들일 준비가 되어 있는 상태나 마찬가지였다.

이 불운한 의학 논쟁은 러시의 '공화파' 치료법과 스티븐스의 '연방파' 치료법 대결을 일으켰다. 러시는 거리끼는 내색도 없이 정치적 용어들을 사용해가며 이 논쟁을 이야기했다. 그는 '해밀턴 중령의 치료법은 그의 기금 체계가 버지니아나 노스캐롤라이나에서 인기 없는 것만큼이나 우리 도시에서도 인기를 끌지 못하고 있다'고 선언했다.[7] 그는 해밀턴의 공개 항의서에는 자신에게 반하는 정치적 편향이 드러나 있다고 믿었다. '생각건대 아마 확고한 민주주의자 혹은 매디슨과 제퍼슨의 친구가 아닌 다른 사람이 새로운 치료법을 도입하려 한다면 해밀턴 중령은 이에 대해 크게 반대하지 않을 것이다.'[8] 러시는 제퍼슨과 마찬가지로 해밀턴은 황열을 앓은 적이 없고 그가 걸렸던 것은 그저 철 지난 감기였을 뿐이라며 콧방귀를 뀌었다. 그는 엘리아스 부디노에게 보내는 편지에서 해밀턴 부부가 '악성 전염병이 아닌 그저 흔한 감기에 의한 발열'을 겪은 것이라 주장하며 '해밀턴 중령의 편지는 우리 도시의 주민들 수백여 명을 앗아갔다'고 말했다.[9] 벤저민 러시는 황열에 의한 죽음들이 해밀턴의 탓이라고 비난했지만, 여론이 결국 비난하게 된 대상은 그 자신이었다. 1797년 황열이 다시금 유행하자 러시가 한층 더 많은 피를 뽑아내고 다니면서 너무나 많은 환자들을 잃었기 때문에, 애덤스 대통령은 그를 미합중국 조폐국의 감사관으로 앉힘으로써 구제해줘야만 했다.

알렉산더와 엘리자는 올버니에 머물고 있던 아이들을 다시 만나기만을 학수고대했다. 부부는 병이 완전히 나았는지를 확인하기 위해 휴식을 취했으며 이삼일간 마차 여행을 다닌 후 9월 15일 필라델피아를 향해 출발했다. 이들은 감염되었을지 모르는 옷가지들은 모두 남겨두고선 새 옷만을 짐에 실었다. 참으로 길고 지루한 여정이었다. 이들이 첫 번째 길목에서 들른 여관은 필라델피아에서 온 겁에 질린 피난민들로 가득 차 있었는데, 이들은 주인장이 목소리를 높이기 전까지 해밀턴 부부가 여관에 들어오는 것을 막으려 했다. 이후로 들렀던 마을들에서도 이 부부는 어쩌면 이미 감염되어 있을지도 모르는 필라델피아 사람들을 막기 위해 세워진 드높은 장벽과 씨름해야만 했다. 심지어 뉴욕 또한 역병이 들끓는 수도에서 탈주한 사람이 도시에 들어오는 것을 금지하기 위해 경비병을 세워두었다.

가장 불쾌한 대치 상황은 올버니에서 벌어졌다. 9월 21일, 올버니 시의회는 황열이 퍼진 지역에서 온 허드슨 사람들이 연락선을 타고 건너오는 것을 금지하는 결의안을 통과시켰다. 필립 스카일러는 해밀턴 부부를 들이기 위해 올버니 시장 에이브러햄 예이츠 주니어Abraham Yates Jr.와 협상을 벌여야만 했다. 9월 23일, 알렉산더와 엘리자는 허드슨 강을 사이에 두고 올버니와 곧장 마주 보는 마을에서 오도 가도 못 하고 있었다. 의사진 대표 한 명이 강을 건너와 그들을 진찰하고선 들여보내도 좋다고 선언했다. 해밀턴 부부는 하인들과 마차를 이스트뱅크에 남겨둔 채 허드슨 강을 건너왔으며, 자신들을 맞이할 채비에 왁자지껄한 스카일러 저택으로 곧장 향했다. 한 소문에 의하면 엘리자를 껴안은 뒤 필립 스카일러는 여전히 그녀가 병을 옮길지도 모른다는 것처럼 입을 식초 소독약으로 문질러 닦고 얼굴과 입을 씻었다고 한다. 예이츠는 스카일러에게 해밀턴의 마차와 짐, 하인들, 옷가지들 등이 황열을 옮기는 것이 아니냐는 우려를 전했다. 그는 심지어 해밀턴 부부와 지역 시민들의 접촉을 막기 위해 스카일러 저택에 경비병들을 세우고 싶어 했다. 해밀턴의 정적들은 아마도 이 재무부 장관이 가는 곳에서마다 전염병의 상징처럼 여겨지는 꼴을 즐거워했을 수도 있겠다.

기분이 상한 스카일러는 예이츠 시장에게 해밀턴 부부가 옷가지와 하인들 전부를 강 건너에 남겨두고 왔으며 모든 합리적인 예방 조치들을 행한 상태라고 이야기했다. 그는 자신의 가족들이 도시로 들어가지 않게끔 하겠다고 약속했으며 '나와 내 가족들을 아사하도록 만드는 것이 우리 동료 시민들의 (중략) 의도는 아닐 것이라고 굳게 믿고 있으므로' 경비병 하나를 통해 저택에 식량을 보내달라고 요청했다.[10] 그는 경비병이 원한다면 식량을 저택과 저택 정문 사이에 놔두고 가도 된다고 비꼬았다. 해밀턴은 9월 26일에 이르러서야 장인이 자신들을 들이기 위해 그토록 엄격한 조건들을 내걸었다는 사실을 알게 되었다. 이후 그는 예이츠에게 화가 잔뜩 담긴 편지를 써서, 자신과 엘리자는 모든 안전 조치들을 엄수

알렉산더 해밀턴

했고 자신들의 진입을 막는 것은 '절대로 용납할 수 없는' 일이라고 주장했다. 해밀턴은 자신이 '오직 무력만으로 막을 수 있을' 일을 시작할 것이라고 경고했다.[11]

이후 수일 동안 그와 엘리자는 맑은 공기를 마시고 운동하면서 원기를 되찾았다. 워싱턴의 비서는 뉴잉글랜드 지역에서 해밀턴의 죽음이 보도되면서 '깊은 유감과 꾸밈없는 슬픔'을 자아냈지만 그 보도가 사실무근으로 밝혀지자 '기쁨과 만족의 표출'이 이어졌음을 그들에게 알려주었다.[12] 적어도 최근 14일간 필라델피아에 발을 들이지 않았던 건강한 이들은 도시에 들어올 수 있게 하는 결의안이 올버니 시의회에서 통과됨에 따라 해밀턴의 존재를 놓고 벌어졌던 논란도 종결되었다. 2주도 더 전에 필라델피아를 떠나왔던 해밀턴 부부는 이로써 자유로이 돌아다니는 것이 가능해졌다.

마운트버넌의 워싱턴과 올버니의 해밀턴은 당시 중지된 정부 업무를 재개하고 싶어 몸이 근질근질한 상태였다. 해밀턴이 자리를 비운 동안 재무부를 이끌었던 올리버 월콧 주니어는 스쿨킬 강변에 있는 거대한 저택으로 물러나면서, 유황 연기로 소독한 시내 집무실이 비어 있지 않도록 두세 명의 직원들만이 자리를 지키도록 남겨두었다. 워싱턴은 저먼타운 등 필라델피아 근처 황열이 닿지 않은 지역에서 내각 회의를 여는 방법을 고려했지만 헌법상의 수수께끼에 가로막히고 말았다. 과연 정부의 위치를 일시적으로 변경할 수 있는 권한이 그에게도 있는 것인가? 워싱턴은 그러한 문제에 부딪힐 때면 찾았던 자신의 신탁神託, 해밀턴의 의견을 구했다. '이 문제에 대하여 그 누구도 그대보다 더 포괄적인 시각을 견지할 수는 없으며, 자신컨대 덜 편향적일 수 있는 자도 없소. (중략) 여기 몇 가지 의문점들을 보내니 기원하건대 그대가 숙고한 바를 완전히 펼쳐 보이기를 바라오.'[13] 해밀턴은 그러한 법적 장애물들을 능숙하게 피해 가

24 · 유쾌하지 못한 일

는 방법을 알고 있었다. 그는 워싱턴에게, 헌법은 특정하고 비범한 목적을 위해서만 의회가 다른 곳에서 개회할 수 있도록 해 두었으며 '전염병은 그 이유가 되지 못할 것'이라 했다.[14] 여기서 해밀턴은 맥락을 약간 비틀어, 대통령은 다른 곳에서의 개회를 *추천*할 수 있다고 말함으로써 문제를 해결했다. 그리고 해밀턴 또한 저먼타운이 이상적인 장소일 것이라고 추천했다.

안전을 위해 뉴욕으로 도망쳐 온 몇몇 재무부 직원들은 일터로 돌아오라는 월콧의 간청을 무시하고 있었다. 10월경 올버니를 떠나면서 해밀턴은 이탈한 직원들을 찾아 데리고 돌아왔다. 10월 26일에 이르러 그와 엘리자는 스쿨킬에 위치한 로버트 모리스의 영지인 더 힐즈에 도착했다. 아직까지 필라델피아의 이곳저곳에서 황열이 국지적으로 잔존해 있었으므로 해밀턴 부부는 이곳에서 몇 주를 더 머물렀다. 내각은 11월 첫 3주간 저먼타운에서 회의를 가졌고, 추위가 찾아오면서 모든 위험이 사라지자 시내의 집무실로 돌아갈 수 있었다.

황열을 앓았던 때로부터 얼마 후, 해밀턴 부부에게 확연한 후유증이 찾아왔다. '해밀턴 중령은 건강이 나빠져 스티븐스 의사와의 만남을 위해 뉴욕으로 보내졌다.' 11월 3일 벤저민 러시가 고소해하며 쓴 글이다. '그는 여전히 황열의 치료법으로 나무껍질과 냉수욕을 변호하며, 나의 치료법은 서인도제도에서 한물간 것이라고 폄하한다.'[15] 그토록 성실했던 해밀턴이 11월 중에는 내각 회의에 불참하거나 완전히 혼란에 빠졌던 날이 수차례 있었는데, 이는 평소의 그와는 전혀 어울리지 않는 일들이었다. 12월 11일, 해밀턴은 대단히 이례적인 편지 하나를 제퍼슨에게 보냈다. '해밀턴 씨가 제퍼슨 씨에게 인사드립니다. 그의 분명치 않은 기억에 의하면 그들은 글을 통하여 징수원들에게 보상에 관한 무언가를 알리기로 동의한 바가 있었는데, 당시 그의 건강 상태로 인해 그것을 잘 기억 해내지 못하고 있습니다. 만일 제퍼슨 씨께서 이것을 기억하신다면 H씨는 그 정보에 감사를 드릴 것입니다.'[16] 12월 말, 해밀턴은 앤젤리카 처치에게 자신이 그 '악성 질병'을 대부분 이겨냈으며 그 여파로 몸을 가누지 못했었다고 말했다. '마지막 자취로 신경착란이 찾아왔으나 식이요법과 적정 수준의 운동, 그리고 그것을 극복하기 위한 조치 하나로 이를 거의 물리쳤소.'[17]

황열이 데리고 간 망령들 중에는 존 토드 주니어John Todd Jr.도 있었는데, 그의 미망인이었던 돌리 페인 토드Dolley Payne Todd는 이듬해 제임스 매디슨과 결혼했다. 또 다른 희생양은 바로 「내셔널 가제트」였다. 프리노가 시민 주네를 찬양한 바 있었던 데다 전염병까지 돌자 신문사는 돈이 모자라는 상황에 처했다. 10월 11일, 프리노는 국무부 번역가 자리에서 물러났고 그로부터 2주 뒤에는 신문 발행을 중단한다고 발표했다. 그다음 달, 해밀턴과 루퍼스 킹은 프리노의 경쟁자 존 페노와 그의 기울어가는 연방파 신문인 「가제트 오브 더 유나이티드스테이츠」를 돕기 위해 모금을 하기 시작했다. 해밀턴은 재무부 장관이라는 지위를 남용하여 당시 미합중국은행의 행장이었던 토머스 윌링Thomas Willing에게 도움을 요청했는데, 아마 윌링으로서는 해밀턴의 요구를 거절할 방도가 없었을 터였다. 제퍼슨이 자신의 부처를 악용하여 프리노를 도왔다고 그렇게나 자주 비난했던 남자로서는 다소 위선적인 실수였다.

「내셔널 가제트」의 종말이 그해 해밀턴을 가장 만족스럽게 만들었던 사건 하나에 앞서 벌어진 것은 아마도 꽤 자연스러운 수순이었을 것이다. 1793년 12월 31일, 토머스 제퍼슨이 국무장관직을 사임한 것이다. 그 버지니아 사람은 내각에서 해밀턴을 몰아내는 데 실패했고 나아가 워싱턴의 총애를 두고 벌인 경쟁에서도 패배했다. 자신의 딸에게 털어놓은 바에 의하면 제퍼슨은 오래도록 내각 안에서 겉돌고 있는 느낌을 받았고 이제껏 자신조차 몰랐던 '너무나 불안한 마음으로' 일해왔었다.[18] 그는 필라델피아의 음울한 '업의 현장들'에 대해 앤젤리카 처치에게 불평하면서 '이를 나보다 더 피곤해했던 사람은 또 없다'고 덧붙였다.[19] 사랑해 마지않는 몬티첼로로 돌아온 그는 '정치의 혐오스러운 업무들에서 벗어나 나의 가족, 나의 농장, 그리고 나의 책들의 가슴팍으로 잠겨들 것'이었다.[20] 제퍼슨은 그가 이제 정계의 '이방인'이 될 것이며 앞으로 내놓는 발언 또한 의회 '일부의 수치를 모르는 부패'와 '그들이 재무부에 바치는 내밀한 헌신'이라는 단 한 가지 주제에만 국한시키겠노라고 선언했다.[21]

제퍼슨은 자신이 사색하는 철학가이자 산중으로 물러나기를 고대한다는 이미지를 내세웠지만, 그가 가진 야망의 규모에 대해서는 첨예한 토론이 벌어졌다. 존 애덤스는 공화파가 제퍼슨의 사임을 곧 그가 자기를 내세우지 않는 순수한 남자라는 표식으로 여기며 받아들이는 것에 진절머리를 냈다. '제퍼슨은 이로써 그가 겸손하고, 온건하며, 온화한 남자에다 야망이나 허영은 전혀 없는 사람이라는 평판에 한 발짝 다가섰다고 생각한다. (중략) 그러나 기회만 있다면 그가 올리버 크롬웰만큼이나 야망 있는 사람임을 세계가 알게 될 것이고 그도 그렇게 느끼게 될 것이다.'[22] 그는 제퍼슨의 사임이 훗날의 대통령 출마를 위해 보다 나은 자리로 물러나려는 기민한 전술적 행동이라 생각했다. 제퍼슨이 필라델피아를 떠나자, 애덤스는 애비게일에게 편지를 써서 '제퍼슨은 어제 떠났으며 그 악성 종자가 없어져 속이 다 시원하다'고 전했다.[23]

해밀턴 역시 제퍼슨의 숨겨진 포부를 눈치채고 있었다. 1792년 봄, 그는 '매 순간마다, 제퍼슨 씨가 열렬한 바람과 함께 대통령의 권좌를 노리고 있음은 의문의 여지가 없이 명백하다'고 적었다.[24] 해밀턴의 아들 존은 아버지의 전기를 쓰면서 그가 남긴 문서들에서 드러난 이야기 하나를 전했다. 이 이야기의 진위는 확인된 바 없지만, 그 내용은 해밀턴이 남긴 다른 말들과도 일맥상통한다. 이 이야기에 따르면 제퍼슨이 자리에서 물러나겠다는 뜻을 밝히고 얼마 지나지 않았을 무렵, 워싱턴과 해밀턴은 단둘이 창가에 서서 멀어져 가는 제퍼슨의 모습을 바라보고 있었다. 워싱턴은 제퍼슨이 공직 생활에서 물러나 문학과 농업에 일신을 바치고자 한다며 사임하는 데 유감을 표했다. 해밀턴은 의뭉스러운 미소를 지으며 워싱턴을 물끄러미 쳐다보더니 그에게 물었다. "그것이 저자의 유일한 동기라는 말을 믿으십니까?" 워싱턴은 해밀턴이 말을 삼키고 자신의 말을 기다리고 있는 모습을 보았다. 해밀턴은 자신이 오랫동안 제퍼슨의 됨됨이에 대해 의구심을 갖고 있었으나 동료로서 이를 자제해왔다고 설명했다. 이제 그는 더 이상 그러한 가책에 시달리지 않아도 된다고 생각했다. 그의 아들이 요약한 바에 따르자면 해밀턴은 앞날을 다음과 같이 내다보았다.

가장 첫 순간부터, 제퍼슨은 행정부와 대통령에 대한 모든 모욕을 선동해왔다. 그는 이 공동체에서 가장 야망 있고 흥미로운 사람들 중 한 명이다. 은퇴는 그의 목적이 아니다. 그는 자기 정당의 계획과는 맞지 않았던 공공의 조치들에 대해 자신이 책임을 져야만 하는 위치에 있음을 프랑스와의 정세를 통해 깨달았으며, 이를 이유로 은퇴했다. 사건들이 벌어지기를 기다리다가 다시 현장으로 돌아와 대통령의 명패를 위해 출마하는 것이 그의 의도였다. 만일 미래의 사건들이 그의 됨됨이에 대한 자신의 견해가 옳았음을 증명해주지 않는다면, 그[해밀턴]는 인류를 이해하고 있는 사람이라는 칭호들을 모두 박탈당해야 한다.

존 C. 해밀턴은 계속해서 1790년대 말 워싱턴이 해밀턴에게 건넨 말을 전했다. '공직에서 은퇴한 뒤 나는 단 하루도 빠짐없이 그날의 대화를 생각하네. 모든 사건들은 그의 됨됨이에 대한 자네의 생각이 진실이었음을 증명해 보이고 있네. 자네는 예언의 정신으로 앞으로 무슨 일이 일어날 것인지를 미리 이야기한 것이나 마찬가지였던 것일세.'[25] 워싱턴이 세상을 떠나기 전 마지막 3년 반 동안 제퍼슨과 단 한 통의 편지도 주고받지 않았다는 사실로 감안하면 이 이야기가 진실일 가능성은 더욱 커 보인다.

§

해밀턴은 제퍼슨을 상대로 승리를 거두었지만 이 달콤씁쓸한 승리를 즐길 시간을 거의 갖지 못했다. 그는 적들에게 포위되어 있었고, 건강을 우려해야만 했으며, 대중에게 인정받지 못하고 있다고 생각했다. 곧 서른아홉 살이 되는 해밀턴은 앤젤리카 처치에게 보내는 편지에서 다시 한번 모든 것에 시들한 듯한 말을 남겼다. '그러나 이 지구상에서는 모든 것이 어찌나 이상하게 늘어서 있는지. 나는 내가 있고 싶지 않았던 바로 그 자리에 서 있소. 나는 지금보다 훨씬 더 행복해질 수 있는 길을 알지만, 상황은 나를 옭아매고 있다오.'[26] 다른 한 편지에서는 이렇게 이야기하기도 했다. '믿어주오. 나는 내가 처한 상황에 진정으로 지쳤으며, 공공의 사건들에 결정적인 편견을 남기지 않은 채 영예롭게 물러날 기회만을 기다리고 있다오.'[27]

1793년 12월 개회한 의회에서 공화파는 과반 이상을 차지했다. 이로써 재무장관으로서 해밀턴이 했던 활동들에도 최후의 평결이 내려질 터였다. 그는 이미 워싱턴에게 자신이 오명을 씻을 수 있을 때까지만 관직에 남아 있겠다고 이야기한 후였다. 1793년 12월 중순, 해밀턴은 하원의장 뮬런버그에게 자신에 대한 자일스의 취조를 *재개하라*고 요구하면서 흔치 않은 정치적 장관을 연출했다. 자일스가 제기한 첫 번째 조사에서는 자신이 무죄임이 밝혀졌으나 그것과 별개로 조사가 매우 촉박한 시간

알렉산더 해밀턴

안에 이루어졌던 바, 해밀턴은 자신의 정직성에 대한 모든 의심을 조금도 남기지 않고 지워버리고자 했다. 그는 사석에서는 앤젤리카에게 우울을 털어놓았지만, 뮬런버그 앞에서는 쾌활할 만큼 전투적인 어조로 조사에 대해 이야기하며 '더 포괄적일수록 나로서도 더 쾌히 받아들일 수 있을 것'이라 말했다.[28]

공화파는 흔쾌히 그에게 의무를 씌웠다. 자일스가 이 일에 돌입하기도 전에, 펜실베이니아의 상원의원 앨버트 갤러틴은 재무부 업무들에 대한 포괄적 설명을 요구하는 결의안을 제출했다. 해외 및 국내 부채의 전체 내역서부터 조세 수입의 품목별 목록에 이르는, 그야말로 산더미 같은 서류들을 해밀턴에게 요구하는 셈이었다. 그러나 외국 태생의 갤러틴이 시민권의 9년 거주 요건을 채우지 못했다는 혐의를 받고 상원의원직을 박탈당하면서 이 억압적인 조사는 실현되지 않았다. 한편 해밀턴은 시간을 끄는 자일스의 전략에 짜증이 나 있었다. 자일스는 해밀턴이 사임하겠다며 위협의 목소리를 높이는 와중에도 미적대다가 2월 말에 이르러서야 재무부 조사를 재개했다.

해밀턴에게는 사방에서 질문이 쏟아졌다. 이때까지도 그에게는 의문스러운 청원서들이 쇄도하고 있었는데, 대개는 사람들이 혁명 도중 제공했던 용역들에 대해 보상을 요구하는 내용이었지만 실은 사기거나 또는 서류가 미비한 청원들이었다. 그는 상원이 자신을 향해 태만하다며 비난하는 데 넌더리가 난 나머지 2월 22일에는 애덤스 부통령에게 고뇌에 찬 편지를 보내어 이를 털어놓았다. 해밀턴은 부담스러운 청원서들과 황열이 가져다준 혼란, 그리고 자신의 행적에 대한 의회의 끝없는 연구들을 넌지시 이야기했다. 성실한 공무원으로서, 그는 자신의 업무들 중 청원서들에 관한 부분만큼은 옹졸하게 검열해서는 안 된다고 생각한다 말했다. '한 가지만 덧붙이자면 제가 그 어떤 직원보다 더 열심히, 또 제 건강을 해치면서까지 공직에 저 자신을 바쳤다는 자각은 그와 반대되는 그 어떤 가정에 의해서도 빼앗길 수 없는 저의 고요한 위안입니다.'[29] 이로부터 9일 후, 해밀턴은 전쟁 중의 보상을 요구하는 복잡한 청원서들에 대한 자신의 결정을 서른 건도 넘게 의회에 제출했다.

2월 24일 하원의회는 재무부 조사를 위한 특별위원회를 꾸리고 그것에 전면적인 권한을 부여했다. 의회의 새로운 구성이 반영되었으므로 위원회의 상당수는 공화파 소속이었다. 해밀턴에게 남아 있는 모든 에너지를 앗아가려는 듯, 구성원들은 엄청나게 힘들 스케줄을 고안해냈다. 모든 조사가 끝날 때까지 매주 화요일과 목요일 저녁, 그리고 토요일 아침에 회의를 열기로 계획한 것이다. 위원회는 이후 석 달 동안 이 가혹한 스케줄을 고수했고, 해밀턴은 회의 시간 중 절반가량에 걸쳐 직접 진술해야만 했다. 그는 광범위한 공적 정보들을 제공했을 뿐 아니라 나아가 자신이 미합중국은행과 뉴욕은행에 두고 있었던 *개인* 계좌들에 대한 정보까지도 모두 밝혀야만 했다. 공화파들은 해밀턴이 공권을 남용하여 두 은행들에게서 신용을 갈취한 것은 아닌지를 밝혀내고자 했다.

해밀턴에게서 비난할 만한 점을 특정하기 어렵다고 판단하자마자 특별위원회는 다시금 자일스가 확정해둔 혐의 한 가지로 돌아갔다. 그가 미국과 유럽 사이에서 정부 기금을 옮기는 데 너무나 많은 재량을 행사했다는 혐의였다. 특별위원회는 해밀턴에게 그가 어떤 권리로 해외의 자금을 미합중국은행으로 이전시켰는지를 밝히라고 요구했으며, 이에 해밀턴은 대통령이 자신에게 편지 한 통과 '구두로 권한을 승인'했다고 말했다. 그가 허풍을 떨고 있다고 의심한 위원회가 증거를 요구하자 해밀턴은 워싱턴에게 자신의 주장을 뒷받침해줄 서신을 보내달라고 요청했다. 워싱턴은 해밀턴에게 모든 속내를 다 털어놓지는 않은 듯한 서신을 한 통 보내왔는데, 그 내용이 너무 단조로웠던 탓에 해밀턴의 입장은 오히려 약화되었다. '그 일의 진척 과정에 대한 나의 일반적인 기억에 따르자면, 나는 그것이 대체로 자네가 말한 바와 같았다는 것을 의심하지 않네.'[30] 해밀턴의 정적들은 이를 크게 비웃었고 매디슨은 제퍼슨에게 이런 편지를 썼다. 'P[대통령]께서 보낸 편지는 그[해밀턴]의 친구들에게 표현하기 어려울 정도로 큰 굴욕감을 안겨주었고, 또한 그의 상황을 당신이 제게 언제나 말했던 바와 정확히 똑같이 만들어버렸습니다.'[31]

의기소침해진 해밀턴은 워싱턴에게 최대한 부드러운 어조로, 냉소를 띤 이들에게는 그의 서신이 미적지근한 지지로 비춰질 수도 있다고 조언했다. 그는 '교활하고 틀린 사람들'이 그것을 이용하여 '저에게 매우 해로울 수 있는 의혹들과 불신들을 제기할 것'이라며 우려했다.[32] 사실 워싱턴은 특정 법안들로 묶이지 않은 방식을 통해 돈을 이전하자는 해밀턴의 요청들을 꺼리기 시작했던 참이었다. 제퍼슨주의자들의 주장이 타당하다고 생각했든 혹은 단순히 대중적 지지가 뒤따른다고 판단했든, 워싱턴은 해밀턴이 서로 다른 곳에서부터 비롯된 기금들을 분리한다고 주장하면서 미묘하게 그와 거리를 두기 시작했다. 다시 한 번 그는 자신이 해밀턴의 정책이라면 무조건 승인이나 해주는 고무도장이 아님을 증명했던 것이다. 그러나 한편으로 재무장관과의 절연을 바라지는 않았던 워싱턴은 의회 조사에 관해서라면 그를 돕겠다고 약속했다. 결국 특별위원회는 해밀턴이 유럽 차관을 국내 용도로 사용한 데서 벌인 그 어떤 범법 행위도 찾아내지 못했다.

공화파가 점령한 특별위원회는 결국 최종 보고서를 내는 5월 말까지도 자신들이 본래 계획했던 응당한 벌을 전혀 실행에 옮기지 못했다. 대신 위원회는 해밀턴에게 취해졌던 모든 혐의들이 지금까지 재무장관이 주장해왔듯 완전히 사실무근이었음을 인정했다. 그렇다면 해밀턴이 공직을 이용해서 개인의 신용을 뽑아냈다는 제퍼슨주의자의 끝없는 중상모략은 어떻게 되었을까? 보고서는 다음과 같은 결론을 내렸다. '직접적으로든 간접적으로든 재무장관은 언급된 은행들(뉴욕은행과 미합중국은행)에 공적 기금을 맡기라고 지시한 적이 그 어느 때에도 없고, 그 기금을 바탕으로 자기 자신 혹은 타인을 위하여 할인이나 신용을 구한 적도 없다.'[33] 그를 변호하는 목소리가 너무나 높아졌기 때문에 해밀턴은 자리에서 물러나겠다는 오랜 뜻을 철회했으며, 내각에서의 그의 위치는 그 어느 때보다 더욱 공고해졌다. 그러나 이 기진맥진한 조사가 끝난 뒤에도 정적들은 계속해서 부당 행위에 대한 케케묵은 혐의들을 되풀이하며 해밀턴을 질리게 만들었다. 그는 정치에서의 선전宣傳에 대한 교훈을 얻었으며, '아무리 올곧은 사람이라 해도 끊임없이 반복되는 공격에는, 설사 그 공격이 잘못된 것이라 할지라도 버텨낼 재간이 없다'며 진저리를 쳤다. 만일 어떤 혐의가 충분히 자주 제기된다면 사람들은 결국 '그토록 자주 고발당하는 사람이 완전히 무고할 수는 없을 것'이라고 간주하게 된다는 말이었다.[34]

이번에도 해밀턴의 진정한 속내를 들여다보는 데 있어 가장 좋은 단서가 되어주는 것은 그가 앤젤리카 처치에게 보냈던 편지다. 처치는 여전히 영국 의회에 자리를 잡은 남편 때문에 자신이 영국에 갇혀버렸다고 생각하고 있었다. 한 편지에서 해밀턴은 처치에게 공직의 본질에 대해 엉뚱하지만 유감이 가득 담긴 생각을 털어놓았다. 이전까지 간과되었던 이 편지는 해밀턴의 아들 제임스가 모아놓은 문서들 안에 있었는데, 제임스는 이 편지의 나머지 부분을 찢어 없애거나 줄을 그어 지워버렸다. 혹시 그 부분에는 오래도록 소문만 무성했던 해밀턴과 처형의 관계에 대한 증거들이 있었던 것이 아닐지 궁금해지게 만드는 부분이다. 해밀턴은 다음과 같이 전했다.

정치인으로서의 삶은 실로 유감스러운 것일 따름이오. 이 일은 사람을 필요

　　　　　　　　　　　　　　　　　　　　알렉산더 해밀턴

이상으로 병들게 하고, 그에게 자기 자신의 기쁨은 포기해야만 한다고 요구하면서도, 다른 사람들을 보다 더 기쁘게 만들 사람이 되게 해주는 일과도 아주 거리가 멀다오. (중략) 나는 경험에서 이야기하고 있는 것이오. 당신은 왜 내가 그토록 유쾌하지 못한 일을 그만두지 않냐 묻겠지. 어떻게 그리한단 말이오? 나의 명성과 영광은 어떻게 하란 말이오[?] 세계가 나 없이 어떻게 돌아간단 말이오? 당신도 알겠지만, 당신에게 나는 우리의 이익보다 훨씬 더 큰 것을 믿는 일이 너무나 어려울 수는 없고 그래서도 안 된다고 종종 매우 진지하게 말하곤 했었소. 게다가 만일 내가 일을 포기해버린다면 당신은 '내각 재무장관'인 제부에 대해 이야기하는 즐거움을 잃어버리게 될 것이오. (중략) 그 장관직이 그 남자를 망쳐놓을 것이라는 걱정은 전혀 들지 않는다오. 경험에서 이야기하건대 그 남자는 매일 장관직보다 한 단계 위로 올라서고 있소.[35]

25

피바다

Alexander Hamilton

제퍼슨이 내각을 떠난 뒤에도 워싱턴은 공화파를 숙청하지 않았다. 오히려 그와 정반대로 통합을 원했던 대통령은 원내 최고 공화당원인 제임스 매디슨에게 가장 먼저 국무장관 자리를 제의했다. 매디슨이 그 자리를 거절한 이후에야 그는 법무장관 에드먼드 랜돌프에게 이를 제안했고, 이에 랜돌프는 본래의 자기 자리를 필라델피아의 윌리엄 브래드포드William Bradford에게 넘겨주었다. 이 일련의 사건들에도 제퍼슨과 매디슨은 여전히 워싱턴이 교활하고 사람을 조종하려 드는 연방파에게 사로잡혀 있다고 생각했다.

　의회에서는 매디슨 덕분에 제퍼슨의 존재감이 오래도록 이어졌다. 떠나기 바로 전날 제퍼슨은 미국을 대상으로 하는 유럽의 무역 정책들에 대한 산더미 같은 보고서를 하원에 제출했다. 그는 영국이 미국과의 무역에 차별을 가하고 있다는 자신의 주장을 뒷받침해줄 만한 혐의들을 하나하나 열거했는데, 여기에는 대서양 운송에 대한 불공평한 점유부터 영국령 서인도제도에 미국 선박들이 들어갈 수 없도록 만든 조치까지가 포함되어 있었다. 제퍼슨은 이 증거들을 바탕으로 영국에 대한 상업적 보복 조치들을 지지했는데, 이에 더해 프랑스와의 무역 관계를 확대하자고 주장한 것은 놀랄 일도 아니었다.

1794년 1월 3일, 매디슨은 제퍼슨의 구상을 반영反英 무역 정책으로 진화시키는 의회 결의안 일곱 건을 제출했다. 열흘 후, 연방파 윌리엄 루턴 스미스는 매디슨의 논리에서 단어들을 영리하게 빌려온, 자그마치 5만 단어에 달하는 웅변적인 연설을 통해 그에게 반박했다. 스미스는 미국이 무역 대부분을 의존하고 있는 국가와의 관계를 망쳐버리자는 것은 그야말로 미국에 있어 자살이나 마찬가지임을 시사했다. 제퍼슨은 스미스의 연설을 훑어보자마자 자신이 끔찍이도 싫어하는 그자가 다시금 나타났음을 알아차렸다. "스미스의 연설을 진정으로 쓴 자가 누구인지 한 치의 망설임도 없이 말할 수 있소." 그가 매디슨에게 말했다. "서문을 제외한다면 모든 글은 해밀턴의 것이오."[1] 제퍼슨의 추측은 날카로웠다. 해밀턴은 스미스의 연설문 초안을 작성했거나 혹은 그 정보를 제공해주었던 것이다.

프랑스와의 관계를 굳히려는 매디슨의 시도에 대하여, 해밀턴은 또다시 시간을 농락하는 듯한 태도로 답했다. '아메리카누스Americanus'라는 가면 뒤에 숨은 그는 프랑스 혁명의 공포를 이야기하는 논설 두 편을 신문에 게재했다. 그는 프랑스에서 벌어진 '끔찍하고 역겨운 장면들'을 옹호하는 사람들을 비난했고, 마라와 로베스피에르를 가리켜 '자신들이 살해한 동료 시민들의 피 냄새를 풀풀 풍기는 암살자들'이라 칭했다. 나폴레옹Napoleon이 등장하기도 훨씬 전인 이 시점에서, 해밀턴은 프랑스가 '그 모든 피바다를 헤치고 나아간다 할지라도' 그 이후에는 '어느 승리한 카이사르의 노예로 전락해 있는 자신을 발견하게 될 것'이라고 예견했다.[2]

해밀턴은 영국이 법을 준수하는 동맹국이라 말하고 다녔으나, 불행히도 영국은 제퍼슨주의자들이 주장하던 가장 못된 모습에서도 한 발 더 나아가 미국을 상대로 온갖 오만하고 우둔한 짓을 해댔다. 영국은 '중립국 선박은 중립 상품을 만든다'는 전통적인 원칙, 즉 중립국 선박은 군수품을 제외한 모든 화물들을 실어 나를 수 있고 교전국들의 항구를 드나들 권리를 가진다는 원칙을 인정하지 않기로 결정했다. 1793년 11월 6일, 윌리엄 피트 장관은 프랑스령 서인도제도에 들어가거나 그곳에서 나오는 중립국 선박을 영국 선박이 가로막을 수 있게끔 할 것을 명했다. 영국 함대는 별다른 소동도 없이 250척이 넘는 미국 상선들을 나포했고, 그중 절반 이상을 전리품으로 압류했다. 영국은 또한 항해 중의 미국 선박들에 승선하여 선원들을 끌고 가면서 그들이 탈주한 영국 선원들이라고 주장했다. 이 독단적인 행동들은 미국에서 한바탕 소란을 일으켰고, 대영제국을 상대로 새로운 전쟁을 벌이게 될 것이란 전망이 독립혁명 이후 처음으로 진정한 가능성을 얻게 되었다.

연방파는 이에 충격과 배신감을 느끼며 원통해 했다. "영국인들은 완전히 미친 자들이요." 분개한 피셔 에임스가 소리쳤다. "이 나라의 질서는 프랑스와의 우정과 더불어 그들의 적대감으로 위협받고 있소."[3] 영국의 약탈 행위를 듣게 된 해밀턴은 전혀 영국의 졸병처럼 행동하지 않았다. 오히려 그는 워싱턴에게 만일의 사태에 대비하여 2만 명의 군대를 편성해 해안 도시들을 방어하고 부분적 통상 금지령을 실행할 계획을 세우자고 제안하며 이렇게 말했다. "평화를 유지하기 위해 감당해야 하는 고통 중에는, 전쟁을 준비하기 위해 마찬가지의 고통을 감당해야만 한다는 책임 또한 일정 부분 포함되어 있습니다."[4] 다시 한 번, 해밀턴과 워싱턴은 국가적 위기에서 행정부가 상황을 주도해야 한다는 데 동의했다.

아직까지 그 끈질긴 의회 조사위원회 청문회에 시달리고 있었던 재무장관은 관세 징수원들에게 만약의 침략을 대비하여 항구를 요새화하라고 지시했고, 연방파는 임시 군대 편성 계획을 의회에 제안했다. 어디에나 있는 해밀턴이 이 새로운 군대를 통솔하게 될지도 모른다는 소문이 퍼지자 공화파는 또 다른 은근한 권력 정치가 숨어 있음을 알아차렸다. "그 모든 만일의 사태를 곧 정부 내에서 힘을 모으려는 구실로 써먹는 오래된 수법을 모르는 척하기에는, 장막 뒤에서 벌어지고 있는 시합에 대하여 당신께서 아마 너무나 잘 알고 계실 겁니다." 매디슨이 제퍼슨에게 말했다.[5] 매디슨을 포함한 공화파는 군대를 창설하고 국방을 위해 조세를 늘리자는 연방파의 계획에 반대했다. 야만적인 해적들이 미국의 상선을 약탈하는 일을 막을 수 있도록 미국 또한 자신만의 해군을 갖출 적절한 때라고 연방파가 주장하자 매디슨은 아주 진지하게, 미국이 포르투갈 해군을 고용하면 되지 않겠냐고 제안했다.

영국과의 전쟁을 지연시키고자 하는 걸출한 연방파 인사들은 루퍼스 킹 상원의원의 집에 모였다. 이들은 워싱턴이 영국에 특사를 보내야 한다고 뜻을 모으며 해밀턴을 추천했고, 해밀턴 또한 자신이 탁월한 선택지라고 생각했다. 여느 때처럼 해밀턴의 이름은 그 등장만으로도 연방파를 황홀감에 떨게 만들었다. "해밀턴 말고 다른 그 누가 우리의 모든 소망을 완벽하게 이루어주겠는가?" 에임스가 물었다.[6] 처음에는 워싱턴 또한 해밀턴에 마음이 기울었지만, 에드먼드 랜돌프가 이에 반대를 제기했다. 랜돌프는 해밀턴이 프랑스를 비난하는 데 너무 큰 목소리를 내왔고 이로써 영국과의 객관적인 협상자라는 신뢰성을 얻기는 힘들 것이라 생각했다. 공화파 또한 반대의 합창에 합류하면서 마치 워싱턴이 악마의 말을 따를 뻔했다는 듯 이야기했다. 제임스 먼로와 인척 관계이기도 한 존 니컬러스 John Nicolas 하원의원은 해밀턴에 관해 대통령에게 다음과 같이 말했다. "미국의 절반 이상은 그 사람의 손안에 있는 권력을 믿는 것이 위험하다고 확신합니다. (중략) 그 한 사람을 희생시키는 것이 미국의 분열을 끝낼 수도 있다는 생각을 정말 단 한 번도 해보신 적이 없으십니까?"[7] 반면 제퍼슨은 또 다른 도당이 영국 정부의 '후원을 받아 이 나라에 귀족제를' 도입하려 한다며, 그들에게 있어 해밀턴을 해외로 보내 '그 남자에게 언제든 찾아갈 불명예와 대중의 증오로부터' 그를 보호하는 것이 편리한 방책임은 두말 할 것도 없다고 보았다.[8] 결국 워싱턴은 해밀턴이 '나라의 일반적인 신임'을 받지 못한다고 결론짓고선 현명하게 보다 덜 당파적인 인물을 선택했다.[9]

4월 14일 해밀턴은 워싱턴에게 기나긴 설명을 늘어놓은 편지를 써 보내면서 특사 후보자에서 스스로 물러났다. 매디슨은 해밀턴이 상처를 받고선 '스스로의 거대한 굴욕에' 빠졌음을 알렸다고 제퍼슨에게 전했다.[10] 그러나 해밀턴은 자신이 논쟁적인 선택지가 될 것임을 알고 있었을 터였고, 또한 이곳을 쉬이 떠날 수 없는 이유도 몇 가지 있었다. 그는 자신이 자리를 비운 사이 워싱턴이 공화파의 영향력을 따르게 될 것을 우려했고, 여전히 의회 조사위원회 앞에서 자신의 오명을 씻어내는 일에 몰두하고 있었으며, 최근 서부 펜실베이니아에서 자신이 부과한 주류 특별세에 대해 항의하는 세력이 집결하고 있는 불길한 현상에도 대처하려 했던 것이다.

워싱턴에게 보내는 편지에서 해밀턴은 외교 정책에 관해 오래도록 중요하게 여겨질 몇 가지 말들을 남겼는데, 전쟁은 최후의 수단이라는 생각은 그중에서도 특히 그러했다. 그는 자신이 '국가의 영광과 일치하도록 그 어떤 대가를 치러서라도 평화를 지켜낼' 부대에 몸담았다며, 보상을 구하는 방법이 실패할 경우에만 전쟁에 의존해야 한다고 말했다. 그는 공화파가 영국과의 관계를 독살하고, 프랑스와의 우호 관계를 다진 뒤 영국에 빚진 채무를 무효화하려 했다고 경고했다. 만일 그렇게 된다면 영국은

알렉산더 해밀턴

미국으로의 공산품 수출을 막음으로써 보복할 것인데, 그렇게 되면 관세 수입도 재앙의 수준으로 떨어질 터였다. 이로써 '재무부는 지급을 완전히 멈출 수밖에 없으므로 (중략) 신용을 뿌리부터 잘라내 버리는 사건'이 될 것이라는 말이었다.[11] 해밀턴은 국가의 실리에 대한 냉철한 계산에 바탕을 둔 합리적 외교 정책의 주창자로 자주 칭송받아왔다. 그러나 그가 4월 14일에 쓴 편지에는 강력한 감정에 이끌린 민족들은 종종 자신의 실리를 잘못 계산한다는 확고한 믿음이 잘 드러나 있었다. "전쟁은 냉철한 이익 계산보다는 성나고 비뚤어진 격정에 의하여 더욱 자주 발생합니다."[12] 영국과의 전쟁은 대중의 폭력적인 판타지를 자극하여 '요동치는 격정들'에 시동을 걸 가능성이 있었고, 이로써 프랑스의 선례에서 드러난 극단주의로 이어지며 미국을 '무체계와 무정부의 문턱'으로까지 밀어버릴 수도 있었다.[13] 해밀턴이 촉발한 다른 많은 논쟁들과 마찬가지로, 이 편지는 냉철한 시각의 정책을 뜨겁게 끓는 피로 변호했다.

§

해밀턴은 특사 후보자에서 빠지겠다고 밝히면서 자신을 완벽하게 대체할 수 있는 인물로 존 제이를 추천했다. "그 남자는 그곳에서 성공할 수 있는 자격을 갖춘 유일한 사람이고 완전히 신뢰할 수 있으니 그를 보내는 것만이 바람직한 선택일 것입니다."[14] 초대 연방대법원장이었던 제이는 해밀턴처럼 어느 당파의 수장으로서 두드러지는 책임을 진 적이 없었다. 언제나 제이를 동경했지만 약간의 의구심도 품고 있었던 해밀턴은 언젠가 그에 대해 '그는 깊은 지혜와 순수한 완전함을 가진 사람이지만, 수상쩍은 성정의 남자이기도 하다'고 말한 적도 있었다.[15] 해밀턴이 다채로운 윤택함을 뽐냈던 것과 대조적으로 제이는 주로 검은 옷을 입었고 과묵했으며 이따금씩은 냉담하기도 했다. 그러나 필립 스카일러는 자신이 거의 사랑에 가까운 애정을 느끼는 몇 안 되는 사람 중 하나로 제이를 꼽은 적도 있었다.

제이는 연방대법원장직을 사임하지 않은 채 영국에 다녀오는 임무를 수락했다. 공화파는 그가 해밀턴보다는 훨씬 더 괜찮은 선택이지만 중립적인 선택과는 거리가 멀다고 여겼다. 그들의 눈에는 그 역시 영국에 매혹된 또 다른 연방파일 뿐이었기 때문이다. 그럼에도 상원은 그를 특사로 승인했다. 제이의 임명을 상쇄시키기 위해 워싱턴은 거베너르 모리스의 뒤를 이어 프랑스 공사가 될 사람으로 공화파 인물을 선택했고, 결국 제임스 먼로에 안착했다. 에런 버를 포함한 몇몇 공화파 동료들은 해밀턴이 워싱턴을 설득하여 버를 제외한 것이 아니냐고 의심했으며, 버에게 있어 이는 관직을 향한 자신의 열망을 해밀턴이 또다시 가로막은 사건들 중 하나가 되었다. 그러나 워싱턴은 해밀턴의 의견을 구할 필요도 없이 언제나 버를 정직하지 못하고 사치스러운 남자라며 신뢰하지 않고 있었다.

해밀턴은 런던에 가지 못한다면 적어도 고향에서 자체적으로 외교를 행하고자 했다. 상원이 제이를 승인하기도 전부터 해밀턴은 고압적인 미국 주재 영국 공사, 조지 해먼드를 두 번이나 만났다. 해밀턴은 영국에게 알랑거리기만 했다고 생각하는 사람들이라면 이때 그가 해먼드를 향해 얼마나 격렬하게 창을 겨누었는지를 보고서 다시 한 번 깜짝 놀랄 것이다. 해먼드는 런던의 상관에게 보내는 서신에서, 재무장관이 '영국의 순양함들 때문에 고통 받고 있는 이 나라의 상업에 대하여 상당히 방대한 양의 설명을 늘어놓았고, 그에 따라 미국 시민들은 그들의 정부를 통하여 자신들의 권리를 입증할 수 있다는 주장을 변호했다'고 적었다.[16] 해밀턴은 영국령 서인도제도에서 나포된 미국 선박들에 대한 보상을 요구했으며, 해먼드는 해밀턴이 내보인 '열기의 정도'에 짐짓 놀라워했다.[17]

알렉산더 해밀턴

해밀턴은 제이 및 연방파 상원의원들과 회담을 가졌고 이후 워싱턴을 위한 기록을 남겼는데, 여기서 그는 제이가 특사로서 따라야 할 계획들을 설명하면서 이번 기회로 맺어질 조약의 주요 설계자를 자처했다. 그는 보상과 더불어 1783년 평화조약에 관한 미해결 문제들에서 합의를 이루고자 했다. 그러나 그의 의제들 중 가장 논쟁적이었던 것은 양국이 새로운 상업 동맹 관계를 맺는 데 있어 서로에게 '최혜국 지위'를 주자는, 즉 교역 상품에 대해 서로에게 가능한 한 낮은 관세를 부과하자는 부분이었다. 짐작건대 이로써 두 나라 간의 무역량은 늘어날 것이었다. 내각은 해밀턴의 지시들을 어느 정도 다듬은 뒤 제이의 손에 그것을 행군 장비로 쥐여주었다. 이들은 제이의 출항 전에 자주 회의를 가졌는데, 여기서 해밀턴은 자신이 영국을 살살 달래려는 것이 아님을 확실히 밝혔다. 오히려 반대로 그는 미국 국민들이 분노에 차 있다면서, 제이가 대담하게 행동하여 '*충분한 보상*'을 받아오기를 바랐다.[18] 또한 영국에서 제이가 더욱 긴밀한 영-미 관계가 가져다줄 강력한 이점들을 설파하면서 영국의 지지를 얻어오기를 희망했다.

5월 12일, 1,000여 명의 뉴요커들이 부두로 배웅을 나온 가운데 제이가 탄 배는 전쟁을 막아주리라는 희망을 싣고 영국으로 출항했다. 공화파의 우려에도 워싱턴과 해밀턴은 그해 여름 중립의 경계선을 슬쩍 밟고 서 있었다. 미합중국 정부는 프랑스 사나포선들이 한층 더 새로운 방식으로 미국 항구에 숨어들어오는 데 항의하는 한편, 영국과의 전쟁을 대비하여 자국의 군사력을 키웠다. 워싱턴은 여섯 척의 호위함을 편성하라고 지시했으며 이것이 곧 미국 해군의 탄생이었다. 해밀턴은 대포, 탄약 및 포탄, 바닥짐, 범포, 참나무와 삼나무 목재, 화약을 만들 질석 등 해군을 꾸리는 데 필요한 온갖 것들의 계약을 두고 협상을 벌였다.

공화파들은 심각한 의구심을 품은 채 제이의 임무를 지켜보았다. 매디슨은 제이가 영국에게 너무 많은 것을 넘겨줌으로써 프랑스와 미국 간의 관계를 망쳐버릴 것이라는 불길한 직감이 들었다. 공화파 언론들은 제이가 미국을 영국의 군주제에 다시금 팔아넘기려 협상할 것이라는 악질적인 공상을 고수했다. 또한 국왕 조지 3세의 네 번째 아들인 켄트Kent 공작을 미국의 새로운 국왕으로 추대하려는 비도덕적 음모에 해밀턴이 연루되어 있다는 새로운 소문들도 등장했다. 이를 두고 한 공화파 인사는 영국 왕실이 알렉산더 해밀턴을 입양하여 미국에도 새로운 핏줄을 두는 것이 어떻겠냐고 이야기하기도 했다. 해밀턴이 여성들에게 쉽게 이끌린다는 것은 이미 잘 알려져 있는바, 미국에서의 후계자 부족 문제로 영국 왕실이 걱정할 일은 절대 없으리라는 식이었다.

§

프랑스에서의 탄압 행위가 한층 더 흉포한 국면에 접어들었음에도, 공화파는 프랑스 혁명에 대한 형제로서의 따스한 애착을 버리지 못했다. 매디슨 또한 자유의 이름하에서 유혈 행위가 자행되는 데 속상해하긴 했으나, 시민 주네의 후임으로 온 프랑스 공사 조제프 포셰Joseph Fauchet가 '혁명은 바위와도 같이 굳건하다'고 선언한 데서 용기를 얻었다.[19] 여전히 제퍼슨은 그 끔찍한 사건들도 휘황찬란한 빛깔의 프레스코화로 보이게 만드는 장밋빛 색안경을 통해 포셰를 바라보았다. "나는 그들이 완전한 승리를 이룩하리라고 확신한다." 그는 1794년 5월 이렇게 말하면서, 선을 넘은 프랑스인들과 더불어 '침략의 폭군'들이 감히 '그 같은 악의에 그들을 엮으려' 한다고 비난했다. 제퍼슨은 유혈 사태에 경악하기는커녕 언젠가 '왕들과 귀족들, 사제들'이 '너무나 오래도록 피로 물들여왔던 교수대에' 직접 목을 내놓게 되는 날이 오기만을 기다렸다.[20] 1794년 초여름에 이르

848

자 그 피는 강을 따라 흘렀고, 파리에서는 한 달에 800여 명이 처형되는 지옥 같은 상황이 도래했다. 그럼에도 제퍼슨의 후배 제임스 먼로는 프랑스에 가자마자 국민의회 의장과 포옹을 나누었고, 프랑스 군대의 '영웅적인 용맹'을 칭송하여 제이를 당혹스럽게 만들었다.[21]

이 대규모 살해를 제퍼슨은 유감스러우나 자유를 위해 반드시 필요한 희생으로 치부했지만, 해밀턴에게 있어 이 사건은 엄청난 정신적 충격을 주는 것이었다. 프랑스 혁명이 급속도로 성장시킨 무신론은 그가 킹스칼리지 시절 이후로 마음속에 잠재워두었던 종교적 감정들을 다시금 일깨웠다. '무려 신의 존재에 대한 의문이 제기되고 있으며 몇몇 경우에서는 아예 부정되고 있다.' 그가 기독교에 대한 프랑스의 공격에 깜짝 놀라 쓴 글이다. '독실함의 의무는 조롱당하고 있으며, 인간은 소멸하게 되어 있다고 주장되며, 인간의 희망들은 지상에서의 짧은 단계에만 국한되었다. 죽음은 영원한 잠이라고 천명되고 있다.'[22] 해밀턴은 프랑스 혁명이 이단 교리들의 교과서가 되었다고 여겼는데 여기에는 도덕이 종교 없이 존재할 수 있다는 개념, 그리고 인간 본성은 혁명을 통해 정제되었으므로 '정부 그 자체는 쓸모없어지며 사회는 그 족쇄 없이도 존속하고 번영할 것'이라는 주장 등이 포함되었다.[23]

해밀턴은 그 세계를 직접 들여다보지 않고서도 어떻게든 그것을 파악하고 있었다. 그는 프랑스 신문과 정기 간행물들을 구독하며 그곳에서 일어나고 있는 사건들을 계속 예의 주시했으며, 필라델피아의 프랑스어 선생 M. 도나M. Dornat를 통해 프랑스어를 갈고닦았다. 무엇보다 그는 프랑스 혁명을 피해 미국으로 몰려들어온 수많은 귀족 피난민들을 통해 혁명의 생생한 목격담들을 전해 들었다. 피난민들의 유입이 절정에 달했을 때에는 그 규모가 너무나 커서 필라델피아 전체 인구의 10분의 1이 프랑스인일 정도였고, 한 망명자는 수도를 '프랑스인 노아의 방주'라 칭했다.[24] 해밀턴은 이 우아하고 개혁적인 성향의 귀족들 사이에서 마치 집에 돌아온 듯한 기분을 느꼈다. '해밀턴 씨는 프랑스어를 유창하게 구사했다. 우리는 망명자들을 고향에서 몰아낸 혁명가들에게 동조하지 않았던바, 그는 곧 교양 있는 이주민들 다수가 가장 좋아하는 사람이 되었다.' 엘리자가 회고했다.[25] '그는 체구가 작았고, 극도로 침착한 태도를 지녔으며, 눈은 유별날 만큼 작았는데 그 시선은 종종 다소 엉큼할 때도 있었다.' 모로 드생메리Moreau de St. Mery가 해밀턴에 대해 남긴 말이다. '그는 프랑스어를 할 줄 알았지만 다소 부정확했다. 그는 언제나 위트가 넘쳤으며, 자기 자신을 꼼꼼하게 살폈고, (중략) 극히 용감했다.'[26] 그 외에 해밀턴의 프랑스어를 지적한 사람은 달리 없었다. 또 다른 프랑스 이주민인 마담 들라투르 뒤팽de la Tour du Pin은 해밀턴이 '유럽에 가본 적이 없음에도 마치 프랑스인처럼 우리 언어를 구사했다'고 말했다.[27]

다수의 프랑스 귀족들에게 해밀턴을 소개시켜준 것은 바로 런던에서 풍요로운 연회를 열곤 했던 앤젤리카 처치였다. 그녀는 드노아유 자작에게 그를 소개했는데, 자작은 또한 해밀턴과 요크타운에서 형제애를 나누었으며 그를 잘 알고 있었던 라파예트의 처남이기도 했다. 다른 피난민들과 마찬가지로 드노아유 역시 프랑스 혁명의 시작과 함께 희망을 가졌었으나 그것이 폭력적으로 변해가면서 공포에 질리게 되었다. 처치는 또한 라로슈푸코-리앙쿠르 공작에게도 해밀턴의 이야기를 했다. 계몽된 귀족이자 사회개혁가였으며 표본 농장 하나와 두 개의 공장을 세웠던 이 우울한 공작은 1792년 군중으로부터 왕을 보호하기 위해 고군분투하다 안전을 위해 영국으로 건너갔다. 필라델피아에 온 그는 곧 해밀턴을 매우 아끼게 되었다. '해밀턴 씨는 적어도 내가 지금까지 본 미국인들 중에서는 가장 훌륭한 사람들 중 한 명이다.' 그가 훗날 쓴 글이다. '그는 마음씨가 넓고 심지어 생각도 진정으로 맑으며, 그것을 매우 손쉽게 표현하고,

모든 사안들에 대한 정보를 알고 있으며, 쾌활하고, 탁월한 성격과 상당한 상냥함을 지녔다.'[28] 해밀턴은 프랑스에 대해 투덜대는 와중에도 변함없이 그들을 매혹시킬 줄을 알았다.

대부분의 프랑스 피난민들은 절박하도록 궁핍한 상태였고, 부와 지위가 급격하게 낮아져버린 데 고통받고 있었다. 한때 잘나갔던 프랑스인들은 이제 프랑스어 교습을 하거나, 요리사가 되거나, 혹은 작은 가게들을 열어 생계를 꾸려나갔다. '내가 크로이소스Croesus(기원전 6세기 리디아 왕국의 왕. 부유한 것으로 유명했음_역주)였다면 좋았겠소.' 해밀턴이 앤젤리카 처치에게 말했다. '만일 그렇다면 나는 역경에 처한 아이들에게 확고한 위안을 줄 수 있을 테니 말이오. 그렇게 할 수 있다면 얼마나 기쁘겠소. 그러나 지금으로써는 동정과 친절한 말들, 그리고 이따금씩 저녁을 대접하는 것이 내가 해줄 수 있는 전부라오.'[29] 재산을 빼앗긴 사람들에게 특별한 감정을 느꼈던 알렉산더와 엘리자 해밀턴은 궁핍한 프랑스 이주민들을 위해 모금하는 일을 도왔다. 곤경에 빠진 여인들에게 언제나 마음이 동했던 해밀턴은 아이들과 함께 미국으로 건너왔다가 고립된 프랑스인 어머니들을 1793년을 시작으로 목록에 적어두었는데, 그중 하나에는 다음과 같이 적혀 있다. '1.마담 르그랑드Le Grand와 두 명의 아이들은 프랑스인 모자 제조업자인 피터Peter 씨의 시장 근방 집에 거주하며 극심한 궁핍에 시달리고 있음. 2.마담 고뱅Gauvin 2번가 북83번지 세 명의 아이들과 함께 마찬가지로 궁핍함.' 함께 첨부된 기부자 목록에는 가장 많은 돈을 후원한 사람의 이름이 간명하게 적혀 있었다. '엘리자베스 해밀턴-20달러.'[30] 엘리자는 피난민 가족들에게 음식과 옷가지들을 잔뜩 보내주었는데, 뉴욕시에서 미망인들과 고아들을 위해 헌신하는 훗날의 그녀 모습을 여기에서도 엿볼 수 있다.

필라델피아를 떠도는 프랑스 망명자들 중 가장 진한 인상을 남겼던 인물은 바로 곤경 속에서도 흔들림 없는 평정을 자랑했던 프랑스 외교관 샤를 모리스 드탈레랑 페리고르Charles-Maurice de Talleyrand-Périgord였다. 어렸을 때의 사고로 한쪽 발을 절었던 그는 세계를 냉소적 눈빛으로 해부하면서 탈레랑Talleyrand이라는 이름으로 더 잘 알려졌다. 혁명 발발 전날 국왕은 그를 오툉의 주교로 임명했는데, 이는 그가 고매한 영성을 가지고 있어서가 아니라 교회의 재정을 관리했던 데서 주는 보상이었다. 그러나 그는 주교로 임명된 후에도 방종한 생활을 계속해서 이어나갔다. 거베너르 모리스는 탈레랑을 가리켜 '교활하고, 멋지며, 기민하고, 야망 있다'고 묘사했다.[31] 그에겐 신랄한 위트가 있었는데, 그가 거느린 적군 부대를 생각해본다면 이는 그에게 반드시 필요한 것이었다. 프랑스의 혁명 정치가 미라보Mirabeau는 탈레랑이 '돈을 위해 영혼도 팔 것인데, 이는 똥과 금을 교환하는 일이니 그가 옳은 일을 하는 것'이라고 말한 적도 있었다.[32] 나폴레옹 또한 탈레랑을 가리켜 '실크 스타킹을 신은 똥 무더기'라 칭하며 같은 감정을 한결 더 간명하게 표현했다.[33]

정치적 사계절의 사나이 탈레랑은 본래 프랑스 혁명이 법과 질서, 그리고 튼튼한 재정을 기반으로 하는 역동적이고 새로운 국가를 만들 수 있기를 바랐다. 그는 1792년 9월까지 혁명을 지지했으나, 루이 16세 폐위에 이어 일어난 대학살은 그의 마지막 희망들까지도 앗아가 버렸다. 그는 뒤이은 공포 정치가 끝나기를 기다리며 영국으로 건너갔는데, 그 사이 프랑스에서는 그가 국왕과 결탁했다는 혐의가 제기되었다. 영국의 보수주의자들은 그를 거부했으나 찰스 제임스 폭스가 이끄는 반대파 휘그당은 그를 환영했다. 존과 앤젤리카 처치 부부와 같은 사교 무리에 몸담고 있었던 극작가 리처드 브린슬리 셰리든 또한 그를 반겼다.

1794년 1월, 자신이 직접 영국을 떠나거나 혹은 그곳에서 추방되기까지 단 5일밖에 남지 않았다는 사실을 고지받은 탈레랑은 나라 잃은 프랑스 이민자들의 대열에 합류하여 필라델피아로 향할 것을 결정했다. 처치 부부가 그의 여행을 지원했으며, 앤젤리카는 엘리자에게 편지를 써서 그와 그의 동행인이었던 드보메츠de Beaumetz 기사騎士를 '온건한 자유를 위하는' 순교자들이라고 소개함으로써 그들의 여행길을 편안하게 만들어주었다. '친애하는 엘리자, 이 흥미로운 이방인들을 너의 품에 맡길게. 이는 내가 미국으로 돌아가기 전까지 너를 빌려주는 것이며, 후에도 내 친구들을 완전히 돌려받으려는 것이 아니라 그들과 너 그리고 친애하는 알렉산더의 상냥한 교제에 함께하기 위해서란다.'[34]

앤젤리카는 엘리자가 프랑스어를 모르고 탈레랑은 영어를 모른다는 사실을 유감스러워했다. 탈레랑은 미국에서 언어적으로 고립되어 있었기 때문에 해밀턴의 유창한 프랑스어는 상당한 득이 되었다. 4월경 탈레랑이 미국에 도착하자, 해밀턴은 워싱턴에게 그를 받아들이겠냐는 의사를 신중하게 타진했다. 탈레랑은 직접 비공식적인 회담은 갖지 않겠다고 공언한 바 있었다. "만일 정문으로 들어갈 수 없다면, 나는 뒷문으로도 들어가지 않을 것이오."[35] 그는 여전히 혁명 프랑스로부터 버림받은 사람이었으며, 조제프 포셰는 자신의 파리지앵 상관에게 탈레랑과 보메츠가 '지긋지긋한 계획'을 시작하고 있으며 해밀턴은 그 공모자의 역할을 하고 있다고 보고했다. 포셰는 워싱턴에게 그가 탈레랑을 받아들인 데 대해 프랑스가 언짢아하고 있음을 알렸으며, 대통령은 공화파 반대자들 사이에서 논란이 불거질 것을 우려하여 회담을 거절했다. "나의 소망은 (중략) 우리가 우호 관계에 있는 세력들이 금기시하는 시민들에 대하여 그들이 불쾌하게 여길 만한 행동을 함으로써 그들을 화나게 만드는 경우를 피하고자 하는 것이오." 워싱턴은 해밀턴에게 이렇게 말하면서, 탈레랑을 맞이하는 대가는 민간 시민들이 뒤집어쓰게 될 것임을 암시했다.[36]

탈레랑은 곧 물라토 정부情婦 한 명을 들였으며 그녀와 함께 공개적으로 필라델피아 길거리를 다정히 활보했다. 상류 사회 사람들 중 융통성 없는 일부는 이를 고까워했으며, 해밀턴은 아니었지만 아마도 엘리자는 여기에 그다지 너그러울 수 없었던 모양이었다. '그는 악명 높게도 기형 적이고, 한 발을 절며, 태도가 우아한 것과는 거리가 멀었고, 목소리가 불 쾌했으며, 지저분한 옷차림을 하고 다녔다.' 나이 지긋해진 엘리자가 회 고한 내용이다. '해밀턴 씨는 그를 자주 만났는데, 그는 그 위대한 지적 능력을 가진 기민한 외교관을 존경했으나 그에게 아무런 원칙이 없다는 점은 혐오했다. 그는 양심이 전혀 없었다.'[37] 포셰가 이미 해밀턴이 탈레 랑과 작당했다고 믿고 있었으므로, 해밀턴은 정치적 불이익을 만들어내 지 않고도 그와 어울릴 수 있었다. 그와 탈레랑은 서로에게 경탄하는 동 료가 되었지만 그렇다고 가까운 친구가 된 것은 아니었다.

탈레랑은 2년 동안 미국에 머물면서 해밀턴과 함께 보낸 시간들을 매 우 소중히 여겼고, 몇몇 인상적인 헌사들을 후대에 남겨주었다. '나는 나 폴레옹, 폭스, 해밀턴이 우리 시대의 위대한 3대 인물이라고 생각하며, 만 일 세 명 중 하나만을 골라야 한다면 망설임 없이 1순위를 해밀턴에게 주 겠다. 그는 유럽의 미래를 내다보고 있었다.'[38] 그는 해밀턴에 대해 한 미 국인 여행기 작가에게 다음과 같이 말했다. '그는 당대의 저명한 사람들 거의 모두를 알고 있었으나, *전반적으로 자신과 동등할 만큼의 사람은 만 나본 적이 없었다.*'[39] 이 악동 같은 외교관과의 우정을 즐겼던 해밀턴은 존경의 징표로 그에게 타원형으로 작게 만든 자신의 초상화를 선물했다.

해밀턴과 탈레랑은 모두 완고한 남자들이었으며, 공상적이고 극단적 인 동포들의 유토피아적 꿈들에 진절머리를 냈다. 탈레랑의 전기작가들 중 한 명의 말을 빌리자면, '그들은 모두 정치에 열정적으로 관심이 있었 고, 두 사람 모두 정치를 현실주의적인 시각에서 바라보았으며, 로베스피 에르나 제퍼슨의 입에서 쏟아지는 감성적 헛소리들을 경멸했다.'[40] 이 두 남자는 힘 있는 행정부가 이끄는 강력한 국민국가를 만들고자 했으며, 두 사람 모두 중앙은행과 주식 시장에 대한 혐오감에 맞서길 원했다. 이상하게도 탈레랑은 프랑스가 아닌 영국이 미국에게 장기적인 신용을 공급하고 필요한 경우 산업 자재들을 가장 잘 제공해줄 수 있으리라는 데 해밀턴과 동의했다. 그는 해밀턴이 미국의 경제적 운명에 대해 열정적 신념을 역설하던 모습을 생생히 회고했다. 그들의 대화에서 해밀턴은 자신이 '아마도 아주 멀지는 않은 언젠가, 본래 구세계에 존재했었던 위대한 시장들이 미국에도 세워질 날'을 내다보고 있다고 말했다.[41] 탈레랑은 해밀턴에게 단 한 가지 불만을 털어놓았다. 그가 시대의 위대한 저명인사들에게만 너무 매혹된 나머지 엘리자의 아름다움을 너무나 경시하고 있다는 불평이었다.

탈레랑은 앤젤리카 처치가 해밀턴의 집 문을 열어준 데 고마워하고 있었으며, 그녀에게 엘리자의 친절함과 해밀턴의 독특한 정신 및 태도에 대한 이야기를 전했다. 이로써 앤젤리카는 엘리자에게, 너무나 오래도록 두 사람의 마음을 매혹시켰던 그 남자에 대한 인상적인 편지 하나를 쓰게 되었다. 앤젤리카 처치는 해밀턴에게 그저 마음을 열어주기만 한 것이 아님을 거의 노골적으로 인정하기 직전에 이르렀다. 사회적으로 야망이 있었던 그녀는 언제나 제부가 정치적 영광을 누리기를 꿈꿨으며 이제는 그와 그의 미래에 대한 자신의 경배를 목청껏 소리 높여 표현했다.

친애하는 엘리자, 나는 나의 훌륭한 친구인 탈레랑 씨로부터 한 통의 편지를 받았단다. 너와 나의 *사랑스러운* 이에게 자신을 소개해주어 고맙다고 하더구나. 사랑스러운 이가 너의 남편을 의미한다는 것은 너도 알고 있겠지. 내가 그를 굉장히 사랑하니 말이야. 네가 만약 고대 로마 사람들만큼이나 자비롭다면 그를 잠시간 나에게 빌려줘야만 할 것이야. 그러나 질투하지는 말아줘, 나의 사랑하는 엘리자. 나는 세상 그 어떤 사람보다 그의 드높은 야망이 더욱 앞으로 나아가기를 세심히 바라고, 또 그가 진정한 영광의 정점들을 하나도 빠짐없이 얻기를 바라 마지않으며, 또 그가 나와 잡다한 이야기를 나누거나 이따금씩은 나의 친애하는 앤젤리카가 여기에 있었더라면 하고 말하는 것을 즐기니 말이야. (중략) 아! 베스! 그토록 영리하고 그토록 좋은 사람을 반려자로 맞이했으니 너는 너무도 운 좋은 여자란다.[42]

서부의 악랄한 반란자들

Alexander Hamilton

1794년 5월 말 하원 조사 위원회 앞에서 모든 혐의들을 벗게 된 이후, 해밀턴은 조지 워싱턴에게 전쟁의 가능성을 이유로 들면서 자신이 사임하지 않을 것을 알렸다. 결국 그는 전쟁에 돌입하게 되었는데, 이는 유럽 열강이 아닌 미국 프런티어 정착민들을 상대로 하는 것이었다. 그해 펜실베이니아 서부에서는 이른바 '위스키 반란', 즉 국내에서 증류한 증류주에 특별소비세가 부과된 것에 반대하는 무장 시위가 일어났다. 흔히 '위스키세'라 불렸던 이 소비세는 해밀턴이 기금 체계의 일환으로 도입한 것이었는데, 이는 미국 역사상 최초의 '죄악세'라고도 할 수 있는 것이었다. 해밀턴이 '연방주의자' 제12호에서 주류를 가리켜 '이 증류주들보다 더 국민적인 사치의 대상이 될 수 있는 것은 또 없다'며 비난조로 이야기 했기 때문이었다.[1]

미국인들로 하여금 인지세법을 포함한 영국의 혐오스러웠던 조세 제도를 떠올리게 한다는 점에서 위스키세는 인기가 없을 수밖에 없는 운명

알렉산더 해밀턴

이었다. 그럼에도 이는 연방정부에게 있어 두 번째로 큰 수입원이었고 해밀턴에게도 없어서는 안 될 제도였다. 만일 이 결정적인 세금을 거두지 못하면 관세를 올려야 할 수도 있었는데, 그럴 경우 밀수와 탈세가 늘어나거나 해외로부터 상업적 보복 조치를 받게 될 가능성도 있기 때문이었다. 정부로서도 원주민을 상대로 한 군비 지출을 감당하기 위해 그 돈이 반드시 필요했는데, 이 군비 지출은 특히 그 군사 조치에 큰 영향을 받는 프런티어 지역, 이를테면 서부 펜실베이니아 등에서 특히나 높은 지지를 받았다.

위스키세가 통과된 직후부터 연방 세금 징수원들은 사람들에게 기피 당하고, 타르로 칠해지고, 깃털이 발렸으며, 눈가리개가 씌워진 채 매질을 당했다. 1792년 5월, 해밀턴은 세율을 낮춤으로써 반대자들과 화해하려 했지만 이 회유책만으로는 그들을 달랠 수 없었다. 그해 여름, 필립 프리노는 과거 영국의 지배하에서 독단적으로 부과되었던 세금들과 해밀턴의 세금들을 결부하는 선동적 투서들을 신문에 실었다. '모든 것에서 대영제국 왕실의 부패한 원칙들을 흉내 내고자 하는 미합중국 정부는 소비세법으로 그 수치스러운 행보를 시작했다.'[2] 1792년 8월에 시위자들은 군중의 사태 장악이라는 해밀턴의 가장 나쁜 악몽들을 품은 듯, 세금 징수원 존 네빌John Neville 대령에게 자신의 집을 빌려주었던 남자 윌리엄 포크너William Faulkner를 공포에 떨게 만들었다. 해밀턴은 그 사건에 관해 머리털이 쭈뼛 서는 듯한 보고들을 받았다. '그들은 그의 앞에서 칼을 빼어 들고선, 그가 이곳에 검열 사무소가 들어서는 것을 막겠다고 진지하게 약속하지 않는다면 그의 머리가죽을 벗기고 타르와 깃털을 칠할 것이며 마지막에는 그의 집들과 영지를 잿더미로 만들어버릴 것이라 협박했다.'[3] 이튿날에는 얼굴에 검댕을 칠한 무장 남성 서른 명이 말을 타고 포크너의 집으로 쳐들어와 네빌을 붙잡고 목 졸라 죽이려 들었다.

비슷한 시기, 피츠버그에서 일어난 대중 집회는 이 노골적인 무법 행위에 정당성의 녹을 덧입히려고 했다. 이 집회의 서기는 스위스 태생의 펜실베이니아 의원인 앨버트 갤러틴이었다. 하버드에서 프랑스어를 가르쳤고 짙은 프랑스어 억양이 섞인 영어를 구사했으며 큰 키와 마른 몸, 좁다란 얼굴과 매부리코를 가졌던 갤러틴은 악명 높을 만큼 지저분한 성격의 인물이었다. 시위자들은 '[소비세]법의 완전 폐지를 얻어낼 때까지 그 시행을 방해할' 모든 '법적 조치'를 고집하고자 한다는 내용의 결의안을 썼는데, 아마 이것을 쓴 인물도 갤러틴이었을 것이다. 결의안은 법이 폐지되기 전까지 세금 징수원들은 '마땅한 멸시'를 받을 것이라고 밝혔다.[4] 훗날 갤러틴 또한 자신이 이 집회에서 담당했던 역할을 가리켜 '나의 유일한 정치적 죄'라고 묘사했지만, 해밀턴은 그 범죄들을 오래도록 마음속에 담아두었다.[5] 게다가 앞서 살펴봤듯, 갤러틴은 1793년 말 미국 상원의원이 되면서 곧장 해밀턴을 끊임없이 공격하는 인물로 거듭나게 될 터였다.

　　해밀턴은 불법 행위들을 용인하려 하지 않았고, 후대의 몇몇 해설자들과 달리 그 폭력적인 시위들을 다채로운 것으로 여기지도 않았다. 그는 워싱턴에게 '적극적이고 결정적인 조치들'이 필요하다고 호소하면서, 그렇지 않으면 '불복종의 정신이 자연스레 확장될 것이며 정부의 권위는 크게 약화될 것'이라 말했다.[6] 해밀턴은 딱 그다운 모습으로 단호하게 굴었다. 그는 아직까지도 시골 지역에는 연방정부에 대한 의혹이 살아 있다는 것을 우려했고 정부의 권위가 이상적으로는 동의에 의해, 혹은 필요하다면 강제로 군건히 확립될 필요가 있다고 여겼다. 그는 워싱턴이 탈세자들에게 이제 그만 단념하라고 명하는 내용의 선언문을 발표한 뒤 만일 그들이 따르지 않으면 그곳에 군대를 파견하기를 바랐다. 그러나 워싱턴은 이보다는 한층 온화하게 반응했다. 그는 법에 대한 준수를 요청하는 선언문을 발표했으나 군사 사용은 최후의 수단이라 생각하여 국내의 적들을 상대로 군대를 일으키기를 망설였다. 그는 해밀턴에게, 만일 자신이 군대를 보낸다면 반대자들은 진실이 드러났다네, 이제 우리는 군대가 어떤 목적으로 세워졌는지를 알게 되었다네'라고 소리칠 것이 빤하다고 말했다.[7] 이는 정확한 예측이었다.

서부 펜실베이니아의 개척자들은 대부분이 스코틀랜드-아일랜드 혈통이었고, 술을 사랑스럽고 상쾌한 음료 정도로 여겼다. 미국 내에서 1인당 가내 증류소의 밀집도가 가장 높았던 이곳에선 여기저기서 위스키를 흔히 볼 수 있었고 심지어는 위스키가 화폐 대신 쓰이기도 했다. 산간벽지를 대충 깎아 밭을 만들었던 농부들은 상당한 양의 밀을 생산했지만, 말들이 지나다닐 수 있는 좁다란 오솔길만이 전부인 앨러게니 산 건너편으로 그 밀들을 옮기지는 못했다. 이들은 그 곡물을 증류하여 위스키를 만들고, 그 술을 작은 통들에 넣은 뒤 말 등에 싣고선 산을 건너 동부의 시장들에 내다 파는 것으로 문제를 해결했다. 위스키 중 일부는 미시시피 강을 따라 남쪽으로 운송되기도 했다. 지역 농부들은 해밀턴의 특별세 때문에 자신들이 불공평한 경제적 타격을 입었다고 생각했으며, 가내에서 주조한 술을 취미 삼아 소비하는 것을 방해받은 데도 크게 분개했다.

서부 펜실베이니아의 문제가 새로이 격화되었던 1794년의 여름, 해밀턴은 가족 문제로 괴로워하고 있었다. 이제 곧 만 두 살이 되는 그의 다섯 번째 아들 존 처치 해밀턴이 심각하게 아프기 시작했고, 이 때문에 당시 또다시 임신 중이었던 엘리자에게도 무리가 온 것이다. 해밀턴은 스스로 휴가를 낸 전적이 거의 없는 사람이었으나 이번만큼은 그도 '아이를 운동시킬 겸 기분 전환도 해주기 위해 며칠 동안 시골로 여행을 다녀오는 것을 허가'해달라고 워싱턴에게 간청했다.[8] 1주일 후에도 엘리자와 '사랑하는 조니Johnny'가 차도를 보이지 않자 해밀턴은 휴가를 늘린 뒤 그들이 올버니의 스카일러 저택으로 가는 것을 도중까지 배웅했다. 근면한 해밀

26 · 서부의 악랄한 반란자들

턴은 워싱턴에게 사과하면서 말했다. '해밀턴 부인의 연약한 건강과 아이들의 건강 모두가 관련된 일이었으므로, 복귀 지체를 정당화해줄 사유가 될 수 있으리라 믿습니다.'[9] 마리아 레이널즈 이후로 죄책감에 시달리던 해밀턴은 계속해서 맹목적인 사랑을 퍼붓는 가장의 모습을 보여주었다.

해밀턴이 자신의 가족들을 돌보는 사이, 위스키 반란 시위자들은 세금을 납부한 이웃 증류소들에 쳐들어가고 있었다. 이들은 오래도록 고통 받아왔던 위스키 검열관 존 네빌 대령에게 또다시 위협을 가했다. 독립혁명 참전용사이자 세금 기피자들에게 영장을 발부했던 네빌은 분개한 농부들이 자신의 집을 둘러싸자 민병대를 긴급 호출하며 도움을 요청했다. 대략 열두 명의 병사들이 시위자들을 말리기 위해 파견되었으나, 500여 명이 넘는 반란자들은 한 시간 동안 네빌의 집을 저격하면서 횃불로 그의 곡식들과 헛간, 마구간, 울타리 등에 불을 질렀다. 그들은 또한 이 구역 담당이었던 연방보안관 데이비드 레녹스David Lenox를 납치했고, 그가 세금 기피자들을 상대로 더 이상의 딱지를 떼지 않겠다고 맹세한 후에야 그를 풀어주었다. 레녹스와 네빌은 결국 '개인적인 공격 혹은 암살을 피하기 위해 길을 빙 둘러' 이 지역을 탈주했다는 것이 해밀턴이 워싱턴에게 전한 이야기였다.[10]

8월 1일, 6,000여 명의 반란자들은 피츠버그 외곽 브래독의 공터에 집결했다. 마구잡이식으로 이루어지던 폭력이 보다 조직적인 성격을 띠게 된 것이다. 주동자는 브래드포드Bradford라는 이름의 인물이었는데, 「피츠버그 가제트Pittsburg Gazette」를 통해 프랑스 혁명의 소식들을 계속해서 포식해왔던 그는 자신의 군중에게 훌륭한 귀감이 될 수 있는 인물로 로베스피에르를 내세웠다. 그가 자코뱅 일파와 함께 '공안위원회'의 창설을 촉구했으며 수 주 후에는 동무들에게 기요틴을 세우자고 설득하며 다녔다는 점에서였다. 반란자들은 무기를 확보하기 위해 피츠버그의 정부 주둔군을 공격하기로 결정했고, 브래드포드는 '우리는 산을 건너오는 첫 번째 부대를 격파하고 그들의 무기와 행장을 챙길 것'이라며 으스댔다.[11]

무질서라는 말썽쟁이 요정들을 언제나 두려워했던 해밀턴은 이것이 단순한 대중의 불복종이 아니라 여겼고, 나아가 정부에 대한 반역 계획의 징후가 드러나는 것이라 보았다. 망설이는 법을 모르는 해밀턴은 워싱턴에게 7,500단어 길이의 서신을 써 보내어 소비세 도입 이후 세금 징수원에게 가해졌던 폭력 행위들을 검토했다. 해밀턴은 이 폭력들이 뒤집어쓸 수도 있는 '시민 불복종'의 허식을 모조리 벗겨내려 했고 그들이 대규모이며, 악랄하고, 계획적인 무리임을 보이고자 했다. 보다 더 일반적인 위협을 감지한 사람은 해밀턴뿐만이 아니었다. 법무장관 윌리엄 브래드포드는 서부의 반란이 '중앙정부를 약화시키거나 어쩌면 전복시키기 위해, 제대로 조직된 정규 계획'이라고 보았으며, 전쟁부 장관 녹스는 이 소요에 맞서 '넘칠 만큼의 무력'으로 대항하고자 했다.[12] 이 반란이 헌법적 질서에 대한 직접적인 위협이라 여긴 워싱턴은 연방대법원 판사 제임스 윌슨James Wilson에게 피츠버그 주변에 무정부 상태를 선포해달라고 요청했다.

법을 시행하는 데 있어 해밀턴은 무력을 압도적으로 과시해버리면 실제로 그것을 동원할 필요를 없앨 수 있다고 믿었다. '정부는 무장한 모습을 드러내 보일 때마다 마치 *헤라클레스* 같은 모습으로 나타나야 하며 그 위용을 자랑함으로써 존경심을 불러 일으켜야 한다. 비용에 대한 걱정은 그 에너지가 가지는 장점에 비하면 아무것도 아니다.'[13] 타는 듯 더운 8월의 어느 날, 주 공무원들과 만난 해밀턴은 그들에게 주 서부로 군대를 파견하라고 조언했다. 그는 워싱턴에게 여러 주들의 민병대를 모아 1만 2,000명 규모의 군대를 집결시켜 당시 7,000여 명으로 추산되던 반란자들을 진압하는 방안을 추천했다. 국무장관 에드먼드 랜돌프는 군대 파견에 반대하면서, 그것이 펜실베이니아 공무원이 내내 이야기해왔던 '화해

의 정신'을 부르는 대신 시위자들을 한데 통합시키는 결과만 초래할 것이라고 우려했다.[14]

워싱턴은 위대한 정치인답게 해밀턴의 호전성과 랜돌프의 정중함을 용케도 절충시켰다. 그는 시위대에게 9월 1일까지 해산하라고 명하면서, 만일 그렇게 하지 않는다면 정부가 민병대를 보내겠다는 내용의 선언문을 발표했다. 동시에 그는 3인으로 구성된 위원회가 시민들과 협의할 것이라는 선언도 했다. 윌리엄 브래드포드가 세 명의 위원들 중 한 명으로 뽑혔는데, 해밀턴은 -훗날 폭도들과 최후의 결전을 벌이려 했다고 비난받기도 했으나- 이 법무장관이 서쪽으로 떠나기전 그에게 편지를 보내어 자신은 보다 입맛에 맞을 특별소비세를 위해 '합리적인 개정 일체'를 시행할 준비가 되어 있다고 전했다. '진실로 말하건대, 이를 통한 모든 수용 가능한 조정들은 이 부처가 바라는 바이기도 합니다.'[15] 안타깝게도 이 관대한 접근 방식은 반란군들을 한층 더 대담하게 만들 뿐이었다. 8월 17일에 3인의 위원회는 관련 피츠버그 주민들과 회의를 가졌는데, 여기서 주민들은 '상당히 많으며 또 폭력적'인 극단주의자들이 '모든 위험을 무릅쓰고서라도' 특별소비세에 저항할 것을 의결했다고 주장했다. 의원들은 법의 준수를 강제하려면 '국가의 물리적 힘'이 필요할 것이라며 마지못해 결론지었다.[16]

무력의 사용이 목전에 다가온 이 시점에서 녹스는 워싱턴에게 자신이 긴급한 부동산 문제 몇 가지를 해결하러 메인 주에 가봐야 한다고 말하면서, 그러나 만일 필요하다면 여행을 나중으로 미룰 수도 있다고 덧붙였다. 워싱턴은 이 결정적인 시기에 녹스가 떠나게 해주었는데, 이는 곧 전쟁부의 임시적인 책임이 해밀턴의 가냘픈 어깨 위에 놓인다는 의미였다. 이것은 해밀턴의 다양한 능력에 대한 워싱턴의 믿음, 그리고 권력을 행사하고자 하는 해밀턴의 끝도 없는 욕망을 다시금 단정적으로 보여주는 증거였다.

해밀턴은 고통스러울 정도의 곤경에 빠져버렸다. 서부 펜실베이니아를 상대로 군사 작전이 시행될 수도 있었던 탓에 이를 대비하는 급박한 업무들이 그에게 들이닥쳤기 때문이었다.(그는 엘리자에게 "도저히 짬을 낼 틈도 없소"라 말하기까지 했다.[17]) 그는 군마와 텐트 등 군수 물자들을 주문하는 데 여념이 없었으며 자리를 비울 새도 없다고 생각했다. 그러나 엘리자가 올버니에서 보내온 소식은 그의 마음을 찢어놓았다. 아편 팅크와 석회수로 치료를 받고 있음에도 어린 조니의 병세가 악화되었으며, 엘리자의 임신 또한 불안정한 상태가 되었다는 소식이었다. 해밀턴은 새로 도착한 편지를 열어볼 때마다 그것이 아들의 죽음을 알리는 것일지 몰라 불안에 떨었다. '아아 나의 사랑하는 이여, 나의 두려움은 너무나 크고, 나의 괴로움은 마음을 찢어놓소.' 그가 엘리자에게 말했다. '매일같이 나는 그 아이가 내게 어떤 의미인지를 되새기며, 그 아이의 회복을 위해 하늘에 끊임없이 기도하고 있소.'[18] 해밀턴의 편지들에서는 가족에 대한 그의 사랑과 더불어 백과사전 같은 의학 지식들을 찾아볼 수 있다. 혹여 아이의 상태가 더욱 나빠질 경우를 대비하여 그는 엘리자에게 아주 상세한 지시를 적어 보냈다.

만일 더 악화된다면, 아편 팅크는 쓰지 말고 냉수욕을 시켜보시오. 다시 말해 아편 팅크를 서서히 줄이고, 밤중에는 쓰되 아침에는 쓰지 말고, 그 이후에 완전히 물러버리시오. 물을 받아 밤새 부엌에 두었다가 아침에 아이를 거꾸로 들어 머리부터 담그고, 아이의 머리를 잘 싸맨 뒤 다시 목욕을 시키되 바로 꺼내며, 플란넬 천에 뉘인 뒤 수건으로 몸을 닦아주시오. 욕조에서 꺼낸 직후에는 곧바로 브랜디를 두 숟갈 가득 먹이되, 숨이 막히지 않도록 적당량의 물을 섞어 먹이시오. 아이의 입술을 잘 관찰하시오. 만일 윤기가 살아난다면 냉수

26 · 서부의 악랄한 반란자들

욕을 계속 시켜야 하나, 만일 창백해진다면 그만두어야 하오.[19]

이는 단순히 책에서 얻은 지식처럼 보이지 않는다. 인생의 어느 시기, 아마도 어린 시절이나 군대에 있었을 당시 그는 아픈 이들을 돌보는 방법을 상당한 수준까지 배웠으며 감동적인 배려 정신으로 환자들을 살펴줬던 모양이다. 월말에 이르러 존 처치 해밀턴이 회복세를 보이기 시작하자 해밀턴은 아내와 아이들을 뉴욕 시로 보냈다. 이곳에서는 니컬러스 피시와 엘리샤 부디노가 그들을 극진히 보살폈다. 이러한 일이 있는 동안, 서부 펜실베이니아의 사태는 이제 정부와 노골적으로 대치하기를 꾀하는 수준에 이르렀다.

1794년 8월 23일 아침, 필라델피아 「아메리칸 데일리 애드버타이저」의 구독자들은 '툴리Tully'라는 이름의 저자가 쓴 열정적인 경고문을 읽게 되었다. 저자는 서부 펜실베이니아의 소요는 사실 헌법적인 질서를 무너뜨리려는 속내 빤한 서곡이 아니냐며 우려를 드러냈다. 그는 연방정부의 적들은 너무 교활하기 때문에 정부를 직접 공격하진 않을 것이며, 대신 중도를 가장한 채 특별소비세와 같은 사안들을 이용해먹고 있는 것이라 주장했다. 건강이 악화되고 있는 와중에도 해밀턴은 이날로부터 9일간 세 편의 '툴리' 논설들을 더 써냈다. 언제나 사서 걱정하곤 했던 그는 벌써부터 끔찍한 결과를 마음속으로 곱씹고 있었다. '*무정부 상태*가 시작되는 곳에서는 폭정보다 더 확실하게 찾아올 것도, 더 두려워해야 할 것도 없다.'[20] 해밀턴에게 있어 정부의 가장 신성한 의무들 중 하나는 바로 '헌법과 법을 불가침으로 존중'하는 것이었다.[21] 그는 새로운 정부를 시험하는 가장 중요한 시기가 손에 잡힐 듯 다가왔다고 믿었다.

'툴리'가 말을 꺼낸 지 얼마 되지도 않아, 서부 펜실베이니아에서 3인

위원회가 돌아와 워싱턴 내각에게 암울한 상황을 전달해주었다. 장장 여덟 시간에 걸친 기나긴 회의에서 워싱턴과 해밀턴, 랜돌프는 헨리 리 주지사의 버지니아 주 민병대를 호출하고 최대 1만 5,000명에 이르는 추가 병력을 준비시켜 앞으로 벌어질지 모르는 사태에 대비하기로 결정했다. 회의 뒤 해밀턴은 곧바로 행동에 돌입하여 추가적인 군수 물자들을 준비시켰다.

모종의 당파가 정부를 무너뜨리려는 것은 아닌지 해밀턴과 마찬가지로 걱정했던 워싱턴은 그 어떤 대가를 치러서라도 헌법을 수호할 채비를 했다. 그럼에도 그는 날카롭게 갈고닦은 직감으로 군대의 파견 시기를 미루었다. 이에 더해 해밀턴은 민병대 대령들이 시위자들로부터 사주를 받았으며 판사들이 조세에 대한 저항을 지지한다는 확실한 증거들을 워싱턴에게 가져다주었다. 그는 펜실베이니아 공무원들이 위스키세를 거부했다는 죄목으로 누군가를 처벌한 적이 단 한 건도 없다고 단언했다. 가장 마음에 걸리는 부분은 특히 이 대격동이 다른 주들에까지 번질 수도 있다는 점이었다. 메릴랜드 주가 강제 조세를 돕기 위해 주 민병대를 호출하자, 병사들은 주 공무원들을 공격하고 주정부 청사 광장에 자유의 깃대를 세웠다. 반란자들이 무기를 구하기 위해 주의 무기고를 약탈하려 한다는 소문도 돌았다.

9월 9일에 이르자 워싱턴의 참을성도 한계에 다다랐다. "만일 법이 불처벌로 짓밟히게 된다면, 그리고 소수가 다수를 지배하게 된다면 공화 정부는 단박에 끝을 맞이하게 될 것이오."[22] 추운 날씨가 다시 찾아올까 걱정한 그는 군대에게 곧바로 서부 펜실베이니아로 행군할 것을 명령했다. 펜실베이니아는 반란 사태의 진압에 대해 미적지근한 태도를 보였으므로 뉴저지와 메릴랜드, 버지니아가 대신 민병대를 보내왔다. 해밀턴은 재무부와 전쟁부의 짐을 모두 짊어지고선 끊임없이 움직였다. 좀처럼 바닥나지 않는 수완으로 그는 전 부대원들이 사용할 신발과 담요, 셔츠, 코트, 의약품 상자, 주전자, 소총, 장총 등을 주문했다. 그는 본래의 버릇대로 모든 사항들을 엄청나게 구체적으로 명시했는데, 특히 제복에 대해서는 더더욱 그러했다. 그는 이렇게 주문했다. '재킷은 일반 선원 재킷의 원단으로 만들어진 것이어야 한다. 그리고 [선원들의 재킷과] 마찬가지로 옷자락이 없어야 하지만, 복부를 제대로 보호할 수 있을 만큼 충분히 길어야 한다. 바지 혹은 오버롤(상의가 연결된 덧바지_역주) 또한 튼튼하고 거칠며 값싼 모직 원단의 것이어야 한다.'[23]

워싱턴은 당연히 서부 원정의 지도자 격이었으나 자신의 참여를 제한시키고자 했다. 해밀턴은 루퍼스 킹에게 이렇게 말했다. "대통령께서는 상황에 따르실 것이오. 만일 중대한 등장이 필요한 경우라면 가실 것이고, 그렇지 않다면 머무르실 것이오." 반면 단 한 번도 군사적 영광에 대한 사랑을 놓아버린 적이 없었던 해밀턴 자신은 원정 참여를 갈망했다. "만일 *허락된다면*, 나는 어떻게 해서든 갈 것이오."[24] 특별소비세의 주창자로서 그는 자신이 군대에 동행하는 것이 더 나을 것이라고 워싱턴에게 확언했다. "동료 시민들을 향한 위험이 포함되어 있는 조치라면, 그 조치의 고문顧問이나 제안자로 여겨지는 사람이 그 위험에 참가하는 것은 우리 같은 정부에서 좋은 영향을 가져올 수밖에 없습니다."[25] 워싱턴은 해밀턴의 소망을 들어주었다. 그러자 랜돌프 국무장관은 모종의 의무감이라도 느낀 듯, '해밀턴 중령을 데리고 다니는 것에 대하여 문 뒤에서 얼마나 많은 이야기를 나누었고, 총사령관이 그를 언제나 곁에 두어야만 하는 것처럼 보였던 상황이 얼마나 큰 스트레스를 가져다주었는지'를 워싱턴에게 상기시켰다.[26]

해밀턴은 엘리자의 임신 때문에 여전히 큰 걱정에 빠져 있는 상태였다. 서부 펜실베이니아로 떠나기 하루 전, 그는 유쾌한 말들로 아이들을 안심시키고자 노력했다. "그곳에 있는 사람들이 전해준 이야기들에 따르면 그곳은 싸움도 없음은 물론 위험하지도 않을 것이란다. 이 여행은 기분 좋은 여행이 될 것이며, 나에게도 도움이 될 것이야."[27] 9월 30일 아침, 워싱턴과 해밀턴은 전쟁을 향해 운치 있는 출발을 했다. 마켓가에 세워진 마차에 올라탄 이들은 군대와 합류하기 위해 서쪽으로 향했고, 마차는 이내 평화로운 농경 지역을 가르며 타달타달 굴러갔다. 이 마차 여행이 그 대서사시에는 어울리지 않는다고 생각할 수도 있겠지만, 당시 예순두 살의 워싱턴이 더는 말안장에 앉아 오랜 시간을 여행하는 것이 불가능해졌음을 기억해야만 한다. 대통령의 여행을 직접 준비하며 해밀턴은 만일 그가 민간인의 집에 머무른다면 자신이 그 비용을 댈 것이며, 그렇지 않다면 마을 여관에 방을 잡을 것이라고 세심하게 선언했다. 워싱턴에게 필요한 것들을 챙겨주는 해밀턴, 그 모습 속에서 장군과 그의 부관은 아마 이상야릇한 기시감을 느꼈을 것이 분명하다. 과거 그 당시의 해밀턴은 장군을 보필하는 데 그쳤으나, 이제 서른아홉 살이 된 그는 이제 자신의 힘으로도 우뚝 선 강력한 인물이 되었다. 워싱턴이 대통령의 자리에 올라선 것보다는, 그의 부관이었던 자가 미국에서 두 번째로 힘 있는 인물이 된 것이 훨씬 더 눈에 띄는 도약이었다.

10월 4일이 되자 두 남자는 피츠버그까지의 대략적인 중간 지점이자 군부대와의 합류 지점이었던 펜실베이니아 주 남부의 칼라일에 당도했다. 이들은 3,000여 명의 병사 무리들을 둘러보았는데, 나중에 이 군대는 1만 2,000명 규모로 불어났다. 효율성을 극게 따졌던 해밀턴은 옷가지와 탄약이 아직 도착하지 않았음을 알자마자 격분했고, 채찍 같은 말들을 책임자에게 퍼부었다. "정말이지, 제발 그들에게 믿을 만한 사람을 보내어 얼른 가라고 재촉하게 하시오. 나의 기대치는 지독할 만큼 땅에 떨어졌소."[28] 워싱턴과 해밀턴이 칼라일에서 야영하는 동안 서부 펜실베이니

26 · 서부의 악랄한 반란자들

아에서는 본래 방직공이었던 의원 윌리엄 핀들리William Findley가 이끄는 특사 무리가 이곳을 찾아와 이들을 설득하여 발길을 돌리게 만들려 했다. 특사 무리는 서부 시골 지역의 국민들이 강압 없이도 특별세를 받아들일 것이라고 보고했다. 워싱턴은 만일 자신의 부대에게 단 한 발의 총격도 가해지지 않는다면 무력을 사용하는 일은 결코 없을 것이나, 지금 물러서지는 않겠다고 답했다. 해밀턴은 한층 더 완고했다. 핀들리가 본래 그 지역의 질서를 관리했어야만 했던 어느 인물의 이야기를 꺼내자, 해밀턴은 자신이 '만일 그를 만났다면 그 남자는 창에 찔리거나, 총을 맞거나, 혹은 가장 가까운 나무에 목 매달렸을 것'이라고 대답했다.[29] 이번 원정을 정부의 의지에 대한 중요 시험이라 생각했던 해밀턴은 절대로 여기서 물러날 의사가 없었다.

군대가 칼라일에 머무는 동안 데이비드 체임버스David Chambers라는 이름의 청년이 헨리 리 주지사의 전언을 듣고 나타났다. 훗날 그는 해밀턴과 워싱턴의 모습을 잘 보여주는 일화를 남겼다.

> 리 장군임이 보낸 것임을 알게 되자마자 그들은 그 전갈들을 가져갔고, 총책임자로 보이는 해밀턴 중령이 그것들을 꼼꼼하게 정독했다. 대통령은 초연한 태도를 보이면서, 길들이나 거리 따위에 관한 대화를 필자와 나누었다. 워싱턴은 진지하고, 거리감이 있었으며, 근엄했다. 해밀턴은 친절하고, 정중했으며, 솔직했다. 해밀턴은 직접 전갈에 대한 답신을 썼고, 마치 환대를 사려는 듯 너무나도 친근하고 편안한 태도로 필자에게 그 임무의 목적을 신속하고 충실하게 이행하라고 독려했다. 동시에 (그는) 자신의 지갑에서 사례금을 꺼내 주었다.[30]

이후 체임버스는 앨러게니 산을 넘으면서 해밀턴과 다시 조우했고, 해

밀턴은 '마치 아버지 같은 친근함과 친절함으로' 그에게 부대를 구경시켜 주었다.[31]

해밀턴은 언제나 군영지의 남자다운 분위기를 뒷받침했다. 자신이 머물 요량으로 우아한 텐트를 세운 그는 바깥을 거닐면서 병사들과 독립 혁명 때의 이야기를 주고받았다. 해밀턴은 절대로 규율에 집착하는 사람이 아니었지만 그럼에도 기강을 고수했으며 실수를 용납하지 않았다. 종종 해가 진 뒤 야영지를 배회했던 그는 자기 자리를 지키고 있던 보초병들을 깜짝 놀라게 만들곤 했다. 어느 부유하고 어린 보초병 하나가 권총을 곁에 둔 채 나태하게 앉아 있는 것을 본 해밀턴은 그의 방종함을 꾸짖었다. 그 청년이 병사의 고된 삶을 불평하자 '해밀턴은 어깨에 장총을 메고 이리저리 걸어 다니며 끝까지 보초를 섰다'는 것이 존 처치 해밀턴이 훗날 전한 이야기다. '이 사건은 부대 전체에 소문이 났으며, 그 교훈은 두말 할 필요도 없었다.'[32] 이처럼 비전문적인 민병대와 지내는 동안 해밀턴은 중앙정부에게 상비군이 있어야 한다는 오랜 신념을 한층 더 강하게 품기에 이르렀다. 그는 훗날 이런 말을 남겼다. '서부의 반란자들에 대한 원정을 떠나면서, 나는 대다수의 민병대원들이 앞으로 나아가는 대신 갑자기 고개를 돌려 집으로 돌아가려 할까봐 매 순간 몸을 떨었다.'[33] 대규모의 연방군은 바로 공화파가 두려워했던 것으로, 매디슨은 필라델피아에서 상비군이 곧 '법을 시행하기 위해 필요해질' 수도 있겠다는 '말이 유행처럼 돌고 있다'고 제퍼슨에게 보고했다.[34]

워싱턴은 만일 군대가 양호한 상태를 보인다면 자신은 칼라일 이후부턴 직접 개입하지 않기로 결정했다. 그러므로 10월 말이 되었을 때 그는 필라델피아로 돌아갔고, 자신이 독립혁명 당시 이끌었던 것보다 더 큰 이 군대의 책임을 해밀턴과 버지니아 주지사 헨리 리에게 맡겼다. 병사들은 퍼붓는 비를 뚫고 진흙길을 따라 서쪽으로 행군했다. 그러한 악조건 속에서도 해밀턴은 군사 작전을 통해 원기를 충전했으며, 심지어는 앤젤리카 처치에게 자신의 공적을 즐거운 듯 전하기도 했다. '필라델피아에서 서쪽으로 205마일(약 330킬로미터_역주)'이라고 적힌 한 편지에서 그는 자신의 처형에게 다음과 같이 전했다. '친애하는 앤젤리카, 지금 나는 서부의 악랄한 반란자들을 공격하고 진압하기 위해 가는 길에 있소. 그러나 내가 당신의 발치에 그 어떤 트로피를 가져다주어야 한다고 믿지는 마시오. 대규모의 군대가 그 미친 자들의 용기를 식혀주고 있으니, 지금은 그 광기가 다시 찾아올 때 어떻게 그것에 대처할 것인지만 생각하면 되오.'[35]

워싱턴이 전 군대의 한쪽 절반에 대한 책임을 해밀턴에게 맡기자 공화파 언론들의 상상력은 날뛰기 시작했다. 위스키 반란은 그들이 가장 그리기 좋아했던 해밀턴의 모습, 즉 백마 탄 영웅이자 준비된 군사 독재자로서의 모습을 불러일으키기에 충분한 사건이었다. 프리노의 신문이 폐간된 이 시점에서, 반해밀턴 정서의 주요 출처는 이제 벤저민 프랭클린의 손자 벤저민 프랭클린 배시Benjamin Franklin Bache가 펴내는 신문, 「오로라Aurora」가 되었다. 해밀턴이 질척질척하고 울퉁불퉁한 길을 따라 서부 펜실베이니아로 향하는 동안, 배시는 그가 극악무도한 짓을 주도하고 있다고 보았다. '몇몇 이들은 그가 초대장도 없이 군대와 함께하고 있다며 수군거리고, 기민한 많은 이들은 그의 행동이 사실 국가 번영이 아닌 자신의 사익을 증진시키기 위하여 주의 깊게 꾸민 음모의 첫 발자국이라고 의심하고 있다.'[36] 워싱턴은 동요하지 않으며 이 장광설을 해밀턴에게 보냈고, 해밀턴은 자신이 '여론을 받아들이는 것은 아무런 가치도 없다는 것을 배운 지도 오래되었다'는 답신을 보냈다.[37]

반란 지역에 도착한 이후에도 군사 원정대가 노골적인 저항과 맞닥뜨리는 일은 거의 없었다. 세금을 체납한 수많은 증류주 생산자들이 체포되었고 다른 이들은 항복하거나 산으로 도망쳤다. 종종 술에 잔뜩 취해 소

알렉산더 해밀턴

동을 벌이는 병사들이 위스키 반란자들보다 더 걱정스러울 때도 있었으며, 최소 두 명 이상의 민간인이 민병대에 의해 목숨을 잃었다. 워싱턴은 이 병사들로 하여금 군사 재판소가 아닌 민간 재판소에서 재판을 받게 하는 중요한 선례를 남겼다.

해밀턴은 불만분자들과의 회담들에 대해 넌더리를 내며, 혁명의 기운을 뿌리부터 꼭대기까지 철저히 없애버려야 한다고 다시금 확신했다. 그는 반란자들이 돌아갈 집을 잃거나 혹은 추방되어야 한다고까지 말했는데, 이는 이민에 대한 그의 관대한 견해가 크게 바뀌기 시작하는 지점이었다. "이번 일이 그대로 덮여서는 안 되오." 그가 루퍼스 킹에게 말했다. "펜실베이니아의 정치적 부패는 내가 상상했던 것보다 훨씬 크다오."[38] 그는 특히 반란에 선출직 공무원들이 가담한 것을 매우 불쾌히 여겼다.

위스키 반란에 대한 진압을 연방당국이 하는 것을 둘러싼 기나긴 논쟁이 뒤를 이었다. 윌리엄 핀들리는 해밀턴이 정부의 권력을 증명할 기회를 반겼다고 믿었다. 그가 기록한 편파적인 사건 연대기에서는 해밀턴이 죄수들을 취조하는 데 있어 완고하고 깐깐한 전략을 동원했음을 엿볼 수 있다. 해밀턴은 주동자라고 생각되는 인물들에게 특히 더 가혹하게 대했는데, 일례로 그는 파워스Powers 장군에게 반란 행진들에서 앨버트 갤러틴이 어떤 역할을 담당했는지를 물었다. 파워스가 억지로 대강 대답하자 해밀턴은 그에게 한 시간 동안 기억을 되살려보라고 충고했다. 핀들리의 주장에 따르면 파워스는 머리에 총검이 겨눠진 채, 다른 죄수들과 함께 어느 방 안으로 내던져졌다. 한 시간 후 해밀턴은 '갑자기 공포에 질린 양 굴면서, 파워스 장군에게 그가 정직한 성품을 가지고 있으면서도 진실을 말하지 않으려는 것에 깜짝 놀랐다'고 말했다. 그러나 그는 자신이 곧 증언하게 될 무언가에 대하여 이미 충분한 증거를 가지고 있다고 주장했다.[39] 파워스는 군사 법원에 8일간 구류되었다가 모든 혐의에 대한 무죄 판결을 받고 풀려났다.

해밀턴에게 취조당한 또 다른 용의자 휴 헨리 브래큰리지Hugh Henry Brackenridge는 해밀턴이 정중하지만 가혹했다고 평했다. '그는 기꺼이 나를 정중히 대해주었으나, 나는 눈 깜짝할 새 범인이 되어 족쇄를 찰 궁지에 몰리는 바람에 당황스러웠다.'[40] 자신의 행동들을 해명하는 브래큰리지에게 해밀턴은 혹시 그가 정부를 전복시키기 위해 계획한 것은 아니냐며 직설적으로 물었다. 이틀 동안 이어진 이 취조에서도 해밀턴은 휘갈겨 쓴 상세한 메모들을 남겼고, 이후 브래큰리지에 대한 이야기가 와전된 것이라면서 그를 풀어주었다. 재무장관씩이나 되어서 한 남자의 무죄를 두고 이틀간 저울질을 했던 해밀턴의 이번 행동은 꽤 모범적인 것이었으나, 윌리엄 핀들리는 해밀턴이 브래큰리지에게 '공포'를 '나누어주었다'는 이야기만을 전했다.[41] 브래큰리지는 연방정부가 지휘하는 무력 과시가 곧 실제로 무력을 사용할 필요는 없게끔 만든다고 믿었는데, 이는 해밀턴이 예견했던 바와 똑같았다.

핀들리는 그 자신 또한 해밀턴에게 취조받았던 이야기를 전했는데, 여기에서 해밀턴은 핀들리가 자신을 공격하는 익명의 신문 기사 열세 편을 썼다고 굳게 믿고 있었다. 핀들리의 말에 따르자면 해밀턴은 핀들리가 '자신에 대한 거짓말들을 말과 글을 통해 퍼뜨렸으니 절대로 용서하지 않겠다고' 말하며 그를 옥죄었다. 해밀턴은 선출 의원들이었던 핀들리와 갤러틴이 말썽꾼들에게 사주를 했다는 데 격분했다. '그는 사람들이 외국인에 대하여 그다지도 확신을 가지는 데 놀라움과 분함을 드러내면서, 갤러틴과 나는 모두 외국인이므로 곧 신뢰할 수 없는 사람들이라고 말했다.'[42] 아일랜드 태생의 핀들리는 그의 말을 언어도단이라고 여기면서, 그렇다면 해밀턴 또한 이민자 출신이니 자기 자신도 부정해야 하는 것이 아니냐고 말했다. '해밀턴 장관이 누군가를 외국인이라는 이유로 반대한다는 이야기는, 해밀턴의 역사를 조금이라도 알고 있는 사람이라면 깜짝 놀랄 만한 것이다."[43]

여론은 워싱턴이 위스키 반란을 엄격하면서도 관대하게 잘 진압한 것에 대해 찬사를 보냈다. 인명 피해는 거의 발생하지 않았다. 워싱턴과 해밀턴은 정부에 새로운 위신을 가져다주었고, 민주 사회가 독재적인 수단들에 기대지 않고서도 대중의 소요를 어떻게 다루는지 보여주었다. 유럽에서의 정설과는 반대로 민주주의가 반드시 무법 상태로 퇴보하지는 않았던 것이다. 해밀턴은 몇몇 가해자들을 처벌하여 본보기로 삼고자 했지만, 헨리 리는 사면 선언문을 발표하여 '잔학 행위'를 저질렀다는 혐의를 받는 죄수 150여 명을 제외한 나머지 모든 수용자들을 석방했다. 두 명의 반란자들이 반역죄로 기소된 뒤 유죄 판결을 받았지만 워싱턴은 평소와 같은 아량으로 그들을 용서했다. 해밀턴은 이와 같은 관용이 무법분자들을 독려하게 될 뿐이라고 우려했다.

이번 반란을 공개적으로 부검하는 자리에서, 워싱턴은 시민 주네가 당도할 즈음부터 우후죽순처럼 생겨났던 민주공화파 단체들을 비난했다. 대통령이 의회에게 보내는 이 전갈을 전해 들은 제임스 매디슨은 격분하여, 이것이 워싱턴의 정치 인생 동안 저지른 '아마도 가장 큰 오류'일 것이며 나아가 그가 알렉산더 해밀턴의 도구임을 스스로 증명한 꼴이라고 평가했다.[44] "이는 반란에서의 증오심과 이 민주주의 단체들, 또 그 민주주의 단체들과 의회 내의 공화파 인사들을 연결시키려는 수작이었으며, 그 모두에 맞서는 또 다른 파벌의 간판 수장으로 대통령을 올리려는 속셈이었소." 매디슨이 화를 내며 말했다.[45] 그는 위스키 반란이 곧 미국식 자유에 대한 제한이 시작되는 서곡이라 보았다. 매디슨과 마찬가지로 제퍼슨 또한 이 반란이 곧 권력을 행사하고자 하는 해밀턴의 허영심 가득한 욕망이 드러난 사건이자, 그가 워싱턴의 정신을 교묘하게 조작한 또 다른 사건이었다고 생각했다. 제퍼슨은 그 '지긋지긋한' 특별소비세를 좋아했던 적이 단 한 번도 없었으며 심지어는 이 사건에 '해밀턴의 반란'이라는 이름을 붙이는 만용을 저질렀다.[46] 제퍼슨은 워싱턴을 선장에 빗대어, 이 나이 든 '선장이 자신의 배에 올라타서' 깜빡깜빡 졸고 있는 동안 '악당과도 같은 조타수 한 명이 적군의 항구로 배를 몰고 간다'고 표현했다.[47]

해밀턴의 친구 티머시 피커링이 훗날 관찰한 바에 따르자면 그 위스키세는 '특히 위스키 애주가들에게 혐오스러운 것'이었고, 더 높은 인기를 구가하기 위한 제퍼슨이 폐지를 약속했던 것이었다. '그러므로, 위스키 애주가들이 제퍼슨을 미합중국의 대통령으로 만들었다는 이야기는 의심할 여지가 없는 진실이라 해도 좋을 것이다.'[48]

서부 펜실베이니아에서는 여전히 해밀턴을 향한 악의가 기세등등했기 때문에, 그는 11월 말 여섯 명의 특별 호위병들을 대동하고선 말 등에 올라탄 뒤 피츠버그를 떠났다. 거의 두 달을 길 위에서 보내며 피로와 날씨에 지쳤던 그는, 당시 불안정한 임신으로 고통 받으며 그의 부재로 외로워하고 있었던 엘리자를 빨리 만나야 한다는 생각에 필라델피아를 향해 다급히 말을 달렸다. 런던의 앤젤리카 처치조차도 그 껄끄러운 상황을 알고 있었다. 그녀는 엘리자에게 편지를 썼다. '내 사랑, 그가 자리를 비운 동안 너는 너무나도 불행했었지. 나는 보통의 애정보다 훨씬 더 큰 마음으로 자주 너를 생각하곤 한단다.'[49] 11월 24일, 헨리 녹스는 엘리자가 그의 귀가를 진심으로 기원하고 있음을 해밀턴에게 전했다. '아마도 그녀는 유산의 위험을 겪었거나 지금 겪고 있는 중인 것으로 보이며, 이 때문에 아주 놀란 듯하오.' 해밀턴 가족의 수호천사인 에드워드 스티븐스는 엘리자를 돌보면서 이제 아무 걱정도 하지 말라고 그녀를 안심시키고 있었다. 그럼에도 녹스는 해밀턴에게 그녀가 '자네의 존재를 지극히 열망하

고 있소. 이 편지는 그녀를 진정시키기 위해 대통령의 요청으로 보내는 것이오'라고 전했다.[50]

엘리자는 정말로 아이를 유산했으며, 이 불행을 알게 된 해밀턴은 자신을 탓했다. '나의 사랑하는 엘리자가 최근 많이 아팠소.' 그가 12월 초 앤젤리카 처치에게 보낸 편지다. 여기서 그는 유산에 대한 직접적인 언급은 피했다. '감사히도 그녀는 이제 꽤 회복되었지만, 아직까지 다소 허약한 상태요. 그 원정으로 내가 집을 비웠던 탓이오. (중략) 당신도 알겠지만, 당신이 나를 얼마나 비난하든 나는 여전히 그녀에게 매우 중요한 사람이오.'[51] 마리아 레이널즈 사태 이후 해밀턴은 주의 깊게 가족을 살피려고 꾸준히 노력했다. 그러나 공직 생활은 가차 없이 그의 소중한 시간들을 자주 빼앗아갔고, 그의 부재는 끔찍한 결과를 낳고 말았던 것이다.

해밀턴은 이제 자신을 위한 거대한 기회들이 멀리에 숨어 있다고 믿게 되었다. 필라델피아에 도착한 1794년 12월 1일, 워싱턴을 찾은 그는 1월 말에 재무장관직에서 사임하겠다고 밝혔다. 엘리자의 유산은 이 단호한 결정에 다소 영향을 주었을 수도 있다. 해밀턴에게 이타적인 사랑을 보내주던 그녀는 정치라 불리는 유혈 스포츠에는 그다지 관심이 없었으며 남편에게 끝없이 쏟아지는 비난들에 넌더리를 냈다. 그가 치른 희생이 제대로 감사받지 못하는 모습을 보는 것은 그녀에게 너무나 큰 고통이었다. 앤젤리카 처치는 해밀턴이 사임한다는 소문을 듣고선 엘리자에게 복합적인 감정이 담긴 편지를 보냈다. '이 나라는 자신의 가장 훌륭한 친구들 중 한 명을 잃는 것이고, 이 변화로 인해 반드시 필요했던 영향이나 바람직한 영향을 받는 사람으로는 네가 유일하단다. 그가 공직에서 물러나도록 유도한 것이 너의 영향력이라고 믿게 되는구나.'[52] 즐거움을 사랑하는 해밀턴의 면모를 알고 있었던 앤젤리카는 그가 정치에서 한 발짝 물러나 한숨 돌릴 필요가 있다는 데 동의하면서 엘리자에게 '그이가 너나 나와 있을 때에는 정치에 관해 이야기하지 못하도록 해야 해. *기분 좋은 허튼 소리 정도가 약간 있는 편이 훨씬 더 좋을 거야*'라고 전했다.[53]

해밀턴이 떠난다는 소식은 그를 새로운 정부의 주요 설계자로 만들었던 워싱턴에게 있어 분수령이나 마찬가지였다. 훗날 워싱턴의 공식 전기를 쓰기 위해 그가 주고받았던 서신들을 읽었던 존 마셜은 그것들 중 해밀턴이 쓴 편지가 차지하는 '비중이 매우 놀라웠다'는 말을 남겼다.[54] 해밀턴의 사임 의사를 알게 된 워싱턴은 펜을 들어 그가 남긴 가장 고귀한 헌사들 중 하나를 썼다.

> 자네가 나와 함께한 모든 일들에 대해 나는 자네의 재능과 노력, 그리고 그 진실성을 아주 굳건히 믿을 수 있었다네. 내가 이를 한층 더 편안히 말할 수 있는 이유는 이것이 나 자신조차 속일 수 없는 정보를 바탕으로 이야기하는 바이고, 또 대중을 만족시킬 증거를 그들의 눈앞에도 내놓을 수 있는 바이기 때문일세. 은퇴 후에도 행복이 함께하기를 진정으로 바라네.[55]

이 편지는 왜 워싱턴이 해밀턴에 대한 제퍼슨주의자들의 욕설을 무시했는지 잘 보여준다. 장군으로서, 또 대통령으로서 워싱턴은 해밀턴을 관찰하는 기회를 수도 없이 가졌으며 이를 통해 오직 그의 능력과 헌신, 그리고 진실성만을 보았다. 워싱턴은 바로 뒤이은 헌사에서 재무부 차관보였던 올리버 윌콧 주니어를 후임으로 지목했다.

해밀턴은 명성에 흠집을 내지 않으며 관직을 내려놓기 위해 열을 다했고, 하원의장 뮬런버그에게 자신의 사임 계획을 즉각 알렸다. 그는 특별조사위원회에게 혹여나 남아 있을지 모르는 모든 조사들을 끝마칠 마지막 시간을 주고자 했는데, 이는 후에 그 누구도 그가 질문을 회피했다고 주장할 수 없게끔 만들기 위함이었다. 연기처럼 조용히 사라지는 것은 자신의 방식이 아니었던 해밀턴은 마지막 남은 힘을 끌어 모아 정부 재정에 관한 방대한 양의 보고서를 1795년 1월 19일 하원에 제출했다. 그는 미래를 위한 폭넓은 길을 닦아두고자 했다. 워싱턴은 그 무렵 의회에게 공채를 청산하고 '궁극적으로는 정부 전체를 위험하게 만들 점진적 채무 축적을 예방할' 계획을 세우라고 요청한 바 있었다.[56] 이에 의회는 포괄적인 계획이 아니라 단편적인 제안들만을 논의하고 있었다. 해밀턴은 자신에 대한 잘못된 인식, 즉 그가 언제나 공공의 부채를 공공의 축복으로 여긴다는 인식을 오래전부터 아니꼬워했으며, 많은 경우에는 공공 부채가 공공의 저주가 될 수도 있음을 알고 있었다. '프랑스의 빚은 프랑스에게 혁명을 가져다주었다.' 그가 쓴 말이다. '금융에서 발생한 곤혹은 곧 정부 전복으로 이어졌으며 그에 뒤이어 그 모든 끔찍한 상황들도 불러일으켰다.'[57] 이렇게 부인했음에도 해밀턴은 그가 언제나 대규모의 공채를 선호했다는 치명적인 고정관념을 벗겨버리지 못했다. 제퍼슨은 한 친구에게 공채에 대해 이야기하면서, 두 당파 사이의 '유일한 차이점은 (중략) 공화파는 그것을 갚을 수 있기를 소망하는 반면 재정파[연방파]는 그것이 입법부를 부패시킬 수 있는 동력원이라 여기며 영원히 지속되기를 바란다는 데 있다'고 말했다.[58]

채무는 걱정할 만도 한 사안이었다. 채무에 대한 이자 지불은 연방정부 지출에서 55퍼센트라는 충격적인 비중을 차지하고 있었기 때문이었다. 해밀턴은 의회에 던진 고별 보고서 「국가신용의 지지 방안에 관한 보고서 Report on a Plan for the Further Support of Public Credit」를 통해 반대 측 공화파의 허세를 지적하면서 향후 30년간 공채를 상환하는 계획을 제안했다. 그는 새로운 세법을 통과시키고 본래의 세법들을 영구화하고자 했으며, 자신이 채무를 가능한 한 빠르게 감소시키기 위해 노력해왔음을 공들여 증명해 보였다. 그는 주류에 대한 특별소비세로 발생한 흑자 모두가 공채를 줄이는 데 들어갔음을 지적하면서 위스키 반란 주동자들을 비난했다.

해밀턴의 제안을 바탕으로 작성된 법안은 그가 재무부를 떠난 지 한 달이 조금 안 되어 의회를 통과했다. 그는 에런 버를 포함한 몇몇이 도입한 수정 조항들을 언짢게 여겼고 그것들이 자기 계획의 정신을 해쳤다고 생각했다. 그는 루퍼스 킹에게 자신이 그 행동으로 '사냥당했다'고 말했으며 그것이 '국가의 명예를 끔찍이 훼손'했다고 욕했다.[59] 그는 이민자인 자신도 이렇게나 이 나라의 운명을 신경 쓰는데 왜 다른 이들은 그렇게 하지 않는지를 의아해했다.

> 그렇게나 농락당하고, 그렇게나 지울 수 없는 얼룩에 노출된 이 정부와 이 국가의 성격을 살펴보자니 나의 심장은 고문당하는 것만 같소. 첫 숨결을 미국의 땅에서 뱉어냈던 자들보다 내가 더 미국인인 것이오? 그렇지 않다면 나에게는 고통으로 다가오는 상황을 다른 거의 모든 사람들은 어떻게 그다지도 침착히 바라볼 수 있단 말이오? 내가 바보라거나, 혹은 낭만에 빠진 돈키호테라거나, 아니면 미국인의 정신에 헌법적인 결함이라도 있단 말인 것이오? 그대와 다른 몇몇은 이에 포함되지 않으니 나는 (중략) 이야기하건대 (중략) 우리의 환경에는 인간이든 짐승이든 그 모든 동물들을 하찮게 만드는 무언가가 존재하오. (중략) 그대에게 나의 정신 상태를 숨김없이 밝히건대, 나는 극도의 불만과 우울감에 빠져 있소. 나는 좋은 정부라는 대의가 시험대에 올랐다가 그것을 인정치 아니하는 평결을 받았다고 여기고 있소.[60]

이 음울한 편지에서 해밀턴은 또다시 미국의 전망에 대한 절망을 드러냈다. 더 이상 공직 생활의 예의에 속박되지 않은 그는 이제 자신의 분노가 담긴 이 깊은 우물을 보다 자주 내보였다. 해밀턴의 마음 한편에는 극단적인 소외감, 즉 자신이 어느 정도는 미국에서 근본 없는 외부자라는 끔찍한 감각이 자리해 있었다. 결국 의회는 버가 제안한 수정 조항들을 거부하고 해밀턴의 법안 대부분을 그대로 받아들여 법을 제정했다. 해밀턴은 자신에 대한 위협에 필요 이상으로 반응했으며, 자신의 우울한 면모와 문제를 확대시키는 고질적인 성향을 드러냈다. 공직에 그렇게나 깊이 몸담았던 남자치고는 이상하게도 그는 자신을 보호하는 방어막이라곤 만들 줄을 몰랐다.

마음속엔 어떤 실망감을 품고 있었는지 몰라도, 이제 마흔이 된 해밀턴은 필라델피아에 어마어마한 공적들을 남기고 떠났다. 위스키 반란은 진압되었고, 국가의 재정은 넉넉해지고 있었으며, 그의 활동들에 관한 조사는 강력한 무죄 증거들만을 남긴 채 막을 내렸다. 은행, 인수, 공채 상환 자금, 조세 체계, 관세청, 연안경비대 등 그가 제안한 거의 모든 주요 제도들은 다년간의 불평과 씁쓸한 자취 속에서도 승리를 거두었다. 존 퀸시 애덤스는 훗날 그의 금융 체계가 '국가신용을 회복시키는 데 있어서 마치 마법처럼 작동했다'고 평했다.[61] 해밀턴이 관직에 오를 때만 해도 파산 상태에 있었던 미합중국은 이제 그 어떤 유럽의 국가들과도 어깨를 견줄만한 신용도를 누리고 있었다. 그는 자유민주주의와 자본주의의 기틀을 닦았고, 대통령의 역할을 수동적인 관리자에서 적극적인 정책 주도자로 바꾸었으며, 장래 미국이 강대국으로 성장할 수 있는 제도적 발판을 마련했다. 또한 정부를 창의적으로 사용하는 방법을 선보였고 각 주들을 하나의 국가로 단단하게 용접해 붙였다. 더불어 그는 워싱턴 행정부를 다른 그 누구보다 훌륭히 변호했으며, 그 헌법적인 토대를 또렷이 밝히고 외교정책의 주요 신조들을 표명했다. 헨리 캐벗 로지는 훗날 이렇게 주장했다. '그토록 짧은 시간 내 우리의 제도들과 역사에 그토록 직접적이고 오래 남을 결과들을 가져다준 남자는 다시 찾을 수 없다.'[62] 정부의 시발점에 서서 빈 종이에 자유롭게 그림을 그릴 수 있었던 해밀턴의 공적은 다른 누구도 따라잡을 수 없었다. 만일 워싱턴을 국가의 아버지라고, 또 매디슨을 헌법의 아버지라고 한다면 알렉산더 해밀턴은 확실히 미국 정부의 아버지였다.

설탕과자와 장난감

Alexander Hamilton

해밀턴과 그의 가족은 1795년 2월 중순 필라델피아를 떠나 뉴욕 시에 집을 빌려 며칠간 머물다가, 그들이 오래도록 고대해왔던 휴식을 취하기 위해 올버니의 스카일러 저택으로 향했다. 해밀턴은 자신의 사생활을 쉽사리 되찾지 못했다. 뉴욕의 상인들은 그를 마치 금의환향한 영웅처럼 떠받들어주었다. 2월 말 상공회의소는 그에게 200여 명이 참석하는 거대한 연회를 열어줬는데, 한 신문의 보도에 따르면 '그 연회장들은 더 이상의 사람을 받아들이기엔 너무 작아서' 그 정도 규모로 그친 것이었다.[1] 유쾌하고 활기 넘쳤던 이 연회에서 사람들은 어느 한쪽에 치우치지 않고서 상업과 농업 모두를 위해 축배를 들었다. 해밀턴은 아홉 번의 갈채를 받았고, 워싱턴과 애덤스에게는 각각 세 번씩의 갈채가 돌아갔다. 미국의 주요 항구로서 필라델피아와 보스턴을 넘어서기 직전이었던 뉴욕에서 해밀턴은 지역의 번영을 지켜주는 수호성인으로 추대되었다. 그는 축배를 올리며 지역 사업가들에게 경의를 표했다. "뉴욕의 상인들이여, 멈추

알렉산더 해밀턴

지 말고 당신들의 사령관에게 영예를, 조종사들에게 기량을, 그리고 항구들에 성공을 안겨줄지어다."[2] 2주 후 리처드 바릭 시장은 해밀턴에게 명예시민 훈장의 일종인 자유시민권을 수여했다. 뉴욕 시에서 번영을 이루며 새로운 정체성을 찾았던 많은 이민자들과 마찬가지로 해밀턴 역시 자신이 새로이 받아들인 고향에 대해 특별한 감정을 키워나갔다. 그는 바릭 시장에게 이렇게 말했다. "나와 마주한 동료 시민들이 보내주었던 소중한 찬성의 증언들 중에서도 지금 내가 받는 이것보다 더 마음에 들거나 더 으쓱해지는 것은 없었소."[3]

해밀턴이 정부를 떠난 이후, 영국인 화가 제임스 샤플리스James Sharples는 그의 옆모습을 섬세한 파스텔화에 담아냈다. 이 그림에서는 필라델피아에서 쉴 새 없는 업무와 제퍼슨주의자들이 보내는 치명적인 공격들에 시달리는 와중에도 여전히 쾌활한 유머를 뽐내던 그의 모습을 찾아볼 수 있다. 샤플리스는 날카롭게 관찰하는 듯한 눈빛과 명랑하고 즐거운 분위기를 가진 기민한 남자를 잘 포착했다. 그는 날카로운 뺨과 다소 비뚤어진 긴 코, 그리고 점점 벗겨지기 시작하는 이마 선을 가지고 있다. 얼마나 깊은 절망을 품었는지는 몰라도, 해밀턴은 여전히 최고의 모습을 유지하며 아직 창창하게 펼쳐진 앞길을 바라보고 있었다.

해밀턴의 사임 소식이 전해지자 그의 미래를 놓고 온갖 추측이 벌어졌다. 냉소가들은 그가 워싱턴의 뒤를 이어 자신이 대통령이 되기 위한 깊은 속셈으로 재무장관 자리에서 내려온 것이라고 말했다. 해밀턴을 중상하든 이가 됐든 경배하는 이가 됐든, 그가 얼마간은 사생활을 즐기고자 했다는 사실을 알아차린 사람은 거의 없었다. 그해 1월 조지 클린턴 주지사가 재선에 불출마를 선언하자 지역 언론들은 해밀턴이 주지사로, 그리고 아마도 그의 옛 상관인 니컬러스 크루거가 부지사로 출마할 것이라고 떠벌렸다. 그런 이야기의 대부분은 자신을 억누를 수 없는 야망의 소유자로 그리려는 데서 비롯된 것이라고 생각한 해밀턴은 필립 스카일러에게 그 추측들을 잠재워달라고 부탁했다. 한 뉴욕 변호사가 그의 이름을 주지사로 띄워도 되겠느냐고 묻는 편지를 보내오자, 해밀턴은 답신을 보내지 않고 그 편지에 자필로 메모를 해두었다. '이 편지는 아마도 나쁜 의도를 담고 있을 것이다. 나는 이에 대한 *답신 없이* 이것을 미래의 사건들에 대한 단서로 보관해두겠다. A. H.'[4] 이 자기방어적인 행동은 당시의 분위기가 얼마나 미심쩍었는지를 말해준다.

해밀턴이 빚을 지고 있었으며 심각하게 돈이 궁한 상황이었다는 것만큼은 명백한 사실이었고, 이것만으로도 *그가 부패한 공무원이었다는* 혐의에 충분히 반박할 수 있었다. 만일 해밀턴에게도 악한 탐욕이 있었다고 한다면 그것은 돈이 아닌 권력을 향한 것이었을 터였다. 그는 공직에 들어설 때보다 훨씬 가난해진 상태로 자리에서 내려왔다. 국가의 재정을 돌봤던 그는 앤젤리카 처치에게 '나 자신[의 재정]도 약간은 돌보러 가야겠소. 약간 돌본다고 될 일은 아니지만 말이오'라고 말하기도 했다.[5] 그는 '나의 정치적 가족들을 떠나 나의 사적인 가족을 돌보는 일에 진지하게 착수할' 계획을 세웠다.[6] 그는 재무장관으로서 연간 3,500달러를 받았는데, 이는 빠르게 늘어나는 식구들의 지출을 감당하기에 모자랐음은 물론 그가 변호사를 계속했다면 벌어들였을 수입보다 훨씬 더 적은 금액이었다. 그는 살림살이를 제외하고는 가진 것이 거의 없었으며, 빚을 다 갚고 재정 상태를 다시 살려내려면 적어도 5~6년 동안은 근면하게 일해야 할 것으로 추산되었다. 이처럼 빚을 진 그의 모습은 제퍼슨주의자들의 교리와 어울리지 않는 것이었으므로 이 또한 자연스레 부정될 수밖에 없었다. 해밀턴의 사임 이후 매디슨은 제퍼슨 앞으로 해밀턴에 대해 짜증 내는 편지를 쓰면서 '신문에서는 그의 가난이 다시 그가 법정에서 생계를 꾸려 나가게끔 만들었다고 요란스레 떠들어댔다'고 전했다.[7]

실제로 해밀턴은 자신의 재정적 고충을 솔직하게 털어놓았다. 대통령의 양손자였던 조지 워싱턴 파크 커스티스George Washington Parke Custis는 사직서를 제출한 이후 대통령 관저에 나타난 해밀턴의 모습을 전했다. 워싱턴의 부하 직원이 자리를 지키는 중 해밀턴이 미소를 띤 채 걸어 들어왔다. "축하해주시오, 나의 친구여." 그가 말했다. "내가 더 이상 공인이 아니라는 것을 말이오. 대통령께서도 결국은 나의 사직서를 수리하시는 데 동의하셨고, 나는 이제 다시 한 번 민간 시민이 되었소." 그들의 당혹감을 감지한 해밀턴은 이어서 설명했다. "나는 이 세계에서 단 500달러만큼의 가치도 없는 사람이오. 나의 얄팍한 재산과 내 인생 최고의 시간들은 내가 선택한 조국을 섬기는 데 바쳐졌소. 그러나 자라나는 나의 가족은 그것을 요구하고 있소." 이어 그는 테이블 위에 놓여 있던 얇은 책 한 권을 손에 들어 올렸다. "아, 이것이 헌법이로군." 그가 말했다. "이제, 나의 말을 기록해두시게나. *우리가 젊고 선한 국민으로 남아 있는 이상, 이 도구는 상호 간의 이익들과 상호 간의 안녕, 그리고 상호 간의 행복으로 우리를 하나로 묶어줄 것이오. 그러나 우리가 늙고 부패한다면 이 또한 우리를 더 이상 묶어주지 못할 것이오.*"[8] 미국의 미래에 대한 해밀턴의 이토록 불안한 시각은 그가 그저 재무부의 성공이 주는 후광에 잠겨 있지 않고 다시금 정계로 돌아올 것임을 보증하는 것이었다.

불안정한 환경에서 자라난 해밀턴은 부의 유혹에 면역되어 있지 않았고, 편안한 삶을 누리고 싶어 했던 적도 있었다. 그러나 비윤리적인 방법으로 부를 얻고자 하는 생각은 추호도 없었던 그는 관직을 떠난 이후 이를 극적으로 증명해 보였다. 뉴욕으로 돌아온 뒤, 해밀턴은 자신이 재무장관을 지낼 동안 '가족과 관련된 급한 일의 해결에 필요한 얼마간의 돈을 종종 [해밀턴에게] 빌려주곤 했던' 그의 오래된 학우, 로버트 트루프에게 연락을 취했다.[9] 상냥한 트루프는 미국의 토지로 부유해진 영국 투자자들의 대표자이자 선도적인 부동산 기획자였던 찰스 윌리엄슨Charles Williamson의 대리인으로 일하면서 상당한 돈을 벌고 있었다. 1795년 3월 말, 트루프는 구舊 노스웨스트 테리토리의 부동산을 사들이려 한다며 해밀턴에게 계획에 동참할 것을 촉구했다. '자네를 부의 남자, 다시 말해 신사로 만들어주는 수단이 되는 것보다 나를 더 행복하게 만드는 일은 없다네. 재산을 바탕으로 편안히 살 수 있는 정도가 아니라면 그 누구라도 신사 대접을 받지 못한다는 것이 작금의 세계가 가진 오만함일세.'[10] 이어 트루프는 그 법칙이 해밀턴을 갉아먹어 단 10년만 지나도 그는 가족을 부양하는 것조차 불가능해질 것이라 덧붙였다.

만일 해밀턴이 돈을 탐냈다면 이는 너무나도 좋은 기회였을 것이다. 친한 친구가 그에게 정당한 수단을 통해 부자가 되도록 만들어주려 했으니 말이다. 해밀턴은 트루프의 배려에 감동하긴 했으나, 우아한 답신을 보냄으로써 그의 초대를 거절했다. 윌리엄슨이 외국인들을 대표하는 사람이라는 것이 결정에 크게 작용했음이 분명했는지, 해밀턴은 '인류의 앞길에 중대한 위기'가 닥쳐오리라고 내다보며 자신은 해외의 그 무엇에도 개입하고 싶지 않다는 의사를 밝혔다. 그는 프랑스 혁명의 공포가 기요틴을 포함한 모든 것들과 함께 곧 미국을 찾아올 것이라 우려했고, 자신 또한 혁명의 재판장에서 규탄받게 될지 모른다고 생각했다. '앞으로 벌어질 게임은 아마도 가장 중요한 것이 될 걸세.' 그가 트루프에게 말했다. '그것은 적어도 진정한 자유와 재산, 질서, 종교, 그리고 물론 *머리*를 노리게 되겠지. 트루프, 가능하다면 나는 자네와 나의 머리통을 지켜보도록 노력하겠네.' 그는 자신이 '시내에서 *멋들어지게*' 살아야 할 필요는 없으며 '시골에서 적어도 *편안하게* 살 수만 있다면 그것으로 만족'한다고 말했다.[11] 이렇게 해밀턴은 재산을 벌어들일 기회를 떠나보냈다. 그는 찰스 윌리엄슨에게서 변호사 수임 비용은 받았으나 토지 거래로 한몫을 차지하지는 않았다.

　해밀턴은 그해 봄 대부분의 시간을 엘리자 및 아이들과 함께 올버니에서 보냈고, 이따금씩은 맨해튼 파인가 63번지에 위치했던 사무실과 임시 거처를 오갔다. 그는 유럽으로 최초의 여행을 떠나는 꿈을 꾸기도 했으나 -이는 그가 북아메리카에 온 이후 처음으로 해외에 나가보는 경험이 될 터였다- 대신 그 소중한 시간을 가족과 함께 보내는 편을 선택했다. 공무로부터 해방된 그는 지난 수년간보다 한층 더 마음이 가벼워 보였고 엘리자와 대화하는 어조도 한결 태평해졌다. 어느 날에는 제때 올버니로 가는 승합 마차를 예약하는 데 실패한 뒤 엘리자에게 다음과 같이 말하기도 했다. '그러므로 나는 물길이라는 방법을 선택했고 내일 그것을 해보려 하오. 내 사랑 당신의 가슴을 향해 나를 빠르게 밀어줄 좋은 바람을 기도하는 것만으로 만족할 수 있다면 좋겠소.'[12] 5월에 그는 심지어 1주일의 휴가를 내어 자신의 친구 헨리 글렌Henry Glen과 함께 말을 타고 뉴욕 주 스키넥터디에서 서스케하나 강까지 갔다가 다시 돌아온 적도 있었다. 그러나 오랜 휴식을 취할 수는 없었던 그는 여름에 다시 뉴욕 시로 돌아와 뉴욕의 저명인사들이 대거 포함된 고위직 고객들을 변호했다. 로어 맨해튼의 이 사무소는 필라델피아와 지리적으로 다소 멀었으나 해밀턴은 필라델피아와 정계와 그다지 동떨어지지 않을 수 있었다.

　해밀턴이 미국 정계를 떠나 있던 시간은 너무도 짧아서 그것을 알아챈 사람이 거의 없을 정도였다. 법조계 일로 가득 찬 일정 속에서도 그는 논설 집필 속도를 전혀 늦추지 않았으며, 그의 사임 이후 벌어졌던 첫 번째 주요 논쟁인 제이 조약 논쟁에도 뛰어들었다. 지난여름 존 제이가 런던에 도착하자마자 해밀턴의 개인 외교관인 앤젤리카 처치는 그를 사교계로 이끌었다. 다른 모든 힘 있는 남자들이 그랬다시피 제이 역시 처치에게 흠뻑 빠졌으며, 해밀턴에게 '그녀는 확실히 정감 가고 기분 좋은 여자'라고 말했다.[13] 사교계 인맥을 만들고 화기애애한 연회에 참석하곤 했던 제이는 자신이 곧 협상해야 할 조약이 고향에서 불구덩이 같은 논란을 격화시킬 것임을 알고 있었다. 그는 해밀턴에게 '우리는 우리 국민들을 해체시키거나 불화를 싹 틔울 씨앗이 남는 기만적인 환경을 만들어서는 안 된다'고 경고했다.[14]

이름하여 제이 조약의 초안이 영국으로부터 필라델피아에 도착했을 무렵에는 해밀턴 또한 아직 관직에 있었던 상태였다. 제퍼슨은 해밀턴이 그 문서를 보자마자 사적인 자리에서 그것을 두고 '형편없다'면서 '늙은 여자의 조약'이라 비난했다고 주장했다.[15] 그것이 사실이든 아니든, 조약의 초안을 냉철하고 명민하게 검토한 해밀턴은 에드먼드 랜돌프 국무장관에게 제12조가 미국과 영국령 서인도제도 간의 무역에 너무 많은 제한을 가하고 있다고 지적했다.

제이는 1794년 11월 19일 조약의 최종안에 서명했다. 겨울의 북대서양과 마주하기를 거부한 그는 봄이 올 때까지 영국에 남아 있기로 결정했으며, 그가 체결한 조약의 공식 문언은 1795년 3월 7일 그보다 앞서 필라델피아에 도착했다. 이 문서는 미국인들을 기쁘게 만들게끔 고안된 종류의 것이 아니었고, 매디슨의 말에 따르자면 워싱턴은 그것을 '완전히 비밀리에' 부치기로 결정했다.[16] 자신이 열렬한 노예제 폐지론자라 그랬는지, 제이는 영국에게 그들이 혁명의 끝자락에서 데려갔던 노예들에 대해 제대로 변상하라는 요구를 강하게 밀어붙이지 않았다. 그는 영국 해군이 잡아 갔던 미국인 선원들에 대해서도 만족할 만한 결과를 이끌어내지 못했다. 미국인들은 그가 전시에 중립국이 가지는 전통적인 특혜를 지켜낼 것이라 기대했으나 제이는 이것 역시 협상으로 날려버린 듯 보였다. 무엇보다 공화파에게 가장 악랄한 것으로 비춰졌던 것은, 제이가 미국으로의 수입에 있어 영국에게 최혜국대우를 내준 반면 영국은 미국산 수입품에 대해 그와 동등한 수준의 양허를 전혀 내주지 않았다는 점이었다. 제이는 작지만 중요한 몇몇 승리들도 거두었다. 영국은 북서부 요새에서 철수하기로 동의했고, 화물을 압류당한 미국인 상인들에게 중재를 신청할 수 있도록 했으며, 서인도제도에 대해서도 소형 선반에 한해 미국 선박들의 접근을 허용했다. 제퍼슨주의자들은 제이 조약을 영국 패권에 대한 가장 날것의 항복 문서이자 프랑스와의 역사적 동맹 관계에 대한 배신으로 여겼다.

그러나 연방파는 제이가 다른 모든 것들을 뛰어넘을 만큼 중요한 것을 사수했다고 여겼다. 그는 제대로 준비되어 있지 않은 미국이 영국을 상대로 전쟁을 벌이는 건 곧 자살과도 같아 보였던 이 시점에서 평화를 지켜낸 것이다. 또한 제이는 당대 최고의 해군력을 가진 나라와 국가의 운명을 같이하게 만듦으로써 미국이 해상 무역을 통해 해외 시장들에 접근할 수 있도록 보장했다. 조지프 엘리스Joseph Ellis는 이 조약에 대해 '미국의 안보와 경제 발전을 영국 함대와 연결시켰으며, 이는 19세기 동안 그 가치를 가늠할 수 없는 방패를 제공해주었다'고 썼다.[17]

5월 말 제이가 미국에 돌아오자, 곧 워싱턴은 특별 회기를 열고 상원을 소집하여 그의 조약에 대한 비공개 토의를 가졌다. 그 결과에 대해 극도의 우려를 표명한 해밀턴은 루퍼스 킹에게 이렇게 말했다. "조약에 대한 반대가 제기되는 경우에는 큰 충격이 가해질 것이고, 금전적 계획들과 사업들 또한 전반적으로 침체될 것이라는 우려가 모든 분야 사업가들 사이에서의 여론이오."[18] 해밀턴은 상원이 영국과 재협상을 벌이지 않고 그 대신 악랄한 제12조를 삭제하는 조건으로 조약을 수락하기를 바랐다. 상원발發 반대의 선봉에는 에런 버가 서 있었는데, 그는 혁명 이후 빼앗긴 '흑인 노예들 및 여타 재산들의 가치'를 '영국 정부가 지불하기를' 원했다.[19] 그는 이 외에도 다른 열 개의 조항들에 반대를 제기했다. 버의 의견을 기각한 상원은 6월 24일, 제12조는 부분적으로 유보된다는 단서와 함께 제이 조약을 아슬아슬하게 통과시켰다.

조약에 대한 대중의 반응을 우려한 워싱턴은 여전히 이 문서를 일반인들에게 공개하지 않았다. 그러나 그들의 과장된 두려움을 가라앉히기 위해 조약문의 발표를 강하게 바랐던 해밀턴은 워싱턴에게 공개를 제안했다. 7월 1일, 한 공화파 상원의원의 유출로 조약문 전체가 한 필라델피아 신문에 실리자 미국 정계에는 지금까지 단 한 번도 보지 못했던 소란이 벌어졌다. 매디슨은 그 충격적인 효과가 '마치 전기와도 같은 속도로' '연방의 모든 지역에까지' 전달되었다고 말했다.[20] 제이는 공화파가 쏟아내는 분노의 새로운 희생양으로 떠올랐다. 그는 막 초대 연방대법원장 자리를 사임한 직후였고 -해밀턴은 그의 뒤를 이어달라는 제안을 거절한 바 있었다- 자리를 비운 사이 뉴욕 주지사로 선출되었으며, 해밀턴의 동서였던 스티븐 반 렌셀레어는 부지사로 그와 함께하게 되었다. 제이에게는 지독한 앙심을 품은 공격들이 쏟아졌는데, 그의 뉴욕 사저 근처 한 건물의 벽에는 다음과 같은 문구가 크게 적히기도 했다. '망할 존 제이. 존 제이를 저주하지 않는 자 모두 망하리. 창문가에 불을 밝히고 밤새 일어나 앉아 존 제이를 저주하지 않는 자 모두 망하리.'[21]

제이 조약은 2년 전 시민 주네 논쟁이 불러일으켰던 복수심을 다시금 부활시켰다. '미국의 그 어떤 국제 조약도 이보다 더 격정적으로 비난받지는 않았다.' 엘킨스와 매키트릭이 쓴 말이다. '그러나 사실 그 조약은 상당한 이득을 가져다주었다.'[22] 도시들을 뒤덮은 대중의 분노는 다시 한번 두 주요 정치적 파벌 간의 골을 드러냈다. 7월 4일에는 너무나 많은 도시들에서 제이를 본떠 만든 모형이 불태워졌는데, 이를 두고 제이는 불타는 자신의 모형들이 밝힌 길로 미국을 횡단할 수도 있었겠다고 말했다.

알렉산더 해밀턴

해밀턴에게 있어 이 항의들은 제퍼슨주의자들이 실은 정체를 숨긴 자코뱅 광신도들이라는 예감을 확인시켜주는 것이나 다름없었다. 7월 14일, 찰스턴 시민들은 바스티유 함락일을 기념하면서 길거리로 영국 국기를 끌고 나와 영국 공사의 집 앞에서 불태웠다.

왕당주의자들의 머리통이 창에 꽂혀 있지 않았다는 점만 제외하면 수도는 마치 혁명 파리와도 같은 떠들썩한 시위로 요동쳤다. 올리버 윌콧 주니어는 그 현장들 중 하나를 다음과 같이 기록했다. '조약이 대중 앞에 던져졌으며, 그들은 이를 베어 창에 꽂았다. 이후 약 300여 명의 사람들이 프랑스 공사의 집 앞으로 가 모종의 의식을 펼쳤다. 군중은 뒤이어 [조지] 해먼드 씨의 집 앞에 몰려가 환호와 갈채를 퍼부으며 조약을 불태웠다.'[23] 경악한 존 애덤스는 훗날의 회고에서, 워싱턴의 관저가 '매일같이 셀 수도 없이 많은 사람들에게 둘러싸였다. 그들은 와글거리며 영국을 상대로 전쟁을 요구했고, 워싱턴을 저주했으며, 프랑스인 애국자들과 선량한 공화파의 성공을 부르짖었다'고 전했다.[24]

이때까지는 해밀턴도 대체로 자신의 전 내각 동료들을 방해하지 않으려 하며 유익한 거리를 유지했으나, 결국 워싱턴이 먼저 해밀턴의 견해를 물어왔다. 무역을 포함한 수많은 사안들에 관해 백과사전과도 같은 지식을 가지고 있던 해밀턴은 다른 누구와 쉽게 대체할 수 있는 인물이 아니었다. 제이 조약이 공화파들 사이에서 인기가 없을 수밖에 없음을 알고 있었던 워싱턴은 적어도 본인 스스로는 그 장점들에 완전히 설득당하고자 했고, 또 그것을 변호할 가장 좋은 방법을 알고자 했다. 7월 3일, 그는 해밀턴에게 '사적 서신, 완전 기밀'이라고 적힌 편지 한 통을 보내어 그에게 조약을 평가해달라고 요청했다. 그는 해밀턴이 무역 정책을 '광범위하고 포괄적인 수준에서 과학적으로' 연구해왔음을 칭찬하면서 상당히 많은 아첨의 말들을 늘어놓았다.[25] 워싱턴은 법조계 일로 분주할 해밀턴을 방해하는 데 사과를 구하면서, 만일 너무 바쁘다면 자신의 요청을 거절해도 된다고 말했다. 해밀턴이 가능한 한 빨리 방대한 비판론을 써 보낼 것임을 알고 있었던 워싱턴은 이 말을 적으면서 약간 웃었을지도 모르겠다. 실제로 해밀턴은 조약을 상세히 분석한 두꺼운 편지다발 세 개를 7월 9, 10, 11일에 걸쳐 워싱턴에게 보냈다. 그는 1783년 평화조약과 관련하여 제이 조약 처음의 열 개 조항을 인정했다. 그러나 제12조는 미국과 서인도제도의 무역을 제한하고 있다고 다시 한 번 비난했으며, 제18조와 그 부속으로 영국이 미국 선박으로부터 압류할 수 있도록 규정한 터무니없이 긴 밀수품 목록에 대해서는 혹독한 말들을 퍼부었다. 그러나 전체적으로 봤을 때 제이 조약은 긍정적이며 거부할 수 없는 메시지, 즉 '미국의 평화'를 담고 있었다. '평화와 함께라면 앞으로의 정황은 우리가 무역에서도 충분히 빠르게 길을 닦게끔 해줄 것입니다. 이 시점에서의 전쟁은 우리의 성장과 번영에 심각한 상처를 남길 것이라 생각됩니다.'[26]

워싱턴은 해밀턴이 그토록 빨리 글들을 보내온 데 충격을 받았다. 그는 진심 어린 감사를 표하며 '자네가 이토록 완전하게 탐구하고 설명해 보인 것을 나는 골칫거리라고 여겼다는 것이 정말로 부끄럽다'고 덧붙였다.[27] 워싱턴은 한두 지점을 두고 해밀턴과 옥신각신하긴 했으나 이를 제외하면 완벽하게 그의 말에 동의했다. 그가 해밀턴에게 보낸 이 편지는 제퍼슨주의자들이 신뢰하기 어려워했던 바로 그 부분을 다시 한 번 증명해 보였다. 워싱턴은 그 어마어마한 해밀턴과 의견을 달리하는 데 전혀 거리낌이 없었으나 대부분의 사안들에서 그에게 동의했다는 부분 말이다.

알렉산더 해밀턴은 재무부를 떠나면서 조지 워싱턴의 강력하면서도 그를 제어해주는 손길, 그리고 그 손길이 건네주었던 유용한 요령과 균형 감각을 잃어버렸다. 부관으로 또 재무부 장관으로 지내는 동안 해밀턴은 자연스레 워싱턴의 대리인이 되었고 이로써 예의범절도 어느 정도는 워싱턴을 따라 몸에 익혔었다. 그러나 더 이상 워싱턴에게 종속되지 않은 해밀턴은 한층 더 빠르게 위협을 감지했으며, 도전장을 내밀었고, 논쟁들에서 큰 목소리를 냈다. 그를 자제시켜주던 모종의 필수적인 장막을 걷어내버린 셈이었다.

이것은 해밀턴이 제이 조약을 위해 벌인 운동에서 처음 드러났다. 워싱턴은 조약안이 상원을 통과한 이후에도 여전히 그것에 서명을 하지 않고 있었다. 조약을 놓고 벌어진 전투는 해밀턴에게 있어 일상적인 정치적 충돌 그 이상의 것이 되었고, 그는 마치 그것이 미국의 운명을 결정할 정치적 아마겟돈이라도 되는 양 싸웠다. 그해 여름 해밀턴은 자신이 반쯤 혁명적인 분위기의 뉴욕 한가운데에 서 있다고 생각했다. 심지어 엘리트 상인들의 아지트였던 톤틴 커피하우스에도 프랑스 삼색기가 나부꼈다. 해밀턴은 제퍼슨주의자들이 자신을 포함한 연방파 인사들을 호송차에 태우고선 이 땅에 세워진 기요틴으로 향하는, 한층 더 끔찍한 경우를 상상하기도 했다. '우리는 우리의 자코뱅들이 몇몇 인물을 상대로 심각한 장난질을 구상 중이라고 곧이곧대로 믿을 수는 없을지언정, 그것을 의심하기에는 충분한 이유들을 가지고 있소.' 해밀턴이 올리버 월콧 주니어에게 보낸 기밀 서한이다. '이 도시의 민병대는 그 장교들의 전반적인 기질로 미루어보았을 때 우리가 더 이상 의지할 것이 못 되오. (중략) 이러한 상황에서, 지금 요새에 있는 군대에 갑작스러운 비상사태가 발발할 경우 우리의 눈초리는 곧 지략으로 변모할 것이오.'[28]

반대자들의 정직성을 점점 더 믿을 수 없게 된 해밀턴은 그들이 자신을 무너뜨리기 위해 보내진 악성 세력이라 여겼다. 초봄에는 앨버트 갤러틴의 장인이자 에런 버의 친구이고 뉴욕민주주의클럽의 전 회장이었던 제임스 니컬슨James Nicholson 준장이 그에게 맹렬한 공격을 제기했다. 니컬슨은 해밀턴이 재무장관이었을 당시 1만 파운드스털링을 런던은행London Bank 에 숨겨두었다고 주장했는데, 이는 해밀턴이 공권력으로 이득을 취했음과 동시에 영국과 결탁했다고 명백히 암시하는 셈이었다. 해밀턴의 친구 중 한 명은 이 중상모략을 분하게 여기며 니컬슨에게 증거를 요구했으나, 그는 해밀턴 본인이 요청하지 않는 이상 정보원을 비밀에 부치겠다고 침착히 답했다. '그러나 이때까지도 아무런 요청이 없었소.' 마치 이것이 해밀턴의 유죄에 대한 증거라도 되는 양 존 베클리가 매디슨에게 알렸다. '니컬슨은 나에게 직접 이 같은 사실들을 알려왔고, 덧붙여 만일 해밀턴의 이름이 언제든 어느 공직의 후보로 거론된다면 그는 즉시 그 정황을 공개할 것이라 했소.'[29] 공화파가 이러한 허튼소리를 절대적 진리로 받아삼킬 수 있었다는 점은 자신을 향한 음모가 존재한다 여겼던 해밀턴의 생각이 완전히 몽상은 아니었다는 것을 보여준다.

니컬슨과의 언쟁은 이후 1795년 7월 중순에 펼쳐지는 비범한 사건들의 배경을 깔아주었다. 뉴욕 시에는 '영국과의 조약에 대한 그들의 불만을 적절한 소통 수단을 통해 대통령에게 전달하고자' 7월 18일 정오에 시티홀(페더럴홀)로 모일 것을 촉구하는 내용의 전단지가 수일에 걸쳐 살포되었다.[30] 보스턴 시민들은 제이 조약에 대해 짙은 비난의 글을 발표했고, 해밀턴은 이것이 밴드왜건 효과를 일으킬까 두려워했다. 민주주의클럽들의 지도자들은 이미 맨해튼의 길거리 곳곳에서 조약에 반대하는 열띤 연설을 늘어놓고 있었다. 집회를 약화시킬 방법을 고안하기 위해 사업가 공동체는 17일 밤 톤틴 커피하우스에서 모임을 소집했고, 해밀턴과 루퍼스 킹은 이곳에서 제이 조약을 옹호하는 연설을 하며 지지자들에게 이튿날 시티홀에 모여 맞불 집회를 벌여달라고 호소했다.

이튿날 시계가 12시를 향할 무렵 해밀턴은 시티홀의 바로 맞은편, 브로드가 서쪽 편에 위치한 오래된 네덜란드식 건물의 현관 계단에 올라서 있었다. 1789년 조지 워싱턴이 대통령 취임 선서를 했던 바로 그 교차로에는 5,000명도 넘는 사람들이 가득 몰렸다. 그러나 6년 전에 있었던 그 화합의 장면은 이제 초기 공화국의 가장 추잡한 싸움을 목전에 두고 있었다. 현관 계단에 선 해밀턴은 누가 이 집회를 소집했는지 소리쳐 물었다. 언짢아하는 군중이 외치며 대답했다. "우리는 의장을 뽑을 것이오."[31] 존 애덤스의 사위인 윌리엄 S. 스미스William S. Smith 대령이 선택되어 시티홀의 발코니에 올라섰다. 피터 R. 리빙스턴Peter R. Livingston은 제이 조약에 대한 반대 발언을 시작했으나, 갑작스레 끼어든 해밀턴은 리빙스턴에게 발언권이 있는지를 먼저 따져봐야 한다고 말했다. 투표가 진행되었고, 자리에 참석한 대다수의 사람들이 리빙스턴을 옹호했으므로 그는 다시 연설을 시작했다. 그러나 사람들이 구호를 외쳐대는 등 너무나 소란스럽게 굴어 리빙스턴의 목소리는 들리지 않았다. 이에 그는 조약 반대자들에게 월가를 따라 내려가 트리니티 교회 근방으로 자리를 옮기자고 제안했다.

하지만 모두가 이들을 따라 이동한 것은 아니었고, 약 500여 명의 사람들은 자리에 남아 무례한 자세로 해밀턴의 설득력 있는 변론을 들었다. 한 신문 보도에 따르자면 해밀턴은 '시민들이 여론을 형성하기에 앞서 *완전한 토의*가 반드시 이루어져야 함'을 강조했다. '그러나 연호와 기침, 콧방귀 소리 등이 내내 이어졌기 때문에 그의 발언은 거의 들을 수 없었다.'[32] 전 재무장관이 올림포스 산에서 내려와 길거리의 야유를 고스란히 받고 있다는 점에서 이는 참으로 인상적인 장면이었다. 존 처치 해밀턴이 전하는 바에 따르면 그의 아버지는 청중에게 존중의 태도를 보여달라고 요청했으나 그 대답으로 돌팔매질이 돌아왔으며, 그중 하나가 그의 이마에 맞았다. 그는 마지막으로 인사를 남기며 말했다. "당신들이 그토록 나를 때려눕히는 논의를 펼친다면 나는 물러날 수밖에 없겠소."[33] 연방파의 세스 존슨 또한 이 이야기를 확증해주었다. '해밀턴 씨에게 돌팔매가 가해졌고, 그중 하나가 그의 머리에 상처를 냈다.' 격분한 또 다른 연방파 한 명은 '자코뱅들은 해밀턴의 뇌 수준을 자신들과 같은 것으로 떨어지게끔 만들기 위해 노력할 정도로 용의주도한 자들'이라고 말했다.[34] 오래지 않아 배터리 광장으로 몰려든 조약 반대자들은 원을 그리고 서서 제이 조약의 사본을 태우는 의식을 거행했다. 제퍼슨은 해밀턴이 길거리에서 돌팔매질을 당했다는 이야기를 전해 들었을 때도 경악하거나 슬퍼하지 않았다. 오히려 그는 마냥 즐거워하며 매디슨에게 '리빙스턴주의자들이 돌팔매와 곤봉을 들고선 해밀턴과 그의 무리들을 때려눕혔다'고 이야기했다.[35] 제퍼슨은 이 이야기가 권리장전의 작성자(매디슨_역주)를 기쁘게 만들 것이라 생각한 것이 분명했다.

위상이 상당했던 해밀턴에게 있어 이 사건은 엄청난 치욕이었다. 그가 두려워했던 것처럼 반대파는 정체불명의 폭도로 변모해버렸다. 그러나 한편으로는 해밀턴 자신의 행동 또한 도발적이고 부적절한 것으로 변해갔다. 그는 '질서의 친구들'에게 자신을 따라 블록 아래로 내려가자고 제안했으나 그를 따른 사람은 많지 않았다. 이 과정에서 몇 개월 전 해밀턴을 모욕했던 바로 그 제임스 니컬슨 준장이 연방파 변호사인 조사이어 오그던 호프먼Josiah Ogden Hoffman과 길거리 한가운데서 고래고래 말싸움을 벌이기 시작하는 바람에 해밀턴과 그의 수행원들 또한 이에 휘말려버렸다. 해밀턴이 말싸움을 말리기 위해 끼어들자 니컬슨은 그를 '토리들의 사주를 받은 사람'이라 불렀고 그에겐 자신의 말에 끼어들 권리가 없다며 모욕을 가했다. 해밀턴은 싸움이 붙은 사람들을 건물 안으로 들여보내기 위해 애썼다. 그러자 니컬슨은 자신이 그의 말을 들을 필요는 없는 데다 그는 예전에 결투를 회피한 적이 있다고 비난했다. 이는 신사라면 누구나 격분할 만한 모욕이었다. "그 누구도 그것이 진실이라 단언할 수 없을 것이오." 이렇게 응수한 해밀턴은 이후 '니컬슨 씨가 자신의 실수를

깨닫게 만들도록' 보다 적절한 시일과 장소에서 그에게 결투를 신청하겠다고 맹세했다.[36]

해밀턴의 유세有勢는 여기서 끝나지 않았다. 니컬슨과 갈라진 뒤 그와 그를 따르던 무리들은 에드워드 리빙스턴 -로버트 R. 리빙스턴 챈슬러의 막냇동생으로, 해밀턴은 그가 '경솔하며, 성급하고, 무절제하며, 완강하다'고 욕한 바 있었다-의 집 앞에서 또 다른 싸움에 휘말렸다. 여기에서는 호프먼과 피터 R. 리빙스턴이 제이 조약에 대한 더러운 말들을 입에 올리며 실랑이를 벌였다.[37] 논쟁이 너무도 열기를 더해갔기 때문에 에드워드 리빙스턴과 루퍼스 킹은 사람들에게 다른 곳에서 말싸움을 이어가라고 애원했다. '그러자 해밀턴이 나섰다.' 에드워드 리빙스턴이 훗날 남긴 말이다. '그는 만일 모든 사람들이 개별적인 방식에 동의한다면, 자신은 모든 사람들과 일대일로 다툴 준비가 되어 있다고 말했다. 나는 그 경솔한 발언에 대해 그에게 말하려 했으나, 내가 말을 시작하자마자 그는 나를 향해 돌아서더니 팔을 올리며 자신이 그 혐오스러운 당파 전부와 한 명 한 명씩 싸울 준비가 되어 있다고 선언했다.'[38] 리빙스턴은 해밀턴이 '거의 시정잡배와도 같은 말들을 쓰기에 이르면서 자신의 영향력이 추락한 데 굴욕감'을 느꼈을 것이 분명하다고 생각했다.[39] 이는 실로 놀라운 행동이었다. 해밀턴이 마치 여느 깡패라도 된 듯, 길거리에서 자신의 적대자들과 노골적인 난투를 벌일 준비를 하고 있었기 때문이었다. 피터의 형제였던 매튜린 리빙스턴Maturin Livingston은 해밀턴에게 자신이 그의 제안을 받아들일 준비가 되어 있으며 '그가 원하는 장소에서 30분 후에' 결투를 벌이겠다고 침착히 말했다.[40] 해밀턴은 자신이 이미 다른 결투를 잡아두긴 했으나 니컬슨을 처리한 뒤 리빙스턴과의 결투도 갖겠다고 답했다. 해밀턴은 목숨이 달린 도전장을 두 번이나 잇달아 던지는 데 아무 거리낌도 보이지 않았던 것이다. 자신의 명성에 대해서라면 언제나 바짝 경

27 · 설탕과자와 장난감

계를 세웠던 그는 그런 명예의 작업을 통해 적들을 눌러버리는 방법을 알고 있었다.

공화파 신문 「아르고스The Argus」는 이틀 후 제이 조약에 반대하는 또 다른 대규모 시위를 조직했다. 이 거대 집회에서는 조약에 반대하는 결의안이 채택되었고 뒤이어 필라델피아와 볼티모어, 찰스턴의 항의 시위에서도 같은 일이 행해졌다. 이 한 주는 해밀턴에게 있어 끔찍할 만큼 바쁜 주였다. 그는 연방대법원에서 자신이 재무장관이었을 때 도입했던 여객세가 적법한 것인지에 대해 변론할 예정이었다(결국 이 공판은 2월까지 열리지 못했다). 니컬슨 준장과 마주친 때로부터 이틀 후, 해밀턴은 그에게 1주일 후의 결투를 제안하는 편지를 찔러 넣었다. '당신이 토요일에 내게 보낸 부당한 무례함과 모욕은 나로 하여금 당신과 만나보는 수밖에 없도록 만들었고, 그 목적은 당신 또한 정히 알고 있는 것이오.'⁴¹ 해밀턴은 상대가 사과할 여지를 남기지 않고 곧장 도전장을 내밀었다. 그의 오랜 친구이자 입회인으로 선택된 니컬러스 피시는 이 서신을 니컬슨에게 전달했다. 충동적인 니컬슨은 결투를 수락하고 당장 그다음 날 아침에 일을 벌이자고 요청하는 답신을 몇 분 내에 갈겨썼다. 일이 지연된다면 자신의 가족이 실망할 것이고 말이 새어나갈 수도 있다는 것이 그의 주장이었다. 해밀턴은 희미한 조소가 섞인 -'당신 가족의 걱정을 쉬이 달랠 수 있기를 바라야겠소.'- 일련의 답신들을 보내며 자신이 너무 바빠 다음 주 월요일 이전에는 결투를 벌일 수 없다고 전했다.⁴² 마치 자신은 아주 중요한 사람인데 그다지 중요하지 않은 사람과 협상하느라 방해받은 데 짜증이 난다는 어조였다. 이들이 주고받은 서신들의 말투로 보자면, 해밀턴은 자신이 완전히 주도권을 쥐고 있으며 니컬슨을 마음대로 찌를 수 있다고 생각했음을 알 수 있다.

해밀턴과 니컬슨의 입회인들은 며칠 동안 그 둘 사이를 종종걸음으로 오가며 약속을 잡기 위해 노력했다. 해밀턴은 니컬슨이 허세를 부리고 있으며 곧 꼬리를 내릴 것이라 생각했다. 그러나 결투가 벌어질 경우도 진지하게 고려했던바, 그는 자신의 부동산 상속 집행인으로 트루프를 지목하고 그에게 수정된 유언장 역할을 할 편지 한 통을 써 보냈다. 자신의 개인 문서들 일부에 특히 신경을 쏟았던 해밀턴은 가죽 트렁크 하나에 그것들을 모은 뒤 가방 위에는 'JR. 올리버 월콧 주니어님에게 전달 바람'이라고 적어두었다.[43] 추측컨대 JR은 아마 제임스 레이널즈를 가리키는 말이었을 것이다. 그는 필요한 경우 레이널즈 사건과 관련된 모든 문서들을 월콧이 책임지고 안전하게 보관하게끔 했던 것이다.

1795년에는 또 다른 미스터리들이 이야기에 스며들었는데, 그중에는 당시로부터 5년 전 세인트빈센트 섬으로 이주했던 그의 아버지와 해밀턴 간의 관계도 포함되어 있었다. 그들은 단 한 번도 완전히 연락이 끊긴 적이 없었고, 이제는 집배원을 통해 간헐적으로 매우 격식적인 편지들을 주고받고 있었다. 제임스 해밀턴은 자신의 유명한 아들에게 보내는 편지 한 통의 끝머리에서, 당시까지도 만나본 적 없었던 '해밀턴 부인과 자네의 아이들에게 존경 어린 찬사'를 보냈다.[44] 그는 아들에게서 700달러의 돈을 빌린 바 있었는데, 이제 해밀턴은 만일 자신이 결투에서 사망한다면 채권자들이 나이든 아버지로부터 돈을 받아내려 할 것이 우려되었다. 그는 트루프에게 자신이 아버지를 채권자로부터 보호할 수 있는 특별한 방안을 고려해왔으나 그렇게 하지 않기로 결정했다고 전했다.

또한 나는 내 아버지의 어음들에 특혜를 부여하지 않을 것인지를 쉬이 결정하지 못했소. 그러나 적어도 내가 생각하기에, 완전히 자발적인 일이긴 하나 이런 조치를 취하는 것이 과연 정당한 것인지 의심스러웠기에 나는 아무 방안도 마련하지 않았소. 이로써 그들이 그에게 찾아가 그의 부담을 한층 더 가

중시킬 것이라는 게 유감스럽소. 그러나 나에게 알려온 바에 따르자면, 스코틀랜드의 명망 있는 가문 태생인 아버지는 젊은 날 서인도제도에서 상인 생활을 하다 파산했으며 이제는 매우 궁핍한 처지에 있소. 나는 아버지께 내가 있는 곳으로 오시라고 종용했었으나, 아버지는 나이가 너무 많고 병약해져 그만큼의 기후 변화를 감당할 수 없다고 하셨소.[45]

이처럼 자신의 아버지를 채권자들의 깊은 자비에 넘겨주면서도 온기 없이 연민만이 드러나는 말을 남긴 것을 보면, 그는 아버지에 대해 입 밖에 내지 않은 모종의 적대감을 숨기고 있었던 듯하다. 재무장관이라는 공직에서 벗어난 이후에도 해밀턴은 자신의 나이든 아버지를 만나러 세인트빈센트 섬에 가겠다는 소망을 단 한 번도 내비친 적이 없었다.

이 유언은 해밀턴이 공직을 이용해 돈을 벌어들였고, 횡령한 돈을 영국은행에 감춰두었다는 제퍼슨주의자들의 환상이 거짓임을 보여준다. 해밀턴은 트루프에게 자신이 손윗동서인 존 바커 처치에게 5,000파운드의 빚을 지고 있다고 말하며 파산 상태임을 우려했다. '만일 내 인생이 여기서 끝나버린다면, 나는 평생 일한 끝에 내 가족을 다른 이들의 자비에 맡기는 셈이 되어버리는 것이오.'[46] 해밀턴은 만일 자신이 빚을 진 채 사망하는 경우에 대해서는 존 바커 처치의 '우정과 너그러움'을 신뢰하겠다고 말했다.[47]

해밀턴은 마침내 니컬슨에게 요구했던 사과를 엉성하게나마 받아냈고, 니컬러스 피시는 해밀턴에게 그것을 그대로 받아들이라고 촉구했다. 해밀턴이 7월 18일로 잡아두었던 두 번째 결투에 대해 말하자면, 그는 매튜린 리빙스턴으로부터 자신은 해밀턴의 남자다움이나 용기에 대한 비방을 단 한 번도 한 적이 없다는 말을 받아냈다. 이로써 해밀턴은 제이 조약에 대한 항의에서 비롯된 명예의 작업들 두 건에서 모두 승리를 거두었으나, 그 대가는 무엇이었을까? 그는 자신의 호전적 본능을 옥죄고 있던 고삐를 풀어버리면서 통탄할 만큼의 판단력 부족을 보여주었다. 워싱턴의 지침이나 공인으로서의 책임감 없이 그는 자신의 맹렬하고 제어할 수 없는 분노를 다시 한 번 드러냈는데, 이는 그에게 도움이 되지 않았음은 물론이며 그의 영향력까지도 감소시켰다. 그는 또한 미국 사회를 위한 법과 정의의 새 구조를 세우는 데 일조했던 그 남자가 유혈 다툼이라는 구식 세계에 한 발을 담그고 있었음을 새로이 드러냈다. 뉴욕에서 가장 유명했던 이 변호사도, 극도로 개인적인 갈등에 있어서는 여전히 본능적으로 법정이 아닌 결투장으로 향하려 했던 것이다.

제이 조약의 적대자들과 길바닥에서 대치한 때로부터 나흘 후, 해밀턴은 공개 신문으로 발길을 돌렸다. 공화파들은 로마인들의 이름을 빌려 조약을 조금씩 깎아내리고 있었고 -예를 들어 로버트 R. 리빙스턴은 '카토 Cato', 브록홀스트 리빙스턴은 '데키우스Decius'나 '킨나Cinna'라는 이름을 사용했다- 이에 맞서 해밀턴은 '변론The Defence'이라는 맹렬한 역습을 시작했다. 미국 역사상 정치 소책자 집필에 있어 가장 중요한 저자로 꼽히기도 하는 자신의 진면모를 발휘하여, 그는 거의 6개월에 가까운 기간 동안 스물여덟 편의 빛나는 글들을 내놓았다. 『연방주의자 논집』과 마찬가지로 '변론' 또한 엄청난 속도로 쏟아져 나와서 때로는 1주일에 두세 편이 게재되기도 했다. 하루 종일 변호사로 생활하는 와중에도 그는 총 10만 단어에 달하는 글을 써냈다. 논쟁의 열기 속에서 휘갈겨 쓴 이 시리즈의 편찬서는 그의 대포가 쏘아올린 또 다른 대표작이 되었다.

'연방주의자' 시리즈와 마찬가지로 '변론'또한 다른 이와의 합작을 통해 탄생했다. 해밀턴은 제이 조약의 첫 번째 부분, 즉 1783년 평화조약에 대한 침해를 다룬 부분을 맡아 총 스물여덟 편의 글을 썼고, 상업과 항해에 관한 나머지 열 편의 글은 루퍼스 킹이 썼다. 제이 주지사는 두 사람과 계속해서 연락을 취했으나 결과물에 무언가를 더해 넣으려 하진 않았다. "제이 역시 결론이 담기는 마무리 부분을 쓰기로 되어 있었소." 존 애덤스가 애비게일에게 말했다. "그러나 언제나 약간 게을렀던 그는 아마도 거기에 자기 이름을 넣지 않는 편이 가장 현명할 것이라고 결론지어서였는지, 혹은 그 작업이 이미 훌륭하게 완성되어 있다고 생각해서였는지 마무리 부분을 쓰지 않았소. 이는 내가 킹의 입에서 직접 들은 말이오."[48]

해밀턴은 지난번과 같이 대담한 전략을 사용했다. 자신의 사설들 중 처음 스물한 편을 적진 깊숙한 곳, 즉 로버트 R. 리빙스턴의 '카토' 사설들을 내보냈던 「아르고스」에 싣기로 한 것이다. 해밀턴은 자신의 가명으로 플루타르코스의 『영웅전』에 등장하는 '카밀루스Camillus'를 선택했다. 현명하고 덕망 있는 남자였으나, 국민의 이익을 최고로 여기는 그의 마음을 정작 그 국민들이 알지 못해 완전히 오해당했던 이 로마 장군은 해밀턴에 대한 완벽한 상징이나 다름없었다. 두려움을 몰랐던 카밀루스는 불쾌한 진실들을 서슴없이 공개했다가 결국 그 정직함 때문에 추방되었다. 그는 유배 생활 도중 다시 본국으로 소환되었으며, 당시 갈리아인들에게 위협받고 있던 자기 도시를 구해내면서 자신의 무죄를 입증했다. 이런 남자의 이름을 해밀턴이 자신의 필명으로 선택했다는 점은 그가 스스로 동료 시민들에게 얼마나 제대로 인정받지 못하고 있다고 생각했는지를 말해준다.

평소대로 해밀턴은 홀린 듯 맹렬하게 글을 쓴 뒤 그 초안을 제임스 켄트에게 보여주었고, 켄트는 마감 기일이 그렇게나 촉박했음에도 해밀턴이 연구를 게을리하지 않았다는 데 경탄했다. '카밀루스가 쓴 사설들 중 몇몇은 출판에 앞서 내게 전달되었는데, 나의 주의를 끌었던 것은 (중략) 그가 버릇처럼 그 모든 것들을 조사하여 완전하고, 정확하며, 진정한 연구작을 내놓았다는 점이었다. 예를 들자면 그는 그로티우스(국제법에 대한 그로티우스의 견해들을 지칭함_역주)를 검토하는 데 그치지 않고 나아가 고대 라틴어를 제외한 모든 것에 대해 권위자처럼 이야기했다.'[49]

7월 22일 출판된 첫 번째 '변론'에서 해밀턴은 제이 조약의 반대자들이 품은 의도를 공격하면서 그들이 헌법을 전복시키고, 미합중국을 프랑스와 함께 하는 전쟁에 몰아넣으며, 자신들 중 한 명을 대통령으로 세우려 한다고 주장했다. '대중의 눈으로 보았을 때 미합중국 대통령의 퇴임 이후 그 후계자가 될 만하다 여겨지는 사람은 단 세 명으로 애덤스 씨, 제이 씨, 제퍼슨 씨가 그들이다.'[50] 해밀턴은 공화파 반대자들이 대통령 후보로서의 제이를 무너뜨리기 위해 조약의 신뢰를 떨어뜨리려 하는 것이라고 단언했다. 애덤스 역시 연방파였던바, 해밀턴은 조약에 쏟아졌던 강력한 항의들이 실은 장래 대통령을 노리는 제퍼슨의 야망에서 비롯된 책략임을 명백히 시사하고 있었다. 흥미롭게도 워싱턴 또한 마운트버넌에서 이 첫 번째 글을 읽어보고선 동의의 서신을 보내왔다. '읽어본 바에 따르자면, 이 첫 번째 작품으로 판단해보았을 때 나는 좋은 글들이 이어질 것이라는 예감을 느꼈으며 앞으로도 그 주제가 명확하고 분명하며 만족스러운 수준에서 다루어지는 모습을 보게 될 것이 기대되오.'[51]

워싱턴은 조약이 '뒤틀린 해석'과 '끔찍한 와전'에 의해 왜곡되었다고 불평했으며, 이에 해밀턴은 조항들을 하나하나 검토했다.[52] 그러나 그는 먼저 전반적인 정치적 맥락을 설명하고자 했다. 영국과의 전쟁이라는 망령은 실재했으며, 해밀턴은 자신이 세워놓은 경제 시스템이 무너질 것을 두려워했다. 그는 전쟁이 찾아온다면 '우리의 무역, 항해, 그리고 상업 자본은 파괴되고 말 것'이라고 경고했다.[53] 공화파들을 '우리의 전쟁 당파'라 일컫고 비난하면서 그는 신생국에겐 평화의 기간이 반드시 필요하다고 호소했다. 미합중국은 '위대한 제국의 태아 단계'에 있었으며, 유럽 열

27 · 설탕과자와 장난감

강들은 어느 정도의 기회만 갖춰진다면 기꺼이 이들의 공화주의 실험을 근절시켜버릴 터였다. '만일 우리의 번영을 질투하거나 아니꼽게 보는 외국 세력이 있다면, 그 세력은 우리의 태동기가 곧 그 날개를 꺾어버릴 때라고 생각할 것이 분명하다.'[54] 이는 다시 말해 영국과의 때 이른 전쟁에 돌입하는 것보다는 협상하는 편이 낫다는 뜻이었다. '변론' 시리즈에서 해밀턴은 차분하고 평화주의적인 면모를 보여주면서, 전쟁을 오직 직접 공격이나 국가적 모욕을 받았을 때에만 사용해야 할 최후의 수단으로 만들었다.

해밀턴은 카밀루스로서만 글을 쓰는 데 만족하지 않았다. 두 번째 글이 게재되고 이틀 후, 그는 같은 신문을 통해 '필로 카밀루스Philo Camillus'라는 이름으로 유사한 논설 시리즈를 내놓기 시작했다. 필로 카밀루스는 수 주에 걸쳐 카밀루스를 화려하게 칭찬하며 반대 측인 공화파를 꾸준히 공격했다. 다작하는 해밀턴은 이제 자신의 익명 논설에 대한 익명 평론을 쓰고 있었다. 그는 또한 '호라티우스Horatius'라는 이름으로 정곡을 찌르는 두 편의 글을 써내며 제퍼슨주의자들이 보이는 '프랑스의 의견들에 굴종하는 아첨이자 범죄와 같은 태도'를 고발했다.[55] 정신없이 돌아갔던 이 시기 동안 해밀턴은 시간을 쪼개어 정치 집회에도 참석했다. 월가의 어셈블리룸에서 있었던 한 집회에서 그는 추종자들에게 '조약이 비준되지 않는다면 *외국과의 전쟁*이, 비준된다면 *내전이* 벌어질 수도 있다'고 경고했다.[56] 국내에서 소요 사태가 일어날 가능성을 우려한 것은 해밀턴만이 아니었다. 필라델피아에서 월콧 재무장관은 '우리에게는 위험한 폭동이 찾아오지 않으리라고 생각하지만, 앞으로의 한 달이 우리나라의 운명을 결정할 것'이라고 보고했다.[57] 세 번째 '변론'에서 해밀턴은 자신의 적들을 가장 어두운 색으로 그려냈다. '만일 그들이 진심을 다하고 있다고 생각한다면 우리는 그들의 무지를 너무도 가여이 여기고 있는 것이고, 만일 그렇지

알렉산더 해밀턴

않다고 생각한다면 우리는 그것이 드러내는 기만의 정신을 혐오하는 셈이다.'[58] 평소의 이미지와 반대로 여기에서 해밀턴은 일반 국민들에겐 이 기만에 저항할 수 있는 능력이 있다며 경의를 표했고, 그것이 국민들을 '어린이들처럼 여기며 설탕과자와 장난감 정도면 충분히 그들의 신뢰와 애착을 얻을 수 있다고 생각하는 자들'을 실망에 빠뜨릴 것이라 말했다.[59]

1783년 평화조약을 검토하는 데 있어 해밀턴은 제이 조약이 분란을 중재할 양자 위원회를 만들어줄 것이며 이를 통해 채무, 영국이 나포했던 미국 선박들, 그리고 미국과 캐나다 간의 국경 등을 논의할 수 있을 것이라고 이야기했다. 그는 평화조약에서 영국이 존중하지 않았던 유일한 조항은 단 하나, 즉 과거에 노예였던 약 3,000명의 사람들에 대한 보상금 지불을 요구한 조항뿐이라고 주장하며, 이것 하나로 제이 조약을 위험에 내모는 것은 멍청한 짓이라고 생각했다. 이 비타협적인 폐지론자는 '자유를 약속받았던 흑인들을 속박과 노예제에 다시금 빠뜨리는 것은 끔찍하고 부도덕한 일'이라고 썼다.[60] 더불어 해밀턴은 미국도 영국과 마찬가지로 평화조약을 침해했다는, 용감하지만 그때까진 금기시되었던 논의를 펼쳤다. 또한 제이 조약이 대영제국과의 '동맹'을 형성하는 것인지에 관해서는 그것을 '그러한 이름으로 부를 수 있는 국민들과의 합의에 대한 모욕'이라 묘사했다.[61] 그러나 그는 조약이 미합중국을 대영제국과 더 가깝게 묶어주지도 않을 것이라 말하는 한편, 상업조약은 그 정도의 정치적 영향력을 가지지 못한다고 주장하면서 입에 발린 소리를 하기도 했다. 해밀턴의 친영주의 성향은 그 자신 또한 인정하지 못했고 현실정치의 냉철한 주창자라는 그의 이미지와도 상충하는 것이었지만 거기에는 깊은 감정의 색채가 묻어 있었다. 같은 맥락에서 프랑스에 대한 그의 혐오는 도덕적인 분노, 그리고 미국의 이익에 대한 냉정한 평가에서 비롯된 것이었다. 매디슨은 이 조약이 미국의 중립성을 약화시킬 것이라 확신했다.

'비준이 되는 경우 (중략) 프랑스와의 즉각적인 단절이 우려된다. (중략) 프랑스와의 전쟁은 곧 본국에서의 내전을 알리는 신호탄일 것 같아 걱정스럽다.'[62]

비판가들은 제이가 조약으로 모든 것을 내준 반면 그 대가로 돌려받은 것은 거의 없다고 말했다. 해밀턴은 이에 맞서 영국 또한 상당 부분을 양보했다고 주장하며, 영국은 자국이 본래 가지고 있던 '식민주의 독점과 배타의 체계'를 수정하면서 미국에게 다른 그 어떤 나라보다도 많은 것들을 양허해줬다고 말했다.[63] 그는 이것으로 미국의 해외 무역이 폭발적인 성장을 시작할 것이라 생각했다. 대담하고 범세계적이며 자신감 넘쳤던 해밀턴은 미합중국이 세계의 다른 나라들과 상업 관계를 맺는 데 전혀 두려워할 것이 없다고 보며 이렇게 썼다. '미합중국의 격언들은 지금까지 전 세계와의 자유로운 교류를 옹호해왔다. 그들은 상업 회사들이 무제한 경쟁에 내몰려도 전혀 걱정할 것이 없음을 알고 있었으며 그저 동등한 조건에서 경쟁이 이루어지기만을 바랄 뿐이었다.'[64]

해밀턴이 여덟 편의 '변론'과 세 편의 '필로 카밀루스' 논설을 썼을 무렵인 1795년 8월 중순, 워싱턴 대통령은 언론의 비난이 꾸준히 쏟아지는 와중에도 제이 조약에 서명을 했다. 처음에는 조약의 전망이 그리 밝아 보이지 않았으나, 미국 경제는 프랑스와의 무역이 1789년 바스티유 함락 이후 절반 이하로 줄어들었음에도 영국과의 무역으로 호황을 누리고 있었다. 조약이 승인된 이후에도 해밀턴은 펜을 놓지 않았다. 오히려 이러한 정황은 그의 '변론' 시리즈에 한층 더 무게를 실어주면서 마치 이것이 권위자의 설명이라는 듯한 인식을 더해주었다.

조약과 관련하여 해밀턴은 반박의 여지가 없는 승리자가 되었다. 피셔 에임스는 공화파 비판자들보다 훨씬 더 뛰어난 해밀턴이 자신의 재능을 '변론'을 쓰는 데 허비하고 있다고 생각했다. '주피터의 독수리가 발톱으로 번개를 쥐고선 그것을 티탄이 아닌 참새와 생쥐들을 향해 던져대고 있다.'[65] 해밀턴과는 다른 정치적 견해를 추구했던 제퍼슨조차도 공화파가 해밀턴의 독약에 맞서는 효과적인 해독제를 만들어내지 못했다는 데 동의했다. 몬티첼로에서 류머티즘으로 고생하고 있던 제퍼슨에게도 당시는 힘든 시기였다. 그는 존 베클리가 보내준 '변론'을 읽으며 크게 속상해했다. 해밀턴이 논쟁에서 승리를 거둘까 우려했던 그는 9월 21일에 이르자 더 이상 가만히 앉아 있지 못하고 다시 한 번 매디슨을 자신의 대리인으로 내세웠다. 이것으로 제퍼슨은 해밀턴의 지성이 자신에게 불러일으켰던 완전한 공포에 목소리를 부여해주었으며, 자신의 적에게 미국 역사상 최고의 반어적인 헌사를 보냈다. 그는 매디슨에게 말했다.

> 해밀턴은 실로 반공화파의 거인이네. 그는 머릿수 없이도 자신이 자체적으로 [군대나 군중 같은 역할을] 해내고 있네. 그들은 자신들이 끝장날 수도 있는 진창에 제 발로 들어갔지. 그러나 공화파는 너무 안전하게 굴면서 그가 자신의 재능을 발휘하여 그들을 구해낼 시간을 벌어주었네. 우리는 그에게 반대하는 데 있어 그저 그런 모습밖에 보여주지 못했고 말일세. 사실 그가 나서는 때라면, 그와 맞설 자는 자네 외에는 아무도 없네.[66]

제퍼슨이 그의 조력을 요청하기 전까지, 해밀턴의 행보에 대한 자신의 비판에 우쭐해 있던 매디슨은 '카밀루스는 (중략) 내가 잘못 안 것이 아니라면, 그 조약 자체만큼이나 악랄하고 취약한 그의 영국 예찬론을 곧 자기 주장들에서 드러내게 될 것'이라 말했다.[67] 그러나 제퍼슨이 해밀턴의 주장들에 대한 논박을 해달라고 요청하자 매디슨은 황급히 도전을 무르며 발을 뺐다.

27 · 설탕과자와 장난감

해밀턴과의 언쟁을 피해 몸을 사렸던 매디슨이었지만, 의회에서의 그는 제이 조약에 반대하는 운동을 활발하게 벌였다. 그는 마치 전면적인 헌법적 위기라도 일으키겠다는 듯 너무나 비정통적인 헌법 해석을 물고 늘어졌다. 먼 옛날 『연방주의자 논집』을 공동 집필했을 때, 매디슨과 해밀턴은 왜 헌법이 (긴 임기와 학식 있는 구성원들, 그리고 축적된 지식을 가진) 상원에게만 조약 비준에 대한 독점적 권한을 부여했는지를 함께 설명한 바 있었다. 그러나 이제 매디슨은 상업을 규제하는 권한이 하원에 있다는 것을 빌미로, 제이 조약의 승인 문제는 하원의회의 관할에도 들어가야 한다고 주장하는 편이 더 편리할 것이라 여기게 되었다. 이 충격적인 제의에 전기작가 개리 윌스는 이것이 헌법의 '느슨한 해석' 정도에 그치지 않고 더 나아가 '그 상식을 뒤집어버리기에 이르렀다'고 지적했다.[68]

먼 과거의 어느 날 제퍼슨은 돈 문제에 관한 권한은 포퓰리스트 하원이 향유하는 한편 보다 귀족적인 상원은 외교 문제를 다룬다는 개념을 칭송했던 적이 있었으나, 이제 그는 조약을 막아내겠다는 생각으로 자신의 입장을 바꿨다. '나는 우리 입법부의 대중적인 부처가 그것을 승인하지 않을 것이고, 따라서 그 악명 높은 법안을 없애줄 것이라 믿는다.'[69] 해밀턴은 제이 조약에 대한 입법부의 위협은 하원의 거부권만큼이나 해롭다고, 다시 말해 미국의 권력 분립 체계를 근본적으로 바꿔버릴 만큼이나 해가 되는 것이라고 여겼다. 다행히도 해밀턴은 조약을 위한 운동을 벌이기에 매우 훌륭한 상황에 있었다. 루퍼스 킹이 '변론'에서 자신이 다루기로 담당한 부분, 즉 조약의 상업 부분을 막 끝마친 참이었으므로 그는 새로이 떠오른 헌법적 문제들을 물고 늘어질 수 있었던 것이다. 1월 초, 그는 하원에게 조약을 폐기시킬 수 있는 권한을 주는 것이 얼마나 터무니없는 일인지를 밝히는 데 '변론' 시리즈의 마지막 두 편을 할애했다. '만일 그와 같은 선례가 생겨난다면 대통령은 상원의 조언과 동의를 구한다

하더라도 상업조약이나 동맹조약, 그리고 무엇보다 평화조약을 체결하는 것이 불가능해질 것이다. 잠깐만 살펴보더라도 그러한 반대들의 원칙에 어느 정도가 됐든 부딪치지 않을 종류의 조약은 거의 없을 것임이 확실해 보인다.'[70] 만일 매디슨의 참신한 논의가 받아들여진다면 연방정부는 외국 국가들과의 관계를 관리하는 것이 불가능해지고, 서로 자신의 의견을 들이밀며 옥신각신 싸우는 의회에게 그 권한을 넘겨줄 수밖에 없게 될 터였다.

이 신생국에서는 근본적인 통치 구조 문제, 그리고 헌법의 진정한 의미를 놓고 또다시 싸움이 벌어졌다. 매디슨이 이끄는 공화파는 조약을 없애버리는 데 모든 것을 다 걸겠다는 각오인 듯했다. 존 애덤스는 애비게일에게 '이 나라의 일은 (중략) 달라진 것이 없다. (중략) 모든 것은 논쟁에 흡수되었다'고 말했다. 또한 그는 만일 공화파가 계속해서 '절박하고 비합리적으로' 군다면 '헌법 또한 견디지 못할 것이다. (중략) 내게 보이는 것은 정부의 해체와 즉각적인 전쟁밖에 없다'고 경고했다.[71] 이러한 교착 상태에서 국가의 사업은 더뎌졌고, 물가는 떨어졌으며, 수입은 줄어들었다.

조약을 밀어붙이는 데 있어 연방파가 가진 최고의 자산은 여전히 미국인들의 삶을 하나로 묶어주는 인물, 조지 워싱턴이었다. 제퍼슨이 보건대 연방주의는 대통령의 독보적 위상 하나로만 버티는 이빨 빠진 사자였다. 그러므로 공화파는 이제 워싱턴을 비난해서는 안 된다는 금기를 깨버릴 때라고 결정했으며, 그를 노리는 사냥이 시작되었음을 선언했다. 공화파 언론들은 또다시 행정권과 영국의 군주제를 동일시하는 안일한 셈을 보여주었다. 1795년 12월 26일, 필립 프리노는 워싱턴이 스스로를 왕의 자리에 올리기 위해 제이 조약을 시행하려 했다고 썼다. '세습군주제와 영국식 상원이라면 (조약을 통한) 그의 소망들을 충족시킬 수 있을 것이다.'

[72] 한때 해밀턴을 향해 쏟아졌던 이와 같은 악랄한 모욕들은 이제 덕망 있는 워싱턴을 향했다. 대통령은 제퍼슨이 자신을 두고, 아무것도 결정하지 못하는 노망난 늙은이에다 해밀턴과 그가 이끄는 군주제 음모론자들이 손쉽게 잡아먹을 수 있는 먹잇감으로 전락했다는 이야기를 주도적으로 퍼뜨렸다는 소문을 들었다. 제퍼슨은 그와 같은 공격적인 언행들의 원천은 자신이 아님을 워싱턴에게 계속 호소했다. 그러나 조지프 엘리스는 말했다. '역사적 기록들을 보면 제퍼슨이 최고 작전 기지는 버지니아에, 또 본부는 몬티첼로에 두고선 그러한 비방을 진두지휘하고 있었다는 점이 완벽히도 분명하게 드러난다.'[73]

워싱턴의 대통령 초기 시절만 해도 제임스 매디슨은 그가 가장 신뢰하는 조언자이자 절친한 친구 중 하나였다. 그러나 1796년 3월 초에 이른 지금 매디슨은 워싱턴과 돌이킬 수 없을 만큼 단절될 각오를 한 채, 제이의 협상을 위해 사적으로 내린 지시문을 제출하라며 의회가 워싱턴에게 내놓은 요구를 지지하고 나섰다. 이 지시문에는 해밀턴 또한 상당 부분 참여한 바 있었다. 격분한 해밀턴은 워싱턴에게 그 행정적 토의의 기밀을 지켜줄 것을 촉구하면서, 그답게도 행정부의 그러한 특권을 사수해야 할 설득력 있는 이유 열세 가지를 제시했다. 만일 매디슨이 승리한다면 '기밀이었던 모든 의사소통들을 공개하라며 하원의회가 요청하는 것이 당연한 일이 되어버리며, 그렇게 된다면 정부의 협상력에 치명적일' 선례를 세우게 될 터였다.[74] 해밀턴은 그다음 주에 자신의 입장을 한층 더 강경히 했으며, 3월 말에는 의회에 아무런 답신도 하지 말고 '완전하게 저항'해야 한다고 워싱턴에게 조언했다.[75] 만일 하원이 조약을 무효화할 권한을 얻는다면 그들은 행정권을 파괴시켜버리고 '그 폐허 위에 입법부의 전능'을 세우게 될 것이었다.[76] 해밀턴과 매디슨은 다시 한 번, 미국의 외교 정책 담당이 행정부와 입법부 중 어느 쪽인지를 놓고 벌이는 근본적인 싸

알렉산더 해밀턴

움에 돌입했다.

워싱턴이 의회에게 조약 지시문을 내주지 않기로 결정하자 해밀턴은 가슴을 쓸어내렸다. 지시문 공개 요구가 퇴짜를 맞자 매디슨과 공화파 의원들은 조약 시행에 필요한 예산의 책정을 저지했다. 조약을 굶겨 죽일 요량이었던 것이다. 해밀턴은 '외국 국가들이 보는 우리나라의 위상에 깊은 상처가 남을 것이며, 그들이 우리 정부에 보내는 신뢰가 본질적으로 무너질 것임이 확실'하다는 것을 이유로 들면서 워싱턴이 의회에게 근엄한 항의 의사를 전달하기를 희망했다.[77] 연방파는 어느 정도 해밀턴의 선동에 의해 상인 집회를 조직했고 조약을 촉구하는 청원서들을 돌렸다. '우리는 여론을 사로잡아 데리고 가야 하오.' 그가 루퍼스 킹에게 한 말이다.[78] 이 사안에 대한 대중적 정서는 양측 모두에서 어마어마한 폭발을 일으켰고, 수많은 도시에서 대중 집회들이 일어나 각기 찬성 혹은 반대의 결의안들을 남겼다. 뉴욕 시 커먼 광장―학생 시절 해밀턴이 연설자로서 극적인 데뷔 무대를 가졌던 바로 그곳―에서 조약에 반대하는 시위가 열리자 해밀턴은 그 참석자들을 비난하는 말을 남겼다. 그는 워싱턴과 제이 등 오늘날 영국에게 자신들의 영혼을 팔아넘겼다며 비난받고 있는 사람들이 과거에는 영광스러운 군복무 시절을 보냈다는 사실을 상기시켰다. '묻건대, 이 모든 사람들이 갑작스레 대영제국의 도구이자 자기 조국의 배반자 취급을 받고 있다는 것을 당신들은 믿을 수 있는가?'[79]

매디슨은 본래 대다수 의원들이 자신을 뒷받침해주고 있다는 느낌에서 힘을 얻었으나, 연방파의 운동으로 그 힘은 조금씩 깎여나가기 시작했다. 애덤스는 흔들리는 매디슨이 느끼는 중압감을 알아차렸다. '매디슨 씨는 죽을 만큼 걱정에 빠져 있는 듯 보였다. 그는 창백하고, 바싹 말랐으며, 초췌했다.'[80] 1796년 4월 30일, 연방파는 51대 48이라는 매우 아슬아슬한 승리를 거두면서 제이 조약 시행을 위한 예산 책정에 성공했다.

해밀턴의 '변론' 시리즈가 그 균형을 살짝 기울이는 데 도움을 주었던 것이 분명했다. 전기작가 브로더스 미첼Broadus Mitchell은 '조약에 대한 해밀턴의 주장들이 그 승인과 기각의 차이를 만들어냈다고 추론하는 것이 옳을 것'이라고 결론지었다.[81] 매디슨은 이 투표를 워싱턴의 권력과 연방주의자들의 공포 분위기 조성 전술이 성공한 결과라 여겼고, 언제나 악랄한 도당을 찾아 헤맸던 그답게도 북부의 상인들과 은행들이 이 투표를 매수했다고 생각했다. 그러나 이는 아마 영국과의 무역으로 전반적인 번영이 시작되면서 일반 시민들의 동조가 뒤따른 덕분이었을 터였다.

매디슨은 제이 조약에 대한 논쟁을 벌이면서 워싱턴과의 우정을 잃게 되었다. 자신이 목도한 매디슨의 이중성에 너무도 분개한 나머지 제헌회의의 비밀회의록을 꺼내든 워싱턴은 매디슨을 포함한 입헌자들이 행정부의 조약체결권을 좌절시킬 권한을 하원에게 넘겨서는 안 된다고 주장했음을 보였다. 매디슨은 해밀턴이 워싱턴으로 하여금 그 '부적절하고 품위 없는' 짓을 벌이도록 부추겼을 것이라 생각했지만 사실 이는 워싱턴이 직접 행한 일이었다.[82] 워싱턴은 영원히 매디슨을 용서하지 않았고, 그의 조언을 구하는 일도 다시는 없었으며, 그를 마운트버넌에 다시금 초대하지도 않았다. 작달막하고 박식한 공화파 지도자에게 있어 이는 참담한 패배였다. 연방파 소책자 집필자 윌리엄 코빗William Cobbett은 '정치인으로서 그의 미래는 이제 없다. 그는 완전히 병들었고, 차갑게 식었으며, 뻣뻣해졌고, 영원히 또 영원히 망각 속에 묻혀버렸다'면서 매디슨의 실패를 고소해했다.[83] 제퍼슨 또한 제이 조약이 그 자체의 장점이나 해밀턴의 고무적인 옹호론 덕분에 비준되었다는 사실을 인정하려 들지 않았다. 그는 연방파의 승리가 '그 모든 것을 뛰어넘는 영향력을 국민들에게 발휘할 수 있는 한 남자', 워싱턴 덕이라고 여겼다.[84]

제퍼슨과 매디슨 모두에게 점점 더 환멸을 느낀 워싱턴은 이로써 해밀턴에게 한층 더 애착을 느끼게 되었다. 더 이상 내각에 몸담고 있지 않았음에도 해밀턴은 여전히 워싱턴이 헌법과 함께 정치적 변수들을 조정하는 일을 도왔다. 두 사람은 함께 위대한 승리를 일구어냈다. 외교 정책에 대한 주도권을 영원히 행정부가 쥐도록 하는 원칙을 세운 것이다. 하원이 조약에 대해 표결한 지 얼마 지나지 않아 워싱턴은 해밀턴에게 '이 주제를 조사해준 자네의 노고에' 감사 인사를 보냈고, 자신이 그에 대해 '우정의 온기와 애정 어린 관심'을 가지고 있음을 확언했다.[85] 워싱턴이 해밀턴에 대한 자신의 우정을 이토록 열렬히 드러낸 적은 또 없었다. 해밀턴에게 있어 제이 조약의 승리는 그가 워싱턴과 함께 해냈던 일들의 정점이나 마찬가지였다. 혁명이 남기고 간 모든 걸출한 사안들을 다룸으로써, 이 조약은 영국과의 관계 증진을 가로막았던 마지막 장애물들을 모두 없애며 지속적인 번영을 약속해주었다.

예외의 카시우스

Alexander Hamilton

제이 조약과 관련하여 보여줬던 리더십에서 알 수 있듯 해밀턴은 단순히 연방파 최고의 이론가에 그치지 않았다. 그는 나아가 연방파의 최고 전략가이자 조직자였고, 수많은 편지와 연설 및 글들을 통해 신념 있는 자들을 움직였다. 그러나 무엇보다 놀라운 점은 이것이 그의 바쁜 삶의 오직 한 부분만을 차지했을 뿐 아니라 그가 가장 많은 시간을 할애하는 부분도 아니었다는 사실이다. "나는 직업적인 일에 완전히 압도되어 다른 데 신경 쓸 시간이 거의 없소." 그가 관직을 떠난 뒤 2년이 지나 루퍼스 킹에게 남긴 말이다.[1] 그가 뉴욕 최고의 변호사라는 데는 많은 사람들이 동의하고 있었고, 올버니 시와 뉴욕 주의 사람들을 포함한 엘리트 고객층이 그를 찾았다. 제임스 켄트는 이렇게 말했다. '그는 모든 중요한 사건들과 모든 상업 사건들을 맡았다. 뉴욕 상인들은 누구보다도 그를 선호했다.'[2] 수익성 좋은 일감들이 몰려들었기 때문에 이제 그는 재무장관을 지낼 때보다 서너 배 많은 수입을 올렸지만, 자신의 벌이를 극대화하는 것은 그의 목적이 아니었다. 윌리엄 브래드포드 법무장관은 해밀턴을 놀리며 다음과 같이 말한 적도 있었다. "듣자 하니 (중략) 당신은 당신 발치에 떨어진 돈도 줍지 않을 것이라 하더군요. (중략) 당신은 정치인으로 태어난 사람이고 정치는 절대로 당신의 머릿속을 떠나지 않을 겝니다."[3]

해밀턴의 정치적인 삶과 법적인 삶은 대부분 서로 들어맞았다. 그는 외국 세력이 미국 선박들을 압류한 데서 비롯된 해상보험 사건 여러 건을 맡았다. 또한 저명한 여러 헌법적 사건들도 담당했던 그는 1796년 초에는 필라델피아의 연방대법원에까지 가서 자신이 재무장관이던 시절 도입했던 여객세의 적법성을 변호하기도 했다. '그는 세 시간 동안 발언했다.' 한 신문이 보도했다. '그가 펼친 논의는 모두 명백했고, 인상적이며 탁월했다.'[4] 법원은 해밀턴의 논지를 받아들여, 이 특별소비세가 적법하며 의회가 '수출품을 제외한 모든 종류의 과세 가능한 재산들에 대하여' 권한을 가진다고 판시했다.[5] 이 힐튼 대 미국 사건Hylton v. United States은 연방 조세권에 관한 해밀턴의 폭넓은 견해를 지지해주었을 뿐만 아니라 나아가 연방대법원이 의회의 행위에 대한 적법성을 판단한 첫 번째 사건이 되었다.

제퍼슨의 일상이 과학적이고 학문적이며 예술적인 가치들로 꾸며졌던데 반해, 일에 몰두해 살았던 해밀턴은 그런 것들을 추구할 여가 시간을 거의 갖지 못했다. 언제나 과로했던 그는 건망증이 점점 더 심해졌다. 관직을 떠난 지 몇 달 후 그는 미합중국은행에 편지를 써서 자신이 장부를 잃어버린 탓에 계좌 잔고를 모른다고 털어놓았다. 무려 그 은행을 만들어낸 사람이 그런 말을 썼던 것이다. 해밀턴 또한 시간을 내어 휴가를 떠나기는 했다. 1795년 여름, 그는 뉴욕 주 북부 카유가 강의 원주민 부족들을 만나기 위해 3주 간의 여행을 떠났다. 그가 대강 써놓은 일기들을 보자면 이는 기본적으로 토지 거래에 관련된 출장이었고, 그는 부족 족장들이 치러준 환영 의식들 덕분에 즐거웠다고 한다. 1796년 가을, 해밀턴은 두 명의 친구들과 함께 닷새에 걸쳐 말을 타고 롱아일랜드로 사냥 여행을 떠났는데 이는 건강 문제를 치료하기 위한 여행이었던 것으로 보인다. 오래전부터 앓아왔던 신장 지병이 재발했기 때문에 해밀턴은 다시는 샴페인을 마시지 못할 판이었다. '우리는 몇 마리의 뇌조를 잡았고 해밀턴의 위와 장이 다시금 건강해지기를 바라며 말 타기 운동을 했다.' 그의 친구 존 로렌스가 적었다. '그는 몸이 좋지 못했다.'[6] 이것이 해밀턴이 보여준 방랑벽의 끝이었다. 자신이 세운 재정 정책들로 한 나라를 그토록 밀접하게 이어 붙였던 남자가 단 한 번도 여가 목적으로 미합중국을 여행한 적이 없다는 것은 다소 이상한 점이다.

해밀턴이 유럽, 심지어는 미국 남부조차 여행해본 적이 없다는 사실은 그의 업무량으로도 어느 정도 설명할 수 있겠지만, 그가 가족에게 가졌던 애착 또한 그 못지않게 중요한 이유가 되었을 것이다. 롱아일랜드 여행 이후 사건 하나를 맡기 위해 황급히 올버니로 간 그는 스카일러 저택에서 엘리자에게 편지를 썼다. '덧붙일 필요도 없겠지만 나는 당신의 품 안으로, 또 사랑하는 아이들과 함께할 수 있는 곳으로 돌아가기만을 참을 수 없이 바라고 있소. 당신과 아이들을 떠나는 일은 그 언제고 쉬웠던 적이 없소. 하나님께서 나의 사랑하는 이를 축복해주시길. (중략) 무한한 사랑을 담아, 당신의 A. 해밀턴.'[7] 해밀턴은 이와 같은 사랑스러운 편지 수십 통을 엘리자에게 보냈다. 비록 완벽하진 못했으나 그는 가족을 사랑하는 아버지이자 남편이었으며 종종 가족의 건강과 안녕에 많이 신경 쓰는 모습을 보였다. 마리아 레이널즈 사건이 끝난 이후 그는 엘리자와 아이들을 홀로 두려 했던 적이 없었다.

알렉산더와 엘리자는 오랫동안 고아들을 돌보는 일을 해왔다. 1795년 10월 1일, 라파예트 남작의 아들인 조지 워싱턴 라파예트가 자기 신분을 숨기고 가정교사와 함께 뉴욕으로 왔다. 라파예트에 대한 애정을 저버린 적이 없었던 해밀턴은 혁명이 지나가고 나면 그가 프랑스에서 다시금 자신의 명성을 되찾을 것이라 생각했지만, 그의 아들이 찾아옴에 따라 워싱턴 대통령에게 난처한 상황이 연출되었다. 라파예트 남작은 여전히 오스트리아인들에게 붙잡힌 채 올로모우츠 요새에 투옥되어 있었고, 그의 아들은 미국인들이 그의 해방을 위해 도와주길 원했다. 라파예트를 아들처럼 여겼던 워싱턴은 그의 아들 또한 사랑을 담아 품어주고자 했으나, 제이 조약의 반대자들은 이를 아주 곤란한 문제로 만들어버렸다. 당시 워싱턴은 이미 반프랑스 성향을 가지고 있다는 의혹을 받는 중이었고, 라파예트는 미국 독립혁명의 공인된 영웅이었으나 프랑스 혁명에서는 반역자로 불리던 사람이었기 때문이다.

사적 감정과 정치적 필요성 사이에서 오도 가도 못하게 된 워싱턴에게 이는 특히나 고통스러운 곤경이었다. 그는 해밀턴에게 두 젊은이를 필라델피아로 보내달라고 요청하려 했으나, 이를 나중으로 미루는 것이 신중할 것이라 생각한 해밀턴은 그 프랑스인 청년들을 자신의 집에 묵게 했다. 엘리자가 회고했다. '대통령과 워싱턴 부인께서는 기쁜 마음으로 그들을 집에 들이셨을 테지만, 당시는 국가 정책으로 중요한 시기였기 때문에 그렇게 하시지 못했다. 그 청년과 그의 가정교사는 여름 내내 우리와 함께 지냈다.'[8] 사실 그들이 그곳에 머문 것은 겨울 동안이었으며, 6개월 동안 해밀턴가의 사람들은 그 수척하고 우울한 젊은이의 기운을 북돋워주었다. 제이 조약 사태가 끝남에 따라, 그 청년은 1796년 4월 마침내 워싱턴을 만나러 갈 수 있게 되었다.

라파예트는 이로부터 1년도 더 지난 후에야 감옥에서 풀려났으며, 이후 그의 표현을 빌리자면 '5년간의 죽음 같은 침묵'을 깨고 워싱턴에게 편지를 보냈다.[9] 들뜬 동시에 안도한 해밀턴은 라파예트에게 기나긴 편지를 써서, 그와 그들의 우정이 '모든 혁명들과 모든 우여곡절을 견뎌냈다'고 적었다. '이 나라가 자네를 사랑해야 하고 자네를 원해야 하며 자네의 행복을 키워줘야 할 이유를 나보다 더 진정으로 느끼고 있는 자도 없다네. 그리고 만일 명백한 행동들을 통해 그 감정을 드러내지 않는다면 나는 이 나라를 사랑하지 않을 걸세.' 라파예트는 미국으로 망명하고자 했다면 언제든지 따스한 환영을 받을 수 있을 터였다. '우리 사람들이 서로 동의하는 단 한 가지는 자네를 사랑하는 일일세.'[10] 알렉산더 해밀턴이 한 편지에 *사랑*이라는 단어를 세 번이나 쓴 것도 극히 드문 일이었다.

알렉산더 해밀턴을 악마로 그렸던 공화파들의 공격은 그가 재무부를 떠난 뒤에도 한층 더 심해지기만 했다. 적대자들에게 있어 그는 뉴욕에서도 정부를 조종할 수 있는 사람처럼 보였다. 해밀턴이 멀리 떨어져 있는 내각 구성원들에게도 중대한 영향력을 행사했다는 점은 그들이 나눴던 상당한 양의 서신들에도 드러난다. 그러나 이 편지들을 통해서 명백히 알 수 있는 또 한 가지 점은 그가 권력에 굶주린 채 서투른 태도로 그 사이를 비집고 들어가려 했던 것이 아니라, 그들의 초대를 받아 그들의 사고思考 속으로 천천히 들어갔다는 점이다.

여기에 딱 들어맞는 사례는 후임 재무장관인 올리버 월콧 주니어와의 관계였다. 해밀턴은 이르게는 1795년 4월부터 월콧에게 미국 신용을 유지하는 방법에 대해 가르쳐주겠다고 자처하면서 '원하는 만큼 편하게 편지를 보내라'고 말했다.[11] 당시 정부 지출은 증가세에 있었고, 재정 적자는 더 크게 아가리를 벌렸으며, 공화파는 불평을 해대는 상황이었다. 해밀턴은 이처럼 기꺼이 숨은 조력자가 되어주었으나, 조언을 먼저 구한 것은 월콧이었다. 그는 마치 해밀턴이 언제까지고 자신의 상관이라는 듯, 프랑스 사나포선들부터 정부 채권까지 모든 것들에 대한 기술적인 질문들을 그에게 던졌다. 월콧은 6월 18일 해밀턴 앞으로 보낸 편지 한 통에서만도 재무 관리에 대한 복잡한 질문 일곱 가지를 물었다. 그는 결코 해밀턴의 그림자에서 제대로 벗어나지 못했으며 때로는 그에게 거의 애처로운 어조로 편지를 보내왔다. '제가 최근에 보내드렸던 몇 가지 질문들에 대해 간략하게 답을 해주시지 않으시겠습니까. 아주 간략한 것이어도 괜찮습니다. 본질적으로 당신이 세우신 체계에 대한 당신의 생각은 제가 보다 망설임 없이 일을 진행할 수 있게 해줄 것입니다. 저는 진실로 도움이 필요합니다. 여기에는 관리자가 없습니다.'[12] 또 다른 편지에서 월콧은 다음과 같이 고백했다. '사회 문제들은 확실히 결정적인 단계에 있습니다. 재무부의 그 문제들이 어떻게 관리되어야 하는지 저는 명백하게는 알지 못합니다. (중략) 제게 넌지시 알려주신다면 언제나 감사한 마음으로 받아들이겠습니다.'[13] 해밀턴은 그의 문의들을 바탕으로 마치 자신이 행정부의 직무를 여전히 담당하고 있다는 생각을 했을지도 모른다. 그는 정책들이 새로운 정부 안에서 어떻게 생겨나는지에 대해 권위 있는 의견들을 제공하는 독특한 위치에 올라 있었다.

1795년 9월, 해밀턴은 워싱턴에게 공손한 어조의 편지 한 통을 보냈다. '제게 명령을 내리시는 것에 절대 가책받지 마시기를 간청합니다.'[14] 워싱턴은 그의 제안을 완전히 활용했다. 10월 말, 그는 해밀턴에게 의회의 연례 개회 연설을 준비해달라고 요청했으며, 해밀턴은 마치 자신이 아직까지 정부의 봉급을 받는 것처럼 연설의 초안을 써주었다.

문제의 핵심은 무엇보다 워싱턴의 제2대 내각이 초대 내각에 비해 훨씬 열등했다는 점이었다. 연방파 윌리엄 플러머는 해밀턴과 월콧을 비교했다. '전자는 천재였으며 엄격하고 정도를 벗어나지 않는 완전성을 가진 사람이었다. 후자는 정직한 사람이지만, 그의 재능은 선임에 한참 못 미친다.'[15] 다른 내각 공직자들에 대해서도 같은 평가가 내려졌다. 간단하게 말하자면 워싱턴이 조언을 구할 만큼 자격 있는 사람들이 충분치 않았던 것이다. 파벌 싸움이라는 역병은 사람들로 하여금 공직에 오르게 할 만한 매력들을 앗아갔다. 워싱턴은 에드먼드 랜돌프의 후임자를 찾고 있다는 비통한 이야기를 해밀턴에게 전했다. '국무장관을 어떻게 해야 한단 말인가?' 그는 이렇게 쓸쓸하게 묻고선, 이미 네 명의 사람들이 그 자리를 거절했다고 말했다. '자네에게 솔직하게, 또 심려하며 물으니 이에 대한 어떠한 생각이라도 내게 친히 일러주기를 바라네.'[16] 워싱턴은 루퍼스 킹의 의사를 타진해보라고 해밀턴에게 요청했으나, 킹은 국무부의 그 자리를 거절한 다섯 번째 사람이 되었다. 해밀턴은 킹이 정부 공직자들을 계속해서 공격하는 '그 더럽고 앙심 가득한 중상모략의 축들' 때문에 그 요청을 거절했다고 보고했다.[17]

결국 워싱턴은 일곱 번째 선택지였던 티머시 피커링Timothy Pickering을 낙점하게 되었다. 신경질적인 피커링은 강경한 연방파였고 뻔뻔할 만큼 해밀턴을 추종했다. 월콧과 마찬가지로 피커링 또한 정기적으로 해밀턴의 의견을 구했다. 워싱턴의 전시 부관을 함께 지냈던 해밀턴의 오랜 친구 제임스 매켄리가 전쟁부 장관 자리에 오름에 따라, 얼결에 해밀턴은 자신을 한결같이 지지해주었던 세 명의 사람을 내각에 둔 셈이 되었다. 이들이 모두 연방파였던 것은 우연이 아니었다. 워싱턴은 피커링에게, 자신의 계획들을 온 마음으로 지지할 준비가 되어 있지 않은 사람을 자기 행정부에 고용하는 것은 곧 '정치적 자살 행위'가 될 것이라고 말했다.[18] 제퍼슨으로부터 모종의 교훈을 얻은 그는 양쪽 정당 모두에 양다리를 걸칠 수 있다는 순진한 믿음을 버렸다. 이제 그는 연방파와 한층 더 굳게 연합했고, 고위 인사들 중 해밀턴의 드넓은 사회적, 지적 인간관계 바깥에 자리한 사람은 거의 없었다. 해밀턴주의자들의 굳건한 무리를 목도한 제임스 매디슨은 제퍼슨에게 수사적으로 물었다. '이제 그 어떤 틈새를 노려

야만 공화주의의 진실들이 담긴 광선들을 대통령께 닿게 할 수 있는 것이오?'[19]

워싱턴은 아마도 공화파의 진실들을 품은 광선들을 피할 수 있다는 데 기뻐했을 것이다. 임기 말년에 제작된 초상화 속 그는 음울하고 짜증나 있으며, 평정은 사라진 듯 보인다. 그의 에너지는 바닥난 것 같고, 두 눈은 게슴츠레하며, 군인다웠던 태도도 이제는 축 늘어져 있었다. 그는 요통과 치통, 류머티즘으로 고생하고 있었으며, 방문객들은 그가 초췌하며 근심과 걱정에 찌든 모습이었다는 말을 남겼다. 공화파들의 공격에 상처 입은 워싱턴은 자신의 분노를 억누르기 힘들어했다. 그가 사인私人 신분으로 돌아가겠다고 결정했던 이유들 중 하나는 더 이상 '공개적인 신문들에서 악랄한 기자 일당에게' 시달리고 싶지 않다는 것이었다.[20]

세 번째 임기에 도전하지 않기로 한 워싱턴의 결정은 그야말로 중대한 사안이었다. 그는 임기 제한에 구속받지 않았고, 다수의 미국인들은 그가 죽을 때까지 대통령을 지낼 것이라 예상했었다. 그는 지도자들이 언제나 더 많은 권력을 잡고자 하는 세계에서 스스로 권력을 포기했다. 자리에서 물러나는 것은 그가 공화파 비판자들에게 던져줄 수 있는 가장 위풍당당하고 민주적인 대답이었다. 첫 번째 임기가 끝나갈 무렵 그는 제임스 매디슨에게 고별 연설의 초안을 작성해달라고 요청하여 받은 바 있었으나 이후 두 번째 임기에 도전하기로 결정하면서 그것을 고이 보관해왔다. 바야흐로 1796년 봄, 그는 이제 그 초안을 다시금 꺼내들었다. 미국 독립 혁명의 종전 때와 마찬가지로 워싱턴은 미국의 정계가 오래도록 간직할 원칙들을 담은 고별 연설을 남기고자 했다. 매디슨이 쓴 초안을 갱신하기 위해 그는 그것을 들고 해밀턴을 찾아갔다. 워싱턴은 자신의 후배를 향한 애정을 자제해야 한다는 의무감을 더 이상 느끼지 않았으며 이제 해밀턴에게 직접 자필로 '비공개'라 적은 편지들을 보냈다. 그는 점점 더 그를 동료이자 따뜻한 친구로 대했으며, 해밀턴은 감사한 마음으로 그에 응했다.

워싱턴이 해밀턴에게 고별 연설의 초안을 써달라고 부탁했다는 것은 흥미진진한 아이러니다. 해밀턴은 제헌회의에서 종신대통령제를 주장했던 사람이었기 때문이다. 그는 이제 미국 정치에서 대통령이 최대 두 번의 임기를 마친 이후에는 관직을 떠나야 한다는 전통을 도입하는 데 일조하고 있었다. 프랭클린 루스벨트Franklin Roosevelt에 의해 깨지기 전까지 이 전통은 오래도록 고스란히 보존될 것이었다. 1796년 5월 중순 워싱턴은 해밀턴에게 대강의 초안을 보냈는데 여기에는 매디슨이 썼던 연설문에 덧붙여 지난 4년간, 특히나 외교 분야에서 일어났던 '중대한 변화들'을 반영하기 위해 워싱턴이 직접 덧붙인 부분이 포함되어 있었다.[21] 그는 만일 해밀턴이 본래의 연설문을 폐기하거나 '그 *전체*를 아예 새로운 형태로 바꾸어버리는' 것이 최선이라고 생각한다면 그렇게 해도 좋다고 말했다.[22] 워싱턴은 해밀턴이 평이한 문체를 사용하고 개인적인 신상이나 논쟁적인 표현들은 삼가기를 바랐다. 미국인들로 하여금 그동안 공적 생활의 외견을 더럽혔던 당파 싸움으로부터 한 발짝 올라서게끔 만들, 시대에 구애받지 않는 글을 남기는 것이 목표였기 때문이다. 대개는 성마른 편이었던 해밀턴이었으나 이번만큼은 워싱턴이 '나의 정치를 와전시키기 위해 실망감, 사실에 대한 무지, 악의적인 거짓말을 동원한 온갖 비방을 가득 담은' 신문들을 향해 분노에 차서 썼던 몇몇 구절을 삭제했다.[23]

해밀턴은 전형적인 에너지로 폭넓고 깊은 글을 써냈고, 워싱턴이 열거했던 중요 주제들에 훌륭한 표현들을 더해주면서 자신의 임무를 완수해냈다. 그해 여름, 그는 워싱턴에게 두 건의 문서를 보냈다. 하나는 매디슨과 워싱턴이 함께 쓴 초안을 수정한 것이었으며, 다른 하나는 온전히 해밀턴 자신이 쓴 연설문이었다. 워싱턴은 후자를 더 마음에 들어 했기 때문에 그것이 최종안의 기초가 되었다. 그러나 대통령에겐 해밀턴판 초안의 길이가 마음에 걸렸다. 그가 마음속에 그리고 있었던 것은 신문 한 장에 들어갈 수 있을 만큼 우아하고 간결한 그 무엇이었기 때문이다. '내가 봤을 때는 대형 관보의 칼럼들도 현재의 이 글을 다 담을 수는 없을 것 같다네.' 그가 해밀턴에게 말했다.[24] 이제 노련한 대필작가가 된 해밀턴은 빠르게 초안의 가지를 쳐버림으로써 보다 조밀한 글을 써냈다. 워싱턴과 해밀턴은 연설문이 일관적으로 권위 있는 어조를 갖게 될 때까지 그것을 갈고닦았다. 이따금씩은 해밀턴주의의 천둥이 글을 울렸는데, 당파들은 '교활하고 야심차며 원칙 없는 사람들이 국민들의 권력을 정복시키고 정부의 통제권을 찬탈하는 것을 가능케 할 강력한 엔진들'이 될 수도 있다고 고함치는 구절들이 그 예였다.[25] 그러나 두 사람의 목소리는 글의 대부분에 감탄스러울 만큼 조화롭게 섞여 들었다. 만일 해밀턴이 최고의 명문장가라면 워싱턴은 그 속에 담긴 것들의 수호신이자 최종 결정권자였다. 워싱턴이 미국 국민들에게 감사 인사를 전하는 가슴 저미는 서론 부분을 해밀턴은 절대로 혼자 쓸 수 없었을 것이다. 반대로 정책 입안자의 정교한 시각들이 드러나는 찬란한 중반부는 틀림없는 해밀턴의 자취였다.

워싱턴과 해밀턴이 쓴 부분을 각각 구분해내기란 쉽지 않은데, 이는 그들의 생각이 많은 사안들에서 서로 겹쳤기 때문이다. 두 사람은 여전히 제이 조약에 대한 논쟁들로 기분이 상해 있었고, 프랑스가 특사와 함대를 보내어 조약의 즉각적인 폐지를 요구할 것이라는 소문들에 격노한 상태였다. 워싱턴은 해밀턴에게 만일 조약을 두고 국내에서 악다구니가 벌어지지만 않았어도 자신은 프랑스에게 다음과 같이 직설적으로 고했을 것이라고 말했다. "우리는 독립국가이며 우리 스스로 행동합니다. (중략) 다른 나라와의 약속들을 이행했으며 중립이 되기로 결정하고 교전 세력들에 대한 중립성을 철저하게 지킨바, (중략) 조약이 우리에게 지우는 의무를 제외한다면 우리는 이 하늘 아래 다른 그 어떤 나라의 정치로도 좌지우지되지 않을 것입니다."[26] 고별 연설은 이와 같은 근자의 경험에서 비롯된 것이었다.

고별 연설의 중심부에는 사람들에게 이름들이나 당파의 꼬리표를 벗어던지고 미국의 중립성을 지켜달라는 요청이 담겨 있었다. 그러나 해밀턴의 글에는 그가 제이 조약을 옹호하기 위해 썼던 논의들이 대거 스며들어 있었다. 고별 연설은 공정한 어조를 취하긴 했지만 그 이면에서는 프랑스에 대해 제퍼슨주의자들이 가지고 있던 로망을 정조준하고 있었다. 해밀턴은 한 국가로서 다른 국가가 사심 없는 호의를 베풀어주리라고 기대하는 것은 바보 같은 일임을 암시하면서 자신이 한때 제퍼슨을 상대로 펼쳤던 주장, 즉 프랑스가 미국 독립혁명 당시 미국을 도와준 것은 오직 영국을 해치기 위해서였다는 이야기를 다시 한 번 꺼내들었다. 그는 '또 다른 습관적인 증오나 습관적인 애정에 탐닉하는 국가는 어떻게 보자면 노예가 되어버린 셈'이라며 미국이 타국과의 영구적인 동맹 관계를 피해야 한다는 훌륭한 논지를 펼쳤는데, 이는 공화파가 영국에 대한 혐오와 프랑스에 대한 애정을 도돌이표처럼 드러내고 있다고 했던 그의 초창기 발언에서 다시금 꺼내온 것이었다.[27] 최종안에서 약간 수정되기는 했지만, 종교와 도덕의 필요성에 관한 해밀턴의 논평들 또한 '무신론'적인 프랑스 혁명에 대한 그의 공포에서 비롯된 것이었다. '종교와 도덕은 필수적인 버팀목들입니다. 인간 행복의 그 위대한 기둥들을 전복시키거나 약화시키려고 노력하는 사람은 아무리 자기가 애국심을 칭송한다고 주장해봤자 허사일 뿐입니다.'[28]

연설 중 국내 문제에 관한 부분은 해밀턴이 워싱턴의 비호하에서 펼쳤던 아이디어들의 집약체였다. 해밀턴은 연방을 보전해달라고 간곡히 청하면서 이에 대한 다양한 위협들을 열거했다. 그는 국내의 당파들이 무원칙한 사람들의 수단으로 악용될 수 있음을 언급했고, 활기찬 중앙정부가 자유를 수호해야 한다고 역설했으며, 국가신용과 재정 적자 관리의 필요성을 강조했고, 헌법에 복종해야 할 신성한 의무를 상기시켰다. 해밀턴은 말싸움들로 분열된 나라에서 각각의 부분들이 조화를 이루는 미래를 제시했다. 농업과 상업은 서로에게 이로울 것이고 북부와 남부, 서부 국경지대와 동부 해안 지역은 상호 보완적인 경제를 누릴 수 있다는 것이었다. 그리고 이와 같은 강점들을 활용하는 데 있어 유일하게 필요한 것은 국가의 통합이었다.

고별 연설문은 말이 아닌 글로써 발표될 예정이었으며, 워싱턴은 이 글을 내놓을 최적의 시기와 장소를 두고 해밀턴에게 조언을 구했다. 연설문은 1796년 9월 19일 「클레이풀스 아메리칸 데일리 애드버타이저 Claypoole's American Daily Advertiser」를 통해 공개되었으며, 이후 전국의 신문들이 이를 재게재했다. 이 글은 두 가지 방식으로 읽힐 수 있었다. 미국의 원칙들에 대한 사심 없는 성명으로 보일 수도, 혹은 공화파들을 향한 얄팍한 가면 아래의 공격으로 보일 수도 있기 때문이었다. 워싱턴과 해밀턴은 완벽한 기교로 제이 조약이나 위스키 반란 등 여러 사건들에 대한 특정 논쟁들에서 일반적인 주제들을 끌어냈으며 거기에 보편적인 의미를 부여해주었다. 시간이 지날수록 그 배경 사건들은 희미해졌고 그 아포리즘만이 마치 숨어 있는 진리처럼 점차 드러났다. 국익을 바탕으로 한 중립성과 외교 정책 논의들은 특히 큰 영향력을 발휘했다. '이는 미국 외교 정책의 원칙들에 대한 최초의 선언문임과 동시에 포괄적이고 권위 있는 선언문이다.' 펠릭스 길버트 Felix Gilbert(미국의 역사학자_역주)가 쓴 말이다.[29] 한 세기 이후, 이제 경전과도 같은 위치에 오르게 된 이 연설문은 매년 워싱턴의 생일마다 의회에서 낭독되었다.

28 · 예외의 카시우스

당대의 미국인들 또한 이 연설을 특별하게 생각했지만, 이에 대해 격렬한 반응을 보인 공화파는 부지불식간에 통합에 대한 간곡한 요청을 강조하는 꼴이 되어버렸다. 한 신문은 워싱턴의 말들을 두고선 '병든 정신의 혐오'라고 비난했다.[30] 「오로라」의 벤저민 프랭클린 배시는 워싱턴이 독립혁명 당시 영국과 결탁했다는 케케묵은 미신을 꺼내들었다. 배시는 또한 『상식』의 저자인 토머스 페인이 워싱턴에게 보내는 공개 편지를 게재하며 두드러지는 행보를 보여주었는데, 여기에서 페인은 워싱턴이 죽었으면 좋겠다면서 그에게 '세상은 당신이 배교자였는지 혹은 협잡꾼이었는지, 당신이 선한 원칙들을 버린 것인지 혹은 애초에 가지고 있지 않았던 것인지를 구분하지 못해 혼란스러워할 것'이라 말했다.[31]

해밀턴은 절대로 겸손한 사람은 아니었으나 워싱턴과 조국을 섬기는 일에서라면 자신을 숨길 줄도 알았다. 그가 대통령의 연설문을 작성했다는 사실은 엘리자, 로버트 트루프, 존 제이 등을 포함한 가까운 지인 몇몇만이 알고 있었다. 해밀턴이 제대로 인정받지 못했다는 생각을 불태우던 엘리자는 그가 그 연설문을 작성하던 시절을 자주 회고했다. 40년도 더 지난 어느 날, 그녀는 해밀턴이 그것을 썼음을 증언했다.

> 그의 사무실을 찾는 고객들과 방문객들이 거의 끊이지 않는 시기였으므로, 남편은 방해를 받지 않기 위해 자기 제자들이 없는 시간에 글을 썼다. 그때마다 그는 버릇처럼 나를 불러 그의 곁에 앉혀두고선 내게 자신이 쓴 것을 읽어주면서, 그의 말을 빌리자면, 그것이 귀에는 어떻게 들리는지를 알아보고자 했다. 그는 내게 이렇게 말했다. "사랑하는 엘리자, 당신은 몰리에르의 늙은 간호사가 그에게 했던 것처럼 내게 해주어야 하오."(몰리에르는 자기가 쓴 극적인 연설들을 자신의 늙은 간호사에게 읽어주고 그녀의 반응을 살펴봤던 것으로 유명했다.) 그는 그 '연설'의 전부, 혹은 거의 전부를 내게 읽어주었으며,

알렉산더 해밀턴

그것의 대부분 혹은 거의 전부는 내가 자리를 지키는 동안 쓰였다.[32]

고별 연설은 발표된 이후 소책자의 형태로 널리 판매되었다. 엘리자는 남편과 브로드웨이를 걸어 내려가다 한 늙은 병사가 그들에게 다가와 그 소책자를 사지 않겠느냐고 권했던 기억을 소중히 간직하고 있었다. 해밀턴은 한 부를 사고선 엘리자에게 웃으며 말했다. "저 남자는 내가 쓴 것을 내게 사라고 권했다는 줄도 모르고 있소."[33]

워싱턴을 존경했던 이들은 만일 해밀턴이 연설문 작성에 있어 중심 역할을 담당했음이 알려진다면 전 대통령의 드높은 위상에 해가 될까 두려워했고, 이에 그의 역할은 한층 더 비밀에 부쳐졌다. 아마도 그들은 과하게 성공했던 듯하다. 해밀턴이 세상을 떠난 이후, 그가 썼던 고별 연설문의 초안들 및 워싱턴과 나누었던 모든 관련 서신들은 루퍼스 킹이 관리하게 되었다. 1820년대에 엘리자와 그녀의 아들들은 그 문서들을 킹에게서 넘겨받기 위해 소송을 걸어야만 했고, 그는 마지못해 이를 돌려주었다. 훗날 엘리자는 고별 연설을 둘러싸고 벌어졌던 사건들에 대한 자신의 기억을 기록으로 남기면서, 이를 통해 '내 아이들이 자신들의 아버지가 미합중국 정부의 독립과 안정이라는 위대한 하나의 목적을 위해 우리 조국에 헌신했던 바와 워싱턴 장군이 대통령일 동안 그가 그에게 보냈던 조력들을 완전히 알 수 있도록 하기 위함'이 그 목적이라고 밝혔다.[34]

그가 관직에 있을 동안 수많은 불화들이 벌어졌음에도, 오늘날의 역사가들은 조지 워싱턴을 에이브러햄 링컨Abraham Lincoln, 프랭클린 루스벨트와 더불어 미국의 훌륭한 3대 대통령으로 꼽는다. 워싱턴은 번영과 중립성, 굳건한 국가신용, 안정적인 정부, 그리고 신뢰할 수 있는 헌법이라는 유산을 남겼다. 워싱턴 행정부의 정책 천재로 상주했던 해밀턴 또한 마땅히 상당한 정도의 공을 인정받아야만 한다. 그렇다면 왜 그는 1796년 혹은 그 이후에라도 대통령 후보로 오르지 않았던 것일까? 당파의 엘리트들이 각자의 대통령 후보를 지목할 당시 그는 주요 연방파 인사 중 하나 - 아마도 최고 인사 - 로서의 지위를 누리고 있었다. 그러나 해밀턴은 그 자신이나 다른 누군가가 그를 워싱턴의 후임으로 올리려 했다는 단서를 남긴 적이 없으며, 대통령 선거에서 단 하나의 표도 받아본 적이 없었다.

그토록 무한한 재능과 야망을 가졌던 한 남자가 최고 관직에 오른 적이 없으며 심지어는 비밀리에라도 그것에 도전한 적이 없었다는 역설을 어떻게 설명할 수 있을까? 그는 당연히 대통령이 되기를 원했겠지만, 당대의 정치적 별자리들이 해밀턴에게 유리하게 놓여 있지 않았다는 점을 살펴보면 아마 그 수수께끼를 어느 정도 풀어볼 수 있을 것이다. 분명 그는 대통령직을 두고 워싱턴에게 도전할 수 없었을 것이고, 존 애덤스가 애비게일에게 '내가 그 계승자임이 분명하다'고 했던 말도 맞는 것이었다.[35] 해밀턴 본인 또한 애덤스, 제퍼슨, 그리고 제이가 자신의 선배들이라는 점에서 그들이 대통령직에 도전해야 한다고 보았다. 또한 그는 자신의 재정 상황에 신경 쓰고 법조인 생활을 재개하기 위해 정부를 떠난 바 있기도 했고, 그것에 더해 당시의 그는 너무나도 논쟁적이고 호불호가 갈리는 인물이었기 때문에 해밀턴이라는 이름을 언급하는 것만으로도 논쟁은 격화될 가능성이 있었다. 그는 자기 추종자들의 사랑을 받았지만, 그의 적들은 그를 허영과 자만에 차서 거들먹거리는 사람으로 여겼다.

해밀턴이 그 상을 거머쥐지 못한 이유를 설명할 수 있는 또 다른 사실들도 있다. 해밀턴은 위대한 행정가의 마인드를 타고났으며 능숙한 정책 입안자이긴 했지만, 절대로 성숙한 정치인으로서의 부드러운 자제력을 가지지는 못했다. 그가 품고 있던 리더십은 고귀하지만 제한적인 것이었다. 진정한 정치인이란 필요한 경우라면 국민들의 소망에 저항하기도 하고, 희망찬 생각들을 품고 안주하려는 그들을 뒤흔들 수도 있어야 한다는 것이 그의 생각이었기 때문이다. 절대적 원칙의 세계에 사는 사람이었던 해밀턴은 타협이나 합의를 만들어내는 데 그리 뛰어나지 않았다. 워싱턴이나 제퍼슨은 일반 국민들의 희망을 대변하는 데 재능이 있었지만, 해밀턴은 대중이 선호하는 바를 공감하는 일엔 전혀 흥미가 없었다. 대통령이 되기엔 너무나도 명백하게 엘리트주의적이었던 그는 우드로 윌슨이 정치적 리더십의 필수적인 조건이라고 정의한 그것, 즉 '자신이 이끄는 사람들에 대한 깊은 공감이자, 머리보다는 심장으로 하는 이해'가 부족했다.[36] 알렉산더 해밀턴은 미국 국민들과의 그러한 신비로운 유대가 없었다. 매디슨이 '해밀턴은 *절대로* 대통령이 될 수 없을 것'이라고 그렇게나 단호하게 생각했던 것도 아마 이러한 이유에서였을 것이다.[37]

한층 더 근본적인 이유로도 해밀턴이 대통령에 출마하기를 꺼려했던 것을 설명할 수 있을 듯하다. 1796년 선거 도중, 당시 연방파 신문 편집장이었던 노아 웹스터는 자신의 신문 「미네르바The Minerva」에 해밀턴이 적절한 대통령 후보일 것이라는 내용의 글을 실었다. 소문 퍼뜨리기 좋아했던 제임스 톰슨 캘린더James Thomson Callender의 말에 따르자면 이름을 알 수 없는 공화파 한 명이 이를 읽고선 뉴욕으로 특사 한 명을 보냈고, 그 특사는 해밀턴을 찾아가 '만일 웹스터가 향후 단 한 문단이라도 그와 같은 내용의 글을 신문에 싣는다면' 마리아 레이널즈와 관련된 문서들이 즉시 '세상의 눈앞에 펼쳐질 것이다. 「미네르바」의 침묵을 요청하는 전갈이 해밀턴 씨에게 잘 전달되었노라 믿겠다'고 소리쳤다 한다.[38]

해밀턴은 자신이 워싱턴의 뒤를 잇지 않을 것임을 알고 있었으나, 그럼에도 1796년의 대통령 선거에서 소극적인 역할만을 하는 데 그치지는 않았다. 이번 선거는 미국 역사상 최초의 경쟁 대선이자 정당들이 장악한 최초의 대선이었다. 당시만 하더라도 직접 선거 운동을 벌이거나 적극적으로 어필하려는 후보들은 대중의 입장에서 봤을 때 지나치게 나서는 사람으로 여겨졌기 때문에 정당 지도자들의 영향력은 한층 더 증폭되었다. 매디슨은 제퍼슨을 내세우기 시작했고, 제퍼슨은 자신의 친구가 그 짐을 대신 짊어지도록 놔두었다. 마찬가지로 연방파의 제1후보인 존 애덤스 또한 '나는 이 멍청하고 악랄한 게임을 조용히 관전하기로 마음먹었다'고 선언했다.[39]

선거 초반에 해밀턴은 한 기자에게, 토머스 제퍼슨이 대통령 자리에 오르는 것을 막는 것이 자신에게는 다른 무엇보다 중요한 목표라고 말했다. "모든 개인적이고 편파적인 생각들은 차치되어야 하며, 모든 것들은 제퍼슨을 배제시킨다는 위대한 목적 하나로 수렴되어야 합니다."[40] 그는 심지어 패트릭 헨리를 지지하는 방안을 생각하기도 했다. 당시 버지니아 공화파와 점점 멀어지고 있었던 헨리는 연방파의 세력이 약한 남부에서 제퍼슨에게 몰리는 지지를 덜어낼 수도 있을 것이기 때문이었다. 헨리가 출마를 거절하자 해밀턴은 또 다른 남부의 다크호스를 찾아갔다. 전시의 영웅이자 전 사우스캐롤라이나 주지사였으며, 미국의 외교관으로서 스페인과 영국에 다녀온 토머스 핑크니Thomas Pinckney가 그 주인공이었다.

해밀턴은 핑크니의 출마를 지지함으로써, 당시 대통령의 정통 후계자는 자신이라 여기고 있던 애덤스와의 충돌 기로에 놓이게 되었다. 당시 연방주의자들 사이에서는 애덤스가 대통령 자리에, 핑크니가 부통령 자리에 오를 것이라는 모호한 생각이 깔려 있었다. 핑크니를 선호하는 해밀턴의 속내는 한동안 겉으로 드러나지 않았다. 당대의 헌법 원칙상 유권자들은 대통령과 부통령을 따로 구분하여 투표하지 않았기 때문이다. 몇몇 연방파들은 애덤스가 확실히 대통령이 될 수 있도록 핑크니에게는 표를 보내지 않기로 계획 중이었고, 해밀턴은 이 때문에 자칫 제퍼슨이 대통령이나 부통령이 될 수도 있다는 끔찍한 두려움에 사로잡혔다(우리는 그가 초대 대통령 선거에서도 워싱턴이 우연찮게 대통령에서 밀려날까봐 걱정했던 것을 떠올려볼 수 있겠다). 정당의 수장으로서 해밀턴은 자신의 공식적인 입장을 고수하면서, 연방파 유권자들은 애덤스와 핑크니에게 동등하게 표를 던져야 한다고 주장했다. 그러나 이 표면적인 중립성은 사실 핑크니를 대통령으로 당선시키려는 술수였다. 핑크니는 남부에서 강력한 지지를 받는 후보였기 때문에 만일 그가 북부에서 애덤스와 비등하게 표를 받는다면 총 득표수에서 애덤스를 앞지를 가능성이 있었던 것이다.

해밀턴은 잘못된 경주마에 배팅함으로써 자신의 남은 정치생활을 괴롭힐 실수를 저질렀다. 재무장관이었을 당시 해밀턴은 정책을 수립하는 내부 권력 구조에서 배제되어 있었던 존 애덤스와 긴밀하게 함께했던 적이 없었다. 두 사람은 서로를 경계하며 내내 거리를 유지했다. 훗날 워싱턴이 관직을 떠날 무렵 해밀턴이 했던 말에 따르자면 '연방파에서 가장 큰 영향력을 행사하는 사람들은 애덤스의 기질 때문에 그가 대통령에 어울리는 사람인지에 대해 진지한 의구심을 품기 시작했다. 그러나 애덤스의 계승권은 몇몇 측면들에서 너무나 강력했기 때문에, 신중한 숙고 끝에 그들은 자신들의 두려움에 귀를 기울이기보다는 자신들의 희망에 탐닉하는 편이 낫다고 생각하기에 이르렀다'고 했다.[41]

'많은 조언을 구하고, 깊이 숙고하며, 천천히 결정하고, 굳게 다짐하는' 조지 워싱턴은 해밀턴이 생각하는 이상적인 대통령의 기질을 갖추고 있었다.[42] 반면 불같고 과격한 성질을 가진 존 애덤스는 워싱턴이 안정적이었던 만큼이나 잘 끓어오르는 인물이었다. 해밀턴은 핑크니의 '훨씬 더 신중하고 회유적인' 성격을 존 애덤스의 '역겨운 이기주의, 병적인 질투, 주체할 수 없는 분별력'과 비교했다.[43] 훗날에야 글로 옮겨진 해밀턴의 이러한 의구심들은 아마 당시 보다 내밀한 형태로 숨겨져 있었을 것이다.

처음에는 애덤스도 선거 운동에 숨어 있는 해밀턴의 이중성을 의심하지 못했다. 그는 대통령 후보로서 자신이 가지고 있는 약점들 때문에 제퍼슨이 당선되는 상황을 해밀턴이 진지하게 우려하고 있으며, 이 때문에 해밀턴은 오직 자신이 승리하지 못하는 경우에만 대비해서 핑크니를 지지하고 있다는 이야기를 자신의 몇몇 친구들에게 전했다. 제퍼슨은 애덤스에게 '자네는 승계 문제에서 뉴욕에서 제일가는 자네의 친구라던 자의 교묘한 속임수에 넘어갈지도 모른다'고 경고하는 편지를 쓰려 했으나, 매디슨은 자칫 연방파 간의 불화를 일으키려는 조잡한 시도로 해석될 수도 있으니 그 편지를 보내지 말라고 제퍼슨을 설득했다.[44] 그러나 12월 말에 이르러 엘브리지 개리는 해밀턴이 핑크니를 애덤스보다 상위로 당선시키고자 상당히 노력하고 있다는 증거들을 애덤스에게 전달했는데, 이는 당시 스스로 공화파의 주요 부통령 후보로 나선 에런 버가 개리에게 전해준 것이었다. 존 애덤스와 애비게일 애덤스 모두는 큰 충격을 받았다. '조심하세요. 저는 그 건방진 땅딸보를 볼 때마다 언제나 예외의 카시우스Cassius(카이사르 암살 주모자 중 한 명으로, 카이사르는 자신이 두려워할 예외적인 남자가 있다면 그것은 카시우스일 것이라고 말한 바 있음_역주)를 떠올리게 되니까요.' 애비게일이 해밀턴을 두고 자신의 남편에게 한 말이다. '저는 그를 예의 주시해왔어요.'

'나는 그의 건방진 짓거리에 더 이상 신경 쓰지 않겠소.' 애덤스는 답신을 보냈다. '다만 내가 언제나 그를 대하던 방식도 그에게 돌려줘야만 하겠소. 다시 말해, 그를 가까이하지 않겠다는 뜻이오.'[45] 이것이 바로 해밀턴을 상대로 끝없는 공격의 물줄기가 시작됨을 알리는 애덤스의 첫 일격이었다. 애덤스는 해밀턴이 '그 선거에서 꾸몄던 음모를 혐오'한다면서 그를 가리켜 '미국의 다른 그 누구보다도 더한 위선자'라 명명했다.[46] 해밀턴이 핑크니를 옹호하는 이유는, 그를 자신의 야망에 더 고분고분히 따를 사람이자 '최강의 전력을 갖춘 군대를 꾸리고 그 수장에 해밀턴을 앉힐' 사람으로 보기 때문이라는 것이 애덤스의 생각이었다.[47] 매디슨 또한 해밀턴은 애덤스가 자신의 '은밀한 음모'에 쓰일 '꼭두각시가 되기에는 너무 고집불통'인 인물로 여기고 있을 것이라고 생각했다.[48] 해밀턴을 향한 애덤스의 분노는 이해할 만도 한 것이었으나, 그는 곧장 해밀턴을 가리켜 '크리올 새끼'라 욕하며 인신공격을 퍼붓기 시작했다.[49] 해밀턴에 대한 그처럼 악의적인 논평들은 애덤스의 재임기 내내 이어졌고, 이미 긴장되어 있었던 두 사람 간의 관계를 한층 더 격화시켰다.

1796년 10월 15일, 하원의회 직원 존 베클리는 「가제트 오브 더 유나이티드 스테이츠」에 '포키온Phocion'이라는 필명으로 일련의 글들이 발표되었음을 제임스 매디슨에게 급히 알렸다. 베클리는 해밀턴이 그 저자임을 직감했으며, 그가 대통령 후보로서의 제퍼슨을 폄하하면서 미적지근하게 애덤스를 옹호하려 한다는 이중적인 의도 또한 알아차렸다. 10월 14일부터 11월 24일 사이, 입심 좋은 포키온은 선거 논평을 담은 스물다섯 편의 글을 내놓았다. 존 애덤스 또한 그 저자가 해밀턴이라고 여겼으나, 이해할 수 없게도 이 글들은 지금까지 해밀턴의 논문집이나 전기에서 누락되어왔다. 문체 - 조롱이 섞여 있으며, 유려하고, 장황하며, 폭발적이고, 때로는 아주 사소한 일까지 따지는 - 뿐 아니라 나아가 제퍼슨이나 프랑스 혁명의 유혈 사태에 집착하는 특징으로 보건대 이 글은 해밀턴의 것임이 분명하다. 이 시리즈에서 해밀턴은 자신의 정체를 숨기려는 노력을 그다지 하지 않았고 예전에 썼던 글들을 거의 문자 그대로 가져다 썼는데, 이는 그로서도 드문 일이었다. 일례로 해밀턴은 1792년 9월 29일 '카툴루스'라는 필명으로 쓴 글에서 제퍼슨을 가리켜 '자신에게 내밀어진 왕관을 *부끄러운 듯이 거절하는 카이사르*'라 칭하며 그가 '황제의 지배라는 실체를 끈덕지게 붙잡고 있다'고 말했는데,[50] 지금 포키온은 제퍼슨을 '황제의 지배라는 실체를 끈덕지게 붙잡고' 있으면서도 '자신에게 내밀어진 왕관을 부끄러운 듯이 거절했던' 본래의 카이사르에 비유하고 있었다.[51] 다시 한 번, 해밀턴은 제퍼슨을 공화주의자의 간결함이라는 의복 뒤에 정체를 숨긴 쾌락주의자로 그렸다.

포키온은 제퍼슨의 정치생활을 되짚어보면서 그가 버지니아 최고집행관일 당시 영국군을 피해 달아났던 이야기를 꺼냈다. 해밀턴은 제퍼슨이 국가적 위기의 순간에 워싱턴의 내각을 떠났을 당시 그때와 유사한 비겁함을 느낀 바 있었다. '기백 넘치고 진정으로 애국적인 **해밀턴**의 행동과 이 얼마나 다른가?' 해밀턴은 거의 자신의 존재를 알리며 이렇게 물었다. '몬티첼로의 철학자가 바랐던 만큼이나 그 역시 자리에서 물러나 고 싶어 했다. 그는 대가족을 거느리고 있었고, 얼마 되지 않는 그의 재산은 값비싼 대도시 생활로 빠르게 녹아내리고 있었다. 그러나 그는 로마인의 정신으로 선언했다. 자신이 은퇴를 상당히 소망하고는 있으나, 조국이 전쟁에 돌입할 위험이 조금이라도 남아 있는 한 자신의 자리를 지키겠다고 말이다.'[52]

'포키온' 시리즈에는 노예 소유주로서의 제퍼슨을 겨냥해 해밀턴이 했던 모든 비난들 중 가장 신랄한 말들이 담겨 있으며, 나아가 샐리 헤밍스와의 일을 그가 알고 있다는 여지도 짙게 드러나 있었다. 몬티첼로를 방문했던 이들은 피부색이 밝은 노예들, 특히 헤밍스가의 일원들이 집 안에 있었음을 기록했다. 방문객 중 한 명이었던 볼네Volney 백작은 1786년 자신의 일기에 그 놀라움을 기록했다. '그러나 그 아이들은 너무나 백인 같아서, 만일 그들이 흑인이라면 나 또한 그렇게 불리고 다루어져야 할 정도였다.'[53] 이론적으로 제퍼슨은 샐리 헤밍스가 낳은 아이들 모두의 아버지였을 수도 있다. 파운 M. 브로디Fawn M. Brodie의 글에 따르자면 '제퍼슨은 샐리 헤밍스와 언제나 멀리 있던 것은 아니었고, 나아가 그녀가 일곱 명의 아이들을 낳을 때마다 그로부터 9개월 전에는 매번 그녀와 같은 집에서 묵었으며, 그가 집에 없을 때에는 그녀도 아이를 배지 않았다'고 한다.[54] 제퍼슨은 평생 단 두 명의 노예만을 해방시켰고 유언을 통해 다섯 명을 더 풀어주었지만 여기에 샐리는 포함되어 있지 않았다. 샐리 헤밍스는 임종을 맞이하기 직전, 자신의 아들 매디슨Madison에게 그와 그의 형제들이 제퍼슨의 자녀라고 이야기했다. 1998년 DNA 검사로 제퍼슨(혹은 그와 같은 혈족의 남성)은 샐리 헤밍스의 아이들 중 최소한 에스턴Eston 한 명의 아버지일 가능성이 높다는 결과가 확인되었다. '포키온' 시리즈의 행간을 읽다 보면 해밀턴이 샐리 헤밍스와의 모든 일을 아마도 앤젤리카 처치로부터 전해 들어 알고 있었을 것이라 추측해볼 수 있다.

'포키온' 시리즈 첫 번째 편에서 해밀턴은 제퍼슨을 수식하는 여덟 가지의 덕목을 나열했고, 이후 한 편마다 그중 한 가지씩을 무너뜨렸다. 제퍼슨은 과연 선한 도덕을 품은 철학자였을까? 해밀턴은 냉소를 담아 답했다. '만일 프랑스 혁명을 얼룩지게 만들었던 *잔혹 행위*들에 그가 반대했음을 증명할 수 있다면 (중략) 선한 도덕을 품은 철학자로서 그가 가진 자질은 미합중국의 대통령이라는 인물을 이루는 가치 있는 요소가 될 것이다.'[55] 제퍼슨은 과연 정말로 실용예술에서 진보를 이루었는가? 해밀턴은 몬티첼로의 실없는 철학자가 '동료 *시민들과 보편적인 인류의 이익을 위해* 나비와 곤충들을 채집하고 회전의자를 용케도 만들어냈다'고 익살맞게 말했다.[56] 그러나 이는 제퍼슨을 위선적인 노예 소유주로 그리는 진정한 공격에 앞선 준비 운동일 뿐이었다. 그는 제퍼슨이 버지니아의 노예들을 해방시키고 그들을 다른 곳으로 보내는 일, 즉 '그들이 모두 살해당하거나 더욱 비참한 수준의 노예제로 떨어질 수도 있는, 보다 덜 친숙한 지역으로 수출'되는 일에 찬성했다는 내용을 1780년대 초반에 집필된 『버지니아 주 기록Notes on the State of Virginia』(제퍼슨은 이 책의 저자였음_역주)에서 찾아냈다.[57] 그는 흑인이 백인보다 유전적으로 열등하다는 제퍼슨의 의사擬似과학적 믿음을 비웃었다. 『버지니아 주 기록』에서 제퍼슨은 흑인들이 '신장 분비물이 적고 피부샘 분비물이 많으므로 아주 강하고 불쾌한 냄새를 풍긴다'고 말했다.[58] 해밀턴은 그의 말을 계속해서 인용했다. '가장 먼저 다가오는 차이점은 피부색이다. 흑인들은 피부와 피부막[표피] 사이의 망상막網狀膜에 있는 무언가, 혹은 피부막 그 자체의 무언가 때문에 피부가 검은 것이다. 혈액의 색에서 비롯된 것이든 혹은 담즙이나 여타 분비물 때문이든 그 차이점은 사실상 고정 불변이자 실재하는 것이며, 차이가 나는 이유는 분명히 밝혀지지 않았지만 누구라도 짐작할 수 있을 것이다.'[59]

해밀턴은 제퍼슨이 인종에 대한 모순적인 믿음들을 가지고 있다면서, 노예들이 인류에 속하는지 아닌지에 대해 그는 마음을 정하지 못했고 그 결과로 흑인들을 '*사람*보다는 아래에 있고 *오랑우탄*보다는 상위에 있는 기이한 동물 부류이자 (중략) 지금까지 묘사된 바 없는 상위의 짐승 부류'로 규정한다며 비아냥거렸다.[60] 『버지니아 주 기록』에서 제퍼슨이 흑인들은 자신들의 아름다움보다 백인들의 아름다움을 선호한다고 말하며 '오랑우탄은 자기 종의 암컷보다 흑인 여성들을 선호'한다고 언급한 부분이 그 이야기의 출처였다.[61] (오랑우탄은 말레이어로 '숲속의 야만인'을 의미하기도 한다.) 이후 해밀턴은 분명 제퍼슨이 다른 무엇보다 두려워할 것임을 알았던 바로 그 주제, 주인과 노예 간의 성관계에 관한 이야기를 건드리기 시작했다.

어느 때인가 [제퍼슨은] 인류의 자유를 드높이기 위하여 흑인들을 해방해주려는 열의에 찼다. 그러나 다른 때에는 흑인들이 인류와는 다른 종에 속해 있고 따라서 만일 해방될 경우 그들은 인류와 섞이지 않게끔 곧바로 사라져야

　　　　　　　　　　　알렉산더 해밀턴

만 하며, 그렇지 않으면 그(혹은 그녀)는 자기 주인의 *피를 얼룩지게* 만들 것이라 생각했다. 자신의 상황이나 정황들에서 그가 떠올렸어야만 했던 것, 즉 그 혼합은 흑인이 노예인 상태에서도 벌어질 수 있는 일임을 그는 생각하지 못한 것이다. 그들을 노예제로 잡아두는 것으로는 그런 일을 예방할 수 없다는 것을 확신할 수 있었을 만큼, 그는 자신의 주변에서 *피가 얼룩지는* 경우들을 충분히 보았을 것이 분명했다.[62]

제퍼슨과 샐리 헤밍스와의 일을 알고 있다는 암시로 보이는 해밀턴의 말은 이것이 마지막이었다.

여기까지만 본다면 혹자는 해밀턴을 칭찬할 수도 있겠다. 그는 제퍼슨의 편견을 풍자했고, 그가 입에 올리지 않았더라면 제퍼슨의 성적인 행동들에 관해 금기시되던 주제들은 두 세기 동안 파묻혀 있었을지 모르니 말이다. 그러나 안타깝게도 '포키온' 사설들을 더욱 깊이 파헤칠수록 해밀턴이 남부 유권자들을 대상으로 한 기만과 조작에 공들였다는 사실은 더욱 명백해진다. 남부의 노예 소유주들이 제퍼슨으로부터 마음을 돌리게끔 만들기 위해 해밀턴은 그들에게 '그들의 노예에 대해 신속한 해방을 공포할' 대통령을 원하느냐고 물었다.[63] 해밀턴은 노예제 폐지론자와 연방파 양쪽의 입장을 모두 취하고자 했다. 전자로서의 그는 흑인들에게 보내는 제퍼슨의 연민이 눈 가리고 아웅하는 식의 것임을 폭로하려 했고, 후자로서의 그는 제퍼슨이 그 연민을 기반으로 행동하며 노예들을 해방시켜줄지도 모른다고 노예 소유주들을 겁먹게 하려 했다.

포키온은 뒤이어 존 애덤스의 이야기를 꺼냈는데, 여기서 이 매사추세츠의 애국자는 제퍼슨과 비교됐을 때 상당한 장점들을 드러냈다. 해밀턴은 애덤스에게 굉장한 칭찬을 선사하면서 그를 '기민하고, 용감무쌍하며, 신실하고, 인내심 강하며, 포괄적으로 유익한 일을 행한 발군의 시민, 순수하며 사생활에서도 오점 없는 남자, 그리고 동료 시민들로부터 드높고 굳건한 존경과 사의 및 신뢰를 받는 애국자'로 그렸다.[64] (1792년 9월, 해밀턴은 카툴루스라는 필명으로 쓴 글에서 애덤스가 '조국을 위해 기민하고, 용감무쌍하며, 신실하고, 인내심 강하고, 포괄적으로 유익한 일을 행한 탁월한 사람, 순수하며 사생활에서도 오점 없는 남자, 동료 시민들로부터 드높고 굳건한 존경과 사의 및 신뢰를 받는 시민'이라고 썼다.)[65] 그는 30년 동안의 흠결 없는 그의 공직자 생활을 언급하면서, 제퍼슨주의 언론이 애덤스를 군주제 지지자로 탈바꿈시키기 위해 그의 정치적 글들을 왜곡했다고 말하며 이런 결론을 내렸다. '잘은 모르겠으나 만일 내가 흑인을 소유한 남부 농장주였다면, 나는 애덤스 씨의 견제와 균형 체제보다는 제퍼슨 씨의 *해방*을 향한 간절한 소망에 1만 배는 더 경계심을 세울 것이다.'[66]

얼핏 보면 해밀턴이 애덤스에게 바친 찬가는 무조건적인 지지를 암시하며 그가 표명한 입장, 즉 연방파는 애덤스와 핑크니에게 동등히 투표해야 한다는 입장과 완전히 일치하는 듯하다. 그러나 혹자는 여기에 애덤스를 공격해 무너뜨리려는 미묘한 전략이 숨어 있지는 않았는지 의심한다. 해밀턴은 만일 자신이 해방 문제를 통해 남부 노예 소유주들을 제퍼슨으로부터 멀어지게 만든다면, 곧 그들은 폐지론자인 애덤스가 아니라 사우스캐롤라이나 출신인 토머스 핑크니를 선택할 것임을 알고 있었다. 표를 얻어내야만 했던 남부에서 애덤스를 돕는 것이 목적이었다면 해밀턴은 노예 문제를 입에 올릴 리가 없었다.

1797년 2월에 있었던 무기명 투표에서는 마치 분할 투표(미국 선거에서 두 개 정당의 후보를 뽑는 투표_역주)와도 같은 결과가 나왔다. 애덤스가 71표를 얻어 대통령이 되었으며, 제퍼슨이 68표로 부통령이 되었다. 핑크니는 59표를 얻었으며, 남부에서 처참한 득표수를 올린 버는 고작 서른 표에 그쳤다. 뉴잉글랜드의 변절한 유권자들은 해밀턴의 전략과 어긋나게 핑크니에게서 열여덟 표를 앗아갔다. 뉴잉글랜드의 주들은 굳건하게 애덤스에게 투표했고, 남부 주들의 표는 제퍼슨에게 갔다. 선거 전 애덤스는 부통령으로 재당선되는 데 그치거나 동점을 기록하여 하원의회로 투표가 넘겨지는 수모를 당한다면 사임할 준비를 하고 있었다. 그러나 그는 이처럼 아슬아슬하게 거둔 승리 또한 자기 자존심에 상처를 냈다고 여겼고, 이를 해밀턴과 제퍼슨을 따르던 자들의 탓으로 돌렸다. 그는 훗날 자기연민과 함께 쓴 이런 글을 남겼다. '두 당파가 모두 자신들이 최고로 치던 상황을 얻어내지 못했으므로 애덤스는 한두 표 차이의 비참한 과반으로 당선되었는데, 여기에는 다음 선거에서 그를 희생시키겠다는 고의적인 의도가 담겨 있었다. 그러므로 그의 행정부는 양측 당파 어느 쪽으로부터도 지지받지 못했고, 둘 모두 그저 비난과 중상을 보낼 뿐이었다.'[67] 그는 그토록 차이가 적게 났다는 데 대해 제퍼슨보다 해밀턴을 더 크게 탓했으며, 이후 4년 동안 그를 벌하기 위해 애썼다.

제퍼슨은 2등이라는 것에 특별히 언짢아하지 않았다. 국무장관직을 사임한 뒤로 그는 몬티첼로의 산골짜기 요새에서 고립된 생활을 하고 있었다. "1793년부터 1797년까지 나는 거의 집에만 있었으며, 그 끝에서는 그 생활이 내 정신에 가져다주는 나쁜 영향들을 온 몸으로 느끼게 되었단다. (중략) 반사회적이고 사람을 싫어하는 정신 상태로 이어졌지." 훗날 그가 자신의 딸에게 남긴 말이다.[68] 타이밍을 정확히 잡을 줄 알았던 그는 지금이 공화파 대통령에게 상서로운 때는 아니라고 생각했다. 프랑스와의 여러 문제들은 여전히 끓어오르고 있었고, 제퍼슨은 기꺼이 애덤스가 그 짐을 짊어지도록 놔두었다. 선견지명이 있었던 제퍼슨은 분명 역사의 수레바퀴가 곧 자신들에게 호의를 보내줄 것이라며 매디슨에게 참고 기다리라고 조언했다.

다수의 공화파는 워싱턴보다는 애덤스를 대통령으로 선호했는데, 이는 오로지 애덤스와 해밀턴과의 사이가 더 멀다는 이유 때문이었다. 제퍼슨주의 신문 「오로라」는 애덤스의 예견되었던 승리를 축하하며 워싱턴과 해밀턴을 은근히 비난했다. '애덤스가 꼭두각시가 되지 않으리라는 데는, 다시 말하자면 그가 자신 스스로의 의견을 가지고 판단을 내릴 것이고 다른 이들의 충동이 아닌 자기 자신의 충동을 근거로 행동할 것이라는 데는 의심할 여지가 없다.'[69] 마찬가지로 제퍼슨 또한 애덤스가 대통령이 된 것이 '해밀턴이 그 자리에 앉지 못하게끔 하는 유일하게 확실한 장벽'이라며 반겼다.[70] 지금은 애덤스와 다소 멀어졌으나 제퍼슨은 파리에서 그와 애비게일의 친한 친구로 지낸 바 있었고, 선거 이후에는 대통령 당선인으로부터 스스로 환심을 사려는 한편 그가 해밀턴에게서 등을 돌리게끔 만들려 하면서 해밀턴의 선거 책략을 곱씹었다. 그가 한 친구에게 말했다. "[애덤스가] 해밀턴으로부터 멀어졌다고 믿을 만한 이유가 존재하며, 그가 정치의 방향성을 바꾸었을 가능성도 있네."[71] 해밀턴은 애덤스와 제퍼슨이 다시금 가까워지려는 모습을 신중하게 예의 주시했다. '대통령은 애덤스 씨, 부통령은 제퍼슨 씨요.' 그가 당시 런던 주재 미국 공사였던 루퍼스 킹에게 전했다. '우리의 자코뱅들은 자신들이 상당히 기쁘다고 전하며 이제 *사자*와 *양*이 한자리에 들게 되었다고 말하고 있소.'[72] 해밀턴은 이데올로기와 결혼한 제퍼슨이 타협을 이루기는 힘들 것이라 여기며 휴전을 회의적으로 바라보았다.

해밀턴은 자신이 선거 도중 보여주었던 불충을 이유로 애덤스가 그에게 보복하려 한다는 합당한 경고를 받았다. 그해 1월, 해밀턴은 뉴욕에서 있었던 원인 불명의 -아마도 노예 폭동들과 관련이 있었을- 연쇄 화재 발생을 막기 위해 밤중에 순찰을 돌다가 다리를 다쳐 병상에 누워 있었다. 보스턴의 스티븐 히긴슨 Stephen Higginson은 '애덤스 씨에게 헌신하거나 맹목적 지지를 보이는 자들'이 지난 선거에서 해밀턴이 토머스 핑크니를 위해 음모를 주도했다는 혐의를 씌우려 한다고 해밀턴에게 전했다. '그들의 말에 따르자면 그 비밀 결사의 꼭대기에는 당신과 제이 씨가 있었으며' 애덤스를 대통령에서 배제시키려던 '계획이 그와 당신의 머릿속에서 나왔다'는 혐의였다.[73] 이로써 해밀턴은 워싱턴 대통령과는 누구보다 가까웠었지만 이제는 애덤스 대통령으로부터 완전히 배제되는 상황에 이른 셈이 되었다. 애덤스는 해밀턴이 자신을 배신했다고 믿고 있었음에도 워싱턴의 내각을 그대로 유지하는, 다소 모순으로 보이는 결정을 내렸다. 이 내각에는 해밀턴의 친구들과 추종자들, 그리고 전 동료들이 가득 들어차 있었으며, 애덤스는 곧 이 결정을 자신이 관직에 있으면서 내렸던 다른 그 어떤 결정보다 크게 후회하게 된다.

유리알 속의 남자

Alexander Hamilton

존 애덤스가 해밀턴과 마찬가지로 군주제 지지자라는 폄하를 들은 것은 아이러니한 일이었다. 왜냐하면 그는 누구보다도 빠르게 그에게 그 꼬리표를 달아버린 제퍼슨이나 매디슨과 달리 귀족적인 안락함을 누리지 못하고 자랐기 때문이다. 그는 매사추세츠 브레인트리에서 태어났고, 그의 아버지는 여름에는 농부로 고되게 일하고 겨울에는 신발 제작자로 일했다. 그의 가문은 부유하지는 않았어도 자랑스러운 혈통을 뽐냈으며, 그 뿌리는 1630년대 영국에서 이주해 온 청교도들로까지 거슬러 올라갔다. '나의 아버지, 조부, 증조부, 그리고 고조부는 모두 브레인트리 주민이었으며 독립국의 신사들이었다.'[1]

　애덤스는 청교도 뉴잉글랜드의 금욕적인 덕목, 이를테면 근검절약과 노동, 자기비판, 공무, 평이한 대화, 그리고 과시에 대한 병적인 두려움 등을 배우며 자라났다. 어린 시절의 그가 남긴 글 중에는 다음과 같은 것도 있었다. '들떠 있거나, 헛되거나, 자만하는 대화는 그의 본래 자질이 아주 위대했고 그의 노력이나 근면성실함이 아주 치열했다 하더라도 틀림없이 그를 괄시받게끔 만들어버린다.'[2] 애덤스는 불가능할 정도로 높은 기준들을 스스로 세웠고, 그의 인생사 대부분은 그것들에 닿기 위한 강렬하고, 자주 변덕스러우며, 때로는 고통스럽기까지 한 사투로 채워졌다. 명성과 위상을 끊임없이 갈구하던 그의 마음이 완전히 만족된 적은 단 한 번도 없었다.

여섯 살에 정식으로 학교를 다니기 시작한 애덤스는 열다섯 살에 하버드에 들어가면서 가족 중 처음으로 대학에 입학한 사람이 되었다. 우스터 시에서 잠시간 교사생활을 했던 그는 직업 면에서 가장 안정적인 법조계에 입문했고, 정치와 책에 대한 열정을 가진 똑똑한 독설가였던 공사의 딸, 애비게일 스미스Abigail Smith와 1764년에 결혼했다. 애비게일 애덤스가 농장을 돌보고 아이들을 기르는 동안, 존 애덤스는 외교 사절로 전 세계를 떠돌아다녔다. 해밀턴이 북아메리카에 도착하기 전 애덤스는 인지세법에 맞서 싸웠고, 이른바 1770년 보스턴 학살 사건에서 다섯 명의 식민지인들을 살해한 혐의로 기소된 영국 병사들을 변호했다. 이 법률 사건으로 애덤스의 마음속에 들어선 독립이라는 비뚤어진 요소는 이내 그의 가장 매력적인 요소로 거듭나게 되었다. 타고난 잔소리꾼이었던 그는 당대의 지배적인 정설에 언제나 회의적으로 굴었다. 해밀턴과 마찬가지로 그 또한 영국 왕실의 압제적인 조치들에 진저리를 냈으나 반란 식민지인들의 무질서에는 혼란스러워했던 양면적인 혁명가였다. 애덤스는 정의로운 대의들이 얼마나 쉽게 군중의 방종으로 퇴보할 수 있는지를 언제나 생생하게 느끼고 있었다. 독립 이전, 그는 과연 식민지인들이 왕실의 권위를 꺾어버린 이후에는 그 '군중, 천박한 사람들, 무리지은 사람들, 하찮은 사람들, 폭도들'이 무엇을 하려 하겠는지를 자문했다. 그는 자신의 일기에

서 이렇게 고백했다. '나는 말로 다 할 수 없을 만큼 걱정이 된다.'[3]

대륙회의에서 존 애덤스는 독립을 외치는 가장 열정적인 목소리로 거듭났으며, 연설이라는 추진력을 이용해 높이 도약했다. 이 혈기 왕성하고 다듬어지지 않은 변호사는 언젠가 잠재적인 무정부 상태가 올 것을 두려워했다. "친애하는 경, 반드시 시도되어야 하며 가장 신성하게 관찰되어야 하고 그렇지 않다면 우리 모두를 망하게 만들 것이 한 가지 있습니다." 그가 한 친구에게 1776년 한 말이다. "모든 계급에서 나름의 권위를 가진 사람들에게는 품위와 존중과 공경이 보내져야만 한다는 것이 그것입니다."[4] 의회에서 그는 그야말로 엄청난 헌신을 보여주었다. 아흔 개의 의회 위원회에 참석했고 그중 스물다섯 개에서 위원회장을 맡았던 그는 워싱턴을 대륙군의 총사령관으로 내세웠고 제퍼슨에게 독립선언문을 쓰도록 만들면서 독립혁명의 주요 신인 발굴 담당자라는 위치를 자랑하게 되었다. 어떻게든 시간을 내어 매사추세츠 헌법의 초안을 작성했던 그는 '정부에 대한 고찰Thoughts on Government'이라는 제목의 소책자를 출판하면서 다른 주 헌법들에도 영향을 주었다.

애덤스는 런던과 파리, 암스테르담에서 지속적으로 외교 임무를 수행하면서 조국을 위해 일했다. 1782년, 그는 네덜란드를 회유하여 미합중국을 국가로 승인하게끔 만들었고 암스테르담 은행가들을 꼬드겨 200만 달러의 차관을 받아냈다. 그는 파리에서 지내는 동안 프랭클린과 제퍼슨, 두 사람 모두와 긴밀하게 알게 되었는데, 애덤스가 그들의 사회적 우아함을 따라갈 수 없었으며 그들과 '딱히 잘 어울리지도 못했다'는 게 그의 친구 조너선 스월Jonathan Sewall의 걱정이었다. '그는 춤을 추거나 술을 마실 줄 모르고 도박이나 아첨, 약속을 할 줄도 모르며 옷을 잘 차려입을 줄도, 신사들과 맹세를 나눌 줄도, 혹은 여성들과 잡담을 나누거나 추파를 보낼 줄도 모른다.'[5] 게다가 프랭클린의 태평스러운 쾌락주의는 금욕적인 뉴잉글랜드의 영혼이었던 존 애덤스를 언짢게 만들었다. '그의 전 생애는 올바른 태도와 예의범절에 대한 일련의 지속적인 모욕이다.' 애덤스가 불평했다.[6] 그런 프랭클린이 프랑스에서 누렸던 명성은 애덤스의 자존심, 그리고 자신이 그보다 더 뛰어난 사람이라는 생각에 금을 냈다.

프랭클린은 직접 애덤스에 관한 짧은 경구시警句詩를 썼다. '그는 조국을 위한 좋은 의도를 가지고 있으며, 언제나 정직한 남자이고, 대체로 현명한 사람이지만, 이따금씩은, 그리고 몇몇 것들에서는, 완전히 정신이 나가 있다.'[7] 프랭클린은 훗날 애덤스의 경력을 망치게 될 편집증적 기질을 처음으로 알아본 사람들 중 하나였다. 1783년, 애덤스는 당시 프랑스인 공사였던 베르젠Vergennes 백작과 프랭클린이 자신에 대한 음모를 꾸몄다고 의심했으며, 프랭클린은 '그의 뒤틀린 상상 속을 제외한다면 아예 존재하지도 않았던' 그 음모와 관련한 애덤스의 '발광'에 대해 투덜거렸다.[8] 유사한 맥락으로, 버나드 베일린은 훗날 애덤스에 대해 다음과 같이 말했다. '상상의 것이든 실재하는 것이든 모욕에 민감했고, 세상이 대부분 자기 자신이나 미국의 대의에게 적대적이라고 여겼으며, 이를 자기 삶의 거대한 원동력으로 삼았다. 그가 보기에 그의 적들은 사방에 있었다.'[9]

가시 돋친 애덤스는 제퍼슨을 향해 다정한 호의를 품기는 했으나, 여기에는 그의 불가해한 미스터리함이 주는 불안한 느낌 또한 뒤섞여 있었다. 해밀턴과 마찬가지로 애덤스는 제퍼슨이 철학적 고요함으로 무장한 겉모습 뒤에서 '야망의 벌집을 집어삼켰음'을 알아차렸다.[10] 그 보답으로 제퍼슨은 애덤스의 괴팍한 기질을 감지했다. '그는 프랭클린을 싫어하고, 제이도 싫어하며, 프랑스인도 싫어하고, 영국인도 싫어하오.' 그가 파리에서 매디슨에게 전한 말이다. '그는 누구에게 붙으려는 것이오? 그의 허영심은 그의 성격 중 한 맥락을 차지했고 이로써 완전히 나와는 멀어져 버렸소.'[11] 4년 후 제퍼슨은 매디슨에게 같은 내용의 비난을 보다 강하게 이야기하면서, 애덤스를 가리켜 '사람들을 지배하는 동기들의 영향력과 그에 따라 가능한 결과들을 언제나 계산하는, 허영심 강하고, 짜증나며, 나쁜 자'라 했다.[12] 그럼에도 제퍼슨은 애덤스가 따뜻한 마음씨를 가진 쾌활한 사람이자 매력적인 재담꾼이며, 흔들림 없는 진실성의 남자라고 칭찬했다. 그들의 관계는 1791년 토마스 페인이 쓴 『인간의 권리The Rights of Man』를 제퍼슨이 칭찬하면서 깨졌는데, 이는 제퍼슨이 '우리 사이에서 자라난 정치적 이단들'이라는 날카로운 암시를 던지면서 이 글을 애덤스의 『다빌라의 담화Discourses on Davila』와 부당하게 비교했기 때문이었다.[13] 제퍼슨주의자들은 『다빌라의 담화』가 세습주의 대통령제를 요구하는 탄원이라고 해석했다. 제퍼슨이 국무장관을 그만둔 이후, 그와 애덤스는 이후 3년 동안 거의 서신을 주고받지 않았다.

존 애덤스는 호감을 주지는 못하는 남자였다. 키 작은 배불뚝이에 턱이 두툼했던 그는 둥그런 얼굴과 창백한 안색을 가졌고, 꿰뚫어보는 듯한 두 눈은 두꺼운 눈꺼풀에 덮인 채 돌출되어 있었다. 엄청나게 활동적이었던 그의 머릿속은 언제나 많은 말들로 들끓었다. 상상의 나래에서도 동시다발적으로 이미지들이 떠올랐던 듯, 한번은 토머스 페인을 두고선 '이 시대의 사티로스(반인반수인 숲의 신_역주) (중략) 야생 늑대의 소굴에서 멧돼지가 낳은, 돼지와 강아지 간의 잡종'이라는 비범한 묘사를 남기기도 했다.[14] 그는 자신의 속내를 일기나 편지들에서 곧잘 드러냈기 때문에 우리는 그를 다른 어떤 건국자들보다 더 직접적으로 알 수 있다. 존 애덤스에게는 수많은 형용사들이 따라붙을 수 있고-그는 짜증을 잘 내고, 자기 의견을 고집하고, 정다우며, 신경질적이고, 솔직하고, 박식하며, 직설적이고, 너그럽고, 별난 구석이 있으며, 가만히 쉬지를 못하고, 쩨쩨하고, 걸핏하면 화를 내며, 철학적이고, 당돌하고, 변덕스러우며, 호전적이고, 공상적이고, 완고하며, 엉뚱했다-하려고만 들면 끝없이 이어갈 수도 있다. 그의 생애는 끊임없이 변하는 기분들의 만화경이었다. 찰스 프랜시스 애덤스Charles Francis Adams는 자신의 변덕스러운 조부가 평범한 대화에서라면 매우 따뜻하고 친절할 수 있었으나 자극을 받았을 때에는 '극도로 폭력적'이 될 수도 있었다고 말하면서 그의 성격을 한마디로 잘 요약했다.[15]

애덤스는 정신과적인 증상들을 잔뜩 안고 살았는데, 그의 신경질적인 틱 증세나 떨림은 극도의 내적 긴장을 자주 드러내 보였다. 그는 '나는 유리알 같은 체질을 가지고 있다'고 말한 적도 있었는데, 이는 두통과 피로, 가슴 통증, 흐릿한 시력, 불면증 등으로 뒤덮인 그의 의과 기록이 증명해준다.[16] 1776년, 그는 '나의 얼굴은 점점 더 창백해져가고, 두 눈은 약한 데다 불타는 것 같으며, 신경은 떨려온다'며 자신을 표현했다.[17] 암스테르담에서 지낼 당시 애덤스는 모종의 신경쇠약을 겪은 것으로 보이는데, 이 시기의 그는 사람들을 멀리했으며 자주 불같은 분노에 휩싸였다. 훗날 그는 '손가락 떨림'을 호소했으며 치조농루(치주 조직의 염증 및 치조골 소실이 주증상인 질환_역주)로 몇몇 치아를 잃는 바람에 결국 입술로 말할 수밖에 없게 되었다. 대통령이 될 즈음인 61세의 존 애덤스는 이제 땅딸막하고 이빨 빠진 늙은 남자처럼 보였다.

그러나 그의 이미지를 가장 크게 손상시켰던 것은 그의 때 이른 노화가 아닌 허영심이었다. '나도 알건대, 허영은 나의 가장 큰 악이자 가장 큰 어리석음이다.'[18] 그가 젊은 시절에 인정한 말이다. 그는 최소한 서른 개의 초상화를 남겼는데 그 결과물을 가지고도 투덜거렸다. 저변에 모종의 불안을 품고 있었던 그는 역사 속 자신의 위치를 곱씹는 데 과도할 정도로 많은 시간을 쏟았고, 이런 허영 때문에 자신이 인정받지 못했다는 생각을 하게 되었다. 1812년 그는 벤저민 러시에게 '이제는 50년도 더 지난 1761년부터 나는 언제나 적들에게 둘러싸여 살아왔다'고 말했다.[19] 전기작가 조지프 엘리스는 애덤스를 두고선 다음과 같이 말했다. '그의 심장에는 개인적 지지를 갈구하는 광적이고 통제할 수 없는 마음이 도사리고 있었다. 또한 그는 너무나도 집착적으로 명성을 갈구했고, 역사가 자신을 제대로 대접해주지 않으리라는 생각에 빠져 있었으며, 자신이 미국 위인의 전당에 마땅히 들어서야 할 남자라기보다는 사면초가에 몰린 한심한 미치광이로 보일 것이라는 정확한 인식에 사로잡혀 있었다.'[20]

이 불안감은 다른 건국자들을 향한 질투를 키워냈다. 그는 심지어 워싱턴이 '불경한 우상 숭배'를 받고 있다고 불평했으며, 그를 늙은 얼간이라 일컬었고, 그가 받는 모든 과찬을 언짢아하는 듯한 모습을 보여주었다.[21] 그는 워싱턴이 직접 주도권을 잡기보다는 영웅적인 모습을 남기는 데 족하는 것이 나았으리라고 생각했다. 훗날 남긴 글에서 그는 워싱턴의 지력을 얕잡으면서, 그가 '몇몇 단어의 철자를 틀리지 않고서는 단 한 문장도 제대로 쓰지 못했고' '어느 세대와 민족, 혹은 국가의 역사도 아주 피상적으로만 읽었다'며 나무랐다.[22] 마찬가지로, 대통령이 될 즈음 애덤스는 알렉산더 해밀턴이 현란하고, 음탕하며, 자기중심적이고, 자만하며, 남을 음해하려는 풋내기에 불과하다면서 그가 워싱턴 행정부에서 분수에 걸맞지 않은 지위를 누렸다고 여겼다.

대통령으로서의 애덤스에 대해서는 두세 가지 특징을 짚고 넘어가야겠는데, 이는 해밀턴이 그를 비판하는 이유들이 되었기 때문이었다. 애덤스는 상처를 잘 받았고 극도로 예민했으며, 스스로도 이를 잘 알고 있었다. 그는 자신이 '대체로 평온한 성격이지만, 예사롭지 않은 광기와 기만, 위선, 배은망덕, 반역이나 배신이 들어간 모종의 사건이 갑작스레 나를 치는 경우'에는 그럴 수 없다고 털어놓았다. '당시 나는 언제나 화를 잘 내곤 했다.'[23] 그는 자신에게 쏟아지는 압박을 잘 견뎌내지 못했고, 인내심의 한계에 이를 때까지 분노를 쌓아두었다가 폭발시켜버리는 경향이 있었다. 그는 '나 스스로 너무도 동요하여 내 말이나 행동, 심지어는 글조차 다른 사람들의 눈에 어떻게 비춰질지를 전혀 생각할 수도 없는 지경에 이르렀던 순간들이 인생에서 아주 많았다'고 벤저민 러시에게 털어놓았다.[24] 그는 그 호전적인 성격 때문에 대통령다운 예의범절과 사회적인 거짓말, 혹은 유용한 아첨들 따위를 언제나 겸비하지는 못했다. 훗날 나이든 그는 자신이 공인으로서 '침묵 속에서 고통 받기를 거부했다. 나는 한숨을 쉬었고, 흐느꼈으며, 신음했고, 이따금씩은 비명을 지르고 울부짖었다. 그리고 나의 수치와 슬픔 앞에서 고백하는 말이지만, 종종 욕을 하기도 했다'고 털어놓았다.[25]

해밀턴과 애덤스는 상당히 많은 사안들에서 의견을 같이했기 때문에, 만일 방식이나 기질에서 보다 비슷한 부분이 있었더라면 그들은 좋은 정치 동료가 될 수도 있었을 것이다. 애덤스의 말을 생각해보자. '인기는 절대로 나의 연인이었던 적이 없으며, 나는 인기 있는 사람이었던 적도 없고 그렇게 되지도 않을 것이다. (중략) 그러나 내가 한 가지 알고 있는 것은, 사람은 반드시 국민들의 오류를 알아차리고 그것을 경계해야만 하며 이따금씩은 그들의 불호를 감당할 위험을 져야만 하고, 그렇게 하지 않으면 장기적으로는 국민들에게 전혀 도움이 되지 못하리라는 것이다.'[26] 이는 해밀턴의 신조이기도 했다. 해밀턴과 마찬가지로 애덤스는 국민들의 자유를 바랄 수 있을 만큼 그들을 신뢰했지만, 견제와 균형이라는 철갑같은 체계를 통해 국민의 대표자들을 통제하고자 했던 만큼의 의구심도 가지고 있었다. 두 사람은 모두 최고의 독립주의자였으며, 영국의 체계를 동경했고, 유토피아적 생각들을 기피했으며, 인간 본성이 민주주의로 순수해질 수 있다는 로맨틱한 개념을 거부했고, 대중도 왕과 똑같이 독재적으로 변할 수 있다고 생각했다. 또한 둘 모두 프랑스 혁명이 미국에게 불길한 전조가 될 수도 있음을 우려했다. 애덤스는 프랑스의 사태가 '피와 공포, 살인과 학살, 야망과 탐욕'의 냄새를 풍긴다고 했다.[27]

29 · 유리알 속의 남자

한편 애덤스에게는 해밀턴이 가졌던 재정 감각이 없었다. 영세 농부들의 국가를 선호했던 애덤스는 해밀턴의 경제 제도들이 '상업적인 장사꾼 기질'로 이루어졌다면서 진중한 의구심을 표했다.[28] 그는 은행들을 혐오했으며, 해밀턴의 체계가 가난한 이들에게 '사기'를 치고 미국의 정서에 '탐욕이라는 괴사'를 일으킬 것이라 믿었다.[29] 또한 대통령으로서 가장 결정적이게도, 그는 상비군을 전혀 고려하지 않았고 대영제국과의 관계를 더 돈독히 하려 하지도 않았다. 이 두 가지 모두는 훗날 해밀턴과 크게 부딪히는 이유들이 될 터였다.

정치적인 견해에선 얼마나 합치를 이루었는지 몰라도, 해밀턴과 애덤스의 성격은 매우 대조적이었다. 사람들과 부드럽고 능숙하게 어울렸던 해밀턴은 마치 유럽의 조신朝臣처럼 굴 수도 있었다. 그는 애덤스보다 훨씬 더 세상 경험이 많았다. 전기작가 데이비드 매컬러프David McCullough는 말했다. '어린 시절의 애덤스는 자주 자리를 불편해하고 어찌할 줄도 모르며 어색해했다. 그는 사람들이 자신을 비웃는다고 생각했고 종종 정말로 그러할 때도 있었기 때문에 특히나 상처를 받았다.'[30] 어린 애덤스가 다른 이들의 조롱을 두려워하는 동안, 어린 해밀턴은 전도유망한 운명을 그리며 들떠 있었다. 왜 애덤스가 해밀턴을 우쭐하고 건방진 젊은이라며 분해했는지는 쉬이 알 수 있다. 그는 과거 1760년대 미국 독립혁명이 태동하던 격정의 시기를 놓쳐버렸기 때문이었다. 피셔 에임스는 독립혁명에서 '시작하여 거기서 정점을 찍지' 않았던 모든 평판을 폄하하는 경향이 애덤스에게 있었다고 지적했다.[31] 이 기준에서 보자면 해밀턴은 미국 건국자들의 얼마 안 되는 위인 목록에 무단으로 침입한 자이자 잘난 체하는 지각생일 뿐이었다. 끝내 애덤스는 해밀턴을 '야망의 섬망 증세를 보이는 자'라고 여기기에 이르렀다. '그는 언제나 토리파의 허영에 취해 있었으며, 미국의 가장 높은 자리에만 시선을 고정시켰고, 자신의 길 위에 서 있는 사람이라면 나이고저를 불문하고 혐오했다.'32

그의 근본적인 품위와 애국심 및 선한 마음을 생각해봤을 때, 존 애덤스가 알렉산더 해밀턴에게 쏟아부은 욕설은 그가 할 수 있는 가장 수준 낮은 것들이었다. 그는 해밀턴이 외국 태생의 사생아라는 데 크게 사로잡혀 있었고 이 주제에 대해 상당히 가차 없는 모습을 보여주었다. 그는 해밀턴이 '경멸할 만할 데다 악명도 높은 태생으로, 코르시카보다 더 알려져 있지 않은 작은 섬에서 보나파르트Bonaparte(나폴레옹을 지칭_역주)보다 한없이 적은 용기와 능력을 가지고' 태어났다고 묘사했다.33 조너선 스위프트의 말을 빌리자면 애덤스는 해밀턴을 가리켜 '스코틀랜드 행상꾼의 버릇없는 자식새끼'라고 비방한 적이 있고, 또 다른 때에는 그를 '네비스의 스코틀랜드 크리올'이라거나 '크리올 애새끼'라 부르기도 했다.34 애덤스는 해밀턴이 외국인이기 때문에 미국인의 성격을 제대로 알지 못할 것이고 독립혁명의 애국자들에게 진정으로 감사할 줄도 모를 것이며, '미국 국민들의 여론과 정서, 혹은 원칙들도 거의 파악하지 못할 것'이라 주장했다.35 애덤스는 그가 열대 지방에서 스스로 길을 개척한 사람이라는 비범한 이야기에는 일말의 경탄도 느끼지 못했다. "해밀턴은 상당한 악조건을 가지고 있었소." 그가 벤저민 러시에게 말했다. "그의 태생은 악명 높은 것이었고, 그의 출생과 교육은 외국 국가들에서 이루어졌으며, 그의 재산은 가난 그 자체였으니 말이오."36 애덤스는 이와 같은 불행들이 마치 그의 수많은 결점들 중 몇 가지라는 듯 말했다.

해밀턴의 여성 편력에 대한 자료들 중 상당수는 예의범절에 엄격했던 애덤스가 밝힌 것이었다. '나는 해밀턴이 오만하고, 긍지 높으며, 우쭐해하고, 포부 큰 인간이자 언제나 도덕적인 척하고 있음을 안다.' 애덤스가 말했다. '그러나 그는 도덕 면에서 늙은 프랭클린만큼이나 방탕하고, 내가 아는 그 누구보다 프랭클린을 모범으로 삼는 사람이다.'[37] 그는 해밀턴이 '아주 왕성한 분비샘을 가지고 있어서 그것을 충분히 분출할 수 있을 만큼 많은 창녀들을 찾을 수도 없었다'고 말했다.[38] '그의 간음, 불륜과 근친상간(이는 그가 앤젤리카 처치와 동침했다는 명백한 암시다)은 멀리 또 널리 알려져 있다.'[39] 이윽고 애덤스는 해밀턴을 너무나도 혐오하게 된 나머지 헛소리를 쉬이 믿어버리는 지경에 이르렀다. 해밀턴이 재무부에서 나태했다거나 게으르게도 부하 직원들에게 일을 떠넘기고 자신은 필라델피아의 사교계를 뛰놀았다고 고발한 사람으로는 확실히 애덤스가 유일했다. 특히 말년의 그는 한 친구에게 보내는 기이한 편지에서, 해밀턴의 웅변이 아마도 마약 덕분일 것이라고 진지하게 추측했다. '이것이 진실이라고 보장할 수는 없지만 데덤의 파슨 몬터규Parson Montague가 내게 해준 말에 따르면, 해밀턴 장군은 입 안에 아편을 조금 물지 않고서는 법정이나 공공장소에서 글을 쓰거나 말을 한 적이 단 한 번도 없다고 하네.'[40] 해밀턴을 향해 이렇게 터무니없는 비방을 했었음에도 애덤스는 계속해서 자신이 화를 애써 억눌렀던 사람이라고 생각했다. "나는 가장 지독한 적을 향해서도 단 한 줄의 중상조차 쓴 적 없으며, 다른 이들에게 이를 독려하지도 않았소." 그가 머시 워런에게 한 말이다.[41]

애덤스는 부통령 임기 대부분을 상원에 유배당한 채 보냈으며, 서른한 번의 타이브레이크 투표(어떤 투표에서 동점 상황이 되어 나머지 단 한 표로 의사가 결정되는 경우_역주)를 던지는 기록을 세웠다. 2인자로서의 역할에 진이 다 빠져버린 그는 그것이 '사람이 만들어낼 수 있는, 또 사람이 상상할 수 있는 가장 하찮은 관직'이었다면서 기억에서 지울 수 없다는 듯 말했다.[42] 워싱턴은 그에게 거의 조언을 구하지 않았고, 그를 권력의 저변으로 밀어냈다.

제2대 대통령으로 취임 선서를 하는 1797년 3월 4일, 존 애덤스는 회색 정장을 입었고 머리에 파우더를 뿌렸으며 의례용 검을 옆구리에 찼다. 워싱턴이 성공을 거두고 물러나는 대통령으로서의 평온함을 풍긴 데 반해, 애덤스는 스스로에 대한 자신이 더욱 없어 보였다. 그는 훗날 애비게일에게 자신이 졸도할지 몰라 두려웠다고 말했다. 콩그레스홀을 떠나면서 워싱턴과 애덤스, 제퍼슨은 예의를 차려 잠시간 인사를 나누었고, 관대한 워싱턴은 자신보다 애덤스와 제퍼슨이 훨씬 뛰어난 사람들이라고 말해주었다.

여러 방면에서 부끄럼 많았던 애덤스는 권력을 전시하는 행위들을 싫어했다. "나는 연설들, 전갈들, 발의와 질의들, 선언들, 그리고 그 가장되고 계획되었으며 몰래 들여온 것들 모두가 싫소." 그가 애비게일에게 말했다. "나는 접견도 응접실도 싫소. 나는 내가 전할 말이 단 한 마디도 없는 사람들 1,000명 앞에서 이야기하는 것도 싫소."[43] 워싱턴의 뒤를 잇는다는 막중한 임무를 진 워싱턴에게는 극복해야 할 몇 가지 악조건들이 있었다. 오랜 세월 정계에 몸담아왔음에도 그는 주 단위, 혹은 연방 단위에서 행정권을 쥐어본 적이 없었다. 또한 그는 미국이 당파들로 뿔뿔이 갈라서 있는 이 시점에서 정당들을 혐오했다. 대통령으로서 명목상 연방파의 수장이었던 애덤스는 당파색 없는 대통령이 되기를 꿈꿨다. 이러한 이유로 그는 당파의 수장 역할을 기꺼이 내놓았는데, 이는 권력을 언제나 탐했던 해밀턴으로서는 더할 나위 없이 좋은 소식이었다. 말년에 애덤스는 자신이 '연방주의의 교황'이었던 해밀턴에게서 멀어짐으로써 해밀턴의 모든 '추기경들이 온 교회를 선동하여 나를 제명시키고 파문할' 이유를 제공해주었다고 인정했다.[44] 대통령을 지내는 동안 애덤스는 연방파와 공화파 사이를 정처 없이 헤맸으며 양측 어디에도 소속되지 못했다. 애덤스는 미국 역사상 대통령이 사실상의 당수 역할을 맡지 않으려 했던 드문 경우에 해당했다.

최초의 대통령권 이전移轉은 자연스레 내전과 폭정, 그리고 외세의 개입에 대한 우려를 낳았다. 질서 있는 계승에 대한 우려를 불식시키고 연방파들을 달래기 위해 애덤스는 워싱턴의 내각을 그대로 유지하는, 훌륭한 정치가다운 행보를 보였다. 이로써 '삼두 정치'를 이루게 된 국무부 장관 티머시 피커링, 재무부 장관 올리버 월콧 주니어, 전쟁부 장관 제임스 매켄리는 애덤스가 훗날 배신자라며 혐오하게 될 인물들이었다.[45] 이 세 명 모두는 해밀턴과 의견을 같이했으며, 상위 연방파High Federalist라 불리던 광신적인 영국 예찬자 파벌의 소속이었다. 이제 와서 생각해보면, 문제가 가득한 것처럼 여겨지는 이 상황을 왜 애덤스는 그대로 받아들였던 것일까? 그는 '그들을 임명한 것은 워싱턴이었고, 나는 내가 그들 중 하나라도 제거해버리면 세상이 뒤집어질 것임을 알고 있었다'고 설명했다.[46] 내각 구성원들의 반대에 부딪힐 때면 그는 자신을 해밀턴과 그의 부하들에게 속절없이 사로잡힌 채 사기를 당하는 사람으로 여겼다. 해밀턴은 애덤스가 책임을 그처럼 가벼이 회피할 수는 없다고 생각했다. '자신의 장관들을 지명하고, 원한다면 그들을 교체할 수 있는 것이 대통령인바, 그가 마땅히 신뢰할 만큼의 능력과 진실성을 가진 남자들에게 둘러싸이지 못한다면 그 또한 그 자신의 잘못임이 분명하다.'[47]

존 애덤스는 자신의 대통령직에 대해 두 가지의 서로 상충하는 이야기를 들려주었다. 우선 그는 자신이 순수한 방관자였고, 내각 구성원들에 대한 해밀턴의 입김을 오래도록 알지 못했다고 주장했다. 그의 말에 따르자면 그는 마지막까지도 그들이 자신의 적에게 지령을 받아왔음을 전혀 몰랐으며, 뒤늦게 그 음모를 깨달은 후에는 신속히 그 장본인들을 제거하기 위해 움직였다고 했다. 그러나 또 다른 이야기에서 애덤스는 해밀턴이 내각을 조종하고 있다는 것을 그동안 죽 알고는 있었는데, 이는 그가 워싱턴 휘하에서부터 그렇게 해왔기 때문이었다. "진실은, 워싱턴에 대한 해밀턴의 영향력이 너무나 잘 알려져 있었던 탓에 국무장관이나 전쟁부 장관에 어울릴 만한 사람들은 누구든 그 자리를 받아들이지 않으려 했다는 것이오." 이 때문에 워싱턴은 "그것을 받아들일 만한 사람들을 임명해야만 하는 상황에 몰리게 되었소. 또한 내 생각으로는 그가 관직에서 물러난 것도 바로 이 필요성 때문이었소. 은퇴가 그의 뜻이 아니었다는 이야기는 당신도 들어본 바 있을 터요."[48] 애덤스의 말에 따르자면 워싱턴은 순전히 명목상의 대통령이자 '해밀턴을 따르는 총독'이었을 뿐이다.[49] 게다가 애덤스는 다음과 같은 글도 남겼다. '불을 지피지 않고서도 해밀턴에게 헌신하지 않았던 남자의 이름은 단 한 명도 댈 수 없다. (중략) 나는 만일 이전에 임명된 각 부처 장관들과 해밀턴 씨의 승인을 받아들이지 않았다면 내가 상원에서 즉결부정(거부권 행사)을 당할 극도의 위험에 처했을 것임을 곧 깨달았다.'[50]

애덤스의 취임 이후, 해밀턴은 요청받은 적 없는 제안서를 보내어 새로운 행정부의 정책들을 제안하면서 의도치 않게 새로운 대통령의 머릿속을 심란하게 만들었다. 애덤스는 그 '길고 공들인 편지'에는 '대통령, 상원과 하원 의회의 행실에 대한 체계적인 지시'가 적혀 있었다고 말했다. '나는 그것을 매우 공들여 읽어본 후 진지하게 그 남자가 섬망에 빠져 있다고 생각하게 되었다. (중략) 나는 그 편지를 너무도 경멸하고 혐오하여 사본조차 만들지 않았다.'[51] 워싱턴이 그토록 높이 샀던 그 조언들을 애덤스는 분하게 여기기로 한 것이다. 놀랍지도 않지만, 해밀턴은 그가 워싱턴 아래에서 누렸던 지적인 걸출함을 계속해서 유지하고자 했다. 다시 한 번 그는 잡다하게 자신의 의견을 피력하면서 정부의 1인 고문단인 양 굴었는데, 아마도 그는 이를 통해 자신이 애덤스 아래에서 얼마만큼의 것을 누릴 수 있을지 가늠해봤을 것이다. 해밀턴은 권력과의 친분을 쉽사리 포기할 사람이 아니었다. 수많은 난해한 문제들을 헤쳐왔던 그는 연방파의 그림자 대통령이 되기를 갈망했다. 그가 피커링, 월콧, 매켄리에게 보낸 끝없는 편지들에서는 이제 자신이 더 이상 권력의 칼자루를 쥐고 있지 않다는 생각에 당혹감을 느꼈던 해밀턴을 엿볼 수 있다.

워싱턴이 언제나 내각의 의견을 구하는 데 크게 신경을 썼으며 겸손한 자세를 보였던 반면 애덤스는 자주 내각을 무시했고 자신의 친구들과 가족, 특히 애비게일을 신뢰할 만한 조언자로 여겼다. 내각 구성원들은 그가 냉담하고, 변덕스러우며, 자신들의 의견을 묻기보다는 느닷없이 명령을 내리는 경향이 있음을 알게 되었다. 그나마 애덤스와 따뜻한 관계를 유지했던 올리버 월콧 주니어조차 그의 행정부를 냉소적으로 묘사했다. '이로서 미합중국은 주피터가 올림포스를 다스리는 듯한 모습으로 통치된다. 친구들이나 적들의 의견은 고려되지 않으며, 모든 이들은 그저 만고불변의 명령에 따르고, 그것을 숭상하며, 거기에 복종할 것을 요구받는다.'[52]

애덤스와 내각 구성원들 간의 갈등은 대통령이 매사추세츠 퀸시에 위치한 자신의 집에 가 있느라 자리를 비우면서 더더욱 악화되었다. 대륙회의의 일원이었을 때, 또 외교관으로 유럽에 가 있을 때의 애덤스는 근면하고 자기를 희생하는 이상적인 모습을 보여주었으며, 애비게일과 길게는 5년씩 떨어져 있어야만 했던 시간들도 견뎌냈다. 특히 애덤스의 부통령 임기 말년에 애비게일은 류머티즘에 자주 시달려서 하는 수 없이 매사추세츠에 머물러야 했는데, 그러자 애덤스는 1년에 최고 9개월씩 필라델피아 바깥에 머무르는 부재중 공무원으로 거듭났다. 언젠가 외교 정책에서의 위기가 발생하자 워싱턴은 내각 구성원들에게 결근 중인 부통령을 두고 다음과 같이 불평했다. "부통령이 보스턴에 가면서 정부의 자리를 비워둘 것으로 예상되는바, 나는 그의 의견을 구하지 않았소. (중략) 그것만 아니었더라도 그에게 조언을 구했을 것이오."[53]

대통령일 때에도 애덤스는 마찬가지로 기이한 스케줄을 고수했고 자신이 이끄는 행정부의 자리를 공석으로 비워두는 모습을 종종 보였다. 임기 첫해 동안 그는 4개월을 퀸시에서 보냈는데, 이는 워싱턴이 수도를 떠나 있었던 모든 기간을 다 합친 것보다 두 배나 긴 기간이었다. 때때로 애덤스는 자신의 정부에서 황급히 도망쳐 나가, 길게는 한 번에 7개월씩 매사추세츠에 머무르며 마치 서신을 통해 정부를 운영하려는 듯한 행보를 보이기도 했다. 그의 행동에 얼떨떨해진 워싱턴은 이것이 '정부의 친구들에게는 상당한 불만을 안겨주며, 정부의 적들은 이를 비웃으면서 자신들에게 좋은 징조라 여긴다'고 불평했다.[54] 물론 애덤스는 자신이 내각에 대한 영향력을 잃은 데 대해 해밀턴을 탓하면서, '나는 대통령이면서 동시에 하찮은 사람이었다'고 씁쓸히 말했다.[55] 그러나 내각이 애덤스에게 충성하지 않았다는 것과 애덤스가 자리를 비웠다는 것을 따로 떼어놓고 생각하기는 힘들다. 데이비드 매컬러프는 말했다. '애덤스가 모든 것들의 중심에 서리라는 것은 이 나라가 정히 기대했던 바이며, 만일 그가 그렇게 했다면 실로 많은 것들이 바뀌었을 터다.'[56]

연방파에게 있어 이는 상서롭지 못한 상황이었다. 공화파의 수장이었던 제퍼슨과 매디슨(당시 매디슨은 의회에서 은퇴한 뒤 버지니아 주 몬트필리어의 자기 농장에 돌아가 있었다)은 걸출한 규율과 재량을 보여주었다. 이 두 명의 기민한 버지니아인들에게는 쉬이 깨지지 않을 유대, 그리고 놀라운 수준의 인내 및 자제력이 있었다. 반면 워싱턴의 두 임기 동안 하나로 통합되었던 연방파는 이제 서로를 진심으로 혐오했던 두 명의 훌륭하고 저돌적인 떠버리들, 애덤스와 해밀턴의 지휘하에서 서로 갈라진 당파들로 분열될 조짐을 보이고 있었다. 이 둘 모두는 성급하고 변덕스러웠으며 충동적이었고, 얼마든지 형편없는 판단을 내릴 수 있는 사람들이었다. 또한 두 명 모두 모욕에 타고난 재능이 있었으며, 이 때문에 궁극적으로 서로에게 등을 돌리게 되었다.

　　　　　　　　　　　　　　　　　29 · 유리알 속의 남자

태양과 너무도 가까이 날아

Alexander Hamilton

그해 봄, 해밀턴은 그에게 커다란 기쁨을 안겨줄 편지 한 통을 뒤늦게 야-사실 수십 년이나 늦게-스코틀랜드로부터 받았다. 아버지의 남동생 중 한 명인 윌리엄 해밀턴_{William Hamilton}이 보낸 이 편지는 그의 스코틀랜드 친척들의 소식을 다정하게 전해줬는데, 이는 마흔두 살의 해밀턴이 친가로부터 연락을 받은 최초의 순간이었다. 해밀턴은 그들과 직접적으로 관련된 적은 없었지만 그럼에도 자신의 스코틀랜드 혈통을 귀중히 여겼으며, 뉴욕 주 세인트앤드루스협회(일종의 스코틀랜드 향우회_역주)의 임원을 맡기도 했었다.

　해밀턴은 따뜻한 답신을 보냈지만, 여기에서 그는 자신의 삶을 명암 없이 단조로운 선으로만 그렸다. 사적인 일들에서 해밀턴이 자주 그러했듯이 편지 또한 기본적으로는 어물쩍거리는 모양새였다. 그는 아버지가 젊은 날 서인도제도에서 벌였던 일들과 그 때문에 가족이 뿔뿔이 흩어지게 되었다는 사실을 삼촌도 알고 있으리라고 추정했다. 그러나 해밀턴의 편지는 제임스 해밀턴이 그 이후 친척들과도 연락이 끊겼다는 것을 확인시켜주었다. 아버지가 여전히 세인트빈센트 섬에 머물고 있다는 것을 해밀턴이 자신의 삼촌에게 알려야만 했기 때문이었다. '저는 그 노신사에게 이곳으로 와 저와 함께 살자고 강력하게 권했는데, 그분께서 그리 하셨다면 저는 그의 지긋한 연세에서 즐길 수 있는 모든 것들을 해드릴 수 있었을 터입니다. 그러나 그분은 의사의 말을 듣고선 기후 변화가 자신에게 치명적일 수도 있다는 두려움을 가지게 된 나머지 제 제안을 거절하셨습니다.'[1] 해밀턴은 자신이 안정적으로 자리를 잡았으며, 자신을 이용하려 드는 것도 그저 가벼이 넘길 수 있는 세속적인 남자가 되었다는 인상을 풍겼다. 그는 개인적인 만족감을 부드럽게 드러냈다. '저보다 더 행복한 사람은 없을 것입니다. 제게는 아내와 다섯 명의 아이들이 있는데 그중 네 명은 아들이고 한 명은 딸입니다. 큰아들은 열다섯 살을 조금 넘겼지요. 아이들 모두는 각자의 나이에 맞게 유망하며 제게 커다란 만족감을 줍니다.'[2] 그는 공직에 있느라 금전적으로 희생했다는 이야기 및 당파의 악한 정서 때문에 행정부의 권력이 약화되었다는 이야기를 전했다. '이와 같은 이유들이 한데 모인 데다 자라나는 가족들에 관한 숙고까지 더해져, 저는 제 계획이 어느 정도 성숙한 상태에 이르자마자 관직에서 물러나야겠다고 생각하게 되었습니다.'[3]

해밀턴은 다시금 연락을 취해온 친척들과 계속해서 연락을 주고받고 싶어 했던 것처럼 보인다. 그의 이러한 열망은 다소 연민을 자아내는데, 이는 삼촌 윌리엄의 갑작스러운 출현에 이기적인 이유가 깔려 있음을 그가 헤아리지 못했기 때문이다. 스코틀랜드의 해밀턴가는 알렉산더 해밀턴이 가난에 허덕일 때나 고아가 되었을 때 그를 도와주려 했던 적도, 그가 세상에 나와 놀라울 만큼 높은 지위에 이르렀을 때 축하해준 적도 없었다. 윌리엄이 이제야 그에게 편지를 쓴 것은 단 한 가지 이기적인 목적

967

때문이었다. 담배 및 설탕 거래 상인으로 성공했던 그였으나 사업이 기울면서 도움이 필요해졌던 것이다. 얼마 지나지 않아 해밀턴은 자신의 첫째 사촌 알렉산더 해밀턴Alexander Hamilton으로부터 숭배심 가득한 편지를 받고선 이상야릇한 기분에 휩싸였다. 산스크리트어 학자였던 그는 자기 아버지의 사업이 곤경에 처하자 인도에서 막 돌아온 참이었다. 이듬해, 스코틀랜드의 알렉산더 해밀턴은 자신이 편지를 보낸 진짜 이유를 밝혔다. 그의 형제이자 선원이었던 로버트 해밀턴Robert Hamilton은 만일 미국 해군에서 자리를 얻어낼 수만 있다면 미국 시민으로 귀화하고자 준비를 마친 상태였고, 가족은 그에게 직업을 찾아주고자 한다는 것이었다. 미국 사촌의 명성을 이때다 싶어 부당하게 이용하려 들었던 스코틀랜드 해밀턴가의 태도는 꽤 파렴치해 보인다. 그럼에도 오래도록 가족을 가지지 못했고 사생아라는 오명에 시달려왔던 해밀턴은 로버트 해밀턴을 자신의 집에 다섯 달 동안 머물게 해주었으며, 그가 미국 해군 대위로 임명될 수 있게끔 줄을 놓아주었다. 스코틀랜드 해밀턴가는 감사의 표시로 저택의 벽난로 위에 해밀턴의 초상화를 걸었는데, 이는 서인도제도의 조난자로 시작했던 그로서는 달콤한 쾌거였다. 그러나 그들은 세인트빈센트 섬에 머물던 해밀턴의 아버지를 돕고자 하는 일말의 노력도 보이지 않았고, 심지어는 그에 대해 궁금해하지조차 않았다. 해밀턴은 계속해서 스코틀랜드 친척들에게 호의를 베풀었으나 그들이 그에게 해준 것은 아무것도 없었다.

스코틀랜드 친가와의 새로운 관계보다 한층 더 해밀턴을 기쁘게 한 일도 있었다. 존 처치와 앤젤리카 처치가 뉴욕으로 돌아온 것이다. 고향으로 돌아가기를 수년간 열렬히 소망했던 앤젤리카는 오로지 남편이 영국 의회에 몸담았다는 이유로 그곳에 붙잡혀 있었다. '너와 나의 친애하는 해밀턴은 절대 대서양을 건너오지 않겠지.' 그녀가 엘리자에게 구슬프게 말했다. '나는 절대로 이 섬을 떠날 수 없을 테고 우리는 천국에서야 만나

알렉산더 해밀턴

게 될 테니, 내게는 어떤 기쁨도 없구나.'[4] 재무장관을 사임하고 엘리자와 함께 브로드웨이 26번가에 집을 얻은 이후, 해밀턴은 자신의 처형에게 집에 돌아오라고 애원했다. '당신은 우리 모두가 당신을 얼마나 사랑하는지 알고 있을 것이오.' 그가 평소와 같이 정중한 애정을 담아 썼다. '당신이 머무는 곳에서도 이처럼 사랑받을 수는 없을 거요. 게다가 마음에서 우러나오는 달콤한 애정들에 견줄 만한 것이 과연 무어가 있단 말이오?'[5] 해밀턴은 이미 개종한 사람에게 설교하고 있는 셈이었다. 앤젤리카는 해밀턴가의 사람들과 다시 만나기를 바라며 다음의 말들로 엘리자를 안심시켰다. '나는 남은 생애의 나날들을 너희와 함께 보내기를, 다시 말해 내 동생[해밀턴]이 그의 사교 자리에 나를 데리고 다녀도 좋다고 네가 기꺼이 허락하며 도와주기를 바라고 있단다. 너는 내가 얼마나 그를 사랑하고 존경하는지 알고 있으니까. 우리는 매일 만나게 될 거야.'[6] 엘리자는 앤젤리카에게 뉴욕에 어울리는 옷차림을 조언해주었다. '허리는 짧아야 하고, 페티코트(속치마_역주)는 길어야 하며, 머리장식은 적당히 높고, 전체적으로는 그리스 양식이어야 한다는 것을 명심해.'[7]

처치 부부가 뉴욕으로 돌아오는 시기는 예상보다 늦어졌다. 1795년 말, 그들은 해밀턴에게 호화로운 저택들을 물색해달라는 편지를 보냈다. 해밀턴은 산더미 같은 일들 속에서도 시간을 내어 지역의 부동산들을 탐방했고 처형 부부에게 브로드웨이의 부지 몇 곳을 사주었다. '제가 얼마나 당신을 곤란하게 했는지 알고 있어요.' 앤젤리카가 썼다. '그러나 당신은 이를 용서할 수 있을 만큼 선량한 사람이시겠죠. 미국으로 돌아온다면 사랑과 애정을 주겠다고 약속하며 저를 설득한 그 사람의 말을 따라 제가 이처럼 행동하고 있는 것임을 당신이 알고 계시다면 말이에요.'[8] 앤젤리카는 여전히 해밀턴에게 교태 섞인 말투로 편지를 쓰면서 그를 '위트와 고상함의 심판자'라 추켜올렸고, 그 또한 이에 기꺼이 화답했다.[9] '당신은

30 · 태양과 너무도 가까이 날아

어떻게 만나는 사람마다 모조리 매혹시키는 것이오? 당신은 우리에 관한 잡스러운 이야기들을 들었겠지만, 우리는 당신에 관해 친절하고 사랑스러우며 기분 좋은 사람이라는 둥의 이야기밖에 들은 게 없소.'[10] 해밀턴과 앤젤리카가 이렇게나 친밀했음에도, 그들의 유대는 여전히 두 자매를 갈라놓기보다는 한데 묶어주고 있는 것처럼 보였다. 앤젤리카가 뉴욕에 오기만을 기다리고 있던 당시, 해밀턴은 그녀에게 자신과 엘리자가 서로 겨루는 것이 하나 있음을 전했다. '그것은 당신에 대한 애정으로, 우리는 각자 여기에서 발군의 실력을 뽐내고 있소. 당신은 누구에게 사과를 건네겠소?'[11] [이 흥미로운 이미지는 셋 중 가장 아름다운 여신에게 사과를 건네주어야만 했던 트로이의 왕자 파리스Paris를 암시한다.] 만일 그들이 정말로 선을 넘었던 적이 있고 엘리자가 그것을 알았다면 그녀는 자신의 언니에게 그토록 깊은 애정을 품지 않았을 것이며, 해밀턴이 그처럼 마음껏 편지를 쓰게 놔두지도 않았을 것이다. 앤젤리카에게 보내는 한 흥미로운 편지에서 해밀턴은 엘리자에 대해 이렇게 이야기했다. '그녀는 당신을 향한 나의 사랑이 *자신이 보내는 사랑에* 뒤지지 않는다는 것만 제외하면 모든 것들에 동의하오. 그러나 이것 또한 사실임을 합리적인 당신은 알고 있을 것이오.'[12] 앤젤리카는 언제나 두 사람 모두를 삼각의 가족 사랑으로 끌어들이는 데 신중을 기했다. '내가 보내는 온 마음을 다해서 나의 친애하는 해밀턴을 껴안아줘.' 그녀가 1796년 여름 엘리자에게 썼다. '내 존재가 가끔은 좀 야살스럽더라도 부디 너희 두 사람 모두를 애정으로 사랑할 수 있도록 허락해주렴.'[13]

수년간 불만스러운 지연이 계속된 뒤, 처치 부부는 마침내 1797년 5월 뉴욕으로 건너왔다. 존 바커 처치는 곧 뉴욕에서도 충격적인 부를 자랑하는 유명 인사이자 최고의 보험업자가 되었다. '그의 사륜마차나 생활양식의 수준은 우리 중 그 누구보다도 몇 단계는 더 높다.' 로버트 트루프가 경탄했다.[14] 앤젤리카는 화려한 연회들을 열기 시작하며 윤기 나는 은접시로 손님들을 대접했고, 대개 다이아몬드로 치장했으며 수많은 사교계 인사들을 사로잡았다. 처치 부부에게는 뉴욕보다는 런던의 사교계를 연상시키는 야한 구석이 있었다. 앤젤리카는 야시시한 유럽 패션을 들여와서 지역 부인들이 이를 두고 수군대게 했고, 충동적인 도박꾼이었던 존은 자주 꼭두새벽까지 카드를 치곤 했다. 처치 부부의 파티에서는 휘스트와 루(모두 카드 게임의 일종_역주) 혹은 운으로 하는 게임 등이 펼쳐졌다. 이 연회의 손님들 중 하나였던 해밀턴은 아마 앤젤리카의 사랑이 담긴 눈빛을 따라 서성임으로써 가십 좋아하는 이들의 이목을 끌었을 터였다.

1797년 여름 동안 해밀턴을 따라다녔던 추문의 기색은 이것뿐만이 아니었다. 마리아 레이널즈 사건은 지난 4년 반 동안 비밀리에 잘 숨겨져왔고, 공화파들의 루머 공장과 해밀턴이 '어두운 수군거림'이라 일컫던 곳들에서만 한정적으로 출몰했다.[15] 우연의 일치였는지 그 추문이 드디어 인쇄물에 모습을 드러냈던 때는 처치 부부가 뉴욕으로 돌아온 지 얼마 되지 않았던 시기였으므로, 해밀턴과 앤젤리카에 관한 가십들은 그 불꽃에 땔감을 던지는 꼴이 될 뿐이었다. 6월 말, 해밀턴은 신문을 보다가 '1796년 미합중국 역사The History of the United States for 1796'라는 무해한 제목의 소책자 시리즈가 연이어 출간될 것이라는 광고를 접했다. 광고에 따르면 이 시리즈에는 재무장관으로서 해밀턴이 보였던 행실들과 관련된 문서들이 담길 것이었다. 해밀턴은 곧 이 소책자 제5권을 손에 넣었는데, 이 책은 그가 공직에 있을 당시 부당 행위를 저질렀답시고 과거의 혐의를 재탕하여 제기하면서 제임스 레이널즈와 제이컵 클링먼의 문서들을 언급했다. 7월 8일 해밀턴은 「가제트 오브 더 유나이티드 스테이츠」에 편지를 실어, 그 문서들의 진위는 인정하나 그들이 제기한 혐의들은 거짓이며 오도된 것이라고 지적했다. '그것들은 세상에서 가장 부도덕한 두 명의 남자가

당파 정신의 후원을 받아 감옥에서 풀려나기 위해 억지로 끼워 맞춘 것이다.'[16] 이 소책자는 현재 남아 있지 않지만, 제5권과 제6권에서는 해밀턴에게 간통이라는 추가 혐의를 뒤집어씌웠다.

이 악성 글의 저자는 못생겼고 기형적으로 작았으며 원한을 분출하는 것으로 출세한 스코틀랜드 출신의 남자, 제임스 톰슨 캘린더였다. 그는 에든버러에 살다가 수년 전 영국 정부가 그를 난동 교사로 기소하자 미국으로 도망쳐 온 삼류 작가였다. 영국 의회를 '돈 버는 데만 욕심 있는 무리들'이라 비난하고 영국 헌법이 '가난한 이들에 대한 부자들의 음모'라고 욕하던 그는 미국에 온 뒤 자연스럽게 공화파 무리에 섞여 들어갔으며 벤저민 프랭클린 배시의 「오로라」에 글을 썼다.[17] 당시로부터 몇 년 전 제퍼슨은 캘린더를 '심기증 환자에, 술에 취해 있으며, 한 푼도 없고, 원칙도 없는 (중략) 불쌍한 생물'이라 비난한 바 있었다.[18] 그러나 캘린더가 연방파에게 화살을 겨루기 시작하자 이번에는 제퍼슨도 캘린더를 '천재'이자 '박해를 피해 도망친 과학의 남자'라고 칭송했다.[19] 1797년 6월 말, 캘린더가 벌인 일에 크게 기뻐한 제퍼슨은 그의 집을 찾아 축하 인사를 건네며 그 추문이 담긴 『1796년 미합중국 역사』의 사본 몇 부를 구입했다.

시리즈 합본에서 캘린더는 우선 1796년의 다른 사건들을 되새기다가 이후 해밀턴을 물고 늘어지면서 레이널즈 추문에 접근했다. '이제 우리는 다른 그 어떤 것보다도 더 민감한 사안을 다룰 것이다.'[20] 캘린더는 연방파, 그리고 특히 '연방파의 제1행동가'인 해밀턴이 당시 프랑스 주재 미국 공사를 지내다 미국의 소환을 받고 막 필라델피아에 돌아왔던 제임스 먼로를 다루는 방식을 보고 격노가 치밀었다고 말했다.[21] 먼로가 프랑스 혁명에 호의적인 편파주의를 숨기지 않고 드러내자 해밀턴은 다른 이들과 함께 워싱턴에게 그의 소환을 탄원한 바 있었다. 고향으로 돌아온 면로는 제퍼슨, 버, 앨버트 갤러틴과 머리를 맞대고선 자신의 해임에 대한 분노를 표했다. '면로 씨에게 가해졌던 근거 없는 비난들은 이 글이 출판되는 가장 직접적인 이유가 되었다.' 캘린더가 선언했다.[22] 사실 면로가 캘린더의 계획을 묵인했다는 것은 알렉산더와 엘리자 해밀턴에게 확연히 보였던바, 이들은 면로가 비밀 서약 맹세를 깨고선 레이널즈 문서들을 유출했다고 굳게 믿게 되었다.

캘린더는 해밀턴이 뒤집어쓰고 있는 빼어난 덕목의 허례허식을 벗겨 버리겠다고 독자들에게 약속하면서, '우리는 머지않아 이 위대한 도덕의 주인이 한 가정의 아버지임에도 다른 남자의 아내와 불건전한 서신을 주고받았다는 사실을 고백하는 꼴을 보게 될 것'이라 말했다.[23] 이를 두고 후대는 캘린더가 난봉꾼 해밀턴을 폭로했던 것으로 받아들이지만, 캘린더에게 있어 이는 순전히 부차적 이익일 뿐이었다. 그의 진짜 목적은 자일스 조사로 무혐의가 밝혀졌던 진부한 미신, 즉 해밀턴 재무장관이 남몰래 정부 증권으로 부적절한 투기를 벌임으로써 자신의 배를 불렸다는 바로 그 미신을 다시금 부활시키는 것이었다. 사실 캘린더는 1792년 12월 퓰런버그와 베너블, 면로를 오도했던 바로 그 오류를 태평스럽게도 반복하고 있었다. 해밀턴이 제임스 레이널즈에게 지불한 돈을 간통이 아닌 직권 남용의 증거라 여겼던 것이다.

캘린더의 비난은 깊이 있는 연구에 근거했다는 실없는 허울을 뒤집어 쓰고 있었다. 그는 자신이 손에 넣은 문서들 전부를 출판했는데 이는 해밀턴이 퓰런버그와 베너블, 면로에게 맡겼던 바로 그 문서들이었다. '이토록 많은 서신들이 오직 계집질만을 의미했을 리는 없다.' 캘린더가 말했다. '정말로 그러했을 것이라 믿는 자들은 상식을 가진 남자들 중에 없을 것이다. (중략) 레이널즈와 그의 아내는 모종의 투기가 존재했음을 확인시켜주는 증거다.'[24] 캘린더는 연애 관계가 있었다는 생각 자체를 다음과 같이 비웃었다. '장관의 말 이외에는 다른 증거가 아무것도 없지만, 만일 정말로 (중략) [마리아 레이널즈가] 해밀턴 씨가 가장 좋아하는 이였음을 인정한다 하더라도, 이 행위는 대단히 어리석은 짓이었을 터다. 해밀턴 씨는 자신이 사랑에 눈멀어 있었다고 말할 수밖에 없었고 레이널즈의 영향력과 희망들은 한순간에 사라져버렸다.'[25] 캘린더는 마리아 레이널즈가 해밀턴에게 쓴 연서들의 진위를 부정하면서, 해밀턴이 그것들을 위조했으며 설득력을 높이기 위해 틀린 철자들을 잔뜩 집어넣었다고 추측했다. 이해가 갈 만도 한 것이, 캘린더는 해밀턴만큼 똑똑하고 계산적인 사람이 그토록 열정에 사로잡힌 노예로 지낼 수 있었다는 것을 상상조차 하지 못했다. 캘린더는 해밀턴이 섹스 때문에 입막음 비용을 지불할 만큼 멍청한 사람일 수는 없고, 그렇기 때문에 제임스 레이널즈에게 지불한 돈에는 불법적인 투기가 결합되어 있을 *수밖에 없다*고 주장했다. 캘린더의 말이 일견 옳은 이유는, 해밀턴이 그토록 오래 협박에 굴종했다는 것도 확실히 이해하기 힘든 일이기 때문이다.

　캘린더와 그의 동료들이 왜 하필 그해 여름에 레이널즈 추문을 폭로했는지 또한 미스터리다. 캘린더는 제임스 먼로의 소환 때문이라고 언급했지만, 여기에는 또 다른 이유들도 있었다. 만일 워싱턴이 그때까지도 관직에 있었다면 이 악명 높은 폭로는 절대로 출판되지 못했을 것이다. 공화파 소책자 집필자들에게 있어 이 시기는 그야말로 연방파 사냥 시즌이나 다름없었다. 캘린더는 해밀턴이 워싱턴에게 행했던 만큼의 영향력을 애덤스에게는 행사하지 못하게끔 예방하고자 했고, 워싱턴이란 사람은 해밀턴이 써준 대본을 그대로 읽기만 하는 꼭두각시였다며 그의 평판을 더럽히려 했다. 캘린더는 해밀턴이 워싱턴으로부터 연설문이 담긴 사적소포와 함께 그것을 다시 써달라는 부탁을 종종 받았다고 주장하며 다음과 같이 말했다. '"그와 같은 소포 꾸러미에 어떤 것들이 들어 있었을 것 같소?" 해밀턴 씨가 말했다. "친애하는 해밀턴, *나를 위해 이것을 제대로 다시 써주오.*" (이후 해밀턴은 다음과 같이 말했다고 한다.) "그 안에는 연설문 혹은 편지가 들어 있었으며, 내가 그것을 다시 쓴 후 돌려보내면 그 망할 늙은 멍청이는 마치 *자신이 그것을 쓴 것처럼* 굴었소.'"[26] 확실히 캘린더 는 워싱턴의 고별 연설 대부분을 해밀턴이 대필했다는 소문을 알고 있는 모양이었다.

캘린더의 폭로가 이 시기에 이루어진 이유에 관한 설득력 있는 설명이 한 가지 더 있다. 제퍼슨의 사생활을 공개적으로 파헤쳤던 첫 번째 시도 로 해밀턴이 지난가을 내놓았던 '포키온' 사설들과 관계가 있다는 설이 그것이다. 앞서 살펴봤듯 지난 1796년 10월 15일에 해밀턴은 샐리 헤밍 스를 넌지시 언급하려는 듯한 모습을 보인 바 있었다. 10월 19일, 해밀턴 은 한층 더 거친 숨을 몰아쉬며 제퍼슨의 '소박함과 겸손함은 귀족적인 화려함, 호색, 그리고 쾌락주의를 보여주는 내부 증거들을 가리려는 조 잡한 장막이었을 뿐'이었다고 말했다.[27] 이후 10월 23일, 제퍼슨주의 「오 로라」에 실린 익명의 답신에서는 레이널즈 사건이 사상 최초로, 또 신중 한 어조로 암시되었다. 월콧 재무장관을 향하는 그 글은 그가 1792년 12 월에 '그의 친구이자 후견인 그리고 선임자였던 그자가 저지른, 진정으로 부정한 행실의 아주 미심쩍은 측면에 대해 극도의 신중을 기하며 조사하 게 했을 것임이 분명한 상황'에서 모종의 비밀을 공유한 것이 아니었냐 고 묻는 내용이었다.[28] 저자는 보다 상세한 사항들을 언급하겠다고 협박했 다. '그 거래가 이루어졌던 상황에 대한 글을 펴내는 것이 그것에 관련된 사람들의 명예나 평판을 드높이는 것이었다면 왜 그 주제는 이토록 오래, 또 이토록 조심스럽게 묵살되어왔겠는가?'[29] 이 메시지를 제대로 받은 해 밀턴은 이후 이어진 '포키온' 사설들에서 제퍼슨의 성생활에 대해서는 갑 자기 침묵을 지키기 시작했다.

「오로라」를 통해 이처럼 위협적인 소음을 냈던 이는 아마 최근 하원의 회의 서기 자리를 그만둔 존 베클리였을 것이다. 그는 연방파에 대한 복수로 레이널즈 문서를 캘린더에게 유출했거나, 혹은 그저 일자리를 관둔 후 더 이상 자신은 침묵을 지킬 도덕적 의무가 없다고 생각했을 수도 있다. 먼로가 직접 나서서 베클리를 그 장본인으로 지목했다. "아시겠지만, 저는 그 문제의 문서들을 출판한 사람이 베클리라고 추정합니다." 그가 에런 버에게 말했다.[30] 그러나 애초에 베클리에게 그 문서를 쥐어준 것은 먼로였으므로, 그는 자신이 맡았던 문서들에 대한 비밀 서약을 지키지 않았고 그 기밀이 깨졌다는 사실 또한 그동안 내내 알고 있었음을 버에게 인정한 셈이었다. 알렉산더와 엘리자는 제임스 먼로에게 책임이 있다 여겼고 이 생각을 결코 버리지 않았다.

그림자 속의 정보원이자 음모의 달인이었던 베클리는 계속해서 공화파 정당 정치의 뒤쪽에서 은밀히 움직였다. 그는 정치사에서 흔히 등장하는, 권력자들이 모이는 곳의 옆방에 도사리고 있으면서 귀중한 정보들을 주워듣고 흡수하는 보좌관 같은 종류의 인물이었다. 버지니아 주 하원의회 직원에서 시작했던 베클리는 당시 최고행정관이었던 제퍼슨으로부터 이 나라의 능력 있는 서기로 꼽힌 바 있었다. 이후 연방 하원의회 최초의 서기가 된 베클리는 하원의장 프레더릭 뮬런버그의 후배였는데, 이는 그가 어떻게 레이널즈 추문에 휘말려 들어갔는지를 설명해줄 또 다른 이유가 될 수도 있다. 베클리의 소박한 직함만으로는 그가 행사했던 어마어마한 권력을 담아낼 수 없었을 것이기 때문이다. 매디슨, 먼로, 윌리엄 브랜치 자일스 등 영향력 있는 공화파 인사들은 그의 집에 모여 이야기를 나누곤 했다. 해밀턴의 아들이 남긴 말에 따르면, 그들은 해밀턴이 아플 때 "해밀턴에게 빠른 죽음을!"이라는 악의 넘치는 건배를 올린 적도 있다고 한다.[31]

베클리에겐 정치적 지성에 대한 채울 수 없는 갈증이 있었다. 벤저민 러시는 베클리에 대해 이렇게 말했다. '그에겐 사람들이나 이런저런 것들에 대해 축적해둔 정보가 있지만, 그의 원칙들에 있어 그것보다 더 도움이 되는 것은 그가 우리의 걸출한 애국자 두 명, 제퍼슨 씨와 매디슨 씨의 신뢰를 받고 있다는 점이다.'[32] 베클리는 해밀턴과 워싱턴에게 해가 될 만한 정보들을 발굴하고자 끊임없이 애썼는데, 이는 그 두 인물이 친영주의 군주제를 세우려는 음모를 꾀하고 있다는 공화파의 공상을 충족시켜주기 위한 것이었다. 제퍼슨은 베클리에게 한결같이 굳건한 경애를 보냈으며, 본인이 대통령으로 당선되자 베클리를 하원의회 서기로 복직시켰고, 더 많은 영광을 안겨주기 위해 그를 최초의 국회도서관 사서로 임명했다.

해밀턴은 제퍼슨이 캘린더 폭로 사건의 배후에 있는 음모자들 중 한 명이라고 생각했다. 제퍼슨의 비서였던 윌리엄 A. 버웰William A. Burwell의 말에 따르면, 마리아 레이널즈 사건이 밝혀지던 무렵 해밀턴은 제퍼슨에게 수년 전 그가 관련되었던 수치스러운 일화를 대중에게 공개하겠다고 협박한 적이 있었다. 제퍼슨이 자신의 친구이자 버지니아 이웃인 존 워커John Walker의 아내, 벳시 워커Betsey Walker를 수차례 유혹하려 했다는 것에 대한 이야기였다. 이런 이유로 아마 갈등을 겪었을 제퍼슨은 캘린더를 도왔지만 다른 한편으로는 해밀턴에 대한 공격을 이제 그만 자제하라고 촉구했다. 캘린더는 제퍼슨이 '[레이널즈] 문서들은 숨겨야만 한다고 조언했지만 (중략) 그의 중재는 이미 때 늦은 것이었다'고 보고했다.[33]

캘린더가 제기한 혐의가 신문에 실리자 해밀턴은 고통스러운 궁지에 몰렸다. 자신의 긍지에 미치지 못하는 일로 치부하고선 그 혐의를 무시해야만 하는가, 아니면 공개적으로 그것을 반박해야 하는가? 그의 친구들은 전략적으로 침묵을 지킬 것을 조언했다. 월콧은 해밀턴에게 답변을 자제하라고 설득하려 하면서, 그에게 '비열하게도 이 추문을 출판한 자들에 대한 격분'을 이야기했다.[34] 그 어떤 변호도 소용없을 것이라 여겼던 제러 마이아 워즈워스는 해밀턴에게 '새로운 중상을 만들어내기란 쉬운 일이 니 그것에 답해주는 것은 끝도 없을 수 있다'고 경고했다.[35] 조언들을 귀 담아 듣지 않았던 해밀턴은 기나긴 답변을 쓰기로 결심했다. 그는 중대한 결정을 내릴 때마다 자기 내면의 목소리에 귀를 기울였다. 평소대로 그는 동료들에게 자신이 중상모략을 무시하려 했으나, 제임스 레이널즈에게 돈을 지불한 것은 간통과 재물 강탈에 관련된 것이었다는 자신의 진술을 1792년 당시 뮬런버그와 베너블, 먼로가 믿지 않았었다는 점이 캘린더의 글에 암시되어 있었다고 말했다. 캘린더는 만일 그 세 남자들과 주고받 은 서신들의 일부분만 발췌하여 출판하는 데 그쳤다면 자신은 진실을 가 리려 한다는 비난을 받을 것이라고 해밀턴에게 경고하면서 판을 키웠다. 7월 12일의 공개 투서에서 그는 대중이 '오래전부터 당신을 걸출하고 능 력 있는 정치인으로 알고 있었다'고 말하며 해밀턴을 조롱했다. 그의 사 랑꾼다운 면모가 새로이 드러난다면 그것을 보는 대중도 크게 기뻐할 것 이라는 이야기였다.[36]

이제 해밀턴은 언제나 해왔던 일, 즉 자신을 비난하는 사람들을 말에 잠겨 죽게 만들려는 일에 착수했다. 7월 중순, 그는 자신의 친구인 사우스 캐롤라이나의 윌리엄 루턴 스미스와 함께 필라델피아의 여관에 몸을 숨 긴 채 소작 농부들 사이에 껴 앉았다. 가족과 마주한 채 자신의 죄를 고백 하고 싶지 않았던 것이다. 혹자는 그가 자신의 책상 위로 몸을 숙인 채 맹 렬한 기세로 책상을 긁고 있었다고도 말했다. 스미스의 말에 따르면 해밀 턴은 열의와 복수심을 불태우며 글을 썼고, '그가 처한 복잡한 상황을 고 려한다면 상당히 훌륭한 건강과 훌륭한 정신 상태에 있었다.'고 한다.'[37] 수개월 전 스미스에게 자신의 허약한 체력을 불평했던 적이 있었던 해밀턴은 이제 전투 준비 상태에 돌입하여, 자신이 마주한 적군들을 향해 허세 섞인 글을 날리고 있었다.

이 한바탕의 글쓰기는 95쪽짜리 소책자를 탄생시켰다. 37쪽에 이르는 개인사의 고백에다 58쪽에 달하는 편지들과 선서 진술서들이 덧붙여진 이 소책자(이후 『고찰』_역주)는 보통 '레이널즈 소책자'로 불렸지만, 원래는 『1796년 미합중국 역사』 제5, 6권에 실린 특정 문서들에 대한 고찰, 알렉산더 해밀턴 전 재무장관에 대한 투기 의혹이 완전히 해소되다, 본인 저술Observations on Certain Documents Contained in No.V & VI of 'The History of the United States for the Year 1796', in Which the Charge of Speculation Against Alexander Hamilton, Late Secretary of the Treasury, Is Fully Refuted, Written by Himself'이라는 긴 제목을 가지고 있었다.[38] 해밀턴은 자신이 받은 특정 혐의들을 검토하기에 앞서, 우선 캘린더의 소책자가 정치적 맥락을 가지고 있다면서 진정한 적은 '자코뱅주의 정신'임을 명확히 했다. 미국의 자코뱅주의는 그 악행을 실현시키기 위해 중상모략을 동원하여 '곧은 원칙들을 가졌으며 그 어떤 시련도 견뎌낼 의지와 능력이 있는 남자의 영향력이 모든 사안에 있어 발휘되지 못하도록' 만들려 했다는 말이었다.[39] 이로써 해밀턴은 또 한 번 자신의 개인적인 방어를 곧 국가를 지키기 위한 종말 직전의 십자군 운동처럼 그리고자 했다.

수년간 관직에 몸담으면서 재정적으로 크게 희생했던 해밀턴이 탐욕스럽다는 혐의를 받는 것은 다시금 슬프고 웃긴 일이었다. 『고찰』에서 그는 '재산의 취득을 갈망한다기보다는 오히려 그것에 무관심'한 것이 자기 성격의 특징이라고 말했다.[40] 이후 그는 역사상 미국 공무원들의 입에서 나온 고백들 중 가장 솔직한 것을 통해 문제의 핵심을 짚었다. '내가 제임스 레이널즈와 부적절한 금전상의 투기를 목적으로 관계되었다는 것이 나에게 씌워진 혐의다. 그러나 내가 정말로 저지른 범죄는 그의 아내와 가졌던 연애 관계다. 그 관계는 그가 알지 못하거나 묵인하는 상황에서 상당히 오랜 기간 지속되었는데, 이는 애초에 그 남편과 아내가 서로 짜고 나에게서 돈을 갈취하기 위해 작정한 일일 수도 있다.'[41] 그토록 오랜 세월이 지났음에도 해밀턴은 여전히 마리아 레이널즈가 자신의 남편과 처음부터 공모한 것인지, 혹은 시간이 지나면서 그렇게 된 것인지의 사이에서 흔들리고 있었다. 해밀턴은 만일 자신이 정말로 부패한 공무원*이었다면* 제임스 레이널즈보다는 더 중요한 사람을 공범으로 선택했을 것이라고 조롱했다. '한 국가의 돈을 관리하는 부처 수장, 그것도 자신의 신뢰와 진실성을 내다버리는 위험을 무릅쓸 만큼 부도덕한 사람이, 훨씬 더 충분한 이익을 끌어낼 수 있도록 레이널즈보다 훨씬 더 중요한 사람들 무리를 대상으로 삼지 못했다면 그것은 아주 기이한 일일 것이다.'[42] 또한 만일 레이널즈와 결탁했다면 그는 50달러라는 비교적 적은 돈만을 건네진 않았을 것이었다.

해밀턴의 전략은 단순했다. 그는 자신의 공적인 명예를 지키기 위해 사적인 평판이 희생되는 일을 감수한 것이다. 그는 이것이 엘리자에게 무엇보다도 격렬한 고문이 되리라는 사실을 알고 있었다. 그는 막 윌리엄 해밀턴에게 아내와 함께 이보다 더 행복할 수 없는 삶을 살고 있다고 얘기하지 않았던가? 이제 그는 그녀에게 남편의 배반이라는 악몽 같은 이야기를 선사해주고 있었다. 그는 자신을 고발한 이들에 대해 '그런 사람들은 무엇도 존중하지 않는다. 죄 없고 사랑스러운 아내와의 평화 또한 그 남편에 대한 자신들의 끝없는 분노를 채우는 데 필요한 먹잇감으로 반길 것'이라며 화난 어조로 말했다.[43] 우리는 해밀턴의 이 소책자가 엘리자와 사전에 논의된 것인지의 여부를 모른다. 불륜을 인정한 이후 그는 다음과 같이 말을 이어나갔다. '이 고백은 부끄럼 없이 나온 것이 아니다. (중략) 나의 모든 감사와 신의, 사랑에 대한 완전한 권리를 가지고 있는 한 사람의 가슴에 일으켰을 고통을 생각하면 나는 나 자신에 대한 저주를 멈출

알렉산더 해밀턴

수 없다. 그러나 그 사람은 애정보다는 오히려 숭상에 가까운 태도로 소중히 여기는 한 이름, 그것에 생긴 가장 심각한 얼룩을 내가 그토록 큰 값어치를 치르고서라도 완전히 없애버려야 한다는 점을 인정해줄 것이다.'[44]

한결같았던 엘리자는 오명을 씻어내고자 하는 해밀턴에 동조해주었을 수도 있다. 그러나 이 소책자를 읽은 독자들은 해밀턴이 간단한 사과와 함께 자신의 잘못을 인정하는 것에 그치지 않고 왜 거의 악당 소설처럼 상세한 이야기를 들려주는 편을 택했는지 분명 궁금해했을 것이다. 그는 1791년 여름 마리아 레이널즈가 자신의 집을 찾아온 이야기, 그날 저녁 그녀의 집에 찾아간 이야기, 그리고 그녀의 침실로 초대된 이야기를 풀어놓았다. 이와 같은 상세한 묘사는 대중의 호기심을 상당히 채워준 것과는 별개로 엘리자에게 큰 수치를 안겨줄 수밖에 없었다. 해밀턴이 토해낸 그 모든 말도 - '나는 그 멍청한 짓거리로 인해 아주 큰 벌을 받아왔으며 나 자신에 대한 역겨움과 저주 없이는 그 일을 떠올릴 수조차 없다.' - 그가 엘리자를 공개적인 굴욕 앞에 내던졌다는 사실을 감춰주진 못했다.[45]

왜 해밀턴은 이처럼 장황하고 두서없는 고백을 했던 것일까? 그는 자신의 성격에 대한 끔찍한 비방들에 넌더리를 냈으며 언젠가는 그것을 모조리 밝히겠노라고 결심한 상태였다. 그는 알려져 있는 사실을 모두를 아우르는 설명을 내놓고자 했으며 적군들이 오해할 여지 또한 남기지 않으려 했다. 게다가 캘린더는 이미 자신이 이 이야기의 일부만을 폭로한 것이라며 협박한 바 있었다. 제퍼슨주의 신화의 미묘한 마키아벨리형 인물과는 거리가 멀었던 해밀턴은 또다시 자신을 과하게 드러내버리고 말았다. '그보다 더 이중성을 업신여기거나 솔직함을 갖춘 남자도 또 없었다.' 피셔 에임스가 한 말이다.[46] 해밀턴은 현명한 침묵을 지킬 줄 몰랐다. 그는 아마도 자신의 외도를 증명하고 부패 혐의를 반박하는 가장 좋은 방법은 엄청나게 상세한 이야기로 독자들을 압도하는 것이라고 상상했을

30 · 태양과 너무도 가까이 날아

것이다. 모든 정치적 싸움에서도 그러했듯, 공격에 응수하는 데 있어 해밀턴은 자신이 가진 모든 언어의 무기를 휘둘러 적을 위압하려는 충동에 사로잡혔다. 그는 스스로가 죄인이라기보다는 정의로운 사람이며, 계략을 쓰는 적들로부터 부당한 비방을 당한 사람이라 여겼다. 그렇기에 자신의 적들에게 보복을 하기로 결심했던 것이다.

해밀턴의 별난 행동들은 지난 수년 동안에도 휘황찬란하게 빛나면서 온 나라를 질리게 만들었지만, 그중에서도 가장 강력했던 것은 레이널즈 소책자 사건이었다. 그러했다. 그의 친구들은 그의 잘못된 판단에 어리둥절해했다. 헨리 녹스는 '극도로 수치스럽다'는 평결을 내렸고[47] 로버트 트루프는 해밀턴의 '무분별한 소책자는 그에게 상상조차 할 수 없는 상처를 남겼다'고 평했다.[48] 윌리엄 루턴 스미스는 해밀턴이 캘린더의 혐의를 쳐내긴 했으나 '그토록 위대한 남자가 대중의 앞에 그토록 민감한 문제로 끌려 나오는 모습과, 가정 내의 부정不貞을 냉정한 세계에 맡겨버리는 모습은 지켜보기가 고통스러운 일'이라고 생각했다.[49] 노아 웹스터는 왜 해밀턴만큼의 지위를 누리는 사람이 '그 누구도 믿지 않는 혐의에서 벗어나기 위하여 자신의 개인적인 모의에 관한 역사를 밝히고, 모든 선한 사람들이 자신을 낮추어보게끔 만들며, 가족을 추문에 처하게 만들었는지'를 의아해했다.[50] 해밀턴의 가족이 훗날 시중에 남아 있는 모든 소책자들을 사들여 없애버리려 했던 것도 이해가 갈 만한 일이다.

공화파 언론은 이 소책자로 만찬을 벌였으며 이후 수년간 두고두고 이를 회자했다. 이후로 내내 해밀턴은 성욕을 주체하지 못했던 재무장관으로 그려질 터였다. 캘린더는 해밀턴의 경솔함에 즐거워하며 제퍼슨에게 말했다. "아직 보지 못하셨다면, 무엇을 예상하시든 그 글의 파렴치함을 따라갈 수는 없을 것입니다. 이는 미국에서 가장 글 잘 쓰는 사람 쉰 명을 데려와 그를 공격하게 한 것과 마찬가지입니다."[51] 캘린더는 이를 다룬 이야기를 갈무리하면서, 그 '소책자에 담긴 모든 증거들은 나는 난봉꾼이 며 따라서 사기꾼은 되지 못합니다, 라는 공상에 의거하고 있다'고 조롱 했다.[52] 「오로라」 또한 비슷한 식의 반응을 내놓으며 해밀턴의 말을 약간 바꾸어 썼다. '나는 *투기꾼*이라는 (중략) 혐의를 (중략) 지독히도 받아왔지 만, 나는 오직 *간통범*이었을 뿐이다. 나는 *여덟 번째* 십계명을 어기지 않 았다. (중략) 내가 어긴 것은 *일곱 번째* 십계명일 뿐이다.'[53] (십계명 중 일곱 번째는 '간음하지 말라', 여덟 번째는 '도둑질하지 말라'임_역주)

해밀턴은 자신의 사적인 덕을 희생시킴으로써 최소한 결점 없는 공적 인 기록을 남길 수 있을 것이라 상상했던 듯하다. 그러나 그가 제퍼슨의 반응을 보았다면 아마 크게 낙심했을 것이다. 버지니아 정치인이었던 존 테일러John Taylor에게 보내는 편지에서 제퍼슨은 해밀턴이 '간통으로 유죄 선고를 자처하는 모습은 그가 투기에도 실제로 죄가 있었다는 의혹을 약 화시키긴커녕 오히려 강화시켜준 것처럼 보인다'고 말했다.[54] 매디슨은 한층 더 지각 있는 반응을 보였다. '그 책자는 (중략) 그 저자의 기발한 우 둔함을 보여주는 기이한 표본이다. 애초에 그것을 출판했다는 것에 버금 가는 오류는, 소박함과 솔직함은 오로지 신중함만이 순결함에게 입혀줄 수 있는 옷이라는 점을 그가 잊어버렸다는 데 있다.'[55]

이미 해밀턴을 난봉꾼이라 여기고 있었던 존과 애비게일 애덤스는 이 로써 자신들이 품었던 의혹을 완전히 확인받은 셈이 되었다. 소책자가 출 판되기 이전, 애비게일은 해밀턴을 두고 남편에게 이렇게 말했다. "오, 저 는 그의 사악한 눈에서 그의 마음을 읽었어요. 악마가 바로 그곳에 있더 군요. 그것은 호색 그 자체였어요."[56] 티머시 피커링 국무장관은 애덤스가 대통령이 된 직후 애비게일이 피커링 부인을 불렀던 일을 회고했다. '애 비게일은 그녀를 데리고 마차 산책을 나갔다. (중략) 아내는 이후 애덤스 부인이 여성에 관한 해밀턴의 음탕한 됨됨이를 곱씹었다고 내게 이야기해주었다.'[57] 추문이 터지자 애덤스 부부는 해밀턴의 행동 그 자체보다도 그것을 인정하는 그의 솔직함에 놀랐을 것이다. 1797년 11월, 넉 달 동안 자리를 비웠다가 막 필라델피아로 돌아온 애비게일은 레이널즈 소책자에 관해 글을 남겼다. '아아, 인간의 본성이란 그 얼마나 나약한 것인가.'[58] 존 애덤스는 해밀턴이 워싱턴의 부관을 지낼 때부터 '뉴욕과 필라델피아에서의 방탕한 생활'을 이어가는 내내 못된 짓거리를 벌였었고, 이를 통해 '가장 높은 지위와 가장 순수한 덕을 겸비한 여성들에게 대담하고 염치없이 들이대길 계속해왔다'고 말했다.[59]

성적으로 음탕하다며 해밀턴을 고발한 내용들이 모두 마리아 레이널즈 한 사람과의 이야기로 집결되는지는 쉽사리 판단할 수 없다. 당대의 기록물들에 그의 연애사가 언급된 경우는 레이널즈 사건이 있었던 시기(1791~1792년)와 그것을 폭로했던 시기(1797년) 당시 드문드문 등장하다가 캘린더가 크게 한 건을 터뜨린 이후 폭발적으로 증가했다. 해밀턴이 여자들을 사랑했으며 크나큰 성욕을 가지고 있었다는 것만큼은 분명해 보인다. 그러나 그의 성인생활은 정말로 성적인 정복을 향한 난봉꾼의 일대기였을까? 그의 불륜에는 엄청난 빈정거림이 쏟아졌지만 그가 무분별한 성관계를 맺고 다녔던 것은 아니었으며, 마리아 레이널즈는 우리가 확실히 그와 연결 지을 수 있는 유일한 여성이다. 앤젤리카 처치와의 관계에도 마땅히 의심해볼 구석들이 많지만 그녀는 1783년부터 1797년까지의 대부분 동안 해외에 체류했고, 그녀가 해밀턴과 상호간에 나누었던 다정함이 성관계로까지 이어졌음을 알려주는 증거는 존재하지 않는다. 엘리자를 포함한 스카일러 가문 전체가 해밀턴이 세상을 떠나는 날까지 그를 사랑했다는 점은 그들 간에 노골적인 불륜이 없었음을 강력히 주장해준다. 만일 해밀턴이 엘리자의 언니와 동침하는 사이였다면 과연 그들이 해밀턴을 용인해주었을까? 해밀턴이 세상을 떠난 이후, 경계심 강한 존 베클리는 해밀턴을 '이중 간통범'-아마 마리아 레이널즈와 앤젤리카 처치를 의미하는 것으로 보인다-이라고 불렀으나 나머지 한 사람의 이름은 거론하지 않았다.[60] 알렉산더 해밀턴은 당대 그 누구보다도 논쟁의 중심에 서 있는 정치적 인물이었다. 만일 그에게 또 다른 여자가 있었다면 추문을 사랑하는 공화파 언론들이 그 연애사들을 어떻게 가만히 놔두었겠는가? 만일 다른 여자들이 있었다면 그들의 정체가 두 세기 동안이나 이토록 잘 감춰져왔을 리 없다. 게다가 만일 해밀턴이 난잡하게 놀아났다면 왜 우리는 그의 사생아를 단 한 명도 알지 못하겠는가?

사람들은 해밀턴을 두고 손가락질하며 혀를 차댔지만, 레이널즈 사건은 그의 정치적 위상을 다소 떨어뜨렸을지언정 파괴하지는 못했다. 또한 레이널즈 소책자는 제퍼슨주의 언론들에게 그를 풍자할 먹잇감을 던져준 셈은 되었으나, 연방파가 해밀턴을 완전히 버리는 이유가 되지는 못했다. 매사추세츠의 연방파 판사였던 데이비드 코브David Cobb는 헨리 녹스에게 이렇게 말했다. "지금은 해밀턴이 추락해 있지만, 만일 뉴욕과 필라델피아 모든 도시의 여자들 전부와 간통을 한다면 그는 다시 떠오를 것이오. 정치적 인물로 지냈던 기간 이후에도 순수한 됨됨이를 유지하는 것이 대중의 지지를 받는 데 반드시 필요한 일은 아니기 때문이오."[61] 훗날 존 애덤스가 윌리엄 커닝햄William Cunningham과 주고받은 흥미로운 서신들에 따르면, 커닝햄은 해밀턴의 친구들이 그가 아내에게 소홀했다는 이유로 그를 버리고 떠나지는 않았다고 말했다. 그는 고대 로마의 애국자였던 카토의 이야기를 이에 빗대었다.

카토는 자기 자신을 진실한 사람이라 여겼지만, 들리는 말에 의하면 그에겐 폭음하는 버릇이 있었다고 합니다. 그러나 카토의 친우들은 평상시 그의 탁월함을 너무도 높이 샀기에 이따금씩 그가 제멋대로 취한다 해도 그것을 지켜만 봤다고 합니다. 이에 저는 해밀턴의 이야기도 이해가 갔습니다. 그는 자신의 음란함을 고백했으나, 그 영향을 상쇄할 만큼 정직하다는 평판을 그간 들어왔던 것입니다. 그는 자기의 가장 주요한 덕목들이 모든 결함들의 무게를 능가하게끔 만들겠다고 결심했으며 영원히 그 저울이 기울지 않도록 고정시키고자 했습니다.[62]

해밀턴의 문제에 대해 가장 흥미로운 반응을 보였던 사람은 아마도 공인 중 그를 가장 잘 알고 있었을 인물, 워싱턴이었을 것이다. 8월 21일, 그는 사면초가에 몰린 자신의 친구에게 난데없는 선물을 보내면서 추문은 언급조차 하지 않은 편지를 덧붙였다.

이 물건이 갖는 고유한 가치 때문이 아니라 나의 진실한 관심과 우정에 대한 징표로서, 또 나에 대한 기념물로서 자네가 이 네 구짜리 와인 쿨러를 받아주었으면 하네. (중략) 자네에게 간청하니 해밀턴 부인과 자네 가족에게 나와 워싱턴 부인의 안부를 잘 전해주게나. 또한 자네도 내가 언제나, 가장 드높은 곳의 모든 감정들을 다해서, 자네의 진정한 친구이자 다정하고 영광스러운 종이라는 점을 알아주길 바라네.[63]

추문이 직접 언급되지 않은 이 편지에는 상당한 울림이 담겨 있다. 워싱턴은 해밀턴이 겪는 핍박에 대해 알고 있었으며 그와의 연대를 표하고자 했음을 이 편지는 확인시켜준다. 엘리자 해밀턴은 언제나 이 와인 쿨러를 보물처럼 다루었다. 그녀가 이 선물을 소중히 여겼다는 사실은 그녀가 마리아 레이널즈 추문과 관련하여 어떤 생각을 가지고 있었는지를 말해준다.

해밀턴과 그의 후손들은 언제나 제임스 먼로가 그 범인이었다고 생각했다. 해밀턴의 손자는 레이널즈 사건에 대한 폭로가 '먼로의 주도로 생겨난 비열한 함정' 탓에 벌어진 것이라고 말했다.[64] 1797년 여름, 해밀턴은 먼로가 1792년 당시 레이널즈 문서들을 존 베클리에게 넘겨줬다는 점을 꽤 빨리 알아차렸다. 캘린더는 뮬런버그와 베너블, 먼로가 1792년 12월 15일 해밀턴과 극적인 대담을 가진 후 이에 관하여 남긴 성명을 『1796년 미합중국 역사』에서 재생산했으나, 여기서 그는 그들이 그날 저녁 해밀턴과 이야기를 나눈 이후 *의혹이 모두 사라졌다는 내색을 비추며* 나왔었다는 그들의 말을 인용했다.[65] 이 인용은 그들이 진정으로 해밀턴을 믿지는 않았다는 느낌을 풍겼다. 캘린더가 공개한 것들 중 먼로가 1793년 1월 1일 개인적으로 작성한 기록은 이보다도 한층 더 해로운 영향력을 발휘했다. 이 기록은 제이컵 클링먼과 먼로가 나눈 대화를 적어둔 것으로, 해밀턴과 마리아 레이널즈 간에 있었다는 연애 관계는 그저 해밀턴이 재무부에서 벌인 범법 행위를 가리기 위한 '위장'일 뿐이라고 말했다는 게 그 내용이었다. 먼로는 이 대화를 아무런 사족도 없이 그대로 기록하였으며 이로써 그 내용에 무언의 신빙성을 부여하는 듯 보였다.

이제 해밀턴은 세 명의 의원들에게 즉각 편지를 써서, 1792년 12월에 있었던 모임에 대한 캘린더의 해석에 반박해줄 것을 요청했다. 뮬런버그는 호의적인 태도로 답신을 보내와, 레이널즈 문서들이 출판된 데 대한 유감을 표하면서 자신이 그 당시 해밀턴의 설명을 믿었음을 확언했다. 베너블은 다소 짜증스러운 듯하긴 했으나, 당시 세 사람이 해밀턴의 설명을 받아들였었다는 데 동의하는 답신을 주었다. 그는 또한 레이널즈 문서들이 제임스 먼로의 손에 맡겨졌었다는 중요한 핵심 정보를 해밀턴에게 전했다. '그 문서들의 사본을 제작한 사람[즉, 존 베클리]을 통하지 않았다면, 그들이 그 문서를 얻을 수 있는 다른 길이 제가 알기로는 없었을 것입니다.'[66]

　　　　　　　　　　　　30 · 태양과 너무도 가까이 날아

먼로가 해밀턴의 편지를 받은 것은 그가 마침 뉴욕에 있는 자신의 처가인 코트라이츠Kortrights 가문의 저택에 갈 채비를 하고 있던 때였다. 답신을 보내기에 앞서 먼로는 뮬런버그 및 베너블과 먼저 만나 이야기를 나누고자 했다. 그가 시간을 끄는 데 답답해했던 해밀턴은 자신의 집 근처인 월가에 먼로가 머물고 있다는 소식을 듣자마자 격분했다. 7월 10일, 그는 먼로에게 간결한 쪽지를 보냈다. '해밀턴이 먼로 씨에게 면담을 요청하니, 내일 정오 이전 편하신 시간대로 부탁합니다. 모종의 이유로 그는 한 명의 친구와 동행할 것이며 그 친구는 내내 자리를 지킬 것입니다. 원하신다면 먼로 씨도 다른 이를 데리고 오시기 바랍니다.'[67] 그 딱딱한 격식은 둘째치고서라도, 입회인을 데려오라는 말은 곧 명예의 작업이 치러질 수도 있음을 암시하는 것이었다. 도전을 받아들인 먼로는 해밀턴에게 이튿날 아침 10시에 자신의 집으로 오라는 말을 전했다. 이는 해밀턴의 다사다난한 삶에서도 가장 감정적이었던 맞닥뜨림 중 하나였다.

　제임스 먼로는 키가 크고 잘생겼으며, 꿰뚫어보는 듯한 푸른 눈에 다소 어색한 태도를 겸비한 남자였다. 기민한 위트가 넘쳤던 해밀턴과 달리 먼로는 느릿한 어조와 일반적인 지능의 소유자였다. 제퍼슨을 포함한 먼로의 동료들은 그의 정직함을 높이 샀고, 제퍼슨은 매디슨에게 이렇게 말하기도 했다. "그의 영혼 뒷면을 까발리고자 뒤집어 봐도 거기에는 티끌 하나 없다네."[68] 해밀턴과 마찬가지로 먼로 또한 변변치 않은 출신이었으며, 목수였던 그의 아버지는 독립혁명에서 용감히 싸운 바 있었다. 워싱턴과 함께 델라웨어를 건넜던 먼로는 트렌턴 전투에서 폐를 관통하는 총상을 입었다. 전쟁이 끝날 즈음 그는 제퍼슨을 사사하고 있었으며, 제퍼슨은 그에게 법학을 공부하고 정치에 입문하라며 독려했다. 두 명의 버지니아인들은 노예 해방이 지연되어야 하며, 해방 노예들은 언젠가 아프리카로 이주할 것이라는 믿음을 공유했다. 1780년대 초 연합의회의 일원이었던 먼로는 매디슨과 가까워졌으나 버지니아 주의 협의회에서는 헌법 비준에 반대표를 던졌다.

상원에서 먼로는 매디슨이 하원에서 그랬던 것과 마찬가지로 공화파의 대의에 대해 특별한 열정을 드러냈다. 그는 영국이 부패하고 불안정한 국가니 고려할 가치가 없다고 일축했고, 연방주의자들이 줏대 없이 영국의 종노릇을 하고 있다고 보았으며-그는 해밀턴의 경제 계획들이 '정부를 국민보다 상위에 올리고자 고안되었다'고 비난했다-프랑스와의 대대적인 군사 동맹을 원했다.[69] 또한 먼로는 '프랑스 혁명의 적'은 곧 미국의 '군주제를 원하는 당파'라고 생각했다.[70] 먼로가 미국 공사로서 파리에 도착한 지 5일 만에 로베스피에르가 처형되었으나, 그 모든 학살도 혁명을 향한 먼로의 열병을 식혀주지는 못했다. 그는 자주 프랑스 정부의 편을 들면서 워싱턴은 '영국 사람'이니 그를 무시하라거나 제이 조약에 반대할 것을 조언했다. 이처럼 2년간 불충을 저질렀던 먼로는 워싱턴에게 소환당한 뒤 '순전히 프랑스 정부의 손아귀에 놀아난 도구'였다는 책망을 들었다.[71]

해밀턴은 7월 11일 아침 존 바커 처치와 함께 먼로의 집에 나타났으며, 먼로는 뉴욕 상인이자 공화파 정치인이었던 데이비드 겔스턴David Gelston을 데리고 왔다. 겔스턴은 전 재무장관과 장래 대통령이 될 남자 간의 대결을 선명하게 그렸다. 그가 방 안에 들어간 순간부터 해밀턴은 이미 분노에 차 제정신이 아닌 것처럼 보였다. 겔스턴의 말을 빌리자면 그는 '아주 크게 격앙된 모습'이었으며 1792년 12월의 회동에 대한 기나긴 독백을 시작했다. 겔스턴의 중립적인 기록에서도 우리는 당시 긴장감이 공기 중에서 고동치고 있었음을 느낄 수 있다. 두 적대자들은 눈에 두드러질 만큼 상대에게 화가 나 있었다. 해밀턴은 자신이 먼로와 뮬런버그, 베너블에게 편지를 보냈으며 '그 자신의 명망과 자기 가족들의 평화 및 평판이 너무나 깊이 연루되어 있고 그 성격 또한 매우 시급한 사안이므로 즉각적인 답신을 기대했다'고 말했다. 먼로는 만일 '해밀턴이 한순간만 더 차분하거나 조용히 기다렸더라면 그에게 솔직하게 답신을 보냈을 것'이라고 응수했다.[72]

해밀턴은 먼로에게 레이널즈 문서를 유출했거나 그 기밀을 엄수하지 못했던 적이 있냐고 물었다. 먼로는 자신이 그 문서가 버지니아의 친구 한 사람의 손에 '봉인'되어 있다고 생각했었으며, 자신 또한 그것을 출판하려던 의도는 없었고, 유럽에서 돌아오기 전까지는 그 문서가 출현한 것에 관해서도 전혀 모르고 있었다고 답했다.[73] 이에 해밀턴은 모든 예의를 벗어던져버리고는 "당신의 말은 완전히 거짓이오"라며 먼로를 비난했다.[74] 겔스턴의 말에 따르자면 두 명의 남자는 갑자기 자리에서 벌떡 일어났다. 먼로는 해밀턴을 '악당'이라 불렀고, 이에 해밀턴은 곧바로 의례적인 결투 신청의 어구를 내뱉었다. "당신을 신사답게 만나뵙겠소." 그러자 먼로가 응수했다. "나는 준비되었으니 당신의 권총을 가져오시오."[75]

두 남자가 마치 말싸움하는 소년들처럼 거의 주먹다짐을 벌일 기세였기 때문에 겔스턴과 처치는 진정하라고 달래며 그들을 떼어 놓아야만 했다. 자리에 돌아와 앉은 후에도 겔스턴은 해밀턴이 여전히 '극도로 격앙'되어 있었으며, 먼로는 해밀턴이 진정하면 자신이 아는 것을 이야기하겠다고 얼음장 같은 비난조로 말했다.[76] 겔스턴은 한 시간 남짓 이어진 회동을 마무리 지으면서, 먼로가 필라델피아에서 베너블과 뮬런버그를 만나볼 때까지 해밀턴이 기다려야 하겠다고 말했다. 해밀턴은 마지못해 이에 동의했다.

이 이후부터 그해 내내 해밀턴과 먼로는 끝도 없이 서신을 주고받기 시작했지만 이것으로 해밀턴이 만족한 적은 단 한 번도 없었다. 먼로는 필라델피아의 뮬런버그와 협의를 했고(베너블은 버지니아 주로 떠난 뒤였다)

그 결과로 두 사람이 함께 해밀턴에게 공동 서신을 보내기로 결정했다. 그들은 1792년 12월 그들이 마리아 레이널즈에 관한 해밀턴의 말을 믿었으며 재무부와 관련된 그의 불법 행위들에 대한 모든 의혹도 불식했었음을 확인해주었다. 이 편지들로 하나의 논쟁점이 사라졌고 뮬런버그 또한 무대에서 퇴장했다. 그러나 해밀턴은 이 때문에 또 다른 증거 조각, 즉 제이컵 클링먼이 제기한 성긴 혐의들을 지지하는 것처럼 들렸던 1793년 1월 1일 먼로의 기록을 곱씹게 되었다. 해밀턴은 필라델피아까지 먼로를 따라가 그에게 날선 편지들을 쏟아부으면서 그에게 그 기록 내용을 부인하라고 촉구했다. '알렉산더 해밀턴은 이 도시를 방문하는 호의를 보여주었다.' 「오로라」가 그를 맞이하는 보도를 냈다. '그가 맑은 공기를 마시러 온 것이 아님은 확실하다.'[77] 해밀턴은 먼로가 폭로된 문서의 책임을 맡고 있었다는 점에서 그에게 설교를 늘어놓았다. '명예와 감성의 남자라면 앞으로 나서서, 당신의 대리인 때문에 나에게 미친 불쾌한 영향들로부터 나를 완벽히 보호하고자 하는 태도를 취하는 것이 당신의 의무요. 그러나 당신은 이를 이행하지 않았소.' 이후 해밀턴은 다시 한 번 결투의 전조가 되는 말을 꺼냈다. '이에 따라 나는 당신이 나를 향한 악의 있고 불명예스러운 동기들을 따라왔으며 지금도 그러하다고 생각하기에 이르렀소.'[78]

먼로는 해밀턴의 흉포함에 격분했다. 그는 해밀턴에게, 만일 이 논의를 개인적인 일 – 다른 말로 하자면 결투 – 로 바꾸고자 한다면 자신은 그의 요청에 응할 완전한 준비가 되어 있다고 말했다. 그러나 한편으로 그는 사소한 것을 따지며 책임을 회피하고자 했다. 자신이 아무 덧붙이는 말 없이 클링먼의 말을 그대로 기록하긴 했으나, 그에 동조하지는 않았다는 것이 먼로의 말이었다. 해밀턴은 먼로가 자신에게 혐의를 씌우는 대화를 '기록하고선 비밀리에 보관해둔 것'을 호의적인 행위라고는 보기 어렵다고 지적하면서 신랄하게 응수했다. 이즈음인 7월 말 해밀턴은 자신의 소책자에 대한 출판 여부를 고민하는 중이었는데, 먼로의 완고함은 그를 벼랑 끝으로 몰아 갔던 것이 분명했다. '공개 해명을 하라며 나를 내몰고 있는데, 여론이 영향력을 발휘하는 한 이것으로 우리 간의 일이 판가름될 것이오.' 해밀턴이 그에게 말했다. '한 측만의 호소가 될 터이니 고통스럽겠지만, 나는 모든 이야기들이 모이는 지점에 이르면 내가 원하는 바를 완전히 이룰 것임을 알고 있소.'[79]

8월 초, 해밀턴과 먼로 간의 불화는 명예의 작업을 위한 격식을 갖추기 시작했다. 두 사람 모두 결투를 원하지는 않으나 필요한 경우를 위해 준비해두겠다는 식이었다. 이 칼바람과 엄포는 무엇을 의미했던 것일까? 서로의 편지가 끝도 없이 오갔던 그해 여름, 먼로가 클링먼 메모의 진위는 단지 클링먼이라는 사람의 신의에 달려 있는 것이라고 이야기했더라면 아마 그는 해밀턴을 끊어낼 수도 있었을 것이다. 그러나 자신이 파리에서 소환당했었다는 사실에 여전히 수치심을 느끼고 있었던 먼로는 해밀턴이 편안한 삶을 영위하도록 돕고 싶지 않았다. 다른 한편으로는 해밀턴 또한 너무나 비협조적으로 나왔기 때문에, 체면을 잃지 않는 타협이라는 것이 먼로에겐 어려웠으리라는 점도 눈여겨봐야 할 필요가 있다.

8월 6일, 먼로는 해밀턴과 주고받았던 서신들의 사본을 에런 버에게 보내면서 자신이 결투를 피할 수 있게 도와달라고 요청했다. 확실히 그는 버가 중재자 역할을 할 만큼 해밀턴과 친밀하다고 생각했던 모양이다. 먼로는 자신이 결투에서 물러서지는 않겠지만, 만일 '예법에 맞게' 할 수 있다면 기꺼이 그런 상황을 막겠다고 담담히 말했다.[80] 먼로가 당파적인 이유로 움직이고 있다고 해밀턴이 생각했던 것과 마찬가지로, 먼로 역시 해밀턴이 '당파 친구들'에게 선동되었다고 생각했다. '사실 나는 이 남자를 핍박하고 싶은 마음이 전혀 없소.' 먼로가 버에게 말했다. '그러나 그는 정히 그것을 받아야만 하오. (중략) 나는 그 출판에 관여하지 않았으며, 그것에 유감스러워했고, ☒가 그것에 세간의 이목을 집중시킴으로써 그 사건 자체가 품고 있는 것보다 더한 결과를 초래하는 매우 무분별한 행동을 보였다고 생각했소.'[81] 먼로는 사생아 출신의 해밀턴이 자신의 평판에 영향을 미치는 모든 것들에 얼마나 쉽게 흥분하는지를 이해하지 못했다. 버가 전달한 서신에서, 먼로는 해밀턴에게 자신이 결투를 신청할 의도는 없었다고 말했다. 이에 해밀턴 또한 자신이 이에 대해 더 이상의 어떤 행동을 보이는 것은 부적절할 것이라고 말하며 잠시 한 발짝 물러났다.

이번 논쟁에서 가장 공정한 조언을 내놓았던 사람은 바로 에런 버였다. 그는 주적을 자극하는 옹졸한 마음이나 앙심이 전혀 없어 보였으며, 제퍼슨주의자들과 달리 해밀턴의 진실성을 의심하지 않았다. 그해 8월 버는 먼로에게 해밀턴과 나누었던 서신들을 불태웠으면 한다고 전했다. '만일 당신과 뮬런버그가 H[해밀턴]는 레이널즈와의 투기와 관련된 모든 혐의에 있어 무죄라고 진정으로 생각한다면, 물론 나는 당신들이 그렇게 해야만 한다고 생각합니다만, 공동 성명을 통해 그것을 명확히 이야기하는 편이 관대하고 정의로운 행위가 될 것이라는 게 내 의견입니다. (중략) 분개는 그 목표에 정당성이 부여될 때 한층 더 위엄을 갖추기 마련입니다.'[82] 만일 버가 이미 해밀턴을 싫어하고 있었다면 그는 얼마든지 먼로를 부추겨, 어쩌면 해밀턴이 죽을 수도 있었을 결투를 그 둘이 하게끔 꾀했을 것이다. 그러나 그 대신 그는 해밀턴을 공정하게 대하라고 먼로에게 권고하면서 우아함과 품위를 지켰다. 그는 이번 사건 전체에 걸쳐 강직하게 버틴 유일한 사람이었다.

8월 말에 등장한 해밀턴의 소책자 『고찰』은 먼로와의 불화를 되살려냈으며, 이후 수개월 동안 잡음을 발생시켰다. 소책자를 찬찬히 읽어본 매디슨은 먼로에게 이것이 그의 명예를 위협한 것은 아니라고 다시금 안심시켰지만 먼로는 그의 말을 듣지 않았다. 12월 초, 그는 해밀턴에게 도발

30 · 태양과 너무도 가까이 날아

적인 편지 한 통을 보내어 잠자고 있던 불화를 깨뜨렸다. '내 판단에 따르면 당신은 내가 당신에게 내놓은 설명들로 만족했거나, 그게 아니라면 나를 [명예의] 전장으로 초대하려는 것이겠소.'[83] 버는 결투에 입회할 권한을 가지고 있었으나 이를 조용히 묻어두는 편을 택했다. 무엇보다 그는 해밀턴이 실제로 싸우려 들리라고 생각하지 않았는데, 이 잘못된 판단은 훗날 그 자신이 해밀턴과 맞닥뜨릴 때에도 큰 영향을 미친다. 실제로 해밀턴은 1798년 1월 먼로에게 부득이하다면 결투를 받아들이겠다는 내용의 편지를 작성했으나 다행히도 그들의 대치가 진정되면서 해밀턴이 그 편지를 실제로 부치는 일은 일어나지 않았다. 이후 버는 이번 문제를 포함한 여러 일들을 통해 먼로를 한층 더 낮게 평가하게 되었다. 훗날 먼로의 이름이 잠재적 대통령 후보로 거론되자, 버는 그에 대한 준열한 평가를 휘갈겨 적었다.

> 원체 우둔하고 멍청함. 정말로 글과 친하지 않음. 그를 모르는 사람이라면 믿을 수 없을 정도의 수준으로 우유부단함. 겁쟁이에다 위선적임. 어느 주제에도 의견을 내놓지 못하며 언제나 최악의 사람들에게 휘둘리는 정부가 될 것. 군사 문제에 대해 아는 척을 하고 나 또한 직접 이를 들어봤지만 정작 단 한 소대도 지휘해본 적 없고 그럴 수 있을 만한 그릇도 아님. (중략) 변호사로서의 먼로는 평범한 수준에도 훨씬 못 미침.[84]

해밀턴의 소책자에 대한 광고가 「가제트 오브 더 유나이티드 스테이츠」에 처음으로 실린 것은 7월 31일이지만, 소책자는 8월 25일에서야 실제로 출판되었다. 해밀턴이 자신에 대한 변호를 그토록 황급히 완성시키고자 했음에도 이런 간극이 생겼던 이유는 무엇일까? 해밀턴이 선거 진술서를 모으는 데도 어느 정도 시간이 걸렸을 수도 있지만, 무엇보다 가장 중요한 이유는 따로 있었다. 엘리자가 여섯 번째 아이를 임신한 것이다. 지난번의 유산으로 이번 아이는 장장 5년 만에 그들이 맞이하는 아이가 될 터였다. 해밀턴은 자신이 3년 전 위스키 반란을 진압하러 떠났을 때처럼, 이번에도 자신의 행실에 대한 폭로가 또 다른 유산으로 이어질까 두려워했을 것이 분명했다. 소책자의 발행을 늦춘 해밀턴의 선택은 엘리자에게도 좋은 유예가 되었다. 1797년 8월 4일, 그녀는 건강한 아기를 낳아 윌리엄 스티븐 해밀턴William Stephen Hamilton이라는 이름을 지어주었고, 아기는 트리니티 교회에서 벤저민 무어 목사로부터 영아 세례를 받았다. '해밀턴 부인이 최근 또 다른 아들 한 명을 가족에 더해주었습니다.' 8월 말 와인 쿨러를 받은 이후 해밀턴이 워싱턴에게 전했다. '아내와 아이는 모두 건강합니다.'[85] 이 아이의 이름은 아마 해밀턴과 스코틀랜드 삼촌의 새로운 인연을 축하하고, 또한 해밀턴의 동서이자 당시 첫째 딸의 죽음으로 슬픔에 잠겨 있었던 스티븐 반 렌셀레어에게 경의를 표하기 위한 이름이었을 것이다.

공화파 언론들은 레이널즈 폭로 사건을 엘리자에게 그보다 더 불쾌할 수 없는 사건으로 만들어주었다. '아내는 어디에 있는가?' 「오로라」가 그녀에게 물었다. '당신이 반려자로 선택했던 그자가 매춘부의 무릎 위에서 놀아나고 있는 꼴을 보라!'[86] 엘리자는 레이널즈 추문을 단 한 번도 공개적으로 언급한 적이 없었으나, 우리는 몇몇 토막 정보들에서 그녀가 대체로 어떤 반응을 보였는지를 추론해볼 수 있다. 7월 13일 존 베이커 처치는 당시 필라델피아에 머물고 있던 해밀턴에게 한 통의 편지를 보내어, 얼마 전 캘린더가 펴낸 투서에 대한 엘리자의 반응을 전해주었다. '엘리자는 잘 지낸다네. 그녀는 자네에게 보내는 제임스 톰슨 캘린더의 투서가 실린 신문을 내 손에 쥐어주었네. 그러나 그것은 그녀에게 조금도 영향을 주지 못했고, 그저 그녀는 자네에게 반대하는 자들의 무리를 모조리 (악당이라고) 여길 뿐일세.'[87] 이는 몇 가지 점을 알려준다. 엘리자는 해밀턴을 비난하는 이들에게 화가 나 있었으며, 배후에 음모가 있다고 생각했고, 남편의 진실성에 대한 믿음이 흔들리지 않았다는 점 등이 그것이다. 물론 이 시점은 해밀턴이 자신의 간통에 대한 충격적인 사실들을 직접 낱낱이 밝히는 소책자를 출판하기 이전이었다. 훗날 「오로라」는 '아내와 가족이 자리를 비운 동안 그는 부도덕한 여인을 자신의 침대에 들여 집 안의 신성한 안식처를 침해했음을 (중략) 인정했다'고 소리쳤다.[88] 그러나 이때부터 엘리자는 자신의 남편에게 거의 군인과도 같은 충직함을 보여주었는데, 이는 미망인이 된 후에도 계속 그녀를 돋보이게 만들어줄 터였다. 처치는 또한 해밀턴에게 앤젤리카가 아팠다는 이야기를 전했다. '나의 앤젤리카는 그다지 잘 지내지 못한다네. 그녀는 자기 목이 조금 부었다고 이야기하는데, 이것이 그리 오래가지 않기를 바라고 있네.'[89]

해밀턴은 필라델피아에서 자백을 쏟아내고 있던 때에도 엘리자를 각별히 신경 썼다. 그는 이 소책자로 인해 그녀가 품고 있는 영웅다운 남편의 이미지가 최소한 잠시나마 흔들릴 것임을 알았으며, 그 우려로 불안에 떨었을 것이 분명하다. 그는 엘리자에게 자신이 그녀를 '안아주고 우리의 사랑하는 앤젤리카와 어울리기를' 열렬히 바라고 있다는 편지를 보냈다. '나는 당신들 둘 모두가 매우 걱정되오. 당신이야 왜인지는 말할 것도 없고, 그녀는 얼마 전 처치 씨가 보낸 편지에 따르면 *목이 부었다*고 하니 말이오. 나의 안녕과 행복을 위한다면 당신과 그녀에게 달려가도록 해주오. 당신들이 곧 나의 모든 행복이니. 잘 있으시오, 천사여.'[90] 이틀 후 해밀턴은 또다시 편지를 써서 내일 자신이 뉴욕으로 돌아갈 것을 전했다. '앤젤리카와 처치에게 사랑을 보내오. 나의 사랑하는 갈색머리에게 보내는 사랑은 내 품 가득 안고 가겠소.'[91]

엘리자는 올버니에서 아기를 낳기로 결심했다. 죄책감에 시달리던 해밀턴은 그녀를 다시 허드슨 강으로 싣고 갈 범선까지 데려다주었으나, 그녀와 함께 가지는 않았다. 아마도 당시 엘리자에게 있어 그의 존재는 너무 큰 스트레스였을 것이다. 앤젤리카는 엘리자를 범선에 데려다주고 돌아온 해밀턴의 모습을 보고선 그녀에게 위로의 편지를 썼다. 앤젤리카는 언제나 세상 경험이 많고 그녀를 보호하려는 큰언니로서 편지를 썼으며, 엘리자를 자주 '사랑하는 우리 아이'라고 불렀다. 그녀는 엘리자가 순수한 마음을 가지고 있으며 쉽게 상처 받는다는 것을 알고 있었으나 자신의 제부가 저지른 잘못도 기꺼이 참작해주고자 했다.

> 범선에서 돌아온 그[해밀턴]는 상당히 얼이 빠져 있었고 그날 저녁 내내 너의 이야기를 했단다. 캐서린[앤젤리카의 딸]이 그를 위해 하프시코드를 연주했고 10시쯤 그는 집으로 돌아갔어. 너의 친절하고 다정한 마음을 달래려무나, 나의 사랑하는 엘리자. 처치 씨가 나에게 그 무엇보다도 확고히 이야기해주었는데, 우리에게 쉽지 않은 그 모든 상황들을 만들어내고 네 기분을 아프게 했던 그 더러운 작자들이 이제는 완전히 입을 다물었다는구나. 매력과 덕, 재능은 적들을 수반하기 마련이며 언제나 질투에 노출되기 십상이니, 나의 엘리자, 그토록 다정한 한 남자의 자리에 따르는 악조건들을 너도 볼 수 있겠지. 네가 이보다 *태양과 가깝지* 않은 가문과 결혼했다면 너는 이 모든 고통도 겪지 않았을 거야. 하지만 그 긍지와 그 기쁨, 그 이름 없는 만족들을 (너는 아마 그리워했겠지).[92]

앤젤리카는 이 편지에 '나의 모든 사랑과 두 배의 다정함을 담아,' 라고 서명했다.[93] 엘리자는 중압감에 무너지지 않았다. 혹자는 그녀가 이전에도 해밀턴의 은밀한 간통들을 견뎌내왔으나 이토록 공개적인 추문은 없었을 것이라고 상상한다. 그녀 또한 해밀턴과의 결혼생활을 앤젤리카와 같은 시각에서 바라보았을까? 다시 말해, 그토록 비범한 남자와의 결혼에는 상당한 고통과 괴로움이 뒤따르고, 그의 사랑과 지성 그리고 매력은 그것을 충분히 보상해줄 수 있을 것이라고 엘리자도 생각했을까? 그녀의 여생을 보면 그녀 또한 진실로 그렇게 생각했음을 추측해볼 수 있다. 해밀턴의 소책자가 출판된 이후 엘리자는 마리아 레이널즈가 얼마나 천박하고 배우지 못한 사람이었는지를 알게 되었고, 해밀턴이 한편으로는 불륜을 저지르면서도 다른 한편으론 건강을 위해 올버니에 머무르라는 말로 얼마나 가벼이 자신을 속였는지 알게 되면서 말로는 다할 수 없을 만큼의 굴욕감을 느꼈을 것이 분명했다. 그러나 마음속으로 어떤 고통을 겪었는지는 몰라도, 엘리자는 자신의 남편이 국민들에게 존중받아 마땅한 고결한 애국자이자, 비도덕적인 작자들 때문에 십자가형을 받고 만 사람이라는 생각을 결코 버리지 않았다. 훗날 그녀가 고아들을 돌보았던 일과 수십 년에 걸쳐 남편의 문서들을 모으고 전기 집필을 감독했던 일, 끊임없이 그에 대한 이야기를 즐겁게 늘어놓았던 일, 워싱턴이 선사한 와인 쿨러에 대해 그녀가 가졌던 자부심, 그의 고별 연설을 쓴 사람은 해밀턴이었다는 주장을 지켜내기 위한 그녀의 싸움, 그리고 그 외 많고 많은 일들은 남편에 대한 그녀의 수그러들지 않는 사랑을 증명해준다. 또한 그녀가 제임스 먼로를 향해 품었던 영원한 혐오는 이를 방증해주는, 무엇보다 설득력 있는 증거였다.

마치 그의 방종을 하늘이 벌하기라도 하듯, 해밀턴이 레이널즈 소책자를 출판한 때로부터 겨우 두 주가 지났을 무렵 큰아들 필립이 아프기 시작하면서 그에게 엄청난 두려움을 가져다주었다. 특출할 만큼 잘생기고 똑똑했던 열다섯 살의 필립은 그의 아이들 중에서도 가장 전도유망한 소년이었다. 9월 초 필립은 '심각하고 성질 나쁜 열이 나기 시작했으며, 곧

티푸스의 특징을 보였다'는 것이 데이비드 호잭David Hosack 박사의 기록이었다.[94] 컬럼비아대학의 의학 및 식물학 교수인 그는 아이를 진찰하기 위해 왕진을 왔었다. 그러나 당시 해밀턴은 연방대법원 사건에서 뉴욕 주를 대표하기 위해 코네티컷의 하트포드로 떠나야만 했다. 상당히 괴로워했던 그는 뉴욕 시로부터 북쪽으로 30마일(약 48킬로미터_역주) 떨어진 라이에 도착하자마자 곧바로 아내에게 편지를 썼다. '나는 이곳에 건강히 도착했소, 나의 사랑하는 엘리자. 그러나 사랑하는 필립이 너무나도 걱정이 되오. 하늘에게 그 아이의 건강을 회복시켜주시고 그 모든 경우로부터 당신을 지켜달라고 기도하고 있소.' 그는 냉수욕 치료법을 추천했는데, 이는 에드워드 스티븐스가 황열에 걸린 그를 치료하기 위해 썼던 방법과 다르지 않은 것이었다. '또한, 나의 벳시, 이와 같은 시기에 당신과 떨어져 있어야 한다는 것이 얼마나 유감스러운지. 나는 언제쯤 내 사랑하는 가족을 떠나야만 하는 상황으로부터 벗어날 수 있는 것이오? 하나님이 나의 사랑 당신과 나의 사랑하는 아이들 모두를 축복하시길. A.H.'[95]

필립의 상태가 악화되자 호잭은 그가 살아남지 못할 수도 있다고 비관하기 시작했다. 엘리자가 완전히 정신이 나갔기 때문에, 그 선량한 의사는 그녀를 다른 방으로 보내어 '아들의 마지막 사투를 목격하지 않도록' 했다.[96] 그는 소년이 세상을 떠나기 전에 해밀턴이 돌아올 수 있게끔 하트포드에 있던 그에게 곧바로 전령을 보냈다. 그동안 필립은 점점 의식을 잃어갔으며, 맥박도 떨어졌고, 후에는 혼수상태에 빠졌다. 호잭은 아이를 페루의 껍질과 럼주를 섞은 뜨거운 목욕물에 담갔다가 따뜻하고 마른 담요들로 감싸 의식을 되돌려놓는 데 성공했다. 훗날 호잭은 해밀턴이 돌아왔던 순간이 자신이 의사로서 맞이한 가장 기쁜 순간들 중 하나였다고 썼다.

밤이 깊어가던 무렵, 해밀턴 장군은 아들이 더 이상 세상에 없으리라는 생각에 빠진 채 자신의 집으로 돌아왔다. 그러나 아직 살아 있는 아이를 본 그는 크게 기뻐했다. 그간 어떠한 일들이 있었고 어떠한 조치가 취해졌는지를 알게 되자 (중략) 아이의 아버지는 즉시 내가 자고 있던 방으로 왔다. 나는 그를 개인적으로 전혀 알지 못했음에도, 그는 나를 깨우고선 내 손을 부여잡았으며, 기쁨의 눈물이 가득한 두 눈으로 나에게 말했다. "친애하는 선생, 나는 내가 알게 된 사실들에 대해 당신에게 먼저 감사를 드리지 않고서는 도저히 가만히 쉴 수가 없었소. 당신은 나의 가족을 위해 귀중한 일을 해내주었고, 당신이 나의 아이를 살려주었소."[97]

호잭은 해밀턴이 어머니의 역할을 자처하면서 보여준 '다정한 감정'과 '강렬한 감성'에 경의를 표했다. 아들을 돌보는 해밀턴은 간호사인 동시에 의사였으며, 의학에 대한 지식과 아이를 향한 다정함으로 진짜 의사를 놀라게 만들었다.[98] 호잭은 다음과 같이 회고했다. '그는 바로 그 순간부터 아들을 돌보는 일에 최고로 부지런히 헌신했고, 아이가 약을 복용하거나 자양강장제를 마셔야 할 때마다 자신이 직접 그 양을 재고 아이에게 먹였다. 그는 식구들이 심각하게 아플 때마다 당연하다는 듯 이와 같은 일들을 해왔으리라는 말을 덧붙여야겠다.'[99] 이는 버릴 준비가 되어 있는 가족에게 보일 모습이 아니었다. 레이널즈 사건에 대한 속죄에서 비롯된 것이든 혹은 평소와 같은 아버지로서의 헌신에서 비롯된 것이든, 해밀턴은 이후에도 수년간 엘리자와 아이들에게 큰 신경을 쏟았다.

지옥의 도구

Alexander Hamilton

레이널즈 사건이 미칠 악영향을 해밀턴이 그토록 두려워했던 이유들 중 하나는 어쩌면 미국이 고압적인 프랑스와 곧 전쟁에 돌입할 수도 있겠다는 불길한 예감이었다. 해밀턴은 만일 그러한 갈등이 벌어진다면 그 안에서 요직을 맡고자 했고, 이 때문에 추문이 암시되는 상황을 간과할 수 없었다. 수많은 공화파 인사들이 예상했듯이, 프랑스는 밀수품들을 싣고 영국 항만으로 향하는 미국 선박들을 자국의 사나포선으로 약탈하는 방식을 통해 제이 조약에 대한 보복을 가하고 있었다. 나폴레옹이 프랑스의 신흥 군 세력으로 떠오르자, 해밀턴은 그의 부대가 유럽 전역에 전제 정치를 퍼뜨릴 것이라 믿어 의심치 않았다. '아메리쿠스Americus'라는 이름으로 글을 썼던 해밀턴은 1797년 초 '인류를 계몽하고 국가 제도를 개혁한다는 허울 좋은 가식은 사람들을 예속하려는 진정한 의도를 번지르르하게 포장한 것'이라고 경고했다.[1] 그는 프랑스가 '만국의 공포이자 골칫거리'가 되리라고 예상했다.[2]

　　　　　　　　　　　　　　　　　알렉산더 해밀턴

존 애덤스가 대통령 취임 선서를 올린 지 얼마 되지 않았을 무렵, 당시 프랑스를 지배했던 5인의 총재정부는 신임 미국 공사 찰스 코츠워스 핑크니를 추방시켰으며 미국 상선들에 대한 새로운 교전 명령들을 선포했다. 봄이 되자 프랑스인들이 압류한 미국 선박은 무려 300척이 넘었다. 국내의 사기를 진작시키고자 했던 해밀턴은 국무장관 피커링에게 일일 기도회를 열어 미국인들이 '무신론, 정복, 무정부 상태'와의 '싸움에서 가질 종교적 신념들을 강화시키자'고 제안했다.[3] 오롯이 주님만을 믿지는 않았던 해밀턴은 새로운 해군력과 2만 5,000명 규모의 임시 육군 편성을 골자로 하는 군사 조치들도 추천했다. 무조건적인 전쟁광과는 매우 거리가 멀었던 그는 우선 모든 외교적 선택지를 시도해보기를 바랐다. '협상의 방책들을 모두 사용해봐야 하며, 동시에 최악의 상황을 *적극적으로* 대비해야 한다는 것이 나의 의견일세.' 그가 올리버 월콧 주니어에게 조언했다.[4] '*진정한 강직함*은 언제나 이롭지만, *과시*는 무엇에도 도움이 되지 않는다네.'[5] 또한 윌리엄 루턴 스미스에게는 '언제나 나의 계획은 *에너지*와 *절제*를 결합하는 것'이었다고도 이야기했다.[6]

애덤스 대통령은 두 갈래의 전략을 취하기로 했다. 하나는 협상을 통해 미국의 중립을 유지하는 것이고, 다른 하나는 만일 프랑스와의 대화가 실패로 돌아갈 경우에 대비하여 군대를 확장시키는 것이었다. 그는 자신이 친영주의 연방파와 친프랑스 공화파 사이를 깔끔하게 빠져나갈 수 있을 것이라는 안온한 희망을 품었다. 애덤스와 마찬가지로 해밀턴은 외교를 통해 프랑스와의 평화가 유지되기를, 나아가서는 협상을 통해 제이 조약과 유사한 형태의 상업조약도 체결할 수 있기를 원했다. 고매한 태도로 해밀턴은 자신의 오랜 정적을 포함하는 초당파적 3인 위원회를 프랑스에 보내야 한다고 촉구했다. '매디슨 씨가 가지 않는다면 우리에게 이득을 가져다줄 만한 다른 인물은 거의 없습니다.' 그가 말했다.[7] 몇몇 연방파 인사들의 열띤 항의가 있었음에도, 해밀턴은 주요 공화파 인사를 빼놓은 위원회는 프랑스인들로부터 그 어떤 신임도 받지 못할 것이라 생각했다. 그는 또한 공화파의 허세를 자극하고자, 연방파는 평화를 지키기 위한 모든 노력을 다했음을 보이고자 했다. 그러나 소위 해밀턴의 손아귀에 있다던 애덤스 내각의 세 명-피커링, 월콧, 매켄리-은 공화파 인사를 택하지 않겠다며 한결같이 버텼다. 월콧은 해밀턴의 소망에 저항했을 뿐만 아니라 나아가 만일 애덤스가 그러한 정책을 시행한다면 자신은 사임하겠다고 협박하기까지 했다. 해밀턴이 예상했던 대로, 대서양 횡단 여행을 죽을 만큼 무서워했던 매디슨은 프랑스 특사에 합류하는 기회를 거부했고, 제퍼슨 또한 이를 거절했다.

이처럼 애덤스 행정부의 첫 번째 위기가 발발한 상황에서 해밀턴은 국무부와 재무부, 전쟁부의 장관들이 보내오는 끝없는 질문들에 응답했고, 이들은 해밀턴에게 조언을 구하면서 내각 내부 문서들을 공유했다. 해밀턴은 맨해튼에 위치한 자신의 법률사무소에 앉아서도 필라델피아에서 벌어지는 모든 일들을 꿰고 있었다. 애덤스는 이들 간의 연락을 전혀 몰랐다. 처음에는 해밀턴도 애덤스나 그의 내각을 폄하하지 않았으며 모범적인 태도로 행동했다. '나는 애덤스 행정부에 결의가 부족할 일은 없을 것이라고 생각한다네.' 그가 루퍼스 킹에게 말했다. '사주를 받지만 않는다면 그는 빈틈없는 모습을 보일 걸세.'[8] 반면 제퍼슨 부통령은 이미 애덤스가 프랑스의 눈 밖에 나게끔 만들려는 운동을 비밀리에 시작한 상태였다. 필라델피아의 프랑스 공사 조제프 레톰브Joseph Létombe는 1797년 봄 제퍼슨과 네 번의 비밀 회담을 가졌으며-이는 해밀턴이 영국 공사 조지 해먼드와 가졌던 비밀 회담들에 뒤지지 않을 만큼 비정통적인 것이었다-파리에 있는 자신의 상관에게 제퍼슨의 말을 빌려 '애덤스 씨는 허영심 많고, 의뭉스러우며, 완고하고, 자존심이 너무나 강하며, 그 누구의 조언도 듣지 않는다'고 보고했다.[9] 제퍼슨은 레톰브에게 애덤스 대통령은 단임으로 끝날 것이라고 말하면서 프랑스에게 영국 침략을 촉구했다. 그의 불충은 특히 파리에 간 미국 특사들의 시간을 잡아먹을 것을 그 프랑스인에게 조언한 데서 가장 뻔뻔하게 드러났다. "그들의 말을 들어준 뒤, 협상을 길게 끌면서 세련된 절차들로 그들을 달래시오."[10] 제퍼슨과 여타 공화파 인사들은 프랑스인들로 하여금 미국인들이 압도적으로 그들의 편에 서 있다고 믿게 만들고자 했는데, 프랑스 총재정부가 새로운 행정부에 대해 한층 더 강경한 어조로 나오게 된 것도 아마 이 때문이었을 것이다.

1797년 5월 16일, 애덤스 대통령은 의회에 호전적인 메시지를 전달했다. 그는 찰스 코츠워스 핑크니를 거부하고 미국 선박들을 약탈한 데 대해 프랑스를 비난하면서 그들이 '미국인들의 가슴에 상처를 냈다'고 꾸짖었다.[11] 그는 또한 해군을 확대하고 민병대를 증강하려는 계획을 발표했는데, 「오로라」는 이것이 과도하게 호전적인 것이라 보았다. 이 신문은 애덤스에 대한 입장을 표명하면서, 그가 평화로운 취임 선서를 내놓은 이후에는 '불량배처럼 허풍을 떨고, 영웅처럼 거들먹거리며, 온몸에 철갑을 두르고, 지구상 가장 강력한 세력에게 도전장을 던지고 있는 것으로 보인다'고 이야기했다. 그러므로 애덤스는 영국의 대리인일 게 분명하다는 말이었다. '우리는 그가 스스로를 영국 당파의 선봉장으로 여기고 있다고 생각하며, 미국 국민들의 최고사령관이 아니라 마치 조지 3세의 대변인이라도 된 것처럼 자신의 세력을 집결시키고 있다고 본다.'[12]

공화파가 자신에 대한 이와 같은 고정관념을 만들어내기 시작하자 애덤스는 회유적인 접근을 시도하면서 파리에 외교 사절단을 보내겠다는 계획을 발표했다. 3인 위원회에는 남부의 연방파 인물 존 마셜과 찰스 코츠워스 핑크니 두 명이, 그리고 북부의 공화파에서 프랑스 혁명의 열렬한 지지자였던 매사추세츠의 엘브리지 개리가 포함되었다. '프랑스 당국은 더 이상 공화국 정부로서 기능할 가망이 없소.' 애덤스가 개리에게 조언했다. '불타는 태양 아래의 필라델피아 길거리에서 커다란 눈덩이가 한 주를 버틸 가능성이 차라리 높을 것이오.'[13] 해밀턴은 자신이 통솔하는 것처럼 보이던 내각 구성원들과 달리 애덤스의 이 선택을 열정적으로 칭찬했다. '프랑스와의 논쟁에 관련하여 행정부가 택한 길이 나는 아주 마음에 든다네.' 그가 월콧에게 말했다.[14] 그러나 그는 사절단이 별다른 결과를 만들어내지 못할 것이라며 의구심을 나타냈다. 그는 애덤스가 남부의 공화파를 보내지 않은 것은 잘못된 선택이며, 만일 그렇게 했다면 그 사절단은 프랑스인들에게 적대적이지 않다는 신뢰를 그들에게 심어줄 수 있었을 것이라 믿었다. 그는 또한 프랑스 관료들이 미국인 사절단을 정중하게 대해줄 것인지에 대해 의문을 표했으며, 그들이 '이 땅에 저주를 내렸던 독재자들 중에서도 가장 야심차고 끔찍하다'면서 맹렬히 비판했고, 공화파가 미국으로 하여금 그 '폭력적이고 무분별한 지도자들의 발을 핥게 만들 것'이라며 힐책했다.[15]

1797년 8월 미국 사절단이 프랑스에 도착하자 변변찮은 외무부 장관이 그들을 맞이했다. 수년 전 프랑스 사회로부터 버림받았던 이 장관, 샤를 모리스 드탈레랑 페리고르는 필라델피아에서 해밀턴과도 친하게 지냈던 바로 그 인물이었다. 공포정치가 끝나자 탈레랑은 명예를 회복하고선 프랑스로 돌아간 바 있었다. 해밀턴은 그가 탐욕스러운 데다 공직을 돈벌이 수단으로만 여기는 사람임을 알고 있었다. 이 두 사람 모두와 친했던 한 친구에게 해밀턴이 털어놓은 바에 따르자면, 이 냉소적인 프랑스인은 '그[해밀턴]만큼 자격을 갖췄고 그토록 특출한 재능을 타고난 남자가 왜 관직을 그만두거나 법조계 일로 돌아가지 않는지를 매우 의아하다'며 '그가 장관으로서는 자신의 여덟 아이들을 키울 만큼 충분한 돈을 벌지 못하는 것이 그 이유일 것'이라 했다.[16] 해밀턴이 뉴욕으로 돌아온 후의 어느 날 밤, 탈레랑은 한 저녁만찬 자리에 가던 중 해밀턴이 자신의 법률 사무소에서 촛불을 켜놓은 채 고되게 일하고 있는 모습을 엿보고선 충격에 빠져 말했다. "나는 한 국가의 부를 만들어낸 남자가 자신의 가족을 부양하기 위해 밤새도록 일하고 있는 모습을 봤소."[17] 1797년 7월 프랑스 외무부 장관이 된 그는 약탈품이 자신의 손아귀에 들어왔다며 크게 기뻐했다. "나는 그 자리를 받아들이려 하네." 그가 한 친구에게 털어놓았다. "그것을 통해 나는 어마어마한 돈을 벌어들일 거라네. 아주 어마어마한 돈을 말이네."[18] 그는 외무장관이 된 첫 두 해 동안에만 추산컨대 1,300~1,400만 프랑의 돈을 긁어모았다.

세 명의 미국인들이 파리에 당도할 즈음, 나폴레옹은 이탈리아에서 오스트리아 군대를 격파했다. 이후 9월 초 총재정부는 진정한 쿠데타를 일으키고선 수많은 의원들을 체포하거나 추방했으며, 온건파 인사들을 모조리 숙청하고 마흔 개가 넘는 신문사를 폐쇄했다. 존 마셜은 피커링에게 음울한 보고서를 보냈다. '모든 권력은 이제 분립도 없이 그들의 손아귀에 들어갔으며, 우리가 지금까지 정당하게 비난해왔던 그들의 적대적 조치들은 이제 우리를 겨냥하고 있습니다.'[19] 프랑스 관료들 사이의 오랜 고질병이었던 부패는 총재정부하에서 더욱 극심해질 뿐이었다. 10월경 이들 3인의 미국 사절단을 맞이할 때까지만 해도 탈레랑은 15분간의 접견을 통해 예우를 표했지만, 그 이후로는 한 주가 지나도록 그들에게 아무런 소식도 들려주지 않았다. 이후 탈레랑은 애덤스 대통령의 5월 16일 의회 연설 중 프랑스와 관련된 발언들에 대해 총재정부가 '극도로 분개'했음을 전해왔고, 이로 인해 냉랭한 분위기가 조성되었다. 이후 탈레랑은 이 세 명의 미국인들이 자신의 부하 세 명-장 콩라드 오팅거Jean Conrad

Hottinguer, 피에르 벨라미Pierre Bellamy, 루시앙 오트발Lucien Hauteval-과 대치하게끔 만들었다. 사절단이 필라델피아로 보내는 외교 서신들에서 각자 X, Y, Z라는 암호명으로 지칭되었던 이 세 명은 미국 역사에 길이 남을 악명들이었다. 탈레랑은 세 부하들을 통해 미국이 참아낼 수 없는 것들을 줄줄이 요구하기 시작했다. 이를테면 애덤스 대통령이 그 원색적이었던 연설에서 나온 논쟁적인 어구들을 철회할 것, 프랑스에 대규모 차관을 제공할 것, 심지어는 미국 선박들이 프랑스 사나포선들 때문에 입은 피해들을 배상할 것을 요구한 것이다! 탈레랑의 부하들은 나아가 미국인들이 협상에 앞서 그 서곡으로 상당한 규모의 뇌물을 건네야 한다고까지 주장했다. 탈레랑은 미국 사절단과의 회담을 연기하면서 꼬리잡기 놀이를 벌였으며, 그렇게 번 시간 동안 그의 중개인들은 돈을 갈취할 수 있었다.

존 마셜과 찰스 코츠워스 핑크니는 이에 넌더리를 내며 협상 자체를 단번에 종결시키고자 했으나-"안 되오! 안 됩니다! 어림 반 푼어치도 없는 소리!" 핑크니가 항의하며 소리친 말이다-친프랑스 인사였던 엘브리지 개리는 인내할 것을 역설했다. 마셜은 티머시 피커링에게 보내는 기나긴 보고서 두 편을 작성하며 자신들이 받았던 수모들을 시간 순으로 낱낱이 열거했다. 겨울에는 북대서양을 건너는 배편이 없었기 때문에, 이 보고서는 봄이 되어서야 필라델피아에 당도했다. 애덤스가 결과를 기다리는 동안, 제퍼슨은 계속해서 프랑스에게 미국 사절단과의 대화를 미루라고 촉구하는 우를 범했다. '여전히 부통령은 만일 시간을 지연시킨다면 총재정부는 여기에서 원하는 모든 것을 가질 수 있다고 주장하며 마키아벨리의 격언인 '닐 리펜트Nil repente'(무엇도 갑작스레 이루어지지 않는다)가 모든 위업들의 정신이라는 말을 제게 끊임없이 되풀이하고 있습니다.' 레톰브가 자신의 프랑스인 상관에게 보고한 말이다.[20]

마셜의 격정적인 토로는 1798년 3월 4일에 이르러서야 애덤스 대통령의 책상 위에 놓였다. 암호 서신을 해독하자 충격적인 내용이 펼쳐졌다. 사절단이 겪은 상황은 그야말로 재앙이자 거대한 국가적 망신 그 자체였다. 탈레랑의 술수에 대한 설명을 듣게 된 해밀턴은 피커링에게 '우리 사절단이 전해준 조언을 바탕으로 대통령이 의회 양원에게 *차분하지만 진중하고, 엄숙하며, 확고한* 성명을 발표하도록 촉구하기를 바란다'고 조언했다.[21] 그러나 여전히 대화의 창은 열어두고자 했기에 그는 군대 증강에 관한 야심찬 계획을 선보였다. '우리에게 어울리는 것은 *고요한 반항*의 태도일 걸세.' 그가 피커링에게 말했다.[22]

처음에는 애덤스 대통령도 신중한 연설을 통해 의회에게 사절단이 실패로 돌아갔음을 선언했으나, 대중의 심기를 들쑤실 만한 치욕적인 사항들까지 설명하진 않으며 보다 폭넓은 군사적 대비를 요청했다. 이를 크게 오해한 공화파는 애덤스를 전쟁광이라 칭하며, 프랑스는 대통령의 평가보다 훨씬 더 나은 행보를 보였다고 주장했다. 부통령 제퍼슨은 사석에서 애덤스의 연설이 '미친 소리'라고 이야기했다.[23] 1798년 3월 29일, 해밀턴의 오랜 적인 버지니아의 윌리엄 브랜치 자일스는 애덤스가 프랑스를 더욱 돋보이게 만들 문서들을 감추고 있을 것이라는 의혹을 제기했다. 그를 포함한 공화파는 공식 성명을 통해 그것의 공개를 요구했고, 하원 또한 이를 승인했다. 해밀턴은 이제 프랑스의 속내를 까발릴 수 있게 되었다며 기뻐했다. '미국인들 전반은 프랑스 정부가 우리 사절단에게 저지른 행동들과 그들 정부의 가공할 만한 부패, 그리고 그들의 어마어마한 *금전적* 요구에 대해 알아야만 한다. 이는 너무나 끔찍한 이야기들이기 때문에 합리적인 사람이라면 누구나 충격을 받을 것이다.'[24]

XYZ 문서들이 공개된 것은 연방파에게 있어 금광이 열린 셈이나 마찬가지였고, 존 애덤스는 대통령으로서 절정의 인기를 구가하게 되었다. 그는 군사적인 경험이 없었음에도 이제 군대식 예복을 입고 등장하기 시작했으며, 지지자들에게 '전쟁의 자세'를 갖추라고 촉구했다.[25] 5월 말 애덤스는 뉴욕에서 애국심 강한 지지자들의 대표단과 만찬을 가졌는데, 이때 애비게일이 모든 손님들에게 선물한 검은색 코케이드-리본 매듭-는 곧 애덤스 행정부에 보내는 지지의 상징물이 되었다. '그 행동은 최고로 마술 같은 효과를 불러왔다.' XYZ 문서 공개 이후 로버트 트루프가 말했다. '미국 전역에서는 프랑스 지도자들에 반대하는 열띠고 드높은 원성들이 갑작스레 터져 나왔다.'[26] 의회는 황급히 동부 항만들을 요새화하고 육해군을 증강하는 계획에 돌입했다.

공화파는 벌어진 일들을 정당화할 방법들을 강구했다. 제퍼슨은 애덤스가 '기만적인 실험'의 일환으로 '프랑스 정부에 대한 명예훼손을' 저질렀다며 매디슨에게 투덜댔다.[27] 그는 탈레랑이 미국을 착취할 계획을 세웠을 수도 있음을 인정했지만, '총재정부가 이를 알고 있었는지는 증명되지도 않았고 증명할 수도 없다'고 보았다.[28] XYZ 사건이 연방파의 거짓말이라는 제퍼슨의 생각은 시간이 지날수록 더욱 굳건해지기만 했다. 그 난리법석은 '그 사기꾼들이 프랑스 정부로 둔갑하도록 꾸민, [존] 마셜이 요리한 음식'이라는 식이었다.[29] 매디슨 또한 XYZ 사건이 있었음에도 프랑스 혁명을 달리 평가하지 않았다. 탈레랑이 미국 사절단에게 행한 일들을 보고받은 매디슨은 그 프랑스 장관이 정말 그토록 멍청하게 행동했을 리 없다고 생각했다. 그는 총재정부가 아닌 애덤스 대통령이 '협상의 가장 큰 걸림돌'이라 여겼고, 연방파가 프랑스와의 전쟁을 선동하기 위해 '불량한 모욕과 중상'을 벌이고 있다며 비난했다.[30]

몇몇 공화파 신문들은 XYZ 사건을 해밀턴의 탓으로 돌리는 만용을 저질렀다. 「오로라」는 그 모든 실패가 해밀턴과 탈레랑의 관계에서 비롯된 것이라고 말했다. '탈레랑 씨는 반공화파로 악명이 높다. (중략) 그는 해밀턴 씨의 절친한 친구였고 (중략) 다른 주요 연방파 인사들과도 친밀했으며, (중략) 그들이 프랑스에 대해 완강한 적의를 품고 있음을 그가 알게 된 것이 아마도 그 나라의 정부가 우리를 약탈의 대상으로만 여기게 된 이유일 것이다.'[31] 이는 확실히 해밀턴으로서 그냥 넘기기 어려운 말이었을 터다. 수년간 그는 프랑스가 신뢰할 수 없는 친구라고 누차 비난해왔었다. 그러나 XYZ 사건이 그의 판단이 옳았음을 보여준 이 시점에서도 공화파는 그들 스스로의 오류를 인정하는 대신 그를 힐책하고 있었던 것이다.

언제나의 습관처럼 해밀턴은 신문사로 뛰어들었다. 그는 '증인The Stand' 이라는 제목의 신문 사설 시리즈 일곱 편을 통해, 프랑스의 도발에 맞설 대규모 군대의 편성을 옹호했다. 수년 전 대영제국과의 전쟁 가능성이 점쳐질 당시 해밀턴은 교전을 피하기 위해서라면 양보를 해주거나 심도 깊은 협상을 벌일 수 있다는 의향을 내비친 바 있었다. 그러나 외교 정책에 관한 그의 견해는 상황에 따라 자주 달라졌고, 프랑스가 잠재적 교전국으로 떠오른 지금 그는 전보다 한층 더 거친 어조로 이야기했다.

'증인' 시리즈를 쓰면서 해밀턴은 프랑스의 부정행위에 대한 옹호자로 거듭난 공화파를 정조준했다. '이와 같은 사람들은 동료 시민들의 혐오를 받아 마땅하며, 시간과 기회가 적절히 주어진다면 이들이 침해한 법의 정의 또한 마땅히 그들을 판가름할 것이라는 데도 의심할 여지가 없다.'[32] 그는 XYZ 사건의 책임을 지고 있는 것은 총재정부가 아닌 탈레랑이라는 제퍼슨의 주장을 일축했다. 해밀턴은 탈레랑이 세상에서 '가장 신중한 사람'이자 총재정부의 직접적 지지 없이는 절대로 움직이지 않을 인물임을 지적했다.

그토록 한심한 회피에 의존하는 모습에서는 그 글쓴이(제퍼슨_역주)의 체계적인 계획이 드러나는데, 이를테면 모든 사건들에 대하여 프랑스에게 면죄부를 주고, 프랑스가 행사할 수도 있는 모든 폭력에 복종할 정신을 가다듬으며, 프랑스의 의지에 절대 굴종하는 길을 마련하는 것이 그의 목적이다. 미합중국을 독재 프랑스 총재정부에 예속된 주(州)로 격하시키고 그곳의 식민지 총독이 되고자 하는 것은 오직 아주 선동적이고 약삭빠른 인물이나 가질 법한 위법적이고 비열한 목적이라 할 수밖에 없다.[33]

제퍼슨에 대한 해밀턴의 분개는 어제오늘의 것이 아니었으나, 그가 미국을 프랑스의 한 주로 격하시키려 했다거나 그의 생각들이 범죄와도 같았다는 말은 잔인할 만큼 부풀려진 것이고, 해밀턴 자신에게 쏟아졌던 가장 악의적인 헛소리들을 연상시킨다.

'증인'에서의 공격적인 어조는 프랑스발 위기를 두고 미국이 얼마나 양극으로 분열되었는지를 반영한다. 서로의 감정들이 얼마나 격화되었는지, 제퍼슨은 한 서신에서 사람들이 '길 건너에 사는 다정했던 이웃들과도 서로 피해 다니며, 마주치면 인사를 해야 할까봐서 서로 다른 곳만 쳐다본다'고 적기도 했다.[34] 해밀턴은 미국이 두 개의 진영으로 분리된 채 선언된 적 없는 내전을 벌이고 있다고 생각했다. 초기에는 XYZ 사건이 그저 연방파가 얻은 뜻밖의 횡재처럼 보였었다. 그해 가을 치러진 선거들로 그들의 기세는 한층 더 드높아져서, 귀족적인 상원에서 강세를 보였던 그들은 이제 하원의 의석들까지 휩쓰는 승리를 거두었으며 심지어는 남부 의석 수 개도 확보했다. 그러나 이처럼 갑작스러운 세력 증가는 연방파에게 위험한 것이었음이 이윽고 드러났다. 이 이후로 그들은 한층 더 교조적이고 전제적인 충동들에 이끌렸으나 그것을 억제할 자제력은 가지지 못했으며, 이로 인해 권력 남용으로의 길을 닦게 되었다.

프랑스와 벌어질 수도 있는 갈등에 대비하면서, 애덤스 대통령은 전쟁이라는 까다로운 사안에 대해 미국인들이 품은 이중적 감정에도 대처해야만 했다. 식민지인으로서의 그들은 과거 영국군에게 숙소와 식량을 제공해줘야만 했던 데 좋지 않은 감정을 품고 있었으며, 혐오스러운 법들의 시행을 위해 파견된 상비군이 얼마나 오만한 모습을 보였는지도 기억하고 있었다. 독립혁명이 낳은 가장 화려한 공상들 중 하나로는 이제 미국이 전쟁이나 군대의 상설화를 영원토록 피할 수 있으리라는 애정 어린 희망이 있었다. 해밀턴은 이렇게 썼다. '우리의 혁명전쟁이 끝날 즈음이 되자, 영구 평화라는 유령이 모두의 눈앞에서 춤을 추고 있었다.'[35] 고든 우드는 '전쟁은 역동적인 야망들과 부풀어 오른 관료 체계 및 군주국들의 상비군에 의해 발생하는 것이므로, 군주제의 제거는 곧 전쟁 그 자체의 제거를 의미할 것'이라 보았다.[36] 반면 해밀턴은 전쟁이 인류 사회가 영원히 가질 특징으로 여겼다.

다수의 공화파는 상비군이 그저 대중의 입법부를 진압하기 위해 압제 군주들이 사용하는 도구라고 생각했다. 독립선언문에서도 평시 중 식민지에 상비군이 주둔한 데 항의한 바 있었다. 제헌회의에서 엘브리지 개리는 음란하게도 상비군을 발기한 성기에 비유하며 '국내의 평안을 보장할 수 있는 훌륭한 방법이자, 외국으로의 모험에 대한 위험한 유혹'이라 말했다.[37] 제퍼슨은 권리장전을 통해 상비군을 금지하고자 했다. 그는 주 민병대와 소형 포함砲艦만으로도 충분히 아메리카 해안을 지킬 수 있을 것이라 여겼다. 정통 공화파는 시민형 군인들은 나라를 방어할 수 있으며 이 때문에 상비군은 필요하지 않다고 선언했다. 제퍼슨주의자들 또한 전쟁은 해밀턴이 좋아하는 강력한 중앙정부를 낳을 것이라며 우려를 표했다. 매디슨은 견해에 따르면 '전쟁은 군대들의 부모이고 여기에서 빚과 세금이 자라나며 군대와 빚, 세금은 다수를 소수의 지배하에 두는 도구들로 알려져 있다'고 했다.'[38] 다수의 연방파와 달리 존 애덤스는 해군과 민병대만으로 충분히 나라를 지킬 수 있다 생각했고, 대규모의 상비군을 가리켜 '배가 두둑한 괴물'이라며 두려워했다.[39] 연방군에 대한 이런 혐오감에 시달린 탓에, 워싱턴이 관직을 떠나던 때 미국의 정규군은 고작 수천 명 규모로 줄어든 상태였다.

독립혁명 중 민병대에 의존해야만 하는 상황에 절망한 바 있었던 해밀턴은 잘 훈련된 병사들이 얼마나 중요한지를 알고 있었다. 프랑스와의 전쟁에 대한 공포가 일 무렵, 그는 국방을 탄탄하게 할 기회를 포착하고선 자신의 숙원 사업인 5만 명 규모의 군대 창설을 추진하기 시작했다. 5만 명 중 2만 명은 정규군, 3만 명은 예비군으로 구성한다는 계획이었다. 대통령은 이에 멸시로 답했다. '5만 명의 군대는 (중략) 나로서는 모험을 찾아다니는 기사騎士의 가장 사나운 사치 중 하나로 보인다.' 애덤스는 훗날 다음과 같이 쓰면서 외국 출생이라는 해밀턴의 신분을 다시금 언급했다. '이는 해밀턴 씨가 미국 국민의 정서들과 감정들을 전혀 모르고 있으며 차라리 수많은 행성들 중 하나에 살고 있는 주민들에 대해 더 잘 알고 있으리라는 점을 증명해주었다.'[40] 애덤스의 생각에 '군대는 해밀턴의 취미'였다.[41]

프랑스가 점점 더 대담하게 미국 선박들을 공격하기 시작하자 해밀턴의 피도 끓어올랐다. 1798년 5월, 프랑스의 사나포선 한 척이 뉴욕 항만 바깥에서 미국 선박들을 나포했다. '이는 지금까지 일어난 그 모든 일들을 감안한다 해도 너무나 큰 치욕이오.' 해밀턴이 매켄리 전쟁부 장관에게 항의했다. '우리의 상인들은 매우 분개하고 있소. 기력을 가진 모든 사람들의 눈에 우리 정부는 너무나 바짝 몸을 낮춘 것으로 비춰지고 있소.'[42] 같은 달 프랑스의 침략이 임박했다는 두려움이 점점 더 커지는 와중, 의회는 열두 척의 새로운 소형 구축함과 1만 명의 '임시군'을 동원한 독립 해군부를 창설하기로 결정했다. '임시군'이라는 완곡한 표현을 썼다는 것은 상당히 중요한 점이었는데, 이는 영구군 혹은 상비군이라는 말이 절대 받아들여질 수 없는 것이 당시 상황이기 때문이었다. 7월에 의회는 열두 개의 보병 연대와 여섯 개의 기갑 부대로 이루어진 '추가군'을 편성했다. 그 규모는 애덤스가 원했던 바를 초과하는 것이었으나 해밀턴의 판타지에는 미치지 못했다. 종종 자신을 소극적인 방관자 대통령이라고 그렸던 애덤스는 이러한 대규모 군대의 창설안이 통과된 것을 해밀턴의 탓으로 돌렸다. '그들이 대통령의 조언은 들어보지도 않고서 군대 창설 법안을 통과시킨 것은 해밀턴 씨가 의회에 입김을 미치고 있었기 때문이었다.'[43] 전쟁에 대한 히스테리가 자라나면서 미국에서는 프랑스와의 통상 금지령이 내려졌고, 해군 군함들에게는 미국의 교역을 위협하는 모든 프랑스 선박들을 공격해도 좋다는 권한이 부여되었다. 이른바 프랑스와의 유사 전쟁이 시작되고 있었던 것이다.

전쟁과 국내의 당파 싸움을 따로 구분하는 일은 불가능했다. 공화파는 이 급성장하는 군사 체제의 이면에는 프랑스로부터 미국을 방어하려는 것이 아니라 연방파의 입맛대로 미국을 지켜내고 국내의 반발을 진압하려는 목적이 숨어 있을 것이라며 두려워했다. 해밀턴 또한 이 사안들을 서로 떼놓고 생각하기를 어려워했고, 만일 프랑스가 쳐들어온다면 수많은 제퍼슨주의자들이 그 침입자들을 도우면서 '프랑스의 군기軍旗 아래로 몰려들어 나머지 사람들의 저항을 진압하기 쉽게끔 만들 것'이라 생각했다.[44]

이 시기의 해밀턴은 기이한 세계를 정처 없이 헤매고 있었다. 그는 자신이 힘 있는 동시에 힘없는 자라고 생각했다. 그는 민간 시민이자 변호사였지만, 몇몇 이들은 그가 대통령보다 더 영향력 있는 사람이라 여겼다. 그는 확실히 애덤스의 내각과 다른 그 누구보다도 긴히 접촉했고, 내각의 그들은 해밀턴이 보낸 서신 속 말들을 종종 출처를 밝히지 않은 채 그대로 빌려다가 대통령에게 보고서를 올렸다. 동시에 당시 해밀턴은 마리아 레이널즈와의 밀회가 폭로된 이후 자신의 명성이 추락하는 데 고통스러워하고 있었다. 로버트 트루프는 루퍼스 킹에게 보내는 편지에서, 해밀턴의 법조계 활동이 '광범위하고 수익성도 좋지만' 그가 여전히 추문에 포위당해 있는 역설을 지적했다. '12개월이 지난 지금에도 이 불쌍한 남자―해밀턴 말이오―는 민주당에게 가장 폭력적이고 악명 높은 모욕을 내내 당하고 있소. 무분별했던 그의 소책자는 그에게 무엇과도 비교할 수 없는 흉터를 남겼소.'[45]

혹자는 새로운 군대에 대한 의회의 승인을 두고 해밀턴이 자신의 승리를 떠벌렸을 것이라 생각할 수도 있겠다. 확실히 그는 사령관 자리에 오르게 될 예정이었다. 그러나 엘리자에게 보내는 사적인 편지에서 그는 다시 한 번 공직생활에 대한 피로감을 토로했고, 그러한 것들에서 좀 더 물러난 생활을 갈망하는 모습을 보여주었다. 1798년 7월 초 엘리자가 해밀턴과 큰아들을 남겨두고 올버니로 떠났을 때 해밀턴은 치유할 수 없을 만큼 외로워 보였다. 그는 엘리자에게 이렇게 썼다. '나는 당신이 나에게 얼마나 필요한 사람인지를 언제나 느끼고 있다오. 그러나 당신이 자리에 없을 때 나는 그것을 한층 더 선명히 느끼고, 당신만이 줄 수 있는 행복을 찾아 주위를 헛되이 둘러보게 되오.'[46] 그들이 사귀었던 시간까지 통틀어 해밀턴은 자신의 아내에게 그 어느 때보다 감정적으로 크게 의존하는 모습을 이 시기에 보였다. 공직생활에 환멸을 느낀 이 격동의 남자는 자신의 정신적 지주가 되어주는 엘리자에게 이렇게 썼다. '다른 목적들이 얼마나 무가치한 것인지를 알게 될수록, 나의 엘리자가 주는 가정의 행복이 얼마나 가치 있는지를 더욱더 깨닫게 되오.'[47] 혹자는 알렉산더와 엘리자가 레이널즈 사건이 남긴 상처에서 서서히 회복하고 있었으며, 그녀가 그를 용서하기 시작했고, 그들이 초기의 친밀함을 어느 정도 되찾았다고 추측한다. 아마 해밀턴은 자신의 논쟁적인 정치활동 속에서 아내가 주는 위안이 얼마나 중요한 것인지를 이번 추문을 통해 깨달은 듯했다.

1798년 무렵에는 다수의 사람들이 해밀턴을 공직으로 다시금 데려오려 애를 쓰고 있었다. 뉴욕 주를 대표하는 상원의원 두 명 중 한 명이 사임하자, 존 제이 주지사는 그 자리를 해밀턴에게 제안했다. '자네가 아무리 생각해봐도 이 직책을 거절해야겠다면,' 그가 해밀턴에게 강요조로 말했다. '아무쪼록 우리의 가장 사려 깊은 친구들과 상의해주길, 그리고 나에게는 그 자리에 임명하기에 가장 적절할 사람을 조언해주길 바라네.'[48] 사우스캐롤라이나의 연방파 의원 로버트 G. 하퍼Robert G. Harper는 해밀턴에게 자신이 애덤스 대통령의 의사를 타진해봤음을 암시하면서 전쟁부 장관이 되어보는 것은 어떻겠냐고 제의했다. 해밀턴은 두 자리 모두를 거절했다. 자신은 보다 큰 게임에 운을 걸어보고 있었기 때문이었다. 그처럼 드높은 야망을 가졌던 남자에게 새로운 군대의 통솔권은 휘황찬란하고 거부할 수 없는 유혹이었고, 특히나 차기 대통령이 담보되는 자리이기도 했다. 피셔 에임스는 해밀턴이 돈이나 권력이 아닌 오직 군사적 명성만을 절실히 갈망해왔다고 말했다. '위대한 장군이 될 재능을 선보이는 데 있어 그는 이 시대의 다른 그 누구보다 두각을 드러냈다.'[49] 다수의 연방파는 만일 프랑스가 미국을 공격하는 일이 발생한다면 마치 독립혁명 당시를 재현하듯 워싱턴이 지휘권을 잡고 해밀턴이 그의 곁을 충성스럽게 지킬 것이라 예상했다. '옛날의 *대장*이 다시 한 번 검을 갈고 있소.' 로버트 트루프가 신난 어조로 루퍼스 킹에게 전했다. '만일 전쟁이 벌어지고 그가 초대된다면 그가 전장을 맡을 것이오. 또한 해밀턴도 그러할 것이고 말이오.'[50]

애덤스는 군사적 사안들에서 대체로 소외되었다. 그는 제헌회의 위원회에서 악착같이 일했고 미국 함대 창설을 위해 확고한 목소리를 냈었지만, 직접적인 전투 경험은 없었으며 아마 스스로도 그 본질적인 영광 일부를 누리지 못했다고 느꼈을 것이다. '아! 내가 군인이었더라면!' 그가 1775년에 쓴 글이다. '나는 군인이 될 것이다. 나는 군사 관련 서적들을 읽고 있다. 모든 사람들은 군인이 될 것이며 되어야만 한다.'[51] 워싱턴과 그의 전前 장교들이 엘리트 계층으로 그대로 옮겨오면서 유지되었던 형제애에 애덤스는 끼지 못했다. 전쟁에 관해서라면 그 누구도 드높은 워싱턴의 존재를 따라갈 수 없었고, 새로운 군대가 창설된다면 그 지휘권은 정히 워싱턴에게 먼저 돌아갈 터였다.

의회가 임시군 창설을 승인하자 해밀턴은 워싱턴에게 지휘를 맡아달라고 간청하며 절묘한 음역으로 자신의 스승에게 연설을 해댔다. '친애하는 경, 당신 또한 반드시 아셔야 할 것이 있습니다. 만일 프랑스와의 갈등이 공개적으로 발발한다면 대중은 다시금 당신을 불러 당신 조국의 군대들을 지휘해달라 요청할 것입니다.' 워싱턴의 친구들은 은퇴한 그를 다시 불러내고 싶지 않아 했으나 '그럼에도 자네에게 희생을 치르라고 강요해야만 한다는 것이 내가 얘기해본 모든 사람들의 의견'이라고 말했다.[52]

이제 다소 허약해진 예순여섯 살의 워싱턴의 생각에, 군대에 필요한 사람은 한창때를 누리고 있는 능력 있는 자여야 했다. 그는 만일 자신이 그 자리를 맡아야만 한다면 '그에 앞서 누가 나의 보좌인이 될 것인지, 또 만일 자네가 무기들을 다시 손에 쥐게 된다면 그곳에서 적극적 역할을 담당할 의향이 있는지를 알고자 한다'고 해밀턴에게 털어놓았다.[53] 워싱턴은 이 편지에 '자네의 다정한 친구이자 충실한 하인'이라고 서명했는데, 이는 그들의 새로운 동료 관계를 강조하는 표현이었다. 이처럼 굳이 설득하지 않아도 이미 워싱턴은 새로운 군대를 이끄는 데 있어 해밀턴의 협조를 전제 조건으로 삼고 있었다.

6월 2일, 해밀턴은 자신에게 2인자 자리가 약속된다면 군대에 합류할 것임을 워싱턴에게 알렸다. '만일 당신이 지휘하신다면, 저는 전선 지휘권을 갖는 감찰관의 자리에서 제 쓸모를 다할 수 있기를 바라고자 합니다. 만일 그리 된다면 저도 수락하겠습니다.'[54] 감찰관은 소장의 계급과 봉급이 뒤따르는 2인자의 자리가 될 터였다. 워싱턴은 프랑스가 침략해 온다면 그 군대는 자신이 독립혁명에서 맞서야 했던 따분한 영국군보다 훨씬 더 기동성 있고 대담할 것이라 예상했으며, 이 때문에 감찰관은 에너지 넘치는 젊은이가 맡아야만 한다고 생각했다. 해밀턴이 그의 선택이었던 것은 두말할 것도 없었다.

이후 몇 주 동안 해밀턴은 전쟁 준비와 관련하여 애덤스 내각에게 서신 무더기들을 퍼부었다. 그는 마치 잠시 자리를 비운 대통령이라도 된 것처럼 딱딱한 말투의 전갈들을 순식간에 써 보냈다. 언제나와 같이 넘치는 아이디어들로 빛났던 그는 월콧 재무장관에게 미합중국이 세금을 올리고, 대규모 차관을 도입하며, '해군 및 군사 교육을 위한 아카데미'를 세워야 한다고 말했다.[55] 그는 자신이 그리는 새로운 해군을 아주 상세히 묘사했다. 여섯 척의 전함, 열두 척의 호위함, 그리고 스무 척의 소형 군함이 그것이었다. 해밀턴은 그 특유의 빠르고 명백하며 결정적인 조언들을 내보였다. 이 대목은 왜 워싱턴 내각이 그의 행정적 기량을 높이 샀는지, 또 애덤스가 왜 그의 고압적인 침범을 분하게 여겼는지도 이해할 수 있게 한다. 사심 없는 티머시 피커링은 누가 새로운 군대를 감독해야 할 것인지를 놓고 자신과 애덤스가 벌였던 세 번의 짜증 섞인 대화를 훗날 이렇게 회고했다.

A(애덤스): 누구를 총사령관으로 임명해야겠는가?

P(피커링): 해밀턴 대령입니다.

31 · 지옥의 도구

그다음 날,

A: 누구를 총사령관으로 임명해야겠는가?

P: 해밀턴 대령입니다.

세 번째 날,

A: 누구를 총사령관으로 임명해야겠는가?

P: 해밀턴 대령입니다.

A: 오, 안 되네! 그는 그토록 중대한 일을 맡을 차례가 아니네. 나는 조만간 게이츠나 링컨 혹은 모건을 임명할 걸세.[56]

애덤스는 이 세 명의 나이 지긋한 새러토가 전투 참전용사들을 선호했다. 지친 듯한 피커링은 병든 대니얼 모건Daniel Morgan은 '무덤에 한 발을 들이고' 있으며, 허레이쇼 게이츠는 '늙은 여인' 같고, 벤저민 링컨Benjamin Lincoln은 '항상 졸고 있다'는 것을 애덤스에게 설명했다. 피커링은 훗날 해밀턴의 아들에게 자신이 깨달은 바를 털어놓았다. "그때가 자네 아버지에 대한 애덤스의 지극한 기피 혹은 혐오를 처음으로 깨달았던 순간이었지."[57] 이와 같은 심술궂은 대화는 애덤스가 자신의 내각에 해밀턴이 입김을 미쳤다는 사실을 '발견'하는 때로부터 2년 전에 이루어진 것이었다.

6월 22일, 애덤스 대통령은 워싱턴에게 애매모호한 어조의 질의를 보내어 새로운 군대의 지휘권에 대한 조언을 구했다. '저는 군대 창설이라는 극한의 사안을 마주할 때마다 옛날의 장군들을 호출해야 하는지 혹은 젊은이들을 임명해야 하는지를 두고선 어찌할 바를 모르는 지경이 됩니다.'[58] 애덤스는 워싱턴에게 주기적으로 자신에게 조언을 해달라고 부탁했다. 이후 애덤스는 워싱턴이 어떠한 의견을 표명하기도 전에 그를 새로운 군대의 총사령관으로 임명해버리는, 놀라울 만큼 정치적으로 서투른 행동을 저질렀다. 이어 7월 3일엔 상원 또한 성급하게 이 선택을 승인했다. 눈에 두드러지는 몇몇 경우 외에는 언제나 세심하게 예의를 갖춰 워싱턴을 대했던 해밀턴은 애덤스가 워싱턴의 동의를 우선 구하지도 않고서 그를 임명해버린 것에 매우 놀랐다. 7월 8일, 그는 필라델피아에서 초대 대통령에게 편지를 썼다. '이곳에 도착한 뒤 저는 당신에 대한 지명이 당신과의 그 어떠한 사전 협의도 없이 이루어진 것이라는 소식을 듣고 크게 놀랐습니다.' 그러나 그는 워싱턴에게 그 자리를 받아들이라고 촉구했다. '그 동기들이 선한 것이라고 확신되는바, 절차가 적절했는지를 따져보는 것은 별 소용이 없을 것입니다.'[59]

워싱턴의 수락을 확실히 하기 위해 애덤스는 제임스 매켄리에게 사절 使節로서 사흘간 마운트버넌에 다녀오게 했다. 전쟁부 장관은 워싱턴의 임명안과 대통령이 쓴 편지 한 통을 포함한 성명서들 한 보따리를 들고 길에 올랐다. 애덤스는 몰랐지만 매켄리는 해밀턴이 쓴 전갈 또한 들고 있었는데, 대통령에게 결코 우호적이지 않았던 그 서신은 군사 문제에 관한 그의 전문성을 탓하고 있었다. '대통령은 *이에 관한* 생각이 전혀 없으며, 군사적인 주제들에 관해서는 잘못된 종류의 선입견들을 품고 있습니다. (중략) 능력과 열정이 있는 남자가 반드시 보다 높은 자리에 있어야만 하는 상황입니다.'[60] 워싱턴은 자신의 지긋한 나이를 고려하여 실제로 전쟁이 발발하기 이전까지는 현장 지휘를 맡지 않을 요량이었기 때문에, 그의 수석 보좌관은 사실상의 현장 지휘관이 될 것이었다. 해밀턴에 대한 애덤스의 불호를 익히 알고 있었던 매켄리와 피커링은 상관의 눈을 피해, 워싱턴이 해밀턴을 선택하게끔 술책을 펼쳤다. 그러나 워싱턴에게 이는 필요치 않은 일이었다. 그는 자신이 곧 해밀턴이나 찰스 코츠워스 핑크니를 부사령관으로 삼을 것이라고 매켄리에게 말했다. 워싱턴은 피커링에게 해밀턴의 '복무는 할 *수 있는 거의 모든* 대가를 치러서라도 실현되어야만 한다'고 노골적으로 조언했다.[61] 매켄리가 필라델피아로 돌아가기 전,

31 · 지옥의 도구

워싱턴은 그에게 목록 하나를 쥐어주었다. 목록에는 그가 소장小將으로 두기를 바라는 세 인물인 알렉산더 해밀턴, 찰스 코츠워스 핑크니, 헨리 녹스의 이름이 차례대로 적혀 있었다. 애덤스에게 보내는 편지에서 워싱턴은 이들을 소장으로 임명해주는 것을 전제로 자신이 사령관직을 수락하겠다고 말했다.

그토록 무해해 보였던 이 목록에는 거대한 불화의 세계가 담겨 있었다. 훗날 존 퀸시 애덤스는 이 목록을 둘러싸고 벌어진 불화는 연방파 내에서 분립이 일어나는 '최초의 결정적인 징후'였다고 회고했다.[62] 본래 워싱턴은 이 세 인물들이 자신이 적어준 순서에 맞는 직위로 임명되기를 바랐다. 다시 말해 해밀턴에게 제2사령관이라는 우위를 주고자 했던 것이다. 그러나 여기에는 너무나 많은 문제가 숨어 있었고, 무엇보다 애덤스는 그 순서를 뒤집고 녹스와 핑크니에게 풋내기 해밀턴보다 더 높은 계급을 부여해주고 싶어 했다. 애덤스로서는 대통령의 특권을 간명하게 사용한 셈이었다. 사실 독립전쟁 당시의 워싱턴도 자신의 부하들을 직접 임명하지는 않았다. 그러나 워싱턴으로서는 이번 일로 자신이 크게 한 방 먹었고, 자신이 사령관직을 수락하는 데 내걸었던 기본 조건들이 침해되었다고 여겼다.

해밀턴의 능력을 녹스나 핑크니의 능력보다 높이 사긴 했지만, 워싱턴 또한 그들에겐 자신들이 해밀턴보다 우위라고 주장할 정당한 이유들이 있음을 알고 있었다. 독립혁명 당시 녹스는 소장으로, 핑크니는 준장으로 복무했으며 해밀턴은 이들보다 한참 낮은 중령에 불과했었다. 워싱턴은 이 철지난 계급이 더 이상은 아무 소용이 없다고 주장했지만, 다정하고 사근사근한 헨리 녹스에게도 이는 민감한 문제였다. 300파운드(약 136킬로그램_역주)의 거구를 가진 이 전 국무장관이 준장을 지낼 당시 해밀턴은 고작 대학생 신분의 포병 부대 대장에 지나지 않았다. 녹스는 해밀턴의 초창기 시절 그를 후원해주었는데, 그가 워싱턴의 부관이 된 것도 아마 녹스의 덕이었을 것이었다. 해밀턴은 자신 또한 '진정으로 그의 편이며 그의 능력들을 높이 사기 때문에' 녹스와 갈등을 벌이는 것이 자기로서도 얼마나 고통스러운 일인지를 매켄리에게 털어놓았다.[63] 그러나 과거 이후 세월이 지나면서 서로의 위치가 상당히 바뀌었다는 것도 맞는 말이었다. 워싱턴의 내각에서 우위를 점했던 것도, 녹스가 메인 주의 부동산 문제에 정신을 파는 동안 위스키 반란 시의 군사 작전을 감독했던 것도 해밀턴이었다. 당시 작전 이후 녹스는 해밀턴에게 아낌없는 감사 인사를 보냈다. '내가 자리를 비운 동안 자네가 나의 부처를 맡아 노력해준 일은 절대 잊지 않겠네.'[64] 그러나 이제 워싱턴이 자신을 해밀턴과 핑크니보다 못한 지위에 세우려 했음을 알게 된 녹스는 큰 충격을 받았다. 사우스캐롤라이나의 찰스 코츠워스 핑크니를 기용하는 일은 워싱턴에게 한층 더 큰 스트레스를 안겨 주었다. 워싱턴은 프랑스가 미국 남부로 침입하여 지역 친프랑스 인사들의 지지를 얻고 그곳의 노예들을 병사로 부리려 할 것이라 생각했다. 이 때문에 그는 남부 인사를 기용하는 것이 현명할 것이라 여겼지만, 핑크니가 해밀턴보다 낮은 지위를 거절할지 몰라 두려워했다.

애덤스는 자신의 주변에서 벌어지는 광적인 난투에 혼란과 분노를 느꼈고 그저 어리둥절하기만 한 듯 보였다. 1798년 7월 18일, 그는 워싱턴이 적어준 순서를 그대로 유지한 소장 임명안을 상원에 제출했지만, 그들의 상대적인 계급은 뒤집히기를 바랐다. 한 주 만에 해밀턴이 감찰관 자리를 수락하자 공화파는 경악을 금치 못했다. 「오로라」는 스스로 마리아 레이널즈의 연인이었다고 자백한 자를 기용한 애덤스를 두고 그의 종교와 도덕을 크게 조롱했다. '그는 알렉산더 해밀턴을 육군 감찰관으로 임명했다. 자신이 **간통을 범한** 자임을 밝히는 소책자를 펴낸 바로 그 해밀턴

말이다. (중략) 애덤스는 이제 프랑스 식 원칙들에 관해서는 입을 다물어야 할 것이다.'[65]

애덤스는 퀸시로 도망간 뒤 논란이 종식될 때까지 그곳에 머물렀으며, 이후 내각이 자신을 속이고 자기 등 뒤에서 해밀턴을 그 자리에 앉힐 음모를 꾸몄다고 항변했다. 그는 자신이 알렉산더 해밀턴이라는 기만적인 자가 꾸민 복잡한 계획들에 휘말렸으며 그에 속수무책으로 당한 선량한 사람이라고 생각했다. 논쟁은 여름 내내 부글부글 끓었다. 해밀턴의 부하가 되기를 거절한 헨리 녹스는 8월 8일 매켄리에게 항의의 뜻을 전했다. '그의 재능은 너무나 초월적인 비교 척도로 평가되었으며, 그의 상승 때문에 그보다 계급이나 경험에서 선배인 모든 이들이 상대적으로 저평가되었소.'[66] 발끈한 애덤스는 8월 중순, 매켄리에게 세 명의 후보자들을 모두 임명한다 하더라도 통솔권은 녹스가 잡기를 바란다고 알렸다. '녹스 장군은 정히 워싱턴 장군에 버금가는 지위에 오를 자격이 있으며, 다른 그 어떤 조합도 이토록 만족스럽지는 못할 것이오.' 추가로 그는 핑크니가 '해밀턴에 앞서는 계급'에 올라야 한다고 덧붙였다.[67] 9월 초, 올리버 월콧 주니어는 워싱턴이 해밀턴의 임명을 전제 조건으로 사령관 자리를 수락했음을 애덤스에게 상기시키면서 '해밀턴 장군이 오직 최고 사령관에게만 버금가는 두 번째 자리에 오르는 것이 워싱턴 장군의 의견이자 대중이 기대하는 바'라고 결론지었다.[68]

월콧에게 보내는 답신에서 애덤스는 해밀턴을 반대하는 장광설을 늘어놓으며 모든 분노를 드러내 보였다. 해밀턴은 지난 20년간 조국을 위해 눈에 띄는 활약을 보여주었으나, 외국 태생이라는 출신 성분 때문에 아직까지도 애덤스의 눈에 들지 못했다. 대통령은 그를 악마로 그렸다.

만일 해밀턴을 제2인자로 하는 임명안에 동의해야만 한다면, 나는 그것이 내전 생애에서 가장 [무]책임한 일이자 정당화하기 가장 어려운 일로 봐야 할 것이오. 그는 미합중국 태생이 아닌 외국인이고, 내가 믿기로 그가 북아메리카에서 산 기간은 그리 길지 않고 최소 앨버트 갤러틴의 경우보다도 짧소. 예전 군대에서 그의 계급은 비교적 매우 낮았소. 한 당파에서 그가 가지는 가치는 존 칼뱅John Calvin의 그것과 같소.

'누군가는 칼뱅 천국의 정신이 무너졌다 생각하고,
다른 누군가는 그를 지옥의 도구라 여긴다.'

나는 녹스가 인기 없는 인물이라는 것을, 심지어는 매사추세츠에서도 그러하다는 것을 알고 있소. 또한 해밀턴은 미국의 그 어디에서든 인기 없는 인물이라는 것도 말이오.[69]

이처럼 자신의 불만을 뿜어내던 애덤스는 다시금 생각해본 뒤 이 부당한 편지를 부치지 않기로 결정했다. 그가 제임스 매켄리에게 실제로 보낸 편지에는 다음과 같이 적혀 있었다. '동봉된 것은 세 장군들의 임명안으로, 이것들은 이미 서명되어 있고 같은 날짜에 작성되었소.'[70]

이는 해밀턴에게 있어서는 승리였고 애덤스에게는 굴욕적인 투항이었다. 훗날 애덤스는 이를 두고 '나는 감옥에 있는 사람만큼이나 자유롭지 못했다'고 투덜댔다.[71]

이 시점에서 워싱턴은 애덤스가 일들을 크게 망쳐놓은 것에 심란해하고 있었다. 그는 애덤스에게 날카로운 어조로 말했다. "자네는 마지막을 처음으로, 처음을 마지막으로 만들어놓고선 기뻐하고 있었더군."[72] 해밀턴의 기존 행보가 군내 고위직의 자격이 될 만한 것인지를 묻는 질문에 대해, 워싱턴은 해밀턴이 자신의 주요 전시 부관이었으며 이를 통해 '사단이나 여단 몇 개만을 관리하면서 최고사령관이 주고받는 서신들이나 그가 내리는 다양한 명령들, 혹은 그가 군내 일반 장교들을 상대로 일을 처리하는 과정 등에 대해서는 전혀 모르는 이들보다 모든 것들을 한층 더 넓은 시각으로 바라볼 수 있는 능력'을 가지고 있다고 지적했다.[73] 달리 말해 해밀턴은 그저 고위급 장관이 아닌 자신의 참모장이었다는 것이다. 해밀턴에 대해 애덤스가 품은 불만은 워싱턴으로 하여금 자신의 후배에게 큰 찬사를 보낼 수 있는 기회를 갖게 해주었을 뿐이었다. 워싱턴은 일부 사람들이 해밀턴을 '야망 있고 그러므로 위험한 남자'라 여기고 있다고 말했다. '그가 야망 있다는 것은 쉬이 인정할 수 있으나, 그의 야망이란 곧 자신의 손에 들어온 일은 무엇이든 훌륭히 해내게끔 만드는 종류의 것이어서 가히 칭찬할 만하다. 그는 진취적이고, 지각이 빠르며, 직감적으로 훌륭한 판단을 내린다.' 요약하자면 해밀턴의 부재는 '만회할 수 없는' 손실이라는 말이었다.[74] 애덤스는 해밀턴에 대한 워싱턴의 신념을 약화시키기는커녕 그 두 사람 간의 오랜 동맹 관계를 한층 더 굳건히 만들어주었다. 10월 15일, 애덤스는 마지못해 백기를 들며 해밀턴을 감찰관으로 임명했다. 녹스는 그의 부하로 복무하기를 거절했으나, 찰스 코츠워스 핑크니는 이에 동의하며 해밀턴을 칭찬하기까지 했다. "나는 그가 전쟁에 있어 엄청난 재능이 있음을 알고 있소." 그가 매켄리에게 말했다. "그는 대규모 군사 계획을 세우는 데 천재적인 능력을 가지고 있으며, 용감하고 진취적인 정신과 더불어 그것을 실행할 능력도 있다오."[75]

애덤스는 해밀턴의 임명 문제에서 패배하면서 그 젊은이에 대한 반감만 한층 더 키웠고, 이후로도 절대 이 사건을 잊지 않았다. 틀림없이 해밀턴은 기민하고 발 빨랐으며, 사람들의 마음을 조종했고, 애덤스를 곤란한 입장에 처하게 만들었다. 그러나 애덤스 또한 이기지 못할 싸움에 대통령의 특권을 사용하려는 고전적인 실수를 저질렀다. 그는 워싱턴부터 제이

　　　　　　　　　　　　　　　　　　　알렉산더 해밀턴

까지에 이르는 관찰자들 대부분이 그 자리를 맡을 최적의 인물로 해밀턴을 생각했다는 사실을 받아들이지 못했다.

애덤스는 해밀턴이 감찰관이 되지 못하게끔 막는 한편 그에 견줄 수 있을 정도의 고집을 하나 더 부렸다. 자신의 사위 윌리엄 스미스William Smith 대령을 소장 바로 아래 계급인 준장 자리에 앉히겠다는 억지를 부린 것이다. 이 잘생긴 젊은 대령은 존과 애비게일 애덤스 부부에게 끝도 없이 슬픔을 안겨주는 존재였다. 투기 때문에 언제나 빚에 시달렸고, 1년 전에는 잠시간 애덤스 부부의 딸 네비Nebby를 버린 적도 있었기 때문이다. 당시 스미스는 워싱턴 대통령이 마련해준 한직으로 근근이 먹고사는 중이었다. 훗날 그는 두 차례 투옥되는데, 한 번은 채무 때문이었고 한 번은 베네수엘라를 해방시키려는 계획에 연루된 탓이었다. 스미스가 무책임한 허튼짓들을 벌였음에도 애덤스는 그를 준장으로 둔갑시켜 미국을 속여 넘기려 했고, 이에 워싱턴은 크게 놀랐다. "어찌 군대의 신중함이라는 이름으로 [윌리엄 스미스의] 준장 임명을 유도한단 말이오?" 워싱턴이 피커링 국무장관에게 물었다. "그자는 인디언들을 살해한 것 말고는 그 어떤 일로도 축하받은 적이 없는 걸로 알고 있소만."[76]

피커링 역시 처음부터 애덤스가 그 절망적인 선택을 내리지 않도록 설득하려 했으나, 완강한 대통령은 "나의 사위는 해밀턴보다 훨씬, 아주 훨씬 뛰어난 군사적 인물이오!!!!"라고 선언했다는 게 피커링의 회고였다.[77] 피커링은 오래된 속담에 이를 비유했다. '애덤스 씨는 언제나 *자기 거위를 백조라고 생각했다오.*'[78] 피커링은 상원에게 거부권을 행사하는 로비를 비밀리에 벌였는데, 이는 또 다른 불충이긴 했으나 용서받을 만한 것이었다. 예상대로 상원이 스미스를 거부하자 애비게일 애덤스는 '일터에서 비밀이 샘솟고 있음'을 감지했고, 몇몇 상원의원들이 '그들도 누구인지 모르는 자의 도구들'이라고 생각했다.[79] 훗날 피커링은 애덤스가 자신을 무시하기 시작한 것이 이 사건에서부터였다고 주장했다.

2년 후 애덤스는 다시 한 번 자신의 사위를 연대장으로 올리려 시도했다. 해밀턴은 가능한 한 조심스럽게 그를 책망하면서 그 임명이 편파적인 것으로 보일 수도 있다고 말했다. '이 조치의 편의便宜에 영향을 미칠 부차적인 의견들이 존재합니다만, 저는 이 또한 당신이 고려하신 범주를 벗어나지는 않았을 것이라 확신합니다. (중략) 이 발언이 오해되지 않으리라고 믿습니다.'[80] 애덤스는 분노에 눈먼 답신을 보냈다. '그의 동료들은 모두 외교관이거나 장군들인데, 단지 내 딸과 결혼했다는 것만으로 그를 모든 직무에서 배제해야 하는 이유나 정당성을 나는 모르겠소. 안부를 전하며, 당신의 실로 가장 충실하고 초라한 종 존 애덤스 드림.'[81]

존 애덤스는 자신에 대한 모욕을 오래도록 기억하곤 했다. 1800년 5월 9일, 매사추세츠의 연방파 상원의원 벤저민 굿휴Benjamin Goodhue는 분노로 기절하기 직전인 대통령과 대면했다가 평생 잊지 못할 기억을 선사받았다. 애덤스는 상원이 윌리엄 스미스의 준장 임명을 거부했던 일을 다시금 꺼내면서 굿휴와 피커링, 그리고 해밀턴을 탓했다. 이 어마어마한 감정 분출의 현장에 대해 굿휴는 다음과 같이 기록했다. '애덤스는 우리가 그 일로 자신의 딸을 (비유적으로) 죽였다고 주장했다. 그 거절은 해밀턴에게서 나왔고, 피커링에게 전해졌으며, 이로써 피커링은 (이 부분에서 애덤스는 엄청난 격앙과 분노를 보였다) 나와 여타 사람들에게 영향을 미쳐 그를 거절하게끔 만들었다는 말이었다. 애덤스의 말에 따르자면 스미스 대령은 미국에서 손꼽힐 정도의 군사 지식을 가지고 있으며 워싱턴 장군이 임명을 추천한 사람이었다.' 굿휴는 계속해서 이야기를 전했다. '애덤스는 상원이 이번 일로 자신과 자기 *가족*의 기분을 하릴없이 망쳐버리는 결과를 초래했다고 말했다. 이는 상원이 저지른 일들에 대해 그가 가지고 있던 억울함을 확연히 보여주는 말이었다.' 굿휴는 이 토의를 통해 '내가 최고 간부에게서 보게 될 것이라고는 예상치 못했던 완벽한 격정의 분노'를 애덤스가 드러냈다고 이야기했다.[82] 연방파들 사이에서는 이처럼 애덤스의 주체할 수 없는 분노에 관한 이야기가 다수 돌았다.

임명을 두고 벌어진 또 다른 복잡한 싸움 하나는 이전 해 연방 상원을 떠나 뉴욕 의회로 돌아간 에런 버와 관련이 있었다. 애덤스는 공화파를 달래기 위해 준장으로 버를 앉히려 했다. 해밀턴은 프랑스의 급습으로부터 항구들을 방어하기 위한 조치들을 밀어붙이고 있었으며 뉴욕 시의 방어력을 높이기 위해 버와 함께 지역 군사 위원회에 참석했다. 입장을 쉬이 바꾸던 버는 이즈음 연방파에게 추파를 던지고 있었으며, 로버트 트루프는 과연 프랑스 혁명을 열렬하게 지지하던 버가 과연 프랑스의 공격 가능성에 대비한 도시 방어 구축을 도울 수 있을지 의아해했다. 트루프는 루퍼스 킹에게 버가 '자네가 익히 떠올릴 모습과는 아주 다른 행보를 보여주고 있소. 몇몇은 그가 자신의 입장을 바꾸려는 것이 아니냐고 추측하오'라 전했다.[83] 버와 해밀턴은 지금까지 그래왔던 것보다 한층 더 공개적으로 다정하게 지냈다.

해밀턴은 버가 자신의 공화파 동료들을 버리지 않을 것이라며 회의적인 시선을 보냈지만, 일단은 앞으로의 일들을 지켜보자는 데 동의했다. 그는 지난가을 버가 자신과 먼로 사이의 갈등을 중재하고 진정시켜준 데 고마움을 느끼고 있었을 터였다. 그해 여름 뉴욕에 나타난 군인 한 명은 해밀턴에게, 만일 자신이 버를 만나고 왔다 한다면 그것을 잘못으로 여기겠냐고 물었다. "귀여운 버!" 해밀턴은 쾌활하게 소리치고선, 그들이 비록 정치적으로는 달랐지만 언제나 좋은 관계를 유지해왔다고 설명했다. "나는 이제 그가 [정치에서] 자신이 틀렸었고 내가 옳았었다고 여기기 시작한 것이 아닌가 생각한다네."[84] 이처럼 해밀턴은 버가 소속 정당을 바꾸기 위해 심사숙고 중이라는 설을 진지하게 받아들였으며 조심스럽게 그것을 독려하고자 했다.

버는 군사적인 몽상을 통해 해밀턴을 바라보았으며, 스스로도 새로운 군대에서 한 자리를 차지하려는 마음을 품고 있었다. 해밀턴과 그의 짧막한 정치적 우호 관계도 이것으로 설명할 수 있을 것이다. '나는 몇 가지 이유에서 이 행정부가 그에게 충정을 표하길 바라오.' 버가 필라델피아로 떠났던 1798년 7월 말 해밀턴이 월콧에게 조심스럽게 이야기했다. '그가 쓸모 있는 협력자가 될 가능성도 아주 없지는 않소. 우리에겐 서로 다른 측면들이 있음을 잘 알고 있지만, 이번 경우는 실험해볼 만한 가치가 있소.'[85] 이즈음 해밀턴과 버는 임명 문제를 놓고 이야기를 나누고 있었다. 버와 워싱턴 사이의 좋지 않은 기류를 알고 있었던 해밀턴은 버에게 워싱턴 장군 휘하에서 신실하게 복무할 수 있겠는지 물었다. 그러자 한 치의 망설임도 없이 버는 '자신은 워싱턴을 경멸하며, 그는 아무런 재능도 없는 남자에다 일반적인 영어로는 단 한 줄도 제대로 쓰지 못하는 자'라고 답했다.[86]

이미 해밀턴이나 윌리엄 스미스를 놓고 워싱턴과 다툰 바 있는 애덤스는 또 한 번 전임 대통령에게 실수를 저질렀다. 버와 껄끄러운 관계임은 잘 알려져 있지만 그럼에도 버를 준장으로 받아달라고 워싱턴에게 요청한 것이다. 워싱턴은 어떤 여지조차 없이 이를 거절했다. '내가 아는 모든 바를 통해서 보면 버 대령은 용감하고 능력 있는 장교가 맞지만, 문제는 그가 음모를 꾸미는 데도 그만큼의 재능을 가졌다는 데 있는 것 아니겠소?'[87]

수년이 지난 후에도 애덤스는 여전히 이 불화에 대한 감정을 가라앉히지 못했다. '당시 내가 가졌던 감각들과 기억들을 어떻게 묘사해야 좋을지. [워싱턴은] 미합중국에서 가장, 혹은 세계에서 가장 지각없고 참을성도 없으며 교묘하고 포기할 줄 모르며 무분별하기까지 한 음모론자를 (중략) 링컨, 클린턴, 게이츠, 녹스 등의 위에, 심지어는 핑크니의 머리 위에 올려 (중략) 자기 직속의 제2사령관으로 만들라고 내게 강요하더니, 이제 와서는 그 불쌍한 준장이 음모론자일지 모른다며 우려하시네.'[88] 은퇴 후 애덤스는 만일 1798년에 버를 준장으로 임명했더라면 그는 연방파의 사람이 되었을 것이며 버 또한 1800년 선거에서 승리를 거둘 수 있었을 것이라며 즐거운 듯 회고했다. 실제로 애덤스는 어느 면에서는 옳았다. 워싱턴은 고위 장성 자리에 모두 연방파의 인물들을 앉히는 우를 범했고, 애덤스는 두 명의 공화파-버와 프레더릭 뮬런버그-를 준장으로 만들고자 애를 썼다. 만일 양당의 균형을 좀 더 맞추었더라면 군대는 아마 보다 큰 인기를 구가할 수 있었을 것이다.

알렉산더 해밀턴은 이제 해밀턴 장군으로 불리기 시작했고 뉴욕 시 명부에도 그렇게 이름을 올렸다. 제복에 선천적으로 약했던 그는 영국제도 출신의 화가 P. T. 위버P. T. Weaver에게 눈부신 군복을 입고 실을 땋아 만든 견장을 어깨에 달고 있는 자신의 모습을 그리게 했다. 여기에서의 해밀턴의 인상은 한층 더 단단해졌지만-다른 그림에서보다 옆모습이 좀 더 멋졌고, 시선도 보다 직선적이었다-그는 이 초상화를 칭찬했으며, 이를 세인트크로이 섬 시절의 오랜 친구인 에드워드 스티븐스에게 선물하는 감성적인 모습을 보였다.

누구나 인정하는 행정의 달인 해밀턴은 군대를 조직하는 어마어마한 임무에 뛰어들어 지칠 줄 모르는 에너지를 발휘했다. 워싱턴은 장장 20개월 만에 제복을 입고 말 등에 올라탄 채 눈부시게 필라델피아로 귀환했고, 해밀턴은 그와 함께 1798년 11월과 12월의 다섯 주 동안 의견을 나누었다. 찰스 코츠워스 핑크니와 매켄리 국무장관 역시 이 실무회의에 참석했다.

해밀턴은 연대와 대대, 중대들의 포괄적인 도표를 그려가면서 이 상상의 부대에 대한 뼈대를 매우 상세히 잡았다. 한 전형적인 문단에서 그는 다음과 같이 썼다. '한 중대를 반절로 나누어 두 개 소대로, 한 소대는 두 개의 반소대로, 한 반소대는 두 개의 분대로, 한 분대는 3인 종대 네 개 혹은 2인 종대 여섯 개로 구성한다.'[89] 그는 장교들에게 계급을 배정했고, 징병소를 설치했으며, 무기고에 탄약을 채워 넣었고, 수없이 많은 규칙들을 세웠다.

　이 시점에서 워싱턴은 해밀턴에게 무조건적인 권한을 위임했다. 해밀턴은 한 장군에게 워싱턴이 '현재로써는 실질적인 지휘권을 거부했기 때문에 (중략) 모든 곳의 군 병력을 피크니 소장과 나의 감독하에 두게 되었다'고 말했다.[90] 새로운 군대뿐만 아니라 본래 서부 국경 지대에 주둔하고 있던 군대까지 해밀턴의 사령탑 아래에 포함되었고, 핑크니는 남부의 병력을 감독했다. 해밀턴은 맨해튼 그린위치가 36번지에 위치한 조그마한 사무실에서 어마어마한 권력을 행사했다. 초장부터 그의 노고는 제대로 감사받지 못했다. 그는 11월 이전까지 한 푼의 봉급도 받지 못하다가 그 달에서야 고작 268.35달러를 받았는데, 이는 그가 변호사로서 벌어들였던 수입의 4분의 1 수준이었다. 해밀턴이 감찰관으로 임명되자 그의 법률 고객들은 그가 그 일에 정신이 빼앗길 것을 우려하여 절반 이상이 그를 떠났다. 해밀턴은 공직의 유혹을 뿌리치지 못했으나 그에 따르는 금전적 희생까지 감수할 수 있는 상황이 아니었다. 그는 매켄리에게 봉급을 올려 줄 것을 간청하면서 다음과 같이 말했다. '자신에 대한 보상에 대해 논하는 일은 언제나 유쾌하지 못하지만, 나는 마흔이 넘은 데다 아내와 여섯 명의 아이들이 있고 이전에 벌어둔 재산이 아주 *적은* 남자이기 때문에, 재산이 넉넉했었다면 따랐을 양심의 가책을 무시할 수밖에 없다네.'[91]

　해밀턴은 그해 겨울 허약해진 건강으로 자주 앓아눕는 와중에도 새로운 군대 전체를 창설해냈는데, 이를 도운 단 한 명의 부관은 앤젤리카의 장남으로 당시 스무 살이었던 필립 처치Philip Church 대위였다. 그가 지나치리만큼 잘생겼던 터라 해밀턴은 엘리자에게 그의 존재가 '미남을 원하는 여인들에게 커다란 기쁨을 가져다준다'고 말하기도 했었다.[92] 영국인과 미국인의 혼혈인 이 청년은 지금까지 사실이 아닌 것처럼 들릴 삶을 살아왔다. 이튼스쿨에서 젊은 귀족들과 함께 학교를 다녔고 런던의 미들 템플 법학원에서 법률 수련을 한 뒤 이제는 미국군 소장의 행정 업무를 맡고 있었으니 말이다. 형편없는 사위를 내세우는 애덤스 대통령을 업신여겼던 해밀턴이었지만 이번에는 자신이 자그마한 족벌주의를 벌이고 있는 셈이었다. 그는 처치의 임명이 '나의 개인적인 호의에서 비롯된' 것임을 대통령에게 인정했으며 다음과 같이 덧붙여 말했다. '그러나 동시에 경께서 이를 받아들여주시길 간청하는 바입니다. 저는 두 번 다시 이와 같은 이유로 누군가를 관직에 추천하지 않겠습니다.'[93] 하지만 그는 이후에도 매켄리에게 압력을 넣어 친척인 스카일러 가문 사람 몇몇을 부관들로 임명시켰다.

언제나 에티켓에 집착했던 해밀턴은 군사 문제들에 대한 주체할 수 없는 사랑을 한껏 드러내면서 의전이나 의복에 관한 세부 사항들을 정하는 일에 뛰어들었다. 가장 꼼꼼한 재단사도 그가 지시한 워싱턴의 제복을 정확히 만들어낼 수 없었다. '옷깃 없는 푸른 코트, 안감을 댄 목깃과 담황색 가죽 소매, 노란색 단추, 금색 제비꼬리 리본과 술 장식 및 양쪽에 별 세 개씩이 박힌 금색 견장. 목깃 끝단과 주머니 덮개 가장자리는 모두 자수로 꼼꼼히 마감하며 모든 종류의 단춧구멍 또한 자수로 마감할 것.' 워싱턴의 모자는 '정복正服용 삼각모에 노란 단추 한 개와 금색 링, 중앙에 황금 독수리 한 마리가 그려진 검은 코케이드와 흰색 깃털 하나'를 꽂는 것으로 정했다. 또한 그의 신발은 '롱부츠로 종아리 부분은 빳빳하게 세워져 무릎뼈 중앙까지 닿아야 하고, 검은색 통가죽으로 만들며, 윗부분에는 붉은색 모로코가죽으로 안감을 대어 뒤집어 접었을 때 안감이 바깥으로 보이도록' 해야 했다.[94] 다른 제복들에 대한 그의 묘사도 이와 마찬가지로 상세했다.

머릿속에서 아이디어들이 샘솟았던 해밀턴은 각 계급이 머물 막사도 디자인했다. 중령들의 막사는 가로 14피트에 세로 24피트 넓이(약 10평_역주), 소령들의 막사는 14피트에 22피트짜리(약 9평_역주)여야만 했다. '막사의 지붕은 슬래브가 아주 싼 곳이 아니라면 널빤지로 만들어야 한다고 생각된다.'[95] 독립혁명 당시 슈토이벤으로부터 훈련 매뉴얼이 얼마나 중요한 것인지를 배웠던바, 지칠 줄 모르는 이 감찰관은 군사들의 모의 훈련을 위한 교본도 만들었다. 가령 지휘관이 "우향우"라 소리치면 병사는 어떻게 해야 하는가? 해밀턴은 답했다. '마지막 "우"에서 병사는 씩씩하지만 격렬하지는 않게 고개를 오른쪽으로 돌리는데, 이때 왼쪽 눈의 위치를 자신의 조끼 단추와 일직선상에 놓아야 하며 오른쪽 눈으로는 자신의 오른편에 선 남자의 가슴께를 바라봐야 한다.'[96] 그는 독일 태생의 욘 데 바르트 발바흐John De Barth Walbach를 고용하여 프로이센, 프랑스, 대영제국에서 사용되는 기마병 체계를 검토하게 한 뒤 미국의 환경에는 어느 것이 가장 잘 맞을지를 알아보고자 했다. 또한 행군 시의 이상적인 보폭과 속도를 알아내기 위해 분당 75회, 100회, 120회씩 흔들리는 시계추들을 가지고 실험을 벌이기도 했다.

군사 문제에 관해선 백과사전과도 같은 지식을 가지고 있었던 해밀턴은 이를 이용하여 전全 군대 조직의 전반적인 기틀을 닦았다. 그는 이 새로운 군대가 상비군 창설의 씨앗이 될 것이고, 그로써 조국은 더 이상 주민병대에 의지할 필요가 없어질 것이라 생각했다. 고도로 훈련된 장교들의 부대를 육성하고자 한 그는 과거에 워싱턴과 상의한 적 있었던 한 가지 아이디어의 실행을 추진하기 시작했다. 군사학교를 설립한 것이다. 당대 대다수 미국인들과 달리 해밀턴은 미국이 군사 분야에 대해서는 유럽으로부터 배울 것이 많다고 생각했다. "자급자족하려는 경향과 다른 이들의 과학 및 경험을 업신여기는 태도는 이 나라에 너무도 만연해 있는 특징이오." 그가 존 제이에게 불평했다.[97] (이는 미국인들은 세계에 가르쳐줄 것이 많지만 세계로부터 배울 것은 별로 없다던 제퍼슨주의의 신념에 대해 해밀턴이 경악하며 내놓은 평가의 일환이었다.) 일전에 해밀턴은 프랑스의 한 군사 권위자에게 자신이 '극도로 마음에 두고 있는 문제'라고 압박하여 '군사학교 설립에 관한 일목요연한 계획'을 그로부터 제공받은 바 있었다.[98] 해밀턴은 대포 주조 공장 및 소형 무기 제조소와도 쉽게 오갈 수 있고 항해가 가능한 물가를 군사학교 부지로 원했다. 수 주 후, 그는 웨스트포인트에 위치한 요새로 답사를 떠났다.

해밀턴이 세심하게 계획한 다섯 개의 군사학교는 각각 군사학, 공학, 기갑 부대, 보병 부대, 그리고 해군 부대에 특화된 것이었다. 철저한 그답게, 해밀턴은 필수 강사들 또한 제도製圖 선생 두 명, 건축가 한 명, 승마 선생 한 명과 같이 꼼꼼히 구상해 적었다. 그는 커리큘럼 또한 일일이 지시했는데, 일례로 공학에 특화된 군사학교는 '유율법, 원추곡선법, 수력학, 유체정역학, 기압학' 등을 가르쳐야 한다고 명확히 밝혔다.[99] 해밀턴과 매켄리는 애덤스가 관직에서 물러나기 이전 하원의회에 '군사학교 설립 법안'을 제출했다. 역설적이게도 웨스트포인트 군사학교가 실제로 설립된 것은 워싱턴 행정부 당시 이 아이디어가 헌법에 부합하지 않는다며 반대했던 토머스 제퍼슨의 재임기 중이었다.

해밀턴은 또한 국군병원에 대한 계획과 함께 일종의 재향군인관리국과 매우 유사한 기관을 설립할 계획도 세웠다. 후자의 경우는 전투에서 부상당한 자와 그 가족들을 돌보는 곳이었다. '조국을 위해 복무하는 데 인생 최고의 시절을 바쳤거나 혹은 복무 중 얻은 질환 때문에 다른 일로 생계를 꾸리는 것이 불가능해져 이제는 도움이 필요해진 절박한 사람들을 버리는 일은 정의와 인간성에 부합하지 않는다.'[100]

아이디어가 넘쳤났었음에도 해밀턴이 그것들을 실현하는 일은 쉽지 않았는데, 이는 어느 정도는 그의 오랜 친구 제임스 매켄리의 무능력 때문이기도 했다. 처음부터 올리버 월콧 주니어는 해밀턴에게, 만일 그가 감찰관이 된다면 전쟁부 장관의 일까지 도맡아 해야 할 것이라고 경고한 바 있었다. 이는 매켄리가 '가진 분별력이나 성실함, 미덕들 또한 그가 가지고 있지도 않으며 가질 수도 없는 계획이나 사업 기술 없이는 아무런 쓸모가 없기' 때문이었다.[101] 워싱턴 또한 이에 맞장구를 치며 매켄리의 '재능은 그의 엄청난 노력이나 깊은 지력에 상응하지 못한다'고 말했다.[102] 새로운 군대는 행정적인 문제들로 엉망인 상태에 있었기 때문에 해밀턴은 결국 매켄리에게 내각 부처를 운영하는 방법을 가르치기에 이르렀다. "자네는 온갖 세부 사항들 무더기에 뛰어드는 경향이 있다네." 그는 매켄리에게 이처럼 말하면서 더 많은 권한을 위임하라고 충고했다. 매켄리의 오랜 친구로서 해밀턴은 그와 괜한 갈등을 빚고 싶지 않았으나, 그의 무능력은 차마 눈 감고 넘어갈 수 있는 수준의 것이 아니었다. 해밀턴은 비밀리에 워싱턴에게 언질을 주었다. "저의 친구 매켄리는 자신의 자리에 전혀 미치지 못하고 있습니다. 게다가 더 큰 불행은 그가 이 사실을 조금도 의심하지 않고 있다는 점입니다!"[103]

해밀턴은 불운한 매켄리에게 계속해서 지시들을 보냈다. 그가 해밀턴의 지령들을 고분고분 받아들였다는 점에서 우리는 매켄리 또한 자신의 능력에 자신이 없었고 해밀턴의 지시들을 오히려 환영했을 것임을 추측할 수 있다. 그러나 매켄리는 빠르게 배우는 학생도 아니었기에 해밀턴은 그를 교육시키는 일에 점점 지쳐갔다. 오래지 않아 해밀턴의 서신들에는 짜증스러운 어조가 묻어나기 시작했다. 해밀턴은 자신의 후임으로 재무부 장관에 있는 월콧과 내통하면서, 그가 매켄리의 전쟁부 운영을 도울 수 있는 방법들에 대해 조언해주었다. 이 모든 음모들을 통해 해밀턴은 존 애덤스 내각의 내부 작업들에 한층 더 깊이 개입하게 되었다. 그러나 이는 단순히 해밀턴이 애덤스의 내각을 조종하거나 혹은 애덤스 대통령으로부터 떼어놓으려 했던 것이 아니었다. 해밀턴으로서는 그저 전쟁부를 책임질 능력 있는 관료가 필요했을 뿐이었다. 오래지 않아 애덤스는 해밀턴이 자기 사람들 몇몇을 조종했다고 고발했지만, 실제로 해밀턴이 바로 그 사람들 중 한 명과 조용히 다투고 있었다는 점은 고통스러운 아이러니다.

1799년 해밀턴이 군대를 소집했을 당시, 군대 행정에 관한 문제들은 오히려 더 심각해진 상태였고 구인 또한 제대로 이루어지지 않았다. 이 시점에서 해밀턴은 독립혁명 당시 무능한 대륙회의가 대륙군의 간청들에 듣는 척도 하지 않았던 때를 다시 체험하는 듯한 기분이 들었을 터였다. 해밀턴은 매켄리에게 병사들에게 지급할 돈과 의복이 부족하다고 불평하며 불만에 빠진 병사들이 반란을 일으킬까 우려된다고 털어놓았다. 그러나 매켄리의 행정적인 무능력보다 더 큰 어려움이 기다리고 있었다. 보다 정치적이고 훨씬 더 다루기 힘든 진짜 문제들이 남아 있었던 것이다.

공화파는 오래전부터 해밀턴을 잠재적 폭군으로 여겨왔으나, 조지 워싱턴이 그의 고삐를 쥐고 있는 상태에서 그러한 우려들은 완전히 근거 없는 소리들로 치부된 바 있었다. 워싱턴의 전시 부관들 중 하나로서, 또 그의 내각 구성원들 중 하나로서 해밀턴은 그간 내내 엄격한 틀 안에서만 활동해왔었다. 그러나 이제 워싱턴은 보다 수동적인 역할을 자처하며 한 발짝 물러나 있었다. 해밀턴은 워싱턴의 통제를 점점 벗어나는 한

편 애덤스가 자신에게 노골적으로 드러내는 적의에 점점 더 짜증을 느꼈고, 그에 따라 자신의 공상을 향한 맹렬한 싸움들에 몸을 내던지기 시작했다. 이 과정에서 그는 지금까지 공화파가 그에게 붙여준 미신이나 별명들 속의 군사적 모험가를 실제로 닮아가기 시작했는데, 일례로 애비게일 애덤스는 그를 '작은 마르스(로마 신화에 나오는 전쟁의 신_역주)'나 '두 번째 보나파르트'라 불렀다.[104] 해밀턴의 이 같은 군사적 염열은 북아메리카 및 남아메리카의 유럽 식민지들을 해방시키겠다는, 한심할 만큼 오도된 꿈에서 가장 명백히 드러났다. 그는 프랑스와의 싸움이 공개적으로 벌어진다면 스페인으로부터 중남미 지역을 빼앗아옴과 동시에 영국과 결탁하여 미시시피 동쪽의 스페인령 영토까지 손에 넣으려 했다. 그는 1798년 이미 매켄리에게 '양 플로리다(식민지 시절의 플로리다 주는 동플로리다와 서플로리다로 나뉘어 있었다_역주)를 포함한 미시시피 강 안쪽 지역 전부는 반드시 *우리의 것이 되어야 한다*'고 이야기한 바 있었다.[105]

이 제국주의 장난질의 기원을 찾아 거슬러 올라가 보면 프란치스코 드 미란다Francisco de Miranda라는 이름의 남자가 등장한다. 베네수엘라 태생인 그는 미국 독립혁명 당시 스페인군에 가담해 영국군과 맞서 싸웠다. 1784년 뉴욕에 들른 그는 자신을 경계하던 해밀턴에게 베네수엘라 해방 계획을 지지해달라고 호소했다. 사치를 즐기는 호색한이었던 미란다는 열정적인 웅변을 빠르게 늘어놓으며 넓은 보폭으로 방 안을 활보했다. 해밀턴은 그에게 그의 계획을 언짢게 여길 수도 있는 미국 관료들의 목록을 주었다. 그 이후 방랑자 미란다는 수년간 잉글랜드에 거주하면서 영국이 라틴아메리카에서 혁명을 선동하게끔 하고자 애를 썼고, 이 계획이 좌절되자 영국해협을 건너가 프랑스 육군의 중장이 되었다. 이후 그는 프랑스 혁명에 환멸을 느꼈는데, 훗날 해밀턴에게 한 말을 빌리자면 그는 이 혁명을 사기꾼들과 무식한 사람들이 자유의 이름으로 일으킨 짓이라 생각했다. 1798년 초 프랑스를 떠난 그는 영국과 미국이 합심해서 라틴 아메리카에서 스페인을 몰아내야 한다고 촉구하는 운동을 재개했다.

애덤스의 사위 윌리엄 스미스와 절친한 친구였던 미란다는 아마도 미국에서 자신의 말에 귀 기울여주는 사람을 찾을 수 있으리라고 상상했던 듯하다. 런던에서 그는 미국 공사 루퍼스 킹과 비밀 회담을 가졌으며, 킹은 그 내용을 티머시 피커링에게 전달했다. 미란다는 또한 해밀턴에게 자신의 계획에 대한 편지를 썼는데, 해밀턴은 이에 답신을 보내지 않고 그 윗부분에 다음과 같이 갈겨 적었다. '수년 전 이 남자를 미국에서 만났을 때 그는 남아메리카를 스페인의 지배로부터 해방시키려는 계획으로 달아올라 있었다. (중략) 나는 그가 아주 흥미로운 승부사라고 생각한다.'[106] 감찰관이 된 이후에야 해밀턴은 미란다의 편지에 답신을 보내면서, 그의 계획이 '이 나라 정부의 후원'을 받지 않는 이상 무엇 하나도 이루어질 수 없다고 주의를 주었다.[107] 그럼에도 해밀턴은 편지에서 그 계획을 지지했으며, 영국 함대와 미국 육군의 결합을 내다보았고, 자신이 2만 명 규모의 육군을 창설하고 있음을 언급했다. 해밀턴은 미란다에게 겨울까지 그 계획이 완성되기를 희망한다면서, 만일 그렇게 된다면 그는 '나의 공식적인 지위에서 그토록 좋은 일의 매개가 되는 일을 행복하게 여길 것'이라고 전했다.[108] 이 답신을 보내면서 그는 기밀 유지를 위한 기이한 조치 하나를 취했다. 자신의 필체를 숨기기 위해 여섯 살 난 아들인 존 처치 해밀턴을 서기로 내세운 것이다. 아이가 베낀 또 다른 편지 한 통은 런던의 루퍼스 킹에게 보내는 것이었는데, 여기서 해밀턴은 미란다의 무모한 계획을 지지하면서 여기에 등장하는 육군은 모조리 미국인 병사들이었으면 좋겠다는 이야기를 전했다. '이 경우 지휘권은 매우 자연스럽게 내게로 돌아올 것이고, 이로써 나는 호의적이지 않은 예상들을 내가 실망시킬 수 있기를 바라오.'[109]

레이널즈 소책자 사건과 마찬가지로, 해밀턴이 비밀리에 쓴 이 서신들은 그가 더 이상 워싱턴의 현명한 비호 아래에 있지 않고 순전히 자신의 힘으로 서게 되면서 한층 더 판단력이 떨어졌음을 보여준다. 그는 여러 차례 잘못된 고집을 부렸다. 표면적으로 그는 영국과 프랑스 사이에서 중립을 지키겠다고 표명하고 있었으나 비밀리에는 영국과의 침략을 구상하고 있었다. 그는 또한 프랑스에 대항하여 미국을 방어하기 위해 군대를 끌어 모으면서도, 한편으로는 그 군대를 이용하여 남반구를 건드릴 궁리를 했다. 그는 또한 이를 애덤스 대통령에게 직접 전달하지 않고 사적인 외교 채널을 이용하여 미란다를 독려했으며, 대통령과는 거의 이야기도 나누지 않았다. 해밀턴이 자신을 스스로 사령관 자리에 앉힌 이번 계획은 그에게 새로운 군대의 상설화를 바라며 프랑스와의 협의는 바라지 않을 강력한 유인이 되어주었다. 1798년 12월 워싱턴에게 쓴 편지에서 해밀턴은 '이 나라의 영구적인 이익들에 있어 매우 위대할 순간들을 위한 모험들이 계획 중에 있을 수도 있으며 그 계획들은 분명 잘 훈련된 병력을 필요로 할 것이므로' 새로운 군대가 계속 유지되어야 한다고 말했다.[110]

1799년 초에 이르자 해밀턴은 남아메리카 작전을 한층 더 공개적으로 옹호하기 시작하면서, 당시 하원 국방위원회 의장이던 해리슨 그레이 오티스에게 다음과 같이 전했다. '만일 프랑스가 아직까지도 범세계적 제국을 추구하고 있다면, 이를 저지하는 방책으로 남아메리카를 스페인에게서 떼어놓는 것보다 더 훌륭한 것이 달리 있소이까? 바로 그곳이 *멕시코*와 *페루*의 부자들이 프랑스로 건너가는 유일한 통로인데 말이오. 행정부는 이를 효과적으로 단절시킬 수 있는 기회를 포착할 상태를 갖춰야만 하오.'[111] 이에 대해 대통령은 그 모든 계획이 이 나라를 분열시킬 수도 있는, 이루 말할 수 없이 우둔한 것임을 제대로 파악했다. 이 계획에 대해 그는 이렇게 말했다. "나는 웃어야 할지 울어야 할지를 모르겠소. 미란다의 계획은 (중략) 거위 떼가 끄는 수레를 타고 달나라 여행을 가겠다는 계획만큼이나 공상적이지만, 순수하기로는 그보다 훨씬 못한 것이오."[112] 이후 애덤스는 그 정당한 우려에 그치지 않고 더 나아가 한 편의 음모론을 만들어내기에 이르렀다. 그는 엘브리지 개리에게 자신이 '해밀턴과 그의 무리는 군대를 산 채로 잡아다 해밀턴에게 그 지휘권을 주고, 제왕 정부를 선포하여 해밀턴을 그 수장으로 앉힌 다음 영국의 일개 주가 되는 길을 준비하고자 애를 쓰고 있는 것으로 생각'한다고 말했다.[113] 애덤스는 훗날 '조지아부터 뉴햄프셔에 이르기까지 나라 전체에서 즉각 반란을 일으킬' 것이 분명했던 미란다 계획을 승인할 바에는 차라리 자신이 사임을 했을 것이라고 맹세했다.[114]

해밀턴은 미국이 스페인령 플로리다와 루이지애나를 선제 타격하여 장악하지 않는다면 그 지역은 적대적인 프랑스의 손아귀에 떨어질 것이라고 믿었다. 이를 실현시키기 위해 그는 제임스 윌킨슨 장군에게 75척 규모의 함대를 소집하라고 지시했다. 메릴랜드 농장주의 아들이자 술고래였던 윌킨슨은 언제든 아수라장을 열 준비가 되어 있던 사람이었다. 훗날 밝혀진 바에 따르면 그는 켄터키 영토의 소유권을 스페인에게 넘기라고 선동할 것을 약조하고선 스페인 정부로부터 돈을 받아 챙기고 있었다. 로어노크의 존 랜돌프John Randolph는 윌킨슨을 가리켜 '거대한 죄악 덩어리'이자 '내가 본 사람들 중 유일하게 껍데기부터 알맹이까지 모조리 악당 그 자체였던 남자'라고 평했다.[115] 통통하고 불그레한 윌킨슨은 수놓은 제복 위에 훈장들과 금단추들을 달아 치장한 차림으로 돌아다녔고, 산간벽지에서조차 금으로 만든 등자(말 안장 양쪽에 달린 발걸이_역주)와 박차(신발 뒤축에 댄 톱니 모양의 쇠_역주), 표범 가죽으로 만든 안장을 사용했다. 그는 해밀턴의 팽창주의 계획을 돕게 되어 기뻐했다. 윌킨슨은 미국 정착지의 서쪽 변경을 따라 일련의 요새들을 세우고 싶어 했는데, 이는 해밀턴조차

과하다고 여기는 조치였다. '미시시피에 대한 스페인 정부의 우둔함은 루이지애나에 대한 프랑스 광신도들의 집착만큼이나 명백히 드러납니다.' 윌킨슨이 해밀턴에게 말했다.[116] 해밀턴이 실제로 루이지애나나 플로리다, 혹은 스페인계 중남미에 대한 자신의 계획들을 실행에 옮긴 적은 없었다. 평화조약이 진행됨에 따라 해밀턴의 군대가 가졌던 존재 근거-프랑스 침략에 대한 방어-가 갈수록 약해지고 있었던 탓에, 그런 계획들 역시 점점 더 무의미하고 가당찮으며 아무 상관없는 것들로 여겨지게 되었다. 그러나 이 이야기는 해밀턴의 인생을 통틀어 형편없는 판단력이 가장 명백하게 드러났던 일화들 중 하나였다.

마녀들의 통치

Alexander Hamilton

존 애덤스 대통령 재임기는 미국 역사상 견줄 데도 거의 없을 만큼 흉
포한 정치의 시대이자 양 당파가 서로에 대한 신뢰를 완전히 포기해버린
편집증의 시즌이었다. 다른 연방파 인사들이 전쟁의 열기에 취했던 것과
마찬가지로 해밀턴 또한 점점 더 반대 의견을 반역이라 오해하고 부풀렸
다. 한 신문 사설에서 그는 제퍼슨주의자들이 '미국인이라기보다는 프랑
스인'이라고 비난하면서, 그들이 자신들의 야망과 복수에 대한 갈증을 채
우기 위해 '프랑스의 성소에서 그들 조국의 독립과 안녕을 불태워 없애
버리려는' 준비 자세로 서 있다고 선언했다.[1] 공화파 또한 이와 별다를 것
없이 행동하면서, 자신들의 맘에 들지 않는 정책들은 영국과 작당하거나
조지 3세를 다시 왕으로 추대하려고 작정한 사람들의 반역 행위라고 해
석했다. 공화파를 '자코뱅'으로 부른다거나 연방파를 '영국인Anglomen'으로
부르는 등 경멸적인 꼬리표가 무분별하게 사용된 것도 당대의 원한 섞인
부당한 감정들을 반영했다. 이 음울한 시대에서 건국의 아버지들은 자신

　　　　　　　　　　　　　　　알렉산더 해밀턴

들 또한 오류를 범하는 한낱 인간일 뿐임을 드러냈다.

1798년 1월 콩그레스홀에서 있었던 일화 하나가 당대의 험악한 분위기를 상징적으로 드러내주었다. 강경 공화파이자 버몬트 주의 하원의원이었던 매튜 라이언Matthew Lyon은 코네티컷의 연방파 의원 로저 그리스월드Roger Griswold의 귀족적 정서를 조롱하기 시작했다. 그리스월드가 이에 맞서 라이언이 독립혁명 당시 겁쟁이처럼 굴었다는 설이 있다고 조롱하자 라이언은 그의 얼굴에 침을 뱉었다. 그리스월드는 자신이 가지고 있던 히코리 나무 지팡이로 라이언을 때렸고, 라이언은 이에 벽난로용 부집게를 집어 들어 그리스월드를 공격했다. 두 명의 의원들은 결국 길거리의 깡패들처럼 바닥을 뒹굴며 싸웠다. '당파적 적대감은 서로 다른 정치적 정서를 품고 있는 사람들 사이에 분리의 벽을 세워 올렸소.' 제퍼슨이 앤젤리카 처치에게 구슬픈 듯 적었다.[2]

XYZ 특보가 공개되자 필라델피아의 분위기는 한층 더 격화되었다. 검은 코케이드를 단 연방파 무리들과 프랑스 국기의 삼색으로 디자인된 코케이드를 단 공화파 무리들 간에는 폭력적인 충돌들이 벌어졌다. 무대에서 마르세예즈를 부른 배우들은 야유를 받고 쫓겨났다. 연방파 패거리 하나는 공화파 신문사 「오로라」에 침입해 벤저민 프랭클린 배시 편집장 소유의 창문들을 깨버렸을 뿐 아니라 그의 위대한 조부의 동상에 진흙을 바르기까지 했다. 프랑스 공작원들이 도시에 불을 지르려 한다는 소문이 돌기 시작하자 존 애덤스는 대통령 관저 바깥에 경비를 주둔시키고 무기고에 무기를 채워 넣었다.

그의 임기 중 최악의 순간은 1798년 6월과 7월에 찾아왔다. 애덤스가 워싱턴 휘하의 소장들 간의 계급 순위를 놓고선 해밀턴과 다투고 있었던 이 무렵, 의회는 반대 의견들에 재갈을 물리기 위해 고안된 악명 높은 법 네 가지를 입안하면서 공화파에게 그것들을 수락하라고 협박했다. 이른

바 '외국인규제 및 선동금지법'으로 알려진 일련의 법들이었다. 6월 18일 통과된 귀화법Naturalization Act은 귀화 시민이 온전한 투표권을 획득하는 데 걸리는 시간을 5년에서 14년으로 늘렸다. 6월 25일의 외국인규제법Alien Act 은 외국 태생의 주민이 평화에 위협이 된다고 간주되는 경우라면 그 사람의 의견이나 합리적인 설명조차 들어보지 않고서도 추방할 수 있는 권한을 대통령에게 부여했다. 7월 6일의 적국민법Alien Enemies Act은 미국과 전쟁 중인 국가의 국적을 가지고 미국에 거주 중이었던 외국인들에게 적국민이라는 꼬리표를 붙일 수 있는 권한을 대통령에게 부여했고, 이로써 프랑스 이주민들이 떠나도록 유도했다. 이 참혹한 조치들 중에서도 최악의 것은 마지막에 등장했다. 7월 14일의 선동금지법Sedition Act은 '비방을 목적으로, (중략) 혹은 그들을 (중략) 멸시나 오명에 빠뜨릴 목적으로' 미국 정부나 의회에 반하여 '잘못되었거나, 추문이 담겼거나, 악의적인' 말 혹은 글을 내놓는 것을 모두 범죄로 규정했다.[3] 만일 유죄를 선고받는다면 가해자는 최대 2,000달러의 벌금형이나 2년 이하의 금고형에 처해질 수 있었다.

연방파가 장악한 의회는 당파적 이득을 얻기 위한 술책을 펼치며 부적절한 이민 배척주의자의 모습을 드러냈다. 당시 아일랜드계 이민자들은 대부분 친프랑스 성향이었기에 자연스레 공화파의 대의에 공감하곤 했고, 연방파는 이들의 미국 유입을 규제하고자 했다. 보스턴의 해리슨 그레이 오티스 의원은 미국이 더 이상 '사나운 아일랜드인 떼거지, 혹은 세계의 격동적이고 무질서한 지역 출신의 사람들이 자신의 정부를 전복시키는 데 성공한 이후 우리의 평안을 깨뜨릴 시각을 가지고서 이곳에 오도록 초대받아서는 안 된다'고 단호하게 선언했다.[4]

언론들의 자각 없는 행태에 대해서도 연방파 사이에서 불만이 자라났다. 1790년대를 거치면서 미국의 신문사 수는 두 배 이상 증가했고, 다수의 편파적인 신문들은 특정 인물들을 신랄하게 공격하는 데 특화되어 있었다. 제퍼슨은 이 신문들이 연방파와 공화파에게 똑같이 전략적 무기가 되고 있음을 인정하며 매디슨에게 말했다. '동력원은 언론일세. 모든 사람들은 공헌을 위해 자신의 지갑과 펜을 내놓아야만 하네.'[5] 존 애덤스는 공화파 언론들의 구성원 다수를 혐오하게 되었다. 벤저민 프랭클린 배시가 1798년 9월 황열 전염병에 걸려 스물아홉의 나이로 세상을 떠나자(황열은 그의 연방파 라이벌인 존 페노의 목숨도 앗아갔다) 애덤스는 배시가 '악의적인 명예훼손을 일삼았다'고 묘사하며 '황열은 그 혐오스러운 직업 활동에서 그를 나꿔챈 뒤, 나에 대한 선망과 질투와 앙심이 섞인 더러운 악의를 그에게 물려준 조부 곁으로 보내버렸다'고 말했다.[6]

자신의 남편에게 쏟아지는 장광설들을 분하게 여겼던 애비게일 애덤스는 외국인규제 및 선동금지법을 옹호하는 열렬한 편지들을 보냈다. 의회가 선동금지법안을 통과시키기 전까지 그녀는 자신의 시누에게 그 무엇도 공화파 신문들의 '악랄하고 비도덕적이며 폭력적인 중상모략'을 멈추지 못할 것이라 하며[7] '다른 나라에서였다면 배시와 그의 모든 신문들은 오래전에 압류되었을 것'이라고 덧붙였다.[8] 그녀는 외국인규제법이 당시 매디슨의 뒤를 이어 하원의 공화파 당수로 자리매김한 스위스 태생의 앨버트 갤러틴을 몰아낼 구실이 되기를 바랐다. 애비게일은 갤러틴 및 그의 제퍼슨주의자 동료들이 '조국을 배반한 자들'이나 마찬가지라고 여겼다.[9] 이민자들을 신뢰하지 않았던 그녀는 '외국인들을 계속해서 보다 세심하고 주의 깊게 주시해야 한다'고 주장했다.[10]

물론 공화파 신문사들이 가장 두려워했던 존재는 알렉산더 해밀턴이었다. 1798년 5월 21일, 뉴욕의 공화파 변호사인 윌리엄 케틀타스William Keteltas는 해밀턴이 그 옛날 자신을 받아들여준 나라에 고마워할 줄도 모른다고 꾸짖으며 그를 카이사르에 비유했다. '그러나 카이사르와 마찬가지로 당신은 야심차며 그 야심으로 조국을 노예로 삼으려 하니, 브루투스가 그를 죽였노라. 야망 있는 남자들이 로마의 자유보다 미국의 자유에 덜 위험하기라도 하겠는가?'[11] 해밀턴은 이튿날 같은 신문을 통해 이에 응수하면서 저자에 대한 끔찍한 추론을 내놓았다. '카이사르와 브루투스에 비유하는 것으로 보아 그는 암살을 시사하고 있음이 분명하다.'[12]

존 애덤스는 언제나 외국인규제 및 선동금지법의 책임을 회피하고자 애썼지만, 이는 그의 대통령 임기 중 가장 큰 실수로 자리매김했다. 물론 그가 직접 의회에 인도한 것은 아니었으나, 이 징벌적인 법들은 애덤스의 임기 중 연방파가 장악한 의회에서 통과되었고 그의 암묵적인 동의가 뒤따랐다. 해밀턴이 세상을 떠난 후 애덤스는 이 불행한 조치들에 대해 한 치의 망설임도 없이 그를 탓했다. 애덤스는 1797년 자신이 대통령에 올랐을 당시 해밀턴이 자신에게 외국인규제 및 선동금지법을 추천하는 내용의 메모를 보낸 바 있었다는 입장을 견지했다. 1809년에 이르러 이 기억에 한층 더 광을 낸 애덤스는 가슴을 당당히 펴면서, 자신이 처음에는 해밀턴의 조언을 거절했었다고 말했다. '내가 연설에서 그 같은 것들은 추천한 적은 없었다. 그러나 의회는 이 두 가지 조치들 모두를 채택했다. 나는 두 가지 모두를 원하는 목소리가 분명히 있음을 충분히 알고 있었기 때문에 그것에 동의했다. 그러나 이후 그것들이 전쟁의 수단으로 여겨지고, 순전히 프랑스 옹호자들 혹은 프랑스와의 평화를 해하려는 의도만이 남게 되면서 그 조치들에 반대하는 아우성의 폭풍이 일어날 것을 우려하게 되었다.'[13] 애덤스는 자신을 선견지명 있는 비판가이자 외국인규제 및 선동금지법에 마지못해 옹호한 사람으로 그리면서 두 가지 입장 모두에 양다리를 걸쳤다. 그러나 사실 해밀턴은 애덤스의 취임 이후 그에게 올린 문서들에서 그러한 법을 옹호한 적이 단 한 번도 없었다.

그렇다면 해밀턴은 이 악명 높은 법들을 실제로 어떻게 생각했을까?

미국의 제5열(적과 내통하는 집단_역주)을 우려했던 그는 이제 이민의 맥을 끊으려고 했다. '대규모[의 외국인]이 이 나라를 떠나야만 한다는 것이 내 의견이다.' 이는 미국에서 가장 유명한 외국 태생 시민이자 한때 이민에 찬성하여 영향력 있는 목소리를 냈던 사람으로서는 실망스러운 입장이었다. 그러나 그는 예외를 두어야 한다고 주장했으며, '너무 잔인하거나 폭력적이 되지는 말자'며 피커링을 책망하기도 했다.[14] 반면 선동금지법에 대해서는 그것을 보자마자 큰 충격을 받아 월콧 재무장관에게 항의했다. '나의 머릿속에 떠오른 피상적인 견해에 따르면, 이 법안에는 지극히 예외적이지만 정히 말하자면 다른 그 무엇보다도 진정으로 내전을 들쑤실 구실들이 들어 있소. (중략) 그것이 서둘러 마무리되지 않기를 진심으로 바라오. 부디 압제정권을 세우진 마십시다. 활력은 폭력과는 매우 다른 것이라오.'[15]

안타깝게도 해밀턴 또한 이 부분들이 수정된 이후에는 외국인규제 및 선동금지법에 찬성했다. 무엇보다도 그는 스코틀랜드 태생인 제임스 톰슨 캘린더의 극악무도한 행동에, 다시 말하자면 그가 레이널즈 추문을 폭로한 데 여전히 분노해 있었다. 1799년 말 해밀턴은 상원의원 조너선 데이턴Jonathan Dayton에게 캘린더 같은 외국 태생 언론인들을 처리해버리라고 촉구했다. '그들은 법에 대한 공개적인 멸시와 반항을 바탕으로 자신들의 파괴적인 직업을 영위할 수 있도록 허락받았다. 왜 그들은 추방당하지 않는가? 이 같은 종류의 법은 단순히 증오를 선동한 뒤 그 후에는 그저 사문서로 남아 있기 위해 통과된 것인가?'[16] 해밀턴은 절대로 언론을 무조건 비난하는 사람이 아니었으나 언론의 남용은 크게 혐오했다. 또한 그는 선동규제법 안에 묻혀 있던 바람직한 생각을 정당한 것이라 칭찬했다. 명예훼손 사건에서는 피고인 또한 자신의 혐의의 진실을 변호할 수 있도록 허가해야 한다는 것이 그의 생각이었다. 이전까지는 어떤 비방이 사실이 아닌 중상에 불과함을 증명하려면 오직 그것을 고소하는 길밖에 없었다. 해밀턴은 훗날 미합중국 언론의 자유를 넓혀줄 극적인 법률 사건 하나를 겪으면서 이 부분에 대해 할 말이 아주 많아질 터였다. 이러한 이유로 훗날 그는 '가장 끔찍한 조롱들과 진정으로 관련된 선동규제법이 (중략) 언젠가는 우리 국민의 특성 중 가치 있는 특질 하나로 불리게 될 것'이라 말했다.[17] 그러나 공화파는 선동금지법이 헌법 수정조항 제1조를 침해했다는 점을 가장 눈여겨보았다.

공화파는 새로운 법안들의 염치없을 만큼 편파적인 본질을 알고 있었다. 매디슨은 제퍼슨에게 '상원에 제출된 외국인규제법안은 부모에게 영원한 불명예를 안겨줄 괴물 같은 자식'이라 말했으며, 제퍼슨 역시 곧바로 그것이 '가장 혐오스러운 것'이라는 데 동의했다.[18] 자신이 혐오스럽다고 여기는 법안을 시행하려는 상원을 군이 주재할 필요가 없다고 생각한 제퍼슨은 필라델피아를 벗어나 4개월 반 동안 몬티첼로에 피신해 있었다. 비록 분노하기는 했으나 머지 않아 국민들의 상식이 이러한 오류를 바로잡아줄 것이라는 침착한 신념을 품고 있었던 제퍼슨은 버지니아 출신의 한 동료에게 이렇게 말했다. "조금만 인내하면 마녀들의 통치가 지나가고, 그들의 주문이 풀리며, 국민들은 가려졌던 눈을 뜨고, 그들의 정부가 진실한 원칙들을 향하게끔 돌려놓을 걸세."[19] 그러나 제퍼슨이 인내에만 기대고 있었던 것은 아니다. 그는 워싱턴이 연방파의 가장 해로운 경향성들을 견제해주었으나, 애덤스 행정부 들어 당파들은 '마치 파에톤(그리스 신화에 나오는 태양신 헬리오스의 아들로, 아버지의 태양마차를 함부로 몰다가 제우스의 벼락을 맞고 추락해 죽음_역주)의 태양마차인 양 통제받지 않는 호화로운 마차에 올라타고선 저돌적이고 사납게 달렸다'고 보았다.[20]

　　　　　　　　　　　　　　　알렉산더 해밀턴

종종 놀라울 만큼 정확한 예측들을 내놓았던 제퍼슨은 이 나라가 정치적인 분기점을 향해 가고 있음을 예감했다. 연방파는 참아줄 수 없는 오만함을 드러내면서 연방정부의 권력을 이용하여 반대파를 눌러 꺼뜨리고 있고, 그로써 자신들이 XYZ 사건으로 얻은 이득들을 스스로 걸어차고 있다는 것이 그의 결론이었다. 10년 가까이 정권을 쥐고 있는 데 피로해진 탓인지 연방파는 희망보다는 두려움에 지배받고 있었다. 그들은 탄탄한 정부를 건립하는 일을 도왔으나 정작 그렇게 잘 만들어둔 제도의 힘을 믿지는 못했다. 역설적이게도 당시 연방파의 조치들에 격렬한 비판을 보냈었던 제퍼슨만이 습관적인 낙관주의를 통해 미래를 바라보고 있었다. 외국인규제 및 선동금지법은 공화파를 하나로 묶어준 데 반해, 연방파 내에서 애덤스 파벌과 해밀턴 파벌이 견제도 없이 서로 벌이는 싸움은 연방파의 힘을 내부에서부터 갉아먹고 있었다.

다수의 공화파는 그저 멀찍이 앉아 연방파가 스스로 폭파되는 모습을 지켜보는 편이 좋을 것이라고 생각했다. 제임스 먼로의 말을 빌리자면 연방파에게는 '그대로 놔둘수록 더욱 빠르게 파멸이 뒤따를' 터였다.[21] 제퍼슨과 매디슨은 그다지 참을성 있게 기다리지 못했으며 특히 해밀턴이 새로운 군대의 감찰관이 된 이후에는 더더욱 그러했다. 제퍼슨은 선동금지법을 막아야 할 의무가 공화파에 있다고 생각했는데, 훗날 설명한 바에 따르면 그는 이 법이 '예를 들어 의회에게 황금상像을 숭상하고 경배하라고 하는 명령이나 마찬가지로 절대적이고 명백하게 무효가 될 것'이라 여겼기 때문이다.[22] 연방파가 정권을 잡은 이 상황에서, 이 정치의 마술사는 매디슨과 함께 두 곳의 주의회에 결의안들을 써서 외국인규제 및 선동금지법이 위헌임을 선언하기로 결정했다. 두 남자는 비밀리에 일을 진행했으며, 자신들이 이 결의안들의 작성자임을 숨김으로써 마치 여론이 물밀듯 반대를 표명하고 있는 것처럼 보이게 했다. 제퍼슨은 켄터키 주의회에, 매디슨은 버지니아 주의회에 보내는 결의안을 작성했고 켄터키 결의안은 1798년 11월 16일에, 버지니아 결의안은 12월 24일에 각각 통과되었다. 제퍼슨의 전기작가 뒤마 멀론은 만일 이 같은 행동이 당시에 폭로되었더라면 부통령에겐 선동 혐의가 씌워지거나, 심지어 그가 반역 혐의로 탄핵될 수도 있었을 것이라 지적했다.

켄터키 결의안을 작성하면서 제퍼슨은 매디슨조차도 과하다고 여기는 표현들을 사용했다. 그는 외국인규제 및 선동금지법을 '그 초입에서 붙잡지 않는다면' 그 법들은 '반드시 이 주들을 혁명과 유혈 사태로 몰아넣을 것'이라 경고했다.[23] 그는 평화 시위나 시민 불복종을 요청하는 것이 아니라, 만일 필요하다면 자신이 부통령으로서 몸담고 있는 바로 그 연방정부를 상대로 전면적인 반란을 일으켜야 한다고 촉구하는 셈이었다. 켄터키 주의회는 제퍼슨의 글을 수정하면서, 주의 권한을 침해하는 법들을 '무효화'하라는 그의 요청을 삭제했다. 보다 온건했던 매디슨은 극도로 부적절한 법에 항의할 때에는 주들이 '그 악의 발전을 막기 위해 개입'해야 한다고 말했다.[24] 그가 제헌회의에서 연방정부가 주 법에 대한 거부권을 가져야만 한다고 탄원했던 인물이었음을 생각해보면 이는 놀라운 변화였다. 켄터키와 버지니아 결의안에서, 제퍼슨과 매디슨은 주권_{州權}이 헌법을 크게 약화시킬 수 있다는 극단적인 기조를 세웠다.

자신들이 외국인규제 및 선동금지법만큼이나 해로운 조치를 후원하고 있다는 점은 제퍼슨도 매디슨도 깨닫지 못했다. 개리 윌스는 다음과 같이 썼다. '만일 무효화를 위해 그들이 벌인 노력을 다른 이들 또한 받아들였더라면, 오래지 않아 조롱과 선거 압박 속에서 무력해졌을 잘못된 [외국인규제 및 선동금지]법들보다는 오히려 이 조치들이 자유를 더 크게 위협했을 것이다.'[25] 켄터키와 버지니아 결의안은 미국의 국가론에 크고 오랜 악영향을 미쳤다. 해밀턴을 포함한 몇몇은 헌법이 주정부를 능가하며 미국 국민들의 의지를 직접 표현한 것이라고 주장했다. 그렇기 때문에 헌법은 '우리 미합중국 국민'이라는 표현으로 시작하고, 주 입법부들이 아닌 특별회의를 통해 비준된 것이라는 말이었다. 그러나 이제 제퍼슨과 매디슨은 헌법을 시민들 간이 아닌 주들 간의 합의로 만들어버리는 철 지난 이론을 지지하기 시작했다. 이 논리대로라면 주들은 연방의 법이 위헌적이라고 판단한 경우 그것을 따르지 않을 수 있었다. 이는 곧 재앙과도 같은 불화, 그리고 궁극적으로는 연방의 해체로 이어질 것이 빤한 요소들이었다. 버지니아 결의안에 큰 충격을 받은 조지 워싱턴은 패트릭 헨리에게 만일 그것이 '체계적이고 집요하게 추구된다면' 그들은 '연합을 해체시키거나 강압을 낳을 것'이라고 말했다.[26] 주 권리에 관한 기조, 특히 제퍼슨이 선언한 형태의 기조는 뒤이은 남북전쟁과 그 이후의 사건들에 큰 영향을 미쳤다. 훗날 대통령이 되는 오하이오의 제임스 가필드James Garfield는 남북전쟁의 막바지에서 이 켄터키 결의안이 '무효화와 분리 독립'이라는 세균들을 품고 있었으며, 이제 우리는 그 열매를 거두고 있다'고 썼다.[27]

해밀턴은 주들을 불가분의 단일 국가로 묶으려던 자기 일생의 목표를 버지니아 결의안과 켄터키 결의안이 망치려 한다고 생각했다. 주들이 임의로 특정 연방법에 불복종할 수 있다는 생각이 '괴저壞疽'에 불과하다며 거부한 그는 그것이 '정부를 변화시킬 것'이라면서 그 이유를 항목별로 제시했다.[28] 해밀턴은 상위 연방파 소속이었던 시어도어 세지윅Theodore Sedgwick에게 물었다. '친애하는 경, 당신은 버지니아를 어찌할 것입니까? 이는 아주 진지한 문제이자 정부의 지혜와 강직함이 요구되는 문제입니다.'[29] 해밀턴은 버지니아와 켄터키 결의안을 특별의회위원회에 회부하여 그것이 어떻게 헌법을 파괴할지를 낱낱이 밝히고, '정부 전복을 꾀하는 규칙적인 음모'가 있음을 증명해주길 기대했다.[30] 제퍼슨은 공화파가 외국인규제 및 선동금지법을 통해 이득을 볼 수 있겠다고 생각했는데, 이와 마찬가지로 해밀턴 역시 연방파가 잘못된 켄터키 결의안과 버지니아 결의안을 이용할 수 있겠다고 생각했다. "만일 잘만 된다면," 그가 루퍼스 킹에게 말했다. "이 사건은 유리하게 활용할 수 있을 걸세."[31]

　반대 의견을 잠재우기 위해 고안된 법들의 4중주 중에서도 가장 치명적인 것은 선동금지법이었다. 공화파 신문사 편집자들을 상대로 조잡하고 날조된 죄목의 기소장들이 제출되었다. 몇몇 사람들은 자유의 기둥을 세우고 '인지세법 ×, 외국인규제 및 선동금지법안 ×, 토지세 ×, 미국 독재로의 몰락, 대통령에게 평화와 은퇴를'이라 적힌 깃발을 걸었다는 극악무도한 죄목으로 법정에 끌려갔다.[32] 한 공화파 편집장은 해밀턴이 꾸리는 군대를 '상비군'이라고 잘못 불렀다가 200달러의 벌금형에 더해 자신의 말실수를 숙고해볼 수 있도록 2개월간의 금고형에 처해지는 호된 대가를 치러야만 했다. 또 다른 편집장은 정부가 부자들에게 특혜를 주면서 일반 시민들에게 손해를 끼치고 있다는 이설을 감히 신문에 실었다가 18개월을 철창 안에서 살게 되었다. 버몬트의 매튜 라이언 의원은 대통령이 '터무니없을 만큼 화려한 장관壯觀, 바보 같은 과찬, 이기적인 탐욕에 대해 한없는 갈증'을 가지고 있다고 비판했다가 4개월의 형을 선고받았다.[33] 뉴저지의 루서 볼드윈Luther Baldwin이 술에 잔뜩 취해서는 애덤스 대통령을 맞이하는 의례적인 축포가 그의 등에 떨어졌으면 좋겠다고 말했다가 기소당한 사건은 그중에서도 가장 기이한 것이었다. 결국 이 새로운 법에 의거하여, 영향력 있는 주요 공화파 신문들 여섯 곳 중 다섯 곳은 당시 연방파가 장악하고 있던 사법부에서 처벌을 받았다.

　오랜 세월 중상모략과 싸워왔던 해밀턴은 외국인규제 및 선동금지법의 치세 동안 뉴욕의 선도적인 공화파 신문 「아르고스」를 상대로 하는 소송이 벌어지도록 부추겼다. 사장 토머스 그린리프Thomas Greenleaf가 1798년 9월 세상을 떠난 뒤 그의 미망인 앤Ann이 이어받은 「아르고스」는 당시 애덤스 행정부에 대한 반대 운동을 전개하고 있었다. 선동금지법을 등에 업은 피커링 국무장관 그는 앞에 줄표 삽입 정부의 새로운 기소권을 악용한다는 이유로 '자코뱅주의의 골칫거리'라는 별명으로 불렸다-은 뉴욕 지방검사 리처드 해리슨Richard Harison에게 「아르고스」가 '정부에 반하는 대담한 중상'을 펼치지는 않는지 감시해달라고 요청했다.[34] 오래지 않아 앤 그린리프는 선동 혐의로 기소되었는데, 그녀의 신문이 '연방정부는 부패했으며 자유의 보존에 해가 된다'고 주장했다는 것이 그 구실이었다.[35] 1799년 11월 6일에는 이전에 문제가 되었던 기사 하나를 「아르고스」가 재보도하면서 그녀의 상황이 한층 더 악화되었다. 필라델피아 기반의 「오로라」를 굴복시키기 위해 해밀턴이 벤저민 프랭클린 배시의 미망인에게 배시의 신문사를 6,000달러에 사들이겠다고 제안했다는 것이 그 기사의 내용이었다(연방파 인사들 다수가 돈을 모아 그녀에게 모종의 액수를 제안했는데, 아마 해밀턴은 그중 자신의 몫으로 6,000달러를 제시했던 것으로 보인다). 마거릿 배시Margaret Bache는 자신이 크게 화를 내며 해밀턴의 제안을 거절했다고 주장했고, 연방파에게 신문사를 팔아넘김으로써 남편의 기억을 치욕스럽게 만드는 일은 절대 없을 것이라 말했다. 단 한 번도 그러한 제안을 내놓은 적이 없다는 작은 사실은 둘째 치고, 해밀턴을 짜증나게 한 것은 그 6,000달러의 출처를 두고 「오로라」가 아무렇게나 추측의 타래를 감아대고 있다는 점이었다. 「오로라」는 제임스 레이널즈('친애하는 마리아의 남편이라고 알려진 자')에게 1,000달러도 지불할 능력이 없다고 그토록 호소했던 해밀턴이 어떻게 6,000달러라는 많은 돈을 감당할 수 있었겠냐고 물었고, 기자는 곧바로 미리 준비한 답변들을 내놓았다. 그 돈은 '영국으로부터 받은 비밀 봉급'이라는 것이었다. '혹자는 해밀턴 씨가 「오로라」를 짓누를 수 있는 더 나은 계획에 발을 들였다고 생각했을 수도 있겠으나, 사실 그것은 기껏해야 서투른 작품이었을 뿐이다.'[36]

수년간 계속해서 자신에 대한 중상을 없애고 명성을 지키기 위해 애써왔던 해밀턴은 이제 이 모든 것이 정부를 전복시키려는 조직적인 계획의 일부였다고 믿게 되었고, 켄터키와 버지니아 결의안이 그 증거라고 보았다. 「아르고스」가 자신을 공격하는 기사를 실었던 바로 그날, 그는 뉴욕 주 법무장관 조사이어 오그던 호프먼에게 분노의 서신을 보내어 가해자들을 명예훼손죄로 형사기소해달라고 요청했다. 장대한 말들로 불만을 드러낸 그는 자신이 오랫동안 '가장 악랄한 중상'의 대상이 되어왔으나 '혐오에 무시로 대답하면서' 명예훼손 소송들을 자제해왔다며 말을 이어나갔다. '그러나 공적인 이유로 이제 나는 다른 행동을 택해야겠소. 우리 정부를 전복시키려는 그 당파의 계획[들]은 (중략) 매일 더욱 더 두드러지고 있으며, 최근엔 조직적인 수준에 이르면서 한층 더 가공할 만한 것이 되었소. 그 계획을 실행시키는 주요 동력원들 중 하나는 저명한 정부 지지자들에 대해 국민들이 어느 정도로든 가지는 신뢰를 파괴하고자 하는 대담한 거짓말들이오.'[37] 이튿날 법무부차관 캐드월라더 콜던Cadwallader Colden은 앤 그린리프를 찾아가 기소 사실을 알렸다. 그녀는 자신이 그저 다른 신문의 미심쩍은 기사를 재보도했을 뿐이라고 탄원했으나, 콜던은 선동금지법에 다라 그녀 또한 처벌 대상에 포함된다고 지적했다. 그러자 앤 그린리프는 다른 방식으로 자기를 변호하기 시작했다. 자신은 신문사 경영에 있어 아무 역할도 담당하지 않고 있다는 이야기였다.

그에 따라 이 소송은 「아르고스」의 편집장인 데이비드 프로싱엄David Frothingham을 피고로 하여 진행되었다. 그는 자신이 신문사 사무실에서 단순히 인쇄만을 맡아보던 업자라며 기소를 피하려 했다. 해밀턴은 감찰관으로서 엄청난 업무를 감당하고 있었음에도 재판장에 찾아와 자리를 지켰고, 증언하고 싶어 안달을 냈다. 한 신문 보도에 따르면, 법무장관은 법정에서 해밀턴의 '명성은 이번에 내려질 평결에 상당한 정도로 좌지우지될 것이오. 이는 재산이나 삶보다 증인에게 더 귀중한 것이오'라 발언했다.[38](돌이켜 생각해보면 이는 무시무시할 정도로 맞는 말이었다.) 법원은 관습법에 따라 해밀턴이 자신에게 씌워진 혐의의 진실 여부에 대해 증언하지 못하게끔 했는데, 아마 이로써 해밀턴은 미국의 명예훼손법에 이 원칙을 확립해야겠다는 결의를 공고히 하게 되었을 것이다. 그는 보도에 대한 일반적인 상황들에 대해서만 증언하며 자신은 「오로라」에 관한 그 어떠한 제의도 하지 않았다고 말했다. 「오로라」가 미합중국 정부에 대해 적대적이었냐고 묻자 해밀턴은 득달같이 그렇다고 소리쳤다. 유죄임이 선고된 프로싱엄은 100달러의 벌금형을 받고 브라이드웰 감옥에 4개월 동안 투옥되었다.

프로싱엄 사건은 공화파 언론에게 아주 귀중한 쓸모 한 가지를 선사했다. 언제까지도 독자들이 질려하지 않을 주제였던 마리아 레이널즈 사건을 다시금 마구잡이로 회자할 수 있게 된 것이다. 이제 해밀턴은 짙은 조롱과 함께 '*사랑꾼 장군*'이라 불렸다.[39] 「아르고스」와 「오로라」는 해밀턴이 마리아 레이널즈를 보호한다는 핑계로 그녀와 놀아났던 주제에 이제는 미망인 배시를 냉정하게 기소하는 비정한 무뢰한으로 그렸다. 「오로라」는 이 '용맹하기로 유명한 남자'를 조롱하면서 '이 남자의 심장은 기이한 *무언가*로 만들어진 것이 분명하다'고 덧붙였다.[40] 또 다른 공화파 신문은 그가 「아르고스」를 뒤쫓은 것은 마리아 레이널즈 사건을 폭로한 것에 대한 복수였음을 암시하면서 해밀턴에 대해 다음과 같이 말했다. '그는 곤경에 빠진 여성들에게 그가 얼마나 좋은 친구였고, 가난에 시달리는 여인에게 얼마나 천사처럼 자선을 베풀어 그녀의 상처에 위로라는 약을 발라주었으며, 당시 드높고도 중요했던 그의 지위에서 굳이 내려와 곤경에 빠진 선량한 자의 슬픔을 얼마나 달래주고 문제를 해결해주려 했는지를 세상에 공개한 언론에 대해 노여워했을 공산이 매우 크다.[41] 만일 해밀턴의 목적이 「아르고스」를 무너뜨리기 위함이었다면 그는 성공한 셈이었다. 이듬해 앤 그린리프는 신문사를 폐업하고 장비들을 팔아치웠으며, 이로써 공화파는 총선을 바로 앞두고선 당파의 주요 기관 하나를 잃게 되었다.

해밀턴과 「아르고스」 간의 공방은 어느 정도는 정당한 명예훼손 사건이라고도 할 수 있었다. 그러나 그가 국내의 소요에 대처할 목적으로 새로운 군대를 활용하고자 했는지에 관한 문제에는 한층 더 미심쩍은 부분이 있었다. 공화파는 그의 병사들이 나폴레옹 대신 자기들에게 달려들까봐 계속 두려워했다. 「오로라」는 평소와 같이 경보를 울렸다. '우리 장관들의 *신탁*이 울리는 *메아리*들이 주장하는 바에 따르면, 전적으로 *국내용*인 용병 부대가 창설 계획 중에 있다고 한다.'[42] 해밀턴이 가한다던 위협은 일견 과장된 측면이 있었다. 그의 군대는 실제보다는 가정에 가까웠고, 그가 대규모 병력을 실제로 지휘한 적도 없었던 데다 국내 무력 사용에 대한 모든 허가를 애덤스 대통령으로부터 받아야만 했기 때문이다.

그러나 남아 있는 기록들은 해밀턴 감찰관이 실제로 해외는 물론 국내의 적들도 염두에 두고 있었음을 보여준다. 이는 켄터키와 버지니아 결의안이 통과된 이후에 특히 그러했다. 1798년 12월 27일 해리슨 그레이 오티스에게 보낸 편지에서 해밀턴은 '내부 소요의 발생 가능성에만 비춰봐도 현재 승인된 무력은 그다지 대단하지 않은 수준임'을 지적하면서 앞으로의 어떠한 병력 감축에도 반대한다고 주장했다.[43] 버지니아의 연방파 세금 징수원 윌리엄 헤스William Heth는 연방정부에 대항하는 무장 봉기가 일어날 수도 있다는 충격적인 보고를 그에게 보내왔다. '저희 주 내에 있

알렉산더 해밀턴

는 그 당파[공화파]의 목적이 무엇이냐고 물으셨지요. 저는 그것이 말하자면 연방의 해체, 그리고 존 애덤스와 알렉산더 해밀턴 및 여타 인물 몇의 머리들이라 답하겠습니다.'[44] 헤스는 버지니아 입법부가 연방정부와의 전투를 위해 무기를 구매하기로 결정했다는 잘못된 보고를 올림으로써 해밀턴이 오해하도록 만들었다.

이 시점에 이르자 해밀턴은 버지니아를 진압해야 할 상황이 발생할 수도 있겠다고 생각하게 되었는데, 이는 그가 주 민병대 대신 국군을 주장하는 필수적인 이유가 되어주었다. 해밀턴은 시어도어 세지윅에게 이렇게 말했다. '통제하기 어렵고 강력한 주를 민병대로 진압하는 실험을 벌인다면 그 결과는 그것을 지지하는 사람들을 수치스럽게 만들 것이오. 영리한 병력을 모으면 그들로 하여금 현재 분명한 전조가 일고 있는 버지니아로 향하게 하시오. 그리고 그곳에서 조치들이 법에 따라 이행되도록 하고, 버지니아로 하여금 저항이라는 시험에 들게 만드시오.'[45] 제퍼슨은 해밀턴을 예의 주시하면서, 한 친구에게 '우리의 보나파르트'가 '자신의 방식대로 우리에게 정치적 구원을 주려 들' 수도 있다고 말했다.[46]

연방법과 관련해 해밀턴이 우려했던 폭력적인 저항은 버지니아가 아닌 동부 펜실베이니아에서 발생했다. 필라델피아 북쪽의 카운티 세 곳-벅스, 노샘프턴, 몽고메리-을 중심으로 연방법에 반대하는 시위가 일어났는데, 이 지역들에는 독일 이주민들이 집중적으로 모여 살고 있었다. 이들은 대부분 제대로 교육받지 못했고 뜬소문, 이를테면 애덤스 대통령이 자기 아들들 중 한 명을 조지 3세의 딸과 결혼시키려 한다는 이야기 따위에 쉽게 휘둘렸다. 지역 주민들은 프랑스와의 유사 전쟁에 대비하기 위해 부과되는 연방 재산세에 분노해 있었고 이 때문에 새로운 재산 평가를 거부하기 시작했다. 이 시위의 주동자는 배럴 제조업자이자 경매인, 그리고 전 민병대 대위였으며 슬하에 열 명의 아이를 둔 존 프라이스John

Fries였다. 보안관들이 조세를 거부하는 한 무리의 이들을 체포하자 프라이스는 150여 명의 무장 민병대원들을 이끌고 베들레헴 감옥으로 쳐들어가 죄수들을 풀어주었다. 애덤스 대통령은 반란 진압을 위해 병력을 보내기로 결정했으며, 1799년 3월 12일 '평범한 사법 절차의 집행으로는 진압되기 어려울 만큼 강력한 시위들'에 대한 진압을 군에 명령하는 선언문을 발표했다.[47] 이렇게 긴급 사태를 선포한 애덤스는 바로 그날 필라델피아를 떠나 매사추세츠 퀸시로 향했다.

사실상의 군 사령관이었기 때문에 해밀턴은 훗날 '프라이스의 반란'으로 알려진 이 소요 또한 자신이 통제해야만 했으나, 대통령의 지휘가 없다는 것이 그의 발목을 잡았다. '저는 반란의 정확한 정황을 전혀 모르겠습니다.' 그가 워싱턴에게 불평했다. '그러나 그 어떤 것들도 시위들을 진압하기 위한 조치들에 비하면 미미한 것으로 보입니다.'[48] 위기의 한가운데에서 거짓말처럼 자리를 비워버린 대통령에게 크게 실망한 월콧 재무장관은 필라델피아에서 해밀턴에게 서신을 보냈다. '정부의 상황은 생각하기만 해도 슬퍼집니다. 단번에 해결되어야 했던 사건이 너무나 많은 시간을 잡아먹을 것이고, 어쩌면 다른 가공할 만한 반란들을 부추기는 꼴을 보이게 될지도 모릅니다. 이곳에는 대통령이 없으며, 무기력과 우유부단함을 보이는 것은 정부의 친구들을 낙담하게 만들 것입니다.'[49]

반란에 대처하기 위해 해밀턴은 주 민병대와 연방 정규군을 섞은 군대를 조직했다. 언제나와 같이 심리전이 전투의 절반이라 믿었던 해밀턴은 어마어마한 무력을 과시해 보이기로 결정했다. 위스키 반란 때와 마찬가지로 그가 동부 펜실베이니아에 보낸 병력은 불균형적일 만큼 거대했고, 이미 기울어가는 위협 세력을 진압하기에는 과할 만큼 규모가 컸다. 이 군대는 60명의 죄수들을 필라델피아로 돌려보냈고, 주모자들은 반역죄로 재판을 받은 뒤 유죄를 선고받았다. 1800년 봄, 내각의 만장일치 반대를 무릅쓰고 입장을 바꾼 애덤스 대통령은 유죄를 선고받은 프라이스 및 다른 두 명의 시위자들이 '무명의 비참한 독일인들로서 우리의 언어를 모르는 만큼 우리의 법도 모른다'며 그들을 사면했다.[50] 애덤스는 반역죄가 펜실베이니아 폭도들에게 적용되기에는 너무 강한 혐의라고 생각했다. 이는 위스키 반란 이후 워싱턴이 보여주었던 관용을 연상시키기는 했으나, 애덤스의 경우는 아마도 독일인 이주민들이 1800년 대선 시 공화파로 돌아설지도 모른다는 우려에서 비롯된 것일 터였다. 해밀턴은 이 사면에 큰 당혹감을 느꼈다.

애덤스는 해밀턴의 안달 난 행동들이 점점 더 군사적인 경향성과 권위주의적 성격들을 띠기 시작한다면서 크게 우려했다. 그는 '해밀턴 씨의 상상은 소위 위기라 불리는 흉측한 괴물 혹은 귀신에 언제나 홀려 있으며 이 때문에 그는 너무나 자주 경솔한 조치들을 취한다'고 올바르게 지적했다.[51] 훗날 그는 자신이 해밀턴을 만류했다는 것에 대해 자화자찬하며 '내가 막아낸 그 사람은 우리로 하여금 프랑스와의 전쟁이나 우리 간의 내전을 겪게 만들었을 수도 있다'고 말했다.[52] 그러나 애덤스는 자신이 강력한 지도력을 발휘하는 데 실패했다는 것, 그리고 해밀턴 및 내각 각료들과의 불화가 곪아 터질 때까지 내버려두었다는 점은 결코 인정하지 않았다. 퀸시의 자택으로 피신하는 것이 국내 대치 상황에 대처하는 최고의 길은 분명 아니었음에도 말이다.

33

경건한 일과 불경한 일

Alexander Hamilton

1799년 6월 3일, 제임스 해밀턴은 자그마한 화산섬인 세인트빈센트 섬에서 대략 80세의 나이로 세상을 떠났다. 근방에 있던 더 작은 베키아 섬을 떠나온 지 9년 만의 일이었다. 그의 재산은 결코 더 늘어나지 못했고, 그는 결국 지난 4년간 끔찍한 잔혹 행위를 목도했던 피의 섬에 갇히게 되었다. 1795년을 시작으로 카리브해 원주민들은 프랑스계 주민들과 작당하여 영국령인 이 섬에서 반란을 일으켰다. 영국군은 수많은 주민들을 학살하고 설탕 농장들을 불태우며 이 반란을 잔혹하게 진압했다. 분명 이는 나이 들고 허약해진 해밀턴의 말년에 있어 끔찍한 배경이 되었을 것이다. 알렉산더 해밀턴이 제임스 해밀턴의 생애 마지막 34년간 그를 만나지 못했다는 점은 과연 제임스가 알렉산더의 생물학적 아버지가 맞았는지, 혹은 단순히 가족을 버리고 아내의 죽음 이후에도 아들을 고아가 되도록 내버려두는 크나큰 잘못을 저질렀기에 알렉산더가 그와 소원했던 것인지를 다시금 궁금하게 만든다. 아마 해밀턴은 그 섬으로 다시 여행을 가기에는 너무 바빴을 수도 있다. 이 불가해한 이야기의 진실이 무엇이든 해밀턴은 아버지에게 1년에 약 두 번씩 돈을 보내며 그를 금전적인 면에서 충실히 도왔고, 그 마지막 송금은 1798년 크리스마스 직전에 이루어졌다.

스스로 아메리카를 찾아온 많은 이민자들이 그러했듯 해밀턴 또한 자신의 과거를 완전하고 확실하게 부인했다. 그는 자신이 어린 시절을 보냈던 곳에 다시금 가보고 싶다는 욕망을 아주 조금이라도 드러낸 적이 전혀 없으며, 그의 성장기는 입에 올려서는 안 될 주제로 남았다. 그러나 그의 어린 시절은 아마 그가 세상을, 특히 노예제를 바라보는 방식에 계속해서 영향을 미쳤을 것이다. 그가 재무부를 떠나던 1795년 당시 노예제는 뉴잉글랜드와 동부 연안 주들에서 점차 희미해지기 시작한 참이었다. 로드아일랜드, 버몬트, 매사추세츠, 뉴햄프셔, 펜실베이니아, 그리고 코네티컷은 노예제 폐지를 결정했는데 뉴욕과 뉴저지만은 유별나게도 이에 합류하지 않았다. 그러므로 1798년 1월, 해밀턴은 필라델피아에서 지내는 동안 소속을 잠시 철회했었던 뉴욕해방협회와 다시금 가까이 지내기 시작했다. 네 명의 법률 고문 중 한 명으로 선출된 그는 다른 주 출신의 노예주들이 매도증서를 휘두르며 뉴욕 길거리에서 자유 흑인들을 납치하려 들던 때에 그들을 변호하는 일을 도왔다.

1799년에 이 협회는 커다란 승리 하나를 거두었다. 연방파가 장악한 주의회가 대체로 정당 방침에 따라 표를 행사한 결과 68대 23의 득표수를 기록하며 뉴욕 주의 점진적인 노예제 폐지를 명한 것이다(에런 버는 자신 역시 긴 세월 동안 노예들을 데리고 살았음에도 연방파 다수로 전향해 표를 던졌다). 1804년에 이르자 뉴저지 또한 뉴욕의 선례를 따름에 따라, 이제 북부는 다음 한 세대 동안 노예제를 근절시킬 것이라는 점을 명확히 밝히게 되었다. 이는 내전의 무대를 다지는 데도 일조를 했다. 노예 인구가 빠르게 급증하는 남부 주들에서는 조면기가 발명됨에 따라 노예제의 필요성이 한층 더 높아졌고, 이로써 노예제가 천천히 또 자연스레 사라질 것이라는 건국자들의 공상은 잘못된 것이었음이 증명되었다. 뉴욕이 노예제를 끝내기로 결정한 지 20년 후에도 제퍼슨과 매디슨, 먼로는 여전히 그러한 생각으로 자신들을 정당화했는데, 예를 들자면 노예제가 다른 서부 주들로 확대되면서 점점 약화되거나 없어질 것이라고 믿는 식이었다.

1799년 3월에 있었던 해방협회의 회의에서는 뜻밖에도 해밀턴의 이름이 불쑥 등장했다. 당시 협회는 누군가 메릴랜드에서 뉴욕으로 데려온 사라Sarah라는 이름의 노예에게 자유를 주기 위해 애쓰고 있었는데, 해밀턴으로서는 당혹스럽게도 사라의 소유주가 그의 손윗동서인 존 바커 처치임이 드러난 것이다. 회의록에는 이 어색한 상황이 논평 없이 단순하게 적혀 있다. 'A. 해밀턴은 처치의 거래 대리인이었다.'[1] 뉴욕으로 돌아가기 전에 존과 앤젤리카 처치는 해밀턴에게 자신들을 위해 노예 구입을 대신 해달라고 부탁한 적이 있었다. 그다음 회의에서는 처치 부부가 갑작스레 사라에게 자유를 주었다는 사실이 보고되었다. 이 사건은 해밀턴의 1796년 및 1797년 장부에 명백하게 적혀 있던 노예 구입 중 한 건, 혹은 두 건 모두가 자신이 아닌 처치 부부를 위한 것이었다는 사실을 한층 더 확실하게 만들어준다. 우리는 해밀턴이 이곳에 돌아오려는 친척들을 위해 1795년 말부터 집을 마련해놓고 있었다는 점을 떠올릴 수 있다.

해방협회의 일은 끝날 기미가 전혀 보이지 않았다. 협회 사람들은 100명의 흑인 아이들을 대상으로 학교를 운영하면서 그들에게 철자법과 읽기, 쓰기, 산수 등을 가르쳤고, 또한 당시 점점 흔해지던 관습 하나에 항의를 하기도 했다. 뉴욕의 노예 소유주들은 주법州法을 회피하기 위해 자신들 소유의 노예를 남부 주들로 수출했고, 그곳에서 노예들은 해밀턴이 어린 시절 익히 봤던 서인도제도의 설탕 농장들로 이송되었다. 해밀턴은 자신의 명성이 드높아지고 책무가 어마어마하게 늘어난 후에도 해방협회 활동을 그만두지 않았고, 죽을 때까지 법률 고문을 맡으면서 이들과 연락을 취했다. 혹 이는 자신의 어린 시절을 둘러쌌던 부당함을 바로잡음으로써 자신의 과거를 인정하려는 해밀턴만의 방법이 아니었을까?

§

1790년대 말 해밀턴이 반노예제 활동을 펼치던 때, 엘리자 또한 소외되고 짓밟힌 사람들을 위한 활동을 그와 나란히 펼쳤다. 이 일은 곧 그녀의 삶 후반부를 차지하게 될 터였다. 온건하고 겸허한 여성이었던 엘리자 해밀턴은 자신이 쓴 서신들을 없애버림은 물론 역사책에서도 자신의 존재를 지워버리려 애를 썼기 때문에 그녀라는 인물이 가졌던 힘이나 그녀의 공헌이 어느 정도였는지는 그동안 간과되어왔다. 언젠가 그녀의 아들 알렉산더 주니어 해밀턴은 그녀의 '활기와 쾌활함은 확연히 두드러졌다'고 묘사했었다.[2] 가난한 이들의 고통을 달래기 위한 그녀의 선구적인 일들은 그저 잊힐 뿐이었다. 엘리자의 아들 제임스는 이렇게 썼다. '어머니는 누구보다 정직하고 활기차며 똑똑한 여성이었다. 어머니는 미망인협회Widows Society와 고아피신처Orphan Asylum의 수장으로서 끊임없이 활동했다.'[3] 엘리자 해밀턴의 자선사업은 훌륭한 스코틀랜드 출신 미망인인 이저벨라 그레이엄Isabella Graham과 떼어놓을 수 없다. 세 명의 딸을 둔 독실한 장로교인 그레이엄은 안티구아에서 남편이 황열로 세상을 떠나자 1789년 뉴욕으로 건너왔다. 이후 '경건한 일'에 자신의 인생을 바치기로 결심한 그녀는 월가 지역의 성직자들이자 해밀턴이 최초로 만난 미국인들 중 하나인 존 로저 및 존 메이슨과 친구가 되었다.[4] 이 교회 수장들의 도움으로 그레이엄은 기독교적 덕목을 심어주고 세련된 젊은 여인들에게 정통 교육을 시키는 학교를 세웠다. 그녀의 일을 돕던 딸 조애나Joanna는 곧 부유한 상인 리처드 베튄Richard Bethune과 결혼했고, 딸의 결혼으로 더 이상 학교를 돌봐야 할 필요가 없어진 그레이엄은 자신의 노력을 오롯이 가난한 이들을 돕는 데 쓸 수 있게 되었다. 1797년 12월, 이 모녀는 어린아이가 있는 가난한 미망인을 위한 원조협회Society for the Relief of Poor Widows with Small Children(이후 미망인협회_역주)를 세우는 획기적인 모험을 시도했다. 다양한 교파의 기독교인 여인들로 구성된 이 선교협회는 뉴욕 시 최초로 협회원 모두가 여성인 사회사업 단체였다. 궁핍한 미망인들에게 식량과 의약품 보따리들을 주었던 미망인협회 자원봉사자들은 협회 운영을 시작하고 맞이한 첫 번째 겨울에만 거의 100명에 가까운 여성들을 지켜냈다. 엘리자는 회원 목록에 '해밀턴 장군 부인'으로 이름을 올렸으며, 미망인협회는 그녀를 전도 사회사업의 더 넓은 세계로 이끌어주었다. 조애나 베튄Joanna Bethune의 아들은 엘리자를 이렇게 기억했다. '체구가 작고 연약해 보였던 그녀는 기분 좋은 표정을 짓고 있었으며, 빛나는 검은 눈동자 덕분에 생기가 돌았고, 이후 그녀의 일생에서 완전히 발휘할 자신의 영혼과 지성을 그 얼굴에서 드러내고 또 내뿜었다.'5

1790년대 말의 엘리자는 자라나는 식구들을 감당하느라 기독교적 자선사업에 온전히 몰두할 수가 없었다. 1799년 11월 26일, 그녀는 일곱 번째 아이인 엘리자를 낳았으나 방랑자들과 가난한 아이들에게 피신처를 제공하는 일을 멈추지 않았다. 이는 그녀와 알렉산더가 파니 앤틸을 입양하며 시작된 일이었다. 1795년, 엘리자와 남매인 존 브래드스트리트 스카일러는 아들 필립 스카일러 2세Phillip Schuyler II를 남기고 세상을 떠났다. 이 소년은 주중에는 해밀턴의 아들들과 함께 스태튼 섬의 학교에 다녔고 주말에는 알렉산더와 이모 엘리자과 함께 지냈다. 이처럼 엘리자의 집은 언제나 관심이 필요한 청소년들로 북적였다.

엘리자는 결코 레이널즈 사건을 잊어버릴 수 없었는데, 이는 공화파 언론이 기회가 있을 때마다 대중의 기억을 일깨워줬기 때문이다. 1799년 12월 「오로라」는 유쾌한 어조의 기사 하나를 통해 해밀턴 장군이 최근 자신의 전 정부博夫를 만난 후 필라델피아에 막 돌아왔다고 주장하면서 그 관계가 아직까지 이어지고 있음을 시사했다. '레이널즈 부인, 일명 *마리아*, 그 인상적이었던 *변명*의 서정적 여주인공이 다시 한 번 필라델피아에 왔다는 소식이 들린다. 작년 초반 언젠가 이 도시에 머물렀던 그녀는 경망스럽게도 자신이 그 마리아라 말하며 돌아다녀 덕 있는 여인들을 당혹스럽게 만들었다.'6 그러나 사실 해밀턴은 자신의 옛 정부를 다시는 마주한 적이 없었다. 끊임없이 모습을 바꿨던 마리아 레이널즈는 이제 마리아 클레망Maria Clement이라는 이름의 미망인 행세를 하기 시작했다. 자신에 대한 존중을 필라델피아에서 되찾고자 했던 그녀는 그 노력의 일환으로 프랑스 의사 하나와 결혼했던 척을 한 것이다. 그러나 공화파 언론은 언제까지고 자기가 가장 좋아하는 놀이기구를 타듯, 그녀와 해밀턴 간의 연애가 계속되고 있다고 암시하기를 멈추지 않았다.

브로드웨이 26번지에 위치한 해밀턴의 집은 그에게 점점 더 커지는 행복을 안겨주었다. 그와 엘리자가 서로에게 크게 의지하며 함께하고 있었다는 점은 누구라도 느낄 수 있다. '내가 없는 동안 당신의 다정하고 사려 깊은 마음은 내 소식이라는 위안을 필요로 한다는 것을 나도 잘 알고 있소. 이를 위해 내가 하지 못할 것은 아무것도 없다오.' 그가 한 편지에서 엘리자에게 한 말이다. '그 위로에 나의 모든 것을 바쳐야만 한다고 해도 좋소. 나는 당신에게 갚을 수도 없을 만큼 큰 빛을 지고 있으며, 앞으로 내 삶은 당신의 행복을 위해 그 어느 때보다 더욱 헌신할 것이오.'7 정치와 인간 본성에 대해 더욱 절망할수록-애초에 장밋빛 세계관을 가지고 있던 것도 아니었지만-해밀턴은 그의 진실하고 가식 없는 아내에게 더욱 감사하게 되었다. 필라델피아에서는 그녀에게 다음과 같은 편지를 보내기도 했다. '당신은 나에게 좋은 영향만을 가져다주는 사람이자 고대 철학자들이 친근한 자라 부르던 종류의 사람이오. 내가 어떻게 해서든 당신과 가능한 한 친밀하게 지낼 수 있다는 것에 기뻐한다는 사실을 당신도 알고 있을 것이오.' 그는 다음과 같은 말로 편지를 마무리했다. '잘 있으시오, 최고의 아내이자 최고의 어머니여.'[8] 한때 그는 거친 군인의 생활을 통해 자신의 모든 근심과 걱정을 달래려 했으나, 그것 또한 더 이상 그에게는 치유법이 되어주지 못했다. '나는 내가 이제 군인으로서는 틀렸다는 사실을 점점 더 깨닫게 된다오.' 그가 엘리자에게 말했다. '나는 집에 있어야만 건강하고 평안할 수 있소. 당신의 품 안에서는 틀림없이 나의 걱정과 고통으로부터 벗어나 달콤한 피난처를 찾을 수 있으니 말이오.'[9]

해밀턴은 앤젤리카 처치와도 계속해서 애정을 교환했다. 어느 날 올버니에 있는 장인의 집에 머물고 있던 해밀턴은 저녁식사 도중 존 트럼불이 그린 앤젤리카와 아들 필립의 초상화가 정면에 걸려 있는 것을 보게 되었다. 해밀턴은 앤젤리카에게 재치 있는 편지를 보내어, 자신이 말 없는 특별한 여성 친구 하나와 함께 식사를 했던 일을 묘사했다.

그녀 바로 맞은편에 앉아 있었던 나는 저녁식사 내내 그녀에게 마음을 빼앗겨 있었소. 그녀는 평소 자신의 장점을 드러내 보이곤 했지만 이번에는 그렇지 않았는데, 그럼에도 아주 흥미로웠다오. 침묵의 웅변은 그녀의 평상시 특징이 아니었으나 이번에는 *부득이하게도* 그렇게 할 수밖에 없었고 그 또한 잘못이라고 여겨지지 않았소. 그럼에도 나는 그녀의 말을 즐겁게 경청했고, 그녀의 침묵은 너무나 잘 내려앉아 있었기에 그것을 깨려는 시도조차 하지 않았다오. 당신은 아마 내가 경탄하여 꿀 먹은 벙어리처럼 굴었음을 추측할 수 있을 것이오.[10]

　　　　　　　　　　　　　　　　　　　알렉산더 해밀턴

이제 40대 중반을 향하고 있었던 해밀턴은 아마 자신이 나이들었다는 느낌을 받았을 수도 있겠다. 언제나 빡빡했던 그의 삶은 여전히 그에게 수많은 책임들을 지웠다. 감찰관으로서 그는 혼자 전 군대의 무게를 감당하고 있었고, 한편으로는 자기에게 안달을 내는 법률 고객들의 일도 계속 맡았다. '법이 그를 떠났거나, 그게 아니라면 그 스스로가 법조계 일을 관둔 것 같소.' 로버트 트루프가 루퍼스 킹에게 말했다. '그는 엄청난 돈을 잃게 될 것이오!'[11] 해밀턴의 삶은 점점 더 시계초침 같은 정확성을 잃어갔고, 우울의 어둠이 다시금 그의 마음속에 스며들었다. 1798년 11월, 해밀턴은 올리버 월콧 주니어의 집에서 머물면서 월콧 부인이 치명적인 질병에 걸려 점점 야위어가는 모습을 지켜보았다. 여기서 그는 자신이 떨쳐버릴 수 없는 끔찍한 생각들에 사로잡혔음을 엘리자에게 고백했다. '나는 잘 지내고 있지만, 내 마음을 뒤덮고 있는 이 무례한 우울감이 무엇인지를 모르겠소. 우리 가족과 다시 만나게 되는 그날까지 이 감정은 결코 완전히 없어지지 않을 것 같아 두렵소. 당신과 내 사랑하는 아이들에 대한 소식을 편지로 들려준다면 큰 위안이 되겠소.'[12] 한 여행에서 그는 앤젤리카 처치에게 뉴욕을 떠난 이후 '슬픔이 자신의 심장을 뒤덮었다'고 말했다.[13] 이토록 솔직한 태도로 자신의 불안을 인정하거나 마음속 깊은 감정들을 드러내 보인 적이 거의 없었다는 점에서 해밀턴의 이 고해는 상당히 두드러져 보인다.

이제는 통풍과 위장질환에 시달리는 환자가 되어버린 필립 스카일러는 자신의 사위가 스스로를 벌하려는 듯 짐을 지우고 있다며 우려했다. 1799년 초, 그는 다시 한 번 해밀턴에게 쉬엄쉬엄 할 것을 종용했다.

처치 부인이 내게 보낸 편지에 따르면 자네는 운동 부족에 시달리는 중이고, 그에 더해 업무에 끊임없이 신경을 빼앗기느라 건강을 해치고 있는 듯하군.

자네의 적극적인 마음으로 일을 줄인다는 게 쉽지 않을 것임은 알고 있으나 나의 친애하는 경, 자네에게 소중한 사람들과 자네를 공경하고 존경하는 나라에게 너무나도 소중한 자네의 건강을 위해 어느 정도는 희생을 해야만 하네. 그러니 자네에게 육체적인 운동을 더 많이 하고 정신적인 운동은 조금 줄이라고 간청하는 것을 허락해주게나.[14]

사려 깊은 스카일러는 엘리자에게 해밀턴을 매일 말에 태워 내보내 신선한 공기를 쐴 수 있게끔 하라고 촉구했다.

해밀턴이 야외 활동에 참여할 때도 있었다. 그 무렵 그는 권총 한 정을 샀고 올드 페기Old Peggy라는 이름의 리트리버 한 마리와 함께 사냥을 나가는 일도 즐겼다. 이 '새총'-개머리판에는 'A. 해밀턴, N. Y.'라고 새겨져 있다-을 손에 든 해밀턴은 이따금씩 할렘 숲을 돌아다니며 새들을 총으로 쏴 잡았다. 또 다른 때에는 허드슨 강을 다니면서 줄무늬농어를 낚아 올리기도 했다.[15] 그는 여전히 극장의 단골로서 고전적인 비극이든 가벼운 작품이든 가리지 않고 보았고, 필하모닉협회가 브로드웨이의 스노우스 호텔에서 열었던 콘서트에도 참석했다. 해밀턴은 언제나 온갖 것에서 흥미를 찾았으며, 다만 그것을 제대로 일굴 시간이 부족하다는 것만이 문제였다.

때때로 해밀턴은 냉철한 공직자의 모습과는 상반되게 기이하고 짓궂은 모습을 드러내 보이기도 했다. 뉴어크에 방문해 있던 도중, 해밀턴의 부관 필립 처치는 타데우시 코시치우슈코Tadeusz Kosciuszko 장군의 친구였던 폴란드 시인 율리안 니엠체비치Julian Niemcewicz를 만났다. 니엠체비치는 코시치우슈코가 무덤에서 영혼들을 불러낼 수 있는 비책을 자신에게 맡겼다고 주장했고, 이에 혹한 해밀턴은 이 폴란드 시인을 금요일 저녁식사에 초대했다. 흑마법에 대한 결정적인 증거를 내보이기 위해 니엠체비치는 해밀턴에게 무슨 일이 벌어지는지 보지 못하게끔 옆방에 잠시 들어가 있어달라고 부탁했다. 이후 한 손님이 카드 한 장에 죽은 전사의 이름-요크타운 전투에 참전했던 비오메뉴Viomenil 남작-을 적고선 그 폴란드 시인에게 주문을 외워 그의 그림자를 나타나게 해보라고 요청했다. 니엠체비치는 끊임없이 종을 울려대면서 주문들을 줄줄이 외웠다. 의식이 끝났을 때 해밀턴은 방 안으로 걸어 들어와 '[비오메뉴] 남작이 그가 이전에 입었던 옷을 정확히 그대로 입고서는 자기 앞에 나타났으며, 그와 밝힐 수 없는 내용의 대화를 나누었다고 말했다'는 것이 주지사의 아들, 피터 제이Peter Jay가 남긴 기록이다.[16] 해밀턴이 죽은 자와 교감했다는 소식이 뉴욕 사회에서 엄청난 주목을 끌었던 탓에, 결국 그는 이것이 필립 처치 및 니엠체비치와 함께 짜고선 '가족들을 놀래주려던 장난이었을 뿐 절대 대중에게 알려지게끔 의도했던 것은 아니었다'고 해명해야만 했다.[17]

벤저민 프랭클린 배시와 존 페노의 목숨을 앗아갔던 1798년의 황열 유행은 미망인협회에게도 긴급한 일거리들을 새로이 가져다주었다. 수많은 여성들이 집안의 가장을 잃었기 때문이었다. 이저벨라 그레이엄은 이렇게 썼다. '하나님 이외의 다른 이들로부터 양식을 구하게 되리라고는 생각조차 해보지 않았을, 존경받고 근면했던 여인들이 겪고 있는 그 고통은 두 눈으로 보지 않고선 상상조차 할 수 없을 것이다.'[18] 한층 더 세속적이었던 에런 버는 같은 재앙에 대처하여 확연히 다른 종류의 단체인 맨해튼컴퍼니Manhattan Company를 세웠다.

에런 버와 알렉산더 해밀턴 사이에 있어 핵심적이었던 이 순간을 이해하려면 먼저 그해 가을 유행한 전염병이 얼마나 심각하게 이 도시를 강타했는지부터 살펴봐야 한다. 9월에는 하루에 마흔다섯 명꼴로 사람들이 죽어나갔고, 해밀턴과 그의 가족은 심지어 도시에서 수마일 떨어진 곳에 잠시간 방을 얻어 지내기도 했다. 로버트 트루프는 뉴욕을 뒤덮은 이 끔찍한 마비 사태를 묘사했다. '우리의 법정은 문을 닫았고, 우리의 무역은 완전히 침체되었으며, 사업의 기미도 거의 혹은 전혀 찾아볼 수 없다. (중략) 나는 해밀턴의 집에 하루 한 번 찾아갔으며 우리는 우리가 치료할 수 없는 질병들을 견뎌내기 위해 철학으로 서로를 무장시켜주려 애를 썼다.'[19] 부유한 주민들은 교외의 시골 지역으로 탈출했고, 가난한 이들은 늪지대와 고인 연못들 주변을 중심으로 모기들이 기하급수적으로 퍼뜨리는 이 질병에 그대로 노출되어 있었다. 이 병으로 2,000여 명의 뉴요커들이 죽었으며, 오늘날 그린위치라고 불리는 지역에 공동묘지가 새로이 마련되었다. 에런 버의 동서였던 의사 조지프 브라운Joseph Browne은 오염된 물이 황열 재유행의 원인이라고 탓하면서 - 당시 뉴욕은 여전히 쉬이 오염되는 우물들에 의존하고 있었다 - 브롱크스 강에서 신선한 물을 끌어오겠다는 계획을 시의회에 제출했다. 브라운의 계획은 시의회의 인가에 따라 민영 수도 회사를 창설하는 방안을 담고 있었고, 그렇게 끌어올 물은 화재를 진압하는 것부터 더러운 길거리를 청소하는 것에 이르는 모든 공공의 일에 만병통치약처럼 쓰일 수 있으리라는 기대를 불러 모았다. 시의회는 수도 회사라는 기본적인 개념을 칭찬했지만, 그 일을 행할 회사로 민간 기업이 아닌 공기업을 세우자는 제안과 맞서게 되었다.

　사실 브라운의 계획은 에런 버가 만들어낸 책략이었다. 그는 깨끗한 물에는 전혀 관심이 없었으며 오직 공화파 은행을 세우고선 막대한 이득을 취하려는 목적만을 가지고 있었다. 해밀턴과 그의 연방파 동료들은 사실상 지역 금융을 독점함으로써 뉴욕 정계에서 커다란 이점을 누린다고 추정되었다. 1799년이 되자 당시 뉴욕 시의 모든 은행들, 즉 뉴욕은행과 미합중국은행 뉴욕 지부는 해밀턴이 만들어낸 셈이 되었다. 공화파 사업가들은 이 은행들이 자신들을 차별하고 있다는 불만을 오래전부터 품고 있었는데, 한 공화파 언론인은 '결국 이제 공화파의 정서를 옹호하는 사람들은 물질적인 손해를 감수하지 않는 이상 거래를 벌이기가 불가능해졌다. (중략) 당파의 분노와 폭력이 늘어날수록 관리자들은 그 *배제* 체계를 한층 더 엄격하게 강화한다'고 비난했다.[20] 공화파가 실제로 불이익을 받았는지는 분명치 않지만 확실히 이런 의구심은 당시 널리 퍼져 있었다. 해밀턴은 1790년대에 성행했던 주 은행들의 설립을 반대했는데, 이는 편협한 정치적 이유에서였다기보다는 은행들 간의 경쟁이 신용 기준을 희석시킴과 더불어 은행가들이 고객들에게 서로 더 좋은 조건을 제시하는 경솔한 관행을 심어줄 수도 있다는 우려 때문이었다.

이제 뉴욕 주의회 의원이 된 버는 연방파의 지역은행 독점을 깨부수는 정치인이 곧 공화파 사이에서 ─최소한 은행을 악마의 기관으로 여기지 않는 자들로부터는─영웅 대접을 받을 수 있을 것임을 알고 있었다. 또한 고질적인 낭비벽이 있는 데다 언제나 금전적인 문제에 시달렸던 버에게는 은행에 쉬이 접근할 수 있으리라는 점도 크게 작용했다. 자신의 상원의원 임기가 마무리되어가던 1797년 초, 그는 재정적으로 너무 극심한 곤경에 빠진 나머지 자신의 입법 책무를 소홀히 하기까지 했었다. 뉴욕에 은행을 세우려면 그는 아주 높은 장애물을 넘어야만 했다. 그 시절 뉴욕의 모든 사업단체들이 그랬듯 버 역시 당시 연방파가 장악하고 있던 주의회로부터 은행 설립에 관한 인가를 받아내야 했기 때문이다. 교활한 버는 반대 당파를 피해 은행 인가를 끌어낼 수 있는 책략을 짜냈다. 의심을 쉬이 사지 않을 만한 회사, 즉 조지프 브라운이 제안한 수도 회사를 눈가리개로 쓰려 했던 것이다.

기민한 정치적 손재주의 소유자였던 버는 여섯 명의 전문가─세 명의 공화파와 세 명의 연방파─로 이루어진 양당연립위원회를 구성했다. 이들은 시의회에서 자신의 민영 수도 회사 계획을 지지해줄 터였다. 그가 택한 연방파 동료들은 뉴욕은행 회장 길리언 버플랭크Gulian Verplanck, 상공회의소 회장 존 머레이, 그리고 그가 얻어낸 최고의 수확인 알렉산더 해밀턴 장군이었다. 왜 해밀턴은 버와 함께한 것일까? 당시 연방파에게 추파를 던지는 중이었던 버는 프랑스의 침략에 대비한 뉴욕 시의 요새화를 두고 해밀턴과 협력한 바 있었고, 이를 통해 두 남자의 관계는 잠시나마 비교적 좋아졌다. 황열에서 살아남은 경험이 있었던 해밀턴은 도시가 더 이상의 전염병에 시달리지 않게끔 만들 수 있다는 수도 회사 계획에 호감을 가졌다. 그는 또한 존 바커 처치가 사업을 할 수 있는 기회를 물색하던 중이었을 수도 있다. 앤젤리카는 자신의 남편을 설득해 영국 의회 의원직을 버리고 미국으로 돌아오게 만들었으나, 이제 처치는 화려하게 번창했던 것과는 별개로 뉴욕에 대해 질린 것처럼 보였다. 해밀턴은 '그는 할 일이 별로 없었고 양손에 무거운 시간을 들고 있었다'고 말했다.[21] 처치는 맨해튼컴퍼니의 관리자로 이름을 올렸는데, 아마 이는 해밀턴이 위원회에 참가하는 전제 조건이었을 수도 있다. 버의 한 전기작가는 이렇게 썼다. '해밀턴의 동기가 무엇이었든, 여섯 명의 위원들 중 에런 버가 뉴욕 주의회에서 거둘 승리를 가능케 만드는 데 있어 [해밀턴보다] 더 노력했던 자는 없었다.'[22]

1799년 2월 22일, 해밀턴과 버는 리처드 바릭 시장의 사무실을 찾아가 수도 회사의 설립 건을 지지해달라고 탄원했다. 영국인 운하 설계자 한 명과 협의한 끝에 해밀턴은 단순한 급수 시설 마련을 넘어 도시의 늪지대를 말리고 하수도를 설치하는 체계적 계획이 담긴 인상 깊은 제안서를 작성했다. 해밀턴에게 설득당한 시의회는 최종 결정을 주의회에 넘겼다. 버는 이 상황을 반겼을 것이 분명하다. 그는 알렉산더 해밀턴을, 또 자기 적의 강력한 펜을 이용하여 공화파를 위한 은밀한 목적을 추구하고 있었기 때문이다. 이는 우스꽝스럽고 기이했던 버가 즐겨 했던 종류의 농담과도 같은 상황이었다. 그는 또한 해밀턴으로 하여금 민영 수도 회사를 지지하는 내용의 제안서를 만들어 주의회에 제출하게끔 만들었다. 3월 말 주의회는 맨해튼컴퍼니의 설립을 허가하는 법안을 기꺼이 승인했고, 4월 2일 존 제이 주지사는 별다른 의심 없이 이 시행령에 서명했다. 회사가 소방 시설에 무료로 급수해주고, 하수도를 설치하는 과정에서 손상된 도시의 거리를 보수해놓겠다는 초기의 약속들-이는 다른 주들의 수도 회사 계약서에는 일반적으로 포함된 조항이었다-은 최종안에서 버가 슬그머니 삭제한 뒤였다.

늘 그렇듯 악은 사소한 부분에 깃들어 있다. 수많은 의원들은 고향에 가 있었고 다른 이들은 최종안을 꼼꼼히 검토해 보기에는 너무 게을렀던 틈을 타, 버는 회사가 장래 펼칠 수 있는 활동들의 범위를 가늠할 수 없을 정도로 넓혀주는 간단한 조항 하나를 법안에 삽입했다. 이 중대한 조항은 다음과 같았다. '당사가 소유하거나 축적했다고 여겨지는 모든 잉여 자본을 동원하여 공적 주식 혹은 기타 주식의 매입에 사용하거나 여타 모든 운영상 금전 거래에 사용하는 것은 합법이다.'[23] '잉여 자본'이라는 함정은 버가 맨해튼컴퍼니를 은행 혹은 여타 모든 형태의 금융 회사로서 사용할 수 있게 해줄 터였다. 연방파는 이 기만을 코앞에서 놓쳤는데, 이는 그들이 은행에 대한 공화파의 반감을 알고 있었기 때문임과 동시에 한편으로는 버가 영리하게도 양당 연립위원회를 저명한 연방파 인물들로 장식해두었기 때문이었다.

그러나 그는 자신에게도 득이 되지 못할 만큼 지나치게 머리를 썼다는 것이 증명되었다. 몇몇 공화파는 그의 수완에 경탄했을지도 모르겠으나 대부분의 유권자들은 그렇지 않았던 것이다. 버가 재선을 노리며 선거 운동을 벌이고 있던 4월 말, 그의 기만이 얼마나 큰 규모의 것이었는지 깨달은 유권자들은 그에게 향해 있던 표를 거두어들였다. 버가 자신을 속였음을 알게 된 해밀턴은 격노했다. 훗날 그는 '제퍼슨이 펼쳤던 논리와 같은 말들로 그가 은행 제도에 대해 열심히 항의할 때 나는 그 자리에 있었다. (중략) 그러나 최근 그는 그 성질로는 완전히 괴물이라고 할 수 있지만, *이익과 영향력을 얻는 데는 아주 편리한 도구인* 은행을 세우기 위해 속임수를 썼다'고 불평했다.[24] 충직한 공화파 인사들도 버의 교묘한 책략에는 혀를 내둘렀다. 버가 먹칠한 후보 명부를 두고 피터 R. 리빙스턴은 '그들에겐 그 어떤 품위 있는 사람도 낯을 들고 지지하지 못할 만큼의 *빌어먹을 후보자가 있었기 때문에*, 그들이 정말로 선거에서 졌다 하더라도 놀랍지 않을 것'이라 평했다.[25] 버가 남긴 자료들을 편집했던 메리 조 클라인Mary-Jo Kline은 맨해튼컴퍼니 술책이 '너무나 자기 잇속만 차리는 것이었기 때문에 이로써 버의 정치생활은 잠시 중단되었으며 그가 그때까지 그토록 잘해왔던 공직 또한 잃게 되었다'고 보았다.[26]

4월 22일, 맨해튼 컴퍼니의 주식은 매매 시작 직후부터 불티나게 팔려나갔다. 이 회사는 본래 수도 회사였다는 껍질을 모두 벗어버리고선 그해 9월 초에 화려한 축포와 함께 월가에 '할인 및 저축은행 사무국office of discount and deposit'을 열었다. 이 은행은 곧바로 뉴욕은행의 경쟁사로 떠올랐다. 뉴욕은행은 당시 월가와 윌리엄가로부터 한 블록 떨어진 곳에 자리한 우아한 2층 건물에 위치해 있었다. 경탄스러울 만큼 모호한 헌장, 즉 회사의 가능성을 신고 날아오를 요술 양탄자 덕에 맨해튼컴퍼니는 200만 달러를 보유하게 되었고 어디에서든 운영할 수 있었음을 물론 영구적으로 존속될 수도 있었다. 그에 반해 뉴욕은행은 100만 달러가 조금 안 되는 자본을 가지고 있었으며, 도시 내에서만 운영하도록 제한되었고, 설립 인가 또한 1811년에 만료될 예정이었다. 버는 모든 정치적 파벌들의 지지를 얻기 위해 회사 이사회의 열두 자리를 세심하게 분배했고, 이로써 아홉 석이 공화파에게(이 또한 클린턴파와 리빙스턴파, 버파를 적절히 안배하여)

돌아갔으며 존 바커 처치를 포함한 세 석은 연방파에게 돌아갔다.

　해밀턴과 주의회를 속여넘기면서 거짓된 구실로 은행 인가를 얻어냈던 것은 에런 버가 맨해튼컴퍼니를 조직하는 데서 저지른 가장 작은 실수였을 것이다. 그보다 훨씬 더 통탄할 일은 그가 수도 회사를 만들겠다며 사기 행각들을 벌여놓았다는 것이었다. 도시에 신선한 물을 공급해서 황열을 없애버리겠다며 조지프 브라운이 제시했던 계획은 곧 버의 날렵한 손길로 만들어낸 가짜였음이 드러났다. 1799년 7월, 배신당한 브라운은 애절한 말투로 버에게 서신을 보냈다. '이 기관이 투기질을 위한 곳이 아니라 다만 뉴욕 시에 즉각적이고 가치를 가늠할 수 없는 이익들을 가져다줄 기관이라는 면에서 대중과 의회를 만족시킬 만한 일들이 행해질 것을 나는 기대하고 또 바라오.'[27] 그러나 브라운은 곧바로 꿈에서 깨어나야만 했다. 맨해튼컴퍼니는 브롱크스 강에서 물을 끌어온다는 계획들을 즉각 폐지했고-감독관들은 이미 그 '잉여 자본'을 은행에 들이부은 뒤였다-오래된 우물들에서 더러운 물을 끌어올리는 대신 나무로 만든 수송로를 통해 그것을 퍼냈다. 그해 여름에는 황열이 복수라도 하듯 뉴욕에 다시 찾아왔다. 버의 계획은 깨끗한 물을 공급하는 데 실패했을 뿐만 아니라, 시립 수도 회사 설립안 등 당시 떠오르고 있었던 다른 견실한 계획들 또한 좌절시켜버렸다.

　맨해튼컴퍼니가 월가에 사무소를 낸 그다음 날, 두 명의 관리인들은 아주 색다르고 독특한 방식으로 이 사건을 축하했다. 서로 결투를 벌인 것이다. 확고한 연방파였던 처치는 독선적이고 호전적인 남자로, 선한 싸움에서는 절대로 물러서지 않으며 결투도 마다하지 않았다. 왜 그가 혁명 발발 직전 존 B. 카터라는 가명을 쓰면서까지 영국을 떠나 미국으로 도망쳐왔는지에 관한 설들 중에는 그가 런던에서 결투를 벌여 한 남자를 죽

　　　　　　　　　　　33 · 경건한 일과 불경한 일

였다는 설 또한 존재했다.

한 뉴욕 신문의 조심스러운 보도에 따르자면, 이번 불화는 '도시의 한 사적인 식사 자리에서' 처치가 버를 상대로 '부주의한 발언'을 내뱉음으로써 시작되었다.[28] 홀랜드컴퍼니Holland Company를 위해 버가 네덜란드 은행들을 대신하여 미국의 부동산에 투기하는 불법적인 행동을 벌였다는 말을 처치가 입에 올렸던 것이다. 홀랜드컴퍼니는 뉴욕 주내 외국인 소유의 토지에 따라붙는 규제들을 회피하고자 했고, 이에 버를 로비스트로 고용하고 그에게 이 장애물들을 처리하게끔 시켰다. 인간 본성을 이상화한 적이 결코 없었던 버는 자신의 고객사에게 한 가지 방법을 추천했다. 법안이 수정되어 미래를 밝혀줄 수 있도록 주의회에 5,000달러를 뿌리라고 한 것이다. 그 돈은 기적 같은 효과를 낳았고, 그 결과로 탄생한 외국인 토지소유법Alien Landowners Act는 법적인 장애물들을 없애버렸다. 홀랜드컴퍼니의 거래 장부에는 버에 대한 지급금이 뇌물이 아닌 미상환 대부금으로 기록되어 있다. 홀랜드컴퍼니의 변호사로서 해밀턴 또한 이 지저분한 사건에 대해 알고 있었을 것이고, 자신이 발견한 바를 아마도 존 바커 처치에게 전했을 가능성이 크다.

존 바커 처치는 사교적인 자리에서 버의 행동을 논하다가 그만 *뇌물 수수*라는 단어를 입에 올리는, 그야말로 용서받을 수 없는 실수를 저질렀다. 9월 초 트루프가 쓴 글을 보자. '하루이틀 전 처치 씨는 몇몇 사람들과 함께 어울리던 중, 홀랜드컴퍼니가 자신들의 토지 소유를 가능하게 해줄 법안이 확실히 통과될 수 있게끔 버에게 의회 내에서 영향력을 행사해달라고 요구하면서 뇌물 수수가 이루어졌다고 말했다.'[29] 트루프가 덧붙인 말에 따르면 대체로 사람들은 버에게 씌워진 혐의가 사실이라 믿었다. 버는 처치의 경멸적인 발언을 듣자마자 그에게 결투를 신청했다. 재빠르고 결단력 있었던 처치는—해밀턴의 말을 빌리자면 그는 '강력한 정신의 소

　　　　　　　　　　　　　　　　　　　알렉산더 해밀턴

유자였고, 매우 정확하며, 매우 활동적이고, 매우 사업가다운 남자'였다-
그 즉시 도전을 받아들였다.[30] 버의 행동은 맨해튼컴퍼니의 실패에 관한
해밀턴의 분노를 한층 격화시켰을 것이 분명하다.

　존 B. 처치에 대한 버의 도전은 성급해 보일 수 있었으나, 그가 이듬해
대선에 눈독을 들이고 있었다는 점을 생각해본다면 그렇지만도 않았다.
그가 연방파에게 치근덕대던 짧은 시기는 이제 막을 내렸다. 맨해튼컴퍼
니 때문에 의회 경선에서 자존심 상하는 수모를 겪은 그는 자신의 명성
에 새로이 생긴 이 흠집을 없애야만 했으며, 해밀턴의 동서와 결투를 벌
였다는 이야기는 공화파 인사들 사이에서 자신의 이미지를 틀림없이 꾸
며줄 터였다. 버가 재빨리 결투에 돌입했다는 점은 그가 훗날 해밀턴과
대치했을 때와는 달리 살인할 의도를 전혀 갖고 있지 않았고, 그저 순수
하게 정치적인 의도로 의례를 치렀다는 것을 암시한다. 이는 이전 해에
공화파의 브록홀스트 리빙스턴이 연방파의 제임스 존스James Jones로부터
공격당한 이후 벌였던 명예의 작업과는 완전히 다른 종류의 것이었다. 존
스는 당시 배터리 광장을 따라 느긋하게 걷고 있던 리빙스턴을 덮친 뒤
지팡이로 그를 때렸고 그의 코를 보기 좋게 휘어놓았다. 리빙스턴은 그
복수로 그를 뉴저지의 결투장으로 불러낸 뒤 그를 쏴 죽였다.

　1799년 9월 2일, 버와 처치는 허드슨 강을 노 저어 건너가 해가 지고
있는 결투장으로 향했다. 버는 처치와 다정하게 이야기를 나누었으며 침
착한 태도로 '결투의 전장' 주변을 어슬렁거리며 산책했다. 한 목격자는
'그들이 서로 호의적인 목적으로 만났다 하더라도 그[버]의 행동은 조금
도 다르지 않았을 터'였다고 말했다.[31] 결투 입회인으로 처치는 제조기술
수립협회의 전 회계 담당자였던 애비자 해먼드Abijah Hammond를, 버는 해밀
턴의 오랜 숙적인 아이대너스 버크를 택했다. 버의 입회인이 사우스캐롤
라이나 출신이었다는 점은 그가 결투를 통해 남부 공화파의 지지를 얻으

려 한 것이 아니냐는 추측을 고조시킨다.

전해지는 이야기와는 반대로, 처치가 소유한 권총 및 훗날 해밀턴과 버의 결투에서 사용된 권총은 이 결투 시 사용되지 않았다. 우리는 이 싸움의 권총들이 버의 소유였다는 사실을 우스꽝스러운 작은 사고 덕에 알수 있다. 버는 자신이 가져온 총알들은 그 권총들에 넣기에 너무 작아서반드시 기름을 먹인 사모아 가죽으로 감싸야 한다는 점을 개인적인 자리에서 버크에게 설명한 바 있었다. 결투 시작 직전, 버는 버크가 쇠꼬챙이를 탄창에 대고 돌로 치면서 총알을 욱여 넣으려 하는 모습을 보았다. 버크는 버에게 사과의 말을 속삭였다. "가죽에 기름칠을 하는 것을 잊었소. 그러나 그[처치]는 준비가 된 듯하니 그를 기다리게 하지 마시오. *그냥 그대로 쏴보시오. 그동안 나는 다음 것에 기름칠을 해두겠소!*"[32] 버는 냉정하고 침착한 태도로 버크에게 걱정하지 말라고 했다. 만일 자신이 처치를 놓친다 해도 두 번째 시도에서는 그를 쏠 것이라는 말이었다. 그런 뒤권총을 집어 든 버는 버크에게 고개 숙여 인사를 한 뒤 처치와 함께 열발자국을 재어 걸었다. 버가 완벽하게 장전되지 못한 무기를 들고서 싸움에 임했다는 점은 이날의 분위기가 양측 모두에게 있어 살인을 목적으로한 것이 전혀 아니었음을 암시한다. 화려한 개업 첫 주에 이사회 중 한 명이 죽었다는 소문은 맨해튼컴퍼니로서도 그다지 좋은 홍보 수단일 수 없을 터였다.

두 남자는 서로의 권총을 올리고선 동시에 발사했다. 처치의 총알은 버의 코트 단추를 떨어뜨렸고 버의 총알은 처치를 완전히 비껴나갔다. 두명의 입회인들이 권총에 새로운 총알을 채우자, 처치는 앞으로 걸어나와버에게 자신이 했던 말에 대한 사과를 건넸다. 트루프의 말에 따르면 '처치는 자신이 부주의했으며 그에 대해 미안하게 생각한다고 말했다'고 한다.'[33] 이는 자신이 한 말을 철회하는 것도, 혹은 오류가 있었음을 명백하게 인정하는 것도 아니었고 다만 처치 스스로 뇌물죄에 대한 결정적인 증거가 없다는 점을 알고 있음을 암시하는 정도에 그쳤다. 결투를 빨리 끝내버리고 싶다는 듯 버는 자신이 그 사과에 만족했다고 선언했다. 두 남자는 서로 악수를 함으로써 결투를 마무리했고, 결투인들과 입회인들은 기분 좋게 노를 저어 맨해튼으로 돌아왔다.

처치와 버 간의 결투는 훗날 해밀턴과 버 사이에 벌어진 결투와 비교했을 때 흥미로운 대조를 이룬다. 이번 결투는 성급하게 마련된 것이며, 진중한 명예의 작업에 보통 선행되는 고문과도 같은 협상 또한 이루어지지 않았다. 결투는 한 번의 발포로 끝을 맺었고, 양측 모두 간절히 결투를 끝내고선 맨해튼으로 돌아가고 싶은 듯 보였다. 처치는 자신이 명사수임을 증명해 보였으며, 버는 자신의 적을 맞추지 못했거나 혹은 맞추려 하지도 않았다. 무엇보다 이 결투는 5년 뒤에 벌어졌던 위호켄에서의 대치에 그림자를 드리웠던, 통제할 수 없는 격정과 혐오 그리고 긴박한 상황에 뒤덮이지 않았다. 혹자는 이 결투를 통해 버에 대한 해밀턴의 선입견이 생겨났으리라고 추측한다. 그러나 만일 그렇다면 그것은 모두 잘못된 인상이었을 것이다. 버는 여기서처럼 사격 실력도 형편없는 이성적인 남자가 아니었고, 오히려 살인의 의도가 담긴 한 발을 들고선 명예의 전장에 올 능숙한 명사수였기 때문이다.

악마의 시간에서

Alexander Hamilton

알렉산더 해밀턴이 소집하고자 애썼던 강력한 임시군은 간단한 전제 한 가지를 바탕에 두고 있었으니, 미합중국과의 협상을 퇴짜 놓은 적대적인 프랑스가 종국에는 전쟁을 벌일지도 모른다는 우려가 그것이었다. 이 전제는 1798년에서 1799년으로 이어지는 겨울 동안 한층 더 의문스러운 것이 되었다. 프랑스인들은 자신들이 XYZ 사건으로 실수를 저질렀음을 알고 있었고 더 이상 애덤스 대통령을 자극하는 것을 원치 않았다. 존 마셜과 찰스 코츠워스 핑크니가 프랑스에서 돌아온 이후에도 세 번째 위원이었던 엘브릿지 개리는 파리에 남았다. 대부분의 공화파와 마찬가지로 그 역시 프랑스와의 전쟁이 미국을 대영제국의 품 안으로 밀어 넣을 것을 걱정했다. 개리는 기이한 인물로 악명 높았다. 체구가 작고 가느다란 눈에, 논쟁하기를 좋아하고 토론 시 자주 말을 더듬었던 그는 사람들을 모욕하거나 당황하게 만드는 데 재주가 있었다(일례로 그는 미국의 수도를 두 곳에 두고선 의회가 양쪽을 오가는 방안을 선호했다). '불쌍한 개리는 언제나 머릿속이 잘못된 뒤틀림으로 가득 차 있다.' 애비게일 애덤스가 그를 관찰한 바다.[1] 그러나 쉽게 짜증을 내는 기벽이 있었음에도 엘브릿지 개리는 존 애덤스로부터 열렬한 경애를 받았다. 애덤스는 눈덩이처럼 불어나는 군대 창설 비용 및 그것의 충당을 위해 징수된 재산세에 대한 대중의 불만에 압박을 느끼고 있었다. 그렇기에 그는 1798년 10월 개리로부터 프랑스가 평화를 원한다는 소식을 받자 그것을 진지하게 받아들였다.

해밀턴과 그의 애덤스 내각 동료들은 그 소식이 프랑스의 냉소적이고 전략적인 술책이라며 무시하려는 경향을 보였다. '그 같은 상습적인 편견에 나는 충격을 받았다.' 애덤스는 자신 또한 한때 프랑스의 접근을 회의적으로 바라본 적이 있었음에도 훗날 이렇게 썼다. '나는 아무 말도 하지 않았으나 그것의 노예는 되지 않기로 결심한 상태였다. 나는 그 남자[개리]가 그들 모두보다 한없이 더 나은 사람임을 알고 있었다.' 애덤스는 누군가 개리의 신뢰를 떨어뜨리려는 움직임을 이끌고 있다고 믿어 의심치 않았다. '개리 씨에 반대하는 편견들을 전파하고 퍼뜨리는 데 있어 해밀턴보다 더 큰 비중을 차지하는 사람은 없었다.'[2]

1798년 12월 초 워싱턴과 해밀턴이 모두 자리한 가운데 애덤스는 의회에서 프랑스 정부가 '자신들이 상호간의 이해를 도모하기 위해 미합중국 공사를 받아들일 의향이 있음을 믿을 만한 태도로 선언했다'는 내용의 다소 회유적인 연설을 했다.[3] 다수의 연방파는 애덤스가 프랑스에게 화해의 손짓을 보냈다는 데 경악한 데 반해 공화파는 여전히 대통령이 너무 강경하다고 여겼다. 프랑스의 위협을 격퇴하기 위해 창설한 군대의 설계자로서, 해밀턴은 위협을 약화시키는 모든 것들에 대해 자연스레 모순적인 감정을 느낄 수밖에 없었다. 그는 만일 프랑스의 위협이 가라앉았다면 그것은 오로지 지금까지 행해진 군사적 노력 덕분이라고 주장했다. 또한 해리슨 그레이 오티스에게는 만일 협상이 8월 이전에 본격적으로 이루어

34 · 악마의 시간에서

지지 않는다면 대통령은 프랑스와의 전쟁을 선포할 권리를 가져야 한다고 말했다. 그럼에도 애덤스 마음은 외교적 해결 쪽으로 기울어 있었고, 전쟁부 장관 매켄리는 새로운 군대의 진척 상황을 애덤스와 함께 검토할 당시 대통령이 '이 일을 그다지 서둘러야 할 필요는 없음을 암시하는 듯 보였다'고 해밀턴에게 알렸다.[4] 해밀턴은 군대를 구성하는 일에 대해 애덤스가 나태하게 구는 이유는 그 자신에게서 비롯된 것이라 보았고, 워싱턴에게 '우리의 군사적 사항들을 효율적이고 성공적으로 관리하기 위한 길 위에 아주 기이한 종류의 장애물들이 놓여 있다'고 말했다.[5]

새로운 군대가 워싱턴과 해밀턴이라는 자신의 라이벌들에 의해 주도되는 이 상황은 애덤스의 경쟁적인 본능과 의구심, 그리고 가라앉힐 수 없는 허영심을 불러일으켰다. 1799년 2월 초의 어느 날, 연방파 하원의장 당선자 시어도어 세지윅은 애덤스에게 일견 무해해 보이는 질문을 던졌다. 워싱턴이 새로운 군대에서도 *장군*이라는 계급을 달 것인가 하는 것이었는데, 이는 대통령의 분노 섞인 성질에 불을 붙였다. "뭐요, 당신은 그를 대통령 위에 있는 장군으로 임명하려 하는 것이오?" 애덤스가 격앙된 목소리로 물었다. "나는 그 정도로 눈먼 사람이 아니오. 지금까지 나는 스스로를 정부의 친구들이라 칭하는 사람들 중 몇 명이 합심하여, 대통령이 가지는 본질적인 권력들을 파괴하려 애쓰는 모습을 봐왔소."[6] 이 일은 해밀턴의 귀에도 들어갔다.

이후 1799년 2월 18일, 애덤스 대통령은 데이비드 매컬러프가 '그의 임기 중 가장 결단력 있었던 행동'이라고 정히 평가한 조치 하나를 시행함으로써 한층 더 큰 정치적 폭풍을 몰고 왔다.[7] 그는 부통령 제퍼슨에게 전령을 보냈고, 제퍼슨은 대통령이 보낸 짧지만 충격적인 내용의 문서를 상원에서 낭독했다. 다시 한 번 외교에 기회를 주기로 결심한 애덤스는 헤이그 주재 미국 공사인 윌리엄 번스 머레이William Vans Murray를 프랑스 전

권대사로 임명했는데, 독단적이고 충동적이며 변덕스럽다는 면에서 이는 매우 전형적인 애덤스의 결정이었다. 일전에 애덤스 내각은 그러한 움직임이 곧 '굴욕적인 행위'가 될 것임을 이미 경고한 바 있었지만, 그는 이 결단을 내리기에 앞서 그들과 아무런 상의도 하지 않았다.[8] '간청컨대 이는 전부 그 혼자만의 *행위*였으며 우리 중 그 누구도 이에 참여했거나 소통한 적이 없다는 점을 알아주시기 바랍니다.' 피커링 국무장관이 해밀턴에게 말했다.[9] 애덤스의 결정이 계몽적인 본질을 품고 있었다는 점은 시간이 지나며 증명될 터였지만, 당시 그가 결정을 내린 방식은 자기 내각 각료들과의 긴장을 한층 더 끌어올릴 뿐이었다. 그들이 프랑스의 평화 제의에 관해 회의적인 의견을 표하자 애덤스는 그들의 충성심을 묻기로 결심했다. '그는 자기 내각 안에 어두운 반역, 그리고 자신의 헌법적 권한들을 파괴할 방법만을 찾는 도당이 있다고 의심하기 시작했다.' 전기작가 존 펄링이 쓴 말이다.[10] 그러나 애덤스는 의지할 수 없는 그 내각 각료들을 해임시키지도 않고 그들과 상의해야 하는 상황에서 아무것도 하지 않음으로써, 내각을 그대로 유지함과 동시에 그것을 무시하는 기이한 결정을 내렸다.

애덤스의 결정은 또한 다수의 연방파와 대통령 사이에서 그나마 통합 비슷하게라도 보였던 모든 것들을 산산조각 냈다. 날벼락을 맞은 상원의원들이 머레이 임명 건에 대한 설명을 요구해오자 애덤스는 갑작스레 호전적인 태도를 보였다. 피커링은 이렇게 기록했다. '상원의원들이 자신들의 방문 목적을 설명하는 순간 '애덤스 씨는 폭력적인 격정을 터뜨렸으며 어떠한 설명도 해주지 않고선, 그들의 질문이 적절 범위의 선을 넘었다면서 위원회를 호되게 질책했다.'[11] 시어도어 세지윅과 대통령은 결국 서로 소리를 지르기에 이르렀고, 여기에서 세지윅은 애덤스의 결정이 '허영과 질투, 그리고 반쯤 미친 정신이 사납고 불규칙하게 날뛰기 시작'한 덕분에 탄생한 것이라 소리쳤다.[12] 상처만을 남긴 이번 대치 이후 애덤스는 서둘러 퀸시로 돌아가 그곳에서 7개월을 머물렀으며 종종 프리드리히 대왕Frederick the Great 전집에 파묻혀 지냈다. 사우스캐롤라이나의 연방파 로버트 G. 하퍼Robert G. Harper는 대통령이 퀸시로 돌아가는 길에 그의 말이 거칠게 달리다 주인의 목을 부러뜨리면 좋겠다고 말했다.

애덤스의 이러한 외교적 결정은 장대한 새 군대를 세우려는 계획을 위협했으며, 해밀턴은 '그 분야에서 무엇 하나라도 놀라운 결과가 생긴다면 그 자체가 더 놀라울 것'이라고 신랄하게 말했다.[13] 대통령이 보인 반전의 절차와 내용 모두는 해밀턴의 짜증을 돋웠다. 그는 이 결정이 사전의 심사숙고를 거쳐 나온 것이 아니라 '순간적인 충동들의 우연한 발산'에서 비롯된 것이라고 믿었다.[14] 그는 애덤스가 내각과 상의해야 했었고, 나아가 협상을 한다 해도 그것은 반드시 미국 영토에서 행해져야 한다고 생각했다.

해밀턴은 메릴랜드의 법조인이었던 윌리엄 반스 머레이를 그리 높게 평가하지 않았다. '확실히 머레이는 그토록 중요한 사절이 될 만큼 강력한 인물은 아니'라고 평가한 해밀턴은 그를 포함한 세 명의 위원회를 보내라고 로비를 벌였다.[15] 여기에서 해밀턴은 승리를 거두었고, 애덤스는 마지못해 두 명의 대사가 머레이와 동행하도록 했다. 연방대법원장인 올리버 엘스워스와 노스캐롤라이나의 연방파 주지사 윌리엄 데이비William Davie가 그 주인공들이었다. 연방파는 충성을 다하기 위해 이 위원회를 지지했지만 당파 내 통합에는 심각한 상처가 남았다. 애덤스가 또 한 번 자신의 내각과 의회 내에서 연방파의 손을 들어주지 않았고, 당파를 하나로 묶어주었던 유일한 사안, 자코뱅주의의 위협도 내던져버렸기 때문이다. 이로써 애덤스가 1800년 재선 유세에서도 연방파의 절대적인 지지를 받을 것이라 확신하기는 어려워졌다. 트루프는 다음의 말을 통해 대다수 연방파의 생각을 전했다. '프랑스와의 협상을 쇄신하기 위해 대통령이 최근 선언한 임명은 거의 보편적인 혐오를 불러일으켰다. (중략) 다음 선거에서 애덤스 씨가 후보로 나온다 해도 그를 지원하는 일에는 확실히 심각한 어려움들이 존재할 것이다.'[16] 대통령의 변덕스러운 행동을 놓고서 사람들 사이에서는 온갖 소문이 일었으며, 심지어는 그가 제정신인지를 의심하는 이들도 생겨났다.

해밀턴에게 있어선 나쁜 징조나 마찬가지였던 또 다른 변화는 새로운 병력에 대한 조지 워싱턴의 열정이 눈에 띌 만큼 식었다는 것이었다. 그는 해밀턴에게, 만일 XYZ 특보가 공개된 직후 군대를 모집했더라면 아무 문제없이 충분한 병력을 꾸릴 수 있었을 것이라 이야기했다. 그러나 '*이제* 이 조치는 별다른 관심을 받지 못하고 있는 데다' 군복무를 할 만한 '계급의 사람들은 이를 불필요한 것으로 여기고 있다'는 말이었다.[17] 해밀턴에게 편지를 보낼 때마다 워싱턴의 의구심은 더욱 짙게 드러났는데, 한 편지는 다음과 같이 비관적인 말로 시작되기도 했다. '우리 군의 현재 상황에서(혹은 더 정확히 말하자면 '배아 상태에서'라고 해야겠는데, 이는 내가 보고 들어 알게 된 그 무엇으로부터도 우리가 그 이상으로 나아갈 공산이 있음을 못 느꼈기 때문일세.)(후략)'[18]

해밀턴은 이러한 혼란 속에서도 군대를 위한 자신의 계획들을 추구했지만 그것이 구체화될 가능성은 낮아 보였다. 그는 나폴레옹이 미국 항구들 중 한 곳을 급습하려 시도할 것이며 그렇게 된다면 미국은 허점을 찔리는 셈이 될 것이라고 우려했다. 그는 사소한 부분들을 따지는 언쟁에 정신을 빼앗겼으며, 매켄리에게 자신이 연대聯隊 하나를 위해 준비한 삼각모의 배송 때문에 '실망했고 좌절했다'고 말했다. 그는 현학적인 말투로 삼각모의 세 면은 반드시 모두 접혀 있어야 한다며 일장연설을 했다. '그러나 도착한 모자들은 한쪽 면만 접을 수 있는 제품이었으며 챙 또한 너

무 좁아 보기에 좋지 않고 별 쓸모도 없소. 또한 여기에는 코케이드나 고리도 달려 있지 않다오.'[19]

지난가을 해밀턴에게 영향을 미쳤던 우울은 다시금 악화되었다. 감상적이 된 그는 매켄리에게 물자 조달을 가지고선 퉁명스럽게 굴었다. 언제나 완벽주의자였던 해밀턴은 기금이 너무도 부족한 탓에 마치 대륙군 시절 최악의 시기로 돌아간 듯한 기분이 든다고 불평했다. 필립 처치를 제외하고 단 한 명의 비서만을 두었던 그는 대부분의 서신을 직접 처리했다. 오랜 친구인 매켄리에게 서신을 쓰면서 해밀턴은 그답지 않은 거만한, 외려 거의 사디스트 같은 말투를 사용했다. 읽는 이가 괴로워질 정도로 화가 잔뜩 담긴 감정을 분출하면서 해밀턴은 마치 멍청한 학생 하나 때문에 진절머리가 난 완고한 교장선생님처럼 이렇게 이야기했다. '물자 조달에 관해 자네가 부하들을 관리하는 방식은 기이할 정도로 형편없는 것이 사실일세.'[20] 그는 매켄리가 느낄 감정은 전혀 고려하지 않은 채 그가 일처리 중 저질렀던 잘못들을 계속해서 지적했다.

월콧 재무장관이 군대 창설을 위한 자금 지원을 그다지 내켜하지 않았다는 점도 상황을 한층 더 복잡하게 만들었다. 매켄리는 해밀턴에게 자신과 피커링으로서는 '재무장관이 군대의 확충에 반하여 가지고 있는 편견들 중 그 어느 것도 없애버릴 수 없었다'고 말했다.[21] '나의 친애하는 경, 우리 행정부가 일반적인 계획도 갖추지 못하고 있다는 점은 유감스럽고 창피스러운 일이오.' 해밀턴이 답했다. 그는 자신이 여전히 갖은 군사적 모험들을 꾀하고 있음을 명백히 해두었다. '침략에 대비한 궁극적인 안보 외에도 우리는 플로리다와 루이지애나를 확보할 수 있는 기회를 노려봐야 하고, 남아메리카 또한 예의 주시해야만 하오.'[22] 먼 예전의 어느 날엔가 애덤스를 믿고 따르라고 내각을 격려한 적 있었던 해밀턴이었지만, 이제 그는 대열을 흐트러뜨리며 노골적으로 저항을 독려하기 시작했다. 그가 매켄리에게 말했다. '만일 대통령이 과하게 두서없이 군다면 그의 각료들은 보다 단결하고 한결같아야만 하며 모종의 합리적인 조치 체계가 굳건히 자리 잡게끔 해야 하오.'[23] 마치 애덤스와 경쟁하며 주제넘게 그의 권력을 선망하기라도 했던 듯, 해밀턴은 자신의 견해를 한층 더 열의 있게 밀어붙이며 내부 각료 정치에 개입했다. 1799년 6월에 이르자 그는 매켄리에게 만일 대통령이 올바른 의견을 고수하지 못한다면 그를 무시해야만 한다고 거의 공개적으로 말했다.

만일 이때 해밀턴이 명백히 애덤스를 배신하고 있었다고 한다면, 그 반대 또한 마찬가지였다. 의회는 대통령에게 군대를 1만 명 이상 늘릴 수 있는 권한을 부여했다. 그러나 애덤스는 해밀턴이 그 여단을 모집하는 와중에도 이를 돕기 위한 일에는 거의 손가락 하나조차 까딱하지 않았고, 1799년 여름이 끝날 무렵에 등록된 병사들의 수는 고작 2,000여 명에 불과했다. 이후로도 해밀턴은 자신이 합법적으로 소집할 수 있는 병력의 절반도 채 모으지 못했다. 10월이 되자 많은 병사들의 급료는 6개월이나 밀리기 시작했고, 자금 부족 때문에 더 이상의 병사를 모집할 수 있을지도 불투명해졌다.

마치 그와 같은 차질만으로는 부족하다는 듯, 해밀턴은 개인적인 자금 문제에도 시달렸다. 낮은 봉급만을 받고 일하는 그였으므로 한편으로는 변호사 일을 통해 돈 되는 새 고객들을 찾아야 하는데 그것이 어려운 상황에 처한 것이다. '나는 정부와 나 자신에게 불의를 저지르지 않고서는 장군인 동시에 변호사로 활동하는 것이 불가능하오.' 그가 매켄리에게 말했다.[24] 그의 돈은 군사 집무실의 연료비와 직원들 봉급으로 빠져나갔지만 그는 자신이 새 집무실에서 쓰는 비용을 지급받았어야 한다고 생각하지 않았다. '내가 탐욕스럽다고 생각해서는 안 되오.' 그가 매켄리에게 말했다. '나의 성격은 변한 적이 없소. 그러나 지휘권을 가진 장군으로서 나는 장교들을 부리는 데 훨씬 더 많은 지출을 할 수밖에 없는 상황에 처해 있다오.' 그는 여기에 더해 '자신이 생활과 교육을 돌봐야만 하는 아내와 여섯 명의 아이들'까지 생각해야만 했다.[25] 해밀턴은 자신이 애덤스 밑에서 군사직을 수행하며 위신이 떨어졌고, 무시되고 있으며, 제대로 된 감사 또한 받지 못하고 있다고 느꼈다.

대통령으로서의 책무로부터 도망쳐 나와 퀸시에 머물고 있던 애덤스 또한 1799년 봄과 여름을 시무룩하고 짜증 난 상태로 보냈다. 그가 그곳에 그토록 오래 머물렀다는 사실은 거의 이해하기 힘들 정도다. 애덤스는 류머티즘에 시달리던 병든 애비게일을 보살피고 있었으나 -이전 해 그는 그 고통이 그녀의 목숨을 앗아갈지 모른다고 우려하기도 했다- 그렇다고 대통령씩이나 되어서 그저 아내를 일곱 달 동안 간호하는 사치를 누렸던 것만도 아니었다. 전기작가 조지프 엘리스는 애덤스가 아마도 프랑스의 상황들이 충분히 개선될 때까지 기다리며 평화 사절의 시기를 미루고자 했을 것이라 추측했다. 무엇이 진실이었든 대통령의 식욕과 체중은 감소했고, 인내력은 점점 더 줄어들었다. 존 펄링은 이 시기의 애덤스가 얼마나 걱정에 빠져 살았는지를 생생하게 그려두었다.

때때로 그는 걸핏하면 화를 내서 애비게일은 심지어 그가 공문서를 보게 놔두는 것조차 현명하지 못한 일이라고 생각했다. 그는 아내나 고용인을 갑자기 물어버리거나, 오랜 지인들과 자신의 안부를 묻는 사람들에게 멸시받아도 좋을 만큼 정중하지 못한 태도로 대하는 등 완전히 괴팍한 사람처럼 굴었다. 녹스 장군이 다른 두 명의 사람과 함께 찾아왔을 때에도 그는 대화를 거부하고선 다른 이들이 불편한 기색으로 서로를 쳐다보고만 있는 앞에서 신문을 읽었다. 어느 날 아침에는 보스턴에서 찾아온 한 무리의 해군 장교들과 하버드 대학 학생들이 그에게 만남을 청하며 혹 운이 좋다면 대통령으로부터 몇 마디 격려도 듣고자 했다. 그는 자기 집 현관에 나타나기는 했으나, 그저 초대장 없이 자신의 영지에 찾아온 것이 얼마나 무례한 일인지를 두고 그들을 꾸짖을 뿐이었다. 대통령의 행동에 그들은 몹시 당황했으며, 애비게일 또한 그 때문에 난처했다는 것이 그녀가 남긴 기록이다.[26]

해밀턴과 애덤스는 1799년 가을 이전까지 맞대결을 피할 수 있었는데, 이는 어느 정도는 그들이 서로를 피해 다녔기 때문이었다. 그해 가을에는 그들의 길이 운명적으로 엇갈리게 된다. 해군 장관 벤저민 스토더트Benjamin Stoddert는 애덤스에게, 프랑스와의 평화를 위해 그가 세운 계획을 '능수능란한 꾀를 품은 사람들'이 망치려 한다며 스스로 선택한 망명을 끝내고 수도로 돌아와줄 것을 간청했다.[27] 애덤스는 마침내 10월 초 남쪽으로 향했다. 도중에 뉴욕 시에 들른 그는 당시 알코올 중독과 파산에 굴복해 있던 아들 찰스Charles와 끔찍한 만남을 가졌다. 일전에 애덤스는 자신의 아들을 가리켜 '악마를 품은 미치광이'라며 비난했고 애비게일에게는 그가 '순전히 한량에다 풋내기, 핏덩이에 짐승'이라며 폄하했었다.[28] 이제 그는 다시는 보지 않겠다면서 찰스에게 마지막 인사를 건넸는데, 이후로도 그는 이 말을 계속해서 지키게 될 터였다.[29] 이 불행한 일화는 해밀턴을 마주하기 전부터 대통령의 심기에 그림자를 드리웠을 것이 분명하다.

당시 필라델피아에는 또다시 황열이 유행하고 있었기 때문에 정부는 허둥지둥 트렌턴으로 임시 피신해 있는 상태였고, 그 작은 마을은 정부 공무원들과 군인들로 바글거렸다. 심한 감기에 걸렸던 애덤스 대통령은 어느 하숙집에 머무르면서 작은 침실 하나와 거실로 어떻게든 버티고 있었다. 그는 교착 상태를 프랑스 평화 사절에 도움이 되는 방향으로 풀어내기를 바라면서 트렌턴에 당도했다. 우선 그는 그해 여름 총재정부가 새로운 음모를 꾀했었다는 증거들에 정신을 빼앗겼다. 피커링은 '프랑스 총재정부 내의 혁명과 클럽들 및 민간 협회들의 부활은 (중략) 우리 사절단을 갑작스럽고 성급하게 출발시키려는 열의를 잠재울 필요성을 보증하는 것으로 보인다'라고 말했다.[30] 그러나 10월 15일, 거의 자정에 가까운 시간까지 열린 한 회의에서 애덤스는 각료들을 소집하여 평화 사절단의 최종 승인에 대해 논의했다. 이튿날 아침 그는 세 명의 특사를 11월 초까지 보내라고 명령했다. 해밀턴은 대통령의 마음을 바꾸기 위해 마지막으로 미치광이 같은 짓을 시도해보기로 결심했는데, 이 대치는 두 사람 모두 절대 잊을 수 없는 것이 될 터였다.

이 폭풍 같았던 회의의 기원들을 이야기하면서 애덤스는 해밀턴이 뉴어크에서 자기 부대를 훈련시키고 있던 도중 내각의 이런 결정을 전해 들었다고 주장했다. 그는 해밀턴이 사전에 알리지도 않고 이틀간 말을 달려 트렌턴으로 돌진해왔다고 말하면서 그것이 예의범절에 어긋나는 무례한 행동이었다고 지적했다. '해밀턴의 출현은 총체적으로 예상되지도, 요구되지도, 바람직하지도 않았으며 그야말로 그의 몰염치를 보여주는 전형적인 예였다.'[31] 그러나 해밀턴의 서신들을 살펴보면 10월 8일 당시 그는 전쟁부의 일로 트렌턴에 와 있었음을 알 수 있다. 그는 서부 요새화에 대해 윌킨슨 장군과 논의를 나누었는데 아마 그곳에 머물렀을 가능성도 있다. 해밀턴은 자신이 '그의 독립성에 대한 모종의 해로운 음모'를 꾀하는 일환으로 그곳에 온 것이라는 애덤스의 암시를 모두 부인했다.[32] 그는 트렌턴에 머무는 동안 프랑스에 평화 사절단을 보낼 것이라는 내각 결정의 소식을 전해 들었다. 프랑스의 침략을 막기 위해 만들어진 군대의 사령관으로서 그는 자연스레 이 일을 두고 대통령과 이야기를 나누고자 했다. 대통령이 몸담은 여당의 사실상 지도자로서, 또 상당한 자부심을 가진 사람으로서 그는 대통령과 독대할 수 있는 권한 정도는 자신에게 있을 것이라 여겼다. 그러나 해밀턴이 고압적이며 자신을 압박하고 있다고 생각했던 애덤스는 그의 개입을 대통령 특권에 대한 위반이자 군인이 민간 정책에 개입하는 위험한 상황이라고 여겼다. 또한 그는 해밀턴이 그의 새로운 군대를 남부의 적들을 상대로 사용할까 두려워했고, 애비게일 애덤스은 이보다 한참 더 나아가 해밀턴이 자기 남편의 행정부를 상대로 쿠데타를 일으키지는 않을지 우려했다.

애덤스와 해밀턴이 맞부딪혔던 이 사건은 아마도 대통령이 머물고 있던 하숙집의 거실에서 시작되었을 것이다. 대화는 네 시간을 넘게 이어졌다. 만일 애덤스의 설명이 정확하다면 '그 건방진 놈', 즉 해밀턴은 격렬한 웅변을 늘어놓으면서 '열기와 흥분에 이른 수준으로 (중략) 화를 냈다'고 한다.[33] 이것을 반드시 애덤스가 과장한 것이라 볼 수는 없는 것이, 실제로 그 무렵의 해밀턴은 쉽게 흥분했고, 쉽게 낙담했으며, 강렬한 감정들에 사로잡히곤 했다. 애덤스는 자신이 마치 미치광이를 다루듯 해밀턴을 침착하게 대했다고 회고했다. '나는 그가 완벽한 유머를 겸비하고 있다는 소리는 들어본 적이 있지만, 내 일생에서 그처럼 바보같이 말하는 남자도 본 적이 없었다.'[34] 해밀턴은 총재정부 내의 변화들이 크리스마스 전까지 루이 18세Louis XVIII를 다시금 프랑스 군주 자리에 올려놓을 전조일 수도 있다는 점을 애덤스에게 설득하고자 애썼다. 애덤스는 신랄하게 대꾸했다. "그 어느 때라도 그런 종류의 사건들이 벌어질 것이라고 한다면 나는 해와 달과 별들도 곧 그 궤도에서 떨어져 나갈 것이라고 예측하겠네."[35] 애덤스가 옳았다. 루이 18세는 이후 15년 동안을 통치하지 못했으니 말이다.(1799년 나폴레옹의 쿠데타로 총재정부가 무너지면서 루이 18세를 왕으로 하는 입헌군주정이 논의되었으나, 나폴레옹이 제국을 선포함에 따라 루이 18세는 1814년에야 왕정복고로 다시금 왕위에 올랐음_역주) 반면 겨울 즈음까진 유럽에 평화가 찾아올 것이라 생각했다는 데서는 애덤스의 생각이 틀렸다. '나는 계속해서 엄청난 온화함과 정중함으로 그를 대했다.' 애덤스가 결론지었다. '그러나 그가 떠난 뒤, 나는 유럽의 모든 것들, 즉 프랑스와 영국, 그리고 모든 곳의 것들에 대하여 그가 드러낸 완전한 무지에 관해 내 마음을 찬찬히 들여다볼 수밖에 없었다.'[36]

해밀턴은 애덤스가 프랑스에 대한 입장을 그렇게나 크게 바꾸었다는 데 충격을 받았다. 한 달 전만 해도 대통령은 프랑스 정부의 달라진 태도에 대해 깊은 우려를 품었었는데 이제는 무신경한 무관심으로 일관하고 있었다. '대통령은 프랑스의 상황이 어떻게 변화하고 있는지 신경 쓰지도 않고선 그곳에 사절단을 보내기로 결심했습니다.' 해밀턴이 조지 워싱턴에게 말했다. '어떻게 따져보더라도 저로서는 그 조치를 유감스러워할 수밖에 없습니다.'[37] 이 사안에 대해 애덤스가 전쟁부 장관이나 국무부 장관과도 전혀 상의하지 않았다고 해밀턴이 알리자 워싱턴 또한 비판적인 목소리를 냈다. '나는 그 조치에 놀랐던 것인데, 그 태도에는 또 얼마나 더 놀라야 한단 말이오?' 그가 해밀턴에게 말했다. '이번 일은 악마의 시간에, 또 불길한 찬조 아래에서 시작된 것으로 보이오.'[38]

해밀턴은 트렌턴에서의 이 회담 후 뉴욕으로 돌아갔으며, 도중 뉴저지 스카치플레인스의 겨울 기지에 들러 상황을 점검했다. 프랑스로의 사절 파견 채비가 완료된 상황에서 해밀턴은 아마 이제 막 걸음을 뗀 자신의 군대가 얼마나 더 유지될 수 있을지 궁금해했을 것이 분명하다. 그는 애덤스의 외교가 자기 군대를 위협하고 있다고 탓했으나, 한편으로 거기에는 외교에 반드시 필요한 요소인 대중의 포괄적 지지가 결여되어 있다고도 비난했다. 유권자들은 돈이 많이 드는 군대를 유지하기 위해 새로운 세금을 내거나 돈을 빌려오는 것을 원하지 않았고, 해밀턴이 부대를 다른 목적으로 사용하지는 않을지 우려하기도 했다. 해밀턴의 가장 열렬한 지지자들조차 그 열정이 사그라지고 있음을 감지했다. 시어도어 세지윅은 '남진하는 모든 곳의 군대는 매우 평판이 나쁘며 그 불만은 매일같이 점점 더 자라나고 있다'고 걱정했다.[39] 월콧 재무장관은 피셔 에임스에게 그 무엇도 '군대가 인기 없다는 점보다 더 자명하지는 않을 것이고, 이것은 심지어 본래 그 군대가 방어할 요량이었던 남부 주들에서도 마찬가지'라고 말했다.[40] 해밀턴이 자신의 군대를 두고 환상을 그리고 있는 동안 군사적 대비에 관한 미국 국민들의 흥미는 빠르게 식어갔다. 12월 초 애덤스가 의회에서 합동회의를 열었을 때 해밀턴은 육군이나 해군 병사들을 위한 그 어떤 새로운 호소도 내놓지 않았다.

트렌턴에서 있었던 해밀턴과 애덤스 간의 격돌은 그들의 관계를 확연하게 끝내버렸다. 애덤스는 더 이상 해밀턴의 위협을 감당하지 못했고, 해밀턴은 애덤스의 깔보는 듯한 태도를 견디기 힘들어했다. 허영 많고 야망 컸던 이 두 남자는 서로로 하여금 최악의 모습들을 드러내게 만들었다. 해밀턴은 자신의 계획들을 축소시키기는커녕 오히려 한층 더 과장된 꿈들을 펼치는 것으로 답했다. 이제 그는 위협은 확대시키고 프랑스와의 평화를 위한 기회들은 축소시켜 보여주는 색안경을 통해 세계를 바라보고 있었다. 뉴저지의 상원의원 조너선 데이턴에게 보내는, 거의 종말론에 가까운 기나긴 서신에서 해밀턴은 연방파의 새로운 정치적 의제를 제시했다. 이 서신은 당시 해밀턴이 완전히 균형 감각을 잃었고 판단력 또한 최저로 떨어져 있었음을 보여준다. 군사학교의 설립, 제복 등 군수 물자의 제조를 위한 새로운 공장들, 그리고 주간州間 상업을 증진시키기 위한 운하 건설 등 몇몇 아이디어들에서는 해밀턴의 특성이 잘 나타나 있었다. 그러나 그 외 아이디어들에는 무질서에 대해 병적으로 과장된 그의 두려움이 반영되어 있었다. 그는 자신의 버지니아 적들이 연방을 해체시키려는 음모를 짜고 있다고, 또 나라가 내전의 위험에 처해 있다고 믿었다. 해밀턴은 선박들의 제작을 위해 과세를 늘리고, 군인들의 복무 기간 역시 늘리는 방안을 제시했다. 대중의 올바른 판단력에 대한 신념이 희미해지고 있음을 드러내듯, 그는 주 민병대를 강화하여 만일의 '무법적인 조합들과 반란들을 진압하기' 위해 소집시킬 수 있게 하고자 했다.[41] 본래 외국인규제 및 선동금지법의 여러 측면들에 회의를 드러냈던 그는 이제 그것을 완전히 지지하기 시작했으며 국민들, 특히 외국 태생인 데다 정부 공무원들의 명예를 훼손한 자들을 처벌해야 할 필요성을 부풀려 말했다. '변절한 외국인들은 미합중국에서 가장 선동적인 언론들보다도 더 많은 일들을 벌이지만, 그들에게는 법에 대한 공개적인 멸시나 반항을 통해 자신들의 파괴적인 직업 행위를 계속 이어나가는 것이 허용된다, 왜 그들은 추방당하지 않는가?'[42] 버지니아가 휘두르는 영향력을 축소시키기 위해 해밀턴은 심지어 대규모 주를 소규모 단위로 쪼개자는 기이한 제안을 내놓기도 했다. '거대한 주들은 언제나 중앙 수뇌부와 라이벌 의식을 느낄 것이며 [이로써] 그것에 반대하는 음모를 꾸미는 일에 자주 빠질 것이다. (중략) 그와 같은 주들의 분할은 연방 정책의 핵심적인 사안이 되어야만 한다.'[43]

이 어둡고 복수심 가득한 서신은 해밀턴이 그 무렵 정계생활에서 겪었던 차질들과 떼어놓고 생각하기 힘들다. 워싱턴 대통령하에서 그는 거대한 권력과 경의에 점점 더 익숙해졌으나 애덤스 대통령은 그가 그런 자격을 부여받았다는 느낌을 앗아가버렸고, 해밀턴은 절대로 그를 용서하지 못했다. 트렌턴에서 애덤스와 벌였던 통렬한 회담은 해밀턴에게 그가 대통령에 대한 직접적인 영향력을 모조리 잃었다는 사실을 확인시켜주었다. 레이널즈 추문에 관한 망신살 또한 끊이지 않았고, 사람들은 스스로 사적 영역에서 드높은 도덕을 겸비하고 있다 말했던 해밀턴의 허세를 계속 조롱해댔다. 그는 또한 자기 적들의 무자비한 불신임에 크게 원통해하고 있었다. 해밀턴의 미래관이 너무나 깊은 우울에 처박혀버린 탓에 혹자는 말년에 이르면 그의 판단이 어느 정도로 거대한 우울감에 휩싸이게 될지 궁금해했다. 패기와 희망으로 가득 찼던 그의 젊은 날, 재무장관 시절은 이제 월식으로 가려진 듯 보였다.

이와는 대조적으로 해밀턴과 워싱턴 간의 지속적인 존경은 세기말의 수년을 거치면서 진정한 애정으로 거듭났다. 1799년 12월 12일, 워싱턴은 해밀턴에게 서신을 보내어 미국 군사학교 설립을 위한 그의 계획을 칭찬했다. '이러한 종류의 기관을 설립하는 것은 (중략) 나 역시 언제나 이 나라에 가장 필요하다고 생각해왔다네.'[44] 이는 조지 워싱턴이 쓴 최후의 편지였다. 그는 눈 폭풍을 뚫고 말을 달렸다가 편도염에 걸렸고, 그로부터 이틀 후 세상을 떠났다. 워싱턴은 정부가 자신의 이름을 딴 새로운 수도로 옮겨 가는 모습을 살아생전에 보지 못했다. 산 채로 파묻히지는 않을까 우려했던 그는 자신을 마운트버넌의 지하 묘지에 묻는 일은 자신이 죽고 나서 며칠이 지난 뒤 행하라는 지시를 남겨둔 바 있었다.

살아 있었을 때 그랬듯 워싱턴은 커다란 존중을 받으며 지구를 떠났다. 비록 노예제를 통해 이익을 취하긴 했으나 그럼에도 그는 그것을 혐오했다. 이제 유언을 통해 그는 자신의 노예들은 마사가 세상을 떠난 이후에는 해방되어야 한다고 밝혔으며, 스스로를 돌보기에는 나이가 너무 적거나 너무 많은 노예들을 위해 자금 또한 따로 떼어놓았다. 노예를 소유했던 아홉 명의 미국 대통령—여기에는 그의 버지니아 출신 동료였던 제퍼슨, 매디슨, 먼로가 포함된다—중 자신의 모든 노예들을 해방시킨 사람으로는 워싱턴이 유일했다.

그의 죽음은 해밀턴의 포부들에도 엄청난 상처를 남겼다. 지난 22년간 두 사람의 커리어는 언제나 함께 붙어 다녔고, 해밀턴이 워싱턴의 지원을 지금처럼 필요로 했던 적도 또 없었다. 워싱턴이 세상을 떠난 뒤 해밀턴은 찰스 C. 핑크니에게 마음을 털어놓았다. '그의 모든 친구들을 통틀어

보더라도 개인적으로 슬퍼할 이유가 나보다 더 많은 사람은 없을 것이오. (중략) 나의 마음은 우울로, 나의 심장은 슬픔으로 가득 차 있다오.'[45] 해밀턴은 워싱턴의 비서였던 토비아스 리어에게 다음과 같은 서신을 보냈다. '나는 장군의 친절함에 너무나 큰 빚을 지고 있소. (중략) 나에게 있어 그는 너무도 중요한 보호자였소. (중략) 만일 덕이 다른 세계에서의 행복을 보장할 수 있다면 그는 행복할 것이오.'[46] 미망인의 애도를 감히 방해하고 싶지 않았던 해밀턴은 거의 한 달여를 기다린 끝에 마사 워싱턴에게 편지를 썼다. '부인의 상실이 얼마나 크실지, 또 부인의 심장이 어느 정도로 그것을 느낄지를 저는 누구보다 잘 알고 있습니다.'[47] 워싱턴의 죽음으로 해밀턴이 느꼈던 진심 어린 슬픔들은 오직 그 자신의 말년을 둘러싼 그림자들을 더욱 두껍게 할 뿐이었다.

온 나라가 최고의 건국자를 기리는 동안에는 당파 간의 싸움 또한 잠시 멈췄다. 1799년 12월 26일, 해밀턴은 정부 현직 관료들 및 병사들과 함께 침울하게 행진했다. 이들과 함께 마부들은 기수 없는 백마 한 마리를 데리고 콩그레스홀부터 독일루터 교회까지 행진했으며, 교회에서는 버지니아의 '경기병 해리'였던 헨리 리가 워싱턴을 '전쟁의 선봉, 평화의 선봉, 그의 국민들의 심장 속 선봉'이라 기리며 추도했다.[48] 해밀턴의 군대에 몸담은 병사들은 이후 수개월 동안 크레이프(얇고 가벼운 직물의 일종_역주)로 만든 완장을 찼다. 제퍼슨 부통령은 검은 천으로 두른 의자에 앉아 상원을 주재하기는 했으나, 워싱턴과 소원했었기에 추도식에는 참석하지 않았다. 질투심 많은 애덤스는 워싱턴이 사후 과도하게 찬양되고 있다고 생각했으며 훗날 연방파가 '워싱턴을 자신들의 군사적, 정치적, 종교적, 그리고 심지어는 도덕적인 교황으로 삼고 모든 것을 그의 덕으로 돌림으로써 그들 자신 및 그들의 조국에 헤아릴 수 없는 상처를 남겼다'고 탓했다.[49]

한 가지에서만은 애덤스가 옳았다. 연방파는 정당 내 골육상잔의 전투를 치료하는 데 있어 워싱턴에게 과도하게 의존했었고 이 때문에 그의 사후, 특히 대선을 목전에 둔 시기에는 너무나 취약한 상태가 되었다. 상위 연방파 다수는 해밀턴이 애덤스를 밀어내길 원했고, 거베너르 모리스는 워싱턴이 세상을 떠난 직후 그에게 대선에 다시 한 번 나와달라고 부탁하는 편지를 썼다. 해밀턴은 워싱턴의 죽음이 불안정한 연방파의 연립을 파괴할 수도 있을 것임을 알고 있었다. '더없이 위대했던 한 남자의 되돌릴 수 없는 죽음은 우리가 느낄 수 있었고 우리에게 매우 유익했던 적절한 제어까지도 앗아가버렸다.'[50] 해밀턴주의 연방파는 얽히고설킨 딜레마를 마주하게 되었다. 자신들이 혐오해왔던 행정부의 정책들을 그대로 묵인하느냐, 아니면 정당 내부의 분립을 감수해야만 하느냐의 문제가 남아 있었던 것이다.

워싱턴의 죽음 이후 군대의 사령관 자리는 공석이 되었고, 해밀턴은 자신에게 그 자리에 대한 권리가 있다고 생각했다. 그는 필립 스카일러에게 이렇게 말했다. "만일 대통령이 임명하지 않는다면, 그것은 분별력과 타당성이 결여된 결정임이 분명히 드러날 것입니다. (중략) 제가 알아본 바에 의하면 미국 공동체의 대다수가 그 장군에게 임명이 돌아갈 것이라 기대하고 있기 때문입니다."[51] 해밀턴은 여섯 개의 기갑 부대와 열두 개의 보병 연대를 포함한 새로운 군대를 만들어내기 위해 크나큰 개인적 희생을 감수하면서도 쉴 새 없이 일했다. 그러나 해밀턴을 제2인자 자리에 올린 것을 줄곧 후회해왔던 애덤스는 그에게 최고의 지위를 넘겨주려 하지 않았고, 이로써 자리는 공석으로 남게 되었다. 해밀턴은 워싱턴이 갖고 있었던 신시내티협회의 회장직은 물려받을 수 있었다.

해밀턴의 군사적 야망이 저물 날도 그리 멀지 않았다. 병사들을 모집하기 위해 그가 자신의 귀중한 시간을 모두 들이고 있던 즈음인 1800년

2월, 의회는 더 이상의 모병을 중지시켰다. 같은 달, 지난 11월 나폴레옹 보나파르트가 총재정부를 무너뜨린 뒤 스스로를 최고공사관으로 선포했다는 사실이 미국에도 알려졌다. 해밀턴이 프랑스에 관해 오래전부터 예언해왔던 바로 그 폭정이 시작된 것이었다. 그러나 그 예상이 맞았음에도 해밀턴은 이로써 애매한 위치에 놓이게 되었다. 나폴레옹의 쿠데타는 프랑스 혁명에 종지부를 찍었고, 이로써 연방파가 자코뱅주의와 동일시했던 그 나라에 대한 군사적 대비를 자신이 계속해나갈 명목도 약화시켰기 때문이었다.[52] 해밀턴은 새로운 군대에 대한 자신의 계획이 증발하는 모습을 지켜보았다. "이 나라에서 병사를 업으로 삼는 데 따르는 이익들이 너무 적다는 것만큼은 거의 분명하며, 앞으로 지배적일 것이라 보이는 계획들하에서는 군대 내에서의 내 *현재* 지위 역시 그리 오래 지속될 수 없으리라는 점 또한 확실하네." 그가 한 친구에게 말했다.[53]

그러나 봄이 찾아왔을 때에도 해밀턴은 여전히 미국군에 대한 꿈을 포기하지 못하고 있었다. 과도할 만큼 왕성했던 정신으로 그는 육군과 해군을 아우르는 군사학교 설립안과 더불어 육군 공병 과정을 위한 또 다른 설립안도 작성했다. 그는 기마병 훈련 지침서를 다듬어 행진의 속도를 알맞게 조종했다. 일반적인 행진에는 분당 75회, 빠른 행진에는 분당 120회라는 식이었다. 해밀턴은 굴러가는 바퀴들 같았다. 5월 중순 의회가 애덤스에게 새로운 군대의 대부분을 해체시킬 수 있는 권한을 주자 애덤스는 그 즉시 이를 시행했다. 이 시점에서 그는 해밀턴의 군대를 혐오스러운 것으로 여기고 있었는데, 훗날엔 '마치 그것이 사나운 야생 동물의 목줄을 풀어놓고선 이 나라를 뜯어먹도록 놔두었다는 것만 같이 인기 없었다'고 회고했다.[54] 애덤스는 만일 모험심 가득한 해밀턴이 군대에게 자유의 손길을 보내주었더라면 그는 첫 번째 군대를 대신할 두 번째 군대를 세울 수 있었을 것이라며 근엄한 재담을 덧붙였다.[55]

해밀턴은 계속해서 용감한 모습을 유지하려고 애썼으나, 그의 불운한 육신은 산산조각 난 마음을 끌어안고 있었다. 그는 엘리자에게 자신이 '선량한 정신의 게임'을 벌여야만 하나 '이제 이것은 가장 피상적인 게임이며, 나의 영혼 밑바닥에는 평소보다 더 짙은 우울이 깔려 있다'고 전했다.[56] 1800년 5월 22일 해밀턴은 스카치플레인스에 있는 자신의 막사에서 나와 병사들과 함께 주변을 둘러보았는데, 이는 6월 중순 이들이 해체되기에 앞서 마지막으로 가진 산책이었다. 해밀턴을 좋아하지 않았음에도 그의 군대들에게서만큼은 크게 감명받은 애비게일 애덤스는 여동생에게 이렇게 말했다. "그들은 장교들과 그들 자신에게 크나큰 영예를 안겨주었어."[57] 7월의 초입 자신의 뉴욕 본부 문을 닫은 해밀턴은 전쟁부 장관에게 자신이 떠남을 알렸고, 이로써 군사 분야에서의 활동을 마무리했다. 힘겹고 침울한 이 일화는 거의 대부분 잘 마무리되었다. 그러나 해밀턴은 자신으로 하여금 이토록 불명예스러운 끝을 맞이하게 만든 대통령에 대해 마음속 가득 비통함을 쌓았으며, 그것을 비워내는 일만큼은 결코 끝내지 못했다.

열정의 돌풍

Alexander Hamilton

해밀턴은 신생 군대에서 감찰관으로서 임무를 수행하는 한편 수시로 시간을 내 법정에 섰다. 대개는 헌법 문제가 걸린 민사 사건이나 수임료가 두둑한 상사 사건을 즐겨 맡았고, 형사 사건은 드물지만 이따금씩 맡기도 했는데 그럴 때면 으레 약자 편에 서서 무료 변론을 해주곤 했다. 해밀턴이 거만한 속물이었다는 역사적 고정관념을 다시 한 번 반증하는 대목이다. 대표적으로 1800년 봄에 해밀턴은 인상 좋은 청년 목수 레비 윅스Levi Weeks가 살인 혐의로 부당하게 기소됐다고 여겨 변호를 맡았다. 전쟁이 끝난 뒤 벌어졌던 토리파 사건에서처럼 해밀턴은 여론이 한목소리로 마녀 사냥에 나서는 꼴을 못마땅하게 여겼다.

뉴욕 범죄 연대기에서 종종 '맨해튼 우물의 비극'이라 불리는 레비 윅스 사건은 해밀턴과 에런 버 사이의 얽히고설킨 관계에서 또 다른 장을 구성한다. 언뜻 보기에는 냉혈한 바람둥이에게 배신당한 무고한 여인이 연루된 사건이었다. 눈이 내리던 1799년 12월 22일 저녁, 22세였던 굴

알렉산더 해밀턴

리엘마 샌즈Gulielma Sands는 그린위치가에 있는 하숙집 문을 나섰다. 친척이자 사회적 신망이 두터운 퀘이커교도인 캐서린 링Catherine Ring과 엘리아스 링Elias Ring 내외가 운영하는 하숙집이었다. 샌즈는 역시 링 부부의 하숙집에 기거하는 하숙자이자 약혼자인 레비 윅스와 결혼식을 올리러 가던 길이었다고 한다. 윅스와 샌즈가 외출하기 전까지 이 둘이 함께 이야기하는 모습을 목격한 사람이 있었다. 그날 밤 혼자 하숙집으로 돌아온 윅스는 샌즈가 이미 자러 들어갔냐고 물었고 그녀가 아직 귀가하지 않았다는 사실을 알고선 소스라치게 놀랐다. 이어 1월 2일에는 맨해튼컴퍼니가 소유하고 있는 한 나무 우물에서 샌즈의 시체가 발견됐다. 발견 당시 샌즈의 시체는 옷을 모두 갖춰 입은 상태였다. 에런 버는 해밀턴 및 브록홀스트 리빙스턴과 함께 살인 혐의로 기소된 레비 윅스 변론에 동참했다. 이는 아마도 버 본인이 맨해튼컴퍼니의 창립자이기 때문이었을 것이다.

굴리엘마 샌즈의 시체는 얼룩덜룩했고 통통 불어 있었으며 얼굴과 가슴 주위가 심하게 멍들어 있었다. 대중은 이 잔혹한 이야기를 더 자세히 알고 싶어 했고 광고지는 샌즈가 윅스에게 살해될 당시 임신 중이었다는 추측성 보도를 내놓았다. 링 부부는 이 추측 보도를 부추겼는데, 엘리아스 링은 샌즈가 실종된 날 밤 윅스가 귀가하던 모습을 회상하며 '윅스는 백지장처럼 하얗게 질린 얼굴로 몸을 사시나무 떨듯 떨었다'[1]고 진술했다. 이 부부는 심지어 섬뜩한 쇼맨십에도 동참했다. 대중으로 하여금 병적인 호기심도 충족시키고 임신 여부도 직접 판단하라며 관에 든 샌즈의 시체를 사흘간 전시하고 묘지 밖에도 하루 동안 꺼내놓았던 것이다(검시 결과 샌즈는 임신 중이 아니었던 것으로 밝혀졌다). 레비 윅스를 규탄하는 여론이 거세지면서-당시 한 지역 일간지 기자는 '사람들이 모여서 하는 이야기라곤 온통 샌즈 살인 사건에 관한 것뿐이었다'고 말했다- 맨해튼 우물에서는 유령이 출몰한다는 소문이 퍼지기 시작했다.[2] 윅스가 기소된 데는 복수심에 불타 마녀사냥식으로 처단을 요구하는 군중 심리가 한몫을 했다. 기소장에는 '윅스의 눈에서는 신에 대한 두려움을 찾을 수 없었고 그는 그저 악마의 꾐에 넘어가' 샌즈를 '구타하고 폭행'한 뒤 살해하고 우물에 유기했다고 나와 있다.[3]

3월 31일 레비 윅스 사건The People v. Levi Weeks에 대한 첫 형사 재판이 열린 곳은 월가에 위치한 옛 시청, 즉 워싱턴의 첫 번째 취임식이 열렸던 곳이었다. 너무 많은 관중이 몰리는 바람에 경찰 인력은 법정에서 '불필요한 관중'을 퇴실시켜야만 했다.[4] 법정 밖에서 "윅스를 사형하라! 윅스를 사형하라!"라고 외치는 군중의 소리가 법정 안에 있던 레비 윅스에게까지 들렸다.[5] 해밀턴의 법률 사무소에서는 이 사건을 특별하게 다뤘다. 당시 법원 서기관이자 훗날 「뉴욕 이브닝 포스트New-York Evening Post」의 편집자가 된 윌리엄 콜먼William Coleman이 이례적으로 거의 모든 재판 속기록을 제공한 덕분이었다. 안타깝게도 콜먼은 어떤 변호사가 언제 발언했는지까진 기록해두지 않았지만 우리는 현재 알고 있는 지식이나 정보에 근거하여 이를 추측해볼 수 있다. 예를 들어 공판에서 첫 변론을 담당한 변호사는 장황하고 화려한 언사로 미루어 보건대 평소 간결한 말투를 구사하는 버가 아니라 해밀턴임을 짐작할 수 있는 것처럼 말이다.

저는 누군가가 거짓 없고 공정한 재판 절차 없이 피의자의 명예를 실추시키고 그를 화형대에 올리기 위해 전례 없는 노력을 기울이는 중이라는 사실을 알고 있습니다. (중략) 우리는 대중의 분노에 불을 지피고 그 분노가 피의자를 향하도록 조종해나가는 예사롭지 않은 수완을 목격했습니다. 사람들이 지나다니는 길거리에 피해자의 시체를 그토록 저급하고 충격적인 방식으로 몇날 며칠간 노출시킨 이유가 무엇이겠습니까? (중략) 여러분, 이런 식으로 피의자에게 불리한 여론이 조성됐고 피의자는 정식으로 재판에 부쳐지기도 전

알렉산더 해밀턴

에 이미 유죄를 확정받은 것이나 다름없어졌습니다.[6]

　레비 윅스가 어떻게 당시 뉴욕에서 저명했던 이 세 인물로 구성된 변호인단을 선임할 수 있었는지 의아하게 느껴질 수도 있겠다. 해밀턴은 맨해튼컴퍼니 사기 사건 이후 버와의 사이가 계속 안 좋았지만, 레비 윅스와 형제지간인 에즈라 윅스Ezra Weeks와의 친분으로 사건을 맡았던 듯하다. 에즈라 윅스는 해밀턴이 뉴욕 북부에 주말마다 기거할 별장을 지을 때 고용했던 건설업자였다. 해밀턴이 버와 함께 변호를 맡은 또 다른 이유는 윅스의 공판이 국가적으로 중요한 지역 선거가 열리기 바로 전날에 열렸기 때문인 것으로 보인다. 윅스의 변호를 맡은 세 사람 모두는 국민적 관심이 집중된 재판에서 선거를 앞두고 자신의 능력을 뽐낼 기회를 놓치고 싶지 않았을 것이다.

　재판은 오늘날엔 상상할 수 없는 속도로 빠르게 진행됐다. 목격자 55명이 사흘에 걸쳐 차례로 증언했고 덕분에 재판은 매일 자정을 넘겨서야 끝이 났다. 엄정한 변호인단은 레비 윅스가 살인 사건이 일어난 당일 밤에 에즈라와 저녁식사를 했다는 알리바이를 입증했다. 해밀턴이 자택을 신축할 때 고용했던 건축사이자 그 저녁식사 자리에 동석했던 존 매컴 주니어John B. McComb Jr.는 자신이 윅스 형제와 오붓한 식사를 즐겼고 그 자리에 레비도 있었다고 증언했다. 변호인단은 굴리엘마 샌즈의 몸에 난 멍 자국이 익사나 부검 때문에 생겼을 수 있다는 검시관 소견을 이끌어내면서 샌즈의 자살 가능성을 시사했다(실제로 검시 결과 샌즈의 사인은 구타가 아닌 익사로 밝혀졌다). 또한 변호인단은 엘리아스 링이 굴리엘마 샌즈와 성관계를 했던 정황을 포착했고 샌즈가 아편이라면 사족을 못 썼다는 사실도 밝혀내 그녀가 마냥 순진하고 어린 미혼 여성은 아니었다는 점을 입증하면서 링 내외가 했던 진술의 신뢰성을 떨어뜨렸다. 그전까지 링 부부의 하숙집에 대한 대외적 이미지는 무고하고 점잖은 시민이 희생된 범죄 현장이었지만 이로써 그곳은 한순간에 그렇고 그런 사창가로 전락했다.

재판이 진행될수록 변호인단은 레비 웍스에 대한 악의적 여론을 앞장서서 선동했던 여성복 판매원 리처드 크로처Richard Croucher를 의심하기 시작했다. 크로처 또한 이전 해에 영국에서 건너와 욕정이 피어나는 링 부부의 하숙집에 기거했던 하숙생이었다. 주요 목격자로 법정에 선 크로처는 레비 웍스와 굴리엘마 샌즈의 성생활을 지나치게 열성적으로 자세히 증언했는데, 웍스의 변호인단은 크로처로부터 그가 웍스와 다퉜다는 자백을 받아냄으로써 앞선 증언의 신뢰성 또한 떨어뜨렸다.

크로처가 법정에서 증언할 당시 해밀턴이 크로처의 얼굴 양옆에 촛불을 들이대 사악한 음영을 연출한 장면은 전설처럼 남아 있다. 전해지는 말에 따르면 해밀턴은 '배심원단이 크로처의 얼굴 근육과 눈동자의 움직임을 낱낱이 볼 수 있게 하기 위해서'라고 주장했다 한다. "부디 배심원 여러분께서 이 남자가 가진 양심의 표정을 꿰뚫어 보시길 간청합니다."[7] 크로처는 그 자리에서 자백한 것으로 추정된다. 이상한 점은 훗날 에런 버가 변호인석에서 촛대 두 개를 크로처 쪽으로 들이대며 "여러분, 보십시오! 여기 살인자가 있습니다!"라고 연극조로 선언한 사람이 바로 *자신이라*고 주장했다는 것이다.[8] 실제 샌즈를 살해한 범인인 크로처는 그 당시 겁에 질려 법정을 뛰쳐나간 듯하다. 콜먼이 작성한 재판 속기록을 보면 이 유명한 순간이 어느 시점에 등장했는지를 알 수 있다. 한 목격자가 크로처의 성격이 비호감이라고 진술하고 있을 때 콜먼은 속기록에 다음과 같이 기록했다. '피고인의 변호사 중 한 명은 군중 가운데 서 있던 크로처의 얼굴 가까이에 촛불을 들이대면서 샌즈를 살해한 이가 본인이냐고 물었고 크로처는 그렇다고 대답했다.'[9] 해밀턴 혹은 버는 재빨리 양초를 휘둘러 촛불에 비친 크로처의 얼굴이 죄 지은 사람처럼 일그러져 보이게끔 연출했다. 그러나 크로처는 끝까지 범죄를 자백하지 않았다. 진범은 웍스가 아닌 크로처라는 주장에 무게가 실린 것은 그로부터 세 달 후, 문란한 링 부부의 하숙집에서 크로처가 열세 살짜리 소녀를 강간한 혐의로 기소됐을 때였다.

질질 늘어졌던 재판은 1800년 4월 2일 오전 1시 30분이 되어서야 종결됐다. 마흔네 시간 동안 한숨도 못 잔 탓에 피고인 웍스의 두 눈은 새빨갛게 충혈됐고 해밀턴은 모두가 '극심한 피로에 절어 있다'고 말했다. 너무 피곤했던 나머지 해밀턴은 변호인석에서 '본 사건은 사실 관계에 기초한다'라고만 하며 최종 변론권을 포기했다. 그는 이 사건에 굳이 '수고로운 설명'이 필요하지 않다고 확신했다.[10] 해밀턴과 그의 동료들은 레비 웍스에게 확실한 알리바이가 있고 웍스가 살인자임을 가리키는 증거는 모두 정황 증거일 뿐이며 그에겐 약혼자를 살해할 동기가 없다는 사실을 설득력 있게 입증했다. 배심원단은 이에 동의했고, 윌리엄 콜먼은 속기록을 다음과 같이 끝맺었다. '배심원단은 퇴장한 후 약 5분 만에 자리로 돌아와 무죄 평결을 내렸다.'[11] 재판은 링 부부에게 극악한 수치를 안긴 채 변호인단의 대승으로 막을 내렸다. 해밀턴이 법정을 가로질러 걸어 나갈 때 캐서린 링은 해밀턴의 면전에 대고 주먹을 휘두르며 '당신이 만약 자연사한다면 하늘 아래 정의는 없는 것으로 생각하겠다'고 고래고래 악을 썼다.[12]

해밀턴과 버는 월가의 법정에 앉아 4월 말에 있을 뉴욕 주의 의원 선거가 다음 대선에 큰 영향을 미칠 것이라 직감했다. 존 애덤스와 토머스 제퍼슨이 각각 뉴잉글랜드와 남부에서 강세를 보일 것이 확실한 가운데 이번 선거의 승패는 중부 대서양 연안 주, 그중에서도 특히 뉴욕 주의 선거인단을 누가 확보하느냐에 달려 있었다. 헌법은 각 주마다 대통령 선거인단 선출 방식을 스스로 결정할 수 있는 권한을 부여했고, 뉴욕 주는 상하원 합동투표 방식을 채택했다. 당시 뉴욕 주는 상원과 하원 모두에서 연방주의자가 과반수 의석을 차지하고 있었으나 북부 카운티는 공화당과 연방당이 고르게 나눠 가진 상황이었다. 그해 봄 뉴욕 시 선거 결과에 따라 의회의 균형은 어느 한쪽으로 기울 수 있었다. 즉, 뉴욕 시 선거 결과에 따라 뉴욕 주 선거는 물론 어쩌면 향후 대통령 선거의 승패가 판가름 날 수도 있었던 것이다.

제퍼슨은 이 사실을 깨닫고 3월 초 매디슨에게 '뉴욕 시 선거에서 공화당이 승리한다면' 다음 대선에서의 승자도 공화당이 될 것이라고 조언했다.[13] 해밀턴이 이끄는 연방파 입장에서 4월의 경선은 존 애덤스의 재선을 저지하고 자신들 입맛에 더 맞는 후보를 선출할 수 있는 절호의 기회였다. 로버트 트루프는 루퍼스 킹에게 보낸 서신에서 '이번 선거는 너무나도 중요하다. (중략) 특히 애덤스의 *막역한 오랜 벗들조차* 그에게 *뿌리 깊은 반감을 확연히* 드러내고 있다는 점에서 그러하다'고 썼다.[14]

뉴욕 시 선거가 다음 대선의 열쇠로 떠오르면서 수완 좋기로 둘째가라면 서러운 기회주의자 에런 버에게도 다시 오지 않을 기회가 생겼다. 버는 공화당이 북부 출신 부통령 후보를 출마시켜 지리적 균형을 맞추려 한다는 사실을 눈치 챘고, 자신이 뉴욕에서의 승리를 공화당 선거 진영에 안겨줄 수 있다면 그 공을 앞세워 제퍼슨의 부통령 후보 자리를 노려볼 수도 있겠다는 데 생각이 미쳤다. 그는 자신이 북부 출신으로서 남부에 뿌리를 둔 공화당원에 합류할 경우엔 그것이 당시 양극화돼 있던 미국 정계에서 결정적인 열쇠로 작용할 수 있음을 알았다. 결국 버가 변절하면서 알렉산더 해밀턴에게는 악몽이 되풀이됐다. 버지니아와 뉴욕이 둘 다 공화당 수중에 떨어지게 됐고 그 결과 선거인단 확보에 차질이 생긴 것이다.

그해 봄에 치러진 뉴욕 시 선거에서 해밀턴과 버는 높은 자리에서 내

알렉산더 해밀턴

려와 로어 맨해튼 선거구 시장 바닥에서 서로 치고받았다. 4월 15일에 해밀턴 및 연방당 지지자들은 톤틴시티 호텔에 모여 주의회 선거에 출마할 후보자 명단을 작성했다. 대부분이 그다지 특출하지 않은 인물로 구성된 이 명단에는 (연방당 입장에선) 이례적으로 도예가 1인, 석공 1인, 선박 매매중개인 1인, 식료품상 1인, 서적상 2인 등 다양한 뉴욕 출신 인사들이 포함돼 있었다. 이는 공화당을 우회적으로 비판하는 전략이었을 수도 있고 혹은 주의 자금이 올버니로 이전되면서 부유한 연방주의자 다수가 월급도 변변찮은 시의원직에 시간을 할애하길 망설인 탓일 수도 있다. 버는 해밀턴이 주의회 선거 출마자 명단을 공개할 때까지 기다렸다가 자신이 작성한 명단을 발표했다. 버는 연방주의자 후보자 명단을 받아 들고 엄숙한 목소리로 낭독하고 고이 접어 주머니에 넣은 뒤 (중략) "이제 해밀턴에게서 얻을 수 있는 정보는 모두 얻었다"라고 말했다.[15]

버는 노련하게 각 분야에서 내로라하는 인사들로 주의회 선거 후보자 명단을 채웠다. 버는 이미 은퇴한 영원한 전 주지사 조지 클린턴을 정계에 복귀하도록 꼬드기는 데 성공했을 뿐 아니라 독립전쟁 당시 새러토가에서 거둔 승리를 여전히 잊지 못하고 있는 노장 허레이쇼 게이츠 및 그 무렵 버의 합동 참모로 합류한 브록홀스트 리빙스턴도 명단에 이름을 올리게 했다. 일찍부터 연합정치에 통달한 버는 클린턴파 및 리빙스턴파와 함께 공통된 대의명분을 앞세워 막강한 연합전선을 구축했다. 해밀턴은 버가 대선에서 공화당 선거인단 확보에만 혈안이 돼 정작 주의 의정 활동에는 아무 관심이 없는 유명 인사로만 후보자 명단을 꾸렸다고 생각했다.

동시대의 다른 정치인들과 달리 버는 그러한 선거 운동의 정수精髓를 즐겼을 뿐 아니라 동료 정치인들의 경멸을 받으면서도 적극적으로 선거 유세를 펼쳤다. 미국 건국의 주역 가운데 그 누구도 버가 선거에 보이는 애착이 선거 활동 자체가 주는 '엄청난 재미와 명예와 이익' 때문이라고는 생각지 못했을 것이다.[16] 그해 봄 버는 현대 정치를 미리보기로 보여주듯이 각종 정치 기법을 총망라한 선거 유세를 펼쳤다. 당시에는 상당한 부동산을 보유한 사람에게만 투표에 참가할 자격이 주어졌고 그로 인한 혜택은 연방당에게 돌아갔다. 이를 피하기 위해 버는 법의 허점을 이용했다. 세입자들이 각자 보유한 부동산 가치를 모두 合算하여 투표할 권리를 획득할 수 있게 한 것이다. 버는 독일어 사용 지역에는 독일어 능통자를 파견했고, 자신을 열렬히 지지하는 젊은 층에게는 무차별적 선거 유세에 참여하라고 독려했다. 버의 젊은 지지층은 뉴욕 내 유권자 명단을 뽑아 각 유권자의 정치 성향, 재정 상황, 건강, 자원봉사 의향을 간단히 정리한 기나긴 목록을 작성했다. 집집마다 찾아다니며 잠재적 후원자를 구하려는 선거 운동원들에게 버는 현명한 조언을 남겼다. "직접적으로 돈을 요구하지 말게. 그러면 기분이 상해서 우리를 위해 일하지 않으려 할 것일세. (중략) 그들의 재산을 두 배로 평가해주게. 직접 선거 운동에 뛰어들지 않아도 되는 경우라면 관대하게 후원할 테니."[17] 버는 귀족 가문 출신이었지만 끈질긴 영업 사원이 되기를 마다하지 않았고 대상 고객을 영민하게 파악했다. 또한 외국인규제 및 선동금지법을 반대하고 해밀턴의 군대에 혈세가 낭비되고 있음을 지적하는 등 몇몇 주요 쟁점과 관련해서는 일찍부터 승리의 조짐을 보였다. 제임스 니컬슨 준장은 앨버트 갤러틴에게 '버의 군사 지휘력, 인내심, 근면성실함, 실행력은 말로 형언할 수 있는 수준을 넘었'으며 '경주마에 비유하자면 최고라 일컫는 험블토니언 종種마저 어린 망아지로 만들어버릴 만큼 우월하다'고 말했다.[18]

그해 4월 뉴욕 시민들은 산책을 나갈 때마다 길거리 유세를 펼치는 알렉산더 해밀턴이나 에런 버와 마주쳤을 것이다. 때때로 같은 자리에서 번갈아 연설을 하기도 했던 이 둘은 완벽하게 예의를 갖춰 서로를 대했다.

둘 다 유권자가 혼자 있든 작게 무리지어 있든 간에 한 치의 망설임도 없이 다가가 지지를 호소했다. 공화당을 지지하는 한 신문은 해밀턴이 병사를 이끌고 전장에 나가는 장수처럼 지지자를 결집해 열렬히 선거 운동을 펼치는 모습이 좀처럼 믿기지 않는다고 보도했다. '해밀턴이 연설하는 모습에 군중은 어안이 벙벙한 얼굴이다. 해밀턴은 하루도 빠짐없이 거리에서 동분서주한다. 여기서는 음울한 연방주의자로서 용기를 역설했다가 저기서는 친근한 미소로 화합을 이야기한다. (중략) 해밀턴은 인내와 (하느님이 축복하는) 덕에 대해 이야기한다!'[19] 마찬가지로 연방당을 지지하는 언론 역시 고고한 버가 맨해튼 길거리에서 선거 운동을 하는 것에 놀라움을 표시했고 한 신문은 유력한 부통령 후보가 어떻게 '그토록 몸을 낮추고 유권자를 찾아 골목마다 방문할 수 있느냐'고 반문했다.[20] 버는 선거 운동원들을 위해 기꺼이 집을 열어주었고 간식을 제공해줌은 물론 언제든 낮잠을 잘 수 있도록 바닥에 매트리스도 여러 개 구비해두었다. 한 뉴욕 상인은 일기에 '버 준장은 거의 두 달 동안 자택을 개방했고 선거위원회는 그 기간 내내 그곳에서 밤낮으로 회의를 했다'[21]는 기록을 남기기도 했다.

버는 사흘이라는 투표 기간 내내 지치지 않는 체력을 과시했다. 혹여 표를 조작하는 연방주의자가 나타날 가능성에 대비해 그는 투표소마다 감시자를 배치하고 열 시간씩 교대로 보초를 세웠다. 한 지역 의원은 제임스 먼로에게 '버가 책임을 도맡아준 덕분에 우리 모두 고마워하고 있다. 버는 스물네 시간 내내 잠도 안 자고 쉬지도 않으며 뉴욕 시내 투표소를 방문했다'고 말했다.[22] 버는 투표율을 높이기 위해 '마차와 인력거와 수레'를 조직해 공화당을 지지하는 유권자를 투표소로 실어 날랐다. 투표 기간 동안 해밀턴 역시 버에 질세라 부지런히 말을 타고 투표소를 돌며 연방당 지지자를 실어 날랐으며 공화당 선거구를 지날 때마다 들려오는

'파렴치한'이나 '악당'이라는 야유에도 굴하지 않았다.[23]

미국 정계를 근본적으로 재편할 이 치열했던 선거는 1800년 5월 1일 자정 무렵에 그 윤곽이 드러났다. 결과는 공화당의 대승이었다. 전통적으로 해밀턴이 이끄는 연방당의 텃밭이었던 뉴욕 시가 공화당 쪽으로 돌아선 것이다. 이 같은 결과는 곧 제퍼슨이 1796년에 단 한 명의 선거인단도 확보하지 못했던 지역에서 이제는 열두 표를 확보하게 됐음을 의미했다. 당시 제퍼슨은 애덤스에 불과 세 표 차이로 패배했기 때문에 이번 선거에서의 승리가 몰고 올 파장은 엄청났다. 승리의 주역인 버는 그에 합당한 자부심을 느꼈고 풀 죽은 한 연방주의자에게 '우리가 승리할 수 있었던 까닭은 우월한 운영 덕분'이라고 말했다.[24] 훗날 시어도어 루스벨트는 버의 승리를 '사소한 정치적 세부 사항에 통달했던' 노련한 지역구 정치인의 승리라고 일컬으며 '중앙정부에서 잔뼈가 굵은 해밀턴은 비록 졌지만 하급 정치판에 뛰어들기를 주저하지 않았다'고 평가했다.[25]

충격에 휩싸인 해밀턴과 동료 연방주의자들은 5월 4일 전당대회를 소집했고, 공화당 측 언론 기자 한 명은 이 대회를 잠입 취재했다. 「오로라」는 연방주의자들이 '의기소침'하다 못해 '우울한 절망감'에 빠져 있다고 전당대회 분위기를 전했다.[26] 대회에 참석한 연방주의자들은 제퍼슨이 대통령에 당선되는 것을 너무나 두려워한 나머지 극단적인 방안까지 강구했다. 해밀턴을 필두로 연방주의자들은 주지사인 제이에게 곧 퇴임할 의원들을 소집해 대통령 선거인단 선출에 관한 새로운 규제안을 마련하자고 청원했다. 연방주의자들은 선거구별 선거인단을 일반 투표로 선출하자는 제안을 내놓았는데, 무엇보다 충격적인 사실은 심지어 이 새로운 방식을 소급 적용해 최근의 선거 결과를 뒤집으려 했다는 것이다. 이 법안을 두고 열띤 토론이 오가는 가운데 「오로라」는 '이 법안이 통과될 경우 내전이 일어날 가능성도 있다고 하자 (중략) 참석자 한 명은 제퍼슨이 대

알렉산더 해밀턴

통령에 당선되도록 내버려두느니 차라리 전쟁을 하는 편이 낫겠다고 말했다'고 보도했다.[27]

해밀턴이 이때 제안한 청원은 그의 정치 경력에서 아마도 가장 강압적이고 비민주적인 행동으로 기록될 것이다. 사실 버는 1년 먼저, 의원 투표로 대통령 선거인단을 선출하는 기존 방식을 폐지하고 선거구별로 일반투표를 실시하자는 법안을 뉴욕 주의회에 발의했었다. 하지만 당시 이 법안을 좌절시켰던 것이 연방당이었는데 이제 와서 해밀턴이 뻔뻔스럽게도 동일한 법안을 재상정한 것이다. 5월 7일 해밀턴은 제이에게 최근 선거 결과 때문에 '종교적으로는 *무신론자*이면서 *정치적으로는 광신도*'인 제퍼슨이 대통령이 될지도 모른다고 경고했다.[28] 해밀턴은 공화당이 위험한 요소의 결집체고, 그중 일부는 '합당한 정부 권력을 빼앗아 정부를 전복시키려 하고 또 다른 일부는 (중략) 보나파르트식 혁명'을 꿈꾼다고 주장했다.[29] 해밀턴은 공화당이 만장일치로 이 법안에 반대하리라는 사실을 인정했지만 '우리가 살아가는 지금 같은 시대에는 양심이나 규칙에 지나치게 얽매여선 안 된다. 일반적인 규칙까지 엄격하게 지키다가는 상당한 사회적 이익이 희생되기 십상'이라고 말했다.[30] 이는 평생을 법에 헌신하겠다고 했던 사람의 입에서 실제로 나온 말이었다. 헨리 캐벗 로지는 해밀턴의 경력에서 돌이킬 수 없는 이 오점에 대해 '연방당이 발의한 법안은 사실상 합법적으로 사기를 치겠다는 것이나 다름없으며 뉴욕 주 유권자 과반수의 분명한 의사를 무시하겠다는 처사'라고 비판했다.[31] 해밀턴은 자신이 제이에게 법치를 보존하기 위해 초법적 수단을 동원하자는 모순적인 요구를 하고 있다는 사실을 자각하지 못하는 듯 보였다. 강직한 정치인인 제이는 해밀턴의 청원서가 하도 어이없어 논의를 무기한 연기한 채 답장도 하지 않았다. 나중에 제이는 이에 대해 '당파적 목적으로 법안을 상정하는 일을 나로서는 받아들이기 힘들다'며 비난하는 글을 남겼다.[32] 제이의 침묵은 곧 정중한 경멸의 표시였다.

그렇다면 해밀턴은 이 수치스러운 행동을 스스로에게 어떻게 정당화했을까? 해밀턴은 제퍼슨의 헌법 수호 의지가 언제나 미온적이라 여겼고 그가 대통령이 되면 연방정부를 해체하고 미국을 연합규약의 혼돈 상태로 회귀시킬 것을 우려했다. 해밀턴 입장에서 봤을 때 이는 완전히 편집증적인 망상이 아니라 충분히 근거 있는 생각이었다. 왜냐하면 제퍼슨이 현행 헌법을 완전히 폐지하거나 급진적으로 수정하길 원한다는 듯한 뉘앙스의 발언을 한 적이 있기 때문이었다. 제퍼슨은 기디언 그레인저Gideon Granger에게 '우리 헌법의 참된 이론'은 '각 주가 내부적인 모든 일에 관해서는 독립성을, 외국과 관련된 모든 일에 관해서는 연합성을 띤다는 것이다'라고 말했다.[33] 이 이론대로라면 해밀턴이 주장하는 연방정부 제도는 무효가 된다. 그러나 그 무렵까지도 해밀턴이 간과한 것이 있다면 제퍼슨은 현실을 훨씬 앞질러 과장되게 이야기하는 경향이 있으며 때때로 과도하다 싶은 이 사상가 뒤엔 약삭빠르고 실용주의적인 정치인 한 명이 몸을 도사리고 있다는 사실이었다.

뉴욕 선거가 끝나고 며칠 지나지 않아 버는 자신이 그토록 갈망하던 보상이 눈앞에 가까워졌음을 느꼈다. 그 보상은 다름 아닌 공화당 부통령 후보 지명이었다. 필라델피아에서 열린 공화당 전당대회에서, 뉴욕 선거의 승리에 대한 보상으로 부통령 후보를 뉴욕 주에서 지명하기로 결정된 것이다. 조지 클린턴과 로버트 R. 리빙스턴이 후보 인물로 잠시 거론됐지만 이번 승리의 주역은 누가 뭐래도 버였고 버의 지지자들은 그에 합당한 보상을 요구했다. 제퍼슨과 버는 둘 사이에 존재하는 깊은 불신의 골을 잠시 유보하기로 했다. 버는 지난 대선 때 버지니아 주 공화당원들이 자신을 지지하기로 맹세해놓고선 정작 미온적인 지지를 보냈던 것을 기억하고 있었다. 제퍼슨은 제퍼슨대로 1800년에 자신이 개인적인 야망을 실현하기 위해 버를 (쓰고 버리는) 도구로 이용했음을 훗날 인정했다. 제퍼슨은 다음과 같은 글을 남겼다. '나는 그전까지 결코 버 준장이 상원의 원이라고 생각해본 적이 없었다. 그의 행동은 매우 단기간에 내 불신을 샀다. 나는 습관적으로 매디슨에게 버를 너무 신뢰하지 말라고 주의를 주곤 했다.'[34] 버가 공화당 부통령 후보 자리를 보장받을 수 있었던 까닭은 오로지 뉴욕 선거에서 보여준, 예술에 가까운 정치적 능력 덕분이었다. 제퍼슨은 이 점을 명확히 했다. '내가 버를 부통령 후보로 지명한 것은 그가 1800년 뉴욕 선거에서 보여준 탁월한 능력과 성공으로 공화당 내에서 얻은 인기를 존중했기 때문이다.'[35] 제퍼슨은 버를 진심으로 존중하지도 않았을 뿐더러 몹시 싫어하기까지 했다. 제퍼슨과 버가 맺은 정치적 동맹은 상호 이해관계가 맞아떨어지는 동안에만 지속될 한시적인 것이었다.

1800년 봄 뉴욕 시의 선거에서 연방당이 패배한 뒤 해밀턴은 재선에 실패할지도 모른다는 두려움에 사로잡힌 존 애덤스가 공화당 표를 끌어오기 위해 내각에서 자신의 세력을 몰아냈다고 믿었다. 제퍼슨은 5월 3일에 이 소식을 듣고 애덤스가 이번 선거 결과에 정말로 커다란 타격을 입었다는 사실을 확인했다. 제퍼슨은 말했다. '애덤스는 타격을 제대로 입었는지 내게 다가와 '보아하니 이번 선거에서 내가 질 것 같은데 만약 그렇게 되면 나 또한 당신의 여느 충직한 부하들과 다르지 않으리라는 사실만큼은 알아달라'고 말했다.'[36]

훗날 존 애덤스는 1800년 5월에 불현듯 해밀턴이 자신의 내각을 악의적으로 쥐락펴락하고 있다는 사실을 깨달았다고 주장했다. 그러나 애덤스가 그런 생각을 품은 지는 꽤 오래됐고 내각에 대한 인사 개편이 임박했다는 소문은 이미 지난여름부터 나돌고 있었다. 조지 워싱턴은 과거 해밀턴과 제퍼슨이 익명으로 신문 지면상에서 전쟁을 벌였을 당시 자신의 휴전 중재가 물거품으로 돌아가자 단호하고 위엄 있는 방식으로 내각에서 발생한 이 분쟁을 해결했다. 그러나 워싱턴과 대조적으로 애덤스는 투덜거리며 불평만 늘어놓았지 아무런 조치도 취하지 않았다. 존 펄링은 '애덤스는 사색적이고 혼자 있기를 좋아하는 은둔자 유형인 반면 워싱턴은 적극적이고 활발한 사업가/농부 유형으로 독서량이 상대적으로 적고 신체 활동을 할 때 가장 즐거워했다'고 기록했다.[37] 워싱턴에겐 애덤스는 결코 갖지 못했던, 부하들을 능수능란하게 지휘하고 그들의 본성을 섬세하게 파악하는 능력이 있었다.

날이 갈수록 애덤스는 피커링과 매켄리가 대영제국의 수족이 돼 프랑스와의 평화조약을 방해한다며 공공연히 비난을 퍼부었다. 재무장관이었던 월콧은 1799년 12월 한 동료에게 애덤스 대통령이 '피커링 준장과 매켄리 및 자신을 적으로 대하고 해밀턴에 대한 분노가 지나치며 미국에 친영파가 존재한다는 개인적 믿음을 표명하고 다닌다'고 토로했다.[38] 애덤스는 가끔씩 기억하고 싶은 것만 기억한 나머지 자신이 그런 모욕적인 발언을 했다는 사실조차 잊어버리곤 했다. 연방주의자인 조지 캐벗은 월콧에게 애덤스 대통령이 '우리를 '친영파British faction'라고 불렀던 사실을 부인한다. (중략) 자신이 경솔하게 내뱉었던 말은 까맣게 잊은 채 다른 사람이 자신을 크게 왜곡하거나 오해하고 있다고 생각한다'고 말했다.[39] 하원의장이었던 세지윅은 해밀턴에게 애덤스 대통령이 연방파 동료 및 부하를 무시했다는 비슷한 일화를 전했다. '애덤스 대통령은 어딜 가나 연방파를 비난한다. (중략) 행정부 출범 당시만 해도 전적인 신뢰를 보내더니 이제 와선 과두정치를 조장하는 당파라며 비방하는 것이다.' 세지윅에 따르면 애덤스는 '그들이 자신을 좌지우지할 수 없'고 '연방파, 특히 그 우두머리인 해밀턴은 (중략) 프랑스와는 전쟁을 일으키고 영국과는 더 친밀한 관계를 맺으려 한다'며 내각을 큰 소리로 나무랐다.[40] 피셔 에임

스는 애덤스가 '귀신에 씌인 것마냥' 이런 헛소리를 계속 늘어놓았다고 말했다.[41]

짜증을 이기지 못하고 분노하는 애덤스의 이미지는 알렉산더 해밀턴이 만들어낸 것이 아니었고, 애덤스가 흥분해서 이성을 잃고 난폭하게 구는 모습을 목격한 사람 역시 비단 해밀턴만이 아니었다. 델라웨어 주의원인 제임스 A. 베이어드James A. Bayard는 해밀턴에게 애덤스가 '광기에 가까울 정도로 격분하는 경향이 있고 그럴 때면 이성적으로 생각을 통제하지 못한다. 나는 내가 눈으로 본 것만 말한다. 애덤스는 분노가 치밀 때면 제 분에 못 이겨 지지자들의 이익이나 국가의 이익은 안중에도 없다는 듯이 화부터 내고 본다'고 말했다.[42] 공화당원 사이에서도 비슷한 목격담이 이어졌다. 제퍼슨은 애덤스가 방 안에서 길길이 날뛰며 '쓰고 있던 가발을 바닥에 내동댕이친 뒤 짓밟으며' 내각 관료들에게 욕설을 퍼부었다고 회상했다.[43] 게다가 제퍼슨의 수족이었던 제임스 T. 캘린더는『우리 앞에 놓인 전망The Prospect Before Us』이라는 산문집에 기고한 글에서 애덤스를 다음과 같이 공격했다. '애덤스 대통령의 재임 시절은 병적인 격노의 연속이었다. 대통령으로서 애덤스가 입을 열거나 펜을 들 때면 단 한 번도 협박이나 꾸지람 없이 넘어간 적이 없었다.'[44] 캘린더는 애덤스를 비난한 이 글 때문에 아홉 달 동안 감옥신세를 졌다. 제퍼슨은 캘린더에게 해당 글을 쓰는 대가로 금전적 지원을 했다는 혐의를 부인하다가 캘린더가 나중에 자신에게 받은 서신을 공개하고 나서야 그 사실을 인정했다.

해밀턴을 따르는 많은 고위 연방당원들은 대통령 후보로 찰스 코츠워스 핑크니를 선호했다. 사우스캐롤라이나 출신이자 옥스퍼드 대학을 졸업한 변호사인 핑크니는 독립전쟁 당시 준장으로 승진했고 나중에 제헌회의에 참여했다. 연방당이 대통령 후보로 핑크니를 내세운 것은 그가 XYZ 사건 당시 담당했던 역할 및 근래 군대에서 해밀턴의 선임이었다는 사실을 고려할 때 강력한 상징적 가치를 지녔다. 그러나 핑크니의 추종자들은 연방당이 현 대통령을 내치진 않을 것이므로 핑크니를 대통령 후보가 아닌 부통령 후보로 내세워야 한다는 사실을 잘 알고 있었다. 1800년 5월 3일 필라델피아에서 열린 전당대회 이후 연방당은 '*애덤스와 핑크니를 동등하게 지원하는 것만이 제퍼슨의 마수에서 우리를 구원할 수 있는 유일한 방법*'이라는 결론을 내렸다.[45] 그러나 만약 핑크니가 자신의 출신 지역인 사우스캐롤라이나 주에서 애덤스보다 더 많이 득표한다면 손쉽게 부통령 후보 대신 대통령 후보 자리를 꿰찰 수도 있을 터였다. 애덤스는 핑크니가 대선 후보로 대두된 배경에는 해밀턴이 자신보다 더 구워삶기 좋은 인물로 대통령을 갈아치우기 위해 얄팍한 수를 썼기 때문이라고 생각했다. 해밀턴은 이제 애덤스를 불안정한 인물로 여겼고 핑크니가 대통령직을 수행하기에 더 적당한 성정을 갖추었다고 생각했다. 해밀턴이 연방당 대통령 후보로 핑크니를 선호한 것은 위험한 전략이었다. 어쩌됐건 현직 대통령은 애덤스였고 찰스 코츠워스 핑크니가 그다지 대중적 인기가 높은 인물도 아니었기 때문이다.

따라서 1800년 5월 5일 애덤스가 내각 인사를 단행할 무렵에야 불현듯 내각이 해밀턴의 손아귀에 있음을 '발견했다'는 것은 사실과 거리가 멀다. 오히려 애덤스는 차기 대선에서 대통령 후보로서 자신의 지위가 위태롭다는 사실을 깨닫고 경각심을 느끼고 있었으며, 그 주에 있었던 뉴욕시 선거 결과는 이를 뒷받침해주었다. 누구도 애덤스가 내각 인사를 능력이나 충성심이 부족하다는 이유로 축출한 것을 비난할 순 없었다. 이런 일은 훨씬 앞서 벌어질 수도 있었던 것이었기 때문이다. 그러나 애덤스가 독재적인 방식으로 인사를 단행하는 바람에 정치적 피바람이 불었고 연방당 내부의 갈등은 깊어졌으며 애덤스의 부적절한 행동에 대한 해밀턴의 불신은 기정사실이 됐다.

내각 인사 축출은 5월 5일, 애덤스가 저녁만찬에 참석 중이던 제임스 매켄리를 불러들이면서 시작됐다. 아일랜드 출신인 매켄리는 전쟁부 장관으로서 그다지 유능한 인물은 아니었다. 예민하고 유순한 성격의 그는 시를 썼고 말투에는 사투리 억양이 남아 있었다. 전쟁부 장관직을 수행하는 동안 매켄리는 애덤스 대통령의 변덕스러운 성미와 판단 때문에 불안해했다. 언젠가 그는 '장난기 많다, 재치 있다, 친절하다, 차갑다, 취했다, 멀쩡하다, 화났다, 편안하다, 딱딱하다, 질투가 많다, 신중하다, 자신감 있다, 폐쇄적이다, 개방적이다' 등 온갖 형용사를 동원해 애덤스 대통령을 묘사한다고 해도 '거의 매 순간마다 *딴사람*으로 돌변하기 때문에 번번이 *엉뚱한 곳을* 짚는 꼴이 된다'고 말한 적도 있다.[46]

애덤스는 매켄리를 불러다 앉혀놓고 처음에는 전쟁부와 관련해 논의할 일이 있는 것처럼 굴었다. 그러다 그가 떠나려 하자 갑자기 격분해 혼잣말로 해밀턴과 뉴욕 선거에 대한 독설을 쏟아내더니 매켄리도 한 패라며 몰아세웠다. 애덤스는 아무런 증거도 없이 불패 신화를 자랑하는 해밀턴이 뉴욕 선거에서는 연방당이 패배하도록 수를 썼다고 주장했다. 어처구니가 없었던 매켄리는 "해밀턴 장군이 그렇게 행동했다는 말은 들어본 적도 없을 뿐더러 개인적으로 그게 사실이라고 생각하지도 않습니다"라고 대답했다. 그러자 애덤스는 "매켄리 경, 나는 그게 사실임을 알고 있으니 이제부터라도 제대로 알고 있으시오"라고 받아쳤다.[47] 그런 뒤 애덤스는 다음과 같은 인상적인 발언을 남긴다.

해밀턴은 모략가요. 세상에서 가장 교활한 모략가이자 도덕적 원칙이라고는 눈을 씻고 찾으려야 찾을 수 없는 인물이지. 또한 그는 배신자고, 갤러틴과 다를 바 없는 외국인이기도 하오. 내가 장담하건대 제퍼슨은 어느 모로 보나 해밀턴보다 현명하고 더 나은 인물이오. 제퍼슨은 대통령이 되더라도 현명하게 처신할 것이니 말이오. 이 사실을 잘 알기에 나는 해밀턴 밑에서 일하느니 차라리 제퍼슨 밑에서 부통령을 하거나 헤이그 변리辨理 공사 자리라도 마다하지 않을 생각이오. (중략) 워싱턴을 뒤에서 조종했듯이, 해밀턴은 할 수만 있다면 지금도 나를 조종하려 들 것이오. 워싱턴은 나를 통제하려고 장관 자리에 자기 사람을 세 명이나 앉혀놓았지만 이들은 내 손으로 곧 처리할 생각이오.[48]

애덤스는 이런 식으로 끊임없이 혼잣말을 했다고 한다. 그는 해밀턴이 작년 가을에 트렌턴에 올 것임을 자신에게 미리 경고해주지 않았다며 매켄리를 힐난했다. 또한 전쟁부를 제대로 운영하지 못하는 무능력을 탓했고 외교에 대해 아는 것이 무엇이냐며 비아냥거린 뒤 "당신은 더 이상 장관직에 있을 수 없소"라는 말로 자신의 발언을 마무리했다.[49]

매켄리는 장관직에서 해임된 것보다 애덤스의 '부적절하고 때때로 도를 넘어선' 행동에 더 큰 충격을 받았다. 매켄리는 조카에게 애덤스 대통령이 가끔씩 '자신이 실제로 미쳤다는 사실을 설득이라도 해 보이려는 것처럼' 말한다고 토로했다.[50] 매켄리는 그 무렵 정부 이전이 예정된 워싱턴 D.C.에 값비싼 집을 구입했던 터라 장관직 해임으로 입은 손해가 막심했지만, 그럼에도 이튿날 군말 없이 사임했다.

애덤스는 나중에 매켄리에게 '감정적으로 상처를 입힌' 것을 후회한다고 했지만 해밀턴은 애덤스의 분노를 산 사람이 비단 매켄리만이 아님을 알고 있었다. '애덤스는 격노해서 거의 대다수의 장관과 상하원의 여럿 의원을 축출했다'고 해밀턴은 기록했다.[51] 매켄리가 장관직에서 쫓겨난 상처에서 회복하는 데는 수년이 걸렸다. 후에 애덤스가 자신의 행정부에 대해 변명한 글을 읽으면서 매켄리는 피커링에게 다음과 같이 말했다. "[애덤스는] 여전히 자신을 이 시대의 가장 위대한 인물로 생각하는 듯하오. 우리가 그토록 자주 목격하고 항상 대중이 못 보게끔 감추려고 노력한 허영과 약점, 허물과 행동은 무덤까지 가지고 갈 모양인가보오."[52]

　매켄리에 대한 해임 닷새 뒤 애덤스는 티머시 피커링에게 서한으로 국무장관직을 사임하게끔 유도했다. 대륙군에서 고위 부관을 지냈고 하버드대학을 졸업한 피커링은 해밀턴조차도 '성미가 불같고 모나다'라고 묘사할 정도로 고집이 셌다.[53] 피커링은 외국인규제 및 선동금지법을 끈질기게 지지했고 파리와의 평화협상은 끈질기게 반대했다. 애비게일 애덤스는 피커링을 가리켜 '성정이 불같고 한 번 화가 나면 달래기 힘들다'고 묘사한 반면 남편인 애덤스 대통령은 피커링이 신뢰하기 힘든 눈초리를 지닌 냉혈한이라고 판단하며 '비단가면과 철가면과 황동가면을 번갈아 쓰는, 속을 알 수 없는 인물'이라고 평가했다.[54] 애덤스 입장에서 피커링은 해밀턴이 자신의 행정부에 심은 주요 심복이자 증오의 대상이었다. 확고부동한 노예제 폐지론자였던 피커링은 훗날 해밀턴의 공식 전기 집필을 시도했을 정도로 해밀턴을 존경했다. 애덤스는 '피커링은 관세청장이라면 모를까 국무장관직에는 그다지 적합한 인물이 아니'라며 '피커링은 해밀턴을 열렬히 우상시한 나머지 미국 대통령인 나의 정서와 의견을 편견 없이 판단하지 못한다'고 말했다.[55] 피커링은 애덤스의 전언을 받고도 사임을 거부했다. 애덤스는 피커링을 파면하고 이를 일컬어 '내 생애를 통틀어 가장 신중하고 도덕적이며 사심 없는 행동 중 하나'라고 자평했다.[56]

　3년간 애덤스를 측근에서 보좌했던 피커링은 애덤스가 해밀턴에게 앙심이 있음을 보여주는 수많은 일화를 퍼뜨렸다. 그중 하나는 '언젠가 (해밀턴을 싫어하는) 애덤스 대통령에게 해밀턴 준장의 이름을 언급했더니 대통령은 "그 애송이 새끼가 대륙군에 합류하던 때가 기억나는군"이라고 내뱉었다'는 것이었다.[57] 애덤스는 피커링에게 상원에서 '억지로 강요하는 바람에' 해밀턴을 감찰관으로 임명할 수밖에 없었다며 불평을 늘어놓았다.[58] 피커링은 애덤스가 탁월한 재능과 지성을 겸비한 해밀턴에게 경쟁의식을 느끼며 두려워한다고 생각했다. 해밀턴을 향한 애덤스의 증오는 날이 갈수록 깊어져 단순히 해밀턴의 이름을 언급하는 것조차 '애덤스 대통령 속에 잠재된 분노를 일깨우기에 충분한 것처럼 보였다. 게다가 애덤스는 해밀턴의 색욕에 관한 근거 없는 소문을 수집했던 것 같다'고 피커링은 증언했다.[59]

애덤스가 해밀턴의 심복 두 사람을 축출하자 공화당은 환호했고 일부 연방당원들은 그 뒤에 숨겨진 실질적인 목적을 궁금해하기 시작했다. 피커링은 애덤스와 공화당 반대파 사이에서 '애덤스가 대통령 후보로 재선될 수 있게 돕는 대가로 프랑스와 평화조약을 맺고 매켄리와 자신을 해임하는' 모종의 거래가 오갔다고 생각했다.[60] 연방파 언론은 피커링의 이 같은 주장을 퍼 날랐다. 트렌턴에 기반을 둔 「더 페더럴리스트The Federalist」는 애덤스의 행동을 가리켜 '제퍼슨과 모종의 정치적 합의가 오고간 결과이며 이 합의는 가장 은밀하고 중요한 양상으로 보인다'고 보도했다.[61]

그 반향은 장기간 지속됐다. 애덤스가 새로운 군대를 해산한 것과도 맞물려 해밀턴은 애덤스에게 앙심을 품게 됐다. 그는 이제 애덤스 대통령을 가리켜 '내가 원래 생각했던 것보다 훨씬 더 광적이며 머지않아 그가 지닌 광기 못지않은 사악함에 대해 이야기하게 될 날이 올 것 같다'고 말했다.[62] 해밀턴은 상처 입은 자만심과 좌절된 야망을 넘어 애덤스가 연방당과 공화당 양쪽을 갖고 논다고 생각했다. 정직하지 않은 친구보다 정직한 적을 더 좋아했던 해밀턴은 시어도어 세지윅에게 이렇게 선언했다. "앞으로는 두 번 다시 [애덤스를] 지지하지 않을 것이오. 설사 그로 인해 제퍼슨이 당선되는 결과를 낳더라도 말이오." 그리고 이렇게 덧붙였다. "적을 행정부 수장으로 앉혀야 한다면, 우리가 반대할 수 있고 책임지지 않아도 되는 사람이 당선되게 합시다."[63] 타고나길 타협을 모르는 사람이었던 해밀턴은 존 애덤스와 화해를 하느니 필요하다면 연방당이 망하더라도 제퍼슨이 대통령에 당선되도록 내버려둘 준비가 되어 있었다.

애덤스가 끊임없이 해밀턴을 사적으로 비방한 탓에 상황은 악화됐다. 6월 2일 매켄리는 해밀턴에게 비밀 서한을 보냈다. 이 서한에는 5월 5일 매켄리와 애덤스와 대면했을 때 애덤스가 해밀턴을 두고 외국에서 태어난 사생아라고 언급한 내용까지 여과 없이 담겨 있었다. 보스턴의 한 공화당 측 신문이 해밀턴에게 '아버지가 누구인지도 불분명한 영국령의 이름 모를 섬 태생'인 주제니 대통령 자리는 넘보지도 말라고 경고한 이후 해밀턴은 특히 자신의 출신에 관한 이야기에 매우 예민하게 반응했다.[64] 해밀턴은 애덤스의 사생아 언급에 움찔했던지 재빨리 옛 전우인 윌리엄 잭슨에게 '나보다 더한 핍박을 받은 사람은 없었을 것이오'라는 문장으로 시작하는 편지를 썼다. '공인으로서의 행보에 대한 평가도 최악이지만 출생까지 도마에 올라 비판의 대상의 되고 있다는 사실이 가장 수치스럽소.'[65] 이어 해밀턴은 부친이 만성적으로 경영난에 시달렸던 사실과 모친이 요한 미카엘 레비앙과 결혼했다 이혼한 일에 대해 이야기하는데, 이는 부모에 대해 해밀턴이 유일하게 직접 언급한 기록이다. 부모가 결혼한 사이였음에도 일찍이 모친이 이혼했던 전력 때문에 그 결혼이 법적 인정을 받지 못했다며 해밀턴이 거짓말을 하는 대목은 애처롭기까지 하다. 자존심에 너무나도 큰 상처를 입은 탓인지 해밀턴은 '내 부모가 누구냐는 의문에 대한 진실을 말해주자면 나는 이 나라에서 자신의 뿌리에 대해 자부심을 가지고 있는 대다수의 사람들보다 더 훌륭한 핏줄을 물려받았소'라고 덧붙였다.[66]

해밀턴은 이 편지를 잭슨에게 부치는 대신 제임슨 매켄리에게 보여줬다. 매켄리는 해밀턴에게 다음과 같이 현명하게 조언했다.

장담컨대 친구라면 아무도 당신이 사생아임을 암시하는 말에 관심을 기울이지도 않을뿐더러 정적들이 하는 말만 듣고서 당신에 대한 존경심을 버리지도 않을 것입니다. 이 부분에 대한 해명은 나중에 전기작가와 진실을 아는 친구들의 판단에 맡겨두는 것이 가장 현명하고 도량 있는 태도가 아닐까 생각합니다.[67]

해밀턴처럼 높은 지위에 있는 사람이 자신의 태생을 변호할 필요를 느꼈다는 사실은 끊임없이 그의 출신 배경을 물고 늘어지는 애덤스 때문에 해밀턴이 얼마나 괴로워했는지를 짐작하게 해준다.

매켄리와 피커링이 해임된 뒤 해밀턴은 애덤스를 대통령 자리에서 끌어내릴 대담한 계획을 세워 실행에 옮겼다. 연방당원 대부분은 애덤스에게 반기를 드는 일을 주저했지만 일부는 애덤스의 지지율이 떨어지면 부통령 후보인 찰스 코츠워스 핑크니에게 기회가 돌아가리라는 생각에 해밀턴의 계획을 반기기도 했다. 그해 6월 해밀턴은 해산을 앞둔 군대에게 작별 인사를 한다는 명목으로 3주간 뉴잉글랜드를 방문해 연방당 당론을 떠보았는데, 실상은 애덤스 대신 핑크니를 대통령 후보로 세우기 위한 선거 운동이나 다름없었다. 한 보스턴 지역 신문은 매사추세츠 주 옥스퍼드에서 해밀턴이 부대를 감찰한 뒤 '군대 규율에 확고한 찬성을 표명하고 위계질서에 따라 복장과 격식을 갖추고 행진하는 모습을 흡족하게 지켜봤다'고 보도했다.[68] 해밀턴의 옥스퍼드 방문은 때때로 워싱턴이 대륙군을 떠날 때 치렀던 송별회보다 더 감성적으로 보이기도 했다. 옥스퍼드에서 해밀턴은 군악이 흐르는 가운데 휘장을 두른 기둥 사이에서 은퇴 장교들을 위한 저녁만찬을 열었다. 워싱턴을 추모하는 건배사를 시작으로 해밀턴은 '뺨이 달아오르고' '가슴을 울렁거리게' 만드는 연설을 했다.[69]

공화당 측 언론은 해밀턴의 일거수일투족을 주시했다. 「오로라」는 독자들에게 해밀턴이 '저명한 귀족들'과 함께 여행길에 올랐다고 보도하며 그들이 탄 마차가 보스턴에서 고장난 사건을 놓고선 '미국 귀족 정치가 몰락'할 전조라고 해석했다.[70] 보스턴에서 해밀턴은 매사추세츠 주의 내로라하는 연방주의자 거의 모두가 모인 영광스러운 저녁만찬 자리에 초대받고 분명히 우쭐했을 것이다. 한 신문은 '보스턴에서 열린 비슷한 행사들 가운데 역대 가장 저명한 인사들이 참석한 자리였다'고 전했다.[71] 해밀턴은 가는 곳마다 미국에서 일어날 프랑스식 혁명에 대한 불쾌한 이미지를 상기시켰다. 심지어 한 청중에게는 다음 대통령이 누가 되도 상관없다며 '승리한 군대의 우두머리가 되지 않는 한 어차피 4년의 임기 동안 목에 머리가 붙어 있길 기대할 수 없기 때문'이라 말하기도 했다.[72] 단순히 겁을 주려고 한 말 같지만 해밀턴은 실제로 미국에도 자코뱅 대학살 같은 사건이 임박했다는 자신의 과대망상을 믿고 있었다.

퀸시에서 여름과 초가을을 보내고 있던 존 애덤스와 애비게일 애덤스 대통령 부부는 뒤늦게 해밀턴의 정치적 의도를 간파했다. 이에 대해 존 애덤스에 격분한 것도 충분히 이해할 만하다. 애덤스는 피셔 에임스에게 해밀턴을 향한 자신의 적대감은 이제 '돌이킬 수 없다'며 '씁쓸하다 못해 분노와 욕설을 주체할 수 없다'고 말했다.[73] 애비게일은 해밀턴을 일컬어 '그 쬐꼬만 수참새 같은 장군'이라며 경멸했고 해밀턴이 옥스퍼드에 간 이유는 '단지 선거 유세차 뉴잉글랜드의 분위기를 살피고 영향력을 행사할 만한 사람들에게 핑크니를 뽑으라고 구슬리기 위해서'라 말했다.[74] 애비게일 입장에서 해밀턴은 '무례하고 낯짝 두꺼운' 인물이자 남편인 애덤스 옆에 빌붙어 출세한 인물이었다.[75] 애비게일은 해밀턴과 그 추종자들을 가리켜 '목숨과 전 재산을 걸고 나라를 섬기는 덕망 있는 인물을 끌어내리기 위해 갖은 애를 쓰는, 이 나라에 살 자격조차 없는 한물간 애송이들'이라며 조롱했다.[76] 독립혁명 당시 수많은 전장에서 활약한 해밀턴의 용맹함은 깡그리 무시하는 발언이었다. 점입가경으로 애덤스 대통령 부부는 해밀턴과 그 무리에게 에식스 결사Essexjunto라는 꼬리표를 붙여 음모론자라고 모함했다. 피셔 에임스, 조지 캐벗, 벤저민 굿휴, 스티븐 히긴슨, 존 로웰John Lowell, 티머시 피커링 등 주요 연방주의자 다수가 매사추세츠주 에식스 카운티 출신임을 빗댄 표현이었다.

순방이 진행될수록 성과는 해밀턴의 기대에 훨씬 못 미쳤다. 해밀턴은 '일류'라면 핑크니를 찍고 '이류'라면 애덤스를 찍으라며 노골적으로 선전하고 다녔지만 기대와는 달리 가는 곳마다 애덤스 지지자가 훨씬 많았다.[77] 수많은 애덤스 지지자들은 해밀턴에게 자꾸 핑크니를 당선시키려 한다면 애덤스의 승리를 보장하기 위해 핑크니에 대한 투표를 보류하겠다고 경고했다. 애덤스와의 마찰로 상처가 컸던 해밀턴은 이 경고를 듣는 둥 마는 둥 했다. 그는 둘째가라면 서러운 뛰어난 행정가이자 이론가였지만 현실정치에는 영 소질이 없었다.

해밀턴이 현실정치에 서툴렀다는 사실은 로드아일랜드 주지사인 아서 페너Arthur Fenner에게 로비를 하려고 접근한 일화에서 가장 충격적으로 드러난다. 페너에 따르면 어느 날 해밀턴은 한 무리의 준장과 장군을 이끌고 위용을 뽐내며 그의 집으로 찾아와 다짜고짜 대선 이야기를 꺼냈다고 한다. 해밀턴은 핑크니만이 북부와 남부 모두에서 폭넓은 지지를 받을 수 있는 인물이며 애덤스는 재선에 성공할 수 없다고 강조했다. 페너는 해밀턴을 가차 없이 공격했다. '나는 해밀턴에게 애덤스 대통령이 무슨 잘못을 했길래 따돌리려 하느냐고 물었다.'[78] 페너는 프랑스와의 평화 협상을 위한 애덤스의 노력을 높이 샀을 뿐 아니라 매켄리와 피커링을 경질한 것도 잘한 일이라고 생각했다. 해밀턴은 페너에게 '애덤스는 논외'이며 '핑크니냐 제퍼슨이냐의 문제'라고 주장했다.[79] 수년간 토머스 제퍼슨을 악의 화신이라고 비난해왔던 해밀턴이 갑자기 돌변해 존 애덤스보다 제퍼슨이 낫다고 주장한 것이다. 해밀턴과 애덤스가 서로를 향한 분노 때문에 모든 관점을 상실했음을 다시 한 번 여실히 보여주는 대목이다.

해밀턴은 비난에도 아랑곳하지 않고 핑크니를 당선시키기 위한 광기 어린 불장난에 착수했다. 위험한 복수심이라는 친구들의 만류도 소용없었다. 그해 7월 로드아일랜드를 방문한 사우스캐롤라이나 출신의 연방당 의원 존 러틀리지 주니어John Rutledge Jr.는 해밀턴에 관한 온갖 비방을 들었다. 러틀리지는 해밀턴에게 수많은 로드아일랜드 주민이 "극단적인 질투와 의심에 눈이 먼 (중략) 해밀턴이 사적 감정 때문에 애덤스 대통령에게 반대하고 있다고 말합니다. 워싱턴 장군이 서거하실 때 당신을 총사령관으로 임명했다면 계속 애덤스 대통령 편에 섰을 거라면서요. (중략) 사람들은 당신이 핑크니 장군을 당선시키기 위해 애쓰는 이유가, 그렇게 되면 국정을 당신 마음대로 운영할 수 있기 때문이라고 생각하고 있습니다"라고 귀띔했다.[80] 몇몇 참모는 해밀턴에게 로비 활동이 역효과를 낳을 것이라고 경고했지만 해밀턴은 이 충고에 귀를 기울이지 않았다. 그는 뉴잉글랜드 순방에서 잘못된 교훈, 즉 존 애덤스가 저지른 수많은 과오에 무지한 유권자를 계몽시켜야 한다는 결론에 도달했다. 해밀턴은 자신이 그 위치에 이르기까지 중요한 고비마다 채택했던 방법을 이번에도 쓰기로 했다. 빈틈없는 논리로 무장한 채 한바탕 격렬한 논쟁을 일으키기로 한 것이다.

36

독이 바짝 오르다

Alexander Hamilton

해밀턴은 이성을 잃고 존 애덤스에 대한 기소장을 작성했다. 이는 앞으로 남은 정치 인생을 끝장낼 정치적 자살 행위나 마찬가지였다. 레이널즈 소책자에서 드러났다시피 해밀턴은 자해에 천부적인 소질이, 또 눈 가리고 절벽으로 발을 내딛는 능력이 있었다. 그는 이러한 능력을 1790년대 후반에 가장 공공연히 드러냈다. 거베너르 모리스는 해밀턴의 두드러진 성격 중 하나가 한 번 굳힌 의견에 대해서는 '끝까지 고집하는' 것이라고 언급한 적이 있다.[1]

해밀턴은 불타오르는 복수심을 자제하지 못했다. 누군가에 대한 악감정에 사로잡혀 분노를 끊임없이 곱씹다가 결국 독기를 글로 배설할 때 느낄 수 있는 카타르시스에 굴복하고 만 것이다. 친구인 너대니얼 펜들턴은 '해밀턴은 천성적으로 진실한 사람인지라 공인으로서 감정 표현을 자제하지 못하고 지나칠 정도로 솔직하게 내보일 때가 있었으며, 그럴 때면 종종 개인적으로 불편한 일이 생기기도 했다'고 증언했다.[2] 부인인 엘리

알렉산더 해밀턴

자조차도 남편인 해밀턴이 지닌 '민주 시민을 향한 지나칠 정도로 솔직하고 독립적인 성격'을 아낀다며 이 같은 성정을 시인했다.[3]

감찰관으로 복무하는 동안 애덤스를 향해 치밀어 오르는 분노를 억누르고 있던 해밀턴은 1800년 7월 임기가 끝나자마자 그것을 쏟아내기 시작했다. 사생아 발언을 비롯해 그동안 애덤스 대통령으로부터 받았던 온갖 치욕과 누명을 설욕하려고 작정한 것이다. 매켄리와 피커링이 해임되자 해밀턴은 이 두 사람을 위로하는 데 그치지 않고 대통령에 대한 폭로가 가능할 내부 문서를 보존해두라고 지시했다. 해밀턴은 피커링에게 "*제퍼슨과 애덤스를 설명해줄 수 있는 관련 문서를 모두 찾아서 복사해두는 게 어떻겠나?*"라고 제안했고 피커링은 그 말에 이렇게 동조했다.[4] "애덤스에 대한 과감하고 솔직한 폭로의 중요성에 대해 오랫동안 숙고해왔습니다. 제 권한으로 몇몇 사실을 제공할 수도 있을 것 같군요."[5] 해밀턴은 애덤스와 제퍼슨 사이에서 선거를 둘러싼 은밀한 협상이 오갔을 것이라 의심하며 매켄리에게도 '제퍼슨과 연합했다는 정황 증거를 최대한 많이 모아서 가져다달라'고 부탁했다.[6]

해밀턴은 결국 불만을 품은 내각 구성원들과 협력 관계를 구축했다. 그중에는 매켄리 및 피커링과 더불어 삼두마차로 불렸지만 해임은 비껴간, 평범하지만 유능한 재무장관 올리버 월콧 주니어도 있었다. 애덤스는 월콧이 매켄리나 피커링보다 충직한 인물이라고 생각했지만 그건 오산이었다. 월콧은 애덤스 대통령을 화약고나 다름없이 여겼기 때문이다. 그는 애덤스 대통령을 두고 피셔 에임스에게 "대통령의 성정이 급진적이고 폭력적이며 복수심이 강하다는 사실을 우리는 알고 있소. (중략) 대통령의 열정과 이기심은 갈수록 더 심해질 거요"라고 말했다.[7] 월콧은 애덤스가 추진하는 프랑스와의 평화적 서막이 다음 선거에서 표를 얻기 위한 '외교 게임'에 불과하다며 맹비난했다.[8] 그러나 그는 종종 해밀턴이 계획

36 · 독이 바짝 오르다

하고 있는 애덤스 폭로전에 대해선 '대중은 [이미] 대통령이 미쳤다고 생각하고 있다'며 양면적인 태도를 보이기도 했다.[9] 결국 그는 애덤스가 국정을 말아먹으리라는 의견에 동의했고, 애덤스를 고결하고 독립적인 기상을 지닌 인물로 우상화하는 사람들의 '어리석음을 깨우쳐줄 짧은 글'을 쓸 사람이 필요하다고 해밀턴에게 말했다.[10]

해밀턴은 매켄리와 피커링과 월콧이 제공한, 감춰져 있던 대통령의 행동에 대한 수많은 정보를 바탕으로 애덤스를 고발하는 방대한 기소장을 작성했다. 해밀턴은 애덤스가 이 세 사람을 반역죄로 기소할 수도 있다는 사실을 인지했음에도 자신이 쓴 소책자의 신빙성을 확보하려면 이것이 불가피한 선택이라고 자위했다. 극도로 신경질적인 애덤스의 행동은 연방당 고위 관계자를 제외하곤 외부에 거의 알려져 있지 않은 상태였다. 해밀턴은 또한 독자들이 행여 자신이 군대 해산에 대한 개인적 앙심으로 애덤스를 비판한다고 치부해버릴 것을 염려하여 내각 인사들이 받은 부당한 처우를 강조하려 했다. 예상대로 애덤스는 전 장관들이 자신을 배반하고 폭로에 가담했다는 사실에 충격을 받았다. 그는 한 친구에게 이렇게 말했다. "해밀턴이 쓴 소책자를 좀 읽어보게. 나와 내각 사이에서만 오갔을 법한 거짓 정보가 버젓이 공개돼 있으니."[11] 이 폭로문에서 애덤스는 명백한 '반역과 배신'을 목도했다.[12]

8월 초쯤 해밀턴은 전투태세에 있었다. 7월 12일에 「오로라」가 '도덕적으로 순결하고 덕망 있는' 재무부 수장이었던 해밀턴이 재임 당시 언론과 정부 관료를 통제하는 '부패한 체제'를 구축했다고 고발하는 기사를 실었기 때문이었다.[13] 이 끝나지 않는 헛소문에 진저리가 난 해밀턴은 월콧에게 "내가 지금 독이 바짝 올라 있는 거 보이나?"라며 명예훼손으로 고소를 고려하고 있다고 말했다.[14]

해밀턴이 얼마나 독이 올라 있었는지는 1800년 8월 1일, 화가 머리끝까지 치민 해밀턴이 대통령에게 쓴 심상찮은 서신에서 분명하게 엿볼 수 있다. 애덤스가 자신을 가리켜 영국 종놈이라고 한 것에 여름 내내 격분해 있던 해밀턴이 마침내 애덤스에게 최후통첩을 날린 것이다.

> 당신이 이 나라에 *친영파*가 존재한다고 여기저기서 주장하고 다닌다는 이야기가 반복해서 내 귀에 들어왔습니다. (소위) 연방당 소속 유명 인사 다수가 친영파라면서 내 이름도 언급하셨다더군요. (중략) 각하, 당사자가 상처받을 것을 알면서도 설마 마땅한 근거도 없이 그런 주장 혹은 암시를 하진 않으셨겠지요.[15]

해밀턴은 애덤스에게 그의 주장에 대한 근거를 요구했다. 그 어투에서 애덤스는 믿기 어렵지만 해밀턴이 미국 대통령인 자신에게 결투를 신청하고 있다는 사실을 알아차렸다. 결투는 으레 상대가 내뱉은 명예훼손 발언에 대한 설명을 강요하며 시작되곤 했기 때문이다. 무례한 어투에 빈정이 상한 애덤스는 해밀턴이 보낸 편지에 답장을 하지 않았다. 아마 애덤스는 해밀턴이 지적한 자신의 죄목에 반박하기 어렵다는 사실을 알고 있었을 것이고, 해밀턴 역시 애덤스가 자신의 편지를 묵살하리라는 예상을 하고 있었을 것이다. 10월 1일 해밀턴은 재차 애덤스가 자신에게 제기한 혐의가 '잘못을 반박하거나 누락된 내용을 가릴 만큼 그럴듯한 근거조차 없는, 저열하고 사악하고 잔인한 중상모략'이라는 내용이 담긴 편지를 보냈다.[16] 대통령에게 보낸 서한이라 하기에는 충격적일 정도의 공격적 언어를 사용한 이 편지로 인해 두 사람이 미래에 화해할 가능성은 아예 사라져버렸다.

일단 싸움을 시작한 해밀턴을 막을 수 있는 사람은 아무도 없었다. 연방주의자들 사이에서는 해밀턴이 또다시 공개서한을 보낼 것인가에 대해 추측이 난무했고 저명한 연방당원 몇몇은 우려를 표했다. 조지 캐벗은 애덤스에 대한 신중하고 이성적인 비판은 핑크니 쪽에 유리할 수 있지만 연방당이 애덤스를 내치기에는 시기가 너무 늦은 것 같다고 해밀턴에게 말했다. 해밀턴이 극단적인 행동으로 질투와 불화만을 초래할 것을 염려했던 그는 해밀턴에게 보내는 편지에서 '애덤스 대통령의 잘못을 들추어 얻을 수 있는 이점도 있[겠]지만 그것보다 더 나은 방법이 있다고 생각합니다. 이런 식의 편지는 불필요한 관심을 끌고 당신이 *위험한 인물*이라는 새로운 반증만 될 뿐입니다'라고 썼다.[17] 월콧은 애덤스 대통령에게 보낸 편지가 연방당을 분열시킬 수도 있다고 경고했지만 해밀턴은 아랑곳하지 않았다.

해밀턴은 자신이 쓴 애덤스 소책자 때문에 세상이 그토록 떠들썩해지리라고는 예상하지 못했던 듯하다. 처음에 그는 그 소책자를 개인적인 서한 정도로 생각했고 뉴잉글랜드, 특히 사우스캐롤라이나 주에서 영향력 있는 연방주의자들이나 그것을 돌려보며 애덤스가 아닌 핑크니를 지지해주기를 기대했다. 그러나 얼마 지나지 않아 「오로라」를 비롯한 적대적인 여러 공화당 측 신문이 그 편지를 훔쳐서 발췌문을 공개하리라고는 미처 예상하지 못했다.

그렇다면 반대편 언론은 어떻게 해밀턴의 서한을 손에 넣었을까? 역사가들은 해밀턴의 편지 사본을 유포한 인물로 버를 지목해왔지만, 사실 편지를 빼돌려 「오로라」에 제공한 범인은 동에 번쩍 서에 번쩍 나타나기로 유명한 존 베클리였다. 공화당은 해밀턴의 서신을 공개하면 연방당 내부에서 분열이 심화될 것을 예상했다. 베클리는 해밀턴의 판단 착오를 고소하게 여기면서 이 편지로 해밀턴의 정치 인생이 끝장나길 바랐다. 베클리는 지인에게 '워싱턴을 설득하고 일생 동안 저지른 부정부패를 감추려 편지를 썼지만 뜻대로 되지 않으니 해밀턴에게 남은 것은 부끄러움과 불명예뿐'이라고 말했다.[18] 애덤스 대통령의 조카인 윌리엄 쇼William Shaw는 해밀턴이 쓴 소책자가 '즉시 필라델피아에 있는 전 하원 서기관인 베클리에게 전달됐고 베클리가 「오로라」에게 그 발췌문을 제공하면서 대중에게 처음 그 내용이 공개됐다'라 증언했고, 이로써 이 사건은 베클리의 소행임이 확실해졌다.[19]

「오로라」를 비롯한 공화당 측 신문에 이 서한의 자극적인 일부만 공개되자 해밀턴은 계획을 수정해 소책자 형태로 전체 서한을 공개할 수밖에 없었다. 해밀턴은 정적들이 의도적으로 골라낸 서한의 일부가 아닌 전문을 대중이 읽어주길 바랐다. 이는 애덤스가 앞서 해밀턴이 보낸 편지를 무시한 데 대한 반격이기도 했다. 따라서 평소대로라면 익명으로 출간했겠지만 해밀턴은 이번에는 명예를 걸고 문서 끝에 자신의 서명을 뚜렷이 새겼다. 총 54쪽에 달하는 이 소책자는 1800년 10월 24일 해밀턴이 올버니주 뉴욕 대법원 법정에서 변론을 하고 있던 중에 출간됐다. 특정 지역 인사들 사이에서만 알려졌던 편지 내용이 이제 전 국민에게 공개된 것이다.

앞서 레이널즈 소책자에서 해밀턴은 결과적으로 자신의 어리석음만 노출하고 말았는데, 이번 애덤스 소책자에서도 그는 애덤스의 불안정함 *뿐만 아니라* 자신의 판단 착오까지 만천하에 드러낸 꼴이 되었다. 의기양양해진 매디슨은 제퍼슨에게 보내는 편지에 이렇게 썼다. '공화주의의 *완벽한 승리*를 예상하며 축배를 듭니다.'[20] 「오로라」 편집자인 윌리엄 두에인William Duane은 그간 「오로라」가 해왔던 '모든 노력을 합친 것보다 해밀턴의 소책자가 연방당에 더 큰 해를 끼쳤다'며 크게 기뻐했다.[21] 노아 웹스터는 해밀턴의 '야심과 자존심과 독재적 기질'이 그를 '이 나라의 사악한 천재'가 되도록 몰아갔다고 말했다.[22] 이 애덤스 소책자 때문에 해밀턴은 몇 세대가 지난 뒤에도 그를 가장 존경하는 해밀턴주의자들 사이에서조차 비난을 받았다. 헨리 캐벗 로지는 이 공개서한을 가리켜 '열정적인 어리석음의 결과물'이라며 '한 치 앞도 보이지 않는 대선 바로 전날에 이를 공개한 것은 그저 미친 짓이라고밖에 볼 수 없다'고 비난했다.[23]

'알렉산더 해밀턴이 보내는 편지: 미국 대통령 존 애덤스의 공개적 행동과 성격에 관하여Letter from Alexander Hamilton, Concerning the Public Conduct and Character of John Adams, Esq. President of the United States'라는 제목으로 정식 출간된 이 소책자에서 해밀턴은 존 애덤스의 생애와 대통령 재임 시절을 성마르게 조목조목 비판한다. 그는 한때 자신이 존경했던 인물에게 어떻게 환멸을 느끼게 되었는지를 서술했다. '나는 한때 미국 독립 초기에 애덤스가 보여줬던 행보로 그를 매우 존경하던 수많은 사람 가운데 하나였다.'[24] 그러나 1780년대 초반 해밀턴이 의원으로 재직하던 당시 애덤스의 '끝 모르는 허영심과 다른 모든 장점을 무색하게 만드는 질투심이라는 안타까운 약점'이 드러나기 시작했다.[25] 해밀턴은 대통령으로서의 애덤스는 '옳고 그름, 지혜와 실수가 혼재'한다고 평가했다.[26] 또한 애덤스가 공정한 이론가라는 사실은 인정하면서도 프랑스와의 평화조약에 관련된 일처리, 상습적인 내각 인사 축출, 제임스 매켄리에게 가한 '인신공격'을 비판했다.[27]

해밀턴은 애덤스가 행정부 구성원들에게 저지른 잘못을 조목조목 지적하는 데서 만족하지 못하고 개인적인 불만을 끼워 넣는 실수를 범했다. 해밀턴은 애덤스 대통령이 워싱턴 서거 후 자신을 총사령관으로 임명하지 않았다고 불평하며 '애덤스 대통령은 반복해서 내게 입에 담지 못할 비난을 퍼부었고 (중략) 도덕적 원칙이 결여된 인물이라고 비판했으며 (중략) [또한] 친영파의 수장이라는 오명을 씌웠다'라고 썼다.[28] 이 같은 개인적인 하소연 때문에 해밀턴은 편협하고 사적 복수심에 불타 당의 지도자임을 망각한 자기중심적 인물로 비치게 되었다.

애덤스 소책자의 마지막 부분은 특히 황당무계하다. 해밀턴은 애덤스의 기행奇行을 실컷 비난한 뒤 갑자기 애덤스의 대권 도전을 지지하며 선거인단에게 애덤스와 핑크니에게 똑같이 투표해달라고 당부한다. 그는 만약 연방주의자가 한마음 한뜻으로 애덤스와 핑크니 두 사람 뒤를 든든히 받쳐준다면 '모든 신실한 연방주의자가 자질 없는 세 번째 후보 즉, 제퍼슨을 배척할 가능성이 높아질' 것이라 예상했다.[29] 소책자에 담긴 내용은 해밀턴처럼 지적 능력이 탁월한 사람이 작성했다고 믿기 어려울 만큼 허접했고 억지소리를 글로 옮겨놓은 것에 불과했다.

애덤스를 묘사한 글에서 해밀턴은 자신이 보고 들은 것만 되풀이했다. 애덤스가 확실히 '미치진' 않았지만 고함을 지르고 욕설과 외설을 일삼으며 자제력을 잃고 날뛰는 등 모욕적이고 부적절한 행동을 서슴지 않았다는 것이 해밀턴의 주장이었다. 해밀턴은 제퍼슨과 프랭클린 등이 애덤스에 대해 사석에서 나눈 험담을 고스란히 옮겨 애덤스 대통령의 지나치게 변덕스러운 행동을 목격한 내각 구성원 및 다른 연방주의자들의 주장에 덧붙였다. 조지프 엘리스는 해밀턴이 정치적 편견에도 불구하고 '후세에 애덤스의 평판을 논할 때마다 따라붙게 될 '미국 건국의 주역 중 한 사람이 어떻게 그토록 인격적으로 불안정하게 비칠 수 있는가?'라는 의문을 효과적으로 구성했다'고 평가했다.[30]

일부 연방주의자는 해밀턴이 묘사한 애덤스의 초상이 정확하다고 인정했다. 매사추세츠 주의원인 벤저민 굿휴는 '우리는 악의적인 정책에 따라 입 다물고 애덤스 대통령을 존경하도록 강요받아왔다. 따라서 자연히 애덤스 대통령에게는 호의적인 여론이, 또 그가 싫어하는 인물에 대해서는 부정적인 여론이 형성될 수밖에 없었다'며 해밀턴의 용기를 높이 샀다.[31] 메릴랜드 출신 전 상원의원인 찰스 캐럴 역시 '소책자에서 주장하는 내용은 내가 보증하건대 진실이다. 그러므로 애덤스 씨는 대통령 자리에 적합하지 않은 인물이며 이는 선거인단과 대중에게 반드시 알려져야 한다. 이러한 사실을 감추는 것은 국민에 대한 반역이라고 생각한다'며 해밀턴이 쓴 편지를 칭송했다.[32] 뉴햄프셔 주의원인 윌리엄 플러머를 비롯한 다른 연방주의자들도 '애덤스 대통령은 공무를 수행하면서 매우 불규칙하고 매우 부적절한 행동을 수없이 보여줬다. 그가 각 부처의 장관들을 무시하고 조롱한 것은 나이 들어 변덕스러워진 성정을 주체하지 못하고 정신력까지 약화됐음을 보여주는 강력한 증거다'라는 말로 해밀턴의 배짱 좋은 폭로에 소심하게 동조했다.[33]

해밀턴 편에 선 이들은 정계에서 소수였다. 대부분의 연방당원과 모든 공화당원은 해밀턴이 애덤스를 비난하면 할수록 위선적이고 할 말 못할 말을 가리지 못하는 한심한 사람으로 비친다는 사실을 알고 있었고, 애덤스 소책자는 그런 인상을 더욱 부추겼다. 로버트 트루프는 '해밀턴의 편지가 도처에서마다 규탄받고 있다'며 '해밀턴 장군이 예전의 레이널즈 소책자와 더불어 애덤스 소책자까지 출간한 경솔함에 대해 친구들 중에선 비판하지 않는 이가 한 명도 없다. (중략) 어딜 가나 우리 정적들은 승리에 도취돼 있다'고 말했다.[34] 트루프는 이제 제퍼슨이 대통령에 당선되는 일을 막으려면 '기적에 가까운 일'이 일어나야 한다며 두려워했고 해밀턴이 소책자 때문에 연방당의 지지 세력을 대거 잃을 것이라 믿어 의심치 않았다.[35] 정치 스펙트럼상에서 반대편 끝에 있던 제퍼슨 또한 해밀턴이 쓴 소책자가 애덤스의 재선에 치명타를 입혔다고 생각했다.

해밀턴은 처음에는 자신이 쓴 개인적 서한이 널리 퍼지고 있다는 소식에 놀랐지만 나중에는 만족스러워했다. 애덤스처럼 해밀턴도 자존심에 눈이 멀었던 것이다. 조지 캐벗은 해밀턴에게 해밀턴을 가장 '존경하는 친구들'조차 소책자로 출간된 편지에 드러난 '자기도취와 허영심'을 비난하고 있다고 전했다.[36] 애덤스 소책자가 연방당의 대의명분에 미칠 영향을 두려워하는 트루프에게 해밀턴은 사람들이 '엄청난 열의'를 가지고 소책자를 읽을 것이며 '좋은 결과를 가져올 것'이라 주장했다.[37] 이미 상식에서 너무 멀어져버린 해밀턴은 매켄리와 피커링에게 개정판을 내야 하니 '새로운 일화'를 말해달라고 요구했다.[38] 매켄리는 해밀턴이 허락도 없이 자신의 이야기를 출간했다는 데 충격을 받았지만 해밀턴은 그 사실에 전혀 개의치 않았다. 올리버 월콧 주니어는 개정판 소식을 듣고 너무 놀란 나머지 매켄리더러 해밀턴에게 절대 그래선 안 된다고 '꼬집어 충고하라'며 신신당부했다.[39] 결국 해밀턴은 계획을 재고했고 개정판은 출간되지 않았다.

애덤스가 소책자에 아무런 대응을 하지 않은 것은 백번 옳은 결정이었다. 애덤스는 한 지인에게 '그 소책자 때문에 더 많은 손해를 입을 사람은 내가 아닌 해밀턴일 것임이 확실하기에 나보다는 해밀턴 입장에서 더 유감'이라고 말하는 한편, 해밀턴이 워싱턴에게도 '워싱턴의 인격과 행동에 대한 소책자'를 출간하겠다고 협박했을 것이라는 기이한 의심을 굳혔다.[40] 애덤스가 선거 전날 밤 공개적으로 소책자에 대한 입장을 밝히면서 연방당 고위 관계자 사이에서는 한바탕 더 큰 소란이 일었다. 애비게일은 사적인 자리에서 종종 자신의 남편인 애덤스에게 따라붙는 수식어인 '나약함, 허영심, 야망'이라는 단어를 사용해 해밀턴을 조롱했다.[41]

애덤스는 해밀턴의 *편지*에 대한 반박문을 작성했으나 그것을 공개하진 않고 서랍 안에 고이 묻어두었다. 그는 결코 해밀턴보다 오래 침묵할 줄 아는 사람이 아니었음에도 이에 대해서만큼은 해밀턴이 세상을 뜨는 순간까지 인내했다. 그는 해밀턴이 죽음에 이른 경위를 듣고도 동요하지 않았고, 해밀턴에 대해선 그의 '인격이 불명예스러운 중상모략에 묻히도록' 내버려두지 않고 자신의 척수를 관통한 총알과 함께 잘못을 뉘우치며 죽게 만든 것이라고 말했다.[42] 1809년 애덤스는 「더 보스턴 패트리어츠The Boston Patriot」에 대통령 재임 시절을 정당화하는 글을 연재하기 시작했다. 3년에 걸쳐 거의 매주 애덤스는 오래전 해밀턴이 자신에게 제기했던 혐의를 조목조목 반박했다. 애덤스는 해밀턴이 해당 소책자를 '단순한 상상력과 떠도는 소문 또는 명백한 거짓 정보에 근거해 작성했다'며 전면 부정했다.[43] 소책자에 담긴 내용을 반박하는 데 만족하지 못했던 그는 해밀턴과 마찬가지로 앙심을 품고 인신공격을 하고야 말았다. 해밀턴은 미국 시민이 아니며 미국인다움이 무엇인지는 쥐뿔도 모르는 데다 *진정한 애국자이긴커녕* 구제 불능의 난봉꾼이며, 미성숙하고 군사적 지식도 부족할 뿐 아니라 심지어 재무부 장관 시절에도 실질적인 업무는 아랫사람에게 떠맡긴 채 '야심만만한 보고서'나 휘갈기며 빈둥빈둥 시간을 때웠다고 또다시 맹비난한 것이다. 대부분의 사람들이 그렇듯 해밀턴과 애덤스 역시 타인의 눈에 보이는 자신의 허물에는 천성적으로 민감했다.

당 내부에서 이 모든 분열이 일어났음에도 연방당은 대선에서 공화당과 놀라울 정도의 접전을 벌였다. 제퍼슨과 버는 선거인단 득표수에서 똑같이 73표를 획득해 비긴 반면 애덤스와 핑크니는 각각 65표와 64표를 획득하며 그 뒤를 바짝 좇았다. 예상했던 바와 같이 뉴잉글랜드는 만장일치로 애덤스를 지지한 데 반해 제퍼슨은 사실상 남부 전역을 손에 넣었다. 결정적인 영향을 미친 것은 역시 예상대로, 해밀턴과 버가 갈등 상황으로 치달으며 각본 없는 정치 드라마를 연출했던 1800년 4월의 뉴욕 시 선거였다. 뉴욕 선거인단 열두 명은 공화당에 변함없는 지지를 보내며 제퍼슨과 버를 유리한 고지에 올려놓았다. 전기작가 데이비드 매컬러프는 '도시를 혐오하는 농경 미국의 사도인 제퍼슨이 정치에서 최종적으로 승리할 수 있었던 것은 뉴욕 덕분'이라고 썼다.[44]

그러나 존 애덤스는 해밀턴의 소책자가 자신의 재선을 가로막는 결정타였다고 굳게 믿었다. 훗날 그는 '[소책자의] 유일한 목적이 당시 대통령이었던 내 재선을 막는 것이었다면 시기상 그보다 더 안성맞춤인 때를 찾기란 힘들었을 것'이라 말했다.[45] 애덤스는 해밀턴과 그 무리가 '자살을 하고 (중략) 내게 살인죄를 뒤집어씌웠다'고 말하기도 했다.[46] 그러나 학계에서는 해밀턴의 소책자가 선거에 직접적인 영향을 미쳤다는 주장에 의문을 품어왔다. 16개 주의 선거인단 중 대다수는 해밀턴이 소책자를 발간하기 훨씬 이전에 결정된 주의회 의원들에 의해 선출되었기 때문이다. 게다가 소책자 출간 당시 선거인단을 아직 뽑지 않았던 주에서도 선거 결과는 초기 예측과 크게 다르지 않았다. 해밀턴은 찰스 핑크니의 고향인 사우스캐롤라이나에서 적극적인 유세 활동을 펼쳤으나 그의 바람과 달리 사우스캐롤라이나도 공화당의 수중에 떨어졌다.

여러 관측통은 해밀턴이 스스로 명예를 깎아내리고 애덤스에게 쓴 편지로 역풍을 맞았다고 여겼다. 로버트 트루프는 '해밀턴의 소책자가 지난 대선에서 단 한 표도 돌려놓지 못했다고 생각한다'며 소책자로 인해 만천하에 드러난 것은 애덤스의 인격이 아니라 해밀턴이 *사리분별력이 한참 떨어진다*'는 사실이었다고 덧붙였다.[47] 연방당은 해밀턴의 촉구와 달리 핑크니를 대통령 후보로 세우지 않고 애덤스에게 투표했다. 한때 연방당에서 막강한 권력을 자랑했던 해밀턴의 위신이 나락으로 추락하는 순간이었다. 선거에 미친 영향력과는 무관하게 해밀턴이 애덤스에게 보낸 편지가 연방당의 몰락을 가속화한 것만큼은 분명했다. 애덤스는 해밀턴의 '야심과 호기심과 파벌주의가 연방파를 망쳤다'고 확신했다.[48] 연방당은 그 뒤로도 10년에서 20년간 존속하긴 했지만 뉴잉글랜드를 벗어난 곳들에서는 영향력을 거의 행사하지 못했다. 연방당의 몰락과 함께 해밀턴이 대통령은커녕 정계에서 중추적 역할을 되찾을 일말의 가능성까지도 사라져버린 것이다.

왜 해밀턴은 연방주의자들 사이에 이러한 혼돈을 불러일으키는 데 기여했을까? 늘 그랬듯 그는 국가가 프랑스 침략 또는 내전이라는 국가적 비상사태를 향해 달려가고 있으며 애덤스가 연방주의를 오염시킬 것이라 생각했다. 이런 이유로 그는 애덤스를 쫓아내고 당분간 제퍼슨을 대통령 자리에 앉혀두는 것이 연방당의 이념적 순수성을 타협으로 희석시키는 것보다 낫다고 생각했다. 연방당 수장으로서 해밀턴은 애덤스의 리더십과 관련하여 '나약하고 비뚤어진 한 사람 때문에 당의 이념이 희생된다면 나는 연방당을 탈퇴해 독자적인 길을 걷겠다'라는 말을 한 적이 있었다.[49] 연방당이 분열되면 자신이 당연히 일부 세력을 규합할 수 있으리라는 것이 그의 생각이었다. 애덤스의 파멸이 곧 자기 자신의 파멸로 이어질 수 있다는 사실, 그리고 재로 변한 연방당을 다시는 재건할 수 없을지도 모른다는 사실을 간과한 것이다.

향후 미국 정치를 재편하고 공화당을 다수당으로 만들어줄 거대한 이념적 변화는 1800년 선거 당시 오간 사적 비방 뒤로 가려졌다. 해밀턴의 편지가 아무런 영향을 미치지 않은 하원의원 선거에서도 공화당은 65석을 확보함으로써 41석을 확보한 연방당을 대선에서보다 더 큰 차이로 따돌리며 승리했다. 제이 조약, 외국인규제 및 선동금지법 반프랑스 정책, 해밀턴 주도 아래 소집된 대규모 병력 및 유지 비용으로 부과된 세금 등 연방당의 연이은 실망스러운 행보에 대한 국민들의 대답이었다. 1800년 선거는 미국 정치에서 최초로 강력한 중도파가 승리한 선거였다. 즉, 선거인단에겐 어느 쪽이든 극단적이라고 인식하면 제동을 거는 경향이 있다는 사실이 드러난 것이다.

연방당 내부에 더욱 깊이 뿌리내린 문제는 애덤스와 해밀턴의 불화로 표면 위에 떠올랐다. 어쩌면 연방당을 몰락시킨 궁극적인 이유이기도 한 이 문제는 다름 아닌 엘리트주의였다. 제임스 매켄리는 올리버 월콧 주니어에게 '연방당 지지자들은 서로 사적인 서신을 교환하지만 여론의 적절한 선도를 위해 하는 일은 하나도 없다'고 불평했다.[50] 연방주의자들은 선거인단에게는 호소문을 발송했지만 그 저변에 있는 민중의 마음을 움직이려는 노력은 시도조차 하지 않았다. 해밀턴은 여론을 수렴하는 대신 선거인단 확보를 위해 전문적인 의견을 제시했다. 그는 타협이라고는 모르는 사람이었고 단순함을 지향하는 정치 문화 속에서도 난해한 이념을 찬양했다. 알렉산더 해밀턴은 승리한 행동가이자 사상가였지만 평균적인 유권자의 지도자는 아니었다. 대놓고 말해 일반 대중에게 다가가기에는 지나치게 똑똑한 사람이었던 것이다. 피셔 에임스는 해밀턴을 보면서 일반 대중은 '자신들 머리 꼭대기에 군림할 만큼 성품이 고결하고 교육 수준이 높은 사람'을 지도자로 원하지 않는다'고 말했다.[51]

건국의 아버지들 가운데서도 지적으로 월등했던 해밀턴은 인간 본성이란 결코 완전무결할 수 없다고 생각했다. 따라서 선거인단에게 연설할 때는 항상 낙관적이어야 한다는 미국 정치의 첫 번째 불문율을 주기적으로 어기곤 했다. 그는 미국민이 지구상에서 가장 훌륭하고 깨인 민족이라거나 유럽 사회에서는 전혀 배울 점이 없다는 등 다른 정치인들이 선거 유세에서 흔히 내뱉는 말을 하지 않았다. 해밀턴은 애국심이나 민족성을 고취하는 말과 행동 등 미국 정치에서 필수가 된 것들에 능숙하지 못했다. 미국 예외주의를 회의적인 시각으로 바라본 최초의 정치인이었던 그는 미국은 역사적 교훈이 적용되지 않는 예외적인 국가라는 믿음을 거부했다.

해밀턴이 세상을 어두운 곳으로 바라보고 인간의 한계에 민감했던 반면 제퍼슨은 세상을 장미빛으로 바라보고 인간의 가능성에 중점을 뒀다. 해밀턴과 제퍼슨 두 사람 모두 민주주의를 신뢰했지만 해밀턴은 피통치자를, 제퍼슨은 통치자를 신뢰하지 못하는 경향이 있었다. 모순적인 것 같지만 꿈꾸는 이상주의자인 동시에 영악한 정치인이기도 했던 제퍼슨은 낙천적이고 희망적인 메시지를 전달하는 능력의 대가였다. 이러한 능력은 오늘날 미국 정치에서도 필수가 됐다. 제퍼슨은 끊임없이 대중의 지혜에 경의를 표했다. 1800년 선거 이전에 연방주의자인 해리슨 그레이 오티스는 제퍼슨의 접근법을 가리켜 '거짓으로 점철된 재단에 올려진 허영심과 어리석음을 모시고 다다단 분향을 피운다'고 조롱했다.[52] 존 퀸시 애덤스 또한 제퍼슨이 대통령에 당선될 수 있었던 것은 '대중의 인기에 영합'했기 때문이라고 말했다.[53] 독립기념일을 자축하는 언어를 만들어내고 미국이 인류의 파수꾼이라는 복음을 전파한 사람 또한 제퍼슨이었다. 그는 존 디킨슨에게 '미국 독립혁명 덕분에 지구상에 있는 수많은 사람이 더 나은 조건에서 살게 됐다'고 자평했다.[54] 최소한 기록상으로는 제퍼슨이 해밀턴보다 민주주의에 대해 더 포괄적인 관점을 갖고 있었던 것으로 보인다. 해밀턴은 대중이 변덕스럽고 실수하기 쉽다는 점을 항상 두려워했기 때문이다.

1800년 선거가 단순히 '보수적인' 해밀턴주의에 대한 '진보적인' 제퍼슨주의의 승리라는 주장은 지나친 확대 해석이다. 연방당은 세 번 연속 정권을 잡으며 임기 동안 눈부신 업적을 많이 이루어냈다. 연방정부의 권력이 커지는 것을 극도로 두려워했던 공화당이 정권을 잡았다면 절대로 일구지 못했을 업적들이다. 워싱턴과 애덤스 및 해밀턴의 지휘하에 연방당은 중앙은행, 장기채, 높은 국가신용등급, 세금 체계, 관세청, 해안경비대, 해군 등 자유 수호를 가능케 해줄 강력한 힘을 제도화하며 탄탄한 연방정부를 구축했다. 연방당은 핵심적인 헌법 법리를 바로 세워 나머지 부분에서는 유연성을 확보했고 연방 국가로서 유대 관계를 공고히 했으며 국내외 정책 부서에 활력을 불어넣었다. 특히 해밀턴은 공화당이라면 엄두도 내지 못했을 방식으로 국가의 재정적 기반을 다졌다. 수많은 제퍼슨주의자 사이에서 여전히 혁명적 유토피아주의와 프랑스 혁명에 대한 동경이 만연하던 시절에 해밀턴은 법치주의와 자본주의를 정착시키는 일에 공헌했다. 주정부의 권리를 중시하고 중앙정부를 혐오하며 헌법의 해석을 제한했던 공화당이 정권을 잡았었다면 이 같은 역사적 업적을 달성하기란 요원했거나 어쩌면 아예 불가능했을지도 모른다.

해밀턴은 시장경제에 기반을 둔 근대 국가가 추진해야 할 미래 지향적 과제와 더불어 중앙정부에 대한 긍정적인 관점을 장려했다. 제퍼슨이 그토록 유창하게 변호한 개인의 정치적 자유가 보장될 수 있었던 것은 해밀턴이 경제 영역 전반에서 능력주의를 채택해 개인의 자유를 확대한 덕분이었다. 귀족주의적이고 보수적이라는 평가를 받던 연방당원 가운데 압도적인 다수가 노예제 폐지를 주장한 것은 우연이 아니었다. 연방주의자를 엘리트주의자로 볼 수도 있지만 그들은 혈통이나 출생이 아닌 능력과 경제력에 기반을 두고 인재를 등용했던, 융통성 있고 열린 엘리트 집단이었다. 그랬기에 노예제를 바탕으로 한 남부의 플랜테이션 농장 체제에 반대했던 것이다. 민주주의와 자본주의를 체화시켜 장기적으로 미국이라는 국가의 본질을 구성한 것은 북부의 경제 체제였다. 어느 모로 봐도 1800년의 선거는 절대 악에 대한 선의 승리 혹은 귀족에 대한 평민의 승리가 아니었다.

1800년 선거에서 공화당이 거둔 승리는 노예제를 옹호하던 남부의 승리이기도 했다. 버지니아 주에서 노예를 소유하고 있던 세 사람 즉, 제퍼슨과 매디슨과 먼로는 그 뒤 24년간 백악관을 장악했다. '민주주의'를 주창한 귀족 계층이었던 이들은 노예 수백 명을 거느렸을 뿐 아니라 헌법상 노예제는 합법이고 남부에 속한 주는 소유한 노예 숫자의 5분의 3을 포함해 선거인단을 선출할 수 있다는 가장 비민주적인 조항으로 이득을 챙겼다(이른바 연방 할당제라고 부르는 이 제도만 없었다면 1800년 선거에서 존 애덤스가 토머스 제퍼슨을 누르고 승리했을 것이다). 헌법은 노예제를 용인하는 데 그치지 않고 더 나아가 적극적으로 보상했다. 티머시 피커링은 공화당 정권이 노예 인구 5분의 3 덕분에 정권을 잡을 수 있었다는 사실에 빗대 '흑인 대통령과 흑인 의회'라는 독설을 퍼부었다.[55] 이러한 편파적 계산법으로 남부 선거인단이 부풀려졌고 제퍼슨주의자들이 그토록 자랑스럽게 선포한 민주주의도 일그러졌다. 워싱턴 취임 시기부터 남북전쟁으로 노예제가 폐지되기 전까지의 72년 가운데 노예를 소유하고 있던 남부 출신 대통령들이 정권을 잡은 기간은 무려 50년에 달했다. 노예제를 옹호하고 대중의 인기에 영합했던 이들 중 다수는 후대에 민중의 지도자라며 추앙받았던 반면, 자수성가해 열렬히 노예제 폐지를 주장하고 능력 중심의 사회를 고집했던 해밀턴은 미국 역사 교과서에서 특권층과 부유층을 대변하는 악인으로 그려졌다.

37

교착 상태

Alexander Hamilton

해밀턴과 애덤스를 비롯한 연방파는 프랑스 혁명의 귀추를 바라볼 때에도 반대편 공화파보다 훨씬 현실적인 시각을 견지했다. 해밀턴은 프랑스 혁명이 초래한 혼란이 독재로 끝날 것이라 수차례 예언했다. 1799년 11월 9일 나폴레옹이 쿠데타를 일으켜 프랑스 공화국 황제로 등극하면서 이 예언은 사실이 됐다. 외무장관인 탈레랑은 이제 미국과 화해할 때라고 선언했고 나폴레옹도 이에 동의했다.

1800년 10월 3일, 미국 사절단은 프랑스와의 평화조약에 비준했다. 애덤스를 재임 기간 동안 그토록 괴롭혔던 이른바 유사 전쟁이 종식된 것이다. 총성 없는 전쟁에 지쳐 있던 미국 국민 대부분은 이 소식에 기뻐했다. 이 외교적 성과는 11월이 되어서야 미국 언론에 보도됐고 12월 중순에야 국회 비준을 위해 상원에 도착했다. 여러 강경한 연방주의자들과 달리 해밀턴은 이 평화조약에 호의적이었다. 아니, 최소한 반대해도 소용없다는 사실을 그는 알고 있었다. 해밀턴은 거베너르 모리스에게 "미래에는 '연방정부가 유럽과의 갈등으로 일어난 모든 폭풍우를 헤치고 평화롭고 안전한 항구에 배를 정박시켰다'라고 말할 수 있게 될 것이오"라고 말하기도 했다.[1] 그가 뒤늦게 프랑스와의 분쟁을 더 평화적인 방법으로 끝내는 쪽으로 입장을 선회했다고 말할 수 있는 대목이다.

해밀턴을 비롯해 프랑스와의 전쟁을 주장했던 연방당 고위 당원들과 맞서 평화 노선을 고수했던 존 애덤스는 마침내 자신의 고집스런 외교적 신념이 옳았음이 입증되자 감격했다. 애덤스는 외교 정책을 시의적절하게 제대로 집행하면 무력 사태를 미연에 방지할 수 있다는 중요한 선례를 남겼다. 사실상 애덤스는 많은 역사가들이 애덤스가 예전에 보였던 괴상하고 비합리적인 행동조차 용납할 만한 외교적 승리를 거두었다. 해밀턴 전기작가인 브로더스 미첼조차 애덤스를 '영웅'이라고 부르며 '애덤스의 거슬리던 비일관성이 단숨에 사라졌다. 결단이 필요한 순간에 그가 옳았음이 밝혀졌기 때문이다. 해밀턴 등이 영국과의 전쟁 직전에 나라를 구한 것처럼 애덤스도 프랑스와의 전쟁에서 나라를 구했다'고 기록했다.[2] 애덤스는 재임 기간 동안 평화를 보전한 것이 '내 왕관에서 가장 빛나는 다이아몬드'라며 자평했고 자신의 묘비에 다음과 같은 글귀를 새겨달라고 부탁했다. '1800년도에 프랑스와의 평화라는 책임을 다한 애덤스, 여기에 잠들다.'[3] 훗날 애덤스는 해밀턴과 그 일당이 꾸몄던 '사악한 음모'를 언급하며 '나는 내 결정이 세계에 초래할 모든 결과와 해밀턴 일당의 사그라들지 않을 증오를 무릅쓰고' 프랑스와의 평화조약을 추진했다고 주장했다.[4]

애덤스는 외교적으로 길이 남을 승리를 일구었지만 대선 결과를 뒤집기에는 너무 늦었기에 그 뒷맛은 달콤 씁쓸했다. 어긋난 타이밍 때문에 그는 더더욱 자신이 불운하고 동떨어졌으며 인정받지 못한다고 느꼈다. 애덤스 추종자들은 그가 숭고하고 자기희생적으로 행동했다는 그의 주장을 그대로 되풀이했지만 사실 그 이면에 있던 애덤스의 동기가 신성한 것만은 아니었다. 행정부 출범 초기에 그는 당시 여론에 따라 프랑스에 대해 강경한 입장을 취했었다. 그러다가 1800년 선거 무렵 분위기가 공화당 쪽으로 기울자 반대편 선거인단에게 잘 보이기 위해 더 유화적인 입장으로 선회했던 것이다. 그때까지만 해도 일부 핵심적인 주 선거인단 사이에서는 온건한 애덤스가 우세했다. 조지 클린턴은 '제퍼슨의 대통령 당선을 막을 수 있었던 유일한 적수는 프랑스에 특별사절단을 파견해 평화 협상을 타결한' 애덤스였다며 '공화당이 아직 대통령 후보로 제퍼슨을 지명하기 전이었을 때 우리가 애덤스를 밀었어야 했다'고 말했다.[5] 애덤스가 대통령 재임 시절에 남긴 가장 큰 업적이 프랑스에 평화 사절단을 파견한 것이라는 데는 이견의 여지가 없지만 그 업적으로 증명된 것은 애덤스의 지혜라기보다는 정치적 민첩성이었다.

1800년 12월 중순쯤 제퍼슨과 버가 동일한 선거인단 득표수를 기록할 것이 확실시되자 아직 연방당이 과반수 의석을 차지하고 있던 하원에서도 레임덕 현상이 벌어졌다. 대통령 후보와 부통령 후보를 가르는 헌법적 절차는 정해진 바 없었지만 공화당 내부에서는 제퍼슨이 대통령 후보라는 암묵적 합의가 있었다. 버가 부통령 후보에서 탈락되는 상황을 우려한 제퍼슨은 공화당 선거인단에게 자신의 최고 득표를 보장한답시고 버에게 투표하지 않는 등의 행위는 하지 말라고 당부했다. 선거인단 투표에서 제퍼슨과 동점이 나오자 제퍼슨의 예상대로 처음에는 버도 차분하고 겸손하게 반응했다. 버는 자신이 감히 제퍼슨을 상대로 대통령 후보 자리를 넘볼 생각은 없다는 뜻을 공화당원인 새뮤얼 스미스Samuel Smith에게 편지로 전했다. '제퍼슨과 동등한 득표수를 기록할 확률은 매우 희박하지만 만약 그런 결과가 나온다 해도 나를 아는 사람이라면 당연히 내가 모든

경쟁을 포기하리라는 사실을 알 것이오.'⁶

버의 의도가 마냥 순수하지만은 않다는 사실을 알아차릴 만큼 식견 있는 사람이 적어도 한 명은 있었다. 해밀턴은 연방당 소속 의원들이 제퍼슨보다 버를 선호한다는 소문을 들었던 터라, 그 둘이 선거인단 투표에서 동점을 기록할 것이란 예측을 접하자마자 버가 제퍼슨을 제치고 당선될 가능성을 아예 차단해버리기 위해 올리버 월콧 주니어에게 서둘러 편지를 보냈다.

> *버*는 호감 가는 구석이라곤 찾을 수 없는 인물이오. 최측근들조차 버의 인격을 변호해주지 못한다오. 국가를 약탈하지 않고서는 구제가 불가능할 만큼 재정적으로도 파산 상태인 데다 공적인 원칙에서도 오로지 일신의 출세만 좇을 인물이오. (중략) *영원한 권력과 부*를 얻기 위해서라면 버는 능히 국가 제도를 혼란에 빠뜨리고도 남을 인물이오. 미국의 *카틸리나*라 해도 과언이 아니오.⁷

강력한 기소장이었다. 고대 로마에서 카틸리나Catiline는 사적으로 방탕하고 계략을 꾸며 공화정을 위태롭게 한 것으로 악명 높은 인물이었다. 버를 저지하기 위해 해밀턴은 자신의 영원한 적수인 토머스 제퍼슨을 지지하기로 결심했다. 해밀턴은 월콧에게 제퍼슨은 '지금까지 관찰한 바 그다지 위험한 인물은 아니며 허세를 부리는 성격'이라고 말했다.⁸ 또한 과대평가된 버보다는 제퍼슨이 훨씬 재능 있는 인물이라 여겼던 해밀턴은 버를 다음과 같이 평가했다. '현명하기보다는 교활하고 능력보다는 수완이 좋다. 내 생각에 실제 능력에서는 버가 제퍼슨보다 열등하다.'⁹ 해밀턴이 제퍼슨을 지지하고 나선 것은 말도 안 되는 반전이었다. 존 애덤스보다는 차라리 정적 두 사람 가운데 한 명을 선택해야만 하는 해밀턴의 궁색한 처지를 반기는 사람은 아무도 없었다. 애덤스는 이해할 수 있다는 듯 고소해하는 투로 '해밀턴이 세상에서 가장 질투하는 바로 그 두 사람이 이제 해밀턴보다 우위에 있다'고 말했다.[10]

그해 여름 선거 운동이 한창일 때 해밀턴은 버가 뉴저지와 로드아일랜드, 버몬트에서 은밀히 선거인단을 회유하는 정황을 포착하고선 그가 거짓으로 제퍼슨에게 복종하는 척하고 있음을 알아챘다. 제퍼슨과 애덤스, 핑크니가 신사답게 마찰을 피하는 사이 버는 혼자 공개적으로 선거 운동을 펼쳤다. 버와 제퍼슨 사이의 연합은 뉴욕을 공화당 진영으로 끌어당기려는 일종의 정략결혼이었다. 제퍼슨은 훗날 버에 대해 '나는 결코 단 한 번도 버가 정직하고 정정당당한 인물이라고 생각해본 적이 없다. 그저 어디를 겨냥하거나 쏠지 알 수 없는 구부러진 권총 또는 결함이 있는 무기 정도로 여겼을 뿐이다'라고 말했다.[11] 그럼에도 제퍼슨이 두 번이나 이 구부러진 권총을 부통령 후보로 지명한 것은 그가 얼마나 냉소적일 수 있는지를 보여준다.

한편 버는 여전히 1796년 선거 당시 자신이 버지니아 주에서 한 표밖에 획득하지 못한 것은 제퍼슨의 배신 때문이라고 믿고 있었다. 그는 다음과 같이 신랄하고 기이한 글을 남기기도 했다. '나의 제프(제퍼슨의 애칭_역주)에 대해 말하자면, 지난 선거에서 있었던 일 이후로는 (브루투스, 너마저!) 내 이름을 문제 삼는 것이 정말 싫지만 (중략) 만약 그렇게 나온다면 절대 가만히 당하고만 있지는 않을 것이다.'[12] 버가 제퍼슨에게 대통령 자리를 양보하겠다고 선언했음에도 해밀턴에게는 연방당 지도층이 보낸 편지들이 쇄도했다. 버를 당선시키고 버지니아 주의 정치적 헤게모니를 종식시킬 방편을 담은 것들이었다. 버는 돈과 권력에 눈이 멀었으니 협상이 가능하리라고 판단한 것이다. 연방당 지도층은 버가 도덕적으로 해이하다는 점은 제퍼슨이 무신론자인 데다 (성직자들은 만약 제퍼슨이 대통령이 되면 성경을 숨겨야 할 것이라고 말하고 다녔다) 독단적이라는 점과 비교해 별로 문제 삼지 않았다. 위험한 사상가보다는 차라리 기회주의자가 더 낫다는 것이 많은 연방주의자들의 판단이었다. 피셔 에임스는 제퍼슨이 '말도 안 되는 개인적 신념을 고집할 정도로 불합리한' 인물일까봐 걱정했던 반면 버라면 최소한 '나라에 활력을 전파할' 것이라 여겼다.[13] 존마셜 등도 '자코뱅' 정신에 맞춰 헌법을 개정할지도 모르는 제퍼슨보다는 버가 안전한 선택이라고 생각했다.

선택을 해야만 한다면 해밀턴은 아무런 원칙이 없는 인물보다는 잘못된 원칙을 가진 인물 쪽을 선호했다. 그는 월콧에게 '정치 인생에서 연방당을 등에 업고 버가 대통령에 당선될지도 모른다는 생각보다 내게 더한 고통을 주는 상황은 없다'고 말했으며, 연방당이 버를 대통령에 당선시킨다면 '공동체에서 가장 최악의 인물을 행정부 수장 자리에 앉혔다는 불명예스러운 패배'에 노출될 것이라고도 했다.[14] 해밀턴은 애덤스나 제퍼슨에 대해 결코 이런 식으로 말한 적이 없었다. 해밀턴은 세지윅에게 '버가 대통령으로 임명되면 국가적 망신'이라며 '어떤 이유로도 버를 지지할 수 없다'고 말했다.[15] 또한 버가 무해하고 태만한 대통령이 되리라는 다른 연방주의자의 의견에 동의하지 않았던 그는 거베너르 모리스에게 이렇게 말했다. '버는 모든 것을 희망할 만큼 낙관적이고 모든 것을 시도할 만큼 대담하며 아무런 부정도 거리끼지 않을 만큼 사악한 인물이오.'[16] 함께 변호사로 활동하면서 해밀턴은 버에게 어마어마한 부채가 있다는 사실을 알게 되었고, 따라서 외국 정부로부터 뇌물 청탁을 받을 경우 그는 쉽게 거절하지 못할 것이라 생각했다. 해밀턴은 연방주의자들에게 버와 홀랜드컴퍼니가 연루된 스캔들 및 맨해튼컴퍼니를 앞세워 저지른 사기에 대해 간략히 설명했다.

해밀턴은 감찰관으로 재직 당시 버와 나눴던 불쾌한 대화를 로버트 트루프와 다른 친구 두 명에게 들려줬다. 버는 해밀턴에게 이렇게 말했다.

"장군, 당신은 이제 군대 총사령관입니다. 당신은 제일 능력 있고 영향력 있는 분이며, 우리 헌법은 비참한 종이를 찍어내는 한심한 기계일 뿐이죠. 당신은 장군의 권력으로 헌법을 폐지하고 우리 실정에 맞는 새 헌법을 줄 수 있습니다. 친구들과 이 나라를 위해서라도 당신에겐 그렇게 해야 할 의무가 있습니다." 이에 해밀턴은 이렇게 대꾸했다. "버 준장, 우선 내가 지휘하는 작은 군대는 당신이 말한 목적을 달성하기엔 매우 불충분하오. 둘째로, 설사 병력이 충분하다 해도 그런 일을 벌이기에는 내 도덕심이라 일컫는 것이 허락하지 않소." 그러자 버는 콧방귀를 뀌며 프랑스어로 해밀턴의 소심함을 탓했다. "장군, 위대한 영혼이 하는 일이라면 모든 것이 도덕적입니다!"[17]

해밀턴은 버에 대한 반대 입장을 끝까지 고수했고 연방당 동지들에게 버를 대통령으로 세운다면 자신은 당에서 탈퇴하거나 심지어는 정계에서 은퇴하겠다고까지 말하며, 연방당이 버를 지지하는 것은 곧 '스스로의 사형 집행영장에 서명하는 것'과 다름없다고 경고했다.[18] 해밀턴은 버가 사실상 연방당 수장인 자신을 갈아치우거나 양당 체제를 무너뜨리고 제3의 당을 창당할 가능성을 우려했는데, 그렇게 되면 어느 쪽이든 자신의 위치는 위태로워질 것이 자명했다. 고작 에런 버를 당선시키기 위해 그가 자신의 정치 인생을 걸고 애덤스의 재선을 막은 것은 아니지 않은가?

1800년 12월 말, 해밀턴이 경고했던 것처럼 버는 마음을 바꿨다. 대통령 자리를 노리진 않겠지만 하원에서 제퍼슨이 아닌 자신을 대통령으로 선택할 경우 사양하진 않겠다는 입장을 밝힌 것이다. 버는 새뮤얼 스미스에게 자신이 대통령에 당선되면 사임해야 한다는 전제 자체가 불쾌하다고 말했다. 부통령감으로 자신을 받아들인 공화당이 이제 와서 자신이 대통령이 될까봐 전전긍긍하는 모습을 보니 마음이 상했다는 것이었다. 버는 이런 반항적인 입장을 취함으로써 상황을 벼랑 끝으로 몰고 갔다. 1월

알렉산더 해밀턴

초 해밀턴은 버가 연방파의 지지를 등에 업고 있다는 소식을 접했고, 1월 말 해밀턴의 소식통에 따르면 연방파는 거의 만장일치로 제퍼슨보다 버를 지지하고 나섰다.

버가 대통령에 당선될 수도 있는 끔찍한 상황에 직면한 해밀턴은 제퍼슨에 대해 가장 솔직하고 공명정대하며 통찰력 있는 평가를 내놓을 수밖에 없었다. 1800년 선거 유세 당시 연방파는 제퍼슨을 유해한 신조를 퍼뜨리는 선동가라는 꼬리표는 말할 것도 없고 겁쟁이, 구두쇠, 속물이라는 비방을 서슴지 않았다. 연방주의자인 로버트 G. 하퍼는 제퍼슨을 가리켜 '대학 교수나 철학과 학술 단체장'으로는 제격이지만 '위대한 나라의 행정부 수장에 맞는 인물은 절대 아니다'라며 조롱했다.[19] 이제 해밀턴은 자신이 선전했던 제퍼슨에 대한 부정적 인식과 맞서 싸워야 했다.

한 편지에서 해밀턴은 자신이 제퍼슨에 대해 악의적 발언을 많이 했었다는 사실을 고백했다. '사실 제퍼슨의 정치에는 광기가 배어 있소. (중략) 또한 그는 교활하고 집요하게 목표를 좇으며 성공하기 위해선 수단을 가리지 않을 뿐 아니라 진리가 무엇인지도 크게 개의치 않는, 경멸받아도 마땅한 위선자요.'[20] 동시에 해밀턴은 제퍼슨이 때때로 행동보다는 말만 번지르르하게 앞세우는 경우가 많으므로 막상 대통령이 되면 그가 공약했던 것보다 훨씬 미온적인 태도를 취할 것이라 말했다. 정치적 쓸모가 없어지면 제퍼슨은 더 이상 프랑스에 우호적인 태도를 보이지 않을 것이라던 해밀턴의 예측은 정확하게 맞아떨어졌다.(1800년 1월 29일 나폴레옹이 황제에 즉위했다는 소식을 전해 들은 뒤 제퍼슨은 180도 돌변하여 '중요한 것은 (중략) [미국 국민이] 자신들의 특성과 현재 처한 상황이 프랑스와는 실질적으로 다르다는 사실을 지각해야 한다는 것이다'라고 썼는데, 이는 해밀턴이 10년 동안 주장해온 그대로였다.)[21] 해밀턴은 또한 제퍼슨이 과거에 의회 권력을 옹호했던 사실 또한 미심쩍어했다. 날카로운 통찰력으로 그는 제퍼슨이 자신이 언젠가 대통령이 될 줄 알았다면 행정 권력을 지지했을 것이고 대통령의 권력이 약화되는 것은 원치 않았을 것이라 주장했다. 해밀턴은 델라웨어 주의원인 제임스 A. 베이어드에게 이렇게 말했다. '나는 종종 제퍼슨이 자신을 상속권자(즉, 미래에 유산을 물려받을 권리가 있는 사람)로 생각하기 때문에 상당한 부동산을 탐낸다는 생각을 하곤 하오.'[22]

연방당이 권력을 양도하지 않을 것이라는 보도가 쏟아지는 가운데 제퍼슨이냐 버냐를 놓고 치열한 논쟁이 벌어졌다. 공화당 쪽에서는 벼랑 끝에 내몰린 연방당이 공화당 후보인 제퍼슨과 버 중 *어느 누구도* 당선되지 못하도록 훼방을 놓아 애덤스 대통령이 후임을 지정하게 할지 모른다는 시나리오를 내놓기도 했다. 위스키 반란에 참여했던 해밀턴의 정적政敵 중 한 명이었던 휴 헨리 브래큰리지Hugh Henry Brackenridge는 교착 상태가 이어지는 동안 해밀턴이 군대를 이끌고 수도로 진격해 정부를 장악하는 그림을 그리기도 했다. 펜실베이니아 주지사인 토머스 맥킨Thomas McKean은 공화당의 승리가 부정당한다면 펜실베이니아 군대 2,000명을 이끌고 수도에 쳐들어가 제퍼슨이나 버가 아닌 다른 인물을 대통령으로 지명한 의원들을 모조리 체포하겠다고 맹세했다. 버는 연방당이 어떤 식으로든 대선 결과를 뒤엎으려 든다면 '칼의 심판'을 받아야 한다는 데 동의했다.[23]

이 같은 초법적 음모론이 오가고 있다는 사실에 누구보다 분노한 사람은 해밀턴이었다. 그는 어떤 식으로든 선거 결과에 개입하는 것은 '가장 위험하고 부적절하다'고 생각했다.[24] 연방당은 만약 제퍼슨이 대통령 자리에 오르지 못한다면 서로 결탁해 '연방파 지도자를 숙청하고 정권을 장악'하겠다는 망상에 기름을 부었다.[25] 연방당을 지지하는 어느 신문은 제퍼슨파가 공표한 협박문, 즉 만약 버가 대통령에 당선되면 '*정권을 찬탈한 버를 끌어내리겠다*'는 요지의 글을 인용 보도했다. 그 가운데는 연방당이 감히 '몬티첼로의 철학자(제퍼슨을 지칭_역주) 대신 다른 인물을 대통령 자리에 앉히려' 한다면 '국민들의 권리 수호를 위해 공화당원 수만 명이 그 즉시 칼집에서 칼을 뽑을 것이다!!!'라는 내용도 있었다.[26] 이렇듯 비정상적으로 과열된 분위기는 의회에서 제퍼슨과 버 사이의 교착 상태를 중재하려 나서면 나설수록 더 악화될 뿐이었다.

1801년 2월 11일에야 상원의사당에서 대통령 선거인단 투표의 개표가 시작됐다. 결과는 모두가 예상한 그대로였다. 제퍼슨과 버가 각각 73표를 얻어 동점을 기록한 것이다. 새로 이전한 수도에는 눈이 내리고 있었다. 질퍽해진 이 동네는 공사가 덜 끝난[헨리 애덤스의 재치 있는 말마따나 '몸체는 없고 양 날개(영어로 '날개wing'는 건물의 별관을 지칭하기도 함_역주)만 있는'] 국회의사당과 대통령 관저 주변으로 몇몇 숙박 시설과 가정집, 가게만이 어수선하게 들어서 있었어 스산한 분위기를 풍겼다.[27] 국회의사당의 북쪽 별관은 아직 지붕이 없었고 백악관 앞 도로인 펜실베이니아 애비뉴에는 가로수 그루터기만이 드문드문 늘어서 있었다. 주변에 널린 메추라기나 야생 칠면조를 사냥하는 날카로운 총소리가 공사 현장에서 나는 소음 위를 이따금씩 수놓았다. 백악관이 들어서는 곳은 평범한 남부 마을로 백인 1만 명, 자유 흑인 700명, 흑인 노예 4,000명이 거주 중이었다. 그 결과 백악관과 국회의사당 건축에 투입된 노동자 600명 중 대다수는 흑인 노예였고 이들이 받은 임금은 고스란히 노예 소유주들의 주머니로 들어갔다. 연방정부의 규모는 여전히 작아서, 그전 해에 필라델피아에서 이삿짐을 꾸릴 때는 행정부 문서 전체가 상자 여덟 개 안에 깔끔히 들어갈 정도였다.

일단 개표 결과가 나오자 이번에는 하원에서 긴박한 상황이 전개됐다. 16개 주는 저마다 과반수 원칙에 따라 선출된 후보에게 대통령 선거에서 한 표씩 행사할 수 있었고, 대통령에 당선되려면 역시 과반수 원칙에 따라 9개 주 이상에서 승리해야 했다. 곧 임기가 끝날 의원 과반수 이상이 연방당 소속이었으므로 버가 확실히 유리해 보였다. 그러나 연방당 표는 뉴잉글랜드에 집중돼 있었기 때문에 문제가 더욱 복잡해졌다. 첫 번째 투표에서 버는 6개 주, 제퍼슨은 8개 주에서 승리했다. 제퍼슨이 당선되는 데는 한 표가 모자랐다. 남은 버몬트 주와 메릴랜드 주는 선거인단 투표에서 동점이 나오는 바람에 기권으로 처리됐기 때문이었다. 제퍼슨이나 버 두 사람 중 누구도 과반수인 9개 주에서 승리하지 못하며 시작된 답보 상태는 각종 꼼수가 난무할 여지를 남겨놓았고, 버지니아 군대가 워싱턴으로 진격할 태세를 갖추고 있다는 헛소문이 나돌았다.

해밀턴은 악명 높은 애덤스 소책자 사건 이후 연방당 내에서 권력이 대폭 약화된 상태였다. 연방당은 이제 해밀턴의 판단력을 의심했고 그의 행동이 사적인 감정에서 비롯됐다고 생각했다. 첫 번째 투표에서 대통령이 결정되지 않자 해밀턴은 자신의 영향력이 예전 같지 않다는 느낌이 사실임을 확인했다. 로버트 트루프는 '해밀턴은 이 결과로 깊은 굴욕감에 시달리고 있다! 그는 버가 당선되지 않게 하기 위해 무한한 고통을 감내했으나 모든 것이 헛수고였다는 사실을 깨달았다. (중략) 해밀턴은 연방당 내에서 자신의 영향력이 완전히 사라졌고 쓸모 또한 없어졌다고 선언했다'고 전했다.[28] 그러나 해밀턴은 쉽게 물러날 사람이 아니었다. 그는 이미 거베너르 모리스에게 *만약* 제퍼슨이 '특히 신용정보 관련 핵심 조항 그리고 *해군* 및 *중립性*과 관련해서 현재 체제를 유지하겠다는 확답'만 준다면 양심에 손을 얹고 제퍼슨을 지지하겠다는 의사를 전달한 터였다.[29] 과거에 제퍼슨은 어떤 거래도 용납하지 않을 것처럼 보였었고, 미국 건국 초기에 물밑에서 이루어지는 비밀 합의는 군주제의 폐단으로 여겨졌다. 그러나 해밀턴이 제안한 거래의 골자는 계속 맴돌다가 궁극적으로 승리를 거두었다.

국회의사당에서 최종 투표가 진행되기까지의 길고 험난한 여정이 시작됐다. 첫 번째 개정은 무려 스무 시간이나 끌었고 이튿날 아침 9시가 되어서야 휴정에 들어갔다. 지쳐 있는 의원들 자리로 요깃거리가 배달됐다. 외투 사이에 몸을 파묻은 채 조는 의원이 있었는가 하면 아예 바닥에 드러누워 쪽잠을 청하는 의원도 있었다. 한 의원은 몸이 아파 처음엔 참석하지 못했으나 한 표가 아쉬울 경우를 대비해 눈길을 뚫고 실려와 옆방의 간이침대에 누운 채로 대기하기도 했다. 의원들은 닷새 동안 무려 서른다섯 번에 걸친 투표를 하느라 녹초가 됐다. 매번 제퍼슨 여덟 표, 버 여섯 표라는 처음의 결과가 되풀이됐기 때문이다. 시간이 지나도 아무런 진전이 없자, 실망한 연방당이 새로운 대통령의 취임식이 예정된 3월 4일까지 시간을 끌다 자기 당의 후보를 대통령으로 지명하는 사태가 벌어지는 것이 아닐까 하는 우려만 커져갔다.

훗날 제퍼슨과 버 두 사람 모두는 서른다섯 차례의 투표가 진행되는 동안 어떤 정치 공작도 일절 하지 않았다고 맹세했다. 최근 학계에서는 버가 별다른 공작을 하지 않았다는 쪽으로 의견이 모아지고 있으며 실제로도 명백한 증거는 없다. 버가 남긴 서신을 보면 투표를 앞둔 몇 주간 그는 대선보다 연애 사업에 훨씬 더 많은 관심을 기울였던 것 같고(버의 아내인 시어도시아는 1794년에 위암으로 사망했다) 뉴욕 정치뿐 아니라 유일한 혈육인 사랑스런 외동딸 시어도시아의 결혼 준비로도 정신이 없었다. 그러나 버의 행동은 겉보기만큼 수동적이지도 않았다. 아무런 말과 행동을 하지 않음으로써 공화당 선거인단의 의사를 거부하고 대통령직을 받아들일 용의가 있음을 역력히 드러냈기 때문이다. 조앤 프리먼Joanne Freeman은 버가 '대통령직에 대한 욕심을 숨기지 않는 근본적인 실수를 저질렀다'고 썼다.[30] 해밀턴은 한 치의 의심도 없이 버가 대통령 자리를 노리고 있다고 생각했다. 로버트 트루프는 루퍼스 킹에게 이렇게 말했다. '해밀턴은 종

37 · 교착 상태

종 버가 대통령 자리를 욕심내고 있다는 사실을 어떤 법정이나 배심원단에게든 증명해 보일 수 있다고 호언장담합니다.'[31]

교묘하고 우회적인 행동이라면 도가 튼 제퍼슨에게 상황은 미리 짜기라도 한 듯 맞아떨어지고 있었다. 제퍼슨은 자신이 현재의 교착 상태를 끝내기 위해 모종의 타협을 했다는 주장을 강력히 부인했다. 그는 제임스 먼로에게 말했다. "나는 [연방파의] 타협안을 받아들여 두 손이 묶인 채로 행정부에 입성하는 일은 결코 없을 것이라고 분명히 선언했소."[32] 제퍼슨은 스스로도 그렇다고 믿었다. 그는 남을 속이기 전에 자신을 먼저 속이는 인물이었다. 후에 존 퀸시 애덤스는 제퍼슨에 대해 '기억을 마음대로 조작해 남을 속일 때는 항상 자신을 먼저 속이는 것 같았다'고 증언했다.[33] 제퍼슨은 이제 자기 편할 대로 자신이 연방파와 협상하길 거부했다고 믿었다.

의원들을 끝없는 투표에서 구원해준 인물은 연방당원이자 델라웨어 주의원인 제임스 A. 베이어드였다. 체격 좋고 옷 잘 입기로 유명한 변호사였던 베이어드는 버에게 투표하라는 연방당의 압력에 못 이겨 서른다섯 차례에 걸친 투표 때마다 어김없이 버를 찍었다. 조그만 주를 대표하는 외로운 의원으로서 그는 아주 특별한 처지에 놓여 있었다. 만약 그가 마음을 바꾼다면 델라웨어 주의 표가 제퍼슨에게 돌아가는 상황이었기 때문이다. 해밀턴은 두 달 내내 베이어드에게 버의 단점과 이단적 입장을 고발하는 편지 세례를 퍼부었다. '나는 버가 프랑스 체제는 정신을 속박에서 자유롭게 하고 자연스러운 에너지에 내맡긴다며 찬양하는 것을 들은 적이 있을 뿐 아니라 은행 시스템을 열정적으로 반대하는 주장을 펼치는 자리에도 있었소.' 해밀턴은 계속해서 버는 일관된 원칙 없이 '여론에 편승한다'고 주장했다.[34]

베이어드는 수차례 투표를 거듭해도 결과가 나오지 않아 지쳐 있긴 했지만 버를 지지하는 연방파 당론을 거스르기가 힘들었다. 한번은 전당대회에서 헌법을 수호하기 위해 제퍼슨에게 투표하겠다는 의사를 넌지시 비쳤다가 "탈영병 같으니!"라는 야유를 한 몸에 받기도 했다.[35] 그러나 전당대회 이후 베이어드는 제퍼슨의 친구인 버지니아 주의 존 니컬러스 및 메릴랜드 주의 새뮤얼 스미스와 회합했다. 이는 해밀턴이 보낸 편지에 영향을 많이 받아서였던 듯하다. 베이어드는 해밀턴이 정립한 금융 체계와 해군을 보전하고 장관급 바로 아래에 연방파를 등용하는 조건으로 제퍼슨을 지지하겠다고 제안했다. 제퍼슨과 논의한 후 스미스는 언급한 조건에 대해 연방파는 걱정하지 않아도 된다는 제퍼슨 후보의 말을 베이어드에게 전달했다. 베이어드는 이를 모종의 거래가 오고간 것으로 해석했지만 완벽한 정치인인 제퍼슨은 스미스와 주고받은 이야기를 정치적 영향력은 전혀 없는 단순한 사담으로 치부했다. 이 일에 가담한 모두는 완벽히 아무 일도 없었다는 듯 행동했다. 티머시 피커링은 일부 의원들이 '자신의 표를 제퍼슨에게 *팔고 그 대가로* 공직을 보장받았다'며 '만약 버가 비슷하게 자신을 뽑는 대가로 공직을 약속했다면' 제퍼슨 대신 버가 대통령이 되었을 것이라고 주장했다.[36]

아마도 버에 대한 해밀턴의 비판에 넘어갔는지, 베이어드는 훗날 연방주의자로서 버의 신념을 신뢰할 수 없었다고 주장했다. 의회에서 치러진 서른여섯 번째 투표에서 베이어드는 기권표를 던졌고 이로써 델라웨어 주는 버에 대한 지지를 철회했다. 동시에 연방파가 버몬트 주와 메릴랜드 주에서 단체로 기권하면서 제퍼슨은 총 열 표를 얻었고 과반수 득표로 대통령에 당선됐다. 양당에서 떨어져 나온 버는 남은 정치 인생 내내 낙동강 오리알 신세를 면치 못했다. 그는 차점자로 부통령이 될 자격은 얻었지만 동시에 대통령 당선자인 제퍼슨의 적개심도 사게 됐다. 제퍼슨이 당선된 데는 어느 누구보다 해밀턴의 공이 가장 컸을 것이다. 우선 소책자로 애덤스에게 치명타까지는 아니었지만 어찌 됐든 타격을 입혔고, 이후에는 연방당과 제퍼슨 사이에 개입해 거래의 물꼬를 터줌으로써 버가 대통령에 당선될 가능성을 잘라버렸으니 말이다.

　미국 역사상 처음으로 재선에 실패한 대통령이 된 존 애덤스는 아름답게 임기를 마무리하는 좋은 선례를 남길 기회가 있었다. 그러나 그는 이미 의절한 사이이긴 했으나 그 무렵 세상을 떠난 알코올 중독자 아들 찰스의 죽음으로 비탄에 빠져 홀로 괴로워하며 대통령으로서의 마지막 며칠을 보냈다. 1801년 3월 4일 제퍼슨이 취임하던 날, 이제는 머리가 벗겨지고 이도 빠진 심통 사나운 노인이 되어버린 애덤스는 취임식 시작 여덟 시간 전인 새벽 4시에 마차를 타고 매사추세츠 주로 떠났다. 이로써 애덤스는 미국 역사상 후임자의 취임식 참석을 거부한 전임자 세 명 중 하나가 됐다. 애비게일 애덤스는 '황금기는 지났다'고 애석해하며 '부디 하나님께서 공포의 시대만큼은 도래하지 않도록 굽어 살펴주시길' 바란다고 말했다.[37]

　그날 아침 10시, 에런 버는 상원의사당에서 부통령 취임 선서를 한 뒤 앞으로 4년간 상원을 감독하는 자리로 물러났다. 새로운 대통령 제퍼슨은 정오쯤 애덤스의 내각 각료들과 함께 모습을 드러냈다. 공화당원 특유의 순박함을 풍기고자 무늬 없는 옷을 차려입고 단출한 군대를 거느린 채였다. 대통령 당선이 확실해진 뒤 제퍼슨은 자신이 미국 국민의 의지를 상징한다고 믿었으므로 모두를 포용하는 매우 관대한 취임 연설을 할 여유가 있었다. 그는 부드럽다 못해 거의 들리지 않는 목소리로 '우리 모두는 이름은 다르지만 같은 원칙을 가지고 함께 살아가는 동료입니다. 우리 모두는 공화주의자이자 연방주의자이기도 합니다'라고 말하며 반대편을 달래는 듯한 인상을 풍겼다.[38] 조지프 엘리스가 지적했듯 친필로 쓴 실제 연설문 초안에서 제퍼슨은 *공화주의자*와 *연방주의자*라는 단어 첫 글자를 대문자로 표시하지 않았다. 따라서 이 유명한 연설의 본래 의도는 알려진 것보다는 살짝 덜 관대한 편이다(대문자는 특정 정당을 지칭하고 소문자는 일반적인 사상을 의미함_역주). 제퍼슨은 사적인 서한에서 '연방주의를 끝없는 심연에 빠뜨려 다시는 회생하지 못하게 만들겠다'고 다짐하며 사뭇 다른 속내를 드러냈다.[39]

해밀턴은 뉴욕에서 취임 연설을 들으며 제퍼슨이 연방파와 암암리에 맺은 거래를 잘 준수하는지를 지켜보았다. 그는 제퍼슨이 기존의 재정 조달 체제와 국채 및 제이 조약을 존중하겠다는 의사를 밝히자 안도했다. 해밀턴은 다음과 같은 글을 남겼다. '우리는 사실상 취임 연설에서 새로운 대통령이 과거의 오해를 솔직하게 청산하고 위험한 혁신에 몸을 던지는 대신 핵심 분야에서만큼은 전임자들의 발자취를 따라가겠다고 공동체 앞에 맹세한 것이라 생각한다.'[40] 그러나 양당 간의 화해 분위기는 오래가지 않았다.

해밀턴은 제퍼슨이 야당일 때는 그토록 행정부 권력을 축소해야 한다고 부르짖었지만 막상 그 자신이 대통령에 취임하면 마음을 바꾸리라는 사실을 바로 꿰뚫어보았다. 제퍼슨은 국무장관에 매디슨을, 재무부 장관에 앨버트 갤러틴을 임용했다. 갤러틴은 해밀턴을 끈질기게 비방했던 인물로, 선거 유세 당시에는 해밀턴이 재무부 장관 시절 공공 부채를 축소하기는커녕 확대했다고 주장하는 소책자를 출간하기도 했다. 그러나 재무장관이 되자 그는 의원 시절에 자신이 그토록 신랄하게 비난했던 해밀턴이 창설한 중앙은행 제도에 장점이 많다는 사실을 비로소 알게 됐다. 하지만 해밀턴에게는 이제 존경받지 못하는 선지자로서 권력의 중심에서 끝없이 밀려날 일만 남아 있었다.

어리석음으로 가득한 세상

Alexander Hamilton

제퍼슨이 당선되고 나자 당시 46세였던 해밀턴은 점차 대중의 관심에서 멀어지기 시작했다. 한때 눈부실 정도로 찬란하게 승승장구했던 인물로서는 너무나도 갑작스런 추락이었다. 그러나 비록 예전 같은 정치적 지위는 상실했을지언정 변호사로서는 여전히 건재했던 그는 최정상급 변호사로서 뉴욕의 각종 제도에 영향력을 행사했다. 해밀턴은 부유한 은퇴 선원이었던 로버트 리처드 랜들Robert Richard Randall의 유언장을 작성했다. 랜들은 자신처럼 선원이었다가 은퇴한 이들을 위한 성역을 건설하고 싶어 했다. 그 바람대로 탄생한 곳이 스태튼 섬에 있는 이른바 '뱃사람들의 아늑한 항구Sailors' Snug Harbor'다. 해밀턴은 성 마가 교회가 트리니티 교회 교단에서 독립하려 할 때 법률 자문을 제공하기도 했다.

그러나 법조계에서 얻은 명성이나 부만으로는 해밀턴이 정치적 지위 상실로 느끼고 있던 고통이 상쇄되지 않았다. 신문에 처음으로 글을 기고했던 킹스칼리지 시절부터 시작해 그는 워싱턴의 전쟁 참모, 연합회의 및 대륙회의를 거쳐 초대 행정부에 합류하며 꾸준히 권력의 중심부 가까이에 머물렀었다. 그랬던 해밀턴이 이제는 정계 중심에서는 밀려나 뒤따르는 군대 없는 장군 신세가 된 것이다.

유난히 절망감이 밀려올 때, 특히 필립 스카일러가 해밀턴의 정적靜的인 두뇌 활동에 대해 잔소리를 늘어놓을 때면 그는 한적한 시골로 내려가 전원생활을 하는 공상에 잠기곤 했다. 그러나 그것을 막상 실천에 옮기기에는 그를 망설이게 하는 무언가가 있었다. 해밀턴은 본질적으로 흐르는 개울보다는 책과 교감하기를 더 좋아하는 도시 사람이었다. 워싱턴, 제퍼슨, 매디슨, 애덤스 등 다른 건국의 아버지들은 전원에 플랜테이션이나 대농장을 소유하고 그곳에서 재정적으로나 정신적으로 지원을 받았던 반면 그는 스스로 일해서 먹고살아온 도시민이었다.

그러나 1790년대 후반부터 점차 가족에게서 위안을 찾으며 그의 심경에도 변화가 생기기 시작한다. 해밀턴은 자신이 출장 간 사이에 어린 딸아이인 엘리자가 아팠다는 사실을 편지로 알리지 않은 부인을 가볍게 책망했다. "집을 떠나 있는 중에 당신과 사랑하는 아이들의 안부를 전해 듣는 것은 내게 절대적으로 필요하오. 내 안에서 다른 모든 것에 대한 열정은 사그러들고 있지만 사랑과 우정에 대한 열정만큼은 새로운 힘을 얻고 있소. 나는 이 애정 어린 관계를 방해하는 모든 일에서 물러나기 위해 점점 더 많은 노력을 기울일 예정이오. 내가 진정한 기쁨을 찾을 수 있는 곳은 [내 가족이 있는] 이곳뿐이오."[1]

가족과 더 많은 시간을 함께하겠다는 약속을 지키기 위해 해밀턴은 로어 맨해튼에서 북쪽으로 14킬로미터 정도 떨어진 곳에 별장을 짓는 '다정한 프로젝트'에 착수했다.[2] 해밀턴은 한 친구에게 농담조로 이런 말을 하기도 했다. "낙담한 정치인은 정원에서 피난처를 찾는다더군."[3] 1799년 가을 해밀턴과 엘리자 부부는 처치 가족을 따라 할렘 하이츠 근방에 별장을 빌려 머물렀다. 가을마다 뉴욕 시에 유행했던 전염성 황열 때문에 이 같은 결정을 내렸던 것 같다. 해밀턴은 할렘 하이츠 지역을 훤히 꿰고 있었다. 허드슨 강 상류에 낚시를 하러 갈 때면 그는 이따금씩 근처 언덕 꼭대기에 아름다운 여름 별장을 갖고 있는 약사 제이컵 시플린Jacob Schieffelin 의 부두에 보트를 정박시키곤 했다. 해밀턴은 이 별장에서 보이는 빼어난 경관에 매료된 나머지 별장을 구입하려고까지 했지만, 1800년 8월에 시 플린은 해밀턴에게 별장 대신 그 옆에 달린 언덕 지대를 매도했다. 해발 200피트(약 61미터_역주), 면적 15에이커(약 1만 8,400평_역주)에 이르는 이 언덕에 올라서면 한쪽으로는 허드슨 강이, 다른 한쪽으로는 할렘 강과 이 스트 강이 보였다. 해밀턴은 외과의사인 새뮤얼 브래드허스트Samuel Bradhurst 에게서 땅 20에이커(약 2만 4,500평_역주)를 추가로 매입했다. 해밀턴이 매 입한 부지는 숲이 우거지고 강줄기 두 개가 만나 오리 연못을 이루는 그 림 같은 경관을 자랑했다. 마굿간, 헛간, 오두막, 정원, 과수원, 울타리, 닭 장 등이 간간이 풍경을 수놓았다. 부지를 가르는 블루밍데일 로드(오늘날 의 해밀턴 플레이스) 덕분에 마차를 타면 맨해튼이나 올버니로도 곧장 빠 르게 넘어갈 수 있었다.

해밀턴은 스코틀랜드에 있는 조상 대대로 살았던 저택과 세인트크로 이 섬에 있는 이모부 제임스 리턴의 플랜테이션 농장을 기리고자 이 새 로운 전원주택에 그레인지Grange라는 이름을 붙였다. 그레인지는 해밀턴의 기억 속에 남아 있던 유일한 장소이자 해밀턴의 소유였음이 확실히 알려 져 있는 유일한 장소다. 그레인지라는 이름을 택했다는 것은 해밀턴이 자 신의 스코틀랜드 혈통에 자부심을 가지고 있었다는 사실뿐 아니라 그즈 음부터 그가 카리브해 출신이라는 개인사에도 덜 예민하게 반응하기 시 작했다는 사실을 시사한다. 어느 날엔가 그는 올버니에 있는 엘리자의 여 동생 페기의 병문안을 가려고 집을 나섰다. 선물로 파이와 게 한 바구니

중 어느 것을 가져갈지 고민하던 해밀턴은 엘리자에게 게를 가져가겠다면서 이렇게 말했다. "크레올 출신이라 그런지 게가 끌리는구려."[4] (크레올은 해산물 요리로 유명함_역주) 20년 전만 해도 해밀턴이 자신의 어린 시절이 들통날 위험을 무릅쓰고 그런 경솔한 발언을 한다는 것은 상상도 못할 일이었다.

해밀턴의 가족은 새로운 저택이 완공될 때까지 기존에 있던 농가를 임시 거처로 삼았다. 해밀턴은 재무장관 시절 등대 설계를 맡겼던 인연으로 뉴욕에서 가장 저명한 건축가인 존 매컴 주니어에게 저택 설계를 부탁했다. 매컴은 새로운 시청을 설계할 예정이기도 했다. 주 건설업자는 에즈라 윅스였다. 해밀턴은 '맨해튼 우물의 비극 사건'에서 에즈라 윅스의 남동생 레비 윅스의 변호를 맡은 바 있었다. 필립 스카일러는 새러토가에 있는 자신의 제재소에서 허드슨 강을 따라 널빤지를 조달해줬다. 손주들이 지낼 다락방을 장식할 때 쓰라고 직접 손으로 조각해 가시랭이가 채 정리되지 않은 장식용 목재도 함께였다. 필립은 또한 어마어마한 양의 감자 포대와 치즈 덩어리도 보내왔다. 해밀턴은 어쩌나 긴장되고 신이 났던지 한시도 가만히 있을 수 없었다. 그는 기다란 굴뚝부터 이탈리아산 대리석으로 된 벽난로를 설계하는 일까지 매컴과 협력해 전 과정에 관여했다. 집을 처음 장만하는 모든 사람이 그렇듯 해밀턴도 설계와 인테리어 아이디어를 얻고자 다른 집을 기웃거렸는데, 언젠가 코네티컷에 가던 길에 그는 엘리자에게 이렇게 말했다. "우리의 작은 보금자리를 꾸미기 위해 무언가를 선택할 때마다 나의 완벽한 아내, 사랑스러운 아이들과 함께할 생각을 하면 나는 순수한 행복으로 가슴이 벅차오른다오."[5]

매컴과 윅스가 1802년 여름에 완공한 이 2층짜리 연립 주택은 오늘날 웨스트가 143번지와 컨벤트가가 만나는 길목 가까이에 위치하고 있었다 (훗날에는 보전을 위해 남쪽으로 이전됐다). 노란색과 상아색을 입힌 외관에 고전적인 난간으로 마무리한 저택은 깔끔하고 멋있었다. 해밀턴의 가족이 아이들만 일곱인 대가족이라는 점을 감안한 인테리어였다. 우아하고 세심한 해밀턴의 성격처럼, 크지는 않지만 집 안에는 과거 그가 가졌던 권력을 짐작하게 하는 유품이 곳곳에 놓여 있다. 방문객들이 현관에 들어서면 문 위에 난 창으로 들어오는 빛이 길버트 스튜어트가 그린 조지 워싱턴의 초상화 위로 쏟아진다. 이 초상화는 워싱턴이 해밀턴에게 직접 선물한 것이었다. 해밀턴은 영국에 우호적인 사람이었지만 모순적이게도 응접실은 루이 14세풍의 소파와 의자로 꾸며놓았다. 집 중앙에는 팔각형 모양의 방 두 개가 자리 잡고 있다. 하나는 응접실이고 다른 하나는 식사 공간이지만, 두 방의 문을 활짝 열면 방들은 하나로 이어져 손님맞이에 적합한 넓은 공간이 된다. 팔각형으로 된 응접실의 세 벽면에는 거울 달린 문이 있어 높은 프랑스식 창문 너머로 보이는 푸릇푸릇한 풍경이 응접실 안으로 반사되는데, 이는 마치 자연 속에 들어와 있는 듯한 느낌을 준다. 창문을 열고 발코니로 나가면 강이 흐르는 아름다운 풍경이 파노라마처럼 펼쳐진다. 성격상 한시도 가만히 앉아서 쉬질 못하는 해밀턴은(그가 게으름을 부리며 지낸 날은 아마 평생에 단 하루도 없었을 것이다) 현관 바로 오른쪽에 있는 조그마한 방을 서재로 만들고 글을 쓸 수 있는 아름다운 책상을 들인 다음 그것을 '내 개인 비서'라고 불렀다.[6] 어쩔 수 없는 독서광이었던 그는 이 그레인지 저택을 1,000권의 책으로 가득 채웠다.

아마도 이 별장에서 해밀턴을 가장 사로잡았던 것은 정원을 조경造景하고 이곳에서 과일과 채소를 키우는 일이었던 듯하다. 이제 갓 전원생활에 입문한 새내기로서 해밀턴은 겸손한 자세로 친구와 이웃에게 도움을 청했다. 해밀턴은 농사 전문가인 리처드 피터스Richard Peters에게 쓴 편지에서 이렇게 말했다. '나는 이 새로운 환경에 거의 아는 바가 없습니다. 마치 미국을 이끄는 것에 대해 제퍼슨이 그러한 것만큼이나 말입니다. 이에 농업 과학에는 일가견이 있는 당신에게 조언을 구하는 바입니다.'[7] 해밀턴은 또한 친구이자 의사이며 컬럼비아칼리지에서 저명한 식물학 교수로 재직 중이었던 데이비드 호잭에게도 조언을 구했다. 마침 당시는 호잭이 오늘날 록펠러센터의 자리에 온실과 열대 식물을 갖춘 식물원을 설립한 지 얼마 되지 않았을 때였다. 그레인지 저택에서 출퇴근하는 길에 해밀턴은 식물원에 들러 호잭이 키우는 꽃을 유심히 살펴보고 꽃봉오리나 씨앗을 자주 얻어 갔다. 정원의 조경에도 정치적 메시지를 담았던 그는 정원 곳곳에 그늘나무를 심었는데, 특별히 현관 오른쪽에는 미국 독립혁명에 참여했던 13개 주의 화합을 상징하는 의미로 유칼립투스 나무 열세 그루를 심었다.

출장으로 집을 자주 비웠던 해밀턴은 정원을 조경하는 일의 세세한 부분은 엘리자에게 위임하곤 했다. 결국 실질적인 일은 엘리자가 거의 도맡아 한 셈이다. 튤립과 백합, 히아신스를 심어 호잭이 가꾼 그의 화단을 보고 매료된 적이 있는 해밀턴은 엘리자에게 그림을 그려 보내며 평소 깐깐한 성미대로 다음과 같이 당부했다. '화단은 지름이 2.5미터인 원형이어야 하고, 꽃은 각 종류별로 아홉 송이씩 심어야 하오. (중략) 화단 바깥에는 월계수 덤불 위에 야생 장미를 배치하면 좋을 듯하오. (중략) 덤불 가장자리를 따라 그리 크지 않은 층층나무를 몇 그루 심으면 아주 보기 좋을 것 같소.'[8] 그는 또한 딸기와 양배추와 아스파라거스를 재배했으며 향나무 판자로 지붕을 이은 석빙고를 짓기도 했다.

엘리자가 그레인지 저택에서 꾸준히 가계부를 작성한 덕분에 우리는 해밀턴 부부가 일곱 자녀와 함께 호화스런 생활을 즐겼다는 사실을 알 수 있다. 제퍼슨에 비하면 언제나 구두쇠였던 해밀턴은 이제 돈을 물 쓰듯 쓰기 시작해서, 집과 부지를 매입하는 데만 연 소득의 두 배에 달하는 2만 5,000달러를 지불했다. 그레인지 저택의 가격만 해도 5만 5,000달러에 달했으므로 해밀턴은 빚에 허덕이는 신세가 됐다. 그는 지출이 수입을 훨씬 초과하고 있는 상황을 자각하고 있었지만 변호사 일이 잘되고 있었기에 미래의 소득으로 충당할 수 있으리라고 낙관했다. 과거에 해밀턴은 수임료를 받는 일에 비교적 무신경한 편이었으나 이제는 체불 고객들을 직접 찾아다니며 수금에 나섰다. 수년 전 자신이 유언장을 작성해줬던 어느 고객에게 뒤늦게 비용을 청구하면서 해밀턴은 '집 짓는 데 비용이 많이 들어서 밀린 수임료를 받으러 다니는 중'이라 설명하기도 했다.[9]

해밀턴 부부에게 그레인지 저택은 그들이 인생의 가을에 접어들었음을 상징했다. 그레인지 저택은 전원생활을 즐기는 안식처이자 화려한 저녁만찬 장소이기도 했기 때문에 일은 두 배로 늘어났다. 해밀턴 부부는 결혼 이후 처음으로 완전하고 안정적인 가정생활을 누렸다. 해밀턴의 일 때문에 이 부부는 서로 떨어져 지내거나 아이들을 나누어 데리고 있던 시간이 많아 힘들어했었는데, 특히 엘리자는 삶에서 많은 부분을 희생해야 했다. '1주일의 절반은 그이[해밀턴] 없이 나 혼자 아직 어린 아기들을 돌봐야 했고, 그사이 해밀턴은 큰애들을 데려가서 돌봤다.'[10] 해밀턴 같은 유년 시절을 보낸 이에게 가족의 이런 생이별은 분명히 큰 불안감과 좌절감으로 다가왔을 것이다.

해밀턴은 갈수록 더 많은 시간을 내서 자녀들과 함께했다. 언젠가 엘리자가 올버니에 갔을 때, 그레인지 저택에 있던 해밀턴은 아내에게 다음과 같은 편지를 보내기도 했다. '내 사랑하는 벳시, 나는 지금 사랑하는 아들 존과 윌리엄과 함께 있소. 오늘밤에는 이 녀석들과 함께 잘 예정이라오. (중략) 나머지 아이들도 어제 하루 종일 다 잘 지냈소. 엘리자는 토라졌다가 놀다가 하며 끝도 없이 변덕을 부리고 있다오.'[11] 해밀턴은 온 가족과 함께 노래 부르기를 좋아했고 일요일 아침이면 모두를 정원에 불러 모아 큰 소리로 성경을 낭독하게 하곤 했다. 그의 아이들은 그레인지 저택 시

　　　　　　　　　　　　　　　　　　　　　알렉산더 해밀턴

절의 아버지 모습을 회상하곤 했다. 이는 아이들이 그만큼 성장해서 그때를 기억해낼 수 있기 때문이기도 했겠지만, 한평생 논쟁에 정신을 뺏겨 바쁘게 살던 아버지가 오롯이 자녀들에게 관심을 쏟은 시기가 그 시절이기도 했기 때문이었다.

새로운 대통령은 국정을 소극적으로 방관하고만 있지 않았다. 제퍼슨은 에런 버가 거머쥔 행운을 열심히 추적했다. 일단 백악관에 입성하고 나자 제퍼슨에게 있어 버는 더 이상 효용 가치가 없었을 뿐 아니라 오히려 눈엣가시였다. 대선에서 동점을 기록했을 때 제퍼슨의 신뢰를 저버린 버는 제퍼슨이 차기 대선에서는 자신을 부통령 후보로 지명하지 않을 것임을 예상했다. 그러는 사이 그는 대통령 참모진에서도 제명을 당했다. 로버트 트루프는 루퍼스 킹에게 '제퍼슨과 [버가] 서로를 싫어한다는 이야기는 우리도 익히 들어 알고 있고, 해밀턴은 제퍼슨이 교활하기로는 버보다 한 수 위이기 때문에 뒤통수 맞을 일은 없을 것이라 생각한다'고 전했다.[12] 워싱턴에서 따돌림 당한 버는 자신이 다시 고향에서 정치적 입지를 강화해야 하는 상황에 처했음을 깨달았다.

우연찮게 뉴욕 주지사 선거도 대선의 전철을 밟았다. 험악한 분위기 속에서 동점표가 나와 교착 상태가 이어진 것이다. 공화당의 백전노장 조지 클린턴은 또 한 번 주지사를 노려보기로 결심했다. 존 제이가 재선 불출마를 선언하자 연방당은 현 부지사이자 해밀턴의 손아랫동서인 36세 스티븐 반 렌셀레어를 대신 내보내기로 결정했다. 버가 클린턴을 대신해 이 것저것 간섭하는 바람에 해밀턴이 선거에 합세할 가능성도 높아졌다. 해밀턴 입장에서는 대선 당시 연방파에게 들러붙어 아부하던 버가 뻔뻔스러운 꿍꿍이속을 드러내는 것으로밖에 보이지 않았기 때문이다. 해밀턴은 이제 신물이 난다는 투로 엘리자에게 말했다. "연방주의로 다시 노선

38 • 어리석음으로 가득한 세상

을 변경했다던 버가 보름 만에 손바닥 뒤집듯 입장을 또 바꿔 렌셀레어에게서 등을 돌리고선 아주 열성적으로 클린턴을 지지하고 있다오."¹³

해밀턴에게는 이번 선거판에 뛰어들 수밖에 없는 개인적 동기가 있었다. 스티븐 반 렌셀레어가 부인 엘리자의 여동생이자 2년째 중태에 빠져 있는 페기의 남편이었기 때문이다(해밀턴은 페기에게 '지주地主 부인'이라는 재미있는 별명을 지어주기도 했었다). 당시 의사들이 붙어 서서 페기에게 임시로 산소를 공급해야 하는 상황이 벌어지기도 했다. 1801년 3월 초, 변호사 업무로 올버니에 출장 중이던 해밀턴은 페기의 병세가 안 좋아졌다는 소식을 들었다. 그는 틈날 때마다 페기에게 들러 병상을 지켰고 엘리자에게 수시로 페기의 차도를 알려주었다. 그날도 해밀턴은 법정에서 일을 마친 뒤 페기를 방문했다. 페기는 해밀턴에게 며칠만 함께 있어줄 수 있겠냐고 부탁했고 해밀턴은 그러마고 승낙했다. 3월 중순, 해밀턴은 엘리자에게 침울한 소식을 전했다. '사랑하는 엘리자, 토요일에 당신의 여동생이 그간 겪었던 고통과 친구들에게 작별을 고하고 더 좋은 곳으로 떠났소. 나는 그곳에서 [페기가] 더 편안하고 행복하리라 믿소. (중략) 내 사랑하는 벳시, 지금 당장이라도 달려가 당신을 위로해주고 싶구려. 내 사랑스러운 천사여, 이만 줄이겠소. 무슨 일이 있어도 하나님이 우리와 함께 계신다는 사실을 기억하시오.'¹⁴ 페기의 장례식은 지주의 대저택에서 모든 소작인들이 참석해 애도하는 가운데 거행됐다.

버와 클린턴에게 패배를 안겨주고 싶다는 마음은 둘째 치고, 이 때문에라도 해밀턴은 주지사 선거에 앞서 아내를 잃은 젊은 스티븐 반 렌셀레어를 도와야 한다는 의무감을 느꼈을 것이다. 그는 수많은 기사와 연설에서 연방주의자가 평화와 번영을 가져다줄 수 있다고 역설했다. 해밀턴은 또한 공화당이 '50만 군대의 총검을 앞세운 나폴레옹의 극악한 독재'가 떠오를 정도로 프랑스에게 심취해 있다고 주장하며 선거를 국민투표에 부치려는 시도도 했다.[15] 제퍼슨이 대통령에 당선된 이후 뉴욕 연방파는 연방당 되살리기에 필사적이었다. 주지사 선거 유세에 열정적으로 참여하던 중, 해밀턴은 대선에서의 승리에 도취돼 연방당에게 보복하려 드는 공화파에 대해 참을 수 없는 분노를 느꼈다. 로버트 트루프는 '한 여론조사에서 해밀턴 장군은 대중으로부터 도둑놈이라며 뭇매를 맞았다. 그는 다른 여론조사에서도 천하의 몹쓸 놈이라고 손가락질을 받았을 뿐 아니라 이 세상에 존재하는 온갖 불명예스러운 욕이란 욕은 다 들었다!'라며 '여기서 알 수 있는 공화당의 미덕은 무엇인가?'라고 반문했다.[16]

어느 날 연방당 선거 유세에 참석한 해밀턴은 양당 후보가 지지자를 한 명씩 지목해 이 문제에 대해 차분하고 이성적인 토론을 벌이면 어떻겠느냐고 제안했다. 일부라도 자신의 명예를 회복하려는 목적에서였다. 공화당 언론은 일제히 해밀턴을 맹비난했고 한 신문은 '각계각층의 뉴욕 시민들 앞에서 해밀턴이 평소 자기 방식대로 인망 높은 클린턴을 인신공격'하려 한다며 반발했다. 같은 신문은 '지금은 아마 정숙하게 남편 및 가족과 행복하게 살고 있을 마리아와 과거에 불륜을 저질렀다 발각된 바 있는' 해밀턴은 '눈에 띄지 말고 얌전히' 있는 편이 신상에 이롭다고 제안하기도 했다.[17] 해밀턴이 창피 당하는 모습들을 즐겁게 관망했던 버는 사위에게 이렇게 말했다. "해밀턴은 세상에서 가장 과도한 열정으로 밤낮 없이 뛰고 있지만 내 보기엔 죄다 부질없는 짓이 될 것 같네."[18] 실제로 클린턴은 압도적인 표 차이로 주지사에 당선됐는데, 이는 해밀턴에 있어 불길한 징조였다.

그러나 클린턴이 주지사로 정계에 복귀한 것은 버에게도 좋지 않은 조짐이었다. 해밀턴의 예측대로 권력 행사에 맛을 들인 제퍼슨 대통령은 이제 뉴욕에서 연방당 인사를 모조리 쓸어버리려 하던 참이었다. 제퍼슨 대통령은 뉴욕 인사 임명에서 대놓고 버를 무시한 채 모든 자리를 리빙스턴과 클린턴 일가에게 몰아췄다. 뉴욕에서 지지 기반을 다지려던 버는 이제는 정말로 불만을 품은 공화당원과 불안감에 떠는 연방당원을 규합해 새로운 연합을 형성해야 할 때라고 느꼈다. 그가 만약 이러한 신규 세력을 구축할 수 있다면 해밀턴의 정계 복귀는 요원해질 터였다. 해밀턴과 버가 날카롭게 대립할 날이 다가오고 있었다.

비록 애덤스와 근소한 차이로 대통령에 당선되긴 했지만, 제퍼슨은 어떻게 하면 대중의 마음을 사로잡을 수 있을지 확실히 아는 눈치 빠른 정치인이었다.[19] 잘생긴 외모에 가끔은 흐트러진 차림도 보였던 이 남자는 서민적이며 검소한 이미지로 스스로를 영민하게 포장했다. 워싱턴 및 애덤스 행정부가 풍겼던 군림하는 듯한 이미지를 벗어버리려는 계산에서였다. 역사상 가장 이미지 포장에 능했던 인물 중 한 명인 제퍼슨은 해밀턴이 수많은 글에서 묘사했던 쾌락주의적인 제퍼슨, 구두쇠 제퍼슨, 귀족적인 제퍼슨, 빚쟁이 제퍼슨, 노예를 소유한 제퍼슨, 문란한 제퍼슨이라는 부정적 이미지들을 감쪽같이 덮어버렸다. 취임 뒤 2주 동안 제퍼슨은 국회의사당 근처에 있는 숙소에서 지내며 일반 식탁에서 밥을 먹었다. 백악관 입성 뒤에도 이 서민적인(파리에서는 유행의 선두주자였지만) 대통령은 말을 타고 워싱턴을 돌아다녔으며 가발은커녕 머리에 분칠도 하지 않았고 슬리퍼를 질질 끌고 다니며 애완용 앵무새에게 직접 먹이를 주었고 초인종이 울리면 자신이 직접 나가 손님을 맞았다(윌리엄 플러머가 처음 대통령 관저를 방문했을 때 제퍼슨을 하인으로 착각했을 정도였다). 유행 지난 옷차림을 그럴듯한 정치적 화법에 이용할 수 있는 인물은 제퍼슨뿐이었다.

훗날 제퍼슨은 '1800년의 선거는 정부 원칙을 뒤집어엎은 혁명으로, 정부 형태를 뒤집어엎었던 1776년의 독립혁명에 비견할 만하다'며 자신이 대통령으로 당선된 것에 어마어마한 의미를 부여했고 공화당 측 언론

알렉산더 해밀턴

도 제퍼슨의 승리를 두고 영국 독재로부터의 해방이라며 환호했다.[20] 사실 제퍼슨은 그 자신이나 해밀턴이 인정하는 것보다 훨씬 온건파임이 증명됐다. 버지니아는 더 이상 제퍼슨에게 반기를 들 형편이 못 되었기에 행정부 권력 행사를 독립혁명에 반한다는 이유로 사사건건 규탄할 수 없었다. 스스로 구舊공화파라 칭하는 일단의 순수주의자들은 제퍼슨이 중앙은행을 비롯해 해밀턴이 구축한 체제를 무너뜨리겠다는 원래 원칙을 깨뜨리고 변절했다며 시위에 나섰다. 제퍼슨은 감세 및 공공 부채 탕감, 해군 축소, 중앙정부 축소-공무원이 130명에 달하는 비대한 관료주의 청산!-를 통해 '적은 인원으로 몇 가지 단순한 의무만 수행하는' 작은 정부를 실현하려 했으나 많은 변화가 혁명이라고 부르기에는 미흡한 수준이었다.[21] 그가 해군을 지나치게 서둘러 해산시키는 실수를 저지르는 바람에 미국은 1812년 영국과의 전쟁에서 국가적 위기를 겪어야만 했다. 그러나 궁극적으로 제퍼슨은 해밀턴 체제에서 약간 변형된 체제를 구축했으니, 이를테면 공장보다는 가내수공업에 중점을 두는 식이었다. 다른 한편으로 그는 외국인규제 및 선동금지법과 더불어 연방당의 좋지 않은 정책 몇몇을 폐지했다.

제퍼슨의 더욱 극단적인 충동을 제지한 사람은 제네바 출신의 대머리 재무장관인 앨버트 갤러틴이었다. 갤러틴은 제퍼슨에게 모든 내국세를 폐지하는 것은 너무 이르다는 충격적인 소식을 전하며, 중앙은행과 관세청은 국가 부채를 줄이는 데 도움이 된다는 사실을 알려주었다. 제퍼슨은 "내가 근본적으로 악하다고 생각하는 원칙을 강화해야 한다니 마음이 괴롭소"라 하면서도 '[해밀턴이 구축한] 재정 체계를 결코 완전히 없앨 수는 없다'는 갤러틴의 말에는 동의했다. 실제로 해밀턴은 애초에 제거가 어렵게끔 정책을 설계해두었다.

재무부 문서에 접근할 수 있는 권한이 생기자 신임 대통령은 해밀턴에 대한 의심을 입증할 수 있는 기회가 찾아왔다며 좋아했다. 제퍼슨은 갤러틴에게 문서고를 뒤져 '해밀턴의 실수와 사기'를 낱낱이 찾아내라고 지시했다. 해밀턴과 오랜 앙숙이었던 갤러틴은 자신도 인정했듯 '입맛을 다시며' 임무에 착수했지만 제퍼슨이 원하는 증거는 나오지 않았다. 몇 년 후 갤러틴은 당시 실망감을 금치 못했던 제퍼슨에 대해 이렇게 회고했다. '"갤러틴, 뭐 좀 찾았소?"(라고 제퍼슨이 물었다.) 나는 "역대 가장 완벽한 체계만을 발견했을 뿐입니다. 어떻게 바꿔도 지금보다 더 나아질 순 없을 겁니다. 해밀턴은 아무런 실수도 하지 않았고 아무런 속임수도 쓰지 않았습니다. 그는 아무것도 잘못한 것이 없습니다"라고 대답했다. 내 말을 들은 대통령은 실망한 기색이 역력했다.'[22] 갤러틴은 해밀턴이 초대 재무장관으로서 워낙 훌륭히 기반을 닦아놓은 덕에 후임자들은 거저먹기나 다름없는 셈이라며 칭찬을 아끼지 않았다. 한때 제퍼슨주의자들이 극악한 비밀 금고라고 비난했던 미합중국제1은행과 관련해서도 갤러틴은 '현명하고 체계적으로 관리되고 있었다'라고 못 박았다.[23] 공화당은 여전히 중앙은행이 필요하다는 사실을 받아들이기 힘들어했다. 훗날 대통령이 된 제임스 매디슨은 재임 시절에 중앙은행 인가를 내주지 않았고, 그 결과 1812년 미영전쟁 시기 동안 미국은 재정 조달에 어려움을 겪었다. 결국 자신의 잘못을 깨달은 매디슨이 미합중국제2은행의 설립을 인가하자 중앙은행을 반대하는 파에서는 매디슨이 '알렉산더 해밀턴의 추종자임을 드러냈다'며 비난을 퍼부었다.[24]

행정부 권력이 강해야 군주제로 회귀하지 않을 수 있다고 예전부터 주장해왔던 해밀턴은 제퍼슨이 대통령의 권력을 약화시킬 수도 있음을 여전히 우려했다. 제퍼슨은 '행정부가 입법부보다 우위에 서려면 엄청난 재정 지원과 규모 확충이 있어야 할 뿐 아니라 이것이 잘 운영되려면 모든 후원자 및 그 친인척의 이해관계를 보호할 수 있는 육군과 해군 병력

알렉산더 해밀턴

이 뒷받침되어야 한다는 주장에는 동조할 수 없다'는 글로 자신의 입장을 밝힌 바 있었다.[25] 해밀턴은 제퍼슨이 대통령에 당선되면 행정부 수장으로서 부여받는 권력에 만족할 것이라는 자신의 예측을 믿었어야 했다. 제퍼슨은 겉으로는 의회에 복종하고 뒤로는 대통령 관저에서 1주일에 세 번 꼴로 사적인 저녁만찬을 열어 의회 지도층을 교묘히 조정함으로써 이념적인 딜레마를 해결했다.

연방당이 남긴 유산 가운데 정권이 바뀌면서 합법적인 위해가 가해질 수도 있다고 해밀턴이 생각한 영역은 연방당 권력의 마지막 보루인 사법부였다. 애덤스의 임기가 종료되기 직전에 의회는 법원조직법Judiciary Act을 제정했다. 새로운 법원을 개설하고 연방판사 스물세 명을 신규 채용함으로써 대법원 판사에게 주어지는 관할지역 순회업무의 부담을 덜어주려는 목적이었다. 당시 필라델피아 고등법원 판사는 법정에서 보내는 시간보다 길바닥에서 보내는 시간이 더 많을 정도였다. 임기 말기에 서둘러 신임 판사를 임명한 애덤스 대통령은 새 대통령에게 임명권을 넘겨야 한다고 생각하는 공화당원들의 화를 돋웠다. 그는 심지어 대담하게도 연방주의적 성향이 짙은 인사들을 기용했는데, 이른바 '한밤의 법관'이라 불리는 이 신임 판사들의 임용은 구공화당원들의 상처를 건드렸다. 제퍼슨은 '연방당은 사법부를 요새 삼아 공화당이 하는 일에 사사건건 훼방을 놓으려 한다'고 비난했고,[26] 윌리엄 브랜치 자일스는 적의 수중에 '사법부가 있는 한 혁명은 미완'이라며 제퍼슨에게 동의했다.[27] 승리한 공화파와 패배한 연방파 사이에선 이로써 연방조직법 폐지를 둘러싼 전쟁이 벌어졌다. 해밀턴을 비롯한 기타 고위 연방당원들은 공화파가 사법부의 독립성을 파괴할까봐 두려워했다.

연방당의 사법부 장악에 대한 공화당의 분노는 애덤스가 1801년 1월 말에 대법원장으로 존 마셜을 임명하면서 더욱 거세졌다. 45세인 마셜은 키가 컸고 부스스하게 제멋대로 헝클어진 머리와 상대를 꿰뚫어 보는 듯한 눈을 지닌 상냥한 남자였다. 이제 연방당 지도자로서 해밀턴과 어깨를 나란히 하고, 어쩌면 해밀턴을 대체했다고 봐도 무방한 이 인물은 자신의 먼 사촌뻘인 제퍼슨을 '저 산에 계신 위대한 영적 스승'이라 조롱하며 경멸했다.[28] 역사학자인 헨리 애덤스는 마셜에 대해 이렇게 기록했다. '뛰어나고 싹싹한 이 남자에게는 한 가지 뿌리 깊은 편견이 있다. 바로 토머스 제퍼슨을 극도로 싫어한다는 것이다.'[29] 제퍼슨 역시 마셜을 매우 싫어했는데, 특히나 이 신임 대법원장이 전 재무장관인 해밀턴을 너무나 존경한 나머지 한번은 그 옆에서 '한낮의 태양 옆에 선' 촛불 한 자루처럼 몸을 낮추는 모습을 목격한 이후로는 더욱 그랬다.[30] 조지 워싱턴이 남긴 문서를 읽은 뒤로 마셜은 해밀턴을 일컬어 '미국 역사상 가장 위대한 인물(혹은 가장 위대한 인물 중 한 명)'이라고 선언했다.[31] 마셜은 건국의 아버지들 가운데 해밀턴과 워싱턴 두 사람은 절대 없어서는 안 될 인물이라 생각했다. 그러니 제퍼슨이 이 신임 대법원장을 '우리 행정부의 민주적인 에덴동산에 침범한 연방파 뱀 한 마리'로 취급한 것도 무리는 아니었다.[32]

존 마셜은 34년간 대법원장으로 재직하면서 어느 누구보다 해밀턴의 '역동적인 시장과 큰 정부'라는 비전이 존속될 수 있도록 애쓴 사람이었다. 그가 대법원장으로 임명됐을 당시의 대법원은 공식 건물도 없이 국회의사당 지하에 임시로 마련된 법정에서 재판을 진행하곤 했다. 해밀턴은 자유를 수호하는 최후의 보루인 사법부가 정부 부처 가운데 가장 힘이 약하다고 항상 생각해왔는데, 이처럼 낮았던 사법부의 권한을 강화시킨 인물이 바로 존 마셜이다. 그의 손을 거친 위대한 대법원 판결은 모두 해밀턴이 주창한 개념에 바탕하고 있었다. 1803년 '마버리 대 매디슨 사건 Marbury v. Madison'의 판결문을 쓰면서 마셜은 위헌법률심사권, 즉 의회의 결정이 헌법에 위배된다고 선언할 수 있는 권한은 사법부에게 있다는 원칙을 확립했는데 이 또한 해밀턴이 쓴 '연방주의자' 제78호에서 포괄적으로 도출한 것이다. 마셜이 1819년 '매컬록 대 메릴랜드 주McCulloch v. Maryland'라는 역사적 사건에서 내린 판결 또한 해밀턴이 1891년 중앙은행의 적법성을 주장한 논설문에서 기술했던 원칙에 상당 부분 착안한 것이었다.

법원조직법 폐지를 둘러싼 뜨거운 논쟁에 해밀턴도 가담했다. 해밀턴은 '검토서The examination'라 이름 붙인 열여덟 편에 달하는 글을 통해 제퍼슨을 맹렬히 비난했다. 해밀턴은 『연방주의자 논집』에서 다뤘던 주제들을 도로 가져와 왜 사법부가 정부 부처 가운데 가장 힘이 약할 수밖에 없는지를 설명했다. '사법부는 아무것도 제정할 수 없다. 사법부의 기능은 적극적으로 법을 제정하는 것이 아니라 이미 제정된 법을 숙고하는 것이다. (중략) 사법부의 주된 힘은 지혜롭고 정의로운 판결로 존경을 불러일으킬 수 있다는 것에 있다.'[33] 해밀턴의 입장에서 법원조직법의 폐지는 헌법을 없애려는 제퍼슨의 사악한 첫걸음으로밖에 보이지 않았다. 해밀턴은 '법관을 임의로 해임할 수 있는 입법부의 권한이 사법부의 독립성을 파괴하고 충동적인 입법부의 영향권 속으로 사법부를 집어삼켜버리는 현실을 똑바로 보지 못하는 눈뜬장님은 누구인가?'라며 제퍼슨을 규탄했다.[34] 사법부의 독립성이 보장되지 않으면 헌법은 있으나 마나 한 문서였다. 해밀턴은 '어쩌면 이 글이 읽히기도 전에 헌법은 이 세상에서 사라질지도 모른다! 민주주의의 광풍에 이미 수많은 것이 희생된 가운데 그다음 순서는 헌법이 될 것이다'라며 글을 맺었다.[35] 그는 뉴욕 주 변호사협회의 회원들 앞에서 역설한 법원조직법을 폐지하면 내전이 발발할 수도 있음을 경고했지만, 해밀턴이 소비한 엄청난 잉크와 이러한 경고에도 불구하고 공화당은 1802년 3월에 무탈히 법원조직법을 폐지하는 데 성공했다.

법원조직법 폐지를 비롯해 제퍼슨이 시행한 여러 개혁은 해밀턴과 그

동지들로 하여금 새로운 연방파 신문사의 창설을 결심하게 하는 계기가 되었다. 그 결과로 탄생한 것이 오늘날 미국에서 현존하는 가장 오래된 신문인 「뉴욕 이브닝 포스트New York Evening Post」다. 당시 로버트 트루프는 '뉴욕에는 읽을 만한 연방주의 신문이 단 하나도 없다'며 투덜거리곤 했다.[36] 애덤스 소책자 사건 이후 해밀턴에게서 등을 돌린 신문 편집자 노아 웹스터는 더 이상 해밀턴의 견해를 자신이 몸담고 있는 신문에 실어주지 않았다. 중앙 정계에서 변방으로 밀려나긴 했지만 아직 세력이 건재했던 해밀턴은 「뉴욕 이브닝 포스트」가 다른 연방파 언론의 길잡이가 되고 거의 소멸 직전인 연방당에 새로운 숨을 불어넣길 바라며 초기 자본 1만 달러 중 10분의 1을 투자했다. 전해 내려오는 이야기에 따르면 해밀턴과 동지들은 아치볼드 그레이시Archibald Gracie라는 상인의 집에 모여 「뉴욕 이브닝 포스트」 창간을 결정했다고 한다.

해밀턴은 자신의 가장 영민한 신봉자 중 하나였던 윌리엄 콜먼을 편집장 자리에 앉혔다. 당시 35세 콜먼은 붉은빛이 도는 넓은 얼굴과 넘치는 재치를 가진 매력적인 인물이었다. 보스턴의 한 가난한 집안에서 태어난 그는 1796년 매사추세츠주 하원의원으로 재직하던 중 당시 뉴잉글랜드를 순방했던 해밀턴에게 한순간에 매료당했다. 콜먼은 해밀턴을 '당대에는 비견할 만한 사람이 없는 가장 위대한 정치인'이라고 생각했으며 그를 만난 바로 그 순간부터 자신이 승승장구하기 시작했다고 훗날 회고했다.[37] 이후 콜먼은 뉴욕으로 집을 옮긴 뒤 에런 버와 함께 변호사 사무실을 차렸지만 얼마 지나지 않아 자신의 결정을 후회하고 재빨리 빠져나왔다. 작가를 좋아했던 콜먼은 문학 모임인 프렌들리 클럽Friendly Club에 가입해 해밀턴의 연방파 동료들과 친분을 쌓았다. 그는 재정적 어려움을 겪고 있다가 해밀턴의 소개로 모두가 탐내는 순회 법원 서기관 자리에 취직했고, 그곳에서 익힌 속기 기술로 방대한 양의 '맨해튼 우물의 비극사건'의 재판 기록을 남길 수 있었다.

윌리엄 콜먼은 한 공화당 기자가 '연방파 편집자 군단의 최고사령관'이라고 일컬을 정도로 흔들리지 않는 연방주의자였다.[38] 제퍼슨이 대통령에 당선되자 그는 신임 대통령에게 도덕성과 종교라는 오랜 성전을 부수고 그 자리에 '무신론과 방탕함을 숭상하는 더럽고 추잡한 성전을 세우려 한다'며 규탄하는 편지를 보냈다.[39] 콜먼이 어찌나 열렬히 스티븐 반 렌셀레어의 주지사 선거 운동에 투신했던지 공화당 측 언론은 이 '2.5펜스짜리 소책자 판매원이자 해밀턴 장군의 충직한 나팔수는 (중략) 언젠가는 그에 합당한 보상을 받을 것 같다'고 보도했다.[40] 그러나 그는 토머스 제퍼슨과 조지 클린턴의 잇따른 승리로 발생한 사상자 중 하나가 됐다. 모든 의회임명권을 쥔 인물로 부상한 주지사의 조카 드윗 클린턴DeWitt Clinton이 연방파 인사를 모조리 축출하고 콜먼 역시 서기관 자리에서 해임했던 것이다.

해밀턴과 측근들은 콜먼에게 파인가에 벽돌집을 한 채 마련해주었다. 1801년 11월 16일에는 「뉴욕 이브닝 포스트」의 창간호가 발행됐다. 창간호에 실린 '모든 흥미로운 주제에 관한 정확한 정보를 대중에게 전파하고 종교, 도덕, 정치에서 정의로운 원칙을 설파하며 건전한 문학적 취미를 고취하는' 언론이 되겠다는 약속에서는 귀족적인 논조가 풍겼다.[41] 「뉴욕 이브닝 포스트」는 '우리 동료 시민 가운데 큰 부분을 차지하는 존경받을 만한 계층'과 관련된 일이라면 무엇이든 보도하겠다며 대놓고 지역 상인 계층의 비위를 맞추는 한편[42] 연방주의를 공개적으로 표방하면서도 '우리는 오류 가능성을 인정하지 않으며 배타적 주장을 하는 독단주의 정신을 배격하고 (중략) 당파에 관계없이 정직하고 덕망 있는 인물이 인정받아야 한다고 믿는다'고 공언했다.[43] 해밀턴이 주축이 된 「뉴욕 이브닝 포스트」는 이내 가독성 높은 인쇄 품질과 명쾌하고 날카로운 논평으로 찬사를 받기 시작했는데, 제임스 T. 캘린더는 '이 신문은 유럽과 미국을 통틀어 여태까지 우리가 봤던 신문 중 가장 품격이 높다'며 극찬했다.[44]

　「뉴욕 이브닝 포스트」는 창간과 동시에 해밀턴이 제퍼슨을 공격하는 출구가 됐다. '검토서'라는 제목으로 실린 열여덟 편의 글도 해밀턴이 루시우스 크라수스Lucius Crassus라는 가명으로 쓴 것이었다. 투자자로서 해밀턴은 신문사 일에 손을 놓고만 있지는 않았는데, 콜먼은 그가 「뉴욕 이브닝 포스트」에 광범위한 영향력을 행사했다는 사실을 솔직히 털어놓았다. '정보가 필요하다고 느끼는 일이 발생할 때마다 나는 해밀턴에게 직접 상의하거나 때로는 쪽지를 남겼다. 그는 보통 늦은 저녁에 시간을 내주었고, 언제나 모든 정치 문제에 대해 세세한 정보까지 꿰고 있었다. 해밀턴은 나와 만나자마자 찬찬히 정보를 풀어놓았고 나는 그것들을 받아 적기에 바빴다. 그가 말을 멈추면 어느새 기사 한 편이 완성되어 있었다.'[45] 콜먼의 진술을 통해 우리는 해밀턴이 머릿속으로 긴 이야기를 논리정연하게 구성하는 변호사로서의 능력이 탁월했을 뿐 아니라 가끔은 다른 사람으로 하여금 글을 받아쓰게 했다는 사실도 알 수 있다. 그렇지 않고서 그토록 방대한 분량의 글을 남기기란 힘들었을 것이다.

　창간호를 발행한 지 불과 1주일 만에 「뉴욕 이브닝 포스트」가 잡은 첫 특종은 얄궂게도 바로 해밀턴의 장남 필립의 결투 관련 소식이었다. 스무 번째 생일을 코앞에 둔 필립 해밀턴은 높은 이마와 빛나는 두 눈과 매부리코를 가진 지나치게 잘생긴 젊은이였다. 이전 해에 컬럼비아칼리지를 우수한 성적으로 졸업한 필립은 훌륭한 연설가였고 변호사가 되고자 공부하는 등 자신의 부친이 걸었던 길을 그대로 따라가고 있는 명석하고 당당한 청년이었다. 앤젤리카 처치는 '필립은 아버지의 재능을 고스란히 물려받았다'며 엘리자를 부러워했다. "이렇게 미래가 창창한 아들이라니! 사랑하는 내 동생, 너는 든든한 남편과 아들을 둬서 참 좋겠구나."[46] 엘리자의 친구 한 명은 엘리자에게 '그 유명한 필립'이 '지식으로는 타의 추종을 불허할' 뿐 아니라 날마다 '자기 자신을 넘어서는 새로운 승리'를 거두고 있다는 사실을 아느냐고 장난스레 묻기도 했다.[47]

해밀턴에게 있어 필립은 '장남이자 *가장 큰* 희망'이었기에 해밀턴은 아들이 장차 큰일을 할 수 있게끔 준비시키고 있었다.[48] 로버트 트루프는 해밀턴이 '아들의 미래에 대해 거는 기대가 높았다'며 아마도 자신의 뒤를 이어주리라 기대하는 눈치였다고 전했다.[49] 아버지처럼 만연체를 즐겨 사용했던 필립은 하루는 해밀턴에게 투덜거렸다. 자신이 쓴 연설문에서 백미라고 생각하는 문장을 컬럼비아칼리지의 총장이 빼라고 했다는 것이었다. '*미국민 여러분, 그대들은 전 인류를 위해 전쟁에 나가 싸웠고 자유라는 신성한 불을 밝혔습니다.*'[50] 해밀턴처럼 필립 역시 어렸을 때부터 무절제한 면이 있어 문란한 생활을 즐기곤 했기에 아버지의 훈계가 있어야 하는 아들이었다(트루프는 필립을 '불쌍한 난봉꾼'이라고 불렀다).[51] 엄격하지만 자애로운 아버지였던 해밀턴은 하루 일과표를 작성해 필립에게 주었다. 읽기와 쓰기, 예배 참석, 휴식을 포함해 아침 여섯 시부터 밤 열 시까지 필립이 깨어 있는 모든 시간에 해야 할 일을 작성한 시간표였다. 그러면서도 한편으로 그는 아들의 철없는 행동을 웬만해선 눈감아주었다. 1801년 해밀턴이 다음과 같이 마무리하며 엘리자에게 쓴 편지에는 큰아들을 향한 그의 애정이 묻어난다. '필립 때문에 못 살겠소. 말썽꾸러기 같으니라고.'[52]

결투의 빌미가 된 것은 헌신적인 공화주의자이자 젊은 변호사인 조지 I. 이커George I. Eacker가 그해 독립기념일 연휴에 했던 연설이었다. 독립선언문 초안의 작성자답게 제퍼슨 대통령은 독립기념일을 맞아 과열된 애국심을 조장하는 데 열심이었다. 특히 뉴욕에서는 열광적인 축제가 벌어졌다. 여기저기서 울리는 종소리와 쏘아올린 축포로 도시는 소음과 연기로 가득 찼다. 브로드웨이를 따라 브릭 교회까지 군대 행진이 이어졌고 브릭 교회에서는 큰 소리로 독립선언문이 낭독됐다. 20대 후반이었던 이커는 대중 앞에서 열정적으로 당파적 성격이 드러나는 연설을 했다. XYZ 사건이나 프랑스와의 유사 전쟁 대신 영국을 비난하며, 해밀턴이 공화당을 협박하려고 군대를 조직했다는 듯한 발언을 한 것이다. 이커는 '반대 의견을 묵살하고자 외세가 곧 침략할 것처럼 공포심을 조장해 군대를 소집했음이 분명하다'고 군중 앞에서 역설하는 한편 제퍼슨이 정부에서 연방파 귀족 무리를 쫓아내고 헌법을 구했다며 그를 칭송했다.[53] 이커의 연설문이 공개되자 이를 낱낱이 읽은 필립 해밀턴은 아버지인 해밀턴을 언급한 부분에 분개했다.

필립이 1801년 11월 20일 금요일 저녁에 맨해튼에 있는 파크 극장에서 이커를 목격한 것은 아마 우연이었을 것이다. 두 젊은이는 평소 친분 있는 사이가 아니었다. 서인도제도 출신으로 미국에서 가장 성공한 인물의 아들인 필립 해밀턴이 프라이스라는 친구와 함께 파커 극장에 들어섰을 때, 이커는 한 친구 및 두 명의 젊은 여성과 함께 당시 상영 중이던 〈더 웨스트 인디언The West Indian〉이라는 코미디 영화를 보고 있었다. 불청객 두 사람은 이커에게 다가가 독립기념일 연설을 들먹이며 시비를 걸었다. 처음에 이커는 그 둘을 무시하려 했지만 필립과 프라이스가 계속 소란을 피움에 따라 주변의 이목이 집중됐다. 이커는 필립과 프라이스를 로비로 불러냈다. 그 둘이 나오자 그는 낮은 목소리로 "악당들에게 공개적으로 망신을 당하다니 기분이 더럽군"이라 내뱉었고 필립과 프라이스는 "누구더러 악당이라는 거야?"라며 맞받아쳤다.[54] 악당이라는 단어는 보통 결투를 신청하는 신호였다. 이커가 필립의 멱살을 움켜쥐면서 거의 주먹다짐이 일어날 뻔했고, 필립과 프라이스가 간이식당으로 물러났지만 뒤따라온 이커는 다시 한 번 둘을 가리켜 악당이라고 못 박았다. 이커는 "조만간 올 연락 기다리겠다"라는 말을 남기며 상영관으로 되돌아갔고 필립과 프라이스는 그의 뒤통수에 대고 "물론이지"라고 한목소리로 대꾸했다.[55] 일은 일사천리로 진행됐다. 집으로 돌아온 이커 앞으로는 이미 프라이스가 보낸 결투 신청서가 도착해 있었고, 이커는 결투를 수락했다.

같은 날 밤 필립 해밀턴은 극장에서의 일에 대해 젊은 변호사이자 제이 주지사의 전 개인 비서였던 친구 데이비드S. 존스David S. Jones와 의논했다. 존스는 스카일러 일가 중 결투에 일가견이 있었던 존 바커 처치와 상의하기 전까지는 경거망동하지 말자고 했다. 처치는 두 청년에게 이커가 보인 모욕적인 행동에 응답을 해야 한다고 조언하면서도, 한편으로는 필립이 먼저 시비를 걸었으니 이커에게 화해를 제안해보라고 했다. 그 일요일 오후, 이커와 프라이스는 뉴저지에서 결투를 하기로 서둘러 일정을 잡았다. 둘은 부상 없이 총 네 발을 주고받았고 서로 간에 있었던 일은 일단락됐다. 그 후 존 처치와 데이비드 존스는 필립 해밀턴과 이커 사이를 중재하려 했다. 무엇보다 알렉산더 해밀턴의 아들과 젊은 제퍼슨주의자 사이에 누구 하나라도 잘못될 경우 불어닥칠 정치적 후폭풍이 두렵기 때문이었다. 이커는 극장 사건에서 프라이스보다 필립 해밀턴의 잘못이 더 크다고 생각했기 때문에 필립이 자신의 무례를 사과한다 해도 *악당*이라는 단어를 취소하진 않을 작정이었다. 결국 화해 시도는 결렬됐고 이커와 필립은 이튿날 오후 3시에 뉴저지 주의 파울루스 훅(오늘날의 저지 시티)에서 결투를 하기로 합의했다. 결투 장소는 썰물 때만 모습을 드러내는 육지와 연결된 모래톱이었고 이는 방해꾼들의 눈을 피하기에 적합한 곳이었다.

이 모든 일이 벌어지는 동안 알렉산더 해밀턴은 어디에 있었을까? 「뉴욕 이브닝 포스트」는 해밀턴이 결투에 개입했다는 사실을 감추고 마치 필립이 아버지가 눈치채기 전에 결투를 벌인 것처럼 보도했다. 사실 해밀턴은 모든 것을 알고 있었지만 유혈 사태를 막으려는 처치의 노력에 박수를 보내며 멀찍이서 지켜보고만 있었다. 해밀턴은 딜레마에 갇혀 있었는데, 이 딜레마는 나중에 버와의 관계에서도 그의 발목을 잡게 된다. 과거 해밀턴은 모욕을 당하면 결투로써 명예를 설욕하는 것이 신사의 마땅한 도리라 생각했었다. 그러나 어린 날 가졌던 종교적 열정을 되찾으면서 그는 결투라는 수단에 점점 회의를 느끼기 시작했고, 군대 감찰관 시절에는 심지어 병사들에게 결투를 금한다는 안내문을 발행하기도 했다. 그러던 차에 아들이 다른 사람에게 모욕을 주었고 그 잘못을 시정하고 싶어 한다는 소식을 전해 듣자 그의 마음은 한층 더 복잡해졌다. 모순된 감정에 사로잡힌 해밀턴은 타협안을 생각해냈다. 훗날 그 자신이 버와 결투를 벌일 때에도 똑같이 적용되었던 이 타협안이란 다름 아니라 프랑스에서 결투를 할 때 일부러 첫 발을 쏘지 않거나 허공에다가 총알을 낭비하는, 일명 딜로프delope라는 전술이었다. 해밀턴은 필립이 결투에서 허공에 대고 총을 쏴야 한다고 생각했다. 그러면 만약 반대편이 쏜 총에 필립이 죽더라도 명예를 중시하는 사람들은 이를 살인이라고 간주하리라는 계산에서였다. 필립과 같은 반 친구였던 헨리 도슨Henry Dawson의 증언도 이를 뒷받침해준다. "월요일에 예정된 결투 시각에 앞서 (중략) 이 소식을 전해 들은 해밀턴 장군은 필립에게 결투장에 가면 이커가 쏠 때까지 기다렸다가 허공에 대고 방아쇠를 당기라고 당부했습니다."[56] 물론 그럼에도 상대가 필립을 죽이지 않는다는 보장은 없었다.

결투 장소에서 필립 해밀턴은 아버지의 조언대로 시작과 동시에 방아쇠를 당기지 않았다. 이커도 필립을 따라 방아쇠를 당기지 않았고 1분간 두 청년은 서로를 멍하니 바라보고만 있었다. 마침내 이커가 다시 방아쇠를 당겼고 필립도 그대로 따라했다. 이커는 필립의 오른쪽 고관절 위

알렉산더 해밀턴

쪽을 겨냥해 총을 쐈고 총알은 필립의 몸을 관통해 왼쪽 팔에 박혔다. 돌발성 경련이 일어났던지 필립도 땅바닥에 쓰러지기 직전에 방아쇠를 당겼다. 공화파와 연방파 양측 모두 필립이 본보기가 될 만큼 품위 있고 침착한 태도로 결투에 임했다는 데 동의했다. 「뉴욕 이브닝 포스트」는 '필립이 결투에서 보여준 태도는 말로 이루 표현하기 힘들 정도로 침착하고 의연했다'며 '관대한 절제심을 발휘했고 그로 인해 최종 승리자는 자신이 될 수도 있다는 만족감에 취해 본인이 위험해질지도 모른다는 생각은 잊어버린 것 같았다'고 보도했다.[57] 총상을 입은 필립은 즉각 강 건너 맨해튼으로 후송됐다. 헨리 도슨은 필립을 태운 배가 '최고 속도로 노를 저어 강가에 정박했고 필립은 가까운 주립 교도소로 후송되었다. 근처에 있던 의사란 의사는 모두 호출을 받았고 이 소식은 큰불처럼 순식간에 퍼져나갔다'고 전했다.[58]

알렉산더 해밀턴은 화해 시도가 결렬됐다는 소식을 듣자마자 의사인 데이비드 호잭박사의 자택으로 한달음에 달려가 곧 도움이 필요한 상황이 닥칠지도 모른다고 알렸다. 박사는 훗날 해밀턴이 '극도의 불안감을 견디지 못하고 우리 집에서 기절했으며 의식을 충분히 회복하기까지는 시간이 좀 걸렸다'며 당시를 회고했다.[59] 사실 호잭은 이미 결투 소식을 전해 듣고 필립이 이송됐다는 존과 앤젤리카 부부의 집으로 황급히 달려간 뒤였다. 해밀턴이 처치 부부의 집에 도착했을 때 호잭박사는 잿빛이 된 필립의 안색을 살피며 맥박을 재고 있었다. 그는 당시 상황을 이렇게 묘사했다. '해밀턴은 필립이 누워 있던 침대에서 즉시 몸을 돌리고선 내 손을 잡았다. 슬픔으로 인한 고통이 그 손을 타고 내게 전해졌다. "의사 선생님, 너무 괴롭습니다"라고 탄식하던 그의 목소리와 모습은 내 기억에서 평생 떠나지 않을 것이다.'[60] 끔찍한 소식은 여덟 번째 아이를 가져 임신 4개월에 접어든 엘리자에게도 전해졌다. 엘리자는 그보다 한 달

앞서 크게 앓았던 적이 있었는데 그때도 해밀턴은 아이가 유산될지 몰라 걱정을 했었다. 로버트 트루프는 '해밀턴 부인이 죽어가는 아들을 만나러 왔을 때 나도 그곳에 있었다. (중략) 한 방에 있는 남편과 아들을 그녀가 만나던 그 순간을 어떤 말로 표현할 수 있겠는가!'라고 탄식했다.[61]

알렉산더와 엘리자는 신음하는 아들 곁을 밤새 지키며 지옥 같은 시간을 보냈다. 헨리 도슨은 이 비통한 장면을 다음과 같이 기록했다. '커튼이 없는 침대에는 불쌍한 필(필립의 애칭_역주)이 누워 있었다. 얼굴은 창백했고 몸을 축 늘어진 채였다. 눈동자는 헛것이 보이는 듯 초점을 잃고 돌아갔다. 침대 한쪽에는 고통에 찬 그의 아버지가 자리했고 반대쪽에는 정신이 반쯤 나간 그의 어머니가 있었다. 수많은 친인척과 친구들이 그 주변을 에워싸고 눈물을 흘리거나 슬픔에 잠겨 있었다.'[62] 필립 해밀턴은 예수님께 신앙을 고백한 후 새벽 5시에 눈을 감았다. 치명상을 입은 뒤로부터 열네 시간 정도가 흐른 뒤였다. 필립이 묘지에 묻히던 날에는 비가 내렸고, 그의 죽음을 애도하는 수많은 사람이 참석했다. 아들의 시신이 무덤 속으로 사라지는 모습을 바라보며 중심을 잃고 비틀거리는 해밀턴을 친구들이 부축했다. 모든 이야기를 종합해보면 해밀턴은 아들의 죽음이라는 비극 앞에서도 의연하게 행동했고, 앤젤리카 처치 역시 이렇게 기록했다. '이러한 시험을 지나는 동안에도 해밀턴은 비범하게 행동했다.'[63] 엘리자는 오랫동안 슬픔에서 헤어나오지 못했다. 유산이 걱정됐던 여덟째이자 막내 아이는 1802년 6월 2일에 그레인지 저택에서 무사히 태어났다. 죽은 큰아들을 기리는 의미에서 아기에겐 필립이라는 이름이 주어졌다(이 아이는 종종 '작은 필'이라 불리기도 했다). 필립 스카일러는 엘리자에게 쓴 편지에서 다음과 같은 말로 온 가족의 소망을 대신했다. '비록 필립을 잃었지만 다른 필립이 그 빈자리를 메워주기를.'[64]

필립과 이커가 벌인 결투는 훗날 해밀턴과 버가 벌인 결투와 기묘한 평행을 이룬다. 연방파는 필립이 먼저 발포하지 않은 것은 숭고하지만 궁극적으로는 자살 행위였다며 무자비하게 대응한 상대편에게 비난을 퍼부었다. 필립의 대응 사격이 고의였느냐, 아니면 고통으로 인한 비자발적 경련 반응이었느냐를 둘러싼 논쟁도 한참 뒤에야 일단락됐다. 필립이 명예롭게 발포를 미루다가 사망한 이후로 해밀턴이 아들의 죽음에 어떻게 반응했는지를 살펴보면 그 자신을 죽음으로 이끈 결투에 대해서는 스스로 어떻게 평가했을지 짐작할 수 있다. 오늘날 많은 이는 필립의 결투를 다룬 「뉴욕 이브닝 포스트」 기사를 해밀턴과 윌리엄 콜먼이 함께 협력해서 작성했다고 생각한다. 해당 기사는 이커를 가해자라고 지칭했다. 연방파에 유리하게끔 왜곡된 기사들은 필립과 프라이스가 먼저 이커가 용납할 수 있는 선을 넘었다는 사실은 언급하지 않은 채 그저 '가벼운 장난기'로 이커를 놀렸다고 주장했다.[65] 또한 이커가 독립기념일 연설에서 해밀턴을 언급한 부분이 다툼의 핵심이었다는 사실은 생략하고 보도함으로써 정치색을 배제했다. 나아가 「뉴욕 이브닝 포스트」는 필립이 화해를 제안했을 때 이커가 받아들였다면 결투는 일어나지 않았을 것이라고 주장했다. 이커가 입은 가장 큰 타격은 이커가 대응 사격 의지가 없는 필립 해밀턴을 총으로 쏘아 '살해'했다는 주장이었다. 이 기사를 읽고 화가 난 이커의 친구들은 필립이 결투에 동의했고 무기를 지닌 채 결투장에 나타났으며 필립도 이커에게 총을 겨누었다는 사실을 지적하며 반박했다.

「뉴욕 이브닝 포스트」는 결투를 법으로 금지해야 한다고 주장하는 사설을 실었다. 해밀턴이 쓴 것으로 추정되는 이 글은 다음과 같은 내용을 역설했다. '이번 일을 계기로 모든 인류는 이 끔찍한 관습에 대해 진지하게 생각해보아야 한다. 그러나 추가적인 강력하고 확실한 입법적 개입이 없다면 개인이나 언론이 목소리를 높인다 한들 아무 소용도 없을 것이다.'[66] 조지 이커는 필립 해밀턴을 살해한 죄로 기소되지 않았고, 이 젊은

38 · 어리석음으로 가득한 세상

제퍼슨주의자 변호사는 그로부터 2년 뒤 합병증으로 사망했다.

필립의 죽음으로 해밀턴의 열일곱 살 난 딸 앤젤리카는 엄청난 충격을 받았다. 활기 넘치고 예민하며 음악을 사랑했던 앤젤리카는 외모도 이모를 빼닮아 아름다웠다. 해밀턴이 재무장관이었을 때 마사 워싱턴은 1주일에 두 번씩 자신의 자녀들과 함께 앤젤리카를 무용 수업에 데려가곤 했다. 오빠인 필립과 유난스러우리만치 각별했던 앤젤리카는 필립의 죽음에 너무 큰 충격을 받은 나머지 신경쇠약에 걸렸다. 그해 가을 해밀턴은 그레인지 저택에서 앤젤리카가 정신 건강을 회복하는 데 도움이 되는 일이라면 무엇이든지 했고 딸이 원하는 것도 전부 들어주었다. 그는 찰스 C. 핑크니에게 앤젤리카에게 수박이나 앵무새 서너 마리를 보내줄 수 있냐고 부탁하기도 했다.("딸아이가 새를 무척이나 좋아한다네."[67]) 그러나 이 모든 사랑과 관심에도 앤젤리카의 병세는 악화일로를 걸었다. 제임스 켄트는 10대 소녀인 앤젤리카가 '매우 드문 사례로 외부 자극에 거의 반응하지 않았다'고 묘사했다.[68] 앤젤리카는 퀸스의 플러싱에서 맥도널드 박사의 진료를 받으며 일흔세 살까지 살았다. 아주 가끔 정신이 돌아와 있을 때에도 영원히 유년 시절의 기억에 갇혀 있던 앤젤리카는 나이가 들어버린 다른 식구들을 종종 알아보지 못했다. 남은 평생 동안 앤젤리카는 어렸을 때 자신의 피아노 반주에 맞춰 아버지인 해밀턴과 듀엣으로 부르던 노래를 불렀고, 언제나 죽은 오빠 필립이 아직도 살아 있는 것처럼 이야기했다. 엘리자는 유언장에서 나머지 자녀들에게 '불쌍한 내 딸 앤젤리카를 부디 상냥하고 다정하게 보살펴달라'고 애원했다.[69] 1856년에 앤젤리카 해밀턴의 여동생 엘리자 해밀턴은 죽음을 앞둔 앤젤리카를 생각하며 이렇게 썼다. '불쌍한 우리 언니, 드디어 해방되는구나. 반세기를 방황하더니!!'[70]

필립이 죽은 뒤 해밀턴은 끝없는 절망의 나락으로 굴러 떨어졌다. 예전에도 우울증을 앓긴 했지만 보통 우울증 환자에게 수반되는 무기력함과는 거리가 멀었던 해밀턴이었기에 아무리 슬퍼도 거의 기계처럼 글과 편지를 작성해내곤 했다. 그러나 그렇게 기름을 잘 먹인 기계 같았던 해밀턴의 삶은 이제 작동을 멈췄다. 그는 정치적 글을 다시 쓰기 시작했지만 너무나 참담한 심정이라 차마 필립의 죽음을 논하진 못했다. 결투가 발생하고 두 주가 지난 뒤에도 로버트 트루프는 '해밀턴만큼 비탄에 잠긴 사람을 본 적이 없다'고 썼다.[71] 어린 시절 친부에게 버림받았던 기억 때문에 해밀턴은 아들을 지키지 못했다는 죄책감을 더욱 뼈저리게 느꼈을 것이다. 넉 달이란 시간이 흐르고서야 해밀턴은 수많은 위로 편지에 겨우 답신을 보낼 수 있었다. 해밀턴이 쓴 답장에는 아들을 잃은 아버지의 크나큰 슬픔과 삶에 대한 환멸, 종교적 위로에 대한 절실함이 묻어난다. 벤저민 러시에게 보낸 답장에서 해밀턴은 필립의 죽음이 안겨준 고통이 '내 삶을 통틀어 그 어떤 고통과도 비교할 수 없을 만큼 괴롭소. (중략) 필립은 정말로 훌륭한 청년이었다오. 하지만 이제 와서 한탄한들 무슨 소용이 있겠소? 하늘의 뜻이었고 필립은 이제 어리석음과 타락과 위험으로 가득 찬 세상에서 벗어나 유혹과 재앙이 닿을 수 없는 곳으로 갔소. 필립이 영원한 안식과 행복이 보장된 천국에 무사히 당도했으리라 굳게 믿고 있소'라고 썼다.[72] 해밀턴은 필립이 죽은 뒤로 완전히 딴사람이 됐고, 심지어 생김새도 달라 보였다. 트루프는 해밀턴의 얼굴에 '슬픔이 깊이 각인됐다'고 표현했고, 올버니 주의 화가 에즈라 에임스Ezra Ames가 그린 해밀턴의 초상화에도 이 달라진 인상이 포착되어 있다.[73] 스카일러 저택을 자주 방문했던 에임스는 해밀턴을 갑작스레 덮친 감정적 쇠락을 화폭에 놀라우리만치 잘 담아냈다. 그 이전에 그려진 초상화에서의 해밀턴은 젊은이 같은 열정이 담긴 눈동자로 자신감 있게 먼 곳을 바라보거나 세련되

38 · 어리석음으로 가득한 세상

고 당당한 분위기를 풍기며 정면을 응시하고 있지만, 에임스가 그린 초상화에 포착된 그는 고통스러운 표정으로 깊은 생각에 빠져 심연을 응시하는 것처럼 보인다. 열정과 재기가 넘치던 해밀턴은 온데간데없고 아래로 고정된 눈동자에는 우울감이 깃들어 있다. 새로운 칠흑 같은 어둠이 그의 정신을 집어삼킨 것이다.

39

소책자 전쟁

Alexander Hamilton

해밀턴이 내놓은 비관적 전망 때문에 제퍼슨 대통령의 인기에도 갈수록 먹구름이 드리워지고 있었다. 상원과 하원에서 공화당이 과반수 의석을 차지하며 든든하게 뒤를 받쳐준 덕에 제퍼슨은 내각에서 연방당 인사를 축출하고 전임 대통령 두 사람이 부러워할 만한 통합정부를 구성할 수 있었다. 워싱턴과 해밀턴 덕분에 미국 경제는 호황이었고, 애덤스 덕분에 프랑스와의 유사 전쟁은 기억 속으로 사라졌다. 번영하는 국내 경제와 평화로운 국제 정세를 전임자들로부터 물려받은 제퍼슨은 독립혁명 이래 미국이 처음으로 안정기에 접어든 시기에 대통령으로 집권하는 엄청난 행운을 누렸다.

　얼마 지나지 않아 제퍼슨은 행정가로서는 은둔형이 되는 전략을 택했다. 그는 연설은 거의 하지 않았으며 부처별 장관과 소통할 때도 주로 쪽지를 애용했지만, 대중에게 인기 있는 이미지를 유지하고자 말을 타고 워싱턴 시내를 도는 일은 하루도 거르지 않았다. 로버트 트루프는 다음과

알렉산더 해밀턴

같이 전했다. '제퍼슨은 접견회나 기념식도 주최하지 않았고 종종 잠옷 바람에 슬리퍼를 신은 채로 손님을 맞기도 했으며 서민들에게 언제나 친숙하게 다가갔다.'[1] 정치에 있어 해밀턴이 구시대적인 가부장적 관점을 고집한 데 반해 제퍼슨은 서민들과 친밀한 관계를 쌓아나갔다. 연방파는 역사적 갈림길에서 혈통 좋은 신사들 편에 서는 실수를 저지른 반면 공화파는 더 민주적이고 제멋대로인 대중의 편에 섰다.

제퍼슨의 당선으로 해밀턴은 자신이 일궈놓은 업적이 조롱받거나 곧 잊힐 것이라 생각했다. 공화파 언론인인 제임스 치섬은 해밀턴이 대륙회의에서 군주제를 옹호했다는 진부한 이야기를 부활시켰다. 또다시 정치적 선동에 휘말린 해밀턴은 1802년 2월 말에 거버너 모리스에게 음울하기로 유명한 다음의 편지를 보내기에 이르렀다.

> 나의 운명은 정말 기구하오. 미국에서 나만큼 지금의 헌법을 세우기 위해 헌신한 사람은 아마 없을 것이오. 처음부터 봐서 알겠지만 헌법의 운명에 걸었던 내 모든 기대와는 반대로 나는 아직도 바람 앞의 등불을 지키느라 애쓰고 있소. 그런데 내게 돌아오는 것은 적들의 비난보다 나을 것 없는 동료들의 수군거림이오. 이제 정계에서 은퇴하는 일 외에 내가 할 수 있는 일로 무엇이 있겠소? 시간이 지날수록 미국은 내가 있을 곳이 아니라는 사실이 확실해지고 있소.[2]

필립의 죽음을 애도하는 기간 중에 쓰인 이 편지에는 해밀턴이 당시 미국 정계에서 느끼던 깊은 소외감이 드러난다. 해밀턴은 세상에서는 권선징악이 통하지 않는다는 비관론에 빠져 있었다.

우울한 생각에만 집착하고 있었다면 해밀턴은 결코 정계에서 완전히 은퇴하지 못했을 것이다. 제퍼슨이 당선되면서 느낀 실망감은 해밀턴에게 이제 조류가 공화파 쪽으로 바뀌고 있다는 위기의식을 심어주었을 뿐이다. '검토서'에서 해밀턴은 트집 잡는 투로 제퍼슨의 정책을 광범위하게 비판했다. 예전에 해밀턴이 썼던 글에서 두드러졌던 도량과 관대함은 찾기 힘들었다. 제퍼슨은 이민자가 귀화하려면 14년이 지나야 한다는 규정을 폐지하길 원했고, 해밀턴은 외국인은 진정한 미국 시민이 아니며 그들 때문에 버지니아 출신인 제퍼슨이 대통령에 당선됐다고 생각했다. 해밀턴은 '외국인이 유입되면 미국의 정신이 변화하고 부패할 것'이라고 생각했다.[3] 무엇보다 가장 놀라운 것은 해밀턴 자신이 서인도제도 출신임에도 재무장관 앨버트 갤러틴이 스위스 태생이라며 비난한 대목이다. 해밀턴은 '기구한 운명에 처한 불행한 우리나라의 의회를 지금 누가 다스리고 있는가?'라는 질문을 던진 후 '*바로 외국인이다!*'라고 답했다.[4] 해밀턴은 정치 인생을 통틀어 노예제 및 아메리칸 인디언과 유대인에 대해 놀라울 정도로 깨인 시각과 관용을 보여준 인물이자 이민자를 고려해 미국 제조업 전망을 세운 인물이기도 했다. 그랬던 그가 이제는 개인적인 시련 앞에 패배감을 느끼고 가장 훌륭한 본연의 모습마저 스스로 저버리고 있었다.

필립이 죽은 뒤로 해밀턴의 마음속 어딘가에서는 비관적인 관점이 솟아나는 듯 보였다. 제퍼슨이 위스키세와 수입 관세를 제외한 모든 과세를 폐지한 것을 비판할 때만 하더라도 해밀턴의 입장은 훨씬 온건했다. 과거에는 해밀턴이 영원토록 갚지도 못할 부채를 원한다며 비난했던 제퍼슨이 이제는 연방 부채를 더 빨리 소멸시키는 데 보탬이 될 세금을 아예 폐지해버렸다는 사실에 해밀턴은 분노했다. 그러나 결과적으로 제퍼슨은 억세게 운이 좋은 남자였다. 조세 감면으로 세수 부족분이 발생했음에도 무역 성장으로 관세 수입이 늘어난 덕분에 흑자 예산을 달성할 수 있었던 것이다.

한 번도 입 밖으로 꺼낸 적은 없지만 막연히 정계 복귀를 구상하고 있었던 해밀턴은 한 가지 난제에 봉착했다. 그에게는 공화파처럼 '진정성 없이 듣기 좋은 말'만 골라 하는 '형편없는 사기꾼 일당'이 어떻게 대중에게 인기를 얻을 수 있었는지가 의문이었다.[5] 어떻게 이런 일이 가능했을까? 해밀턴은 연방파가 지나치게 이성에 의존했던 반면 공화파는 감정에 호소한 것이 주효했다고 분석했다. 해밀턴은 제임스 베이어드에게 '인간은 이성적으로 사고하는 합리적 동물이라기보다는 대부분의 경우에 열정의 지배를 받는 존재'라고 말하며 기독교헌법단체Christian Constitutional Society 라는 논쟁적인 해결 방안을 제시했다.[6] 무신론은 해밀턴이 제퍼슨과 프랑스 혁명을 비판할 때마다 꺼내는 단골 주제였다. 그는 이제 이 단체를 통해 소책자를 발간하고 자선 사업을 권장하고 이민지 구호 단체 및 직업학교를 설립하는 활동을 펼침으로써 기독교와 헌법과 연방당이 (반드시 이 순서대로일 필요는 없지만) 발전하길 바랐다. 더불어 그에겐 토머스 제퍼슨을 신을 반대하는 인물로 부각시켜 정치적 영향력을 확대하려는 노림수도 있었다. 그러나 제정 분리 원칙을 침해하고 정치권력과 조직화된 종교를 결합시킬 수도 있다는 점에서 기독교헌법단체는 극악한 발상이었다. 해밀턴은 종교를 믿진 않았지만 정치적 목적으로는 이용하려 했던 것이다. 다행히도 다른 연방주의자들은 이에 동조하지 않았다. 시대를 역행하는 생각에 빠져들면 들수록 해밀턴은 광야에서 홀로 분노하는 사람처럼 보였고 아무도 그의 말에 귀 기울이지 않았다.

말년에 해밀턴은 놀라울 정도로 종교에 사로잡혔다. 새로이 조직한 군대에서 총사령관으로 재임하던 시절에 해밀턴은 각 부대마다 군목을 두어 예배를 드릴 수 있게 해달라고 의회에 요청하기도 했다. 킹스칼리지 시절에도 열렬히 기도에 매진할 정도로 젊은 시절의 그는 신실한 신자였다. 그러나 해밀턴의 신앙은 미국 독립혁명을 거치면서 점점 약해졌고,

다른 계몽주의 운동의 창시자나 사상가들처럼 그 역시 종교적 광기에 불편함을 느꼈으며 조직화된 종교는 미신과 흡사한 것이라 여기기도 했다. 워싱턴 휘하에서 육군 참모로 일하던 시절에는 '못된 짓을 하는 사람은 사제 아니면 여자다'[7]라는 글을 썼는가 하면 재무장관으로 재임할 때는 '신을 섬긴다는 명목 아래서 진실하지만 비뚤어진 열정으로 극악무도한 범죄도 서슴지 않았던 종교적 광기 때문에 세상은 고통받아왔다'고 말한 적도 있었다.[8]

종교에 대한 해밀턴의 관심이 되살아난 것은 무신론이 프랑스 혁명의 바탕이 되고 제퍼슨이 이를 표면적으로 포용하면서부터였다(제퍼슨은 이신론자로 예수가 신이라는 사실을 믿지 않았을 뿐이지 무신론자는 아니었다). 그는 1796년에 쓴 '포키온' 시리즈에서 '프랑스를 다녀온 제퍼슨 대통령이 프랑스에서 만난 학자와 철학자 대부분은 *무신론자*였다고 말하는 것을 들었다'며 분개했다.[9] 제임스 먼로도 파리에서 무신론에 감염됐다고 생각한 해밀턴은 버지니아 출신인 제퍼슨과 먼로 두 사람이 함께 식사를 하며 '친분을 쌓고 *기독교*를 반대하며 *종교적 예배*의 부조리를 논하는' 모습을 상상하기도 했다.[10] 해밀턴에게 있어 종교는 모든 법과 도덕성의 근간이었고, 종교가 없는 세상은 지옥이나 다름없는 곳이었다.

그렇다면 해밀턴은 진심으로 종교를 믿었을까, 아니면 단지 종교를 믿는 편이 정치적으로 편리하다고 생각했을까? 워싱턴처럼 해밀턴도 결코 예수를 직접 언급하진 않았고 그 대신 '섭리'나 '천국' 같은 모호한 단어로 대체했다. 엘리자는 갈수록 복음주의 기독교적 언어를 더 많이 사용했지만 해밀턴이 그녀와 함께 예배에 참석했던 것 같지는 않다. 게다가 트리니티 교회에 지정석이 있었던 엘리자와 달리 해밀턴은 공식적으로 어느 교단에도 소속되어 있지 않았고, 성찬식이나 종파적 교리 또는 공개적인 기도에도 관심이 없었다. 조직화된 종교에 대한 오랜 불편함이 완전히 사라진 것은 아니었던 것이다. 한편 엘리자는 신앙심이 깊은 여인이었으므로 아마 신앙을 전혀 공유하지 못하는 사람과는 결혼하지도 않았을 것이다. 해밀턴은 덕을 쌓은 사람들에게는 '이 다사다난하고 변덕스러운 세상에서는 찾을 수 없는 훨씬 커다란 축복'이 기다리는 행복한 사후 세계가 존재한다고 믿었다.[11] 한번은 도덕적 질서에 대한 자신의 신념에 눈곱만큼의 의심도 남아 있지 않다며 친구를 위로하기도 했다. "신의 섭리를 탓하지 말게. 지혜와 선함에는 마땅히 신의 섭리가 있다네. 그것이 우리의 뜻과 어긋날 때는 분명 우리에게 벌 받아 마땅한 잘못이 있거나 혹은 우리가 의식하지 못하고 있는 어떤 악함이나 잘못을 친히 고쳐주시려는 의도가 그분께 있는 때라네."[12] 그렇다면 필립은 죽은 뒤 해밀턴은 하나님이 어떤 교훈을 주시기 위해 그렇게 하셨다고 해석했을까?

존 처치 해밀턴은 아버지 해밀턴이 말년에 진실로 종교적인 생활을 했다고 증언한다. 존은 젊은 날의 종교적 열정이 되살아난 아버지가 매일 기도했고 가족 성경책 여백에 수시로 메모를 휘갈겼다고 전했다. 직업 변호사였던지라 종교에서도 계시가 아닌 논리적 증거를 원했던 해밀턴은 자신이 소장하고 있던 윌리엄 페일리William Paley의 저서 『기독교의 증거에 대한 견해A View of the Evidences of Christianity』에도 수많은 주석을 달아놓았고, 한 친구에게는 이렇게 말하기도 했다. "기독교에 대한 증거를 면밀히 살펴본 결과, 내가 만약 기독교의 신빙성을 판단해야 하는 배심원이라면 나는 기독교에게 유리한 평결을 내려야만 할 걸세."[13] 또한 그는 엘리자에게도 "기독교에서 말하는 진리를 연구해보니 나는 여태까지 인류가 받아들인 그 어떤 명제보다도 명료하게 그것을 증명할 수 있을 것 같소"라고 이야기했다.[14] 존 처치 해밀턴은 아버지가 그레인지 저택에서 산책을 하며 시간을 보내는 동안 종교적 인식을 확대한 것 같다고 느꼈다. 세상을 뜨기 불과 몇 달 전에 해밀턴은 엘리자와 함께 숲속을 거닐면서 자녀들에 대해 이야기하다가 불현듯 엘리자 쪽으로 몸을 돌리더니 황홀한 목소리로 이렇게 말했다고 한다. "하나님, 제게 아직 살날을 20년쯤 더 허락하신다면 아이들을 위해 이 숲에 예배당을 짓겠습니다."[15]

유쾌한 종류의 것은 아니었지만 해밀턴이 제퍼슨 행정부에서 받은 한 가지 위안이 있다면 시간이 지날수록 에런 버에 대한 따돌림이 심해졌다는 사실이었다. 버는 부통령이었지만 제퍼슨 대통령과는 2주에 한 번씩 있는 저녁식사 자리에서 겨우 얼굴을 마주하는 정도였고 장관들과는 아예 1년에 한 번씩밖에 만나지 못했다. 버는 사위에게 "나는 (중략) [내각] 장관들을 가끔씩 길거리에서나 마주친다네"라며 권력에서 배척당하는 자신의 현실을 비꼬기도 했다.[16] 한 상원의원은 버가 '매우 편안하고 위엄 있게 격식을 갖춰' 상원의 회의를 주재한다고 말했다. 하지만 부통령으로서 버가 세운 가장 눈에 띄는 업적이 입법부 활동이라고 역으로 해석할 수도 있는 이 칭찬은 버가 제퍼슨에게 배척당하고 있었음을 보여준다.[17] 존 애덤스도 부통령 시절 워싱턴 행정부로부터 똑같은 좌절을 경험하긴 했지만 버만큼 적대감을 사지는 않았다.

버는 법원조직법 폐지를 둘러싸고 다른 공화당원들과 갈등을 빚기 전까지는 제퍼슨에게 충성스러운 태도로 일관했다. 그러나 폐지를 놓고 의견이 갈리면서 그는 이제 공화당과는 끝장이 났으며 다시 연방당의 비위를 맞춰야 하는 상황임을 깨달았다. 시어도어 세지윅은 버가 이제 '워싱턴에서 완전히 고립됐'고 '개인적으로 아무런 영향력이 없어졌다'고 선언했다.[18] 버가 다시 연방파의 신임을 얻고 싶어 한다는 사실은 1802년 2월 22일에 분명해졌다. 이날 거베너르 모리스는 워싱턴의 생일을 기리기 위해 연방당 의원들을 초대하여 스텔스 호텔에서 만찬을 주최했다. 저녁만찬이 끝날 무렵 손님들은 누군가 조심스레 문을 두드리는 소리를 들었고 다음 순간 뜻밖의 손님의 등장했다. 다름 아닌 부통령 버였다. 버는 방안으로 들어와 실례해도 되겠느냐고 물었다. 주최자로부터 초대를 받았다며 사람들과 인사를 주고받은 버는 '모든 *정직한* 이들의 *화합*을 위하여'라는 건배사로 초당파超黨派적인 건배를 제안했다.[19] 바로 그러한 능수능란함으로 버는 대선에서 제퍼슨과 동점표를 기록할 수 있었던 것이다. 버를 찬찬히 살펴보던 해밀턴은 이렇게 물었다. "이것은 선한 뜻이 있는 곳에 항상 독을 끼얹던 인물을 연방파와 맺어주려는 새로운 음모인 건가?"[20]

연방파가 부통령과 눈치 싸움에 돌입했을 무렵 해밀턴은 버의 제안을 곧바로 뿌리치지 않았다. 제퍼슨을 끌어내릴 수 있는 가장 좋은 방법이 제퍼슨과 버 사이에 불화를 일으켜 공화당을 분열시키는 것이라 판단했기 때문이다. 해밀턴은 버에 대해 '보조적인 도구로서 *어느 정도 가치를 가질*' 수는 있지만 '수장이 되면 당을 욕보이고 파괴할 인물'이라고 썼다.[21] 해밀턴이 봤을 때 이 전략에는 위험 요소가 너무나 많았다. 버가 해밀턴을 밀어내고 연방당 당수 자리를 꿰차려 들 가능성도 있기 때문이었다. 정치 인생에서 내리막길에 들어선 절박한 두 정치인은 이제 상대를 자신의 부활을 위해 반드시 제거해야만 하는 커다란 장애물로 여기는 상황에 돌입했다.

버는 뉴욕으로 돌아올 기회를 호시탐탐 엿보는 중이었다. 뉴욕 공화당에서 정권을 잡든 연방당에 잠입하든, 아니면 양당에서 탈당한 사람들과 연합하든 방법은 아무래도 상관없었다. 그러던 중 뉴욕 정계에서는 역사학자들이 이른바 '소책자 전쟁Pamphlet Wars'이라고 이름 붙인 당파 싸움이 터졌다. 버가 부통령이 된 뒤 뉴욕 커피숍 여기저기에는 '명예훼손자에게 보내는 경고A Warning to Libellers'라는 제목을 단 정체 모를 전단지가 나붙었다. 버의 '무절제한 방탕함'을 고발하는 내용의 이 익명 전단은 버라는 노련한 '난봉꾼' 때문에 '수많은 가여운 희생자'가 발생했다고 주장했다.[22] 심지어 여기에는 버 때문에 '병에 걸리고 불명예를 뒤집어쓴 채 비참한 처지로 전락한' 창녀들 이름의 머리글자도 나열되어 있었다.[23] 오늘날에는 해밀턴과 버가 저질렀던 성적 착취를 동일선상에 놓고 보는 사람도 있다. 건축가였던 벤저민 러트로브Benjamin Latrobe는 '해밀턴과 버 두 사람 모두 키가 작았고 같은 죄악에 중독돼 있었다'고 증언했다.[24] 그러나 버가 남긴 서한들을 보면 여성에 대한 언급이 이루 헤아릴 수 없이 많을 뿐 아니라 그의 성적 취향이 매우 다양했고 스캔들의 빈도도 매우 높았음을 알 수 있다. 버에 비하면 해밀턴은 그저 애송이라고 할 만한 수준이었다.[25]

버를 겨냥한 이 익명 전단지를 최초로 작성한 사람은 아마도 드윗 클린턴이었을 것이라 추정된다. 주지사의 조카이자 호리호리하고 의지가 강한 인물이었던 클린턴은 당시 뉴욕 주 인사임명권을 쥐고 있으면서 '매관매직의 아버지'라는 불미스러운 별명까지 얻었다.[26] 앞뒤 안 재고 마구잡이로 달려드는 방식에 능했던 그는 1801년에 창간된 「아메리칸 시티즌American Citizen」을 조종하는 실세이기도 했다. 「아메리칸 시티즌」의 편집장은 전 모자 판매상이자 대중 선동가인 영국 언론인 제임스 치섬이었다. 언젠가부터 당파마다 제각기 신문사를 소유하는 것이 필수가 된 뉴욕에서 해밀턴은 윌리엄 콜먼과 「뉴욕 이브닝 포스트」를 앞세워 그들에게 맞대응했다. 버와 그 지지 세력은 「모닝 크로니클Morning Chronicle」을 창간해 워싱턴 어빙Washington Irving의 형인 피터 어빙Peter Irving을 편집장 자리에 앉혔다.

개인적인 성생활이 폭로된 것보다 버를 더욱 짜증나게 했던 것은 제퍼슨과 선거인단 득표수에서 동점을 기록했던 1801년 대선에 의혹을 가지고 시작된 재조사였다. 제임스 치섬과 「아메리칸 시티즌」은 버가 속임수를 썼다고 생각하며 이 사안을 강박적으로 물고 늘어졌다. 치섬은 버가 후보로 지명되던 순간부터 '자신이 대통령 자리에 앉기 위해 주도면밀하고 복잡하고 사악한 음모를 실행에 옮겼다'고 주장했다.[27] 처음에는 전형적인 중상모략이라고 대응했던 버도 치섬 등이 끈질기게 같은 주장을 되풀이하자 자신을 끝장내려는 모함에 부아가 치밀기 시작했다. 클린턴주의자들까지 합세해 버를 공격하자 로버트 트루프는 이렇게 썼다. '버의 몰락이 매우 가까운 듯하다. 버의 교활함과 노력과 부지런함도 그를 구할 수는 없을 것 같다'[28]

버에 대한 공격만으로 만족하지 못한 치섬은 해밀턴 역시 귀족적 뿌리로 회귀한 미국 독립혁명의 반역자라며 비난했다. 이 억지 주장에 설득력을 부여하기 위해 치섬은 해밀턴의 아버지를 '유명한 상인'으로 포장했다.[29] 해밀턴이 자수성가한 진취적 인물이라는 현실은 치섬이 원하는 그림과 맞아떨어지지 않기 때문이었다. '유감스럽게도 해밀턴은 유럽 독재자들에게조차 생소한 방식으로 독재와 노예제가 만연했던 문명 세계 출신이다. 유아기 때 습득한 습관과 편견을 뿌리 뽑기란 해밀턴에게 불가능한 일이었다.'[30] 1798년에 영국에서 미국으로 이민 온 치섬은 해밀턴이 노예제 폐지론자라는 사실도 몰랐던 데다 그런 것에 신경조차 쓰지 않았다. 치섬은 버가 1804년 대선에 찰스 코츠워스 핑크니와 함께 *연방당* 후보로 나올 계획이라고 주장했다. '이러한 관점에서 들여다보면 (중략) 해밀턴은 분명 [버의] 길을 가로막고 있다!!'[31] 사실상 레이널즈 소책자와 애덤스 소책자 사건 이후 해밀턴은 1804년 대선 후보 목록에서는 영영 밀려났고 그 자신도 결코 출마하겠다는 의사를 비친 적이 없었다.

뉴욕 정계에서 언어폭력만큼이나 물리적 폭력도 만연해 있었다는 사실은 충격적이다. 당시 결투는 정치적 분쟁을 해결하는 수단으로 유행했는데, 역사학자 조앤 프리먼이 헤아린 바에 따르면 1795년부터 1807년까지 발생했던 명예 사건은 총 열여섯 건이었으나 모두가 결투로 이어지진 않았다.[32] 버의 제자인 존 스와트와우트John Swartwout가 치섬을 디윗 클린턴의 대변자라며 맹비난하자 클린턴은 그를 가리켜 '거짓말쟁이, 불한당, 악당'이라고 맞받아쳤다.³³ 결국 두 사람은 뉴저지 주 위호켄에서 결투를 벌였고 총성이 오고갔다. 스와트와우트가 다리에 두 발을 맞은 뒤 클린턴은 더 이상 총을 쏘지 않았다. 말 대신 총알을 주고받은 것은 신문 편집장들도 마찬가지였다. 제임스 치섬이 윌리엄 콜먼을 물라토의 아비라고 모욕하는 바람에 두 사람은 결투까지 갈 뻔했으나 법적 제재를 받았다. 그러나 제퍼슨주의자이자 항만 관리소장인 캡틴 톰프슨Captain Thompson은 이에 굴하지 않고 콜먼을 겁쟁이라며 도발했다. 결국 러브 레인(오늘날의 21번가)에서는 새벽녘에 결투가 벌어졌고 여기서 톰프슨은 치명상을 입었다. 톰프슨을 죽이고도 태연히 「뉴욕 이브닝 포스트」사로 복귀한 콜먼이 '비록 30분 늦어지긴 했으나 신문을 제대로 발간했다'고 어느 후임 편집장은 전했다.³⁴ 그러나 콜먼은 또 다른 정치적 싸움에 휘말려 흠씬 두들겨 맞았고 그 후유증으로 하반신 불구가 됐다.

제퍼슨 대통령은 그 무렵 들어 번지기 시작한 저속하고 선정적인 언론 보도 행태에 도무지 면역이 되지 않았다. 제퍼슨과 공화파는 애덤스 대통령을 비난했다가 치안유지법에 따라 9개월형과 200달러 벌금형을 선고받은 제임스 T. 캘린더를 높이 샀다. 감옥에서 출소한 후 캘린더는 제퍼슨에게 벌금을 대납해달라고 요구했을 뿐 아니라 버지니아 주 리치먼드의 우체국장으로 임명해달라고도 했다. 그러나 쩨쩨하게 50달러만 도와준 제퍼슨에게 원한을 품은 캘린더는 술을 진탕 마신 뒤 연방당 진영으로 이적해버렸다. 리치먼드에서 연방파 측 신문 편집자로 일하면서 그는 제퍼슨이 부통령으로 재임하던 시절 자신에게 애덤스와 해밀턴을 비방할 것을 사주했다는 사실을 폭로했다. 제퍼슨이 이를 부인하자 캘린더는 1799년과 1800년에 『우리 앞에 놓인 전망』의 출간 보조금으로 제퍼슨이 자신에게 돈을 지급한 서류를 증거로 제시했다. 이 산문집에는 해밀턴을

'캠프걸의 아들'이라고 폄하한 내용이 있었다.[35] 당황한 제퍼슨은 그 돈은 '단순히 기부 목적'으로 지급한 것이라는 궁색한 변명을 내놓았다.[36]

1802년 9월 1일, 캘린더는 또 한 차례 감옥에 있는 동안 알게 된 이야기를 터뜨렸다. 후대에 두고두고 회자되는 이 이야기는 바로 제퍼슨과 샐리 헤밍스의 불륜이다. '국민이 기꺼이 존경해마지않는 남자가 수년간 자신의 노예 한 명과 불륜 관계를 맺어 왔고 지금도 그 관계가 유지되고 있다는 사실은 잘 알려져 있다. 그녀의 이름은 샐리다. (중략) 우리 대통령은 이 젊은 처자 샐리와의 사이에 자녀도 몇 명 두었다. 샬러츠빌에서 이 이야기를 믿지 않는 사람은 아무도 없고 모르는 사람 또한 거의 없다. (중략) 이 흑인 비너스는 몬티첼로에서 가정부로 일하고 있다고 알려져 있다.'[37] 캘린더는 '까무잡잡한 샐리'에게는 물라토 자녀가 다섯 명 있고 그중 아들 톰('노르스름한 톰')은 제퍼슨을 많이 닮았다는 사실도 언급했다. 캘린더는 한때나마 자신과 같은 편이었던 공화당을 '물라토당'이라고 부르는 데 한 치의 거리낌도 없었다.[38] 캘린더는 또한 제퍼슨 대통령과 법정에서 만나 그가 '흑인 처자와 그녀의 물라토 새끼들'과 어떤 관계인지 진실을 논할 준비가 되어 있다고도 했다.[39]

제퍼슨은 전략적으로 침묵을 선택했지만 로버트 리빙스턴에게는 이렇게 투덜댔다. "연방파가 아주 작정하고 모함을 해대는군. 개중에 점잖은 인물들은 [캘린더가 뱉어내는] 쓰레기를 혐오할 테지."[40] 제임스 매디슨은 샐리 헤밍스 기사를 '믿을 수 없다'고 비난했지만 연방파는 가발을 던지며 기뻐했고 대통령에게 회개하라며 노래를 불렀다. '새카만 샐리와 불장난은 그만/톰, 육체적 탐닉도 그만/이제는 당신의 영혼을 구원하길'[41] 또 다른 연방파 편집장은 샐리 헤밍스가 '몬티첼로에 있는 제퍼슨 자택에서 가정부가 아닌 재봉사 자격으로 방 한 칸에서 단독으로 생활하고 있다'는 사실을 확인했다며 '아예 수준이 다른 대우를 받고 있었다'

고 주장했다.[42] 애비게일 애덤스는 제퍼슨이 응당 받아야 할 대가를 치르고 있다고 여기며 '그토록 아끼고 보듬던 뱀이 자신에게 먹이를 주던 주인의 손을 물었다'며 고소함을 감추지 못했다.[43] 존 애덤스는 자신도 제퍼슨과 샐리의 불륜 관계가 사실이라고 생각한다는 점을 내비치면서도 '버지니아 주 농장주치고 자신이 부리는 노예 가운데 자기 씨앗 몇 명이 끼어 있지 않은 사람은 없을 것'이라며 현실을 시인하기도 했다.[44] 애덤스에게 있어 이 사건은 '흑인 노예제라는 추악한 제도에 따른 자연스럽고 거의 필연적인 결과'였다.[45]

제퍼슨이 캘린더에게 해밀턴을 모함하라고 사주했다는 사실을 알게 된 해밀턴과 가족은 분노했다. "제퍼슨 대통령이 그 비열한 캘린더에게 자네와 전임 대통령에 대한 모함을 사주할 정도였다면 전임 대통령은 그야말로 허수아비에다 천하의 몹쓸 놈이었나보군." 필립 스카일러가 사위인 해밀턴에게 투덜거렸다.[46] 1796년 '포키온' 시리즈에서 해밀턴은 샐리 헤밍스가 제퍼슨의 정부임을 알고 있다고 시사한 바 있었다. 그는 이제 모든 언론이 제퍼슨의 개인적인 성생활을 대문짝만하게 보도하고 있으니 정치 문제에만 집중하라고 연방파 편집장들에게 지시했고, 「뉴욕 이브닝 포스트」를 통해 '공적인 문제와 직접적 관련이 없는 사생활에 대해서는 더 이상 논평하지 않겠다'고 선언했다.[47] 그러나 「뉴욕 이브닝 포스트」는 계속해서 캘린더를 '도마뱀'이라고 칭하며 '제퍼슨과 캘린더'라는 제목으로 12부에 걸친 특집 기사를 실었다.[48] 제퍼슨주의자들은 「가제트 오브 더 유나이티드 스테이츠」에서, 제퍼슨이 스물두 살이었을 무렵 친구이자 이웃인 존 워커의 아내 벳시 워커를 유혹하려 했다는 고릿적 이야기를 폭로한 장본인이 해밀턴이라고 비난했다. 캘린더는 이 이야기를 선정적으로 과대 보도함으로써 존 워커가 제퍼슨에게 결투를 신청할 수밖에 없는 상황으로 몰아갔다.

1803년 7월에 제임스 T. 캘린더는 돌연 석연찮은 죽음을 맞이했다. 캘린더의 죽음을 둘러싸고서는 무려 2세기 동안 온갖 추측이 난무했다. 당시 그는 제퍼슨주의 언론으로부터 살해 협박을 받고 있었고 동성애 혐의도 제기되고 있었다. 「리치먼드 이그재미너Richmond Examiner」의 메리웨더 존스Meriwether Jones는 사설에서 '캘린더, 복수의 불길이 당신의 몸과 영혼을 집어삼킬 일이 두렵지 않은가?'라고 쓰기도 했다.[49] 캘린더에게 보내는 또 다른 공개서한에서 존스는 캘린더가 익사하는 장면을 묘사하기도 했다. '오, 레테 강(그리스신화에 나오는 망각의 강_역주)처럼 제임스 강의 강물이 당신에게 망각이라는 축복을 선사할지니 이번만큼은 굳이 위스키의 힘을 빌리지 않아도 될 것이오.'[50] 그리고 1803년 7월 17일, 전날 과음을 했던 캘린더가 물에 젖은 시체로 제임스 강 수심 1미터쯤 되는 지점에서 떠올랐다. 검시 배심원은 과음으로 인한 단순 사고사라고 결론 내렸다. 그러나 여전히 제퍼슨주의자들이 앙심을 품고 캘린더를 흠씬 두들겨 패 살해한 뒤 강에 유기했다고 믿으며 속으로 복수의 칼날을 가는 연방주의자들이 당시에는 한둘이 아니었다.

40

진실의 대가

Alexander Hamilton

알렉산더 해밀턴은 모순된 감정에 휩싸여 달콤 씁쓸한 말년을 보냈다. 해밀턴은 때로는 정치적 미래를 구상하는 일에 몰두하다가도 때로는 제퍼슨의 당선에 너무나 실망한 나머지 정치는 모조리 잊고 귀농하겠다는 맹세를 마침내 실행에 옮길 것처럼 굴었다. 이제 해밀턴을 연방당 수장으로 생각하는 사람은 아무도 없었고 남은 것은 한물간 정치인이라는 거추장스러운 지위뿐이었다. 해밀턴은 로어 맨해튼에 여전히 변호사 사무실을 가지고 있었다(1803년에 해밀턴은 스톤가 69번지에 있던 변호사 사무실을 가든가 12번지로 이전했다). 해밀턴은 파티션가(오늘날의 풀턴가) 58번지에 작은 아파트도 소유하고 있었지만 최대한 많은 시간을 고요한 그레인지 저택에서 보냈다. 1803년 11월에 루퍼스 킹은 해밀턴의 새로운 전원생활과 달라진 마음가짐에서 받은 인상을 다음과 같이 기록했다.

일류 변호사로서 해밀턴이 매년 벌어들이는 수입은 상당하다. 해밀턴은 시내

알렉산더 해밀턴

에서 14.5킬로미터 정도 떨어진 자택에서 매일 출퇴근하기 때문에 1주일에 네댓 번씩 하루 평균 세 시간을 길에서 보낸다. 내가 보기에 그는 정치에 그다지 관여하거나 신경 쓰는 것 같지 않다. 반대편이 나라의 목소리를 장악한 지금, 우리의 국가 체제와 더불어 행정부에 대해서도 확고한 의견을 내왔던 사람으로서 해밀턴이 할 수 있는 유일한 일은 예언뿐이다![1]

해밀턴은 실제 정치보다 법 이론과 정치 이론에 집중했다. 『연방주의자 논집』을 책으로 출간하자는 제안을 받았을 때 처음에 그는 자신이 그보다 훨씬 더 나은 글을 쓸 수 있다며 망설였다. "*지금까지는 사람들에게 우유를 주었다면 이제부터는 그들에게 고기를 주겠소*."[2] 결국 출판사의 제안을 받아들인 그는 원고를 검토하고 교정한 뒤 새로운 논집 형태로 엮어 1802년에 출간했다. 해밀턴은 논집에 실린 글 가운데 상당수는 본인이 작성했으면서도 누가 어느 글을 썼는지를 밝히는 일에는 관심이 없었다. 판사인 에그버트 벤슨Egbert Benson이 각 글의 저자들을 밝혀달라고 요청하자 해밀턴은 당황스럽다는 듯한 태도를 취했다. 하지만 나중에 벤슨의 요청에 간접적으로 응답한 방식이 흥미롭다. 해밀턴은 어느 날 아침 벤슨의 사무실에 들러 별다른 말도 없이 벤슨의 법 문서 사이에 각 글별 저자 명단을 끼워두고 나왔다. 매디슨은 해밀턴과는 다른 저자 명단을 남겼는데 이들은 미래 소규모 학파의 모태가 됐다.

해밀턴은 여전히 지적 야망에 목말라 있었다. 제임스 켄트 총장은 1804년 봄 그레인지 저택을 방문했을 때 해밀턴이 중대한 생각에 사로잡혀 있었다고 회고했다. 켄트는 고지대에 있던 해밀턴의 저택이 폭풍우가 불자 '요람처럼 흔들렸다'고 말했는데, 해밀턴은 아마도 이 거센 폭풍우에 자극을 받았던 모양이다.[3] '그가 그토록 진지하게 성찰에 탐닉하는 모습은 일찍이 본 적이 없었다. (중략) [해밀턴은] 당대의 기질과 성향과 열정

40 · 진실의 대가

이 악의 전조이자 간교하고 야심찬 선동가가 활개 치기에 유리한 환경이라고 생각했다.[4] 해밀턴은 켄트에게 『연방주의자 논집』을 뛰어넘을 행정과학 분야의 대작을 준비하고 있다고 털어놓았다. 해밀턴은 정부 제도가 도덕성과 자유 및 법학에 이르기까지 모든 영역에 미친 영향을 시대별로 추적해 연구하고자 했다. 『연방주의자 논집』을 교정하고 출간했던 것처럼 해밀턴 자신은 편집장의 역할을 담당하고 존 제이, 거베너르 모리스, 루퍼스 킹을 포함한 예닐곱 명의 저자에게는 책 한 권씩에 해당하는 분량을 할당하겠다고 계획했다. 이를테면 존 M. 메이슨 목사에게는 교회 역사 분야를 맡기고 켄트에게는 법 분야를 맡기는 식이었는데, 이런 방법으로 원고가 취합되면 자신은 그 모두를 종합하는 책을 써서 전집을 완성할 생각이었다. 켄트는 '해밀턴은 역사에서 이끌어낸 결론을 자신의 대작을 위해 남겨둘 생각이었고, 당시 그의 머릿속은 이 불완전한 계획으로 꽉 차 있었다'고 전했다.[5]

이 방문 기간 동안 켄트는 해밀턴에게서 새삼스레 온화한 모습을 발견하고는 놀랐다. 켄트는 그가 다정한 아버지임과 동시에 세심한 부분까지 챙기는 주인이었다고 증언한다. '예전의 해밀턴은 결코 그렇게 친근하고 다정한 사람이 아니었다. 그러나 혼자인 내게 그는 매우 세세한 신경을 써주어서, 해밀턴이 이런 것들까지 알고 있었나 싶을 정도였다.'[6] 켄트가 해밀턴으로부터 절대 잊지 못할 작은 배려를 받았던 것 역시 바로 이때의 일이었을 것으로 추측된다. 어느 날 몸이 좋지 않았던 켄트는 일찍 잠자리에 들었고, 손님이 걱정됐던 해밀턴은 여분의 이불을 챙겨 까치발로 켄트가 자는 방에 들어가 조심스레 이불을 덮어준 뒤 이렇게 말했다. "꼬마 판사 양반, 따뜻하게 주무시고 얼른 나으시게. 자네에게 무슨 일이라도 생기면 큰일이지 않은가?"[7]

해밀턴의 건강은 지병으로 하루가 다르게 악화됐고, 특히나 위장이 말썽이었다. 그는 죽음에 대한 생각을 떨칠 수 없었다. 해밀턴은 타고난 머리로 평생을 스스로를 몰아붙이며 독학으로 자수성가한 인물이었고, 비참했던 유년 시절을 과도하게 보상해주려는 듯 환상적인 순간도 인생에서 여러 차례 있었다. 하지만 이제 나이들고 활력도 잃은 그는 더 이상 어린 나이에 성공한 캐리비안 출신의 콧대 높은 청년이 아니었다. 알렉산더와 엘리자는 이미 끔찍한 시련을 숱하게 겪었다. 장남 필립이 목숨을 잃었고 장녀 앤젤리카는 정신질환에 시달렸으며 엘리자의 여동생인 페기도 세상을 떠났다.

그러나 더 많은 시련이 이들 부부를 기다리고 있었다. 1803년 3월 7일에 엘리자의 모친인 캐서린 반 렌셀레어 스카일러Catherine Van Renesselaer Schuyler는 뇌졸중으로 갑작스레 사망했고, 올버니에 있는 가족묘에 안장됐다. 해밀턴과 처음 만났을 당시만 해도 늠름한 육군 소장이었던 필립 스카일러는 이제 통풍에 시달리며 강박적으로 건강을 염려하는 우울한 노인이 됐다. 엘리자가 올버니에 머물며 부친인 필립 스카일러를 위로하는 동안 해밀턴은 그레인지에서 자녀들을 보살폈다. 해밀턴은 엘리자에게 보내는 편지에 다음과 같이 썼다. '이제 당신이 없으니 굳이 당신의 기운을 북돋아주려고 노력하지 않아도 되는구려. 먼저 저세상으로 간 가족들을 생각하면 너무나 고통스럽고 가슴이 미어지오.'[8] 이어 며칠 뒤에 또 그녀에게 쓴 보낸 편지에서 그는 다시 냉철한 모습을 보였다. '신앙의 힘으로 마음을 단단히 먹으시오. 우리는 악으로 가득 찬 세상에 살고 있소. 말년에 불운이 우리를 켜켜이 둘러싸고 있는 것 같지만 우리에게 주어진 의무를 다하고 평화를 지키려면 그리스도인다운 의연함으로 재난을 맞이하는 일에 익숙해져야 하오.'[9]

말년에 해밀턴은 판단에 일관성을 잃고 기분이 오락가락하긴 했지만 날카로운 지적 능력만큼은 여전했다. 해밀턴을 킹스칼리지 시절부터 봐왔고 이제는 부장판사가 된 로버트 트루프는 또 다른 친구에게 감탄하며 이렇게 말했다. "[해밀턴은] 어찌 된 영문인지 날이 갈수록 점점 더 발전하는 것 같군. 나만 그렇게 생각하는 것이 아니라 법조계의 공통된 의견이 그렇다네. 정말이지 그 친구의 능력은 이제 어마어마하다네!"[10]

해밀턴은 제퍼슨 대통령을 괴롭힐 수 있는 고객이나 사건을 즐겨 맡았다. 이 두 인물은 이제 언론의 자유라는 전혀 예상치 못했던 분야에서 격돌할 터였다. 오래전부터 언론에 대한 존경을 과시해왔던 제퍼슨은 대통령이 되자 선동금지법 위반으로 수감됐던 공화파 편집자들을 사면해주었고 연방파 편집장들이 자신을 향해 쏟아내는 모욕적인 발언에도 자신이 관대하다는 점을 강조했다. 언젠가 미국을 방문한 프로이센의 장관은 대통령 접견실에서 제퍼슨에게 적대적인 연방파 신문을 발견했는데, 그때 제퍼슨은 이렇게 말했다. "남작, 그 신문을 챙겨 가시고 누군가 미국에서는 언론의 자유가 지켜지고 있더냐 묻거든 그 신문을 보여주면서 남작께서 그걸 어디에서 발견했는지 말씀해주시오."[11] 제퍼슨은 성인군자 같은 순수주의자처럼 행세했지만 실상은 전혀 딴판이었다. 펜실베이니아 주지사에게 보낸 편지에서 그는 '언론의 정직함을 회복시키는 유익한 효과'를 위해 '몇몇 언론을 기소'하고 싶다고 했는가 하면, 임기 말기 무렵에는 언론이 '무분별하게 거짓에 몸을 판다'며 고함을 지르기도 했다.[12]

결국 제퍼슨은 유명한 연방파 편집장 두 사람을 기소했다. 그중 한 사람은 뉴욕 허드슨 출신인 해리 크로스웰Harry Croswell이었고, 해밀턴이 그의 변호를 맡았다. 크로스웰이 편집하는 연방파 신문 「더 와스프The Wasp」의 상단에 새겨진 좌우명은 '악당들에게 채찍을 휘둘러 세상 앞에 발가벗기자'였다.[13] '로버트 러스티코트Robert Rusticoat'라는 가명으로 쓴 글에서 크로스웰은 제퍼슨이 자신은 오로지 '기부' 목적으로 제임스 T. 캘린더가 『우리 앞에 놓인 전망』을 출간할 수 있도록 도와주었다는 그의 주장을 비웃었다. 1802년 여름에 크로스웰은 캘린더에 대해 이렇게 말했다. "캘린더야말로 도구가 되기에, 또 독을 뿜으며 고용주에 대한 악의적인 독설을 퍼뜨리기에 적격입니다. 요약하자면 그는 거짓 애국자이자 무늬만 '서민 정치인'인 사람이 자신을 대신해 누군가에게 단검을 꽂거나 방화를 저질러줄 수족이 필요할 때 고용할 만한 딱 그런 인물인 것이죠."[14] 또 다른 기사에서 그는 '워싱턴을 반역자, 날강도, 위증자로 만들고 애덤스를 백발의 방화범으로 만드는 등, 뻔히 아닌 줄 알면서도 높은 인품을 지닌 여러 인물을 중상모략하는 대가로 제퍼슨이 캘린더에게 금품을 지급했다'고도 썼다.[15] 이러한 발언은 언론의 자유를 존중하겠다는 제퍼슨을 시험에 빠뜨렸고, 마침내 주정부는 연방파 언론인을 기소하기에 이르렀다. 제퍼슨은 연방정부가 선동금지법을 내세워 공화당 언론인을 명예훼손으로 기소했을 때 자신이 우려를 표했다는 사실을 망각한 것 같았다.

1803년 1월에 뉴욕 컬럼비아 카운티 대배심은 해리 크로스웰을 제퍼슨 대통령에 대한 명예훼손죄로 기소했다. 이로 인해 연방파가 크로스웰 진영으로 속속 모여들면서 이 사건은 정치적 과열 양상으로 번졌다. 뉴욕 주 법무장관이자 그 무렵 제퍼슨주의로 전향한 앰브로즈 스펜서Ambrose Spencer는 직접 검찰 측을 맡고 나섰다. 크로스웰은 해밀턴을 변호사로 선임하길 원했지만 해밀턴은 당시 다른 사건을 맡고 있었기 때문에 재판 초기에는 참여할 수 없었다. 필립 스카일러는 연방주의자 열두 명 정도가 자신에게 연락해와 해밀턴이 크로스웰 사건을 맡을 수 있도록 힘써달라고 부탁했다는 사실을 엘리자에게 전했다. 스카일러는 엘리자에게 제퍼슨이 '대통령으로서의 위신을 떨어뜨렸을 뿐만 아니라 부도덕함으로 악의 본보기가 되고 있다'고 말하며 연방파의 편을 들었다.[16] 뉴욕 클래버랙에 있는, 벽돌로 지어진 작은 법원에서 순회 재판이 열리던 7월 무렵 해밀턴은 크로스웰의 변호인단에 합류하기로 했다. 크로스웰 사건이 언론의 자유와 배심원 재판이라는 두 가지 중대한 헌법 문제를 건드렸으므로 해밀턴은 수임료를 일체 받지 않겠다고 밝혔다.

해밀턴 변론의 핵심은 명예훼손 사건에서 피고인이 작성 및 유포한 내용이 진실이라면 변론의 증거로 인정해야 한다는 것이었다. 그전까지는 원고가 해당 내용이 거짓이라는 사실을 증명할 필요 없이 그저 피고가 자신의 명예를 훼손했다는 사실을 증명하기만 하면 됐었다. 해밀턴과 크로스웰 두 사람 모두는 제임스 T. 캘린더가 제퍼슨의 후원 여부를 증언하기 위해 법정으로 출두할 때까지 재판을 연기하기를 원했다. 우연의 일치인지 아닌지는 알 수 없으나 캘린더는 재판이 시작되기 몇 주 전에 익사하고 말았다. 해밀턴은 제퍼슨을 법정에 소환하거나 최소한 증언을 녹취라도 하고 싶었으나, 담당 판사인 모건 루이스Morgan Lewis는 관습법 원칙을 뒤집고 배심원단에게 '발행물의 진실 여부나 의도가 아닌 사실 관계를 판단'하라고 지시했다.[17] 다시 말해 배심원의 임무는 단순히 해리 크로스웰이 제퍼슨을 중상모략하는 내용을 배포했는가의 여부를 판단하는 것이지, 배포한 내용이 진실인지 아닌지를 판단하는 것은 아니라는 뜻이었다. 이 같은 지시에 따라 배심원단은 크로스웰에게 유죄를 선고할 수밖에 없었다.

1804년 2월 중순 해밀턴은 올버니에 있는 주 대법원에 들어가 항소심을 요청했다. 판사석에는 해밀턴의 친구이자 연방당 동료인 제임스 켄트도 있었지만 나머지 셋은 모두 공화당 소속이었다. 해밀턴의 변론을 듣고 싶어 하는 사람이 너무 많았던 탓에 그의 순서가 되었을 때는 상하원의 사당을 모두 비워야 할 정도였다. 의원들도 법원으로 모여들었지만 이는 단순히 호기심 때문만이 아니라, 명예훼손 사건에서 유포한 내용의 진실 여부를 변론의 증거로 허락하는 법안을 고려 중이기 때문이었다. 해밀턴은 장장 여섯 시간에 걸친 변론으로 관중들의 기대에 부응했고, 항소심을 요구하면서 언론의 자유라는 원칙이 위험에 처해 있다는 점을 강조했다. "제 생각에 언론의 자유는 좋은 동기로 정당한 목적을 위해 진실을 알릴 수 있느냐에 달려 있습니다. 그것이 정부에 관한 것이든 판사에 관한 것이든, 또는 개인에 관한 것이든 말입니다."[18] 권력을 남용하는 언론의 반복적인 피해자이기도 했으나 해밀턴은 언론에 대한 규제를 전면 철폐해야 한다고는 주장하지 않았다. "언론계의 권력 남용과 중상모략은 사회의 병폐입니다. 저는 가장 선한 사람조차도 공격적인 비방의 대상에서 예외가 될 수 없다는 사실을 잘 알고 있습니다. (중략) 시간과 끈기만 있다면 물방울로도 바위를 뚫을 수 있습니다."[19] 따라서 진실하고 공명정대하며 악의 없는 언론 보도가 중요하다는 뜻이었다.

해밀턴은 오직 자유로운 언론만이 행정부 권력을 견제할 수 있다고 주장했다. 그는 단 한 번도 제퍼슨을 직접 언급하진 않았으나 변론 중간중간에는 대통령의 그림자가 깜박이는 듯했다. 공직자에 대한 가감 없는 언론 보도의 필요성을 주장하면서 해밀턴은 재판관들에게 '위선자가 대중적 인기를 좇아 얼마나 자주 입장을 바꾸는지, 또 일단 최종 목적을 달성하고 나면 얼마나 자주 손바닥 뒤집듯 입장을 번복하는지'를 상기시켰다. 혹시 청중 가운데 이 주장을 놓친 사람이 있을까 걱정이 됐던지 해밀턴은 이렇게 덧붙였다. "가장 열정적으로 인권을 부르짖던 사람도 권력의 최고봉에 오르면 가장 치명적인 압제자가 됩니다. 따라서 우리는 그렇게 권력의 자리에 오른 사람들이 실제로 어떻게 행동하는지를 주시해야 합니다."[20]

의도의 문제를 강조하면서 해밀턴은 명예훼손에 대해 오늘날까지 미국에서 이어지고 있는 새로운 기준을 제시했다. 피고가 주장하는 내용이 반드시 거짓이어야 하고 그로써 결과적으로 대상 인물의 명예를 훼손해야 하며 작성 의도가 악의적이어야 한다는 것이었다. 만약 발행된 글이 '좋은 의도로 쓰였다면 중상모략이 목적이 아니기 때문에 죄가 없다'는 것의 그의 논리였다.[21] 그는 진실과 의도가 어떤 불가분의 관계에 있는지를 입증했다. "진실은 곧 다른 사람을 해치려는 의도가 없다는 사실을 추론할 수 있는 근거입니다."[22] 그러나 해밀턴은 진실만으로는 변론이될 수 없고 비방가들이 '진실이라는 무기를 제멋대로' 사용할 수 있다는 사실을 인정했다.[23] 또한 그는 진실 여부를 유효한 증거로 받아들여야 한다고만 역설했지 그것이 결정적인 증거가 되어야 한다고 주장하지는 않았다. 즉, 어떤 언론인이 누군가를 비방했을 때 그 내용은 진실이지만 의도가 악의적이라면 여전히 명예훼손죄가 성립한다는 것이었다. 해밀턴은 '가장 혐오스러운 법이라는 꼬리표가 따라다니는' 치안유지법에도 한 가지 장점은 있다는 사실을 지적했으니, 명예훼손 혐의로 기소된 사람이 배심원단에게 내용의 사실 관계 여부 및 의도에 대해 자신을 변론할 수 있도록 허락하고 있다는 점이 그것이었다.[24] 그는 또한 미국 배심원 제도가 중세 시대의 종교재판소 시절로 퇴보하지 않으려면 명예훼손 사건에서 의도의 악의성을 판단할 때 집행부에서 임명한 배심원단 대신 독립적인 배심원단이 필요하다는 점을 강조했다.

해밀턴의 최후 변론은 심금을 울렸다. 그는 마치 킹스칼리지 시절의 젊은 선동가로 되돌아간 듯했다. "저는 단 한 번도 진리가 죄라고 생각해 본 적이 없습니다. 오늘 이렇게 진리가 죄인지 아닌지를 판가름할 수 있는 날이 찾아와 기쁩니다. 자유로운 인간이 감히 진실을 말할 수 없다는 생각만으로도 제 영혼은 치가 떨립니다."[25] 언론의 자유가 무엇보다 중요한 이유는 '이 땅에 뿌려진 치명적 독극물' 같은 당파 싸움이 미국 전역으로 퍼졌기 때문이라고도 했다. 해밀턴은 이름을 명시하진 않았지만 특정 정당이 독재할 가능성을 우려했다. "그러한 시도가 진행되는 것을 감시하는 곳이 자유가 보장되는 언론사 사무실입니다. 이곳은 우리에게 초기 경보를 발령해 권력이 비대해지는 것에 대항할 수 있게 해주는 곳이기도 합니다. 그러므로 언론의 자유는 가장 중요한 권리이며, 이 권리를 양보하느니 피를 흘릴 각오로 그것을 지켜야만 합니다."[26]

그날 그 자리에 있었던 사람들은 법정 전체를 숨죽이게 만들었던 해밀턴의 마법 같은 메시지를 결코 잊지 못했다. 해밀턴의 변론에는 그가 일평생 다양한 경력을 거치며 경험한 수많은 주제가 녹아 있었다. 당시 제임스 켄트가 휘갈겨 쓴 뒤 옆에 있던 친구에게 건넨 쪽지에는 이렇게 적혀 있었다. '내가 이때까지 들었던 해밀턴의 변론 중 단연 최고일세.'[27] 뉴욕 상인인 존 존스턴John Johnston은 나중에 '정말이지 천재적인 인간이 할 수 있는 최고의 연설이었고 (중략) 법정에서 눈물을 흘리지 않는 사람은 단 한 명도 없었던 것 같다'라고, 또 역시 그 자리에 있었던 토머스 P. 그로스브너Thomas P. Grosvenor도 해밀턴의 변론에 '내 눈에서는 눈물이 흘렀고 (중략) 그곳에 모인 수많은 청중 모두도 눈물을 흘리고 있었다'고 증언했다.[28] 법정에서 해밀턴의 활약을 수도 없이 지켜봤던 켄트 총장 또한 크로스웰 변론을 최고로 꼽았다.

> 나는 언론의 자유에 관한 크로스웰 변론을 해밀턴 장군이 지금까지 했던 변론을 통틀어 최고라고 항상 생각해왔다. 이 변론을 할 당시 해밀턴 장군에게서는 비범한 위엄과 열정이 엿보였고, 그가 열정적이다 못해 애처로워 보이기까지 하는 순간도 몇 차례 있었다. 해밀턴 장군은 온 영혼을 다해 배심원과 언론의 자유를 부르짖었으며 이를 탄압하는 세력에 맞서 자신이 확실한 피난처를 세우고 있다고 생각하는 듯 보였다.[29]

심지어 반대편이었던 스펜서 법무장관조차 해밀턴을 가리켜 '이 나라가

40 · 진실의 대가

배출한 가장 뛰어난 인재'라며 '창의력 면에서 해밀턴은 [상원의원인 대니얼] 웹스터와도 비교가 불가능할 정도로 뛰어나다'는 찬사를 보냈다.[30]

아이러니하게도 해밀턴은 패소했다. 네 명이었던 판사단 의견은 반으로 갈렸지만 대법관인 모건 루이스가 반대편의 손을 들어주었기 때문이다. 크로스웰은 승소하지는 못했으나 형을 선고받지도 않았다. 제퍼슨 대통령의 손을 들어준 데 대한 보상으로 루이스는 공화당의 찬사를 받으며 엿새 뒤 뉴욕 주지사 후보로 지명되었다. 그러나 비록 오랜 시간이 걸리긴 했지만 해밀턴은 결국 승소했다. 1805년 4월 뉴욕 의회는 명예훼손에 관한 새로운 법안을 통과시켰고 뉴욕 주 대법원은 그해 여름 해리 크로스웰의 항소심을 승인했다. 그러나 해밀턴은 이 뒤늦은 승리를 살아생전에 맛보지 못했다.

1803년 4월에 루이지애나 매입으로 제퍼슨 대통령의 인기는 정점에 달했다. 미국은 고작 1,500만 달러로 미시시피 강과 로키 산맥 사이에 위치한 82만 8,000제곱마일(약 215만 제곱킬로미터_역주)에 달하는 땅을 획득했고, 이로써 미국 영토의 넓이는 두 배가 됐다. 해밀턴은 엄격한 구성주의자인 제퍼슨이 헌법에 명시된 범위를 훨씬 넘어서는 행정 권력을 행사하는 모습을 기쁘면서도 착잡한 심정으로 지켜보았다. 현직 대통령이 과거에 그토록 비난했던 해밀턴의 중앙은행이나 기타 제도는 루이지애나 매입으로 자연스레 그 의미가 퇴색됐다. 루이지애나 매입을 인가하기 위해 헌법 개정을 고려하던 제퍼슨은 별다른 개정 없이 의회 승인만 받기로 했다. 제퍼슨은 매디슨에게 '루이지애나 매입과 관련된 헌법적 문제에 관해선 말을 아낄수록 좋을 것 같다'고 인정했다. 자신의 대담함을 합리화하고자 제퍼슨 대통령은 알렉산더 해밀턴이 처음으로 제안하고 다듬었던 묵시적 권한 원칙을 적용했다. 존 퀸시 애덤스는 말했다. '루이지애나 매입은 그 자체만으로도 워싱턴 행정부와 애덤스 행정부 시절에 행사한 모든 묵시적 권한을 합친 것보다 더 큰 권한 행사였고 그 결과 또한 훨씬 광범위했다.'[31] 제퍼슨은 그가 과거에 제안했던 작은 정부라는 신념을 자신의 편의에 맞추어 아무런 죄책감 없이 제쳐두었다.

처음에 해밀턴은 나폴레옹이 루이지애나를 결코 팔지 않을 것이라 생각했고, '원대한 야심을 품은 보나파르트가 그 땅을 돈과 맞바꿀 가능성은 아예 없다'고 못 박기도 했다.[32] 미국은 뉴올리언스를 무력으로 정복하고 그 뒤에 전쟁으로 도산한 프랑스와 루이지애나 매입을 협상해야 한다는 것이 해밀턴의 생각이었다. 아마도 그는 애덤스 대통령 시절 누렸던 낡은 군사적 영광에서 헤어나오지 못했던 듯하다. 제퍼슨이 너무나도 쉽게 손에 넣은 횡재에 질투가 난 해밀턴은 루이지애나 매입의 중요성을 깎아내렸다. 해밀턴은 이 광대한 황무지에 무얼 가져다 놓아도 '너무 멀고 외딴 곳이라 웬만큼 영향력 있고 정신이 멀쩡한 정치인이라면 가지 않으려 할 것'이라고 주장했다.[33]

궁극적으로 해밀턴은 국수주의적 관점에서 루이지애나 매입을 지지한 몇 안 되는 연방주의자 가운데 한 명이 되었지만, 공화주의자와 역할을 바꾼 많은 연방주의자들은 헌법으로 루이지애나 주의 매입을 허가해서는 안 된다는 강경한 구성주의자의 입장을 취했다. 법률 유보를 떠나 그들은 연방당이 이 새로운 미국 영토에 발을 잡혀 영영 재기하지 못하게 될 것을 두려워했다. 새로이 획득한 서부 영토에서는 공화당과 농업이 우세할 것이고 그러면 자동적으로 노예제가 번성할 것이 뻔했다. 실제로 루이지애나 매입을 통해 1803년부터 1845년 사이에 미 연방에 가입한 모든 주가 노예제를 지지함에 따라 정치적 균형은 더욱 더 남부로 기울었다. 공화당이 노예 제국을 서부로 확장할 것이 두려웠던 일부 뉴잉글랜드 연방주의자들은 미 연방 탈퇴를 논의하기 시작했고, 이 같은 계획은 해밀턴과 버의 관계가 결투로 치닫는 부분적인 계기가 됐다. 이러한 탈퇴 운동이 일어난다면 한평생 미 연방을 공고히 지키는 데 몸 바쳐온 해밀턴이 자신의 명예를 걸고 사력을 다해 그것을 저지할 터였다.

해밀턴이 연방파를 중심으로 하는 미 연방 탈퇴 움직임을 감지한 지점에서 에런 버는 꺼져가는 자신의 정치 인생을 되살릴 기회를 포착했다. 1804년 대선이 가까워질수록 버는 제퍼슨이 공화당 부통령 후보 출마권을 자신에게 주지 않으리라고 짐작했다. 이 짐작은 1804년 1월 20일에 노쇠하고 병든 조지 클린턴 주지사가 제퍼슨에게 뉴욕 주지사에 재출마하지 않겠다는 의사를 밝히면서 확실해졌다. 제퍼슨이 부통령 후보로서 클린턴의 장점을 다시 보기 시작한 것이다. 제퍼슨의 입장에서 클린턴은 무엇보다 나이가 너무 들어 정치적 위협이 되지 못할 뿐 아니라 자신의 뒤를 이어 제임스 매디슨이 차기 대통령에 오르는 길도 터줄 수 있는 인물이었다.

1월 26일에 버는 제퍼슨과 마지막으로 만나 공화당에서 아직 기회가 남아 있는지의 여부를 타진해보았다. 제퍼슨에게 부통령 후보로 자신을 선택해달라고 해봤자 소용 없을 것임을 알고 있었던 버는 한껏 몸을 낮추고 부디 대통령의 '총애를 받고 있다는 표식'을 등에 업고 공직을 떠나 세상에 나아갈 수 있게 해달라고 애걸했다.[34] 그는 아부를 하는 동시에 동정심에도 호소하며 뉴욕에서 리빙스턴 일가와 클린턴 일가가 해밀턴과 공조해 자신에 대한 '중상모략'을 퍼뜨렸다며 제퍼슨이 나서서 자신을 변호해달라고 부탁했다.[35] 제퍼슨은 버에게 정치적 구원에 대한 희망은 제시하지 않았지만 그 특유의 두루뭉술한 화법으로 아직 대선과 관련한 구체적인 계획은 없다고 말했다. 버를 향한 언론의 포화와 관련해서도 '지나가는 바람일 뿐'이라며 대수롭지 않다는 듯 넘겼다.[36] 이로써 적어도 제퍼슨은 에런 버를 공화당의 불청객으로 치부하고 있다는 점이 분명해졌다.

버는 자신의 정치 생명을 구원해줄 동아줄이 뉴욕에 있다고 결론 내렸다. 그는 조지 클린턴과 자리를 맞바꿔 연방파와 공화당의 불만 세력을 규합하고선 뉴욕 주지사 선거에 출마할 작정이었다. 해밀턴은 버가 뉴욕 주와 뉴잉글랜드를 연합해 연방에서 탈퇴하는 상황을 우려했다. 그 과정에서 연방파 표도 빠져나갈 것이기 때문이었다. 은밀한 제안에 능한 버는 이미 뉴잉글랜드의 연방파 의원들과 식사 자리를 가진 뒤였고 그 자리에서 의원들은 연방 탈퇴에 대한 버의 생각을 떠보았다. 코네티컷 주의원인 로저 그리스월드Roger Griswold는 버가 '버지니아파를 힐난하고 그에 대항해 북부 연방을 구축해야 한다고 역설했다. 그러나 그가 제안하려는 궁극적인 목적이 무엇인지는 알 수 없다'고 전했다.[37] 속을 알 수 없는 버는 뉴욕 주지사에 당선되면 뉴욕 시민을 설득해 뉴잉글랜드와 연합을 추구할 수 있다는 가능성에 희망을 걸었다.

뉴욕 정계 복귀를 준비하면서 버는 도무지 말이 통하지 않는 두 적수를 상대해야 했다. 한 명은 잘생기고 오만한 서른네 살의 뉴욕 시장 드윗 클린턴이었고 또 다른 한 명은 아직은 영향력을 무시 못할 해밀턴이었다. 이 정치 싸움의 결과는 오늘날 야만적인 기준에 비추어 봐도 잔혹했다. 이 싸움을 부추기는 역할을 특히나 제대로 수행한 것은 클린턴의 대변인과도 같은 「아메리칸 시티즌」이었다. 편집장 제임스 치섬은 공화당원 사이에서 버의 평판을 깎아내리기 위해 1801년 대선에서 동점표가 나왔을 때 버가 연방파와 공모했다는 케케묵은 혐의를 도로 끄집어냈다. 치섬은 특히 해밀턴이 버를 가리켜 '카틸리나' 혹은 독재자라고 지칭했던 것을 인용하며 즐거워했다. 이 때문에 해밀턴과 버의 관계는 더욱 악화됐다.

뒤늦게 버의 몇몇 지인들은 해밀턴과 버를 결투로 내몬 장본인이 치섬이라고 비난했다. 찰스 비들Charles Biddle은 치섬이 '가지고 있는 권력을 총

동원해 버와 해밀턴 사이의 싸움을 부추겼다'고 주장했다.[38] 실제로 치섬은 기회가 있을 때마다 해밀턴과 버에게 미끼를 던졌다. 1804년 1월 6일에 치섬은 신문 지면상에서 해밀턴을 공개적으로 조롱했다. '그렇습니다, 장군. 저는 감히 당신이 에런 버에게 가장 극악무도한 죄목을 뒤집어씌웠다고 주장하겠습니다. 버는 아직 결투를 신청하지 않았지요. (중략) 그는 유죄이거나 아니면 전 우주를 통틀어 가장 비열한 개새끼거나 둘 중하나일 것입니다.'[39] 치섬은 또한 '해밀턴 장군에게 그런 망신을 받고서도 참고만 있느냐?'며 버를 도발했다.[40] 이제 궁지에 몰린 외톨이 버는 해밀턴이 그런 만큼이나 인신공격에 극도로 예민한 상태였다. 개인적인 명예를 회복하지 못한다면 정치 인생도 끝장이었기 때문이다. 따라서 버는 그해 2월에 치섬을 명예훼손죄로 고소했다. 짧은 경력이 무색하게 행실이 지저분했던 치섬 앞으로 벌써 서른여덟 번째 접수된 고소장이었다. 치섬은 자신은 이미 해밀턴이 버에게 제기한 혐의를 되풀이했을 뿐이라며 다분히 악의적으로 대응했다. "저는 그저 따라 했을 뿐입니다. 해밀턴 장군은 이미 버가 유죄임을 수천 번도 넘게 언급했고 앞으로도 기회가 될 때마다 입증해 보일 겁니다."[41] 치섬은 해밀턴을 향한 버의 증오심에 기름을 부으며 위험한 장난을 계속했다.

제퍼슨주의자들 때문에 뉴욕에서의 세력이 너무나 약해진 연방파는 웬만한 주지사 후보를 입후보시키기도 힘든 지경이었다. 따라서 이들에겐 공화당 소속이든 무소속이든 어떤 후보를 지지하느냐가 문제였다. 연방당 후보로 출마해도 승산이 없다는 사실을 직감한 루퍼스 킹은 해밀턴의 간곡한 출마 요청을 거절했다. 2월에 해밀턴을 비롯한 연방당 지도층은 올버니의 시티 태번에서 어느 공화당 후보를 지지할 것인지를 결정하기 위해 전당대회를 열었다(당시 해밀턴은 크로스웰 사건 최종 변론을 위해 올버니에 머물고 있었다). 버가 미 연방을 해체하려는 사악한 음모를 꾸미고 있다고 생각한 해밀턴은 이성을 잃고 버를 강하게 도발했다. 준비해 갔던 연설문에서 해밀턴은 버를 가리켜 공화당 내의 불만 세력과 불안에 떠는 연방당원을 규합해 독자 세력을 구축할 수 있을 만큼 '교묘하며 능력 있고 대담한' 정치인이라고 말했다. 그러나 지금 버는 새로운 북부 연방의 우두머리가 되길 갈망하고 있으며 '뉴욕 주의 주지사가 되면 그것은 전혀 불가능한 일도 아니'라고 해밀턴은 덧붙였다.[42]

자신을 저지하려는 해밀턴의 끈질긴 공세를 알아차린 버는 딸 시어도시아에게 '에런 버에 대항해 승리할 수 있는 후보라면 해밀턴은 그 누구와든 손잡고 계략을 꾸미려 하고 있다'고 말했다.[43] 몇 달 뒤 버는 해밀턴이 자신의 인격을 조롱했다는 사실을 전혀 몰랐다는 듯 행동해놓고선 그것을 빌미로 해밀턴에게 결투를 신청했다. 그러나 1804년 3월 1일에 이미 「아메리칸 시티즌」은 해밀턴이 버를 공적으로 *그리고* 개인적으로 비난했음을 보도한 바 있었다. '해밀턴 장군이 버를 반대하는 이유는 그가 *민주주의자*라서가 아니라 (중략) 도덕에서든 정치에서든 원칙이 없는 사람이기 때문이다. 해밀턴의 주장을 종합해보면 어느 *당*도 버를 믿어서는 안 된다는 것이 핵심이다. 이 하찮은 준장에 대해 해밀턴이 하는 이야기를 들어보면 끔찍하긴 하지만 사실 틀린 말이 하나도 없다.'[44]

결국 해밀턴은 대륙회의 당시 뉴욕 대표단으로 함께 활동하던 시절부터 정적 관계였던 존 랜싱 주니어를 지지하겠다고 표명했다. 세력이 약한 랜싱이 주지사가 되면 공화당 연맹이 약화될 것이라는 계산에서였다. 그러나 랜싱은 주지사 후보 지명을 거부했고 공화당에서는 최근 리빙스턴 파에 합류한 대법관 모건 루이스가 물망에 올랐다. 해밀턴에겐 이것이 치명타였다. 루이스로는 승산이 없다는 것이 그의 판단이었기 때문이다. 이제 연방파가 마음을 바꿔 버를 지지할 것이라 예측한 해밀턴은 '버의 선거 전망이 극도로 밝아졌다'며 한탄했다.[45] 실제로 2월 18일에 공화당 내 불만 세력은 따로 전당대회를 소집한 뒤 버를 주지사 후보로 지명했다. 해밀턴의 예상 그대로, 존 제이부터 시작해 해밀턴의 동서인 스티븐 반 렌셀레어에 이르기까지 저명한 연방당원들이 버 뒤에 줄을 섰다. 역겨움을 느낀 해밀턴은 필립 스카일러에게 주지사 선거에서 손을 떼겠다고 말했지만 사실 이제 해밀턴에게는 아무런 영향력이 없었다. 그는 버의 참모 중 한 사람이 다음과 같이 썼을 정도로 루이스를 위해 적극적인 선거 유세를 펼쳤다. '해밀턴 장군은 (중략) 거의 광기에 가까운 열정으로 버 준장의 당선을 반대하고 있다. 언론은 가장 잔혹한 인신공격으로 들끓는다.'[46]

뉴욕 주 각계각층에서 ("버가 대세다!"라고 외치고 다니는 사람이 있을 정도로) 버를 지지하자 해밀턴은 절망에 빠졌다.[47] 기분이 엉망이었던지라 그는 자신을 향한 인신공격이라도 들린다 치면 눈에 쌍심지를 켜고 달려들었다. 버가 주지사 후보로 지명된 지 1주일째 되던 2월 25일, 해밀턴은 올버니의 판사 에브니저 퍼디Ebenezer Purdy의 집에 찾아가 퍼디가 오래된 유언비어를 끄집어낸 것에 대해 항의했다. 대륙회의가 열리기 전 해밀턴이 몰래 영국과 작당해 조지 3세의 아들을 미국의 왕위에 오르게끔 해주겠다는 조건으로 캐나다를 비롯한 일부 영토를 받기로 했다는 것이 그 유언비어의 내용이었다. 방문의 심각성을 강조하기 위해 해밀턴은 또 다른 판사를 대동했다. 바로 훗날 버와의 결투에 입회인으로 동행했던 버지니아 출신 너대니얼 펜들턴이었다. 펜들턴이 대화를 기록하는 동안 퍼디는 유언비어의 출처를 밝히려 하지 않았고, 단지 웨스트체스터에 사는 한 남자가 해밀턴의 사무실에서 영국 측이 보낸 한 서한을 봤더니 그 안에 그런 내용이 담겨 있었다는 사실만 인정했다. 알고 보니 이 유언비어를 퍼뜨린 장본인은 1780년대 중반에 해밀턴 밑에서 서기관으로 일했던 피에르 반 코틀랜트 주니어Pierre Van Cortlandt Jr.였다. 코틀랜트는 나중에 공화당 정치인이

됐다. 더 중요한 사실은 그가 현재 조지 클린턴의 사위라는 점이었다.

해밀턴은 퍼디에게 유언비어의 출처를 반드시 밝혀내고야 말겠다고 선언했다. 그는 클린턴 주지사가 해당 편지의 사본을 가지고 있다는 퍼디의 말을 듣고 자신의 오랜 철천지원수에게 연락하기로 결심했다. 같은 날 클린턴은 제퍼슨과 짝을 이루어 다음 대선에 출마할 공화당 부통령 후보로 지명됐다. 해밀턴은 클린턴에게 '이 문제에 대해 당신이 연루되어 있는 만큼, 솔직하고 투명한 설명'을 요구한다고 전했다.[48] 클린턴은 매컴 장군이 대륙회의 즈음에 편지 사본을 자신에게 보여준 적이 있다고 말했다. 해밀턴은 편지 사본을 가지고 있다면 출처를 밝힐 수 있도록 자신에게 보내달라고 요구했다. 클린턴은 조금도 뉘우치는 기색 없이, 편지를 찾을 순 없지만 내용만은 정확하게 기억하고 있다고 답장에 썼다. '그 편지는 미국에도 대영제국과 비슷한 정부를 세워야 한다는 내용이었소. (중략) [미국] 상원의 일부는 영국 출신 귀족으로, 또 일부는 이 조치로 가장 큰 이득을 보게 될 미국인으로 채워야 한다고도 적혀 있었소.'[49] 클린턴은 이 터무니없는 동화 같은 이야기에 신빙성이 있다고 믿는 것이 분명했으며, 힘을 잃고 따돌림 당하는 해밀턴에게 예의를 갖출 필요도 느끼지 못했다. 해밀턴은 한 발 물러나 만약 편지를 찾거든 자신에게 보내주길 바란다고 답장했다. 무려 15년 동안이나 그는 이 거짓 소문의 출처를 찾아내기 위해 백방으로 노력했다. 그 과정에서 해밀턴은 지치고 의기소침해졌으나 끈질기게 파고들기만 하면 악의적으로 자신을 비방하는 무리를 일망타진할 수 있으리라는 환상을 끝내버리지 못했다.

1804년 봄에 에런 버가 느꼈던 참담함을 완전히 이해하려면 뉴욕 주지사 선거 기간에 반대편이 쏟아낸, 증오로 가득한 선거용 인쇄물을 들여다봐야 한다. 미국 역사상 인신공격이 그토록 난무했던 선거는 거의 없었다. 치섬이 이끄는 「아메리칸 시티즌」은 버에게 명예훼손죄로 기소당했음에도 그에 굴하지 않고 오히려 더욱 더 대담한 발언을 서슴지 않았다. 치섬은 독자들에게 '[버와] *부적절한 관계를 맺은 여성 최대 스무 명의* 명단을 확보'했을 뿐만 아니라 버가 추파를 던진 탓에 이혼당한 유부녀들 및 '버가 *유혹을 시도한* 정숙하고 음전한 숙녀들'의 명단도 손에 넣었다고 호언장담했다.[50] 버가 리치먼드힐의 자택에서 흑인 유권자들의 표를 확보하고자 꺼내든 '와일드카드'에 관해 치섬이 보도한 내용은 특히 악명 높다.[51] 버의 초기 전기작가가 '리치먼드힐의 만능 일꾼'이라고 묘사한 알렉시스_{Alexis}가 관리 감독을 맡은 이 파티에서, 버는 당시 그가 공들이고 있던 풍만한 흑인 여성과 춤을 췄다고 치섬은 전했다.[52] 치섬은 이를 계기로 선거 보도 행태가 어디까지 비열하고 저급해질 수 있는지를 다시 한 번 보여주었다.

버는 언론의 집중 포화를 온몸으로 맞음과 동시에 이루 헤아릴 수 없을 정도로 길거리에 나붙은 익명의 벽보에 대해서도 해명해야 했다. 대다수는 이미 잘 알려진 버의 방탕한 사생활에 관한 내용이었는데, 그중 치섬이 작성한 몇몇은 버 때문에 순결을 잃은 한 젊은 여성의 아버지가 복수를 하러 뉴욕에 왔다는 내용을 담고 있었다. 작성자가 '유령'인 어느 벽보는 '악명 높은 매춘부와 놀아나며 죽어가는 아내의 마지막 순간을 욕되게 한 이 후안무치한 난봉꾼에게 본때를 보여주자'고 선동했다.[53] 익명의 '독일 청년'이 작성한 또 다른 벽보에서는 버가 어느 네덜란드 출신 제빵사의 부동산을 약탈해 6,000달러에 달했던 개인 채무를 청산했다고 고발했고,[54] '영국 성공회 교도'라는 작성자는 버가 심각하게 타인의 '*재산권을 침해*'할 방안을 궁리하고 있다고 고발했다.[55] 정치 문제까지 다루고 있는 벽보도 있었다. '자기 꾐에 자기가 빠진 거짓말쟁이'가 작성한 벽보에서는 버가 1800년 대선에서는 제퍼슨의 승리를 가로채려 하더니 이제

　　　　　　　　　　　　　　　　　　　알렉산더 해밀턴

는 미 연방을 해체하려 한다는, 이미 익숙해진 사안도 재차 반복되었다.[56]

1월 말에 개인적으로 제퍼슨을 만났을 당시 버는 자신을 음해하는 익명의 벽보를 작성한 이가 해밀턴이라고 주장했지만 이를 뒷받침할 증거는 없었다. 해밀턴은 버가 저지른 불륜에 대해 대단히 신중한 입장을 취했던 터라 개인적인 서한에서조차 이 사안을 언급한 적이 결코 없다. 버를 인신공격하는 벽보 대부분이 「아메리칸 시티즌」을 비롯한 공화당 측 언론 보도에 근거하고 있었지만 버는 연방파 측 언론이 이를 주도하고 해밀턴이 은밀히 가담했다고 생각했던 듯하다. 당시 선거 인쇄물을 살펴보면 해밀턴과 마찬가지로 버 역시 온갖 중상모략에 속수무책으로 당하면서 무기력함을 느꼈던 것이 분명하다. 버 준장을 옹호하는 어느 벽보에서도 이에 대한 분함이 느껴진다. '영어로 가능한 언어폭력이란 언어폭력은 거의 전부 쏟아진 것 같다. 벽보만 보면 버 준장은 정치적 원칙이나 청렴성이라고는 완전히 결여된 인간이다.'[57]

버는 연일 쏟아지는 '새롭고 웃기는 모함'에 전혀 흔들리지 않는 척 태연함을 가장했다.[58] 반대 진영과 달리 그는 존가에 선거 본부를 두고 적극적이되 깨끗한 선거 유세를 펼쳤고, 평소대로 열정과 매력을 앞세워 선거 운동에 임했으며 상대 후보인 모건 루이스를 비난할 때에도 상식적인 선을 넘지 않았다. 리빙스턴 일가와 클린턴 일가의 혈연주의를 비난할 때는 자신을 '친인척의 도움을 일절 빌리지 않고' 출마한 '낙하산이 아닌 평범한 시민'으로 포장하며 선거 운동에 대중주의를 가미하기도 했다.[59] 버의 선거 진영에서는 연방파의 표심을 잡기 위해 버를 해밀턴에 비유하기도 했다. 버를 '탄탄한 변론, 세련된 재치와 호소력 짙은 달변, 인상 깊고 설득력 있는 논증에서 해밀턴과' 어깨를 나란히 하는 일류 변호사라고 묘사한 선거 포스터도 제작됐다.[60]

버는 자신을 겨냥한 온갖 선동적 비방이 난무하는 상황에서도 승리를 낙관했다. 4월 선거일이 다가올수록 버의 선거 진영은 더욱 활기를 띠었다. 올리버 월콧 주니어는 '버 준장의 당선이 유력하다'며 '위협에도 절대 굴하지 않는 용감무쌍한 군단을 지휘하고 있는 것이 분명하다'고 말했다.[61] 선거 결과를 비관적으로 전망했던 해밀턴은 선거일 며칠 전 처남인 필립 제러마이아 스카일러에게 이렇게 말했다. "현재 정치 돌아가는 상황을 보고 있자니 구역질이 나는군. 앞으로는 입도 떼지 않으려 하네."[62] 언제나처럼 해밀턴은 지나치게 비관적이었다. 4월 말에 이루어진 개표 결과, 버는 뉴욕 시에서는 근소한 차이로 승리를 거뒀지만 뉴욕 주 북부에서 크게 지는 바람에 총 3만 829표 대 2만 2,139표로 패배했다.

이 예기치 못한 패배로 버는 정치 인생에서 치명상을 입었다. 부통령으로서의 임기를 열 달 남겨두고 있었지만 그다음은 어떻게 될 것인가? 과거 버는 워싱턴과 공화당의 등쌀에 뉴욕 주에서 잃어버린 권력을 되찾는 데 실패한 바 있었다. 그렇다면 이번에 버가 주지사 선거에서 패배한 것은 해밀턴 때문이었을까? 해밀턴의 친구인 켄트 판사는 해밀턴 탓이 아니라고 단언했다. 버를 향해 '해밀턴이 쏟아낸 냉랭하고 적대적인 비난은 소수에게만 영향을 미쳤을 뿐'이고 연방파 대부분은 버에게 투표했다는 것이다.[63] 이빨 빠진 호랑이 해밀턴이 압도적으로 승패가 갈린 주지사 선거에 결정적인 영향을 미쳤을 리는 만무하다. 존 퀸시 애덤스는 뉴욕 연방파가 이제는 '소수이고, 그중에서도 또 소수의 사람만이 해밀턴을 존경하고 따른다'고 증언했다.[64] 선거에 훨씬 결정적인 영향을 미친 인물은 제퍼슨 대통령이었다. 그는 주지사 선거에 절대 관여하지 않겠다고 버를 안심시켜놓고선 두 명의 뉴욕 주의원에게 버가 공화당에서 제명되었음을 넌지시 귀띔했었다. 이 같은 견해가 뉴욕 언론에 보도됨에 따라 공화당 지지자들 사이에서 버는 사형 선고를 받은 것이나 다름없어졌다.

그럼에도 버의 추종자들은 그의 정치 인생을 망친 장본인이 알렉산더 해밀턴이라고 고집스레 주장했다. 버의 친구인 찰스 비들은 '해밀턴 장군이 버 준장을 반대하지만 않았어도 버의 뉴욕 주지사 당선은 따놓은 당상이었다'는 글을 남겼다.[65] 버의 초기 전기작가 한 명도 버가 '온건한 연방주의자의 지지'를 얻었으나 '해밀턴이 워낙 거세게 반대하는 바람에 연방당에서 압도적으로 득표하지 못했다'며 이러한 견해에 동조했다.[66] 그러나 버가 실제로 뉴욕 연방주의자 사이에서 선전했다는 사실을 감안하면 이는 터무니없는 소리다. 버를 지지했던 메리조 클라인Mary-Jo Kline 편집장은 '선거를 몇 주 앞두고 (중략) 연방당이 단체로 은밀히 에런 버를 지지하기로 합의했다는 조짐이 보였다'고 썼다.[67] 선거에서의 패배 뒤 버는 언제나처럼 전혀 동요하지 않는 듯 행동했다. 개표 결과가 나오자 그는 딸인 시어도시아에게 최근 연애사를 늘어놓으며 허세 가득한 편지를 보냈다. 이 편지에서 버는 설레스트Celeste라는 이름의 정부를 방문하진 못했지만 '라 지La G'라고 알려진 뉴욕의 '애인'을 만날 시간은 낼 수 있었다고 적었다. 버는 라 지를 '온화하고 쾌활한' 여인이라며 칭송하는 동시에 '절벽 가슴'이라고 흉을 보기도 했다. 그러다 마치 뒤늦게 생각났다는 투로 '선거에서는 크게 졌지만 *오히려 그 편이 낫다*'며 주지사 선거를 언급했다.[68] 별일 아니라며 짐짓 태평함을 가장하는 이런 태도는 평생에 걸쳐 그의 내면에서 형성된, 귀족적 조소와 무관심으로 일관하는 자기보호 기제가 반영된 결과였다. 그러나 이렇게 겉으로 점잖은 척했던 그의 속마음에서는 해밀턴에 대한 살기 어린 분노가 커가고 있었다. 버의 입장에서 해밀턴은 1801년 대선에서 제퍼슨을 지지함으로써 자신의 대통령 당선을 방해하더니 이제는 뉴욕 주지사가 되는 길까지도 가로막은 눈엣가시였다. 알렉산더 해밀턴은 버에게 있어 저주이자 위선자였으며 모든 불행의 근원이었다. 적어도 1804년 봄에 에런 버 눈에 비친 상황은 그랬다.

주지사 선거 기간에 해밀턴은 연방파 사이에서 또다시 대두된 연방 탈퇴론 때문에 고심하고 있었다. 해밀턴이 주창한 연방주의와 이보다 더 대립되는 일은 없었다. 그의 친구인 애덤 후프스Adam Hoops는 3월 초 올버니에서 우연히 마주친 해밀턴에게 항간에 떠도는 연방 탈퇴론에 대해 질문했다. 훗날 후프스는 해밀턴이 '연방 탈퇴가 거론된다는 것 자체를 참을 수 없다'며 '*강력한 단어를 사용해서* 반대 의사를 표현했다'고 회고했다.[69] 해밀턴은 북부와 남부 사이에 내전이 일어날 것이며 결과적으로 북부가 승리하긴 하겠지만 그 희생이 어마어마할 것이라는, 지나치게 비약적인 전망을 내놓았다. "내전이 일어나면 현행 헌법은 파괴될 것이고, 종국에는 본질적으로 시민들의 자유에 반하는 원칙에 근거한 별개의 정부가 수립될 걸세."[70] 생각만 해도 끔찍하다는 듯 그는 후프스를 붙잡고 한 시간이 넘게 하소연을 했다. '연방 분열론에서 헤어나오지 못하던 그는 법원으로부터 연락을 받고서야 자리를 떴다.'[71] 해밀턴은 '유혈이 낭자한 무정부' 사태가 일어나거나 제퍼슨 정책 때문에 헌법이 전복될 가능성에 대해서도 계속 걱정했다.[72]

그해 봄, 전 국무장관이자 당시 매사추세츠 주의 상원의원이었던 티머시 피커링은 뉴욕 연방당 지도층을 차례로 방문해 북부에서의 독자적인 연합정부 수립을 지지해달라고 호소했다. 그는 이 새로운 북부 연합이 '귀족적인 남부 민주주의자들의 부패한 영향력과 탄압으로부터 자유로울 것'임을 강조했다.[73] 뉴욕과 뉴저지, 즉 대서양 중부에 위치한 이 두 거대한 주의 지지를 얻지 못하는 북부 연합은 사생아나 다름없어질 터였다. 피커링과 이른바 '에식스 결사대'는 저명한 지역 연방주의자들을 설득할 수 있기를 바랐다. 많은 뉴욕 연방주의자가 루이지애나 매입 이후 버지니아가 패권을 장악하고 노예제가 확대될지 몰라 두려워했지만 해밀턴과 루퍼스 킹 두 사람은 모두 연방 탈퇴론을 단호하게 반대했다. 피커링이 다녀간 직후 제임스 페얼리James Fairlie 시장은 해밀턴에게 북부 연합과 관련하여 누군가가 접근한 적이 있는지 물었다. 그의 회상에 따르면 해밀턴은 '동부 쪽 인물이 접근해온 적이 있다'고 말한 뒤 다음과 같이 덧붙였다. "아시겠지만 제퍼슨 대통령 및 그 행정부와 나 사이에는 어떠한 정치적 신뢰도 없소. 하지만 그러한 제안은 내게 공포 그 자체요."[74]

제퍼슨의 재선이 유력시되던 그해 가을, 연방 탈퇴 운동은 주도 세력이 보스턴에서 회동을 계획하는 단계로까지 무르익었다. 해밀턴 역시 그 회동에 참석하기로 했는데, 이는 당연히 그러한 자멸 행위를 막기 위해서였다. 일각에서는 강력하고 안정적인 연방 국가의 구축을 위해 평생 열정적으로 헌신해온 해밀턴을 연방 탈퇴 운동의 공모자로 몰아가려는 시도가 있었다. 훗날 제퍼슨조차 '무슨 일이 있어도 미 연방을 해체해서는 안 된다는 것이 해밀턴 장군의 원칙'이었다고 언급했을 정도로 미 연방 유지에 대한 해밀턴의 신념은 확고했었는데 말이다.[75] 버와의 갈등이 결투로 치닫던 그 몇 주 동안에도 해밀턴은 연방 탈퇴 위협으로 인한 실망감에 사로잡혀 있었다. 해밀턴의 아들인 존 처치 해밀턴은 결투를 불과 1주일 앞두고 그레인지에서 열렸던 저녁만찬에 관해 다음과 같이 이야기했다. "저녁식사 뒤 [존] 트럼불과 단둘이 남았을 때, 아버지는 몸을 돌려 그를 지그시 바라보며 이렇게 말했습니다. '보스턴에 가면 주요 인사들을 만나게 될 거요. 그러면 연방을 탈퇴하자는 대화와 위협을 제발 멈춰달라는 내 말을, 내 부탁을 전해주시오. 연방은 가능한 한 영원히 존속되어야 하오.'"[76] 1787년 이래로 해밀턴은 헌법이 가능한 한 보전되어야 한다는 신념을 단 한 번도 굽힌 적이 없었고, 헌법 보전을 위해서라면 어떠한 일도 마다하지 않겠다는 약속에 대해서 역시 마찬가지였다. 그랬던 그가 이제 와서 생각을 바꿀 리 만무했다.

40 · 진실의 대가

증오를 불러온 의견

Alexander Hamilton

1804년 3월, 해밀턴은 올버니에 있는 존 테일러 판사의 집에서 식사를 했다. 공화당의 열성 지지자였던 테일러 판사는 과거 주의원으로 재직할 당시 모건 루이스 선거 진영에서 선거 운동을 하기도 했었다. 두 사람 모두 에런 버가 주지사로 당선되면 끔찍할 것이라는 데 동감했다. 테일러는 일찍이 드윗 클린턴에게 이렇게 말한 바 있었다. "버를 당선시키기 위해 얼마나 많은 노력이 들어가고 있는지 자네는 상상도 못할 걸세. 모든 수단이 총동원되고 있다네."[1]

스테이트가에서 열린 이 사적인 저녁만찬에서 촉발된 일련의 사건으로 해밀턴과 버는 결투에 휘말리게 된다. 그날 그 자리에는 테일러 판사의 수양딸과 결혼한 외과의사 찰스 D. 쿠퍼Charles D. Cooper 박사도 있었다. 버를 경멸했던 쿠퍼는 편안히 기대 앉아 뉴욕에서 가장 저명한 연방주의자인 해밀턴과 제임스 켄트가 대놓고 버를 비난하는 것을 즐겁게 경청했다. 버에 대한 험담이 어찌나 즐거웠던지 쿠퍼는 4월 12일에 친구 앤드

알렉산더 해밀턴

루 브라운Andrew Brown 앞으로 보내는 편지에, 해밀턴이 버를 가리켜 '신뢰해서는 안 되는 위험한 남자'라고 말했다는 내용을 휘갈겨 썼다.[2] 그런 뒤 한 친구에게 이 편지를 브라운 앞으로 전해달라고 부탁했는데, 나중에 그는 누군가 이 편지를 훔쳐서 개봉했다고 주장했다. 사실이라면 이는 신문 1면을 장식하고도 남을 만한 주장이었다. 비록 당시에는 우체국 역할을 하던 지역 여관에서 개인적인 편지를 훔쳐내 엿보는 일도 흔했고 중간에 누군가 가로챈 편지가 예상치 못하게 신문에 나는 일도 드물진 않았지만 말이다. 쿠퍼는 자신이 쓴 편지가 「뉴욕 이브닝 포스트」에 실렸다는 사실도 뒤늦게 알았다. 쿠퍼의 편지가 공개 벽보라고 확신했던 편집자 윌리엄 콜먼은 그에 대해 반박할 필요가 있다고 생각했다. 그는 독자들에게 해밀턴이 버와 루이스 사이에서 중립을 지키겠다고 '반복적으로 선언'했었다는 사실을 다시금 각인시켰다.[3] 이 주장을 뒷받침하고자 콜먼은 해밀턴의 장인인 필립 스카일러로부터 받은 편지도 신문에 실었다. 그가 자신의 사위인 해밀턴은 선거 문제에 일체 관여하지 않을 것임을 선언했다고 언급한 편지였다. 더불어 스카일러는 사람들의 오해와 달리 해밀턴은 버에 대한 언급 역시 결단코 한 적 없다고 썼지만, 결국 이 편지로 그는 소중한 사위를 의도치 않게 죽음으로 내몬 장본인이 되고 말았다.

그러나 스카일러는 마치 쿠퍼가 없는 이야기를 지어내기라도 했다는 듯한 반응을 보였고, 이에 분노한 쿠퍼는 4월 23일에 해밀턴이 버를 비방했다는 자신의 주장을 뒷받침하는 두 번째 편지를 썼다. 이번에는 스카일러가 수신인이었다. '해밀턴 장군과 켄트 판사는 사실상 버가 위험한 인물이며 그런 사람에게 정권의 고삐를 쥐어줘서는 안 된다고 분명하게 말했습니다.'[4] 쿠퍼는 또한 주지사 후보 선출을 위해 지난 2월 올버니 주의 시티 태번에서 열렸던 연방당 전당대회에서도 해밀턴이 공개적으로 그런 발언을 했다고 적었다. 그러나 해밀턴과 버의 관계가 임계점을 넘어서도록 만든 결정적 주장은 그다음에 나왔다. 무책임함과 거리가 멀었던 쿠퍼는 테일러 판사 자택의 식탁에서 오간 이야기를 전하며 당시 자신은 '평소와 달리 신중했었다'는 점을 강조했다. '버 준장에 대해 해밀턴 장군은 더 큰 증오를 불러일으킬 만한 의견을 피력했습니다. 이와 관련된 이야기라면 저는 얼마든지 상세히 알려드릴 수 있습니다.'[5] 수많은 사람의 운명을 바꾼 이 편지는 1804년 4월 24일자 「올버니 레지스터Albany Register」에 공개됐다.

선거에서 패배하고 7주가 지난 뒤인 6월 18일, 버는 쿠퍼의 편지가 실린 북부의 신문 한 부를 받았다. 이 신문을 버에게 보낸 사람이 분노에 찬 동료인지 아니면 악의를 품은 적인지 우리로서는 알 수 없다. 평소대로라면 버는 무심하게 코웃음을 치며 대꾸도 하지 않고 넘겨버린 뒤 그런 자신에게 자랑스러움을 느꼈을 것이다. 그러나 정치적 광야로 추방된 지금 버는 비판에 대한 면역이 사라진 상태였다. 그는 즉각 분노에 휩싸였다. 매력적인 겉모습 뒤에 적개심을 감춘 수많은 사람들이 그렇듯 그 역시 마음속에 분노를 가두고 있었다. 버는 해밀턴이 지난 세월 동안 정치적 험담에 대한 가시지 않는 갈증으로 자신을 모함해왔음을 깨달았다. 예전에도 두 사람은 해밀턴의 발언 때문에 결투에 이를 뻔했던 적이 두 차례나 있었다. 제퍼슨과 버가 같은 득표수를 기록했던 1801년 대선 당시 해밀턴은 버가 대통령이 되는 것만은 막아야 한다는 일념으로 그를 원칙 없고 부패한 파산한 난봉꾼이자 대통령 자리가 탐나 제퍼슨을 배반한 인물이라고 비난했다. 그러나 1802년 10월에 해밀턴이 이 사안에 대해 '나는 모르는 일'이라 잡아떼면서 다행히 이 둘은 결투를 비껴갈 수 있었다.[6] 버는 나중에 한 친구에게 다음과 같이 말했다.

해밀턴 장군이 오랫동안 마음껏 내 인신공격을 해왔다는 사실은 너무나 잘 알려져 있네. 해밀턴은 남을 향해 부적절하고 불쾌한 발언을 던진 뒤 미꾸라

알렉산더 해밀턴

지처럼 교묘하게 빠져나가는 데 남다른 재능이 있지. 내가 결투를 신청해도 마땅할 만큼 그가 선을 넘었던 적도 두 번 있었네만 나는 그가 자발적으로 사과하며 인정하기를 기대했네. 해밀턴에 대한 배려심과 진정으로 평화를 소망하는 마음에서, 나는 내 관대한 행동이 그에게 조금이라도 영향을 미치길 언제나 바라며 단 한 번도 이 사건을 언급했던 적이 없었네.[7]

버의 지지자 중 일부는 해밀턴이 버에 대한 악의적인 발언을 쏟아내는 중에도 버는 단 한 번도 같은 방식으로 대응한 적이 없었다는 사실에 주목했다. 윤리관 때문이었다기보다는 그것이 버의 방식이기 때문이었을 것이다. 해밀턴이 대놓고 다른 사람을 비난하는 동안에도 약삭빠른 버는 계획적인 모호함을 유지하며 정치인에 관해서는 최대한 말을 아꼈다.

쿠퍼의 편지를 받았을 때 버는 여전히 주지사 선거에서의 패배와 함께 자신의 정치 인생도 끝장나버렸다는 충격에서 헤어나오지 못하고 있었다. 해밀턴이 워싱턴 행정부와 애덤스 행정부에서 지대한 영향력을 행사했던 1800년 이전까지만 해도 버는 감히 해밀턴에게 대항할 꿈조차 꾸지 못했었다. 이후 제퍼슨 행정부에서 부통령을 역임할 당시에는 자신의 남은 정치 인생이 연방당에 달려 있는 상황이었으므로 섣불리 해밀턴의 반감을 사는 행동을 할 수 없었다. 그러나 이제 그에게 해밀턴은 만만한 적수였다. 해밀턴이라는 이름은 여전히 유명하지만 한때 그토록 버를 두려움에 떨게 만들었던 권력은 사라져버렸기 때문이다. 이에 대해 조앤 프리먼은 이렇게 썼다. '버는 인간으로서 명예에 상처를 입었고, 지도자로서는 인신공격과 대선 패배로 공개적 망신을 당했다. 해밀턴과의 결투는 버 자신의 잃어버린 명예를 회복하고 어쩌면 해밀턴의 위신까지도 떨어뜨릴 수 있는 절호의 기회였다.'[8] 찰스 비들의 회고에 따르면 그해 봄의 어느 날, 버는 비들에게 '자신에 관한 이 불명예스러운 보도와 관련해 일차적 책임이 있는 자에게 결투를 신청하기로 마음먹었다'고 말했으며, 그때까지만 해도 그 일차적 책임자가 '*해밀턴 장군*'인 줄은 전혀 모르고 있었다'고 한다.[9] 그러나 버는 자신을 음해하는 벽보를 해밀턴이 익명으로 작성했다고 오해하며 이를 갈고 있었는데, 아마도 쿠퍼의 편지가 그러한 의심을 더욱 굳혔던 것 같다.

버가 해밀턴에게 결투를 신청한 배경을 살펴볼 때 떠오르는 가장 큰 의문은, 찰스 쿠퍼가 얼마든지 상세히 말할 수 있다고 했던 '더 큰 증오를 불러일으킬 만한 의견'이 정확히 무엇이었는가 하는 것이다. 이 의문은 두 세기가 지나도록 해결되지 않았다. 소설가 고어 비달Gore Vidal은 해밀턴이 버와 그의 친딸인 시어도시아는 근친상간 관계라는 말을 떠벌렸을 것이라며 독자들을 상대로 자극적인 작품을 쓰기도 했다. 그러나 버는 험담할 거리가 차고 넘치는 호색한이었다. 에런 버는 처녀를 강간하고 유부녀와의 불륜으로 여러 가정을 파탄 냈을 뿐 아니라 여성들에게의 매춘 강요, 뇌물 수수, 변호 의뢰 고객의 부동산 약탈 등 온갖 죄를 저질렀으며 이는 대중에게도 익히 알려져 있는 사실이었다. 신학자 조너선 에드워즈Jonathan Edwards의 손자라는 인물이 금단의 열매란 열매는 종류별로 맛보고 다녔던 것이다. 그 무렵과 제일 가까운 시기에 발생했던 추문 하나를 예로 들자면, 테일러 판사의 자택에서 저녁만찬이 열리기 6개월 전 버는 예전 애인인 하이트Hayt 부인으로부터 한 통의 편지를 받았다. 입을 다무는 대신 정중하게 돈을 요구하는 편지였다. 하이트 부인은 자신이 '임신을 한 데다가 금전적 도움이 필요한 상태'이며 '버 같은 지위를 가진 신사에게는 푼돈에 지나지 않을 것이라고 생각한다'고 편지에 썼다. 또한 그녀는 버가 공개적으로 망신당하는 것은 자신도 원하지 않는다며 '약간의 돈을 보내주는 친절을 베풀어주신다면 감사히 생각하겠다'고 약속했다.[10] 만약 버가 돈을 보내지 않았다면 하이트 부인은 편지에서 협박한 대로 버에게 공개적인 망신을 주었을지도 모르고, 그랬다면 뉴욕 사회는 또한 번 시끄러워졌을 것이다. 그러나 쿠퍼가 마지막 편지에서 해밀턴의 어떤 발언을 염두에 두고 그런 말을 했는가는 중요하지 않았다. 버는 이제 해밀턴을 공격할 구실만 찾고 있었기 때문이다. 두 사람의 결투는 서로에 대한 비방과 인신공격보다는 정치 문제 및 당 지도자 자리와 관련된 것이었다.

6월 18일 월요일 아침 쿠퍼의 편지를 곱씹던 버는 친구인 윌리엄 P. 반 네스William P. Van Ness에게 즉시 리치먼드힐에 있는, 허드슨 강이 내려다보이는 자신의 집으로 와달라고 부탁했다. 당시 학질로 고생하고 있던 버는 목에 수건을 두르고 있었다. 버는 수많은 사람이 자신에게 '해밀턴 장군이 수시로 여기저기서 [내] 명예를 깎아내리는 말들을 하고 그러한 의견을 피력했다며 귀띔해주더라'고 반 네스에게 말했다.[11] 따라서 버를 자극해 행동에 나서게끔 만든 것은 쿠퍼의 편지 한 통이었다기보다는 쌓이고 쌓인 모욕임이 명백했다. 그날 11시쯤 반 네스는 해밀턴의 변호사 사무실에 들러 버의 편지를 전달하며 단호한 표정으로 쿠퍼의 편지에 암시되었던 '증오를 불러올 만한' 행동이 무엇인지에 대한 설명을 요구했다. 버의 편지는 어조로 보나 내용으로 보나 해밀턴에게 결투를 신청하는 이가 보낸 것이었다.

알렉산더 해밀턴의 일생을 들여다보면 그가 결투를 회피하거나 그것을 위해 타협하는 인물이 아니었음을 알 수 있다. 그는 오른뺨을 맞았을 때 왼뺨도 마저 내줄 수 있는 사람이 아니었다. 서인도제도 출신으로 굴곡 많은 인생을 살아온 해밀턴은 정치 인생에서 자신의 명예를 필사적으로 사수해왔고, 그에게 있어 명예보다 더 중요한 동기는 없었다. 속에 없는 말은 할 줄 몰랐던 이 남자는 언제라도 전투에 나설 채비를 갖춘 채

41 · 증오를 불러온 의견

인신공격에 신경을 곤두세우고 있었다. 그가 결투 직전까지 갈 뻔했던 적만 해도 여섯 번에 달했고, 입회인 또는 참고인으로 다른 이의 결투에 참석한 적도 세 번 있었다. 그러나 자신이 결투의 당사자가 되었던 적은 단한 번도 없었다. 해밀턴의 편집자인 해럴드 C. 시렛Harold C. Syrett이 1804년 여름까지 관찰한 바에 따르면 해밀턴은 '실제 결투가 아닌 결투라는 개념에 사로잡혀 있었다'고 한다.[12]

당시 결투라는 악습은 보편적이진 않았지만 여전히 성행 중이었다. 제퍼슨과 애덤스는 결투를 반대했고 프랭클린은 '살인 관행'이라며 비난했다.[13] 명예를 지키는 일에 낭만적인 자부심을 가지고 있으며 이 관습화된 폭력이 명예를 지킬 수 있는 완벽한 방법이라 여기는 장교들 사이에서 결투가 특히 만연했는데, 해밀턴과 버 두 사람 모두는 이러한 귀족적인 문화에서 교육을 받았다. 군인들이 항상 두려워했던 것은, 결투를 회피하면 겁쟁이라고 손가락질받고 나중에 군대를 지휘할 때에도 악영향이 있을지 모른다는 점이었다. 해밀턴은 가까운 장래에 미국에서 내전, 무정부 상태, 연방 탈퇴를 위한 반란 등 유혈 사태가 벌어질 가능성이 충분하고, 그런 일이 벌어지면 자신이 군대를 지휘해야 할 수도 있다고 여겼기 때문에 버의 결투 신청을 수락하거나 거절할 경우 자신의 용감함이 어떻게 평가될 것인지까지도 곰곰이 생각했다. 그의 생각에 용기는 지도자와 떼려야 뗄 수 없는 자질이었다. 해밀턴과 동시대를 살았던 누군가는 해밀턴을 다음과 같이 평가했다. "해밀턴은 군인이었고 겁쟁이라는 오명을 못 견뎌했다. 무엇보다 결투에 응하지 않았을 때 버가 자신을 경멸하며 우쭐하고 다닐 꼴을 도저히 용납할 수 없었을 것이다."[14]

결투는 버와 해밀턴 같은 당시 미국의 사회적 엘리트 계층이 지켜야 할 규범이었다(다른 점이 있다면 버는 태어날 때부터 사회적 엘리트였고 해밀턴은 결혼과 능력으로 사회적 엘리트 계층에 편입했다는 것이다). 사회적으로 열등한 인물에게 모욕을 당하면 들고 있는 지팡이로 흠씬 두들겨 패면 그만이었지만, 동등한 사회적 지위에 있는 사람끼리 모욕을 주고받았다면 총을 들고 결투장에서 담판을 지어야 했다. 이론상으로 버는 해밀턴을 명예훼손죄로 고소할 수도 있었지만 그것은 신사로서는 체면이 서지 않는 일이었다. 해밀턴 역시 명예훼손으로 기소하는 일은 되도록 자제하는 대신 자신은 '증오를 경멸로 갚아주기'를 선호한다고 자랑스레 말하고 다녔다.[15]

정치인들 사이에서도 결투가 성행했다. 당파 싸움은 결투로 이어지는 경우가 많았다. 조앤 프리먼이 『명예 사건Affairs of Honor』에서 보여준 것처럼, 치열했던 선거가 끝나면 패자는 명예를 회복하기 위해 결투를 신청하곤 했다. 당시만 해도 정당은 아직 개인숭배에 기초한 유동적인 조직이었다. 정치인 가운데 불명예를 당하고 가만히 있어도 될 만큼 여유가 있는 사람은 없었다. 결투는 은밀하게 외딴 곳에서 치러졌음에도 이후에는 항상 언론의 집중 조명을 받는 매우 공개적인 사건이자, 대중의 의견을 좌우하고 반대편의 이미지를 훼손시키는 수단이었다.

결투는 갈등을 해결하는 세련된 방법이기도 했기에, 결투 당사자들은 무작정 상대방을 죽이려 들지 않았다. 결투를 신청하는 것만으로도 상대에게 겁을 주어 당사자나 입회인이 협상안을 제안하러 오게 만들 수 있었고, 그런 뒤 총격 대신 사과로 끝나는 경우도 많았다. 해밀턴은 협상에서 강하고 민첩하게 나가면 총격전 없이도 분쟁을 해결할 수 있다는 사실을 경험으로 배웠다. 드물지만 실제 결투가 벌어지더라도 보통은 서로 상대에게 부상만 입힐 목적으로 팔이나 다리를 쏘곤 했다. 만약 첫 번째 라운드 뒤에도 쌍방 모두가 살아 있다면 그들은 두 번째 라운드 전에 결투를 중단하고 협상할 기회를 가질 수 있었다. 요점은 상대에게 치명상을 입히지 않되 결투에는 응함으로써 용기를 증명하는 것이었다. 결투 당사자 어느 한쪽이 죽음에 이르는 일을 방지하기 위해 많은 주에서는 결투를 법으로 엄단했다. 특히 사회적으로 유명한 인물이 연루된 경우라면 그런 법이 실제로 적용되는 사례는 거의 없는 것이 사실이었지만 결투를 했다는 이유로 기소될 가능성은 언제나 있었다. 결투에서 상대를 살해한 유명인사는 비록 법적 처벌을 받지 않는다 해도 피에 굶주린 악당이라는 사회적 비난과 추방까지 면하지는 못했다.

따라서 해밀턴은 버와의 결투에서 자신이 다치지 않으리란 보장은 없지만 목숨은 무사할 것이라 가정했을 수도 있다. 또한 그가 결투에 직면한 상황은 여러 측면에서 그가 그때까지 경험했던 여타 결투의 경우와는 많이 달랐다. 예전에 휘말렸던 명예 사건에서 해밀턴은 항상 상대가 예기치 못했던 순간에 결투를 신청하는 쪽이었고, 신청 뒤에는 상대에게 사과와 결투 철회를 요구했었다. 과거의 그는 자신을 비방하는 특정 인물들을 입 다물게 하는 데 일가견이 있었다. 그러나 이제 입장이 바뀌어 결투를 승낙해야 하는 처지에 놓인 해밀턴은 분노할 정당한 근거나 도덕적 권위도 없는 사람이었고, 그 자신이 비방을 한 장본인이었으므로 적극적이고 고아한 자세로 나갈 수도 없었다.

평소대로 해밀턴은 버처럼 계산이 빠른 인물이 자신을 죽여서 얻을 수 있는 것은 하나도 없다고 가정했을 것이다. 해밀턴은 버와 20년 동안 동료로 지냈고 그와 함께 일하는 것을 좋아했다. 그해 봄 해밀턴은 버의 친구이기도 어느 친구에게, 필라델피아보다 정치적 분쟁이 더 발전된 이곳 뉴욕에서는 '정당 문제를 사교 모임에 방해가 될 만한 수준까지는 절대 끌고 가지 않는다'며, 자신과 버 준장은 '항상 서로에게 예의를 갖춰 행동한다'고까지도 말했다.[16] 그러나 버의 정치 인생이 타격을 입었고 심지어 끝났다는 사실을 알고 있었던 그는 자신이 살해당할 수도 있다며 걱정하기도 했다. 해밀턴과 이야기를 나누었던 그의 친구 존 M. 메이슨 목사는 '해밀턴은 지난 몇 달에 걸쳐 자신의 목숨이 아니라면 그 어떤 것으로든 버의 원한은 풀리지 않을 것이라고 확신했다'고 말했다.'[17] 해밀턴은 매 단계마다 죽음이 임박했을 가능성을 염두에 두고 심각하게 임했다.

버와 결투를 하기 전까지 해밀턴은 계속 결투에 대해 양면적인 태도를 보였다. 과거 수많은 명예 사건에 연루됐던 그가 결투를 옳지 않게 생각했다는 것에서는 얼핏 진실성이 느껴지지 않을 수도 있다. 그러나 아들 필립을 결투로 잃고 종교에 부쩍 많은 관심을 기울이면서 해밀턴은 결투에 대해 원칙적인 반감을 *키워왔다*. 그의 정치 인생에서 마지막 위대한 연설로 남은 '해리 크로스웰 변론' 시 해밀턴이 결투를 비난하는 웅변을 펼쳤다는 사실에서는 으스스한 우연의 일치가 느껴진다. 당시 해밀턴은 '아무도 스스로 저지른 잘못에 대해 복수를 할 수 없다는 자연의 이치, 특히 하느님의 법과 인간의 법이 금지하는 행위라는 사실에 입각하여 결투는 금지되어야 한다'고 주장했었다.[18] 버와의 결투에 동의하면서 해밀턴은 자신이 여론을 달래기 위해 본인의 의사에 반하는 행동을 하고 있다고 주장했다. 해밀턴의 입회인으로 결투에 참석했던 너대니얼 펜들턴은 훗날, 결투가 야만적이긴 하지만 '그럼에도 우리가 살아가는 시대의 문명국가에서 명예와 불명예를 시험하기 위한 수단으로서 여론이 허락한 관습'이라 적었다.[19] 1804년에 알렉산더 해밀턴은 대중의 편견에 굴복한다며 많은 친구들에게 비난받는 상황에서도 차마 결투라는 시험을 거부할 수 있는 여유는 자신에게 없다고 생각했다.

협상 초기에 고집스러운 태도를 보인 쪽인 버가 아닌 해밀턴이었다는 인상을 비껴가기란 힘들다. 윌리엄 P. 반 네스가 6월 18일에 해밀턴의 변호사 사무실에 전달한 편지에서 버는 찰스 쿠퍼가 사용한 '더 큰 증오를 불러일으킬 만한'이라는 표현에 대한 '즉각적이고 무조건적인 인정 또는 부인'을 요구했다.[20] 해밀턴은 버의 화를 달래주기 위해 개인적인 악감정

41 · 증오를 불러온 의견

은 없다고 말하고 담담히 사과를 건네거나 유감을 표시할 수도 있었다. 그러나 그는 바쁜 사람을 괜한 일로 성가시게 한다는 듯 약간 짜증스러워하는 어조를 보였다. 그는 사소한 것으로 골치 아프게 따지고 트집 잡지 말라는 말투로, 버가 제기한 혐의는 너무 광범위하다며 '특정 *표현*을 콕 집어 말해준다면 인정을 하든 부인을 하든 하겠다'며 반 네스에게 항의했다.[21]

엄밀히 따지면 해밀턴 말이 옳았다. 명예 사건에서 먼저 결투를 신청한 쪽은 상대의 잘못을 최대한 빠른 시일 내에 정확히 기술해야 했는데, 해밀턴의 경우엔 거의 책 한 권에 해당하는 분량의 기소장을 작성해 보내곤 했다. 그런데 지금 버는 석 달 전 저녁식사 자리에서의 대화를 끄집어내서는 '더 큰 증오를 불러일으킬 만한'이라는 표현 하나만을 물고 늘어지고 있었다. 오래전 누군가와 밥을 먹으며 나눈 대화를 기억해낸다는 것은 해밀턴처럼 매일같이 수많은 일정을 소화하는 사람에게 있어 어렵거나 불가능한 일이었다. 게다가 그에게는 버에게 이의를 제기할 정당한 근거도 있었다. 그러나 해밀턴은 버가 개인적인 분노 해소를 위해서만이 아니라 정치적 목적을 달성하려는 의도가 있어 자신과의 결투를 유도하는 것이라 의심했음이 분명하다. 만약 그렇다면 거만하고 융통성 없는 자세로 버에게 응수하는 것은 곧 그의 손아귀에서 놀아나는 것으로만 이어질 터였다.

해밀턴의 대답을 들은 반 네스가 그것만으로는 충분하지 않다고 하자 해밀턴은 「올버니 레지스터」와 버의 편지를 읽어본 뒤 오후쯤 다시 연락을 주겠다고 말했다(그때까지 해밀턴은 쿠퍼의 편지를 읽어본 적이 없었다). 그날 오후 1시 30분, 해밀턴은 반 네스의 집을 방문해 '여러 가지 일'이 많았다며 수요일까지는 반드시 답장을 주겠다고 양해를 구했다. 그리고 버에게는 '지금과 같은 길을 선택한 것에 유감을 느끼며, 심사숙고가 필요

한 주제이니만큼 시간을 가지고 신중하게 처신하고 싶다'고 전해줄 것을 부탁했다.[22]

6월 20일 수요일 저녁에 해밀턴은 반 네스의 집에 답신을 남겼다. 해밀턴은 버의 상처에 약을 발라주기보다는 훈계조로 *더 큰 증오를 불러일으킬 만한*이라는 표현으로 트집을 잡는 것에 불만을 표시했다. ''더 큰 증오를 불러일으킬 만한'은 분명 무한히 다양한 정도로 해석될 소지가 있는 표현이오. 그러니 그 발언의 당사자가 애초에 의도한 것이 어느 정도인지를 내가 어찌 알겠소?'[23] 해밀턴이 쓴 이 답신에서는 그의 방어적인 태도가 느껴진다. '15년 동안 경쟁해온 정적에 대해 내가 무슨 말을 했든지 간에 *다른 사람이 추론한* 내용의 정당성을 놓고 내가 심문을 받아야 하는 상황은 용납할 수 없소.'[24] 해밀턴은 구체적인 혐의에 대해서도 인정이나 부인을 할 준비가 되어 있었지만 버가 결투를 철회할 수 있는 상황을 만들어줄 생각은 없었다. 해밀턴은 결투도 마다하지 않겠다는 내용을 덧붙였다. '생각을 하면 할수록 당신이나 나나 이 문제를 같은 시각에서 바라보고 있는 것 같소. 아니라면 유감이지만 만일 같다면 나는 그 결과를 겸허히 받아들이겠소.'[25]

이튿날 해밀턴에게 보낸 신랄한 답장에서 버는 기존의 입장을 더 강화했다. 해밀턴이 현학적인 말로 자신을 무시하고 있다고 생각했던 버는 답신에 이렇게 썼다. '문제는 [쿠퍼가] 그 단어의 뜻을 이해하고 있었는가 혹은 어법과 문법에 맞게 사용했는가가 아니라, 해밀턴 당신의 입에서 직접 이 단어 또는 나의 명예를 깎아내리는 표현이나 의견이 나왔는가의 여부요.' 그는 마음을 누그러뜨리기는커녕 결투로 담판을 짓기로 결심했다. '당신의 편지를 받고 나니 확실한 대답을 요구해야 할 새로운 이유들이 또 생겼소.'[26]

6월 22일 금요일 정오에 반 네스는 버의 편지를 해밀턴에게 전달했다.

반 네스가 지켜보고 있는 가운데 편지를 읽은 해밀턴은 당혹스러운 표정을 지으며 버의 편지가 '몇몇 불쾌한 표현을 담고 있고 내가 답장할 여지를 막아버린 것 같다. (중략) 버 준장에게 첫 번째 편지를 보낼 때만 해도 나는 이 논쟁을 다른 방향으로 끌고 갈 수 있길 바랐다'고 말했다.[27] 해밀턴은 버와 첨예한 갈등을 빚고 있는 실제 상황을 마치 법적 소송이나 논리학 지침서와 다를 바 없다는 듯이 취급했다. 따라서 해밀턴은 일반적으로 사용되는 표현을 두고 왜 버가 자신에게 그것을 구체적으로 부인해 달라는 것인지 이해하지 못했고, 그가 개인적으로 민감하게 느끼는 부분이 있다는 것도 인정하지 않았다. 논쟁을 한시라도 빨리 평화롭게 끝내길 열망했던 반 네스는 상황을 일단락시킬 수도 있는 방법을 해밀턴에게 귀띔해주었다. '쿠퍼 박사의 주장을 입증할 만한 단어를 사용하지 않았다는 사실을 기억해내기만 하면 (중략) 협상할 수 있는 길이 열릴 것'이라는 게 그것이었다.[28] 그러나 해밀턴은 반 네스의 말에 귀를 닫은 채 원래 입장을 고수하며 답장을 쓰는 것도 거부했다. 리치먼드힐로 돌아간 반 네스는 버에게 '가장 적절하다고 생각하는 방법에 따라 행동할 수밖에 없겠다'고 전했다.[29] 충격적일 정도로 눈 깜짝할 새에 결투의 문턱까지 가버린 해밀턴과 버는 고작 표현 하나 때문에 목숨을 내놓을 준비를 하기 시작했다.

해밀턴과 이야기를 나눈 다음 반 네스는 너대니얼 펜들턴을 만나 이 일을 상의했다. 처음에 펜들턴은 왜 해밀턴이 자신은 그런 말을 한 적이 없다고 부인하지 않는지 알 수 없었다. 반 네스는 이렇게 회상했다. "펜들턴은 내게 '나로 하여금 이렇게 당신을 찾아와 이 사태에 대해 의논하는 상황을 만들어주기 위해 해밀턴이 일부러 그렇게 부인하지 않았을 것'이라 믿는다고 말했다."[30] 펜들턴은 해밀턴을 직접 방문하고 난 뒤에야 자신의 생각이 틀렸음을 깨달았다. 해밀턴이 버의 편지는 '무례하고 공격적'이며 답장할 가치도 없다고 말했던 것이다.[31] 그날 늦은 시각에 펜들턴은 반 네스에게, 해밀턴이 대체 왜 '저토록 강경하게 나오는지' 그리고 왜 저토록 버의 요구에 따라주는 것을 어려워하는지 도무지 알 수 없다고 말했다.[32] 새로운 답장에서 해밀턴은 버의 표현이 '무례하고 부적절하다'고 호되게 꾸짖었고 이 탓에 협상 가능성은 더욱 요원해졌다.[33] 해밀턴은 피해자 행세를 함으로써 도덕적 우위를 점하고 형세를 역전시키려 했다. 해밀턴은 지적으로, 정치적으로, 또 도덕적으로 자신보다 열등하다고 생각하는 버에게 자신이 저지른 잘못을 보상하고 싶지 않았던 것이 틀림없다.

너대니얼 펜들턴 판사는 조지아 주 지방법원의 판사가 되기 이전에 미국 독립전쟁에서 활약하면서 해밀턴과 절친한 사이가 됐다. 해밀턴은 펜들턴이 공화당 지지자라는 의심도 했지만 그를 높이 평가해 워싱턴 대통령에게 국무장관 후보로 추천한 바 있었다. '펜들턴 판사는 문장이 뛰어나고 능력 있으며 신사답고 온화한 인물입니다.'[34] 1796년에 펜들턴은 조지아의 기후 때문에 건강이 악화되어 뉴욕으로 이주한 뒤 존경받는 법학자로 빠르게 자리매김했다.

정중하고 위엄 있는 펜들턴은 해밀턴의 강경한 태도에 당황을 금치 못했다. 훗날 그는 한 친척에게 '사실 해밀턴 장군이 나를 불렀을 때는 이미 버와 결투를 하기로 마음먹은 뒤였다'며 '그나마 그 편지가 6월 23일부터 27일까지 개봉된 상태로 있었던 것도 극단적인 상황을 막고자 내가 노력한 덕분이었다'고 말했다.[35] 해밀턴 못지않게 버의 입장도 강경했다. 조지 클린턴은 나중에 한 상원의원에게 이렇게 말했다. "버의 결투 의사는 해밀턴이 알기도 전에 이미 (중략) 어떤 사교 모임에 알려져 있었다네. (중략) 그 소식을 접한 많은 이들은 그것이 결투보다는 암살에 가깝다고 생각했지."[36] 해밀턴의 전투적인 마음가짐과 정치적 곤경을 벗어나고자 하는 버의 욕구 사이에 협상안이 비집고 들어갈 틈은 없었다.

해밀턴이 두 번째 편지에서도 고자세로 나오자 버는 결국 결투를 신청하는 답장을 보냈다. 버는 해밀턴에게 '군인다운 솔직함과 신사다운 정직함'을 기대했는데 유감이라며 해밀턴의 불길한 문장을 인용해 자신도 결과를 받아들일 준비가 되었노라고 했다. '나는 당신이 보낸 그 편지를 일종의 도전으로 간주하겠소. 따라서 내가 지금부터 가려는 길은 애초에 당신이 초대한 것이고, 당신은 이제 침묵으로 그 초대장을 나에게 떠넘겼소.'[37] 얼음장 같이 차가운 말을 주고받던 에런 버와 알렉산더 해밀턴은 이제 상호 합의하에 결투라는 돌아올 수 없는 강을 건너기로 했다.

그주 주말을 그레인지에서 보낸 해밀턴은 6월 26일이 되어서야 버의 편지를 열어보았다. 주말 동안 펜들턴은 반 네스와 몇 차례 만나 중재안을 마련하려고 애썼다. 처음에는 해밀턴이 고집불통이었다면 이제는 버가 넘기 힘든 장애물을 투척한 상황이었다. 펜들턴은 이 막다른 골목을 빠져나올 방법을 생각했다. 만약 버가 해밀턴에게 올버니의 저녁식사 자리에서 '자신의 *개인적인* 인격을 모욕'한 사실이 있는지 구체적으로 밝혀 달라고 요청한다면 해밀턴은 그런 적이 없다고 주장할 수 있을 터였다.[38] 그러나 버는 이미 반 네스에게 그 어떤 평화적인 중재안도 받아들이지 말라고 지시한 뒤였다. 버는 오랜 세월 동안 해밀턴의 모욕을 견뎌왔지만 '이제는 수치심을 느낀다'며 해밀턴이 자신을 향해 확고부동한 악의를 가지고 있다고 결론 지었다.[39] 이제 버는 결투를 하지 못해 안달이 난 상태였다. 월요일에 펜들턴은 해밀턴에게 올버니의 저녁식사 자리에서 했던 말을 제발 기억해내라고 말했다. 해밀턴은 흐릿한 기억력으로 '과거 버 준장의 특정 행동이나 인격에 대한 언급은 하지 않았으며 (중략) 버 준장의 정치적 원칙과 견해'라는 말을 했다는 사실만 겨우 회상해냈다.[40]

이때쯤 버는 쿠퍼가 언급한 비방을 넘어서 문제를 극적으로 부풀리고 있었다. 반 네스는 펜들턴에게 버가 이제 해밀턴이 과거에 했던 '에런 버의 명예에 누가 되는 인상'을 줄 수도 있는 모든 발언을 *전반적으로* 철회하길 원한다며 '이제는 처음에 내가 요청했던 것보다 더 많은 요구를 들어줘야 한다'는 뜻을 분명히 밝혔다고 전했다.[41] 버는 의도적으로 해밀턴에게 불가능한 요구를 제시했다. 언제 어디에서든, 또 공적으로든 사적으로든 버를 비방한 적이 *단 한 번도* 없다는 사실을 인정하라는 것이었다. 진실도 아닌 데다가 버가 나중에 선거에서 무기 삼아 휘두를지도 모르는 그런 문서에 해밀턴이 서명할 리 만무했다. 해밀턴은 버의 요구를 들어주고 상황을 모면한다면 연방당에서의 지위뿐만 아니라 군사 지도자로서의 위치까지 흔들리리라 생각했을 것이다. 버의 도발로 '더 큰 증오를 불러일으킬 만한' 발언은 그저 해밀턴을 불시에 공격할 구실에 불과했다는 의심만 한층 키울 뿐이었다. 버가 새로이 요구하는 내용에 대해 해밀턴과 상의하고 난 뒤 펜들턴은 반 네스에게 해밀턴이 이제야 버의 '적대감은 오래된 것이었다'는 사실을 깨달았다고 전했다.[42]

이제 결투는 불가피했다. 6월 27일 수요일에 반 네스는 펜들턴에게 정식 결투 요청장을 전달했다. 이후로 버는 해밀턴과 편지를 주고받지 않았고 모든 의사소통은 입회인을 통해서만 이루어졌다. 결투는 보통 정보가 새나가는 것을 막기 위해 속전속결로 진행되곤 했지만, 버와 해밀턴은 상대적으로 먼 날짜인 7월 11일을 결투일로 정했다. 그 이유를 들여다보면 해밀턴이 어떤 사람인지가 잘 드러난다. 7월 6일 금요일에 뉴욕 대법원은 맨해튼에서 마지막 개정을 앞두고 있었고 해밀턴은 소송을 기다리고 있는 고객에게 자신의 책임을 다하고자 했다. 나무랄 데 없는 직업적 책임 의식을 가지고 있었던 해밀턴은 펜들턴에게 이렇게 말했다. "순회 재판이 한창 진행 중인 지금, 나를 믿고 중요한 일을 일임했던 고객을 내팽개침으로써 사건을 충분히 살펴볼 시간이 없을 수도 있는 다른 변호사를 그 고객이 급하게 찾아 나서는 수모를 겪게 만드는 것은 옳지 않다고 생각하네."[43] 해밀턴은 또한 개인적인 일을 정리할 시간이 필요했다. 두 주

동안 해밀턴은 엘리자와 아이들에게 결투 사실을 숨겼고, 버 역시 마찬가지로 딸 시어도시아에게 이 사건을 말하지 않았다. 곧 펼쳐질 이 드라마에 대해 알고 있는 사람은 뉴욕에서도 아주 극소수의 정치인들뿐이었다.

일단 결투를 하기로 합의하고 나자 해밀턴은 '정치적 위신을 지키기 위해 결투를 해야 한다'는 마음과 '결투에 반대한다고 공개적으로 천명한 입장을 지켜야 한다'는 마음 사이에서 갈등했다. 해밀턴은 결국 자신보다 앞서 명예롭게 결투에 임했던 누군가의 뒤를 따르기로 결정했다. 즉, 상대를 일부러 쏘지는 않기로 한 것이다. 이는 비극으로 끝났던 아들 필립의 결투에서 그가 선택했던 바로 그 전략이었다. 「뉴욕 이브닝 포스트」에서 필립의 전략을 묘사했던 사람도 아마 해밀턴 자신이었을 것이다. '개인적인 전투에서 피를 보는 것을 원칙적으로 피하고 애초에 자신이 저지른 잘못을 바로잡길 원했으며 불명예를 안고 살아갈 수 없었던 만큼 스스로에게 무죄를 선고하고자 총을 쏘지 않기로 결심한 필립은 상대의 총을 맞은 뒤 허공을 향해 방아쇠를 당겼다.'44 필립이 허공에다 총을 쏘고 난 뒤 필립의 입회인은 그의 의도를 알리고 갈등을 중재할 계획이었다.

해밀턴은 첫 발을 낭비하겠다는 계획을 펜들턴뿐 아니라 루퍼스 킹에게도 털어놓았다. 대영제국에서 장관직을 역임했던 킹은 결투 결정을 물리라고 해밀턴을 몇 번이나 설득했던 '매우 온화하고 현명한 친구'였다.45 킹은 결투 자체가 끔찍하다고 생각했지만 해밀턴에게 '가족을 생각해서라도 자신을 방어할 권리가 있다'고 충고했다.46 킹은 결투일 아침 몰래 뉴욕을 빠져나왔는데, 나중에 이로 인해 그가 결투를 막을 수 있었음에도 그러지 않았다는 비난을 받았다. 킹은 자신의 지인들 중 해밀턴이 '가장 큰 도량과 안목'을 지닌 사람이지만 '결투 규칙'은 엄격하게 준수했다고 말했다.47 첫 발을 그냥 날려버리겠다는 해밀턴의 말에 킹과 마찬가지로 경악했던 펜들턴은 '가볍게 결정하지 말고 시간을 들여 신중하게 생각해 보라'고 강권했다.[48] 그럼에도 해밀턴은 친구들의 조언을 따르지 않았다. 레이널즈 소책자와 애덤스 소책자 사건에서도 알 수 있듯 해밀턴은 정치 인생에서 일단 마음먹은 일은 하늘이 두 쪽 나도 그대로 하고야 마는 사람이었다. 아들인 필립이 똑같은 전략으로 목숨을 잃었었음에도 해밀턴은 고집을 꺾지 않았다.

해밀턴이 심각한 우울증을 앓고 있었고 자살 수단으로 결투를 택했을 것이라는 추측은 이 때문에 나왔다. 헨리 애덤스는 '버를 죽이는 대신 [해밀턴은] 자신을 죽이라고 버를 초청했다'고 말했다.[49] 역사학자 더글러스 어데어Douglas Adair는 죄책감에 빠진 해밀턴이 자신의 죄를 속죄하기 위해 버의 총알이 자신을 죽이게끔 계획했다는 주장을 제기했다. 1978년에 해밀턴과 버의 결투를 연구한 심리 전기작가 네 명 역시 그 결투는 그것을 가장한 자살이었다는 결론을 내렸다.

말년에 해밀턴이 개인적인 시련과 정치적 실패로 심한 우울증을 앓고 있었으며 때로는 말도 안 되게 잘못된 판단을 내리곤 했었다는 사실에는 반박하는 것이 불가능하다. 전투에서 영광스러운 죽음을 맞이하는 공상을 하곤 했던 해밀턴은 순교에 대한 젊은 날의 무분별한 열정 또한 여전히 간직하고 있었다. 그러나 버와의 결투에서 그는 명예 사건에서의 유서 깊은 규칙을 준수했다. 이 규칙은 후대에 사라졌기 때문에 해밀턴의 행동은 단순히 무모하고 고집스러운 것을 넘어 정신 나간 사람의 것처럼 비치기도 한다. 조지프 엘리스는 '해밀턴은 이 같은 행동을 자살이라고 생각하진 않았지만 개인적으로 높은 승률을 기록했던 도박의 일종이라 여기긴 했다'라고 기록했다.[50] 동시대를 살았던 수많은 사람이 이 결투에 충격을 받았지만 해밀턴과 버를 따랐던 무리는 비록 결투를 지지하진 않았으나 두 사람이 결투를 했어야만 했던 논리는 이해했다. 변호사였던 데이비드 B. 오그던David B. Ogden은 친구인 해밀턴이 결투를 하지 않으면 '이후 국가에 유익한 일을 할 수 있는 권력을 상당 부분 잃게 될 것'이라는 사실을 인지하고 있었다고 말했다.[51] 윌리엄 P. 반 네스 역시 버가 '온순하게 침묵만을 지킨 채 결투를 신청하지 않았다면 그 친구들의 기분은 어떠했겠는가?'라며 버가 스스로의 명예를 지킬 수밖에 없었다고 진술했다.[52]

해밀턴은 버가 자신을 죽이지 않을 것이라 가정하고 도박에 임했다. 자신을 죽여서 버가 얻을 수 있는 것은 아무것도 없다는 사실을 알고 있기 때문이었다. 해밀턴을 죽인다면 버는 가는 곳마다 살인자라고 비난받을 것이고, 그렇게 된다면 그의 남은 정치 인생도 끝장 날 터였다. 애초에 그가 결투를 유도했던 것 역시 자신의 정치 인생에서 회생을 꾀하려는 목적이었으므로. 정치적 자살을 할 의도가 아니라면 버는 자신을 죽이지 않을 것이라는 것이 해밀턴의 계산이었다(결과적으로 이 계산은 옳았다). 물론 버가 실수로 또는 정치적 이해관계도 안중에 없을 만큼 살기 어린 분노에 휩싸여 해밀턴을 죽일 수 있다는 가능성을 배제할 수는 없었지만, 만약 그가 자신을 죽인다 해도 그것으로 사후에 최소한 버가 연방파와 연합하는 일은 막을 수 있다고 해밀턴은 판단했다. 또 한편으로 그는 버와의 결투에 응하지 않을 경우 자신이 중요하게 여기는 정계에서 지위를 잃게 될 것임도 예상했다. 자기 자신을 미국의 잠재적 구원자로 여겼던 해밀턴은 친구에게 이렇게 말한 적도 있었다. "어쩌면 미국에 대한 내 헌신을 과대평가하는 것일 수도 있겠지만, 이 같은 주제에 관해서는 누구나 스스로 판단할 수밖에 없을 걸세."[53]

결투에 임하는 해밀턴과 버의 처지는 확연히 달랐다. 해밀턴에게는 엘리자는 물론 두 살배기부터 거의 스무 살이 된 자녀에 이르기까지 부양해야 할 식구가 많았다. 일각에서는 해밀턴이 자신의 명예를 위해 무모하게 행동한 나머지 가족을 위험에 빠뜨렸다고 비난했다. 그에 반해 버는 부인과는 사별했고 하나뿐인 딸 시어도시아도 사우스캐롤라이나에 있는 부유한 올스턴 가문으로 시집을 갔기 때문에 그가 결투에서 목숨을 잃는 다 해도 재정적 후폭풍을 걱정할 필요는 없었다.

결투에 대해 모순된 입장을 가지고 있었던 해밀턴은 치명적인 소심함으로 일관했다. 버가 해밀턴을 살해하려 하는 것이 확실하니 만반의 준비를 해야 한다며 킹이 조언하자 해밀턴은 다른 인간의 목숨을 앗아야 한다는 생각만으로도 자신은 참을 수 없다고 대답했고, 그에 킹은 이렇게 응수했다. "그렇다면 장군, 나가서 양처럼 무참히 도살당하는 수밖에요."[54] 결투 바로 전날 펜들턴은 해밀턴에게 총을 정비하라고 애원하면서 한 자루를 건넸다. 이에 대해 로버트 트루프는 다음과 같이 말했다. "총을 받아 든 해밀턴은 재빨리 겨눠보는가 싶더니 곧바로 팔을 내리고 펜들턴에게 돌려주었다. 능숙한 총잡이와의 결투를 앞두고 해밀턴이 했던 준비란 고작 이게 전부였다. 내가 알기로 해밀턴은 독립전쟁이 끝난 이후 단한 번도 총을 쏴본 적이 없었다."[55]

반면 에런 버는 부지런히 사격 연습을 했다. 버는 독립전쟁 당시 적군을 여럿 죽인 명사수였다. 해밀턴과의 결투 이후 언론은 버가 수많은 시간을 들여 사격 연습에 몰두했다는 루머로 도배됐다. 한 연방파 신문은 버와 친분이 있는 사람의 말을 인용하며 '지난 석 달간 버는 꾸준히 사격술을 연마했다'고 보도했다.[56] 존 M. 메이슨 목사는 '버가 해밀턴을 '살해할 생각으로 결투에 임했'으며 오랫동안 '백발백중의 명사수'가 되기 위해 실력을 갈고닦았다'고 주장했다.[57] 훗날 존 바커 처치는 버가 '꽤 오랜시간 동안 이 같은 목적으로 사격 연습을 했다'고 믿을 만한 근거가 있다고 말했다.[58] 버의 친구인 찰스 비들은 버가 '연습하는 모습은 본 적이 없는데, 아마 그 이유는 버만큼 총을 잘 쏘는 사람도 드물고 버만큼 침착하고 용기 있는 사람 또한 없기 때문'이라며 반박했다.[59] 그러나 그가 꾸준히 사격 연습을 했다는 혐의는 단순히 연방파 사이에서만 떠도는 미신이 아니었던 것 같다. 훗날 엘리자의 변호사로 일하게 되는 조지 W. 스트롱George W. Strong은 결투 직전에 버의 자택을 방문했다. 조지 W. 스트롱의 아들 존 스트롱John Strong은 '일 때문에 리치먼드힐에 있는 버의 집을 방문한 아버지는 거기서 그 악마 같은 냉혈한이 사격 연습을 했던 것으로 추정되는, 총알 자국이 가득한 사격판을 발견했다'고 진술했다.[60]

적어도 표면상으로 해밀턴과 버는 뉴욕 사교계에서 아무 일도 없다는 듯 어울렸다. 찰스 비들은 어느 지인이 '결투가 있기 1주일 전에 해밀턴 및 버와 함께 식사를 했고 둘 사이에서 예전과 다른 점은 전혀 발견하지 못했다고 말했다'고 전했다.[61] 두 사람이 결투 전에 마지막으로 마주친 것은 독립기념일 행사에서였다. 워싱턴이 서거하고 난 뒤 해밀턴은 신시내티협회의 회장을 역임해왔다. 독립전쟁에서 활약한 은퇴 장교들의 모임인 이 협회는 세습 통치 의혹을 불러일으킨 전적도 있었다. 독립기념일을 기념하는 협회의 행사를 아무런 공지 없이 건너뛸 수 없었던 해밀턴은 결국 프라운시스 태번에 있는 연회장 식탁에서 버와 합석했다. 버도 그 이전 해에 연방파 표를 얻고자 협회에 가입했기 때문이다.

버는 다른 회원들 사이에 뚱하니 과묵하게 앉아 있었고 해밀턴과는 눈도 마주치지 않았다. 존 트럼불은 '해밀턴과 버가 평소와 다르다는 사실은 모두가 눈치 챘지만 거기에 수상한 이유가 있을 것이라 여겼던 이는 아무도 없었다. 버는 평소와 달리 기분이 안 좋은 듯 침울하게 앉아 침묵을 지켰던 반면 해밀턴은 쾌활하게 다른 사람들과 어울렸다'고 회고했다.[62] 사람들이 자신에게 노래 한 곡을 청하자 처음에 사양하던 해밀턴은 결국은 "당신들이 이겼소"라며 노래를 불러 퇴역 군인들의 환호를 받았다.[63] 일각에서는 이때 해밀턴이 불렀던 곡이 오래된 군대 발라드인 '술잔의 무게How Stands the Glass Around'였다고 주장한다. 이 노래는 1759년 퀘벡 전투에서 전사하기 전날 울프 장군이 불렀다고도 알려진 노래다. 어떤 이들은 해밀턴의 노래가 군인들이 술자리에서 즐겨 부르던 '더 드럼The Drum'이었다고 주장하기도 하는데, 두 곡 모두 전쟁과 죽음에 자랑스럽게 맞서는 군인의 의연함을 표현한 노래였다. 또 어떤 이야기에 따르면 그날 저녁 해밀턴은 테이블 위에 올라가 목청껏 노래를 불렀고, 버는 고개를 든 채 해밀턴을 눈 한 번 깜빡이지도 않고 바라보았다 한다.

결투 사실을 은폐했던 이 기이한 기간 동안 해밀턴은 아버지로서의 의무도 충실히 이행했다. 컬럼비아칼리지에 다니고 있던 아들 제임스는 해밀턴에게 자신이 직접 작성한 연설문을 읽어봐줄 수 있냐고 부탁했다. 자신의 글에 보인 아버지의 다음과 같은 반응에 제임스는 어리둥절했지만 나중에 가서야 그 의미를 이해할 수 있었다. 해밀턴은 '사랑하는 나의 제임스, 내가 너를 위해 신중함에 관한 글을 써보았단다. 언젠가 필요할지도 모른다. 하나님의 축복이 함께하길. 사랑하는 아버지가. A.H.'로 시작하는 답장을 보냈다.[64] 되돌아보면 아들에게 보내는 이 훈계는 결코 신중하지 못했던 한 남자의 고백처럼 들리기도 한다. 편지에서 해밀턴은 아들에게 이렇게 말했다. '신중한 침묵은 곧잘 지혜로 여겨지고, 조심스럽게 쓴 한두 문장으로도 지식을 얻을 수 있단다. 반면에 지식은 많지만 신중하지 못하고 조심성 없는 사람은 모든 상황과 결과를 고려하지 않고선 말부터 뱉고 보기 십상이지.' 덧붙여 그는 신중하지 못한 사람은 '적을 많이 만들고 그 때문에 어렵고 위험한 상황에 연루되기' 쉽다고도 덧붙였다.[65] 직접 표현하진 않았지만 그는 자신이 버에게 내뱉었던 경솔한 발언을 후회하고 있었던 것일까?

1804년 봄에 알렉산더와 엘리자는 그레인지에서의 피정을 끝내고 본격적으로 사교계에 복귀했다. 5월에 해밀턴 부부는 나폴레옹의 막내 동생이자 볼티모어에 사는 엘리자베스 패터슨Elizabeth Paterson과 갓 결혼한 제롬 보나파르트Jérôme Bonaparte를 위한 저녁만찬을 주최했다. 결투를 1주일 앞두고 있을 때였다. 해밀턴은 그레인지 저택으로 70명을 초대해 성대한 만찬을 베풀었다. 초대된 손님 가운데에는 존 트럼불, 로버트 트루프, 니컬러스 피시, 파리에서 제퍼슨의 비서직을 수행했던 윌리엄 쇼트도 있었다. 당시 해밀턴은 프랑스 귀족들이 숲속에서 우아하게 즐기는 야유회인 페트 샹페트르Fête champêtre에 매료되어 있었다. 그는 손님들이 산책을 할 때 어디선가 희미하게 들려오는 호른이나 클라리넷 소리를 즐길 수 있도록 보이지 않는 숲속에 악사를 배치했다. 아들 존 처치 해밀턴이 묘사한 이날 저녁만찬에서의 아버지 모습을 보면 해밀턴이 얼마나 사교성이 뛰어난 사람인지 알 수 있다.

> 주제에 따라 유쾌함과 진중함 사이를 자유자재로 오가는 아버지의 매력적인 태도가 그토록 많은 찬사를 받았던 적은 없었다. (중략) 아버지는 사회 저명 인사들이 모인 자리에서 그토록 온화한 모습을 내보인 적이 없었다. 솔직한 감정 표현, 유쾌한 천재성, 진지한 화법 등 그는 이 모든 것에서 너그럽고 풍부하며 교양 넘치는 본성을 바탕으로 우러나는 매력을 풍겼다. 명사들이 모인 이 자리에서도 그는 죽은 친구의 아들을 앞으로 불러내어 칭찬한 다음 따로 불러내 장래를 상담해주었다. 이날은 아버지의 짧은 생애에서 찬란히 빛나던 마지막 나날들 중 하루였다.[66]

해밀턴은 개인적인 사안을 처리하고 작별 편지를 쓰는 데 많은 시간을 보냈다. 그가 엄숙하게 해나갔던 이 일들은 어쩌면 그의 죽음을 알리는 전조였을지도 모른다. 7월 1일 해밀턴은 자산 및 부채 내역을 작성했고 순자산이 훨씬 많은 결과에 안심했다. 그러나 만약 자신이 죽고 부동산을 즉각 처분할 수밖에 없는 상황이 된다면 그 금액이 5만 5,000달러의 채무를 청산하기에는 충분하지 않다는 사실을 인정했다. 채무의 대부분은 그레인지 저택을 매입하느라 진 빚이었다. 따라서 해밀턴은 이 과소비에 대해 해명해야 했다. '나처럼 바쁜 세상에서 시달린 사람이 편안한 노후를 기대하는 것은 당연하다. 나는 이러한 욕구를 강하게 느꼈고 이를 위한 준비를 하는 것이 최근의 내게는 가장 큰 즐거움이었다.'[67] 해밀턴은 1만 2,000달러에 이르는 연간 소득으로 이 빚을 차차 갚아나갈 계획이었지만, 이제 엘리자가 남편의 소득에 기댈 수 없을지도 모를 가능성을 고려해야 했다. 자기 자신을 위로하기 위해 해밀턴은 엘리자가 얼마 전 세상을 뜬 친모로부터 상속받을 유산과 '엘리자의 친부도 꽤 많은 부동산을 소유하고 있다'는 사실을 계산에 넣었다.[68] 또한 그는 '뉴욕 부동산 가격이 계속 오르고 있고 시장 전망도 밝다는 점을 고려할 때' 그레인지 저택의 '가격도 점점 더 높아질 것이다'라고도 적어두었다.[69] 안타깝게도 해밀턴의 계산은 지나치게 낙관적이었고, 그 결과 국가 재정을 그토록 능숙하게 관리했던 이 남자는 자신의 가족에겐 빚더미를 남겨둔 채 세상을 떴다. 해밀턴은 버와의 결투가 불러올 정치적 파장을 깨닫고 대중에게 자신의 행동을 정당화할 수 있는 문서도 작성해두었다. 그는 비록 자신은 진실만을 말했지만 버를 다치게 할 가능성도 배제할 수 없음을 시인했다. 따라서 해밀턴은 '첫 번째 총알은 상대가 발포할 때까지 *기다렸다가 버릴*' 계획이고 '두 번째 총알 역시 버 준장에게 결투를 멈추고 재고할 기회를 주고자 먼저 쏘지 않고 *기다릴까*를 생각 중에 있다'고 적었다.[70] 여기서 그가 선택한 단어는 매우 중요하다. 해밀턴은 버에게 두 번의 기회가 있을 것이라고 가정했다. 즉, 그는 버에게 어떻게든 총알을 낭비하겠다는 자신의 의도를 알려야 했는데, 그 방법으로는 아들 필립처럼 권총을 아예

들어올리지 않는 것 또는 상대와 아예 동떨어진 곳에 발포를 하는 것이 있었다.

이 문서에서 해밀턴은 이 결투로 인해 가족에게 엄청난 고통을 안기고 채권자들에게 해를 끼칠지도 모른다는 사실을 인정했다. 대중을 독자로 상정하고 쓰는 글이었으므로 해밀턴은 실제 느끼는 감정과는 별개로 버에 대해서는 정치인 같은 태도로 기술했다. '버 준장은 정치적 정적일 뿐 다른 *악감정*은 없다'는 주장은 액면 그대로 받아들이기 힘든 부분이 있다.[71] 그는 결투에 응하지 않았을 때 잃을 것은 많지만 결투에 응한다 해서 얻을 것도 거의 없다는 사실을 깨달았다. '이 결투로 많은 것을 잃을 수 있지만 아마 얻을 수 있는 것은 없는 듯하다.'[72] 그렇다면 해밀턴은 왜 결투에 응했을까? 해밀턴은 명예와 리더십을 지키기 위해 결투에 대한 *대중의* 믿음에 순종해야 했다고 주장했다. '미래에 곧 일어날지도 모르는 국가 위기 상황에서 유용한 인물로 남을 수 있는 능력과 이 문제에 관한 대중의 편견에 순응하는 것은 불가분의 관계다.'[73] 즉, 그는 나라를 지키기 위해 자신의 경력을 지켜야 했고, 그에게 있어 자신의 이해관계와 미국의 이해관계는 동일한 것이었다. 버는 해밀턴의 편지에서 풍기는 도덕적인 우월감을 읽었다. 후에 이 편지를 읽은 버는 "회한에 젖은 수도사의 고백 같군"이라며 해밀턴을 차갑게 비웃었다.[74]

42

치명적인 나들이

Alexander Hamilton

죽기 전 마지막 나날들 동안 회한에 젖은 듯 보이긴 했지만 해밀턴이 마음의 평정을 잃은 것 같지는 않다. 그는 버와 결투를 갖기로 한 결정을 받아들이고 가족과　남은 시간을 즐기기로 마음먹었던 듯하다. 7월 8일 일요일 아침에 해밀턴 부부와 일곱 자녀는 선선한 아침 공기 속에서 그레인지를 산책했다. 집에 돌아와 가족에게 둘러싸인 채 해밀턴은 영국 국교회의 아침 예배문을 낭독'했다고 존 처치 해밀턴은 회상했다.[1] '그날 오후에는 근처에 있는 나무 밑에서 아이들과 옹기종기 모여 하늘에서 별빛이 내릴 때까지 풀밭에 누워 있었다.'[2]

　7월 9일 월요일 아침 해밀턴은 엘리자를 그레인지에 남겨 두고 로어맨해튼으로 갔다. 해밀턴은 시더가 54번지에 위치한 자신의 맨해튼 타운하우스에서 유언장을 작성했다. 유언장 집행인으로는 존 B. 처치와 니컬러스 피시, 너대니얼 펜들턴을 지명했다. 이 유언장에서도 해밀턴은 현재 자산만으로도 부채를 탕감할 수 있을 것이라며 실제보다 자신의 경제적 상황을 낙관했다. '내 사랑하는 아내와 아이들의 생활비 및 교육비로 쓸 수 있는 돈도 얼마간 남기를 하나님께 기도한다.'³ 재산권과 계약의 신성함에 헌신하는 사람이었던 그는 채권자들의 운명 또한 걱정했다. '내 사랑하는 아이들에게 누구든지 능력이 된다면 채무에서 부족분을 메꾸어주길 간청한다.'⁴ 이어 그는 다시 한 번 처가인 스카일러 가문의 재산이 엘리자를 구원해주길 바란다는 불투명한 희망을 표현했다. '어쩌면 엘리자가 물려받을 상속분으로 가난을 면할 수 있을지도 모른다.'⁵ 그 철두철미한 해밀턴이 엘리자의 채무 변제라는 중요한 문제를 위태롭게 남겨두었다는 사실은 믿을 수 없을 정도로 충격적이다.

해밀턴보다 결투를 손꼽아 기다린 쪽은 버였다. 그는 윌리엄 반 네스에게 자신은 오후에 결투하는 편을 더 선호한다며 그러면 또 하루를 '흘려보낼' 필요가 없지 않느냐고 말했다. 버는 '오전 7시부터 정오 사이는 가장 유쾌하지 않은 시간대지만 *결투만 할 수 있다면* 시간은 아무래도 상관없다'며 투덜거렸다.⁶ 보통 결투에는 외과의사도 동반하곤 했으므로 해밀턴은 친구인 데이비드 호잭박사에게 자신과 함께 가달라고 부탁했던 반면 버는 의사는 필요없다는 듯이 반 네스에게 다음과 같은 흥미로운 쪽지를 남겼다. '호잭만으로도 충분하고 그조차 불필요하네.'⁷ 이 쪽지가 의미하는 바는 무엇이었을까? 어차피 자신은 해밀턴을 죽일 계획이니 의사가 필요없다는 뜻이었을까, 아니면 부상을 입은 해밀턴이 과다출혈로 죽음에 이르길 바라는 마음이 있었던 것일까? 그것도 아니면 아무도 다치지 않을 거라고 생각했던 것일까? 이에 대한 답은 아무도 모른다. 7월 9일 오후에 반 네스와 펜들턴은 7월 11일 수요일 새벽에 뉴저지 주의 위호켄에 있는 강 건너에서 결투를 갖는 것으로 확정했다.

마지막까지 해밀턴은 자신에게 무슨 일이 다가오고 있는지 내색조차 하지 않았다. 7월 9일 오후와 저녁은 재무부 시절부터 해밀턴 밑에서 오래 일했던 월콧 주니어와 시간을 보냈다. 월콧은 그날 해밀턴이 '유달리 쾌활하고 밝았다'고 회고했다.[8] 마지막 근무일이었던 7월 10일에는 브로드웨이에서 온 가족의 친구이자 고객인 디르크 텐 브록Dirck Ten Broeck과 우연히 마주쳤다. 해밀턴은 그에게 법률 자문을 해주겠다고 약속해놓고선 잊어버리고 있었다는 사실을 깨달았다. 후에 텐 브록은 당시 해밀턴이 보였던 반응을 떠올리며 놀라워했다. '해밀턴은 자신이 약속을 깜박하고 있었다는 사실을 너무나 부끄러워하며 이튿날인 수요일(끔찍한 결전의 날) 10시에 전화를 달라고 했다. 만나서 함께 앉아 문을 걸어 잠그고 일을 마무리하자는 것이었다.'[9] 해밀턴의 책임의식이 얼마나 뛰어난지를 또 한 번 보여주는 일화다. 해밀턴은 아침 일찍 결투를 마치고 사무실로 돌아가 밀린 일을 처리할 계획이었다는 것인데, 이것을 자살을 생각할 만큼 우울증에 걸린 사람의 행동이라고 보기는 어렵다. 결투 이전에 해밀턴을 봤던 이들 중 특별히 우울증 증상을 목격한 사람은 아무도 없었다.

해밀턴이 가든가(오늘날 익스체인지 플레이스)에 위치한 변호사 사무실에서 마지막으로 근무했을 때에도 해밀턴의 서기관인 주다 해먼드Judah Hammond는 그의 태도에서 별다른 특이점을 발견하지 못했다. '해밀턴 장군은 평소와 다름없는 *침착한* 태도로 내 책상에 와서 처리해야 할 문서와 함께 지시 사항을 일러주었다. 외관상 다른 점은 전혀 없었다. 내가 사무실에서 마지막으로 목격했던 해밀턴 장군의 모습은 그랬다.'[10] 해밀턴은 법률 문제에 관한 상세한 자문을 문서로 작성했고, 그날 늦은 오후에는 감정이 들어간 마지막 일정을 소화했다. 해밀턴은 몇 주째 아파서 침대 신세를 지고 있던 로버트 트루프에게 병문안을 갔다. 킹스칼리지 시절부터 친구였던 트루프가 행여나 잘못될까 걱정이 됐던 해밀턴은 결투에 대해선 일언반구 언급도 없이 의학적 조언만 잔뜩 늘어놓았다. 트루프는 '30분가량 머무는 동안 해밀턴은 내게 불편한 곳은 없는지 물어본 후 내 건강을 걱정하면서 몸을 회복할 수 있는 최선의 방법이라고 자신이 생각하는 것들을 일러주었다. 그러나 방문 내내 그의 태도가 너무나 차분하고 밝아서 그다음 날 결투가 있을 것이라고는 의심조차 못했다'고 말했다.[11]

결투 전날 밤 너대니얼 펜들턴은 해밀턴의 타운하우스에 들러 첫 번째 총알을 낭비해선 안 된다고 마지막으로 간곡하게 설득했지만 그는 허공에다 쏘겠다는 결심을 꺾지 않았다. 펜들턴이 계속 반대하자 해밀턴은 이미 자신이 마음을 굳혔다며 이렇게 말했다. "이보게 친구, 이건 내 종교적 양심의 결과이니 이성으로 설득할 수 있는 문제가 아닐세. 아무리 왈가왈부한들 내 결심은 이미 확고하다네."[12]

해밀턴은 자신에게 명성을 가져다준 일을 하며 마지막 밤을 보냈다. 바로 글을 쓰는 것이었다. 결투를 하는 목적 중 하나가 미 연방 탈퇴 위협을 저지하는 것이었으므로 해밀턴은 매사추세츠 주의 시어도어 세지윅에게 보내는 청원서를 썼다. 해밀턴은 이 청원서에서 뉴잉글랜드의 연방파를 주축으로 미 연방 탈퇴 운동이 벌어지고 있다고 경고했다. '여기에서는 오직 한 가지 감정에 대해서만 말하겠소. 단언컨대 우리 제국에서 탈퇴하는 것은 그에 상응하는 아무런 장점이 없음에도 엄청나게 커다란 이익을 갖다버리는 행위요.'[13] 해밀턴은 또한 미 연방 탈퇴 운동은 '민주주의라는 우리가 앓고 있는 질병을 완화시켜주지' 않을 것이라고도 했다. 해밀턴이 말하는 민주주의란 곧 고삐 풀린 파괴적 대중 정치를 가리켰다.[14]

그날 저녁 해밀턴은 자신의 인생을 돌아보았다. 서인도제도에서 보냈던 유년 시절을 떠올리며 그는 30년도 더 지난 일이지만 세인트크로이 섬에서 탈출했던 것은 기적에 가깝다고 생각했던 것이 분명하다. 그는 자신에게 학비를 융통해주었던 사촌이자 평생의 은인인 앤 미첼을 떠올렸고, 밤 10시에 깃펜을 들어 엘리자에게 글을 남겼다. '미첼 부인은 이 세상 나의 모든 친구들 중 내가 가장 큰 빚을 지고 있는 사람이오. 그러나 나는 이때까지 그녀에게 그 빚을 갚지 못했소.'[15] 앤 미첼은 당시 빈곤에 허덕이고 있었고 해밀턴은 자신의 자산으로 '그녀의 황혼을 편안하게 해 주었으면' 한다는 소망을 남겼다. 만약 형편이 여의치 않다면 '부탁하건 데 (중략) 자매처럼 다정하게 보듬어주시오'라고 해밀턴은 엘리자에게 썼다.[16] 그는 또한 엘리자에게, 같은 인간을 죽인다는 것은 자신으로서는 도저히 용납할 수 없으며 '기독교인으로서의 양심'에 따라 버에게 자신 의 목숨을 맡기겠다고도 했다. '이 같은 결정으로 내 목숨은 위태로워질 것이오. 특히 당신을 생각하면 고통이 두 배라오. 그러나 당신도 내가 죄 인으로 살아가느니 죄 없이 죽기를 바랄 것이오. 천국이 기다리고 있으니 [겸손히] 바라건대 시련이 닥치더라도 당신이 기독교인이라는 사실을 기 억해주었으면 하오.'[17] 결투와 관련해 해밀턴은 계산 착오를 저질렀고 지 독히 어리석은 짓을 범했으며 비논리적인 의사결정은 했을지언정 자살 할 마음만큼은 추호도 없었다.

말년에 에런 버의 머릿속에서 소용돌이를 일으킨 수많은 생각 가운데 버를 가장 괴롭혔던 것은 금전 문제였다. 낭비벽이 심했던 그는 현금이 없어서 완전히 파산했고, 지난가을에는 득달같이 달려드는 채권자들을 막기 위해 리치먼드힐 저택을 처분하려 했다. 해밀턴과의 결투에까지 이 르는 동안 버가 보였던 뚜렷한 절망감은 그가 정치적으로뿐 아니라 재정 적으로도 파산에 직면해 있었다는 사실로 어느 정도 설명이 가능하다. 존 처치 해밀턴에 따르면 결투가 벌어지기 직전에(아마도 결투장을 보내기 전 이었던 듯하다) 빚 때문에 큰 곤란을 겪고 있던 버는 해밀턴에게까지 찾아 가서 도움을 구했다. 해밀턴의 아들은 엘리자가 자녀들에게 해준 이 놀라 운 이야기를 다음과 같이 들려주었다.

해밀턴이 그레인지에 머물고 있을 때였다. 짧은 여름 해가 떠오르자마자 현관에서 벨소리가 요란하게 울렸다. 해밀턴이 침대에서 몸을 일으켜 아래층으로 내려가니 현관에는 버가 서 있었다. 몹시 초조한 듯 버는 자신이 지금 당장 금전적 도움이 절대적으로 필요한 상황에 처했다고 설명했다. 침대로 돌아온 해밀턴은 버의 이른 방문으로 단잠을 깬 엘리자를 안심시키며 말했다. "방금 현관에 누가 서 있었는지 아시오? 버 준장이 찾아왔다오. 내 도움이 필요하다면서 말이오."[18]

해밀턴은 버에게 믿을 수 없는 관대함을 보여주었다. 그는 예전에 버와 결투를 벌였던 존 처치 바커와 다른 친구들에게 부탁해 1만 달러에 이르는 현금을 융통하여 버에게 건네주었다. 버도 버 나름대로 1,750달러를 긁어모았고 덕분에 당장 돈을 갚으라고 달려드는 채권자를 달랠 수 있었다.

버에게 외동딸 시어도시아는 언제나 금쪽같은 존재였고, 버는 자신이 생각하는 완벽한 여성상대로 딸이 자라주길 바랐다. 그러한 기대의 일환으로 버는 시어도시아를 미국에서 가장 교육 수준이 높은 젊은 여성 가운데 하나로 키웠다. 버는 둘만 아는 속기법으로 딸에게 편지를 썼으며 지적인 농담과 개인적인 연애사를 이야기해주었고, 수많은 애인들의 얼굴과 몸매에 대해 신랄한 평가를 늘어놓기도 했다. 해밀턴에게 결투를 신청하는 도전장을 보낸 그다음 날인 6월 23일, 버는 리치먼드힐에서 딸도 없는데 딸의 생일을 축하하는 파티를 열었다. 그리고 이튿날엔 시어도시아에게 손님들이 '한 시간 동안 웃고 한 시간 동안 춤추고 한 시간 동안 시어도시아의 건강을 빌며 건배를 했다'는 편지를 썼다.[19](시어도시아는 당시 사우스캐롤라이나에 있었다.) 그는 시어도시아에게 역사와 식물학과 화학을 공부하라고 조언했고 집 안에 최고급 도서관을 마련하는 방법도 알려주었다. 시어도시아에게 보낸 수많은 편지에서 그는 결투에 대해 직접적 언급은 없이 넌지시 암시만 주었다. 해밀턴이 마지막 나날을 가족과 친구들과 알차게 보내는 동안 버는 대부분의 시간을 홀로 보냈다. 7월 1일 딸에게 보내는 편지에서, 그는 해가 질 무렵 도서관에 있는 벽난로 옆에 혼자 앉아 있다가 여름 더위 속에서 갑작스런 오한을 느꼈다고 썼다.

버는 개인적으로 노예들의 교육에도 관심을 가졌지만, 그렇다고 자신이 부리는 노예들을 해방시켜줄 생각은 전혀 없었다. 결투 바로 전날 밤 그는 노예들의 처분에 관한 문서를 작성했다. 버는 스스로 노예제 폐지론자라고 자칭하고 다녔음에도 이전 해 가을에 노예를 사들였다. 그중에는 피터라는 소년도 있었는데, 버는 피터를 자기 손자의 전담 노예로 키울 생각이었다. 그는 페기라는 이름의 노예를 칭찬하면서 시어도시아가 페기를 거두어주길 바란다고 썼다. 하지만 다른 노예들에게는 그런 운이 따라주지 않았다. 버는 딸에게 '낸시는 네 뜻대로 처분하거라. 정직하고 건강하고 온순한 아이란다'라고 썼다.[20] 시어도시아는 사우스캐롤라이나에서 수많은 노예를 소유하고 있던 가문에 시집을 갔기 때문에 더 이상 노예가 필요하지 않았다. 따라서 노예들에게 자유를 주는 것을 거부한 버의 결정에는 더욱 변명할 만한 여지가 없다.

해밀턴과 버가 각각 마지막으로 쓴 편지는 극명한 대조를 이루며 유익한 정보를 제공한다. 두 사람 모두 죽음을 염두에 둔 상황이었지만 해밀턴은 미국의 미래와 연방의 구원을 걱정했던 데 반해 버는 자신과 부적절한 관계를 맺었던 여인들에게 보냈던 편지를 걱정하며 시어도시아에게 '누구라도 다치게 할 수 있는 (중략) 편지, 특히 여인들과 주고받았던 편지를 태워버리라'고 부탁했다.[21] 제퍼슨주의자들은 해밀턴을 음모의 주동자라고 오랫동안 비난해왔지만 해밀턴은 숨겨야 할 것이 아무것도 없었던 듯 개인적인 문서를 파쇄해달라는 부탁은 어디에도 남기지 않았다. 반면에 버는 걱정스러운 문서가 많았던지 시어도시아에게 하얀색 손수건에 싸여 빨간색 끈으로 묶인 편지 뭉치는 태워달라고 부탁했다. 마지막으로 신변을 정리하면서 버는 최소한 이론상으로는 결투에서 죽을 수도 있다는 가능성을 염두에 두었던 것이 틀림없다. 따라서 해밀턴이 위호켄에서 버에게 총을 쏘지 않을 계획임을 버는 전혀 몰랐다는 사실을 알 수 있다. 결투 전날 밤, 잠을 설치기는커녕 도서관에 있는 소파에서 곧장 곯아떨어진 버는 중간에 깨지도 않고 푹 잤다. 찰스 비들은 이렇게 증언했다. '반 네스는 자신이 결투 당일 버 준장의 집에 갔을 때 그는 여전히 곤히 자고 있는 상태였다고 내게 말했다. 시간에 맞춰 결투 장소에 도착하기 위해 그는 서둘러 옷을 챙겨 입어야 했다고 한다.'[22] 버는 검은색 비단 외투를 입었는데 이 외투는 이후 끝없는 추측을 낳았다. 제임스 치섬은 그 외투가 18세기에 방탄조끼로 사용된 '총알이 뚫을 수 없는' 재질로 만들어진 것이었다고 설명했다.[23] 그러나 버를 지지하는 무리는 자신들의 영웅이 입은 것은 그저 비단으로 짠 외투와 면바지였을 뿐이라고 주장했다. 버는 얼마 전 선거 유세에서 가장 의지했던 참모인 존 스와트와우트와 매튜 L. 데이비스 및 기타 몇 명의 호위를 받으며 허드슨 강에 대기하고 있던 보트에 올라탔다. 마치 버를 선거 유세장으로 모시고 가기라도 하는 듯한 모양새였다.

해밀턴은 시더가 54번지에 있는 집의 위층 서재에서 엘리자에게 쓰는 고별 편지를 마무리한 뒤 아래층으로 내려가 침실로 들어갔다. 그곳에서는 한 소년이 책을 읽고 있었는데, 얼마 전 그레인지에서 열린 야유회에 참석했던 고아 소년이었던 듯하다. 출간은 되지 않았지만 진실로 추정되는 기록에서 존 처치 해밀턴이 밝힌 바에 따르면, 해밀턴은 침실에서 고아 소년을 애틋하게 바라보다가 그날 밤 한 침대에서 자신과 함께 같이 자겠느냐고 물었다 한다. '해밀턴은 잠자리에 들어서 [고아 소년의] 작은 손 위에 자신의 손을 포갠 채 주기도문을 반복해서 읊어주었다.[24] 소년은 해밀턴의 품 안에서 이내 잠이 들었다. 지구상에서 보내는 마지막 날 밤에 고아 소년을 품에 안은 채 잠이 든 해밀턴의 모습은 이루 말로 표현할 수 없는 애잔함을 느끼게 한다. 그날 밤 그의 가슴을 짓눌렀던 것은 불우한 어린 시절이었을 것임을 짐작할 수 있기 때문이다. 새벽 3시에 해밀턴은 아들 중 하나를 깨웠고, 아직 잠이 덜 깬 아들에게 촛불을 켜달라고 부탁했다. 그는 아들에게 그레인지에 엄마와 함께 있는 네 살 난 여동생 엘리자가 아파서 지금 호객박사와 그리로 가야 한다고 거짓말을 했다. 흔들리는 촛불 아래에서 해밀턴은 엘리자를 위해 아름다운 찬미가를 썼고, 이 찬미가는 나중에 두고두고 귀중한 가보로 남았다.

찬미가를 다 썼을 무렵 해밀턴과 위호켄으로 동행할 너대니얼 펜들턴과 호객박사가 도착했다. 세 사람은 마차에 올라탔다. 다른 사람 눈에 띄지 않기 위해 펜들턴과 반 네스는 정확한 일정표를 짰다. 양쪽 모두 새벽 5시경 맨해튼에 있는 각기 다른 부두에서 보트를 타고 이동하기로 한 것이다. 해밀턴과 버를 태운 서로 다른 보트에는 각각 무기를 소지하지 않은 뱃사공이 네 명씩 타고 있었는데, 법적 책임을 지우지 않기 위해 이들의 신분은 여기서 밝히지 않겠다. 결투에 사용될 권총은 가죽 상자에 담아 몰래 실었기 때문에 뱃사공들은 훗날 자신들은 맹세코 어떤 총도 본적이 없다고 증언했다. 이들을 제외하고 각 보트에는 결투 당사자와 함께 입회인 한 명, 의사 한 명만이 동승했다.

후텁지근한 보통의 7월 날씨와 달리 그날 물위에서 맞이한 새벽은 선선했다. 위호켄은 뉴욕에서 훨씬 북쪽에 있었기 때문에 입회인들은 강을 거슬러 올라가는 데 두 시간을 배정했다(결투 장소는 오늘날 웨스트 42번가의 반대편이다). 해밀턴이 탄 보트는 그린위치 빌리지 근처에서 출발했다. 보트가 햇살이 부서지는 강을 건너 북쪽으로 가는 동안 해밀턴은 편안해

보였다. 해밀턴은 펜들턴에게 '버 준장을 죽이고 싶은 마음은 눈곱만큼도 없으므로 발포하지 않겠다'는 맹세를 되풀이했다.[25] 그런 뒤 그는 서인도 제도에서 쫓겨난 자신에게 집이 되어준 시끌벅적하고 활기 넘치는 도시를 아련하게 바라보았다. 지난 수십 년간 인구가 두 배로 늘어난 뉴욕은 이제 인구 8,000명에, 도심지에서 공터를 찾기란 어려운 도시가 되었다. 거대해진 이 도시를 바라보면서 해밀턴은 뭉클한 감정을 느꼈던 것 같다. 그의 아들이 쓴 글에 따르면 해밀턴은 '아름다운 도시의 광경을 가리키며 미래에 이곳이 위대한 도시가 될 것'이라 말하곤 했다.[26]

뉴욕에서는 법으로 결투가 엄격히 금지되어 있었기 때문에 결투를 원하는 뉴욕 시민들은 자주 뉴저지로 건너 가곤 했다. 뉴저지 역시 결투를 금하고 있긴 했지만 뉴욕보다는 처벌이 상대적으로 느슨했기 때문이었다. 위호켄에 있는, 높이 200피트(약 60미터_역주)의 깎아지른 듯한 허드슨 절벽은 온통 나무와 수풀로 뒤덮여 있었다. 멀리서는 초목이 빽빽하게 들어선 바위벽이 물속으로 곧장 이어져 있는 것처럼 보이는 곳이지만 썰물 때가 되면 절벽 아래에 있는 조그마한 해변이 모습을 드러냈다. 수풀을 헤치고 좁은 길을 따라 들어가다 보면 조금 전까지는 나무에 잘 가려져 있던, 허드슨 절벽에서 20피트(약 6미터_역주) 정도 옆으로 선반처럼 튀어나와 있는 바위가 나타난다. 목가적 느낌의 한적한 이곳은 아무도 살지 않는 맨해튼 강가와 마주보고 있어 결투를 하기에 안성맞춤이었다. 측면은 바위와 오래된 삼나무로 둘러싸여 있었고 편평한 바위는 가로가 열한 걸음, 세로가 스물두 걸음 정도로 결투를 하기에 충분히 넓었다. 이곳은 윌리엄 디스William Deas 선장의 소유지였는데, 절벽 꼭대기에 살고 있었던 그는 자신의 땅이 계속 결투 장소로 애용되는 것에 좌절감을 느끼고 있었다. 디스 선장은 총소리를 들었지만 누가 결투를 했는지는 보지 못했다.

42 · 치명적인 나들이

버 부통령은 이곳에 오전 6시 30분에 도착했다. 보트에서 내린 버와 반 네스는 흙길을 걸어 올라가 결투 장소에 있던 나뭇가지와 돌 따위를 정리했다. 아침 햇살이 비치기 시작하자 결투장을 고르던 둘은 외투를 벗었다. 7시가 되기 직전에 해밀턴과 펜들턴을 태운 두 번째 보트가 도착했다. 해밀턴과 펜들턴이 선반 바위 위로 올라왔다. 뱃사공들은 배에, 호객은 바위 밑에 남겨졌는데 이는 그들이 법적 처벌을 받지 않도록 보호하기 위함이었다. 단, 뱃사공들과 달리 의사는 도움을 요청할 때 즉각 달려갈 수 있도록 최대한 결투장 가까이 있되 아무 일도 보지 못했다고 증언할 수 있을 만큼은 떨어져 있어야 했다.

1804년 7월 11일 오전 7시, 드디어 알렉산더 해밀턴과 에런 버는 오랜 원한을 끝내기 위해 얼굴을 마주보고 섰다. 두 신사는 깍듯이 예의범절을 지켜 인사를 교환했다.[27] 이 결투가 은밀히 성사된 때로부터 23일이 흘렀다. 지난 20년간 두 사람은 뉴욕 법정과 사교 모임, 선거와 의회에서 수없이 마주쳤고 겉으로는 사이좋게 지냈다. 정치적 경쟁 관계만 아니었다면 친한 친구가 될 수도 있었을 것이다. 이제 해밀턴과 버 두 사람 모두는 세력이 약화된 상태에서 정치적 재기를 꿈꾸며 결투장에서 마주 섰다. 존 트럼불이 그린 해밀턴의 마지막 초상화를 보면 그의 시선은 여전히 날카롭고 꼿꼿하지만 얼굴에는 우울함이 깃들어 있다. 그보다 두 해 앞서 존 밴덜린John Vanderlyn이 그린 버의 초상화를 보면 그의 머리는 벗겨지고 가장자리가 희어졌으며 표정에서는 분노가 엿보인다. 그러나 결투장에 선 버의 외모는 여전히 준수했고 옷차림은 고상했으며 두려움이라고는 찾아볼 수 없었다.

펜들턴과 반 네스는 사무적인 태도로 각자 선반 바위 양쪽 끝에 결투자가 설 자리를 반경 열 걸음 정도의 원들로 표시한 다음 제비를 뽑아 해밀턴과 버 중에 자리를 선점할 사람을 정했다. 펜들턴이 이겼다. 그러나

　　　　　　　　　　　　　　　　알렉산더 해밀턴

펜들턴과 해밀턴은 북쪽에 서겠다는 의아한 결정을 내린다. 선반 바위가 약간 기울어져 있다는 것을 고려했을 때 이는 곧 해밀턴이 강과 먼 도시뿐 아니라 아침 햇살도 마주보고 서겠다는 뜻이었다. 따라서 해를 등지는 상태에다 바위의 약간 높은 쪽에 서서 상대를 내려다볼 버는 해밀턴보다 결투에서 훨씬 유리한 입장이 될 터였다.

결투를 수락한 사람으로서 해밀턴은 무기를 골라야 했고, 활강형 장총의 하나인 화승총을 선택했다. 펜들턴과 반 네스는 총열이 11인치를 넘으면 안 되고 활강형 장총이어야 한다는 규정을 미리 정해놓았다(활강총은 불안정했지만 총열에 강선이 있으면 정확도를 훨씬 높일 수 있었다). 해밀턴은 존 바커 처치가 소유하고 있던 결투용 총을 가져왔다(당시 결투 수락자가 결투용 무기를 선택하는 것이 관례였음_역주). 필립 해밀턴과 조지 이커가 1801년에 사용했던 것과 동일한 권총이었다. 해밀턴은 죽은 아들을 기리기 위해 일부러 이 총을 선택했을 수도 있다. 이 총을 선택한 이유로 더 가능성 있는 추측은 그가 결투 사실을 매우 소수의 지인에게만 알려야 했기 때문이었을 것이다. 당시 동일한 결투용 총 두 자루를 소지하고 있는 신사는 많았지만 가깝고 믿을 만한 사람 중에서는 존 처치 바커가 유일했다. 해밀턴은 명예 사건에 자주 연루되곤 했지만 정작 그 자신은 그런 총을 소지하고 있지 않았다. 그는 상대에게 물리적인 위해를 가하려는 목적에서가 아니라 주로 자신에 대한 비판을 잠재우기 위한 수단으로 명예 사건을 이용하곤 했기 때문이다. 처치의 권총은 1890년대 중반에 런던의 유명한 총기 제작자인 워그든Wogdon이 만든 것으로 길고 날렵했으며 우아했다. 호두나무 손잡이는 윤기가 흘렀고 디자인은 섬세했으며 황동으로 된 총열은 황금빛으로 빛났다. 가볍고 다루기 쉬워 보였지만 한 자루의 무게가 2킬로그램 정도인 데다 납으로 된 커다란 총알 하나의 무게도 30그램 가까이였으므로 제대로 다루려면 연습이 필요한 총이었다.

1976년 미국 독립 200주년 기념식에서 해밀턴과 버의 결투에 사용된 총을 살펴보던 전문가들은 촉발 방아쇠를 발견했다. 촉발 방아쇠는 일반 방아쇠보다 당길 때 훨씬 가벼웠다. 일부 논평가들은 해밀턴이 이 총을 선택한 이유를 의심스럽게 여겼다. 숨겨진 촉발 방아쇠가 버에게 사실은 총을 쏘려던 해밀턴의 진짜 의도를 가리고 있었기라도 한 것처럼 말이다. 그러나 역사가들은 이 촉발 방아쇠의 존재를 알고 있었다. 펜들턴은 결투장에서 해밀턴에게 이 총을 건네면서 '촉발 방아쇠를 사용할 거냐'고 물었고 해밀턴은 '이번에는 사용하지 않는다'고 대답했다.[28] 따라서 해밀턴은 비록 버에게는 촉발 방아쇠의 존재를 의도적으로 숨긴다 하더라도 자신 또한 그것을 사용하지는 않을 작정이었다. 해밀턴의 대답은 해밀턴이 여전히 두 번째 라운드에서도 허공에다가 총을 쏠 것인지를 고민하고 있었음을 보여준다.[29]

펜들턴과 반 네스는 누가 결투를 감독할 것인가를 두고 또다시 제비를 뽑았고, 이로써 감독자는 펜들턴으로 결정되었다. 입회인들은 서로를 지켜보는 가운데 총을 장전한 뒤 이미 정해진 자리로 가서 서 있는 해밀턴과 버에게 총을 건네주었다. 해밀턴과 버에게 준비가 되었는지 물어보기에 앞서 펜들턴이 큰 소리로 다음과 같은 규칙을 읊었다. 만약 두 사람 모두 준비되었다고 답하면 펜들턴이 '제자리로'라고 말한다. 만약 한쪽은 발포했으나 다른 한쪽이 발포하지 않았다면 발포 당사자는 반대편 입회인이 '하나, 둘, 셋, 발포'라고 말할 때까지 기다림으로써 상대가 발포할 수 있는 기회를 주어야 한다. 만약 그래도 상대가 발포하기를 거부한다면 양쪽은 구두로 화해할 것인지 아니면 두 번째 라운드를 시작할 것인지를 논의해야 한다.

산뜻한 아침 바람이 불고 있었다. 해밀턴과 버는 이제 비스듬히 옆으로 섰는데, 이는 상대에게 노출되는 면적이 작기 때문에 결투 시 선호되는

알렉산더 해밀턴

자세였다. 해가 빠르게 떠오르고 있었다. 펜들턴이 해밀턴과 버에게 준비되었느냐고 묻자 강물에 반사되는 햇빛 때문에 불안했던 해밀턴이 말했다. "잠깐. 빛 때문에 선글라스를 써야겠소."[30] 그는 총을 들고 이리저리 자세를 잡았는데, 이때 버는 해밀턴의 의도를 오해했던 것 같다. 한손으로 주머니를 뒤적거려 선글라스를 꺼내 쓴 해밀턴은 또다시 여러 방향으로 총을 겨누어 보았다. 버와 반 네스는 나중에 해밀턴이 버를 향해 한두 번 총을 겨누었다는 사실에 많은 의미를 부여했다. "이제 된 것 같소. 계속 진행하시오."[31] 해밀턴이 시간을 지체시킨 것에 사과하며 말했다. 일부 논평가는 해밀턴이 선글라스를 썼다는 사실을 놓고 그 의도를 의심하지만 해밀턴 입장에서는 실수로라도 버를 다치지 *않게* 하기 위해 그렇게 했을 수도 있다. 우리는 해밀턴이 두 번째 라운드에서도 버를 정확히 겨냥하지 않고 발포했다는 사실을 알고 있다.

반 네스는 나중에 해밀턴이 허공에 발포하겠다고 맹세했다는 사실을 버는 전혀 몰랐음을 확인해주었다. 해밀턴으로서는 팔을 양옆에 늘어뜨리고 있을 수는 없었다. 그렇게 하면 자신이 의도했던 영웅적인 분위기는 고사하고 두려움에 굴복해 결투를 거부한 겁쟁이 취급을 받을 것이 뻔했기 때문이다. 따라서 해밀턴을 노려보던 버의 눈에는 죄책감과 악의에 찬 인물만이 보일 뿐이었다. 버는 나중에 '결투장에서 눈이 마주쳤을 때 해밀턴은 꼭 유죄를 선고 받은 중죄인처럼 움찔했다'고 증언했다.[32] 또한 그는 해밀턴이 '끔찍한 죄책감에 사로잡힌 것처럼 보였다'고 이야기하기도 했다.[33] 그러나 해밀턴은 어느 누구에게도 죄책감에 시달리고 있다는 이야기를 한 적이 없다.

해밀턴과 버는 이제 훗날 헨리 애덤스가 '미 연방 초기 정치사에서 가장 극적인 순간'이라고 묘사한 바로 그 순간에 직면해 있었다.[34] 펜들턴이 준비되었느냐고 묻자 두 사람은 그렇다고 대답했다. 펜들턴의 입에서 '*제*

자리로'라는 구령이 떨어졌다. 해밀턴과 버는 서로를 향해 총을 겨누었다. 굉음과 함께 양쪽에서 총이 거의 동시에 아니면 몇 초 간격을 두고 불을 뿜었다. 펜들턴은 버가 먼저 발포했고 해밀턴은 오른쪽 골반 바로 위 복부에 '치명상을 입고 근육이 경련을 일으켜 비자발적으로' 발포했다고 단언했다.[35] 해밀턴은 발끝으로 선 채 격렬하게 경련을 일으키다가 왼쪽으로 몸을 틀더니 바닥에 머리를 박으며 쓰러졌다. 자신이 치명상을 입었다는 사실을 알았는지 그는 곧바로 "나는 이제 죽은 목숨이네"라고 말했다.[36] 펜들턴이 다급히 부르는 소리를 듣고 호적은 순식간에 바위 위로 뛰어 올라왔다. 펜들턴은 버가 '후회의 빛이 역력한' 태도로 쓰러진 해밀턴 쪽을 향해 걸음을 뗐지만 호적박사와 뱃사공들이 다가오고 있다는 반 네스의 경고를 듣고 멈췄다고 회상했다. 법적인 관점에서 목격자들에게 범죄 현장을 들킬지도 모르는 상황이라고 판단한 반 네스는 우산으로 버의 얼굴을 가렸고 두 사람은 황급히 자리를 떴다. 보트에 오르기 직전 버는 반 네스에게 이렇게 말했다. "가서 해밀턴에게 해야 할 말이 있소!"[37] 반 네스는 그러지 않는 편이 좋겠다고 충고한 뒤 버를 달래기 위해 다시 결투 장소로 뛰어 올라가 해밀턴이 강가로 이송되기 전에 그의 상태를 확인했다.

반 네스는 해밀턴이 먼저 발포했다는 주장을 단 한 번도 굽힌 적이 없다. "해밀턴 장군이 먼저 발포했고 내 눈으로 똑똑히 보았으니 이는 틀림없는 사실이오."[38] 반 네스는 첫 총성을 듣자마자 버가 해밀턴이 쏜 총알에 맞았는지 확인하려고 몸을 돌렸기 때문에 자신의 기억이 틀림없다고 주장했다. 잠깐이지만 그 순간에 버가 비틀거리는 것처럼 보여서 총을 맞은 줄 알았다고도 했다. 이후 버는 반 네스에게 자신이 앞에 있던 돌부리인지 나뭇가지인지에 걸려 발목을 삐었다고 말했다. 그는 그 뒤에 해밀턴이 발포한 총에서 나는 연기가 바람에 실려와 시야를 가리는 바람에 연

알렉산더 해밀턴

기가 걷힐 때까지 몇 초 동안 기다렸다가 발포했다고도 설명했다.

그러나 버도 반 네스도 먼저 발포한 해밀턴이 왜 버와는 한참 떨어진 엉뚱한 곳에 총을 쐈는지는 설명하지 못했다. 이튿날 해밀턴의 총알을 찾기 위해 결투 현장으로 돌아온 펜들턴은 그곳 주변의 한 삼나무 가지에 박혀 있던 총알을 발견했다. 삼나무는 결투장에서부터는 12피트(약 3.6미터_역주) 떨어져 있고, 버가 서 있던 곳과도 역시 4피트(약 1.2미터_역주)쯤 거리가 있었다. 즉, 절대 버의 근처는 아니었던 것이다(펜들턴은 그 삼나무 가지 전체를 잘라내 존 바커 처치에게 전달했는데 이는 법적 증거물로 제출하거나 해밀턴의 죽음을 기리고자 간직하기 위해서였다). 해밀턴이 먼저 발포한 것이 사실이라면 해밀턴은 미리 예고했던 그대로 엉뚱한 곳에 총을 쐈던 것이다. 만약 펜들턴이 주장한 대로 버가 먼저 발포했다면 해밀턴이 고통으로 인한 경련 반응으로 저도 모르게 방아쇠를 당겼고 이때 발포된 총알이 나무에 박힌 것이다. 어느 쪽이든 해밀턴은 에런 버를 겨냥해 총을 쏘지 않았다.

　홍미롭게도 25년 뒤 버는 해밀턴의 총알이 머리 위에 있던 나무로 날아가 박혔다는 사실을 인정했다. 버는 이 진술의 중요성을 깨닫지 못했던 것이 분명하다. 훗날 70대가 된 버는 젊은 친구 한 명을 데리고 결투 장소를 다시 찾아 그날의 기억을 더듬었다. 버는 '해밀턴이 쏜 총알이 나뭇가지 사이를 날아가는 소리를 들었고 머리 위에 있던 나뭇가지가 꺾이는 것을 보았다'고 회상했다.[39] 따라서 버는 해밀턴이 자신의 맹세를 지켜 목표물에서 훨씬 떨어진 곳에 총을 쏘았다는 사실을 입증해준 셈이다. 즉, 버는 해밀턴이 첫 발을 낭비했다는 사실을 발포 전에 알았던 것이다. 그 사실을 알고서도 그는 어떻게 반응했는가? 해밀턴을 쏴서 죽였다. 완벽히 조준 가능한 상황이었고 해밀턴에게 가벼운 부상만 입히거나 결투를 중단할 수 있었는데도 말이다. 해밀턴은 오로지 버에게 자신이 첫 발을 빗나가게 쏠 것임 것을 알려주기 위해 먼저 *발포했다*는 시나리오가 가장 유력하다. 그것 말고 해밀턴이 버에게 자신의 의도를 달리 어떻게 보여줄 수 있었겠는가? 전날 밤 썼던 글에서도 해밀턴은 그에게 결투를 '중단하고 생각할' 기회를 주고 싶다고 했다. 해밀턴은 먼저 발포해서 자신의 의도를 알리면 정치적 이해관계에 관해선 자만심 또는 방어심이 강한 버가 자신을 죽이지는 않을 것이라고 예상했던 것이다.

해밀턴이 총에 맞고 쓰러지자 펜들턴은 피로 붉게 물든 바위 위에서 그를 부축했다. 지금도 위호켄에 그대로 보존되어 있는 이 바위는 결투에 사용된 총을 제외하곤 그날 결투에서 현재까지 살아남은 유일한 유물이다. 호색은 낯빛이 푸르게 변한 채 귀신처럼 풀밭에 누워 있는 친구를 발견했다. 그는 이 상황에 대해 이렇게 기록했다. '해밀턴의 얼굴에 드리운 죽음의 빛을 나는 결코 잊지 못할 것이다. 해밀턴은 겨우 입을 열어 "박사, 이건 치명상이오"라 말한 뒤 의식을 잃었다. 이미 이 세상 사람이 아닌 것 같았다.'[40] 그는 해밀턴의 피 묻은 옷을 찢고 죽어가는 해밀턴을 살펴봤다. 총알은 오른쪽 갈비뼈 하나를 부수고 간과 횡격막을 관통해 두 번째 요추를 부러뜨린 뒤 척추에 박혀 있었다. 해밀턴의 상태는 너무나 심각했고 맥박이나 호흡도 잡히지 않았기에 그는 친구가 이미 죽었다고 생각했다. 박사는 해밀턴을 강 건너로 이송하는 것이 유일한 희망이라고 판단했다. 뱃사공의 도움을 받아 펜들턴과 호색은 피 흘리는 해밀턴을 들어 올려 바위 아래로 내려갔고 보트 바닥에 그를 눕힌 뒤 즉시 맨해튼으로 출발했다. 의식을 잃은 친구의 상처에 암모니아 냄새가 나는 소금을 바른 호색은 해밀턴의 얼굴과 입술과 관자놀이에 암모니아수를 문질렀다. 목과 가슴과 손목과 손바닥에도 바른 뒤 입안으로 조금 흘려넣었다.[41]

허드슨 강을 건널 때 강바람에 잠시 정신이 돌아온 해밀턴은 갑자기 눈을 깜박였다. "시야가 흐릿하오."[42] 이렇게 말한 뒤 해밀턴의 눈동자는

알렉산더 해밀턴

또다시 초점을 잃고 방황했다. 그러다 결투에서 사용한 총을 발견하고선 자신이 결코 버를 겨냥하지 않았음을 확신하듯이 말했다. "그 총을 잘 보관해주시오. 발포를 안 해서 여전히 장전된 상태이니 잘못하면 다칠 수도 있소. 펜들턴은 내가 버를 쏠 의도가 없었다는 사실을 잘 알 것이오."

"내가 벌써 호잭박사에게 말해주었소." 펜들턴이 대답했다.[43]

해밀턴의 투철한 책임 의식, 폭력과 무질서에 대한 두려움, 크나큰 고통 속에서도 빛나는 명석한 정신력과 침착함이 너무도 잘 드러나는 대목이다. 해밀턴의 발언에서 추측할 수 있는 또 다른 사실은 버가 먼저 발포했고, 총에 맞은 해밀턴은 자신이 경련 반응으로 총을 발포했다는 사실을 인식하지 못하고 있었다는 점이다. 점점 빠져나가는 의식을 붙잡으려고 애쓰며 해밀턴은 다시 눈을 감았다. 해밀턴은 호잭에게 다리에 감각이 없다고 말했다. 호잭은 그에게 전신마비 증상이 발생했음을 확인했다. 보트가 맨해튼 강가에 있는 윌리엄 베이어드의 부두에 다다랐을 때 해밀턴은 호잭에게 말했다. "해밀턴 부인을 즉시 불러주시오. 가슴이 무너지는 일이 기다리고 있지만 그래도 부인에게 희망을 주시오."[44] 무슨 일이 일어났는지 전혀 모르고 있었던 엘리자를 그레인지에서 시내까지 데려오기까지는 시간이 걸렸다.

해밀턴과 펜들턴이 새벽에 자신의 부두에서 뉴저지로 떠났다는 소식을 하인에게서 전해 듣고 기다리고 있던 윌리엄 베이어드는 나중에 '끔찍한 결과를 불러오는 치명적인 나들이가 될 것이라는 예상이 적중했다'고 말했다.[45] 부유한 상인이자 뉴욕은행의 이사였던 베이어드는 부두로 들어오는 보트를 공포에 질려 바라보다가 보트 바닥에 누워 있는 해밀턴을 발견하곤 울음을 터뜨렸다. 하인들이 강가로 들것을 가져와 해밀턴을 조심스럽게 옮긴 다음 베이어드의 저택(오늘날 제인가 80~82번지) 정원으로 이송했다. 2층에 있는 거대한 침실로 옮겨진 알렉산더 해밀턴은 그 저택을 영영 떠나지 못했다.

저택 위층에 있는 방에 해밀턴을 눕히자마자 소문은 빛의 속도로 퍼져 나갔다. 뉴욕 엘리트 경영인들의 단골 술집인 톤틴 커피하우스에는 세상을 떠들썩하게 만든 벽보가 나붙었다.

> 오늘 아침 벌어진 결투에서 버 준장이 쏜 총에 해밀턴 장군이 맞았다. 해밀턴 장군은 지금 중태에 빠진 것으로 알려졌다.[46]

이 충격적인 소식에 사람들은 경악했다. 일찍이 약속한 대로 해밀턴을 만나러 가던 디르크 텐 브록은 길에서 우연히 만난 친구로부터 결투 소식을 전해 들었다. 후에 텐 브록은 '벼락을 맞은 것 같았지만 오 하나님, 그 소식은 사실이었다'고 말했다.[47] 결투 소식은 순식간에 퍼졌고 뉴요커들은 근심 어린 표정으로 거리마다 삼삼오오 모여 아직은 파편적인 정보를 주고받았다. 매일매일 정신없이 바쁘게 돌아가던 이 도시 전체는 몇 시간 뒤 일순간 멈췄다. 이 도시의 부는 해밀턴이 이룩한 것이었다. 해밀턴의 동료인 데이비드 오그던은 이렇게 기록했다. '오늘은 정말이지 슬픈 날이다. 뉴욕의 모든 사무가 일제히 정지한 것 같았고 사람들의 얼굴마다 엄숙한 슬픔이 드리워졌다.'[48] 죽어가는 해밀턴의 상태를 시시각각 알리는 벽보는 그날 하루 종일 붙었고 수많은 사람이 베이어드 저택 앞으로 모여들었다. 뉴욕항에 정박한 일부 프랑스 선박은 총상 전문 외과의를 보내 해밀턴을 살릴 수 있는지 진찰하게 했다.

처음에 해밀턴이 극심한 고통을 호소했던지라 호잭박사는 피 묻은 옷을 벗기지도 못한 채 해밀턴에게 묽은 와인과 물만 먹였다. 그가 등에 급작스런 통증을 호소하자 박사를 비롯해 그 자리에 있던 사람들이 그의

알렉산더 해밀턴

옷을 벗기고 방을 어둡게 한 다음 통증을 완화해주는 아편을 환부에 바르기 시작했고, 해밀턴은 고통스러워하는 중에도 초인적인 인내심과 인상 깊은 배려심을 보여주었다. 그는 계속해서 엘리자와 아이들을 걱정했다. 그레인지에서 불려 온 엘리자는 처음엔 남편이 그저 '발작' 증세를 보이고 있다는 이야기만 들었다. 엘리자는 처음에는 이 모든 것이 거짓말인 줄 알았다고 올리버 월콧 주니어는 기록했다. 아무도 감히 엘리자에게 진실을 이야기할 엄두를 내지 못했다. 엘리자가 '정신을 잃는 것은 아닐까 하는 걱정' 때문이었는데, 이 걱정은 틀리지 않았다.[49] 마침내 끔찍한 진실을 알게 된 엘리자는 '광적인 슬픔'에 '반쯤 정신을 놓았다'고 호객은 전한다.[50] 해밀턴은 엘리자의 고통스런 영혼을 달래줄 수 있는 유일한 구절을 반복해서 읊조렸다. "*나의 엘리자, 당신이 기독교인이라는 사실을 기억하시오.*"[51]

베이어드의 집에 모여든 사람들은 견딜 수 없는 슬픔에 잠겼다. 데이비드 오그던은 해밀턴이 누운 침대 옆에 앉아 열이 끓고 있는 그의 얼굴에 손부채질을 해주는 엘리자를 보았다. 오그던은 친구에게 보내는 편지에서 '큰아들이 똑같은 방식으로 살해당한 지 고작 2년밖에 되지 않았소. 오, 하나님! 지금 엘리자의 심정이 어떻겠소?'라고 적었다.[52] 오랜 세월 동안 해밀턴을 맹목적으로 흠모했던 앤젤리카 처치도 소식을 듣고 한달음에 달려왔다. 거베너르 모리스는 앤젤리카가 '심장이 터질 듯이 울었다'고 회고했다.[53] 앤젤리카는 남동생인 필립에게 '내 사랑하는 여동생 엘리자가 마치 성인과 같은 인내로 이 고통을 견디고 있다'고 말하며 그처럼 견디기 힘든 시련을 버텨내고있는 엘리자를 향해 존경심을 표했다.[54]

가족을 향한 보호 본능을 제외하면 해밀턴은 인생의 마지막 순간에 뒤늦게 피어난 자신의 종교적 관심에 대한 모든 의심을 불식시키고자 영적인 사안에 집중했다. 훗날 친구들이 증언한 것처럼 그가 죽어갈 당시 그

42 · 치명적인 나들이

토록 뛰어난 말들을 남긴 것이 사실인지는 확실치 않지만, 그들의 증언에는 놀라울 정도로 일관성이 있다. 베이어드의 저택으로 옮겨지자마자 해밀턴은 영국 국교회로부터 마지막 성찬 전례를 받고 싶다고 말했다. 해밀턴은 트리니티 교회 목사이자 뉴욕 영국 국교회 주교이며 컬럼비아칼리지의 총장인 벤저민 무어를 만나게 해달라고 요청했다. 그러나 해밀턴을 방문한 무어는 해밀턴에게 성찬 전례를 베풀어주는 것을 두고 두 가지 이유에서 망설였다. 우선 무어는 결투를 불경한 관습으로 여겼기 때문에 해밀턴에게 성찬 전례를 해주면 버와 해밀턴의 결투를 승인해주는 셈이 되므로 이같은 상황을 원치 않았다. 또한 무어는 해밀턴이 성실한 교회 출석자가 아니라는 사실을 알고 있었다. 결과적으로 무어 주교는 양심상 해밀턴의 소원을 들어줄 수 없었다.

절망에 빠진 해밀턴은 사랑하는 친구이자 시더가의 자기 집 근처에 있는 스코치 장로교회 목사 존 M. 메이슨에게 성찬 전례를 부탁했다. 컬럼비아칼리지 졸업생이자 이사이며 확고부동한 연방주의자였던 메이슨은 해밀턴의 재능을 경외해왔고, 해밀턴 역시 그를 아꼈기에 "메이슨은 모든 면에서 *보기 드문 재능*을 타고난 사람'이라 말하기도 했었다.[55]

메이슨은 해밀턴이 누워 있는 방으로 들어와 해밀턴의 손을 잡았다. 두 사람은 '우울한 인사'를 주고받은 후 아무 말도 하지 않고 서로를 애절하게 바라보았다.[56] 해밀턴은 메이슨에게 성찬 전례를 베풀어줄 수 있겠냐고 물었다. 당황한 메이슨은 들어줄 수 없는 부탁을 받아서 '이루 말할 수 없이 고통스럽지만' 현재 상황에서 그의 부탁을 들어주는 것은 자신의 의무와 상충될 것이라 말했다. 메이슨은 '어떤 상황에서도, 또 그 누구에게도 사적으로 성찬 전례를 행하지 않는 것이 우리 교회의 원칙'이라고 설명했다.[57] 메이슨의 솔직함을 존중한 해밀턴은 더 이상 그를 조르지 않았다.

메이슨은 하나님 눈에 모든 인간은 똑같이 죄인이라는 말로 해밀턴을 위로하려 했고, 해밀턴은 이렇게 말했다. "나도 그렇게 생각하네. 나는 죄인이지. 부디 그분이 자비를 베풀어주시길 바랄 뿐이라네."[58] 해밀턴은 또한 자신이 결투를 증오한다는 사실을 강조했다. "나는 모든 수단을 총동원해 결투만은 피하려고 했지만 일부 과거로 인해 그 사람에게 내 목숨을 맡길 *수밖에 없다*는 사실을 깨달았네. 나는 *그의* 목숨을 빼앗지 않겠다고 결심하고서 결투 장소에 나갔다네."[59] 메이슨이 어떻게 예수님의 피로 죄를 씻을 수 있는지를 설명하자 해밀턴은 메이슨의 손을 잡고 하늘을 향해 눈을 굴리며 달뜬 목소리로 외쳤다. "주 예수 그리스도의 은혜로 말미암아 전능자께서 내게 자비를 베풀어주시길."[60] 고통스럽게 숨쉬던 해밀턴은 만약 목숨을 건진다면 결투를 반대하겠다고 서약했다.

메이슨에게 성찬 전례를 거절당한 해밀턴은 변덕스러운 벤저민 무어에게 다시 한 번 희망을 걸었다. 무어 주교는 이제 해밀턴의 부탁을 들어줘야 한다는 무언의 압박에 직면했다. 해밀턴의 친구들은 죽어가는 사람의 마지막 소원을 거절하는 것을 비정하게 여겼다. 데이비드 오그던은 '잔인하고 정당하지 않은 거절이었다'라며 이렇게 썼다. '마지막 순간에 신성한 종교에서 위로와 안식을 찾고자 하는 사람의 요구를 거절할 이유가 무엇이란 말인가?'[61]

벗겨진 정수리에 길고 근엄한 얼굴을 한 이 고위 성직자는 해밀턴의 부탁을 재고하기 위해 그날 오후 1시에 다시 한 번 그를 방문했다. 뛰어난 웅변가답게 해밀턴은 몸을 일으켜 마지막으로 주교를 설득했다. "친애하는 주교님, 보시다시피 저는 불행한 상황에 놓여 있습니다. 이런 상황에 처하게 된 연유도 당연히 아시겠지요. 제 소원은 당신 손으로 베풀어주시는 성찬 전례를 받는 것입니다. 제 요청에서 조금이라도 부적절한 점을 발견하실 수 없기를 바랄 뿐입니다." 그리고 그는 이렇게 덧붙였다. "예전부터 마음 깊이 소망해왔고 이 신성한 의례를 통해 교회와 하나되는 기회를 조금 빨리 얻고자 할 뿐입니다."[62] 해밀턴은 하나님의 자비에 대한 믿음을 고백했다. 무어가 결투는 '야만적인 관습'이라고 하자 해밀턴은 자신이 살아난다면 남은 여생 동안 결투를 비난하겠다며 무어를 안심시켰다.[63] 해밀턴은 간청하듯 두 손을 들어 올리며 말했다. "버 준장에 대한 원한은 없습니다. 저는 그를 해치지 않겠다고 단단히 결심한 뒤 그와 마주했습니다. 이미 벌어진 모든 일에 대해서 그를 용서합니다."[64] 그 시점에서 마음이 누그러진 무어 주교는 해밀턴에게 성찬 전례를 베풀어 주었고, 그러고 나서야 해밀턴은 평화롭게 기대 앉아 행복하다고 말했다.

이튿날 아침 해밀턴의 정신은 여전히 맑았지만, 육체적 힘은 고갈됐고 몸에는 힘이 들어가지 않았다. 그는 말하는 것도 힘에 겨워했다. 가슴이 무너지던 한순간을 제외하면 해밀턴은 놀라울 정도로 의연했다. 엘리자는 전날 아이들이 아버지를 만나지 못하게 했지만, 이제는 해밀턴에게 작별 인사를 할 때가 되었음을 깨달았다. 엘리자는 두 살배기 아들 필립을 안아 올려 해밀턴에 입술에 마지막 입맞춤을 하게 했다. 그러고 나서 그가 마지막으로 아이들 모두를 볼 수 있도록 침대 발치에 일곱 자녀를 한 줄로 세웠다. 그 광경에 해밀턴을 말을 잃었다. 호잭은 '눈을 뜨고 아이들을 한 번 바라본 해밀턴은 아이들이 나가고 나서야 다시 눈을 떴다'고 전했다.[65]

해밀턴이 세상을 뜨기 직전에 방 안에는 스무 명이 넘는 친구와 가족들이 있었고, 대부분은 해밀턴의 일거수일투족에 시선을 고정한 채 무릎을 꿇고 기도를 했다. 데이비드 오그던은 '눈물이 홍수'를 이뤘고 모두가 '친구를 축복해주십사 하늘에 울부짖었다'고 당시 상황을 기록했다.[66] 임종을 지키기는 것을 너무 버거워했던 이들도 있었다. 거베너르 모리스는 '그 장면은 너무나 강렬했다. 나는 숨을 쉬기 위해 정원으로 나가 걸어야 했다'고 고백했다.[67] 그는 후에 당시 장면을 다음과 같이 회상했다. '해밀턴의 아내는 슬픔으로 거의 정신이 나갔고 아이들은 울음을 터뜨렸다. 그 자리에 있던 모든 사람이 크나큰 슬픔에 잠겼고 도시 전체는 술렁거렸으며 지나가는 사람마다 얼굴에 우울함이 가득했다.'[68] 마지막이 가까워질수록 죽음을 담담히 받아들이는 듯 보이는 사람은 해밀턴뿐이었다. 그는 갑자기 '미 연방을 무너뜨린다면 내 가슴도 무너질 것이오'라며 정치 이야기를 하기도 했다.[69] 해밀턴의 정치적 유언으로 그보다 더 적절한 문장은 없었다.

해밀턴은 자신이 버에게 원한이 없고 죽어가는 이 순간에도 마음만은 평화로우며 하나님과 운명을 겸허히 받아들였다고 무어 주교에게 되풀이해서 말했다. 세상을 떠나기 15분 전까지도 그는 말짱한 정신을 유지했다. 그러다가 1804년 7월 12일 목요일 오후 2시, 알렉산더 해밀턴은 마흔아홉 살의 나이로 평온하고 조용하게, 거의 아무런 소리도 내지 않고 세상을 떠났다. 결투에서 부상을 입고 쓰러진 지 서른한 시간 만이었다. 열정과 드라마로 가득했던, 비할 데 없이 높고 또 깊었던 격정적인 삶 뒤에 찾아온 죽음은 감사하게도 평온했다. 올리버 월콧 주니어는 자신의 아내에게 이렇게 썼다. '그렇게 이 시대의, 아니 모든 시대를 통틀어 가장 위대했던 사람 중 한 명이 떠났소.'[70] 베이어드 저택 바닥에는 해밀턴이 흘린 거대한 핏자국이 오랜 세월 남아 있었다. 베이어드 가족이 신성한 자국이라며 지우기를 거부했기 때문이다.

엘리자는 해밀턴의 머리카락 한 움큼을 가위로 자르면서 기나긴 과부 생활의 시작을 선언했다. 그녀는 극심한 슬픔에 몸부림쳤다. 데이비드 오그던은 '그 불쌍한 여인은 거의 넋을 놓고 거베너르 모리스에게 자신의 방으로 와달라고 간청했다'며 '엘리자는 울음을 터뜨리며 그가 남편과 가장 절친한 사이였으니 자신도 그만 죽게 기도해달라고, 그리고 자신이 죽으면 아이들의 아버지가 되어달라고 애원했다'고 전했다.[71] 한쪽 다리에 의족을 찬 거베너르 모리스는 평소 재치가 넘치고 도회적이며 인생을 즐길 줄 아는 사람이었지만 그때만큼은 뺨에 흐르는 눈물을 닦을 생각조차 하지 못하고 엘리자를 바라만 보았다.

해밀턴이 결투 당일 새벽에 엘리자를 위해 썼던 찬미가를 그녀가 언제 처음 발견했는지는 알 수 없다. 또 7월 4일 해밀턴이 달콤씁쓸했던 신시내티협회의 연회에 다녀왔던 날 엘리자에게 썼던 작별 편지도 그녀가 언제 개봉해서 읽었는지 알 수 없다. 해밀턴의 장례를 치르고 난 뒤 엘리자는 죽은 남편이 남긴 편지를 읽고 또 읽었다.

> 너무나 사랑하는 내 엘리자, 이 편지를 읽을 때쯤이면 나는 이 세상에서의 삶을 끝내고 행복한 영생을 시작하고 있겠구려. 겸손히 바라건대 구원의 은혜와 신의 자비가 임한다면 말이오.
> 만약 결투를 피하는 것이 가능했다면 오직 당신과 내 소중한 아이들을 향한 사랑 때문에 나는 그렇게 했을 것이오. 그러나 나 자신을 희생하지 않고서는 도저히 당신으로부터 존경받기를 기대할 수 없었소. 당신이 느낄 고통을 뻔히 알면서도 당신을 떠나야 할지 모른다는 생각에 얼마나 괴로웠는지는 굳이 말하지 않으려 하오. 남자답지 못한 이야기도 굳이 하지 않겠소. 내 사랑하는 사람, 종교가 주는 위로만이 당신을 지탱할 수 있고 당신에게는 그 위로를 누릴 권리가 있소. 하나님 품 안으로 날아가 위로를 받으시오. 마지막으로, 나는 더 나은 세상에서 당신을 만날 날을 손꼽아 기다리고 있겠소.
> 최고의 아내이자 최고의 여성이여, 잘 있으시오. 나를 대신해 사랑하는 우리 아이들도 한 명 한 명 안아주오.
>
> 영원한 당신의 남편,
> A H[72]

가슴 무너지는 장면

Alexander Hamilton

손으로 쓴 해밀턴의 부고가 톤틴 커피하우스에 전달됐을 때 온 도시는 공포에 사로잡혔다. 올리버 월콧 주니어는 아내에게 '도시 전체가 형용할 수 없는 슬픔에 휩싸였다'고 말했다.[1] 뉴요커들은 엄청난 슬픔과 비탄으로 덮인 당시 도시의 모습을 절대 잊지 못했다. 버의 친구인 찰스 비들조차 '워싱턴 장군이 서거했을 때보다 슬픔이 훨씬 더 컸다'고 시인했다.[2] 워싱턴 장군이 세상을 떠났을 때와 마찬가지로 이 거대한 집단적 슬픔은 미국 혁명과 대륙회의, 그리고 단독 정부 수립에 대한 향수를 자극했다. 그러나 워싱턴이 세상을 떠났을 때와 달리 해밀턴의 죽음은 너무나 뜻밖이었기에 슬픔 사이사이에는 충격과 원통함이 자리잡고 있었다.

　비교적 이른 나이에 국가에 헌신했던 기나긴 세월과 대가족을 뒤로하고 비통한 죽음을 맞이한 해밀턴에게 뉴욕 사회의 모든 계층에서 애도가 쏟아졌다. 살아생전에 그가 바랐지만 종종 그를 비껴가곤 했던 전폭적인 지지였다. 과거 연방파를 지지했던 다른 지역에서도 애도가 쇄도했다. 보

알렉산더 해밀턴

스턴의 한 성직자의 말에 따르면 '으뜸가는 동료 시민의 죽음을 애도하기 위해 가슴에 배지를 단 시민들'이 거리에 넘쳐났다.[3] 필라델피아에서는 낮은 교회 종소리가 울려 퍼졌고 조의를 표하는 테두리가 신문 지면을 일제히 장식했다. 뉴욕 대법원은 남은 회기 동안 재판관석을 검은색 천으로 두르기로 했고 뉴욕은행 건물도 검은색 휘장으로 덮였다. 뉴요커들은 30일간 팔에 검은색 띠를 두르고 다녔다.

뉴욕의 모든 이들은 이 도시에서 누구보다 뛰어났던 시민 한 명을 잃었음을 알았다. 정치인 에드워드 에버렛Edward Everett은 훗날 뉴욕을 '서구 상업계의 일인자'가 되게끔 올려놓은 사람이 바로 해밀턴이라고 말했다.[4] 해밀턴이 세상을 떠난 날 저녁, 뉴욕에서 내로라하는 상인들은 모두 상점 문을 닫고 7월 14일 토요일로 급하게 잡힌 주 장례식을 준비했다. 거베너르 모리스는 금요일에 '해밀턴의 시신이 이미 부패하기 시작했으므로 내일 아침에는 반드시 장례를 치러야 한다'고 말했다.[5] 토요일 아침에 존과 앤젤리카 처치 내외의 집이 있는 로빈슨가(오늘날의 파크 플레이스) 25번지 앞으로 문상객이 모여들었다. 장례식 비용을 부담한 뉴욕 시의회는 해밀턴을 기리기 위해 도시 내 모든 상점은 문을 닫아달라는 공고문을 게재했다. 해밀턴의 장례는 오늘날까지도 뉴욕 시 역사상 가장 웅장하고 침통한 장례로 남아 있다.

토요일 아침에 배터리 공원에서는 총포를 쏘아 올렸고 교회에서는 슬픈 종소리가 울려 퍼졌으며 항구에 정박한 선박들은 돛대에 조기를 게양했다. 정오 무렵 군악대가 연주하는 음울한 북소리에 맞춰 총구가 아래를 향하게끔 거꾸로 총을 든 뉴욕 군대를 필두로 한 장례 행렬이 행진을 시작했다. 수많은 성직자와 신시내티협회 회원들이 군대 뒤에 섰다. 무엇보다 가슴 아픈 장면은 그다음에 이어졌다. 하얀색 터번을 머리에 두른 조그마한 흑인 소년 두 명을 앞세우고 운구인 여덟 명이 어깨에 해밀턴의 관을 지고 뒤따랐다. 마호가니 나무로 만들어진 관 위에는 해밀턴이 생전에 쓰던 모자와 칼이 올려져 있었다. 그 뒤를 해밀턴이 타던 회색 말이 이제는 고인이 된 주인의 장화와 박차를 등허리에 반대로 매달고 터벅터벅 걸었으며, 해밀턴의 네 아들과 친척들이 그 뒤를 따랐다. 마지막으로 의사, 변호사, 정치인, 외교관, 장교, 은행가, 상인, 컬럼비아칼리지 학생들 및 교수진, 선장, 기계공, 장인 등 뉴욕 사회 각계각층을 대표하는 사람들이 줄지어 장례 행렬에 동참했다. 이들은 해밀턴이 미국을 위해 구상했던 다양한 정치적, 경제적 모자이크를 상징했다. 이 재앙의 여성 희생자인 엘리자 해밀턴과 앤젤리카 처치, 그리고 해밀턴의 열아홉 살 난 장녀 앤젤리카는 보이지 않았다. 네 살배기 엘리자 해밀턴와 두 살배기 필립도 엄마와 함께 가려져 눈에 잘 않았다.

비크먼가를 따라 동쪽으로 나아가던 장례 행렬은 펄가를 따라 내려간 다음 화이트홀가를 돌아 브로드웨이로 향했다. 그 길을 따라 있는 보도는 울음을 터뜨리는 관중들로 혼잡했고 지붕은 구경꾼들로 빼곡했다. 울부짖는 통곡 소리는 들리지 않았고 충격에 빠진 침묵만 감돌아 분위기는 더욱 엄숙했다. 한 신문은 '아무도 미소 짓지 않았고 속삭이는 소리조차 들리지 않았으며 슬픔에 잠긴 군중의 뺨을 타고 눈물만이 조용히 흘러내렸다'고 보도했다.[6] 애도하러 나온 사람이 너무나 많아 마지막 장례 행렬이 트리니티 교회에 도착하기까지는 두 시간이 걸렸다. 데이비드 오그던은 다음과 같이 기록했다. '해밀턴의 장례식은 내가 목격한 모든 장면을 통틀어 가장 엄숙했다. 눈물을 흘리지 않는 사람은 거의 찾아볼 수 없었고 거리를 가득 메운 남자아이들과 흑인들까지도 슬픔에 동참했다 (중략) 창문마다 붙어 선 여인들은 거의 하나같이 세상을 떠난 해밀턴의 운명을 안타까워하며 흐느꼈다.'[7]

그날 펼쳐진 한 개인적인 일화에서는 해밀턴의 삶이 갖는 역사적 양면성을 미리 엿볼 수 있다. 과거 워싱턴이 서거했을 때 성 베드로 예배당에서 추모 연설을 했던 거베너르 모리스는 해밀턴의 장례식에서도 추모 연설을 맡았다. 해밀턴의 죽음에 너무나 큰 충격을 받았던 터라 친구들은 그가 연설을 감당해내지 못할 수도 있다고 생각했다. 그러나 모리스에게 문제의 본질은 따로 있었다. 친구인 해밀턴을 무작정 칭송하기에 앞서 그는 먼저 의심과 불안에 휩싸였다. 우선 모리스는 버를 향해 복수를 외치는 세간의 아우성에 깜짝 놀라 추모 연설에서 결투는 언급하지 않기로 결정했다. 장례식에 모인 수많은 관중이 통제할 수 없는 분노를 표출할 가능성을 차단하기 위해서였다. 모리스는 '그들을 순식간에 분노하게 만들기란 얼마나 쉬운가!'라고 했다.[8] 그러나 이 문제는 뛰어난 인물이었지만 동시에 논쟁적이고 불완전한 인물이기도 했던 해밀턴을 어떻게 묘사하느냐 하는 문제와 비교하면 고민거리도 아니었다. 모리스로서는 해밀턴의 출생을 설명하는 일부터가 난감했다. 그는 일기에서 이러한 고민을 토로한다. '약력을 읊어야 하는데 해밀턴은 이방인이자 사생아였다. 이 부분을 유려하게 넘길 묘수를 생각해내야 한다.'[9] 게다가 마리아 레이널즈는 또 어떻게 할 것인가? '나는 해밀턴의 가정생활에 대한 언급도 할 수 없었다. 해밀턴은 한 치 앞을 보지 못한 채 자신은 가정에 충실하다고 오랫동안 공언하고 다니곤 했다.'[10] 게다가 해밀턴은 겸손의 미덕과는 거리가 먼 사람이었다. '그는 절제를 몰랐고 자만심이 높았으며 아집이 강했다. 이런 부분을 언급하지 않고서는 해밀턴이라는 인물을 완전하게 설명할 수 없다. 그러나 이 부분에 대한 내용은 그의 명예를 해치지 않게끔 전달해야 한다.'[11] 아마 그중에서도 가장 문제가 되는 부분은 알렉산더 해밀턴이 헌법에 결점이 있다고 생각하면서도 논란을 피하고자 그것에 평생을 헌신한 것이다. 모리스는 이렇게 적었다. '해밀턴은 원칙적으로 공화주의에 반대했고 군주제를 지지했다.'[12] 그는 해밀턴의 견해를 공화당

정적들만큼이나 왜곡하고 과장했다. 그러나 공화정으로 자유와 질서 사이에 알맞은 균형을 이룩할 수 있는가와 관련해 해밀턴이 오랫동안 내부적으로 겪었던 진술한 갈등은 정확히 파악하고 있었다.

장례 주최측은 트리니티 교회의 높다란 현관 지붕 아래에 강단을 세우고 융단을 깐 다음 중앙에 의자 두 개를 가져다놓았다. 하나는 거베너르 모리스가, 다른 하나는 존 바커 처치가 앉을 자리였다. 해밀턴이 누워 있는 관은 강단 앞 받침대 위에 올려졌다. 수많은 인파가 트리니티 교회 주변을 뒤덮는 바람에 추모 연설을 하는 거베너르 모리스의 목소리가 허공으로 흩어졌고, 덕분에 브로드웨이의 아래쪽에 밀집한 군중은 뜻밖의 무언극을 감상하게 됐다. 실제 추모 연설에서 거베너르 모리스는 일기장에 썼던 것보다 훨씬 공정하고 관대하게 해밀턴을 평가했다. 모리스는 독립혁명에서 해밀턴이 보였던 용감함을 칭송했고, 헌법이 무정부 상태와 독재를 막을 수도 있다고 우려했던 해밀턴의 합리적인 의심을 높이 샀으며, 그가 교묘한 사기꾼과는 거리가 멀고 단지 솔직함이 지나친 인물이었을 뿐이라고 말했다. "순수한 심장을 지녔던 해밀턴은 누구에게나 가장 내밀한 부분까지 가감 없이 보여주었습니다. 이 지나친 솔직함 때문에 그는 무수한 오해를 사곤 했습니다. 해밀턴이 내놓는 추측성 의견들이 의도적인 간교로 받아들여질 때도 있었지만, 여러분 모두는 헌법을 세우고 지키기 위해 해밀턴이 얼마나 열심히, 그리고 부단히 노력했는지를 알고 계실 것입니다."[13]

모리스는 관중이 자신의 연설에 실망했다는 사실을 감지했다. 관중들이 버에게 야유를 퍼부을 준비가 되어 있다는 사실을 알면서도 모리스가 단 한 번도 그의 이름을 언급하지 않은 탓이었다. 게다가 모리스의 연설은 비탄에 잠긴 아이들의 모습 뒤로 묻혔다. 해밀턴의 네 아들인 열여덟 살의 알렉산더, 열네 살의 제임스, 열한 살 존, 여섯 살 윌리엄은 모리스

알렉산더 해밀턴

뒤편에 앉아 흐느끼고 있었다. 한 신문은 이렇게 보도했다. '그 장면은 지켜보는 사람들의 마음을 아프게 했다. 살아생전 해밀턴의 희망과 기쁨이었을 어린 네 소년은 강단 위 추모 연설을 하는 모리스의 발치에 앉아 아버지의 죽음 앞에서 눈물을 쏟으며 흐느끼고 있었다! 그 모습은 차마 지켜볼 수 없이 힘든 장면이자 세상에서 가장 냉혹한 권력자, 가장 잔혹한 악당조차도 견딜 수 없을 만큼 가슴이 무너지는 장면이었다.'[14]

모리스의 추모 연설이 끝난 뒤 해밀턴의 관은 트리니트 교회 뒤뜰에 있는 묘지로 이송됐다. 해밀턴이 생전에 공부했고, 살았고, 변호사로 그리고 정부 관료로 일했던 장소들과 멀지 않은 곳이었다. 무어 주교의 주도로 해밀턴의 유해는 훗날 미국 금융의 중심지가 된 구역에 안장됐다. 끝으로 군대가 해밀턴의 묘 주변을 사각 대형으로 둘러싸고 공중에 일정한 간격으로 세 번의 총포를 쏘아 올렸다. 해밀턴은 순교자처럼 최고로 영예롭게 영원한 안식에 들었다. 세인트크로이 섬에서 서기관으로 일하면서 단 한 번만이라도 전쟁터에서 자신의 용기를 증명할 수 있는 기회를 달라고 기도하던 청년이 품었던 가장 화려한 공상이 현실로 이루어진 것이다. 해밀턴이 창간한 「뉴욕 이브닝 포스트」는 '이 장면은 대리석으로 된 묘비를 녹이기에도 충분했다'고 보도했다.[15] 건국의 아버지 가운데 가장 극적이고 이야기 같기만 한 삶을 살았던 인물은 마침내 이제 잠들었다.

마흔아홉이라는 나이에 때 이른 죽음을 맞이하면서 해밀턴은 역사 속에서 언제나 생기 있는 모습으로 남게 됐다. 그는 머리가 하얗게 세거나 나이든 정치인 특유의 딱딱한 위엄을 갖출 때까지 살지 못했다. 캐서린 드링커 보언Catherine Drinker Bowen은 '어째서인지 나이든 해밀턴의 모습은 상상하기가 힘들다'며 '심지어 해밀턴의 고지식함과 가차 없는 회의주의까지도 신중함이 아닌 젊은이 특유의 치기로 느껴진다'고 말했다.[16] 해밀턴의 생애는 짧았기에 더욱 빛났다. 당시 평균 기대 수명은 55세였으므로, 해밀턴의 사망 당시 나이가 그 시대를 살았던 사람들에게는 오늘날 우리가 느끼는 만큼 젊게 느껴지진 않았을 것이다. 그러나 많은 부고는 해밀턴이 전성기에 총알을 맞고 쓰러졌다고 묘사했다. 일흔 번째 생일을 넘기지 못했던 워싱턴을 제외하고 초기 미국 대통령 여덟 명 모두가 여든 살 가까이 장수했다는 사실 때문에 해밀턴의 죽음은 때 이른 것이라 느껴질 수 있다. 상대적으로 짧았던 해밀턴의 생애는 더 큰 업적을 이룰 수 있는 기회뿐만 아니라 역사적 이미지를 만들 수 있는 기회까지도 앗아갔다. 제퍼슨과 애덤스는 이후 20년을 더 살면서 해밀턴을 저격했고 기나긴 편지글과 기타 집필 활동으로 자신들의 업적에 광을 내는 기회도 마음껏 누렸다. 해밀턴의 다작 성향과 문학적 재능을 감안하면 그 역시 자신의 삶에 대한 방대하고 설득력 있는 기록을 남길 수 있었을 것이다.

살아 있을 때 그랬듯 해밀턴은 죽어서도 극명하게 갈리는 역사적 평가를 받았다. 그의 친구들은 다양한 천재성을 겸비한 보기 드문 영혼이 미국을 떠났다고 생각했다. 존 M. 메이슨 목사는 해밀턴이 '서구에서 가장 위대한 정치인이자 어쩌면 이 시대의 가장 위대한 인물'이라 여겼고, '해밀턴은 유일무이한 인물로 남을 것이다. 제2의 해밀턴도 제3의 해밀턴도 있을 수 없다. 그 누구도 해밀턴에 비견하는 것은 불가능하다'고 말했다.[17] 미국 역사상 고작 30년이라는 시간 동안 해밀턴이 이루어낸 엄청난 성과에 필적할 만한 업적을 남긴 인물은 거의 없다. 그러나 모두가 해밀턴의 죽음을 애도한 것은 아니었다. 그가 사망하고 몇 년이 지난 뒤 존 애덤스는 '누구도 해밀턴을 *그런* 방식으로 없애길 원치 않았다'며 투덜거렸다.[18] 또한 그는 제퍼슨에게, 해밀턴의 죽음은 '광범위한 슬픔'으로 기억되는 반면 새뮤얼 애덤스와 존 핸콕은 '상대적인 무관심' 속에서 세상을 떠났다며 투덜댔다.[19] 존 애덤스는 자서전에서 해밀턴의 죽음을 향해 또

다시 무차별 사격을 가했다. '그 죄 많은 인간이 죽는 순간에 회개했다고 해서 그가 저지른 부도덕, 어리석음, 악행이 잊혀서는 안 된다.'[20]

해밀턴의 죽음을 착취했던 다른 연방파 정적들에 비해 제임스 매디슨은 비교적 무관심한 태도를 보였다. 제임스 먼로에게 보내는 편지에서 매디슨은 이렇게 말했다. '당신이 구독하는 신문에서 버와 해밀턴 사이에 있었던 결투에 관한 기사를 접하게 될 것이오. 언론마다 이 사건을 저마다 얼마나 다르게 이용하고 있는지가 한눈에 보일 것이라 생각하오.'[21] 제퍼슨은 아니나 다를까 해밀턴의 죽음에 에둘러 반응했다. 해밀턴의 장례식이 있은 지 사흘 뒤 제퍼슨은 딸에게 쓰는 편지에 다음과 같은 추신을 덧붙였다. '아마도 랜돌프 씨의 신문이 12일에 해밀턴 준장이 죽었다는 사실을 보도할 게다.' 여기서도 제퍼슨은 해밀턴 장군을 준장으로 강등시켰다. '최근에 일어난 갑작스런 죽음들'이라며 지나가듯 또 한 번 말했던 것을 제외하면 제퍼슨은 자신의 정치 인생에서 14년 동안이나 골칫거리였던 인물의 죽음을 일절 언급하지 않았다.[22]

위호켄에서 결투를 끝낸 에런 버를 태운 보트는 커넬가 끄트머리에 정박했다. 버는 이제 막 잠에서 깨어 아침 공기를 마신 사람처럼 명랑하고 태평하게 말을 타고 리치먼드힐로 돌아갔다. 찔러도 피 한 방울 나오지 않을 것 같은 그는 죄책감에 시달리지도, 손에 피를 묻혔다는 사실에 동요하지도 않았다. 버의 초기 전기작가인 제임스 파턴James Parton에 따르면 그날 코네티컷에 사는 버의 사촌 하나가 예고 없이 리치먼드힐에 들렀을 때 버는 서재에 있었다고 한다. 그는 머리부터 발끝까지 상냥한 태도로 손님을 맞이하면서 두 시간 전에 알렉산더 해밀턴을 총으로 쏘고 왔다는 이야기는 단 한 마디도 하지 않았다. 해밀턴이 북쪽으로 0.5마일(800미터_ 역주) 떨어진 곳에서 죽어가고 있었는데도 그는 친척과 태연히 아침식사

1303 43 · 가슴 무너지는 장면

를 하며 친구들에 대한 농담을 주고받았다. 오전 10시쯤 버의 집을 나온 이 사촌은 브로드웨이를 따라 내려가다 마주친 친구로부터 충격적인 소식을 전해 들었다.

"오늘 아침 결투에서 버 준장이 해밀턴 장군을 죽였다더군."

"뭐라고? 아닐세, 그럴 리 없네. 내가 지금 막 버 준장의 집에서 나오는 길이니 말일세. 버 준장과 아침도 함께 먹었다네." 순진한 버의 사촌이 말했다.

"하지만 나도 지금 막 벽보를 보고 오는 길인걸."[23]

이와 비슷한 일화는 결투 이후에 수없이 나돌았다. 대개는 버가 해밀턴을 죽이고도 피도 눈물도 없는 것처럼 태연하게 지냈고 섬뜩한 농담도 서슴지 않았다는 내용이었다. 리치먼드힐에서 파티가 벌어졌다는 보도가 있었는가 하면 버가 해밀턴의 심장을 꿰뚫지 못해 아쉬워했다는 보도도 있었다. 이렇게 떠도는 이야기 가운데 일부는 연방파가 선동을 위해 날조한 것임이 분명했다. 윌리엄 반 네스는 버가 '결코 결투 결과를 가벼이 여기거나 만족스러워한 적이 없'으며 '후회와 걱정'만 표시했다고 주장했다.[24] 물론 실제로 결투 직후에 버가 호색박사에게 리치먼드힐에 들러 해밀턴의 상태가 어떤지를 알려달라고 부탁한 적은 있었다. 그러나 단지 그것뿐이었다. 버는 남은 생애 동안 단 한 번도 아내와 일곱 자녀를 둔 가장을 살해했다는 것에 후회한다는 발언을 한 적이 없으며 마치 해밀턴에게는 가족이 존재하지도 않았던 것처럼 굴었다.

버의 태연자약함에 관한 소문은 곳곳에서 들려왔고 이는 버가 직접 쓴 편지 내용과도 완벽하게 맞아떨어지면서 신빙성을 더했다. 해밀턴이 세상을 떠났던 날 디르크 텐 브룩은 친부에게 쓴 편지에서 '버 준장은 자기 집에서 더 이상 편안할 수 없는 모습으로 있으며 듣던 대로 완벽하게 태연자약해 보인다'고 전했다.[25] 연방파 신문인 「더 밸랜스 앤드 컬럼비안

리포지터리The Balance and Columbian Repository」는 '승리에 도취한' 남자가 결투 직후 집으로 오는 길에 이웃집 부인에게 들러 '쾌활한 태도로 좋은 아침'이라고 인사했다는 이야기를 지어내기도 했다.[26] 이 신문은 그날 아침 버와 함께 아침식사를 했던 사람이 버의 사촌이 아니라 버가 업무 이야기를 하자며 직접 초대한 부동산 중개인인 너대니얼 프라임Nathaniel Prime이었다고 보도하면서, 그 덕분에 버가 그날 아침 알렉산더 해밀턴에게 치명상을 입혔다는 사실을 프라임에게 납득시키느라 '신사 대여섯 명'이 진땀을 흘렸다고 보도했다.

만약 버가 처음에 결투 결과에 무신경하게 반응했다면 그것은 아마도 해밀턴이 결투 전에 자신은 허공에 총을 쏘겠다며 펜들턴과 루퍼스 킹에게 말했다는 사실을 버가 알기 전이었기 때문일 수도 있다. 이 중요한 사실을 각인시키기 위해 해밀턴은 자신의 생각을 작별 편지에도 써 넣었고 죽기 전에도 거듭 강조했다. 수완 좋은 변호사였던 해밀턴은 죽고 나서도 자신의 입장을 정당화할 수 있는 일관된 증거를 남겨놓았다. 결투 뒤 1주일 만에 펜들턴과 반 네스는 결투에 이르기까지 오고갔던 편지들과 이야기를 공개했다. 그러자 버에 대한 비난 여론이 들끓었다. 비평가들은 버가 사전에 치밀한 계획을 세워 해밀턴을 죽였다고 비난했고 잔뜩 분노한 시민들은 버의 집을 불태워버리겠다고 협박했다. 제임스 파턴은 이렇게 진술했다. '그 순간부터 버는 끔찍한 인물의 대명사가 됐고, 과거사를 전혀 모르는 사람들은 그 편지만 읽고 버를 맹비난했다. 사람들은 버를 복수심에 불타 무고한 희생자의 피를 갈망한 악마로 여겼다.'[27] 수많은 해밀턴 지지자들은 애초에 버가 결투를 신청했던 의도가 단순히 명예를 회복하는 것이 아니라 해밀턴을 살해하는 것이었다고 생각했다. 한 뉴욕 신문은 해밀턴이 '비열한 암살자의 손에!' 쓰러졌다고 보도했다.[28]

이로써 해밀턴은 비록 목숨을 잃었지만 사후에는 버에게 대승을 거두었다. 위호켄에서 거둔 승리 때문에 버는 결국 정치적 파멸을 맞이했다. 해밀턴의 삶이 끝나면서 버의 명예도 끝이 난 것이다. 이는 해밀턴이 예상했던 그대로였다. 제퍼슨주의 언론과 연방주의 언론은 해밀턴을 추앙하고 버를 혐오했다. 어느 메릴랜드 신문의 사설에는 이런 말이 실렸다. '우리는 해밀턴 장군이 입은 치명상이 사실은 [버가] 교묘하게 사전 계획한 악마 같은 원한에서 비롯된 결과라는 사실을 알아냈다.'[29] 사우스캐롤라이나 주 찰스턴의 한 편집장은 버의 심장은 틀림없이 '지옥불에서 긁어모은 재'로 가득 차 있을 것이라고 말했다.[30] 버는 이러한 반응들에 코웃음을 쳤다. 그는 자신이 오랜 세월 동안 해밀턴의 중상모략에 시달릴 만큼 시달렸고 결투 규칙도 제대로 준수했으므로 해밀턴의 위선적인 친구들이 자신을 박해하고 있다고 생각했다. 7월 13일 버는 사위에게 '해밀턴 장군이 어제 죽었다'고 전하며 '악의에 가득 찬 연방파인지 토리파인지 그 일당들과 적의를 품은 클린턴주의자들이 연합해서 대중이 해밀턴에 대한 동정심과 나에 대한 적개심을 갖게끔 선동하고 있다. 오만 가지 말도 안 되는 거짓 소문이 나돌고 있다'고 말했다.[31] 버는 특히 수년간 해밀턴을 질책해왔던 뉴욕 공화당원들이 갑자기 해밀턴 앞에 무릎을 꿇고 경의를 표하는 것에 환멸을 느꼈다.

워낙에 얼굴이 두꺼웠던 버는 슬픔에 잠긴 뉴욕 군중과 맞설 수도 있었지만 그보다는 몇 주간 뉴욕을 떠나 있을 계획을 세웠다. 뉴욕 시 검시관이 해밀턴의 죽음을 조사할 배심원단을 소집했다는 것을 듣고선 자신이 살인죄로 기소될 경우 보석금만으로 끝나지 않을 수도 있음을 깨달았기 때문이다. 대개의 신사는 결투를 벌여도 처벌받지 않았고, 결투는 뉴욕이 아닌 뉴저지에서 일어났기 때문에 버는 뉴욕 시가 이를 처벌할 권한이 없다고 생각했다. 그는 찰스 비들에게 이렇게 말했다. '내가 법정에서 종신형을 선고받을 가능성이 얼마나 된다고 생각하시오? 뉴욕 주법원이 해밀턴 장군의 죽음에 사법권을 행사할 권한이 없다는 건 어느 변호사에게나 명확하겠지만 말이오.'[32] 다음 행보를 계획하면서 버는 자신이 파산했다는 사실과도 씨름을 해야 했다. 해밀턴이 죽고 나서 고작 하루가 지났을 때 버는 윌리엄 반 네스에게 절망적인 편지를 썼다. '나를 좀 도와줄 수 있겠소?'[33]

결투와 빚더미, 살인 협박 속에서도 버는 숨 가쁜 애정생활의 고삐만큼은 전혀 늦추지 않고 이어나갔다. 7월 20일 밤 그는 그 무렵 새롭게 빠져든 '라 지'라는 여인을 몰래 만났고, 그녀가 '자신의 마음을 알아주고 자신에게 애착을 보인다'는 사실을 딸 시어도시아에게 자랑하며 기뻐했다.[34] 9일 전 해밀턴을 살해했다는 사실은 버의 성욕을 떨어뜨리기는커녕 오히려 부추겼던 듯하다. 이튿날 저녁 어둠을 틈타 열다섯 살짜리 노예 소년 피터를 데리고 버는 허드슨 강에서 바지선에 올라탄 뒤 법적 처벌을 피해 뉴욕과 뉴저지를 빠져나갔다. 7월 24일에 도망자 신세가 된 부통령은 필라델피아에 도착해 찰스 비들과 함께 체스트넛가에 머물렀다 (비들의 아들인 니컬러스 비들Nicholas Biddle은 훗날 미합중국제2은행의 은행장이 된다). 버는 비록 떠돌이 신세였지만 인생을 즐길 수 있을 만큼 즐기며 살기로 결심했다. 그는 가장 아끼는 정부 가운데 한 명인 설레스트와 접촉한 뒤 시어도시아에게 '만약 친구 중에 무료함으로 죽어가고 있는 남자가 있다면 결투와 연애를 동시에 해보라고 그에게 추천해보라'고 말하기도 했다.[35] 이 같은 엽기적인 농담은 버의 전매특허였다. 버는 비들의 집에서 두 주 반 동안 머무르며 암살 위협에는 최소한의 주의만 기울였다. 그는 자신에게 쏟아지는 적대적인 눈초리에도 전혀 개의치 않고 자유롭게 도시를 돌아다녔다. 필라델피아의 한 신문은 '온 나라가 애도의 물결로 뒤덮이게 만든 장본인인 버 준장이 평일에 친구와 함께 이 도시를 활보하고 있다'고 보도했다.[36] 한편 버는 뉴욕에서 검시 배심원이 버의 친구를 심문하고 있으며 버와 절친한 사이인 매튜 L. 데이비스를 심문에 불응한다는 이유로 구속했다는 소식을 들었다. 1804년 8월 2일에 검시 배심원이 내린 평결은 버를 공포로 몰아넣었다. 평결문은 다음과 같다. '미국 부통령 에런 버 귀하에게 알렉산더 해밀턴을 살해한 혐의로 유죄를 선고한다. 이를 방조한 혐의로 윌리엄 P. 반 네스와 너대니얼 펜들턴에게도 유죄를 선고한다.'[37] 구속영장이 발부되긴 했지만 겉으로 보이는 것만큼 버에게 나쁜 상황은 아니었다. 뉴욕 주지사인 모건 루이스는 버에게 살인죄를 적용한 것을 두고 '수치스럽고 비신사적이며 자유를 제한하는 조치'라고 비난했다.[38] 그럼에도 버는 주지사가 펜실베니아 주에서 자신을 강제 송환할 가능성을 두려워했고, 그래서 더 멀리 남쪽으로 도피할 계획을 세웠다. 결국에는 살인죄가 적용되지 않을 것이라고 예상은 했지만 대중의 아우성이 가라앉을 때까진 몸을 사려야 했다. 실제로 8월 14일에 뉴욕 대배심은 기존의 살인 혐의를 기각하고 처벌을 완화했다. 버와 반 네스와 펜들턴이 저지른 죄목은 이제 살인이 아니라 결투를 신청한 것으로 바뀌었다.

임시 도피처로 버가 선택한 장소는 조지아 해변에서 떨어진 세인트시먼스 섬에 있는 커다란 노예 플랜테이션 농장으로, 멋 부리기를 좋아하고 남작이자 전 상원의원인 아버지를 둔 친구 피어스 버틀러Pierce Butler가 소유한 곳이었다. 남쪽으로 출항하기 전 버는 해밀턴이 두려워했던 것보다 더 위험한 수준의 연방 탈퇴 운동에 장난스럽게 가담했다. 버는 영국 대사인 앤서니 메리Anthony Merry와 비밀 회동을 가지고 '미국 서쪽 영토(루이지애나 주 매입으로 확대된 영토를 일컬음_역주)를 대서양과 애팔래치아 산맥 일대(루이지애나 주 매입 이후 상대적으로 동쪽이 된 기존 미국 영토를 일컬음_역주)에서 분리하는 일'에 적극 협조하겠다고 약속했다.[39] 양당에서 거부당하고 정치적 외톨이 신세가 된 버는 이제 조국을 배반하려 하고 있었다. 메리 대사는 상황이 낙관적이라고 생각했다.

버는 세인트시먼스 섬에서 피터 및 스물한 살 된 어린 친구 새뮤얼 스와트와우트와 함께 몇 주간 호화로운 생활을 즐겼다. 사우스캐롤라이나 주를 제외한 남부 지역 사람들은 알렉산더 해밀턴을 살해한 버에게 동정심을 느끼고 있었던 터라 버는 섬 주민들로부터 선물 세례를 받기도 했다. 9월 초에 버는 스페인이 통치하에 있던 플로리다를 방문해 런던에서 온 상인인 체하며 플로리다가 연방 탈퇴 음모에 가담할 가능성을 점쳤다. 그런 다음에는 'R. 킹'이라는 가명을 쓰며 북쪽으로 이동했다. 비록 여러 도시에서 순식간에 정체가 탄로 나긴 했지만 그는 대체로 융숭한 대접을 받았는데, 제퍼슨주의자의 본거지인 버지니아에서는 특히나 큰 환영을 받았다. 어쩌면 그는 자신이 정치적으로 부활하고 있다고 착각했을 수도 있다. 그러나 10월 말 뉴저지 주 버건 카운티에서 대배심은 버를 살인 죄로 기소했다. 해밀턴이 뉴욕에서 사망했기 때문에 결국 나중에 살인 혐의는 취소됐지만 버가 정치적으로 재기할 수 있는 기회는 없었고, 이후로 그는 뉴저지와 뉴욕 근방에는 발걸음도 하지 않았다. 버는 시어도시아에게 어느 주에게 '부통령을 교수형에 처할 영광이 돌아갈 것인가'라며 조소 섞인 농담을 했다.[40] 많은 빚을 지고 있던 버가 뉴욕으로 돌아가지 않으려 했던 이유는 하나 더 있었다. 채권자들이 버의 재산을 몰수하고 가구를 경매에 부쳤으며 리치먼드힐의 부지를 존 제이컵 애스터John Jacob Astor에게 팔아버린 것이다. 애스터는 리치먼드힐 부지를 400조각으로 쪼개어 매각함으로써 상당한 돈을 벌어들였다. 버에게는 여전히 7,000달러에서 8,000달러 정도의 빚이 남아 있었으므로 뉴욕으로 돌아갈 경우 그는 채권자들에게 법적으로 소송을 당할 것이 분명했다. 이제 미국에서 부통령에게 가장 안전한 장소는 상원의회에서 회의를 주재할 수 있는 수도였다.

1804년 11월 4일 의회가 개정하던 날, 일부 의원들은 연단에 있는 의장석에 앉아 있는 에런 버를 보고 소스라치게 놀랐다. 연방파 윌리엄 플러머는 믿기지 않는다는 듯 두 눈을 비볐고 이튿날 이렇게 말했다. '뉴저지 버건 카운티 대배심이 최근 해밀턴 장군 살인죄로 기소한 인물이 어제와 오늘 상원의장석에 버젓이 앉아 있었다! (중략) 그런 흉악한 범죄를 저지르고 마땅히 기소된 인물이 미국 상원의회를 주재한 것은 역사상 최초의 일이다. 신이시여, 부디 다시는 이런 일이 없게 해주시길.'[41] 관찰력이 예리했던 플러머는 버가 태연함을 상실했다는 사실 또한 발견했다. '버는 여유로움과 우아함을 잃어버린 듯 보였지만 덕분에 회의 시간은 짧게 느껴졌다. 버는 이제 불안과 불만과 조급함으로 가득했다.'[42]

지난 4년 동안 제퍼슨 행정부에서 따돌림 당했던 버는 결투 이후 새삼 분위기가 호의적으로 변했다는 느낌을 받았다. 제퍼슨 대통령은 버를 백악관에서 열리는 저녁만찬에 여러 번 초대했고 국무장관 매디슨과 재무장관 갤러틴 역시 새로운 동료애로 버를 맞아주었다. 버를 향한 제퍼슨 행정부의 태도 변화는 해밀턴을 향한 암묵적 조롱이기도 했지만 동시에 또 다른 의도를 내포하고 있었다. 바로 상원의장으로서 버는 연방당 주요 인사이자 제퍼슨 행정부의 '우민정치'를 조롱했던 연방대법원 판사 새뮤얼 체이스의 탄핵 재판을 주재해야 할 사람이었기 때문이다.[43] 체이스는 다른 무엇보다 제임스 T. 캘린더 재판에서 부적절한 행동을 보임으로써 치안유지법을 위반한 혐의로 기소되었다. 이 재판은 제퍼슨이 연방당이 장악하고 있는 사법부에 지속적으로 가하던 공격의 일환이었다. 게다가 1804년 선거에서 제퍼슨과 조지 클린턴이 찰스 C. 핑크니와 루퍼스 킹을 압도적으로 누르고 승리하면서 제퍼슨 대통령은 더욱 기세등등해졌다.

버지니아 주 상원의원인 윌리엄 브랜치 자일스는 해밀턴에 대한 마지막 앙갚음으로 공화당원 열한 명을 모아서 뉴저지 주지사 조지프 블룸필드Joseph Bloomfield에게 버의 기소를 취하해달라고 청원했다. 자일스는 10년 전 의원 시절부터 해밀턴과는 적대 관계에 있으면서 대립각을 세워온 인물이었다. 당시 버는 이 로비 활동을 부추겼지만 나중에는 그런 적이 없다고 잡아뗐다. 공화당 상원의원들은 '세상에서 가장 문명화된 국가'가 결투로 인한 죽음을 '일반 살인'으로 취급해서는 안 된다고 주장하며 과거 뉴저지에서 벌어진 결투들도 처벌받지 않았었다는 사실을 지적했다.[44] 플러머 상원의원은 하루아침에 태도를 바꿔 버를 감싸고 도는 공화파의 양면성에 역겨움을 느꼈다. '그들이 해밀턴의 죽음에 기뻐하고 있다는 사실을 나는 단 한 번도 의심해본 적이 없다. 다만 살인자를 감싸주면서까지 그 기쁨을 표현해야 하는가에 대해서는 의심이 든다.'[45] 블룸필드 주지사는 이 청원을 일축했지만 3년 뒤 뉴저지는 기소를 취하했다.

1805년 2월 4일 체이스에 대한 탄핵 재판이 열렸을 때 상원의장석에 앉아 있는 버의 이질적인 모습에 할 말을 잃은 사람은 비단 윌리엄 플러머뿐만이 아니었다. 한 신문은 당시 받았던 충격을 다음과 같이 보도했다. '현 민주주의 행정부의 역사에 길이 남을 명장면이다. (중략) 살인죄로 기소된 남자가 경범죄로 기소된 미 연방대법원 판사의 재판을 주재하는 꼴이라니!'[46] 체이스는 모든 혐의에서 무죄 선고를 받았고 버는 재판에서 보여준 공정한 처사로 널리 칭송을 받았다. 그 순간만큼은 버의 앞날이 밝아 보였다. 버가 부통령 자리에서 내려오기 전, 한 공화당 상원의원은 다윗과 골리앗을 인용해 버가 논쟁의 중심에 서 있는 이유는 '오직 우리의 다윗이 연방파의 골리앗을 죽였기 때문'이라며 버를 옹호하기도 했다.[47] 3월 2일 버는 상원에서 고별 연설을 하면서 상원을 '법과 질서와 자유의 성역이자 요새'라며 추어올렸다.[48] 정치 인생에 작별을 고하는 연설이기도 했던 이 고별 연설에 많은 동료들은 감동의 눈물을 흘렸다.

부통령으로서의 임기를 끝낸 직후 버는 즉각 정치적으로 추방당했다.

43 · 가슴 무너지는 장면

공화당에서는 이제 쓸모를 다했고 연방당과의 관계도 그 당수를 총살하면서 끝을 맞았다. 비록 뉴저지 주의 살인 기소를 별것 아니라며 무시하긴 했지만 버는 이제 파산했고 당적도 없는 지명 수배자 신세가 되었다. 그는 시어도시아에게 이렇게 호언장담했었다. '너는 뉴저지 기소 건을 너무 심각하게 생각하는 것 같구나. 이 건은 조만간 끝날 단순한 익살극에 불과하단다. 여기에 공조한 이들만이 조롱과 멸시를 받겠지.'[49] 이 습관적인 농담 밑에 버는 걱정을 감추고 있었다. '나는 뉴욕에선 투표권을 박탈당하고 뉴저지에선 교수형이 기다리고 있는 상황이란다. 둘 다 받아들일 수 없으니 현재로선 다른 국가로 망명하는 수밖에 없을 것 같구나.'[50] 해밀턴의 죽음으로 결투를 비난하는 목소리가 거세졌지만 이 고대의 관습은 19세기까지도 성행했다. 앤드루 잭슨Andrew Jackson(미국 제7대 대통령_역주), 헨리 클레이(켄터키 주 상하원 의원 역임_역주), 존 랜돌프(버지니아 주 상원의원 역임_역주), 스티븐 디케이터Stephen Decatur(미국 해군 장교_역주), 샘 휴스턴(미국 남북전쟁 직전 텍사스가 연방을 이탈했을 때 텍사스 공화국 대통령 역임_역주), 토머스 하트 벤턴Thomas Hart Benton(미주리 주 상원의원 역임_역주), 어거스트 벨먼트August Belmont(미국 정치인이자 은행가_역주), 제퍼슨 데이비스Jefferson Davis(남북전쟁 당시 남부 연합국 대통령 역임_역주) 등도 결투에 가담했다.

오랜 세월 해밀턴의 심기를 건드렸던 바로 그 불안정한 영혼을 지닌 채 버는 오하이오 강 및 미시시피 강의 협곡들을 배회했다. 이들 지역 사람들은 결투를 용인하고 연방파를 경멸했다. 버는 루이지애나 주와 애팔래치아 산맥 서쪽 일부를 영국에게 넘기고 새로운 제국을 건설하려는 다양한 무리와 접촉했다. 이 잠재적 정복자는 멕시코로 진격해 그곳을 스페인의 통치에서 해방시키겠다는 부차적인 계략도 고려했다. 버의 지지자들은 이 같은 계획을 두고 그가 스페인 식민지를 정복해 미국의 영토를 넓히겠다는 선견지명을 가진 애국자라며 찬양했다. 그러나 미 연방의 영토를 넘기려는 이 사악한 음모는 제퍼슨 등에게 적발됐다. 1807년 버는 배역 혐의 및 스페인과 전쟁을 일으키려 한 혐의로 체포됐다. 대법원장 존 마셜은 배역이라는 단어의 정의를 엄격하게 제한적으로 적용함으로써 버에게 무죄를 선고했다. 이 일로 '애초에 사법부를 독립시킨 것이 잘못'이었다는 제퍼슨의 경멸만 가중됐다.[51]

망신살이 뻗친 버는 혹시 쫓아올지 모르는 채권자를 피해 때로 H. E. 에드워즈H. E. Edwards라는 가명을 쓰며 4년 동안 유럽을 여행했다. 부유한 친구들과 호화로운 생활을 즐길 때도 있었는가 하면 칙칙한 단칸방에 머무를 때도 있었다. 이 나이든 난봉꾼은 아편을 피우며 귀부인이든 객실 청소부든 여자라면 가리지 않고 유혹하면서도 한편으로는 자기연민을 키워나갔다. 그는 일기장에 이렇게 적었다. '여길 가든 *저길* 가든 수많은 미국인이 에런 버에게 적개심을 품고 있다. 잘 알지도 못하는 사람을, 그것도 자기들한테 해를 끼친 적도 없고 그런 마음을 품어본 적도 없는 사람을 그토록 증오하는 인간들은 도대체 어떻게 생겨먹은 악당들인지.'[52] 버는 영국 공리주의 철학자 제러미 벤덤Jeremy Bentham과 친구가 되었고 그와는 놀라울 만큼 솔직하게 대화했다. '멕시코 황제가 되겠다는 버의 말은 진심이었다'고 벤덤은 회상했다. '버는 내게 입법자가 되라고, 그렇게 되면 자신이 전함을 보내주겠다고 했다. 그는 해밀턴과 결투했던 이야기도 들려주었다. 자신은 해밀턴을 죽일 수 있을 것으로 확신했다는 그의 말을 들으며 나는 속으로 살인과 다를 게 없다고 생각했다.'[53] 항상 무례하게 상대를 놀라게 하는 재주가 있었던 버는 벤덤에게 『연방주의자 논집』 한 권을 선물로 주었다. 알렉산더 해밀턴의 그림자는 전혀 예상치 못한 순간에 불쑥불쑥 버 앞에 나타나곤 했다. 파리에서 버는 탈레랑에게 전화를 걸었고, 탈레랑은 비서를 시켜 버에게 다음과 같은 메시지를 전달했다. '버 준장을 만나 뵙는다면 기쁘겠지만 내 서재에는 누구나 볼 수 있는 자리에 알렉산더 해밀턴의 초상화가 걸려 있다는 사실도 부디 알아주시오.'[54] 버는 이 메시지를 받고 자리를 떴다.

1812년에 버가 A. 아르노A. Arnot라는 가명으로 미국에 돌아왔을 무렵에는 모든 혐의가 기각된 뒤였다. 뉴욕에서의 재기를 위해 버는 로버트 트루프에게 법학 도서관을 빌려 변호사 업무를 재개하려 했다. 어쩔 수 없이 정치에 관심을 끊고 외톨이가 된 버에게 인생에서 마지막 버팀목이 사라지는 사건은 이때 일어났다. 그해 여름 사랑하는 손자 에런 버 올스턴Aaron Burr Alston이 열 살이라는 어린 나이에 세상을 뜬 것이다. 그러나 버에게는 여전히 사랑하는 딸 시어도시아가 있었다. 버는 유럽을 여행하는 내내 시어도시아의 초상화를 들고 다녔고, 마차 여행 때는 무릎에 올려놓고 다니기도 했다. 이제 시어도시아의 남편은 사우스캐롤라이나 주지사가 되었지만 그가 시어도시아를 학대한다는 소문이 나돌았다. 1812년 말에 어린 아들을 잃고 슬픔에 빠진 시어도시아는 아버지인 버를 만나기 위해 뉴욕행 배에 몸을 실었지만 끝내 아버지를 만나지 못했다. 태풍인지 해적인지 알 수 없지만 바다 한가운데서 스물아홉 살의 나이에 목숨을 잃었기 때문이다. 버의 인생에서 이보다 큰 시련은 없었다. 어찌나 충격이 컸던지 버는 '인류와 단절될 것 같다'는 표현을 썼다.[55] 그로부터 4년 뒤에는 사위인 조지프 올스턴Joseph Alston마저 서른일곱의 나이로 세상을 떠났다. 버에게는 재앙의 연속이었다. 그가 어린 시절에 이미 겪었던 연이은 죽음들이 또다시 재현되고 있었다. 이미 산송장이나 다름없이 변해버린 버는 은둔자가 되어 아주 소수의 사람을 제외하곤 거의 아무도 만나지 않았고, 이따금씩 뉴욕 거리에 모습을 드러낼 뿐이었다.

해밀턴과의 결투에 관해 버는 후회의 빛을 나타낸 적이 거의 없다. 미국으로 돌아온 직후 그는 숙모 로다 에드워즈Rhoda Edwards를 방문했다. 버의 영혼을 걱정했던 숙모는 버에게 경고했다. "자네는 지금껏 큰 죄를 많이

알렉산더 해밀턴

저지른 데다 그 훌륭하고 선한 사람도 죽이지 않았나. 버 준장, 내 애원하건데 제발 회개하고 구원자의 피와 공의_{公義}(기독교에서 신의 공평함을 이르는 말_역주)에 기대어 용서를 구하시게." 숙모가 고리타분한 이야기를 한다고 생각한 버는 이렇게 대답했다. "오, 숙모님. 너무 걱정 마십시오. 우리 둘 다 천국에서 만날 겁니다."[56]

버가 하루는 뉴욕 나소가를 걸어 내려가던 길에 제임스 켄트 총장과 우연히 마주쳤다. 켄트는 자제심을 잃고 버 앞으로 돌진해 자신이 들고 있던 지팡이를 마구 휘두르며 고함을 질렀다. "당신은 악당이오, 악당!" 버는 그 전설적인 의연함으로 모자를 약간 기울이며 말했다. "학식 높은 총장님의 고견은 언제나 깊이 검토하는 것이 마땅하지요."[57] 그런 뒤 버는 고개를 숙여 인사를 한 다음 유유히 걸어갔다.

해밀턴을 죽인 일에 대해서만큼은 결코 유머 감각을 잃은 적 없었던 버는 '내가 총으로 쏴 죽인 내 친구 해밀턴'이라는 익살도 떨곤 했다.[58] 언젠가 보스턴 아테네움 도서관을 찾은 버는 그곳에서 해밀턴의 흉상을 보고선 경의를 표하기 위해 멈춰 섰다. 그는 손가락으로 해밀턴의 얼굴에 패인 주름을 쓸면서 "저쪽은 시_詩 서가라네"라고 말했다.[59] 또 한번은 말에게 물을 먹이기 위해 여관에 들렀다가 그곳에 전시된 밀랍 인형을 둘러보던 중 자신과 해밀턴의 결투 장면을 묘사한 작품을 발견했다. 버는 그 앞으로 다가가 작품 아래에 쓰인 시를 읽었다. '오, 버, 오, 버, 무슨 짓을 한 거요? / 당신이 위대한 해밀턴을 총으로 쏘았소 / 그리고 엉겅퀴 덤불 뒤로 숨었고 / 커다란 자동총으로 해밀턴을 확인 사살했소.'[60] 이 시를 읽은 버는 큰소리로 웃음을 터뜨렸다. 그는 딱 한 번 해밀턴을 죽인 것을 후회하는 듯한 말을 한 적이 있다. 로렌스 스턴이 쓴 『트리스트럼 샌디_{Tristram Shandy}』에서 인정 많은 토비 삼촌이 파리 한 마리를 집어 들고 죽이는 대신 조심스럽게 창문 밖으로 놓아주는 장면을 읽던 버는 이렇게 말했다 한다. "내가 스턴을 더 많이 읽고 볼테르를 더 적게 읽었더라면 세상에는 해밀턴과 나 두 사람 모두에게 충분히 넓다는 사실을 알았을 텐데."[61]

버는 24년을 떠돌아다니다 미국으로 돌아왔다. 1833년 77세가 된 버는 마지막 사랑을 위해 기력인지 냉소인지를 쥐어짰다. 엄청난 재산을 갖고 워싱턴 하이츠의 대저택에 살고 있는 58세의 엘리자 주멜Eliza Jumel과 결혼을 한 것이다(해밀턴 역시 주멜과 한 번 바람이 났었다는 믿기 힘든 전설 같은 이야기도 전해진다). 주멜의 결혼 전 이름은 벳시 보언Betsey Bowen이었는데, 매춘부였던 보언은 부유한 와인 상인 스티븐 주멜Stephen Jumel과 결혼하기 전에 미혼모 신분으로 낳은 아들도 하나 있었다. 그녀와의 결혼 후에도 버는 항상 그랬던 것처럼 난봉꾼처럼 행동했고 부인의 돈을 낭비하면서 바람을 피웠다. 1년 뒤 주멜 부인은 구제 불능의 남편인 버를 간통으로 고소하며 이혼을 신청했다. 그녀는 왜 말년에 버라는 사람이 바뀌리라고 기대했던 것일까? 1836년 9월 14일에 버는 스테이트 섬에 있는 한 호텔에서 두 번의 뇌졸중으로 사망했고, 그의 시신은 프린스턴에 안장됐다. 자신의 아버지와 할아버지의 무덤에서 가까운 곳이었다. 그의 사망 직후 모습은 기이해서 잊기 힘들다. 마치 인생의 모든 고통이 마지막 얼굴에 각인된 듯, 버는 코가 비뚤어지고 입을 일그러뜨린 기괴한 표정으로 세상을 떴다. 존 퀸시 애덤스는 다음과 같은 버의 묘비명을 남겼다. '종합하자면 버는 웬만한 도덕적 기준을 갖춘 나라에 살고 있다면 친구들조차 부끄러워하며 완전한 망각 속에 묻고 싶을 만큼 방탕한 삶을 살았다.'[62]

엘리자

엘리자 해밀턴을 둘러싼 세상은 어떻게 저항해볼 수도 없이 무자비하게 무너졌다. 불과 3년 사이에 그녀는 큰아들과 여동생 페기, 어머니에 이어 남편까지 무려 네 사람을 떠나보냈고, 엎친 데 덮친 격으로 큰딸까지 정신병에 걸리고 말았다. 해밀턴의 부고로 그렇지 않아도 위태위태했던 필립 스카일러의 건강은 더욱 나빠졌고, 엘리자는 올버니에서 지내며 아버지를 간병했다. 필립은 새로이 얻은 통풍으로 엄청난 고통에 시달리느라 침대를 벗어나지 못했다. 그는 앤젤리카 처치에게 '절대자가 내 생명을 연장시켜주셔서 내 사랑하는 엘리자와 손주들에게 아버지와 할아버지로서의 책임을 다할 수 있게 해주실 것이라 믿는다'고 말하며 그에 덧붙여 '엘리자는 내가 얼마나 해밀턴을 아꼈는지, 내가 얼마나 내 딸과 내 손주들을 사랑하는지 알 것'이라고도 했다.¹ 그러나 그가 말하는 절대자는 안타깝게도 병환이 깊은 스카일러 장군을 위한 다른 계획을 가지고 있었다. 사위인 해밀턴이 위호켄에서 총에 맞아 쓰러진 지 넉 달째 되던

1804년 11월 18일, 필립 스카일러는 세상을 떠났고 올버니 외곽의 공동 묘지에 묻혔다.

엘리자는 순식간에 몰아닥친 감당하기 힘든 이 끔찍한 사건들을 어떻게 견뎌냈을까? 결투가 있은 지 한 달 뒤 엘리자는 윌리엄 S. 스미스가 보낸 위로 편지에 답장을 썼다. 스미스는 엘리자에게 신시내티협회가 트리니티 교회에 해밀턴을 기리는 기념비를 세울 것임을 알려 왔다. 스미스 준장에게 보내는 답장에서 엘리자는 자신을 견딜 수 있게 하는 힘이 무엇인지 간접적으로 언급했다. '누구보다 다정하고 사랑스러웠던 남편을 잃은, 치유받을 길 없는 슬픔'을 겪으며 엘리자는 '하나님께 자비'를 달라고 기도했다고 말했다. 종교적 위로를 넘어 그녀는 자신의 슬픔에 공감해주는 친구들과 가족들에게서, 또 남편에게 쏟아지는 존경에서도 힘을 얻었다. 그녀는 답장에 '상처 입은 가슴은 그의 죽음을 함께 슬퍼해주는 덕망 있고 현명하고 인간적인 분들의 따뜻함'과 '세상을 떠난 사랑하는 그 사람을 기억하며 보내는 높은 존경'에 '어느 정도 위안을 얻는다'고 썼다.[2]

해밀턴을 향한 엘리자의 격정적이고 무한한 헌신은 두 사람의 결혼에 깊은 가치가 있었음을 증명한다. 비록 마리아 레이널즈를 비롯한 이런저런 이들과의 불륜 관계로 흠집이 나긴 했지만, 용서하는 마음이라는 축복을 타고난 엘리자는 남편의 결함을 너그러이 감싸 안았다. 결투 뒤 두 달쯤 흘렀을 무렵 엘리자는 너대니얼 펜들턴과 이야기하며 해밀턴을 '내 사랑하는 고귀한 남편이자 내 수호천사'라고 묘사했다. 엘리자는 하나님이 해밀턴을 데려가면서 자신이 그간 결혼생활에서 누렸던 기쁨에 상응하는 엄청난 고통을 주셨지만, 그로써 자신의 삶이 균형을 이루게끔 만드셨다고 생각했다. "말했듯이 축복을 두 배로 누렸으니 이제는 슬픔을 느낄 차례입니다. (중략) 남편의 영혼은 하늘에 있고 남편의 육신은 땅 속에

알렉산더 해밀턴

묻혔으니, 이제 그 사람은 더 이상 제 옆에 없네요."³ 엘리자는 해밀턴의 편지가 닳아서 해질 때까지 읽고 또 읽었다. 모리스타운에서의 연애 시절 해밀턴은 작은 노란색 쪽지에 사랑을 고백하는 소네트를 써서 엘리자에게 준 적이 있었다. 엘리자는 그 쪽지와 함께 결투 전날 밤 해밀턴이 자신에게 남긴 고별 편지를 조그마한 주머니에 넣어 목에 걸고 다녔다. 소네트가 적힌 쪽지는 낡아서 찢어지기 직전이었지만 엘리자는 이마저도 이어 붙여서 가지고 다녔다.

엘리자는 해밀턴 때문에 재정적으로 끔찍한 어려움에 처하게 되었는데도 '그녀의 해밀턴'을 끝없이 사랑했다. 해밀턴은 유동할 수 있는 현금을 남겨두지 않고 거의 파산 상태나 다름없는 상태에서 사망했다. 이로써 해밀턴이 재무장관 시절 자기 배를 불리고 영국에게서 뇌물을 받았다며 공화당에서 전해 내려오던 동화는 조롱거리가 됐다. 미국이 군주제로 복귀하면 해밀턴에겐 런던 비밀 금고가 기다리고 있다는 이야기 또한 사실이 아님이 밝혀졌다. 미국 재무의 귀재가 평생 동안 벌어놓은 돈이라고는 거의 없었기 때문이다. 유언 집행인들은 그레인지 저택과 뉴욕 서부, 오하이오 강 협곡의 땅을 비롯한 해밀턴의 자산이 헐값에 넘어갈지도 모른다는 생각에 두려움에 떨었다. 거베너르 모리스는 해밀턴의 어마어마한 부채 규모에 기겁을 하고 루퍼스 킹에게 이 사실을 털어놓았다.

> 우리의 친구 해밀턴이 수년간 열심히 일해야 바로잡을 수 있는 부끄러운 상황을 남겨둔 채 갑자기 세상을 떠났다네. 해밀턴에게는 5만 달러에서 6만 달러에 이르는 빚이 있었네. 좋은 때를 기다려 부동산을 처분하면 7만 달러에서 8만 달러 정도에 팔 수 있겠지만 당장 상황이 급하니 잘 받아야 4만 정도밖에 건지지 못하는 상황일세.⁴

필립 스카일러는 이미 재산의 상당 부분을 여덟 자녀와 그 손주들에게 나누어 상속해준 상태였다. 그에게 남은 3만 5,000달러 상당의 부동산을 처분해도 해밀턴이 남긴 빚을 청산하기에는 역부족이었다. 따라서 필립이 죽고 엘리자가 상속받은 유산은 해밀턴이 낙관했던 규모에 한참 못 미치는 수준이었다. 엘리자가 상속받은 올버니와 새러토가 근처 농가에서 나오는 연간 소득은 750달러 정도로 쥐꼬리만 했다. 사업 실패로 많은 빚을 졌던 필립 스카일러는 자녀들에게 물려줄 땅은 많았지만 현금은 없었다. 스카일러 가문의 부는 실제보다 훨씬 과장되어 있었던 것이다.

해밀턴의 남은 가족을 먹여 살리기 위해 거베너르 모리스는 해밀턴과 가까웠던 친구들과 함께 비밀스럽게 기부금을 마련했다. 모리스가 가장 먼저 했던 일은, 부자 할아버지를 둔 해밀턴의 자녀들은 평생 가난을 모르고 살 것이라는 세간의 추측부터 깨뜨리는 것이었다. 모리스를 비롯해 100명이 넘는 친구들은 힘을 모아 8,000달러 정도의 기금을 조성했고 뉴잉글랜드 연방파도 펜실베이니아에 있는 토지를 기부했다. 이 기금의 존재는 철저히 비밀에 부쳐졌고 해밀턴의 자녀들도 한 세대가 지나도록 까맣게 몰랐다. 비밀을 간직하고 있던 뉴욕은행은 1937년에서야 이 기금의 존재를 밝혔다.

감히 엘리자에게서 그레인지 저택을 빼앗을 엄두를 내지 못한 유언 집행인들은 3,000달러에 그레인지를 사들인 뒤 엘리자에게 반값에 되팔았다. 엘리자가 안심하고 영원히 살 수 있게 해주기 위해서였다. 이렇듯 주변의 너그러운 도움으로 엘리자는 빈곤은 면할 수 있었지만 평생 끝없이 돈 걱정에 시달려야 했고, 창피를 무릅쓰며 적은 돈을 빌리러 다녀야 했다. 결투로 해밀턴이 세상을 떠난 지 3년이 지났을 무렵 엘리자는 너대니얼 펜들턴에게 급히 돈을 융통해달라고 호소했다. "현금이 거의 바닥난 상태라 그러니 300달러만 융통해주실 수 있으신지요."[5] 결코 사치를 부리며 살진 않았지만 넉넉한 가정에서 성장한 엘리자는 이제 검소함을 배워야 했다. 그러나 이러한 재정적 어려움이 있었음에도 엘리자는 해밀턴이 고별 편지에서 이제는 장님이 된 가난한 사촌 앤 미첼을 돌봐달라했던 부탁을 허투루 넘기지 않았다. 엘리자는 미첼을 그레인지로 불러들여 꽤 오랜 시간 동안 함께 살았고 1810년에는 630달러를 증여했다.

엘리자는 정부가 금전적으로나 비금전적으로나 남편인 해밀턴에게 커다란 빚을 지고 있다는 믿음을 결코 잃지 않았다. 독립혁명 말미에 해밀턴은 장교로서 마땅히 받아야 할 연금을 포기했고, 의원으로 재직 시에는 '섬세한 양심'에 따라 사적인 이해관계를 추구하지 않기로 했다. 퇴역 장교에게 지급되는 연금을 포기했던 것이다.[6] 비슷한 맥락에서 그는 정부가 '포상'으로 주는 토지에 대한 권리도 포기했다. 정치적인 타이밍을 포착하는 데 있어선 아마추어가 아니었던 엘리자는 1809년에 제퍼슨이 백악관을 떠날 때까지 때를 기다렸고, 보다 너그러운 매디슨이 대통령으로 취임하자마자 곧바로 로비에 착수했다. 포기를 몰랐던 엘리자 해밀턴은 매디슨이 퇴임할 무렵 의회에 포상 토지 55만 평에 해당하는 현금과 직업 장교의 5년치 연봉에 해당하는 수천 달러를 지급해달라고 요청했다.

고정 수입이 없는 상황에서 변변찮은 소득으로 자녀들을 교육시키는 일이 엘리자에게는 커다란 어려움이었다. '비참한 사건'과 '사악한 열정'으로 가득 찬 세상에서 아이들을 키워야 하는 현실을 한탄하면서도 그녀는 자신의 역할을 훌륭히 수행했다.[7] 살아남은 다섯 아들은 해밀턴의 경력을 좇아 법조계와 정부, 군대로 진출했다. 둘째 아들인 알렉산더는 아버지 해밀턴이 결투에서 목숨을 잃은 지 몇 주 뒤에 컬럼비아를 졸업했다. 엘리자는 아들인 '알렉산더가 회계 사무실에서 일하면서 상인이 되는

· 에필로그

것이 세상을 떠나기 전 사랑하는 남편이 가졌던 바람'이었다고 말했다.[8] 그러나 스티븐 히긴슨이 알렉산더를 보스턴에 있는 자기 회사의 견습생으로 초청했을 때 엘리자는 차마 살아남은 아이들 중 가장 큰 아들을 다른 도시로 떠나보낼 수 없었다. 그녀는 히긴슨에게 '고통과 번뇌로 괴롭지만 최고로 사랑했던 남편의 자식들을 항상 내 곁에 두는 것 외에는 내게 다른 소원이 없다'고 말했다.[9] 알렉산더는 변호사가 되었고 웰링턴 공작의 휘하에서 군인으로 해외에 나가 싸웠으며, 미국으로 돌아온 뒤에는 1812년 전쟁 때 보병 대위로 참전했고 뉴욕 지방검사로 활약했다. 공교롭게도 알렉산더는 엘리자 주멜이 간통을 저지른 에런 버에게 이혼 소송을 제기했을 때 주멜 측 변호를 맡았다.

셋째 아들인 제임스 알렉산더 해밀턴은 컬럼비아를 졸업하고 1812년 전쟁에서 장교로 복무했고 앤드루 잭슨 대통령 밑에서 국무장관을 역임하다가(그는 미합중국제2은행 폐쇄를 찬성했다) 뉴욕 남부의 연방검사가 됐다. 태평하고 말이 빨랐던 제임스는 신문을 발간했고 에런 버의 '친자'라는 설도 있는 마틴 반 뷰런Martin Van Buren과 가깝게 지냈다. 처음에 제임스 알렉산더 해밀턴은 노예제가 합헌이라고 옹호했으나 남북전쟁이 발발하자 앞장서서 노예 해방을 주장했다. 그는 아버지 해밀턴의 고향을 기리며 허드슨 강가에 집을 짓고 '네비스Nevis'라고 이름 붙였다.

넷째 아들인 존 처치 해밀턴 역시 변호사였고 1812년 전쟁에 나가 싸웠으며 10년 동안 아버지의 생애를 여러 권의 책으로 집필하고 미로 같은 문서를 정리하는 일에 헌신했다. 다섯째 아들인 윌리엄 스티븐 해밀턴 William Stephen Hamilton은 매력 있고 잘생긴 괴짜였다. 그는 웨스트포인트에서 수학한 뒤 블랙 호크Black Hawk 전쟁에 참전했고 일리노이 주 공유지를 탐사했으며 서부 국경 지역에서 총각으로서의 자유로운 생활을 즐겼다. 이후 1849년에는 캘리포니아 골드러시에 편승해 이주한 다음 새크라멘토

알렉산더 해밀턴

에서 가게를 열고 광부들에게 생필품을 팔았다. 1850년에 그곳에서 콜레라로 사망한 그는 장남 필립을 제외하고 엘리자보다 먼저 세상을 뜬 유일한 자녀다. 여섯째 아들인 '작은 필'은 상냥하고 예민한 인물이었고, 앤드루 잭슨 행정부에서 재무장관과 국무장관을 역임한 루이스 매클레인 Louis McLane의 딸과 결혼했다. 필은 형 제임스 밑에서 검사 시보로 일했지만 이타심을 좇아 일했고 '가난한 사람의 변호사'라는 명성을 얻었다.[10] 장녀인 앤젤리카는 의사의 보살핌을 받으며 살았다. 한 친구에 따르면 앤젤리카는 엘리자의 '아픈 손가락'이었다.[11] 앤젤리카 해밀턴은 1857년에 세상을 떠났다. 막내딸인 엘리자 해밀턴 홀리가 말년에 어머니인 엘리자를 부양하는 책임을 떠맡았다.

결투로 남편을 잃은 뒤 10년 동안 엘리자에게 있어 언니 앤젤리카는 없어서는 안 될 존재였다. 앤젤리카는 과거와 해밀턴에 대한 강한 유대감으로 엘리자를 돌보았고, 뉴욕 사회의 터줏대감으로서 세상을 떠나기 직전까지도 부지런히 연회와 파티에 참석했다. 1806년에 그녀의 아들 필립은 뉴욕 상부에 있는 거대한 토지를 상속받고 앤젤리카의 이름을 딴 마을을 세웠다. 1814년 3월에 앤젤리카는 처치는 57세의 나이로 세상을 떴고, 제부이자 오랫동안 마음을 빼앗겼던 해밀턴이 잠든 곳과 같은 트리니티 교회 뒷마당에 묻혔다. 그녀의 남편 존 바커 처치는 영국으로 돌아가 1818년 4월에 런던에서 운명을 달리했다.

과부가 되고 나서 첫 10년간 엘리자는 남편 해밀턴과 정적 관계였던 제퍼슨, 매디슨, 먼로, 존 퀸시 애덤스가 차례로 대통령이 되는 광경을 지켜봐야만 했다. '연방주의'라는 말이 욕설로 여겨지는 세상이 되면서 엘리자는 남편이 남긴 업적이 정당한 평가를 받게끔 하기 위한 외로운 싸움에 나섰다. 존 M. 메이슨 목사와 티머시 피커링 등이 엘리자가 그토록 갈망했던 해밀턴의 전기를 집필하는 일에 실패하자 그녀는 아들인 존 처치 해밀턴이 아버지가 받아 마땅한 영광을 제때에 받을 수 있도록 그 일을 대신해주길 바랐다. 엘리자는 나이든 정치인들을 붙잡아 세세한 질문을 퍼부으며 해밀턴에 관한 기억을 끄집어냈고, 마운트 버넌에 가서 해밀턴이 워싱턴에게 썼다는 편지 뭉치를 빌려오는 일도 마다하지 않았다. 그녀는 자신에게 허락된 시간이 얼마 남지 않았을 뿐만 아니라 독립 혁명 시절을 보여주는 기념품도 빠르게 사라져가고 있음을 알고 있었다. 1832년에 딸 엘리자에게 보내는 편지에서 엘리자 해밀턴은 끝마칠 수 없을 운명 같아 보이는 이 작업에 대해 이렇게 썼다. '나는 내 목적을 이루지 못할까 겁이 난단다. 네 아버지와 같은 시대를 살았던 분 대부분은 이미 돌아가시기도 했으니 말이다.'[12] 이 어마어마한 해밀턴의 전기 집필 작업은 엘리자가 세상을 뜨고 7년이 지날 때까지도 미완의 과제로 남아 있었다.

남편이 남긴 정신적 유산을 보존하고자 헌신했던 세월은 엘리자로 하여금 해밀턴을 더욱 열렬히 추억하게끔 만들었다. 그러나 그녀에게도 결코 씻을 수 없는 상처가 하나 있었으니, 바로 마리아 레이널즈 스캔들이 세간에 노출된 일이었다. 엘리자는 제임스 먼로에게 책임이 있다고 정면으로 비난했다. 1820년대에 두 번의 대통령 임기를 마친 뒤 먼로는 워싱턴 D.C.에 있던 엘리자를 방문했다. 둘 사이에 남은 앙금을 털어낼 수 있길 바라는 마음에서였다. 당시 일흔 가까운 나이의 엘리자는 딸의 집에 머물고 있었다. 그녀가 열다섯 살 난 조카와 뒤뜰에 앉아 있을 때 하녀가 다가와 전 대통령의 명함을 전달했고, 이 고귀한 손님이 전혀 달갑지 않았던 엘리자는 움찔했다. 그 자리에 함께 있었던 그녀의 조카는 엘리자가 '이름을 보고는 기분이 좋지 않은 듯 명함을 들고 서 있다가, 화가 나면 항상 그랬던 것처럼 잔뜩 가라앉은 목소리로 "그 사람이 내게 무슨 볼 일이 있어서?"라고 말했다'고 전했다. 조카는 먼로가 예의차 인사를 드리러 왔을 거라고 얘기했지만 엘리자는 여전히 불안해 보였다. "가서 만나겠네." 엘리자가 마침내 결심했다.[13]

이 작은 여인은 보행 보조 기구에 기대어 한 걸음 한 걸음 꼿꼿하고 비장하게 집 안으로 걸어 들어갔다. 엘리자가 응접실에 들어서자 먼로는 벌떡 일어나 그녀를 맞이했는데, 이때 엘리자는 전혀 그녀답지 않고 사회적으로도 상상할 수 없는 반응을 보인다. 전 대통령을 바라보고 서서는 앉으라는 인사조차도 건네지 않은 것이다. 먼로는 가볍게 고개를 숙인 뒤 마치 열심히 준비해온 연설문을 읊듯이 말하기 시작했다. "이게 몇 년 만인지요. 시간이 흐르면 사람도 부드러워지기 마련이고 또 우리 두 사람 다 무덤에 들어갈 날도 머지않았으니 과거의 불화도 서로 용서하고 잊을 수 있지 않겠습니까."[14]

엘리자는 먼로가 도덕적으로 그 자신과 엘리자 두 사람이 서로 다를 바 없고, 오랫동안 불편한 관계가 이어진 책임도 양쪽에 동등하게 있다고 말하고 있음을 깨달았다. 그러나 30년이라는 세월이 흐른 지금까지도 엘리자는 먼로를 용서하고 싶은 마음이 전혀 들지 않았다. 엘리자는 입을 열었다. "먼로 씨, 당신이 내 남편에 대해 퍼뜨린 오해와 비방과 이야기에 대해서 미안하다고, 정말 미안하다고 뉘우치러 온 것이라면, 정말 그래서 온 것이라면 나는 이해하겠습니다. 하지만 그렇지 않다면 시간이 약이든 무덤이 가까웠든 달라지는 것은 아무것도 없습니다."[15] 먼로는 엘리자의 질책에 아무런 말도 하지 않았다. 미망인의 상복을 입고 있는 나이든 작은 여인에게서 쏟아진 불같은 언어에 넋이 나간 전 대통령은 모자를 집어 들고 엘리자에게 작별 인사를 한 뒤 그 집을 나와 다시는 찾아가지 않았다.

엘리자 해밀턴은 남편의 이야기에서 자신의 흔적을 지우려 애썼기 때문에 사실상 역사적으로 그녀에 대한 기록은 거의 남아 있지 않다. 그나마 남아 있는 기록에서도 그저 가슴이 무너지는 일을 겪고 성경에만 매달린 채 흐느끼는 신경쇠약 환자처럼 묘사될 뿐이다. 해밀턴의 미망인이라는 신분 외에 엘리자가 어떤 사람인지를 묘사하는 자료는 부족하다. 사실 엘리자는 엄청난 강인함과 진실함을 지녔던 여인이었고, 다른 과부와 고아와 가난한 아이들을 돌보는 일에 헌신하며 기나긴 미망인 생활을 보냈다. 결투가 있고 2년이 채 지나지 않았을 무렵인 1806년 3월 16일, 엘리자를 비롯해 복음을 믿는 여성들은 힘을 모아 뉴욕 최초의 사설 고아원인 뉴욕 고아원을 설립했다. 어쩌면 고아를 보살피는 것은 해밀턴을 향해 엘리자가 표현할 수 있었던 가장 큰 사랑이었을 것이다. 비록 엘리자 본인이 뉴욕 고아원협회의 헌장 초안을 작성하진 않았지만 그녀는 고아들이 비참한 '이유는 범죄 때문이 아니'며 '고아를 보호하면 미래에 쓸모 있는 인재로 자라나는 결과로 연결될 수 있다. 하나님은 고아를 특별히 긍휼히 여기라 하셨다'는 협회의 기본 신념을 지지했다.[16] 엘리자가 고아를 돕는 일에 이토록 더 적극적으로 나섰던 것은 종교적 열성에 남편 해밀턴의 유년 시절이 더해진 결과임이 분명하다. 제시 벤턴 프리먼트Jessie Benton Fremont는 친구인 엘리자가 '남을 긍휼히 여기고 사랑하는 본성과, 찾아보기 드물 정도로 매우 강한 정의감'을 가진 사람이었다고 말했다.[17]

수년 동안 엘리자는 고아원 이사회의 중심인물로서 부이사직 또는 부회장직을 맡았고, 1807년에 그린위치 빌리지에 들어설 2층짜리 뉴욕 고아원 본부 건물의 주춧돌을 놓을 때도 그 자리에 있었다. 1812년에 엘리자는 이사장으로 승진해 총책임자가 되었다. 당시 고아원에는 총 158명의 고아가 먹고 자고 교육받고 있었는데, 만약 해밀턴이 봤었다면 그도 인정했을 만한 끈기로 엘리자는 이후 27년 동안 고아원의 모든 일을 도맡아 처리했다. 그녀는 기금을 모으고, 시설을 대여하고, 빈민 구호소를 방문하고, 불만 사항을 조사하고, 석탄과 신발과 성경을 기부해달라고 부탁하러 다녔다. 때로는 나이든 고아들이 용돈벌이를 할 수 있도록 자신의 집에 있는 일거리를 줬는가 하면, 한 고아가 웨스트포인트에 입학할 수 있도록 도와주기도 했다.

남편 해밀턴을 연상시키는 능력을 발휘해 엘리자는 뉴욕 고아원의 기금을 관리했고, 주정부로부터 인가를 받은 뒤에는 연간 보조금을 확보하고자 주의원들을 만나 로비 활동을 벌였다. 한번은 아들이 "엄마, 엄마는 구걸을 참 잘하는 것 같아요"라고 놀리자 그녀는 아들의 농담을 이렇게 맞받아쳤다.

"사랑하는 아들아, 나도 그렇고 다른 사람들도 그렇고 최선을 다하지 않을 수 없단다. 내게 이 일을 맡기시고 능히 해낼 수 있는 능력을 주신 분은 하나님이시니까."[18] 1836년 73번가와 리버사이드 드라이브에 들어설 두 번째 고아원 건물의 주춧돌을 놓을 때에도 협회 이사장은 여전히 엘리자였다. 엘리자는 사랑하는 친구 조애나 베튄의 도움으로 고아원을 즐겁게 흔쾌히 이끌어나갔다. 조애나의 아들 조지 베튄George Bethune은 조애나와 엘리자의 우정에 대해 이렇게 이야기했다. '이 존경받아 마땅한 여인을 향한 어머니의 관심과 존경심은 나날이 커져갔다. 두 분 모두 의지가 굳건한 분들이었다. (중략) 어머니가 조금 더 신중한 쪽이었고 해밀턴 부인은 조금 더 충동적인 쪽이셔서 의견이 부딪힐 때도 있었지만 그로 인한 언쟁이 서로를 향한 애정으로 종결되는 과정을 보는 것은 매우 멋진 일이었다.'[19]

복음주의를 믿는 다른 동료들처럼 엘리자도 모든 아이들이 성경을 읽을 수 있도록 글을 깨쳐야 한다고 굳게 믿었다. 1818년 엘리자는 주의회

1327

에서 해밀턴 프리 스쿨Hamilton Free School의 설립 인가를 받았다. 엘리자가 기부한 땅에 남편 해밀턴을 기리기 위해 설립한 것이자 맨해튼 워싱턴 하이츠 지역에 처음으로 세워진 교육 기관인 해밀턴 프리 스쿨은 맨해튼 상부 브로드웨이 187번지와 188번지 사이에 자리 잡고 있다.

말년에 그려진 엘리자의 초상화를 보면 강인하지만 상냥한 얼굴과, 굳게 다문 입술에서 확고한 의지가 느껴지는 한 여인이 보인다. 하얗게 센 머리의 반은 미망인이 쓰는 모자 아래로 내려와 있고 짙은 두 눈은 여전히 커다랗고 소녀 같은 빛을 띤다. 엘리자의 지칠 줄 모르는 활력에 감탄하곤 했던 제시 벤턴 프리먼트는 '부인의 얼굴은 섬세하지만 용기와 영혼으로 가득하다. 절제된 얼굴에 떠오른 깊은 두 눈동자는 생기와 에너지를 담고 있다'고 묘사했다.[20] '처음 허드슨 강으로 이사 갔을 때 나는 그분 아들의 집과 가까운 곳에 살았었다. 부인이 80세도 넘게 연세가 드셨을 때였으니 기차에서 내린 뒤엔 마차를 타고 오실 수도 있었을 것이다. 그러나 그렇게 하지 않고 걸어서 초원을 가로지른 다음 울타리 두 개를 넘어서 오시던 부인의 모습이 나는 지금도 기억난다.'[21] 엘리자의 의지력과 투지는 놀라울 정도였는데, 90대였던 어느 날에는 뉴욕 고아원 설립 기념 행사에 참석해 모두를 놀라게 했던 적도 있다. '칠흑 같은 검은 상복 차림의 매우 작고 꼿꼿한 여인이 모습을 드러냈다. 흰색의 미망인 모자를 처음 썼을 때만 해도 까맸던 머리카락은 이제 그 모자 색깔만큼이나 하얗게 세었지만 그 긴 세월 동안 부인은 한 번도 상복을 벗은 적이 없었다.'[22] 프리먼트는 엘리자가 '놀라울 정도로 맑은 정신을 유지했으며 대화할 때도 젊은 시절 그녀를 빛나게 했던 특유의 편안함과 영리함을 여전히 간직하고 있었다'고 말했다.[23]

1848년 91세의 엘리자는 딸 엘리자와 함께 살기 위해 워싱턴 D.C.로

이사를 갔다. 딸 엘리자는 남편 시드니 어거스터스 홀리Sidney Augustus Holly를 먼저 떠나보내고 혼자 살고 있었다. 백악관 근처 H가에 있는 딸의 집에서 지내며 엘리자 해밀턴은 미국 독립혁명 시절을 살아낸 산증인으로서의 자기 위치를 자랑스러워했다. 남편 알렉산더 해밀턴과 마찬가지로 헌신적인 노예제 폐지론자였던 그녀는 이웃에 사는 노예 아이들과 어울리기를 좋아했고 노예제를 유지하고 있는 주를 가리켜 '아프리카 주'라며 조롱했다. 백악관 저녁만찬에 초대받았을 때는 손을 한시도 가만히 두지 않고 뜨개질을 하거나 깔개를 만들면서도 다른 손님들이나 아름다운 백악관 장식에 대한 호기심을 숨기지 않았다. 제임스 K. 포크James K. Polk 대통령은 1846년 2월에 있었던 이 저녁만찬이 끝난 뒤 일기장에 '부인은 여전히 완벽한 지성과 기억력을 갖고 있었고, 그녀와의 대화는 매우 즐거웠다'고 적었다.[24] 엘리자는 친구인 돌리 매디슨Dolley Madison을 도와 워싱턴 기념탑 건축을 위한 기금 마련에 나서는 등 마지막까지도 영민함을 잃지 않았다. 역사가 벤슨 J. 로싱Benson J. Lossing이 엘리자를 인터뷰했을 때 그녀의 나이는 91세였다. 벤슨은 엘리자에게서 눈물이나 회한은 전혀 찾아볼 수 없었다고 말한다. '엘리자는 햇살처럼 밝은 성품과 유머 감각을 지닌 (중략) 여전히 온화하고 매력적인 사람이었다.'[25]

1852년에서 1853년으로 넘어가는 겨울, 엘리자와 그녀의 딸은 엘리자베스 홀리Elizabeth Hawley라는 친척 아가씨를 벗 삼아 즐거운 나날을 보냈다. 홀리는 이 시기에 너무 많은 손님이 매일같이 찾아와 깜짝 놀랐다고 한다. 1853년 새해 아침에 이 어린 숙녀는 하늘도 우중충한 데다 기다리고 있던 신사들의 전화도 뜸해서 낙담해 있었다. 그러나 홀리가 숙모에게 쓴 편지에는 이렇게 적혀 있었다. '정오가 되기 전에 하늘이 개었고 손님들이 들이닥치기 시작했어요. 방은 하루 종일 손님으로 붐볐고 전화만 수백 통은 받은 것 같아요. (중략) 신사들이 아이들을 데리고 해밀턴 부인을 뵈러 찾아왔고 수많은 사람이 전화로 안부를 물어왔어요. 누가 찾아왔고 누가 전화를 했는지 다 듣고 싶으시겠지만 지면이 모자라네요. 가장 저명한 상원의원들과 관료들 등 그 이름들 모두를 일일이 알려드릴 수 있는 공간이 있다면 좋겠어요.' 빛나는 제복 차림의 윈필드 스콧Winfield Scott 장군이 다녀간 후 뉴욕 상원의원인 윌리엄 H. 수어드William H. Seward도 인사차 들렀다. 수많은 사람이 다녀간 뒤 등장한 한 사람을 보고 이 어린 숙녀는 놀라움을 금치 못했다. 밀러드 필모어Millard Fillmore 대통령이 방을 가로질러 엘리자에게로 걸어왔던 것이다. '제가 듣기에 필모어 대통령은 비쩍 말랐다고 했는데 실제로 보니 체격이 건장하고 멋있는 분이셨어요. 필모어 대통령은 해밀턴 부인과 함께 앉아 시간을 보내며 식사 약속을 잡자고 하셨어요.'[26] 한 달 뒤 95세의 엘리자는 딸과 함께 웅장한 백악관 입구에 들어섰다. 필모어 대통령은 야단스레 엘리자를 환영했고 영부인은 엘리자에게 자신의 자리를 양보했다. 모두가 미국 독립혁명의 산증인인 엘리자와 인사를 하고 싶어 난리였다.

신실했던 엘리자는 자신이 나중에 죽으면 하늘에서 해밀턴과 영광스럽게 재회하리라고 평생 굳게 믿었다. 엘리자는 해밀턴에게 받았던 작은 봉투 하나를 보물처럼 간직했다. 뒷면에 '나는 모든 상처를 치유할 수 있지만 사랑이 남긴 상처만큼은 예외입니다'라는 로맨틱한 글귀가 새겨진 봉투였다.[27] 엘리자가 입은 사랑의 상처는 결코 치유되지 않았다. 1854년은 격동의 해였다. 캔자스-네브래스카 법이 통과되면서 해밀턴이 그토록 추구해마지 않았던 미 연방이 존폐 위협에 처했기 때문이다(캔자스 주와 네브래스 주에서 주민들에게 노예제 합법 여부를 결정할 수 있는 권리를 부여한 이 법안으로 인해 북부와 남부의 갈등이 극으로 치닫게 됨_역주). 그리고 같은 해 11월 9일, 엘리자베스 스카일러 해밀턴은 97세를 일기로 세상을 떠났다. 엘리자는 50년을 미망인으로 살았다. 해밀턴이 결투로 목숨을 잃기

알렉산더 해밀턴

전까지 그와 함께했던 것보다 조금 더 긴 세월이었다. 엘리자는 살아생전 자신이 언제나 원했던 그 자리, 트리니티 교회 뒤뜰에 있는 해밀턴의 묘 바로 옆에 묻혔다.

주석

프롤로그 • 최초의 독립전쟁 미망인

1. *Atlantic Monthly*, August 1896.
2. CU-HFP, box 3, letter from Elizabeth Hamilton Holly to John C. Hamilton, February 27, 1855.
3. Cooke, *Alexander Hamilton*, p. vii.
4. Malone, *Jefferson and His Time*, vol. 2, p. 271.
5. Cooke, *Alexander Hamilton*, p. 149.
6. *The Political Science Quarterly*, March 1890.
7. Knott, *Alexander Hamilton and the Persistence of Myth*, p. 87.
8. Ibid., p. 259.

1장 • 표류자들

1. Van Doren, *Benjamin Franklin*, p. 312.
2. Hubbard, *Swords, Ships, and Sugar*, p. 40.
3. Ibid., p. 33.
4. *PAH*, vol. 25, p. 88, letter to William Jackson, August 26, 1800.
5. Ibid.
6. Flexner, *Young Hamilton*, p. 9.
7. *PAH*, vol. 25, p. 89, letter to William Jackson, August 26, 1800.
8. Ramsing, *Alexander Hamilton's Birth and Parentage*, p. 4.
9. Hamilton, *Intimate Life of Alexander Hamilton*, p. 11.
10. Ramsing, *Alexander Hamilton's Birth and Parentage*, p. 8.
11. *The American Genealogist*, January 1945.
12. Mitchell, *Alexander Hamilton: Youth to Maturity*, p. 7.
13. Schachner, *Alexander Hamilton*, p. 1.
14. *The American Genealogist*, January 1945.

15. *PAH*, vol. 16, p. 276, letter to George Washington, April 14, 1796.

16. Ibid., vol. 2, p. 539, letter to Margarita Schuyler, January 21, 1781.

17. Ibid., vol. 25, p. 88, letter to William Jackson, August 26, 1800.

18. *Kilmarnock Standard*, April 5, 1924.

19. Castle, *John Glassford of Douglaston*, pp. 22-23.

20. LC-AHP, reel 29, "Agreement of November 11, 1737."

21. Ragatz, *Fall of the Planter Class in the British Caribbean*, pp. 16-17.

22. *PAH*, vol. 25, p. 89, letter to William Jackson, August 26, 1800.

23. Ibid.

24. LC-AHP, reel 29, letter from John Hamilton to Thomas Reid, 1749 [n.d.].

25. Ibid.

26. St. Kitts Archives, Government of St. Kitts and Nevis, Basseterre, St. Kitts.

27. *PAH*, vol. 25, p. 89, letter to William Jackson, August 26, 1800.

28. Hamilton, *Life of Alexander Hamilton*, vol. 1, p. 42.

29. Hamilton, *Intimate Life of Alexander Hamilton*, p. 13.

30. PAH, vol. 3, p. 573, letter from Hugh Knox, July 28, 1784.

31. Schachner, *Alexander Hamilton*, p. 8.

32. Hamilton, *Life of Alexander Hamilton*, vol. 1, p. 42.

33. *PAH*, vol. 26, p. 774, "Comments on Jews," n.d.

34. Hamilton, *Life of Alexander Hamilton*, vol. 7, pp. 710-11.

35. *London Magazine*, August 1753.

36. Ibid.

37. Brookhiser, *Alexander Hamilton*, p. 14.

38. Andrews, *Journal of a Lady of Quality*, p. 127.

39. Nevis Historical and Conservation Society, RG MG 2. 25, Charlestown, Nevis.

40. Emery, *Alexander Hamilton*, p. 13.

41. *The William and Mary Quarterly*, April 1952.

42. Ramsing, *Alexander Hamilton's Birth and Parentage*, p. 8.

43. Ibid.

44. *PAH*, vol. 21, p. 77, letter to William Hamilton, May 2, 1797.

45. Ibid.

46. Ibid., vol. 22, p. 223.

47. Tyson and Highfield, *Kamina Folk*, p. 46.

48. Flexner, *Young Hamilton*, p. 31.

49. *PAH*, vol. 20, p. 458, "From Ann Mitchell" [1796].

50. Ramsing, *Alexander Hamilton's Birth and Parentage*, p. 28.

51. *PAH*, vol. 15, p. 331, "To the College of Physicians," September 11, 1793.

52. Ibid., vol. 1, p. 369, letter from Edward Stevens, December 23, 1777.

53. MHi-TPP, reel 51.

54. Ibid.

55. Lodge, *Alexander Hamilton*, p. 286.

2장 · 허리케인

1. Hamilton, *Life of Alexander Hamilton*, vol. 1, p. 44.
2. NYHS-NPP, "Draft Obituary Notice for Hamilton," n.d.
3. *PAH*, vol. 1, p. 4, letter to Edward Stevens, November 11, 1769.
4. Ibid., p. 21, letter to Nicholas Cruger, late 1771 or early 1772.
5. Ibid., p. 23, letter to Tileman Cruger, February 1, 1772.
6. Ibid., p. 24, letter to Captain Newton, February 1, 1772.
7. *Royal Danish American Gazette*, January 23, 1771.
8. Flexner, *Young Hamilton*, p. 39.
9. *PAH*, vol. 1, p. 7.
10. *Proceedings of the New Jersey Historical Society*, vol. 69, April 1951.
11. Knox, *Letter to the Rev. Mr. Jacob Green*, p. 48.
12. *PAH*, vol. 3, p. 573, letter from Hugh Knox, July 28, 1784.
13. *Royal Danish American Gazette*, September 9, 1772.
14. Ibid., October 3, 1772.
15. *PAH*, vol. 3, p. 573, letter from Hugh Knox, July 28, 1784.
16. *Royal Danish American Gazette*, February 3, 1773.
17. *PAH*, vol. 26, p. 307, letter to Elizabeth Hamilton, July 10, 1804.
18. *Royal Danish American Gazette*, May 15, 1773.
19. *PAH*, vol. 1, p. 147, "The Farmer Refuted," February 23, 1775.
20. Ibid., vol. 5, p. 125, "New York Ratifying Convention, Third Speech," June 28, 1788.
21. St. Vincent Registry, deed book for 1784-1787, entered at Grenada on May 27, 1786, but first signed on March 14, 1774.

3장 · 대학생

1. *The William and Mary Quarterly*, April 1947.
2. *The American Historical Review*, January 1957.
3. Bowen, *Miracle at Philadelphia*, p. 65.
4. Burrows and Wallace, *Gotham*, p. 180.
5. Davis, *Memoirs of Aaron Burr*, vol. 1, p. 37.
6. Flexner, *Young Hamilton*, p. 150.
7. Davis, *Memoirs of Aaron Burr*, vol. 2, p. 434.
8. Mitchell, *Alexander Hamilton: Youth to Maturity*, p. 42.
9. Bobrick, *Angel in the Whirlwind*, p. 468.
10. *PAH*, vol. 1, p. 43.

11. Flexner, *Young Hamilton*, p. 56.
12. Schachner, *Alexander Hamilton*, p. 25.
13. Mitchell, *Alexander Hamilton: Youth to Maturity*, p. 50.
14. Ketchsan, *James Madison*, p. 38.
15. Wills, *Explaining America*, p. 15.
16. *The William and Mary Quarterly*, April 1947.
17. Ibid.
18. Ketcham, *James Madison*, p. 38.
19. Humphreys, *Catherine Schuyler*, p. 103.
20. *The Columbia Monthly*, February 1904.
21. Burrows and Wallace, *Gotham*, p. 214.
22. Van Amringe and Smith, *History of Columbia University*, p. 53.
23. *PAH*, vol. 25, p. 560, letter from Gouverneur Morris, March 11, 1802.
24. Parton, *Life and Times of Aaron Burr*, p. 142.
25. Ibid., pp. 143-44.
26. New York *Mirror*, n.d. Copy in LC-AHP, reel 31.
27. *PAH*, vol. 25, p. 436.
28. Ibid., vol. 22, p. 340, letter to Elizabeth Hamilton, December 10, 1798.
29. Ibid., vol. 7, p. 40, letter to George Washington, September 15, 1790.
30. Hamilton, *Life of Alexander Hamilton*, vol. 1, p. 47.
31. LC-AHP, reel 30, "Memo of Robert Troup on the Conway Cabal, October 26, 1827."
32. Tripp, "Robert Troup," p. 167.
33. Davis, *Memoirs of Aaron Burr*, vol. 1, p. 307, and Tripp, "Robert Troup," p. 64.
34. *The William and Mary Quarterly*, April 1947.
35. Flexner, *Young Hamilton*, p. 63.
36. Wood, *American Revolution*, p. 37.
37. LC-AHP, reel 31, "Robert Troup Memoir of General Hamilton, March 22, 1810."
38. Hibbert, *George III*, p. 144.
39. Burrows and Wallace, *Gotham*, p. 216.
40. Mitchell, *Alexander Hamilton: Youth to Maturity*, p. 63.
41. Hamilton, *Life of Alexander Hamilton*, vol. 1, p. 56.
42. Callahan, *Royal Raiders*, p. 139.
43. *New-York Gazetteer*, March 30, 1774.
44. Mitchell, *Alexander Hamilton: Youth to Maturity*, p. 53.
45. *Columbia University Quarterly*, September 1899.
46. *New-York Journal; or, The General Advertiser*, September 8, 1774.
47. Van Amringe and Smith, *History of Columbia University*, p. 46.
48. *Columbia University Quarterly*, September 1899.
49. Tyler, *Literary History of the American Revolution*, p. 394.
50. *Columbia University Quarterly*, September 1899.

51. Miller, *Alexander Hamilton*, p. 9.

52. Callahan, *Royal Raiders*, p. 143.

53. *New-York Gazetteer*, January 12, 1775.

54. *PAH*, vol. 4, p. 613.

55. *New-York Gazetteer*, December 15, 1774.

56. *PAH*, vol. 1, p. 65, "A Full Vindication of the Measures of Congress," December 22, 1774.

57. Ibid., p. 68.

58. Ibid., p. 48.

59. Ibid., p. 50.

60. Ibid., p. 86, "The Farmer Refuted," February 23, 1775.

61. Ibid., p. 82.

62. Ibid., p. 164.

63. Ibid., p. 122.

64. Bobrick, *Angel in the Whirlwind*, p. 201.

65. *PAH*, vol. 1, p. 125, "The Farmer Refuted/5 February 23, 1775.

66. Ibid., pp. 135-36.

67. Ibid., p. 128.

68. Ibid., pp. 157-58.

69. *The William and Mary Quarterly*, April 1947.

4장 · 펜과 검

1. Bobrick, *Angel in the Whirlwind*, p. 119.

2. Burrows and Wallace, *Gotham*, p. 223.

3. CU-FFP, box 1818-1828, letter from Nicholas Fish to Timothy Pickering, December 26, 1823.

4. *The William and Mary Quarterly*, April 1947.

5. Van Amringe and Smith, *History of Columbia University*, p. 48.

6. Obrien, *Hercules Mulligan*, p. 184.

7. LC-AHP, reel 31, letter from Robert Troup to Timothy Pickering, March 27, 1828.

8. Ibid.

9. *The Columbia Monthly*, February 1904.

10. Callahan, *Royal Raiders*, p. 139.

11. *Gentleman's Magazine*, July 1776.

12. "The Presidents of Columbia," Columbia University Archives, New York, N.Y.

13. Ferling, *John Adams*, p. 98.

14. Wood, *American Revolution*, p. 75.

15. Bobrick, *Angel in the Whirlwind*, p. 142.

16. Wood, *American Revolution*, p. 74.
17. *PAH*, vol. 1, p. 174, "Remarks on the Quebec Bill," June 15, 1775.
18. Wood, *American Revolution*, p. 53.
19. Maier, *American Scripture*, p. 24.
20. O'Brien, *Hercules Mulligan*, p. 182.
21. *New-York Journal; or, The General Advertiser*, September 1, 1774.
22. *Royal Danish American Gazette*, April 10, 1776.
23. O'Brien, *Hercules Mulligan*, p. 184.
24. *PAH*, vol. 1, pp. 176–77, letter to John Jay, November 26, 1775.
25. LC-AHP, reel 31, "Robert Troup Memoir of General Hamilton, March 22, 1810."
26. Schachner, *Alexander Hamilton*, p. 32.
27. "The Monitor No. I," *New-York Journal; or, The General Advertiser*, November 9, 1775.
28. "The Monitor No. VII," *New-York Journal; or, The General Advertiser*, December 21, 1775.
29. Ibid.
30. "The Monitor No. I," *New-York Journal; or, The General Advertiser*, November 9, 1775.
31. "The Monitor No. VIII," *New-York Journal; or, The General Advertiser*, December 28, 1775.
32. "The Monitor No. I," *New-York Journal; or, The General Advertiser*, November 9, 1775.
33. "The Monitor No. III," *New-York Journal; or, The General Advertiser*, November 23, 1775.
34. *PAH*, vol. 21, p. 77, letter to William Hamilton, May 2, 1797.
35. "Extract of a Letter from a Gentleman in New York, Dated February 18th," *Royal Danish American Gazette*, March 20, 1776.
36. Mitchell, *Alexander Hamilton: Youth to Maturity*, p. 79.
37. Valentine, *Lord Stirling*, p. 170.
38. *PAH*, vol. 23, p. 122, letter to James McHenry, May 18, 1799.
39. Hamilton, *Reminiscences of James A. Hamilton*, p. 11.
40. *PAH*, vol. 23, p. 122, letter to James McHenry, May 18, 1799.
41. *The William and Mary Quarterly*, April 1947.
42. Bobrick, *Angel in the Whirlwind*, p. 150.
43. "Extract of a Letter from a Gentleman in New York, Dated February 18th," *Royal Danish American Gazette*, March 20, 1776.
44. Flexner, *Young Hamilton*, p. 92.
45. "NEW YORK. Sandy Hook, June 21, 1776," *Royal Danish American Gazette*, August 14, 1776.
46. Callahan, *Royal Raiders*, p. 69.
47. Ibid., p. 73.
48. "Extract of a Letter from New York, June 24," *Royal Danish American Gazette*, August 14, 1776.

49. Callahan, *Royal Raiders*, p. 74.

50. "Extract New York, July 1," *Royal Danish American Gazette*, August 28, 1776.

51. Maier, *American Scripture*, p. 44.

52. Burrows and Wallace, *Gotham*, p. 227.

53. Ibid., p. 231.

54. Bobrick, *Angel in the Whirlwind*, p. 203.

55. Parton, *Life and Times of Aaron Burr*, p. 143.

56. *The New York Times*, July 4, 2003.

57. O'Brien, *Hercules Mulligan*, p. 183.

58. Schecter, *Battle for New York*, p. 104.

59. Ibid.

60. Bobrick, *Angel in the Whirlwind*, p. 208.

61. Ibid.

62. Schecter, *Battle for New York*, p. 150.

63. "Extract of a Letter from New York, August 30," *Royal Danish American Gazette*, December 14, 1776.

64. McCullough, *John Adams*, p. 158.

65. Flexner, *Washington*, p. 83.

66. O'Brien, *Hercules Mulligan*, p. 183.

67. Hamilton, *Life of Alexander Hamilton*, vol. 1, p. 126.

68. *The William and Mary Quarterly*, April 1947.

69. McCullough, *John Adams*, p. 159.

70. Hamilton, *Life of Alexander Hamilton*, vol. 1, p. 128.

71. Ibid., p. 133.

5장 · 새끼 사자

1. Wood, *American Revolution*, p. 78.

2. Brookhiser, *Alexander Hamilton*, p. 32.

3. Custis, *Recollections and Private Memoirs of Washington*, p. 344.

4. Mitchell, *Alexander Hamilton: Youth to Maturity*, p. 96.

5. Bobrick, *Angel in the Whirlwind*, p. 229.

6. *PAH*, vol. 1, p. 200, letter to the Convention of the Representatives of the State of New York, March 6, 1777.

7. Bobrick, *Angel in the Whirlwind*, p. 235.

8. Hamilton, *Life of Alexander Hamilton*, vol. 1, p. 137.

9. Ibid.

10. Flexner, *Young Hamilton*, p. 132.

11. *PAH*, vol. 1, p. 195.

12. Brookhiser, *Alexander Hamilton*, p. 29.

13. PAH, vol. 22, p. 37, letter to George Washington, July 29 [-August 1], 1798.

14. Ibid., vol. 1, p. 209, letter to the New York Committee of Correspondence, March 20, 1777.

15. Ibid., vol. 2, p. 359, letter to Hugh Knox, July 1 [-28], 1777.

16. Ibid., vol. 1, p. 202, letter to Alexander McDougall, March 10, 1777.

17. Smith, *Patriarch*, p. 4.

18. *The Wall Street Journal*, February 10, 2000.

19. Custis, *Recollections and Private Memoirs of Washington*, p. 214.

20. Ferling, *John Adams*, p. 136.

21. McCullough, *John Adams*, p. 593.

22. Smith, *Patriarch*, p. 8.

23. Mitchell, *Alexander Hamilton: Youth to Maturity*, p. 108.

24. Hamilton, *Life of Alexander Hamilton*, vol. 1, p. 177.

25. Steiner, *Life and Correspondence of James McHenry*, p. 572.

26. MHi-TPP, reel 51, p. 189.

27. PAH, vol. 1, p. 255, letter to Gouverneur Morris, May 19, 1777.

28. Kaminski, *George Clinton*, p. 21.

29. Custis, *Recollections and Private Memoirs of Washington*, pp. 345-46.

30. Flexner, *Young Hamilton*, p. 143.

31. Ibid., p. 146.

32. Ibid., p. 148.

33. Otis, *Eulogy on Alexander Hamilton*, p. 7.

34. Graydon, *Memoirs of His Own Time*, p. 276.

35. Hamilton, *Life of Alexander Hamilton*, vol. 1, p. 170.

36. Graydon, *Memoirs of His Own Time*, p. 277.

37. *PAH*, vol. 3, p. 150, letter to Richard Kidder Meade, August 27, 1782.

38. Ibid., vol. 1, p. 551, letter from James McHenry, September 21, 1778.

39. Ibid., vol. 2, pp. 53-54, letter to John Laurens, May 22, 1779.

40. Flexner, *Young Hamilton*, p. 149.

41. Ibid.

42. Ibid.

43. PAH, vol. 1, p. 225, letter to Catharine Livingston, April 11, 1777.

44. Ibid., p. 259, letter to Catharine Livingston, May 1777.

45. Wallace, *Life of Henry Laurens*, p. 470.

46. PAH, vol. 2, p. 17, letter to John Jay, March 14, 1799.

47. CU-JCHP, box 20.

48. Hamilton, *Intimate Life of Alexander Hamilton*, p. 245.

49. Lafayette, *Lafayette in the American Revolution*, vol. 3, p. 302.

50. Emery, *Alexander Hamilton*, p. 244.

51. Baxter, *Godchild of Washington*, p. 225.

52. Van Doren, *Benjamin Franklin*, p. 578.

53. Wilson and Stanton, *Jefferson Abroad*, p. 123.

54. *PAH*, vol. 2, p. 321.

55. Hamilton, *Intimate Life of Alexander Hamilton*, p. 245.

56. Lafayette, *Lafayette in the American Revolution*, vol. 3, p. 310.

57. Flexner, *Young Hamilton*, p. 316.

58. Bobrick, *Angel in the Whirlwind*, p. 253.

59. Flexner, *Young Hamilton*, pp. 166–67.

60. Gerlach, *Proud Patriot*, p. 309.

61. PAH, vol. 1, p. 314, letter to Robert R. Livingston, August 18, 1777.

62. Ibid., p. 285, letter to John Jay, July 5, 1777.

63. Ibid., p. 300, letter to Hugh Knox, July 1777.

64. Ibid., p. 321, letter to Gouverneur Morris, September 1, 1777.

65. Ibid., pp. 326–27.

66. Ellis, *Passionate Sage*, p. 111.

67. *PAH*, vol. 1, p. 330, letter from George Washington, September 21, 1777.

68. Mitchell, *Alexander Hamilton: Youth to Maturity*, p. 121.

69. Bobrick, *Angel in the Whirlwind*, p. 244.

70. Flexner, *Young Hamilton*, p. 185.

71. PAH, vol. 1, p. 347, letter from George Washington, October 30, 1777.

72. Ibid.

73. Ibid., p. 350, letter to George Washington, November 2, 1777.

74. Ibid., p. 351, letter to Horatio Gates, November 5, 1777.

75. Ibid., p. 353, letter to George Washington, November 6, 1777.

76. Ibid., vol. 2, p. 36, letter to John Laurens, April 1779.

77. Mitchell, *Alexander Hamilton: Youth to Maturity*, p. 138.

78. Gerlach, *Proud Patriot*, p. 304.

79. Lomask, *Aaron Burr: The Years from Princeton to Vice President*, p. 45.

80. Burrows and Wallace, *Gotham*, p. 236.

81. *PAH*, vol. 1, p. 356, letter to Israel Putnam, November 9, 1777.

82. Ibid., p. 365, letter from George Washington, November 15, 1777.

83. Ibid., pp. 360–61, letter to George Washington, November 12, 1777.

84. Flexner, *Young Hamilton*, pp. 204–5.

85. McCullough, *John Adams*, p. 173.

86. Flexner, *Young Hamilton*, p. 210.

87. Mitchell, *Alexander Hamilton: Youth to Maturity*, p. 149.

88. Ibid., p. 150.

89. Ibid., p. 151.

90. *PAH*, vol. 2, p. 420, letter to James Duane, September 6, 1780.

91. Ibid., vol. 1, p. 428, letter to George Clinton, February 13, 1778.
92. Wallace, *Life of Henry Laurens*, p. 267.
93. Bobrick, *Angel in the Whirlwind*, p. 306.

6장 · 용맹의 도가니

1. Bobrick, *Angel in the Whirlwind*, p. 291.
2. Ibid., p. 287.
3. *PAH*, vol. 1, p. 435, letter to Henry E. Lutterloh, February 1778.
4. Ibid., p. 426, letter to George Clinton, February 13, 1778.
5. Ibid.
6. Ibid., p. 427.
7. Ibid., vol. 1, p. 418, memo to George Washington, January 29, 1778.
8. Ibid., p. 440, letter to George Clinton, March 12, 1778.
9. Bobrick, *Angel in the Whirlwind*, p. 333.
10. PAH, vol. 1, pp. 497-98, letter to William Duer, June 18, 1778.
11. Ibid., vol. 3, p. 588, letter to John Jay, December 7, 1784.
12. Lodge, *Alexander Hamilton*, p. 241.
13. PAH, vol. 3, p. 101, "The Continentalist No. VI," July 4, 1782.
14. Ibid., vol. 1, p. 411, "Pay Book of the State Company of Artillery."
15. Ibid., p. 373.
16. Ibid., p. 381.
17. Ibid., p. 390.
18. Ibid., p. 397.
19. *The American Historical Review*, January 1957.
20. *PAH*, vol. 1, p. 400.
21. Ibid., pp. 399-400.
22. Ferling, *John Adams*, p. 206.
23. Hamilton, *Intimate Life of Alexander Hamilton*, p. 295.
24. Hamilton, *Reminiscences of James A. Hamilton*, p. 11.
25. Rosenfeld, *American Aurora*, p. 356.
26. PAH, vol. 1, p. 510, letter to Elias Boudinot, July 5, 1778.
27. Flexner, *Washington*, p. 120.
28. Ibid.
29. Ibid., p. 121.
30. *PAH*, vol. 1, pp. 507-8, "Proceedings of a General Court-Martial for the Trial of Major General Charles Lee, July 4, 1778."
31. Flexner, *Young Hamilton*, p. 231.
32. Bobrick, *Angel in the Whirlwind*, p. 345.

33. Ibid.

34. Custis, *Recollections and Private Memoirs of Washington*, p. 220.

35. Ibid., p. 221.

36. PAH, vol. 1, p. 512, letter to Elias Boudinot, July 5, 1778.

37. Ibid.

38. Custis, *Recollections and Private Memoirs of Washington*, pp. 232-33.

39. *PAH*, vol. 23, pp. 546-47.

40. Ibid., vol. 1, p. 513, letter to Elias Boudinot, July 5, 1778.

41. Ibid.

42. Lee, *Charles Lee Papers*, p. 62.

43. Davis, *Memoirs of Aaron Burr*, vol. 1, p. 135.

44. Lee, *Charles Lee Papers*, p. 393.

45. *PAH*, vol. 1, p. 593, letter from John Laurens, December 5, 1778.

46. *Journal of the Early Republic*, spring 1995.

47. *PAH*, vol. 1, p. 603, "Account of a Duel Between Major General Charles Lee and Lieutenant Colonel John Laurens," December 24, 1778.

48. Lee, *Charles Lee Papers*, p. 285.

49. *PAH*, vol. 1, p. 603, "Account of a Duel Between Major General Charles Lee and Lieutenant Colonel John Laurens," December 24, 1778.

50. Ibid., pp. 562-63, first "Publius" letter, October 16, 1778.

51. Ibid.

52. Ibid, p. 569, second "Publius" letter, October 26, 1778.

53. Ibid., p. 580, third "Publius" letter, November 16, 1778.

54. PAH, vol. 19, p. 521, "Relations with France, " [1795-1796].

55. Hamilton, *Life of Alexander Hamilton*, vol. 1, p. 563.

56. Kennedy, *Burr, Hamilton, and Jefferson*, p. 103.

57. Hamilton, *Life of Alexander Hamilton*, vol. 2, p. 36.

58. Mitchell, *Alexander Hamilton: Youth to Maturity*, p. xv.

59. LC-AHP, reel 30, "Robert Troup Memo on the Conway Cabal," October 26, 1827.

60. *PAH*, vol. 1, pp. 246-47, letter to William Duer, May 6, 1777.

61. Ibid., vol. 20, p. 509, "The Warning No. II, " February 7, 1797.

62. Ibid., vol. 2, p. 53, letter to John Laurens, May 22, 1779.

63. Ibid., p. 35, letter to John Laurens, April 1779.

64. Wallace, *Life of Henry Laurens*, p. 474.

65. *PAH*, vol. 2, pp. 17-18, letter to John Jay, March 14, 1779.

66. McCullough, *John Adams*, p. 133.

67. Bobrick, *Angel in the Whirlwind*, p. 101.

68. Ibid., p. 102.

69. *PAH*, vol. 2, p. 166, letter to John Laurens, September 11, 1779.

70. McDonough, *Christopher Gadsden and Henry Laurens*, p. 240.

71. *PAH*, vol. 2, pp. 34-35, letter to John Laurens, April 1779.

72. Ibid., p. 165, letter to John Laurens, September 11, 1779.

73. Ibid., p. 91, letter from John Brooks, July 4, 1779.

74. Ibid., p. 99, letter to Francis Dana, July 11, 1779.

75. Ibid., p. 154, letter to William Gordon, September 5, 1779.

76. Ibid., p. 167, letter to John Laurens, September 11, 1779.

7장 · 상사병에 걸린 중령

1. Smith, *John Marshall*, p. 68.

2. *PAH*, vol. 2, p. 37, letter to John Laurens, April 1779.

3. Rosenfeld, *American Aurora*, p. 377.

4. *PAH*, vol. 2, p. 255, letter to John Laurens, January 8, 1780.

5. Ibid., p. 261.

6. Brooks, *Dames and Daughters of Colonial Days*, p. 237.

7. Mitchell, *Alexander Hamilton: Youth to Maturity*, p. 198.

8. Lossing, *Hours with the Living Men and Women of the Revolution*, p. 140.

9. Van Doren, *Benjamin Franklin*, p. 544.

10. Humphreys, *Catherine Schuyler*, p. 136.

11. *PAH*, vol. 2, p. 270, letter to Margarita Schuyler, February 1780.

12. Flexner, *Young Hamilton*, p. 277.

13. Chastellux, *Travels in North America*, p. 375, and Warville, *New Travels in the United States of America*, p. 148.

14. Hamilton, *Intimate Life of Alexander Hamilton*, p. 105.

15. Ibid., p. 106.

16. Baxter, *Godchild of Washington*, p. 222.

17. *Atlantic Monthly*, August 1896.

18. *The William and Mary Quarterly*, January 1955.

19. *PAH*, vol. 2, p. 354, letter to Anthony Wayne, July 6, 1780.

20. Hamilton, *Intimate Life of Alexander Hamilton*, p. 126.

21. CU-HFP, box 1, letter from Elizabeth Hamilton to Philip Church, n.d.

22. LC-AHP, reel 30, letter from Elizabeth Hamilton to Mrs. Cochran, October 25, 1819.

23. *PAH*, vol. 2, p. 348, letter to John Laurens, June 30, 1780.

24. Ibid., p. 431, letter to John Laurens, September 16, 1780.

25. Ibid., vol. 21, p. 177, letter to Elizabeth Hamilton, July 21, 1797.

26. Steiner, *Life and Correspondence of James McHenry*, p. 45.

27. Ibid.

28. *PAH*, vol. 21, p. 481, letter to Oliver Wolcott, Jr., June 2, 1798.

29. Riedesel, *Letters and Memoirs Relating to the War of American Independence*, p. 196.

30. Humphreys, *Catherine Schuyler*, p. 88

31. Graydon, *Memoirs of His Own Time*, p. 144.

32. Gerlach, *Proud Patriot*, p. 320.

33. *PAH*, vol. 2, pp. 286-87, letter to Elizabeth Schuyler, March 17, 1780.

34. Ibid., pp. 309-10, letter to Catherine Schuyler, April 14, 1780.

35. Hamilton, *Life of Alexander Hamilton*, vol. 2, p. 336.

36. Ketcham, *James Madison*, p. 90.

37. PAH, vol. 2, p. 250, "Letter on Currency," December 1779-March 1780.

38. Ibid.

39. Ibid., p. 242.

40. Ibid., p. 237.

41. Emery, *Alexander Hamilton*, p. 48.

42. *PAH*, vol. 2, p. 422, letter to Elizabeth Schuyler, September 6, 1780.

43. Ibid., p. 401, letter to James Duane, September 3, 1780.

44. Ibid., p. 405.

45. Ibid., p. 406.

46. Ibid., p. 347, letter to John Laurens, May 12, 1780.

47. Ibid., p. 428, letter to John Laurens, September 12, 1780.

48. Bobrick, *Angel in the Whirlwind*, p. 412.

49. Van Doren, *Secret History of the American Revolution*, p. 346.

50. Flexner, *Young Hamilton*, p. 308.

51. *PAH*, vol. 2, pp. 440-41, letter to Nathanael Greene, September 25, 1780.

52. Ibid., p. 439, letter from Benedict Arnold to George Washington, September 25, 1780.

53. Flexner, *Young Hamilton*, p. 314.

54. *PAH*, vol. 2, p. 442, letter to Elizabeth Schuyler, September 25, 1780.

55. Ibid., p. 467, letter to John Laurens, October 11, 1780.

56. Van Doren, *Secret History of the American Revolution*, p. 366.

57. *PAH*, vol. 3, p. 92, letter to Henry Knox, June 7, 1782.

58. Bobrick, *Angel in the Whirlwind*, p. 420.

59. *PAH*, vol. 2, p. 468.

60. Ibid., p. 467.

61. Ibid., p. 449, letter to Elizabeth Schuyler, October 2, 1780.

62. Ibid., p. 474, letter to Elizabeth Schuyler, October 13, 1780.

63. Ibid., p. 385, letter to Elizabeth Schuyler, August 31, 1780.

64. Ibid., p. 455, letter to Elizabeth Schuyler, October 5, 1780.

65. Ibid., p. 374, letter to Elizabeth Schuyler, August 8, 1780.

66. Ibid., p. 422, letter to Elizabeth Schuyler, September 6, 1780.

67. Ibid., p. 351, letter to Elizabeth Schuyler, July 2-4, 1780.

68. Ibid., p. 493, letter to Elizabeth Schuyler, October 27, 1780.

69. Ibid., p. 398, letter to Elizabeth Schuyler, August 1780.

70. Ibid., vol. 21, p. 78, letter to William Hamilton, May 2, 1797.

71. Ibid., vol. 2, p. 418, letter to Elizabeth Schuyler, September 3, 1780.

72. Ibid., p. 374, letter to Elizabeth Schuyler, August 8, 1780.

73. Rogow, Fatal Friendship, p. 59.

74. Gerlach, Proud Patriot, pp. 437–38.

75. PAH, vol. 2, p. 350, letter to Elizabeth Schuyler, June–October 1780.

76. Ibid., p. 521.

77. Ibid., p. 539, letter to Margarita Schuyler, January 21, 1781.

78. Mitchell, Alexander Hamilton: Youth to Maturity, p. 202.

79. Gerlach, Proud Patriot, p. 403.

80. Ibid., p. 191.

81. Mitchell, Alexander Hamilton: Youth to Maturity, p. 568.

82. PAH, vol. 2, p. 509, letter to George Washington, November 22, 1780.

83. Ibid., p. 255, letter to John Laurens, January 8, 1780.

84. Ibid., p. 565, letter to Philip Schuyler, February 18, 1781.

85. Ibid., p. 549, letter to John Laurens, February 4, 1781.

86. Ibid., pp. 563–64, letter to Philip Schuyler, February 18, 1781.

87. Ibid., p. 564.

88. Ibid., p. 565.

89. Ibid., pp. 566–67.

90. Ibid., p. 569, letter to James McHenry, February 18, 1781.

8장 · 영광

1. "Hamiltons Quarrel with Washington, 1781," The William and Mary Quarterly, April 1955.

2. Flexner, Young Hamilton, p. 338.

3. PAH, vol. 2, p. 595, letter to Nathanael Greene, April 19, 1781.

4. Hamilton, Life of Alexander Hamilton, vol. 2, p. 191.

5. PAH, vol. 2, p. 601, letter to George Washington, April 27, 1781.

6. Ibid., p. 602, letter from George Washington, April 27, 1781.

7. Ibid., p. 235.

8. Ibid., p. 606, letter to Robert Morris, April 30, 1781.

9. Ibid., p. 605.

10. Ibid., p. 618.

11. Ibid., p. 631.

12. Ibid., p. 635.

13. Ibid., p. 554, letter to the marquis de Barbé Marbois, February 7, 1781.

14. Smith, John Marshall, p. 5.

15. *PAH*, vol. 2, p. 650, "The Continentalist No. July 12, 1781.

16. Ibid., p. 651.

17. Ibid., p. 674, "The Continentalist No. IV," August 30, 1781.

18. Cooke, *Alexander Hamilton*, p. 136.

19. *PAH*, vol. 2, p. 636, letter to George Washington, May 2, 1781.

20. Ibid., p. 641, letter from John B. Church, May 18, 1781.

21. Ibid., p. 647, letter to Elizabeth Hamilton, July 10, 1781.

22. Kaminski, *George Clinton*, p. 40.

23. NYPL-PSP, reel 17.

24. Cunningham, *Schuyler Mansion*, p. 205.

25. NYPL-PSP, reel 17.

26. *PAH*, vol. 2, p. 666, letter to Elizabeth Hamilton, August 16, 1781.

27. Ibid., p. 667, letter to Elizabeth Hamilton, August 22, 1781.

28. Ibid., p. 675' letter to Elizabeth Hamilton, September 6, 1781.

29. Tuchman, *First Salute*, p. 267.

30. Flexner, *Young Hamilton*, p. 357.

31. Tuchman, *First Salute*, p. 281.

32. McDonald, *Alexander Hamilton*, p. 25.

33. Rosenfeld, *American Aurora*, p. 420.

34. *PAH*, vol. 2, p. 678, letter to Elizabeth Hamilton, October 12, 1781.

35. Flexner, *Young Hamilton*, p. 364.

36. Bobrick, *Angel in the Whirlwind*, p. 461.

37. Hamilton, *Life of Alexander Hamilton*, vol. 2, p. 270.

38. Bobrick, *Angel in the Whirlwind*, p. 461.

39. Mitchell, *Alexander Hamilton: Youth to Maturity*, p. 259.

40. *PAH*, vol. 2, p. 683, letter to Elizabeth Hamilton, October 18, 1781.

41. Ibid., vol. 26, p. 421, letter to the vicomte de Noailles, November-December 1781.

42. Ibid., pp. 424-25, letter to the vicomte de Noailles, April 4, 1782.

43. Mitchell, *Alexander Hamilton: Youth to Maturity*, p. 261.

44. PAH, vol. 5, p. 348, "Eulogy for Nathanael Greene, July 4, 1789."

9장 · 질풍노도

1. *PAH*, vol. 3, p. 69, letter to Richard Kidder Meade, March 1782.

2. Ibid., pp. 150-51, letter to Richard Kidder Meade, August 27, 1782.

3. Ibid., pp. 69-70, letter to Richard Kidder Meade, March 1782.

4. McDonald, *Alexander Hamilton*, pp. 60-61.

5. *LPAH*, vol. 1, p. 52.

6. *PAH*, vol. 3, p. 192, letter to the marquis de Lafayette, November 3, 1782.

7. Ibid., p. 471.

8. NYPL-PSP, reel 17, letter from Alexander McDougall to Philip Schuyler, October 12, 1781.

9. *The New-York Packet and the American Advertiser*, April 18, 1782.

10. *PAH*, vol. 3, p. 78, "The Continentalist No. V," April 18, 1782.

11. Ibid., p. 89, letter to Robert Morris, May 18, 1782.

12. Ibid., p. 105, "The Continentalist No. VI, " July 4, 1782.

13. Ibid., p. 102.

14. Ibid., p. 169, letter to Robert Morris, September 28, 1782.

15. Ibid., p. 135, letter to Robert Morris, August 13, 1782.

16. LC-AHP, reel 30, letter from James Kent to Elizabeth Hamilton, December 20, 1832.

17. *PAH*, vol. 3, p. 121, letter from John Laurens, July 1782.

18. Ibid., p. 145, letter to John Laurens, August 15, 1782.

19. Wallace, *Life of Henry Laurens*, p. 489.

20. McDonough, *Christopher Gadsden and Henry Laurens*, p. 262.

21. *PAH*, vol. 3, p. 192, letter to the marquis de Lafayette, November 3, 1782.

22. Bowen, *Miracle at Philadelphia*, p. 97.

23. *PAH*, vol. 3, p. 226, letter to Elizabeth Hamilton, December 18, 1782.

24. Ibid., p. 238, letter to Elizabeth Hamilton, January 8, 1783.

25. Ibid., p. 424, memo of July 1783.

26. Ketcham, *James Madison*, p. 112.

27. Wills, *James Madison*, p. 19.

28. Brodie, *Thomas Jefferson*, p. 301.

29. Wills, *James Madison*, p. 20.

30. Ibid., p. 35.

31. Ketcham, *James Madison*, p. 119.

32. *The American Historical Review*, January 1957.

33. *PAH*, vol. 3, p. 216, "Continental Congress Report on a Letter from the Speaker of the Rhode Island Assembly," December 16, 1782.

34. Elkins and McKitrick, *Age of Federalism*, p. 102.

35. *The American Historical Review*, January 1957.

36. Mitchell, *Alexander Hamilton: Youth to Maturity*, p. 292.

37. *PAH*, vol. 3, p. 256, letter to George Clinton, February 14, 1783.

38. Ibid., p. 254, letter to George Washington, February 13, 1783.

39. Brookhiser, *Gentleman Revolutionary*, p. 72.

40. *PAH*, vol. 3, p. 254, letter to George Washington, February 13, 1783.

41. Ibid., p. 264, James Madison notes on the conversation on the evening of February 20, 1783.

42. Ibid., p. 278, letter from George Washington, March 4, 1783.

43. Bobrick, *Angel in the Whirlwind*, p. 474.

44. *PAH*, vol. 3, p. 286, letter from George Washington, March 12, 1783.

45. Ibid., p. 287.

46. Flexner, *Washington*, p. 174.

47. Ellis, *Founding Brothers*, p. 130.

48. *PAH*, vol. 3, p. 291, letter to George Washington, March 17, 1783.

49. Ibid., p. 293.

50. Ibid., p. 310, letter from George Washington, March 31, 1783.

51. Flexner, *Young Hamilton*, p. 412.

52. *PAH*, vol. 3, p. 335, letter from George Washington, April 22, 1783.

53. Ibid., p. 397, letter to William Jackson, June 19, 1783.

54. Ketcham, *James Madison*, p. 142.

55. *PAH*, vol. 3, p. 451, letter to John Dickinson, September 25-30, 1783.

56. Ibid., p. 401, "Continental Congress Resolutions on Measures to Be Taken in Consequence of the Pennsylvania Mutiny," June 21, 1783.

57. Ibid., p. 406, "Continental Congress Report of a Committee Appointed to Confer with the Supreme Executive Council of Pennsylvania on the Mutiny," June 24, 1783.

58. Ibid., p. 407, letter to George Clinton, June 29, 1783.

59. Ketcham, *James Madison*, p. 142.

60. Malone, *Jefferson and His Time*, vol. 1, p. 404.

61. *PAH*, vol. 3, p. 412, letter to James Madison, July 6, 1783.

62. Ibid., p. 376, letter to Nathanael Greene, June 10, 1783.

63. Ibid., "Continental Congress Unsubmitted Resolution Calling for a Convention to Amend the Articles of Confederation," July 1783.

64. Wood, *American Revolution*, p. 148. i

65. *PAH*, vol. 3, p. 413, letter to Elizabeth Hamilton, July 22, 1783.

66. Ibid., p. 431, letter to Robert R. Livingston, August 13, 1783.

67. Wood, *American Revolution*, p. 87.

68. *LPAH*, vol. 1, p. 223.

69. Bobrick, *Angel in the Whirlwind*, p. 421.

70. *PAH*, vol. 3, p. 492, "Letter from Phocion," January 1784.

71. Schecter, *Battle for New York*, p. 377.

72. Lomask, *Aaron Burr: The Years from Princeton to Vice President*, p. 82.

73. *PAH*, vol. 3, p. 481, letter to Samuel Loudon, December 27, 1783.

74. King, *Life and Correspondence of Rufus King*, vol. 4, p. 407.

10장 · 진중하고 과묵하며 기이한 종류의 동물

1. Hamilton, *Intimate Life of Alexander Hamilton*, p. 240.

2. NYPL-JAHP, box 1.

3. Ames, *Sketch of the Character of Alexander Hamilton*, pp. 7-8.
4. Kent, *Memoirs and Letters of James Kent*, p. 228.
5. Sullivan, *Public Men of the Revolution*, p. 260.
6. Hamilton, *Intimate Life of Alexander Hamilton*, p. 37.
7. *LPAH*, vol. 1, p. 46.
8. King, *Life and Correspondence of Rufus King*, vol. 3, p. 460.
9. NYPL-JAHP, box 1.
10. Ibid.
11. Hamilton, *Reminiscences of James A. Hamilton*, p. 6.
12. Ibid.
13. LPAH, vol. l,p. 689.
14. McDonald, *Alexander Hamilton*, p. 63.
15. Ibid., p. 314.
16. LC-AHP, reel 30, letter from James Kent to Elizabeth Hamilton, December 20, 1832.
17. Ibid., letter from Robert Troup to Timothy Pickering, March 31, 1828.
18. Ames, *Sketch of the Character of Alexander Hamilton*, p. 10.
19. *LPAH*, vol. 1, p. 7.
20. *PAH*, vol. 26, p. 239.
21. Parton, *Life and Times of Aaron Burr*, p. 368.
22. Lomask, *Aaron Burr: The Years from Princeton to Vice President*, p. 14.
23. Ibid., p. 97.
24. LC-WPP, reel 1, diary entry of January 22, 1807.
25. *The New York Review of Books*, February 2, 1984.
26. Hamilton, *Intimate Life of Alexander Hamilton*, p. 427.
27. *PAH*, vol. 25, p. 321, letter to James A. Bayard, January 16, 1801.
28. Ibid., p. 296, letter to John Rutledge, Jr., January 4, 1801.
29. Rogow, *Fatal Friendship*, p. 91.
30. Ibid., p. 93.
31. Lodge, *Alexander Hamilton*, p. 188.
32. Parton, *Life and Times of Aaron Burr*, p. 153.
33. *PAH*, vol. 25, p. 298, letter to John Rutledge, Jr., January 4, 1801.
34. LC-WPP, reel 1, diary entry, January 22, 1807.
35. Brookhiser, *Alexander Hamilton*, p. 150.
36. Parton, *Life and Times of Aaron Burr*, p. 149.
37. *PAH*, vol. 3, p. 141, letter to Robert Morris, August 13, 1782.
38. Ibid., p. 459, letter from John Jay, September 28, 1783.
39. Bobrick, *Angel in the Whirlwind*, p. 481.
40. *PAH*, vol. 3, p. 484, "Letter from Phocion," January 1784.
41. Ibid., p. 485.
42. Ibid., p. 556, "Second Letter from Phocion," April 1784.

43. Hamilton, *Intimate Life of Alexander Hamilton*, p. 152.

44. *LPAH*, vol. 1, p. 307.

45. Brookhiser, *Alexander Hamilton*, p. 58.

46. Hamilton, *Intimate Life of Alexander Hamilton*, p. 153.

47. *LPAH*, vol. 1, p. 301.

48. Cheetham, *Narrative of the Suppression by Col. Burr*, p. 55.

49. *PAH*, vol. 3, p. 524, letter to Gouverneur Morris, March 21, 1784.

50. Ibid., p. 521, letter to John B. Church, March 10, 1784.

51. Ibid.

52. Ibid., p. 514, "Constitution of the Bank of New York."

11장 · 유령

1. Hamilton, *Reminiscences of James A. Hamilton*, p. 3.

2. *PAH*, vol. 4, p. 279, letter from Angelica Church, October 2, 1787.

3. Ibid., vol. 3, p. 620, letter to Angelica Church, August 3, 1785.

4. Ibid., pp. 3-4.

5. Ibid., p. 3.

6. Ibid., vol. 4, p. 120.

7. Menz, *Historic Furnishing Report*, pp. 70-71.

8. Hamilton, *Reminiscences of James A. Hamilton*, p. 65.

9. Original Will Transcript Book of South Carolina, 1780-1783, "Will of Peter Lavien." Copy in the South Carolina Room, Charleston County Public Library, Charleston, S.C.

10. *PAH*, vol. 3, p. 235, letter to Elizabeth Hamilton, 1782.

11. Hamilton, *Intimate Life of Alexander Hamilton*, p. 184.

12. *PAH*, vol. 3, p. 474, letter from Hugh Knox, October 27, 1783.

13. Ibid., p. 573, letter from Hugh Knox, July 28, 1784.

14. *Proceedings of the New Jersey Historical Society*, April 1951.

15. *PAH*, vol. 3, p. 617, letter to James Hamilton, June 22, 1785.

16. Ibid.

17. Ibid.

18. Ibid., vol. 20, p. 459, "From Ann Mitchell," [1796].

19. Ibid., vol. 1, p. 484, letter from Edward Stevens, May 8, 1778.

20. Ibid., vol. 3, p. 574, letter from Hugh Knox, July 28, 1784.

21. Bailyn, *Ideological Origins of the American Revolution*, p. 244.

22. Hamilton, *Intimate Life of Alexander Hamilton*, p. 96.

23. *PAH*, vol. 2, p. 642, letter to George Clinton, May 22, 1781.

24. McDonald, *Alexander Hamilton*, p. 373.

25. *PAH*, vol. 19, p. 204, letter from Philip Schuyler, August 31, 1795; LPAH, vol. 5, p. 409,

cashbook entry for March 23, 1796.

26. William-Myers, *Long Hammering*, p. 23.
27. McCullough, *John Adams*, p. 134.
28. Ferling, *John Adams*, p. 172.
29. Ibid., p. 173.
30. Morgan, *Benjamin Franklin*, p. 105.
31. *The New York Review of Books*, November 4, 1999.
32. Ketcham, *James Madison*, p. 374.
33. Rakove, *James Madison and the Creation of the American Republic*, p. 144.
34. Ibid., pp. 144-45.
35. *PAH*, vol. 18, p. 519, "The Defence No. III," July 29, 1795.
36. Brookhiser, *Gentleman Revolutionary*, p. 34.
37. NYHS-NYCMS, reel 1, February 4, 1785.
38. Burrows and Wallace, *Gotham*, p. 286.
39. Lomask, *Aaron Burr: The Conspiracy and Years of Exile*, p. 403.
40. NYHS-NYCMS, reel 2, [ca. August-September 1786].
41. Ibid., [ca. March 1786].
42. Wood, *American Revolution*, p. 120.
43. *PAH*, vol. 3, p. 639, letter from George Washington, December 11, 1785.
44. *Extract from the Proceedings of the New-York State Society, of the Cincinnati*, p. 6.
45. Ibid., p. 10.
46. Ibid., p. 12.

12장 · 위엄 있고 훌륭한 의회

1. *PAH*, vol. 25, p. 479, "The Examination," no. 5; *New-York Evening Post*, December 29, 1801.
2. Ibid., vol. 3, p. 609, letter to Robert Livingston, April 25, 1785.
3. The *New-York Packet*, April 7, 1785.
4. Kaminski, *George Clinton*, p. 107.
5. Knott, *Alexander Hamilton and the Persistence of Myth*, p. 87.
6. Kaminski, *George Clinton*, p. 246.
7. *PAH*, vol. 3, pp. 137-38, letter to Robert Morris, August 13, 1782.
8. Ibid., vol. 5, p. 290, "H. G. Letter XI," March 6, 1789.
9. Kaminski, *George Clinton*, p. 18.
10. LC-WPP, reel 1, diary entry, March 15, 1806.
11. PAH, vol. 21, pp. 77-78, letter to William Hamilton, May 2, 1797.
12. *The William and Mary Quarterly*, April 1947.
13. Kaminski, *George Clinton*, p. 115.

14. Mitchell, *Alexander Hamilton: Youth to Maturity*, p. 356.
15. Wood, *American Revolution*, p. 152.
16. Hamilton, *Federalist*, pp. lviii–lix.
17. *PAH*, vol. 3, p. 684, letter to Elizabeth Hamilton, September 8, 1786.
18. Wills, *Explaining America*, p. 12.
19. *PAH*, vol. 3, p. 687, "Address of the Annapolis Convention," September 14, 1786.
20. Mitchell, *Alexander Hamilton: Youth to Maturity*, p. 367.
21. Cooke, *Alexander Hamilton*, p. xviii.
22. Bowen, *Miracle at Philadelphia*, p. 5.
23. Brookhiser, *Gentleman Revolutionary*, p. 80.
24. Ferling, *John Adams*, p. 309.
25. Wills, *Explaining America*, p. 7.
26. Wilson and Stanton, *Jefferson Abroad*, p. 120.
27. McCullough, *John Adams*, p. 371.
28. *PAH*, vol. 19, p. 18, "The Defence of the Funding System," July 1795.
29. Ibid., vol. 4, p. 312, "The Federalist No. 6," November 14, 1787.
30. LC-AHP, reel 30, letter from Samuel Jones to Elizabeth Hamilton, June 1, 1818.
31. *PAH*, vol. 4, p. 86, speech to New York Assembly, February 1787.
32. Ibid., pp. 89–90.
33. CU-HPPP, box 261, letter from Margaret Livingston to Robert R. Livingston, March 3, 1787.
34. *The Daily Advertiser*, February 10, 1787.
35. Ibid.
36. Kaminski, *George Clinton*, p. 119.
37. "Hamilton and Washington: The Origins of the American Party System," *The William and Mary Quarterly*, April 1955.
38. Bobrick, *Angel in the Whirlwind*, p. 488.
39. Ketcham, *James Madison*, p. 195.
40. *PAH*, vol. 12, p. 355, "Amicus," *National Gazette*, September 11, 1792.
41. Bowen, *Miracle at Philadelphia*, p. 30.
42. Ibid., p. 236.
43. Butzner, *Constitutional Chaff*, p. 162.
44. Ketcham, *James Madison*, p. 195.
45. Bowen, *Miracle at Philadelphia*, p. 61.
46. Ketcham, *James Madison*, p. 196.
47. Ibid.
48. Bowen, *Miracle at Philadelphia*, pp. 104–5.
49. *PAH*, vol. 4, p. 178, "Constitutional Convention Speech on a Plan of Government."
50. Ibid., p. 187, Madison's notes, June 18, 1787.
51. Ibid., p. 195, Robert Yates notes, June 18, 1787.

알렉산더 해밀턴

52. Bowen, *Miracle at Philadelphia*, p. 113.
53. *PAH*, vol. 4, p. 194, Madisons notes, June 18, 1787.
54. Ibid., p. 186, Hamilton's notes, June 18, 1787.
55. Ibid., p. 192, Madison's notes, June 18, 1787.
56. *The Mississippi Valley Historical Review*, March 1950.
57. *PAH*, vol. 4, p. 165, "Notes Taken in the Federal Convention."
58. Ibid., p. 186, Hamilton's notes, June 18, 1787.
59. Ibid., p. 192, Madison's notes, June 18, 1787.
60. Bowen, *Miracle at Philadelphia*, p. 101.
61. Mitchell, *Alexander Hamilton: Youth to Maturity*, p. 391.
62. Ibid.
63. Bowen, *Miracle at Philadelphia*, p. 114.
64. Ibid., p. 188.
65. Ibid., p. 14.
66. Rosenfeld, *American Aurora*, p. 471.
67. Ferling, *John Adams*, p. 309.
68. Isaacson, *Benjamin Franklin*, p. 451.
69. *The William and Mary Quarterly*, 1955.
70. *PAH*, vol. 4, p. 221, "Remarks on Equality of Representation of the States in the Congress," June 29, 1787.
71. Ibid.
72. Ibid., pp. 224-25, letter to George Washington, July 3, 1787.
73. Ibid., p. 225, letter from George Washington, July 10, 1787.
74. *Jefferson, Anas of Thomas Jefferson*, p. 87.
75. *PAH*, vol. 4, p. 235, letter to Rufus King, August 20, 1787.
76. Bowen, *Miracle at Philadelphia*, p. 311.
77. *PAH*, vol. 5, p. 289, "H.G. Letter XI；5 March 6, 1789.
78. Mitchell, *Alexander Hamilton: Youth to Maturity*, p. 407.
79. *The Daily Advertiser*, July 21, 1787.
80. *New-York Journal*, September 20, 1787.
81. *PAH*, vol. 4, p. 280, letter to George Washington, October 11-15, 1787.
82. Ibid., p. 284, letter from George Washington, October 18, 1787.
83. Ibid., p. 226, letter to Nathaniel Mitchell, July 20, 1787.
84. Bowen, *Miracle at Philadelphia*, p. 208.
85. Ellis, *Founding Brothers*, p. 91.
86. Ibid., p. 92.
87. Ibid., p. 201.
88. NYHS-NYCMS, reel 1, August 1787.
89. Ibid., January 26, 1788.
90. Emery, *Alexander Hamilton*, p. 103.

91. Berkin, *Brilliant Solution*, p. 113.

92. Brookhiser, *Gentleman Revolutionary*, p. 88.

93. Ibid., p. 60.

94. Bowen, *Miracle at Philadelphia*, p. 42.

95. Fleming, *Duel*, p. 22.

96. Brookhiser, *Alexander Hamilton*, p. 7.

97. *PAH*, vol. 7, p. 72, "Conversation with George Beckwith," September 25-30, 1790.

98. Elkins and McKitrick, *Age of Federalism*, p. 317.

99. Bowen, *Miracle at Philadelphia*, p. 195.

100. Brookhiser, *Gentleman Revolutionary*, p. 26.

101. Bowen, *Miracle at Philadelphia*, p. 263.

102. *PAH*, vol. 4, p. 253, "Remarks on Signing the Constitution," September 17, 1787.

103. Colimore, *The Philadelphia Inquirer 5 Guide to Historic Philadelphia*, p. 9.

13장 · 퍼블리우스

1. Kaminski, *George Clinton*, p. 131.

2. Bowen, *Miracle at Philadelphia*, p. 271.

3. Burrows and Wallace, *Gotham*, p. 289.

4. Kaminski, *George Clinton*, p. 125.

5. Ibid.

6. Ibid., p. 127.

7. *The Daily Advertiser*, September 15, 1787.

8. Ibid.

9. *New-York Journal*, September 20, 1787.

10. Ibid., October 4, 1787.

11. *PAH*, vol. 4, p. 276, "Conjectures About the New Constitution," September 17-30, 1787.

12. Custis, *Recollections and Private Memoirs of Washington*, p. 215.

13. Kent, *Memoirs and Letters of James Kent*, pp. 301-2.

14. Baxter, *Godchild of Washington*, p. 219.

15. *PAH*, vol. 4, p. 288.

16. Ibid.

17. Ibid., vol. 25, p. 558, "The Examination," no. 15, *New-York Evening Post*, March 3, 1802.

18. *PAH*, vol. 4, p. 308, letter from George Washington, November 10, 1787.

19. CU-HPPP, box 261, letter from Archibald McLean to Robert Troup, October 14, 1788.

20. Mitchell, *Alexander Hamilton: Youth to Maturity*, p. 418.

21. Knott, *Alexander Hamilton and the Persistence of Myth*, p. 89.

22. Mitchell, *Alexander Hamilton: Youth to Maturity*, p. 417.

23. Bailyn, *To Begin the World Anew*, p. 102.

24. Madison, *Papers of James Madison*, vol. 10, p. 260.

25. *The William and Mary Quarterly*, April 1947.

26. NYHS-NPP.

27. Sullivan, *Public Men of the Revolution*, p. 261.

28. Ketcham, *James Madison*, p. 236.

29. Warville, *New Travels in the United States of America*, p. 147.

30. Ibid.

31. Scigliano, *Federalist*, p. 290.

32. Ibid., p. 331.

33. Ibid.

34. Bailyn, *To Begin the World Anew*, p. 113.

35. *PAH*, vol. 4, p. 301, "The Federalist No. 1," October 27, 1787.

36. Ibid.

37. Ibid., p. 304.

38. Ibid., p. 313, "The Federalist No. 6," November 14, 1787.

39. Ibid., p. 331, "The Federalist No. 8," November 20, 1787.

40. Ibid., p. 333, "The Federalist No. 9," November 21, 1787.

41. Ibid., p. 340, "The Federalist No. 11," November 24, 1787.

42. Ibid., p. 347, "The Federalist No. 12," November 27, 1787.

43. Ibid., p. 356, "The Federalist No. 15," December 1, 1787.

44. Ibid., p. 395, "The Federalist No. 20," December 11, 1787.

45. Ibid., p. 400, "The Federalist No. 21," December 12, 1787.

46. Ibid., p. 409, "The Federalist No. 22," December 14, 1787.

47. Ibid.

48. Ibid., p. 426, "The Federalist No. 25," December 21, 1787.

49. Ibid., p. 420, "The Federalist No. 24," December 19, 1787.

50. Ibid., p. 421.

51. Ibid., p. 439, "The Federalist No. 28," December 26, 1787.

52. Ibid., p. 450, "The Federalist No. 30," December 28, 1787.

53. Ibid., p. 451.

54. Ibid., p. 472, "The Federalist No. 34," January 5, 1788.

55. Ibid., p. 456, "The Federalist No. 31," January 1, 1788.

56. Ibid., p. 472, "The Federalist No. 34," January 5, 1788.

57. Ibid., p. 461, "The Federalist No. 32," January 2, 1788.

58. Ibid., p. 482, "The Federalist No. 35," January 5, 1788.

59. Ibid., p. 483, "The Federalist No. 36," January 8, 1788.

60. Ibid., p. 548, "The Federalist No. 60," Febuary 23, 1788.

61. Ibid., p. 567, "The Federalist No. 63," March 1, 1788.

62. Ibid., p. 575, "The Federalist No. 66," March 7, 1788.

63. Ibid., p. 599, "The Federalist No. 70," March 15, 1788.

64. Ibid., p. 605.

65. Ibid., p. 609, "The Federalist No. 71," March 18, 1788.

66. Ibid., p. 612, "The Federalist No 72" March 19, 1788.

67. Ibid., p. 625, "The Federalist No 74," March 25, 1788.

68. Ibid., p. 636, "The Federalist No. 76," April 1, 1788.

69. Ibid., vol. 25, p. 550, "The Examination," no. 14, *New-York Evening Post*, March 2, 1801.

70. Ibid., vol. 4, p. 658, "The Federalist No. 78," May 28, 1778.

71. Ibid., p. 697, "The Federalist No. 83," May 28, 1788.

72. Ibid., p. 706, "The Federalist No. 84," May 28, 1788.

73. Ibid., p. 705.

74. Ibid., p. 721, "The Federalist No. 85, " May 28, 1788.

75. Ibid.

76. *PAH*, vol. 4, p. 650, letter to Gouverneur Morris, May 19, 1788.

77. Wills, *Explaining America*, p. xvi.

78. Bailyn, *To Begin the World Anew*, p. 101.

79. Jefferson, *Papers of Thomas Jefferson*, vol. 13, p. 156.

80. *PAH*, vol. 4, p. 409, "The Federalist No. 22, " December 14, 1787.

81. LC-AHP, reel 30, letter from James Kent to Elizabeth Hamilton, December 20, 1832.

82. *PAH*, vol. 4, pp. 649-50, letter to James Madison, May 19, 1788.

83. NYPL-AYP.

84. *PAH*, vol. 4, p. 649, letter to James Madison, May 19, 1788.

85. Bowen, *Miracle at Philadelphia*, p. 293.

86. *PAH*, vol. 5, p. 3, letter to James Madison, June 8, 1788.

87. Ibid., vol. 4, p. 641, "Federalist No. 77," April 2, 1788.

88. Hamilton, *Intimate Life of Alexander Hamilton*, p. 49.

89. *The William and Mary Quarterly*, July 1967.

90. *PAH*, vol. 5, p. 10, letter to James Madison, June 19, 1788.

91. Cooke, *Alexander Hamilton*, p. 15.

92. LC-AHP, reel 30, letter from James Kent to Elizabeth Hamilton, December 20, 1832.

93. Burrows and Wallace, *Gotham*, p. 292.

94. *PAH*, vol. 5, p. 16, speech of June

95. Ibid., p. 18, speech of June 20, 1788.

96. Ibid., p. 26.

97. Ibid., p. 43, speech of June 21, 1788.

98. Ibid., p. 37.

99. Kaminski, *George Clinton*, p. 151.

100. Ibid.

101. *The William and Mary Quarterly*, July 1967.

102. *PAH*, vol. 5, p. 68, speech of June 24, 1788. March 19, 103.

103. Ibid., p. 67.

104. Ibid., p. 91, letter to James Madison, June 27, 1788.

105. *The Daily Advertiser*, July 4, 1788.

106. NYPL-AYP.

107. NYHS-MM, reel 4, letter from Abraham Bancker to Evert Bancker, June 28, 1788.

108. Smith, *John Marshall*, p. 119.

109. Berkin, *Brilliant Solution*, p. 188.

110. *The Daily Advertiser*, July 12, 1788.

111. Kaminski, *George Clinton*, p. 166.

112. Burrows and Wallace, *Gotham*, p. 293.

113. *The William and Mary Quarterly*, July 1967.

114. Ibid.

115. Burrows and Wallace, *Gotham*, p. 293.

116. Brookhiser, *Alexander Hamilton*, p. 74.

14장 · 기계 작동시키기

1. *PAH*, vol. 5, p. 202, letter to George Washington, August 13, 1788.

2. Ibid., p. 207, letter from George Washington, August 28, 1788.

3. Ibid., p. 221, letter to George Washington, September 1788.

4. Ibid., p. 223, letter from George Washington, October 3, 1788.

5. Ibid., p. 234, letter to George Washington, November 18, 1788.

6. Ferling, *John Adams*, p. 298.

7. *PAH*, vol. 5, p. 248, letter to James Wilson, January 25, 1789.

8. Ibid., p. 225, letter to Theodore Sedgwick, October 9, 1788.

9. Ibid., p. 231, letter to Theodore Sedgwick, November 9, 1788.

10. Ferling, *John Adams*, p. 299.

11. McCullough, *John Adams*, p. 409.

12. *PAH*, vol. 25, p. 191, *Letter from Alexander Hamilton*, October 24, 1800.

13. Kaminski, *George Clinton*, p. 178.

14. *PAH*, vol. 26, p. 479, letter to Isaac Ledyard, February 18, 1789.

15. Ibid., vol. 5, p. 263, "H. G. Letter I," *The Daily Advertiser*, February 20, 1789.

16. Ibid., p. 265, "H. G. Letter II," *The Daily Advertiser*, February 21, 1789.

17. Ibid., p. 269, "H. G. Letter IV" *The Daily Advertiser*, February 24, 1789.

18. Ibid., p. 292, "H. G. Letter XI," *The Daily Advertiser*, March 7, 1789.

19. Ibid., p. 298, "H. G. Letter XIII," *The Daily Advertiser*, March 9, 1789.

20. Kaminski, *George Clinton*, p. 182.

21. Ibid., p. 187.

22. Ibid., P. 182.

23. Ibid., P. 186.

24. Ibid., P. 187.
25. Mitchell, *Alexander Hamilton: The National Adventure*, p. 560.
26. *PAH*, vol. 5, pp. 321-22, letter of April 7, 1789, to the New York State Electors.
27. Burrows and Wallace, *Gotham*, p. 297.
28. Ketcham, *James Madison*, p. 283.
29. Baxter, *Godchild of Washington*, p. 224.
30. Ibid.
31. Sullivan, *Public Men of the Revolution*, p. 117.
32. Van Doren, *Benjamin Franklin*, p. 772.
33. Ferling, *John Adams*, p. 302.
34. Elkins and McKitrick, *Age of Federalism*, p. 48.
35. Hamilton, *Intimate Life of Alexander Hamilton*, p. 315.
36. Smith, *Patriarch*, p. 291.
37. McCullough, *John Adams*, p. 413.
38. Hamilton, *Intimate Life of Alexander Hamilton*, p. 208.
39. Freeman, *Affairs of Honor*, p. 40.
40. LC-AHP, reel 30, letter from James Kent to Elizabeth Hamilton, December 20, 1832.
41. Freeman, *Affairs of Honor*, p. 9.
42. *PAH*, vol. 4, p. 375, letter to Angelica Church, December 6, 1787.
43. Ibid., p. 279, letter from Angelica Church, October 2, 1787.
44. Humphreys, *Catherine Schuyler*, p. 201.
45. Foreman, *Georgiana*, p. 45.
46. CU-HPPP, box 264, letter from Angelica Church to Elizabeth Hamilton, January 23, 1792.
47. bid.
48. Ibid., June 3, 1792.
49. Emery, *Alexander Hamilton*, p. 126.
50. *PAH*, vol. 5, p. 501, letter to Angelica Church, November 8, 1789.
51. Ibid.
52. Ibid.
53. Ibid., p. 502, letter from Elizabeth Hamilton to Angelica Church, November 8, 1789.
54. Flexner, *Washington*, p. 219.
55. *PAH*, vol. 6, p. 334, *Greenleaf's New York Journal and Patriotic Register*, April 15, 1790.
56. MHi-TPP, reel 51, p. 153.
57. *PAH*, vol. 5, p. 348, "Eulogy on Nathanael Greene," July 4, 1789.
58. Ibid., p. 350.
59. Meleny, *Public Life of Aedanus Burke*, p. 193.
60. *PAH*, vol. 5, p. 351, "Eulogy on Nathanael Greene," July 4, 1789.
61. Lomask, *Aaron Burr: The Years from Princeton to Vice President*, p. 138.
62. Ibid., p. 139.

63. *PAH*, vol. 5, p. 360, letter from Robert Troup, July 12, 1789.

64. Custis, *Recollections and Private Memoirs of Washington*, pp. 349-50.

65. McDonald, *Alexander Hamilton*, p. 128.

66. Custis, *Recollections and Private Memoirs of Washington*, p. 351.

67. Mitchell, *Alexander Hamilton: The National Adventure*, p. 22.

68. LC-AHP, reel 31, "Additional Facts Relative to the Life and Character of General Hamilton," January 1, 1821.

69. *PAH*, vol. 21, p. 78, letter to William Hamilton, May 2, 1797.

70. Madison, *Papers of James Madison*, vol. 12, p. 185.

71. NYHS-MM, reel 4, letter from Abraham Bancker to Evert Bancker, July 16, 1789.

72. *PAH*, vol. 2, p. 417, letter to James Duane, September 3, 1780.

73. Cooke, *Alexander Hamilton*, p. 27.

74. *PAH*, vol. 9, p. 30, "Conversations with George Beckwith," August 12, 1791.

75. Ellis, *Founding Brothers*, p. 124.

76. *PAH*, vol. 25, p. 214, *Letter from Alexander Hamilton*, October 24, 1800.

77. Custis, *Recollections and Private Memoirs of George Washington*, p. 214.

15장 · 악마의 사업

1. Callahan, *Henry Knox*, pp. 235-36.

2. Freeman, *Affairs of Honor*, p. 46.

3. *PAH*, vol. 5, p. 579, letter to Elizabeth Hamilton, November 1789.

4. Ibid., p. 422, letter to Jeremiah Wadsworth, October 3, 1789.

5. Ibid., vol. 18, p. 292, letter to Joseph Anthony, March 11, 1795.

6. Ibid., vol. 5, p. 369, letter to Samuel Meredith, September 13, 1789.

7. "William Duer and the Business of Government in the Era of the American Revolution," *The William and Mary Quarterly*, July 1975.

8. Ibid.

9. *PAH*, vol. 13, p. 526, "On James Blanchard," January 1793.

10. Ibid., vol. 5, p. 486, "Conversation with George Beckwith," October 1789.

11. Ibid., p. 482.

12. Ibid., p. 488.

13. Ibid., p. 482.

14. Ibid.

15. Ibid., p. 487.

16. Ibid., vol. 6, p. 53.

17. Ibid., p. 54.

18. Ibid., vol. 5, p. 464, letter from John Witherspoon, October 26, 1789.

19. Ibid., p. 439, letter to James Madison, October 12, 1789.

20. Elkins and McKitrick, *Age of Federalism*, p. 114.

21. *PAH*, vol. 5, p. 526, letter from James Madison, November 19, 1789.

22. Ibid., vol. 6, p. 69, *Report on Public Credit*, January 1790.

23. Ibid., p. 67.

24. Ibid., p. 96.

25. Ibid., p. 73.

26. Ibid., p. 78.

27. Knott, *Alexander Hamilton and the Persistence of Myth*, p. 95.

28. *PAH*, vol. 6, p. 98, *Report on Public Credit*, January 1790.

29. Ibid., p. 100.

30. Ibid., p. 106.

31. Ibid., vol. 12, p. 570, "Fact No. II" *National Gazette*, Philadelphia, October 16, 1792.

32. Ibid., vol. 18, p. 102, "Report on a Plan for the Further Support of the Public Credit," January 16, 1795.

33. Ibid.

34. *PAH*, vol. 6, p. 1, letter to Henry Lee, December 1, 1789.

35. Ibid., p. 50, letter to Angelica Church, January 7, 1790.

36. Gordon, *Hamilton's Blessing*, pp. 40-41.

37. *PAH*, vol. 18, p. 116, "Report on a Plan for the Further Support of the Public Credit," January 16, 1795.

38. Maclay, *Journal of William Maclay*, p. 177.

39. Ibid.

40. Ibid., p. 188.

41. *PAH*, vol. 12, p. 249, letter to George Washington, August 18, 1792.

42. Maclay, Journal of William Maclay, p. 332.

43. Burrows and Wallace, *Gotham*, p. 304.

44. Elkins and McKitrick, *Age of Federalism*, p. 141.

45. Mitchell, *Alexander Hamilton: The National Adventure*, p. 45.

46. Madison, *Papers of James Madison*, vol. 13, p. 98.

47. Gordon, *Hamilton's Blessing*, p. 28.

48. *PAH*, vol. 6, p. 436, letter to George Washington, May 28, 1790.

49. Maclay, *Journal of William Maclay*, p. 189.

50. Ibid., p. 194.

51. Hamilton, *Intimate Life of Alexander Hamilton*, p. 279.

52. Adams, *New Letters of Abigail Adams*, p. 37.

53. Maclay, *Journal of William Maclay*, p. 201.

54. Madison, *Papers of James Madison*, vol. 13, p. 147.

55. Ibid.

56. Ketcham, *James Madison*, p. 310.

57. Ellis, *Founding Brothers*, p. 84.

58. Hamilton, *Life of Alexander Hamilton*, vol. 4, p. 99.

59. Ellis, *Founding Brothers*, p. 114.

60. *New York Historical Society Quarterly*, October 1948.

61. *The New Yorker*, March 10, 2003.

62. *Greenleaf's New York Journal and Patriotic Register*, April 15, 1790.

63. Freeman, *Affairs of Honor*, p. 30.

64. Ibid., p. 29.

65. Ibid., p. 30.

66. Ames, *Sketch of the Character of Alexander Hamilton*, p. 8.

67. Meleny, *Public Life of Aedanus Burke*, p. 194.

68. Ibid., p. 196.

69. *PAH*, vol. 6, pp. 333-34, letter to Aedanus Burke, April 1, 1790.

70. Ibid., p. 336, letter from Aedanus Burke, April 1, 1790.

71. Maclay, *Journal of William Maclay*, p. 227.

16장 · 펜글로스 박사

1. Wilson and Stanton, *Jefferson Abroad*, p. 205.

2. Ibid., p. 210.

3. Ibid., p. 279.

4. Maclay, *Journal of William Maclay*, p. 272.

5. Malone, *Jefferson and His Time*, vol. 1, p. 69.

6. Ibid., p. 55.

7. Ibid., vol. 2, p. 77.

8. Bailyn, *Ideological Origins of the American Revolution*, p. 236.

9. Bobrick, *Angel in the Whirlwind*, p. 359.

10. McCullough, *John Adams*, p. 633.

11. Hamilton, *Life of Alexander Hamilton*, vol. 2, p. 168.

12. "Phocion No. IX," *Gazette of the United States*, October 21, 1796.

13. Wilson and Stanton, *Jefferson Abroad*, p. 11.

14. Malone, *Jefferson and His Time*, vol. 1, p. 201.

15. Ibid., vol. 2, p. 204.

16. Wilson and Stanton, *Jefferson Abroad*, p. 42.

17. Malone, *Jefferson and His Time*, vol. 2, p. 171.

18. Ibid., p. 46.

19. Brodie, *Thomas Jefferson*, p. 216.

20. Ibid., p. 227.

21. Jefferson, *Papers of Thomas Jefferson*, vol. 14, p. 554.

22. Ibid., p. 261.

23. Malone, *Jefferson and His Time*, vol. 2, p. 142.

24. *PAH*, vol. 4, p. 294.

25. Brodie, *Thomas Jefferson*, p. 228.

26. Wilson and Stanton, *Jefferson Abroad*, p. 268.

27. Elkins and McKitrick, *Age of Federalism*, p. 314.

28. Wilson and Stanton, *Jefferson Abroad*, p. 283.

29. Schama, *Citizens*, p. 326.

30. Ibid., p. 436.

31. Wilson and Stanton, *Jefferson Abroad*, p. 292.

32. Ibid., pp. 290-91.

33. *PAH*, vol. 5, p. 425, letter to the marquis de Lafayette, October 6, 1789.

34. Ibid., vol. 11, p. 439, letter to Edward Carrington, May 26, 1792.

35. Wilson and Stanton, *Jefferson Abroad*, p. 215.

36. Ibid., p. 73.

37. Ibid., p. 270.

38. Ferling, *John Adams*, p. 306.

39. Jefferson, *Papers of Thomas Jefferson*, vol. 16, p. 549.

40. Malone, *Jefferson and His Time*, vol. 2, p. 170.

41. Hamilton, *Intimate Life of Alexander Hamilton*, p. 49.

42. Jefferson, *Anas of Thomas Jefferson*, p. 30.

43. Ibid., p. 91.

44. Ibid.

45. *The William and Mary Quarterly*, January 1992.

46. Ellis, *Passionate Sage*, p. 64.

47. Ibid., p. 115.

48. Ellis, *Founding Brothers*, p. 53.

49. Jefferson, *Complete Anas of Thomas Jefferson*, p : 32.

50. Ellis, *Founding Brothers*, p. 57.

51. *PAH*, vol. 11, p. 428, letter to Edward Carrington, May 26, 1792.

52. Madison, *Papers of James Madison*, vol. 16, p. 248.

53. *PAH*, vol. 11, p. 440, letter to Edward Carrington, May 26, 1792.

54. Ketcham, *James Madison*, p. 473.

55. Ellis, *Founding Brothers*, p. 149.

56. Ketcham, *James Madison*, p. 360.

57. *PAH*, vol. 12, p. 238, letter to George Washington, August 18, 1792.

58. Ibid., vol. 19, p. 39, "The Defence of the Funding System," July 1795.

59. Ibid., vol. 12, p. 256, letter to George Washington, August 18, 1792.

60. Flexner, *Washington*, p. 232.

61. Cooke, *Alexander Hamilton*, pp. 225-26.

62. Freeman, *Affairs of Honor*, pp. 27, 234; McCullough, *John Adams*, p. 407.

63. McCullough, *John Adams*, p. 407.
64. Madison, *Papers of James Madison*, vol. 13, p. 146.
65. Maclay, *Journal of William Maclay*, p. 234.
66. Bowen, *Miracle at Philadelphia*, p. 210.
67. *PAH*, vol. 5, p. 209, letter to William Livingston, August 29, 1788.
68. Ibid., pp. 276-77.
69. Maclay, *Journal of William Maclay*, p. 178.
70. Madison, *Papers of James Madison*, vol. 13, p. 145.
71. Elkins and McKitrick, *Age of Federalism*, p. 170.
72. Ellis, *Founding Brothers*, p. 58.
73. Jefferson, *Anas of Thomas Jefferson*, p. 32.
74. NYPL-PSP, reel 17, letter from Philip Schuyler to Stephen Van Rensselaer, May 16, 1790.
75. Maclay, *Journal of William Maclay*, p. 273.
76. Ibid., p. 292.
77. Freeman, *Affairs of Honor*, p. 51.
78. Maclay, *Journal of William Maclay*, p. 299.
79. Elkins and McKitrick, *Age of Federalism*, P. 155.
80. Jefferson, *Anas of Thomas Jefferson*, p. 32.
81. Ibid.
82. Ellis, *Founding Brothers*, p. 49.
83. Freeman, *Affairs of Honor*, p. 49.
84. Malone, *Jefferson and His Time*, vol. 2, p. 303.
85. Maclay, *Journal of William Maclay*, p. 304.
86. Ibid., p. 310.
87. Ibid., p. 331.
88. Freeman, *Affairs of Honor*, p. 32.
89. CU-HPPP, box 262.
90. Mitchell, *Alexander Hamilton: The National Adventure*, p. 83.
91. Ibid.
92. Jefferson, *Anas of Thomas Jefferson*, p. 35.
93. *Gazette of the United States*, September 1, 1790.

17장 · 미국 최초의 타운

1. *PAH*, vol. 7, p. 608, letter to Angelica Church, January 31, 1791.
2. Hamilton, *Intimate Life of Alexander Hamilton*, pp. 42-43.
3. *PAH*, vol. 9, p. 404, letter from Henry Lee, October 18, 1791.
4. CU-HPPP, letter from Tench Coxe to William Duer, September 6, 1791.

5.   LC-AHP, reel 29, letter from Angelica Church to Elizabeth Hamilton, April 25, 1792.

6.   "Life Portraits of Alexander Hamilton," *The William and Mary Quarterly*, April 1955.

7.   Ibid.

8.   Sullivan, *Public Men of the Revolution*, pp. 261-62.

9.   *PAH*, vol. 12, p. 571, "Fact No. II," *National Gazette*, October 16, 1792.

10.   Freeman, *Affairs of Honor*, p. 106.

11.   Hamilton, *Intimate Life of Alexander Hamilton*, p. 241.

12.   *PAH*, vol. 24, p. 64, letter from James Wilkinson, November 21, 1799.

13.   Ibid., vol. 6, p. 511, letter from Morgan Lewis, July 26, 1790.

14.   Ibid., vol. 13, p. 480, letter from James Tillary, January 14, 1793.

15.   Ibid., vol. 7, p. 132, letter to Tobias Lear, October 29, 1790.

16.   Baxter, *Godchild of Washington*, p. 224.

17.   Steiner, *Life and Correspondence of James McHenry*, p. 129.

18.   NYHS-NPP, letter from Elizabeth Hamilton to George Cabot, September 20, 1804.

19.   Hamilton, *Intimate Life of Alexander Hamilton*, p. 227.

20.   Ibid., p. 216.

21.   *PAH*, vol. 15, p. 432, letter to Angelica Hamilton, November 1793.

22.   Menz, *Historic Furnishing Report*, p. 13.

23.   *PAH*, vol. 3, p. 468, letter to George Clinton, October 3, 1783.

24.   Ibid., vol. 19, p. 460, "Draft of George Washington's Seventh Annual Address to Congress," November 28-December 7, 1795.

25.   Ibid., pp. 146-47, "HamUton-Oneida Academy Mortgage," August 15, 1795.

26.   Burrows and Wallace, *Gotham*, p. 305.

27.   Furnas, *Americans*, p. 197.

28.   St. Méry, *Moreau de St. Méry's American Journey*, p. 135.

29.   *PAH*, vol. 6, p. 545, letter to Walter Stewart, August 5, 1790.

30.   Ibid., p. 297, letter to Benjamin Lincoln, March 10, 1790.

31.   Ibid., p. 469, letter to George Washington, June 21, 1790.

32.   Ibid., vol. 7, p. 31, letter to George Washington, September 10, 1790.

33.   Ibid., vol. 6, p. 408, "Treasury Department Circular to the Collectors of the Customs," June 1, 1791.

34.   Ibid., vol. 8, p. 432, "Treasury Department Circular to the Captains of the Revenue Cutters," June 4, 1791.

35.   Freeman, *Affairs of Honor*, p. 88.

36.   *PAH*, vol. 9, p. 370, letter to Otho Williams, October 11, 1791.

37.   Madison, *Papers of James Madison*, vol. 13, p. 143.

38.   *PAH*, vol. 7, p. 197, letter from Benjamin Lincoln, December 4, 1790.

39.   Madison, *Papers of James Madison*, vol. 13, p. 344.

40.   Ibid., p. 366.

41.   Maclay, *Journal of William Maclay*, p. 385.

42. Ibid., p. 387.

43. *PAH*, vol. 8, p. 375, "Treasury Department Circular to the Collectors of the Customs," May 26, 1791.

44. Ibid., vol. 11, p. 77, "Report on the Difficulties in the Execution of the Act Laying Duties on Distilled Spirits," March 5, 1792.

45. Ibid., vol. 19, p. 41, "The Defence of the Funding System," July 1795.

18장 · 탐욕과 사업의 그것

1. *The New York Review of Books*, April 13, 2000.

2. *PAH*, vol. 19, p. 190, "The Defence No. XI, " August 28, 1795.

3. Ibid., p. 32, "The Defence of the Funding System" July 1795.

4. Mitchell, *Alexander Hamilton: The National Adventure*, p. 351.

5. Ibid., p. 61.

6. Marsh, *Monroe's Defense of Jefferson and Freneau Against Hamilton*, p. 31.

7. Ellis, *Passionate Sage*, p. 161.

8. *The William and Mary Quarterly*, April 1955.

9. Ellis, *Passionate Sage*, p. 136.

10. *PAH*, vol. 14, p. 112, "Report on the State of the Treasury at the Commencement of Each Quarter During the Years 1791 and 1792," February 19, 1793.

11. Ibid., vol. 2, p. 414, letter to James Duane, September 3, 1780.

12. Ibid., voL 7, p. 305, "Report on the Bank," December 13, 1790.

13. Ibid., p, 308.

14. Ibid., p. 314.

15. Ibid., p. 315.

16. Ibid., p. 321.

17. Ibid., p. 327.

18. Ibid., p. 331.

19. *PAH*, vol. 8, p. 218, "Notes on the Advantages of a National Bank," March 27, 1791.

20. Miller, *Alexander Hamilton*, p. 272.

21. *PAH*, vol. 8, pp. 218, 221, letter to George Washington, March 27, 1791.

22. Ketcham, *James Madison*, p. 322.

23. Ammon, *James Monroe*, p. 86.

24. Mitchell, *Alexander Hamilton: The National Adventure*, p. 95.

25. *PAH*, vol. 8, p. 113, "Opinion on Constitutionality of Bank," February 23, 1791.

26. Ibid., p. 290.

27. Smith, *John Marshall*, p. 170.

28. Malone, *Jefferson and His Time*, vol. 2, p. 338.

29. Cooke, *Alexander Hamilton*, p. 77.

30. *PAH*, vol. 12, p. 85, letter from Thomas Jefferson to James Madison, October 1, 1792.

31. Cooke, Alexander Hamilton, p. 77.

32. PAH, vol. 8, p. 58, letter to George Washington, February 21, 1791.

33. Ibid., p. 62, letter to George Washington, February 23, 1791.

34. Mitchell, *Alexander Hamilton: The National Adventure*, p. 99.

35. *PAH*, vol. 8, p. 97, "Final Version of an Opinion on the Constitutionality of an Act to Establish a Bank," February 23, 1791.

36. Ibid., p. 98.

37. Ibid., p. 99.

38. Ibid., p. 132.

39. Lodge, *Alexander Hamilton*, p. 103.

40. Cooke, *Alexander Hamilton*, p. xvii.

41. *PAH*, vol. 7, p. 586, *Report on the Mint*, January 28, 1791.

42. Ibid., p. 601.

43. Ibid., p. 598.

44. Ibid., p. 577.

45. Ibid., p. 572.

46. *PAH*, vol. 7, p. 451, letter from Thomas Jefferson, January 24, 1791.

47. Mitchell, *Alexander Hamilton: The National Adventure*, p. 104.

48. *PAH*, vol. 7, p. 516, letter to Benjamin Goodhue, June 30, 1791.

49. *New York Historical Society Quarterly*, October 1948.

50. Smith, *Patriarch*, p. 108.

51. *New York Historical Society Quarterly*, October 1948.

52. *PAH*, vol. 8, p. 589, letter from Fisher Ames, July 31, 1791.

53. Ibid.

54. McDonald, *Alexander Hamilton*, p. 223.

55. Smith, *Patriarch*, p. 109.

56. *PAH*, vol. 9, p. 60, letter from Rufus King, August 15, 1791.

57. Ibid.

58. Ibid., p. 75, letter to Rufus King, August 17, 1791.

59. Ibid., p. 71, letter to William Seton, August 16, 1791.

60. Ibid., p. 74, letter to William Duer, August 17, 1791.

61. Ibid., p. 75.

62. Ibid., vol. 26, p. 617, letter from William Duer, August 16, 1791.

63. Davis, *Essays in the Earlier History of American Corporations*, p. 208.

64. Ibid.

1. Ketcham, *James Madison*, p. 385.
2. *PAH*, vol. 8, pp. 343-44, letter from Philip Schuyler, May 15, 1791.
3. Freeman, *Affairs of Honor*, p. 149; Cooke, Alexander Hamilton, p. 20; Latrobe, *Correspondence and Miscellaneous Papers of Benjamin Henry Latrobe*, p. 331.
4. *PAH*, vol. 8, pp. 522-23, letter to Mercy Warren, July 1, 1791.
5. Ibid., vol. 13, p. 385, letter to Susanna Livingston, December 29, 1792.
6. Ibid., vol. 8, p. 526, letter to Martha Walker, July 2, 1791.
7. Ibid., vol. 21, p. 250, "The Reynolds Pamphlet," August 1797.
8. Ibid.
9. Ibid., p. 251.
10. Ibid., p. 252.
11. Ibid., vol. 21, p. 187, letter to Jeremiah Wadsworth, July 28, 1797.
12. Ibid., pp. 189-90, Richard Folwell statement, August 12, 1797.
13. Ibid.
14. Ibid., p. 262, "The Reynolds Pamphlet," August 1797.
15. Ibid., vol. 9, pp. 6-7, letter to Elizabeth Hamilton, August 2, 1791.
16. Ibid., p. 69, letter to Elizabeth Hamilton, August 17, 1791.
17. Ibid., p. 87, letter to Elizabeth Hamilton, August 21, 1791.
18. Ibid., p. 172, letter to Elizabeth Hamilton, September 4, 1791.
19. Ibid., vol. 21, p. 264, "The Reynolds Pamphlet," August 1797.
20. Ibid., p. 252.
21. Ibid., vol. 10, pp. 378-79, letter from Maria Reynolds, December 15, 1791.
22. Ibid., p. 376, letter from James Reynolds, December 15, 1791.
23. Ibid., vol. 21, p. 253, "The Reynolds Pamphlet," August 1797.
24. Ibid., vol. 10, p. 388, letter from James Reynolds, December 17, 1791.
25. Ibid., pp. 389-90, letter to an unnamed correspondent, December 18, 1791.
26. Ibid, vol. 21, p. 253, "The Reynolds Pamphlet," August 1797.
27. Ibid.
28. Cooke, *Alexander Hamilton*, p. 148.
29. Gordon, *Business of America*, p. 16.
30. *PAH*, vol. 26, p. 520, letter from Tench Coxe, February 1790.
31. "Tench Coxe, Alexander Hamilton, and the Encouragement of American Manufactures," *The William and Mary Quarterly*, July 1975.
32. Ibid.
33. Ibid.
34. Passaic County Historical Society, Gledhill Collection, SEUM, box 2, prospectus for the Society for Establishing Useful Manufactures, April 29, 1791.
35. McDonald, *Alexander Hamilton*, p. 231.

36. Passaic County Historical Society, Gledhill Collection, SEUM, box 2, prospectus for the Society for Establishing Useful Manufactures, April 29, 1791.

37. Ibid.

38. "Tench Coxe, Alexander Hamilton, and the Entouiagtillieill of American Manufactures," *The William and Mary Quarterly*, July 1975.

39. *PAH*, vol. 8, p. 571, letter from Thomas Marshall July 24-31, 1791.

40. Flexner, *Young Hamilton*, p. 437.

41. *PAH*, vol. 10, p. 13.

42. Ibid., p. 291, *Report on Manufactures*, December 5, 1791.

43. Ibid., vol. 8, p. 497, "Treasury Department Circular to the Supervisors of the Revenue," June 22, 1791.

44. Ibid., vol. 19, p. 97, letter to Oliver Wolcott, Jr., August 5, 1795.

45. Wilson and Stanton, *Jefferson Abroad*, p. 249.

46. PAH, vol. 10, p. 236, *Report on Manufactures*, December 5, 1791.

47. Ibid., p. 246.

48. Ibid., p. 249.

49. Ibid., p. 253.

50. Ibid., p. 255.

51. Ibid., vol. 25, p. 467, "The Examination," no. 3. *New-York Evening Post*, December 24, 1801.

52. Ibid., vol. 10, p. 266, *Report on Manufactures*, December 5, 1791.

53. Ibid., p. 268.

54. *The New York Review of Books*, December 21, 2000.

55. *PAH*, vol. 10, p. 268, Report on Manufactures, December 5, 1791.

56. Ibid., p. 321.

57. Ibid., p. 317.

58. Ibid., p. 338.

59. Ibid., p. 302.

60. Malone, *Thomas Jefferson and His Time*, vol. 2, p. 430.

61. Jefferson, *Anas of Thomas Jefferson*, p. 55.

62. Mitchell, *Alexander Hamilton: The National Adventure*, p. 170.

63. Ibid.

64. "Tench Coxe, Alexander Hamilton, and the Encouragement of American Manufactures" *The William and Mary Quarterly*, July 1975.

65. *PAH*, vol. 11, p, 110, letter from James Tillary, March 6, 1792.

66. Ibid., vol. 10, p. 525, letter to William Seton, January 18, 1792.

67. Ibid., p. 528, letter from William Seton, January 22, 1792.

68. Ibid., vol. 11, p. 28, letter to William Seton, February 10, 1792.

69. Ibid.

70. Jefferson, *Anas of Thomas Jefferson*, p. 55.

71.   Malone, *Jefferson and His Time*, vol. 3, p. 17.

72.   *PAH*, vol. 14, p. 100, "Report on the State of the Treasury at the Commencement of Each Quarter" February 19, 1793.

73.   "Tench Coxe, Alexander Hamilton, and the Encouragement of American Manufactures," *The William and Mary Quarterly*, July 1975.

74.   *PAH*, vol. 11, p. 156, letter from Robert Troup, March 19, 1792.

75.   Ibid., p. 126, letter from William Duer, March 12, 1792.

76.   Ibid., pp. 131-32, letter to William Duer, March 14, 1792.

77.   Brodie, *Thomas Jefferson*, p. 267.

78.   *PAH*, vol. 11, p. 273, letter to William Seton, April 12, 1792.

79.   Ibid., p. 190, letter to William Seton, March 25, 1792.

80.   Ibid., p. 156, letter from Robert Troup, March 19, 1792.

81.   Gordon, *Business of America*, p. 169.

82.   *The Diary; or, Loudon's Register*, April 20, 1792.

83.   *PAH*, vol. 11, pp. 218-19, letter to Philip Livingston, April 2, 1792.

84.   Malone, *Jefferson and His Time*, vol. 2, p. 436.

85.   Mitchell, *Alexander Hamilton: The National Adventure*, pp. 175-76.

86.   *PAH*, vol. 11, p. 434, letter to Edward Carrington, May 26, 1792.

87.   Adams, *New Letters of Abigail Adams*, p. 83.

88.   *PAH*, vol. 10, p. 482, letter to Roger Alden et al., January 15, 1792.

89.   Ibid., vol. 11, p. 171, letter to William Duer, March 23, 1792.

90.   Ibid., p. 247, letter from Archibald Mercer, April 6, 1792.

91.   Ibid., p. 425, letter to William Seton, May 25, 1792.

92.   Ibid., vol. 14, p. 303, letter to Peter Colt, April 10, 1793.

93.   Ibid., p. 549, "To the Directors of the Society for Establishing Useful Manufactures," October 12, 1792.

94.   Mitchell, *Alexander Hamilton: The National Adventure*, p. 172.

95.   *PAH*, vol. 12, p. 369, letter from Elisha Boudinot, September 13, 1792.

96.   Ibid., vol. 14, p. 283, letter to John Brown, April 5, 1793.

97.   Ibid., vol. 26, p. 764, letter from William Duer, February 16, 1799.

20장 · 부패한 비행대대

1.   Hamilton, *Life of Alexander Hamilton*, vol. 5, p. 49.

2.   Elkins and McKitrick, *Age of Federalism*, p. 241.

3.   Malone, *Jefferson and His Time*, vol. 2, p. 362.

4.   Elkins and McKitrick, *Age of Federalism*, p. 77.

5.   Malone, *Jefferson and His Time*, vol. 4, p. 430.

6.   McCullough, *John Adams*, p. 346.

7. *PAH*, vol. 13, p. 393, "The Defence No. I," [1792-1795].

8. Kent, *Memoirs and Letters of James Kent*, p. 207.

9. *PAH*, vol. 4, p. 432, "Federalist No. 26," December 22, 1787.

10. Ibid., p. 435, "Federalist No. 27," December 25, 1787.

11. Malone, *Jefferson and His Time*, vol. 3, pp. 364-65.

12. Elkins and McKitrick, *Age of Federalism*, p. 24.

13. Flexner, *Washington*, p. 241.

14. Wilson and Stanton, *Jefferson Abroad*, p. 73.

15. *PAH*, vol. 25, p. 201, *Letter from Alexander Hamilton*, October 24, 1800.

16. Brookhiser, *Alexander Hamilton*, p. 104.

17. Smith, *John Marshall*, p. 38.

18. Malone, *Jefferson and His Time*, vol. 1, p. 212.

19. *PAH*, vol. 10, p. 373, "Conversation with George Hammond," December 15-16, 1791.

20. Ibid.

21. Malone, *Jefferson and His Time*, vol. 2, p. 413.

22. Elkins and McKitrick, *Age of Federalism*, p. 254.

23. Ibid., p. 255.

24. Malone, *Jefferson and His Time*, vol. 2, p. 424.

25. Smith, *Patriarch*, p. 83.

26. Bobrick, *Angel in the Whirlwind*, p. 149.

27. *PAH*, vol. 12, p. 101.

28. Ibid., p. 192, "An American No. II, " *Gazette of the United States*, August 11, 1792.

29. Parton, *Life and Times of Aaron Burr*, p. 224.

30. McDonald, *Sermon on the Premature and Lamented Death of General Alexander Hamilton*, p. 31.

31. Freeman, *Affairs of Honor*, p. 146.

32. Ketcham, *James Madison*, p. 327.

33. Jefferson, *Anas of Thomas Jefferson*, p. 97.

34. Brodie, *Thomas Jefferson*, p. 267.

35. Jefferson, *Anas of Thomas Jefferson*, p. 44.

36. Brodie, *Thomas Jefferson*, pp. 318-19.

37. Knott, *Alexander Hamilton and the Persistence of Myth*, p. 253.

38. Jefferson, *Anas of Thomas Jefferson*, p. 51.

39. Jefferson, *Anas of Thomas Jefferson*, p. 71.

40. McDonald, *Alexander Hamilton*, p. 251.

41. Wills, *James Madison*, p. 44.

42. Ketcham, *James Madison*, p. 329.

43. Elkins and McKitrick, *Age of Federalism*, p. 277.

44. Adams, *New Letters of Abigail Adams*, pp. 80-81.

45. Ketcham, *James Madison*, p. 333.

46. McDonald, *Alexander Hamilton*, p. 241.

47. Malone, *Jefferson and His Time*, vol. 2, p. 446.

48. Smith, *Patriarch*, p. 132.

49. *PAH*, vol. 11, p. 429, letter to Edward Carrington, May 26, 1792.

50. Ibid., p. 440.

51. Ibid., p. 432.

52. Ibid., p. 443.

53. Ibid., p. 444.

54. Ibid.

55. Maclay, *Journal of William Maclay*, p. 375.

56. Malone, *Jefferson and His Time*, vol. 3, p. 271.

57. Elkins and McKitrick, *Age of Federalism*, p. 497.

58. Malone, *Jefferson and His Time*, vol. 2, p. 460.

59. Jefferson, *Anas of Thomas Jefferson*, p. 104.

60. Smith, *Patriarch*, p. 139.

61. *PAH*, vol. 12, p. 107, *Gazette of the United States*, July 25, 1792.

62. Ibid., p. 124, *National Gazette*, July 28, 1792.

63. Ibid., p. 131, letter from George Washington, July 29, 1792.

64. Ibid., p. 137, letter to George Washington, August 3, 1792.

65. Ibid., p. 160, "An American No. I," *Gazette of the United States*, August 4, 1792.

66. Ibid., p. 191, "An American No. II," *Gazette of the United States*, August 11, 1792.

67. Ibid., p. 228, letter to George Washington, August 18, 1792.

68. Ibid., p. 247.

69. Ibid., p. 249.

70. Ibid., p. 248.

71. Ibid., pp. 276–77, letter from George Washington, August 26, 1792.

72. *Gazette of the United States*, September 8, 1792.

73. *PAH*, vol. 12, p. 347, letter to George Washington, September 9, 1792.

74. Ibid., p. 348.

75. Ibid., p. 349.

76. Ibid., p. 348.

77. Malone, *Jefferson and His Time*, vol. 2, pp. 466–67.

78. *National Gazette*, September 12, 1792.

79. Ibid., p. 365.

80. Ibid., p. 505, "Catullus No. III," *Gazette of the United States*, September 29, 1792.

81. Ibid., p. 504.

82. Ketcham, *James Madison*, p. 331.

83. Freeman, *Affairs of Honor*, p. 78.

84. Jefferson, *Anas of Thomas Jefferson*, p. 90.

85. Ibid.

86. Ibid., p. 91.

87. Freeman, *Affairs of Honor*, p. 76.

21장 · 폭로

1. *PAH*, vol. 21, p. 272, "The Reynolds Pamphlet," Jacob Clingman affidavit, December 13, 1792.

2. *PAH*, vol. 10, p. 557, letter from Maria Reynolds, January 23-March 18, 1792.

3. Ibid., vol. 11, p. 177, letter from Maria Reynolds, March 24, 1792.

4. Ibid., p. 176, letter from James Reynolds, March 24, 1792.

5. Ibid., p. 222, letter from James Reynolds, April 3, 1792.

6. Ibid., p. 254, letter to James Reynolds, April 7, 1792.

7. Ibid., vol. 21, p. 244, "The Reynolds Pamphlet," August 1797.

8. Ibid., p. 246.

9. Ibid., vol. 11, p. 297, letter from James Reynolds, April 17, 1792.

10. Ibid., p. 330, letter from James Reynolds, April 23' 1792.

11. Ibid., p. 354, letter from James Reynolds, May 2, 1792.

12. Ibid., p. 354, "The Reynolds Pamphlet," August 1797.

13. Ibid., p. 481, letter from Maria Reynolds, June 2, 1792.

14. Ibid., p. 482, letter to James Reynolds, June 3-22, 1792.

15. Ibid., p. 491, letter to David Ross, September 26, 1792.

16. Ibid., vol. 26, p. 682, letter to Tobias Lear, September 6, 1792.

17. Ibid., vol. 12, p. 543, letter to Charles Cotesworth Pinckney, October 10, 1792.

18. Mitchell, *Alexander Hamilton: The National Adventure*, p. 403.

19. *PAH*, vol. 21, p. 264, "The Reynolds Pamphlet," August 1797.

20. Ibid., p. 130.

21. Ibid., p. 268.

22. Ibid., p. 269.

23. Jefferson, *Papers of Thomas Jefferson*, vol. 18, p. 635.

24. Callender, *History of the United States for 1796*, p. 216.

25. Ibid.

26. *PAH*, vol. 21, p. 257, "The Reynolds Pamphlet," August 1797.

27. Ibid., p. 258.

28. Ibid.

29. Ibid., p. 135.

30. Callender, *History of the United States for 1796*, p. 218.

31. *PAH*, vol. 21, p. 134.

32. *Gazette of the United States*, January 5, 1793.

33. *PAH*, vol. 14, p. 267, "For *Gazette of the United States*," March-April 1793.

1.   Smith, *Patriarch*, p. 135.
2.   *PAH*, vol. 12, p. 567, letter to John Steele, October 15, 1792.
3.   McCullough, *John Adams*, p. 434.
4.   Malone, *Jefferson and His Time*, vol. 2, p. 457.
5.   *PAH*, vol. 12, p. 342, letter to John Adams, September 9, 1792.
6.   Ferling, *John Adams*, p. 318.
7.   Ibid.
8.   Kaminski, *George Clinton*, p. 230.
9.   *PAH*, vol. 12, p. 387, letter from Rufus King, September 17, 1792.
10. Ellis, *Founding Brothers*, p. 175.
11. Tripp, "Robert Troup," p. 105.
12. *PAH*, vol. 12, p. 408, letter to an unnamed correspondent, September 21, 1792.
13. Ibid., p. 480, letter to an unnamed correspondent, September 26, 1792.
14. Mitchell, *Alexander Hamilton: The National Adventure*, p. 209.
15. Ibid.
16. Ammon, *James Monroe*, p. 44.
17. *PAH*, vol. 13, p. 227, letter from David Ross, November 23, 1792.
18. Ibid., vol. 12, p. 573, letter from John F. Mercer, October 16[-28], 1792.
19. Ibid., vol. 13, p. 513, letter from John F. Mercer, January 31, 1793.
20. Jefferson, *Anas of Thomas Jefferson*, p. 186.
21. *Gazette of the United States*, December 8, 1792.
22. Smith, *Patriarch*, p. 152.
23. McCullough, *John Adams*, p. 441.
24. *PAH*, vol. 13, p. 338, letter to John Jay, December 18, 1792.
25. Smith, *Patriarch*, p. 157.
26. Ibid.
27. Mitchell, *Alexander Hamilton: The National Adventure*, p. 255.
28. *PAH*, vol. 11, p. 432, letter to Edward Carrington, May 26, 1792.
29. Malone, *Jefferson and His Time*, vol. 3, p. 18.
30. *PAH*, vol. 14, p. 58, "Report Relative to the Loans Negotiated under the Acts of the Fourth and Twelfth of August, 1790," February 13-14, 1793.
31. *The William and Mary Quarterly*, October 1992.
32. Mitchell, *Alexander Hamilton: The National Adventure*, p. 260.
33. Elkins and McKitrick, *Age of Federalism*, p. 301.
34. King, *Life and Correspondence of Rufus King*, vol. 1, p. 483.
35. *PAH*, vol. 14, p. 276, letter to Rufus King, April 2, 1793.
36. Ibid., vol. 13, p. 523, "On James Blanchard," January 1793.
37. Ibid.

38. Ibid., vol. 21, p. 132, letter from Henry Lee, May 6, 1793.

39. *PAH*, vol. 14, p. 466, letter from John Beckley to an unnamed recipient, June 22, 1793.

40. Ibid.

41. Ibid.

42. Freeman, *Affairs of Honor*, p. 102.

43. *PAH*, vol. 14, p. 467, letter from John Beckley to an unknown recipient, July 2, 1793.

44. Ibid., vol. 15, p. 165, letter to Andrew G. Fraunces, August 2, 1793.

45. Ibid., p. 171, letter to Andrew G. Fraunces, August 3, 1793.

46. *The Diary*, October 11, 1793.

47. *The Daily Advertiser*, October 12, 1793.

23장 · 시민 주네

1. Hamilton, *Life of Alexander Hamilton*, vol. 5, p. 213.

2. Elkins and McKitrick, *Age of Federalism*, p. 312.

3. Hamilton, *Intimate Life of Alexander Hamilton*, p. 300.

4. Elkins and McKitrick, *Age of Federalism*, p. 316.

5. Schama, *Citizens*, p. 615.

6. McCullough, *John Adams*, p. 438.

7. Ibid.

8. Schama, *Citizens*, p. 687.

9. Malone, *Jefferson and His Time*, vol. 3, p. 61.

10. Hamilton, *Life of Alexander Hamilton*, vol. 5, p. 222.

11. McCullough, *John Adams*, p. 444.

12. Elkins and McKitrick, *Age of Federalism*, p. 357.

13. Ketcham, *James Madison*, pp. 337, 338-39.

14. Ibid., p. 341.

15. Hamilton, *Life of Alexander Hamilton*, vol. 6, p. 222.

16. *PAH*, vol. 14, pp. 85-86, letter from Gouverneur Morris, February 6, 1793.

17. Jefferson, *Anas of Thomas Jefferson*, p. 69.

18. Ketcham, *James Madison*, p. 338.

19. Ellis, *Founding Brothers*, p. 170.

20. *PAH*, vol. 21, p. 450, letter to the marquis de Lafayette, April 28, 1798.

21. Ibid., vol. 14, p. 386, letter from Alexander Hamilton and Henry Knox to George Washington, May 2, 1793.

22. Ibid., p. 371.

23. Ibid., vol. 17, pp. 586-87, "The French Revolution," unpublished fragment, 1794.

24. Ibid., p. 588.

25. Ibid., vol. 14, p. 291, letter to George Washington, April 5, 1793.

26. Malone, *Jefferson and His Time*, vol. 6, p. 67.

27. *PAH*, vol. 14, p. 504, "Defence of the President's Neutrality Proclamation," May 1793.

28. Ibid., p. 328, "Cabinet Meeting: Opinion on a Proclamation of Neutrality and on Receiving the French Minister," April 19, 1793.

29. Ketcham, *James Madison*, p. 342.

30. Lodge, *Alexander Hamilton*, p. 161.

31. Malone, *Jefferson and His Time*, vol. 3, p. 70.

32. *Political Science Quarterly*, March 1956.

33. Ketcham, *James Madison*, p. 342.

34. Brookhiser, *Gentleman Revolutionary*, pp. 139-40.

35. *PAH*, vol. 15, p. 246, "No Jacobin No. V," August 14, 1793, *Dunlap's American Daily Advertiser*; vol. 19, p. 519, "American Jacobins," [1795-1796].

36. Elkins and McKitrick, *Age of Federalism*, p. 357.

37. Ketcham, *James Madison*, p. 342.

38. Malone, *Jefferson and His Time*, vol. 3, p. 83.

39. Brookhiser, *Gentleman Revolutionary*, p. 140.

40. Elkins and McKitrick, *Age of Federalism*, p. 360.

41. Adams, *Correspondence Between the Hon. John Adams, and the Late Wm. Cunningham*, p. 35.

42. Parton, *Life and Times of Aaron Burr*, p. 220.

43. Mitchell, *Alexander Hamilton: The National Adventure*, p. 299.

44. Elkins and McKitrick, *Age of Federalism*, p. 344.

45. Mitchell, *Alexander Hamilton: The National Adventure*, p. 227.

46. *PAH*, vol. 15, p. 74, "Reasons for the Opinion of the Secretary of the Treasury and the Secretary at War Respecting the Brigantine *Little Sarah*," July 8, 1793.

47. Elkins and McKitrick, *Age of Federalism*, p. 348.

48. Malone, *Jefferson and His Time*, vol. 3, p. 114.

49. PAH, vol. 15, p. 77, "Reasons for the Opinion of the Secretary of the Treasury and the Secretary at War Respecting the Brigantine *Little Sarah*," July 8, 1793.

50. Ibid., vol. 15, p. 34, "Pacificus No. I," June 29, 1793.

51. Ibid., p. 67, "Pacificus No. III," July 6, 1793.

52. Ibid., p. 94, "Pacificus No. V," July 13-17, 1793.

53. Ibid., p. 92.

54. Ibid., pp. 103, 106, "Pacificus No. VI," July 17, 1793.

55. Hamilton, *Federalist*, p. c.

56. Elkins and McKitrick, *Age of Federalism*, p. 362.

57. Ketcham, *James Madison*, pp. 345-46.

58. *Political Science Quarterly*, March 1956.

59. Ketcham, *James Madison*, p. 436.

60. Flexner, *Washington*, p. 288.

61. Jefferson, *Anas of Thomas Jefferson*, p. 150.

62. *PAH*, vol. 15, p. 145, "No Jacobin No. I," *American Daily Advertiser*, July 31, 1793.

63. Ibid., p. 282, "No Jacobin No. VIII, " *American Daily Advertiser*, August 26, 1793.

64. Jefferson, *Anas of Thomas Jefferson*, p. 157.

65. Ibid.

66. Ibid., p. 158.

67. Ibid., p. 157.

68. Ibid., p. 158.

69. Mitchell, *Alexander Hamilton: The National Adventure*, p. 242.

70. Jefferson, *Anas of Thomas Jefferson*, p. 162.

71. Malone, *Jefferson and His Time*, vol. 3, p. 125.

72. *PAH*, vol. 15, p. 234, letter from Edmond Charles Genêt to George Washington, August 13, 1793.

73. Freeman, *Affairs of Honor*, p. 97.

74. Ketcham, *James Madison*, p. 344.

24장 · 유쾌하지 못한 일

1. McCullough, *John Adams*, p. 133.

2. Colimore, *The Philadelphia Inquirer's Guide to Historic Philadelphia*, p. 46.

3. Mitchell, *Alexander Hamilton: The National Adventure*, p. 282.

4. *PAH*, vol. 15, p. 324, letter from George Washington, September 6, 1793.

5. Ibid., p. 325, in editorial note.

6. Ibid., p. 331, "To the College of Physicians," September 11, 1793.

7. Smith, *Patriarch*, p. 180.

8. Day, *Edward Stevens*, p. 81.

9. Ibid., pp. 80-81.

10. CU-HPPP, box 267, letter from Philip Schuyler to Abraham Yates, Jr., September 25, 1793.

11. *PAH*, vol. 15, p. 347, letter to Abraham Yates, Jr., September 26, 1793.

12. Ibid., p. 360, letter from Tobias Lear, October 10, 1793.

13. Ibid., p. 361, letter from George Washington, October 14, 1793.

14. Ibid., p. 374, letter to George Washington, October 24, 1793.

15. Day, *Edward Stevens*, p. 82.

16. *PAH*, vol. 15, p. 455, letter to Thomas Jefferson, December 11, 1793.

17. Ibid., p. 593, letter to Angelica Church, December 27, 1793.

18. McCullough, *John Adams*, p. 448.

19. Jefferson, *Papers of Thomas Jefferson*, vol. 26, p. 215.

20. Ibid., vol. 27, p. 449.

21. Malone, *Jefferson and His Time*, vol. 3, p. 182.
22. Brodie, *Thomas Jefferson*, p. 263.
23. Ibid.
24. *PAH*, vol. 11, p. 441, letter to Edward Carrington, May 26, 1792.
25. CU-JCHP, box 20.
26. PAH, vol. 15, p. 593, letter to Angelica Church, December 27, 1793.
27. Ibid., vol. 16, p. 356, letter to-, April-May 1794.
28. Ibid., vol. 15, p. 465, letter to Frederick A. C. Muhlenberg, December 16, 1793.
29. Ibid., vol. 16, p. 49, letter to John Adams, February 22, 1794.
30. Ibid., p. 249, letter from George Washington, April 8, 1794.
31. Ibid., p. 249, letter from James Madison to Thomas Jefferson, April 14, 1794.
32. Ibid., p. 252, letter to George Washington, April 8, 1794.
33. Ibid., p. 495.
34. Ibid., vol. 21, pp. 241-42, "The Reynolds Pamphlet," August 1797.
35. NYPL-JAHP, box 1, letter from Alexander Hamilton to Angelica Church, April 4, 1794.

25장 · 피바다

1. Hamilton, *Life of Alexander Hamilton*, vol. 5, p. 450.
2. *PAH*, vol. 15, p. 671, "Americanus No. I," January 31, 1794.
3. Hamilton, *Life of Alexander Hamilton*, vol. 5, pp. 532-33.
4. *PAH*, vol. 16, p. 134, letter to George Washington, March 8, 1794.
5. Ketcham, *James Madison*, p. 351.
6. Hamilton, *Life of Alexander Hamilton*, vol. 5, pp. 532-33.
7. McDonald, *Alexander Hamilton*, p. 291.
8. *PAH*, vol. 16, p. 264.
9. Mitchell, *Alexander Hamilton: The National Adventure*, p. 332.
10. Malone, *Jefferson and His Time*, vol. 3, p. 184.
11. *PAH*, vol. 16, p. 273, letter to George Washington, April 14, 1794.
12. Ibid.
13. Ibid.
14. Ibid.
15. Ibid., vol. 3, p. 295, "Remarks on the Provisional Peace Treaty," March 19, 1783.
16. Ibid., vol. 16, p. 281, "Conversation with George Hammond," April 15-16, 1794.
17. Ibid.
18. Ibid., p. 381, letter to John Jay, May 6, 1794.
19. Ketcham, *James Madison*, p. 352.
20. Ellis, *Founding Brothers*, p. 142.
21. Elkins and McKitrick, *Age of Federalism*, p. 409.

22. *PAH*, vol. 26, p. 738, "Views on the French Revolution," [1794].

23. Ibid., p. 739.

24. *The Pennsylvania Magazine of History and Biography*, July 1967.

25. Baxter, *Godchild of Washington*, p. 224.

26. St.Méry, Moreau de St.Méry's *American Journey*, p. 138.

27. Harcourt, *Memoirs of Madame de la Tour du Pin*, p. 273.

28. Hamilton, *Intimate Life of Alexander Hamilton*, p. 36.

29. *PAH*, vol. 17, p. 428, letter to Angelica Church, December 8, 1794.

30. Ibid., vol. 15, p. 600, "List of French Distressed Persons," 1793.

31. Brookhiser, *Gentleman Revolutionary*, p. 106.

32. Cooper, *Talleyrand*, p. 28.

33. Schama, *Citizens*, p. 678.

34. *PAH*, vol. 16, p. 380, letter from Angelica Church to Elizabeth Hamilton, February 4, 1794.

35. Hamilton, *Life of Alexander Hamilton*, vol. 7, p. 134.

36. *PAH*, vol. 16, p. 387, letter from George Washington, May 6, 1794.

37. Baxter, *Godchild of Washington*, p. 224.

38. Flexner, *Young Hamilton*, p. 449.

39. Hamilton, *Life of Alexander Hamilton*, vol. 6, p. 251.

40. Cooper, *Talleyrand*, p. 73.

41. Talleyrand, *Memoirs of the Prince de Talleyrand*, p. 185.

42. Hamilton, *Intimate Life of Alexander Hamilton*, p. 239.

26장 · 서부의 악랄한 반란자들

1. *PAH*, vol. 4, p. 348, "The Federalist No. 12," November 27, 1787.

2. *National Gazette*, June 18, 1792.

3. *PAH*, vol. 12, p. 306, letter from John Neville to George Clymer, August 23, 1792.

4. CU-HPPP, box 265.

5. Mitchell, *Alexander Hamilton: The National Adventure*, p. 317.

6. *PAH*, vol. 12, pp. 311-12, letter to George Washington, September 1, 1792.

7. Ibid., p. 390, letter from George Washington, September 17, 1792.

8. Ibid., vol. 16, p. 591, letter to George Washington, July 11, 1794.

9. Ibid., p. 616, letter to George Washington, July 23.1794.

10. Ibid., vol. 17, p. 16, letter to George Washington, August 2, 1794.

11. Elkins and McKitrick, *Age of Federalism*, p. 475.

12. *The Journal of American History*, December 1972: Elkins and McKitrick, *Age of Federalism*, p. 479.

13. *PAH*, vol. 22, p. 552, letter to James McHenry, March 18, 1799.

14. *The Journal of American History*, December 1972.
15. *PAH*, vol. 17, pp. 76-77, letter to William Bradford, August 8, 1794.
16. *The Journal of American History*, December 1972.
17. *PAH*, vol. 17, pp. 14-15, letter to Elizabeth Hamilton, August 2, 1794.
18. Ibid.
19. Ibid., p. 85, letter to Elizabeth Hamilton, August 12,1794.
20. Ibid., p. 148, "Tully No. II," *Claypoole's American Daily Advertiser*, August 26, 1794.
21. Ibid., p. 159, "Tully No. III," *Claypoole's American Daily Advertiser*, August 28, 1794.
22. Smith, *Patriarch*, p. 214.
23. *PAH*, vol. 17, p. 285, letter to George Gale, September 28, 1794.
24. Ibid., p. 241, letter to Rufus King, September 17, 1794.
25. Ibid., p. 255, letter to George Washington, September 19, 1794.
26. Hamilton, *Life of Alexander Hamilton*, vol. 6, p. 101.
27. *PAH*, vol. 17, p. 287, letter to Philip A. and Alexander Hamilton, Jr., September 29, 1794.
28. Ibid., p. 309, letter to Samuel Hodgdon, October 7, 1794.
29. Findley, *History of the Insurrection in the Four Western Counties of Pennsylvania*, p. 142.
30. Hamilton, *Life of Alexander Hamilton*, vol. 6, p. 106.
31. Ibid.
32. Ibid., p. 108.
33. *PAH*, vol. 22, p. 453, letter to Theodore Sedgwick, February 2, 1799.
34. Rakove, *James Madison and the Creation of the American Republic*, p. 135.
35. *PAH*, vol. 17, p. 340, letter to Angelica Church, October 23, 1794.
36. *Aurora General Advertiser*, November 8, 1794.
37. *PAH*, vol. 17, p. 366, letter to George Washington, November 11, 1794.
38. Ibid., p. 348, letter to Rufus King, October 30, 1794.
39. Findley, *History of the Insurrection in the Four Western Counties of Pennsylvania*, p. 228.
40. *PAH*, vol. 17, p. 383, "Examination of Hugh Henry Brackenridge," November 18-19, 1794.
41. Findley, *History of the Insurrection in the Four Western Counties of Pennsylvania*, p. 236.
42. Ibid., p. 238.
43. Ibid., p. 245.
44. Ketcham, *James Madison*, p. 354.
45. Rakove, *James Madison and the Creation of the American Republic*, p. 136.
46. Madison, *Papers of James Madison*, vol. 16, p. 440.
47. EUis, *Founding Brothers*, p. 140.
48. MHi-TPP, reel 47, p. 180.
49. NYHS-MM, reel 64, letter from Angelica Church to Elizabeth Hamilton, December 11, 794.
50. *PAH*, vol. 17, p. 392, letter from Henry Knox, November 24, 1794.
51. Ibid., p. 428, letter to Angelica Church, December 8, 1794.

52. LC-AHP, reel 29, letter from Angelica Church to Elizabeth Hamilton, January 25, 1795.
53. Hamilton, *Intimate Life of Alexander Hamilton*, p. 164.
54. LC-AHP, reel 30, memo of Timothy Pickering, talk with John Marshall, February 13, 1811.
55. *PAH*, vol. 18, p. 248, letter from George Washington, February 2, 1795.
56. Ibid., p. 58, *Report on a Plan for the Further Support of Public Credit*, January 16, 1795.
57. *PAH*, vol. 19, p. 56, "The Defence of the Funding System," July 1795.
58. Malone, *Jefferson and His Time*, vol. 3, p. 35.
59. *PAH*, vol. 18, p. 278, letter to Rufus King, February 21, 1795.
60. Ibid., pp. 278-79.
61. Knott, *Alexander Hamilton and the Persistence of Myth*, p. 238.
62. Lodge, *Alexander Hamilton*, p. 184.

27장 · 설탕과자와 장난감

1. *The Daily Advertiser*, February 28, 1795.
2. Hamilton, *Intimate Life of Alexander Hamilton*, p. 205.
3. *PAH*, vol. 18, p. 344, letter to Richard Varick, May 12, 1795.
4. Ibid., p. 196, letter from David Campbell, January 27, 1795.
5. Ibid., vol. 17, p. 428, letter to Angelica Church, December 8, 1794.
6. Ibid., vol. 16, p. 356, letter to Angelica Church, April-May 1794.
7. Hamilton, *Life of Alexander Hamilton*, vol. 6, p. 213.
8. Custis, *Recollections and Private Memoirs of Washington*, p. 352.
9. LC-AHP, reel 31, Robert Troup, "Additional Facts Relative to the Life, and Character, of General Hamilton," January 1, 1821.
10. *PAH*, vol. 18, p. 310, letter from Robert Troup, March 31, 1795.
11. Ibid., pp. 328-29, letter to Robert Troup, April 13, 1795.
12. NYSL, letter from Alexander Hamilton to Elizabeth Schuyler Hamilton, April 8, 1795.
13. PAH, vol. 16, p. 609, letter from John Jay, July 18 [-August 5], 1794.
14. Ibid.
15. *Political Science Quarterly*, March 1956.
16. Rakove, *James Madison and the Creation of the American Republic*, p. 137.
17. Ellis, *Founding Brothers*, p. 136.
18. *PAH*, vol. 18, p. 383, letter to Rufus King, June 20, 1795.
19. Ibid., p. 391.
20. Ellis, *Founding Brothers*, p. 137.
21. Lomask, *Aaron Burr: The Years from Princeton to Vice President*, p. 182.
22. Elkins and McKitrick, *Age of Federalism*, p. 375.
23. *PAH*, vol. 18, p. 531.

24. Ellis, *Founding Brothers*, p. 137.

25. *PAH*, vol. 18, p. 399, letter from George Washington, July 3, 1795.

26. Ibid., p. 451, letter to George Washington, July 9-11, 1795 :

27. Ibid., p. 461, letter from George Washington, July 13, 1795.

28. Ibid., p. 512, letter to Oliver Wolcott, Jr., June 18, 1795.

29. Madison, *Papers of James Madison*, vol. 16, p. 9.

30. Mitchell, *Alexander Hamilton: The National Adventure*, p. 341.

31. *The Argus, or Greenleaf's New Daily Advertiser*, July 20, 1795.

32. Ibid.

33. Mitchell, *Alexander Hamilton: The National Adventure*, p. 342.

34. King, *Life and Correspondence of Rufus King*, vol. 2, p. 20.

35. Malone, *Jefferson and His Time*, vol. 3, p. 248.

36. Ibid., p. 383.

37. *The Minerva, and Mercantile Evening Advertiser*, December 12, 1796.

38. *PAH*, vol. 20, p. 42.

39. Ibid.

40. Freeman, *Affairs of Honor*, p. xiv.

41. *PAH*, vol. 18, p. 471, letter to James Nicholson, July 20, 1795.

42. Ibid., p. 473, letter to James Nicholson, July 20, 1795.

43. Ibid., vol. 21, p. 143.

44. Ibid., vol. 14, p. 537, letter from James Hamilton, June 12, 1793.

45. Ibid., vol. 18, p. 503, letter to Robert Troup, July 25, 1795.

46. Ibid.

47. Ibid., p. 505.

48. King, *Life and Correspondence of Rufus King*, vol. 2, p. 13.

49. LC-AHP, letter from James Kent to Elizabeth Hamilton, December 20, 1832.

50. PAH, vol. 18, p. 481, "The Defence No. I," July 22, 1795.

51. Ibid., p. 478, letter from George Washington, July 29, 1795.

52. Ibid., p. 524, letter from George Washington, July 20, 1795.

53. Ibid., p. 493, "The Defence No. II,55 July 25, 1795.

54. Ibid., p. 498.

55. Ibid., vol. 19, p. 75, "Horatius No. II," July 1795.

56. Ibid., vol. 18, p. 526, "Address on the Jay Treaty," July 30, 1795.

57. Ibid., p. 527, letter from Oliver Wolcott, Jr., July 30, 1795.

58. Ibid., p. 513, "The Defence No. III," July 29, 1795.

59. Ibid.

60. Ibid., vol. 19, p. 102, "Philo Camillus No. II," August 7, 1795.

61. Ibid., p. 96, "The Defence No. V, " August 5, 1795.

62. Ketcham, *James Madison*, p. 357.

63. PAH, vol. 19, p. 172, "The Defence No. X," August 26, 1795.

64. Ibid, p. 174.
65. Elkins and McKitrick, *Age of Federalism*, p. 436.
66. *PAH*, vol. 18, p. 478.
67. Ibid.
68. Wills, *James Madison*, p. 42.
69. Hamilton, *Life of Alexander Hamilton*, vol. 6, p. 454.
70. PAH, vol. 20, p. 13, "The Defence No. XXX," January 6, 1796.
71. McCullough, *John Adams*, p. 459.
72. Hamilton, *Life of Alexander Hamilton*, vol. 6, p. 315.
73. Ellis, *Founding Brothers*, p. 143.
74. *PAH*, vol. 20, p. 68, letter to George Washington, March 7, 1796.
75. Ibid., p. 83, letter to George Washington, March 28, 1796. f
76. Ibid., p. 89, letter to George Washington, March 29, 1796.
77. Ibid., p. 113, letter to Rufus King, April 15, 1796.
78. Smith, *Patriarch*, p. 264.
79. *PAH*, vol. 20, p. 133, "To the Citizens Who Shall Be Convened This Day in the Fields in the City of New York," April 22, 1796.
80. Ellis, *Founding Brothers*, p. 138.
81. Mitchell, *Alexander Hamilton: The National Adventure*, p. 350.
82. Wills, *James Madison*, p. 42.
83. Ketcham, *James Madison*, p. 364.
84. Ellis, *Founding Brothers*, p. 138.
85. *PAH*, vol. 20, p. 104, letter from George Washington, March 31, 1796.

28장 · 예외의 카시우스

1. *PAH*, vol. 20, p. 515, letter to Rufus King, February 15, 1797.
2. CU-JCHP, box 20.
3. *PAH*, vol. 18, p. 397, letter from William Bradford, July 2, 1795.
4. Hamilton, *Life of Alexander Hamilton*, vol. 6, p. 343.
5. Mitchell, *Alexander Hamilton: The National Adventure*, p. 381.
6. King, *Life and Correspondence of Rufus King*, vol. 2, p. 98.
7. *PAH*, vol. 20, p. 353, letter to Elizabeth Hamilton, October 25, 1796.
8. Baxter, *Godchild of Washington*, p. 225.
9. Gottschalk, *Letters of Lafayette to Washington*, p. 363.
10. *PAH*, vol. 21, p. 451, letter to the marquis de Lafayette, April 28, 1798.
11. Ibid., vol. 18, p. 324, letter to Oliver Wolcott, Jr., April 10, 1795.
12. Ibid., p. 511, letter from Oliver Wolcott, Jr., July 28, 1795.
13. Ibid., vol. 19, p. 295, letter from Oliver Wolcott, Jr., September 26, 1795.

14. Ibid., vol. 19, p. 236, letter to George Washington, September 4, 1795.

15. LC-WPP, reel 2, letter from William Plumer to Jeremiah Smith, February 19, 1796.

16. *PAH*, vol. 19, p. 356, letter from George Washington, October 29, 1795.

17. Ibid., p. 395, letter to George Washington, November 5, 1795.

18. Smith, *Patriarch*, p. 252.

19. Ketcham, *James Madison*, p. 359.

20. *PAH*, vol. 20, p. 239, letter from George Washington, June 26, 1796.

21. Cooke, *Alexander Hamilton*, p. 111.

22. *PAH*, vol. 20, pp. 173-74, letter from George Washington, May 10, 1796.

23. Smith, *Patriarch*, p. 267.

24. *PAH*, vol. 20, p. 293, letter from George Washington, August 10, 1796.

25. Grafton, *Declaration of Independence and Other Great Documents of American History*, p. 53.

26. *PAH*, vol. 20, p. 164, letter from George Washington, May 8, 1796.

27. Ibid., p. 282, "Draft of Washington's Farewell Address," July 30, 1796.

28. Ibid., p. 280.

29. Cooke, *Alexander Hamilton*, p. 119.

30. Ellis, *Founding Brothers*, p. 160.

31. Ibid., p. 126.

32. *PAH*, vol. 20, p. 172.

33. Ibid., p. 173.

34. Ibid., p. 172.

35. Brodie, *Thomas Jefferson*, p. 303.

36. Wills, *James Madison*, p. xvii.

37. Madison, *Papers of James Madison*, vol. 16, p. 440.

38. Callender, *History of the United States for 1796*, p. 208.

39. Ferling, *John Adams*, p. 326.

40. *PAH*, vol. 20, p. 376, letter to an unnamed recipient, November 8, 1796.

41. Ibid., vol. 25, p. 193, *Letter from Alexander Hamilton*, October 24, 1800.

42. MHi-TPP, reel 51, p. 133.

43. *PAH*, vol. 25, p. 196, *Letter from Alexander Hamilton*, October 24, 1800.

44. Elkins and McKitrick, *Age of Federalism*, p. 540.

45. Emery, *Alexander Hamilton*, p. 176.

46. McCullough, *John Adams*, p. 463.

47. *PAH*, vol. 25, p. 195.

48. Ellis, *Passionate Sage*, p. 27.

49. Smith, *Patriarch*, p. 284.

50. *PAH*, vol. 12, pp. 504-5, "Catullus No. III," *Gazette of the United States*, September 29, 1792.

51. "Phocion No. IV," *Gazette of the United States*, October 19, 1796.

52. "Phocicm No. IX," *Gazette of the United States*, October 25, 1796.

53. Brodie, *Thomas Jefferson*, p. 287.

54. Ibid., p. 296.

55. "Phocion No. I," *Gazette of the United States*, October 14, 1796.

56. Ibid.

57. "Phocion No. II," *Gazette of the United States*, October 15, 1796.

58. Brodie, *Thomas Jefferson*, p. 158.

59. "Phocion No. I," *Gazette of the United States*, October 14, 1796.

60. "Phocion No. II," *Gazette of the United States*, October 15, 1796.

61. Brodie, *Thomas Jefferson*, p. 352.

62. "Phocion No. II," *Gazette of the United States*, October 15, 1796.

63. Ibid.

64. "Phocion No. VI," *Gazette of the United States*, October 21, 1796.

65. *PAH*, vol. 12, p. 510, "Catullus No. III," *Gazette of the United States*, September 29, 1792.

66. "Phocion No. VIII," *Gazette of the United States*, October 24, 1796.

67. Mitchell, *Alexander Hamilton: The National Adventure*, p. 394.

68. Malone, *Jefferson and His Time*, vol. 4, pp. 163-64.

69. McCullough, *John Adams*, p. 464.

70. Madison, *Papers of James Madison*, vol. 16, p. 440.

71. Ibid.

72. *PAH*, vol. 20, p. 515, letter to Rufus King, February 15, 1797.

73. Ibid., p. 465, letter from Stephen Higginson, January 12, 1797.

29장 · 유리알 속의 남자

1. McCullough, *John Adams*, p. 414.

2. Ellis, *Passionate Sage*, p. 50.

3. Ferling, *John Adams*, p. 98.

4. McCullough, *John Adams*, p. 106.

5. Ferling, *John Adams*, p. 203.

6. Rosenfeld, *American Aurora*, p. 440.

7. Van Doren, *Benjamin Franklin*, p. 695.

8. Morgan, *Benjamin Franklin*, p. 293.

9. Bailyn, *To Begin the World Anew*, p. 64.

10. Brookhiser, *America's First Dynasty*, p. 67.

11. Ketcham, *James Madison*, p. 123.

12. Wilson and Stanton, *Jefferson Abroad*, p. 122.

13. Brookhiser, *America's First Dynasty*, p. 46.

14. Ellis, *Founding Brothers*, p. 207.

15. Ferling, *John Adams*, p. 440.
16. Bobrick, *Angel in the Whirlwind*, p. 97.
17. Ferling, *John Adams*, p. 159.
18. Ibid., p. 19.
19. Ibid., p. 233.
20. Ellis, *Passionate Sage*, p. 60.
21. Hamilton, *Life of Alexander Hamilton*, vol. 3, p. 598.
22. Ellis, *Founding Brothers*, p. 217; Adams, *Old Family Letters*, p. 164.
23. Brookhiser, *America's First Dynasty*, p. 53.
24. Freeman, *Affairs of Honor*, p. 138.
25. Ellis, *Passionate Sage*, p. 57.
26. McCullough, *John Adams*, p. 373.
27. Ellis, *Passionate Sage*, p. 146.
28. Ferling, *John Adams*, p. 312.
29. Ibid.
30. McCullough, *John Adams*, p. 48.
31. Ellis, *Passionate Sage*, p. 116.
32. Cooke, *Alexander Hamilton*, p. vii.
33. Knott, *Alexander Hamilton and the Persistence of Myth*, p. 19.
34. Brookhiser, *Alexander Hamilton*, p. 31; Adams, *Statesman and Friend*, p. 116; Gerlach, *Proud Patriot*, p. 400.
35. Pickering, *Review of the Correspondence Between the Hon. John Adams and the Late Wm. Cunningham*, p. 156.
36. Adams, *Old Family Letters*, pp. 163–64.
37. Ferling, *John Adams*, p. 360.
38. Flexner, *Young Hamilton*, p. 62.
39. Adams, *Old Family Letters*, pp. 163–64.
40. Adams, *Statesman and Friend*, pp. 157–58.
41. Ferling, *John Adams*, p. 429.
42. Ellis, *Founding Brothers*, p. 166.
43. Ibid., p. 176.
44. Ellis, *Passionate Sage*, p. 62.
45. Emery, *Alexander Hamilton*, p. 183.
46. McCullough, *John Adams*, p. 471.
47. *PAH*, vol. 25, p. 214, *Letter from Alexander Hamilton*, October 24, 1800.
48. Hamilton, *Life of Alexander Hamilton*, vol. 7, p. 598.
49. Ferling, *John Adams*, p. 424.
50. *PAH*, vol. 25, p. 183.
51. *The Boston Patriot*, May 29, 1809.
52. Hamilton, *Life of Alexander Hamilton*, vol. 7, p. 329.

53. Ferling, *John Adams*, pp. 316-17.

54. Hamilton, *Life of Alexander Hamilton*, vol. 7, p. 326.

55. Brookhiser, *Alexander Hamilton*, p. 131.

56. McCullough, *John Adams*, p. 526.

30장 · 태양과 너무도 가까이 날아

1. *PAH*, vol. 21, p. 79, letter to William Hamilton, May 2, 1797.

2. Ibid., pp. 78-79.

3. Ibid., p. 78.

4. Hamilton, *Intimate Life of Alexander Hamilton*, p. 227.

5. *PAH*, vol. 18, p. 287, letter to Angelica Church, March 6, 1795.

6. LC-AHP, reel 29, letter from Angelica Church to Elizabeth Hamilton, January 24, 1795.

7. Menz, *Historic Furnishing Report*, p. 65.

8. *PAH*, vol. 20, p. 56, letter from Angelica Church, February 19, 1796.

9. Hamilton, *Intimate Life of Alexander Hamilton*, p. 108.

10. *PAH*, vol. 20, p. 236, letter to Angelica Church, June 25, 1796.

11. Ibid.

12. Ibid., vol. 9, p. 266, letter to Angelica Church, October 2, 1791.

13. LC-AHP, reel 29, letter from Angelica Church to Elizabeth Hamilton, July 9, 1796.

14. NYHS-RTP, letter from Robert Troup to Rufus King, June 3, 1797.

15. *PAH*, vol. 21, p. 259, "The Reynolds Pamphlet," August 1797.

16. Ibid., p. 149, letter to John Fenno, July 6, 1797.

17. Malone, *Jefferson and His Time*, vol. 3, p. 331.

18. Ibid., p. 470.

19. Brodie, *Thomas Jefferson*, p. 319; Brookhiser, *Alexander Hamilton*, p. 132.

20. Callender, *History of the United States for 1796*, p. 204.

21. Ibid., p. 205.

22. Ibid.

23. Ibid.

24. Ibid., p. 220.

25. Ibid., p. 222.

26. Ibid., p. 207.

27. "Phocion No. IV, " *Gazette of the United States*, October 19, 1796.

28. *PAH*, vol. 21, p. 132.

29. Ibid.

30. Ibid., p. 133.

31. Hamilton, *Life of Alexander Hamilton*, vol. 5, p. 30.

32. Ketcham, *James Madison*, p. 335.

33. Brodie, *Thomas Jefferson*, p. 317.

34. *PAH*, vol. 21, p. 145, letter from Oliver Wolcott, Jr., July 3, 1797.

35. Ibid., p. 194, letter from Jeremiah Wadsworth, August 2, 1797.

36. *The* [Philadelphia] *Merchants' Daily Advertiser*, July 12, 1797.

37. CU-HPPP, box 272, letter from William Loughton Smith to Rufus King, December 14, 1797.

38. *PAH*, vol. 21, p. 238, "The Reynolds Pamphlet," August 1797.

39. Ibid.

40. Ibid., p. 240.

41. Ibid., p. 243.

42. Ibid., pp. 244-45.

43. Ibid., p. 239.

44. Ibid., pp. 243-44.

45. Ibid., p. 267.

46. Ames, *Sketch of the Character of Alexander Hamilton*, p. 12.

47. Lomask, *Aaron Burr: The Years from Princeton to Vice President*, p. 208.

48. NYHS-RTP, letter from Robert Troup to Rufus King, September 3, 1797.

49. CU-HPPP, box 272, letter from William Loughton Smith to Rufus King, December 14, 1797.

50. Mitchell, Alexander Hamilton: *The National Adventure*, p. 408.

51. PAH, vol. 21, p. 140.

52. Rosenfeld, *American Aurora*, p. 33.

53. Mitchell, *Alexander Hamilton: The National Adventure*, p. 713.

54. Rosenfeld, *American Aurora*, p. 33.

55. PAH, vol. 21, p. 139.

56. McCullough, *John Adams*, p. 480.

57. MHi-TPP, reel 51, pp. 164-65.

58. McCullough, *John Adams*, p. 493.

59. Adams, *Correspondence Between the Hon. John Adams, and the Late Wm. Cunningham*, p. 159.

60. Fleming, *Duel*, p. 360.

61. Lomask, *Aaron Burr: The Years from Princeton to Vice President*, pp. 208-9.

62. Adams, *Correspondence Between the Hon. John Adams, and the Late Wm. Cunningham*, p. 161.

63. PAH, vol. 21, p. 214, letter from George Washington, August 21, 1797.

64. Hamilton, Intimate *Life of Alexander Hamilton*, p. 59.

65. *PAH*, vol. 21, p. 259, "The Reynolds Pamphlet," August 1797.

66. Ibid., p. 159, letter from Abraham B. Venable, July 10, 1797.

67. Ibid., p. 157, letter to James Monroe, July 10, 1797.

68. Ammon, *James Monroe*, p. 30.

69. Knott, *Alexander Hamilton and the Persistence of Myth*, p. 12.

70. Ammon, *James Monroe*, p. 106.

71. Ibid., p. 168.

72. *PAH*, vol. 21, p. 160, "David Gelston Account of a Meeting Between Alexander Hamilton and James Monroe, " July 11, 1797.

73. Ibid.

74. Ibid.

75. Ibid.

76. Ibid.

77. *Aurora General Advertiser*, July 17, 1797.

78. PAH, vol. 21, pp. 180-81, letter to James Monroe, July 21, 1797.

79. Ibid., p. 186, letter to James Monroe, July 25, 1797.

80. *PAH*, vol. 21, p. 201.

81. Ibid., p. 202.

82. Ibid., p. 211.

83. Ibid., p. 317.

84. Davis, *Memoirs of Aaron Burr*, vol. 2, p. 434.

85. *PAH*, vol. 21, p. 286, letter to George Washington, August 28, 1797.

86. *Aurora General Advertiser*, September 19, 1797.

87. PAH, vol. 21, p. 163, letter from John B. Church, July 13, 1797. The word *scoundrels* appears in brackets because Hamilton's editors guessed at the difficult-to-decipher word.

88. *Aurora General Advertiser*, September 19, 1797.

89. *PAH*, vol. 21, p. 164, letter from John B. Church, July 13, 1797.

90. Ibid., p. 175, letter to Elizabeth Hamilton, July 19, 1797.

91. Ibid., p. 177, letter to Elizabeth Hamilton, July 21, 1797.

92. Mitchell, *Alexander Hamilton: The National Adventure*, pp. 417-18.

93. Ibid.

94. *PAH*, vol. 21, p. 295.

95. Ibid., vol. 21, p. 294, letter to Elizabeth Hamilton, September 12, 1797.

96. LC-AHP, reel 30, letter from Dr. David Hosack to Elizabeth Hamilton, January 1, 1833.

97. Ibid.

98. *PAH*, vol. 25, p. 436.

99. Ibid.

31장 · 지옥의 도구

1. *PAH*, vol. 20, p. 492, "The Warning No. I," January 27, 1797.

2. Ibid., p. 509, "The Warning No. II," February 7, 1797.

3. Ibid., p. 545, letter to Timothy Pickering, March 22, 1797.

4. Ibid., p. 568, letter to Oliver Wolcott, Jr., March 30, 1797.

5. Ibid., vol. 21, p. 99, letter to Oliver Wolcott, Jr., June 6, 1797.

6. Ibid., p. 21, letter to William Loughton Smith, April 5, 1797.

7. Elkins and McKitrick, *Age of Federalism*, p. 545.

8. *PAH*, vol. 21, p. 26, letter to Rufus King, April 8, 1797.

9. Elkins and McKitrick, *Age of Federalism*, p. 566.

10. Smith, *John Marshall*, p. 190.

11. McCullough, *John Adams*, p. 484.

12. *Aurora General Advertiser*, July 14, 1797.

13. Ellis, *Founding Brothers*, pp. 188-89.

14. *PAH*, vol. 21, p. 99, letter to Oliver Wolcott, Jr., June 6, 1797.

15. Ibid., vol. 20, p. 558, letter to Timothy Pickering, March 30, 1797.

16. Harcourt, *Memoirs of Madame de la Tour du Pin*, p. 248.

17. Hamilton, *Intimate Life of Alexander Hamilton*, p. 75.

18. Ibid., p. 195.

19. Smith, *John Marshall*, p. 198.

20. Ibid., p. 226.

21. *PAH*, vol. 21, p. 365, letter to Timothy Pickering, March 17, 1798.

22. Ibid.

23. Ferling, *John Adams*, p. 354.

24. *PAH*, vol. 21, p. 371, letter to Timothy Pickering, March 25, 1798.

25. *The New Republic*, July 2, 2001.

26. King, *Life and Correspondence of Rufus King*, vol. 2, p. 329.

27. Ellis, *Founding Brothers*, p. 196.

28. Elkins and McKitrick, *Age of Federalism*, p. 588.

29. Smith, *John Marshall*, p. 227.

30. Rakove, *James Madison and the Creation of the American Republic*, p. 149; Ketcham, *James Madison*, p. 392.

31. Rosenfeld, *American Aurora*, p. 67.

32. *PAH*, vol. 21, p. 432, "The Stand No. V" *The* [New York] *Commercial Advertiser*, April 16, 1798.

33. Ibid., p. 442, "The Stand No. VII," *The* [New York] *Commercial Advertiser*, April 21, 1798.

34. Ellis, *Founding Brothers*, p. 186.

35. *PAH*, vol. 21, p. 436, "The Stand No. VI," *The* [New York] *Commercial Advertiser*, April 19, 1798.

36. Wood, *American Revolution*, p. 106.

37. Isaacson, *Benjamin Franklin*, p. 456.

38. Wills, *James Madison*, p. 62.

39. Ferling, *John Adams*, p. 355.

40. *The Boston Patriot*, May 29, 1809.

41. Lind, *Hamilton's Republic*, p. 136.

42. *PAH*, vol. 21, p. 462, letter to Jaijies McHenry, May 17, 1798.

43. Hamilton, *Life of Alexander Hamilton*, vol. 7, p. 169.

44. *PAH*, vol. 21, p. 435, "The Stand No.VI," *The* [New York] *Commercial Advertiser*, April 19, 1798.

45. King, *Life and Correspondence of Rufus King*, vol. 2, p. 330.

46. *PAH*, vol. 21, p. 482, letter to Elizabeth Hamilton, June 3, 1798.

47. Ibid., p. 496, letter to Elizabeth Hamilton, June 8, 1798.

48. Ibid., p. 434, letter from John Jay, April 19, 1798.

49. Ames, *Sketch of the Character of Alexander Hamilton*, p. 14.

50. NYHS-RTP, letter from Robert Troup to Rufus King, June 10, 1797.

51. Ferling, *John Adams*, p. 133.

52. *PAH*, vol. 21, p. 468, letter to George Washington, May 19, 1798.

53. Ibid., p. 470, letter from George Washington, May 27, 1798.

54. Ibid., p. 479, letter to George Washington, June 2, 1798.

55. Ibid., p. 486, letter to Oliver Wolcott, Jr., June 5, 1798.

56. Hamilton, *Intimate Life of Alexander Hamilton*, p. 323.

57. Ibid.

58. *PAH*, vol. 21, p. 535.

59. Ibid., p. 534, letter to George Washington, July 8, 1798.

60. Ibid.

61. Elkins and McKitrick, *Age of Federalism*, p. 602.

62. Malone, *Jefferson and His Time*, vol. 3, p. 426.

63. *PAH*, vol. 22, p. 83, letter to James McHenry, August 19, 1798.

64. Ibid., vol. 17, p. 312, letter from Henry Knox, October 8, 1794.

65. Rosenfeld, *American Aurora*, p. 198.

66. Ibid., p. 431.

67. Elkins and McKitrick, *Age of Federalism*, p. 603.

68. *PAH*, vol. 22, p. 10.

69. Elkins and McKitrick, *Age of Federalism*, p. 605.

70. Ibid.

71. Ferling, *John Adams*, p. 362.

72. Smith, *Patriarch*, p. 331.

73. CU-HPPP, box 273, letter from George Washington to John Adams, September 25, 1798.

74. Smith, *Patriarch*, p. 332.

75. *PAH*, vol. 22, p. 202.

76. CU-HPPP, box 273, letter from George Washington to Timothy Pickering, September 9,

798.

77. CU-FFP, letter from Timothy Pickering to Nicholas Fish, December 5, 1823.

78. Ibid.

79. Ferling, *John Adams*, p. 361.

80. *PAH*, vol. 24, p. 524, letter to John Adams, May 24, 1800.

81. Ibid., p. 593, letter from John Adams, June 20, 1800.

82. King, *Life and Correspondence of Rufus King*, vol. 3, p. 263.

83. Ibid., vol. 2, p. 346.

84. Parton, *Life and Times of Aaron Burr*, p. 237.

85. *PAH*, vol. 21, p. 521, letter to Oliver Wolcott, Jr., June 28, 1798.

86. Lomask, *Aaron Burr: The Years from Princeton to Vice President*, p. 216.

87. Parton, *Life and Times of Aaron Burr*, p. 235.

88. Ibid.

89. *PAH*, vol. 24, p. 136, "Battle Plans," December 1799–March 1800.

90. Ibid., vol. 22, p. 478, letter to James Wilkinson, February 12, 1799.

91. Ibid., p. 368, letter to James McHenry, December 16, 1798.

92. Ibid., vol. 24, p. 229, letter to Elizabeth Hamilton, February 10, 1800.

93. Ibid., vol. 22, p. 161, letter to John Adams, August 24, 1798.

94. Ibid., vol. 24, p. 127, letter to James McHenry, December 1799.

95. Ibid., vol. 23, p. 493, letter to James McHenry, October 3, 1799.

96. Ibid., vol. 24, p. 143, "Elements of the Tactics of the Infantry," 1799.

97. Ibid., vol. 22, p. 252, letter to John Jay, November 19, 1798.

98. Ibid., p. 29, letter to Louis le Begue du Portail, July 23, 1798.

99. Ibid., vol. 24, p. 70, letter to James McHenry, November 23, 1799.

100. Ibid., vol. 23, p. 433, letter to James McHenry, September 17, 1799.

101. Ibid., vol. 22, p. 65, letter from Oliver Wolcott, Jr., August 9, 1798.

102. Ibid., p. 62, letter from George Washington, August 9, 1798.

103. Ibid., p. 38, letter to George Washington, July 29 [-August 1], 1798.

104. Smith, *Patriarch*, p. 340.

105. *PAH*, vol. 21, p. 345, letter to James McHenry, January 27–February 11, 1798.

106. Robertson, *Life of Miranda*, vol. 1, p. 177.

107. *PAH*, vol. 22, p. 155, letter to Francisco de Miranda, August 22, 1798.

108. Ibid.

109. Ibid., p. 154, letter to Rufus King, August 22, 1798.

110. Ibid., p. 345, letter from George Washington to James McHenry, December 13, 1798.

111. Ibid., p. 441, letter to Harrison Gray Otis, January 26, 1799.

112. Emery, *Alexander Hamilton*, p. 180.

113. Elkins and McKitrick, *Age of Federalism*, p. 671.

114. Morison, *Harrison Gray Otis*, p. 158.

115. Lomask, *Aaron Burr: The Conspiracy and Years of Exile*, p. 180.

116. *PAH*, vol. 23, p. 383, letter from James Wilkinson, September 6, 1799.

32장 · 마녀들의 통치

1.   PAH, vol. 21, p. 506, *Gazette of the United States*, June 13, 1798.

2.   Malone, *Jefferson and His Time*, vol. 3, p. 360.

3.   Smith, *John Marshall*, p. 239.

4.   Rosenfeld, *American Aurora*, p. 43.

5.   Bailyn, *To Begin the World Anew*, p. 156.

6.   Rosenfeld, *American Aurora*, p. 235.

7.   Ferling, *John Adams*, p. 366.

8.   Ellis, *Founding Brothers*, p. 191.

9.   Ibid.

10. Rosenfeld, *American Aurora*, p. 132.

11. *PAH*, vol. 21, p. 468, *The Time Piece*, May 21, 1798.

12. Ibid., May 22, 1798.

13. *The Boston Patriot*, May 29, 1809.

14. *The Review of Politics*, July 1954.

15. *PAH*, vol. 21, p. 522, letter to Oliver Wolcott, Jr., June 29, 1798.

16. Ibid., vol. 23, p. 604, letter to Jonathan Dayton, October–November, 1799.

17. *Speeches at Full Length of Mr. Van Ness*, p. 76.

18. Rosenfeld, *American Aurora*, pp. 128, 136.

19. Ibid., p. 136.

20. Jefferson, *Anas of Thomas Jefferson*, p. 38.

21. Ibid., p. 381.

22. Ibid., vol. 4, p. 155.

23. Wills, *James Madison*, p. 49.

24. Rakove, *James Madison and the Creation of the American Republic*, p. 151.

25. Wills, *James Madison*, p. 49.

26. Ketcham, *James Madison*, p. 397.

27. Knott, *Alexander Hamilton and the Persistence of Myth*, p. 48.

28. Brookhiser, *Alexander Hamilton*, p. 142.

29. *PAH*, vol. 22, p. 452, letter to Theodore Sedgwick, February 2, 1799.

30. Ibid.

31. Ibid., p. 465, letter to Rufus King, February 6, 1799.

32. *The New York Times*, July 3, 2001.

33. Brodie, *Thomas Jefferson*, p. 321.

34. *The Review of Politics*, July 1954.

35. Rosenfeld, *American Aurora*, p. 689.

36. *The Argus, or Greenleafs New Daily Advertiser*, November 6, 1799.

37. *PAH*, vol. 24, p. 5, letter to Josiah Ogden Hoffman, November 6, 1799.

38. *Greenleafs New York Journal and Patriotic Register*, December 11, 1799.

39. *Aurora*, November 25, 1799.

40. Rosenfeld, *American Aurora*, p. 716.

41. *Greenleafs New York Journal and Patriotic Register*, November 20, 1799.

42. Rosenfeld, *American Aurora*, p. 547.

43. *PAH*, vol. 22, p. 394, letter to Harrison Gray Otis, December 27, 1798.

44. Ibid., p. 415, letter from William Heth, January 14, 1799.

45. Ibid., p. 453, letter to Theodore Sedgwick, February 2, 1799.

46. Malone, *Jefferson and His Time*, vol. 3, p. 440.

47. *PAH*, vol. 22, p. 532.

48. Ibid., vol. 23, p. 7, letter to George Washington, April 3, 1799.

49. Ibid., p. 1, letter from Oliver Wolcott, Jr., April 1, 1799.

50. Brookhiser, *America's First Dynasty*, p. 197.

51. *The Boston Patriot*, May 29, 1809.

52. Ellis, *Founding Brothers*, pp. 206–7.

33장 · 경건한 일과 불경한 일

1. NYHS-NYCMS, reel 2, "Minutes of the Standing Committee," March 7 [?], 1799.

2. LC-AHP, reel 30, Alexander Hamilton, Jr., memo about Elizabeth Hamilton.

3. Hamilton, *Reminiscences of James A. Hamilton*, p. 65.

4. Pettit, "Women, Sunday Schools, and Politics," p. 37.

5. Bethune, *Memoirs of Mrs. Joanna Bethune*, p. 112.

6. Rosenfeld, *American Aurora*, p. 725.

7. *PAH*, vol. 22, p. 313, letter to Elizabeth Hamilton, November 1798.

8. Ibid., p. 251, letter to Elizabeth Hamilton, November 19, 1798.

9. Ibid., p. 236, letter to Elizabeth Hamilton, November 11, 1798.

10. *PAH*, vol. 24, p. 211, letter to Angelica Church, January 22, 1800.

11. King, *Life and Correspondence of Rufus King*, vol. 3, p. 34.

12. *PAH*, vol. 22, p. 232, letter to Elizabeth Hamilton, November 10, 1798.

13. Ibid., vol. 24, p. 212, letter to Angelica Church, January 22, 1800.

14. Ibid., vol. 22, p. 450, letter from Philip Schuyler, January 31, 1799.

15. Hamilton, *Intimate Life of Alexander Hamilton*, p. 349.

16. *PAH*, vol. 22, p. 450.

17. Ibid., p. 451.

18. Pettit, "Women, Sunday Schools, and Politics," p. 44.

19. King, *Life and Correspondence of Rufus King*, vol. 2, p. 429.

20. *Political Science Quarterly*, December 1957.

21. *PAH*, vol. 21, p. 481, letter to Oliver Wolcott, Jr., June 2, 1798.

22. Lomask, *Aaron Burr: The Years from Princeton to Vice President*, p. 226.

23. *PAH*, vol. 22, p. 447.

24. Ibid., vol. 25, p. 321, letter to James A. Bayard, January 16, 1801.

25. Burr, *Political Correspondence and Public Papers of Aaron Burr*, vol. 1, p. 402.

26. Ibid., p. 399.

27. Ibid., p. 403.

28. *The New-York Gazette and General Advertiser*, September 14, 1799.

29. Burr, *Political Correspondence and Public Papers of Aaron Burr*, vol. 2, p. 410.

30. *PAH*, vol. 21, p. 481, letter to Oliver Wolcott, Jr., June 2, 1798.

31. Biddle, *Autobiography of Charles Biddle*, p. 303.

32. Davis, *Memoirs of Aaron Burr*, vol. 1, p. 417.

33. Burr, *Political Correspondence and Public Papers of Aaron Burr*, vol. 2, p. 410.

34장 · 악마의 시간에서

1. Brookhiser, *America's First Dynasty*, p. 49.

2. *The Boston Patriot*, May 29, 1809.

3. *PAH*, vol. 22, p. 405.

4. Ibid., p. 472, letter from James McHenry, February 8, 1799.

5. Ibid., p. 482, letter to George Washington, February 15, 1799.

6. Ibid., p. 471, letter from Theodore Sedgwick, February 7, 1799.

7. McCullough, *John Adams*, p. 523.

8. Ferling, *John Adams*, p. 370.

9. *PAH*, vol. 22, p. 500, letter from Timothy Pickering, February 25, 1799.

10. Ferling, *John Adams*, p. 390.

11. MHi-TPP, reel 15, p. 267, letter from Timothy Pickering to Richard Stockton, December 31, 1821.

12. *PAH*, vol. 22, p. 494, letter from Theodore Sedgwick, February 22, 1799.

13. Ibid., p. 493, letter to Theodore Sedgwick, February 21, 1799.

14. Ibid., vol. 25, p. 207, *letter from Alexander Hamilton*, October 24, 1800.

15. Ibid., vol. 22, p. 493, letter to Theodore Sedgwick, February 21, 1799.

16. Malone, *Jefferson and His Time*, vol. 3, p. 437.

17. *PAH*, vol. 22, p. 507, letter from George Washington, February 25, 1799.

18. Ibid., p. 586, letter from George Washington, March 25, 1799.

19. Ibid., vol. 23, p. 122, letter to James McHenry, May 18, 1799.

20. Ibid., pp. 186-87, letter to James McHenry, June 14, 1799.

21. Ibid., p. 223, letter from James McHenry, June 26, 1799.

22. Ibid., p. 227, letter to James McHenry, June 27, 1799.

23. Ibid.

24. Ibid., p. 313, letter to James McHenry, August 13, 1799.

25. Ibid.

26. Veiling, *John Adams*, p. 381.

27. Ibid., p. 384.

28. Brodie, *Thomas Jefferson*, p. 334.

29. Ferling, *John Adams*, p. 386.

30. Elkins and McKitrick, *Age of Federalism*, p. 640.

31. Mitchell, *Alexander Hamilton: The National Adventure*, p. 482.

32. *PAH*, vol. 25, p. 22, *letter from Alexander Hamilton*, October 24, 1800.

33. Ibid., vol. 23, p. 546.

34. McCullough, *John Adams*, p. 531.

35. *PAH*, vol. 23, p. 547.

36. Ibid.

37. Ibid., p. 545, letter to George Washington, October 21, 1799.

38. Ibid., p. 574, letter from George Washington, October 27, 1799.

39. Elkins and McKitrick, *Age of Federalism*, p. 730.

40. *PAH*, vol. 23, p. 100.

41. Ibid., vol. 23, p. 602, letter to Jonathan Dayton, October–November 1799.

42. Ibid., p. 604.

43. Ibid.

44. Ibid., vol. 24, p. 99, letter from George Washington, December 12, 1799.

45. Ibid., p. 116, letter to Charles Cotesworth Pinckney, December 22, 1799.

46. Ibid., p. 155, letter to Tobias Lear, January 2, 1800.

47. Ibid., p. 184, letter to Martha Washington, January 12, 1800.

48. McCullough, *John Adams*, p. 533.

49. Ellis, *Passionate Sage*, p. 67.

50. *PAH*, vol. 24, p. 168, letter to Rufus King, January 5, 1800.

51. Baxter, *Godchild of Washington*, p. 226.

52. *The New York Review of Books*, April 25, 2002.

53. *PAH*, vol. 24, p. 267, letter to George Izard, February 27, 1800.

54. Rosenfeld, *American Aurora*, p. 791.

55. McCullough, *John Adams*, p. 540.

56. Elkins and McKitrick, *Age of Federalism*, p. 719.

57. Adams, *New Letters of Abigail Adams*, p. 252.

35장 · 열정의 돌풍

1.   *LPAH*, vol. 1, p. 721.

2.   Ibid., pp. 693-94.

3.   Lomask, *Aaron Burr: The Years from Princeton to Vice President*, p. 90; LPAH, vol. 1, p. 706.

4.   *LPAH*, vol. 1, p. 694.

5.   Lomask, *Aaron Burr: The Years from Princeton to Vice President*, p. 91.

6.   *LPAH*, vol. 1, p. 747.

7.   Lodge, *Alexander Hamilton*, p. 239.

8.   Parton, *Life and Times of Aaron Burr*, p. 148.

9.   *LPAH*, vol. 1, p. 761.

10. Lomask, *Aaron Burr: The Years from Princeton to Vice President*, p. 93; LPAH, vol. 1, p. 704.

11. *LPAH*, vol. 1,p. 774.

12. Hamilton, *Intimate Life of Alexander Hamilton*, p. 186.

13. Rosenfeld, *American Aurora*, p. 751.

14. King, *Life and Correspondence of Rufus King*, vol. 3, p. 208.

15. Lomask, *Aaron Burr: The Years from Princeton to Vice President*, p. 240.

16. Freeman, *Affairs of Honor*, p. 209.

17. Lomask, *Aaron Burr: The Years from Princeton to Vice President*, p. 239.

18. *The New York Times Book Review*, February 13, 2000.

19. Freeman, *Affairs of Honor*, p. 232.

20. Ibid.

21. Lomask, *Aaron Burr: The Years from Princeton to Vice President*, p. 244.

22. Ammon, *James Monroe*, p. 185.

23. Lomask, *Aaron Burr: The Years from Princeton to Vice President*, p. 246.

24. Ibid.

25. Knott, *Alexander Hamilton and the Persistence of Myth*, p. 89.

26. Rosenfeld, *American Aurora*, p. 785.

27. Ibid.

28. *PAH*, vol. 24, p. 465, letter to John Jay, May 7, 1800.

29. Ibid.

30. Ibid.

31. Lodge, *Alexander Hamilton*, p. 224.

32. *PAH*, vol. 24, p. 467.

33. Ellis, *American Sphinx*, p. 212.

34. Jefferson, *Anas of Thomas Jefferson*, p. 227.

35. Ibid., pp. 227-28.

36. Parton, *Life and Times of Aaron Burr*, p. 255.

37. Ferling, *John Adams*, p. 310.

38. *PAH*, vol. 25, p. 5.

39. Ibid.

40. Ellis, *Passionate Sage*, p. 37.

41. Ibid.

42. *PAH*, vol. 25, p. 71, letter from James A. Bayard, August 18, 1800.

43. Ellis, *American Sphinx*, p. 222.

44. Rosenfeld, *American Aurora*, p. 804; *Aurora.Gen-eral Advertiser*, June 3, 1800.

45. *PAH*, vol. 24, p. 452, letter to Theodore Sedgwick, May 4, 1800.

46. Freeman, *Affairs of Honor*, p. 105.

47. *PAH*, vol. 24, p. 555, letter from James McHenry, June 2, 1800.

48. Ibid, p. 557.

49. McCullough, *John Adams*, p. 538.

50. Steiner, *Life and Correspondence of James McHenry*, p. 454; *PAH*, vol. 24, p. 508, letter from James McHenry, May 20, 1800.

51. *PAH*, vol. 25, p. 222, *Letter from Alexander Hamilton*, October 24, 1800.

52. Steiner, *Life and Correspondence of James McHenry*, p. 569.

53. *PAH*, vol. 20, p. 374, letter to George Washington, November 5, 1796.

54. Adams, *Correspondence Between the Hon. John Adams and the Late Wm. Cunningham*, p. 50.

55. Ibid., p. 39.

56. Ibid.

57. MHi–TPP, reel 55, p. 208.

58. King, *Life and Correspondence of Rufus. King*, vol. 3, p. 262.

59. MHi–TPP, reel 55, p. 47.

60. Ibid., reel 15, p. 267, letter from Timothy Pickering to Richard Stockton, December 31, 1821.

61. *PAH*, vol. 24, p. 485.

62. Ibid., p. 573, letter to James McHenry, June 6, 1800.

63. Elkins and McKitrick, *Age of Federalism*, p. 740.

64. The [Boston] *Independent Chronicle and Universal Advertiser*, July 28–31, 1800.

65. *PAH*, vol. 25, p. 88, letter to William Jackson, August 26, 1800.

66. Ibid., p. 89.

67. Ibid., p. Ill, letter from James McHenry, September 4, 1800.

68. *J. Russell's Gazette Commercial and Political*, June 23, 1800.

69. Ibid.

70. *PAH*, vol. 24, p. 584.

71. Ibid., p. 580.

72. Ibid., p. 576.

73. Ellis, *Passionate Sage*, p. 33.

74. McCullough, *John Adams*, p. 545.

75. *PAH*, vol. 24, p. 574.

76. Ibid., p. 575.

77. Ibid., p. 4, letter to Oliver Wolcott, Jr., July 1, 1800.

78. Ibid., p. 596, "Conversation with Arthur Fenner," June 25-26, 1800.

79. Ibid.

80. Ibid., vol. 25, p. 30, letter from John Rutledge, Jr., July 17, 1800.

36장 · 독이 바짝 오르다

1. Sparks, *Life of Gouverneur Morris*, pp. 260-61.

2. NYHS-NPP, n.d.

3. Rogow, *Fatal Friendship*, p. 275.

4. *PAH*, vol. 24, p. 487, letter to Timothy Pickering, May 14, 1800.

5. Ibid., p. 491, letter from Timothy Pickering, May 15, 1800.

6. Ibid., p. 573, letter to James McHenry, June 6, 1800.

7. CU-HPPP, box 276, letter from Oliver Wolcott, Jr., to Fisher Ames, August 10, 1800.

8. *PAH*, vol. 25, p. 15, letter from Oliver Wolcott, Jr., July 7, 1800.

9. Ferling, *John Adams*, p. 397.

10. *PAH*, vol. 25, p. 15, letter from Oliver Wolcott, Jr., July 7, 1800.

11. Adams, *Correspondence Between the Hon. John Adams, and the Late Wm. Cunningham*, p. 40.,

12. Freeman, *Affairs of Honor*, p. 137.

13. *Aurora. General Advertiser*, July 12, 1800.

14. PAH, vol. 25, p. 54, letter to Oliver Wolcott, Jr., August 3, 1800.

15. Ibid., p. 51, letter to John Adams, August 1, 1800.

16. Ibid., p. 125, letter to John Adams, October 1, 1800.

17. Ibid., p. 74, letter from George Cabot, August 21, 1800.

18. CU-HPPP, box 276, letter from John Beckley to Ephraim King, October 25, 1800.

19. Ibid., letter from William S. Shaw to William Smith, November 8, 1800.

20. Elkins and McKitrick, *Age of Federalism*, p. 739.

21. Parton, *Life and Times of Aaron Burr*, p. 257.

22. Fleming, *Duel*, p. 78.

23. Lodge, *Alexander Hamilton*, p. 229.

24. PAH, vol. 25, p. 186, *letter from Alexander Hamilton*, October 24, 1800.

25. Ibid., p. 190.

26. Ibid., p. 202.

27. Ibid., p. 223.

28. Ibid., p. 228.

29. Ibid., p. 233.

30. Ellis, *Passionate Sage*, p. 24.

31. *PAH*, vol. 25, p. 238, letter from Benjamin Goodhue, November 15, 1800.

32. Ibid., p. 242, quoted in letter from James McHenry, November 19, 1800.

33. LC-WPP, reel 2, letter from William Plumer to Jeremiah Smith, December 10, 1800.

34. King, *Life and Correspondence of Rufus King*, vol. 3, p. 331.

35. Ibid.

36. CU-HPPP, box 276, letter from George Cabot to Oliver Wolcott, Jr., November 28, 1800.

37. King, *Life and Correspondence of Rufus King*, vol. 3, p. 350.

38. *PAH*, vol. 25, p. 137, letter to Timothy Pickering, November 13, 1800.

39. Ibid., p. 182.

40. "Hamilton's Quarrel with Washington, 1781," *The William and Mary Quarterly*, April 1955.

41. Adams, *New Letters of Abigail Adams*, p. 255.

42. Freeman, *Affairs of Honor*, p. 108.

43. *The Boston Patriot*, May 29, 1809.

44. McCullough, *John Adams*, p. 556.

45. Parton, *Life and Times of Aaron Burr*, p. 258.

46. Ferling, *John Adams*, p. 404.

47. Freeman, *Affairs of Honor*, p. 119.

48. Adams, *Correspondence Between the Hon. John Adams, and the Late Wm. Cunningham*, p. 28.

49. Emery, *Alexander Hamilton*, p. 186.

50. Freeman, *Affairs of Honor*, pp. 90-91.

51. Knott, *Alexander Hamilton and the Persistence of Myth*, p. 16.

52. CU-HPPP, box 276, letter from Harrison Gray Otis to John Rutledge, Jr., August 25, 1800.

53. Brookhiser, *America's First Dynasty*, p. 67.

54. Brodie, *Thomas Jefferson*, p. 338.

55. Ibid., p. 101.

37장 · 교착 상태

1. *PAH*, vol. 25, p. 307.

2. Mitchell, *Alexander Hamilton: The National Adventure*, p. 462.

3. Ferling, *John Adams*, p. 449; Ellis, *Passionate Sage*, p. 76.

4. Ellis, *Passionate Sage*, p. 78.

5. LC-WPP, reel 1, diary entry of March 15, 1806.

6. CU-HPPP, box 276, letter from Aaron Burr to Samuel Smith, December 16, 1800.

7. PAH, vol. 25, p. 257, letter to Oliver Wolcott, Jr., December 16, 1800.

8. Ibid.

9. Ibid., p. 323, letter to James A. Bayard, January 16, 1801.

10. McCullough, *John Adams*, p. 558.

11. Bergh, *Writings of Thomas Jefferson*, vol. 11, p. 191.

12. CU-HPPP, box 276, letter from Aaron Burr to John Taylor, October 23, 1800.

13. Ibid., letter from Fisher Ames to Theodore Sedgwick, December 31, 1800.

14. *PAH*, vol. 25, p. 286, letter to Oliver Wolcott, Jr., December 1800.

15. Ibid., p. 270, letter to Theodore Sedgwick, December 22, 1800.

16. Ibid., p. 272, letter to Gouverneur Morris, December 24, 1800.

17. *The William and Mary Quarterly*, April 1947.

18. *PAH*, vol. 25, p. 292, letter to James McHenry, January 4, 1801.

19. Fleming, *Duel*, p. 92.

20. *PAH*, vol. 25, p. 319, letter to James A. Bayard, January 16, 1801.

21. Ellis, *Founding Brothers*, p. 202.

22. *PAH*, vol. 25, p. 320, letter to James A. Bayard, January 16, 1801.

23. Lomask, *Aaron Burr: The Years from Princeton to Vice President*, p. 288.

24. Malone, *Jefferson and His Time*, vol. 3, p. 495.

25. PAH, vol. 25, p. 608, letter to James A. Bayard, April [16-21], 1802.

26. *Washington Federalist*, February 12, 1801.

27. Brodie, *Thomas Jefferson*, p. 335.

28. King, *Life and Correspondence of Rufus King*, vol. 3, p. 391.

29. *PAH*, vol. 25, p. 272, letter to Gouverneur Morris, December 24, 1800.

30. Freeman, *Affairs of Honor*, p. 248.

31. Rufus King, *Life and Correspondence of Rufus King*, vol. 4, p. 160.

32. Malone, *Jefferson and His Time*, vol. 4, p. 11.

33. Brookhiser, *America's First Dynasty*, p. 70.

34. *PAH*, vol. 25, p. 321, letter to James A. Bayard, January 16, 1801.

35. Lomask, *Aaron Burr: The Years from Princeton to Vice President*, p. 291.

36. MHi-TPP, reel 47, p. 57.

37. *The New York Times*, August 11, 2000.

38. Lomask, *Aaron Burr: The Years from Princeton to Vice President*, p. 297.

39. Brookhiser, *Gentleman Revolutionary*, p. 167.

40. *PAH*, vol. 25, p. 365, "An Address to the Electors of the State of New York," March 21, 1801.

38장 · 어리석음으로 가득한 세상

1. *PAH*, vol. 24, p. 220, letter to Elizabeth Hamilton, January 26, 1800.
2. Ibid., vol. 22, p. 251, letter to Elizabeth Hamilton, November 19, 1798.
3. Ibid., vol. 26, p. 69, letter to Richard Peters, December 29, 1802.
4. Ibid., vol. 25, p. 481, letter to Elizabeth Hamilton, possibly February 19, 1801.
5. Ibid., vol. 24, p. 588, letter to Elizabeth Hamilton, June 8, 1800.
6. *The New York Times*, March 26, 1965.
7. *PAH*, vol. 26, p. 69, letter to Richard Peters, December 29, 1802.
8. Ibid., pp. 182-83, "Plan for a Garden," 1803.
9. Ibid., vol. 25, p. 388, letter to William Beekman, June 15, 1801.
10. NYHS-NPP, letter from Elizabeth Hamilton to Nathaniel Pendleton, September 29, 1804.
11. *PAH*, vol. 26, p. 95, letter to Elizabeth Hamilton, March 20, 1803.
12. King, *Life and Correspondence of Rufus King*, vol. 3, p. 459.
13. *PAH*, vol. 25, p. 339, letter to Elizabeth Hamilton, February 20, 1801.
14. Ibid., p. 348, letter to Elizabeth Hamilton, March 16, 1801.
15. Ibid., p. 354, "An Address to the Electors of the State of New York," March 21, 1801.
16. McDonald, *Alexander Hamilton*, p. 353.
17. [Newark] *Centinel of Freedom*, April 28, 1801.
18. *PAH*, vol. 25, p. 376.
19. King, *Life and Correspondence of Rufus King*, vol. 3, p. 459.
20. Ellis, *American Sphinx*, p. 201.
21. Malone, *Jefferson and His Time*, vol. 3, p. 486.
22. Hamilton, *Reminiscences of James A. Hamilton*, p. 23.
23. *Pennsylvania Magazine of History and Biography*, July 1937.
24. Knott, *Alexander Hamilton and the Persistence of Myth*, p. 244.
25. CU-HPPP, box 276, letter from Thomas Jefferson to Joseph Vanmetre, September 4, 1800.
26. Smith, *John Marshall*, p. 303.
27. Ibid.
28. Ibid., p. 11.
29. Ibid.
30. Brookhiser, *Alexander Hamilton*, p. 10.
31. Knott, *Alexander Hamilton and the Persistence of Myth*, p. 17.
32. Lomask, *Aaron Burr: The Conspiracy and Years of Exile*, p. 126.
33. *PAH*, vol. 25, pp. 550-51, "The Examination," no. 14, *New-York Evening Post*, March 2, 1802.
34. Ibid., p. 549.
35. Ibid., pp. 529-30, "The Examination," no. 12, *New-York Evening Post*, February 23, 1802.

36. Ibid., p. 450.

37. MHi-TPP, reel 44, letter from William Coleman to Octavius Pickering, February 15, 1829.

38. Ibid., reel 15, letter from Timothy Pickering to Nicholas Fish, July 30, 1822.

39. CU-HPPP, box 277, letter from William Coleman to Thomas Jefferson, 1801.

40. Nevins, *Evening Post*, p. 17.

41. *Columbia University Quarterly*, March 1938.

42. *New-York Evening Post*, November 25, 1801.

43. Mitchell, *Alexander Hamilton: The National Adventure*, p. 495.

44. Nevins, *Evening Post*, p. 20.

45. Hamilton, *Intimate Life of Alexander Hamilton*, p. 72.

46. Ibid., p. 212.

47. Ibid., p. 103.

48. McDonald, *Alexander Hamilton*, p. 356.

49. King, *Life and Correspondence of Rufus King*, vol. 4, p. 28.

50. Hamilton, *Intimate Life of Alexander Hamilton*, p. 217.

51. Fleming, *Duel*, p. 7.

52. *PAH*, vol. 25, p. 428, letter to Elizabeth Hamilton, October 21, 1801.

53. Mitchell, *Alexander Hamilton: The National Adventure*, p. 496.

54. *American Citizen*, November 26, 1802.

55. *New-York Evening Post*, November 24, 1801.

56. *PAH*, vol. 25, p. 436.

57. *The Historical Magazine*, October 1867.

58. Ibid.

59. *PAH*, vol. 25, p. 437.

60. LC-AHP, reel 30, letter from Dr. David Hosack to John C. Hamilton, January 1, 1833.

61. King, *Life and Correspondence of Rufus King*, vol. 4, p. 28.

62. *The Historical Magazine*, October 1867.

63. Hamilton, *Intimate Life of Alexander Hamilton*, p. 213.

64. Ibid., p. 218.

65. *New-York Evening Post*, November 24, 1801.

66. Ibid.

67. *PAH*, vol. 26, p. 71, letter to Charles Cotesworth Pinckney, December 29, 1802.

68. Kent, *Memoirs and Letters of James Kent*, p. 143.

69. Menz, *Historic Furnishing Report*, p. 20.

70. CU-HFP, box 3, letter from Elizabeth H. Holly to Catharine Cochran, December 16, ca. 1856.

71. King, *Life and Correspondence of Rufus King*, vol. 4, p. 28.

72. *PAH*, vol. 25, p. 584, letter to Benjamin Rush, March 29, 1802.

73. McDonald, *Alexander Hamilton*, p. 356.

39장 · 소책자 전쟁

1. King, *Life and Correspondence of Rufus King*, vol. 4, p. 103.
2. *PAH*, vol. 25, p. 544, letter to Gouverneur Morris, February 27, 1802.
3. Ibid., p. 496, "The Examination," no. 8, *New-York Evening Post*, January 12, 1802.
4. Ibid., p. 494, "The Examination," no. 7, *New-York Evening Post*, January 7, 1702.
5. Ibid., p. 576, "The Examination," no. 17, *New-York Evening Post*, March 20, 1802.
6. Ibid., p. 605, letter to James A. Bayard, April [16-21], 1802.
7. *PAH*, vol. 2, p. 168, letter to John Laurens, September 11, 1779.
8. Ibid., vol. 17, p. 585, "The Cause of France," unpublished fragment.
9. "Phocicm No. X," *Gazette of the United States*, October 27, 1796.
10. Ibid.
11. *PAH*, vol. 25, p. 583, letter to John Dickinson, March 29, 1802.
12. Ibid., vol. 26, p. 219, letter to an unknown recipient, April 13, 1804.
13. CU-JCHP, box 20.
14. Ibid.
15. Ibid.
16. Davis, *Memoirs of Aaron Burr*, vol. 2, p. 185.
17. Fleming, *Duel*, p. 79.
18. Lomask, *Aaron Burr: The Years from Princeton to Vice President*, p. 307.
19. Ibid., p. 313.
20. *PAH*, vol. 25, p. 587, letter to James A. Bayard, April 6, 1802.
21. Ibid., p. 559, letter to Gouverneur Morris, March 4, 1802.
22. Fleming, *Duel*, p. 83.
23. Mitchell, *Alexander Hamilton: The National Adventure*, p. 525.
24. Latrobe, *Correspondence and Miscellaneous Papers of Benjamin Henry Latrobe*, vol. 2, p. 331.
25. *American Citizen*, April 22, 1803.
26. *PAH*, vol. 26, p. 114.
27. Davis, *Memoirs of Aaron Burr*, vol. 2, p. 316.
28. King, *Life and Correspondence of Rufus King*, vol. 4, p. 121.
29. Cheetham, *Narrative of the Suppression by Col. Burr*, p. 52.
30. Ibid., p. 54.
31. Ibid., p. 18.
32. Freeman, *Affairs of Honor*, p. 167.
33. Lomask, *Aaron Burr: The Years from Princeton to Vice President*, p. 319.
34. Hamilton, *Intimate Life of Alexander Hamilton*, p. 72.
35. Schachner, *Alexander Hamilton*, p. 1.
36. *PAH*, vol. 26, p. 37.
37. McCullough, *John Adams*, p. 578; Brodie, *Thomas Jefferson*, p. 349.

38. Malone, *Jefferson and His Time*, vol. 4, p. 212.

39. Brodie, *Thomas Jefferson*, p. 352.

40. Ibid., p. 360.

41. Malone, *Jefferson and His Time*, vol. 4, p. 231; Brodie, *Thomas Jefferson*, p. 353.

42. Brodie, *Thomas Jefferson*, p. 352.

43. Brookhiser, America's First Dynasty, p. 55.

44. Ellis, *Passionate Sage*, p. 115.

45. Brodie, *Thomas Jefferson*, p. 353.

46. *PAH*, vol. 26, p. 36, letter from Philip Schuyler, August 19, 1802.

47. *The William and Mary Quarterly*, 1955.

48. Brodie, *Thomas Jefferson*, p. 356.

49. Ibid., p. 350.

50. Ibid., p. 356.

40장 · 진실의 대가

1. King, *Life and Correspondence of Rufus King*, vol. 4, p. 326.

2. Hamilton, *Federalist*, p. cxi.

3. Kent, *Memoirs and Letters of James Kent*, p. 143.

4. Ibid., p. 317.

5. Ibid., p. 328.

6. Ibid., p. 143.

7. Ibid., p. 33.

8. *PAH*, vol. 26, p. 93, letter to Elizabeth Hamilton, March 13, 1803.

9. Ibid., pp. 94–95, letter to Elizabeth Hamilton, March [16-17], 1803.

10. King, *Life and Correspondence of Rufus King*, vol. 4, p. 135.

11. *The New York Times*, July 3, 2001.

12. Knott, *Alexander Hamilton and the Persistence of Myth*, p. 21; Bailyn, To Begin the World Anew, p. 53.

13. *LPAH*, vol. 1, p. 776.

14. Fleming, *Duel*, p. 167.

15. Malone, *Jefferson and His Time*, vol. 4, p. 232.

16. *LPAH*, vol. 1, p. 784.

17. Hamilton, *Intimate Life of Alexander Hamilton*, p. 178.

18. *Speeches at Full Length of Mr. Van Ness*, p. 62.

19. Ibid., p. 64.

20. Ibid., p. 65.

21. Ibid.

22. Ibid., p. 69.

23. Ibid., p. 70.

24. Ibid., p. 76.

25. Ibid., p. 72.

26. Ibid., p. 77.

27. Fleming, *Duel*, p. 175.

28. MHi-TPP, reel 16, p. 340, letter from Thomas Pickering to William Coleman, September 11, 1827.

29. LC-AHP, reel 30, letter from James Kent to Elizabeth Hamilton, December 20, 1832.

30. *The New Criterion*, May 1999.

31. Malone, *Jefferson and His Time*, vol. 4, p. 331.

32. *New-York Evening Post*, February 8, 1803.

33. Ibid., July 5, 1803.

34. Jefferson, *Anas of Thomas Jefferson*, p. 224.

35. Ibid.

36. Jefferson, *Works of Thomas Jefferson*, p. 378.

37. Lomask, *Aaron Burr: The Years from Princeton to Vice President*, p. 341.

38. Biddle, *Autobiography of Charles Biddle*, p. 302.

39. Fleming, *Duel*, p. 209.

40. *American Citizen*, January 6, 1804.

41. Ibid., January 14, 1804.

42. *PAH*, vol. 26, p. 187, "Speech at a Meeting of Federalists in Albany," February 10, 1804.

43. Davis, *Memoirs of Aaron Burr*, vol. 2, p. 277.

44. *American Citizen*, March 1, 1804.

45. *PAH*, vol. 26, p. 193, letter to Robert G. Harper, February 19, 1804.

46. Davis, *Memoirs of Aaron Burr*, vol. 2, p. 293.

47. Strong, *Letters of George W. Strong*, p. 218.

48. *PAH*, vol. 26, p. 200, letter to George Clinton, February 27, 1804.

49. Ibid., p. 210, letter from George Clinton, March 6, 1804.

50. Fleming, *Duel*, p. 228.

51. Lomask, *Aaron Burr: The Years from Princeton to Vice President*, p. 343.

52. Parton, *Life and Times of Aaron Burr*, p. 364.

53. NYPL-KVB, p.v.4.

54. Ibid.

55. Ibid.

56. Ibid.

57. Ibid.

58. Davis, *Memoirs of Aaron Burr*, vol. 2, p. 281.

59. Ibid.

60. Ibid.

61. Steiner, *Life and Correspondence of James McHenry*, p. 530.

62. *PAH*, vol. 26, p. 225, letter to Philip Jeremiah Schuyler, April 20, 1804.

63. Fleming, *Duel*, p. 235.

64. Ellis, *Founding Brothers*, pp. 46–47.

65. Biddle, *Autobiography of Charles Biddle*, p. 309.

66. Parton, *Life and Times of Aaron Burr*, p. 335.

67. Burr, *Political Correspondence and Public Papers of Aaron Burr, vol. 2, p. 839.*

68. *Davis, Memoirs of Aaron Burr*, vol. 2, p. 285.

69. LC-AHP, reel 30, letter from Adam Hoops to James A. Hamilton, March 30, 1829.

70. Ibid.

71. Ibid.

72. Morris, *Diary and Letters of Gouverneur Morris*, p. 454.

73. Malone, *Jefferson and His Time*, vol. 4, p. 403.

74. LC-AHP, reel 30, letter from Major James Fairlie to John Church Hamilton, March 21, 1829.

75. Malone, *Jefferson and His Time*, vol. 4, p. 430.

76. *PAH*, vol. 26, p. 310.

41장 · 증오를 불러온 의견

1. CU-DWCP, reel 1, letter from John Tayler to De Witt Clinton, April 8, 1804.

2. *American Citizen*, July 23, 1804.

3. Fleming, *Duel*, p. 232.

4. NYPL-KVB, p. v.4, letter from Charles D. Cooper to Philip Schuyler, April 23, 1804, quoted in an anonymous handbill.

5. Ibid.

6. New-York Evening Post, October 13, 1802.

7. PAH, vol. 26, p. 240.

8. Freeman, *Affairs of Honor*, p. 188.

9. Biddle, Autobiography of Charles Biddle, p. 305.

10. Lomask, Aaron Burr: The Years from Princeton to Vice President, p. 326.

11. Fleming, Duel, p. 283.

12. PAH, vol. 26, p. 237.

13. Van Doren, Benjamin Franklin, p. 711.

14. Sullivan, Public Men of the Revolution, p. 266.

15. PAH, vol. 24, p. 5, letter to Josiah Ogden Hoffman, November 6, 1799.

16. Biddle, Autobiography of Charles Biddle, p. 302.

17. Ogden, Four Letters on the Death of Alexander Hamilton, p. 9.

18. Speeches at Full Length of Mr. Van Ness, p. 67.

19. NYHS-MM, reel 11, Nathaniel Pendleton, obituary notice for Alexander Hamilton.

20. PAH, vol. 26, p. 243, letter from Aaron Burr, June 18, 1804.

21. Ibid., p. 247, "William P. Van Ness's Narrative of the Events of June 18-21, 1804."

22. Ibid.

23. Ibid., p. 248, letter to Aaron Burr, June 20, 1804.

24. Ibid.

25. Ibid., p. 249.

26. Ibid., p. 250, letter from Aaron Burr, June 21, 1804.

27. Ibid., p. 251, "William P. Van Ness, s Narrative of the Events of June 22, 1804."

28. Ibid.

29. Ibid., p. 252.

30. Davis, Memoirs of Aaron Burr, vol. 2, p. 303.

31. PAH, vol. 26, p. 252, "Nathaniel Pendleton's Narrative of the Events of June 22, 1804."

32. Ibid., p. 264, "William P. Van Ness's Narrative of Later Events of June 25, 1804."

33. Ibid., p. 253, letter to Aaron Burr, June 22, 1804.

34. Ibid., vol. 19, p. 397, letter to George Washington, November 5, 1795.

35. Fleming, Duel, p. 347.

36. LC-WPP, reel 1, diary entry of March 15, 1806.

37. PAH, vol. 26, pp. 255-56, letter from Aaron Burr, June 22, 1804.

38. Ibid., p. 260, "Nathaniel Pendleton's Narrative of the Events of June 23-25, 1804."

39. Ibid., p. 257, "Aaron Burr's Instructions to William P. Van Ness," June 22-23, 1804.

40. Ibid., p. 261, "Nathaniel Pendleton's First Account of Alexander Hamilton's Conversation at John Tayler's House," June 25, 1804.

41. Ibid., p. 264, "William P. Van Ness's Narrative of the Events of June 25, 1804"; ibid., p. 265, letter from Aaron Burr to William P. Van Ness, June 25, 1804.

42. Ibid, p. 271, letter from Nathaniel Pendleton to William P. Van Ness, June 26, 1804.

43. Ibid., p. 278, "Remarks on the Letter of June 27, 1804."

44. New-York Evening Post, November 28, 1801.

45. Freeman, Affairs of Honor, p. 163.

46. King, Life and Correspondence of Rufus King, vol. 4, p. 396.

47. Knott, Alexander Hamilton and the Persistence of Myth, p. 17.

48. The William and Mary Quarterly, April 1996.

49. Kennedy, Burr, Hamilton, and Jefferson, p. 12.

50. Ellis, Founding Brothers, p. 23.

51. Ogden, Four Letters on the Death of Alexander Hamilton, p. 15.

52. The William and Mary Quarterly, April 1996.

53. PAH, vol. 24, p. 299, letter to Henry Lee, March 7, 1800.

54. LC-AHP, reel 30, letter from Robert Troup to Timothy Pickering, March 31, 1828.

55. Ibid.

56. The Balance and Columbian Repository, August 14, 1804.

57. Van Vechten, Memoirs of John Mason, p. 187.

58. J. P. Morgan Chase Archives, RG 11, letter from John B. Church to Philip Church, July 16, 1804, New York, N.Y.

59. Biddle, *Autobiography of Charles Biddle*, p. 303.

60. Strong, *Letters of George W. Strong*, p. 16.

61. Biddle, *Autobiography of Charles Biddle*, p. 303.

62. Ellis, *Founding Brothers*, p. 36.

63. Parton, *Life and Times of Aaron Burr*, p. 348.

64. *PAH*, vol. 26, p. 281, letter to James A. Hamilton, June 1804.

65. Ibid., p. 282.

66. CU-JCHP, box 20.

67. *PAH*, vol. 26, p. 288, "Statement of My Property and Debts, July 1, 1804."

68. Ibid., p. 289.

69. Ibid. *

70. Ibid., p. 280, "Statement on Impending Duel with Aaron Burr," June 28-July 10, 1804.

71. Ibid., p. 279.

72. Ibid.

73. Ibid., p. 280.

74. Parton, *Life and Times of Aaron Burr*, p. 617.

42장 · 치명적인 나들이

1. *PAH*, vol. 26, p. 310.

2. Ibid., p. 311.

3. Ibid., p. 305, "Last Will and Testament of Alexander Hamilton," July 9, 1804.

4. Ibid.

5. Ibid.

6. Ibid., p. 300, letter from Aaron Burr to William P. Van Ness, July 9, 1804.

7. Ibid., p. 301.

8. Mitchell, *Alexander Hamilton: The National Adventure*, p. 533.

9. L. Tom Perry Special Collections Library, Brigham Young University, Provo, Utah, Weir Family Papers, Vault Manuscripts 51, box 1, folder 11, letter from Dirck Ten Broeck to Abraham Ten Broeck, July 12, 1804.

10. *PAH*, vol. 26, p. 311.

11. LC-AHP, reel 31, "Robert Troup Memoir of General Hamilton," March 22, 1821.

12. *New-York Evening Post*, July 19, 1804.

13. *PAH*, vol. 26, p. 309, letter to Theodore Sedgwick, July 10, 1804.

14. Ibid.

15. Ibid., p. 307, letter to Elizabeth Hamilton, July 10, 1804.

16. Ibid., p. 308.

17. Ibid.
18. Hamilton, *Life of Alexander Hamilton*, vol. 7, p. 802.
19. Parton, *Life and Times of Aaron Burr*, p. 347.
20. Davis, *Memoirs of Aaron Burr*, vol. 2, p. 322.
21. Ibid.
22. Biddle, *Autobiography of Charles Biddle*, p. 309.
23. Freeman, *Affairs of Honor*, p. 192.
24. CU-JCHP,box24.
25. Ogden, *Four Letters on the Death of Alexander Hamilton*, p. 8.
26. CU-JCHP, box 24.
27. Mitchell, *Alexander Hamilton: The National Adventure*, p. 534.
28. Lomask, *Aaron Burr: The Years from Princeton to Vice President*, p. 354.
29. *New-York Evening Post*, July 19, 1804.
30. NYHS-WVNP, "Duel Papers," letter from William Van Ness to Charles Biddle, n.d.
31. Ibid.
32. Parton, *Life and Times of Aaron Burr*, p. 617.
33. Burr, *Political Correspondence and Public Papers of Aaron Burr*, vol. 2, p. 887.
34. Ellis, *Founding Brothers*, p. 40.
35. Burr, *Political Correspondence and Public Papers of Aaron Burr*, vol. 2, p. 884.
36. Ibid., p. 887.
37. NYHS-WVNP, "Duel Papers," letter from William Van Ness to Charles Biddle, n.d.
38. LC-AHP, reel 33, letter from William Van Ness to an unnamed recipient, n.d.
39. Parton, *Life and Times of Aaron Burr*, p. 617.
40. PAH, vol. 26, p. 344, letter from David Hosack to William Coleman, August 17, 1804.
41. Ibid., p. 345.
42. Ibid.
43. Fleming, *Duel*, p. 325.
44. *PAH*, vol. 26, p. 345, letter from David Hosack to William Coleman, August 17, 1804.
45. Ibid.
46. Parton, *Life and Times of Aaron Burr*, p. 346.
47. L. Tom Perry Special Collections Library, Brigham Young University, Provo, Utah, Weir Family Papers, Vault Manuscripts 51, box 1, folder 11, letter from Dirck Ten Broeck to Abraham Ten Broeck, July 12, 1804.
48. Ogden, *Four Letters on the Death of Alexander Hamilton*, p. 7.
49. *PAH*, vol. 26, p. 317.
50. Ibid., p. 346, letter from David Hosack to William Coleman, August 17, 1804.
51. Ibid., p. 345.
52. Ogden, *Four Letters on the Death of Alexander Hamilton*, pp. 9-10.
53. Phelan, *Man Who Owned the Pistols*, p. 111.
54. Hamilton, *Intimate Life of Alexander Hamilton*, p. 404.

55. *PAH*, vol. 25, p. 403, letter to Rufus King, July 28, 1801.

56. Van Vechten, *Memoirs of John Mason*, p. 182.

57. Ibid.

58. Ibid., p. 183.

59. Ibid.

60. Ibid., p. 184.

61. Ogden, *Four Letters on the Death of Alexander Hamilton*, p. 8.

62. *PAH*, vol. 26, p. 315, letter from Benjamin Moore to William Coleman, July 12, 1804.

63. Ibid.

64. Ibid., p. 316.

65. Ibid., p. 347, letter from David Hosack to William Coleman, August 17, 1804.

66. Ogden, *Four Letters on the Death of Alexander Hamilton*, p. 11.

67. Fleming, *Duel*, p. 331.

68. Brookhiser, *Gentleman Revolutionary*, p. 173.

69. Hamilton, *Federalist*, p. lxxxix.

70. Hamilton, *Intimate Life of Alexander Hamilton*, pp. 405-6.

71. Ogden, *Four Letters on the Death of Alexander Hamilton*, p. 12.

72. *PAH*, vol. 26, p. 293, letter to Elizabeth Hamilton, July 4, 1804.

43장 · 가슴 무너지는 장면

1. King, *Life and Correspondence of Rufus King*, vol. 4, p. 575.

2. Biddle, *Autobiography of Charles Biddle*, p. 302.

3. McDonald, *Sermon on the Premature and Lamented Death of General Alexander Hamilton*, p. 14.

4. Knott, *Alexander Hamilton and the Persistence of Myth*, p. 49.

5. Brookhiser, *Gentleman Revolutionary*, p. 173.

6. Knott, *Alexander Hamilton and the Persistence of Myth*, p. 2.

7. Ogden, *Four Letters on the Death of Alexander Hamilton*, p. 13.

8. Freeman, *Affairs of Honor*, p. 191.

9. Morris, *Diary and Letters of Gouverneur Morris*, pp. 456-57.

10. Ibid., p. 458.

11. Ibid., p. 457.

12. *PAH*, vol. 26, p. 324.

13. *New-York Evening Post*, July 17, 1804.

14. *American Citizen*, July 16, 1804.

15. Knott, *Alexander Hamilton and the Persistence of Myth*, p. 2.

16. Bowen, *Miracle at Philadelphia*, p. 111.

17. Van Vechten, *Memoirs of John Mason*, p. 187.

18. Hamilton, *Intimate Life of Alexander Hamilton*, p. 422.
19. Malone, *Jefferson and His Time*, vol. 4, p. 426.
20. Knott, *Alexander Hamilton and the Persistence of Myth*, p. 19.
21. Ibid., p. 13.
22. Malone, *Jefferson and His Time*, vol. 4, p. 425.
23. Parton, *Life and Times of Aaron Burr*, p. 364.
24. Biddle, *Autobiography of Charles Biddle*, p. 305.
25. L. Tom Perry Special Collections Library, Brigham Young University, Provo, Utah, Weir Family Papers, Vault Manuscripts 51, box 1, folder 11, letter from Dirck Ten Broeck to Abraham Ten Broeck, July 12, 1804.
26. *The Balance and Columbian Repository*, August 14, 1804.
27. Parton, *Life and Times of Aaron Burr*, p. 358.
28. LC-AHP, reel 31, "Remembrancer," New York *Mirror*, n.d.
29. *Journal of the Early Republic*, spring 1995.
30. Ibid.
31. Davis, *Memoirs of Aaron Burr*, vol. 2, p. 327.
32. Burr, *Political Correspondence and Public Papers of Aaron Burr*, vol. 2, p. 885.
33. Ibid., p. 884.
34. Davis, *Memoirs of Aaron Burr*, vol. 2, p. 328.
35. Lomask, *Aaron Burr: The Years from Princeton to Vice President*, p. 357.
36. Lomask, *Aaron Burr: The Conspiracy and Years of Exile*, p. 29.
37. Parton, *Life and Times of Aaron Burr*, p. 358.
38. Lomask, *Aaron Burr: The Years from Princeton to Vice President*, p. 358.
39. Fleming, *Duel*, p. 352.
40. Lomask, *Aaron Burr: The Years from Princeton to Vice President*, p. 360.
41. Ibid., p. 361.
42. Fleming, *Duel*, p. 357.
43. Burr, *Political Correspondence and Public Papers of Aaron Burr*, vol. 2, p. 818.
44. Freeman, *Affairs of Honor*, p. 178.
45. Burr, *Political Correspondence and Public Papers of Aaron Burr*, vol. 2, p. 899.
46. Ibid., p. 896.
47. Adams, *Diary of John Quincy Adams*, p. 32.
48. Fleming, *Duel*, p. 369.
49. Lomask, *Aaron Burr: The Conspiracy and Years of Exile*, p. 48.
50. Davis, *Memoirs of Aaron Burr*, vol. 2, p. 365.
51. Smith, *John Marshall*, p. 362.
52. Hamilton, *Intimate Life of Alexander Hamilton*, p. 427.
53. Lomask, *Aaron Burr: The Conspiracy and Years of Exile*, p. 309.
54. "Life Portraits of Alexander Hamilton," *The William and Mary Quarterly*, April 1955.
55. Lomask, *Aaron Burr: The Conspiracy and Years of Exile*, p. 364.

56. Ibid., p. 372.

57. Kent, *Memoirs and Letters of James Kent*, p. 36.

58. Hamilton, *Intimate Life of Alexander Hamilton*, pp. 427—28.

59. Knott, *Alexander Hamilton and the Persistence of Myth*, p. 50.

60. Parton, *Life and Times of Aaron Burr*, p. 616.

61. Fleming, *Duel*, p. 404.

62. *The New Republic*, June 13, 1983.

에필로그 · 엘리자

1. Hamilton, *Intimate Life of Alexander Hamilton*, p. 411.

2. LC-AHP, reel 30, letter from Elizabeth Hamilton to William S. Smith, August 11, 1804.

3. NYHS-NPP, letter from Elizabeth Hamilton to Nathaniel Pendleton, September 20, 1804.

4. King, *Life and Correspondence of Rufus King*, vol. 4, pp. 403-4.

5. NYHS-NPP.

6. *PAH*, vol. 3, p. 506, "Petition to the New York Legislature," February 4, 1784.

7. NYHS-MM, letter from Elizabeth Hamilton to Philip Schuyler, January 9, 1813; Hamilton, *Intimate Life of Alexander Hamilton*, p. 140.

8. NYHS-NPP, letter from Elizabeth Hamilton to George Cabot, September 20, 1804.

9. Ibid., letter from Elizabeth Hamilton to Nathaniel Pendleton, September 17, 1804.

10. Emery, *Alexander Hamilton*, p. 246.

11. Bethnne, *Memoirs of Mrs. Joanna Bethune*, p. 116.

12. Hamilton, *Intimate Life of Alexander Hamilton*, p. 115.

13. Ibid., p. 116.

14. Ibid., p. 117.

15. Ibid.

16. Matthews, *Short History of the Orphan Asylum Society in the City of New York*, p. 12.

17. Fremont, *Souvenirs of My Time*, p. 117.

18. Hamilton, *Reminiscences of James A. Hamilton*, p. 65.

19. Bethune, *Memoirs of Mrs. Joanna Bethune*, p. 111.

20. Fremont, *Souvenirs of My Time*, p. 117.

21. Ibid., p. 120.

22. Ibid., p. 118.

23. Ibid., p. 115.

24. Knott, *Alexander Hamilton and the Persistence of Myth*, p. 242.

25. Baxter, *Godchild of Washington*, p. 222.

26. NYHS-DGFP, letter from Elizabeth Hawley to her aunt, January 4, 1853.

27. LC-AHP, reel 32.

참고문헌

Abercrombie, James. *A Sermon, Occasioned by the Death of Major Gen. Alexander Hamilton*. Philadelphia: H. Maxwell, 1804.

An Account of the Late Dreadful Hurricane, Which Happened on the 31st of August, 1772. St. Christopher: Thomas Howe, 1772.

Adams, Abigail. *New Letters of Abigail Adams, 1788-1801*. Ed. Stewart Mitchell. Boston: Houghton Mifflin, 1947.

Adams, John. *Correspondence Between the Hon. John Adams, and the Late Wm. Cunningham, Esq*. Boston: True and Greene, 1823.

———. *Old Family Letters: Series A. Letters from John Adams to Dr. Benjamin Rush*. Philadelphia: J. B. Lippincott, 1892.

———. *Statesman and Friend: Correspondence of John Adams with Benjamin Waterhouse, 1784-1822*. Ed. Worthington Chauncey Ford. Boston: Little, Brown, 1927.

Adams, John Quincy. *The Diary of John Quincy Adams, 1794-1845*. Ed. Allan Nevins. New York: Charles Scribner's Sons, 1951.

Ames, Fisher. *A Sketch of the Character of Alexander Hamilton*. Boston: Repertory Office, 1804.

Ammon, Harry. *James Monroe: The Quest for National Identity*. Charlottesville: University Press of Virginia, 1990 [1971].

Anderson, James R. *The Provosts of Glasgow from 1609 to 1832*. Glasgow: James Hedderwick and Sons, [n.d.]. Copy in the Mitchell Library, Glasgow, Scotland.

Andrews, Evangeline Walker, ed. *Journal of a Lady of Quality; Being the Narrative of a Journey from Scotland to the West Indies, North Carolina, and Portugal, in the Years 1774 to 1776*. New Haven: Yale University Press, 1921.

Aptheker, Herbert. *American Negro Slave Revolts*. New York: International Publishers, 1983.

Atherton, Gertrude. *Adventures of a Novelist*. New York: Liveright, 1932.

Bailyn, Bernard. *The Ideological Origins of the American Revolution*. Cambridge, Mass.: Harvard University Press, 1992 [1967].

————. *To Begin the World Anew: The Genius and Ambiguities of the American Founders*. New York: Alfred A. Knopf, 2003.

Baxter, Katharine Schuyler. *A Godchild of Washington*. London: F. Tennyson Neely, 1898.

Ben-Atar, Doron, and Barbara B. Oberg. *Federalists Reconsidered*. Charlottesville: University Press of Virginia, 1998.

Bentham, Jeremy. *The Correspondence of Jeremy Bentham*. Vols. 7 and 8. Ed. J. R. Dinwiddy, Stephen Conway, et al. Oxford: Clarendon Press, 1988.

Bergh, Albert Ellery, ed. *The Writings of Thomas Jefferson*. Vol. 11. Washington, D.C.: Thomas Jefferson Memorial Association, 1907.

Berkin, Carol. *A Brilliant Solution: Inventing the American Constitution*. New York: Harcourt, 2002.

Berrian, William. *Recollections of Departed Friends*. New York: Stanford and Sword, 1850.

Bethune, George W. *Memoirs of Mrs. Joanna Bethune*. New York: Harper and Brothers, 1863.

Biddle, Charles. *Autobiography of Charles Biddle, Vice-President of the Supreme Executive Council of Pennsylvania*. Philadelphia: E. Claxton, 1883.

Bobrick, Benson. *Angel in the Whirlwind: The Triumph of the American Revolution*. New York: Simon & Schuster, 1997.

Bowen, Catherine Drinker. *Miracle at Philadelphia: The Story of the Constitutional Convention May to September 1787*. Boston: Back Bay Books, 1986 [1966].

Boyd, Julian P. *Number 7: Alexander Hamilton's Secret Attempt to Control American Foreign Policy*. Princeton, N.J.: Princeton University Press, 1964.

Brandt, Clare. *An American Aristocracy: The Livingstons*. Poughkeepsie, N.Y: n.p., 1990 [1986].

Brodie, Fawn M. *Thomas Jefferson: An Intimate History*. New York: W. W. Norton, 1974.

Brookhiser, Richard. *Alexander Hamilton, American*. New York: Free Press, 1999.

————. *Americas First Dynasty: The Adamses, 1735-1918*. New York: Free Press, 2002.

————. *Gentleman Revolutionary: Gouverneur Morris, the Rake Who Wrote the Constitution*. New York: Free Press, 2003.

Brooks, Geraldine. *Dames and Daughters of Colonial Days*. New York: Thomas Y. Crowell, 1900.

Burke, Edmund. *Reflections on the Revolution in France*. Indianapolis: Hackett, 1987 [1790]

Burr, Aaron. *Political Correspondence and Public Papers of Aaron Burr*. 2 vols. Ed. Mary-Jo Kline et al. Princeton, N.J.: Princeton University Press, 1983.

Burrows, Edwin G., and Mike Wallace. *Gotham: A History of New York City to 1898*. New York: Oxford University Press, 1999.

Butzner, Jane, ed. *Constitutional Chaff—Rejected Suggestions of the Constitutional Convention of 1787*. New York: Columbia University Press, 1941.

Callahan, North. *Henry Knox: General Washington's General*. New York: Rinehart, 1958.

————. *Royal Raiders: The Tories of the American Revolution*. New York: Bobbs-Merrill, 1963 :

Callender, James Thomson. *The History of the United States for 1796*. Philadelphia: Snowden

알렉산더 해밀턴

and McCorkle, 1797.

Callender, Tom (probably James Thomson Callender). *Letters to Alexander Hamilton, King of the Feds*. New York: Richard Reynolds, 1802.

Castle, Colin M. *John Glassford of Douglaston*. Glasgow: Milngavie and Bearsden Historical Society, 1989.

Chastellux, marquis de. *Travels in North America in the Years 1780, 1781, and 1782*. Vol. 1. New York: Arno Press, 1968.

Cheetham, James. *A Narrative of the Suppression by Col. Burr, of the History of the Administration of John Adams, Late President of the United States*. New York: Denniston and Cheetham, 1802.

Colimore, Edward. *The* Philadelphia Inquirer's *Guide to Historic Philadelphia*. Philadelphia: Camino Books, 2001.

Cooke, Jacob E. *Alexander Hamilton: A Profile*. New York: Hill and Wang, 1967.

Cooper, Duff. *Talleyrand*. New York: Grove Press, 1997 [1932].

Cunningham, Anna K. *Schuyler Mansion: A Critical Catalogue of the Furnishings and Decorations*. Albany: New York State Education Department, 1955.

Cunningham, William. *A Letter to an Ex-President of the United States*. Leominster, Mass.: Salmon Wilder, 1812.

Custis, George Washington Parke. *Recollections and Private Memoirs of Washington*. Philadelphia: J. W. Bradley, 1861.

Daiches, David. *Glasgow*. London: Andre Deutsch, 1977.

Dasent, Sir John Roche. *A West Indian Planter's Family: Its Rise and Fall*. Edinburgh: David Douglas, 1914.

Davis, Joseph Stancliffe. *Essays in the Earlier History of American Corporations*. New York: Russell and Russell, 1965.

Davis, Matthew L. *Memoirs of Aaron Burr: With Miscellaneous Selections from His Correspondence*. 2 vols. Freeport, N.Y.: Books for Libraries Press, 1970 [1836].

Day, Stacey B. *Edward Stevens: Gastric Physiologist, Physician, and American Statesman*. Cincinnati: Cultural and Educational Productions, 1969.

de Beaufort, Raphael, trans. *Memoirs of the Prince de Talleyrand*. Vol. 1. New York: AMS Press, 1973.

Devine, T. M. *The Tobacco Lords: A Study of the Tobacco Merchants of Glasgow and Their Trading Activities c. 1740-90*. Edinburgh: John Donald, 1975.

Domett, Henry W. *A History of the Bank of New York, 1784-1884*. New York: Greenwood Press, 1884.

Drinker, Elizabeth. *The Diary of Elizabeth Drinker*. Vols. 2 and 3. Ed. Elaine Forman Crane et al. Boston: Northeastern University Press, 1991.

Duncan, William Cary. *The Amazing Madame Jumel*. New York: Frederick A. Stokes, 1935.

Elkins, Stanley, and Eric McKitrick. *The Age of Federalism: The Early American Republic, 1788-*

1800. New York: Oxford University Press, 1995 [1993].

Ellis, Joseph J. *American Sphinx: The Character of Thomas Jefferson*. New York: Vintage Books, 1998 [1996].

———. *Founding Brothers: The Revolutionary Generation*. New York: Alfred A. Knopf, 2000.

———. *Passionate Sage: The Character and Legacy of John Adams*. New York: W. W. Norton, 1994 [1993].

Emery, Noemie. *Alexander Hamilton*. New York: G. P. Putnam's Sons, 1982.

Ernst, Robert. *Rufus King: American Federalist*. Chapel Hill: University of North Carolina Press, 1968.

Extract from the Proceedings of the New-York State Society, of the Cincinnati, Convened on the 4th of July, 1786. New York: n.p., 1786.

Ferling, John. *John Adams: A Life*. New York: Henry Holt, 1996 [1992].

Findley, William. *History of the Insurrection in the Four Western Counties of Pennsylvania: In the Year M.DCC.XCIV*. Philadelphia: Samuel Harrison Smith, 1796.

Fleming, Thomas. *Duel: Alexander Hamilton, Aaron Burr, and the Future of America*. New York: Basic Books, 1999.

Fleming, Thomas, introd. In *Rags to Riches: The Financing of America, 1776-1836*. New York: Museum of American Financial History, 1998.

Flexner, James Thomas. *Washington: The Indispensable Man*. Boston: Back Bay Books, 1974 [1969].

———. *The Young Hamilton: A Biography*. New York: Fordham University Press, 1997 [1978].

Foreman, Amanda. *Georgiana: Duchess of Devonshire*. New York: Random House, 1998.

Freeman, Joanne B. *Affairs of Honor: National Politics in the New Republic*. New Haven: Yale University Press, 2001.

Fremont, Jessie Benton. *Souvenirs of My Time*. Boston: D. Lothrop, 1887.

Furnas, J. C. *The Americans: A Social History of the United States, 1587-1914*. New York: G. P. Put-nam's Sons, 1969.

Gerlach, Don R. *Proud Patriot: Philip Schuyler and the War of Independence, 1775-1783*. Syracuse, N.Y.: Syracuse University Press, 1987.

Gibson, John. *The History of Glasgow*. Glasgow: Rob. Chapman and Alex. Duncan, 1777.

Gordon, John Steele. *The Business of America*. New York: Walker, 2001.

———. *Hamilton's Blessing: The Extraordinary Life and Times of Our National Debt*. New York: Walker, 1997.

Gottschalk, Louis, ed. *The Letters of Lafayette to Washington, 1777-1799*. New York: H. F. Hubbard, 1944.

Grafton, John. *The Declaration of Independence and Other Great Documents of American History, 1775-1865*. Mineola, N.Y.: Dover, 2000.

Graydon, Alexander. *Memoirs of His Own Time*. Philadelphia: Lindsay and Blakiston, 1846.

Hamilton, Alexander. *The Law Practice of Alexander Hamilton: Documents and Commentary*. 5 vols. Ed. Julius Goebel, Jr., et al. New York: Columbia University Press, 1964-1981.

————. *The Papers of Alexander Hamilton*. 27 vols. Ed. Harold C. Syrett and Jacob E. Cooke. New York: Columbia University Press, 1961–1987.

————. *Writings*. Ed. Joanne B. Freeman. New York: Library of America, 2001.

Hamilton, Allan McLane. *The Intimate Life of Alexander Hamilton*. New York: Charles Scribner's Sons, 1911.

————. *Recollections of an Alienist, Personal and Professional*. New York: George H. Doran, 1916.

Hamilton, George. *A History of the House of Hamilton*. Edinburgh: J. Skinner, 1933.

Hamilton, James A. *Reminiscences of James A. Hamilton*. New York: Charles Scribner, 1869.

Hamilton, John C. *Life of Alexander Hamilton*. 7 vols. Boston: Houghton, Osgood, 1879 [1841–1864].

Hamilton, John C., ed. *The Federalist: A Commentary on the Constitution of the United States*. Washington, D.C.: Regnery, 1947.

Harcourt, Felice, ed. and trans. *Memoirs of Madame de la Tour du Pin (1770-1853)*. London: Harvill Press, 1969 [1913].

Hibbert, Christopher. *George III: A Personal History*. New York: Basic Books, 1998.

Howell, T. B., ed. *A Complete Collection of State Trials and Proceedings for High Treason and Other Crimes and Misdemeanors. Vol. 18, 1743-1753*. London: T. C. Hansard, 1813.

Hubbard, Vincent K. *Swords, Ships, and Sugar: History of Nevis to 1900*. Corvallis, Oreg.: Premiere Editions International, 1998.

Humphreys, Mary Gay. *Catherine Schuyler*. New York: Charles Scribner's Sons, 1897.

Isaacson, Walter. *Benjamin Franklin: An American Life*. New York: Simon & Schuster, 2003.

Jay, John. *An Address to the People of the State of New-York, on the Subject of the Constitution, Agreed upon at Philadelphia, the 17th of September, 1787*. New York: Samuel and John Loudon, 1797.

Jefferson, Thomas. *The Anas of Thomas Jefferson*. Ed. Franklin B. Sawvel. New York: Da Capo Press, 1970.

————. *The Papers of Thomas Jefferson*. Vol. 2, *January 1 to August 6, 1787*. Ed. Julian Boyd. Princeton, N.J.: Princeton University Press, 1955.

————. *The Papers of Thomas Jefferson*. Vol. 18, *November 4, 1790, to January 24, 1791*. Ed. Julian Boyd. Princeton, N.J.: Princeton University Press, 1976.

————. *The Papers of Thomas Jefferson*. Vol. 24, *June 1 to December 31, 1792*. Ed. John Catanzariti. Princeton, N.J.: Princeton University Press, 1990.

————. *The Works of Thomas Jefferson*. Vol. 1. Ed. Paul Leicester Ford. New York: G. P. Putnam's Sons, 1904.

Jouve, Daniel. *Paris: Birthplace of the U.S.A., a Walking Guide*. Paris: Grund, 1995.

Kaminski, John P. *George Clinton: Yeoman Politician of the New Republic*. Madison, Wisc.: Madison House, 1993.

Kennedy, Roger G. *Burr, Hamilton, and Jefferson: A Study in Character*. New York: Oxford

University Press, 2000 [1999].

Kent, James. *Anniversary Discourse, Delivered before the New-York Historical Society*. New York: G. and Carvill, 1829.

Kent, William, ed. *Memoirs and Letters of James Kent*. Boston: Little, Brown, 1898.

Ketcham, Ralph. *James Madison: A Biography*. Charlottesville: University Press of Virginia, 1990 [1971].

King, Rufus. *The Life and Correspondence of Rufus King*. Vols. 1-6. Ed. Charles R. King. New York: G. P. Putnam's Sons, 1894.

Knott, Stephen F. *Alexander Hamilton and the Persistence of Myth*. Lawrence: University Press of Kansas, 2002.

Knox, Hugh. *Letter to the Rev. Mr. Jacob Green, of New Jersey*. New York: T. and J. Swords, 1809.

Lafayette, marquis de. *Lafayette in the American Revolution: Selected Letters and Papers, 1776-1790*. Vols. 3-5. Ed. Stanley J. Idzerda et al. Ithaca: Cornell University Press, 1980, 1981, 1983.

Latrobe, Benjamin Henry. *The Correspondence and Miscellaneous Papers of Benjamin Henry Latrobe*. 2 vols. Ed. John C. Van Horne et al. New Haven: Yale University Press, 1984.

———. *The Virginia Journals of Benjamin Henry Latrobe*. 3 vols. Ed. Edward C. Carter II et al. New Haven: Yale University Press, 1977.

Laurens, Henry. *The Papers of Henry Laurens*. Vols. 7, 8, and 11. Ed. George C. Rogers, Jr., and David R. Chesnutt. Columbia: University of South Carolina Press, 1979.

Lawaetz, Erik J. *St. Croix: 500 Years, Pre-Columbus to 1900*. Herning, Denmark: Poul Kristensen, 1991.

Lee, Charles. *The Charles Lee Papers. Vol. 3, 1778-1782. Collections of the New-York Historical Society for the Year 1873*. New York: printed for the Society, 1874.

Lind, Michael, ed. *Hamilton's Republic: Readings in the American Democratic Nationalist Tradition*. New York: Free Press, 1997.

Livingston, William. *The Papers of William Livingston*. 5 vols. Ed. Carl E. Prince et al. New Brunswick, N.J.: Rutgers University Press, 1979-1988.

Lodge, Henry Cabot. *Alexander Hamilton*. American Statesmen Series. New York: Chelsea House, 1980.

Lomask, Milton. *Aaron Burr: The Conspiracy and Years of Exile, 1805-1836*. New York: Farrar, Straus and Giroux, 1982.

———. *Aaron Burr: The Years from Princeton to Vice President, 1756-1805*. New York: Farrar, Straus and Giroux, 1979.

Lossing, Benson J. *Hours with the Living Men and Women of the Revolution*. New York: Funk and Wagnalls, 1889.

McCullough, David. *John Adams*. New York: Simon & Schuster, 2001.

McDonald, Forrest. *Alexander Hamilton: A Biography*. New York: W. W. Norton, 1982 [1979].

McDonald, John. *Sermon on the Premature and Lamented Death of General Alexander Hamilton*. Boston: John Barber, 1804.

McDonough, Daniel J. *Christopher Gadsden and Henry Laurens: The Parallel Lives of Two American Patriots.* Sellinsgrove, Pa.: Susquehanna University Press, 2000.

Maclay, William. *Journal of William Maclay: United States Senator from Pennsylvania, 1789-1791.* Ed. Edgar S. Maclay. New York: D. Appleton, 1890.

McNamara, Peter. *Political Economy and Statesmanship: Smith, Hamilton, and the Foundation of the Commercial Republic.* DeKalb: Northern Illinois University Press, 1998.

Madison, James. *The Papers of James Madison: Presidential Series.* Vol. I, *March 1-September 30, 1809.* Ed. Robert A. Rutland, Robert J. Brugger, et al. Charlottesville: University Press of Virginia, 1984.

――――. *The Papers of James Madison: Presidential Series. Vol. 2, October 1, 1809-November 2, 1810.* Ed. J.C.A. Stagg, Jeanne Kerr Cross, and Susan Holbrook Perdue. Charlottesville: University Press of Virginia, 1992.

――――. *The Papers of James Madison.* Vol. 10. Ed. Robert A. Rutland et al. Chicago: University of Chicago Press, 1977.

――――. *The Papers of James Madison.* Vol. 11. Ed. Robert A. Rutland et al. Charlottesville: University Press of Virginia, 1977.

――――. *The Papers of James Madison,* Vols. 12 and 13 Ed. Charles F. Hobson et al. Charlottesville: University Press of Virginia, 1979, 1981.

――――. *The Papers of James Madison.* Vol. 16. Ed. J.C.A. Stagg et al. Charlottesville: University Press of Virginia, 1989.

Maier, Pauline. *American Scripture: Making the Declaration of Independence.* New York: Random House, 1998 [1997].

Malone, Dumas. *Jefferson and His Time.* 6 vols. Boston: Little, Brown, 1948–81.

Marsh, Philip M., ed. *Monroe's Defense of Jefferson and Freneau Against Hamilton.* Oxford, Ohio: self published, 1948.

Matthews, Joanna H. *A Short History of the Orphan Asylum Society in the City of New York.* New York: Anson D. F. Randolph, 1893.

Mead, Walter Russell. *Special Providence: American Foreign Policy and How It Changed the World.* New York: Alfred A. Knopf, 2001.

Meleny, John C. *The Public Life of Aedanus Burke: Revolutionary Republican in Post-Revolutionary South Carolina.* Columbia: University of South Carolina Press, 1989.

Menz, Katherine B. *Historic Furnishing Report, Hamilton Grange National Monument.* Harpers Ferry Center: National Park Service, U.S. Department of the Interior, 1986.

Miller, John C. *Alexander Hamilton: Portrait in Paradox.* New York: Harper and Brothers, 1959.

Miller, Samuel. *Memoirs of the Rev. John Rodgers, D.D.* New York: Whiting and Watson, 1813.

Mitchell, Broadus. *Alexander Hamilton: The National Adventure, 1788-1804.* New York: Macmillan, 1962.

――――. *Alexander Hamilton: Youth to Maturity, 1755-1788.* New York: Macmillan, 1957.

Monaghan, Frank. *John Jay.* New York: Bobbs– Merrill, 1935.

Morgan, Edmund S. *Benjamin Franklin*. New Haven: Yale University Press, 2002.

Morison, Samuel Eliot. *Harrison Gray Otis: The Urbane Federalist*. Boston: Houghton Mifflin, 1969.

Morris, Anne Cary, ed. *The Diary and Letters of Gouverneur Morris*. Vol. 2. New York: Da Capo Press, 1970.

Muldoon, Sylvan J. *Alexander Hamilton's Pioneer Son: The Life and Times of Colonel William Stephen Hamilton, 1797-1850*. Harrisburg, Pa.: Aurand Press, 1930.

Nevins, Allan. *The Evening Post: A Century of Journalism*, New York: Boni and Liveright, 1922.

——. *History of the Bank of New York and Trust Company 1784 to 1934*. New York: privately printed, 1934.

Oakley, C. A. *Our Illustrious Forebears*. London: Blackie and Son, 1980.

O'Brien, Michael J. *Hercules Mulligan: Confidential Correspondent of General Washington*. New York: P. J. Kennedy and Sons, 1937.

Odell, Mrs. Jonathan, et al. *Origin and History of the Orphan Asylum Society in the City of New York, 1806-1896*. Vol. 1. New York: Bonnell, Silver, n.d.

Ogden, David B. *Four Letters on the Death of Alexander Hamilton, 1804; Found in the Papers of William Meredith of Philadelphia*. Portland, Me.: Anthoensen Press, 1980.

Oliver, Vere Langford. *Caribbeana: Relating to the History, Genealogy, Topography, and Antiquities of the British West Indies*. 6 vols. London: Mitchell Hughes and Clarke, 1910–1919.

Otis, Harrison G. *Eulogy on Alexander Hamilton Pronounced at the Request of the Citizens of Boston, July 26, 1804*. Boston: Manning and Loring, 1804.

Parker, Cortlandt. *Alexander Hamilton and William Paterson*. Philadelphia: E. C. Markley and Sons, 1880.

Parton, James. *The Life and Times of Aaron Burr*. New York: Mason Brothers, 1858.

Pasquin, Anthony [John Williams]. *The Hamil-toniad*. New York: printed for the Hamilton Club, 1865 [1804].

Paterson, James. *History of the County of Ayr: With a Genealogical Account of the Families of Ayrshire*. Vol. 2. Edinburgh: T. G. Stevenson, 1852.

Pettit, Marilyn Hilley. "Women, Sunday Schools, and Politics: Early National New York City, 1797– 1827." Ph.D. diss. New York University, 1991.

Phelan, Helene. *The Man Who Owned the Pistols: John Barker Church and His Family*. Interlaken, N.Y.: Heart of the Lake Publishing, 1981.

Pickering, Timothy. *Review of the Correspondence Between the Hon. John Adams and the Late Wm. Cunningham, Esq.* Salem, Mass.: Cushing and Appleton, 1824.

Pidgin, Charles Felton. *Theodosia: The First Gentlewoman of Her Time*. Boston: C. M. Clark, 1907.

Pilkington, Walter. *The Journals of Samuel Kirkland*. Clinton, N.Y.: Hamilton College, 1980.

Powell, J. H. *Bring Out Your Dead: The Great Plague of Yellow Fever in Philadelphia in 1793*. Philadelphia: University of Pennsylvania Press, 1949.

Ragatz, Lowell Joseph. *The Fall of the Planter Class in the British Caribbean, 1763-1833*. New York: Century, 1928.

Rakove, Jack N. *James Madison and the Creation of the American Republic*. New York: Longman, 2002 [1947].

Ramsing, Holger Utke. *Alexander Hamilton's Birth and Parentage*. Trans. Solvejg Vahl. Copenhagen: n.p., 1939. Manuscript in the New York Public Library, New York, N.Y.

Randolph, Edmund. *A Vindication of Mr. Randolph's Resignation*. Philadelphia: Samuel H. Smith, 1795.

Renwick, James. *Lives of John Jay and Alexander Hamilton*. New York: Harper and Brothers, 1840.

A Reply to Alexander Hamilton's Letter, Concerning the Public Conduct and Character of John Adams, Esq., President of the United States. By a Federal Republican. New York: L. Nichols, 1800.

Riedesel, Madame de. *Letters and Memoirs Relating to the War of American Independence, and the Capture of the German Troops at Saratoga*. Trans. New York: G. and C. Carvill, 1827.

Robertson, William Spence. *The Life of Miranda*. Vol. 1. New York: Cooper Square, 1969.

Rogow, Arnold A. *A Fatal Friendship: Alexander Hamilton and Aaron Burr*. New York: Hill and Wang, 1998.

Rosenfeld, Richard N. *American Aurora: A Democratic-Republican Returns*. New York: St. Martin's Press, 1997.

Sabine, Lorenzo. *Notes on Duels and Duelling*. Boston: Crosby, Nichols, 1855.

St. Mery, Moreau de. *Moreau de St. Mery's American Journey*. Trans. and ed. Kenneth Roberts and Anna M. Roberts. Garden City, N.Y.: Doubleday, 1947.

Schachner, Nathan. *Alexander Hamilton*. New York: Thomas Yoseloff, 1946.

Schama, Simon. *Citizens: A Chronicle of the French Revolution*. New York: Vintage Books, 1990 [1989].

Schecter, Barnet. *The Battle for New York: The City at the Heart of the American Revolution*. New York: Walker, 2002.

Schuyler, George W. *Colonial New York: Philip Schuyler and His Family*. Vol. 2. New York: Charles Scribnfer's Sons, 1885.

Scigliano, Robert, ed. *The Federalist: A Commentary on the Constitution of the United States by Alexander Hamilton, James Madison, and John Jay*. New York: Modern Library, 2000.

Sedgwick, Theodore, Jr. *A Memoir of the Life of William Livingston*. New York: J. and J. Harper, 1833.

Shephard, Charles. *An Historical Account of the Island of Saint Vincent*. London: Frank Cass, 1997 [1871].

Smith, Jean Edward. *John Marshall: Definer of a Nation*. New York: Henry Holt, 1998 [1996].

Smith, Richard Norton. *Patriarch: George Washington and the New American Nation*. Boston: Houghton Mifflin, 1993.

Sparks, Jared. *The Life of Gouverneur Morris with Selections from His Correspondence and*

Miscellaneous Papers. Vol. 3. Boston: Gray and Bowen, 1832.

The Speeches at Full Length of Mr. Van Ness, Mr. Caines, the Attorney-General, Mr. Harrison, and General Hamilton, in the Great Cause of the People, against Harry Croswell, on an Indictment for a Libel on Thomas Jefferson, President of the United States. New York: G. and R. Waite, 1804.

Steiner, Bernard C. *The Life and Correspondence of James McHenry*. New York: Arno Press, 1979.

Stevens, John Austin, Jr. *Colonial Records of the New York Chamber of Commerce, 1768-1784*. New York: John F. Trow, 1867.

Stewart, George. *Curiosities of Glasgow Citizenship*. Glasgow: James Maclehose, 1881.

Strong, George W. *Letters of George W. Strong*. Ed. John R. Strong. New York: G. P. Putnam's Sons, 1922.

Sullivan, William. *The Public Men of the Revolution*. Philadelphia: Carey and Hart, 1847.

Taft, Henry W. *A Century and a Half at the New York Bar*. New York: privately printed, 1938. Copy in New-York Historical Society, New York, N.Y.

Tappan, Lewis. *The Life of Arthur Tappan*. Westport, Conn.: Negro Universities Press, 1970 [1871].

Thomas, Milton Halsey, ed. *The Black Book or Book of Misdemeanors in King's College, New-York, 1771-1775*. New York: Columbia University Press, 1931.

Thorne, R. G. *The House of Commons, 1790-1820*. Vol. 3. London: Seeker and Warburg, 1986.

Tripp, Wendell Edward, Jr. "Robert Troup: A Quest for Security in a Turbulent New Nation, 1775-1832." Ph. D. diss. Columbia University, 1973.

Tuchman, Barbara W. *The First Salute*. New York: Ballantine Books, 1989 [1988].

Tyler, Moses Coit. *The Literary History of the American Revolution, 1763-1783*. Vol. 1, 1763-1776. New York: Frederick Ungar, 1957.

Tyson, George F., and Arnold R. Highfield, eds. *The Kamina Folk: Slavery and Slave Life in the Danish West Indies*. U.S. Virgin Islands: Virgin Islands Humanities Council, 1994.

Valentine, Alan. *Lord Stirling*. New York: Oxford University Press, 1969.

Van Amringe, John H., and Munroe Smith. *A History of Columbia University 1754-1904*. New York: Columbia University Press, 1904.

Van Doren, Carl. *Benjamin Franklin*. New York: Viking Press, 1938.

——— . *Secret History of the American Revolution*. New York: Viking Press, 1968.

Van Vechten, Jacob, ed. *Memoirs of John Mason, D.D., S.T.P., with Portions of His Correspondence*. New York: Robert Carter and Brothers, 1856.

Vidal, Gore. Burr. New York: Vintage Books, 2000 [1971].

Wallace, David Duncan. *The Life of Henry Laurens*. New York: Russell and Russell, 1967 [1915].

Warville, J. P. Brissot de. *New Travels in the United States of America, 1788*. Cambridge, Mass.: Belknap Press, Harvard University Press, 1964.

Waters, Ivor. *The Unfortunate Valentine Morris*. Chepstow, Monmouthshire (Great Britain):

Chepstow Society, 1964.

Westergaard, Waldemar. *The Danish West Indies under Company Rule (1671-1754)*. New York: Macmillan, 1917.

William-Myers, A. J. *Long Hammering: Essays on the Forging of an African American Presence in the Hudson River Valley to the Early Twentieth Century*. Trenton: Africa World Press, 1994.

Williams, Eric. *From Columbus to Castro: The History of the Caribbean*. New York: Vintage Books, 1984 [1970].

Wills, Garry. *Explaining America: The Federalist*. New York: Penguin, 1982 [1981].

———. *James Madison*. New York: Times Books, 2002.

Wilson, Douglas L., and Lucia Stanton. *Jefferson Abroad*. New York: Modern Library, 1999.

Wood, Gordon S. *The American Revolution*. New York: Modern Library, 2002.

Woodcock, Henry Iles. *A History of Tobago*. Hertford, England: Stephen Austin and Sons, 1971 [1871].

Wright, Robert E. *Hamilton Unbound: Finance and the Creation of the American Republic*. Westport, Conn.: Greenwood Press, 2002.

Selected Articles

Adair, Douglas, and Marvin Harvey. "Was Alexander Hamilton a Christian Statesman?" *The William and Mary Quarterly*, 3d series, 12, 1955.

Atherton, Gertrude. "The Hunt for Hamilton's Mother." *The North American Review* 175, no. 2, August 1902.

Bland, Harry MacNeill, and Virginia W. Northcott. "Life Portraits of Alexander Hamilton." *The William and Mary Quarterly* 12, no. 2, April 1955.

Bowman, Albert H. "Jefferson, Hamilton, and American Foreign Policy." *Political Science Quarterly* 71, no. 1, March 1956.

Brooks, Robin. "Alexander Hamilton, Melancton Smith, and the Ratification of the Constitution in New York • " *The William and Mary Quarterly* 24, no. 3, July 1967.

Bruchey, Stuart. "Alexander Hamilton and the State Banks." *The William and Mary Quarterly* 27, no. 3, July 1970.

Butler, George Hamilton. "The Student Days of Alexander Hamilton" *The Columbia Monthly* 1, no. 1, February 1904.

Butler, Nicholas Murray. "Address at the Unveiling of the Statue of Alexander Hamilton in the City of Paterson, May 30, 1907." Copy in Columbia University Library.

———. "This World Needs Another Alexander Hamilton." *Columbia University Quarterly* 26, no. 3, September 1934.

Carnahan, James. "The Pennsylvania Insurrection of Commonly Called the Whiskey Insurrection." *Proceedings of the New Jersey Historical Society* 6, no. IV, 1853.

1423

• 참고문헌

Charles, Joseph. "Hamilton and Washington: The Origins of the American Party System." *The William and Mary Quarterly* 12, no. 2, April 1955.

"The Church Pistols: Historical Relics of the Burr- Hamilton Duel." The Chase Manhattan Bank, New York, n.d. Copy in New-York Historical Society, New York, N.Y.

Cooke, Jacob E. "Tench Coxe, Alexander Hamilton, and the Encouragement of American Manufactures." *The William and Mary Quarterly* 32, no. 3, July 1975.

Cunningham, Noble. "John Beckley: An Early American Party Manager." *The William and Mary Quarterly* 13, no. 1, January 1956.

Dawson, Henry B. "The Duels Between Price and Philip Hamilton, and George I. Eacker." *The Historical Magazine*, 2d series, 2, October 1867.

Earl, John L., III. "Talleyrand in Philadelphia, 1794-1796." *The Pennsylvania Magazine of History and Biography* 91, no. 3, July 1967.

Elkins, Stanley, and Eric McKitrick. "The Founding Fathers: Young Men of the Revolution." *Political Science Quarterly* 76, no. 2, June 1961.

Estabrook, Henry D. "The Lawyer Hamilton." Speech delivered to the American Bar Association, Denver, August 22, 1901.

Freeman, Joanne B. "Dueling as Politics: Reinterpreting the Burr-Hamilton Duel." *The William and Mary Quarterly* 53, no. 2, April 1996.

Gerlach, Don R. "After Saratoga: The General, His Lady and 'Gentleman Johnny' Burgoyne" *New York History* 52, 1971.

Govan, Thomas P. "The Rich, the Well-born, and Alexander Hamilton." *The Mississippi Valley Historical Review* 36, no. 4, March 1950.

Harper, John L. "Mentor for a Hegemon: The Rising Fortune of Alexander Hamilton." *The National Interest*, fall 2000.

Hawley, George M. B. "The Hamilton-Burr Duel Pistols." Pamphlet in J. P. Morgan Chase Archives, record group 11, "Art & Artifacts," New York, N.Y.

Jennings, Robert M., Donald F. Swanson, and Andrew P. Trout. "Alexander Hamilton's Tontine Proposal." *The William and Mary Quarterly* 45, no. 1, January 1988.

Jones, A. Leroy. "Myles Cooper, LL.D." *Columbia University Quarterly*, September 1899.

Jones, Robert F. "William Duer and the Business of Government in the Era of the American Revolution" *The William and Mary Quarterly* 32, no. 3, July 1975.

Kenyon, Cecilia M. "Men of Little Faith: The Anti- Federalists on the Nature of Representative Government." *The William and Mary Quarterly* 12, no. 1, January 1955.

"Kerelaw House." *Kilmarnock Standard*, April 5, 1924. Article signed H.W.C.

Kohn, Richard H. "The Washington Administrations Decision to Crush the Whiskey Rebellion." *The Journal of American History* 59, no. 3, December 1972.

Larson, Harold. "Alexander Hamilton: The Fact and Fiction of His Early Years." *The William and Mary Quarterly* 9, no. 2, April 1952.

———. "The Birth and Parentage of Alexander Hamilton." *The American Genealogist* 21, no. 3, January 1945.

"The Last Hours of Alexander Hamilton." *Columbia University Quarterly* 29, no. 1, March 1937.

"Letters of Toussaint L'Ouverture and of Edward Stevens, 1798–1800." *The American Historical Review* 16, no. 1, October 1910.

Livingston, John C. "Alexander Hamilton and the American Tradition." *Midwest Journal of Political Science* 1, no. 3/4, November 1957.

Lund, Nelson. "Taking the Second Amendment Seriously." *The Weekly Standard*, July 24, 2000.

McCarthy, Callahan J. "Lieut. Col. Francis Barber of Elizabethtown." *The New Jersey Historical Proceedings* 50, no. 3, July 1932.

Malone, Dumas. "The Threatened Prosecution of Alexander Hamilton under the Sedition Act." *The American Historical Review* 29, no. 1, October 1923.

Marsh, Philip. "Hamilton and Monroe." *The Mississippi Historical Review* 34, no. 3, december 1947.

———. "Hamilton's Neglected Essays, 1791–1793." *New York Historical Society Quarterly* 32, no. 4, October 1948.

———. "John Beckley: Mystery Man of the Early Jeffersonians." *Pennsylvania Magazine of History and Biography* 72, no. 1, January 1948.

Meyer, Freeman W. "A Note on the Origins of the 'Hamiltonian System.'" *The William and Mary Quarterly* 21, no. 4, October 1964.

Mitchell, Broadus. "Hamilton's Quarrel with Washington, 1781." *The William and Mary Quarterly* 12 no. 2, April 1955.

———. "The Man Who Discovered Hamilton."

Proceedings of the New Jersey Historical Society 69, no. 2, April 1951.

Morse, Anson D. "Alexander Hamilton." *Political Science Quarterly* 5, no. 1, March 1890.

Nelson, John R., Jr. "Alexander Hamilton and American Manufacturing: A Reexamination." *The Journal of American History* 65, no. 4, March 1979.

Panagopoulos, E. P. "Hamilton's Notes in His Pay Book of the New York State Artillery Company." *The American Historical Review* 62, no. 2, January 1957.

"Reminiscences of Mrs. Alexander Hamilton." *Atlantic Monthly*, vol. 78, no. 466, August 1896.

Reubens, Beatrice G. "Burr, Hamilton, and the Manhattan Company. Part 1: Gaining the Charter." *Political Science Quarterly* 72, no. 4, December 1957.

———. "Burr, Hamilton, and the Manhattan Company. Part 2: Launching a Bank." *Political Science Quarterly* 73, no. 1, March 1958.

"R. F. Cutting, '71, Relates Story about Alexander Hamilton's Death." *Columbia Alumni News* 21, no. 14, January 17, 1930.

Roberts, Russell. "Hamilton's Great Experiment: The SUM." *Financial History*, no. 65, 1999.

Rorabaugh, W. J. "The Political Duel in the Early Republic: Burr v. Hamilton." *Journal of the Early Republic* 15, no. 1, spring 1995.

Schachner, Nathan. "Alexander Hamilton Viewed by His Friends: The Narratives of Robert

Troup and Hercules Mulligan." *The William and Mary Quarterly* 4, no. 2, April 1947.

Sheridan, Eugene R. "Thomas Jefferson and the Giles Resolutions" *The William and Mary Quarterly* 49, no. 4, October 1992.

Smith, James Morton. "Alexander Hamilton, the Alien Law, and Seditious Libel." *The Review of Politics* 16, no. 3, July 1954.

Swan, Robert J. "Prelude and Aftermath of the Doctors' Riot of 1788: A Religious Interpretation of White and Black Reaction to Grave Robbing." *New York History* 81, no. 4, October 2000.

Swanson, Donald F., and Andrew P. Trout. "Alexander Hamilton's Hidden Sinking Fund." *The William and Mary Quarterly* 49, no. 1, January 1992.

Torrey, Raymond H. "Hamilton Grange." *Scenic and Historic America* 3, no. 3, April 1934.

Tugwell, Rexford, and Joseph Dorfman. "Alexander Hamilton: Nation-Maker. Part 1." *Columbia University Quarterly* 29, no. 4, December 1937.

——— . "Alexander Hamilton: Nation-Maker. Part 2." *Columbia University Quarterly* 30, no. 1, March 1938.

Wadsworth, Eliot. "Alexander Hamilton, First Secretary of the Treasury." *Columbia Alumni News* 16, no. 12, December 19, 1924.

Walker, G.P.J. "Murder at Frigate Bay." *London Magazine*, August 1753.

Webb, James. "The Fateful Encounter." *American Heritage* 26, no. 5, August 1975.

Westergaard, Waldemar. "Account of the Negro Rebellion on St. Croix, Danish West Indies, 1859." *Journal of Negro History* 11, no. 1, January 1926.

——— . "A St. Croix Map of 1766: With a Note on Its Significance in West Indian Plantation Economy *Journal of Negro History* 23, April 1938.

Wetterau, James O. "New Light on the First Bank of the United States." *Pennsylvania Magazine of History and Biography* 61, no. 3, July 1937.

Whitson, Agnes M. "The Outlook of the Continental American Colonies on the British West Indies, 1760-1775." *Political Science Quarterly* 43, no. 1, March 1930.

Williams, D. "The Westchester Farmer." *Magazine of American History* 8, no. 2, February 1882.

Williams, William Appleman. "The Age of Mercantilism: An Interpretation of the American Political Economy, 1763 to 1828." *The William and Mary Quarterly* 15, no. 4, October 1958.

Wilson, R. Jackson. "The Founding Father." *The New Republic* 188, no. 23, issue 3, June 13, 1983.

Wood, Gordon S. "An Affair of Honor." *The New York Review of Books*, April 13, 2000.

——— . "The American Love Boat." *The New York Review of Books*, October 7, 1999.

——— . "Debt and Democracy." *The New York Review of Books*, June 12, 2003.

——— . "Early American Get-Up-and-Go." *The New York Review of Books*, June 29, 2000.

——— . "Give Me Diversity or Give Me Death." *The New Republic*, June 12, 2000.

——— . "The Revenge of Aaron Burr." *The New York Review of Books*, February 2, 1984.

알렉산더 해밀턴

Philos 009

알렉산더 해밀턴

1판 1쇄 발행 2018년 4월 23일
1판 6쇄 발행 2024년 3월 20일

지은이 론 처노 **옮긴이** 서종민 김지연
펴낸이 김영곤 **펴낸곳** (주)북이십일 아르테

편집 김지영 최윤지
디자인 박선향
기획위원 장미희
출판마케팅영업본부 본부장 한충희
마케팅 남정한 한경화 김신우 강효원
영업 최명열 김다운 김도연 권채영
해외기획 최연순
제작 이영민 권경민

출판등록 2000년 5월 6일 제406-2003-061호
주소 (우 10881) 경기도 파주시 회동길 201(문발동)
대표전화 031-955-2100 **팩스** 031-955-2151 **이메일** book21@book21.co.kr

(주)북이십일 경계를 허무는 콘텐츠 리더

아르테 채널에서 도서 정보와 다양한 영상자료, 이벤트를 만나세요!
인스타그램 instagram.com/21_arte   페이스북 facebook.com/21arte
포스트 post.naver.com/staubin   홈페이지 arte.book21.com

ⓒ 론 처노, 2004

ISBN 978-89-509-7436-7 03930